1. Auflage

Reiseziele und Routen
Traveltipps von A bis Z
Land und Leute
Istrien
Kvarner Bucht
Lika-Karlovac
Norddalmatien
Mitteldalmatien
Süddalmatien
Zagreb und Zentralkroatien
Nordkroatien
Slawonien
Anhang

Martin Rosenplänter,
Sandra Strigl

KROATIEN

STEFAN LOOSE
TRAVEL HANDBÜCHER

KROATIEN

1

2 DIE HIGHLIGHTS

Die Highlights

1 KAP KAMENJAK An Istriens südlichstem Zipfel eröffnet sich der Blick in Richtung Italien – der ideale Ort zum Baden in einer der vielen kleinen Buchten, zum Radfahren oder Wandern. S. 121

2 ROVINJ Die wohl beliebteste Stadt Istriens ist so malerisch, dass sie bis heute zahlreiche Künstler aus der ganzen Welt anzieht: Ateliers, Cafés, Restaurants und Boutiquen drängen sich eng aneinander in den hügeligen Gassen der Altstadt, welche von kleinen Badebuchten gesäumt ist. S. 128

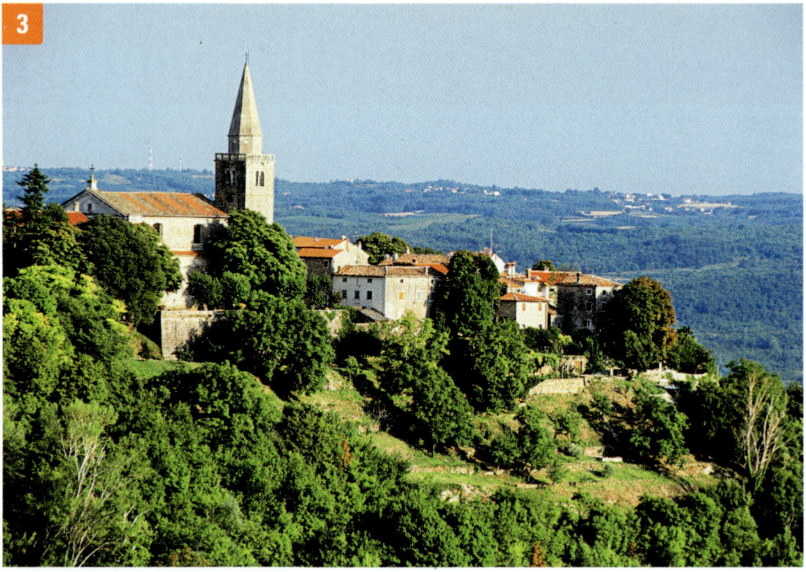

© MAURITIUS IMAGES / IB / EGMONT STRIGL

© MAURITIUS IMAGES / RAINER HACKENBERG

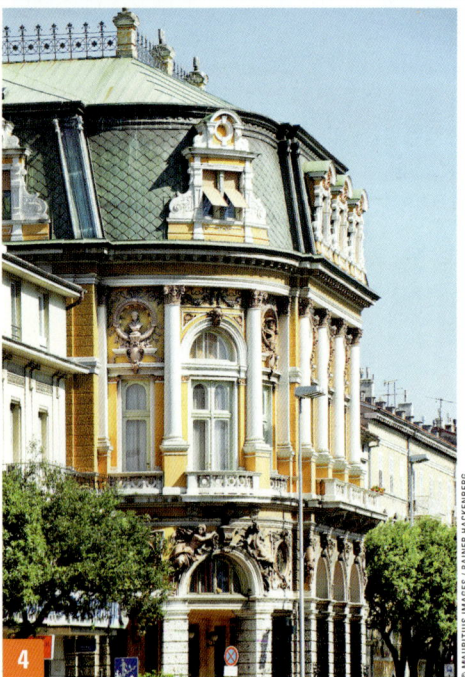

3 GROŽNJAN Streift man an einem warmen Sommernachmittag durch das zauberhafte Künstlerdorf in Istriens ländlichem Binnenland, so kann man bei einem Kaffee oder Gläschen Wein der wunderbaren Musik lauschen, die aus den Häusern dringt. S. 157

4 RIJEKA In der charmanten Hafenstadt an der Kvarner Bucht trifft Habsburger Prunk auf bröckelnde Fassaden. So richtig schön wird die Stadt jedoch erst nachts, wenn sie in ein Meer aus Lichtern getaucht wird und wenn sich die vielen Bars und Restaurants mit Leben füllen. S. 186

5 INSEL CRES Wie eine lange Zunge erstreckt sich die Insel von der Kvarner Bucht weit in die Adria hinein. Raue, unberührte Naturlandschaften, abgelegene Strände und eine einzigartige Gänsegeierkolonie sind das Markenzeichen der Insel. S. 228

DIE HIGHLIGHTS

6 NATIONALPARK PLITVICER SEEN Obwohl es in Kroatien nicht an blauem Wasser mangelt, ist das türkisfarbene Wasser der Plitvicer Seen im Land einzigartig. Eine beeindruckende Naturlandschaft mit Wasserfällen und Höhlen, seit 1979 Unesco-Weltnaturerbe. S. 266

© MARTIN ROSENPLÄNTER / SANDRA STRIGL

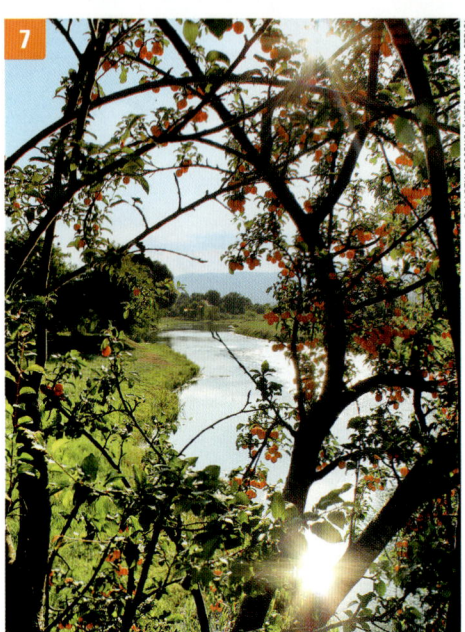

7 GACKA Eine Landschaft wie aus dem Bilderbuch, die ebenso freundlich und offen ist wie ihre Bewohner. S. 271

8 ZADAR An Zadars langer Promenade der goldenen Sonne zuzusehen, wie sie langsam das Meer küsst – das war schon für Alfred Hitchcock ganz großes Kino. Und der kam noch nicht in den Genuss der Meeresorgel, die dieses Spektakel eindrucksvoll untermalt. S. 294

9 INSEL PAG Türkisfarbenes Wasser vor Felsen, die so weiß sind, als wären sie mit Schnee bedeckt. S. 305

10 KRKA-NATIONALPARK Vor den hinreißenden Wasserfällen darf sogar gebadet werden – ein Erlebnis, das man auf keinen Fall verpassen sollte! S. 336

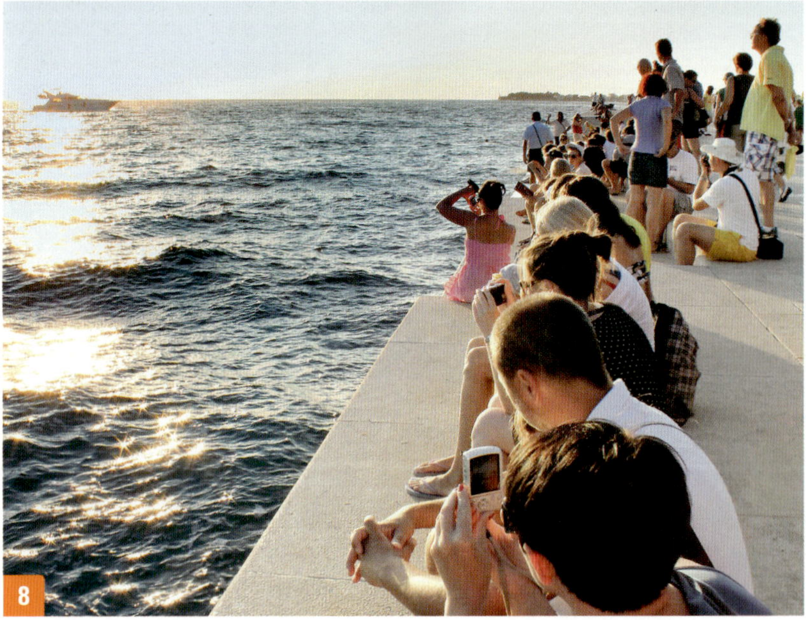

© MARTIN ROSENPLÄNTER / SANDRA STRIGL

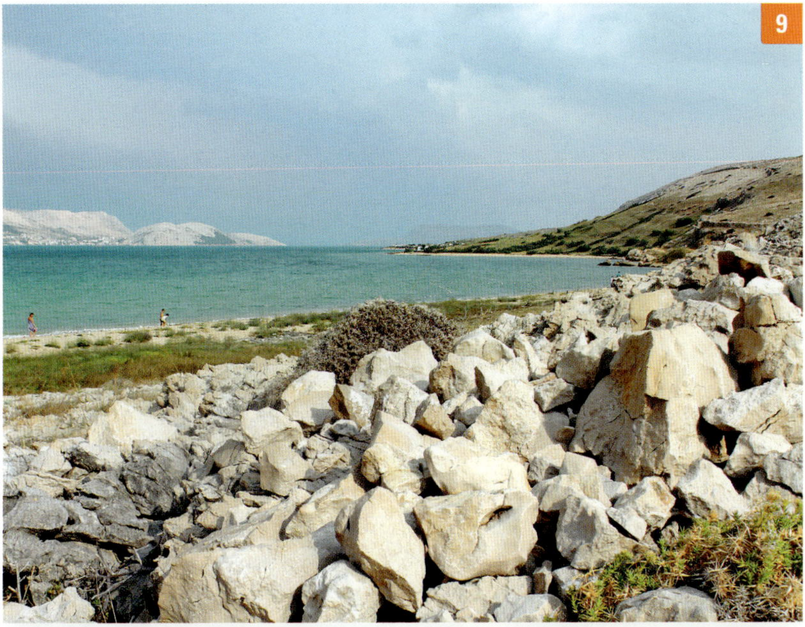

© MARTIN ROSENPLÄNTER / SANDRA STRIGL

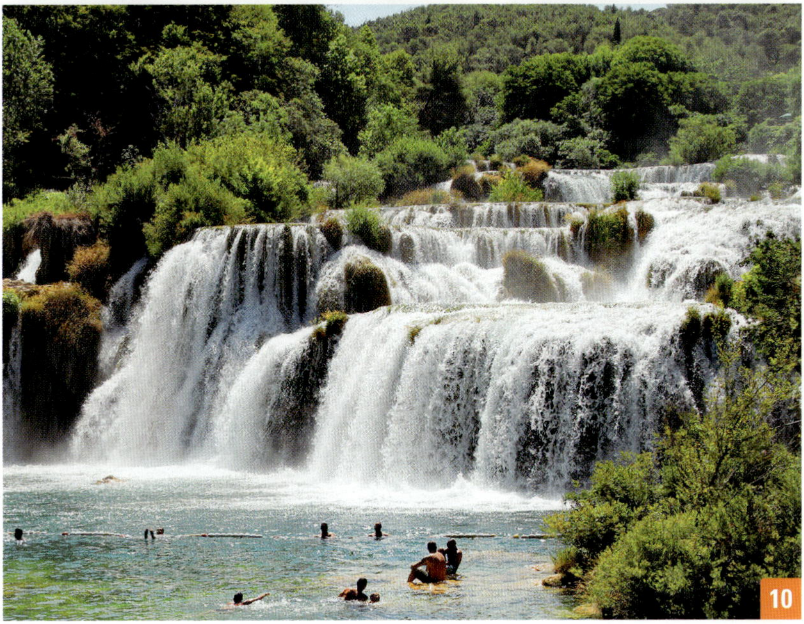

© MARTIN ROSENPLÄNTER / SANDRA STRIGL

11 SPLIT Kroatiens zweitgrößte Stadt punktet mit einer Meerespromenade vor historischer Kulisse, die im Sommer einem Catwalk gleicht und nachts zur Ausgehmeile wird, einer quirligen Altstadt, die sich – und das ist zweifellos einzigartig – in einem antiken Palast erstreckt, und einem Hausberg, von dem aus man in aller Ruhe den Schiffen beim Ein- und Auslaufen zuschauen kann. S. 353

12 VIS Wie an einer Perlenkette aufgefädelt säumen viele kleine Buchten mit glasklarem Wasser die Küste von Vis, wo man sich ein bisschen wie Robinson Crusoe fühlen kann. S. 426

DIE HIGHLIGHTS

13 DUBROVNIK Eingebettet zwischen Bucht und Berg und nicht weit von zahlreichen grünen Inseln entfernt liegt Kroatiens meistbesuchte Stadt – die Freiheitsliebende, die bislang allen Winden trotzte. S. 432

14 INSEL KORČULA Auf den Spuren Marco Polos durch die pittoresken Altstadtgassen von Korčula-Stadt bummeln und anschließend in der paradiesischen Bucht von Lumbarda die Füße ins kühle Nass hängen. S. 471

15 TKALČIĆEVA ULICA, ZAGREB In Kroatiens Hauptstadt ist Hektik ein Fremdwort. Dafür gehört das gemütliche Kaffeetrinken zu den Lieblingsbeschäftigungen der Kroaten – eine Tradition, die auf die Habsburgerzeit zurückgeht und besonders gerne in Zagrebs populärster Straße zelebriert wird. S. 492

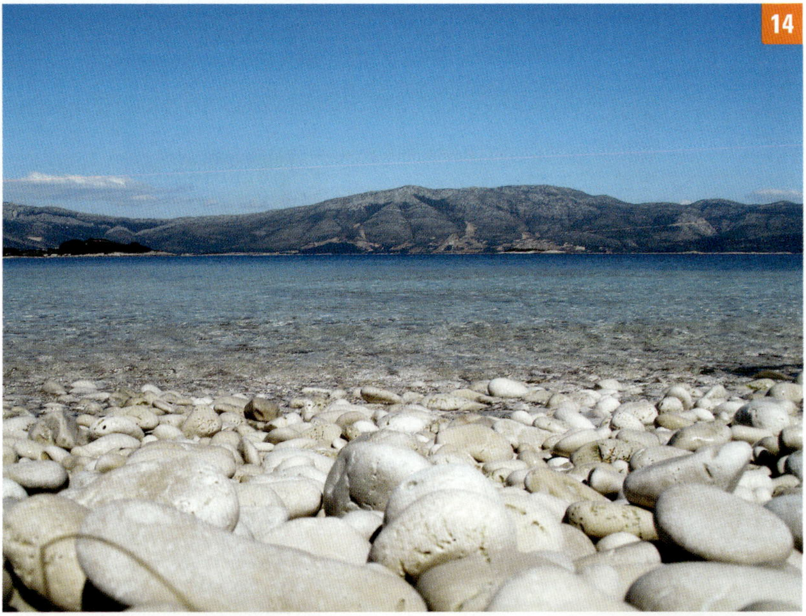

14

© MARTIN ROSENPLÄNTER / SANDRA STRIGL

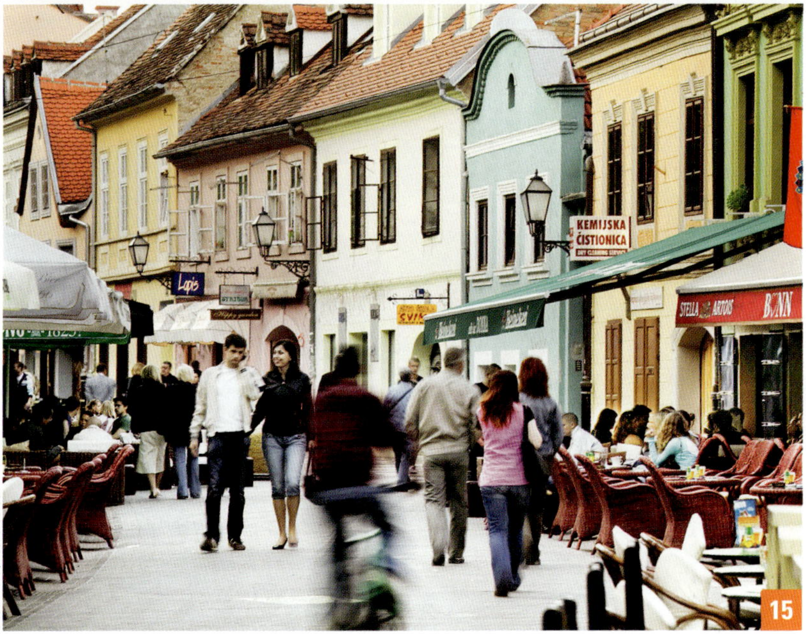

15

© LOOK-FOTO / AGE FOTOSTOCK

© MARTIN ROSENPLÄNTER / SANDRA STRIGL

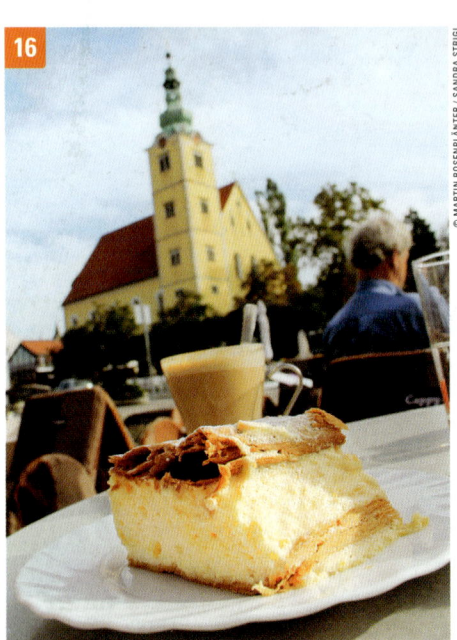

16 **SAMOBOR** Ein Ausflug in das schmucke Samobor ist für viele Hauptstädter der Höhepunkt der Woche – und das nicht nur wegen der heiß geliebten *kremšnita*. S. 507

17 **NATURPARK LONJSKO POLJE** Hier locken nicht nur alte Holzhäuser mit wunderschönen bunten Holzläden, sondern auch das „europäische Storchendorf" Čigoć. S. 519

18 **VARAŽDIN** Die Barockstadt hat mehr als nur makellose Fassaden zu bieten: Zahlreiche Cafés, Restaurants und Geschäfte beleben die Straßen und Plätze der Stadt mit den wohl meisten Radfahrern Kroatiens. S. 535

19 **VUGLEC BREG** Im Land der Burgen in Nordkroatien hat ein Mann sein ausgestorbenes Heimatdorf zu neuem Leben erweckt: Das auf einem Hügel gelegene Vuglec Breg ist ein Paradies zum Entspannen. S. 547

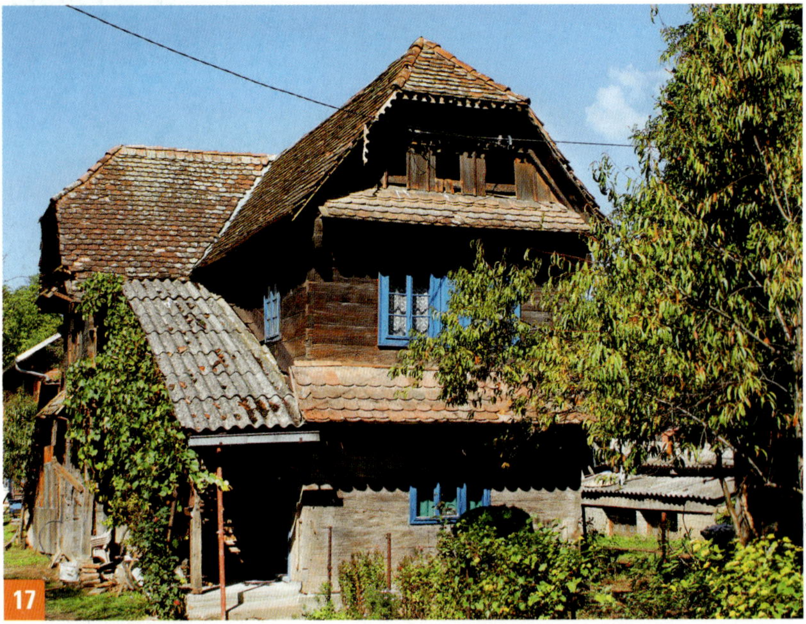

© MARTIN ROSENPLÄNTER / SANDRA STRIGL

DIE HIGHLIGHTS 15

© MARTIN ROSENPLÄNTER / SANDRA STRIGL

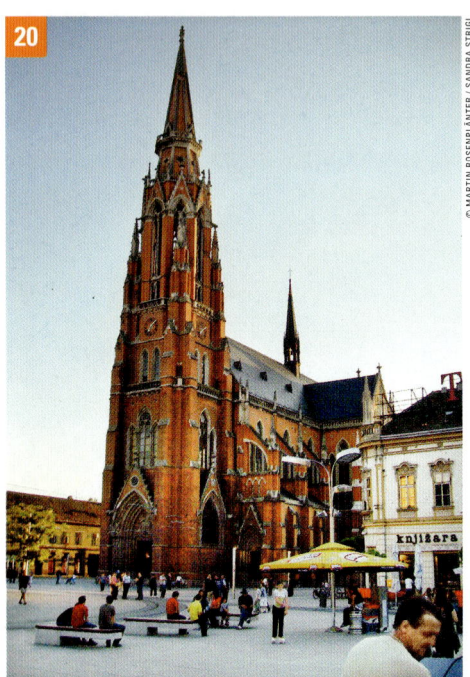

20 **OSIJEK** In Osijek im äußersten Osten des Landes, dort wo die Drau fließt und die Habsburger ihre Paläste und Festungsanlagen hinterlassen haben, weht bereits der Wind vom Balkan über die Grenze. Und beim Löffeln einer *fišpaprikaš* hat man den Geschmack Ungarns auf der Zunge. S. 566

21 **NATURPARK KOPAČKI RIT** Ein paar Kilometer von Osijek entfernt enthüllt Slawonien seine ganze Pracht. In den sumpfigen Wäldern des Naturparks, die mit dem Boot durchquert werden können, fühlen sich nicht nur Vögel ganz in ihrem Element. S. 578

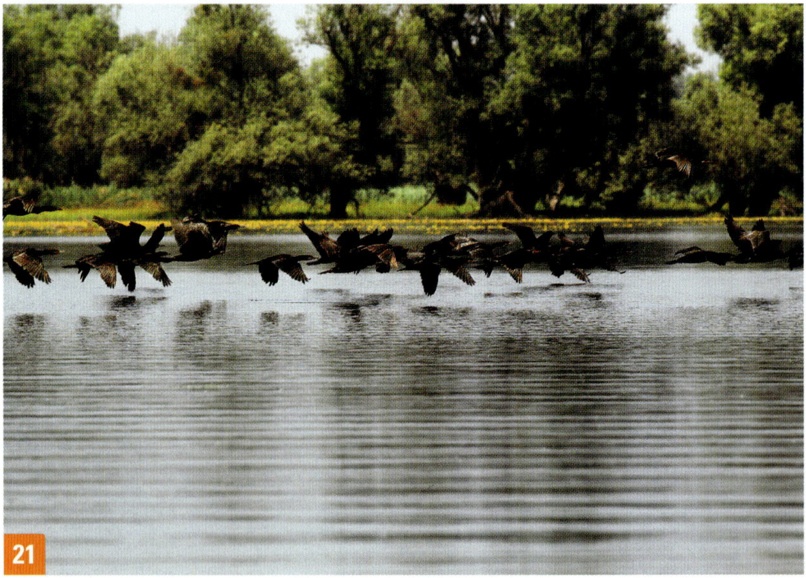

© PICTURE ALLIANCE / PIXSELL / MARKO MRKONJIC

Inhalt

Highlights	2
Reiseziele und Routen	23
Klima und Reisezeit	35
Reisekosten	38

Traveltipps von A bis Z 41

Anreise	42
Botschaften und Konsulate	45
Einkaufen	46
Einreise	47
Essen und Trinken	48
Feste und Feiertage	55
FKK	57
Frauen unterwegs	57
Fotografieren	57
Geld	57
Gepäck und Ausrüstung	58
Gesundheit	58
Informationen	60
Internet und E-Mail	62
Kinder	62
Maße und Elektrizität	63
Medien	63
Öffnungszeiten	64
Post	64
Reisende mit Behinderungen	64
Reiseveranstalter	65
Schwule und Lesben	65
Sicherheit	65
Sport und Aktivitäten	66
Telefon	70
Transport	71
Übernachtung	75
Verhaltenstipps	77

Versicherungen	77
Zeit	78
Zoll	78

Land und Leute 79

Geografie	80
Flora und Fauna	80
Umwelt	83
Bevölkerung und Religion	84
Geschichte	85
Regierung und Politik	94
Wirtschaft	97
Kunst und Kultur	98
Sport	105

Istrien 107

Die Westküste	**110**
Pula	110
Kap Kamenjak	121
Aktiv: Mit dem Fahrrad zum Kap Kamenjak	122
Medulin	124
Fažana	125

INHALT 17

Brijuni-Inseln	126
Rovinj	128
Limski-Kanal	136
Aktiv: Mit dem Kanu durch den Limski-Kanal	137
Vrsar	139
Poreč	142
Novigrad	149
Umag	152
Das Binnenland	154
Brtonigla und Umgebung	155
Grožnjan und Umgebung	157
Oprtalj	159
Livade	159
Motovun	160
Istarske Toplice	162
Buzet	163
Hum, Roč und Kotli	166
Višnjan	167
Grotte Baredine	168
Pazin	168
Gračišće	171
Bale und Umgebung	171
Svetvinčenat	174
Vodnjan und Umgebung	175
Die Ostküste	177
Labin und Rabac	177
Der slowenische Küstenstreifen	181
Piran	181
Koper	182

Vinodol	203
Opatija Riviera	205
Opatija	205
Lovran	209
Mošćenička Draga und Umgebung	210
Aktiv: Von Lovran auf die Spitze des Učka-Gebirges	211
Inseln der Kvarner Bucht	214
Insel Krk	214
Omišalj und Umgebung	214
Malinska	218
Krk-Stadt	219
Punat und Košljun	223
Baška	224
Vrbnik	226
Insel Cres	228
Cres-Stadt	228
Beli	232
Valun	233
Lubenice	233
Martinšćica	235
Osor	235
Insel Lošinj	236
Mali Lošinj	236
Veli Lošinj	240
Nerezine	243
Insel Rab	244
Rab-Stadt	244
Lopar	251

Kvarner Bucht **185**

Rijeka und Umgebung	186
Rijeka	186
Kastav	199
Die Küste südlich von Rijeka	201
Bakar	201
Kraljevica	202
Crikvenica	202

Lika-Karlovac **253**

Karlovac	255
Umgebung von Karlovac	261
Ozalj	261
Ogulin	263
Slunj und Umgebung	265
Lika	266
Nationalpark Plitvicer Seen	266

Gacka	271
Gospić	277
Velebit-Gebirge	278
Aktiv: Auf dem Höhenweg Premužićeva staza	279
Senj und die Küste	**283**
Senj	283
Jablanac	286

Norddalmatien ... 287

Zadar	**288**
Sehenswertes	288
Nördlich von Zadar	**298**
Starigrad-Paklenica	298
Nationalpark Paklenica	300
Nin	301
Insel Vir	**304**
Insel Pag	**305**
Pag-Stadt	306
Kolan und Mandre	309
Novalja	311
Riviera von Zadar	**313**
Biograd und Umgebung	314
Archipel von Zadar	**316**
Insel Ugljan	**316**
Preko	316
Ugljan-Stadt	319
Insel Pašman	**320**
Pašman-Stadt	320
Tkon	320
Dugi Otok	**321**
Božava und der Norden	321
Sali und der Süden	322
Aktiv: Triathlon in den Naturpark Telašćica	323
Von Šibenik bis Knin	**329**
Šibenik	**329**
Sehenswertes	330

Ziele im Hinterland	336
Nationalpark Krka	336
Knin	341
Drniš und Umgebung	341
Umgebung von Šibenik	**341**
Vodice	341
Brodarica und Insel Krapanj	342
Primošten	343
Inselwelt vor Šibenik	**345**
Insel Murter	**345**
Tisno	345
Jezera	346
Murter-Stadt	347
Betina	348
Nationalpark Kornati	**349**

Mitteldalmatien ... 351

Split	**353**
Diokletianpalast	354
Außerhalb des Diokletianpalastes	359
Rund um Split	**373**
Solin	373
Kaštela-Bucht	374
Trogir und Insel Čiovo	374
Seget Vranjica und Marina	380
Sinj und das Cetina-Tal	381
Omiš	383
Makarska Riviera	**384**
Brela	385
Baška Voda	387
Makarska und Umgebung	389
Aktiv: Wanderung auf den Sveti Jure	394
Die Inseln Mitteldalmatiens	**396**
Insel Šolta	**396**
Insel Brač	**397**
Supetar und Umgebung	398
Postira und Pučišća	400

Sumartin	401
Bol	401
Aktiv: Wanderung auf die Vidova Gora	406
Insel Hvar	408
Hvar-Stadt	408
Stari Grad	416
Jelsa	419
Insel Vis	421
Vis-Stadt	422
Buchten an der Südostküste	426
Komiža	427

Süddalmatien — 431

Dubrovnik	432
Sehenswertes	434
Aktiv: Wanderung auf den Berg Srđ	449
Südlich von Dubrovnik – das Konavle	452
Cavtat	452
Čilipi	454
Die Mühlen von Gruda	454
Nördlich von Dubrovnik – das Neretva-Delta	455
Vid	455
Neum	456
Halbinsel Pelješac	456
Ston und Mali Ston	457
Im Herzen des Weinanbaugebietes	458
Orebić	460
Aktiv: Bergwanderung auf den Sveti Ilija	461
Viganj und Lovište	464
Die Inseln Süddalmatiens	465
Insel Korčula	465
Korčula-Stadt	466
Lumbarda	471
Smokvica und Čara	471

Vela Luka	472
Insel Mljet	473
Nationalpark Mljet	474
Babino Polje	475
Saplunara	476
Insel Lastovo	478
Ubli	478
Lastovo	478
Skrivena Luka	479
Ausflug nach Bosnien – Mostar	479
Von der Küste Richtung Mostar	479
Mostar	480
Ausflug nach Montenegro – Herceg Novi	481
Herceg Novi	481
Kotor	481

Zagreb und Zentralkroatien — 483

Zagreb	484
Oberstadt und Kaptol	488
Unterstadt	495
Außerhalb des Stadtzentrums	496
Samobor und Umgebung	507
Aktiv: Über die Burg von Samobor auf den Tepec	511
Durchs Turopolje nach Sisak	514
Sisak	515
Naturpark Lonjsko Polje	519
Aktiv: Am Krapje đol – zwischen Löfflern und Grenztürmen	522
Banovina	524
Bjelovar-Bilogora	525
Bjelovar	525
Daruvar	529
Čazma	530
Ausflug nach Ljubljana (Slowenien)	531

Nordkroatien ... 533

Zagorje ... 534
Varaždin ... 535
Krapina und Krapinske Toplice ... 545
Burg Trakošćan ... 549
Burg Veliki Tabor ... 550
Kumrovec ... 551
Klanjec ... 552
Lepoglava ... 553
Marija Bistrica ... 554
Međimurje ... 554
Čakovec und Umgebung ... 554
Aktiv: Ein Stück auf dem
  Mur-Drauradweg ... 558
Podravina ... 560
Koprivnica ... 560
Hlebine ... 562

Slawonien ... 563

Ostslawonien ... 565
Osijek ... 566
Baranja ... 576
Naturpark Kopački rit ... 578
Vukovar ... 579
Aktiv: Auf dem Donauradweg
  nach Novi Sad ... 583
Ilok ... 587
Vinkovci ... 589
Đakovo ... 591
Mittel- und Westslawonien ... 594
Našice ... 594
Slavonski Brod ... 595
Požega ... 598
Kutjevo ... 599
Nova Gradiška ... 602
Virovitica ... 603

Anhang ... 605

Sprachführer ... 606
Bücher ... 609
Index ... 611
Danksagung ... 621
Bildnachweis ... 622
Impressum ... 623
Kartenverzeichnis ... 624

Reiseatlas ... 625

Themen

Mal tückisch, mal mild – die Winde	35
Die Kunst des Rakija-Brennens	54
Facetten der Geologie	81
Tito – Übervater eines gescheiterten Staates	90
Der Fall Ivo Sanader	96
Istrische Leckerbissen	111
Auf den Spuren von James Joyce	113
Die Geschichte der Hl. Euphemia	130
Bevorzugtes Weinanbaugebiet	156
Die istrische Tonleiter	157
Motovun und der Große Jože	160
Der teuerste Pilz der Welt	164
Romeo und Julia auf Istrisch	168
Jules Vernes Drama an der Paziner Schlucht	169
Das gelbe Gold Istriens	173
Leben wie anno dazumal	176
Die Torpedos von Rijeka	189
Chaos in Rijeka: der Freistaat Fiume	191
Karnevalshochburg Rijeka	194
Dem Luchs auf der Spur im Nationalpark Risnjak	204
Auf römischen Spuren durch Krk	219
Die Frankopanen – große Herrscher auf Krk	222
Glagolitische Schrift	225
Apoximen – archäologischer Sensationsfund	238
Goli Otok – Titos Insel-Lager	250
Ivana Brlić-Mažuranićs Märchenwelt	263
Der Karst	267
Nikola Tesla – das wechselvolle Leben des Wechselstrom-Erfinders	276
Mit der roten Zora durch Senj	285
Auf Winnetous Spuren durch den Zrmanja-Canyon	299
Grgur Ninski gegen den Rest der Welt	302
Erstklassiger Käse von glücklichen Inselschafen	310
Die Festungen von Šibenik	332
Hinterland mit bewegter Geschichte	340
Ein Leben zwischen Sturm und Stein	361
Sehr unterhaltsam: Picigin	370
Lebensraum Biokovo	390
Leuchtendes, duftendes Blau	416
Hvars Garten Eden	417
Dort wo Kroatien endet und Montenegro beginnt	454
Miroslav Krleža – literarischer „Vulkan" aus Zagreb	493
Meštrović in Zagreb	495
Samoborski Fašnik	508
Süße Grüße aus Samobor	510
Das Grauen von Jasenovac	519
Spezialitäten aus Zagorje	542
Auf Titos Spuren	552
Exportartikel mit Geschmack	561
Deutsches Kulturleben im alten Osijek	571
Die Vučedol-Kultur	580
Josip Juraj Strossmayer	592

Reiseziele und Routen

Kroatien ist ein klassisches Reiseland, dessen Tourismusgeschichte schon etwa 150 Jahre zurückreicht. Kein Wunder, ist die kroatische Küste doch ein kleines Paradies mit mehr als tausend vorgelagerten Inseln, kleinen Buchten, imposanten Felsen und wunderbaren Stränden vor türkisleuchtendem Wasser. Schon zu jugoslawischen Zeiten war die Küste ein absolutes Urlaubshighlight, und so kommen viele Kroatienurlauber schon seit ihrer Kindheit hierher. Der Krieg in den 1990er-Jahren hat Kroatien zurückgeworfen, doch seither entwickelt sich das Land in großen Schritten, allen voran im touristischen Sektor.

Kroatien besticht vor allem mit seiner Vielgestaltigkeit auf kleinem Raum: Das sanfthügelige Istrien mit seinen kleinen Bergdörfern und den hübschen Altstädten von Rovinj, Poreč oder Labin, die Kvarner Bucht mit ihren großen Inseln, der Hafenmetropole Rijeka und der noblen Opatija Riviera, das imposante Velebit-Gebirge mit seinen kargen Felsen zum Meer hin, die türkisfarbenen Seen und Wasserfälle von Plitvice und Krka, die zahlreichen Inseln Dalmatiens, dazu die wunderschönen Altstädte von Split, Trogir, Šibenik und Dubrovnik sowie das quirlige und hübsche Zadar lassen wenig Urlauberwünsche offen. Doch es gibt auch ein anderes Kroatien, das den meisten Besuchern weniger bekannt ist: Zagreb ist die lebendige und faszinierende Hauptstadt des Landes mit viel Kultur und Nachtleben, gemütlichen Cafés und quirligem Zeitgeist, die Barockstädte Varaždin und Samobor haben sich für Besucher herausgeputzt, im ländlichen Slawonien mit seinen endlosen Feldern und im Naturpark Lonjsko Polje scheint die Zeit stehen geblieben zu sein.

All das ist vereint in einem Land, das kleiner ist als Bayern. Kroatien ist auch ein beliebtes Ziel für Aktivtouristen, Sport und andere Aktivitäten können gut in den Urlaub integriert werden, sei es mit einer Wanderung in den Bergen, mit einem Tauchkurs oder einer Fahrradtour durch das istrische Binnenland. Die wunderbare Küste mit ihren zahlreichen kleinen Inselchen lässt sich am besten vom Wasser aus erkunden, sei es auf einer der Jadrolinija-Fähren, auf einem Segelboot oder mit einem Seekajak.

Die Kroaten sind also zu Recht stolz auf ihr Land und hissen mit Freude die schöne Flagge mit dem Schachbrett in der Mitte. Besonders beeindruckend ist die Herzlichkeit und Gastfreundschaft der Kroaten, die sich keineswegs auf kommerzielle Interessen reduziert. Wer bei Kroaten zu Besuch ist und hungrig oder durstig vom Tisch aufsteht, hat etwas falsch gemacht. Und Zeit für einen gemütlichen Kaffee oder ein Gläschen selbst gemachten Šljivovic ist bei Kroaten fast immer. Also: Živjeli! (Prost!) Auf Kroatien! Auf nach Kroatien!

Reiseziele

Kroatiens schönste Städte

Wenn auch die meisten Urlaubsreisenden an die Küste drängen, gebührt doch der Hauptstadt **Zagreb** (S. 484) der erste Platz, wenn es um städtisches Leben in Kroatien geht. Unverkennbar hat die österreichisch-ungarische Vergangenheit ihre Spuren in der Stadt hinterlassen, in repräsentativen Bauten wie dem Nationaltheater, der Kathedrale, dem Hauptbahnhof und den Bürgerhäusern am Park Zrinjevac. Hier laufen die Fäden Kroatiens zusammen, hier sind unzählige Galerien und Museen ebenso zu finden wie Kneipen, Live-Clubs und Szene-Bars, hier befindet sich das politische, wirtschaftliche, kulturelle und gesellschaftliche Zentrum des Landes. Wer Zagreb entdecken will, kann das zu jeder Jahreszeit tun. Im Frühling geht man in den zahlreichen Parks der Stadt spazieren, im Sommer springt man tagsüber in den Jarun-See, abends flaniert man durch die hübschen Gassen und sitzt stundenlang auf der Terrasse seines Lieblingscafés. Im Herbst bricht man zu Wanderungen auf dem Hausberg Sljeme auf und genießt anschließend noch heiße Maroni im Stadtzentrum, im Winter kann man die zahlreichen Museen der Stadt erkunden. Zagreb pulsiert und ist auch auf dem Weg zur Küste definitiv einen Abstecher wert.

Das malerischste Städtchen Istriens ist **Rovinj** (S. 128), die Altstadt erhebt sich auf einer Halbinsel über der Adria, an dem höchsten Punkt steht die Kirche der Hl. Euphemia aus dem 18. Jh. Durch die Stadt verlaufen enge Kopfsteinpflastergassen mit schmalen, bunten Häuschen kleinen Geschäften und gemütlichen Caféterrassen mit Blick aufs Meer. Von allen Seiten aus ist die Altstadt-Halbinsel von Rovinj absolut sehenswert – nicht das einzige, aber das bekannteste Schmuckstück unter den kleinen istrischen Städten.

Das norddalmatinische **Zadar** (S. 288) hingegen ist mit seiner hübschen Altstadt und den römischen und frühkroatischen Bauwerken nicht nur ein beliebtes Ausflugsziel, es ist zugleich die lebendigste und innovativste unter den dalmatinischen Städten. An der einen Seite der Promenade legen die großen Fähren nach Italien und zu den vorgelagerten Inseln ab, an der anderen Seite kann man zur Abkühlung ins Wasser springen und der großartigen „Meeresorgel" lauschen. Im Zentrum steht mit Sveti Donat einer der ältesten und eindrucksvollsten Sakralbauten des Landes, viele weitere Kirchen gehen auf das Mittelalter zurück. In der Fußgängerzone, den Restaurants und Cafés geht es zu jeder Jahreszeit geschäftig zu, denn die Universitätsstadt lebt nicht allein vom Tourismus.

Split (S. 353) ist die zweitgrößte Stadt des Landes, die Altstadt ist ein architektonisches

Das Denkmal für Touristen in Makarska steht für die Beliebtheit der Makarska Riviera.

Die malerischsten Orte

In ganz Kroatien gibt es kleine malerische Städtchen und Dörfer, die viel vom Reiz des Landes ausmachen. Im istrischen Binnenland liegen zahlreiche mittelalterliche Orte auf den Hügelspitzen, das bekannteste davon ist Motovun. Doch auch auf den kroatischen Inseln haben sich wunderschöne Städtchen versteckt, deren Entdeckung lohnt. Und nicht zuletzt locken im Binnenland wunderschön gelegene, reizvolle Städtchen, zum Teil umgeben von herrlichen Naturlandschaften.

- **Bakar** Das Fischerdörfchen in der gleichnamigen Bucht bei Rijeka war dank eines Kohlekraftwerks lange vom Tourismus abgeschnitten. S. 201
- **Bale** Zahlreiche Kunstgalerien locken in das unter Denkmalschutz stehende Ortszentrum. S. 171
- **Betina** Das sanft auf einem kleinen Hügel gelegene Örtchen Betina auf Murter ist vor allem bei Seglern sehr beliebt. S. 348
- **Brna** Das romantische Küstenörtchen in einer engen Bucht auf Korčula gehört noch zu den Geheimtipps. S. 472
- **Čigoć** Das Storchendorf im Naturpark Lonjsko Polje entführt mit seinen alten Holzhäusern in längst vergangene Zeiten. S. 519
- **Grožnjan** In den malerischen Gassen des Künstlerdorfs herrscht eine ganz besondere Atmosphäre. S. 157
- **Ilok** Die hoch über der Donau aufragende östlichste Stadt des Landes blickt auf eine lange Geschichte zurück. S. 587
- **Kastav** Traditionsreich, lebendig und sehr malerisch präsentiert sich das kleine Örtchen in den Bergen oberhalb von Rijeka. S. 199
- **Labin** Eine eher unbekannte, aber außergewöhnliche Schönheit unter den istrischen Städtchen. S. 177
- **Motovun** Mit seiner Stadtbefestigung und dem atemberaubenden Blick ins Mirna-Tal einer der zauberhaftesten Orte Istriens. S. 160
- **Slunj** Durch seinen von Wasserfällen und Mühlen geprägten Stadtteil Rastoke ist Slunj auf jeden Fall einen Ausflug wert. S. 265
- **Ston** Der Ort auf der Halbinsel Pelješac verfügt über eine beeindruckende Stadtmauer, die über einen Berg hinweg beide Stadtteile miteinander verbindet. S. 457
- **Vrbnik** Enge, gewundene Gassen ziehen sich durch das hoch über dem Meer gelegene Örtchen auf Krk. S. 226

Phänomen: Hier baute sich der aus Dalmatien stammende spätrömische Kaiser Diokletian einen riesigen Palast als Ruhesitz, nach der römischen Zeit bildete sich in und um den Palast das heutige Stadtzentrum von Split. Die Altstadt wird bis heute durch die Außenmauern des Diokletianpalasts begrenzt. Split besticht durch seine außergewöhnliche Architektur, aber auch durch seinen urbanen Geist und ein reiches Nachtleben.

Außergewöhnlich ist auch **Dubrovnik** (S. 432), das oft als „Perle der Adria" bezeichnet wird und das beliebteste Ziel für Touristen in Kroatien darstellt. Die massiven Mauern um die Stadt zeugen von der Wehrhaftigkeit der ehemaligen Republik Ragusa, die sich gegen Mongolen, Osmanen und Venezianer behaupten konnte. Dubrovnik war über Jahrhunderte hinweg Zentrum kroatischer Kultur, die Herausbildung der kroatischen Sprache und Literatur ist eng mit der Stadt verbunden. Wer heute durch die Altstadt mit ihren historischen Kirchen und Palästen spaziert, spürt etwas von diesem kulturellen und freiheitlichen Geist Dubrovniks.

Ganz am anderen Ende Kroatiens liegt eine ganz besondere Stadt, die slawonische Hauptstadt **Osijek** (S. 566). Wie vielleicht keine andere kroatische Stadt trägt Osijek die Spuren der habsburgischen Vergangenheit in sich. Die Stadt bildete sich nach Ende der osmanischen Herrschaft um eine österreichische Festung herum, die als Stadtteil Tvrđa die eigentliche Altstadt darstellt. Westlich und östlich der Festung entstanden am Fluss Drau die beiden bürgerlichen Stadtteile Oberstadt und Unterstadt. Die Oberstadt mit der riesigen Kirche des Hl. Peter und Paul, dem Nationaltheater und anderen repräsentativen Bauten sowie einer schönen Flusspromenade bildet das Zentrum des modernen Osijek. Die Universitätsstadt besticht außerdem mit ausgedehnten Parkanlagen und einer Prachtallee aus Habsburgerzeiten, welche die verschiedenen Stadtviertel miteinander verbinden.

Nationalparks und Naturschutzgebiete

Kroatien verfügt über acht National- und elf Naturparks, durch welche die herausragendsten Naturlandschaften des Landes unter Schutz gestellt werden. Der bekannteste Nationalpark sind die **Plitvicer Seen** (S. 266). In der Region Lika gelegen, steht Plitvice für unzählige türkisfarbene Seen und Wasserfälle, eingebettet in eine bewaldete hügelige Karstlandschaft. Neben der bekannten Touristenrundtour sind im Nationalpark auch unbekanntere Gebiete wie das Urwaldgebiet Čorkova uvala zu finden. Die Plitvicer Seen sind das einzige Unesco-Weltnaturerbe auf kroatischem Boden.

Etwas weniger bekannt, aber nicht weniger eindrucksvoll ist der dalmatinische Nationalpark **Krka** (S. 336). Auch hier ziehen sich Seen, Flüsse und Wasserfälle durch die Karstland-

> **Plätze zur Vogelbeobachtung**
>
> Ornithologen kommen in Kroatien voll und ganz auf ihre Kosten.
> - **Kopački rit** Hier sieht man verschiedene Reiherarten und mit etwas Glück auch einen Seeadler. S. 578
> - **Naturpark Lonjsko Polje** Hier lassen sich Störche, Löffler und andere Wasservögel beobachten. S. 519
> - **Vransko jezero** Das Zuhause für unzählige Vogelarten wie Reiher, Rohrdommeln, Wasserhühner und Falken eignet sich hervorragend zum Birdwatching. S. 314

schaft, beim großen Wasserfall Skradinski buk darf man sogar baden. Fährt man mit dem Boot den Fluss Krka aufwärts, erreicht man die Klosterinsel Visovac.

Die besonderen Inselwelten der Adria wurden mit dem Nationalpark **Mljet** (S. 474), dem Naturpark **Lastovo** (S. 478), dem Naturpark **Telašćica** (S. 322) auf Dugi Otok und dem Nationalpark **Kornati** (S. 349) mit seinen unzähligen kleinen Inselchen unter Schutz gestellt. Eine Besonderheit stellt zudem der **Nationalpark Brijuni** (S. 126) dar. Auf der Inselgruppe vor der istrischen Küste sind zahlreiche seltene Tier- und Pflanzenarten beheimatet, zudem errichtete Tito hier einst seine Sommerresidenz. Einige der bei Staatsbesuchen mitgebrachten exotischen Tiere leben bis heute auf den Brijuni-Inseln.

Gleich mehrere Schutzgebiete befinden sich in den kroatischen Gebirgen. So ist das komplette Gebiet des **Velebit-Gebirges** (S. 278) als Naturpark unter Schutz gestellt, darin befinden sich wiederum die Nationalparks **Paklenica** (S. 300) und **Nördliches Velebit** (S. 282). Der Naturpark **Biokovo** (S. 390) schützt die Natur des kargen Gebirges an der dalmatinischen Küste, der Naturpark **Učka** (S. 211) das Bergmassiv an der Ostküste Istriens. Die naturbelassenen kroatischen Mittelgebirge im Binnenland sind im Nationalpark **Risnjak** (S. 204) und den Naturparks **Medvednica** (S. 497), **Papuk** (S. 599) und **Žumberak-Samoborsko gorje** (S. 508) zu besuchen. Der **Vransko jezero** (S. 314) bei Zadar ist als großer Salzwassersee direkt hinter der Adriaküste ein Paradies für seltene Vogelarten und daher als Naturpark geschützt. Seltene Vögel finden sich auch in den Sumpfgebieten der Naturparks **Kopački rit** (S. 578) bei Osijek und **Lonjsko Polje** (S. 519) bei Sisak.

Inselparadiese

Die über tausend Inseln vor der kroatischen Küste bieten Besuchern schier ungeahnte Möglichkeiten und Abwechslung. Wer organisierten Tourismus, eine breite Auswahl an Hotels und Unterkünften und ein reges Nachtleben sucht, wird auf den größeren Inseln wie **Krk** (S. 214), **Rab** (S. 244), **Hvar** (S. 408) und **Korčula** (S. 465)

Die Insel Lošinj ist bekannt für ihre traumhaften Badebuchten.

fündig. Wen es in einsame Natur zieht, dem sei **Cres** (S. 228) empfohlen, zudem die zahlreichen kleineren Inseln Dalmatiens. Für Naturfreunde gilt die Faustregel: Je weiter die Insel vom Festland entfernt und je schwerer sie zu erreichen ist, desto naturbelassener ist sie. Für das Einsame-Insel-Gefühl sind also zum Beispiel die zahlreichen **Inselchen vor der Küste von Zadar** (S. 316) geeignet, die zum Teil sogar mit Fähren zu erreichen sind. Absolut außergewöhnlich ist die Insel **Pag** (S. 305), die über eine Brücke mit dem Festland verbunden ist. Von den schönen Buchten der Insel aus ist die felsig-urtümliche Halbinsel um Metajna zu sehen, hinter dieser Mondlandschaft erhebt sich das Velebit-Gebirge. Die Stars von Pag sind die Inselschafe, durch deren Milch der Geschmack von sturmerprobten mediterranen Kräutern und Meeressalz seinen Weg in den berühmten Pager Käse findet. Die Insel **Dugi Otok** (S. 321) teilt sich in einen eher touristischen Nordteil und den Südteil mit der als Naturpark geschützten Bucht Telašćica, wo man den Blick von hohen Klippen aufs Meer genießen, aber auch fantastische Badestellen finden kann. Wer ganz viele Inseln auf einmal besuchen will, kann eine Bootstour durch den **Nationalpark Kornati** (S. 349) machen, einer Ansammlung zahlreicher kleiner und kleinster Inseln vor der norddalmatinischen Küste. Von den größeren Inseln Mitteldalmatiens ist **Vis** (S. 421) ein echter Geheimtipp, die

Die schönsten Strände

An schönen Stränden mangelt es nicht in Kroatien, die meisten sind eher steinig oder felsig, Sandstrände sind die Ausnahme. Man findet sie z. B. in Süddalmatien auf der Insel **Lopud**, auf **Mljet** und **Lastovo** sowie bei **Dubrovnik**, in Norddalmatien auf der Insel **Pag** und in der Umgebung von **Nin** sowie in der Kvarner Bucht auf **Lošinj** und **Rab**, z. B. bei Lopar. Der bekannteste Strand des Landes ist der Kieselstrand Zlatni rat (Goldenes Horn) auf der Insel **Brač**, der wie eine Landzunge ins Meer ragt und vor allem von oben eine Augenweide darstellt. Zauberhafte versteckte Badebuchten sind auf den dalmatinischen Inseln zu finden, z. B. auf **Korčula** oder **Vis**. Auch Istrien hat wunderschöne Naturstrände zu bieten, so auf der Halbinsel **Kamenjak**, südlich von Pula.

Insel war in jugoslawischen Zeiten militärisches Sperrgebiet, sodass Vis lange Zeit vom Tourismus abgeschirmt war. In Süddalmatien punktet **Korčula** (S. 465) mit herrlichen Stränden und einer schönen Altstadt, **Mljet** (S. 473) mit einem Inselsee und einer Klosterinsel darin, das naturbelassene **Lastovo** (S. 478) ist der Geheimtipp in dieser Region.

Kroatien aktiv

Egal zu welcher Jahreszeit, egal in welchem Teil Kroatiens: Aktivurlauber kommen hier voll auf ihre Kosten (S. 66). Wunderbare **Wandergebiete** liegen in den Bergen entlang der Küste und auf den Inseln, einen fantastischen Ausblick kann man beispielsweise vom Sveti Ilija auf der Halbinsel Pelješac genießen, oberhalb vom Goldenen Horn bei Bol auf Brač erhebt sich der absolut erwandernswerte Berg Vidova Gora, mit 778 m der höchste Berg der kroatischen Inseln. Die Hochgebirge Biokovo und Velebit sind eher etwas für erfahrene Bergwanderer, über den Gipfelkamm des Velebit führt der über 50 km lange Fernwanderweg Premužićeva staza mit unbeschreiblicher Sicht auf die Adria und die vorgelagerten Inseln. Im Landesinneren von Kroatien laden die Hügellandschaft um Samobor, das Umland von Karlovac und der Sljeme bei Zagreb zu ausgedehnten Wanderungen ein.

Wer gerne auf zwei Rädern unterwegs ist, hat eine große Auswahl an Angeboten in Kroatien. Vorreiter in Sachen **Radtourismus** ist die Stadt Varaždin in Nordkroatien, aber auch in Istrien gibt es unzählige Angebote. Einen speziellen Charme verbreitet dabei die Parenzana, eine einst als Eisenbahnstrecke von Poreč nach Triest gebaute Route, die heute als internationaler Radweg dient. Freunde von Mountainbike-Touren werden in den Gebirgen wie Velebit und Učka ein geeignetes Terrain finden.

Die lange kroatische Adriaküste ist natürlich eine ideale Destination für alle **Wassersportler**, wer tauchen möchte, kann zwischen einfachem Schnorcheln, Korallen- und Wracktauchen wählen, attraktive Angebote gibt es auch für Segler und Windsurfer.

Reiserouten

Kroatien für Einsteiger

■ 7 Tage

Wer in einer Woche echtes Kroatien-Feeling bekommen möchte, sollte folgende Elemente im Programm haben: schöne Badestrände, historische Städte mit schönen Uferpromenaden, eine Fährfahrt, Aufenthalt auf einer Insel und einen Ausflug ins Binnenland oder ins Hinterland der Küste. Diese Tour ist natürlich an allen Teilen der Küste möglich, hier wird ein Beispiel für Dalmatien durchgespielt, das sowohl mit dem eigenen Auto als auch mit öffentlichen Verkehrsmitteln machbar ist. Angenehm ist es, eine feste Übernachtungsstation zu haben und von dort aus Ausflüge zu machen.

Ausgangspunkt ist die Region von Šibenik, das mit dem Auto, Bus oder dem Flugzeug (Flughafen Split oder Zadar) zu erreichen ist. Für die Übernachtung bietet sich die Küste südlich von Šibenik an, z. B. das hübsche und gut angebundene **Brodarica** (S. 342). Einen Tag Zeit sollte man sich für die historische **Altstadt von Šibenik** (S. 329) mit ihrer beeindruckenden Kathedrale, vier Festungsanlagen und hübschen Altstadtgassen nehmen. Wer weitere Städte kennenlernen möchte, kann nach **Split** (S. 353) oder **Zadar** (S. 288) fahren. Die schönen Badestrände findet man entlang der gesamten Küste, beispielsweise auf der **Halbinsel Solaris** (S. 332), in **Primošten** (S. 343), **Vodice** (S. 341) oder in Brodarica selbst. Wer ausgehen will, kann nach Vodice oder Primošten fahren, aber auch in Brodarica gibt es Strandclubs. Je nach Lust und Laune setzt man mit einem kleinen Boot von Brodarica auf die Schwammtaucherinsel **Krapanj** (S. 342) über, wer weiter und mit größeren Fähren fahren möchte, hat von Šibenik die Wahl zwischen verschiedenen Inseln, z. B. **Kaprije** (S. 350) und **Žirje** (S. 350). Auf allen Inseln kann man auch übernachten. Für den Ausflug ins Hinterland bietet sich der **Nationalpark Krka** (S. 336) an, der auch mit dem Bus (nach Skradin) zu erreichen ist.

Schlösser und Altstädte im Binnenland

■ 7–10 Tage

Wer das barocke Kroatien für sich entdecken und die Schlösser und hübschen Altstädte des Binnenlandes erkunden möchte, sollte eine kombinierte Tour in den Regionen Zagorje und Slawonien planen. Dazu bietet sich die Fahrt mit dem eigenen Auto an.

Die Route beginnt in **Zagreb** (S. 484) mit seiner lebendigen Innenstadt und seinem reichen kulturellen Leben. Von dort geht es in die Region Zagorje, wo die beiden schönsten Schlösser der Region, **Veliki Tabor** (S. 550) und **Trakošćan** (S. 549) besichtigt werden. Nächste Station ist das wunderschön herausgeputzte Barockstädtchen **Varaždin** (S. 535) mit seiner prächtigen Festungsanlage. Hier kann man auch übernachten. Auf etwa 150 km Fahrt geht es nach Slawonien, zunächst nach **Našice** (S. 594), wo man das gewaltige Schloss der Grafen Pejačević mit zugehöriger Parkanlage besucht. Weiter führt die Route in die slawonische Hauptstadt **Osijek** (S. 566) mit ihrer massiven habsburgischen Festungsanlage, der lebendigen Oberstadt und viel kulturellem Leben. Das nahe gelegene **Vukovar** (S. 579) wird zumeist mit dem Krieg der 1990er-Jahre assoziiert, doch steht hier auch (frisch renoviert) eines der schönsten Barockschlösser des Landes, das **Schloss Eltz** (S. 581). Auch im Zentrum finden sich zahlreiche historische Gebäude, dazu kann man an der Donaupromenade flanieren. Auf dem Rückweg lohnt ein Stopp in **Đakovo** (S. 591) mit seiner imposanten Kathedrale aus dem 19. Jh. Freunde von Festungsanlagen können eine Pause in **Slavonski Brod** (S. 595) einlegen, und wer es auf einen guten slawonischen Graševina (Weißwein) abgese-

Sehenswerte Kirchen

Kroatien ist reich an alten und wunderschönen Gotteshäusern, wobei sich die ältesten Sakralbauten an der Küste befinden. Auch viele kleine Dorfkirchen sind wahre Schmuckstücke, seien es die kleinen Steinkirchen in den istrischen Dörfern, die barocken Dorfkirchen Nordkroatiens und Slawoniens oder die Holzkapellen im Naturpark Lonjsko Polje.

- **Euphrasius-Basilika, Poreč** Die bereits im 6. Jh. errichtete Kirche in Poreč zählt zu den am besten erhaltenen frühbyzantinischen Kirchen in Europa und ist heute Unesco-Weltkulturerbe. S. 145
- **Kathedrale des Hl. Jakob, Šibenik** Mächtig und eindrucksvoll ist die vielleicht schönste Kirche des Landes, die vom Baumeister Juraj Dalmatinac errichtet wurde. S. 331
- **Kathedrale Mariä Himmelfahrt, Zagreb** In der wuchtigen neugotischen Kathedrale erhielt der bekannte Kardinal Alojzije Stepinac seine letzte Ruhestätte. S. 493
- **Kathedrale von Đakovo** In dem beschaulichen Städtchen Đakovo in Slawonien steht eine mächtige Backstein-Kathedrale aus dem 19. Jh., die der berühmte Bischof Josip Juraj Strossmayer errichten ließ. S. 591
- **Markuskirche, Zagreb** Die mittelalterliche Kirche mit dem berühmten Dach, das die Wappen der kroatischen Regionen trägt, ist das Wahrzeichen der Stadt. S. 490
- **Sveti Donat, Zadar** Der vorromanische Rundkirchenbau erinnert an byzantinische Kirchen. S. 293
- **Sveti Križ, Nin** Die winzige, vorromanische Kathedrale diente unter anderem auch als Kalender und Sonnenuhr. S. 302

hen hat, sollte in **Kutjevo** (S. 599) Station machen, wo das größte Weingut in einem hübschen Schloss zu finden ist. Wer nach der Rückkehr nach Zagreb noch Lust und Zeit hat, kann einen Abstecher ins idyllische Städtchen **Samobor** (S. 507) unternehmen und dort die pittoreske Altstadt in sanfter Hügellandschaft und die regionale Spezialität, eine Cremeschnitte (Kasten S. 510), genießen.

Die Küste von Nord nach Süd

- 2–4 Wochen

Eine ausgesprochen beliebte, längere Reiseroute ist die Fahrt entlang der gesamten kroatischen Adriaküste von der slowenischen bis zur montenegrinischen Grenze. Die Strecke ist über 800 km lang, je nach Energie kann man die Küstenmagistrale mit ihren schönen Ausblicken aufs Meer oder die bequemere und schnellere Autobahn nehmen. Wie viele Tage man einplanen sollte, hängt mit der Länge der Etappen und der Zahl der geplanten Zwischenstopps und Ausflüge zusammen. Wer die Strecke in weniger als einer Woche fahren will, wird das schaffen, aber nur mit erheblichem Stress. An Hotels und anderen Übernachtungsmöglichkeiten mangelt es auf der Strecke nicht. Wer flexibel sein will, kann die Campingplätze an der Küste ansteuern, aber auch Privatunterkünfte oder Hotelübernachtungen sind zum Teil auch ohne vorherige Buchung zu bekommen (in der Hauptsaison allerdings zu gehobenen Preisen). Bei der Unterkunftssuche können auch die Touristeninformationen helfen.

Die Route beginnt an der slowenischen Grenze in der Nähe von **Buje** (S. 159). Zunächst geht es in Istrien südlich Richtung Pula (eine Küstenstraße gibt es hier nicht), dabei bieten sich Zwischenstopps in **Poreč** (S. 142) und **Rovinj** (S. 128) an, auch **Vrsar** (S. 139) lohnt einen Abstecher. In **Pula** (S. 110) gilt es das römische Amphitheater und andere römische Bauten zu besichtigen, wer noch weiter fahren will, kann an der **Halbinsel Kamenjak** (S. 121) bei Premantura ins Meer springen. Vom südlichsten Zipfel Istriens aus lässt es sich gut gedanklich auf die weitere Reise einstimmen.

Von Pula aus geht es nach Nordosten Richtung Rijeka, wobei **Labin** (S. 177) und das mondäne Seebad **Opatija** (S. 205) einen Zwischenstopp lohnen. In **Rijeka** (S. 186) sollte man sich für einen Bummel über den Korzo Zeit nehmen und die hübsche Kirche Sv. Vid besuchen. Wer einen Ausflug machen möchte, kann zur **Festung Trsat** (S. 191) fahren, wo sich auch ein Marienwallfahrtsort befindet, oder ins oberhalb gelegene Städtchen **Kastav** (S. 199). Von Rijeka geht es weiter Richtung Dalmatien, vorbei an den Touristenhochburgen **Crikvenica** (S. 202) und **Novi Vinodolski** (S. 203) und der schroffen Küste um **Senj** (S. 283) mit der berühmten Festung Nehaj, eindrucksvolles Relikt der Uskokenzeit. Die alte Piratenstadt ist unbedingt einen Zwischenstopp wert. Wer möchte, kann einen Abstecher ins **Velebit-Gebirge** (S. 278) machen, z. B. in den **Nationalpark Paklenica** (S. 300).

Die erste große Stadt in Dalmatien ist **Zadar** (S. 288), die lebendige Stadt ist ein absolutes Highlight an der kroatischen Küste. Von hier kann man Ausflüge nach **Nin** (S. 301), auf die **Insel Pag** (S. 305) oder zu den vorgelagerten Inseln, z. B. **Ugljan** (S. 316), **Pašman** (S. 320) und **Dugi Otok** (S. 321), unternehmen. Nächster Pflichthalt an der dalmatinischen Küste ist **Šibenik** (S. 329) mit seiner hübschen Altstadt und der Kathedrale des Hl. Jakob. Ausflüge von Šibenik könnten in den **Nationalpark Krka** (S. 336), auf die **Insel Murter** (S. 345) oder die **Kornaten** (S. 349) gehen.

Die wichtigsten Ziele an der mitteldalmatinischen Küste sind **Trogir** (S. 374) mit seiner harmonisch schönen Altstadt und das lebendige **Split** (S. 353) mit dem berühmten Diokletianpalast. Ausflüge bieten sich auf die Inseln **Hvar** (S. 408) und **Brač** (S. 397) oder in die Römerstadt **Solin** (S. 373) an. Südlich von Split ist das zwischen massiven Felswänden gelegene **Omiš** (S. 383) einen Zwischenstopp wert, wer schöne Strände sucht, wird sie an der **Makarska Riviera** (S. 384) finden, etwa in **Brela** (S. 385) oder **Baška**

www.stefan-loose.de/kroatien **REISEROUTEN** | Die Küste von Nord nach Süd 31

Spektakulär am Berg gelegen ist die Altstadt von Omiš, südlich von Split.

Voda (S. 387). In großen Schritten geht es in Richtung Dubrovnik, auf dem Weg kann man einen Ausflug zur bergigen **Halbinsel Pelješac** (S. 456) machen, die für ihren Wein und ihre Muscheln bekannt ist. In **Dubrovnik** (S. 432) schließlich sollte man sich Zeit für die atemberaubende Altstadt nehmen und einen Spaziergang auf den Stadtmauern machen. Wer die komplette Küste abfahren möchte, fährt weiter Richtung Süden, kann einen angenehmen Zwischenstopp in **Cavtat** (S. 452) einlegen und den schönen Ausblick am südlichsten Zipfel Kroatiens, der **Halbinsel Prevlaka** (S. 454), genießen. Und wenn man schon mal hier ist, kann man auch die Nase nach **Montenegro** rüberstrecken, z. B. nach Herceg-Novi oder nach Kotor.

Inselhopping

Wer in seinem Kroatienurlaub mehr als eine Insel erkunden möchte, kann das aufgrund der exzellenten Fährverbindungen problemlos tun. Einige der Fähren sind nur für Passagiere geeignet, andere transportieren auch Autos. Die Inselhopping-Route in der Kvarner Bucht ist so konzipiert, dass man das eigene Auto mitnehmen kann. In Dalmatien ist das nicht möglich, da ist man auf die Personenfähren angewiesen.

Kvarner Bucht und Pag
■ 10–14 Tage

Die Route beginnt auf dem istrischen Festland. Mit der Fähre von **Brestova** nach Porozina erreicht man die **Insel Cres** (S. 228). Hier kann man die Inselhauptstadt Cres besuchen und Wanderausflüge auf der rauen Insel unternehmen, wer es sanfter mag, kann auf die südlich gelegene Schwesterinsel **Lošinj** (S. 236) mit ihren schönen Badebuchten und den Kapitänsorten Mali und Veli Lošinj fahren. Von Merag aus Cres erreicht man mit der Fähre den Ort Valbiska auf **Krk** (S. 214). Von dort ist es nicht mehr weit zur malerischen und geschichtsträchtigen Inselhauptstadt Krk, weitere Ausflüge lohnen nach Baška, wo ein fantastischer Strand lockt, und Vrbnik. Zurück in Valbiska, nimmt man die Fährverbindung zur Insel **Rab** (S. 244), die mit ihrer vieltürmigen Inselhauptstadt und den wunderschönen Buchten und Sandstränden bei Lopar bezaubert. Von Rab muss man kurz zurück ans Festland, nämlich mit der Fähre von Mišnjak nach **Stinica**, ehe man etwas südlich erneut mit der Fähre von **Prizna** nach Žigljen auf der Insel **Pag** (S. 305) übersetzt. Pag ist bekannt für seine raue und felsige Natur, seine schönen Steinstrände entlang der gesamten Küste und natürlich für den Pager Käse. Sehenswert ist u. a. die Inselhauptstadt Pag. Wer jetzt genug von Inseln hat, kann einen Ausflug nach **Zadar** (S. 288) machen und anschließend auf dem Landweg zurückkehren.

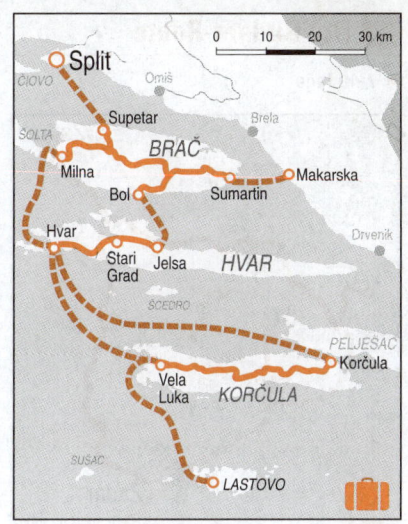

Dalmatien
■ 10–14 Tage

Für Inselhopping in Dalmatien bieten sich vor allem Mittel- und Süddalmatien an. In Norddalmatien gibt es zwar Unmengen kleiner Inselchen, die jedoch oft nicht untereinander verbunden, sondern nur von Zadar aus zu erreichen sind. In Mittel- und Süddalmatien ist man auf Personenfähren angewiesen, um von Insel zu Insel zu springen, d. h. auf den Inseln selbst reist man mit öffentlichen Transportmitteln wie Bussen.

Die Route beginnt in **Split** (S. 353) mit seinen zahlreichen Fährverbindungen und führt zunächst nach Supetar auf **Brač** (S. 397), wahlweise kann man auch die Fähre von Makarska nach Sumartin wählen, beide sind übrigens auch Autofähren, man kann sein Auto also alternativ auch auf Brač stehen lassen. Brač ist vor allem eine große, naturbelassene Insel mit einigen schönen kleineren Orten, bei Bol liegt das Goldene Horn (Zlatni rat), der bekannteste Strand Kroatiens, doch auch an anderen Stellen kann man auf Brač wunderbar baden. Das nächste Ziel ist **Hvar** (S. 408), das mit der Personenfähre entweder von Bol nach Jelsa oder von Milna nach Hvar-Stadt zu erreichen ist. Hvar ist bekannt für seinen Lavendel, der relativ früh im Sommer blüht. Die historische Altstadt von Hvar (bekannt auch als Jetset-Hauptstadt Kroatiens) und das etwas ruhigere Stari Grad sind einen Besuch wert. Von Hvar-Stadt aus kann man mit zwei Personenfähren die Insel **Korčula** (S. 465) erreichen, eine steuert Vela Luka an, die andere Korčula-Stadt. Korčula ist eine Insel mit wunderschöner Natur, herrlichen Stränden mit kristallklarem Wasser und besticht zudem mit einer lebendigen, historischen Inselhauptstadt. Von Vela Luka aus geht es zur letzten Insel der Tour, nach **Lastovo** (S. 478). Die kleine Insel und der umliegende Archipel wurden 2006 zum Naturpark erklärt und sind vom Massentourismus noch unberührt, was man daran erkennt, dass es nur ein einziges Hotel auf der Insel gibt. Wer die naturbelassene Adria kennenlernen will, kann hier die Seele baumeln lassen, bevor es mit der Fähre zurück nach Split geht.

€ Die Budget-Route

■ 7–10 Tage

Kroatien ist kein preiswertes Reiseland. Doch auch mit schmalem Geldbeutel und ohne eigenes Auto kann man das Land erkunden. In vielen größeren Orten (und in allen Orten auf dieser Route) kann man in Hostels oder Jugendherbergen übernachten, das Bett im Schlafsaal kostet in der Hauptsaison zwischen 120 und 150 Kn. Wer mit Zelt unterwegs ist, kann (außer in Zagreb) auf zahlreichen Campingplätzen bequem zelten und spart dabei noch etwas mehr Geld. Die Touristentaxe von 7 Kn pro Nacht muss man bei den Planungen auf jeden Fall mit berücksichtigen. Wer beim Essen Geld sparen will, kann sich in Bäckereien mit Snacks, an Fast-Food-Ständen mit Fleischgerichten und auf den Märkten mit Obst und Gemüse versorgen. Wer essen gehen möchte, findet etwa in Pizzerien bezahlbares Essen. Die beste, weil flexibelste Art zu reisen, ist der Fernbus.

Die Tour beginnt in der quirligen Hauptstadt **Zagreb** (S. 484) mit ihrem breiten Kulturangebot und Nachtleben, eine Tasse Kaffee in der Tkalčićeva ulica und ein Kaltgetränk am Abend sollte das Reisebudget schon hergeben. Auch der Eintritt in die zahlreichen Museen und Galerien ist nicht teuer. Weiter geht es mit dem Bus nach **Pula** (S. 110), mit etwas Glück schon ab 105 Kn, wo man kostenlos das römische Amphitheater von außen anschauen und den Ausblick vom venezianischen Kastell aus genießen kann. Am nächsten Tag geht es für einen Tagesausflug nach **Rovinj** (S. 128) (Hin- und Rückfahrt ca. 60 Kn), wo man die hübsche Altstadt bewundern, durch die engen Straßen schlendern und baden gehen kann. Zu einem richtigen Kroatien-Urlaub gehört eine Fahrt auf einer der Fähren (Tipp: Es gibt exzellenten und günstigen Kaffee auf den Fähren), und so geht es mit der Personenfähre von Pula nach **Mali Lošinj** (S. 236) für rund 100 Kn. Dort findet man wunderschöne Strände und eine angenehme kleine Altstadt mit schöner Promenade. Übernachten kann man in der Jugendherberge im nahen **Veli Lošinj** (S. 240) – die Fahrt kostet 12 Kn, Jugendherberge unbedingt vorher reservieren! Wer Lust auf einen Ausflug von hier hat, kann sich zur Schwesterinsel **Cres** (S. 228) aufmachen und entweder die gleichnamige Inselhauptstadt besuchen (Hin- und Rückfahrt 82 Kn) oder eine Wanderung über die bergige Insel machen. Von Mali Lošinj aus geht es erneut mit der Personenfähre weiter nach **Zadar** (S. 288) (100 Kn), wo man die römischen und altkroatischen Bauten im Zentrum bestaunen, dem Klang der „Meeresorgel" lauschen und abends die Installation „Gruß an die Sonne" sowie den einzigartigen Sonnenuntergang genießen kann. Wenn noch Samstag und Hauptsaison ist, kann man mit etwas Glück vormittags einem kostenlosen Straßenkonzert in den Ruinen der Kirche Stomorica lauschen. Wer einen Ausflug von Zadar aus unternehmen will, der sollte ins nahe gelegene **Nin** (S. 301) fahren und die in Kroatien so seltenen Sandstrände sowie die historische Altstadt genießen. Auf der Suche nach schönen Stränden kann man auch einen Ausflug an die südlich gelegene **Riviera von Zadar** (S. 313) machen. Auf dem Rückweg nach Zagreb bietet sich ein Stopp am **Nationalpark Plitvicer Seen** (S. 266) an (Fahrt ab 85 Kn, Eintritt 110 Kn), dafür sollte man einen ganzen Tag einplanen. Nach der Wanderung an türkisblauen Seen entlang geht es mit dem Bus zurück nach Zagreb (Fahrt ab 80 Kn).

Klima und Reisezeit

Wer seinen Sommerurlaub in Kroatien verbringt, der wird mit hoher Wahrscheinlichkeit die meiste Zeit nur Sonne und Wärme und somit den perfekten kroatischen Sommer erleben, und das sowohl an der Küste als auch im Landesinneren. Ab und zu kann ein Gewitter aufziehen, aber spätestens am nächsten Tag ist bereits nichts mehr davon zu sehen. Anders sieht es im Winter aus, da kann es auch in Kroatien unangenehm und kühl werden.

Klima

Das lang gezogene Land weist in den verschiedenen Regionen unterschiedliche klimatische Bedingungen auf. In **Zagreb und Umgebung** sowie in **Slawonien** ist das Klima kontinental, mit teilweise eisigen Wintern samt anhaltenden Minustemperaturen und heißen, trockenen Sommern und einer Durchschnittstemperatur von 26 °C. Der Jahresniederschlag liegt bei etwa

Mal tückisch, mal mild – die Winde

Wenn an der Küste die Bura weht, herrscht Ausnahmezustand. Der eiskalte Fallwind kann auch mal im Sommer zu Temperatureinbrüchen und Orkanen an der ansonsten milden mediterranen Küste führen, an besonders steil abfallenden Berghängen wie in Senj ist die Bura typisch und besonders stark. Denn die Bura bildet sich, wenn ein Kältehoch im Binnenland entstanden ist (also i. d. R. im Winter), das sich zunächst im Lika-Becken sammelt und dann über die Gebirge an die Küste herunterstürzt. Dabei kann es Temperaturstürze von 20 °C und Windgeschwindigkeiten bis zu 120 km/h geben. Da werden am schmalen Küstenstreifen und auf den vorgelagerten Inseln schon einmal Dächer abgedeckt, Bäume knicken um, an Schifffahrt ist nicht zu denken. Die großen Fähren sind für solche Fälle gerüstet, doch Jachten und Segelboote werden von bis zu 2,5 m hohen Wellen ziemlich durchgeschaukelt. Wenn also Bura angesagt ist, bleibt man besser im Hafen. Ein schöner Nebeneffekt der Bura ist die gestochen scharfe Sicht, die man nach Abflauen des Windes hat.

Glücklicherweise ist die Bura nicht der einzige kroatische Wind. In umgekehrter Richtung, also vom Meer aufs Festland, bläst der angenehm frische Maestral, der nach heißen Tagen für Frische an den Stränden sorgt. Der Jugo (also der Südwind, auch Scirocco) ist ein heißer und feuchter Wind, der über der Sahara entsteht, über dem Mittelmeer Feuchtigkeit aufnimmt und schließlich sogar Sand mitbringen kann. So kann sich bei starkem Jugo der Himmel gelb färben und die Sichtweite massiv abnehmen. Der drückende Jugo ist nichts für leichte Nerven, er kann für Kopfschmerzen und Kreislaufprobleme sorgen, ehe die Feuchtigkeit endlich abregnet. Im Sommer ist man eher selten mit den extremen Winden konfrontiert, sollte jedoch entsprechende Wettervorhersagen ernst nehmen.

Mediterrane Idylle auf Lošinj

750 mm. An der **Küste** hingegen herrscht mediterranes Klima, im Sommer ist es angenehm warm mit Temperaturen um 35 °C und ebenfalls idealen Badetemperaturen. Im Winter kann es jedoch unangenehm feucht und kalt werden, obwohl die Temperaturen meist nicht unter 10 °C fallen. Der Jahresniederschlag beträgt im Schnitt um die 1800 mm im Norden und 3000 mm im Süden, was deutlich mehr ist als im Landesinneren. Für Kroatien typisch ist die Bura (Kasten S. 35), ein kräftiger, kalter Wind, der in den Küstenregionen (besonders in der Gegend um Senj) bläst und zu den weltweit stärksten Winden zählt.

Reisezeit

Die beste Jahreszeit ist der **Spätsommer** bzw. **Herbst** (September und Oktober), da Wetter und Wasser meist noch schön warm, die Küstenorte und Städte aber nicht mehr so überlaufen sind. Die Einheimischen beginnen, sich nach dem Stress und der vielen Arbeit in den Sommermonaten zu erholen und die noch schöne Jahreszeit selbst zu genießen. Auch im Landesinneren gehört der Herbst zu den schönsten Jahreszeiten, Zagreb hüllt sich dann in den Duft von gegrilltem Mais und Kastanien, die überall auf der Straße verkauft werden. Und die slawonische Landschaft enthüllt dann ihre ganze Farbenpracht und beschenkt die Bevölkerung reich mit ihren frisch geernteten Gaben.

Die zweite Jahreszeit mit idealen Voraussetzungen für einen gelungenen Urlaub ist der **Frühling**, in der Zeit ab Ostern bis Mitte/Ende Juni. Vor Ostern kann es noch kühl sein, zudem haben die meisten Hotels und Restaurants noch geschlossen. Die Preise sind im Frühling sowie im Herbst um einiges moderater als in der Hochsaison, das Wetter ist meist stabil mit Temperaturen um die 25 °C. Im Juni ist das Wasser zwar meist noch kalt, aber da die Außentemperaturen angenehm sind, kann man meist auch dann schon einen Sprung ins Meer wagen.

In der **Hochsaison** schnellen die Preise in Kroatien in die Höhe, da viele der Küstenorte von den Einnahmen im Juli und August das ganze Jahr über leben müssen. Wer im Sommer nach Kroatien möchte, sollte sich also früh genug um eine Unterkunft kümmern und diese vor allem gut aussuchen, um nicht mit einem unerwarteten Loch im Budget zurückzukehren.

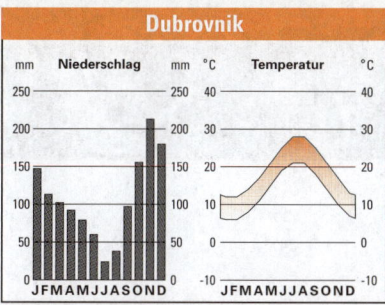

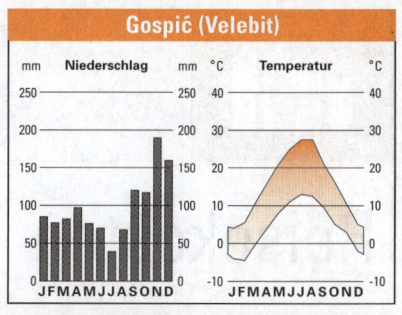

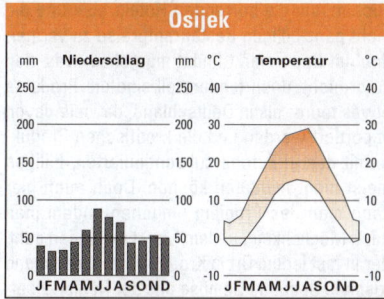

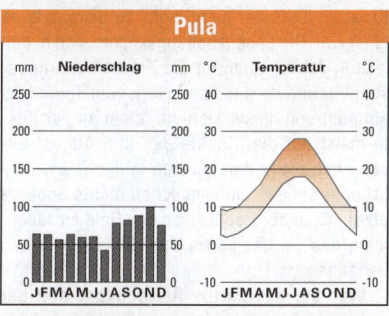

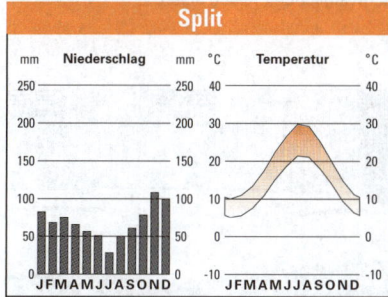

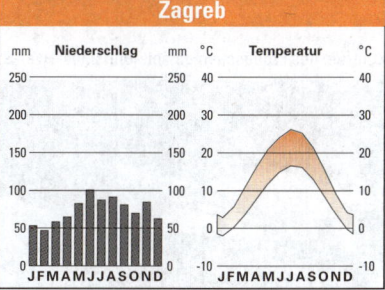

Im **Winter** empfiehlt sich ein Kroatienurlaub nur im Landesinneren (besonders die zagorische Landschaft ist im Winter wunderschön). An der Küste ist im Winter so gut wie nichts los, die meisten Hotels und Restaurants haben geschlossen und vor dem kühlen, feuchten Klima kann man sich meist noch nicht einmal im Inneren schützen, da die meisten Unterkünfte keine richtige Heizung haben, sondern nur Klimaanlagen, die jedoch nicht wirklich Wärme spenden.

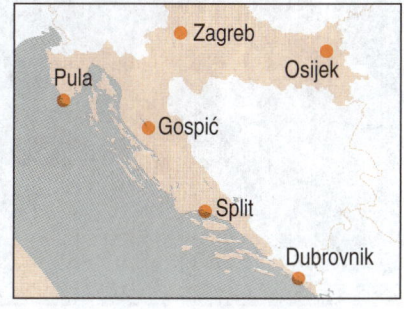

Reisekosten

Kroatien ist leider nicht mehr so billig, wie es einst war. Die Lebenshaltungskosten sind in den letzten Jahren auch für die Kroaten enorm gestiegen, und da das Land stark vom Tourismus abhängt und dieser sich vor allem an der Küste meist auf die Monate Juli und August beschränkt, bleibt den meisten in der Tourismusbranche tätigen Einheimischen nichts anderes übrig, als in der Hochsaison das Geld einzunehmen, das sie das ganze Jahr über zum Leben benötigen.

Wer ein begrenztes Reisebudget hat, der sollte eine Privatunterkunft mit Kochmöglichkeit suchen, um die horrenden Hotelpreise und die nicht ganz billigen Restaurantpreise zu vermeiden. Im Supermarkt findet man alles, was man so braucht, doch tendenziell sind die Produkte etwas teurer als in Deutschland, da viele davon importiert werden und die kroatischen Produkte mit den in Europa subventionierten, billigen meist nicht mithalten können. Doch auch hier kann man das Problem umgehen, indem man nach Möglichkeit auf dem Markt einkaufen geht, der in fast jedem Ort in Kroatien zu finden ist und frisches Obst und Gemüse aus der Region zu erschwinglichen Preisen bietet.

Zentrum des kroatischen Jetset-Tourismus: Hvar-Stadt

Tagesbudget

Das Tagesbudget in Kroatien ist stark abhängig von der Reisezeit, dem Ort und der Übernachtungsart. **Hotelübernachtungen** können besonders in der Hauptsaison an der Küste unangemessen teuer sein (ab ca. 600 Kn pro Nacht im Doppelzimmer, bei gehobenen Hotels oft auch 1500 Kn und mehr!), billigere Alternativen sind Ferienwohnungen (ab ca. 300 Kn), Campingplätze (p. P. 30–80 Kn, Stellplatz ab 30 bis über 200 Kn) und Hostels (Bett im Schlafsaal 100–150 Kn). Hotelpreise im kroatischen Binnenland und an touristisch kaum frequentierten Orten wie Rijeka variieren i. d. R. nicht nach Saison. Bei jeder Art von Übernachtung hat man 7 Kn Touristentaxe pro Nacht zu zahlen.

Für ein **Hauptgericht** in einem kroatischen Restaurant an der Küste muss man zwischen 90 und 200 Kn einrechnen, im Landesinneren 50–100 Kn. Pizza ist i. d. R. für 30–45 Kn zu haben. Der Preis für Lebensmittel im Supermarkt entspricht in etwa dem Standard in Deutschland und Österreich, auf dem Markt kann man Obst und Gemüse etwa günstiger und in besserer Qualität bekommen.

Preise für **Lebensmittel** können, wie auch Benzin, auf Inseln merklich teurer sein, da alles per Schiff dorthin transportiert werden muss.

Im Kultur- und Unterhaltungsbereich lassen sich schwer genaue Angaben machen, **Museen** kosten oft zwischen 10 und 20 Kn Eintritt, einige sind auch kostenlos.

Popkonzerte bekannter internationaler Künstler kosten ab ca. 200 Kn, bei kroatischen Künstlern deutlich weniger. Kneipenkonzerte und Livemusik bei Sommerfesten sind in der Regel kostenlos. Karten für ein klassisches Konzert oder eine Opernaufführung sind z. B. in Zagreb schon für deutlich unter 100 Kn zu haben, beim Sommerfestival in Dubrovnik beginnt der Preis für die Karten bei 150 Kn.

Transportkosten mit dem Bus können je nach Busgesellschaft erheblich abweichen, für eine Fahrt von Zagreb nach Split zahlt man zwischen 146 und 219 Kn, längere Strecken sind verhältnismäßig billiger als kurze. Die Zugfahrt auf der Strecke Zagreb–Split kostet 190 Kn. Für Schnellzüge zahlt man einen Aufschlag von 7 Kn.

Obst-Express in Bale

€ Spartipps

Unterkünfte

Kroatien ist definitiv kein Billigurlaubsland mehr. Die Preise für Hotels sind in der Hauptsaison gesalzen, in Dubrovnik etwa ist ein Doppelzimmer in einem 3-Sterne-Hotel in der Hauptsaison auf keinen Fall unter 100 € pro Nacht zu haben. Wer bei der Unterkunft sparen möchte, hat mehrere Möglichkeiten. Wesentlich günstiger ist die Unterkunft in **Hostels**, in Ferienwohnungen und auf dem Campingplatz. Auch die Preise auf **Campingplätzen** unterscheiden sich je nach Lage und Ausstattung gewaltig, hier sollte man sich also auf jeden Fall vorab über die ungefähren Preise informieren. Kroatische **Ferienwohnungen** zu buchen, ist in jedem Fall billiger als die Übernachtung im Hotel, doch auch hier gibt es große Preisunterschiede. Um extreme Kosten zu vermeiden, sollte man Übernachtungen an einigen Orten generell unterlassen, so in Du-

An der Küste – Was kostet wie viel?

Doppelzimmer im 3-Sterne-Hotel	600–1100 Kn
Bett im Hostel	100–150 Kn
Hauptgericht im Restaurant	90–200 Kn
Tasse Kaffee	7–20 Kn
Großes Bier	15–25 Kn
Softgetränk	10–20 Kn
Mineralwasser	8–13 Kn
Mietauto pro Woche	1300–3000 Kn
1 l Benzin	ca. 10 Kn
Taxifahrt bis 5 km	25–40 Kn

brovnik, Hvar-Stadt und Rovinj, und sich lieber etwas im Umland suchen. Moderatere Preise hat etwa das Umland von Šibenik. Generell gilt: Je weiter weg vom Meer, desto erschwinglicher. Wer also mit dem Auto anreist, kann durch etwas größere Entfernung zum Meer Geld sparen.

Besonders auf einigen Inseln ist es üblich, für Aufenthalte von weniger als drei oder vier Nächten einen Preiszuschlag von 30 % zu verlangen. Wer das umgehen will, sollte also mehrere Nächte in einer Unterkunft bleiben.

Buchungen über **Buchungsportale** sind bei Hotels oft etwas billiger als die Buchung vor Ort, bei Privatunterkünften können sie teurer sein.

Essen

Klar im Vorteil ist, wer eine Ferienwohnung mit eigener Küche gebucht hat, denn dann ist man nicht für jede Mahlzeit auf Restaurants angewiesen, sondern kann sich auch mal selbst etwas kochen. Relativ günstige kleinere Snacks findet man oft in kroatischen Bäckereien, billig sind zudem die verbreiteten Fast-Food-Imbisse, Obst und Gemüse gibt es relativ günstig auf Märkten.

Transport

Wer mit eigenem **Auto** anfährt, tankt in Kroatien billiger als in Deutschland. Wer einen Ausflug nach Bosnien-Herzegowina plant, kann dort noch einmal erheblich billiger tanken. Um die Autobahngebühren zu sparen, kann man über Land fahren (etwa auf der Küstenmagistrale), das dauert zwar länger und ist beschwerlicher, aber billiger. Gleiches gilt für die Autobahngebühren in den Transitländern Slowenien und Österreich.

Wer mit **öffentlichen Verkehrsmitteln** fährt, sollte wissen, dass man beim gleichzeitigen Buchen von Hin- und Rückfahrt sowohl bei der Bahn als auch bei Bussen oft erheblich Geld sparen kann. Bei Bussen ist zu beachten, dass man mit einem Bus desselben Anbieters zurückfahren muss. Der Vergleich der Busanbieter lohnt sich, denn die Preise für dieselbe Strecke können erheblich abweichen. Je nach Route kann ein Interrail-Ticket sinnvoll sein (S. 43).

Bei der Anreise spart man mit einer **rechtzeitigen Buchung des Fluges**, aber auch bei der Busfahrt oft viel Geld. Sowohl Billigflieger als auch renommierte Airlines bieten bei langem Buchungsvorlauf günstige Flüge an.

Reisezeit

Um bei Unterkunft und Anreise Geld zu sparen, empfiehlt sich für alle, die diese Möglichkeit haben, die Reise außerhalb der Hauptsaison. Das Meer ist auch etwa im Juni oder September zum Baden geeignet, das Wetter oft milder und angenehm, die Strände sind weniger überfüllt, die Preise oft jedoch deutlich niedriger als in der Hauptsaison. Selbst übertreuerte Orte wie Dubrovnik sind dann z. T. erschwinglich. Auch Flugpreise sind in der Nebensaison erheblich niedriger, allerdings gibt es einige Restaurants, die ausschließlich in der Hauptsaison geöffnet sind.

Rabatte

Für Studenten empfiehlt sich die **Internationale Studentenkarte ISIC**, mit dieser wird z. B. von mehreren Busunternehmen, Hostels, Restaurants oder Museen ein Rabatt gewährt 🖳 www.isic.org. Wer keine ISIC, kann es auch mit dem nationalen Studentenausweis versuchen, der jedoch nicht immer akzeptiert wird. Gleiches gilt für Rentner und Kinder, die häufig Rabatt erhalten. Also Ausweis nicht vergessen!

In Zagreb kann die **Zagreb-Card** erworben werden, die Rabatte bei Hotels, Restaurants, verschiedenen Geschäften, Transportunternehmen, in Museen und bei Kulturveranstaltungen bietet. Ähnliche Karten sind in Rijeka, Split und Dubrovnik verfügbar.

Traveltipps von A bis Z

Anreise S. 42
Botschaften und Konsulate S. 45
Einkaufen S. 46
Einreise S. 47
Essen und Trinken S. 48
Feste und Feiertage S. 55
FKK S. 57
Frauen unterwegs S. 57
Fotografieren S. 57
Geld S. 57
Gepäck und Ausrüstung S. 58
Gesundheit S. 58
Informationen S. 60
Internet und E-Mail S. 62
Kinder S. 62
Maße und Elektrizität S. 63
Medien S. 63
Öffnungszeiten S. 64
Post S. 64
Reisende mit Behinderungen S. 64
Reiseveranstalter S. 65
Schwule und Lesben S. 65
Sicherheit S. 65
Sport und Aktivitäten S. 66
Telefon S. 70
Transport S. 71
Übernachtung S. 75
Verhaltenstipps S. 77
Versicherungen S. 77
Zeit S. 78
Zoll S. 78

Anreise

Mit dem Flugzeug

Am schnellsten gelangt man mit dem Flugzeug nach Kroatien. Wer schon lange im Voraus, z. B. im Internet, nach Flügen Ausschau hält, kann zudem ein günstiges Ticket erwerben. In Kroatien existieren zurzeit acht aktive Verkehrsflughäfen: in Zagreb, Osijek, Pula, Rijeka, Zadar, Split, Dubrovnik und auf der Insel Brač. An den Flughäfen haben Autoverleihfirmen ihren Sitz. Es empfiehlt sich jedoch, vor allem in der Hochsaison, ein Auto von daheim aus zu reservieren.

Eine Direktverbindung nach **Zagreb** bieten Austrian Airlines von Wien, Germanwings aus Köln/Bonn und Stuttgart, Lufthansa aus Berlin, Frankfurt und München sowie Swiss Air ab Zürich. Die Flüge von Lufthansa, Austrian Air und Swiss Air finden in Kooperation mit Croatia Air statt. Im Winter werden insgesamt deutlich weniger Flüge nach Kroatien angeboten, das betrifft vor allem die Flughäfen an der Küste.

Nach **Pula** fliegen: Croatia Airlines von Frankfurt, Germanwings von Köln/Bonn und Berlin, InterSky von Friedrichshafen, Lufthansa von München und Ryanair von Frankfurt-Hahn. Pula ist zudem über zahlreiche Umsteigeflüge (über Zagreb) mit Zielen in Deutschland, Österreich und der Schweiz verbunden. Von Pula aus gibt es ganzjährig Verbindungen mit Croatia Airlines nach Zagreb.

Der Flughafen **Rijeka** liegt bei Omišalj auf der Insel Krk, von dort bestehen zahlreiche Busverbindungen ins Zentrum. Dorthin fliegen Condor von Frankfurt, Germanwings von Köln/Bonn, Stuttgart und Berlin, Ryanair von Düsseldorf-Weeze und Frankfurt-Hahn und Skywork Airlines von Bern.

Saisonal fliegt Croatia Airlines den Flughafen **Zadar** von München und Frankfurt aus an, Germanwings fliegt von Köln/Bonn und Stuttgart, InterSky von Friedrichshafen, Lufthansa von München, Berlin und Düsseldorf, Skywork Airlines von Bern sowie Ryanair von Frankfurt-Hahn, Düsseldorf-Weeze und Karlsruhe.

Am Flughafen **Split** bestehen Verbindungen mit Croatia Airlines von Frankfurt, München, Erfurt, Berlin, Dresden, Kassel, Leipzig, Düsseldorf, Wien und Zürich. Lufthansa bedient Berlin, Frankfurt und München, Air Berlin Leipzig und Nürnberg, Austrian Airlines Wien. Condor fliegt von Frankfurt nach Split, Easyjet von Berlin und Basel, Germanwings von Köln/Bonn, Hamburg, Hannover, Düsseldorf, Dortmund und Stuttgart, Edelweiss Air von Zürich und SkyWork von Bern.

Weniger fliegen – länger bleiben! Reisen und Klimawandel

Der Klimawandel ist vielleicht das dringlichste Thema, mit dem wir uns in Zukunft befassen müssen. Wer reist, erzeugt auch CO_2: Der Flugverkehr trägt mit einem Anteil von bis zu 10 % zur globalen Erwärmung bei. Wir sehen das Reisen dennoch als Bereicherung: Es verbindet Menschen und Kulturen und kann einen wichtigen Beitrag für die wirtschaftliche Entwicklung eines Landes leisten. Reisen bringt aber auch eine Verantwortung mit sich. Dazu gehört darüber nachzudenken, wie oft wir fliegen und was wir tun können, um die Umweltschäden auszugleichen, die wir mit unseren Reisen verursachen. Wir können insgesamt weniger reisen – oder weniger fliegen, länger bleiben und Nachtflüge meiden (da sie mehr Schaden verursachen). Und wir können einen Beitrag an ein Ausgleichsprogramm wie www.atmosfair.de leisten.

Dabei ermittelt ein Emissionsrechner, wie viel CO_2 der Flug produziert und was es kostet, eine vergleichbare Menge Klimagase einzusparen. Mit dem Betrag werden Projekte in Entwicklungsländern unterstützt, die den Ausstoß von Klimagasen verringern helfen.

Zum Flughafen **Dubrovnik** existieren eine ganze Reihe Verbindungen von Croatia Airlines, nämlich von Berlin, Düsseldorf, Frankfurt, Wien und Zürich. Lufthansa fliegt von Berlin, Düsseldorf, Frankfurt und München, Germanwings von Köln/Bonn, Hamburg, Hannover und Stuttgart, Condor von Frankfurt, Easyjet von Berlin und Austrian Air von Wien.

Der Flughafen in Bol auf **Brač** wird nur von Zagreb aus angeflogen, und zwar von Croatia Airlines.

Osijek ist durch Croatia Airlines mit Split und Dubrovnik verbunden. Zu diesen wie zu allen anderen kroatischen Flughäfen besteht die Möglichkeit zahlreicher Umstiegsflüge, vor allem durch Croatia Airlines und deren Partner Lufthansa und Austrian Airlines.

Auch die Flughäfen in Ljubljana (Slowenien), Venedig und Triest (Italien) können in Kombination mit öffentlichen Verkehrsmitteln zur Anreise nach Kroatien genutzt werden.

Mit der Bahn

Mit der Bahn sind vor allem Ziele im Binnenland sowie Rijeka gut zu erreichen. Die Verbindungen in Dalmatien und Istrien sind aufgrund mangelnder Schienen und langer Fahrtzeiten nicht zu empfehlen. Zagreb ist zweimal täglich direkt mit München (einmal tagsüber 9 Std., einmal nachts 12 Std.) und einmal täglich mit Wien (6 1/2 Std., über Graz) verbunden. Ein weiterer Zug fährt in 17 1/2 Stunden von und nach Zürich (über Feldkirch, Innsbruck, Villach, Ljubljana). Direkt kann man einmal täglich auch ab Frankfurt fahren (13 Std., über Stuttgart und München). Nach Rijeka führt eine Direktverbindung von München (12 1/2 Std.), weitere Verbindungen mit Umstieg in München oder Salzburg.

Die Bahnfahrt von München nach Zagreb kostet regulär etwa 100 €, mit der **Bahncard 50** etwa 70 €, wer zeitig bucht, kann **Sparetickets** für 49 € erhalten. Die Fahrkarte von Wien nach Zagreb kostet zwischen 25 und 50 €, mit der Vorteilscard zum Teil noch weniger.

Bahnliebhaber haben auch die Möglichkeit, einen **Interrailpass** für Kroatien zu kaufen, dieser ist innerhalb eines Monats drei, vier, sechs

Das eigene Fahrrad mitnehmen

Wer das eigene Fahrrad im Flugzeug mitnehmen möchte, sollte das auf jeden Fall vorher mit der Airline abklären und reservieren. Kostenpunkt 30–50 €. Auf Bahnstrecken hängt die Fahrradmitnahme vom Zug und manchmal auch von der Kulanz der zuständigen Mitarbeiter ab. Fahrradmitnahme im Fernbus ist i.d.R. nicht möglich.

Wer nur kleinere Ausflüge mit dem Fahrrad plant, sollte die Räder besser vor Ort ausleihen, die Kosten liegen bei 70–100 Kn pro Tag.

oder acht Reisetage gültig und ab 80 € für Erwachsene und 53 € für Jugendliche zu haben. Infos unter www.bahn.de oder unter http://deutsch.interrail.eu.

Mit dem Bus

Eine preislich interessante Alternative zu Flug und Bahn ist die Anreise mit dem Bus. In Kroatien ist der Reisebus das öffentliche Verkehrsmittel Nr. eins, und das gilt auch für Auslandsverbindungen, die gleichermaßen von Kroatien-Urlaubern und Auslandskroaten genutzt werden. Zahlreiche Städte in Deutschland, Österreich und der Schweiz sind direkt mit Kroatien verbunden. So fahren z. B. zwei- bis dreimal täglich Busse zwischen München und Zagreb (ca. 8 Std., Preis ab 41 €), ebenfalls drei Busse täglich verkehren zwischen Wien und Zagreb (5 Std., ab 30 €), ab Zürich gibt es täglich eine Verbindung (12 Std., 700 Kn), zweimal täglich fahren Busse von Frankfurt (15 Std., 96 €). Auch an die Küste führen zahlreiche Verbindungen, täglich fahren etwa Busse von München nach Rijeka (7 1/2 Std., 60 €) oder Split (14 Std., 70 €), genauso wie von Zürich nach Rijeka (12 1/2 Std., 90 €) und Split (19 1/2 Std., 117 €). Von Österreich aus gehen die meisten Verbindungen ins kroatische Binnenland, in Zagreb kann man aber bequem auf andere Busse umsteigen (Infos unter www.autotrans.hr und www.akz.hr). Weitere direkte Bus-Verbindungen nach Kroatien gibt es z. B. von Berlin, Hamburg, Dortmund oder

Köln und Wien. Infos unter: 🖥 www.eurolines.de (für Deutschland), 🖥 www.eurolines.at (für Österreich), 🖥 www.alsa-eggmann.ch (für die Schweiz).

Deutsche Touring GmbH
Am Römerhof 17, 60486 Frankfurt/M.
📞 069/7903501
🖥 www.eurolines.de

Mit der Fähre

Fähren von Italien können die reine Autofahrzeit verkürzen. Von **Ancona** aus bestehen Fährverbindungen mit Zadar (1x tgl., 6–9 Std., ab 37 € p. P., Angaben jeweils ohne Auto) und Split, zum Teil über Stari Grad (Insel Hvar) (5x wöchentl., 8–9 Std., ab 40 € p. P.). Von **Bari** aus verkehren Fähren nach Dubrovnik (5x wöchentl., 8–10 Std., ab 40 € p. P.). Infos: 🖥 www.jadrolinija.hr und www.blueline-ferries.com.

Ein Passagierschiff verbindet zudem **Venedig** mit Poreč, Rovinj (beide tgl.), Pula (4x wöchentl.) und Mali Lošinj (2x wöchentl.), die Fahrt kostet in der Hauptsaison 72 € nach Poreč oder Rovinj, 74 € nach Pula und 83 € nach Mali Lošinj. Die Abfahrt aus Kroatien ist etwas billiger, der kombinierte Tarif für Hin- und Rückfahrt auch. Infos: 🖥 www.venezialines.com.

In Kroatien gibt es eine Linie an der Küste entlang von Rijeka über Split, Stari Grad (Hvar), Korčula und Sobra (Mljet) nach Dubrovnik (2x pro Woche, die komplette Strecke dauert 24 Std. und kostet je nach Kategorie der Übernachtung zwischen 228 und 660 Kn p. P., Auto zwischen 615 und 858 Kn). Informationen unter: 🖥 www.jadrolinija.hr.

Mit dem Auto

Wer mit dem Auto von Norden her nach Kroatien reist, hat grundsätzlich drei Autobahnrouten zur Auswahl, für die meisten Strecken bietet sich die Fahrt über die slowenische Hauptstadt Ljubljana an, eine zweite Route führt von Ost-Österreich über Maribor, die dritte über die italienische Adriaküste bei Triest.

Für die Anreise **nach Istrien und zur Kvarner Bucht** wählt man von Deutschland aus am besten die Route über München, Salzburg, Villach und Ljubljana (und dann je nach Ziel über Rijeka, Buzet oder die slowenische Küste). Gleiches gilt für West-Österreich. Von der Schweiz und dem Südwesten Deutschlands aus gelangt man auf der italienischen Route, also über Mailand, Verona, Venedig und Triest, schneller ans Ziel. Eine Alternative ist die Verbindung über Innsbruck, Südtirol und Udine. Aus Ost-Österreich führt der kürzeste Weg über Graz, Maribor und Ljubljana nach Istrien.

Nach Dalmatien wählt man von Deutschland und Österreich aus die Fahrt wahlweise über Ljubljana und Karlovac oder über Maribor und Zagreb. Von der Schweiz und dem Südwesten Deutschlands aus bietet sich erneut die Strecke über Italien an, von Triest geht es dann weiter über Rijeka und Senj auf die Autobahn A1. Eine Alternative bieten hier die Fähren von Ancona und Bari nach Dalmatien.

Nach Kontinentalkroatien führen die Routen über Ljubljana (Deutschland, West-Österreich), Maribor (Ost-Österreich), oder Italien (Schweiz, Südwestdeutschland). Wer von Nord- und Ostdeutschland nach Slawonien fährt, kann über Prag, Bratislava und Budapest fahren, auch von Wien aus bietet sich die Strecke über Budapest an. Mitglieder des ADAC oder alternativer Automobilclubs bekommen auf Wunsch eine kostenlose Streckenplanung von der Haustür bis zum geplanten Reiseziel.

In der Schweiz, Österreich und Slowenien besteht Vignettenpflicht für die Autobahnen (ebenso auf der östlichen Route in Tschechien, der Slowakei und Ungarn). Die Schweizer Vignette kostet 33 € und ist 14 Monate gültig, in Österreich kostet eine Zwei-Monats-Vignette 24 €, die slowenische Monatsvignette kostet 30 €. Vignetten bekommt man an den Grenzen und schon vorher beim ADAC, einen Preisunterschied gibt es dabei nicht. In Kroatien hängt der Preis für die Autobahn von der gefahrenen Strecke ab. Beim Auffahren auf die Autobahn zieht man ein Ticket, das bei der gewünschten Ausfahrt gezahlt werden muss. Die Autobahngebühr für die Strecke Zagreb–Zadar kostet 121 Kn, Zagreb–Split 181 Kn, von Zagreb nach Osijek fallen 117 Kn an.

> **Am Weg – die Höhlen von Postojna**
>
> In der Nähe von Postojna, 50 km südwestlich von Ljubljana (auf dem Weg nach Rijeka/Istrien), befindet sich ein eindrucksvolles Tropfsteinhöhlensystem von 27 km Gesamtlänge. Rund 5 km davon können im Rahmen von Führungen besichtigt werden.
> **Postojnska Jama**, ☎ +386-57000100, 🖥 www.postojnska-jama.eu. Eintritt 22,90 €, Kinder ab 5 Jahre 13,70 €.

Zusätzlich fallen Gebühren für den Učka-Tunnel zwischen Rijeka und Istrien sowie die Brücke zur Insel Krk an. Wer die Autobahngebühren umgehen will, kann an der Küste die Küstenmagistrale nehmen, die schöne Aussicht gewährt, jedoch durch die unzähligen Kurven wesentlich mehr Zeit beansprucht (z. B. Zadar–Split Autobahn ca. 1 1/2 Std., auf der Magistrale 2 1/2 Std.).

Wer unterwegs eine längere Pause einlegen möchte, sollte dies in Slowenien tun, besonders lohnenswerte Ziele sind dabei Ljubljana (S. 531), die slowenische Küste mit Koper und Piran (s. Kapitel Istrien) sowie die Höhlen von Postojna (s. Kasten). In Kroatien bieten sich Zagreb, Karlovac und die Plitvicer Seen für einen Zwischenstopp an.

Botschaften und Konsulate

Diplomatische Vertretungen Kroatiens im Ausland

Deutschland
Kroatische Botschaft
Ahornstr. 4, 10787 Berlin, ☎ 030-21915514,
✉ berlin@mvep.hr, 🖥 de.mfa.hr

Österreich
Kroatische Botschaft
Heuberggasse 10, 1170 Wien, ☎ 01-4859524,
✉ croemb.bec@mvep.hr, 🖥 at.mfa.hr

Schweiz
Kroatische Botschaft
Thunstr. 45, 3005 Bern,
☎ 031-3520275, ✉ vrhbern@mvep.hr.,
🖥 www.botschaft-bern.com/kroatische.html.

Diplomatische Vertretungen in Kroatien

Deutschland
Deutsche Botschaft Zagreb
Ulica grada Vukovara 64, ☎ 01-6300100,
🖥 www.zagreb.diplo.de.

Deutsches Honorarkonsulat Osijek
Borova 1, ☎ 031-220006,
✉ osijek@hk-diplo.de.

Deutsches Konsulat Split
Svačićeva 4, ☎ 021-409347,
✉ split@hk-diplo.de.

Österreich
Österreichische Botschaft Zagreb
Zagrebtower, Radnička cesta 80,
☎ 01-4881050, ✉ agram-ob@bmeia.gv.at,
🖥 www.bmeia.gv.at/botschaft/zagreb.html.

Österreichisches Konsulat Split
Klaićeva poljana 1, ☎ 021-322535,
✉ marin.mrklic.consulate@email.htnet.hr.

Österreichisches Konsulat Rijeka
Stipana Konzula Istrarina 2,
☎ 051-338554, ✉ konzulat.republike.austrije@ri.t-com.hr.

Schweiz
Schweizerische Botschaft Zagreb
Bogovićeva 3, ☎ 01-4878800,
✉ zag.vertretung@eda.admin.ch,
🖥 www.eda.admin.ch.

Schweizer Konsulat Split
Strožanačka cesta 20, Podstrana,
☎ 021-420420, ✉ split@honrep.ch.

Die Schweizer diplomatischen Vertretungen nehmen auch die Interessen der liechtensteinischen Staatsangehörigen wahr.

Einkaufen

Kroatien ist kein Shopping-Paradies par excellence, die Preise liegen vor allem an der Küste oft über dem Preisstandard in Deutschland und Österreich. Es lohnt sich also nicht, zum Shoppen nach Kroatien zu kommen (viele Kroaten fahren zum Shoppen, vor allem von Textilien, nach Italien oder Österreich), man bekommt jedoch die meisten Dinge des täglichen Bedarfs ohne Probleme. Handeln ist weder in Geschäften noch auf dem Markt üblich.

Bücher und CDs

Wer kroatische **Bücher**, aber auch fremdsprachige Bücher sucht, ist bei der Buchhandelskette Algoritam bestens aufgehoben. Das größte Geschäft befindet sich in Zagreb neben dem Hotel Dubrovnik und führt auch zahlreiche deutsche und englische Titel. Auch in Antiquariaten gibt es nicht selten fremdsprachige Bücher zu erstehen.

Wer sich für kroatische Musik interessiert, kann **CDs** zu oft moderaten Preisen in CD-Geschäften erwerben. Die größte Plattenfirma des Landes, Croatia Records, betreibt CD-Shops in Zagreb, Rijeka und Split, CD-Geschäfte von Dallas Records finden sich in Zagreb, Rijeka, Zadar, Split und Šibenik. Dort sind auch Veröffentlichungen internationaler Interpreten zu finden.

Kunst und Kunsthandwerk

In vielen touristischen Orten gibt es **Kunstgalerien**, wo man Werke verschiedenster einheimischer Künstler erwerben kann. Wunderbar ist z. B. die Galerie Mokoš in Šibenik, die aus einem Zusammenschluss mehrerer sehr interessanter Künstler entstanden ist. In Nordkroatien ist die Bewegung der **Naiven Kunst** stark vertreten, auch hier kann man entsprechende Kunstwerke kaufen.

Kunsthandwerk ist oft auf kroatischen Märkten zu finden. Das bekannteste Kunsthandwerksprodukt sind **Spitzen**, die berühmtesten gibt es auf der Insel Pag und in Lepoglava in Nordkroatien. Beliebt sind auch verschiedene Arten von handgefertigtem **Schmuck**, die man zumeist an Ständen und auf Märkten bekommt.

Kulinarische Spezialitäten

Lebensmittel kauft man am besten auf dem **Markt**. Dort gibt es oft Obst und Gemüse aus der Region, zudem Fleisch, Fisch und Käse. Zum Mitnehmen nach Hause eignen sich z. B. getrocknete Früchte wie Feigen, die oft auf einer Kordel zu einem hübschen Kreis aufgefädelt sind. Als Mitbringsel geeignet sind auch kroatische **Weine**, die man am besten direkt auf dem Weingut erwirbt. Weinproben mit anschließendem Weinkauf bieten sich in Istrien, Süddalmatien (vor allem auf der Halbinsel Pelješac) und in Slawonien an. Eine Liste der Weingüter findet sich in den entsprechenden Regionalkapiteln. Kroatischen **Schnaps**, allen voran den aus Pflaumen gebrannten Šljivovic, kann man an Marktständen an der Küste oder zum Teil beim Erzeuger erwerben. Die Supermarkterzeugnisse kommen hier an die selbst gemachten Brände nicht heran. Auch **Honig** wird oft an Marktständen vertrieben. **Käse** wird fast im ganzen Land produziert, der bekannteste ist der qualitativ hochwertige Pager Käse *(paški sir)*, aber auch in der Lika (hier wird er oft an der Straße vertrieben) und in Nordkroatien wird guter Käse produziert. Dalmatien ist bekannt für seinen **Schinken** *(pršut)*, der bekannteste kommt aus Drniš im dalmatinischen Hinterland. In Slawonien werden kräftige und würzige **Würste** *(slavonska kobasica)* hergestellt, die man mal getrocknet, mal geräuchert genießen kann. Wenn sie die Fahrt überstehen (am besten gekühlt), sind sie ein nettes Mitbringsel. Erstklassiges **Olivenöl** *(maslinovo ulje)* findet man vor allem in Istrien und auf den dalmatinischen Inseln. Eine andere (aus Österreich bekannte) Ölsorte ist **Kürbiskernöl** *(bučino ulje)*, das in der Region um Varaždin her-

Auf Kroatiens Märkten offenbaren sich die wahren Schätze des Landes.

gestellt wird und sich vor allem zum Verfeinern von Salaten anbietet. Wer die Insel Rab besucht, kann ein Stück der **Rabska torta** mitnehmen, einem schneckenförmig gebackenen Kuchen mit Mandeln.

Souvenirs

Die Auswahl an kroatischen Souvenirs ist enorm. Von essbaren und trinkbaren Angeboten über Kleidung bis hin zu potenziellen Staubfängern ist alles zu haben. Beliebt sind Souvenirs im kroatischen Schachbrettmuster, z. B. Teller, Gläser, aber natürlich auch Fußballtrikots. Ein schönes Mitbringsel sind die kleinen Repliken von altkroatisch-glagolitischen Buchstaben, die man in Istrien und der Kvarner Bucht bekommt, oder gleich von der ganzen Tafel von Baška (S. 225). Hübsch sind auch die Repliken der Vučedol-Taube, einer prähistorischen Skulptur, die in der Nähe von Vukovar gefunden wurde (S. 580). In Zagreb und Nordkroatien erhält man die kleinen roten Keramik-Lebkuchenherzen, die dem traditionellen Gebäck nachgebildet sind, z. B. mit einer Zagreb-Aufschrift. Wahrzeichen von Rijeka ist ein „Mohrenkopf", der einst von Seefahrern als Talisman getragen wurde und heute als Schlüsselanhänger, Kette oder Figur verkauft wird. An der Küste sind Produkte aus Lavendel sehr beliebt, z. B. Lavendelsäckchen und Lavendelöle, die bekannteste Lavendelregion ist die Insel Hvar (S. 408).

Einreise

Kroatien ist seit dem 1. Juli 2013 EU-Mitglied, aber noch nicht Mitglied des Schengen-Raums. Das heißt, an der kroatischen Grenze finden nach wie vor Kontrollen statt. Die Einreise ist mit **Reisepass oder Personalausweis** möglich (auch vorläufig), das Reisedokument muss allerdings für die gesamte Dauer des Aufenthalts gültig sein. Auch in alle Nachbarländer Kroatiens kann man mit Reisepass oder Personalausweis einreisen (allerdings nicht mit vorläufigem Personalausweis). Gültige Führerscheine aus Deutschland, Österreich und der Schweiz werden in Kroatien und allen Nachbarländern anerkannt. Seit 2012 benötigen Kinder einen eigenen Kinderausweis, der Eintrag im Ausweis der Eltern reicht nicht mehr aus.

Haustiere dürfen in den Kroatienurlaub mitgenommen werden, Hunde und Katzen jedoch nur mit einer in den internationalen Impfpass eingetragenen Tollwutimpfung (mind. 15 Tage, max. sechs Monate alt). Man sollte zudem vorab klären, ob Haustiere im Hotel oder der Ferienwohnung willkommen sind.

Nach dem kroatischen Ausländergesetz müssen Ausländer nachweisen können, dass sie über ausreichende Mittel verfügen. Von Reisenden ohne Visumspflicht können die Grenzbehörden im Einzelfall einen entsprechenden Nachweis verlangen, der in Form von Kredit- oder Bankkarten, Schecks oder anderen finanziellen Mitteln erfolgen kann.

Ausländer müssen sich in Kroatien innerhalb von 48 Stunden bei der Polizei oder der örtlichen Touristeninformation anmelden. Bei der Unterbringung in einem Hotel, einer Pension oder auf dem Campingplatz erfolgt die **Anmeldung** in der Regel durch den Besitzer, dasselbe gilt beim Einklarieren mit dem Schiff. Bei privater Unterbringung kann der Gastgeber die Anmeldepflicht übernehmen. Wer nicht durch andere angemeldet wird, muss die Anmeldung selbst übernehmen, ansonsten droht ein Bußgeld.

Über den aktuellen Stand der kroatischen Einreisebestimmungen informiert die Homepages der Außenministerien, für Deutschland 🖳 www.auswaertiges-amt.de, für Österreich 🖳 www.bmeia.gv.at, für die Schweiz und Liechtenstein 🖳 www.eda.admin.ch. Bei Unsicherheiten bezüglich der Einreise können diese Institutionen oder die jeweiligen Botschaften in Kroatien kontaktiert werden.

Essen und Trinken

Die kroatische Küche ist deftig und lässt sich generell als traditionell, regional und fleisch- bzw. fischlastig bezeichnen. Traditionell, da viele Kroaten – sei es in Restaurants oder zu Hause – auf hergebrachte Rezepte und Essenskombinationen setzen. Eine Hauptspeise wird traditionell mit einer speziellen Beilage serviert. Regional, weil sich die verschiedenen Regionen auch kulinarisch erheblich voneinander unterscheiden. Während im Binnenland die österreichische und ungarische Küche ihre Spuren hinterlassen hat, sind an der Küste mediterrane Gerichte, vor allem vom Grill, verbreitet. Gemeinsam ist allen regionalen Küchen, dass sie nicht gerade vegetarierfreundlich sind. Fisch und Fleisch werden zumeist gegrillt und in oft üppigen Portionen serviert, zumeist ohne Soße, die Beilagenauswahl ist extrem eingeschränkt, gute Gemüsegerichte sind ausgesprochen selten.

Frühstück

Kroatien ist nicht gerade für seine Frühstückskultur bekannt, doch natürlich haben sich Hotels und Pensionen schon längst an internationale Standards angepasst. Die Kroaten selbst essen zum Frühstück meist Brot (vor allem Weißbrot, da dunkles Brot noch nicht so verbreitet ist), entweder mit Marmelade (sehr beliebt ist Pflaumenmarmelade) oder mit salzigen Belägen wie Käse oder Schinken. Das Wichtigste beim Frühstück ist jedoch der Kaffee, der in den meisten kroatischen Haushalten auf türkische Art, also schwarz (oder mit einem kleinen Schuss Milch) und mit Zucker zubereitet wird. Joghurt und Müsli sind in Kroatien nicht gang und gäbe, kommen in vielen Hotels und Pensionen mittlerweile jedoch auch aufs Frühstücksbuffet.

Mittagessen und Snacks

Kroaten essen mittags warm, abends gibt es nur eine Kleinigkeit, in den Sommermonaten kann sich das vor allem an der Küste aber auch umdrehen. Da die meisten Restaurants in Kroatien von morgens bis abends geöffnet sind, ist es kein Problem, ein geeignetes Restaurant zum Mittagessen zu finden. Die Speisekarte ist für Mittag- und Abendessen dieselbe. Wer lieber ein leichtes Mittagessen zu sich nehmen möchte, der hat in den meisten Restaurants die Wahl

Bars und Clubs

Das Nachtleben teilt sich in zwei Kategorien. An der Küste gibt es klassische **Großdiskotheken** für Touristen, die oft auch mit Hotelkomplexen zusammenhängen. Zentren des Nachtlebens sind unter anderem die Makarska Riviera, Vodice bei Šibenik und die Insel Pag, wo der Disco-Strand Zrće als kroatisches Ibiza gilt. In größeren Städten ist das kroatische Nachtleben stärker auf die Einheimischen ausgerichtet, in Städten wie Zagreb und Rijeka gibt es auch eine größere alternative Club-Szene.

Beliebt ist das Konzept der **Café-Bars**, in der tagsüber Kaffeegetränke in entspannter Umgebung serviert werden, die sich abends aber in Bars oder Clubs mit Cocktails und Tanz verwandeln. Oft wird je nach Club internationale Pop- oder Tanzmusik oder die traditionell orientierte Narodna glazba gespielt, in letzteren Clubs geht es meist wilder zu. Kroaten haben ein Faible für Livemusik, die allgegenwärtig ist. Selbst in verschlafenen Provinzorten oder auf Dorffesten kann bei Live-Konzerten die Post abgehen.

zwischen verschiedenen Salaten, deren Zutaten häufig aus eigenem Anbau stammen.

Ein beliebter Snack für zwischendurch sind Gebäckwaren, beispielsweise *pita* oder *burek* – strudelartige Gebäckvariationen mit Käse, Spinat, Kartoffeln oder Fleisch, die ursprünglich aus Bosnien stammen. An österreichische Mehlspeisen erinnern Süßspeisen wie *buhtla* – ein Gebäck aus Hefeteig, das mit Marmelade, Schokolade oder Vanille gefüllt wird – oder *krafna*, die mit Faschingskrapfen vergleichbar sind. Gut zu wissen: Da die meisten Cafés nur Getränke und kein Essen anbieten, ist es i.d.R. erlaubt, zum Kaffee mitgebrachtes Essen zu verspeisen.

Abendessen

Gerade in den Sommermonaten haben Besucher wie Einheimische wenig Freude an einem üppigen Mahl in der Mittagshitze, und so wird das gemütliche Essen in die Abendstunden ausgelagert. Das Hauptgericht besteht in der Regel aus zahlreichen Varianten von gegrilltem Fleisch oder gegrilltem Fisch mit einfachen Beilagen wie Pommes frites, Kartoffeln oder Salat. Beliebt sind auch Vorspeisen wie die beliebte Schinkenspezialität Pršut. Man lässt sich normalerweise Zeit zum Abendessen und genießt den Abend mit einem Glas Wein oder einem meist hausgemachten Šljivovic.

Restaurants

In Kroatien finden sich verschiedene Restaurant-Konzepte. Die billigste und schnellste Variante stellen die **Fastfood-Imbisse** dar, in denen man Ćevapčići, Buletten, Pommes frites und andere einfache Snacks bekommt und die oft als **Bife** bezeichnet werden. Das **Bistro** oder Buffet hat ebenfalls einfache Kost zu bieten, ist aber in der Regel gemütlicher eingerichtet und zum längeren Verweilen gedacht. An der Küste ist das Konzept der **Konoba** (ursprünglich ein Weinkeller) als kroatisches Pendant zur Taverne sehr beliebt. Dort gibt es traditionelle und damit deftige mediterrane Gerichte, Grillfleisch, frischen gegrillten Fisch und ein paar einfache Beilagen und Salate, zum Teil aber auch Pizza und Pasta. Die Variante im Binnenland hat

Trinkgeld

Die Preise der Restaurants enthalten oft schon ein Trinkgeld, dennoch ist es in Restaurants mit Bedienung üblich, die Rechnungssumme aufzurunden. Dazu lässt man nach Erhalt des Wechselgelds einen Teil davon auf dem Tisch zurück. Auch für andere Dienstleistungen wie Taxifahrten sind Trinkgelder in Höhe von etwa 10 % des Preises üblich.

verschiedene Namen, zum Beispiel **Klet** oder **Krčma**, hier sind die Gerichte etwas vielfältiger, es gibt oft auch Süßwasserfische und mehr Beilagenvarianten. Das Restaurant oder **Restoran** schließlich ist eher international ausgerichtet, das **Riblji Restoran** serviert ausschließlich Fischgerichte, und bei der **Gostionica** handelt es sich um ein meist familiengeführtes traditionelles Gasthaus. In größeren Orten ist auch die klassische **Pizzeria** vertreten. **Gourmet-Restaurants** finden sich in Kroatien nur vereinzelt, die meisten davon befinden sich in Zagreb oder an der Opatija Riviera.

Jedes Jahr erscheint ein kroatischer Restaurantführer namens **Dobri Restorani**, der inzwischen auch unter dem Namen *Gute Restaurants* auf Deutsch erscheint und für 99 Kn im Zeitschriftenhandel erhältlich ist. Hier werden Restaurants aus allen Landesteilen vorgestellt, Empfehlungen für die Bestellung ausgesprochen und die Restaurants mit den besten Weinkarten hervorgehoben.

Getrennte Rechnungen sind in Kroatien eher unüblich, es wird eher abwechselnd bezahlt, doch wer getrennte Rechnungen fordert, bekommt diese natürlich.

Kroatische Küche

Die meisten Besucher Kroatiens denken bei kroatischem Essen sofort an die überdimensionalen Fisch- und vor allem Fleischplatten vom Holzkohlegrill, die von spärlichen Salatblättchen und wenigen Kartoffeln begleitet werden. Gerade in den letzten Jahren bemühen sich jedoch vereinzelte Konobas darum, die traditionellen Gerichte kreativer und auch abwechslungsreicher zu gestalten, wobei besonderer Wert darauf gelegt wird, dass die Produkte aus der Umgebung stammen und saisonal variiert werden.

An der Küste bekommt man meistens frischen Fisch und Meeresfrüchte, die einfach zubereitet und mit Grillgemüse oder – insbesondere in Dalmatien – Mangold mit Kartoffeln, Reis oder Pommes frites serviert werden. Der Fisch wird zum Teil in Kilogrammpreisen angegeben, man sollte vorher nachfragen, wie groß die Portionen sind. Wenn in einem Restaurant keine konkreten Fischangaben stehen, sondern nur „Weißer Fisch" (Bijela riba), ist das ein gutes Zeichen! Auf den Tisch kommt das, was die lokalen Fischer an diesem Tag gefangen haben.

Traditionelle kroatische Restaurants wie hier in Motovun bieten deftige Küche und rustikales Ambiente.

Der Olivenöl-Check

In einem Land, in dem hervorragendes Olivenöl produziert wird, wird Touristen in einigen Restaurants bisweilen billigeres Sonnenblumenöl (oder dergleichen) für ihre Salate vorgesetzt. Die Farbe (es sollte dunkelgelb mit leichtem Grünstich sein, auf jeden Fall nicht weiß) und der Geschmack des Öls sind also ein guter Gradmesser dafür, welche Wertschätzung der Gast in einem Restaurant erfährt. Übrigens: Wenn man dezidiert Olivenöl für den Salat bestellt, wird das auch schon mal extra auf die Rechnung gesetzt.

Manchmal gibt es sogar gar keine Speisekarte, sondern nur Tagesgerichte, auch das spricht für Kreativität und Nachhaltigkeit des Restaurants. Neben traditionellen Fisch- und Fleischgerichten hat natürlich jede Region ihre Spezialitäten. Ein kulinarisches Highlight auf einer Reise quer durch Kroatien ist Istrien, das in den letzten Jahren verstärkt auf Gastronomie setzt und einen ganz besonderen Trumpf im Ärmel hat – die Trüffel, die in allen möglichen Formen und Variationen auf den Tisch kommt. Neben den diversen Lokalprodukten, die einer jeden Regionalküche ihr charakteristisches Merkmal verpassen, spielen natürlich auch die Einflüsse der Nachbarländer eine wesentliche Rolle. So ist die istrische Küche von der italienischen beeinflusst, während in den Gerichten aus Slawonien und Međimurje ein Hauch Ungarn zu spüren ist.

Typisch kroatische Gerichte

Vorspeisen

Dimljena tuna	Geräucherter Thunfisch
Ovčji sir	Schafskäse
Pršut	Roher Schinken
Riblja juha	Fischsuppe
Salata od hobotnice	Tintenfischsalat
Sir	Käse

Fleischgerichte

Bečki odrezak	Wiener Schnitzel
Biftek	Beefsteak
Ćevapčići oder Ćevapi	Hackfleischröllchen mit viel Knoblauch
Đuveč	Reisfleisch
Janjetina	Lammfleisch
Miješano meso	Gemischtes Fleisch
Odrezak	Schnitzel
Piletina	Hähnchen
Ražnjići	Fleischspieße
Teletina	Kalbsfleisch

Fisch und Meersfrüchte

(Fiš) Paprikaš	Slawonischer Fischeintopf mit Paprika
Barbun	Rotbarbe
Grdobina	Seeteufel
Jastog	Languste
Kamenice	Austern
Oslić	Seehecht
Pastrva	Forelle
Plodovi mora	Meeresfrüchte
Pržene lignje	Kalamari vom Grill
Riba	Fisch

Peka – Spezialitäten unter der Glocke

Eine traditionelle Form der Essenszubereitung in Kroatien sind die Peka-Gerichte. Eine Peka ist eine Eisenglocke, unter der in erster Linie Fleischgerichte im Grillofen garen. Das Lamm-, Kalbs- oder Hühnerfleisch wird meist mit Kartoffeln und anderem Gemüse gemischt, die Zeit im Ofen beträgt ca. 90 Minuten. Peka-Gerichte sind überall in Kroatien in Restaurants erhältlich, vor allem jedoch in Dalmatien, viele Kroaten haben auch zu Hause eine Peka. Für das Kroatien-Feeling daheim kann man inzwischen auch Pekas kaufen und aus dem Urlaub mitbringen.

Riblja plata	Fischplatte
Šaran	Karpfen
Škampi	Scampi
Školjke	Muscheln
Smuđ	Zander
Srdela	Sardine
Tuna	Thunfisch

Gemüse und Beilagen

Blitva	Mangold (meist mit Kartoffeln gemischt)
Gljive	Pilze
Kruh	Brot
Kuhani krumpir	Gekochte Kartoffeln
Pohani sir	Panierter Käse
Polenta	Polenta (Maisbrei)
Pomfri	Pommes frites
Povrće na žaru	Gegrilltes Gemüse (meist Zucchini, Paprika, Aubergine)
Restani/pečeni krumpir	Bratkartoffeln
Riža	Reis

Salate

Miješana salata	Gemischter Salat
Salata od krastavaca	Gurkensalat
Salata od kupusa/zelje	Krautsalat
Salata od rajčice/paradajza	Tomatensalat
Šopska salata	Gemischter Salat mit Käse
Zelena salata	Grüner Salat

Nudel- und Reisgerichte

Crni rižot	Schwarzes Tintenfischrisotto
Fuži	(selbst gemachte) Nudeln aus Istrien
Fuži/Rezanci s tartufima	Trüffelnudeln
Njoki	Nockerln/Gnocchi
Tjestenina	Nudeln

Nachspeisen

Kolač	Kuchen
Palačinke	Pfannkuchen, sehr dünn
Sladoled	Eis
Štrukli	Strudeltaschen aus Zagorje (süß oder salzig)
Voće	Obst

Getränke

(Točeno) Pivo	Bier (vom Fass)
Bijela kava	„Weißer Kaffee" (mit viel Milch)
Bijelo Vino	Weißwein
Čaj	Tee
Crno Vino	Rotwein
Kava	Kaffee
Kava s mlijekom	Kaffee mit Milch
Kratka kava/Espresso	Espresso
Ledeni čaj	Eistee
Mineralna voda	Mineralwasser
Prirodni sok	Fruchtsaft
Rakija	Schnaps
Sok od jabuke	Apfelsaft
Sok od naranče	Orangensaft
Vino	Wein
Voda	Wasser

Vegetarier und Veganer

Vegetarier haben in Kroatien kein leichtes Los, ist das Land doch für seine Fisch- und Fleischplatten bekannt und beliebt. In den größeren Städten gibt es zwar vereinzelt ausgezeichnete vegetarische Restaurants (wie das Vegehop in Zagreb oder das Nishta in Dubrovnik), da Vegetarier jedoch unter Einheimischen einen verschwindend kleinen Prozentsatz ausmachen und die meisten Touristen wegen der besagten Grillplatten ins Restaurant gehen und eben nicht für Gemüse und Tofu, gibt es kaum vegetarische Restaurants. So kann es vorkommen, dass Lokale, die noch vor kurzem Tofu- und Seitan-Gerichte auf der Speisekarte hatten, diese aufgrund der geringen Nachfrage wieder streichen müssen. In Istrien kann man sich mit diversen Pasta- und Trüffelgerichten ganz gut über Wasser halten, im Landesinneren findet man des Öfteren *pohani sir* (panierter Käse) mit *povrće na žaru* (Grillgemüse) als vegetarische Gerichte. An der Küste bekommt man ganz gute Salate (beispielsweise *šopska salata* – eine Art griechischer Salat mit Tomaten, Gurken und Schafskäse). Veganern bleibt wohl nicht viel anderes übrig, als sich von Salaten und Gemüse zu ernähren, ein italienisches Restaurant aufzusuchen – oder selbst zu kochen.

Ökologisch und fair gehandelt

Fairer Handel und Bio gehören in Kroatien eher nicht zum Standardvokabular. Da die Produkte aus dem Supermarkt zum Großteil nicht aus Kroatien stammen und dementsprechend teuer sind, bauen viele Restaurantbesitzer allein schon aus Kostengründen ihr eigenes Obst und Gemüse an, das dann ungespritzt Bioqualität besitzt (in Kroatien hat fast jeder Hausbesitzer seinen eigenen Garten, wo alles angebaut wird, was man zum Essen und Kochen braucht). Der Fisch wird meist vor Ort gefischt und kommt frisch auf den Tisch, wobei davon auszugehen ist, dass der Handel einigermaßen fair abläuft. Bei Fleisch wird die Sache etwas komplizierter, da man nicht immer davon ausgehen kann, dass das Fleisch, das auf den üppigen Platten landet, auch wirklich aus Kroatien stammt (vor allem in den überlaufenen Touristenlokalen, die sich ihrer Gäste sicher sein können). Wer ganz sichergehen möchte, der sollte sein Fleisch und seine Würste am besten in einem der zahlreichen Agrotourismus-Lokale essen, denn da stammt es garantiert vom Hof.

Getränke

Wein

In Kroatien wird z. T. hervorragender Wein produziert, viele Restaurants haben auch eine große Auswahl kroatischer Weine auf der Karte. Jede Weinregion ist für traditionelle einheimische Sorten bekannt, wobei die bekanntesten Rotweine aus Dalmatien kommen, die Weißweine aus Istrien oder dem Binnenland, v. a. aus Slawonien. Viele Kroaten sind Hobbywinzer und stellen eigene Weine in sehr unterschiedlicher Qualität her. Wer bei Kroaten eingeladen wird, bekommt also auch schon einmal *domaće vino* (hausgemachten Wein) serviert (Weinkenner sollten dabei besser die Nase auch dann nicht rümpfen, wenn der Wein schwer genießbar ist, manchmal gibt es jedoch auch hervorragende selbst gemachte Weine). Bekanntester Rotwein des Landes ist der gehaltvolle dalmatinische **Plavac Mali** und seine spezielle, in Eichenfässern gereifte Variante **Dingač** von der Halbinsel Pelješac. Ebenfalls in Dalmatien, v. a. im Umland von Šibenik, wird der schwere **Babić** getrunken, in der klassischen Weißweinregion Istrien werden auch die miteinander verwandten fruchtigen Rotweinsorten **Refošk** und **Teran** angebaut. Im Binnenland wird in erster Linie Weißwein produziert, doch gibt es auch Rotwein, etwa den aus Österreich bekannten, kräftigen **Blaufränkisch** (Frankovka), **Merlot** und **Cabernet Sauvignon**.

Beliebte Weißweinsorten sind der vollmundige istrische **Malvazija**, der fruchtige **Žlahtina** von der Insel Krk und der trockene, aber feine **Graševina** aus Slawonien. Überwiegend im Binnenland werden der fruchtige Dessertwein **Muškat** (Muskateller) und der aromatische **Traminac** (Gewürztraminer) angebaut, in der Moslavina bei Sisak der trocken-fruchtige **Škrlet** und der schwerere, goldgelbe **Moslavac** (Furmint). Aus der Ebene von Stari Grad auf Hvar (als Kulturlandschaft auch von der Unesco geschützt)

> **Frisch vom Markt**
>
> Auch wenn man im Supermarkt alles findet, was man benötigt, sollten sich Selbstversorger auf den Märkten eindecken, wo man qualitativ hochwertiges, frisches Obst und Gemüse der Saison findet, je nach Region außerdem Fisch, Fleisch und Milchprodukte.

stammt der trockene, goldgelbe **Bogdanuša**, in Dalmatien werden zudem der Dessertwein **Prošek**, der frische, trockene **Debit**, der aromatische **Grk** mit feiner Säurestruktur und v. a. auf Korčula der leichte **Pošip** produziert. Im ganzen Land werden auch international bekannte Rebsorten wie **Weiß-** (Pinot bijeli) und **Grauburgunder** (Pinot sivi), **Riesling** (Rajnski rizling), oder **Chardonnay** angebaut. Die meisten Winzer stellen zudem Schaumwein her, der den Namen **Pjenušac** trägt.

In Kroatien ist es üblich, Wein mit Wasser zu mischen, was für Weinkenner inakzeptabel erscheint, aber wegen der heißen sommerlichen Temperaturen erfrischend und nachvollziehbar ist. Mischt man Weißwein mit Sprudelwasser, trägt das den putzigen Namen „Gemišt", Rotwein mit Wasser wird als „Bevanda" bezeichnet.

Bier

Neben Wein ist auch Bier beliebt, inzwischen gibt es eine ganze Reihe einheimischer Marken in ordentlicher Qualität, von denen die bekanntesten **Ožujsko** und **Karlovačko** sind. In der Regel wird Pils getrunken, es gibt aber auch Schwarzbier- und Weizenbiersorten. Das vielleicht beste Flaschenbier des Landes ist **Velebitsko pivo**, das nur in kleinen Mengen hergestellt wird und daher als Rarität gilt. Wer es also auf der Speisekarte findet, sollte es definitiv probieren, auch die schwarze Variante ist ausgezeichnet. Erhältlich sind natürlich auch internationale Biere wie Heineken, Beck's und Co., die jedoch zumeist von Lizenzbrauereien in Kroatien hergestellt werden. Tolle Biere gibt es auch in privaten Brauereien, die oft mit Restaurants verbunden sind. Sensationell gutes Bier gibt es z. B. in der Brauerei Medvedgrad in Zagreb.

Hochprozentiges

Auch hochprozentiger Alkohol in verschiedenen Varianten ist in Kroatien beliebt. Besonders die unter der Bezeichnung Rakija zusammengefassten Obstbrände gehören zum Kulturgut des Landes. Fast jeder Haushalt hat irgendwo seine Birnen-, Marillen oder natürlich Pflaumenbäume, aus denen dann der bekannte **Šljivovic** hergestellt wird. Die gekauften Obstbrände reichen weder in Qualität noch in Alkoholgehalt an die selbst gemachten heran. Weitere bekannte alkoholische Getränke sind der aromatische Kräuterschnaps **Pelinkovac** und der dalmatinische Kirschlikör **Maraschino**.

Alkoholfreie Getränke

Abseits von Alkohol gibt es in Kroatien eine breite Auswahl verschiedener Obstsäfte, die zum Teil verdünnt und gezuckert, zum Teil aber auch

Die Kunst des Rakija-Brennens

Das Brennen von hochprozentigem Schnaps ist in Kroatien nicht nur Arbeit, sondern ein gesellschaftliches Ereignis. Dazu werden Freunde und Familie eingeladen, es gibt üppiges Essen – und natürlich Rakija. Um Brände herzustellen, muss das reife Obst im Spätsommer geerntet werden und mehrere Monate gären. Im Oktober oder November geht es dann ans Brennen, wofür man eine wuchtige Stahlkonstruktion braucht. Diese abenteuerlichen Rakija-Maschinen haben zum Teil schon jahrzehntelang zuverlässig ihre Dienste getan und werden Jahr für Jahr wieder hervorgeholt. Die gegorenen Früchte werden erhitzt und der dabei entstehende Dampf durch ein Rohr in einen Behälter mit kaltem Wasser geleitet, bei der Abkühlung wird der Alkohol wieder flüssig. Beim Ausfüllen muss der Rakija durch kaltes Wasser geleitet werden, um Giftstoffe herauszuwaschen. Der Alkoholgehalt von Rakija kann sich erheblich unterscheiden, gekaufter Rakija hat zumeist etwa 40 %, hausgemachter Rakija kann auch mal 50 oder 60 % Prozent Alkohol haben. Das klassische Obst für kroatischen Rakija ist die Zwetschge, daraus wird der berühmte Šljivovic (Sliwowitz) hergestellt. Weitere beliebte Varianten sind Traubenschnaps *(lozovača/loza)*, Birnenschnaps *(kruškovača)* und Kirschschnaps *(višnjevača)*. Der bekannteste Rakija des Landes wird in Slawonien hergestellt, aber auch in anderen Regionen pflegt man die Kunst des Rakija-Brennens. Wer kroatische Freunde hat (und trinkfest ist), sollte also eine Einladung zum Schnapsbrennen nicht ausschlagen.

natürliche **Säfte** sind. Auch ungewöhnlichere Sorten wie Heidelbeer-, Preiselbeer- oder Pfirsichsaft sind erhältlich. Wer es noch natürlicher mag, kann eine **Prirodna Limunada** bestellen, die nichts anderes ist als frisch gepresster Zitronensaft mit Wasser, dem man noch Zucker beimischen kann. Einfach und erfrischend. Zwischen allen internationalen Limonadensorten ist auch die in Slowenien hergestellte **Cockta** zu finden, die jugoslawische Cola-Variante mit leichter Bananennote. Beliebt ist auch das ebenfalls slowenische Limonadenpulver **Cedevita**, das in verschiedenen Geschmacksrichtungen (Orange, Zitrone, Grapefruit) erhältlich ist.

Kaffee

An warmen Getränken wird in Kroatien fast ausschließlich Kaffee getrunken. Bestellt man Tee, wird man auch schon mal nach dem gesundheitlichen Befinden gefragt. Gute Tees gibt es selten, am häufigsten wird Früchtetee aus Beuteln getrunken. Der Kaffee hingegen ist in Kroatien eine Frage der Kultur. Zu Hause wird zumeist türkischer Kaffee getrunken, im Café orientiert man sich an italienischer Kaffeekultur. Mit dem Unterschied allerdings, dass man sich Zeit lässt mit dem Kaffeetrinken, manchmal sitzt man stundenlang bei nur einer Tasse Kaffee beisammen. Nur die Bosnier schlagen die Kroaten darin, Kaffee langsam zu genießen. Sie haben dafür sogar ein eigenes Wort (*šejfti*). Wer bei einer Einladung seinen Kaffee zu schnell trinkt, so sagt man, brauche gar nicht wiederzukommen. Ganz so ist es in Kroatien nicht, aber der Kaffee (meistens ohne jeden Schaum-Macchiato-Schnick-Schnack) gilt als Begleiter auch ausdauernder Konversation.

Feste und Feiertage

Gesetzliche Feiertage

1. Januar Neujahrstag (Nova godina)
6. Januar Dreikönigstag (Bogojavljenje)
Ostern (Uskrs) Ostersonntag und Ostermontag

> ### Marienverehrung
>
> Mariä Himmelfahrt (Velika Gospa) ist aufgrund der starken Marienverehrung in Kroatien ein ausgesprochen wichtiger katholischer Feiertag. Alle Marienkirchen des Landes feiern festliche Messen, zum Teil mit Prozessionen, etwa in Trsat bei Rijeka, Sinj und Marija Bistrica. Weitere Marienfeiertage (wenn auch keine gesetzlichen Feiertage) sind Mariä Geburt (Mala Gospa) am 8. September und Maria Schnee (Marija snježna) am 5. August.

1. Mai Tag der Arbeit (Praznik rada)
Mai/Juni Fronleichnam
22. Juni Tag des antifaschistischen Kampfes (Dan antifašističke borbe)
25. Juni Staatsfeiertag (Dan državnosti) – es wird an die Unabhängigkeitserklärung des kroatischen Parlaments 1991 erinnert
5. August Tag des Sieges und der heimatlichen Dankbarkeit (Dan pobjede i domovinske zahvalnosti) – erinnert wird an die Befreiung der serbisch okkupierten Gebiete Kroatiens mit der Operation Oluja im Jahr 1995
15. August Mariä Himmelfahrt (Velika Gospa)
8. Oktober Tag der Unabhängigkeit (Dan neovisnosti) – Jahrestag der endgültigen kroatischen Unabhängigkeitserklärung 1991
1. Oktober Allerheiligen (Svi sveti)
25./26. Dezember Weihnachten (Božić)

Festivals und Veranstaltungen

Die meisten Veranstaltungen finden im Sommer an der Küste statt. Nahezu jedes kleinere Städtchen veranstaltet Fischerfeste oder andere Events mit Livemusik, Kulturveranstaltungen und vielen Verkaufsständen. Anlass für solche Veranstaltungen ist oft der Namenstag des Schutzpatrons der Stadt, Festivitäten an diesen Namenstagen finden in ganz Kroatien statt. Einige Orte an der Küste erklären gleich den ganzen

Sommer zum „Kultursommer" und haben dann meistens wöchentliche Veranstaltungen. Einige Orte veranstalten jedoch auch „richtige" Festivals mit zahlreichen Kulturveranstaltungen, die zumeist eine bis zwei Wochen dauern. Ein herausragendes Sommerkulturprogramm findet z. B. in Dubrovnik (Dubrovnik Sommerfestival) und Zadar (Musikabende in der Kirche Sveti Donat), aber auch in kleineren Orten wie Kastav bei Rijeka (Kastafsko kulturno leto) und Osor auf Cres (Osorske glazbene večeri) statt.

Februar/März

Fest des heiligen Blasius Dubrovnik gedenkt am 3. Februar seines Stadtpatrons mit Konzerten, Tanz, Sportveranstaltungen und vielem mehr.

Karneval An mehreren Orten Kroatiens wird Karneval *(Fašnik)* gefeiert, wenn auch zum Teil auf sehr unterschiedliche Weise. Die wichtigste Karnevalshochburg ist Rijeka; bekannt für ihre Karnevalstraditionen sind zudem Kastav, Opatija, die Insel Lastovo sowie im Binnenland Samobor.

April

Musik-Biennale Zagreb Alle zwei Jahre (immer an ungeraden Jahren) findet in Zagreb das bedeutendste Festival des Landes für zeitgenössische klassische Musik statt.

Juli

Garden Festival Das Sommerfestival mit elektronischer Musik ist eine der angesagtesten Partys des Landes. Es fand ursprünglich in Petrčane statt und ist inzwischen nach Tisno auf der Insel Murter umgezogen.

Dubrovniker Sommerfestival Das sechswöchige Festival vereint zahlreiche Veranstaltungen, die über das gesamte Zentrum von Dubrovnik verteilt sind, dazu gehören klassische Konzerte und Theateraufführungen unter freiem Himmel.

Sommerkarneval In mehreren Orten vor allem in der Kvarner Bucht wurde der Karneval in den Sommer verlegt, damit auch die Touristen daran teilhaben können. Ein Sommerkarneval findet unter anderem in Senj, Cres und Novi Vinodolski statt.

Sinjska Alka Das traditionelle Ritterfestival in Sinj im dalmatinischen Hinterland ist das vielleicht eindrucksvollste Open-Air-Historienspektakel des Landes.

August

Špancirfest Varaždin Ende August ist ganz Varaždin auf den Beinen, denn es gibt Livemusik, Akrobatik, Theater, Kunsthandwerk und vieles mehr auf den Straßen der Barockstadt.

Filmfestivals

Kroatien spielt bei der Filmproduktion eher eine untergeordnete Rolle, doch finden hier eine Reihe interessanter Filmfestivals statt. Das renommierteste kroatische Filmfestival findet jedes Jahr im Juli im Örtchen **Motovun**, www.motovunfilmfestival.com, im istrischen Binnenland statt (S. 160). Eine Präsentation der interessantesten Filme des Festivals erfolgt auch in Zagreb.

In Zagreb findet eine Reihe an Filmfestivals statt, das wichtigste davon ist das **Zagreb Film Festival**, www.zagrebfilmfestival.com, im Oktober; interessant ist zudem das **Subversive Festival**, www.subversivefestival.com, im Mai, bei dem alternative Filme gezeigt werden, begleitet von einem Programm mit Diskussionsrunden, einer Buchmesse und vielem mehr.

Im August findet das **Vukovar Film Festival**, www.vukovarfilmfestival.com, statt, dessen Schwerpunkt auf Filmen aus dem Donauraum liegt.

Freunde des schlechten Geschmacks kommen im September beim **Trash Film Festival**, www.trash.hr, in Varaždin auf ihre Kosten. Das slawonische Städtchen Požega lädt jedes Jahr zum Kroatischen **Festival des Einminütigen Films**, www.crominute.hr, ein, zu dem nur Filme zugelassen werden, die eine Gesamtlänge von einer Minute nicht überschreiten.

September

Barockmusikfestival Varaždin Und noch einmal Varaždin – die Barockmusikabende vereinen Konzerte nationaler und internationaler Künstler zu einem anspruchsvollen klassischen Programm.

Vinkovačke jeseni Im slawonischen Vinkovci finden jährlich im September die „Herbste von Vinkovci" statt, das größte Folklorefestival des gesamten Landes. Wer sich von der Vielgestaltigkeit kroatischer Trachten, Volksmusik und Volkskultur überzeugen will, ist hier genau richtig.

FKK

Kroatien blickt in puncto Freikörperkultur auf eine lange Tradition zurück (schon in den 30er-Jahren des vergangenen Jahrhunderts wurde hier FKK betrieben) und ist bis heute ein beliebtes Land bei FKK-Touristen. In den meisten Orten sind FKK-Strände oder Strandabschnitte ausgewiesen, außerdem gibt es eine ganze Reihe FKK-Campingplätze. Auch an einsameren Naturstränden stört sich normalerweise niemand groß an Nacktbadern, anders sieht es jedoch an Stadt- und Familienstränden aus.

Das Baden und Sonnen oben ohne ist an kroatischen Stränden kein Problem und auch bei Einheimischen verbreitet.

Frauen unterwegs

Als Frau alleine durch Kroatien zu reisen, ist unproblematisch. Frauen werden in Kroatien nicht belästigt, viele der selbstbewussten Kroatinnen sind auch allein unterwegs. Die meisten kroatischen Männer sind höflich, Macho-Gehabe sieht man eher selten. Bei Verabredungen mit unbekannten Männern sollte man jedoch wie überall vorsichtig sein, auch in Kroatien kann es zu Vergewaltigungen kommen, die von den kroatischen Behörden nicht immer ausreichend ernst genommen werden.

Fotografieren

Wer analog fotografieren möchte, erhält in Fotogeschäften und Souvenirläden immer noch Filme, diese sind jedoch wesentlich teurer als in Deutschland und sollten daher am besten mitgebracht werden. Digitalfotos können zum Teil in Internetcafés auf CD oder DVD gebrannt werden, in größeren Städten kann man Digitalfotos auch drucken lassen. Das Fotografieren von Militäranlagen ist verboten!

Geld

Währung

Die kroatische Währung heißt **Kuna** (Kn), was übersetzt so viel wie Marder bedeutet. Der Name geht auf die Marderfelle zurück, mit denen einst in Slawonien intensiv gehandelt wurde. Kroatische Banknoten haben einen Wert von 1000, 500, 200, 100, 50, 20 und 10 Kuna. Auf den Geldscheinen sind bedeutende kroatische Persönlichkeiten wie Stjepan Radić und Ban Josip Jelačić abgebildet. Ein Kuna entspricht 100 Lipa (= Linden). Münzen sind im Wert von 50, 20, 10, 5, 2 und 1 Lipa im Umlauf. Lipa-Beträge werden i. d. R. auf 5 gerundet, sodass die 1- und 2- Lipa-Münzen nur selten verwendet werden.

Preise werden in Kroatien größtenteils in Kuna, manchmal aber auch in Euro ausgewiesen, die Bezahlung erfolgt jedoch zumeist in Kuna.

Bankomaten und Geldwechsel

Die einfachste und günstigste Methode, an kroatisches Geld zu kommen, ist das Abheben von Bargeld per EC-Karte an einem kroatischen **Bankomaten**. So halten sich die Wechselgebühren in Grenzen, und Geldautomaten sind fast überall in Kroatien zahlreich vorhanden. Abhebungen sind bis zu einem Betrag von 2000 Kn möglich. Um die Umtauschgebühren zu senken, empfiehlt es sich, größere Beträge abzuheben. Das Abheben mit **Kreditkarte** kann etwas kom-

Wechselkurse	
1 € = 7,60 Kn	1 sFr = 6,16 Kn
1 Kn = 0,13 €	1 Kn = 0,16 sFr

Aktuelle Wechselkurse: www.oanda.com

plizierter sein, da nicht alle Bankomaten Kreditkarten akzeptieren und die Abhebungen oft erheblich teurer sind.

Eine Alternative zu Bankomaten sind **Wechselstuben**, die in allen größeren Städten sowie touristischen Orten zu finden sind, meistens am Zug- oder Busbahnhof sowie in Postämtern. Einfach auf das Schild „Mjenjačnica" oder entsprechende Symbole achten. Der Umtausch von ungarischem oder serbischem Geld ist in Kroatien schwierig, Restbeträge sollten in dem entsprechenden Land getauscht werden. **Reiseschecks** können nur in Banken eingelöst werden (die aber in allen größeren Orten zu finden sind).

Bargeld und Kreditkarten

Kreditkarten (MasterCard, Visa, Diners Club, American Express) werden in den meisten Hotels akzeptiert, nicht aber in Privatunterkünften, wo die Bezahlung i. d. R. in bar erfolgt. In einigen Restaurants ist die Zahlung mit Kreditkarte möglich, in kleineren Restaurants und Geschäften meist nicht. Man sollte also darauf achten, immer ausreichend Bargeld bei sich zu haben.

Wer im Notfall auf Bargeldtransfers angewiesen ist, kann auf die Dienste von Western Union zurückgreifen, auf die unter anderem in größeren Postämtern zugegriffen werden kann.

Sperrung der Geldkarten

Bei Verlust oder Diebstahl der EC- oder Kreditkarte sollte man die entsprechenden Karten unverzüglich sperren lassen:

Sperrnotruf
0049-116116, 0049-30-40504050,
www.sperr-notruf.de (rund um die Uhr)

Gepäck und Ausrüstung

Ins Gepäck für einen Sommerurlaub gehört die klassische Badeurlaubsausstattung: Sonnenmilch, Sonnenbrille und Kopfbedeckung, da die Sonneneinstrahlung auf keinen Fall unterschätzt werden sollte. Da die Strände zum Teil sehr steinig sind, empfehlen sich Badeschuhe, die vor Seeigeln schützen. Die Sommerabende an der Küste sind meist sehr mild. Wer dort bleibt, wird kaum wärmere Kleidung brauchen. Legere Sommerkleidung ist angesagt, doch sollte man nicht unbedingt am Abend in Strandkleidung essen gehen. Wer in den kroatischen Bergen oder im Binnenland unterwegs ist, sollte jedoch auf jeden Fall lange Hosen, Wanderschuhe, einen Rucksack, vor allem aber wetterfeste Kleidung mitnehmen. Gerade im Bergland des Velebit kommt es häufig zu plötzlichen Wetterumschwüngen. Für Wanderungen in der Natur lohnt es sich, ein Fernglas einzustecken, gerade Vogelbeobachter kommen so etwa in den Naturparks Lonjsko Polje und Kopački rit auf ihre Kosten, aber auch in den Bergregionen kann man vielleicht einen Steinadler oder andere Tiere erspähen. Bei Wandertouren, vor allem in den Bergen, gehört ein funktionierendes Handy (Notruf 112) immer ins Gepäck, bei anspruchsvollen Touren sagt man am besten seinen Vermietern Bescheid, dass man wandern geht.

Im Reisegepäck machen sich auch ein kroatisches Wörterbuch oder ein Reisesprachführer gut. Zwar sprechen viele Kroaten, vor allem an der Küste und in Zagreb, Deutsch und Englisch, aber wer wirklich mit Kroaten in Kontakt kommen will, tut gut daran, zumindest ein paar Brocken der Landessprache zu lernen.

Wer doch etwas vergessen hat, kann alles Notwendige in Kroatien kaufen.

Gesundheit

Die Gesundheitsversorgung in Kroatien ist gut, die Dichte an Ärzten und Krankenhäusern ist absolut ausreichend. Vor allem an der Küste sind die Ärzte an ausländische Gäste gewöhnt, was bei der Verständigung hilft, manchmal gibt es auch spezielle Touristenambulanzen. Typisch für das kroatische Gesundheitssystem ist das **Dom Zdravlja**, ein Gesundheitszentrum unterhalb der Krankenhausebene, wo zumeist ambulant behandelt wird. Dieses ist vor allem in kleineren Ortschaften zu finden, während in den größeren Städten auch Krankenhäuser existieren. Für kleinere Beschwerden und Erkrankungen ist das kroatische Gesundheitssystem (auch bei Zahnärzten) zuverlässig, für schwerwiegendere Krankheiten empfiehlt sich schon aus Gründen der Kommunikation die Behandlung im Heimatland. Ein Krankenrücktransport wird jedoch von den Krankenkassen grundsätzlich nicht übernommen. Die deutsche Botschaft in Zagreb führt eine Liste **deutschsprachiger Ärzte** in Kroatien, die sie bei Bedarf zur Verfügung stellt, auch die Touristeninformationen helfen hier weiter.

Krankheitsrisiken

In Kroatien gibt es keine speziellen Gesundheitsrisiken (abgesehen von der Minenproblematik, Kasten S. 67), doch auf einige Fälle sollte man vorbereitet sein. Die teils extreme Hitze im kroatischen Sommer erfordert regelmäßige Flüssigkeitsaufnahme, 2 bis 3 l Flüssigkeit, am besten Wasser, am Tag sind absolut notwendig. Andernfalls kann es zu einer **Hitzeerschöpfung** mit Begleiterscheinungen wie Schwindel, Übelkeit und Bewusstseinsstörungen kommen, auch die Zufuhr von ausreichend Salzen ist wichtig,

Trinkwasser

Das Trinkwasser ist in allen Regionen Kroatiens genießbar. Zum Teil kann es jedoch gechlort sein oder auch durch alte Leitungen im Geschmack beeinträchtigt und sogar gelblich gefärbt sein. Wem das nicht geheuer ist, der kann auf Mineralwasser ausweichen, das auch in größeren Mengen (5 Liter-Kanister) erhältlich und von guter Qualität ist. In einigen Regionen Kroatiens, wo saubere Süßwasserseen oder Quellen nah sind, gibt es zum Teil hervorragendes Trinkwasser aus dem Wasserhahn.

z. B. durch salzhaltige Suppen oder Speisesalz in Getränken. Gefährlicher ist ein lebensgefährlicher **Hitzschlag**, die Anzeichen dafür sind hohes Fieber, Verwirrtheit, hyperaktives Verhalten und schließlich Bewusstlosigkeit. Man sollte den Körper des Betroffenen kühlen (durch Bespritzen mit Wasser und Luftzufächeln) und einen Arzt zurate ziehen.

Wer auf einen **Seeigel** tritt, sollte die Stacheln zügig entfernen (Olivenöl hilft dabei), ansonsten kann es zu Infektionen kommen. Beim Wandern kann es vereinzelt zu **Schlangenbissen** kommen, obwohl sich Schlangen in der Regel verkriechen, sobald sie menschliche Schritte wahrnehmen. Bei einem Biss sollte man nicht in Panik geraten (nur bei jedem zweiten Biss wird auch Gift injiziert) und zügig einen Arzt aufsuchen. Man kann den verletzten Körperteil wie bei einer Verstauchung mit einem Stab und einer festen Bandage ruhigstellen, man sollte die Bisswunde jedoch nicht mit einem Pressverband abbinden, durch Einschnitte vergrößern oder aussaugen. Schlangen- und Insektenbisse vermeidet man am besten durch lange Kleidung und festes Schuhwerk. Auch ein Wanderstock kann nützlich sein, die Erschütterung vertreibt Schlangen.

Durch **Zeckenbisse** ist die lebensgefährliche Hirnhautentzündung Enzephalitis übertragbar. Wer in Risikogebiete reist oder viel in der Natur unterwegs ist, sollte sich impfen lassen, zwei Impfungen schützen für ein Jahr, drei Impfungen für drei Jahre.

Wer leicht **seekrank** wird und vorhat, die Fähre zu nehmen, der sollte sich eventuell ein entsprechendes Mittel in die Reiseapotheke packen, z. B. Vomex.

Spezielle **Schutzimpfungen** sind nicht vorgeschrieben, generell sollte man jedoch vor der Abreise prüfen, ob der Tetanusschutz noch ausreicht, ansonsten empfiehlt es sich, die Impfung aufzufrischen.

Apotheken

Apotheken gibt es in allen größeren und den meisten touristischen Orten (zu erkennen am grün leuchtenden Kreuz), die meisten haben im

Sommer werktags bis 20 Uhr geöffnet, samstags bis 13 Uhr. Vereinzelt sind sie auch sonntags geöffnet (meist aber nur vormittags), in größeren Städten gibt es durchgehend geöffnete Apotheken (dežurna ljekarna). Die Mitarbeiter in Apotheken sind oft sehr kompetent und können bei kleineren Erkrankungen weiterhelfen. Wenn man vom Arzt ein Medikament verschrieben bekommen hat, zahlt man es erst einmal und reicht die Quittung (gut aufheben!) daheim bei der Krankenkasse ein. In den meisten, aber nicht in allen Fällen wird das Geld zurückerstattet.

Informationen

Um sich gezielt zu informieren oder um sich einfach nur auf die bevorstehende Kroatien-Reise einzustimmen, lohnt der Blick auf verschiedene Websites.

Fremdenverkehrsämter

Deutschland
Kroatische Zentrale für Tourismus Frankfurt
Stephanstr. 13, 60313 Frankfurt/M.,
📞 069-2385350, 🖥 www.croatia.hr.

Kroatische Zentrale für Tourismus München
Rumfordstr. 7, 80469 München,
📞 089-223344, 🖥 www.croatia.hr.

Österreich
Kroatische Zentrale für Tourismus Wien
Liechtensteinstr. 22a/1/1/7, 1090 Wien,
📞 0043-1-5853884, 🖥 www.croatia.hr.

Schweiz
Kroatische Zentrale für Tourismus Zürich
Seestr. 160, 8002 Zürich, 📞 0041-43-3362030,
🖥 www.croatia.hr.

Kroatien
Kroatische Zentrale für Tourismus Zagreb
Trg Drage Iblera 10, 10000 Zagreb,
📞 00385-1-4699333, 🖥 www.croatia.hr.

Im Internet

Im Internet gibt es unzählige Informationsseiten über Kroatien. Bei der Internet-Recherche sollte man sich jedoch generell bewusst machen, ob der Betreiber der entsprechenden Internetseite ein kommerzielles Interesse verfolgt oder in erster Linie informieren will. Reise- und Tourismusagenturen haben zum Teil auch sehr informative Seiten, möchten allerdings naturgemäß in erster Linie ihre Angebote an den Mann bringen.

Tourismuszentrale und Touristeninformationen
🖥 www.croatia.hr/de-DE
Die offizielle Homepage der Kroatischen Zentrale für Tourismus hält Informationen über alle Regionen Kroatiens bereit. Die Seite informiert ausführlich über Attraktionen, kulturelle Highlights, Unterkünfte und Restaurants sowie Aktivitäten in der jeweiligen Region. Außerdem sind die Tourismuszentralen der Gespanschaften verlinkt. Jede kroatische Region, auch die weniger besuchten Regionen Kontinentalkroatiens, verfügt über einen Internetauftritt und informiert über Städte, Sehenswürdigkeiten und touristische Angebote. Die meisten Seiten der regionalen Tourismusverbände sind auf Deutsch oder wenigstens auf Englisch verfügbar. Besonders professionell ist der Tourismusverband Istriens, 🖥 www.istra.hr. Aber auch die Region Zadar, 🖥 www.zadar.hr, und die Hauptstadt Zagreb, 🖥 www.zagreb-touristinfo.hr, punkten mit informativen und ansprechenden Homepages.

Auf unterer Ebene haben vor allem an der Küste auch die Tourismusverbände der Gemeinden und Städte eigene Homepages. Das Zauberwörtchen heißt dabei *turistička zajednica* (= Tourismusverband), wer im Internet turistička zajednica plus Ortsnamen sucht, kommt sicher auf die lokalen Homepages der Touristeninformationen. Das ist auch insofern eine Hilfe, da sich die Internetadressen einiger Touristeninformationen häufig ändern. Andere Einheiten wie größere Inseln (z. B. Krk) oder Unterregionen (wie die Baranja in Slawonien) haben oft noch eigene Seiten.

Straßennamen

Das Suchen einer speziellen Straße in Kroatien wird oft dadurch erschwert, dass es zwei Varianten gibt, ein und dieselbe Straße zu bezeichnen, wenn sie in Kombination mit einem Personennamen steht. Das kommt daher, dass im Kroatischen aus Vor- und Nachnamen von Personen Adjektive gebildet werden können (z. B. Ivanova knjiga = Das Ivansche Buch), die oft eine kürzere Namensvariante ermöglichen. So wird aus der Ulica Stjepana Radića (Straße des Stjepan Radić) oft die Radićeva ulica (Radićs Straße). Die kürzeren Varianten finden sich beispielsweise auf Stadtplänen, Straßenschildern und im täglichen Gebrauch, oft wird das Wort für Straße (Ulica) auch weggelassen („Treffen wir uns in der Radićeva?"). Wer das Prinzip verstanden hat, wird keine großen Probleme mit den Straßennamen haben, die ohnehin oft nach denselben kroatischen Helden benannt sind. Beispiele: Ulica Josipa Jurja Strossmayera (= Strossmayerova), Ulica Ante Starčevića (= Starčevićeva), Ulica Ivana Tkalčića (= Tkalčićeva), Ulica Nikole Tesle (= Teslina). Dasselbe funktioniert zum Teil auch mit anderen Straßennamen, z. B. Ulica grada Vukovara (= Straße der Stadt Vukovar) bzw. Vukovarska ulica. Das gleiche Prinzip ist auch bei Plätzen (*trg*), Uferpromenaden (*obala*) und Landstraßen *(cesta)* möglich. In diesem Reiseführer wird bei Adressangaben i.d.R. die lange Form genannt, wobei jedoch die Bezeichnung *ulica* wegfällt, z. B. Ivana Tkalčića 7.
Wenn hinter der Straßenbezeichnung *bb* zu lesen ist, steht dies für *bez broja* (= ohne Zahl), das heißt, es gibt keine Hausnummer.

Verschiedene Informationen

🖵 **www.mein-kroatien.info**
Ein Online-Reiseführer zum Mitmachen, mit Informationen zu kroatischen Regionen und Städten, Fotos, Restaurantempfehlungen und vielem mehr.

🖵 **www.forum-kroatien.de**
Urlaubsforum, wo individuelle Fragen diskutiert und beantwortet werden können. Einige der aktiven Forumsteilnehmer wohnen selbst in Kroatien und helfen in verschiedenen Situationen weiter.

🖵 **www.reiseberichte-kroatien.de**
Bietet individuelle Foto-Reiseberichte aus allen Regionen Kroatiens. Gut zum Einstimmen auf den Urlaub und zum Ideensammeln.

🖵 **www.crobeaches.com**
Auflistung, Kommentierung und Bewertung kroatischer Strände. Die Suche erfolgt nach Region, Beschaffenheit (Sand, Fels, Kiesel usw.), Zielgruppe und Aktivmöglichkeiten.

🖵 **www.gastronaut.hr**
Diese Seite ist zwar nur auf Kroatisch zu haben, leistet aber gute Dienste, wenn es um regionale Restaurants in Kroatien geht. Und so geht's: Auf *restorani* klicken und dann entweder über die Regionen und Städte suchen oder links bei *Traži* (suche!) den Orts- oder Restaurantnamen angeben. In die Suchmaske müssen Sonderzeichen miteingegeben werden. Auf der Homepage finden sich Adresse, Telefonnummer, E-Mail-Adresse und oft auch die Öffnungszeiten von fast allen Restaurants in Kroatien.

🖵 **www.hr.**
Die Seite bietet verschiedene Informationen über Kroatien sowie eine umfangreiche Linksammlung (auf Kroatisch und Englisch).

🖵 **www.br.de/fernsehen/bayerisches-fernsehen/sendungen/alpen-donau-adria**
Alle zwei Wochen berichtet die Sendung „Alpen Donau Adria" im Bayerischen Fernsehen unter anderem über Kroatien und Slowenien. Die Berichte der Sendung sind gekürzt in schriftlicher Form auf der Homepage nachzulesen.

🖵 **www.auswaertiges-amt.de/DE/**
Aussenpolitik/Laender/Laenderinfos/01-Nodes_Uebersichtsseiten/Kroatien_node.html

Aktuelle Informationen zum Land, zu Wirtschaft, Politik, aber auch zu Sicherheitsfragen. Zahlreiche weiterführende Links.

Landkarten und Pläne

Es gibt mehrere Straßenkarten von Kroatien (1:300 000 oder 1:250 000), zu empfehlen ist die Karte aus dem Verlag freytag & berndt, 🖳 www.freytagberndt.de, der auch eine Karte der Adriaküste und Detailkarten verschiedener Regionen anbietet. Wanderkarten sind vom kroatischen Verlag SMAND für mehrere Regionen verfügbar, 🖳 www.smand.hr, meist mit einem Maßstab von 1:20 000. Übersichtswanderkarten gibt es auch vom deutschen Verlag Kompass im Maßstab 1:100 000.

In nahezu allen Touristeninformationen erhält man kostenlose Stadtpläne und manchmal auch Regionalkarten. Für größere Städte kann man ausführliche Stadtpläne auch käuflich erwerben, z. B. vom Verlag Forum in Zadar (unter anderem für Zadar, Dubrovnik, Rovinj, Rijeka, Poreč, Šibenik und Split).

Bei der Orientierung im Internet sind die Angebote von Google Maps je nach Stadt und Region unterschiedlich detailliert und hilfreich. Eine Hilfe ist jedoch, dass nahezu jede Straße in Kroatien über Google Street View einsehbar ist. So kann man sich auch vor dem Urlaub zum Beispiel ein Bild von der Wohngegend machen, in der die Ferienwohnung oder das Hotel liegt.

Internet und E-Mail

Internetcafés gibt es in den meisten Orten; wer eines sucht (und im Reiseführer nicht fündig wird), kann in der Touristeninformation fragen. Internetcafés sind zum Teil eher auf Spiele ausgerichtet und verfügen dementsprechend manchmal nicht über Bürofunktionen. Das heißt: Nicht überall kann man CDs oder DVDs brennen oder Ausdrucke erstellen. Das Flugticket sollte man also am besten schon ausgedruckt nach Kroatien mitbringen. In den meisten Hotels und auch vielen Privatunterkünften ist WLAN nutzbar, in Hotels zum Teil nur gegen Aufpreis. In einigen Stadtzentren gibt es freie WLAN-Netze.

Für etwa 200 Kn sind USB-Sticks für das mobile Internet erhältlich.

Kinder

Kroatien ist ein familienfreundliches Urlaubsland. Das liegt nicht zuletzt daran, dass die Kroaten Kindern gegenüber ausgesprochen positiv eingestellt sind und den Nachwuchs nicht als störend empfinden.

Besonders die Feriensiedlungen an der Küste bieten **Unterhaltungsprogramme** und zahlreiche andere Angebote für Kinder. Aber auch in Privatunterkünften können Kinder auf ihre Kosten kommen, zum Beispiel wenn ein Garten dazugehört. Aufregend für Kinder kann auch die Übernachtung in einem Agrotourismus-Betrieb sein, das kroatische Pendant zu den „Ferien auf dem Bauernhof". Besonders in Istrien und im kroatischen Binnenland gibt es ein breites **Angebot an Ausflügen**, Reitmöglichkeiten und vielem mehr. Wer auf **sportliche Aktivitäten** setzt, der wird an vielen Orten die Möglichkeiten zum Rad- oder Kajakfahren, zum Surfen, Segeln oder Schnorcheln schätzen, ein Erlebnis vor allem für ältere Kinder.

Interessante Angebote für Kinder sind beispielsweise die **Zoos** in Split, Zagreb und Osijek sowie die **Aquarien** an der gesamten Küste (z. B. Dubrovnik, Pula, Poreč, Crikvenica, Baška). In Kuterevo bei Otočac kann man kleine und große verwaiste **Bären** aus Kroatien besuchen. Aufregend ist auch die Erkundung von Burgen und Festungen, etwa der **Festung Nehaj** in Senj, der vier **Festungen in Šibenik** oder der Festungsanlagen von Dubrovnik. In Sukošan bei Zadar kann man sogar eine **versunkene Festung** im seichten Wasser erreichen und dort Prinzessin und Ritter spielen. **Ritterfestspiele** finden in mehreren Orten Kroatiens statt, etwa auf Rab, Sinj oder im Binnenland in Sisak. Bei kroatischen Festen wird häufig auch ein Programm für Kinder angeboten, und Ende Juni, Anfang Juli gibt es in Šibenik ein **internationales Kinderfestival**.

Bei Ferien mit kleineren Kindern sollte man beachten, dass Sandstrände in Kroatien rar sind und auch als Sandstrände bezeichnete Strandabschnitte nicht selten eher aus Kies bestehen. Das macht den Gang ins Wasser besonders für Kinder schwieriger (auch im Wasser selbst liegen oft spitze Steine), und auch das beliebte Sandburgenbauen fällt als Strandbeschäftigung weg. Die steinige und felsige Küste kann für ältere Kinder natürlich auch aufregend für Erkundungstouren sein.

Die Ernährung besonders kleinerer Kinder kann ein Problem darstellen, da die Kindergerichte meistens nur kleine Portionen der (in der Regel recht fetten) Erwachsenengerichte sind. Das kann zu Magenproblemen führen. Wer das vermeiden will, kann (je nach Unterkunftsart) selbst kochen oder Essen für die Kleinkinder, etwas in Form von Hipp-Gläschen oder Ähnlichem, mitbringen.

Die bekannten internationalen Drogerieketten (dm, Rossmann …) sind in Kroatien verbreitet und führen das gleiche Angebot wie in anderen Ländern, das betrifft auch Kinder- und Babyartikel. Auch in den kleinen Lädchen abgelegenerer Orte bekommt man in der Regel Windeln und Babykost. Besondere Medikamente für Kinder sollte man sicherheitshalber von zu Hause mitbringen, auch wenn die Apotheken in Kroatien gut ausgestattet sind.

Maße und Elektrizität

Die Stromversorgung ist überall in Kroatien gewährleistet, die Spannung beträgt 220 Volt Wechselstrom. Die Steckdosen entsprechen dem deutschen und österreichischen Standard, Reisende aus der Schweiz sollten einen Adapter mitbringen. Im Nachbarland Bosnien-Herzegowina kann es gelegentlich zu Unterbrechungen in der Stromversorgung kommen.

In Kroatien gilt das metrische System, es sind dieselben Maße wie in Mitteleuropa üblich.

Medien

Fernsehen

Die staatliche Fernsehanstalt HRT (Hrvatska Radiotelevizija) betreibt vier Fernsehprogramme: HRT 1 hat zahlreiche Unterhaltungsprogramme und Filme im Programm, HRT 2 bietet vor allem Sportberichterstattung, HRT 3 ist ein Kultur- und Wissenschaftssender, das 2012 gegründete HRT 4 ist ein Nachrichten- und Dokumentationskanal.

Die Privatsender RTL, Nova TV und Doma TV senden Unterhaltungsprogramme, beliebt sind vor allem Soap Operas aus verschiedenen Ländern. Es gibt zudem Musikprogramme wie eine regionale Variante von MTV und CMC (Croatian Music Channel).

Ausländische Filme, Dokumentationen und andere Programme werden in Kroatien nicht synchronisiert, sondern im Originalton mit kroatischen Untertiteln ausgestrahlt (Ausnahme sind Kinderprogramme). Das macht das kroatische Fernsehprogramm auch für ausländische Zuschauer interessant.

In den Touristenorten haben alle gehobenen Hotels Satellitenfernsehen.

Radio

Der Radiosender HR 2 sendet in der Ferienzeit kroatische Verkehrsmeldungen auf Deutsch, Englisch und Italienisch und stündlich wechselnd Nachrichten von Ö3, Bayrischem Rundfunk, Rai Uno (italienisch) und Virgin Radio (englisch).

Wer kroatische Musik hören will, kann das Programm Narodni Radio (Nationalradio) suchen, dort werden alle Arten kroatischer Musik von Volksmusik über Schlagerschnulzen, Rock und Pop, bis hin zu Punk und Hip-Hop gesendet. Wer eine Erholungspause braucht, findet bei Otvoreni Radio einen beliebten Sender mit einer Mischung aus internationaler und kroatischer Popmusik. Für alternative Musik ist der Sender Radio 101 (sto-jedan) aus Zagreb beliebt.

Zeitungen

Die seriösesten kroatischen Zeitungen *Večernji list* (Abendblatt, konservativ), *Jutarnji list* (Morgenblatt, liberal) und *Slobodna Dalmacija* (Freies Dalmatien, konservativ) haben einen umfangreichen Boulevardteil, viel Sport, die in Kroatien beliebte Rubrik Crna kronika (mit Berichten über Verbrechen) sowie etwas Politik und Wirtschaft im Programm. Seit 2005 wird die Boulevardzeitung *24 sata* (24 Stunden) erfolgreich in Kroatien vertrieben.

Ausländische Zeitungen sind an Kiosks an der Küste und in Zagreb erhältlich, zum Teil mit einem Tag Verspätung. Eine größere Auswahl an deutschsprachigen Zeitungen ist in der Buchkette Algoritam erhältlich.

Öffnungszeiten

Die Öffnungszeiten der **Restaurants** variieren je nach Saison stark, außerdem werden sie oft geändert. Im Sommer sind die Öffnungszeiten an der Küste wesentlich länger als in der Nebensaison oder gar im Winter (wo viele Hotels, Restaurants oder auch Museen geschlossen haben). Die meisten Cafés und Restaurants öffnen früh morgens ihre Türen und schließen, wenn der letzte Gast gegangen ist. Nur vereinzelt machen Restaurants eine Mittagspause oder öffnen erst zum Abendessen. Wenn man sichergehen möchte, sollte man vorher anrufen und sich vergewissern, dass die angegebenen Öffnungszeiten noch aktuell sind.

Geschäfte und Supermärkte haben zumeist Mo–Sa von 8–20 Uhr geöffnet, in größeren Orten und an der Küste zum Teil auch noch länger oder sonntags. In kleineren Orten wird bisweilen eine Mittagspause eingelegt, meist zwischen 12 und 15 Uhr.

Die täglichen **Grünmärkte** beginnen oft morgens um 6 Uhr und dauern bis zum frühen Nachmittag, die touristischen Märkte an der Küste sind bis spät abends geöffnet.

Die Öffnungszeiten von **Touristeninformationen** variieren stark je nach Saison und Region. In der Hauptsaison sind die Informationen an der Küste meist von etwa 9–21 Uhr geöffnet, außerhalb der Saison sind die Öffnungszeiten kürzer. Im Binnenland haben die Touristeninformationen meist nur Mo–Fr geöffnet, zudem gibt es oft eine Mittagspause.

Postämter und Banken sind i.d.R. von Mo–Fr 7–19 und Sa 7–13 Uhr geöffnet, Postämter in touristischen Regionen auch länger.

Tankstellen sind etwa von 7–19 Uhr geöffnet, in größeren Städten und an Hauptverkehrsstraßen auch rund um die Uhr.

Museen haben keine einheitlichen Öffnungszeiten, zumeist sind sie montags geschlossen.

Post

Briefmarken werden in Postämtern und an Kiosken verkauft, die Post braucht ungefähr eine Woche, um nach Deutschland, Österreich oder in die Schweiz zu gelangen. Briefmarken für eine Postkarte in das europäische Ausland kosten 4,60 Kn, für einen Brief bezahlt man 7,60 Kn (Stand August 2013).

Reisende mit Behinderungen

In Kroatien gibt es nach wie vor zahlreiche Kriegsversehrte, die Behinderten eine stärkere Lobby verschafft haben. Toiletten an Flughäfen, Bahnhöfen, Busbahnhöfen und öffentlichen Einrichtungen sowie in größeren Hotels sind i.d.R. auch für Rollstuhlfahrer zugänglich. Die größeren Bahnhöfe und Busbahnhöfe sind rollstuhlgerecht eingerichtet, nicht jedoch die Jadrolinija-Fähren. Die meisten Strände sind nicht behindertengerecht, löbliche Ausnahmen finden sich in Rovinj (Polari, Villas Rubin), Pula (Valkana), Umag (Hotels Sol Aurora und Sol Garden), Vrsar (Stadtstrand), Split (Znjan und Bene) und Rijeka (Kostanj), sowie im Binnenland am Jarun-See in Zagreb. In allen größeren kroatischen Städten sind Behindertenparkplätze zu finden, ebenso bei großen Supermärkten.

Falls kein Behindertenparkplatz zur Verfügung steht, kann zumeist auch kostenfrei auf einem regulären Parkplatz geparkt werden. In jedem Fall muss der Behindertenparkausweis in die Windschutzscheibe gelegt werden. Schwerbehinderten wird zum Teil die Kurtaxe für die Unterkunft erlassen.

Weitere Infos: **Bundesverband Selbsthilfe Körperbehinderter e.V.**, 🖳 www.reisen-ohne-barrieren.eu.

Reiseveranstalter

Das Reiseland Kroatien taucht in nahezu allen Broschüren größerer Reisekonzerne und kleinerer Reisebüros auf. Es gibt zahlreiche Pauschalangebote der bekannten Tourismusanbieter. Wer auf der Suche nach etwas Speziellerem ist, wird auch eine große Auswahl anderer Reiseangebote finden.

Für kulturinteressierte Reisende bietet der Veranstalter Studiosus, 🖳 www.studiosus.com, **Studienreisen** nach Kroatien an, etwa eine zwölftägige Rundfahrt von Zagreb über Istrien nach Dalmatien und zurück. Auf dem Weg werden sechs Stätten des Unesco-Weltkultur- und Naturerbes besichtigt.

Der Anbieter Sigl Reisevermittlung, 🖳 www.erlebnisreisen-weltweit.de, bietet **Aktivreisen** in Kroatien an, z. B. eine 15-tägige Wandertour durch Dalmatien oder eine 8-tägige Inselhopping-Tour mit dem Fahrrad.

Ebenfalls **Touren für Rad und Schiff** bietet Rad & Reisen, 🖳 www.radreisen.at, aus Österreich, so jeweils achttägige Rundreisen durch die Kvarner Bucht, Mittel- oder Süddalmatien mit Radausflügen auf den Inseln.

Die Agentur sail4fun organisiert **Segeltouren**, 🖳 www.sailaway-segelreisen.de, auf der kroatischen Adria. Wer Segelerfahrungen zwischen Kroatiens bunter Inselwelt sammeln möchte, kommt hier auf seine Kosten. Die Segeltörns dauern wie auch das angebotene Skippertraining eine Woche.

Auch **Kletterurlaub** kann man als Paket buchen, 🖳 www.klettern-kroatien.de, die Unterkunft erfolgt auf der Insel Čiovo bei Split, geklettert wird unter anderem bei Omiš. Die Touren dauern insgesamt eine Woche, die Guides sind englischsprachige Einheimische.

Schwule und Lesben

Homosexuelle haben in dem streng katholischen und konservativen Land keinen leichten Stand. Auf der Straße sieht man keine offen homosexuellen Pärchen, eine kleine Szene gibt es nur in den größeren Städten, namentlich Zagreb, Split und Rijeka. Allerdings hat sich die Lage in den letzten Jahren normalisiert, man sollte als homosexuelles Paar in der Öffentlichkeit zwar zurückhaltend auftreten, Beleidigungen oder gar Übergriffe muss man jedoch nicht fürchten.

Seit 2002 findet in Zagreb jährlich Mitte Juni eine LGBT-Parade (Lesbian, Gay, Bisexual und Transgender) unter dem Namen Zagreb Pride statt (🖳 www.zagreb-pride.net). Die ersten Paraden wurden von Skinheads attackiert, die Teilnehmer wurden aber von der Polizei geschützt. In den letzten Jahren haben viele Politiker der linken Parteien (darunter Präsident Ivo Josipović) und andere Prominente ihre Unterstützung für die Parade und für die Rechte sexueller Minderheiten ausgedrückt. Am Zagreb Pride 2013 nahmen etwa 15 000 Menschen teil, mehr als in den zehn vorangegangenen Paraden zusammengerechnet. Heftig attackiert werden LGBT-Aktivisten von Teilen der politischen Rechten und von der katholischen Kirche in Kroatien.

Seit 2011 findet auch der Split Pride in der zweitgrößten Stadt des Landes statt.

Sicherheit

Kroatien ist ein sicheres Reiseland, zu **Diebstählen** kommt es nicht häufiger und nicht weniger als in anderen Reiseländern. Natürlich sollte man seine Wertsachen im Auge behalten, vor allem wenn man in öffentlichen Verkehrsmitteln, an Busbahnhöfen, überfüllten Stränden oder auf belebten Märkten unterwegs ist. Doch das gilt für jedes Reiseziel generell.

Hilfe im Notfall	
Notruf	☎ 112
Polizei	☎ 92
Feuerwehr	☎ 93
Krankenwagen	☎ 94
Seerettung	☎ 9155
Pannenhilfe	☎ 987

Aufgrund der klimatischen Bedingungen kommt es in Kroatien im Sommer immer wieder zu **Busch- und Waldbränden**. Reisende sollten auf entsprechende Meldungen in den Medien und ggf. Hinweise der lokalen Behörden achten und im Notfall selbst die Feuerwehr rufen.

Sport und Aktivitäten

Kroatien ist ein Paradies für Aktivurlauber. Die Möglichkeiten, seinen Urlaub mit Sport und anderen Aktivitäten zu verbinden, sind umfangreich und vielgestaltig. An der Küste sind vor allem Wassersportarten wie Segeln, Surfen, Tauchen und Kajakfahren angesagt, aber auch Wandern, Klettern und Radfahren sind beliebte Freizeitbeschäftigungen in Kroatien.

Angeln

Wer in den Flüssen, Seen oder im Meer angeln will, braucht auf jeden Fall eine Angellizenz. Diese ist beim Hafenbüro, bei der Touristeninformation oder bei der Gemeinde zu erstehen. Für weitere Informationen für Meeresangler ist zuständig:
Hrvatski savez za športski ribolov na moru, Matije Gupca 2a, Rijeka, ☎ 051-212196, 🖥 www.hssrm.hr (auf Kroatisch). Für Sportangeln generell ist zuständig: **Hrvatsko športsko ribolovni savez**, Trg Krešimira Ćosića 11, ☎ 01-3091137, 🖥 www.ribolovni-savez.hr (Kroatisch).

Beliebte Angelgewässer im Binnenland sind z. B. die Flüsse Dobra, Gacka (Kasten S. 272), Kupa und Donau.

Fliegen

Für **Sportflieger** bietet die abwechslungsreiche Landschaft Kroatiens einige wunderschöne Ziele. Es gibt Flugvereine und Flugschulen im ganzen Land. Sportflughäfen befinden sich in Pula, Rijeka, Mali Lošinj, Supetar auf Brač, Sinj, Zagreb, Varaždin, Čakovec, Koprivnica, Otočac, Slavonski Brod und Čepin bei Osijek. Genaue Adressen und Telefonnummern findet man unter 🖥 www.croatia.hr, Stichwort: Fliegen, oder bei den örtlichen Touristeninformationen.

Auch das **Drachenfliegen** bzw. **Paragliding** erfreut sich in Kroatien zunehmender Beliebtheit. Durch die Kombination aus hohen Bergen und schönen Panoramalandschaften ist Kroatien ein attraktives Ziel für Paraglider. Angebote bestehen unter anderem in den Gebirgen Učka, Gorski Kotar, Biokovo, auf den Inseln Krk, Brač und Hvar sowie auf dem Sljeme bei Zagreb. Kontakte und Adressen unter 🖥 www.paragliding.hr (auf Kroatisch), Infos auch unter 🖥 www.istra.hr/de/attraktionen-und-aktivitaeten/sport/paragliding.

Wer mit dem **Ballon** fahren möchte, kann das vom Gebirge Medvenica bei Zagreb aus machen, 🖥 www.baloni.hr.

Klettern

Beliebtestes Ziel für Sportkletterer ist der Nationalpark Paklenica (S. 301) bei Zadar, aber auch in anderen Gebieten des Velebit-Gebirges sowie in Istrien, auf einigen Inseln und im Binnenland gibt es interessante Kletterplätze. Ein attraktives Kletterhighlight stellt auch die Umgebung von Omiš, südlich von Split, mit der Schlucht der Cetina und vielen steilen Felswänden dar. Unter 🖥 **www.climb-europe.com/De/Klettern Kroatien.html** findet man weiterführende Informationen zu den einzelnen Klettergebieten.

Radfahren

Die Angebote für Radfahrer haben in den letzten Jahren sehr zugenommen. Nahezu alle Touristeninformationen haben **Radwege** in ihren Ge-

Vorsicht Minen!

Ein Sicherheitsproblem Kroatiens sind die in mehreren Regionen noch immer präsenten Landminen aus den 90er-Jahren. Diese wurden in erster Linie von den kroatischen Serben und der jugoslawischen Armee entlang der Front verlegt und dabei nur unzureichend dokumentiert. Die Minenräumung hat seit 1995 enorme Fortschritte gemacht, mehr als ein Drittel der Minen sind geräumt. Doch die Minenräumung ist extrem teuer und aufwendig: Noch immer liegen auf einem Gebiet von 673 km^2 etwa 90 000 Landminen, die kroatische Regierung strebt an, das Land bis 2019 komplett von Landminen zu befreien.

Minenfelder sind in der Regel mit Schildern mit einem roten Dreieck und Totenkopfmotiv gekennzeichnet, diese Gebiete sollten selbstverständlich auf keinen Fall betreten werden. Gebiete, in denen gerade eine Minenräumung stattfindet, sind durch gelbe Plastikbänder abgesperrt. Durch Witterung oder Diebstahl sind einzelne Warnschilder abhandengekommen. In den betroffenen Regionen sollte man also auf keinen Fall die Wege verlassen oder gar durch Waldgebiete laufen. Besondere Vorsicht ist geboten, da Minen oft nah an der Straße verlegt wurden. Weiterhin ist das Betreten von Grundstücken mit verlassenen Häusern und leer stehenden Gebäuden auf jeden Fall zu unterlassen. Auf Hinweise von Einheimischen sollte man auf jeden Fall hören.

Die betroffenen Gebiete befinden sich im kroatischen Binnenland und im dalmatinischen Hinterland, eine Ausnahme bildet die Insel Vis, die bis 1990 militärisches Sperrgebiet war. Hier wurden wiederholt entlang des militärischen Areals Minen gefunden, in dieser Region der Insel ist also Vorsicht geboten.

Die Minengefahr betrifft Ostslawonien (30–50 km westlich der serbischen Grenze sowie an der Grenze zu Ungarn, Drau- und Donau-Uferböschungen, insbesondere die Gebiete um Vukovar und Vinkovci), Westslawonien (die Gebiete um Daruvar, Pakrac und Virovitica) und das westliche und südwestliche Grenzgebiet zu Bosnien-Herzegowina (hier liegen die Minen entlang des ehemaligen Frontverlaufs). Letzteres betrifft den Raum südlich von Sisak, die Strecke zwischen Sisak und Karlovac, die Strecke östlich von Ogulin Richtung Otočac und Gospić, den Bereich des Velebit-Gebirges zwischen Gospić und Obrovac, das Hinterland von Zadar in Richtung Šibenik sowie die Umgebung von Drniš Richtung Peručko jezero und bosnische Grenze. Eine Karte mit den betroffenen Gebieten und aktuelle Informationen finden sich auf der Homepage des kroatischen Entminungsdienstes HCR, www.hcr.hr.

Auch bei Ausflügen nach Bosnien-Herzegowina ist die Minenproblematik zu beachten, wer jedoch auf den Straßen und Wegen bleibt, hat nichts zu befürchten.

---

meinden ausgewiesen. Diese sind jedoch überwiegend keine alleinigen Radwege, sondern weniger befahrene Nebenstraßen oder Schotterwege (kroat. *makadam*). „Richtige" Radwege neben der Straße findet man in den fahrradfreundlichen Städten Varaždin und Osijek sowie auf der Insel Krk.

Mehrere **Fernradwege** führen durch Kroatien. Der berühmte **Donauradweg** vom Schwarzwald ans Schwarze Meer führt in Ostkroatien von der ungarischen Grenze in der Baranja über Osijek und Vukovar bis zur serbischen Grenze bei Ilok (s. Loose Aktiv S. 583). Auch entlang der Flüsse Mur und Drau gibt es einen internationalen Radweg mit verschiedenen Routenoptionen. Der **Drauradweg** führt durch Italien, Österreich, Slowenien, Kroatien und Ungarn, die Strecke entlang der Mur durch Österreich, Slowenien und Kroatien. Infos unter www.mura-drava-bike.com.

Hervorragende Radstrecken (mit gutem Kartenmaterial) gibt es in Istrien, einen speziellen Charme hat dabei die **Parenzana**, ein Weg, der einst als Bahnstrecke von Triest an die kroatische Adriaküste geplant war. Zahlreiche Radrouten und Infos unter www.istria-bike.com.

In den Bergregionen und in Dalmatien überwiegen die Angebote für **Mountainbiker**, etwa in den Gebirgen Učka und Velebit. Attraktive Fahrradstrecken und gut organisierte Fahrradinfrastruktur finden sich zudem in den National- und Naturparks, auf mehreren kroatischen Inseln, in Nordkroatien, im Umland von Karlovac und in der Region Gacka. Eine Übersicht und Publikationen zu Radstrecken gibt es unter 🖥 www.pedala.hr (auf Kroatisch). Listen mit Publikationen unter „Publikacije", Fahrradrouten mit Karte und Höhenangabe unter „Biciklističke rute".

Einen **Fahrradverleih** (meist Mountainbikes) findet man in touristischeren Orten in der Regel problemlos, oft verleihen auch Hotels Fahrräder. Im Binnenland ist es zum Teil etwas schwieriger, am besten wendet man sich an die regionalen Touristeninformationen.

Reiten

Die bekanntesten Reiterhöfe befinden sich in Istrien, Dalmatien und Slawonien, aber auch in anderen Regionen gibt es Reitmöglichkeiten. Die Angebote reichen von modernen Reitzentren mit Reitschulen bis zu kleinen Familienfarmen. Wer einen Familien-Reiturlaub machen möchte, sollte nach Übernachtungen auf dem Bauernhof unter dem Stichwort Agrotourismus suchen. Informationen gibt die regionalen Touristeninformationen.

Wandern

Wandern ist sowohl bei Einheimischen als auch bei Touristen eine der beliebtesten Sportarten. Das ganze Land und vor allem die hügeligen und bergigen Regionen (und das ist die Mehrzahl) verfügen über ein dichtes Netz an gut ausgeschilderten Wanderwegen mit zahlreichen Berghütten. Gefährliche Stellen entlang der Hauptwanderwege sind zum Teil nur gekennzeichnet, nicht aber gesichert. Ungeübte Wanderer sollten Strecken im Hochgebirge (wie Biokovo, Velebit) also am besten in Begleitung Einheimischer angehen. Die Wege und Berghütten werden von kroatischen Wander- und Bergsteigervereinen betreut, oft auf freiwilliger Basis. Vor größeren Wanderungen sollte man sich Informationen bei den Touristeninformationen oder Wandervereinen einholen, auf Ratschläge und Warnungen von Einheimischen (z. B. bezüglich des Wetters) sollte man auf jeden Fall hören. Die Wanderwege sollten nicht verlassen werden, vor allem wenn im Wandergebiet Minengefahr droht (Kasten S. 67).

Infos gibt der **Kroatische Bergsteigerverband** (Hrvatski planinarski savez), Kozarčeva 22, Zagreb, ✆ 01-4823624, 🖥 www.hps.hr. Unter „HPS" und „Članice" findet sich eine Adressenauflistung regionaler Wander- und Bergsteigervereine, teils auch mit Homepage.

Wassersport

Wassersportarten sind in Kroatien mit seiner langen und vielfältigen Küste natürlich bei Einheimischen wie bei Besuchern ausgesprochen beliebt. Einige Aktivitäten wie Schwimmen und Kanufahren sind auch im kroatischen Binnenland möglich.

Baden und Schwimmen

Das Badevergnügen ist natürlich der Hauptgrund, warum Urlauber nach Kroatien kommen. Die Strände der kroatischen Adriaküste sind vielfältig, von betonierten Touristensträden bis hin zu einsamen Buchten hat das Land so ziemlich alles zu bieten. Dabei sind Sandstrände in Kroatien allerdings eine absolute Rarität. Was als Sandstrand ausgewiesen ist, entpuppt sich oft als Feinkiesstrand. „Echte" Sandstrände sind z. B. in der Umgebung von Nin in Norddalmatien zu finden. Ansonsten überwiegen Kies- und Felsstrände, einige wurden betoniert, sodass der Einstieg ins Wasser einfacher und auch für Kinder geeignet ist.

Das Wasser an der kroatischen Adria hat gute, oft auch herausragende Qualität. Strände mit der **Blauen Flagge**, also der Auszeichnung für besonders gute Wasserqualität, finden sich über die ganze Küste verteilt. In allen Küstenregionen gibt es eine große Auswahl an Stränden, je nach Vorlieben und Bedürfnissen wird hier jeder fündig werden (Familienstrände, einsame Badebuchten, Anbindung an öffentliche

Verkehrsmittel, behindertengerechte Strände, FKK-Strände usw.).

Wer im kroatischen Binnenland unterwegs ist, muss auf Badevergnügen nicht verzichten, in den Regionalkapiteln sind Thermen, Schwimmhallen, Freibäder, Badeseen und Flussbäder beschrieben. Bei Letzteren ist zum Teil die Strömung zu beachten, z. B. wenn man mit Kindern unterwegs ist. In diesem Fall informiert man sich am besten bei Einheimischen.

Rafting-, Kanu-, Seekajaktouren

Rafting- und Kanutouren sind eine äußerst beliebte Touristenaktivität an der kroatischen Küste, beliebte Flüsse sind die Zrmanja und Cetina in Dalmatien sowie im Binnenland Kupa, Dobra, Mrežnica, Korana (alle im Umland von Karlovac) und Una (Grenzfluss zu Bosnien). Zahlreiche Touristenagenturen an der Küste haben solche Touren im Angebot. Eine Kanu- oder Kajak-Tour auf eigene Faust zu organisieren, ist weitaus schwieriger. Bei einigen Anbietern von Kanutouren können Kanus auch geliehen werden, möglich ist das zudem auf einigen Campingplätzen oder in Unterkünften (in sehr unterschiedlicher Qualität und Ausstattung). Wer auf Nummer sicher gehen will, nimmt sein eigenes Kanus mit, informiert sich in der lokalen Touristeninformation (am besten vorab) und hofft auf möglichst exakte Auskünfte.

Seekajaks ermöglichen Touren z. B. an kroatischen Inseln wie Mljet oder Inselgruppen entlang. Angebote dazu gibt es in Touristenagenturen an der Küste.

Segeln und Motorbootfahren

Kroatien gilt als ein Paradies für Segler. Durch die zahlreichen Inseln entstehen zwischen Istrien und Dalmatien ruhige und geschützte Wasserstraßen. Gerade die kleineren, zum Teil unbewohnten Inseln Dalmatiens sind für Touristen eigentlich nur auf diesem Weg zugänglich. Wer in Kroatien segelt, kann auf ein dichtes Netz von 56 oft modernen und **hervorragend ausgestatteten Marinas** und zahlreichen Anlegestellen zurückgreifen. Das Mitbringen von Booten nach Kroatien ist unproblematisch, es fallen jedoch verschiedene Gebühren an. Auch Touristenagenturen haben oft Segeltörns im Angebot.

> **Wettervorhersage beachten!**
>
> Plötzlich aufkommende Winde (Kasten S. 35) sind an der Adria keine Seltenheit. Wer zu einem **Segeltörn** aufbricht, sollte deshalb unbedingt vorher die **aktuelle Wettervorhersage** einholen. Infos gibt es regelmäßig im kroatischen Fernsehen und im Internet unter 🖵 www.meteo.hr.

Der größte kroatische Yachtclub ACI betreibt 22 Marinas an der kroatischen Küste und informiert über alle Themen, die mit Segeln oder Motorbootfahren in Kroatien zu tun haben: **Adriatic Croatia International Club**, Maršala Tita 151, Opatija, ✆ 051-271288, 🖵 www.aci.hr.

In den Touristeninformationen und in den ACI-Marinas sind kostenlose Broschüren über Kroatische Marinas und Informationen zum Segeln und Bootfahren in Kroatien erhältlich, die jährlich erscheinen. Online sind diese auch auf der Homepage des kroatischen Tourismusverbandes abrufbar, 🖵 www.croatia.hr, unter „Brochures".

Karten für Segler und Motorbootfahrer sind im Buchhandel, in den kroatischen Marinas oder unter 🖵 www.skippertipps.de erhältlich. Herausgeber dieser sehr hilfreichen Karten ist das Staatliche Hydrografische Institut in Split: **Državni hidrografski institut**, Zrinsko-Frankopanska 161, Split, ✆ 021-308800, 🖵 www.hhi.hr.

In mehreren Orten an der kroatischen Küste finden über das ganze Jahr verteilt Segelregatten statt, Hinweise darauf sind in den entsprechenden Regionalkapiteln enthalten. Weitere Infos auf den Internetseiten des Europäischen Segel-Informationssystems: 🖵 www.esys.org.

Schnorcheln

Schnorcheln ist vor allem in den Felsküstenabschnitten mit ausgesprochen klarem Wasser sehr beliebt. Wer Taucherbrille, Schnorchel und Flossen besitzt, sollte diese also mitnehmen, sie sind aber auch vor Ort erhältlich. Zwar ist die Unterwasserwelt längst nicht so bunt und artenreich wie in der Südsee oder Karibik, doch auch in Kroatien lassen sich beim Schnorcheln zahlreiche Meeresbewohner entdecken. Achtung:

Man darf nicht in Hafenbereichen, außerhalb von Absperrungen und über 100 m von der Küste entfernt schnorcheln.

Tauchen

Kroatien ist durch die Vielgestaltigkeit der Unterwasserwelt und die gute touristische Infrastruktur ein sehr attraktives Ziel für Taucher.

Etwa **170 Tauchzentren** sind an der kroatischen Küste zu finden. Einige davon werden von Ausländern betrieben, die den Sommer in Kroatien verbringen, einige gehören zu großen Hotelketten oder Campingplätzen. Freizeittaucher benötigen einen Taucherausweis, der ein Jahr gültig ist, vom Kroatischen Taucherverband ausgegeben wird und in Tauchzentren, Tauchclubs und zum Teil auch bei Touristenagenturen erhältlich ist. Um allein und ohne Aufsicht zu tauchen, braucht man zudem eine Genehmigung einer kroatischen Behörde (regionales Hafenamt, Touristeninformation, Polizei).

Tauchzentren bieten i.d.R. auch Tauchkurse an, an vielen Orten werden Ausbildungen nach CMAS-Richtlinien angeboten, zum Teil kann auch das Deutsche Tauchsportabzeichen des VDST gemacht werden.

Informationen für Taucher enthält die Broschüre *Informationen für Nautiker* der Kroatischen Zentrale für Tourismus, die im Internet auf der Seite 🖥 www.croatia.hr (unter Brochures) abrufbar ist, im Internet kann man sich zusätzlich auf der Website des kroatischen Taucherverbandes, 🖥 www.diving-hrs.hr, und auf der Seite 🖥 www.diving.hr informieren.

Beliebte Tauchreviere befinden sich im Nationalpark Kornati, z. B. auf der Insel Rasip mit steil ins Meer abfallenden Klippen und an anderen, der Küste vorgelagerten winzigen Inseln. Ein besonderes Highlight ist die schillernde Blaue Grotte auf der Insel Biševo, die nur mit schmalen Booten oder tauchend zu erreichen ist. An der kroatischen Küste liegen zahlreiche Schiffswracks, die attraktive Tauchziele darstellen.

Windsurfen und Kitesurfen

Windsurfen ist an fast allen Küstenabschnitten sowie auf einigen Inseln möglich, besonders geeignet sind dafür jedoch die schmalen Meereskanäle der Adria und die Außenseiten der großen Inseln. Hier weht ein starker Wind, der den Windsurfern optimale Bedingungen liefert. Beliebte Gebiete zum Windsurfen sind etwa die Meeresstraße zwischen Korčula und Pelješac, besonders beim Ort Viganj, und das Goldene Horn auf der Insel Brač. Surfschulen und Surfbrettverleih gibt es in den meisten Touristenzentren an der Küste.

Nin bei Zadar ist das kroatische Zentrum für **Kitesurfer**, eine Surfschule befindet sich am dortigen Strand Ždrijac.

Wintersport

Zugegeben, bei einem Kroatienurlaub denkt man nicht primär ans Skifahren, doch Kroatien hat auch einige attraktive Wintersportangebote im Programm – und mit Janica Kostelić eine der erfolgreichsten Skifahrerinnen überhaupt hervorgebracht. Besonders das Gorski Kotar-Gebirge nördlich von Rijeka ermöglicht Gästen im Frühjahr gar die Möglichkeit, vormittags segeln zu gehen und nachmittags Ski zu fahren. Im Gorski Kotar befindet sich das kroatische **Skizentrum Bjelolasica** (Kasten S. 264), das eine der beliebtesten Winterdestinationen des Landes darstellt. Nahe dem Nationalpark Risnjak liegt das **Skigebiet Platak**, von dem aus man das Meer in der Kvarner Bucht überblickt. Oberhalb von Zagreb kann der Hausberg **Sljeme** mit Skiern befahren werden (Kasten S. 503). Eine Übersicht über Skigebiete in Kroatien, aber auch in den benachbarten Ländern Bosnien-Herzegowina und Slowenien, findet sich unter 🖥 www.mojeskijanje.com.

Telefon

Im Zeitalter des Mobilfunks verlieren öffentliche Fernsprecher an Bedeutung. Vereinzelt sind in Kroatien aber noch **Telefonzellen** zu finden, von denen aus man nach Münzeinwurf oder mit Telefonkarten (erhältlich z. B. an Kiosken) telefonieren kann.

Auch das eigene **Mobiltelefon** kann man problemlos nach Kroatien mitnehmen und von dort

Die wichtigsten Vorwahlen	
Vorwahlen aus Kroatien	
Deutschland	☏ 0049
Österreich	☏ 0043
Schweiz	☏ 0041
Vorwahl nach Kroatien	
00385 (danach wird die erste 0 weggelassen).	
Ortsvorwahlen	
Die Ortsvorwahlen innerhalb Kroatiens (also z. B. 01 für Zagreb) muss man auch innerhalb dieses Vorwahlgebiets immer mitwählen. Die Ortsvorwahlen für eine komplette kroatische Gespanschaft sind immer einheitlich, z. B. 052 für Istrien oder 022 für Šibenik-Knin.	
Handynummern	
Handynummern beginnen mit 091 bis 099.	

SMS schicken und telefonieren. Je nach Vertrag können dabei jedoch hohe Kosten anfallen. Wer viel telefonieren möchte, besorgt sich am besten eine kroatische Handy-SIM-Karte. Die größten Anbieter sind T-Com, 🖥 www.hrvatski telekom.hr, und VIP, 🖥 www.vipnet.hr. SIM-Karten sind schon für 20–25 Kn zu haben, das entsprechende Guthaben ist dann bereits auf der Karte. SMS schicken und telefonieren ist verhältnismäßig preiswert. Achtung: In abgelegenen (Gebirgs-)Regionen hat man bisweilen keinen Empfang.

Transport

Flüge

Flugverbindungen bestehen zwischen den Inlandflughäfen Zagreb und Osijek und den Flughäfen an der Küste. Von Zagreb kann man nach Pula, Zadar, Split und Dubrovnik fliegen, von Osijek nach Split und Dubrovnik. Bei rechtzeitiger Buchung liegen die Preise für einen Flug nicht deutlich über denen für eine Busfahrt.

Eisenbahn

Das Eisenbahnnetz ist in Kroatien sehr unterschiedlich ausgebaut. Die Region um Zagreb ist gut angebunden, es gibt Verbindungen ins Ausland (Deutschland, Österreich, Italien, Slowenien, Ungarn, Serbien, Bosnien-Herzegowina) ebenso wie regionale Verbindungen. Von Zagreb aus sind Städte wie Varaždin, Sisak oder Karlovac problemlos mit dem Zug zu erreichen. Auch nach Slawonien gibt es einige gute Verbindungen wie die IC-Strecke Zagreb–Osijek. Schwieriger wird die Sache an der Küste. Eine ehemalige Hauptroute an die dalmatinische Küste verläuft teils über bosnisches Territorium und wird daher seit 1992 nicht mehr befahren, so bleibt nur die langsame Bahnlinie von Zagreb über Knin nach Split, von der wiederum Regionalstrecken nach Zadar und Šibenik abzweigen. Noch schwieriger ist die Lage in Istrien, wo nur eine einzige Bahnlinie von Pula nach Buzet (und zum Teil weiter nach Ljubljana) besteht, die über Busse an Rijeka angebunden ist. Die einzige Bahnlinie südlich von Split verbindet den Adriahafen Ploče mit Bosnien (Mostar und Sarajevo) und schließlich mit Zagreb. Bahnfahren dauert lange, es kommt regelmäßig zu Verspätungen, die Züge sind größtenteils schon älter, aber die Bahnfahrt ist i.d.R. etwas billiger als die Fahrt mit dem Bus. Noch billiger wird es, wenn man Hin- und Rückfahrtticket gemeinsam kauft, Rabatte gibt es auch für Studenten und Rentner (mit Ausweis). Einige modernere Strecken wie Zagreb–Osijek (im IC) sind aber auch ausgesprochen angenehm und eine willkommene Abwechslung zum Bus.

Hrvatske Željeznice: Homepage der Kroatischen Bahn mit Fahrplan und Preisinformation (auch auf Englisch), 🖥 www.hzpp.hr.

Busse

Busse sind in Kroatien das beliebteste und meistbenutzte öffentliche Verkehrsmittel. Dementsprechend gut organisiert ist das Bussystem, die Busse sind äußerst komfortabel, zuverlässig und preiswert. Die Preise können je nach Busunternehmen variieren, am billigs-

Der Bus ist in Kroatien das Verkehrsmittel Nr. 1 – doch die Zagreber und Osijeker sind auch stolz auf ihre Tram.

ten ist es, wenn Hin- und Rückfahrkarte zusammen gekauft werden (was aber nur möglich ist, wenn man mit ein und demselben Unternehmen fährt).

Zu den größten Busunternehmen gehören **Autotrans**, 🖥 www.autotrans.hr, **Čazmatrans**, 🖥 www.cazmatrans.hr, und **Samoborček**, 🖥 www.samoborcek.hr. Busse kommen im Gegensatz zu Zügen in der Regel nicht zu spät. Die Tickets sind in größeren Orten am Schalter des Busbahnhofs, ansonsten im Bus erhältlich. Fast alle Orte Kroatiens sind über das Busnetz zu erreichen. Leider sind die Verbindungen manchmal schwer in Erfahrung zu bringen, da es keine flächendeckende zentrale Bushomepage gibt (versuchen kann man es mit der Homepage des Busbahnhofs in Zagreb 🖥 www.akz.hr, oder 🖥 www.autobusni-kolodvor.com), ansonsten fragt man am besten beim Schalter im nächsten Busbahnhof nach. Normalerweise ist es möglich, auch unabhängig von Bushaltestellen an bestimmten Orten unterwegs aus dem Bus gelassen zu werden, das sollte man aber unbedingt mit dem Fahrer oder Kontrolleur (auf weiteren Strecken sind es immer zwei) vorher abklären. Bei Sprachbarrieren kann dabei eine Karte hilfreich sein.

Öffentlicher Nahverkehr

Der öffentliche Nahverkehr ist in allen großen Städten engmaschig, wenn auch zum Teil für Ausländer etwas schwer zu durchschauen. Dazu gehört, dass Busstationen nicht immer angesagt werden und zum Teil auch nicht mit Namen gekennzeichnet sind. Tickets bekommt man in der Regel am Kiosk, wo man auch noch einmal nach Verbindungen fragen kann, oder direkt im Bus (meistens etwas teurer). Der öffentliche Nahverkehr ist fast ausschließlich über **Busse** organisiert, **Trams** verkehren zusätzlich nur in Zagreb und Osijek.

> **Überpünktlich sein!**
>
> An großen Busbahnhöfen wie in Zagreb fahren die Busse manchmal zwei oder drei Minuten früher ab, als es der Fahrplan vorsieht. Daher sollte man sicherheitshalber überpünktlich an Ort und Stelle sein.

Taxi

Die Fahrt mit einem der lizenzierten Taxis, die in den größeren Städten des Landes an zentralen Plätzen bereitstehen, ist relativ teuer. Nicht immer funktioniert der Taxameter einwandfrei, man sollte sich diesbezüglich vor der Fahrt vergewissern. Bei längeren Taxifahrten gelten Festpreise, die man vor Fahrtantritt erfragen sollte.

Fähren

Die wichtigste Fährlinie ist **Jadrolinija**, 🖥 www.jadrolinija.hr, die praktisch alle größeren kroatischen Inseln mit dem Festland und zum Teil auch untereinander verbindet. Die Tickets für die Fähren sind am Jadrolinija-Schalter erhältlich, der sich meist direkt am Hafen befindet. Im Hochsommer sollte man vor allem bei beliebten Fährlinien (wie beispielsweise nach Hvar oder Cres) möglichst früh vor Ort sein, da es möglicherweise zu langen Warteschlangen kommen und es durchaus vorkommen kann, dass die Fähre voll ist und man auf die nächste warten muss. Ticketreservierungen sind i. d. R. nicht möglich. Übrigens: Auf den Jadrolinija-Fähren gibt es normalerweise ein kleines Bistro, wo man günstigen und exzellenten Kaffee bekommt.

Auto

Alle Varianten der in Deutschland, Österreich und der Schweiz gültigen **Führerscheine** sind auch im EU-Land Kroatien gültig, Gleiches gilt für die EU-Nachbarn Slowenien und Ungarn sowie Bosnien-Herzegowina, Montenegro und Serbien, wobei letzteres Land zwischenzeitlich wieder den internationalen Führerschein gefordert hatte (aktuelle Infos auf den Homepages der deutschen, österreichischen und schweizerischen Außenministerien).

Wenn ein ausländisches Kraftfahrzeug in einen **Unfall** verwickelt war, ist für die Ausreise mit dem beschädigten Fahrzeug die Schadensfeststellung des Polizisten, der den Unfall aufgenommen hat, mitzuführen.

Straßen und Autobahnen

Die größeren Straßen in Kroatien sind generell in einem guten Zustand. Vorsicht ist allerdings auf der kurvenreichen und nicht ganz ungefährlichen **Küstenmagistrale** (Jadranska magistrala) geboten. Einheimische Autofahrer (auch manche Busfahrer) fahren mit zum Teil abenteuerlichen Geschwindigkeiten über diese Straße und können wegen mangelnder Überholmöglichkeiten auch mal unangenehme Hintermänner werden. Davon sollte man sich jedoch nicht verunsichern lassen und auf keinen Fall schneller fahren, als erlaubt ist und man selbst verantworten kann. Seit einigen Jahren besteht die durchaus attraktive Alternative der **Autobahn Zagreb–Split**, der zwar die atemberaubenden Ausblicke der Magistrale fehlen, die den Autofahrer jedoch sicher, schnell und komfortabel an sein Ziel bringt. Die Autobahn ist bis Ploče ausgebaut, die Weiterführung bis Dubrovnik und weiter nach Montenegro ist in Planung.

Südlich von Ploče befindet sich der **Korridor von Neum**, bei dem auf der Fahrt nach Süden bosnisches Territorium durchquert werden muss. Hierfür ist ein Reisepass erforderlich. Weitere Autobahnen führen von Zagreb nach Rijeka und weiter nach Pula und von dort zur slowenischen Grenze. Im Binnenland führen Autobahnen z. B. von Zagreb nach Slavonski Brod und weiter nach Belgrad sowie von Zagreb nach Ljubljana. Die kroatischen **Autobahnen sind gebührenpflichtig**. Beim Auffahren auf die Autobahn zieht man ein Ticket, das man bei der Abfahrt wieder abgibt, dann bezahlt man die Summe für die gefahrene Strecke.

In Kroatien ist generell von vermeintlichen Abkürzungen über kleine Nebenstraßen abzuraten. Immer wieder findet man auf älteren Karten Straßen, die nicht mehr existieren oder in einem erbärmlichen Zustand sind. Die Abkürzungen können nervenaufreibend sein und wesentlich länger dauern als die Standardstrecke. Dieser Hinweis gilt in erhöhtem Maße für Regionen, in denen noch Landminen neben der Straße liegen können und für das benachbarte Bosnien-Herzegowina.

Für **Pannenhilfe** ist der kroatische Automobilclub (HAK) unter ✆ 01-987 täglich rund um die

Uhr erreichbar. Verkehrsinformationen bekommt man unter ☎ 01-4640800 und im Internet unter 🖥 www.hak.hr.

Mietwagen

In allen größeren Orten in Kroatien können Mietwagen geliehen werden, das größte Angebot ist an den Flughäfen zu finden. Vertreten sind die großen internationalen Vermieter wie Europcar, Budget, Sixt, Avis und Hertz, aber auch kroatische Firmen wie Oryx und Verorent. Mietwagen können über das Internet (Homepage der Anbieter oder Vergleichsseiten) bereits vor der Reise gebucht werden. Für die Buchung ist in der Regel eine Kreditkarte erforderlich, zum Teil muss der Fahrer mindestens 23 Jahre alt sein und seit drei Jahren in Besitz des Führerscheins sein. In der Hauptsaison bekommt man einen Kleinwagen für etwa 300 € pro Woche, außerhalb der Saison wesentlich günstiger.

Motorrad

Durch die abwechslungsreiche Landschaft und teils sehr schön gelegenen Straßen ist Kroatien ein attraktives Ziel für Motorradfahrer. Auch die zahlreichen Inseln mit ihren schönen und zum Teil kaum befahrenen Straßen bieten sich für Motorräder an.

Tanken

Tankstellen sind übers ganze Land verteilt, allein auf den Inseln kann die Benzinversorgung manchmal problematisch werden. Die größte Tankstellenkette ist der teilstaatliche Mineralölkonzern INA, zugleich der größte Konzern Kroatiens. Auf der Homepage 🖥 www.ina.hr sind alle INA-Tankstellen Kroatiens eingetragen. Ein Liter Benzin kostet in Kroatien etwa 10,50 Kn (= 1,40 €) (Stand August 2013) und damit etwa so viel wie in der Schweiz und Österreich, jedoch deutlich weniger als in Deutschland. Die Preise in Kroatien können nach Jahreszeit und Ort erheblich variieren, wobei besonders das Tanken auf den Inseln teurer ist. Wer an der Grenze zu Bosnien-Herzegowina seinen Urlaub verbringt, kann dort erheblich billiger tanken als in Kroatien.

Verkehrsregeln

Die Verkehrsregeln Kroatiens entsprechen im Großen und Ganzen denen in der EU. Auch tagsüber ist Standlicht Pflicht, Sicherheitsgurte müssen immer angelegt werden, und beim Fahren ist die Verwendung von Handys nicht erlaubt. Verstöße gegen die Verkehrsregeln müssen sofort bezahlt werden und können teuer sein.

Innerhalb geschlossener Ortschaften gilt eine **Höchstgeschwindigkeit** von 50 km/h, außerhalb 90 km/h, auf Schnellstraßen 110 km/h und auf der Autobahn 130 km/h. Auf kroatischen Straßen herrscht eine kompromisslose Promilleobergrenze von 0,0! Wer noch fahren muss, sollte also auf jeglichen Genuss von Alkohol verzichten.

Trampen

Trampen ist in Kroatien eine unübliche Form der Fortbewegung. Ja nach Ort kann man zum Teil stundenlang den Daumen recken, ohne mitgenommen zu werden. Wichtig ist es, einen guten Platz zu finden, dafür bieten sich Raststätten an der Autobahn oder Schnellstraße an. Oft hat man jedoch auf kleineren Straßen mehr Glück, da die Autos hier langsamer fahren und die Fahrer entspannter sind.

Fahrrad

Wer in Kroatien weitere Strecken mit dem Fahrrad fahren möchte, braucht Mut und Ausdauer. Die Angebote für Fahrradfahrer haben zwar deutlich zugenommen, doch separate Radwege haben absoluten Seltenheitswert, und gerade auf den engen Küstenstraßen sind die Autofahrer alles andere als tolerant gegenüber Radfahrern. Wer also mehr als einen Tagesausflug auf zwei Rädern machen will, sollte sich am besten eine Strecke über weniger befahrene Nebenstraßen suchen. Auch für die Fortbewegung in der Stadt oder zwischen Hotel und Stadt ist das Fahrrad nur bedingt geeignet, da man hier auf größere verkehrsreiche Straßen angewiesen ist. Separate Radwege sind in Varaždin, Osijek und auf der Insel Krk zu finden.

Übernachtung

Kroatien hat ein breit gefächertes Angebot an Unterkünften. Hotelübernachtungen können besonders in der Hauptsaison an der Küste ein kostspieliges Unterfangen sein. Die meisten Hotels an der Küste sind Teil großer Hotelketten, die jeweils mehrere Hotels in einem Ort oder einer Küstenregion betreiben, teils auch als zusammenhängende Hotelresorts. Einige dieser Hotels sind ehemalige staatliche Hotels, die noch aus jugoslawischer Zeit stammen. Zudem gibt es eine Reihe an kleineren privaten Hotels, die in diesem Reiseführer stärkere Beachtung gefunden haben als die Hotelketten.

Neben Hotels bieten sich Privatunterkünfte an, die es an der kroatischen Küste in großer Zahl und unterschiedlichster Qualität gibt. Der Vorteil ist, dass man hier oft auch eine eigene Kochgelegenheit und zum Teil über die Vermieter persönliche Ansprechpartner hat.

Die kroatische Küste verfügt über ein breites Netz an Campingplätzen, die vom kleinen Familiencampingplatz bis hin zu durchorganisierten Resort-Campingplätzen reichen und auch preislich stark variieren.

Für den kleineren Reisegeldbeutel ist in den letzten Jahren vor allem in den größeren Städten eine größere Zahl an Hostels entstanden, die Übernachtung in Schlafsälen und Privatzimmern anbieten. Vereinzelt kann man auch auf Pensionen oder Bed & Breakfast zurückgreifen, dieses Konzept hat sich in Kroatien aber noch nicht flächendeckend durchgesetzt.

Preiskategorien der Unterkünfte

Die verschiedenen Unterkünfte in diesem Buch sind in sechs Preiskategorien eingeteilt. Die Preise beziehen sich auf eine Übernachtung im Doppelzimmer mit Frühstück in der Hauptsaison. Bei Campingplätzen sind die Preise einzeln ausgewiesen, bei Hostels sind die Preise für ein Bett im Schlafsaal angegeben, steht hier zusätzlich eine Kategorie, so bezieht sich diese auf ein Doppelzimmer.

❶ bis 350 Kn		❹ bis 770 Kn
❷ bis 490 Kn		❺ bis 1050 Kn
❸ bis 630 Kn		❻ ab 1050 Kn

Camping

Campen gehört seit vielen Jahrzehnten zu den beliebtesten Unterkunftsarten in Kroatien. Entlang der Küste gibt es unzählige Campingplätze und -anlagen, die meist gut und modern ausgestattet sind und wunderschön am Meer und in schattigen Wäldern liegen. Einige Campinganlagen gehören zu großen Hotelketten, hier gibt es oft ein riesiges Angebot an Aktivitäten. Wer es kuschliger mag, findet aber auch kleine Familien-Campingplätze in ruhigen Adria-Buchten. Im Binnenland gibt es nur vereinzelte Campingplätze, man kann aber bisweilen bei Agrotourismus-Betrieben nachfragen, ob man hier im Garten campen darf.

Wildes Campen, also Campen in der freien Natur, ist in Kroatien gesetzlich verboten und wird mit hohen Bußstrafen geahndet.

Eine Übersicht über kroatische Campingplätze ist als Broschüre der Kroatischen Tourismuszentrale erhältlich (auch online unter 🖥 www.croatia.hr, über Promo und Brochures), weitere Informationen (auch auf Deutsch) bieten die Campingseiten 🖥 www.camping.hr und 🖥 www.camping.info.

Jugendherbergen und Hostels

Seit einigen Jahren entstehen vor allem in den größeren Städten wie Zagreb, Split, Rijeka oder Zadar eine Vielzahl an neuen Jugendherbergen und Hostels, die äußerst geschmackvoll eingerichtet sind, mit neuen Böden, Möbeln und Sanitäranlagen. Da viele der Hostels auch über ein bis zwei Doppelzimmer verfügen, stellen sie eine gute, preiswerte Alternative zu den Hotels dar. Die Buchung von Betten oder Zimmern kann – außer über den direkten Kontakt zum Hostel – auch über bekannte Hostel-Websites wie 🖥 www.hostelbookers.com oder 🖥 www.

hostelworld.com erfolgen, auf denen nahezu alle Hostels Kroatiens zu finden sind. Die meisten Hostels sind privat organisiert, klassische Jugendherbergen gibt es in Zagreb, Pula, Rijeka, Veli Lošinj, Zadar und Dubrovnik. Weitere Informationen (auch auf Englisch) auf der Homepage des Kroatischen Jugendherbergsverbands www.hfhs.hr.

Hotels

Die Hotelpreise sind in Kroatien v. a. während der Hochsaison in den letzten Jahren massiv gestiegen. Es gibt nur wenige Hotels in der mittleren Preiskategorie, da die meisten Hotels bemüht sind, durch Renovierungen und Sanierungen ihren Standard aufzubessern, um einen Stern mehr zu erhalten und somit die Preise erhöhen zu können. Dabei stimmt das Preis-Leistungs-Verhältnis vor allem in touristischen Orten an der Küste nur selten. Auf mehreren Inseln ist es üblich, dass man bei einem Aufenthalt von unter drei Nächten mehr bezahlen muss (i. d. R. 30 %).

Die Hoteldichte an der Küste ist hoch, im Binnenland konzentrieren sich die Hotels auf die größeren Städte. Viele Hotelanlagen sind in der Zeit des jugoslawischen Urlaubsbooms in den 60er-Jahren entstanden, wurden aber mittlerweile überwiegend komplett saniert. Oft handelt es sich um Hotelketten, die mehrere Hotels an einem Ort oder in einer Region anbieten. So betreibt etwa die Valamar-Gruppe zehn Hotels und andere Unterkünfte in Poreč, neun in Rabac, fünf in Dubrovnik und je eins auf Pag und Krk. Die Hotelanlagen liegen meist außerhalb des Zentrums in einer eigenen Bucht oder einer Halbinsel. Im Zentrum findet man Hotels in erster Linie in größeren Orten wie Pula, Rijeka, Split oder Zadar.

Die meisten Hotels liegen im Bereich zwischen 3 und 5 Sternen, vereinzelt gibt es auch 2-Sterne-Hotels. Die Preise sind kaum an die Kategorien gekoppelt, so ist ein Standard-Doppelzimmer in einem 3-Sterne-Hotel im Binnenland teils für unter 60 € zu haben, während in den Ferienorten der Küste schon mal bis zu 200 € dafür fällig werden. Die Buchung kann über das Internet bei Booking-Portalen oder auf den Hotelseiten selbst erfolgen, alternativ kann man die Übernachtung auch im Reisebüro buchen. Letzteres empfiehlt sich eher für Pauschalbuchungen, wer seine Urlaubsreise individuell gestalten möchte, bucht besser selbst im Internet.

Alle größeren Hotels bieten Übernachtungen mit Halb- oder Vollpension an, dabei kann man für das Essen zum Teil Geld sparen (einige Hotelrestaurants haben eine exzellente Qualität), für die Vollpension gilt es jedoch zu bedenken, dass in der kroatischen Mittagshitze ein kleiner Snack oft angemessener ist als eine üppige Restaurantmahlzeit.

Viele höherklassige Hotels verfügen über Innen- und/oder Außenpools und über teils moderne Wellness-Bereiche. Eigene Hotelstrände exklusiv für die Hotelbesucher sind aus rechtlichen Gründen eher die Ausnahme in Kroatien.

Privatunterkünfte

Ferienwohnungen gehören in Kroatien aufgrund der teilweise horrenden Hotelpreise mittlerweile zu einer beliebten Unterkunftsart. Viele Kroaten bessern sich durch den Besitz einer Ferienwohnung ihr mageres Gehalt auf und sind sehr um ihre Gäste bemüht. Sprechen diese auch noch ein wenig Deutsch (was bei vielen Familien der Fall ist), so ist eine Privatunterkunft eine gute Möglichkeit, etwas über das Land, seine Kultur, Bevölkerung und Traditionen zu lernen. Meist ist das Preis-Leistungs-Verhältnis bei Privatunterkünften weitaus besser als bei den überteuerten Hotels, die Unterkünfte sind in vielen Fällen

Rechtzeitig buchen!

Kroatien ist vor allem im Sommer ein beliebtes Urlaubsziel. Dementsprechend schwierig kann es werden, eine ordentliche und einigermaßen erschwingliche Unterkunft zu finden, vor allem an touristischen und beliebten Orten wie z. B. Dubrovnik. Es empfiehlt sich daher, weit im Voraus zu buchen. In der Nebensaison – Frühling und Herbst – kann man mit etwas Glück auch vor Ort eine schöne und erschwingliche Unterkunft finden. Im Winter sind viele Hotels und auch Privatunterkünfte geschossen.

sauber, einigermaßen geschmackvoll eingerichtet und gut ausgestattet. Die offiziell gemeldeten Apartments sind mit dem blauen Schild *sobe* (Zimmer) ausgewiesen. Wer eine gewisse Garantie haben möchte, der kann Privatunterkünfte über Bookingportale wie 🖥 www.booking.com oder aber über die Tourismusagenturen vor Ort buchen. An vielen Busbahnhöfen größerer Städte bieten oftmals auch Privatpersonen Zimmer. Da ist jedoch Vorsicht geboten, da die Unterkünfte in vielen Fällen weit außerhalb liegen und die Qualität nicht immer den Angaben entspricht.

Wer eine große Übersicht an Ferienwohnungen sucht, findet diese auf der Seite 🖥 www.apartmani-hrvatska.com, die Liste an Ferienwohnungen ist umfangreich, zu finden sind zudem Detailinfos, Fotos und Preise. Eine weitere Homepage mit Privatunterkünften ist 🖥 www.apartmanija.hr. Auch auf den Homepages der regionalen Touristeninformationen sind oft Listen mit Unterkünften zu finden. Die Mitarbeiter der Touristeninformationen können bei der Unterkunftssuche weiterhelfen (z. B. wenn man spontan etwas sucht).

Pensionen und **Bed & Breakfast**-Angebote sind in Kroatien seltener als Hotels und Ferienwohnungen. Wenn es sie gibt, bieten sie jedoch meist eine gute Alternative zu den mangelnden 2-Sterne-Hotels.

Verhaltenstipps

Kroatien empfängt seine Besucher mit offenen Armen, die Kroaten sind höflich gegenüber Gästen und sehr gastfreundlich. In abgelegeneren Gebieten spielt die Gastfreundschaft oft eine noch größere Rolle, da hier keine kommerziellen Interessen gegenüber Touristen im Spiel sind. Die Freundlichkeit und Höflichkeit sollte man als Tourist erwidern. Man darf sich durchaus von kroatischen Freunden ins Restaurant oder Café einladen lassen (getrennte Rechnungen sind eher unüblich), sollte sich aber wenn möglich bei anderer Gelegenheit revanchieren oder Geschenke mitbringen. Viele Kroaten sind patriotisch und stolz auf die Schönheiten ihres Landes und hören das auch gerne von ihren Gästen.

An freundlichen Worten über kroatische Städte, über die Schönheit der Adria oder die kroatische Mentalität sollte man also nicht sparen.

Der katholische Glaube spielt eine große Rolle in der kroatischen Gesellschaft, das sollte man akzeptieren und sich bissige Kommentare oder Witze über die katholische Kirche verkneifen. Das betrifft insbesondere die Person des ehemaligen Papstes Johannes Paul II., der in Kroatien vorbehaltlos verehrt wird. Der Besuch von Kirchen sollte in angemessener Kleidung (keine Badekleidung) und mit Rücksicht auf religiöse Gepflogenheiten erfolgen.

Wenn es um Politik und insbesondere die Kriegszeit in Kroatien geht, ist für Kroatienbesucher Zurückhaltung geboten. Viele Kroaten haben den Krieg erlebt, sind traumatisiert und haben Angehörige oder Freunde im Krieg verloren. Man sollte daher nachsichtig sein, was kroatischen Nationalismus angeht. Wenn man an dem Thema interessiert ist und seinen Gesprächspartner kennt, kann man durchaus in geeignetem Rahmen nach dem Krieg fragen, man sollte jedoch vorwiegend zuhören und sich mit eigenen Kommentaren und Wertungen zurückhalten.

Kroaten verstehen sich als Mitteleuropäer, an der Küste auch als Südeuropäer. Sie werden ungern mit ihren östlichen und südlichen Nachbarn in einen Topf geworfen und fühlen sich (anders als Bosnier und Serben) nicht zum Balkan zugehörig. In Kroatien betont man gerne die historischen Verbindungen zum Westen (Österreich-Ungarn, Venedig).

Versicherungen

Der Versicherungsschutz deutscher und österreichischer Krankenkassen gilt grundsätzlich auch im EU-Ausland, also auch in Kroatien. Die gesetzlichen Krankenkassen stellen eine **Europäische Krankenversicherungskarte** (EHIC) aus, die diesen Schutz gewährleistet und auch in allen Nachbarländern Kroatiens gilt. Bei privaten Krankenversicherungen sollte man sich vor dem Auslandsaufenthalt über die Konditionen informieren. Wer sich Arzt und Krankenhaus aussuchen möchte, kann eine **Auslandsreise-**

Krankenversicherung abschließen. Dabei sollte man jedoch aufmerksam die Konditionen lesen, etwa wenn man beabsichtigt, in ein weiteres Land (etwa Bosnien-Herzegowina) zu reisen oder Sportarten wie Freiklettern, Tauchen und Drachenfliegen zu betreiben (diese sind nämlich oft explizit vom Versicherungsschutz ausgenommen). Die Auslandsreise-Krankenversicherung übernimmt zum Teil auch einen Krankenrücktransport ins Heimatland.

Ob man eine **Reiserücktrittsversicherung** abschließen sollte, ist eine Frage der Kosten. Wer vieles im Voraus bucht, in teuren Hotels logiert oder einen Mietwagen reserviert hat, sollte erwägen, eine entsprechende Versicherung abzuschließen.

Zeit

Kroatien liegt in derselben Zeitzone wie Mitteleuropa (MEZ) und wechselt zur selben Zeit zwischen Sommer- und Winterzeit.

Zoll

Die Zollbestimmungen Kroatiens stimmen mit jenen innerhalb der EU im groben überein. Reisende aus Nicht-EU-Ländern sind bei der Einreise grundsätzlich verpflichtet, alle mitgeführten Waren anzumelden. Das betrifft auch Waren, die anschließend wieder aus Kroatien ausgeführt werden, wie größere elektronische Geräte (z. B. Laptop). Die Anmeldung erfolgt i.d.R. mündlich auf Anfrage des Zollbeamten, dabei sind auch die Waren anzugeben, die man für zollfrei oder nicht anmeldepflichtig hält.

Im Reiseverkehr gibt es für Waren, die für den persönlichen Bedarf bestimmt sind, eine Obergrenze, unterhalb derer keine Zollabgaben und keine Angabe erforderlich sind. Dazu zählen z. B. 800 Zigaretten, 400 Zigarillos, 200 Zigarren, 1 kg Tabak, 10 l Spirituosen, 60 l Schaumwein, 110 l Bier (außerhalb der EU weniger). Die genauen Regelungen sind auf der Homepage des kroatischen Zolls, 🖥 www.carina.hr, auf Kroatisch und Englisch nachzulesen.

Bargeld und Schecks können unbegrenzt ein- und ausgeführt werden, müssen aber ab einem Betrag von 10 000 € angemeldet werden.

Fahrzeuge, die im Ausland zugelassen sind, dürfen, ebenso wie elektronische Geräte, nur vom Besitzer verwendet werden, ansonsten kann es zu Zollstrafen kommen.

Mit dem Beitritt Kroatiens zur EU im Sommer 2013 entfallen die Zollkontrollen an den Grenzen innerhalb der EU, der kroatische Zoll ist jedoch berechtigt, verdachtsunabhängige Zollkontrollen auf dem gesamten kroatischen Staatsgebiet vorzunehmen.

Wer spezielle Anfragen bezüglich der Zollbestimmungen hat, kann sich an die kroatische Botschaft in seinem Heimatland wenden.

Land und Leute

Geografie S. 80
Flora und Fauna S. 80
Umwelt S. 83
Bevölkerung und Religion S. 84
Geschichte S. 85
Regierung und Politik S. 94
Wirtschaft S. 97
Kunst und Kultur S. 98
Sport S. 105

Geografie

Fläche: 56 542 km²
Inseln: 1185 (66 bewohnt)
Küstenlinie: 1777 km (Festland), 5835 km (mit Inseln)
Höchster Berg: Dinara (1831 m)
Größte Städte: Zagreb (790 000 Einw.), Split (178 000 Einw.), Rijeka (129 000 Einw.), Osijek (115 000 Einw.), Zadar (75 000 Einw.), Velika Gorica (65 000 Einw.), Slavonski Brod (63 000 Einw.), Pula (58 000 Einw.), Karlovac (56 000 Einw.), Sisak (48 000 Einw.)
Landesgrenzen: Slowenien (670 km), Ungarn (329 km), Serbien (241 km), Bosnien-Herzegowina (932 km), Montenegro (25 km)

Mit seinen 56 542 km² ist Kroatien ein kleines Land (kleiner als Bayern), doch die Distanzen innerhalb des Landes sind dennoch enorm. Vom östlichsten Punkt Slawoniens bis zur Südspitze Dalmatiens sind es fast 1000 km, zumindest wenn man keine Abkürzung über bosnisches Territorium nimmt. Kroatien hat eine stark gebogene Form – mit einem Arm entlang der Küste und einem, der ins Binnenland ragt, wo die Flüsse Drava (Drau), Sava (Save) und Kupa über Jahrtausende das Landschaftsbild Mittel- und Ostkroatiens mitgeprägt haben. Das Land reicht von der Pannonischen Tiefebene im Osten – einst die Kornkammer des Landes –, über das hügelige Nord- und Zentralkroatien bis zur Kvarner Bucht. Westlich schließt sich das fruchtbare Istrien, südlich der lange, teils schmale Küstenstreifen Dalmatiens an. Landschaftsbestimmend ist hier das dünn besiedelte Dinarische Gebirge, zu dem das Velebit-Gebirge genauso zählt wie Gorski Kotar, Dinara und Kapela. National- und Naturparks, allen voran die Plitvicer Seen, schützen in dieser eindrucksvollen Karstlandschaft die artenreiche Flora und Fauna. Süddalmatien und Dubrovnik sind durch den Korridor von Neum, einen 9 km breiten bosnischen Küstenstreifen, vom Rest des Landes abgetrennt. Die kroatischen Nachbarländer sind Slowenien im Nordwesten, Ungarn im Nordosten, Serbien im Osten, Bosnien-Herzegowina im Südosten und Montenegro im Süden.

Für eine Rundreise bietet sich Kroatien aufgrund seiner speziellen geografischen Form nicht an, wer etwa von Süddalmatien nach Slawonien gelangen möchte, muss den langen, aber unproblematischen Weg entlang der Küste und über Zagreb antreten oder den mühsameren Weg durch Bosnien-Herzegowina nehmen. Die Strecke auf der Küstenmagistrale entlang der dalmatinischen Küste ist mit etwa 600 km Luftlinie nicht übermäßig weit, doch durch die unzähligen Buchten und Windungen verlängert sich die Strecke erheblich.

Doch die meisten Besucher zieht es ohnehin an die malerische Küste oder auf die vorgelagerten Inseln, die – mal rau, karg und abweisend, mal üppig begrünt und lieblich – ganz unterschiedliche Landschaftsbilder aufweisen.

Flora und Fauna

Waldfläche: ca. 37 %
Pflanzenarten: knapp 3000
Nationalparks: Brijuni, Nordvelebit, Risnjak, Paklenica, Plitvicer Seen, Krka, Kornaten, Mljet
Naturparks: Kopački rit, Papuk, Lonjsko Polje, Medvednica, Žumberak-Samoborsko gorje, Učka, Velebit, Vransko jezero, Telašćica, Biokovo, Lastovo

So vielfältig wie sich die kroatische Landschaft zwischen Pannonischem Flachland und adriatischer Küste präsentiert, so abwechslungsreich ist auch die Tier- und Pflanzenwelt des Landes. Eine außergewöhnliche Vielfalt findet sich dabei in den Gebirgsregionen des Velebit ebenso wie in den Sumpfgebieten Lonjsko Polje und Kopački rit sowie der mediterranen Landschaft Dalmatiens.

Küstenregion

Die dalmatinische Festlandsküste ist geprägt durch einen schmalen Küstenstreifen mit den darüber thronenden Gipfeln des Dinarischen

Facetten der Geologie

Dominierendes geologisches Element der kroatischen Küstenregion ist der **Karst**. Typisch für Karstlandschaften sind Kalkstein, Gips oder Steinsalz, also Gesteine, die unter Einfluss von Wasser teilweise löslich sind. In Verbindung mit mechanischer Erosion entstehen unter anderem tief eingeschnittene Canyons wie an den Flüssen Cetina und Zrmanja. Seine vielleicht spektakulärste Form erreicht der Karst jedoch bei kleineren Flüssen, die starke Höhenunterschiede überwinden. So entsteht eine Landschaft mit einem Wechsel von Seen, Wasserfällen und breiteren begrünten Barrieren, wie man sie in den Nationalparks Krka und Plitvicer Seen vorfindet. Auch die teils bizarr geformten Bergkuppen des Velebit-Gebirges gehen auf die Lösungsformen des Karsts zurück. Durch den Einfluss von Wasser und Kohlensäure entstehen durch chemische Lösung Rillen im Gestein, die die Felsen aufbrechen lassen. Das Hinterland des Velebit ist eine komplett flache Landschaft, durch die Karstflüsse wie die Lika oder die Gacka fließen. Das aus dem Kroatischen stammende Fachwort *polje* bezeichnet diese wannenförmigen Becken ohne oberirdischen Abfluss. Die Karstflüsse verschwinden also wieder im Untergrund, um weiter entfernt direkt ins Meer zu münden. Auch eine reiche Höhlenwelt ist typisch für diese Karstlandschaft. Tiefe Höhlen sind im Velebit-Gebirge zu finden, die Höhle Lukina jama in der Gebirgsformation Hajdučki kukovi ist über 1300 m tief. Einige der Höhlen wie die Baraćeve špilje bei Rakovica sind auch für Besucher zugänglich.

Wenngleich der Karst in Kroatien landschaftsbestimmend ist, so gibt es auch andere Naturphänomene, die von touristischem Interesse sind. In Nord- und Zentralkroatien gibt es eine ganze Reihe an **Thermalquellen**, die für Heilbäder genutzt werden. Einige Quellen, wie Topusko bei Sisak oder Daruvar östlich von Zagreb, wurden bereits von den Römern genutzt.

Gebirges, das sich vom Nordosten Italiens über Slowenien bis nach Albanien erstreckt. Die Küste ist, ebenso wie die Inseln, zum Teil steinig kahl, zum Teil bewaldet. Die (mitunter wiederaufgeforsteten) Wälder bestehen aus Kiefern, Pinien und Zypressen, daneben gedeihen hier auch subtropische Pflanzen wie Agaven, Palmen, Aloe und Oleander. Mediterrane Nutzpflanzen wie Orangen- und Zitronenbäume wachsen hier ebenso gut wie Weinstöcke, Feigen- oder Olivenbäume. Letztere erreichen zum Teil ein außergewöhnliches Alter, von den knorrig verwachsenen Olivenbäumen bei Lun (Insel Pag) sagt man, sie seien rund tausend Jahre alt. Charakteristisch für die Küstenlandschaft ist zudem Macchie, das typisch mediterrane Gestrüpp. Dazwischen finden sich Wildkräuter wie Salbei, Lorbeer, Wacholder, Myrte und der wunderbar duftende Lavendel.

Tierische Bewohner der Küstenregion sind etwa **Schildkröten**, **Eidechsen** und Schlangen, darunter auch einige giftige Arten wie die **Kreuzotter** oder **Hornviper**. In Süddalmatien wurden zur Bekämpfung der Schlangen Mungos ausgesetzt, deren Geheul man bis heute abends in den Bergen von Pelješac oder Mljet hören kann.

An der Steilküste bei Beli auf der Insel Cres befindet sich eine Kolonie der seltenen **Gänsegeier**. Wer die majestätischen Raubvögel besuchen möchte, findet in Beli ein Öko-Zentrum (S. 232), das auch Informationen über die Gänsegeier vermittelt.

Istrien hat mit seiner waldreichen Hügellandschaft eine etwas sanftere Vegetation als Dalmatien, doch auch hier finden sich Macchie mit Erdbeerbaum und Steineiche und weitere typisch mediterrane Flora und Fauna.

Im Wasser selbst tummeln sich etwa 400 Fischarten wie Makrelen, Zander, Dorsche, Seebarsche, Schollen, Thunfische, aber auch Hummer und Langusten (sie alle finden sich auch auf den Tellern der Konobas wieder) – und natürlich an der Felsküste die stacheligen Seeigel (Badeschuhe schützen!). Vor der kroatischen Küste kann man zudem **Delphine** beobachten, etwa in Mali Lošinj, Haie dagegen wird man eher selten erblicken.

Bergland

Die facettenreichste Flora hat das Bergland des Velebit (aber auch andere Gebirgszüge wie Gorski Kotar oder Biokovo) aufzuweisen, 2700 Arten wurden im Velebit gezählt, darunter 78 Pflanzen, die nur hier auftreten wie die *Degenia velebitica*. Zu weiteren hier vorkommenden Arten zählen das seltene Edelweiß, Lilien und Alpenrosen.

Die Tierwelt der Gebirgsregion beinhaltet zahlreiche Vogelarten wie **Steinadler**, **Haselhuhn** und verschiedene **Eulenarten**, aber auch eine Vielfalt an Säugetieren. Die eindrucksvollsten von ihnen sind sicherlich die großen Beutegreifer, der **Braunbär**, der **Wolf**, der **Luchs** und die **Wildkatze**, die allesamt z. B. im Nationalpark Risnjak, aber auch im Velebit vorkommen. Die scheuen Tiere wird man jedoch normalerweise nicht zu Gesicht bekommen.

Die Karstlandschaft lässt große unterirdische Höhlen entstehen, in denen sich eine spezielle Flora und Fauna entwickelt hat. Neben Höhlenkrebsen ist hier auch der stark bedrohte rosahäutige **Grottenolm** beheimatet, der nur in diesem Teil Europas vorkommt.

Kontinentalkroatien

Der kontinentale Teil des Landes unterscheidet sich sehr von den Küstenregionen und erinnert landschaftlich mehr an Mitteleuropa. Hier erstrecken sich große Eichen- und Buchenwälder, aber auch landwirtschaftliche Flächen mit Feldern und Weiden. Typische Bewohner dieser Region sind **Hirsche**, **Wildschweine**, **Hasen**, **Igel**, **Füchse**, **Rebhühner** und **Fasane**. Die beiden Naturparks **Lonjsko polje** (S. 519) und **Kopački rit** (S. 578) sind großflächige Sumpflandschaften, in denen sich jede Menge Fische tummeln. Diese ziehen Vögel wie **Reiher** und **Störche** an. Letztere sind im Lonjsko polje so zahlreich, dass das Dorf Čigoć zum ersten europäischen Storchendorf erklärt wurde. Auch eine Kolonie der seltenen **Löffler** ist in diesem Naturpark zu finden. Für passionierte Vogelbeobachter sind sowohl Lonjsko polje als auch das slawonische Kopački rit ein wahres Eldorado. Die ausgedehnten Waldgebiete Ost- und Zentralkroatiens sind beliebte Jagdgebiete, schon der jugoslawische Staatschef Tito lud seine Staatsgäste gern zu Jagdausflü-

Immer wieder trifft man an der kroatischen Küste auf Esel oder Schafe.

gen ein, zum Teil ist jedoch auch die Jagd auf geschützte Tiere wie den Braunbären freigegeben, was den Bärenbestand in Kroatien erheblich gefährdet.

Umwelt

Umweltprobleme und Umweltbewusstsein

Erst langsam entwickelt sich ein Umweltbewusstsein in Kroatien. Während die Kroaten auf die Natur und Tierwelt ihres Landes stolz sind, war es vor allem in untouristischen Gebieten noch bis vor wenigen Jahren üblich, seine ausrangierten Autos, Waschmaschinen usw. einfach im nächstgelegenen Fluss zu entsorgen. In den letzten Jahren hat jedoch ein Umdenken bei der Bevölkerung begonnen, das auch die Umweltbelange stärker in den Fokus rückt. Die Gründung zahlreicher, häufig aus Westeuropa unterstützter Initiativen zur Erhaltung bedrohter Arten sind Ausdruck dieser Entwicklung.

Mit dem massiv anwachsenden Tourismus ist die Nachfrage nach frischem Fisch an der Küste gestiegen. Allein aus der Fischerei ist diese Nachfrage nicht mehr zu decken, sodass Fische massenhaft gezüchtet werden. So werden etwa junge Thunfische gefangen und gemästet, bevor sie sich fortpflanzen können, was den Bestand an Thunfischen in Freiheit erheblich gefährdet. Ein Beispiel für nachhaltiges Fischen findet sich im kalten Karstfluss Gacka in der Nähe der Plitvicer Seen, wo die Forellen zunächst ausgesetzt und später von Hobbyanglern gefangen werden können.

Ein weiteres Problem ist die jahrhundertelange Abholzung der Wälder entlang der Küste, die zur Entstehung großer Ödflächen geführt hat. Durch heiße Sommer verursachte Waldbrände tun ihr Übriges, um die Waldflächen an der Küste weiter zu dezimieren.

Klassische **Energiequellen** in Kroatien sind Wasserkraft, Kernkraft (aus dem slowenischen Kernkraftwerk Krško), Erdöl und Kohle. Die Wasserkraftwerke sind überwiegend an der Küste zu finden, das größte befindet sich jedoch am Peručko jezero bei Sinj. Seit 2007 werden auch erneuerbare Energien subventioniert, seitdem verzeichnet vor allem die **Windkraft** hohe Zuwachsraten (2011 waren es immerhin 1,3 % der Stromproduktion).

National- und Naturparks

In Kroatien sind acht Territorien als Nationalparks und elf als Naturparks geschützt. Mit anderen Gebieten, die unter Naturschutz stehen, sind so etwa 10 % des kroatischen Festlandsterritoriums unter Schutz gestellt.

Der bekannteste Nationalpark sind die **Plitvicer Seen** (S. 266), eine Folge grüner Karstseen, die sich mit Wasserfällen und Flussabschnitten durch die bewaldete Hügellandschaft ziehen. Die Plitvicer Seen sind zudem das einzige Unesco-Weltnaturerbe in Kroatien. Eine ähnliche Karstlandschaft bildet der **Nationalpark Krka** (S. 336) in Norddalmatien. Drei Nationalparks befinden sich auf Inseln: die süddalmatinische **Insel Mljet** (S. 474), die **Kornati-Inseln** (S. 349), eine Gruppe kleiner und kleinster Inseln vor der norddalmatinischen Küste, und die **Brijuni-Inseln** (S. 126) vor der Küste Istriens, wo bereits die Römer siedelten und später Tito seine Sommerresidenz hatte. In der kroatischen Bergregion existieren die Nationalparks **Risnjak** (S. 204), **Nördliches Velebit** (S. 282) und **Paklenica** (S. 300).

Ein Geheimtipp sind die elf Naturparks des Landes, die auch im Sommer nicht von Touris-

 Öko-Tipp

Einrichtungen, die sich durch ein starkes ökologisches oder soziales Engagement auszeichnen, sind in diesem Buch mit einem Baumsymbol gekennzeichnet. Sie verwenden z. B. Solarenergie, sind auf harmonische und verträgliche Weise in die Umwelt integriert oder setzen sich in besonderem Maße für die Bevölkerung ein.

tenströmen überflutet werden und dennoch außergewöhnliche und unberührte Natur zeigen, wie das vogelreiche Sumpfgebiet **Lonjsko polje** (S. 519) oder die wunderbare natürliche Bucht **Telašćica** (S. 323) auf der Insel Dugi Otok.

Bevölkerung und Religion

Bevölkerung: 4,46 Mio. Einw.
Einwohner pro km²: 79
Durchschnittliche Lebenserwartung: 80,4 Jahre (Frauen), 73,9 Jahre (Männer)
Amtssprache: Kroatisch, in Istrien z. T. auch Italienisch
Religion: 87,8 % Katholiken, 4,4 % Orthodoxe, 1,3 % Muslime

Während die Mehrzahl der Bevölkerung aus Kroaten besteht, leben im Land etliche nationale Minderheiten, darunter Serben, Bosnier, Slowenen, Ungarn, Tschechen, Italiener und Albaner. Noch immer sind die Wunden des Krieges der 1990er-Jahre nicht ganz verheilt, vor allem das Zusammenleben von Kroaten und Serben gestaltet sich mitunter nach wie vor recht schwierig (S. 95).

Sprache

Kroatisch gehört gemeinsam mit Serbisch, Bosnisch, Slowenisch, Mazedonisch und Bulgarisch zu den südslawischen Sprachen. Die in jugoslawischen Zeiten übliche Bezeichnung Serbokroatisch gibt es nicht mehr, und die Kroaten hören diese Bezeichnung ebenso ungern wie ihre serbischen und bosnischen Nachbarn. Nichtsdestotrotz ist Kroatisch dem Serbischen und Bosnischen ähnlich, und man versteht sich problemlos. Innerhalb des Kroatischen werden drei Dialekte unterschieden, die am jeweiligen Wort für „was" festgemacht werden. Die Standardsprache ist das Štokavische (što = was), es wird in erster Linie in Slawonien gesprochen. Das Kajkavische wird in Zentral- und Nordkroatien gesprochen, ist dem Slowenischen ähnlich und verfügt über eine Reihe (unterhaltsamer) Germanismen. Das Čakavische schließlich wird an großen Teilen der Küste gesprochen und ist mit zahlreichen italienischen Wörtern gespickt. Vor allem an der Küste gilt die Faustregel: Je unzugänglicher und abgegrenzter ein Ort ist, umso schwerer verständlich ist der Dialekt, das gilt vor allem für kleinere dalmatinische Inseln. Ethnische Minderheiten in Kroatien verwenden häufig ihre Muttersprache, so gibt es eine namhafte ungarische Minderheit in Ostslawonien, Istrien mit seiner italienischen Minderheit hat zweisprachige Ortsschilder und italienische

Die kroatische Flagge

Die kroatische Flagge besteht aus drei gleich breiten horizontalen Streifen in den Farben Rot-Weiß-Blau und dem kroatischen Wappen mit rot-weißem Schachbrettmuster in der Mitte unter einer Krone mit den Wappen der kroatischen Landesteile. Die rot-weiß-blaue Trikolore geht schon auf das Jahr 1848 zurück und wurde seitdem in allen Flaggen Kroatiens und Jugoslawiens verwendet. Das kroatische Schachbrettwappen (kroatisch: Šahovnica) wurde bereits im Mittelalter verwendet, die älteste erhaltene Darstellung von 1495 befindet sich nicht in Kroatien, sondern in einem Deckenfresko im Stadtrichter-Zeller-Haus in Innsbruck. In der Krone ist ganz links das Wappen Kernkroatiens zu sehen (Goldener Stern über liegender silberner Mondsichel auf hellblauem Grund), es folgen die Republik Ragusa/Dubrovnik (zwei rote Balken auf dunkelblauem Grund), Dalmatien (drei bekrönte goldene Leopardenköpfe auf hellblauem Grund), Istrien (Goldener Ziegenbock mit roten Hörnern und Hufen auf dunkelblauem Grund) und Slawonien (auf hellblauem Grund von oben nach unten ein goldener Stern und ein schwarzer Marder auf rotem Grund, flankiert von je einem weißen Streifen oben und unten).

Schulen. Je touristischer der Ort jedoch ist, desto selbstverständlicher wird auch Deutsch und Englisch gesprochen, viele Kroaten freuen sich jedoch, wenn man zumindest einige Brocken der Landessprache beherrscht.

Religion

Kroatien ist geprägt vom Einfluss der katholischen Kirche. 87,8 % der Kroaten bekennen sich zu Rom, die Institution der katholischen Kirche hat einen starken Einfluss auf Leben, Gesellschaft und Politik. Der auch religiös motivierte Krieg der 90er-Jahre hat das Ansehen und die Stellung der Kirche noch verstärkt. Nicht zufällig gehörte der Vatikan zu den ersten Staaten, die Kroatien als unabhängiges Land anerkannten. Papst Johannes Paul II. besuchte das Land dreimal und ist bis heute ausgesprochen populär. Wer als Besucher der katholischen Kirche kritisch gegenübersteht, sollte sich mit Kommentaren zurückhalten, denn viele Kroaten verstehen in Glaubensdingen keinen Spaß. Wer eine katholische Messe besucht, wird vielleicht überrascht sein von der Menge der Kirchgänger, darunter auch viele junge Menschen, zudem gibt es oft Chöre oder andere musikalische Untermalung.

Die größte religiöse Minderheit bilden mit 4,4 % die orthodoxen Christen, von denen die meisten der serbischen Minderheit angehören. Zentren der serbischen Bevölkerung sind Slawonien und Lika, doch auch in Zagreb, Rijeka, Dubrovnik oder Karlovac sind bedeutende serbisch-orthodoxe Kirchen zu finden. Die moslemische Bevölkerung (1,3 %) besteht zum größten Teil aus bosnischen Flüchtlingen, zudem gibt es einige moslemisch geprägte Dörfer an der bosnischen Grenze, etwa in Slawonien. Kleinere Minderheiten sind die griechisch-katholische Kirche (0,3 %), deren Kathedrale sich in Križevci befindet, und Protestanten (mit Kirchen unter anderem in Zagreb und Osijek). Bis zum Zweiten Weltkrieg gab es zudem größere jüdische Gemeinden in Kroatien, die wichtigsten in Zagreb, Osijek und Čakovec, ein großer Teil der etwa 20 000 kroatischen Juden überlebte den Holocaust jedoch nicht. Heute leben etwa 600 Juden in Kroatien, die sich auf zehn Gemeinden aufteilen.

Geschichte

Illyrer, Griechen und Römer

Die ältesten Besiedlungsspuren Kroatiens gehen auf die **Altsteinzeit** zurück, das nordkroatische Krapina ist eine bekannte Neandertaler-Fundstelle. Die kupferzeitliche **Vučedol-Kultur** (Kasten S. 580) breitete sich im 3. Jt. v. Chr. über weite Teile Südosteuropas aus, Zentrum der Kultur war die Gegend um Vukovar und Vinkovci, wo bedeutende archäologische Funde wie die Vučedol-Taube (S. 580) gemacht wurden. Ab dem 8./7. Jh. v. Chr. besiedelten **illyrische Stämme** das heutige Kroatien, darunter die Liburner in Norddalmatien und der Kvarner Region, sowie die namensgebenden Dalamatier und Histrier. Die Illyrer hinterließen keine schriftlichen Quellen, doch aus römischen und griechischen Quellen sowie archäologischen Funden können Rückschlüsse auf ihre Geschichte gezogen werden. Die **Griechen** trieben Handel mit den Illyrern und übertrugen einen Teil ihrer Kultur auf ihre nördlichen Nachbarn. Im 3. Jh. v. Chr. wurde Illyrien von den **Römern** unterworfen und daraus zwei Provinzen gebildet: Die Küstenregion wurde zur Provinz Dalmatia mit der Hauptstadt Salona (Solin), der kontinentale Teil mit Teilen des heutigen Ungarn zur Provinz Pannonia. Viele kroatische Städte gehen auf römische Vorläufer zurück, bedeutsam waren unter anderem Spalato (Split), Epidaurum (Cavtat), Pola (Pula), Mursa (Osijek), Cibalae (Vinkovci) und Siscia (Sisak). Die Besiedlung der kroatischen Inseln geht oft schon auf die illyrische Zeit zurück, bedeutende römische Ortschaften waren etwa Osor auf Cres und die Stadt Krk. In der Spätantike wurde die komplette Region christianisiert, nach der **Reichsteilung** 395 verblieb Kroatien im westlichen Reichsteil, ab 476 fielen Istrien und Dalmatien allerdings an Ostrom.

Mittelalter

In der Völkerwanderungszeit wechselte das Territorium häufig seine Besitzer, zahlreiche Stämme zogen hindurch, bis sich im 7. Jh. **Slawen** ansiedelten. Die Kroaten stammten wie ihre südslawischen Nachbarn ursprünglich aus Osteuropa. Für das 9. Jh. sind dann erste kroatische Fürstentümer nachweisbar, zunächst im Bereich Dalmatiens, später auch im Binnenland. Formell blieb Kroatien jedoch zunächst unter der Oberhoheit des Oströmischen Reiches.

925 wurde **Fürst Tomislav** zum König von Kroatien gekrönt, sein Territorium erstreckte sich über große Teile des heutigen Kroatiens und einige Gebiete Bosniens. Wichtige Stützpunkte des kroatischen Reiches waren Knin, Biograd, Nin und Sisak. Für die Machterhaltung des neuen Reiches war es von großer Wichtigkeit, sich mit diplomatischem Geschick in der Auseinandersetzung mit dem Frankenreich, mit Venedig, Byzanz und Ungarn zu behaupten. Tomislav und seine Nachfolger (nach denen heute bevorzugt Straßen und Plätze benannt sind, z. B. Stjepan Držislav, Petar Krešimir IV., Dmitar Zvonimir) schafften es, den kroatischen Einflussbereich weiter auszubauen, nicht zuletzt durch gute Kontakte zum Papst. Durch dynastische Verbindungen ging die kroatische Krone 1108 an den ungarischen **König Koloman**, eine Personalunion, die mit Abstrichen bis 1918 fortbestand. Für die Verwaltung Kroatiens wurde das Amt des Bans ins Leben gerufen, der einem Vizekönig entsprach.

Im Spätmittelalter begann der Vormarsch des **Osmanischen Reiches**, das sich im Laufe der Zeit bis an die Grenzen Kroatiens ausdehnte. Zur gleichen Zeit kamen Dalmatien und Istrien unter venezianische Herrschaft. Die **Venezianer** ließen den dalmatinischen Städten zwar eine gewisse Autonomie, behielten deren Verwaltung aber venezianischen Adligen vor. Einige kroatische Küstenstädte erlebten in dieser Zeit eine wirtschaftliche und kulturelle Blütephase, die auch mit reger Bautätigkeit einherging. Als einzige Stadt konnte sich Dubrovnik gegen die venezianischen Begehrlichkeiten behaupten und bildete seinen eigenen Staat, die **Republik Ragusa**. Diese erstreckte sich über die Stadt Dubrovnik, den Küstenstreifen zwischen Neum und Prevlaka, die Inseln Mljet und Lastovo, die Halbinsel Pelješac sowie die Elafitischen Inseln.

Die osmanische Armee eroberte währenddessen immer mehr Territorium in Bosnien, Kroatien und Ungarn. In der **Schlacht von Mohács** 1526 unterlag die ungarische Armee den Osmanen, in der Folge geriet ein Großteil Ungarns, aber auch Slawonien, das komplette dalmatinische Hinterland und der Süden Zentralkroatiens unter türkische Herrschaft. Das verbliebene Restkroatien zwischen Varaždin, Zagreb und Rijeka kürte nach Wegfall der ungarischen Könige den Habsburger **Ferdinand I.** zum kroatischen König, eine Anerkennung für die Verteidigungsleistung der Habsburger in den Türkenkriegen. Die habsburgische Herrschaft über Kroatien sollte bis 1918 andauern.

Frühe Neuzeit

Das 16. Jh. brachte auch nach Kroatien die **Reformation**, die zunächst vor allem in Istrien sehr erfolgreich war. Durch das Festhalten der **Habsburger** am katholischen Glauben und die **Gegenreformation** wurden die Protestanten jedoch vertrieben. Kroatien hat jedoch auch einen großen Reformator hervorgebracht: **Matthias Flacius** (Matija Vlačić) aus Labin lehrte an der Wittenberger Universität und wurde zu einem engen Mitstreiter Luthers.

1572–73 entbrannte in Kroatien und Slowenien ein **Bauernaufstand** gegen die herrschenden Feudalherren. Anführer war der aus Zagorje stammende **Matija Gubec**, der nach Niederschlagung des Aufstands grausam in Zagreb hingerichtet wurde: Nachdem ihm eine glühende Krone aufs Haupt gesetzt wurde, wurde Gubec schließlich noch geviertelt. Sein Märtyrertum und sein Kampf für die gute Sache machten Matija Gubec jedoch zum kroatischen Nationalhelden, der besonders in seiner Heimatregion bis heute verehrt wird. Einen Aufstand anderer Art starteten etwa hundert Jahre später die beiden vielleicht einflussreichsten kroatischen Männer dieser Zeit, **Fran Krsto Frankopan** und **Petar Zrinski**, die 1671 versuchten, Kaiser Leopold I. zu stürzen. Die Verschwörung flog jedoch auf, Frankopan und Zrinski wurden in der Wiener Neustadt hingerichtet. Ihre Familien verloren ihre enormen Besitztümer und ihre Adelstitel, das Ende zweier mächtiger kroatischer Adelsfamilien (Kasten S. 222) war besiegelt.

Das späte 16. Jh. brachte mit der **Schlacht bei Sisak** 1593 erstmals habsburgische Erfolge gegen die osmanische Armee, doch erst gegen Ende des 17. Jhs. konnten die türkischen Herrscher aus Kroatien vertrieben werden. Deren Herrschaft war keineswegs so barbarisch, wie vielfach behauptet wurde, ließen sie doch die außerhalb gelegenen Provinzen wie Kroatien und Bosnien eher an der langen Leine, während die Habsburger ihr Reich bis zum letzten Winkel durchregierten. Doch als die Habsburger nach langen Kriegsjahren Slawonien und die anderen osmanischen Gebiete eroberten und mit dem **Frieden von Karlowitz** 1699 ins Habsburgerreich eingliederten, waren die befreiten Gebiete verwüstet und verlassen. Was die mangelnde osmanische Wirtschaftspolitik gelassen hatte, hatten die Kriege zerstört. Um die Grenze gegen das Osmanische Reich zu sichern, wurde die **Österreichische Militärgrenze** errichtet, ein streng militärisch kontrolliertes Territorium mit zahlreichen neu gebauten Festungsstädten wie Osijek, Slavonski Brod oder Karlovac. Neben den österreichischen Soldaten kamen auch neue Siedler ins Land, die meisten davon vertriebene Serben aus anderen Gebieten des Osmanenreichs, später aber auch deutsche Handwerker, die sogenannten Donauschwaben, die hier eine neue Heimat fanden (Kasten S. 571).

Im Zuge der **napoleonischen Eroberungen** wurde die venezianische Herrschaft an der Küste beendet, Dalmatien, Istrien, Slawonien und Kernkroatien wurden erstmals seit dem Mittelalter in einem Verwaltungsgebiet vereint. **Napoleon** wählte einen folgenschweren historischen Namen für diese Provinz: Illyrien.

Nationalbewegung und k.u.k. Zeit

Die **Franzosenzeit** in Kroatien währte kurz (1809–13), aber folgenreich. Die Gebiete kamen zurück unter österreichisch-ungarische Herrschaft, doch die napoleonische Herrschaft hatte den Gedanken des Nationalstaats nach Südosteuropa gebracht. In diesem Zusammenhang formte sich die kroatische Nationalbewegung, der **Illyrismus**. Die Wurzeln der Kroaten wurden dabei im antiken Volk der Illyrer gesehen, die vor der römischen Zeit das Land besiedelten. Vorreiter der Nationalbewegung war der Wissenschaftler und Schriftsteller **Ljudevit Gaj** aus Krapina. Die Vertreter des Illyrismus setzten sich für eine Förderung der kroatischen Sprache ein, die unter anderem Amts- und Schulsprache in Kroatien sein sollte. Auf Ljudevit Gaj geht die erstmalige Etablierung einer kroatischen Standardsprache zurück. Zudem wurde die kroatische Volkskultur erforscht, und ein reges Kulturschaffen mit Romanen, Bildern oder Musikwerken zu kroatischen Themen setzte ein. Verbunden war die Nationalbewegung mit politischen Forderungen, die sich für eine weitgehende Autonomie der südslawischen Reichsteile der habsburgischen Monarchie einsetzten. Aus der illyrischen Bewegung entstand auch eine südslawische Nationalbewegung, die Grenzen dazwischen waren zum Teil fließend. Wichtigster Vertreter einer südslawischen Nationalbewegung und damit auch Vordenker der späteren jugoslawischen Staaten war **Josip Juraj Strossmayer**, Bischof von Đakovo und einflussreicher Politiker und Mäzen (Kasten S. 592).

Während in Kroatien die südslawische Einheit eine wichtige Rolle spielte, setzte **Vuk Stefanović Karadžić** in Serbien ganz auf eine großserbische Ausrichtung, die alle Serben in einem Staat vereinen sollte. Das beinhaltete auch weite Teile Bosniens und Kroatiens – der Gegensatz zwischen den kroatischen Föderalismus- und Autonomiebestrebungen und dem großserbischen Nationalismus nahm die Großkonflikte des 20. Jhs. in der Region schon vorweg. Doch in dieser Zeit richteten sich die kroatischen Freiheitsbestrebungen nicht gegen Belgrad, sondern in erster Linie gegen Budapest. Als ungarische Freiheitskämpfer im Jahr 1848 den Aufstand gegen die Habsburgerherrschaft wagten, schlugen sich die Kroaten auf die Seite Wiens. Der kroatische **Ban Josip Jelačić** war federführend an der Niederschlagung des ungarischen Aufstands beteiligt und wurde dafür in Österreich gelobt und wird bis heute in Kroatien als Volksheld verehrt. Doch die erhoffte Autonomie innerhalb der Habsburgermonarchie und damit die Loslösung von Ungarn konnte Jelačić auch damit nicht erwirken. Im Gegenteil, nach dem österreichisch-ungarischen Ausgleich 1867 war Kroatien nunmehr auch administrativ getrennt. Während das Binnenland und der Küstenstreifen zwischen Rijeka und Karlobag zur ungarischen Reichshälfte kamen, gehörten Istrien, Dalmatien und die Inseln der Kvarner Bucht zum österreichischen Küstenland. Der Unmut in Kroatien stieg, nationalistische Politiker wie **Ante Starčević** forderten einen unabhängigen kroatischen Nationalstaat, dessen Grenzen auch Teile Bosniens und der Herzegowina sowie Slowenien umfasst hätten. Erst gegen Ende des 19. Jhs. kristallisierte sich die Konfession endgültig als Abgrenzungsmerkmal zwischen Serben und Kroaten heraus. Die orthodoxen Christen waren nunmehr Serben, die Katholiken Kroaten, unabhängig davon, ob sie in Kroatien, der (heute serbischen) Vojvodina oder in Bosnien lebten.

Mit der Annexion Bosnien-Herzegowinas brachte Österreich-Ungarn Europa an den Rand eines großen Krieges, da es damit Serbien und dessen russische Verbündete brüskierte, doch die Anbindung Bosnien-Herzegowinas an die k.u.k. Monarchie war letztlich auch eine Vorstufe für einen jugoslawischen Staat, in dem alle Südslawen vereinigt werden sollten.

Erster Weltkrieg und Zwischenkriegszeit

Als mit dem Attentat auf den österreichischen Thronfolger Franz-Ferdinand durch den serbischen Nationalisten Gavrilo Princip in Sarajevo der **Erste Weltkrieg** ausbrach, brachte das Kroatien in eine schwierige Position. Träumten viele Kroaten noch von einer südslawischen Einheit, mussten sie im nächsten Moment für die k.u.k. Armee in den Krieg gegen Serbien ziehen. Doch noch im Ersten Weltkrieg formulierten Politiker aus Serbien, Kroatien und Slowenien 1917 die **Deklaration von Korfu**, in der schnellstmöglich die Errichtung eines Staates der Serben, Kroaten und Slowenen beschlossen wurde. Nach dem Ersten Weltkrieg gehörte Serbien zur Siegerseite, Kroatien und Slowenien jedoch mit Österreich und Ungarn zu den Kriegsverlierern. So wurde im Österreich betreffenden **Vertrag von**

Spuren der österreichischen Vergangenheit finden sich im ganzen Land: k.u.k. Marinefriedhof in Pula.

St. Germain Istrien dem Kriegsgewinner Italien zugeschlagen, Rijeka bekam (unter seinem italienischen Namen Fiume) den Status eines Freistaats, der jedoch kurze Zeit später von Italien erobert wurde (Kasten S. 191).

Die restlichen südslawischen Gebiete erreichten die Bildung eines eigenen Staates, der bis 1929 **Königreich der Serben, Kroaten und Slowenen** und von da an **Jugoslawien** hieß. Doch schon die Entstehung des neuen Staates stand unter keinem guten Stern. Die südslawischen Politiker aus der ehemaligen Habsburgermonarchie wollten einen föderalen Staat errichten, der mit Serbien vereinigt werden und an dessen Spitze der serbische **König Petar Karađorđević** stehen sollte. Doch die serbische Seite sah unter Federführung des Premierministers **Nikola Pašić** ihre Chance gekommen, den großserbischen Traum in diesem neuen Staat zu verwirklichen. Die am St. Veitstag (Vidovdan) 1921 verabschiedete Verfassung schuf einen zentralistischen Staat unter serbischer Führung. Die Gebiete die nunmehr in einem Staat vereinigt waren, hätten unterschiedlicher jedoch kaum sein können, die meisten Einwohner sprachen zwar südslawische Sprachen, doch kam es unter dem Deckmantel des Jugoslawismus zu einer schleichenden Serbisierung der Sprache vor allem in Kroatien, Bosnien und Mazedonien. Die einst habsburgischen Gebiete im Norden des Landes (Slowenien, Kroatien, Vojvodina) waren dem Rest des Landes (der zum Teil bis ins 20. Jh. hinein unter osmanischer Verwaltung stand) in Wirtschaft, Infrastruktur und Bildung weit überlegen. Doch dieser Tatsache wurde in keiner Weise Rechnung getragen, und so befanden sich die kroatischen Politiker, wie auch einige slowenische Vertreter, bald mehrheitlich in der Totalopposition zum neuen Staat. An der Spitze dieser Oppositionsbewegung stand **Stjepan Radić**, der Vorsitzende der Kroatischen Bauernpartei (HSS), der 1871 in der Nähe von Sisak geboren wurde. Die HSS war fast die Alleinvertretung der Kroaten, ihr schwebte eine föderale Republik als Regierungsform vor, und sie betrieb zwischenzeitlich eine aggressive Blockadepolitik gegen die serbisch geprägte Regierung im Belgrader Parlament. Die kroatischen Abgeordneten wurden mehrfach verhaftet oder unter Hausarrest gestellt, doch in einer Phase der Annäherung 1925/26 auch an der Regierung beteiligt. Am 20. Juni 1920 trat der montenegrinische Abgeordnete **Puniša Račić** ans Rednerpult des Parlaments, begann eine hasserfüllte Rede gegen die kroatische Opposition, zog daraufhin einen Revolver und schoss auf Stjepan Radić und vier weitere Abgeordnete der HSS, zwei Parlamentarier starben auf der Stelle, zwei wurden schwer verletzt, Stjepan Radić erlag seinen Verletzungen wenige Wochen nach dem Attentat. **König Alexander I.** nutzte die Turbulenzen für einen Putsch, er entmachtete das Parlament und etablierte eine Königsdiktatur. Erst nach der Ermordung Alexanders durch Mitglieder der faschistischen kroatischen Ustaša-Bewegung kehrte das Land schrittweise zum Parlamentarismus zurück. 1939 kam es schließlich zu einem Ausgleich zwischen Serben und Kroaten, der den Kroaten weitreichende Autonomie zugestand. Doch blieb dies nur eine Episode – 1941 kam es zu einem anti-deutschen Putsch in Belgrad, an dessen Spitze der junge **König Peter II.** stand. Die pro-britische Einstellung des Königs rief jedoch das nationalsozialistische Deutschland auf den Plan, das im April 1941 Jugoslawien eroberte.

Zweiter Weltkrieg

Die deutschen Besatzer nutzten die Rivalitäten der jugoslawischen Volksgruppen zu ihren Gunsten. Man gewährte Kroatien einen schein-selbstständigen Staat unter Herrschaft der faschistischen **Ustaša**. Dieser neue „Unabhängige Staat Kroatien" (Nezavisna Država Hrvatska), von dem böse Zungen sagen, es sei weder unabhängig, noch ein Staat, noch Kroatien gewesen (Teile der kroatischen Küste waren an Italien abgetreten worden, dafür gehörte Bosnien-Herzegowina zum Territorium), stand unter der Führung des Ustaša-Führers **Ante Pavelić**, der eine faschistische Herrschaft nach deutschem Muster aufbaute. Sein Regime unterdrückte die serbische Bevölkerung, die jugoslawischen Juden wurden deportiert und ermordet. In Kroatien wurden mehrere **Konzentrationslager** errichtet, das berüchtigtste und größte in

Jasenovac bei Sisak (heute im Naturpark Lonjsko Polje, Kasten S. 519). Hier entlud sich die in der Zwischenkriegszeit angestaute antiserbische Aggression der lange unterdrückten Kroaten auf grausamste Weise in der Misshandlung und Ermordung zahlreicher Serben. Selbst deutsche Besatzer stuften die kroatischen Gewaltexzesse als besonders grausam ein.

Gegen die Herrschaft der Deutschen und ihrer Ustaša-Verbündeten erhoben sich zwei Gruppen von **Partisanen**: die **königstreuen serbischen Tschetniks** und die **kommunistischen Partisanen** unter **Marschall Tito**. Beide Gruppen kämpften auch gegeneinander, wobei die heterogene Gruppe der Tschetniks auch vor der Kollaboration mit den deutschen Besatzern nicht zurückschreckte und nur kurzfristige Erfolge erzielen konnte, während Titos Partisanen schon bald große Gebiete vor allem in Bosnien-Herzegowina kontrollierten. Das hing nicht zuletzt damit zusammen, dass die Alliierten 1943 auf der **Konferenz von Teheran** die Unterstützung der Tschetniks beendete und nunmehr Titos Kommunisten unterstützten. Mit Unterstützung der Roten Armee befreiten die kommunistischen Partisanen 1944 ganz Jugoslawien von der deutschen und kroatisch-faschistischen Herrschaft. Es folgte eine Reihe von Revanche-Akten, bei denen mit Ustaša-Anhängern, aber auch mit den serbischen Tschetniks grausam abgerechnet wurde. Die Reste der kroatischen Armee versuchten sich im Mai 1945 gemeinsam mit Wehrmachtssoldaten über die Grenze nach Österreich zu retten, um nicht in die Hän-

Tito – Übervater eines gescheiterten Staates

Als Josip Broz als Sohn eines Kroaten und einer Slowenin 1892 im kleinen Dörfchen Kumrovec in Zagorje zur Welt kam, gehörte diese Region noch zur Donaumonarchie. Nach seiner Schlosserlehre in Sisak arbeitete Broz als Metallarbeiter in Zagreb, Österreich, Böhmen und im Deutschen Reich. 1913 wurde der junge Mann in die habsburgische Armee eingezogen, kämpfte im Ersten Weltkrieg an der Ostfront und geriet 1915 in russische Gefangenschaft. Während der Februarrevolution wurde Josip Broz aus der Haft entlassen, erlebte die Oktoberrevolution mit und kämpfte im Bürgerkrieg auf Seiten der Bolschewiki. 1920 kehrte er in seine Heimat zurück, wo er sich der Kommunistischen Partei Jugoslawiens (KPJ) anschloss. Durch seine Arbeit für die ab 1921 verbotene Kommunistische Partei, aber auch wegen Einbrüchen und anderer Straftaten wurde Josip Broz mehrfach inhaftiert, zuletzt von 1928–34. Anschließend ging Broz ins Exil nach Paris und kämpfte später auf Seiten der Republikaner im Spanischen Bürgerkrieg. Ab 1934 nannte Josip Broz sich Tito, wie er zu diesem Beinamen kam, ist nicht ganz klar. Die schönste Erklärung geht auf die kroatischen Wörter *ti* (= du) und *to* (= das) zurück, die Tito im knappen Befehlston verwendet haben soll (du tust dies! du tust das!).

Nach blutigen Parteisäuberungen in Jugoslawien wurde Tito, der als treuer Anhänger Stalins galt, 1937 von der Komintern zum Generalsekretär der KPJ bestimmt.

Nach der Besetzung Jugoslawiens durch die deutsche Wehrmacht im April 1941 lebte Tito zunächst unbehelligt weiter in Belgrad, erst mit dem deutschen Überfall auf die Sowjetunion musste er untertauchen. Tito organisierte fortan den Kampf der kommunistischen Partisanen gegen die deutsche und italienische Besatzung. Gegner der Partisanen waren dabei neben den Besatzern auch die kroatischen Faschisten der Ustaša und die serbisch-königstreuen Tschetniks. Die Volksbefreiungsarmee (Narodnooslobodilačka vojska), wie sich die Partisanen nannten, operierte sehr erfolgreich gegen ihre Gegner, und seit der Konferenz von Teheran 1943 erhielt der mittlerweile zum Marschall ernannte Tito die Unterstützung der Alliierten Mächte. Titos Partisanen setzten sich gegen die Besatzer durch und konnten mit Hilfe der Roten Armee bereits im Oktober 1944 Belgrad unter ihre Kontrolle bringen.

Ende 1945 wurde die Volksrepublik Jugoslawien gegründet, deren Ministerpräsident Tito am 29. November 1945 wurde. Bei der Umwandlung Jugoslawiens in einen realsozialistischen Staat kam es auch zu teils massiven Repressionen. So ließ Tito zahlreiche politische Gegner auf der Gefängnisinsel Goli Otok inhaftieren, wo sie unter menschenunwürdigen Bedingungen Strafarbeit leisten mussde der Partisanen zu geraten. Die in Kärnten stationierten britischen Einheiten schickten die Kroaten jedoch zurück nach Jugoslawien, wo etwa 30 000 Personen auf Todesmärschen systematisch hingerichtet wurden. Das sog. **Massaker von Bleiburg** gilt bis heute als eines der schlimmsten Kriegsverbrechen der jugoslawischen Partisanen und wurde wiederholt vor allem von nationalistischen kroatischen Politikern zum Mythos stilisiert.

Jugoslawien unter Tito

Nach dem Zweiten Weltkrieg gehörte Italien anders als nach dem Ersten Weltkrieg zu den Kriegsverlierern, während das kommunistische Jugoslawien auf der Seite der Alliierten stand. So verschoben sich die Grenzen an der Adria. Istrien, die komplette Kvarner Bucht und Dalmatien wurden jugoslawisch, der Status von Triest war umstritten, die Stadt wurde jedoch schließlich zu Italien geschlagen, während die Gebiete südlich an Jugoslawien fielen.

Der kommunistische Partisanenführer Josip Broz wurde als **Marschall Tito** Staatschef und Diktator Jugoslawiens, das anders als der erste jugoslawische Staat föderal organisiert wurde. Die sozialistischen Teilrepublik Slowenien, Kroatien, Serbien (mit den autonomen Provinzen Kosovo und Vojvodina), Bosnien-Herzegowina, Montenegro und Mazedonien hatten ein relativ starkes Mitspracherecht in der Politik des Landes. Tito stand als überzeugter Jugoslawien. Unter den Verfolgten waren vor allem Stalinisten, zu denen Tito einst selbst gehört hatte, denn der jugoslawische Machthaber hatte 1948 mit Stalins Sowjetunion gebrochen (was ihm möglich war, da kaum sowjetische Soldaten in Jugoslawien stationiert waren). Seither betrieb Tito einen Kurs des von Moskau unabhängigen Sozialismus und kooperierte mit westlichen und östlichen Regierungen. Ab 1953 wurde Tito Staatspräsident Jugoslawiens, ein Amt, das er ab 1963 auf Lebenszeit innehatte. Gemeinsam mit dem ägyptischen Staatschef Nasser, dem indischen Ministerpräsidenten Nehru und dem indonesischen Präsidenten Suharto gründete Tito 1955 die Bewegung der Blockfreien Staaten. Diese setzte sich gegen die Spaltung der Welt in Ost und West ein und förderten den wirtschaftlichen Austausch der beteiligten Länder. Von den Blockfreien Staaten gingen auch wichtige Impulse zur Dekolonialisierung aus, zahlreiche asiatische und afrikanische Staaten traten dem Bündnis bei. Während Tito seine außenpolitische Position festigte, kriselte Jugoslawien im Inneren. Schon seit Ende der 60er-Jahre nahmen die Rivalitäten zwischen den Volksgruppen zu. Die zunehmende politische Dominanz Serbiens und die wirtschaftliche Ungleichheit führten zum sog. Kroatischen Frühling 1971, auf den Titos Regime mit Massenverhaftungen reagierte. In der Verfassung von 1974 wurde der Föderalismus innerhalb Jugoslawiens jedoch weiter ausgebaut, zudem wurden die autoritären Befugnisse Titos weiter gestärkt.

1980 starb Tito nach monatelanger Krankheit in Ljubljana. Zur Beerdigung am 8. Mai 1980 erschienen Spitzenpolitiker verschiedenster politischer Couleur und Herkunft wie Helmut Schmidt, Margaret Thatcher, Leonid Breschnew, Jassir Arafat und Saddam Hussein.

Es sollte sich in den darauffolgenden Jahren zeigen, dass das jugoslawische System nur mit der Person Titos an der Spitze funktionierte. Tito selbst hatte die Konflikte zwischen den jugoslawischen Volksgruppen gesehen und sah in seinen letzten Lebensjahren sein Lebenswerk in Gefahr. Zu Recht, wie das blutige Auseinanderbrechen Jugoslawiens in den 90er-Jahren zeigte.

Nach einer Phase der skeptischen Zurückhaltung gegenüber Tito in den 90er-Jahren, wird der ehemalige Staatschef heute in fast allen Nachfolgestaaten Jugoslawiens wieder verehrt. In Kroatien sind einige zentrale Straßen und Plätze etwa in Zagreb, Poreč oder Opatija nach Tito benannt. In Titos Geburtsort Kumrovec ist ein kroatisches Museumsdorf entstanden, das dem berühmten Sohn des Ortes huldigt.

lawe (mit slowenisch-kroatischer Familie) über den Nationalitätenkonflikten und schaffte es, in allen Teilrepubliken Unterstützung zu erlangen. Der jugoslawische Konsens gelang Tito, indem er auf der einen Seite alle Nationalitäten an der Politik beteiligte, gleichzeitig jedoch die Opposition (vor allem die nationalistische Opposition) rigoros unterdrückte. Im Rahmen der Oktoberrevolution war Tito in Russland zum Kommunisten geworden, doch 1948 brach er mit der Sowjetunion unter Stalin und brachte Jugoslawien auf einen „Dritten Weg" zwischen West und Ost. Wirtschaftlich und politisch bewegte sich Jugoslawien nunmehr zwischen den Blöcken, und Tito wurde zum Vorreiter der **Bewegung der Blockfreien Staaten**, was ihn unter anderem in sehr engen Kontakt mit den politischen Führern Indiens, Indonesiens, Ägyptens sowie zahlreicher afrikanischer und asiatischer Staaten brachte.

So sehr Tito sich auch mühte, die Konflikte zwischen den jugoslawischen Nationen zu überwinden, unter der Oberfläche brodelten die Konflikte weiter. Die Spitzenpositionen in Politik und Militär waren trotz Quotenregelungen mehr und mehr von Serben besetzt, und Slowenien und Kroatien fühlten sich als Teilrepubliken mit der stärksten Wirtschaftskraft nicht ausreichend repräsentiert.

Vor diesem Hintergrund kam im Jahr 1971 es zum sog. **Kroatischen Frühling**. Kommunistische Reformer, Intellektuelle, Studenten und kroatische Nationalisten forderten eine stärkere wirtschaftliche Autonomie Kroatiens, eine Verfassungsreform, aber auch ein kroatisches Nationalbewusstsein, das abseits der von oben verordneten jugoslawischen Identität stand, spielte eine wichtige Rolle. Tito ging hart gegen die Reformer durch und ließ die Anführer des Kroatischen Frühlings (darunter die beiden späteren kroatischen Präsidenten Franjo Tuđman und Stipe Mesić) zu langjährigen Haftstrafen verurteilen. Die Kluft zwischen Belgrad und Zagreb vergrößerte sich in der Folge. Nach Titos Tod 1980 fehlte die Identifikationsfigur, die es vermocht hatte, Jugoslawien leidlich zusammenzuhalten, nach einigen Jahren mit einem rotierenden Präsidium als Staatsoberhaupt begann der Zerfall Jugoslawiens.

Unabhängigkeit und Krieg in den 90er-Jahren

Für die kriegerischen Auseinandersetzungen der 90er-Jahre werden verschiedene Begriffe verwendet, die zum Teil mehrere Kriege zusammenfassen (z. B. Kroatienkrieg, Bosnienkrieg und Kosovokrieg = Jugoslawische Zerfallskriege) und oft bereits eine Wertung der Ereignisse beinhalten. Während in Kroatien die Bezeichnung „Vaterländischer Krieg" (Domovinski rat) omnipräsent ist, ist zum Teil auch vom kroatischen Unabhängigkeitskrieg, vom Jugoslawienkrieg oder gar jugoslawischen Bürgerkrieg die Rede. Im deutschsprachigen Raum hat sich inzwischen der neutrale Begriff „Kroatienkrieg" durchgesetzt.

Das wirtschaftliche Ungleichgewicht zwischen den reichen Teilstaaten im Norden (Slowenien und Kroatien) und dem armen Süden Jugoslawiens (Mazedonien, Kosovo, Bosnien-Herzegowina) und die übermächtige Repräsentation von Serben im Staatsapparat und vor allem im Militär förderten in Kroatien und Slowenien ein Gefühl der Ungerechtigkeit, das führende Politiker und Intellektuelle gegen das grundsätzlich föderalistisch organisierte Jugoslawien aufbrachte. Ende der 80er-Jahre begannen sich in Jugoslawien, beflügelt von den meist friedlichen Umstürzen in Osteuropa, Reformbestrebungen des kommunistischen Systems durchzusetzen. Die Gründung anderer Parteien wurde genehmigt, und erstmals kam es zu freien Wahlen mit mehreren Parteien. In Kroatien gründete **Franjo Tuđman** gemeinsam mit **Stipe Mesić** und einigen anderen kroatischen Politikern die konservativ-nationalistische **Kroatische Demokratische Union** (Hrvatska demokratska zajednica/HDZ), die bei der kroatischen Parlamentswahl 1990 die absolute Mehrheit eroberte. Zeitgleich fanden auch in den anderen Teilrepubliken Generationenwechsel und zum Teil auch Öffnungen in andere politische Lager statt. In Slowenien kam der Reformkommunist **Milan Kučan** an die Macht, in Bosnien-Herzegowina setzte sich der islamische Aktivist **Alija Izetbegović** durch, in Serbien wurde der serbisch-nationalistische Politiker **Slobodan**

Milošević der neue starke Mann in der Kommunistischen Partei.

Die politischen Gewichte verlagerten sich von den jugoslawischen Zentralinstitutionen zu den Teilstaaten. Die Serben in Kroatien sahen sich vor dem Hintergrund einer möglichen kroatischen Unabhängigkeit als Minderheit und fühlten sich durch die nationalistische Regierung Kroatiens nicht repräsentiert. In der sog. **Baumstammrevolution** errichteten serbische Bewohner Kroatiens im August 1990 Straßensperren, um die Verbindungen zwischen Dalmatien und dem übrigen Kroatien zu unterbinden und so dem kroatischen Tourismus zu schaden. Am 2. September 1990 riefen die kroatischen Serben unter **Milan Babić** die **Autonome Region Serbische Krajina** (ab Dezember 1991: Republik Serbische Krajina/Republika Srpska Krajina) mit der Hauptstadt Knin aus und begannen in der Folge mit der systematischen Vertreibung der nicht-serbischen Bevölkerung aus diesem Gebiet. Am 25. Juni 1991 erklärte das kroatische Parlament (zeitgleich mit Slowenien) die **Unabhängigkeit Kroatiens von Jugoslawien**, worauf die serbisch dominierte Jugoslawische Volksarmee (JNA) mit Luftangriffen auf kroatische Städte begann. Besonders Dubrovnik und Osijek hatten unter diesen Angriffen zu leiden. Eine kroatische Armee bestand zu Anfang nicht, und so musste Präsident Tuđman in kürzester Zeit aus Polizeieinheiten, übergelaufenen JNA-Mitgliedern und Freiwilligen eine schlagkräftige Armee formen. Unterdessen marschierte die JNA auf die Stadt **Vukovar** in Ostslawonien. Hier lebten mehrheitlich Kroaten in einem serbisch dominierten Umland. Ab August 1991 wurde Vukovar belagert, aber noch fast drei Monate von den kroatischen Verteidigern gehalten. Als die Stadt am 18. November 1991 schließlich fiel, war sie fast dem Erdboden gleichgemacht, die verbliebenen kroatischen Einwohner wurden von den serbischen Eroberern misshandelt und ermordet. Auch in anderen serbisch kontrollierten Gebieten Kroatiens kam es zu **"ethnischen Säuberungen"** und schlimmsten **Kriegsverbrechen**, weite Teile Kroatiens wurden durch **Landminen** unzugänglich gemacht.

Am 23. Dezember 1991 erkannte Deutschland unter Federführung von Außenminister Hans-Dietrich Genscher die Unabhängigkeit Kroatiens und Sloweniens an, Österreich folgte und bald darauf die Mehrheit der Staatengemeinschaft. Bis heute ist Genscher daher eine Art Nationalheld in Kroatien, nach dem Straßen benannt wurden und dem in Selce auf Brač auch ein Denkmal geweiht wurde. Im Jahr 1992 handelten die Vereinten Nationen einen Waffenstillstand aus, der die Stationierung von Blauhelmsoldaten an der kroatisch-serbischen Front einschloss. Das Kriegsgeschehen verlagerte sich ab 1992 nach Bosnien, während sich die kroatischen und serbischen Soldaten fast drei Jahre lang mehr oder weniger friedlich gegenüberstanden. Durch Vertreibungen und ethnische Säuberungen in den serbisch besetzten Gebieten Kroatiens und in Bosnien-Herzegowina kamen Hunderttausende kroatische und bosniakische Flüchtlinge nach Kroatien, vor allem ins vom Krieg nicht betroffene Istrien und in die Kvarner Region.

Ab 1992 entflammte der **Krieg in Bosnien-Herzegowina**, das sich im März 1992 für unabhängig erklärte. Die Bevölkerung bestand aus ethnischen Serben, Kroaten und moslemischen Bosniaken und war bunt gemischt über das ganze Land verteilt, was die Situation noch komplizierter machte als in Kroatien. Die drei Jahre des Bosnien-Kriegs waren geprägt von Vertreibungen, ethnischen Säuberungen, Konzentrationslagern und Massakern. Alle Kriegsparteien machten sich Kriegsverbrechen schuldig, jedoch in sehr unterschiedlichem Ausmaß. Die grausamsten und umfangreichsten Kriegsverbrechen wurden von Serben begangen, die größte Opfergruppe waren die bosnischen Muslime. Kroatien spielte im Bosnienkrieg eine ambivalente Rolle. Während Präsident Franjo Tuđman zwischenzeitlich wohl auf eine Teilung Bosniens zwischen Serbien und Kroatien spekulierte, schlug sich Kroatien vor allem gegen Ende des Krieges auf die Seite der Bosniaken und trug somit maßgeblich zum Ende des Krieges und zur Eindämmung der serbischen Eroberungen bei.

Im Mai 1995 ging die kroatische Armee auch in Kroatien in die Offensive und eroberte mit der **Operation Bljesak** (Blitz) innerhalb von nur zwei Tagen die serbisch besetzten Gebiete

Westslawoniens zwischen Bjelovar und Nova Gradiška zurück. Am 4. August schloss sich die **Großoffensive Oluja** (Sturm) an, die größte kroatische Militäroffensive des Krieges. In Kooperation mit bosnischen Einheiten griff die kroatische Armee das serbisch kontrollierte Territorium zwischen Knin und dem Lonjsko polje an und eroberte in nur vier Tagen das komplette Gebiet zurück, sodass zum Ende des Krieges in Kroatien nur noch Ostslawonien um Vukovar unter serbischer Kontrolle stand. Etwa 200 000 Serben flohen vor den anrückenden kroatischen Truppen, etwa 1000 serbische Zivilisten kamen bei Racheaktionen durch marodierende kroatische Soldaten ums Leben.

Im **Abkommen von Erdut** im November 1995 vereinbarten Kroatien und die serbischen Repräsentanten Ostslawoniens die friedliche Reintegration der serbisch besetzten ostslawonischen Gebiete in den kroatischen Staat, womit der Kroatienkrieg endete. Wenige Tage später beendete das **Abkommen von Dayton** auch den Krieg in Bosnien-Herzegowina. Kroatien kann mit der Durchsetzung der Unabhängigkeit und der Eroberung aller kroatischen Gebiete als Gewinner des Krieges gelten. Doch Zehntausende Tote und Verletzte sowie Hunderttausende Vertriebene waren neben zerstörten Landstrichen und Städten sowie umfangreichen verminten Gebieten eine große Bürde für die weitere Entwicklung des kroatischen Staates.

Konsolidierung und EU-Beitritt

Die ersten Jahre nach dem Krieg waren geprägt von Wiederaufbau und langsamer Normalisierung in Kroatien. 1996 wurde das Land in den Europarat aufgenommen, 1998 wurden die serbisch dominierten Gebiete in Ostslawonien an Kroatien angegliedert. Nach dem Tod Franjo Tuđmans 1999 kam es zu einem Regierungswechsel unter **Präsident Stipe Mesić**, der sich als einstiger Mitstreiter Tuđmans 1994 aufgrund der kroatischen Bosnienpolitik mit diesem überworfen und die HDZ verlassen hatte. Seither gingen mehrere Regierungswechsel ohne größere politische Spannungen vonstatten. Die kroatische Regierung (egal welcher politischer Couleur) verfolgte seither einen Kurs der konsequenten Annäherung an die EU, verbunden mit einer wirtschaftlichen Öffnung des Landes. Besonders Österreich, Deutschland und Italien investierten massiv in Kroatien, der Tourismus rollte bereits wenige Jahre nach dem Krieg wieder an.

Wichtige Bedingung für einen **EU-Beitritt** war die Auslieferung kroatischer Kriegsverbrecher an den Internationalen Strafgerichtshof in Den Haag. Eine zentrale Rolle nahm dabei besonders der kroatische **General Ante Gotovina** ein, der beschuldigt wurde, im Rahmen der Operation Oluja für Kriegsverbrechen an der serbischen Zivilbevölkerung verantwortlich zu sein. Gotovina wurde 2005 nach Den Haag ausgeliefert, wo er 2011 in erster Instanz zu einer Haftstrafe von 24 Jahren verurteilt, dann im Berufungsverfahren jedoch freigesprochen wurde. Gotovina wird von Teilen der kroatischen Bevölkerung bis heute als Nationalheld gefeiert, Bilder mit seinem Konterfei sind besonders in seiner dalmatinischen Heimat keine Seltenheit.

Durch die Zusammenarbeit mit dem Gericht in Den Haag stand den Beitrittsverhandlungen mit der EU nichts mehr im Weg. Streitereien mit Slowenien um die Fischereirechte in der Adria und die generelle Erweiterungsmüdigkeit der EU zogen den Beitrittsprozess in die Länge, doch am 1. Juli 2013 trat Kroatien der EU als 28. Mitgliedsstaat bei.

Regierung und Politik

Staatsform: Parlamentarische Republik
Hauptstadt: Zagreb
Staatsoberhaupt: Ivo Josipović
Regierungschef: Zoran Milanović (SDP)

Kroatien sollte nach der Verfassung von 1990 ursprünglich ein präsidial-demokratisches Regierungssystem erhalten, mit dem Regierungswechsel im Jahr 2000 wurde das Land jedoch zu einer parlamentarischen Demokratie umgeformt. Nach Franjo Tuđman (1990–99) und Stipe Mesić (2000–10) ist der gegenwärtige Präsident Ivo Josipović (SDP) erst der dritte Staatspräsident des unabhängigen Kroatiens. Das Parteiensystem im kroatischen Parlament namens **Sabor** streckt sich über alle politischen Lager hinweg. Die von Franjo Tuđman gegründete **HDZ** (Hrvatska demokratska zajednica = Kroatische demokratische Gemeinschaft) entwickelte sich unter Federführung des späteren Premierministers Ivo Sanader von einer rechtskonservativ-nationalistischen Partei zu einer christdemokratischen Partei. Als wichtigste Partei des linken Lagers hat sich die **SDP** (Sozialdemokratska Partija Hrvatske = Sozialdemokratische Partei Kroatiens) herausgebildet. Die SDP ging 1990 aus der ehemaligen Kommunistischen Partei SKH hervor, entwickelte sich zu einer zunächst kleinen sozialdemokratischen Partei, die 2000 jedoch die Parlamentswahlen gewann und mit dem Reformpolitiker Ivica Račan als Premierminister an die Regierung kam. Zwei liberale Parteien (HSLS und HNS) decken die politische Mitte ab, die nationalistische **HSP** (Hrvatska stranka prava) verlor in den letzten Jahren massiv an Bedeutung. Auch kleinere Regionalparteien aus Istrien und Međimurje sowie eine Partei der kroatischen Serben sind im Parlament vertreten.

Bei den Parlamentswahlen 2011 trat ein Mitte-Links-Bündnis aus SDP, der liberalen HNS, der istrischen Regionalpartei IDS/DDI und der Rentnerpartei HSU unter dem Namen Kukuriku-Koalition an – benannt nach dem gleichnamigen Restaurant in Kastav, wo sich die Koalition gründete. Die Koalition gewann die Wahlen von 2011 und stellt seitdem unter Führung des SDP-Vorsitzenden Zoran Milanović die Regierung Kroatiens.

Mit dem EU-Beitritt Kroatiens stellt das Land auch zwölf Abgeordnete im Europäischen Parlament sowie mit **Neven Nimica** (SDP) den EU-Kommissar für Verbraucherschutz.

Verwaltungsgliederung

Kroatien ist in 21 Verwaltungseinheiten geteilt, die auf Deutsch den noch aus Habsburgerzeit üblichen Namen Gespanschaft tragen (kroat. *županija*, Pl. *županije*). An der Spitze einer Gespanschaft steht der Gespan (kroat. *župan*), der die Geschicke der Region mit Vollmachten etwa in den Bereichen Bildung, Gesundheit, Gemeindeplanung und Verkehr verwaltet. Einige Gespanschaften entsprechen der territorialen Einteilung Kroatiens in der Zeit der Donaumonarchie. Die kroatische Küste ist in sieben Gespanschaften geteilt, die weiteren 13 Gespanschaften und der Hauptstadtbezirk Zagreb befinden sich im Binnenland. Die größte Gespanschaft ist Lika-Senj, die bevölkerungsreichste (nach der Hauptstadt) ist Split-Dalmatien.

Die Gespanschaften sind wiederum in 423 Gemeinden und 122 Städte unterteilt.

Flüchtlingssituation und Umgang mit der serbischen Minderheit

In Kroatien haben im Laufe des Kroatienkriegs zwei größere Vertreibungswellen stattgefunden. Im Jahr 1991 wurden etwa 170 000 Kroaten aus den serbisch dominierten Gebieten vertrieben, bis zum Ende des Krieges kamen noch etwa 25 000 weitere Flüchtlinge hinzu. Weiterhin kamen in den Kriegsjahren Hunderttausende kroatische und bosniakische Flüchtlinge aus Bosnien-Herzegowina nach Kroatien. Der kroatische Staat trug die Hauptlasten für die Unterbringung und Versorgung der Flüchtlinge, neben der sozialen auch eine enorme finanzielle Belastung für den jungen Staat. Die meisten Flüchtlinge kamen in Gebieten unter, die nicht vom Krieg betroffen waren, vor allem Istrien, Kvarner und Nordkroatien. Ein großer Teil der Flüchtlinge aus Kroatien und Bosnien-Herzegowina wurde von westlichen Ländern wie Deutschland, Österreich und Schweden aufgenommen.

Am Ende des Krieges kam es im Zuge der kroatischen Rückeroberungsaktionen Blijesak und Oluja zur Flucht und Vertreibung großer Teile der serbischen Bevölkerung Kroatiens. Die meisten kroatischen Serben flohen nach Serbien oder in die serbischen Teile Bosnien-Herzegowinas.

Die Friedensabkommen von Erdut (für Kroatien) und Dayton (für Bosnien-Herzegowina) sehen die Möglichkeit zur friedlichen Rückkehr der Flüchtlinge vor. Von den etwa 220 000 geflohenen Serben kehrten bis 2005 nur etwa 50 000 zu-

Der Fall Ivo Sanader

Als Anfang 2009 Kroatien der Nato beitreten konnte und die Verhandlungen mit der EU erfolgreich verliefen, war Premierminister Ivo Sanader als pro-europäischer Reformer seines Landes in Kroatien sehr beliebt und ein gern gesehener Gast in Europa. Der 1953 geborene, gelernte Philosoph und Literaturwissenschaftler aus Split studierte in Rom und Innsbruck und spricht neben Kroatisch fließend Englisch, Deutsch, Französisch und Italienisch. Nach seinem Eintritt in die HDZ und mehreren Partei- und Ministerämtern wurde Sanader im Jahr 2000 Nachfolger des verstorbenen Franjo Tudman als Vorsitzender der HDZ. Er setzte sich gegen den nationalistischen Flügel der Partei durch und etablierte die HDZ als pro-europäische christdemokratische Partei. Nach dem Wahlsieg der HDZ bei den Parlamentswahlen von 2003 formte Sanader eine Koalitionsregierung mit der Rentnerpartei und der serbischen Minderheitspartei SDSS und wurde kroatischer Premierminister. Die Befürchtungen, die HDZ werde als Regierungspartei wieder einen nationalistischeren Kurs einschlagen, bestätigten sich nicht, 2007 wurde Sanader bei den Parlamentswahlen im Amt bestätigt. Die Regierungszeit Sanaders kann insgesamt als Erfolg gelten. Am 1. Juli 2009 zog sich Sanader überraschend von den Posten des Premierministers und des HDZ-Vorsitzenden zurück, ohne dafür konkrete Gründe zu nennen. Diese Entscheidung stieß auf Unverständnis in der kroatischen Bevölkerung. Als Sanader im Januar 2010 ankündigte, wieder eine aktivere Rolle in der Politik spielen zu wollen, wurde er aus der HDZ ausgeschlossen. Sanader war jedoch ab Oktober 2010 unabhängiger Abgeordneter im kroatischen Parlament und erhielt so die Abgeordnetenimmunität.

Die kroatische Anti-Korruptionsbehörde Uskok ermittelte im August 2010, dass Ivo Sanader während seiner Amtszeit in großem Stil an Korruption beteiligt war, wodurch dem Staat ein Schaden von etwa 200 Mio. € entstanden sei. Als die Immunität Sanaders am 9. Dezember 2010 aufgehoben wurde, floh der ehemalige Premierminister noch am selben Tag nach Österreich, wurde jedoch von den österreichischen Behörden verhaftet, da ein internationaler Haftbefehl ausgegeben wurde. Im Sommer 2011 wurde Sanader an Kroatien ausgeliefert, wo er sich vor kroatischen Strafgerichten verantworten musste. Die folgenden Prozesse gegen Sanader betrafen eine ganze Reihe Korruptionsfälle, in die Sanader maßgeblich verwickelt war. Im November 2012 wurde Ivo Sanader schuldig befunden und zu zehn Jahren Haft und einer hohen Geldstrafe verurteilt. Der Politiker hatte bis zuletzt alle Vorwürfe abgestritten und behauptet, der Prozess gegen ihn sei politischer Natur.

Der Fall Sanader hat die kroatische Politik und die Sicht des Auslands auf Kroatien tief erschüttert. Ausgerechnet der pro-europäische, vielsprachige und weltgewandte Politiker Sanader, der sein Land in die Nato und an die Schwelle der EU gebracht hatte, stand an der Spitze korrupter Machenschaften. Doch der Prozess gegen Sanader bewies auch etwas anderes: Die kroatischen Gerichte scheuten nicht davor zurück, den prominentesten Politiker der damaligen Regierungspartei anzuklagen. Die Antikorruptionsbehörde Uskok konnte einen großen Triumph verbuchen, und alle gegenwärtigen und zukünftigen Politiker Kroatiens werden den Fall Sanader nicht vergessen, wenn es um private Vorteilnahme aus öffentlichen Ämtern geht.

---

rück. Auch die Rückkehr kroatischer und bosnischer Flüchtlinge verlief nur sehr zögerlich, vor allem in Bezug auf Bosnien-Herzegowina. Bei der Rückkehr aus dem Ausland wählten zahlreiche bosnische Flüchtlingsfamilien Kroatien als neues Heimatland. In den einst mehrheitlich von Serben bewohnten Gebieten wurden Kroaten aus anderen Landesteilen oder aus Bosnien angesiedelt, was die zerstörten Regionen Kroatiens wieder belebte, jedoch zu Schwierigkeiten bei der Rückkehr der Flüchtlinge führte. Bis heute sind die Besitzverhältnisse vieler Grundstücke und Immobilien ungeklärt.

Die Serben in Kroatien bilden heute mit etwa 4,5 % der Einwohner die größte Minderheit des Landes. Ihnen wird eine politische Repräsentation durch drei Abgeordnetenmandate im kroatischen Parlament zugestanden, unter Premierminister Ivo Sanader war die serbische Partei SDSS sogar an der Regierung beteiligt, was zu einer Annäherung beider Seiten führte. Das Verhältnis von kroatischer Mehrheit und serbischer Minderheit wird jedoch nach wie vor stark vom Kriegsgeschehen in den 90er-Jahren überschattet. Es scheint wenig verwunderlich, dass viele kroatische Einwohner des kriegsgeschundenen Vukovar keine serbischen (und somit kyrillischen) zweisprachigen Ortsschilder hinnehmen wollen. Die von konservativen Parteien und Veteranenverbänden organisierten Proteste im März 2013 ließen die Kluft zwischen den Volksgruppen wieder deutlich erkennen. In der Regel arrangiert man sich jedoch mit den gegebenen Umständen. Das kroatische Verhältnis gegenüber Serbien und den Serben im eigenen Land bleibt sehr problematisch, aber eine Annäherung braucht Zeit und guten Willen von beiden Seiten. Viele haben den Krieg unmittelbar miterlebt und waren von Vertreibung und Kriegsverbrechen betroffen, und so wird eine kroatisch-serbische Aussöhnung noch einen langen Atem brauchen.

Korruption und ihre Bekämpfung

Der **Fall Ivo Sanader** (s. Kasten) war nur die Spitze des Eisbergs, wenn es in Kroatien um das Thema Korruption geht. Selbst wenn die Korruption in der großen Politik mit der Verurteilung des einstigen Premierministers zurückgegangen sein sollte, grassiert die Korruption im Kleinen nach wie vor. Vor allem in der öffentlichen Verwaltung wird oft und gerne die Hand aufgehalten – wer nicht zahlt, kann mit endlosem bürokratischem Stillstand in der betreffenden Sache rechnen. Das Problem ist den Kroaten sehr bewusst, in einem Bericht von Transparency International gaben 18 % der Befragten an, dass sie Schmiergeld bezahlen. Kroatien liegt im Korruptionsindex von Transparency International, mit der die Wahrnehmung der Korruption im eigenen Land gemessen wird, auf dem 62. der 176 Plätze.

Dabei hat die kroatische **Anti-Korruptionsbehörde Uskok** vor allem in den Jahren 2008 und 2009 einige sehr erfolgreiche Operationen durchgeführt. Dabei ging die Behörde etwa gegen die Kroatische Bahngesellschaft HŽ, die Postbank und den Nahrungsmittelkonzern Podravka vor. Der vielleicht spektakulärste Coup gelang der Uskok mit der sog. **Operation Indeks** (benannt nach dem kroatischen Studienbuch Indeks) im September 2008, als 105 Personen an der Universität Zagreb festgenommen wurden und umfangreiches Beweismaterial sichergestellt wurde. An vier Fakultäten der Universität war es zu massiven Bestechungen beim Ablegen von Prüfungen und Diplomen gekommen.

Wirtschaft

Wirtschaftssektoren: Landwirtschaft 6,4 %, Industrie 28,5 %, Dienstleistung 65 %.
Bruttoinlandsprodukt pro Kopf: 14 457 € (2011)
Arbeitslosenquote: 12,4 %
Inflationsrate: 2,26 %

Historische Entwicklung

In Zeiten der Donaumonarchie war Kroatien landwirtschaftlich geprägt, zudem entstanden in den größeren Städten auch Industriebetriebe. Die Bahnstrecken Kroatiens stammen fast ausnahmslos aus dieser Zeit. In beiden jugoslawischen Staaten gehörte Kroatien zu den reichsten und wirtschaftlich stärksten Landesteilen.

Nach dem Zweiten Weltkrieg entwickelte sich die Industrie in den Bereichen **Konsumgüter, Lebensmittel** und **Pharmazeutischer Industrie**, während die Metall- und Schwerindustrie in Serbien und Bosnien angesiedelt wurde. Seit den 60er-Jahren ist der **Tourismus** eine wichtige Einnahmequelle für die kroatische Wirtschaft. Auch wenn Kroatien und Slowenien das höchste BIP pro Einwohner in Jugoslawien aufzuweisen hatten, gingen in den 1960er- und 1970er-Jahren zahlreiche Kroaten als sog. Gastarbeiter nach Westeuropa und Nordamerika. Die relativ liberalen jugoslawischen Reisegesetze ermöglichten die Ausreise der Gastarbeiter, wodurch die Arbeitslosigkeit im Land gesenkt wurde und in den Folgejahren bis heute Devisen ins Land flossen. Durch diese Migrationsbewegung und durch Kriegsflüchtlinge in den 1990er-Jahren lebt in Deutschland, Österreich und der Schweiz ein relativ großer kroatischer Bevölkerungsanteil.

In den 90er-Jahren geriet die kroatische Wirtschaft in eine erhebliche **Krise**. Gründe dafür waren die Umstellung von einem kommunistisch-planwirtschaftlichen auf ein marktwirtschaftliches System, die Zerstörung durch den Krieg und der Verlust vorheriger Absatzmärkte. Die Folgen dieser Krise sind bis heute spürbar, wenn sich die Wirtschaft auch mit der Annäherung an die EU erheblich erholte. Doch die Öffnung zu den europäischen Märkten spülte auch eine Menge Importprodukte auf den Markt, denen die kroatischen Produzenten, etwa in der Landwirtschaft, wenig entgegenzusetzen hatten. Wer also heute durch kroatische Supermärkte schlendert, wird überrascht sein, dass diese nicht nur Kaufland, Lidl oder Spar heißen, sondern dass auch viele vor allem deutsche Produkte anbieten – und das zu Preisen, die größtenteils über dem deutschen oder österreichischen Standard liegen. Um die Absurdität dieser Situation zu zeigen: Wer im Frühjahr durch Süddalmatien reist, fährt vorbei an reich bestückten Zitronenbäumen, das Neretva-Delta produziert Orangen und Mandarinen in großer Zahl. Doch die Zitrusfrüchte in den Supermärkten stammen ausnahmslos aus Spanien.

Tourismus als Haupteinnahmequelle

Die Anfänge des Tourismus in Kroatien gehen auf das 19. Jh. zurück, als Opatija und spätere andere Küstenorte zu Sommerausflugszielen der Wiener Oberschicht wurden. Seit den 1960er-Jahren entwickelte sich der Tourismus zum entscheidenden Wirtschaftsfaktor des Landes. Jährlich besuchen über 10 Mio. Touristen Kroatien. Der Tourismus hat vor allem die Küstenregion verändert. Lange Zeit galt Kroatien als Geheimtipp unter Individualtouristen, heute schießen in einigen Tourismuszentren Hotels wie Pilze aus dem Boden, die Angebote für Pauschalurlauber nehmen zu, und die Touristenzahlen steigen jährlich. Da es sich um klassischen Sommertourismus handelt, gibt es besonders in kleineren touristischen Orten nur zwei Jahreszeiten: Saison und Nicht-Saison. Viele Kroaten verdienen ihr Geld also fast ausschließlich in den Sommermonaten, ein enormer Preisanstieg war die Folge. Während Kroatien ganz auf Tourismus setzt, werden alternative Wirtschaftszweige vernachlässigt, sodass sich die kroatischen Einnahmen regional und zeitlich sehr ungleich verteilen.

Kriselnde Landwirtschaft

Ein Wirtschaftszweig, der in den Jahren massiv gelitten hat, ist die kroatische Landwirtschaft. Slawonien etwa galt einst als Kornkammer Jugoslawiens und durch seine fruchtbaren Böden als reiche Region. Heute ist die slawonische Landwirtschaft durch internationalen Preisdruck und mangelnde politische Unterstützung zum Problemfall geworden. Große Agrarflächen liegen brach, nicht nur dort, wo der Krieg Verwüstungen und Landminen hinterließ. Die wichtigsten angebauten Produkte in Ostkroatien sind Zuckerrüben, Kartoffeln, Weizen und Mais, aber auch Wein und Obst gedeihen an vielen Orten Kroatiens. An der Küste werden Oliven angebaut, aus denen fast ausschließlich Olivenöl hergestellt wird. In Süddalmatien werden zudem Zitrusfrüchte und Tabak angebaut.

In der Viehhaltung dominieren Rinder-, Schweine- und Schafzucht, Letztere vor allem in den Küstenregionen. Eine wichtige Einnahmequelle in Dalmatien ist die Fischerei.

Kunst und Kultur

Architektur

In Kroatien haben verschiedene Kulturen ihre Spuren hinterlassen, was nicht zuletzt in der Architektur verschiedenster Epochen zum Aus-

Herausragendes Beispiel kroatischer Architektur ist die Kathedrale von Šibenik mit den steinernen Köpfen Šibeniker Bürger.

druck kommt. Die ältesten architektonischen Spuren, die über (illyrische) Ruinen hinausgehen, stammen aus römischer Zeit. Eindrucksvolle **römische Bauten** finden sich etwa in Pula (Amphitheater, Augustustempel, Triumphbogen der Sergier), Solin (ehemals Salona) und natürlich in Split, wo die Innenstadt innerhalb des römischen Kaiserpalastes des Diokletian errichtet wurde.

Bereits in frühchristlicher Zeit wurden in Kroatien mehrere **Kirchen** errichtet wie die Euphrasius-Basilika in Poreč aus dem 6. Jh. Die vorromanischen Kirchen Sv. Donat in Zadar (9. Jh.) und Sv. Križ in Nin (9. Jh.), die als kleinste Kathedrale der Welt gilt, sind Beispiele der altkroatischen Architektur, die starke Einflüsse byzantinischer Architektur aufweist. In der Zeit der Romanik wurden einige der eindrucksvollsten Kirchenbauten an der kroatischen Küste erbaut, darunter die Dome von Trogir, Zadar, Pula und Rab. Auch einige **romanische Stadthäuser** haben sich erhalten, so in Split und Trogir. Die Gotik brachte nur wenige neue Kirchenbauten hervor, allerdings wurden die Sakralbauten in dieser Zeit häufig reich ausgeschmückt, zudem entstanden Stadtpaläste einflussreicher Bürger sowie Stadtbefestigungen wie in Dubrovnik.

War schon die **gotische Phase** an der kroatischen Küste geprägt von der venezianischen Herrschaft, wurde mit der **Renaissance** die **Blütezeit venezianischer Baukunst** erreicht. Der größte Baumeister dieser Zeit war jedoch ein Einheimischer: Der Architekt **Juraj Dalmatinac** war in Ancona und Venedig aktiv, erbaute zwei Türme der Stadtbefestigung von Dubrovnik, doch sein Meisterstück war die herausragende Kathedrale des heiligen Jakob in Šibenik. Nicht nur die Konzeption des Gotteshauses geht auf Juraj Dalmatinac zurück, an der Außenseite der Apsiden schuf er eine Reihe sehr realistischer Köpfe lokaler Persönlichkeiten. In Dalmatien gehen zudem viele Stadtpaläste auf die Renaissance-Zeit zurück, besonders in Dubrovnik.

Mit der Phase des **Barock** rückt das kroatische Binnenland in den Mittelpunkt, ältere Bauten waren hier entweder aus Holz errichtet worden oder hatten die osmanische Zeit nicht überstanden. Eine Ausnahme bildet z. B. die St. Markuskirche in der Zagreber Oberstadt. Ein Beispiel für herausragende barocke Baukunst in Kroatien ist die Innenstadt von Varaždin mit hübschen Kirchen, der Festungsanlage und zahlreichen barocken Stadthäusern. Neben Kirchenbauten entstanden in der Barockzeit auch **imposante Schlossanlagen** regionaler Adliger wie Schloss Eltz in Vukovar oder die Schlösser der Familie Pejačević in Našice und Virovitica. Auch die Festungsbauten der habsburgischen Militärgrenze wie Osijek und Slavonski Brod stammen aus der Barockzeit.

Im 19. Jh. wurden viele **repräsentative Bauten** errichtet, vor allem in Kontinentalkroatien, aber auch in Rijeka oder dem mondänen Seebad Opatija. Aus dieser Zeit stammen etwa die Theaterbauten in Zagreb, Rijeka und Osijek, aber auch einige imposante Kirchengebäude wie die Kathedralen von Zagreb und Đakovo oder die Kirche der Hl. Peter und Paul in Osijek.

Nach dem Zweiten Weltkrieg wurden in den meisten kroatische Städte massive Plattenbaublocks errichtet, die damals modernen Wohnraum für die breite Bevölkerung schufen und die heute kaum zur Schönheit der Außenbezirke etwa von Zagreb, Rijeka, Split oder Karlovac beitragen. Beispiele zeitgenössischer Architektur sind der Glaspalast der Zagreber Universitätsbibliothek, das futuristische Museum für Zeitgenössische Kunst in Zagreb, aber auch die Meeresorgel des Architekten Nikola Bašić in Zadar.

Malerei und Bildhauerei

Die ersten namentlich bekannten kroatischen Maler waren im 15. Jh. in Istrien aktiv. Der Maler **Vincent aus Kastav** schuf verschiedene Kirchenfresken, darunter einen eindrucksvollen Totentanz in der Kirche Maria im Fels (Sveta Marija na Škriljinah) bei Beram. Die Fresken des aus dem gleichen Ort stammenden **Ivan aus Kastav** sind in Kirchen in ganz Istrien zu finden, vorwiegend aber im slowenischen Teil.

Die Renaissancemaler Dalmatiens waren von der venezianischen Renaissance beeinflusst. Der Miniaturenmaler **Julije Klović** (1498–1578) und der Maler **Andrija Medulić** (1510–63) verließen im Zuge der osmanischen Eroberungen ihre Heimat und setzten ihre Arbeit in Italien fort.

Der bedeutendste Maler des 19. Jhs. war **Vlado Bukovac** (1855–1922). Dem aus Cavtat stammenden Jugendstil-Maler wurde mit Hilfe von Josip Juraj Strossmayer eine Ausbildung in Paris ermöglicht, und er reifte zu einem hervorragenden Maler lebendiger Landschaften und Porträts. Bukovac arbeitete in Zagreb, Prag und Belgrad, wo er unter anderem ein Porträt des serbischen Königs Alexander I. schuf.

Ein wichtiger Maler des 20. Jhs. war **Josip Račić** (1885–1908), der in Zagreb, München, Wien und Paris arbeitete, wo er sich mit 23 Jahren das Leben nahm. Einen ähnlichen Weg ging der Maler und Bildhauer **Miroslav Kraljević** (1885–1913), der gemeinsam mit Račić in München und Wien studierte und kaum älter mit 27 Jahren an Tuberkulose starb.

Seit den 1930er-Jahren entwickelte sich in Nordkroatien eine **Schule der Naiven Kunst**, in der Bauern wie **Ivan Generalić** (1914–92) begannen, Bilder zu malen, die auch von einfachen Menschen geschätzt und verstanden wurden. Das künstlerische Zentrum dieser Strömung war das Dörfchen Hlebine bei Koprivnica, wo sich heute ein Museum der Naiven Kunst befindet (S. 562) – ein weiteres Museum besteht in der Zagreber Oberstadt (S. 489).

Kroatiens herausragendster bildender Künstler war jedoch der Bildhauer **Ivan Meštrović** (1883–1962). Aus dem dalmatinischen Hinterland stammend, wirkte Meštrović (Kasten S. 361) in Zagreb, Wien und Paris, ehe er 1947 in die USA auswanderte. Seine eindrucksvollen Skulpturen sind über ganz Kroatien verteilt, absolut sehenswert sind z. B. das Denkmal des Bischofs Gregor von Nin (von dem jeweils eines in Split, Nin und Varaždin steht) und das Denkmal für Josip Juraj Strossmayer in Zagreb. Nicht zuletzt durch Meštrovićs Einfluss ist die Bildhauerei in Kroatien hoch angesehen. Folge davon sind Skulpturen, die sich über alle Städte des Landes verteilen und jede Promenade oder Fußgängerzone in Kroatien aufwerten. Schöne Beispiele sind das Mädchen mit Möwe von Zvonko Car in Opatija, die Statue der Schriftstellerin Marija Jurić Zagorka von Stjepan Gračan in Zagreb und das Monument für die Touristen (das ein Touristenpärchen darstellt) von Nikola Šanjenka in Makarska.

Literatur

Die ältesten erhaltenen Dokumente in kroatischer Sprache datieren auf das 11. Jh., als Inschriften in Kirchen und Klöstern in der **glagolitischen Schrift** entstanden (Kasten S. 225). Doch dauerte es noch weitere 400 Jahre, bis der Dichter und humanistische Gelehrte **Marko Marulić** (1450–1524) aus Split mit dem Stück *Judita* das erste Werk der kroatischen Literatur schuf. Marulić wird bis heute in Kroatien verehrt und gilt als Vater der kroatischen Literatur. Der größte kroatische Barockdichter war **Ivan Gundulić** (1589–1638) aus Dubrovnik, der zugleich der erste Dramatiker in der slawischen Literatur war. Sein Hauptwerk *Osman* schildert den erfolgreichen polnischen Kampf gegen die Osmanen im Jahr 1621, der aus Gundulićs Perspektive das Ende der türkischen Vorherrschaft einleiten sollte. Ebenfalls aus Dubrovnik stammte **Marin Držić** (1508–67), der mehrere Komödien verfasste, darunter sein bekanntestes Werk *Dundo Maroje*.

In der Aufklärungszeit schrieb der Franziskanermönch **Andrija Kačić Miošić** (1704–60) sein Werk *Angenehmes Gespräch des slawischen Volkes*, das eine in Versen gefasste Geschichte der slawischen Völker darstellte und als echter Bestseller im Kroatien des 18. Jhs. gelten kann.

Der aus Zagreb stammende Schriftsteller **August Šenoa** (1838–81) spielte im 19. Jh. eine derart bedeutende Rolle, dass die gesamte Epoche der kroatischen Literatur nach ihm benannt wurde. Šenoa verfasste die ersten historischen Romane in kroatischer Sprache, die sich unter anderem mit den Piraten von Senj *(Čuvaj se senjske ruke)*, dem Bauernaufstand *(Seljačka buna)* und der Geschichte Zagrebs im 16. Jh. *(Zlatarevo zlato*, Kasten S. 492) befassten.

Die kroatische Moderne wurde dann von **Antun Gustav Matoš** (1873–1914) aus Zagreb eingeleitet, der Novellen, Gedichte und Reiseberichte verfasste. Als Matoš 1893 von der k.u.k. Armee desertierte, floh er ins Ausland und lebte in Belgrad, Genf und Paris, bis er 1908 schließlich nach Zagreb zurückkehren durfte.

Der von der Insel Brač stammende Schriftsteller **Vladimir Nazor** (1876–1949) arbeitete als Lehrer in Split, Zadar, Pazin, Koper, Kastav und Zagreb. Er verfasste eine Vielzahl lyrischer und epischer Werke, in denen er unter anderem auf kroatische Sagen zurückgriff wie in der Erzählung *Veli Jože*, die in Motovun spielt (Kasten S. 160) und seinem Hauptwerk *Pastir Loda (Der Hirte Loda)*, einem Roman, der auf einer Sage seiner Heimatinsel Brač basiert. Bereits als betagter Mann schloss sich Nazor Titos Partisanen an und wurde nach dem Zweiten Weltkrieg bis zu seinem Tod Präsident des kroatischen Parlaments.

Das frühe 20. Jh. hat auch zwei herausragende Schriftstellerinnen hervorgebracht. **Ivana Brlić-Mažuranić** (1874–1938) stammte aus der einflussreichen Familie Mažuranić und gilt als wichtigste Märchen- und Kinderbuchautorin Kroatiens. (Kasten S. 263). **Marija Jurić-Zagorka** (1873–1957) war die erste Journalistin des Landes, Herausgeberin des ersten kroatischen Frauenmagazins, zugleich engagierte sie sich für Frauenrechte und gegen deutsche und ungarische Kulturhegemonie in Kroatien. Die schriftstellerischen Werke der resoluten Frau aus Zagorje sind spannende Auseinandersetzungen mit historischen Themen. Die Novellensammlung *Grička vještica* (die Hexe von Grič) basiert auf Mythen aus der Geschichte Zagrebs, ihr Hauptwerk *Gordana* handelt von der Witwe des ungarischen Königs Matthias Corvinus. Jurić-Zagorka gehört bis heute zu den populärsten und meistgelesenen Autoren Kroatiens.

Den größten südslawischen Schriftsteller des 20. Jhs. und einzigen Literaturnobelpreisträger der Region müssen sich die Kroaten mit Bosniern und Serben teilen, denn **Ivo Andrić** (1892–1975) wurde als Kind einer kroatischen Familie in Bosnien geboren, lebte lange Zeit in Belgrad, bezeichnete sich aber zeit seines Lebens als Jugoslawen. Andrić war als Diplomat für das Königreich Jugoslawien tätig und zuletzt bis 1941 jugoslawischer Botschafter in Deutschland, bis er sich vom Dienst zurückzog und sich auf seine schriftstellerische Arbeit konzentrierte. Seine Hauptwerke *Die Brücke über die Drina (Na Drini ćuprija)* und *Wesire und Konsuln (Travnička hronika)* sind historische Romane aus der bosnischen Vergangenheit. 1961 erhielt Andrić den

Literaturnobelpreis „für die epische Kraft, mit der er Motive und Schicksale aus der Geschichte seines Landes gestaltet". Andrićs Zeitgenosse **Miroslav Krleža** (1893–1981) gilt als bedeutendster kroatischer Schriftsteller des 20. Jhs., der in allen literarischen Gattungen aktiv war. In seinen Werken beschäftigt sich der Autor mit den gesellschaftlichen Veränderungen in Kroatien seit der Jahrhundertwende, z. B. im Drama *Die Glembays (Gospoda Glembajevi)* mit der späten Habsburgerzeit oder in der Novelle *Ohne mich (Na rubu pameti)* mit der Zwischenkriegszeit. Krleža fühlte sich eng mit dem kommunistischen Jugoslawien verbunden, ging jedoch im Alter auf Distanz zu Titos Regime (Kasten S. 493).

Ein beliebter Dramatiker war der von der Insel Vis stammende **Ranko Marinković** (1913–2001), dessen bekanntestes Werk *Hände (Ruke)* einen Dialog zwischen linker und rechter Hand wiedergibt. Ein wichtiger zeitgenössischer Autor Kroatiens ist **Miro Gavran** (*1962), dessen Werk sich zwischen Dramen, Romanen und Jugendbüchern erstreckt und von dem zahlreiche Titel ins Deutsche übersetzt wurden. Einige seiner Novellen beschäftigen sich aus psychologischer Sicht mit biblischen Figuren, z. B. *Judith (Judita)* und *Pontius Pilatus (Poncije Pilat)*. Der aus Sarajevo stammende **Miljenko Jergović** (*1966) lebt seit 1993 in Zagreb. Internationale Bekanntheit erlangte er mit seiner Kurzgeschichtensammlung *Sarajevo Marlboro (Sarajevski Marlboro)*, es folgten eine Reihe Novellen und Romane, die auch ins Deutsche übersetzt wurden, darunter *Buick Rivera* und *Das Walnusshaus (Dvori od oraha)*. Die aus Kutina stammende Schriftstellerin **Dubravka Ugrešić** (*1949) veröffentlichte ihre ersten Romane noch in jugoslawischer Zeit, verweigerte sich in den 90er-Jahren nationalistischen Tendenzen und wurde dafür in Kroatien stark kritisiert. Seit 1993 lebt Ugrešić im Ausland (Amsterdam und USA) und veröffentlichte verschiedene Werke, die sich unter anderem mit dem Fall Jugoslawiens und ihren Exilerfahrungen beschäftigen. Eine weitere bekannte kroatische Schriftstellerin ist **Slavenka Drakulić** (*1949), die sich in Essays und Berichten unter anderem mit den Kriegen der 90er-Jahre auseinandergesetzt hat, zudem aber auch fiktionale Werke verfasst hat wie einen Roman, der auf dem Leben von Frida Kahlo beruht.

Eine ganze Reihe kroatischer Autoren ist ins Deutsche übersetzt worden, viele Bücher sind jedoch nur noch antiquarisch erhältlich. In den letzten Jahren hat sich vor allem der österreichische Wieser-Verlag um die kroatische und südosteuropäische Literatur verdient gemacht. So erschien eine Reihe kroatischer Werke in deutscher Übersetzung, lesenswert sind zudem die regionalen Zusammenstellungen, die als kleine Büchlein unter dem Titel *Europa Erlesen* erschienen sind. Sie vereinen Kurzgeschichten, Romanauszüge und Gedichte verschiedenster Autoren, die über die jeweilige Region geschrieben haben. Für Kroatien sind bisher Bände zu Dalmatien, Dubrovnik, Istrien, Kvarner, Slawonien und Zagreb erschienen.

Film

Die jugoslawische Filmlandschaft wurde von serbischen Regisseuren geprägt. Die bedeutendsten kroatischen Filmemacher dieser Zeit waren **Branko Bauer** (1921–2002), der unter anderem Kriegsdramen und politische Filme drehte, und **Krešo Golik**, der 1970 den bis heute beliebtesten kroatischen Film *Tko pjeva zlo ne misli (Böse Menschen haben keine Lieder)* schuf, eine Komödie, die im Zwischenkriegsjugoslawien spielt. Im unabhängigen Kroatien entwickelte sich die Filmindustrie nur sehr schleppend, viele herausragende Akteure des jugoslawischen Kinos (wie der Regisseur **Emir Kusturica**) ließen hingegen die serbische und bosnische Filmlandschaft aufblühen. In jüngerer Zeit entstanden etwa die Kriegskomödie *Kako je počeo rat na mom otoku* (1996, *Wie der Krieg auf meiner Insel begann*) von **Vinko Brešan**. **Goran Rušinović** schuf mit *Mondo Bobo* 1997 einen spannenden Schwarz-Weiß-Krimi, der große Anerkennung bei der Filmkritik bekam. Mit der Zeit des Zweiten Weltkriegs in Kroatien beschäftigte sich der Film *Duga mračna noć* (2004, *Lange dunkle Nacht*) des Regisseurs **Antun Vrdoljak** mit **Goran Višnjić** in der Hauptrolle. Der aus Šibenik stammende Višnjić ist einer der international erfolgreichsten kroatischen Schauspieler, der mit seiner Rolle als Dr. Luka Kovač in der US-Serie *Emergency Room* bekannt wurde. Ein weiterer international erfolgreicher Schauspieler ist der aus einer serbischen Familie in Lika stammende **Rade Šerbedžija**, der in zahlreichen amerikanischen Produktionen in Erscheinung tritt. Im deutschsprachigen Raum ist vor allem der in Zagreb geborene **Miroslav Nemec** bekannt, der seit 1991 als kroatischer Kommissar Ivo Batić im Münchener Tatort ermittelt.

Klassische Musik

Kroatien hat einige bekannte klassische Komponisten hervorgebracht. Bereits in der Barockzeit gab es Komponisten wie den Franziskanermönch **Ivan Lukačić** (1587–1648) aus Šibenik, der eine Reihe von Motetten mit Orgelbegleitung schrieb. Die bedeutendsten Komponisten brachte jedoch das 19. Jh. hervor. Der Komponist **Vatroslav Lisinski** (1819–54) stammte aus einer deutsch-jüdischen Familie in Zagreb und schuf mit *Liebe und Arglist (Ljubav i zloba)* 1846 die erste kroatische Oper. Nach seiner bekanntesten Oper *Porin* ist der wichtigste kroatische Musikpreis benannt, der seit 1993 an wechselnden Orten in Kroatien verliehen wird.

Der aus Rijeka stammende **Ivan Zajc** (1832–1914) studierte am Konservatorium in Mailand und arbeitete als Dirigent und Konzertmeister in seiner Heimatstadt, bevor er 1862 nach Wien ging, wo seine Kompositionen große Erfolge feierten. Zajc war stark beeinflusst von der kroatischen Nationalbewegung und verfasste mehrere Werke zu kroatisch-historischen Themen wie die Oper *Nikola Šubić Zrinski*, das als sein bedeutendstes Werk gilt. Aus der wichtigsten slawonischen Adelsfamilie stammte die Komponistin und Pianistin **Dora Pejačević** (1885–1923), die als Tochter des kroatischen Bans Teodor Pejačević in Našice aufwuchs. Die begabte Musikerin erlernte ihre Kunst weitgehend autodidaktisch und erweiterte ihren musikalischen Horizont in München und Dresden. Als sie 37-jährig bei der Geburt ihres Sohnes Theo in München starb, hinterließ sie ein umfangreiches Œuvre an Symphonien, Kunstliedern sowie Klavier- und Kammermusikstücken im spätromantischen Stil.

Zu den Vertretern zeitgenössischer klassischer Musik gehört unter anderem der kroatische Staatspräsident **Ivo Josipović**. In den Sommermonaten finden klassische Konzertreihen z. B. in Dubrovnik und Zadar statt, wichtige Konzertorte in Zagreb sind das Nationaltheater und die Konzerthalle Vatroslav Lisinski.

Folklore

Wer die Folklore-Aufführungen an der kroatischen Küste beobachtet, könnte meinen, diese Folklore sei eigens für Touristen aus dem Hut gezaubert worden, doch bei den Kroaten herrscht ein enges Verhältnis zu ihrer Folklore-Kultur. Das riesige Folklore-Treffen im ansonsten gänzlich untouristischen slawonischen Vinkovci im September (Vinkovačke jeseni, 🖥 www.vk-jeseni.com) ist der beste Beweis dafür.

Die Musik, Tänze, Traditionen und Trachten der kroatischen Regionen unterscheiden sich z. T. erheblich, besonders zwischen Binnenland und Küste. Unverzichtbarer Bestandteil der kontinentalen Folklore ist die **Tamburica**, ein Zupfinstrument, das mit Instrumenten verschiedener Größe zu einem Tamburica-Ensemble kombiniert wird. Die Tamburaši genannten Ensembles treten auch öfters unangekündigt in Gaststätten in Zagreb auf, ein Festival mit Tamburica-Musik (Glazbeni Festival Slavonije, 🖥 www.pozeskifestival.hr) findet im Sommer in Požega statt. Der klassische Tanz Slawoniens ist der **Rundtanz Kolo**, der auch in der bosnischen und serbischen Folklore verbreitet ist.

Ein wichtiger Teil der Folklore an der kroatischen Küste, besonders in Dalmatien, sind die Männer-Gesangvereine namens Klapa. Eine **Klapa** besteht traditionell aus bis zu zwölf männlichen Sängern, die durch unterschiedliche Stimmhöhen einen homogenen Gesamtklang erzeugen. Inzwischen gibt es auch Klapa-Gruppen, die aus Frauen oder beiden Geschlechtern bestehen. Der Klapa-Gesang ist oft auf dalmatinischen Festen zu hören, im Juli findet jährlich in Omiš ein Klapa-Festival statt (Festival dalmatinskih klapa, 🖥 www.fdk.hr).

Auf der Insel Korčula wird bis heute der **Säbeltanz Moreška** (Kasten S. 470) aufgeführt, in abgewandelter Form finden an anderen Orten der Insel die *kumpanija* genannten Schwerttänze statt.

Popmusik

Die kroatische Popmusikszene ist eng mit den Szenen der Nachbarländer (vor allem Serbiens und Bosnien-Herzegowinas) verbunden. Es ist zur Normalität geworden, dass Popgrößen wie der Serbe Željko Joksimović oder der Bosnier Dino Merlin in Kroatien auftreten, genauso wie kroatische Musiker (abgesehen vielleicht von einigen nationalistischen Musikern) Konzerte in den Nachbarländern geben. Die heute aktiven kroatischen Musiker stammen aus verschiedensten Generationen und Strömungen kroatischer Popularmusik, doch eine Verbindung besteht insofern, dass fast ausschließlich in der Landessprache gesungen wird. Die späten 1960er- und 1970er-Jahre brachten die Generation des „Jugorock" hervor, mit der bosnischen Band **Bijelo Dugme** (Weißer Knopf) um den international als Filmkomponist bekannten **Goran Bregović** an der Spitze. Eine bekannte und noch aktive kroatische Band aus dieser Zeit ist **Parni Valjak** (Dampfwalze), deren eingängige, leichte Rock-Pop-Musik auch für unkroatische Ohren absolut hörenswert ist (Empfehlung: das Unplugged-Album *Bez struje*). Etwas später startete die deutlich rockigere Zagreber Band **Prljavo Kazalište** (Schmutziges Theater) ihre Karriere. Im Zuge des Kroatienkriegs wurde die Band patriotischer, aber schuf auf diesem Wege einige der schönsten und traurigsten kroatischen Lieder über die Kriegsjahre, wie das in Kroatien legendäre *Mojoj majci (Ruža hrvatska)*, das Gitarrist Jasenko Houra über seine verstorbene Mutter schrieb. Aus derselben Generation, die als „**Novi val**" (neue Welle) bezeichnet wird, stammt die Band **Haustor**, die in den 1980er-Jahren mit ihrer Mischung aus Rock und Weltmusikelementen die alternative Szene prägte. **Darko Rundek**, Sänger und Kopf der Band, lebt seit 1991 in Frankreich und macht mit seinem international bunt gemischten **Cargo Orkestar** wiederholt mit exzellenten Album-Veröffentlichungen und Konzerten auf sich aufmerksam (Anspieltipps: *Makedo*, *Apokalipso*, *Ruke*). Die nach einem Festival benannte **Fiju-Briju-Generation** brachte seit den 90er-Jahren

In den Ruinen der Kirche Stomorica in Zadar finden im Sommer regelmäßig Live-Konzerte statt.

einige wichtige Bands hervor. Dazu gehören die Punkrocker von **Hladno Pivo** (Kaltes Bier), heute eine der populärsten Bands Kroatiens, und die slawonische Band **Majke** (Mütter). Der von seiner langjährigen Heroin-Abhängigkeit gezeichnete Majke-Sänger **Goran Bare** schreibt tiefschürfende Bluesrock- und Hardrock-Songs und schwebt bei seinen Live-Auftritten immer irgendwo zwischen Genie und Wahnsinn (Anspieltipps: *Vrijeme je da se krene*, Majke, *Ništa lažno, Goran Bare i Plaćenici*). Die Zagreber Band **Pips, Chips & Videoclips** rundet die Reihe mit qualitativem Indierock ab (Empfehlung: *Narko, Plači*).

Die Musikszene Dalmatiens ist näher an Chanson und Pop orientiert. Der größte Chansonnier des Landes ist **Oliver Dragojević** von der Insel Korčula, der bereits seit den 1960er-Jahren erfolgreich ist. Der in Kroatien wie ein alter Bekannter nur Oliver genannte Sänger hat sich vom Schlagersänger zu einem hervorragenden Pop-Chansonnier gemausert, der seine Lieder meist im dalmatinischen Dialekt singt (Empfehlungen: *Trag u beskraju*, *Vela Luka*). Auf Olivers Spuren wandelt einer der begabtesten Popmusiker des Landes namens **Gibonni**. Der beliebte Sänger aus Split holte sich für seine Studioalben renommierte Studiomusiker wie **Manu Katché** und **Pino Palladino** sowie den mazedonischen Ausnahmegitarristen **Vlatko Stefanovski** und zahlreiche Gastsänger ins Boot, herausgekommen sind dabei herausragende Musikstücke, die durchaus auch ohne kroatische Sprachkenntnisse zugänglich sind (Empfehlung: das Album *Mirakul*).

Im Bereich der etwas seichteren Popmusik sind die dalmatinische Popdiva **Severina**, **Nina Badrić** und **Toni Cetinski** beliebt, Letzterer ist als geborener Entertainer vor allem live ein echtes Erlebnis.

Kroatien nimmt regelmäßig und mit wechselndem Erfolg am Eurovision Song Contest teil, den die Gruppe **Riva** aus Zadar 1989 (damals noch für Jugoslawien) mit ihrem Song *Rock me Baby* für sich entscheiden konnte. Im Jahr 1990 fand der Contest daher in Zagreb statt.

Auch im Bereich Rap und Hip-Hop haben sich einige kroatische Musiker etabliert, darunter der aus Bosnien stammende **Edo Maajka** und die Gruppe **The Beat Fleet** (TBF). Ein herausragender Vertreter des Jazz in Kroatien ist der Pianist **Matija Dedić**, Sohn des bekannten Chansonniers **Arsen Dedić**.

Die Kroaten lieben Livemusik, und so gibt es kaum ein Fest ohne Livebühne und auch die bekannten Musiker des Landes lassen sich auf Dorf- oder Fischerfesten sehen. In zahlreichen Orten des Landes gibt es zudem sehr aktive Live-Clubs, wo regelmäßig Musiker aus Kroatien und dem Ausland auftreten.

Sport

Die Kroaten sind ein sportverrücktes Völkchen, und die erfolgreichen Sportler verschiedenster Disziplinen sind Aushängeschild und Stolz des Landes.

Die beliebteste Sportart des Landes ist natürlich **Fußball**. Die beiden bekanntesten Clubs des Landes, Dinamo Zagreb und Hajduk Split, pflegen seit Jahrzehnten eine leidenschaftliche Rivalität, wobei Dinamo in den letzten Jahren die Nase deutlich vorn hat. Weitere erfolgreiche Mannschaften der letzten Jahre sind HNK Rijeka und Lokomotiva Zagreb. Im Vergleich mit den großen europäischen Ligen hinkt die Kroatische Liga jedoch etwas hinterher, wenn auch Dinamo Zagreb einige Male sehr tapfer in der Champions League geschlagen hat. Die finanziell besser ausgestatteten Ligen greifen jedoch oft auf das Potenzial kroatischer Fußballer zurück, und so wandern die talentiertesten Fußballer der kroatischen Liga regelmäßig in stärkere Ligen ab. Aus der deutschen Bundesliga bekannte kroatische Spieler sind z. B. Ivica Olić, Mario Mandžukić und Mladen Petrić.

Die kroatische Fußball-Nationalmannschaft hat seit 1996 an fast allen Welt- und Europameisterschaften (mit Ausnahme der EM 2000 und der WM 2010) teilgenommen. Ihren größten Erfolg erreichte die kroatische Auswahl mit dem dritten Platz bei der Weltmeisterschaft in Frankreich 1998, bei der sie im Viertelfinale auch das deutsche Team aus dem Wettbewerb warf.

Auch das kroatische **Handballteam** kann herausragende Erfolge aufweisen. Seit 1994 war die Nationalmannschaft für sämtliche Welt- und Europameisterschaften und alle Olympischen Spiele qualifiziert (außer den Olympischen Spielen 2000) und gewann die Weltmeisterschaft 2003 sowie olympisches Gold in den Jahren 1996 und 2004.

Auch in anderen Ballsportarten feierte das kroatische Nationalteam Erfolge, die **Wasserballspieler** holten bei den Olympischen Spielen 2012 die Goldmedaille, im **Basketball** waren die Kroaten vor allem in den 90er-Jahren erfolgreich, als sie unter anderem die Silbermedaille bei den Olympischen Spielen 1992 erreichten. Eine kroatische Basketballlegende war Dražen Petrović. Der Spieler aus Šibenik galt schon in seiner Jugend als bester Spieler Jugoslawiens, wechselte 1989 in die NBA, wo er bis heute als einer der erfolgreichsten europäischen Spieler überhaupt gilt. 1993 verunglückte der Superstar bei einem Autounfall in Deutschland tödlich, Petrović liegt auf dem Zagreber Friedhof Mirogoj begraben.

Auch einige erfolgreiche **Tennisspieler** hat Kroatien hervorgebracht, darunter Goran Ivanišević, der 2001 in Wimbledon gewann, und Iva Majoli, die 1997 die French Open für sich entschied. Ein erfolgreicher aktiver kroatischer Tennisspieler ist der aus der Herzegowina stammende Marin Čilić.

Im **Wintersport** kann Kroatien auf die ausgesprochen erfolgreichen Karrieren der Geschwister Janica und Ivica Kostelić zurückblicken. Janica Kostelić krönte ihre herausragende sportliche Laufbahn mit drei Gold- und einer Silbermedaille bei den Olympischen Spielen in Salt Lake City 2002 sowie einer Gold- und einer Silbermedaille bei den Spielen in Turin 2006. Ihr Bruder Ivica gewann drei olympische Silbermedaillen und die Goldmedaille im Slalom bei der Alpinen Skiweltmeisterschaft in St. Moritz 2003.

In der **Leichtathletik** gibt es nur vereinzelte herausragende Sportler aus Kroatien. Blanka Vlašić aus Split ist eine der erfolgreichsten Hochspringerinnen der Welt, holte die Silbermedaille bei den Olympischen Spielen in Peking 2008 sowie Goldmedaillen in den Weltmeisterschaften 2007 und 2009.

Bei den Olympischen Spielen in London 2012 gewann die Zagreberin Sandra Perković die Goldmedaille im **Diskuswurf** und trug so zu einer insgesamt sehr positiven Teilnahme des kroatischen Olympiateams bei.

Istrien

Stefan Loose Traveltipps

Pula Das imposante Amphitheater bildet einen fantastischen Rahmen für abendliche Konzerte oder das Pula-Filmfestival. S. 110

1 Kap Kamenjak Ein kleines Naturparadies mit traumhaften Badebuchten an Istriens südlichster Spitze. S. 121

Brijuni-Inseln Ein Stück Afrika in Kroatien, mit exotischen Tieren und Pflanzen inmitten mediterraner Umgebung. Hier, in seiner Sommerresidenz, empfing Josip Broz Tito viele Staatsoberhäupter und Filmstars. S. 126

2 Rovinj Zahlreiche Künstlerateliers sorgen für eine ganz besondere Atmosphäre in Istriens malerischster Stadt. S. 128

Vrsar am Limski-Kanal Zu Füßen der zauberhaften Küstenstadt Vrsar erstreckt sich der Limski-Kanal, der sich auf 10 km Länge durch eine Hügellandschaft zieht. S. 136, 139

3 Grožnjan Künstler und Musiker verwandeln die Gassen von Grožnjan im Sommer in eine Freilichtbühne. S. 157

Motovun Ein wenig entrückt wirkt das Bergstädtchen schon, doch ein Blick hinter die Fassaden zeigt, dass Motovun durchaus mit der Zeit geht – zumindest beim jährlichen Filmfestival. S. 160

Hum In der kleinsten Stadt der Welt kann man besser entspannen als in jedem Spa. S. 166

Die Halbinsel Istrien im Nordwesten des Landes zählt dank ihrer Nähe zu Italien, Slowenien und Österreich seit Langem zu den beliebtesten Ferienregionen an der Adria. Venezianisch geprägte Küstenstädte wie **Poreč**, **Rovinj** oder **Pula** mit seinem imposanten römischen Amphitheater und einem Flughafen, dazu die hübschen Kiesstrände an der Westküste und die charmante k.u.k.-Riviera der Ostküste (die historisch wie kulturell zur Kvarner Bucht gehört, s. deshalb Kapitel Kvarner Bucht), machen diesen Teil des Landes zu einem bevorzugten Reiseziel, bei dem man Bade-, Aktiv- und Kultururlaub bestens miteinander verbinden kann. Große Hotel- und Ferienanlagen sowie riesige Campingplätze sind eine Begleiterscheinung der stürmischen touristischen Entwicklung.

Doch wie keine andere Region Kroatiens setzt Istrien seit einigen Jahren auf nachhaltigen, innovativen Tourismus. Dazu gehört die Bewerbung der gastronomischen Schätze der Region ebenso wie der Ausbau der Radwege, die entlang der Küste, aber auch quer durch das hügelige, teils bewaldete, teils verkarstete Binnenland führen und einem die Augen für die Schönheit dieser Halbinsel, zu der auch verwunschene Bergdörfer zählen, öffnen sollen und werden. Dabei liegen Küste und Binnenland in ständigem Konkurrenzkampf um die Gunst der Besucher. Am besten entscheidet man sich für eine Kombination; die Distanzen machen es möglich, den Urlaub sowohl am Meer als auch auf dem Land zu verbringen, wobei die günstigeren Unterkünfte und frischeren Nächte im Landesinneren zu finden sind. Der Sonnenuntergang wird unterschiedlich, jedoch gleich schön sein, egal ob die orangefarbene Kugel ins Wasser taucht oder hinter den Hügeln verschwindet.

Geschichte

Der Name der Halbinsel geht auf die **Histri**, einen Stamm der Illyrer, zurück, der diese Region in der Antike besiedelte und im Landesinneren befestigte Bergdörfer errichtete. Im 3. Jh. v. Chr. bauten die Römer dann die Straßen und Bergfestungen zu strategischen Bollwerken aus. In den folgenden Jahrhunderten wechselten sich die Herrscher Istriens ab – auf die **Byzantiner** (539–751) folgten verschiedene **slawische Völker**, **Franken** und **Bayern**, bis schließlich die **Republik Venedig** im 13. Jh. die istrische Küste einnahm. Das venezianische Istrien umfasste v. a. die Gebiete an der Westküste – Monfalcone, Capo d'Istria (Koper), Umago (Umag), Parenzo (Poreč), Rovigno (Rovinj), Pola (Pula) und Albona (Labin), um nur einige zu nennen. Bis heute ist der venezianische Einfluss in diesen Städten spürbar. Als Venedig 1797 fiel, wurde Istrien Teil der **Habsburger-Monarchie**, wozu es – außer einem französischen Intermezzo (1809–13) – bis zum Ersten Weltkrieg gehörte. Zusammen mit dem Friaul und Triest bildete die Halbinsel das österreichische „Küstenland", Triest wurde zum wichtigsten Handelshafen der Habsburger, Pula zum Hauptkriegshafen. Bei einer österreichischen Volkszählung wurde folgende Volksgruppenverteilung festgehalten: 41,6 % der Istrianer sprachen Serbokroatisch, 36,5 % Italienisch, 13,7 % Slowenisch und 3,3 % Deutsch. Auffallend war, dass die italienischsprachige Bevölkerung v. a. entlang der Küste und in den Städten im Binnenland angesiedelt war und reicher und gebildeter als die Kroaten und Slowenen war. Auch heute noch leben die meisten italienischstämmigen Bewohner Istriens an der Westküste und im Binnenland.

Nach dem Zerfall Österreich-Ungarns Ende des Ersten Weltkrieges war **Italien** schnell vor Ort. Im November 1918 wurde Pula besetzt, 1920 fiel mit dem Vertrag von Rapallo ganz Istrien gemeinsam mit Zadar und ein paar Inseln an Italien, das zu den damaligen Siegermächten zählte, während Österreich sowie Kroatien zu den Verlierern gehörten. Als jedoch das faschistische Regime zwischen 30 000 und 40 000 Italiener zur Italianisierung nach Istrien schickte, löste dies eine Massenemigration aus – an die 12 000 Kroaten und Slowenen verließen das Land, da die slawische Sprache, und damit verbunden ihre Kultur, Erziehung und Medien, verboten wurde und gegen Slowenen und Kroaten diskriminierende Verordnungen eingeführt wurden.

Erst Ende des Zweiten Weltkriegs kam Istrien zu **Jugoslawien**, was jedoch erneut eine massive Abwanderung zur Folge hatte. Die Partisanenverbände rächten sich an der italienischen Zivilbevölkerung, es kam zu den Foibe-Massakern. Dabei wurden die Opfer in Karsthöhlen

> **Die Halbinsel mit dem Rad entdecken**
>
> Istrien ist seit einigen Jahren sehr um den Ausbau von Radwegen quer durch die Halbinsel bemüht, es gehen fast von jedem größeren Ort mehrere **Radwege** ab. **Radkarten** mit den eingezeichneten Routen und Informationen sind in den meisten Touristeninformationen sowie auf der ausgezeichneten Website 🖳 www.istria-bike.com erhältlich.

(Foiben) geworfen, darunter v. a. Antikommunisten, die sich gegen die jugoslawische Annektierung gewehrt hatten, aber auch zahlreiche unschuldige Zivilisten. Schätzungen bezüglich der Opferzahlen liegen zwischen 5000 und 12 000, inkl. jener Italiener, die in den jugoslawischen Konzentrationslagern ums Leben kamen. 1954 wurden schließlich Triest und die Nordwestspitze der Halbinsel Teil Italiens, während der nördliche Teil nach Titos Neuordnung Jugoslawiens zu Slowenien geschlagen wurde.

Die ethnischen Säuberungen durch die Tito-Partisanen *(Infoibamenti)* während des Zweiten Weltkrieges und in den Jahren bis 1954, als Südistrien endgültig an Jugoslawien fiel, haben gemeinsam mit einer Politik der Slawisierung (auch hier wurden die italienische Sprache verboten und italienische Schule geschlossen) dazu geführt, dass bis zu 90 % der italienischen Bevölkerung abgewandert ist. Nur rund 45 000 Italiener sind in Istrien geblieben und bilden heute die italienische Minderheit in Slowenien und Kroatien. Bis heute sind jedoch der Einfluss Italiens sowie eine Affinität zum westlichen Nachbarland, auch seitens der kroatischen Bevölkerung, spürbar. Eine Feindseligkeit zwischen beiden Bevölkerungsgruppen ist heute nicht mehr erkennbar, und Italienisch ist neben Kroatisch die Amtssprache Istriens.

Die Westküste

An der Westküste erstrecken sich nicht nur die schönsten Strände der Halbinsel, sondern hier befinden sich auch die attraktivsten Städte der Region, allen voran das römisch geprägte Pula, dicht gefolgt von Rovinj und Poreč. Nicht zu vergessen die etwas weniger bekannten, jedoch ebenfalls reizvollen anderen Küstenorte, wie das auf einer Anhöhe am beeindruckenden Limski-Kanal gelegene Vrsar. An Naturschönheiten mangelt es der istrischen Westküste ebenfalls nicht. Am Kap Kamenjak kann man regelrecht fühlen, dass man sich am südlichsten Zipfel der Halbinsel befindet, weit geht der Blick hinaus aufs Meer, die seltsam geformten Felsen in den Buchten scheinen wie vom Winde verweht. Wem all das nicht abenteuerlich genug ist, der kann einen Ausflug nach „Afrika" machen – nach 30 Minuten Bootsfahrt erreicht man die Brijuni-Inseln, wo Tito exotische Tiere und Pflanzen gesammelt hat, die er von anderen Staatschefs geschenkt bekommen hatte, und die erst vor ein paar Jahren der Öffentlichkeit zugänglich gemacht wurden. Istriens Westküste bietet somit eine interessante Mischung aus Stadt-, Strand- und Abenteuerurlaub.

Pula

Die größte Stadt Istriens (58 000 Einw.) ist nicht nur dank der zahlreichen gut erhaltenen römischen Bauwerke einzigartig. Das ganze Jahr über herrscht in den Straßen der Stadt rege Geschäftigkeit, die sich stets mit einem leichten, mediterranen Lebensgefühl verbindet und Pula auch für Urlauber zu einem entspannten Fleckchen macht. Mit dem Flugzeug leicht zu erreichen, bietet sich die Stadt mit der venezianisch geprägten Altstadt und zahlreichen Kultur- und Freizeitmöglichkeiten zudem als guter Ausgangspunkt für Touren durch den Süden Istriens an. Ein hübsches Ausflugsziel im Landesinneren, das man im Rahmen einer Tagestour ansteuern kann, ist Vodnjan (S. 175).

Geschichte
Wie so viele kroatische Küstenstädte blickt auch Pula auf eine bewegte Geschichte zurück, während derer sich verschiedene Herrscher abwechselten und der Stadt ihren Stempel aufdrückten. Die Legende besagt, dass Pula von Seefahrern aus Kolchis gegründet wurde,

Istrische Leckerbissen

Dass Istrien in puncto Gastronomie in Kroatien eine Spitzenposition einnimmt, hat die Halbinsel nicht nur ihren **Trüffeln** zu verdanken. Auch nicht dem grünen, wilden **Spargel**, der im Frühling geerntet wird und sämtliche Speisen, egal ob Salat oder Risotto, Eier- oder Nudelgerichte, zur Delikatesse macht. Nein, es ist die Art und Weise, wie die istrische Küche die exquisiten Zutaten mit einfacheren Produkten verbindet und in kulinarische Genüsse zu verwandeln weiß, die diese Region zur gastronomischen Hochburg macht. Dabei ist der italienische Einfluss nicht von der Hand zu weisen.

Zu den bekanntesten Gerichten gehört die *maneštra*, die ein wenig an die italienische Minestrone erinnert. Diese Suppe war ursprünglich ein Arme-Leute-Essen, denn sie besteht zum Großteil aus gekochten Kartoffeln und Bohnen, denen Trockenfleisch und saisonales Gemüse beigefügt werden. Somit gibt es mehrere Varianten von maneštras. Die bekannteste ist die *maneštra od bobići*, mit jungem Mais, Gerste, Kichererbsen und Fenchel. Im Winter ist die *jota* sehr beliebt, eine maneštra mit Sauerkraut oder Rüben. Hinzugefügt wird gerne *pešt*, das aus klein gehacktem Bauchspeck, Knoblauch und Petersilie besteht.

In Istrien findet man in fast jeder Konoba hausgemachte Pasta. Dabei wurden hier neue Formen und Variationen erfunden – schließlich wollte man sich ja auch ein wenig von Italien emanzipieren. Am verbreitetsten sind *fuži* – kurze, röhrenförmige Teigwaren, die bevorzugt zu Trüffel, Wild- oder Geflügelragout serviert werden. Ebenso beliebt sind die *pljukanci* (eine Art Schupfnudeln), *makaruni* (Makkaroni) und *šurle* (spätzleähnliche Nudeln). Auch gefüllte Nudeln hat die istrische Küche zu bieten, allerdings eine süße Variante davon. *Labinski krafi* sind eine Art Ravioli, die mit einer Mischung aus Eiern, Käse, Rosinen und Walnüssen gefüllt und mit einer süßen Sauce überbacken werden.

An kalten Vorspeisen gibt es den istrischen Rohschinken *pršut*, der mit Meersalz, Pfeffer, Knoblauch und Lorbeer abgeschmeckt und an der Luft getrocknet wird. Für Vegetarier empfiehlt sich der aus Ziegen- oder Schafsmilch gewonnene Käse *(sir)*, dessen spezielles Aroma auf die istrischen Weiden zurückzuführen ist. Am besten begleitet werden beide von einem frisch gebackenen Brot oder einem Gläschen Malvazija oder Teran. Natürlich gibt es in Istrien auch jede Menge Fisch und Meeresfrüchte. Die schmecken aber immer noch am besten ganz einfach – gegrillt und mit einem Schuss Olivenöl oder Zitrone.

---

die sich nach der erfolglosen Suche nach Argos und dem Goldenen Vlies vor rund 3000 Jahren hier niederließen. Im Laufe der Zeit entwickelte sich die Stadt zum wirtschaftlichen Zentrum der Region und behielt ihre Position als Verwaltungs- und Handelszentrum auch während des Goldenen römischen Zeitalters. Es folgte die Herrschaft Byzanz', der Franken und schließlich der venezianischen Republik. Zahlreiche Pest- und Malariaepidemien ließen die Einwohnerzahlen stark sinken, doch dank ihrer guten strategischen Lage überlebte die Stadt auch dies. Während der österreichisch-ungarischen Doppelmonarchie im 19. Jh. wurde Pula zum wichtigsten Militärhafen auserkoren, der Flottenhafen und die Schiffswerft entstanden, und die Stadt wurde zur militärischen und industriellen Hochburg. Von 1918 bis 1943 stand Pula unter der Knute des faschistischen Regimes Italiens, dann wurde es für kurze Zeit von den Deutschen eingenommen. Nach dem Zweiten Weltkrieg kam Pula 1947 – nach einer kurzen Verwaltungsphase englischer und amerikanischer Streitkräfte und dem Friedensvertrag von London – zu Jugoslawien. Pula ist bis heute ein wichtiges Zentrum für Schiffbau sowie für die Textil-, Metall- und Glasindustrie.

Orientierung

Pula erstreckt sich in einer Bucht, die von zwei Halbinseln gerahmt ist. Während die meisten Sehenswürdigkeiten und Hotels im Stadtzentrum liegen, findet man die schönsten Badebuchten sowie eine Vielzahl an Restaurants auf der Halbinsel Verudela und auf dem Weg dorthin. Zu Fuß läuft man vom Zentrum aus schon ein Weil-

Das gut erhaltene römische Amphitheater ist das Herzstück Pulas.

chen, man kann aber auch den Bus (Nr. 2A und 3A) oder das Auto nehmen. Sowohl vom Bahnhof als auch vom Busbahnhof aus ist das Zentrum zu Fuß und in max. 15 Minuten zu erreichen.

Parken ist in Pula gebührenpflichtig und kann je nach Zone teuer werden. Dennoch ist es nicht ratsam, das Auto einfach irgendwohin abzustellen, da man sich damit schnell einen Strafzettel einhandeln kann. Gebührenpflichtige Parkplätze gibt es am Busbahnhof, am Hafen und unterhalb des Amphitheaters, einen größeren Parkplatz findet man in der Ulica Marsovog polja.

Altstadt

Die meisten historischen Sehenswürdigkeiten liegen innerhalb der kreisförmigen, einst von Stadtmauern eingerahmten Altstadt. Eine Ausnahme bildet das Amphitheater.

Amphitheater

Die Hauptattraktion Pulas ist das Amphitheater (Amfiteatar), Flavijevska bb, das in seiner Pracht dem Kolosseum in Rom in nichts nachsteht und in natura noch viel mächtiger erscheint als auf den Postkarten. Es wurde im 1. Jh. von den Römern unter Kaiser Vespasian aus istrischem Kalkstein erbaut und konnte bis zu 20 000 Zuschauer fassen, die hier gebannt Gladiatorenkämpfe verfolgten. Die Arena ist rundum sehr gut erhalten, sogar die Platten, mit denen einst das Sonnenschutzsegel befestigt wurde, kann man noch gut erkennen. In den unterirdischen Gängen, in denen einst die Gladiatoren auf den bevorstehenden Kampf warteten, befindet sich heute ein kleines **Museum**, in dem historische Werkzeuge zur Herstellung von Olivenöl ausgestellt sind. Das Amphitheater, das mit seinen Ausmaßen von rund 130 x 105 m und einer Höhe von gut 30 m zu den größten des Römischen Reiches zählte, dient im Sommer als beeindruckende Kulisse für zahlreiche Konzerte und Aufführungen. ⏲ Juli–Aug 8–21, März–Juni, Sep–Okt 9–20, Nov–Feb 9–17 Uhr, Eintritt 40 Kn, ermäßigt 20 Kn. An manchen Abenden gibt es Nachtführungen, die über die Touristeninformation Pula gebucht werden können. Eintritt 35 Kn, ermäßigt 15 Kn.

Riva

In nur ein paar Schritten gelangt man zur Meerespromenade (Riva), wo sich die **Kathedrale Mariä Himmelfahrt** (Katedrala) befindet, die auf das 5. Jh. zurückgeht. Ihre Hauptattraktion ist der römische Sarkophag mit Heiligenreliquien aus dem 3. Jh., welcher den Hauptaltar bildet. Aus dem 5. und 6. Jh. stammen die Mosaikreste auf dem Boden, aus dem 17. Jh. der mit den Steinen des Amphitheaters errichtete, frei stehende Glockenturm, während die im Stil der Spätrenaissance erbaute Fassade im 16. Jh. hinzugefügt wurde.

Geht man die Riva ein Stückchen weiter, stößt man alsbald auf den **Augustustempel** (Augustov hram), der auf dem **Römischen Forum** steht, welches von der Antike bis ins Mittelalter als wichtigster Versammlungsort fungierte und heute ein lebhafter Platz mit vielen Restaurants und Cafés ist. Der Tempel mit seinen korinthischen Säulen, der zu Ehren des Kaisers Augustus und der Göttin Roma errichtet wurde, wurde in der Spätantike in eine Kirche umgewandelt und ist daher heute noch sehr gut erhalten. Die Kapitelle sind, wie es typisch für die augusteische Zeit ist, aufwendig und elegant geformt. Im Inneren des Tempels ist heute ein kleines **Museum römischer Skulpturen** untergebracht, ⏲ Juli–Aug Mo–Fr 9–20, Sa, So 10–15 Uhr, ansonsten auf Voranmeldung über die Touristeninformation, Eintritt 10 Kn, erm. 5 Kn.

Unmittelbar rechts neben dem Augustustempel steht das 1296 erbaute und mehrfach erweiterte **Rathaus**, dessen Fassade auf die Existenz eines weiteren Tempels an dieser Stelle hinweist – vermutlich zu Ehren der Göttin Diana.

Von hier kann man entweder ins Zentrum der Altstadt gehen und auf dem Weg das spätromanisch-frühgotische **Franziskanerkloster** (Franjevački samostan) mit einem schönen Kreuzgang ansehen, oder aber man geht den Weg entlang des Wassers an der viel befahrenen Uferstraße weiter und besichtigt die byzantinische **Kapelle der Maria Formosa** (Kapela Sv. Marije Formoze), Flaciusova ulica, welche als einzige von der Benediktinerabtei aus dem 6. Jh. übrig geblieben ist. Die Mosaike, die einst die Basilika schmückten, sind heute im Archäologischen Museum ausgestellt. Leider kann die Kapelle nur während der Kunstausstellungen besichtigt werden, die gelegentlich im Sommer hier stattfinden, oder auf Voranmeldung beim Archäologischen Museum.

Ein paar Meter westlich der Kapelle findet man ein **Römisches Bodenmosaik** (Rimski mozaik) aus dem 3. Jh. Besonders interessant daran ist das Mittelfeld des großen Mosaikteppichs, welches die Bestrafung der überaus gewalttätigen, aus der griechischen Mythologie stammenden Dirke zeigt, die ihre verwitwete Nichte Antiope quält.

Im Altstadtzentrum

Im Zentrum der Altstadt trifft man auf den **Sergier-Triumphbogen** (Slavoluk Sergijevaca), Ulica Sergijevica, der sich am südlichen Ende der römischen Stadtmauern befindet. Der Triumphbogen wurde nach der Schlacht bei Actium, etwa 27 v. Chr., als Denkmal dreier Mitglieder der Familie Sergius errichtet, die in Pula hohe Ämter bekleideten. Ursprünglich – bis ins 19. Jh. – ging der Bogen direkt in das Stadttor über. Aus Gründen der Ortserweiterung über die Altstadtgrenzen hinaus wurden das Stadttor und die Mauern jedoch abgerissen.

Neben dem Triumphbogen, vor dem Café Uliks, befindet sich das **Bronzedenkmal James Joyces**', der in Pula als Englischlehrer tätig war (s. Kasten).

Auf den Spuren von James Joyce

Ganze sechs Monate, von Oktober 1903 bis März 1904, lebte der irische Schriftsteller James Joyce in Pula, wo er österreichisch-ungarischen Marinesoldaten Englisch beibrachte und den Roman *The Holy Office* sowie Teile von *Dubliners* schrieb. Obwohl der Autor Pula angeblich nicht sonderlich mochte, haben die Stadtbewohner ihm zu Ehren ein Denkmal neben dem Sergier-Triumphbogen angebracht, ein paar Schritte von dem Gebäude entfernt, in dem er arbeitete. Dies ist jedoch nicht das einzige Denkmal, das dem irischen Schriftsteller in Ex-Jugoslawien gesetzt wurde – in Ljubljana hat man am Bahnhof ein Denkmal allein deshalb errichtet, weil er 1904 unabsichtlich hier eine Nacht verbracht hatte. Vielleicht ist es James Joyce zu verdanken, dass die Kroaten bis heute eine tiefe Verbundenheit mit dem irischen Volk verspüren.

> ### Kaffeepause auf dem Narodni trg
>
> Wenn man von den Besichtigungen und Ausflügen in die Geschichte der Stadt müde geworden ist, dann ist ein Kaffee auf dem Narodni trg genau das Richtige. Hier kann man beobachten, wie die Bewohner Pulas ihren Alltagsgeschäften nachgehen. Und hier befinden sich auch der große **Obst- und Gemüsemarkt** sowie die **Markthalle** aus dem Jahr 1903. In dem hübschen, aus Gusseisen und Glas errichteten Gebäude sind zahlreiche Restaurants und Cafés untergebracht.

Läuft man weiter in Richtung Nordosten, dem Altstadtring und der Giardini folgend, stößt man linker Hand auf das **Herkulestor** (Herkulova vrata), eines der drei erhaltenen Stadttore aus augusteischer Zeit, und anschließend auf das **Archäologische Museum Istriens** (Arheološki muzej Istre), Carrarina 3, das sich hinter dem **Doppeltor** (Dvojna vrata) verbirgt. Dort sind archäologische Fundstücke aus ganz Istrien ausgestellt, die von der Urgeschichte bis in das Mittelalter reichen und schwerpunktmäßig um die Zeit zwischen dem 2. Jh. v. Chr. und dem 6. Jh. n. Chr. kreisen. Vor dem Museum lockt außerdem ein großer Skulpturengarten, hinter dem Museum gelangt man zum **Römischen Theater** (Malo rimsko kazalište). Ursprünglich gab es in Pula neben dem Amphitheater noch zwei weitere Theater. Eines davon befand sich auf dem Hügel Zaro, südlich der Stadtmauern. Davon ist heute jedoch leider nichts mehr übrig geblieben. Vom Römischen Theater sind immerhin noch Reste des Fundaments vom Szenengebäude sowie Teile des Zuschauerraumes sichtbar. ⏱ Archäologisches Museum und Römisches Theater Mai–Sep Mo–Sa 9–20, So 10–15, Okt–April Mo–Fr 9–14 Uhr, Eintritt 20 Kn, erm. 10 Kn.

Venezianisches Kastell

Nach einer kleinen Steigung gelangt man schließlich zum höchsten und zentralsten Punkt der Altstadt – dem **venezianischen Kastell** (Kaštel) aus dem 17. Jh., das heute das **Historische Museum Istriens** (Povijesni muzej), Gradinski Uspon 6, beheimatet. Die Dauerausstellung des Museums ist der Schifffahrtsgeschichte von Pula gewidmet, wesentlich spektakulärer ist jedoch die Aussicht vom Turm der Festung auf die Stadt und das Meer. Diese belohnt auch die Anstrengung des steilen Aufstiegs. ⏱ 8–21 Uhr, Eintritt 10 Kn, erm. 5–7 Kn.

Außerhalb der Altstadt
Stoja

Auf der ersten Halbinsel südlich von Pula befinden sich die schönsten Kiesstrände der Stadt. Hier liegt auch der gleichnamige Campingplatz sowie ein paar der besten Restaurants in der Umgebung. Wer in der Altstadt noch nicht genug Geschichte getankt hat, der kann hier noch das **Fort Stoja** aus dem Jahr 1884 besichtigen, welches die Österreicher erbaut hatten, um den südlichen Hafeneingang Pulas zu schützen.

Punta Verudela

Auf der Halbinsel Verudela, noch ein Stückchen weiter vom Stadtzentrum entfernt, findet man neben zahlreichen Restaurants und Hotelanlagen auch schöne Kiesstrände und Kiefernwälder. Außerdem liegt hier die 122 Jahre alte, österreichisch-ungarische Festung **Fort Verudela**, in der das **Aquarium Pula**, ✆ 052-381402, 🖥 www.aquarium.hr, untergebracht ist. Auf zwei Etagen und einer Fläche von 1200 m² können hier Flora und Fauna der Adria sowie geschützte und giftige Meeresorganismen bestaunt werden. Außerdem gibt es eine Ausstellung alter Fischerwerkzeuge. ⏱ Juni–Aug 9–22, Okt–März 10–16, April, Mai und Sep 10–18 Uhr, Eintritt 60 Kn, erm. 50 Kn.

> ### Badeplätze rund um Pula
>
> Neben den Stränden auf den Halbinseln **Stoja** und **Verudela** gehören der felsige Strand **Zlatne Stijene** („Goldene Felsen") auf der Halbinsel Monsival, die **Bucht Valkane** mit einem schönen Kiesstrand, der populären **Promenade Lungomare** (und vielen Beach-Partys) sowie die **Pješčana uvala** („Sandbucht"), die trotz ihres Namens einen Kiesstrand hat, zu den beliebtesten Badeplätzen Pulas.

Pula

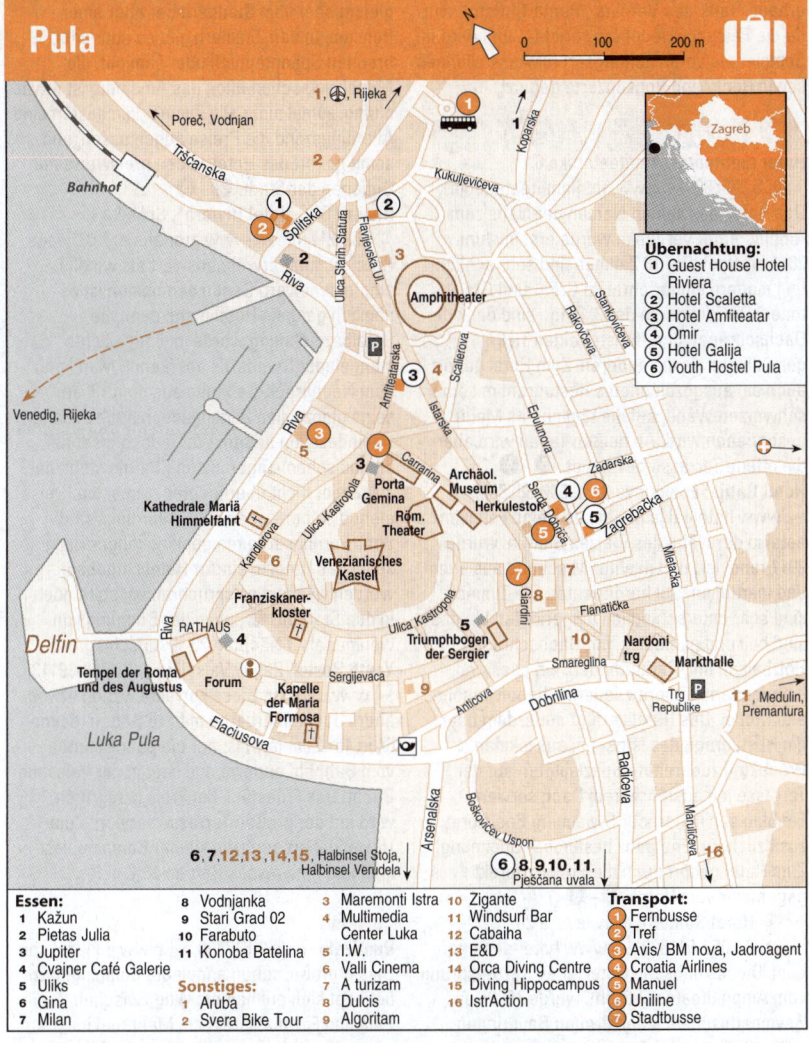

Übernachtung:
1. Guest House Hotel Riviera
2. Hotel Scaletta
3. Hotel Amfiteatar
4. Omir
5. Hotel Galija
6. Youth Hostel Pula

Essen:
1. Kažun
2. Pietas Julia
3. Jupiter
4. Cvajner Café Galerie
5. Uliks
6. Gina
7. Milan
8. Vodnjanka
9. Stari Grad 02
10. Farabuto
11. Konoba Batelina

Sonstiges:
1. Aruba
2. Svera Bike Tour
3. Maremonti Istra
4. Multimedia Center Luka
5. I.W.
6. Valli Cinema
7. A turizam
8. Dulcis
9. Algoritam
10. Zigante
11. Windsurf Bar
12. Cabaiha
13. E&D
14. Orca Diving Centre
15. Diving Hippocampus
16. IstrAction

Transport:
1. Fernbusse
2. Tref
3. Avis/ BM nova, Jadroagent
4. Croatia Airlines
5. Manuel
6. Uniline
7. Stadtbusse

Neben dem Fort Verudela befindet sich auch noch das **Fort Bourguignon** auf der Halbinsel, die wohl besterhaltene Festung rund um den österreichischen Kriegshafen, welche damals als Schutz gegen den Angriff der italienischen Kriegsflotte errichtet wurde. Heute werden hier im Sommer gerne Technopartys gefeiert.

Puntižela

Auf der Halbinsel nördlich der Altstadt liegt der große, schön angelegte Campingplatz Puntižela (S. 116), mit vielen schönen Kiesbuchten. Und auch hier befinden sich zwei Festungen, das **Fort Grosso** und das **Fort Punta Christo**, ebenfalls Ende des 19. Jhs. von den Österreichern erbaut. Dank des Vereins „Punta Christo" wurde die Festung wieder hergerichtet und wird im Sommer als Veranstaltungsort für Ausstellungen sowie Rock- und Popkonzerte genutzt.

ÜBERNACHTUNG

Hotel Amfiteatar, Amfiteatarska 6, ✆ 052-375600, 🖵 www.hotelamfiteatar.com. Das Hotel, das seinen Namen dem zum Amphitheater verdankt, wurde erst im Juni 2011 eröffnet. Die 18 Zimmer sind sehr schlicht und modern eingerichtet, in Grün- und Grautönen. Die Zimmer in der 3. Etage sind dank der Dachschrägen und -fenster einen Tick gemütlicher als die anderen. Zum Hotel gehört auch ein ausgezeichnetes Restaurant mit einer schwarzen Wand, auf die täglich das Menü geschrieben wird. An heißen Tagen wird aber die offene Terrasse bevorzugt. ❸–❹

Hotel Galija, Epulonova 3, ✆ 052-383802, 🖵 www.hotelgalija.hr. Dieses kleine Familienhotel in der Nähe des Platzes Giardini wurde 2011 renoviert und in einer Mischung aus altem und maritimem Stil hergerichtet. Die Zimmer sind sehr unterschiedlich eingerichtet. Ein paar sind hell und gemütlich, mit Dachschrägen, Holzbalken und Parkettböden, ein paar sind sehr modern, andere wiederum haben schöne, alte Möbel. Das Hotel verfügt außerdem über ein Restaurant, das istrische, aus lokalen Produkten zubereitete Spezialitäten auf der Terrasse mit ausfahrbarem Dach serviert. Ein blau schimmernder Swimming Pool sorgt zusätzlich für eine ganz besondere Stimmung. Zum Hotel gehört auch die Pizzeria direkt gegenüber vom Hotel. ❸–❺

Hotel Scaletta, Flavijevska 26, ✆ 052-541599, 🖵 www.hotel-scaletta.com. Dieses hübsche Hotel einen Katzensprung vom Amphitheater entfernt, wurde 1999 von 2 sympathischen, lebensfrohen Bayerinnen eröffnet, die sich in Pula niedergelassen haben. Die 12 Zimmer sind sehr gepflegt und mit neuen Möbeln stilvoll eingerichtet. Restaurant und ein schöner, heller Frühstücksraum vorhanden. ❷–❸

Omir, Serđa Dobrića 6, ✆ 052-218186, 🖵 www.hotel-omir.com. Das 1990 eröffnete 2-Sterne-Hotel wurde 2002 teils renoviert, gleicht aber vom Standard her eher einer Pension. In den Zimmern gibt es entweder braunen Spannteppich oder Laminat, die Möbel sind schon älter, das Ambiente ist etwas muffig, zumal nicht alle Zimmer klimatisiert sind. Allerdings sind die Preise angemessen, und somit gehört das Hotel zu den preiswertesten Optionen der Stadt. ❷–❸

Riviera Gh. „Hotel Riviera", Splitska 1, ✆ 052-211166, 🖵 www.arenaturist.hr. Dieses Hotel ist mehr erwähnenswert als wirklich empfehlenswert. Genau genommen ist es nämlich gar kein Hotel mehr, denn die Hotelbezeichnung wurde ihm angesichts mangelnder Standards aberkannt. Man kann dem Neobarock-Gebäude aus dem 19. Jh. seine glanzvollen Zeiten jedoch noch ansehen, zumindest von außen. Wer jedoch nicht auf altmodischen, angeranzten Charme steht, der sollte hier nicht übernachten, zumal die Preise mehr als übertrieben sind. Allerdings sind Renovierungsarbeiten geplant, längerfristig sollte das Hotel in ein Art Hotel umgebaut werden. Wann dies spruchreif ist, steht noch in den Sternen. ❻, bei einer Buchung von weniger als 3 Nächten 20 % Aufschlag.

Youth Hostel, Zaljev Valsaline 4, ✆ 052-391133, 🖵 www.hfhs.hr. Diese korrekte, schon etwas ältere Jugendherberge mit 216 Betten (davon 64 in 4er-Zimmern) ist nur ein paar Minuten vom Bahnhof entfernt und liegt in der Valsaline-Bucht. Das Frühstück (im Preis inbegriffen) wird auf der großen Terrasse serviert. Zum Hostel gehört auch ein kleiner Campingplatz in einem Pinienwald. Bett ab 18 € p. P.

Camping

Puntižela, ✆ 052-517490, 🖵 www.puntizela.hr. Dieser große, schön angelegte Campingplatz befindet sich auf halbem Weg zwischen Pula und Fažana, direkt am Meer und inmitten angenehm schattiger, mediterraner Natur. Die Sanitäranlagen sind modern und sehr gepflegt. Auf der Anlage befinden sich auch ein Tauchzentrum und ein Restaurant. Preise: 48 Kn p. P., Parzelle 100–185 Kn.

Stoja, Stoja 37, ✆ 052-387144, 🖵 www.arenacamps.com. Der Campingplatz erstreckt sich über 167 000 m^2 auf der Halbinsel Stoja, in der Nähe von Sand- und Kieselstränden. Nicht alle Stellplätze liegen im Schatten, aber die umliegende Natur ist schön und erholsam. Preise: 55 Kn p. P., Parzelle 80–120 Kn.

ESSEN

Cvajner Café Galerie, Forum 2, 052-216502, www.cvajner.com. Mitten auf dem lebhaften Forum befindet sich dieser beliebte Treffpunkt für Künstler, Bohemiens und alle, die es gerne sein möchten. Das Café wird gleichzeitig auch als Galerie genutzt. Die unterschiedlichen Gemälde vor dem dunkelroten Hintergrund der bemalten Wände, die etwas altmodischen, gemütlichen Sessel und bunt zusammengewürfelten Möbel und Lampen versprühen einen ganz besonderen Charme. Ein Ort zum Wohlfühlen. Es gibt auch Außentische. 8–22 Uhr.

Farabuto, Sisplac 15, 052-386074, www.farabuto.hr. In diesem Lokal, das etwa eine halbe Stunde Fußweg vom Zentrum entfernt liegt, wird saisonale Küche großgeschrieben. Serviert wird mediterrane, regionale Küche – frischer Fisch, hausgemachte Pasta und vegetarische Gerichte. Besonders zu empfehlen ist das Tintenfischcarpaccio auf Rucola. Mo–Do 12–22, Fr, Sa 11–23 Uhr.

Gina, Stoja 23, 052-387942. Diese einfache, urige Taverne auf der Halbinsel Stoja gehört zu den preiswerteren Restaurants der Stadt. Serviert wird vor allem hausgemachte istrische Pasta und Fisch wie z. B. Krebsravioli, als Nachtisch sollte man sich das *semifreddo* mit Lavendel und Feigensauce nicht entgehen lassen. 12–23 Uhr.

Jupiter, Castropola 38, 052-214333, www.pizzeriajupiter.com. Die Pizzeria in der Nähe des Kaštels hat eine schattige, große Steinterrasse in der 1. Etage, mit Olivenbäumen und weißen Sonnenschirmen. Es gibt eine große Auswahl an verschiedenen, lecker zubereiteten Pizzas. Di–Sa 10–23, So 13–22 Uhr.

Kažun, Vitasovićeva 2, 052-223184. Angenehme Konoba, die in einem typischen istrischen Steinhäuschen untergebracht ist. Besonders zu empfehlen sind die gefüllten Ravioli mit Käse und Schinken, die Nudeln mit Schinkensauce und die Würstchen mit Spargel. 9.30–23 Uhr.

Konoba Batelina, Čimulje 25, 052-573767. Diese familiengeführte Konoba liegt ruhig und idyllisch auf der Halbinsel Banjole, 7,5 km südlich von Pula. Zu den Spezialitäten des Hauses gehören Fisch und Meeresfrüchte, die vom Besitzer David Skoko höchstpersönlich gefischt werden, begleitet von istrischen Teigwaren und Polenta. Innen ist das Gasthaus rustikal eingerichtet, draußen gibt es eine mit Holzbalken überdachte Terrasse, umgeben von einem riesigen Garten. Das Restaurant gehört nicht zu den preiswertesten, aber auch nicht zu den teuersten der Stadt. Mo–Sa 17–23 Uhr.

Milan, Stoja 4, 052-300200, www.milanpula.com. Exquisites, sehr edles Lokal mit Weinkeller auf der Halbinsel Stoja, das zu einem 3-Sterne-Hotel gehört. Auf der Speisekarte stehen fein und kreativ zubereitete Gerichte mit Fisch und Meeresfrüchten, außerdem istrische Spezialitäten sowie hausgemachte Pasta, auf der Weinkarte findet man über 700 Weinsorten. Die Preise sind gehoben (85–155 Kn), Menüs gibt es ab 215 Kn. 12–23 Uhr.

Stari Grad 02, Sisplac 3, 052-386808, www.starigrad2.eu. Das hübsche Restaurant liegt eine halbe Stunde Fußweg vom Zentrum entfernt und serviert istrische Saisonküche – hausgemachte Pasta, istrisches Rindfleisch vom Boškarin und fangfrischen Fisch, begleitet von einer Auswahl an 40 verschiedenen istrischen Weinsorten. Di–Sa 10–23, So, Mo 10–17 Uhr.

Vodnjanka, Dinka Vitezića 4, 052-210655. Schnörkelloses Lokal, das eine gute Auswahl an einfachen, istrischen Gerichten zu günstigen Preisen bietet, weshalb das Lokal nicht nur bei Einheimischen beliebt ist. Okt–Aug Mo–Sa 11–18 Uhr.

UNTERHALTUNG UND KULTUR

Bars und Clubs

Aruba, Šijanska cesta 1, www.arubaclub-pula.com. In dieser Diskothek am Eingang von Pula werden wilde Partys gefeiert, gerne auch auf der großen Außenterrasse und zu

> ### Jazz live
>
> Seit 1994 finden das ganze Jahr über in Pula Jazzkonzerte internationaler Musiker in mehreren Locations statt, im Sommer auf dem Trg Portarata, ansonsten in verschiedenen Clubs und Theatern.
> **Jazzbina**, www.jazzbinapulajazz.blogspot.de.

Livemusik. Tagsüber kann man hier gemütlich Kaffee trinken und essen. 7–5 Uhr.
Cabaiha, Širolina 4. Diese im lateinamerikanischen Stil eingerichtete Bar befindet sich auf halbem Weg zwischen dem Stadtzentrum und der Punta Verudela. Leckere Sangria, gute Musik (meist live) machen gute Laune! 9–23 Uhr.

E&D, Verudela 22, 052-213404, www.eanddlounge.com. Inmitten mediterraner Vegetation kann man hier in romantisch-gechillter Atmosphäre am beleuchteten Swimming Pool und in bequemen Rattansesseln und -sofas Cocktails schlürfen und Lounge-Musik lauschen. Für verregnete Tage gibt es auch eine Bar drinnen, die ebenso gemütlich, wenn auch nicht ganz so romantisch ist. Juli–Aug 9–2, Sep–Juni 9–24 Uhr.
Pietas Julia, Riva 24, 091-1811811, www.pietasjulia.com. Cocktail-Bar, Nachtclub und Pizzeria in einem. Gespielt werden House und Future-Jazzmusik. 9–5 Uhr.
Uliks, Trg Portarata 1, 052-219158. Einen Kaffee oder einen Cocktail neben James Joyce trinken (Kasten S. 113) – das geht, in dieser Café-Bar. Na ja, eigentlich mehr neben seiner lebensgroßen Bronzestatue, die ihn nachdenklich, sichtlich in einem Café sitzend, zeigt. Dafür gibt es hier aber irischen Kaffee, eine große Auswahl an Whiskeys und alle bekannten irischen Biersorten, die man sich nur wünschen kann. 9–23 Uhr.

Kino
Multimedia Center Luka, Istarska 30, 052-224316, www.mmcluka.hr. In dem Kulturzentrum finden neben Ausstellungen auch Filmvorstellungen des Pula Filmfestivals statt. Mo–Fr 8–24, Sa 8–15 Uhr.
Valli Cinema, Giardini 1, 052-213808, www.kinovalli.net. Schönes, alternatives Kino im Zentrum, mit aktuellen nationalen und internationalen Filmen (Original mit kroatischen Untertiteln) sowie thematischen Schwerpunkten und Retrospektiven.

AKTIVITÄTEN UND TOUREN
Radfahren
Von Pula nach Medulin folgt ein 41 km langer, wenig anspruchsvoller Radweg den Spuren der römischen Gladiatoren. Bei folgenden Adressen können Fahrräder geliehen werden:
I.W., Riva 14, 052-214613.
Manuel, Giardini 10, 052-211255.
Maremonti Istra, Flavijevska 8, 052-384000.
Svera Bike Tour, Trg na mostu 4, 052-543002.

Tauchen
Diving Hippocampus, Campingplatz Stoja, 098-255820, www.hippocampus.hr. Tauchschule mit großem Angebot an Kursen und Exkursionen, die Tauchgänge zu den spannenden Wracks rund um Pula anbietet.
Orca Diving Center, Hotel Histria, Verudela bb, 052-224422. Professionelles Tauchzentrum, das Tauchkurse auf verschiedenen Niveaus anbietet. Tauchkurse für Anfänger finden in einem geschützten Bereich im Freiwasser oder Schwimmbad statt. Außerdem im Angebot sind Tauchgänge zu verschiedenen Schiffwracks wie jenem des U-82 aus dem Zweiten Weltkrieg, das in 38 m Tiefe liegt.

Windsurfen
Windsurf Bar, Campingplatz Village Stupice, 091-5123646, www.windsurfing.hr. Windsurfing Center, das neben Kursen für Anfänger und Fortgeschrittene, Kinder und Erwachsene auch Kajak- und Segelexkursionen sowie -kurse im Angebot hat.

SONSTIGES
Autovermietungen
Die meisten Autoverleihfirmen befinden sich am **Flughafen** (Budget, Europcar, Sixt,

HM rent-a-car), es gibt aber natürlich auch einige im Stadtzentrum.
AMC rent-a-car, Industrijska 2c, ✆ 052-522176.
Avis, Riva 14, ✆ 052-224350.
Benussi, Industrijska 2/d, ✆ 052-385892, 🖥 www.cityrentcroatia.com.
BM nova, Riva 14, ✆ 052-223023.
Hertz, Hotel Histria, Verudela 17, ✆ 052-210868.
Manuel, Giardini 10, ✆ 052-211255.
Tref, Splitska 1, ✆ 052-223124.
Uniline, Dobricheva 16, ✆ 052-390090.
Vetura, Verudela, ✆ 052-210294.

Einkaufen

Algoritam, Prolaz kod kazališta 1, ✆ 052-393987, 🖥 www.algoritam.hr. Bücherkette, die internationale Bücher in verschiedenen Sprachen (Englisch wie Deutsch) verkauft. ⏰ Mo–Fr 8–20, Sa 8–14 Uhr.
Dulcis, Flanatička 7, ✆ 052-223263. Traditionelle Kuchen, Schokolade, Tee, Wein und Olivenöl aus Istrien. ⏰ Mo–Fr 8–20, Sa 8–15 Uhr.
Zigante, Smareglina 7, ✆ 052-214855, 🖥 www.zigantetartufi.com. Eine Filiale des bekannten Trüffelgeschäfts, wo Trüffel in allen möglichen Formen und Varianten verkauft werden. ⏰ Mo–Fr 8–20, Sa 8–14 Uhr.

Feste

Pula-Filmfestival (Festival igranog filma u Puli), Uspon na Kaštel 2, ✆ 052-393321, 🖥 www.pulafilmfestival.hr. Das größte Event Pulas findet seit rund 60 Jahren 2 Wochen lang im Juli statt und bringt nationale wie internationale Filme auf die Leinwand, die zu diesem Anlass u. a. im Amphitheater, im Historischen Museum und auf dem Trg Portarata gespannt wird. Die Tickets (um die 30 Kn) können Ende Juni auf der Homepage des Festivals gebucht werden.

Informationen

Touristeninformation Pula, Forum 3, ✆ 052-219197, 🖥 www.pulainfo.hr.

Medizinische Hilfe

Ambulanz, Flanatička 27, ✆ 052-210805.
Krankenhaus, Zagrebačka 30, ✆ 052-376000.
Seemannskrankenhaus (Mornarička bolnica), Aldo Negri 6, ✆ 052-376000.

Pulsierendes Stadtleben am Sergierbogen

Post
Hauptpost, Trg Danteov 4.
Mo–Fr 7.30–19, Sa 7.30–14.30 Uhr.

Touristenagenturen
A turizam, Kandlerova 24, 052-212212, www.a-turizam.hr. Die Agentur hat eine Reihe von Ausflügen im Angebot und vermittelt Privatunterkünfte.
IstrAction, Prilaz Monte Cappelletta 3, 052-383369, www.istraction.com. Die Touristenagentur hat sich auf historische Exkursionen spezialisiert. Mit im Angebot: ein Ausflug zu Pulas Befestigungsmauern, zum Militärhafen, nach Savičenta und zum Kap Kamenjak.
Maremonti Istra, Flavijevska 8, 052-384000, www.maremonti-istra.hr. Umfassendes Angebot an Exkursionen, sportlichen Aktivitäten (Reiten, Radfahren und Tauchen) sowie Vermittlung von Privatunterkünften und Verleih von Autos, Motorrädern, Booten und Fahrrädern. Außerdem kann man hier Busfahrkarten kaufen.

NAHVERKEHR
Busse
Die meisten Busse fahren ab **Giardini**, neben dem Trg Portarata, Verbindungen zu den Hotels und Campingplätzen auf Stoja (Nr. 1) und Verudela (Nr. 2, 2a, 3, 3a).

Taxi
Der größte Taxistand befindet sich am **Giardini**, Taxis können unter 052-23228 gerufen werden.

TRANSPORT
Busse
Der **Busbahnhof**, Trg 1. Istarske brigade bb, 060-304091, liegt 500 m nordöstlich vom Stadtzentrum. Es gibt Direktbusse nach:

LABIN, 1x tgl. in 1 Std. für 47 Kn.
MEDULIN, 13x tgl. in 45 Min. für 15 Kn.
OPATIJA, 13x tgl. in 2 Std. für 88 Kn.
PAZIN, 2x tgl. in 1 Std. für 50 Kn.
POREČ, 14x tgl. in 1 1/2 Std. für 58 Kn.
RIJEKA, 20x tgl. in 2 1/2 Std. für 103 Kn.
ROVINJ, 20x tgl. in 40 Min. für 32–43 Kn.
TRIEST, 4x tgl. in 3 Std. für ca. 110 Kn.
UMAG, 4x tgl. in 2 1/2 Std. für 84 Kn.
ZAGREB, 14x tgl. in 4–5 Std. für 145–186 Kn.

Eisenbahn
Der **Bahnhof**, 060-333444, www.hznet.hr, befindet sich in der Kolodvorska, die parallel zum Meer verläuft und 1 km nördlich vom Zentrum liegt. Es fahren tgl. ein Direktzug nach LJUBLJANA (4 1/2 Std., 150 Kn) und 3 Züge nach ZAGREB (9 Std., 140 Kn), wobei man hier für einen Teil der Fahrt (von Lupoglav nach Rijeka) auf den Bus umsteigen muss (also besser gleich den Bus nehmen). Die Zugverbindungen innerhalb Istriens sind sehr gut und günstig, so verkehren jeden Tag an die 5 Züge zwischen Pula und BUZET, mit Zwischenstopps in KANFANAR und PAZIN, ein Ticket kostet an die 55 Kn.

Schiffe
Der **Hafen** von Pula befindet sich westlich des Busbahnhofs, von dort setzen die Fähren nach Mali Lošinj und nach Südkroatien über. Im Sommer gibt es 2x pro Woche eine Personenfähre nach VENEDIG (3 Std., 500 Kn p. P.) und einen Katamaran über Mali Lošijn nach ZADAR (5 Std., 100 Kn p. P.). Tickets können bei **Jadroagent**, 052-210431, www.jadroagent.com, gekauft werden.
Auf die BRIJUNI-INSELN gelangt man nur über organisierte Ausflüge, entweder über Touristenagenturen oder die Nationalparkorganisation in Fažana.

Flüge
Der **Flughafen** von Pula, 052-530105, www.airport-pula.com, befindet sich 6 km nordöstlich der Stadt. Es gehen 2x tgl. Flüge nach ZAGREB, im Sommer landen hier sämtliche Billigflieger aus allen großen europäischen Städten.
Croatia Airlines, Carrarina 8, 052-218909, www.croatiaairlines.hr, hat ein Büro im Stadtzentrum. Es gibt einen **Flughafenbus**, der zwischen Airport und Busbahnhof pendelt (etwa 30 Kn). Für eine Taxifahrt ins Zentrum muss man mit 120 Kn rechnen.

Kap Kamenjak

Das **Kap Kamenjak** (Rt Kamenjak) ist der südlichste Punkt der istrischen Halbinsel und gehört mit seinen pittoresken Buchten und dem türkisfarbenen Wasser, den zerklüfteten Gesteinsformationen und Pinienwäldern zu den landschaftlich schönsten Gegenden der Region. Das Kap ist knapp 3,5 km lang, zwischen 500 und 1600 m breit und hat eine 30 km lange Küste. Auf der Halbinsel gedeihen über 600 verschiedene Pflanzenarten, darunter Heilpflanzen und einige Orchideenarten, wovon zwei endemisch sind. Neben einer reichen Flora wird das Kap auch von einer vielfältigen Fauna bewohnt. 192 Vogelarten, darunter Falkenvögel und Nistvogelarten, 50 Schmetterlingsarten und verschiedene, besondere Reptilien wie die vom Aussterben bedrohte Grüne Kröte und die Panzerschleiche sind hier beheimatet. Wegen ihrer reichen Flora und Fauna steht die Halbinsel unter Naturschutz.

Nur 300 m vom Eingang entfernt beginnt ein 600 m langer **Dinosaurierpfad** mit Dinosauriermodellen in Lebensgröße, der mit dem Wegweiser „Grako – unser kleiner Dinosaurier" ausgeschildert ist und am Kap Grakalovac, nahe der Bucht Pinizule, endet. Auf den glatten Steinen kann man die Dinosaurier-Fußabdrücke erkennen und nachvollziehen, wie diese beeindruckenden Lebewesen einst über die Halbinsel wanderten.

Das Kap ist neben einem Naturparadies auch ein beliebter Ort für Sportler. Hier finden **internationale Sportveranstaltungen** wie das Berg-Radrennen „Alpe-Adria-Cup" oder der „SF Marathon" statt. Für Amateure gibt es das Radrennen „Fool moon", das im Sommer bei Vollmondnächten stattfindet und vom Radverein „Adrenalin" organisiert wird. Im kleinen Wald der Bucht Pinizule, nur 70 m vom Strand entfernt, stehen Fitnessgeräte. Zum Kap kann man entweder mit dem Auto oder Rad fahren (s. Loose Aktiv S. 122) oder zu Fuß gehen.

Man erreicht das Kap Kamenjak über **Premantura**, den südlichsten Ort Istriens, der am Eingang zum Naturschutzgebiet liegt. Der Ort selbst hat zwar nicht viel zu bieten, ist aber dennoch vor allem dank seiner Lage hübsch, mit ein paar Privatunterkünften, Restaurants und Cafés und einem großen Sportangebot. Gerade in den letzten Jahren wurden einige Apartmenthäuser gebaut, die im Sommer zahlreiche Besucher anlocken.

ÜBERNACHTUNG UND ESSEN

Hotels gibt es in Premantura nicht, **Privatunterkünfte und Apartments** werden von den Touristenagenturen vermittelt. Es locken jedoch ein paar recht nette Konobas und Restaurants, die sich in der Qualität und im Angebot nicht sonderlich voneinander unterscheiden.

Batelina, Čimulje 25, Banjole, ☎ 052-573767. Diese erstklassige, etwas teure Familienkonoba liegt in Banjole, zwischen Pula und Premantura und gehört zu den besten in ganz Kroatien. Küchenchef David Skoko bereitet feine Fischgerichte zu, die sich ganz bestimmt von der üblichen Speisekarte einer Konoba abheben. Natürlich kann man hier auch gegrillten Fisch bekommen. Wer jedoch sein Vertrauen in die Hände des Küchenchefs legt, der wir bestimmt das eine oder andere kulinarische Aha-Erlebnis auf seinem Gaumen verspüren. Nicht verpassen sollte man die „Scherzhäppchen" – lustige Kleingerichte wie in Sesam gebratene Flunderröllchen. Für Vegetarier gibt es leider kein Angebot, ins Glas kommen ausschließlich istrische Weine. Unbedingt einen Tisch weit im Voraus reservieren, die Konoba ist heiß begehrt! ⏰ Mo–Sa 17–23 Uhr.

AKTIVITÄTEN UND TOUREN

Reiten

Istarska Farma, ☎ 092-2919525, 🖥 www.istra-farma.com. Farm mit Agrotourismus und Reitclub im Park Kamenjak.

Tauchen

Scuba Libre, Runke 5, ☎ 098-9893200, 🖥 www.scuba-libre.net. Tauchzentrum beim Campingplatz Runke, das neben Tauchkursen und -ausflügen auch Unterkünfte anbietet.

LOOSE AKTIV

Mit dem Fahrrad zum Kap Kamenjak

- **Fahrzeit**: 2 Std.
- **Länge**: 10 km
- **Wegbeschaffenheit**: stellenweise holprig
- **Ausschilderung**: nicht vorhanden, Karte empfehlenswert
- **Schwierigkeitsgrad**: mittel

Um das Kap Kamenjak herum führt ein Radweg, der zwar schmal, aber nicht abschüssig und somit auch nicht gefährlich ist. Für die Radroute sollte man dennoch eine gute Kondition haben, da Wurzeln und große Steine, die auf dem Weg liegen, die Fahrt ziemlich anstrengend machen. Doch für geübte Mountainbiker sind diese Hürden leicht zu bewältigen. Notfalls kann man das Rad auch zwischendurch schieben oder sich in einer der vielen verlockenden Buchten abkühlen. Der Weg eignet sich auch gut als Wanderweg, da man immer wieder den Schatten der Bäume suchen kann und ein konstanter, frischer Wind weht.

Wegverlauf
Startpunkt
Ausgangspunkt für die Radtour ist die Hauptverwaltung Kamenjak im Ortszentrum, von wo aus der Weg zum Kap gut ausgeschildert ist. Das erste Stück der Route ist etwas mühsam, da dort noch Autos fahren und Staub aufwirbeln. Am Parkeingang hat man die Wahl, die Tour rechts entlang der Westküste des Kaps oder links entlang der Ostküste zu beginnen. Die Westküste ist steiler und steiniger, hat jedoch die schöneren Badebuchten, die Ostküste ist flacher und besser befahrbar, die Buchten sind vor allem bei Seglern beliebt.

Westküste

Wählt man den Weg entlang der Westküste, so gelangt man schon bald zu einem Pinienwald, wo sich auch ein Badestrand befindet. Dementsprechend vorsichtig muss man hier fahren, um keine Badegäste zu stören, doch nach ein paar hundert Metern gelangt man zum Meer und eigentlichen Radweg. Die erste Bucht, die einem auf dem Weg begegnet – **Uvala Polje** – ist zugleich die größte und schönste. Das Wasser hier ist unglaublich klar und türkisfarben, die Bucht ist von terrassenförmigen Schieferfelsen gerahmt, auf denen es sich die Badegäste gemütlich machen können. Es gibt aber auch einen – nicht allzu großen – weißen Kiesstrand. Bis zur südlichsten Spitze kommen noch vier Buchten, die sich gut zum Baden eignen und immer wieder eine willkommene Abkühlung bieten.

Der Süden

Im Süden wird vom Baden abgeraten (obwohl sich nicht alle daran halten), da es hier gefährliche Strömungen geben soll. Dafür hat man von hier den schönsten Blick auf das offene Meer und den **Leuchtturm Porer**, der im 19. Jh. errichtet wurde und ein Beispiel österreichisch-ungarischer Architektur ist. Zwei Leuchtturmwärter wechseln sich alle 15 Tage ab.

Auf der vorgelagerten **Insel Fenoliga** befindet sich einer der bekanntesten Fundorte von Dinosaurier-Fußabdrücken in ganz Europa, mehr als hundert Abdrücke wurden hier gefunden. Ein Besuch der Insel ist allerdings nur mit einem Boot möglich, da das Schwimmen aufgrund der Meeresströmungen zu gefährlich ist. Die Hauptverwaltung von Kamenjak organisiert auf Anfrage Ausflüge dorthin, Abfahrt hierfür ist die Bucht **Polje**.

Entlang der südwestlichen Küste des Kaps führt ein ausgeschilderter **didaktischer Lehrpfad** (Beginn auf der Höhe der Bucht **Njive**), der in fünf Stationen über die Pflanzenwelt, Dinosaurier, Vögel und Orchideen informiert und in der Bucht **Portić** mit der Tafel „Schwarze Witwe" endet. An der Südspitze des Kaps liegen außerdem mehrere Höhlen versteckt, von denen die größten **Velika Kolumbarica** und **Mala Kolumbarica** heißen; die Namen gehen auf Tauben zurück, die einst hier genistet haben.

Ostküste

Die Ostküste ist weniger schroff und exponiert als die Westküste, hier gibt es Barbecue-Stellen und zwei Sandstrände – in der **Uvala Debeljak** und der **Uvala Mali Portić**. Von hier hat man einen schönen Blick auf die vorgelagerten Inseln Fenera, Šekovac und Ceja und die Inseln vor Medulin. In der **Uvala Školjić** befindet sich eine Windsurfschule. Das letzte Stück zum Parkeingang ist wieder von Autos befahren und staubig, aber mit der Aussicht auf ein erfrischendes Getränk in einer der Konobas in Premantura kann man auch das gut verschmerzen.

Praktische Tipps

In Premantura gibt es zwar keine Touristeninformation, aber **Radkarten** für das Kap Kamenjak bekommt man für 30 Kn in den **Touristenbüros** sowie im **Haus der Natur** (Kuća Prirode) in der Hauptverwaltung im Ortszentrum, ⏰ 8–23 Uhr. Am besten leiht man sich in Premantura ein Rad (sofern man nicht sein eigenes dabeihat), beispielsweise in der Touristenagentur **Mareta Tours** im Ortszentrum. Der **Eintritt** in den Park kostet für Autos 35 Kn, für Motorräder 20 Kn, mit dem Rad oder zu Fuß ist der Eintritt gratis.

SONSTIGES

Informationen
Hauptverwaltung Kamenjak,
Selo 120, Premantura, ✆ 052-576513,
🖥 www.kamenjak.hr.

Touristenagenturen
Avant Tourist, Brig 35, ✆ 052-522950,
🖥 www.premantura.hr. Vermietung von Apartments und Organisation von Exkursionen in die nähere und weitere Umgebung, auch mit sportlichen Aktivitäten verbunden.
Mareta Tours, Selo 129, ✆ 052-383699,
🖥 www.mareta-tours.hr. Vermittlung von Apartments und Verleih von Fahrrädern, Mofas und Booten. Ein Fahrrad kostet 80 Kn pro Tag. Früh genug reservieren, im Sommer kann der Andrang sehr groß sein. ⏱ 8–22 Uhr.

TRANSPORT
Es gibt stdl. eine **Busverbindung** von Pula nach PREMANTURA (Linie 28), die Fahrt kostet 11 Kn und dauert eine halbe Stunde.

Medulin

Das einstige Fischerdorf in waldreicher Umgebung gehört heute zu den Tourismushochburgen Istriens, mit einer langen **Riviera**, wo sich schöne Badebuchten und Strände aneinanderreihen. Der bekannteste von ihnen ist der 1 km lange **Sandstrand Bijeca**.

Auch bei Medulin haben die Römer ihre Spuren hinterlassen. Einst standen hier, im antiken Mutila, prunkvolle Sommerhäuser und Villen. Die Reste der prächtigsten und nach der auf Brijuni zweitgrößten Villa findet man auf der **Halbinsel Vižula**. Schon aus der Ferne ist die Ende des 19. Jhs. im neoromanischen Stil errichtete **Kirche der Hl. Agnes** (Crkva Sv. Agneza) erkennbar, die mit ihrer strahlend weißen Farbe und ihren zwei eindrücklichen Glockentürmen sofort ins Auge sticht. Die Apsis schmückt ein Mosaik mit biblischen Motiven. Eine weitere Besonderheit sind die **Windmühlen** von Medulin aus dem 19. Jh., in denen früher Getreide gemahlen wurde. Später wurden sie von dem Österreicher Paul Kupelwieser, dem damaligen Besitzer der Brijuni-Inseln, gekauft, der große Pläne für die Windmühlen hatte, die jedoch nie realisiert wurden. Und so stehen die beiden Türme heute etwas orientierungslos in der Gegend herum.

Um Medulin herum kann man wunderbar **Rad fahren**, ausgeschilderte Wege führen nach Premantura und zum Kap Kamenjak (S. 121) und in die nahe gelegenen Orte Pomer und Banjole.

ÜBERNACHTUNG UND ESSEN
Da Medulin mittlerweile sehr touristisch ist, empfiehlt sich der Ort nicht für Individualtouristen, schon gar nicht für jene, die Ruhe suchen. Die meisten Hotels werden von der Kette **Arena Turist**, 🖥 www.arenaturist.hr, verwaltet. Wer also nicht gerade in einem unpersönlichen Hotel übernachten möchte, der sollte sich über eine der Touristenagenturen eine Privatunterkunft suchen.
Medulin, Osiporica 30, ✆ 052-572801. Schön angelegter Campingplatz, der zur Kette Arena Turist gehört, zwischen Medulin und einer mit Kiefern bewachsenen Halbinsel, mit Fels- und Kiesstränden. Allerdings recht laut, da hier ordentlich und regelmäßig abgefeiert wird. Preise: 57 Kn p. P., Stellplatz 80–120 Kn.
Pension Viola, Vrčevan 109, ✆ 052-577004, 🖥 www.viola-medulin.eu. Familienbetriebene, hübsche Pension mit sauberen, recht nett eingerichteten Zimmern und Apartments, einem großen Swimming Pool und Garten. ❹
Oliveto, Funtana 1, ✆ 091-9208705, 🖥 www.oliveto.hr. Hübsch am Meer gelegene Konoba mit großem Angebot an einheimischen und preiswerten Fisch- und Fleischgerichten. Von der großen Terrasse aus kann man die tollsten Sonnenuntergänge erleben, ⏱ 7–2 Uhr. Auch recht hübsche Apartments. ❹

SONSTIGES

Informationen
Touristeninformation Medulin, Centar 223, ✆ 052-577145, 🖥 www.tzomedulin.org, medulinriviera.info.

Touristenagenturen
Luna Rossa, Munida 31a, ✆ 052-577483, 🖥 www.lrossa.com. Diese Touristenagentur

bietet eine große Auswahl an Unterkünften verschiedenster Kategorien.
Marco Polo, Brajdine 44, ✆ 052-576819, 🖥 www.marco-polo.hr. Große, professionelle Touristenagentur, die vor allem Unterkünfte vermittelt und Ausflüge in die Umgebung anbietet.
Nova Tours, Burle 1, ✆ 052-393112, 🖥 www.nova-tours.hr. Etwas kleinere Touristenagentur, die Hotels und Privatunterkünfte in und um Medulin vermittelt.

TRANSPORT

Ein **Bus**, Linie 25, fährt stdl. von Pula nach Medulin, die Fahrt kostet 11 Kn und dauert etwa 40 Min.

Fažana

Das Küstenstädtchen Fažana (3050 Einw.), rund 7 km nördlich von Pula, ist für viele Touristen nur als Ausgangspunkt für **Ausflüge auf die Brijuni-Inseln** (S. 126), bekannt. Schade, denn der hübsche, ehemalige Fischerort hat als Urlaubsort eigentlich alles, was man braucht – wenn man es gerne ein wenig ruhiger und untouristischer mag. Natürlich besitzt Fažana nicht so viele Sehenswürdigkeiten wie andere istrische Küstenstädte, wenngleich der Ort in der Antike ein Landsitz römischer Patrizier war, die hier viele Villen hinterlassen haben. Zu römischer Zeit gab es in Fažana eine „Fabrik", in der Amphoren hergestellt wurden. Der Ort ist bis heute von seiner langen Fischerei- und Landwirtschaftstradition geprägt, zu den kulinarischen Spezialitäten zählen neben Olivenöl und Wein alle möglichen Gerichte mit Sardellen, denn Fažana ist die Sardellenhochburg.

Das Ortszentrum bildet, wie in vielen kroatischen Küstenorten, die **Riva**, eine hübsche Meerpromenade, die aus den Steinen von Pulas Stadtmauern erbaut wurde, die 1635, nach der Pestepidemie, abgerissen wurden. An der Riva befindet sich neben ein paar Restaurants der **Sardellenpark** (Park sardela) mit Skulpturen des Fisches, für den der Ort bekannt ist und der sich hier besonderer Beliebtheit erfreut, nicht nur in der Küche.

Die **Kirche des Hl. Cosmas und Hl. Damian** (Crkva Sv. Kuzme i Damjana) ist mit ihrem 27 m hohen Glockenturm das auffälligste Gebäude an der Promenade. Sie liegt auf nur 1 m Seehöhe und wurde im 16. Jh. im gotischen Stil errichtet, im Laufe der Zeit kamen jedoch Elemente aus der Renaissance und dem Barock hinzu. Innen ist die Kirche mit fünf Holzaltären und schönen Altarbildern geschmückt.

Geht man ein paar Schritte weiter ins Ortszentrum, so stößt man auf die **Kirche Muttergottes von Karmel** (Crkva Gospe Karmelske) aus dem 9. Jh., mit interessanten Fresken aus dem 15. Jh. mit eingravierten glagolitischen Graffiti. Im 14. Jh. wurde dann die Loggia hinzugefügt.

Vom Hafen in Fažana führt ein schöner **Rad- und Spazierweg** am Meer entlang, über **Valbandon**, das für seine Süßwasserquellen und römischen Villen aus dem 1. Jh. bekannt ist, bis nach **Štinjan**.

ÜBERNACHTUNG UND ESSEN

In Hafennähe laden einige nette Restaurants zur Rast ein.
Bi Village, Dragonja 115, ✆ 052-300300, 🖥 www.bivillage.com. Ferienzentrum 2 km südlich von Fažana, das 2000 eröffnet wurde und mit einem preisgekrönten Campingplatz (bester Campingplatz in Kroatien 2012), Apartments und modern ausgestatteten Bungalows aufwartet. Preise: 38–83 Kn p. P., Stellplatz 60–135 Kn.
Camp Pineta, Perojska cesta bb, Fažana, ✆ 052-521884, 🖥 www.brijunirivijera.hr/pineta. Kleiner Campingplatz in Zentrumsnähe, der allerdings ein wenig exponiert ist. Preise: 45 Kn p. P., Autostellplatz 30 Kn, Campingwagen 60 Kn.
Hostel Amfora, Vladimira Gortana 10, Fažana, ✆ 052-521068, ✉ hostelamfora@hotmail.com. Einfaches, aber gepflegtes und preiswertes Hostel, 50 m vom Strand entfernt. ❶
Pension und Restaurant Alla Beccaccia, Pineta 25, Valbandon, ✆ 052-520753, 🖥 www.beccaccia.hr. Heimelige Konoba in Valbandon, ein paar Kilometer südlich von Fažana, die leckere Spargel- und Peka-Gerichte zubereitet und vor allem für ihre Wildspezialitäten bekannt ist. In einem separaten Gebäude

werden ein paar hübsche, gepflegte Zimmer vermietet. Das Anwesen befindet sich in ländlicher Umgebung, neben einem riesigen Garten gibt es außerdem einen Swimming Pool. ❶

UNTERHALTUNG UND KULTUR

Das **Sardellenfest** (Fešta od sredela) ist das Highlight des Fažaner Sommers und findet jährlich Anfang Aug statt. Dort kann man nicht nur Sardellen auf – wie Einheimische berichten – hundert verschiedene Arten probieren, sondern auch viel Interessantes über die reiche Fischereitradition der Region erfahren. Für diejenigen, die noch mehr über den kleinen Fisch erfahren möchten, gibt es die **Werkstätten der kleinen Fischerakademie der Sardelle**, die von Anfang Juli bis Ende Aug Interessierten alles rund um den Fischfang und die Zubereitung beibringt. Informationen dazu sind in der Touristeninformation Fažana erhältlich.

SONSTIGES

Apotheke
Ljekarna u Fažani, Titova riva 9, ✆ 052-521562.

Informationen
Touristeninformation Fažana, Titova riva 2, ✆ 052-383727, 🖥 www.infofazana.hr. ⏰ 8–22 Uhr.
Nationalpark Brijuni, Brionska 10, ✆ 052-525883, 🖥 www.brijuni.hr.

Medizinische Hilfe
Ambulanta, Titova riva 9, ✆ 052-521098.

Touristenagenturen
Stefani Trade, Župni trg br. 3, ✆ 052-521910, 🖥 www.fazana-brijuni.com. Die kleine Touristenagentur vermittelt Unterkünfte in Fažana und Umgebung. ⏰ 8–22 Uhr.

TRANSPORT

Busse
Zwischen Fažana und PULA verkehrt mehrmals tgl. der Bus 21.

Schiffe
In der Hauptsaison fahren stdl. Fähren von Fažana nach VELI BRIJUN, tgl. 3–4 Führungen in den jeweiligen Sprachen (Preise etc. auf S. 127).
Man kann auch von Pula, Rovinj oder Poreč aus auf die Brijuni-Inseln fahren. Organisiert werden diese Ausflüge von den dortigen Touristenbüros. Im Sommer werden auch Picknick- und Badeausflüge nach Mali Brijun angeboten (170 Kn).

Brijuni-Inseln

Über den 3 km langen Kanal und in nur 15 Minuten Fährfahrt ab Fažana erreicht man den **Nationalpark Brijuni** (Nacionalni park Brijuni), der 14 Inseln und Inselchen umfasst, von denen **Veli Brijun** und **Mali Brijun** die größten sind. Dank des angenehmen Klimas und idealer geografischer Bedingungen sind die Inseln seit der Urgeschichte besiedelt. Davon zeugen die über 200 **Dinosaurier-Fußabdrücke**, die 1925 auf Veli Brijun entdeckt wurden. Bereits beim Betreten der Hafenmole von Veli Brijun, dem Ankunftsort bei der Überfahrt auf die Insel, kann man einen dieser Dreifingerabdrücke sehen. Die ältesten Abdrücke (etwa 115 Mio. Jahre) befinden sich am Kap Pogledalo.

177 v. Chr. kamen die Inseln unter römische Herrschaft. Aus dieser Zeit stammen einige Villen und Sommerhäuser reicher römischer Bürger. Nach dem Zerfall des Römischen Reiches waren es die Ostgoten, Byzantiner, Franken und 1331 schließlich die Venezianer, die die Inseln besetzten. Doch die sukzessive Verwilderung und eine Malaria-Epidemie ließen die Einwohnerzahlen drastisch sinken. Ihr heutiges Aussehen verdanken die Inseln dem österreichischen Industriellen Paul Kupelwieser, der sie Ende des 19. Jhs. kaufte, mit Hilfe des Nobelpreisträgers Robert Koch von Malaria befreite und sie in touristische Elitedestinationen verwandelte. Er ließ Parks, Wälder, den Zoo-Garten und die Straußenfarm anlegen und eine Hotelsiedlung mit fünf Hotels und Infrastruktur errichten. Damals war Brijuni per Schiff von Pula und

anderen Städten an der Adria aus erreichbar, es gab sogar einen Nachtzug aus Wien, der Gäste brachte. Somit waren die Inseln ein beliebter Urlaubsort für die Elite aus ganz Europa. Zu den berühmtesten Gästen gehörte der österreichische Thronfolger Franz Ferdinand, aber auch bekannte Schriftsteller- und Künstlerpersönlichkeiten wie Thomas Mann, James Joyce und Gustav Klimt kamen hierher. Nach dem Ersten Weltkrieg fielen die Inseln an Italien, das 1943 kapitulierte. Durch die Bombenangriffe der Alliierten wurden zahlreiche Hotels zerstört.

Wirklich bekannt wurden die Inseln jedoch erst durch **Tito**, der in der **Bijela Vila** auf Veli Brijun seine **Sommerresidenz** errichtete und die Inseln für die breite Öffentlichkeit unzugänglich machte. Hier empfing er über 90 ausländische Staatsmänner aus 60 verschiedenen Ländern wie Indira Ghandi, Fidel Castro und Königin Elizabeth II. sowie andere berühmte Persönlichkeiten wie Che Guevara, Sofia Loren, Elizabeth Taylor, Josephine Baker und Richard Burton. Als Dank für seine Gastfreundschaft brachten ihm seine Gäste zahlreiche Geschenke mit – und je exotischer das Herkunftsland des Gastes, desto exotischer das Geschenk. Im Nordteil von Veli Brijun befindet sich daher ein **Safari Park** mit etwa hundert exotischen Tieren aus Indien, Afrika, Süd- und Nordamerika, darunter Zebras und ein afrikanischer Elefant. Tito ließ den Park extra für die Tiere anlegen und importierte dafür subtropische Pflanzen. Von 1947 bis zu seinem Tod 1980 verbrachte Tito die Hälfte des Jahres auf den Brijuni-Inseln. Erst nach seinem Tod und der Erklärung zum Nationalpark 1983 wurden die beiden Hauptinseln der Öffentlichkeit zugänglich gemacht. Zwar werden sie immer noch vereinzelt für offizielle Staatsbesuche genutzt, aber zunehmend sind es reiche Jachtbesitzer und Millionäre, die die Inseln für sich entdecken und hier ihre Ferien verbringen.

Zahlreiche archäologische Stätten zeugen von der langen Besiedlung der Inseln. Bei einem Ausflug in den Nationalpark gehört neben dem Safari Park der Besuch der **Ruinen der römischen Villa Rustica** aus dem 1. Jh. n. Chr. zum Besichtigungsprogramm. Die Villa befindet sich in der Bucht Verige an der Ostküste der Insel und bestand aus mehreren Bauten, die reich mit Mosaiken, Fresken, Stuckaturen und Marmor verziert waren.

Ein weiterer Programmpunkt ist das **Archäologische Museum** (Arheološki muzej), welches in einer **venezianischen Festung** aus dem 16. Jh. untergebracht ist und 1955 eröffnet wurde. Es stellt anhand verschiedener Funde aus Terrakotta, Knochen, Quarz und Metall das Leben der Inselbewohner von der Urgeschichte bis zum Mittelalter dar.

Die gotische **Kirche des Hl. German** (Crkva Sv. Germana) aus dem Jahr 1481 dient heute als Kunstgalerie, mit interessanten Fresken aus Beram, Hum, Rakotul und Lovran sowie glagolitischen Aufschriften aus Istrien und Kvarner. Interessant ist außerdem das schwarz-weiße Mosaik, das aus einer römischen Villa in der Bucht Verige stammt und den Boden der Kirche ziert. Die Kirche ist einem mutigen Einwohner von Pula gewidmet, der Ende des 3. Jhs. aufgrund seines christlichen Glaubens zum Tode verurteilt wurde und dem Stadtverwalter trotz allem die Stirn bot.

Tickets und Anfahrt

Der **Besuch im Nationalpark** ist nur im Rahmen durchorganisierter Ausflüge möglich. Im Ticket ist neben der Überfahrt ab Fažana und dem Eintritt in den Nationalpark eine Führung in einem Bummelzug und in der eigenen Sprache inbegriffen. Es ist zwar möglich, sich vor Ort für etwa 35 Kn ein Rad oder für 300 Kn ein Elektroauto zu leihen und die Insel alleine zu erkunden, der Preis bleibt allerdings derselbe, egal ob man sich der Führung anschließt oder nicht.

Tickets müssen mind. einen Tag vorher entweder in der Geschäftsstelle des Nationalparks Brijuni in Fažana (am Hafen), telefonisch unter ☎ 052-525883 oder per E-Mail über ✉ izleti@brijuni.hr reserviert werden. Führungen auf Deutsch gibt es täglich von 8.45–12.15, von 11.30–15 und von 15.45–19.15 Uhr, Eintritt 210 Kn, Kinder unter 14 Jahren 105 Kn.

Zweifellos eines der Highlights ist die **Fotoausstellung „Tito auf Brijuni"**, welche in eindrucksvollen Bildern den 30-jährigen Aufenthalt Titos auf den Inseln sowie den Empfang seiner prominenten Gäste dokumentiert. Die Ausstellung ist in einem Gebäude hinter dem Hotel Karmen untergebracht. Hier kann man auch zahlreiche Souvenirs mit Titos Abbild und Unterschrift erstehen.

Zu den beliebtesten Touristenattraktionen gehört auch eine **Fahrt mit Titos grünem Cabriolet Cadillac Eldorado** aus dem Jahr 1953, mit dem der Staatschef einst seine Gäste über die Insel kutschierte. Der Preis für eine halbe Stunde: 2750 Kn. Billiger davon kommt man mit einem Foto vor dem Auto, das nur 50 Kn kostet.

Die Insel **Mali Brijun** ist insbesondere unter Theaterliebhabern bekannt, denn in der **Festung Minor** finden im Sommer regelmäßig **Theatervorstellungen** des in Zagreb ansässigen Ulysses-Theaters, 🖥 www.ulysses.hr, statt, jedoch sollte man hierfür Kroatisch können.

ÜBERNACHTUNG UND ESSEN

Privatunterkünfte gibt es auf den Brijuni-Inseln keine, lediglich 2 Hotels auf Veli Brijun und luxuriöse Villen, die von der Nationalparkverwaltung vermittelt werden. Der Fährpreis vom und zum Festland ist in den Unterkunftspreisen enthalten. Die einzigen Verpflegungsmöglichkeiten auf den Inseln sind die Restaurants der beiden Hotels, das Angebot ist dementsprechend überteuert und eher mittelmäßig. Wer das Problem meiden möchte, sollte sich ausreichend Nahrung mitnehmen.

Hotel Istra-Neptun, ☏ 052-525807, 🖥 www.brijuni.hr. Das 3-stöckige Hotel mit 87 Zimmern liegt direkt am Hafen von Veli Brijun und lässt trotz Renovierungen und Komfort noch etwas vom Charme vergangener, kommunistischer Zeiten erahnen. ❻

Hotel Karmen, ☏ 052-525807, 🖥 www.brijuni.hr. In unmittelbarer Nähe vom Hotel Istra-Neptun befindet sich ebenfalls 3-stöckige Hotel mit 53 Zimmern mit Balkon, das wie die schäbigere Version des anderen Hotels scheint, wo man aber das Flair der kommunistischen 50er-Jahre noch förmlich fühlen und riechen kann. ❻

2 HIGHLIGHT

Rovinj

Rovinj (ca. 14 000 Einw.) gilt zu Recht als die schönste Stadt an der istrischen Küste. Allein die exponierte Lage und das immense historische Erbe machen die Stadt zu etwas ganz Besonderem. Die Altstadt ist auf einem Hügel erbaut und von malerischen, verwinkelten Gassen durchzogen, im Hafen liegen unzählige Segelboote vor Anker. Kein Wunder, dass die Stadt zahlreiche Künstler anzieht, die hier ihre Galerien eröffnen und mit ihrer Kunst die Straßen und Plätze beleben. Ein Wahrzeichen der Stadt sind die Außenkamine, die ein Resultat der explosionsartig angestiegenen Bevölkerung sind.

Von Rovinj aus bieten sich Ausflüge in das Binnenland an, z. B. nach Bale (S. 171) oder Svetvinčenat (S. 174).

Geschichte

Zur Römerzeit gehörte Rovinj (Castrum Rubini) nicht zu den wichtigsten Städten Istriens. Als die Stadt Ende des 13. Jhs. zur Republik Venedig kam, verlor sie ihren Status als freie Kommune, erlebte jedoch eine kurze Blütezeit. Im Laufe der Geschichte wurde Rovinj mehrmals zerstört, geplündert und von der Pest heimgesucht, sodass sie im Jahr 1775 nur mehr noch 14 000 Einwohner zählte. Unter der österreichischen Herrschaft im 19. Jh. entwickelte sich die Stadt rasant, was man an den zahlreichen Außenkaminen *(fumaioli)* erkennen kann, die zu einer Art Wahrzeichen der Stadt geworden sind. Zu jener Zeit musste eine einzige Feuerstelle eine ganze Familie warm halten. 1920 fiel Rovinj gemeinsam mit dem restlichen Istrien an Italien und 1947 schließlich an Jugoslawien. Diese bewegte Geschichte hat u. a. zahlreiche Renaissance-, Barock- und neoklassizistische Bauten hinterlassen, welche die Stadt prägen und schmücken.

Rund um den Trg maršala Tita

Am Eingang zur Altstadt liegt der Trg maršala Tita, der Hauptplatz und mit den angrenzenden Restaurants und Cafés zugleich lebhafteste Ort am Hafen. Sofort ins Auge sticht die rot bemalte **Stadtuhr** aus dem 19. Jh. mit dem venezianischen Löwen, die einst ein Teil der Stadtmauer war. Rovinj besaß ursprünglich sieben Tore, wovon heute nur noch drei erhalten sind. Im Barockpalast der Grafen Califfi (17./18. Jh.) ist das **Heimatmuseum** (Zavičajni muzej grada Rovinja), Trg maršala Tita 11, ✆ 052-816720, 🖥 www.muzej-rovinj.com, untergebracht, das mit einer Sammlung alter Meister und moderner Künstler als Stadtgalerie fungiert und außerdem eine ethnografische und archäologische Sammlung beinhaltet. ⏰ Juni–Sep Di–Fr 9–14, 19–22, Sa, So 10–14, 19–22, Sep–Juni Di–Sa 10–13 Uhr, Eintritt 15 Kn, erm. 10 Kn.

Geht man vom Platz in Richtung Altstadt, trifft man auf den barocken **Balbi-Bogen** (Balbijev luk) aus dem Jahr 1679, der anstelle des Tors des alten Fischmarktes errichtet wurde. Der Name geht auf einen Bürgermeister namens Balbi zurück, der im 18. Jh. dem Bogen zwei Familienwappen hinzugefügt hat. An der Außenseite befindet sich ein türkischer Kopf, an der Innenseite ein venezianischer, und die Spitze ziert der Löwe der Republik Venedig – mit geöffnetem Buch, was die friedliche Akzeptanz der Bevölkerung Rovinjs gegenüber der venezianischen Herrschaft symbolisieren soll.

Ein Stückchen weiter nördlich erreicht man dann den **Trg Valdibora**, wo sich der Marktplatz und Fischmarkt befinden. Allein schon wegen der Farben und Gerüche und dem regen Treiben der Einheimischen ist der Markt einen Besuch wert.

Altstadt

Dominiert wird die Altstadt von der **Basilika der Hl. Euphemia** (Crkva Sv. Eufemija), Petra Stankovića, dem wichtigsten und markantesten Wahrzeichen Rovinjs. Sie wurde 1736 auf den Fundamenten der altchristlichen Kirche des Hl. Georg (Crkva Sv. Jurja) erbaut. Schon etwas früher, im Jahr 1677, wurde der rund 60 m hohe Glockenturm errichtet, auf dessen Spitze die Kupferstatue der Hl. Euphemia thront und über die Stadt blickt und der – wie so viele andere Kirchtürme in Istrien – an den Turm des Markusdoms in Venedig erinnert (Turmbesichtigung 10 Kn). Im Inneren der Kirche befindet der Steinsarkophag der Hl. Euphemia, die der Legende nach im 9. Jh. aus Konstantinopel angetrieben wurde (Kasten S. 130).

Über den Altstadtdächern von Rovinj

Die Geschichte der Hl. Euphemia

Die Hl. Euphemia ist die Schutzpatronin Rovinjs. Ihre Geschichte ist ebenso stürmisch und bewegt wie jene von Rovinj selbst. Wegen ihres christlichen Glaubens wurde sie von Kaiser Diokletian gefoltert und im Jahr 304 den Löwen zum Fraß vorgeworfen. Die Legende besagt, dass ihr Sarkophag in einer stürmischen Nacht samt Leiche verschwunden und in einem Schiff vor der Küste Rovinjs wieder zum Vorschein gekommen ist. Die Einwohner der Stadt schafften es mit Müh und Not, den Sarkophag an Land zu ziehen, doch erst einem kleinen Jungen gelang es, ihn mit Hilfe von zwei Kälbern auf den Gipfel des Hügels zu schleppen. Und dort befindet er sich heute noch. An ihrem Todestag, am 16. September, versammeln sich die Gläubigen um die Kirche.

Zum Sonnenuntergang füllt sich der Platz vor der Kirche mit Einheimischen wie Besuchern gleichermaßen. Es ist Abend für Abend erneut ein fantastisches Schauspiel, wenn die glutrote Sonne im Meer versinkt. Bisweilen begleiten Delphine die heimkehrenden Ausflugsboote …

Zur Kirche gelangt man entweder am Meer entlang über die steil ansteigende **Sv. Križa** oder aber über die **Grisia**-Gasse, die vom Trg maršala Tita quer durch die Altstadt führt und wo man neben schönen Bauwerken aus den verschiedenen Epochen auch am besten die *fumaioli* sehen kann. Beide zählen zu den schönsten Straßen der Stadt, mit ihren zahlreichen Ateliers, die Schmuck und Antiquarisches verkaufen. Wesentlich ruhiger und beschaulicher, doch nicht weniger malerisch geht es in den kleinen, angrenzenden Gassen zu.

Entlang der Küstenpromenade

Vom Trg maršala Tita führt eine schmale Gasse in Ufernähe um die Halbinsel herum, ein schöner Weg zum Schlendern, stellenweise mit herrlichen Ausblicken aufs Meer und die vis-à-vis gelegene Hotelinsel S. Katarina. Gesäumt wird die Gasse von netten Cafés und Geschäften.

Zwischen der Sv. Križa und der Obala Pina Budicina liegt das **Batana Ekomuseum** mit dem **Haus der Batana** (Eko-muzej „Kuća o Batani"), Obala Pina Budicina 2, ℡ 052-812593, 🖥 www.batana.org, das dem gleichnamigen traditionellen Boot mit flachem Boden gewidmet ist und von der Rovinjer Seefahrer- und Fischereitradition erzählt. Das Museum, welches in einem Bürgerhaus aus dem 17. Jh. beheimatet ist, ist sehr modern, interaktiv und multimedial gestaltet. In Zusammenhang mit der *batana* stehen auch die *bitinada*, eine Gesangsart der Rovinjer Fischer, die über Kopfhörer angehört werden können. Außerdem interessant ist der *spacio* – ein Keller, in dem früher Wein gelagert, verkostet und verkauft wurde. Das Museum wurde mehrfach ausgezeichnet. Wem es gefallen hat, der kann auch noch im Souvenirladen einkaufen. ⏰ Juni–Sep 10–14, 19–23, Okt–Dez, März–Mai Di–So 10–13, 16–18 Uhr, Jan, Feb auf Voranmeldung, Eintritt 10 Kn, erm. 5 Kn.

Südlich der Altstadt

Läuft man ein paar hundert Meter von der Altstadt Richtung Süden am Meer entlang, gelangt man zum ehemaligen Gelände der **Tabakfabrik**, Obala Vladimira Nazora 1, das auf einer Fläche von rund 30 000 m² heute als Kunst- und Kulturzentrum genutzt wird. Die Tabakverarbeitung hat eine lange Tradition in Rovinj, die erste Fabrik geht auf das Jahr 1872 zurück, und die Zigarettenfabrik von Rovinj zählte einmal zu den größten Tabakherstellern Kroatiens. Neben einem **Tabakmuseum** befindet sich auf dem Komplex die **Galerija Adris**, ℡ 052-801122, 🖥 www.adris.hr, welche bekannte kroatische Maler ausstellt, ein modern ausgestatteter **Konzertsaal** sowie mehrere **Ausstellungsräume**, die für diverse Veranstaltungen und Kongresse genutzt werden.

Begehrte Plätze am Meer

Am Fuße der Sv. Križa – sowie entlang der gesamten Meerpromenade – liegen mehrere Buchten mit betonierten Liegeflächen, wo man schnell mal ins Wasser springen kann – und ausgesprochen einladenden Cafés mit traumhaftem Blick übers Meer. Eines davon ist das **Valentino** (S. 134), das längst Kult-Status besitzt.

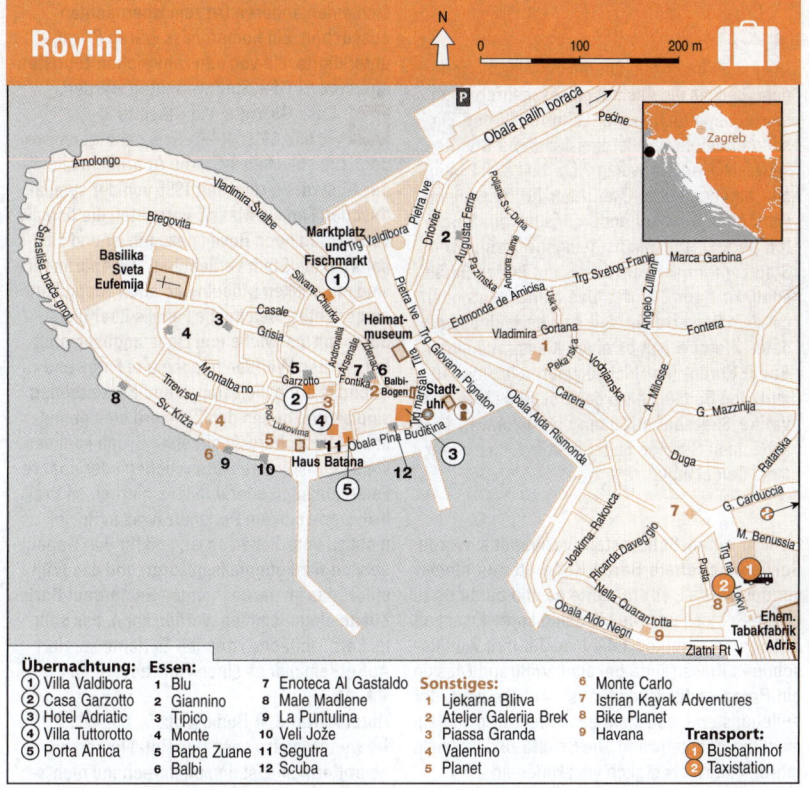

Übernachtung:	Essen:	7 Enoteca Al Gastaldo	Sonstiges:	6 Monte Carlo
① Villa Valdibora	1 Blu	8 Male Madlene	1 Ljekarna Blitva	7 Istrian Kayak Adventures
② Casa Garzotto	2 Giannino	9 La Puntulina	2 Ateljer Galerija Brek	8 Bike Planet
③ Hotel Adriatic	3 Tipico	10 Veli Jože	3 Piassa Granda	
④ Villa Tuttorotto	4 Monte	11 Segutra	4 Valentino	Transport:
⑤ Porta Antica	5 Barba Zuane	12 Scuba	5 Planet	① Busbahnhof
	6 Balbi		9 Havana	② Taxistation

Geht man von hier etwa 1,5 km weiter Richtung Süden, so gelangt man zur **Punta Corrente**, dem sog. **Goldenen Kap** (Zlatni rt) und Rovinjs grüner Lunge. Der wunderschöne, große Waldpark mit einheimischen Kiefern und exotischen alten Zedern zieht zahlreiche Jogger und Radfahrer an. Hier befinden sich auch die schönsten Strände von Rovinj. Am Kap Montauro lockt ein alter venezianischer Steinbruch, der gerne zum Klettern benutzt wird. Der Park wurde 1890 von Baron Georg von Hütterott angelegt, einem österreichischen Admiral.

Archipel von Rovinj

1968 wurde das Küstengebiet von Rovinj samt Archipel zum Naturreservat erklärt. Rund 22 kleine Inseln liegen hier verstreut, die meisten sind unbewohnt. Vom Hafen aus kann man bereits die Insel **Sv. Katarina** erblicken, die 1905 vom polnischen Graf Milewsky gekauft wurde. Er ließ Erde auf die Insel bringen, Wege anlegen und den Ankerplatz sowie das Schloss bauen. Heute befindet sich hier ein nobles Hotel namens Katarina, ein Shuttleboot pendelt zwischen Rovinj und der Insel.

Weiter südlich, gegenüber von Zlatni rt, liegen die Inseln **Sv. Andrija** und **Maškin**, bekannt auch unter dem Namen „Rote Insel" (Crveni otok), die durch eine künstliche Mole miteinander verbunden sind. Auf Sv. Andrija errichteten die Benediktiner im 6. Jh. ein Kloster, das sie nach 200 Jahren aber wieder verließen, im 15. Jh. kamen die Franziskaner hierher. Mitte des 19. Jhs. wurde ein Zementwerk erbaut, wobei der Glocken-

> ### Wohin zum Baden?
>
> Man kann im Prinzip überall ins Wasser springen, rund um die Altstadt gibt es mehrere betonierte Liegeflächen und Leitern, die den Einstieg erleichtern. Allerdings sind die Buchten sehr felsig, es gibt wenig Platz, und zum Liegen gibt es bequemere Orte. Aber für eine kleine Erfrischung zwischendurch sind die Buchten perfekt. Der nächstgelegene Strand vom Stadtzentrum ist der Kiesstrand in der **Bucht Lone**, kurz vor Zlatni rt, das man zu Fuß oder mit dem Rad erreicht. Auf dem herrlich bewaldeten **Zlatni rt** gibt es einen Kiesstrand in der **Bucht Kurent** (im Hochsommer sehr überlaufen!) und Badefelsen in den **Buchten Mala** und **Velika Škaraba** im Süden der Halbinsel. Die schönsten Strände findet man jedoch auf der Insel **Crveni otok**.

turm in einen Schornstein verwandelt wurde. Schließlich rettete Baron Hütterott das Kloster vor dem Verfall, er erneuerte es und baute es zu einem Schloss um. Die bis dahin kahle Insel ließ er begrünen. Heute ist die Insel für ihre wunderschönen Kiesstrände bekannt, während Maškin ein Paradies für Nudisten ist. Auf **Sv. Ivan**, der entlegensten Insel, steht ein Leuchtturm, in dem man übernachten kann. Die Schiffe zu den Inseln fahren mehrmals täglich vom Hafen ab.

ÜBERNACHTUNG

Rovinj gehört zu den teuersten Orten Istriens, was vor allem an den Hotelpreisen ersichtlich wird. Dafür stimmt aber die Qualität – viele Unterkünfte gibt es erst seit ein paar Jahren, andere wurden erst kürzlich renoviert. Sehr beliebt ist dabei die Kombination aus Alt und Neu. Viele Zimmer sind daher modern, aber mit antiken (oder antik aussehenden) Möbeln ausgestattet und im Landhausstil eingerichtet. Wer also über das nötige Kleingeld verfügt, der wird sich in Rovinj bestimmt wohlfühlen. Für den kleinen Geldbeutel hat die Stadt leider nicht so viel an – empfehlenswerten – Unterkünften zu bieten. Wer also einen längeren Urlaub in Istrien plant, der sollte wohl besser auf dem Campingplatz übernachten oder sich einen anderen Ort zum Übernachten aussuchen. Ein Kompromiss wären Privatunterkünfte, die von den zahlreichen Touristenagenturen in der Stadt vermittelt werden.

Casa Garzotto, Via Garzotto 8, 052-811884, www.casa-garzotto.com. Die stilvollen 4-Sterne Apartments in der Altstadt werden seit 1995 von der sympathischen Familie Maksič vermietet, die damals von Zagreb nach Rovinj gezogen ist und sich sofort in die Stadt verliebt hat. Die Apartments sind mit antiken Möbeln und alten Teppichen eingerichtet, welche die Familie über die Jahre mit viel Mühe und Liebe angesammelt hat. An den Wänden hängen alte Fotos und Kacheln, auch die Lampen und Parkettböden sind alt und geben den Zimmern eine gemütliche Atmosphäre. Nicht ohne Grund kommen viele Leute für ihre Flitterwochen oder andere Feierlichkeiten oder Jubiläen hierher. Im Preis inkl. sind auch ein Parkplatz (was in Rovinj nicht zu unterschätzen ist, und für den Gepäckservice wird ebenfalls gesorgt) und das Frühstück, das im dazugehörigen **Restaurant Barba Zuane** eingenommen werden kann, das sehr leckere, einfache istrische Gerichte serviert. Außerdem gibt es einen Fahrradverleih. ❸–❻

Hotel Adriatic, P. Budicin bb, 052-803510, www.maistra.com. Das Hotel gehört zu einer Kette und ist dementsprechend nichtssagend eingerichtet – blaue Teppichböden, braune Vorhänge und Überwürfe, dunkle Holzmöbel, funktionales, kühles Licht und Bad mit hellbeigen Fliesen. Pluspunkt: die Lage im Zentrum und am Meer. Das rechtfertigt aber noch nicht die horrenden Preise, vor allem wenn man ein Zimmer ohne Meerblick hat. ❻

Porta Antica, Vrata pod zidom 1, 052-812548, www.portaantica.com. Über die Altstadt verteilt vermietet Porta Antica mehrere schöne, gepflegte Apartments im Landhausstil und mit alten Möbeln eingerichtet, teils mit Dielen, Parkett oder Steinkacheln, freigelegten Steinmauern und Holzbalken an den Decken. ❹–❻

Villa Tuttorotto, Dvor Massato 4, 052-815181, www.hotelrovinjkroatien.de. Die 4-Sterne-Apartments liegen versteckt beim Veli trg

(Piassa Granda), in einem ruhigen, schattigen Innenhof. Das Haus verfügt nur über 2 EZ, 4 DZ und eine Suite, die alle sehr exquisit und geschmackvoll eingerichtet sind. Nicht ohne Grund gehört die Villa seit 2010 zur Hotelvereinigung „Schlosshotels & Herrenhäuser". Dementsprechend gehoben sind aber natürlich auch die Preise. ❻

Villa Valdibora, Silvano Chiurco 8, ✆ 052-845040, 🖥 www.valdibora.com. Die Villa liegt in einer engen, schnuckeligen Gasse in der Altstadt und verfügt über 11 elegante 4-Sterne-Apartments aus den Jahren 2003 und 2007, mit Holzbalken und freigelegten Steinmauern, Holzböden oder Kacheln und sehr edlen, komfortablen Bädern. Alle Zimmerpreise sind inkl. Frühstück. Im Haus ist außerdem ein Fitness- und Wellnessbereich untergebracht, von der Dachterrasse hat man einen wunderschönen Blick auf die Altstadt, und ab und zu gibt es auch Jazzkonzerte. ❻

Camping

Polari Camping, Polari bb, ✆ 052-800200, 🖥 www.campingrovinjvrsar.com. Gepflegter, großer Campingplatz, der von der Kette Maistra verwaltet wird, 2,5 km südlich von Rovinj am Meer gelegen. Es werden auch brandneue, moderne Apartments und Bungalows vermietet. Zur Anlage gehören auch Restaurants und Bars, Strände und ein großer Swimming Pool. Preise: 75 Kn p. P., Stellplatz 155 Kn.

Porton Biondi, Aleja Porton Biondi, ✆ 052-813557, 🖥 www.portonbiondi.hr. Privater 3-Sterne-Campingplatz 700 m nördlich von Rovinj, Kapazität für 1200 Pers., eigenem Strand und im Schatten von Pinienwäldern. Preise: 42 Kn p. P., Stellplatz 86 Kn.

ESSEN

Balbi, Trg Mateotti 6. Auf dem lauschigen, etwas versteckten Platz Mateotti in der Altstadt kann man auf der Terrasse des Restaurants Balbi kroatische Fleischspezialitäten, Fisch und Meeresfrüchte sowie Pastagerichte zu relativ niedrigen Preisen verspeisen. ⏰ 11–23 Uhr.

Barba Zuane, Via Montalbano 1, ✆ 052-811884, 🖥 www.barbazuane.com. Das Restaurant gehört zur Casa Garzotto und ist ebenso urig und antik eingerichtet wie die Zimmer. An den Wänden hängen alte Fotos und Gegenstände, die Atmosphäre ist dank der alten Möbel und einer gedämpften Beleuchtung gediegen und romantisch. Ausgezeichnet zubereitete istrische und mediterrane Gerichte mit Gemüse, Fisch und Fleisch. ⏰ 12–15, 18–23 Uhr.

Blu, Val de Lesso 9, in einer Bucht nördlich von Rovinj, ✆ 052-811265, 🖥 www.blu.hr. Die mediterranen Gerichte in diesem feinen Lokal werden von Küchenchefin Ana Grgić zubereitet und garantieren ein kulinarisches Erlebnis. Zu empfehlen ist der schwarze Risotto mit Tintenfisch. Die Preise sind etwas gehoben. Das Restaurant vermietet auch modern eingerichtete, helle Apartments und Gästezimmer (❸–❹) mit Blick aufs Meer und/oder zu erschwinglichen und für Rovinj moderaten Preisen. ⏰ April–Okt 12–23 Uhr.

Giannino, Augusta Ferrija 38, ✆ 052-813402. Dieses gemütliche, rustikale und farbenfroh eingerichtete Restaurant wird seit jeher von der italienischen Familie Pelizzaro aus Rovinj geführt und garantiert ausgezeichnete Teigwaren und Risottos, außerdem frische Fisch- und Fleischgerichte. ⏰ März–Okt Di–So 11–15, 18–23 Uhr.

Konoba Veli Jože, Sv. Križa 3, ✆ 052-816337. Urige Seemannskneipe, in der Fischernetze und andere maritime Gegenstände von allen Wänden hängen. Natürlich kommen in erster Linie frischer Fisch und Meeresfrüchte auf den Teller, es gibt aber auch ein großes Angebot an Fleischgerichten. Die Preise sind im Vergleich zu vielen anderen Orten erschwinglich. ⏰ 11–24 Uhr.

La Puntulina, Sv. Križa 38, ✆ 052-813186, ✉ mirjana.pelizzer@pu.t-com.hr. Kleine, aber exquisite Auswahl an extravagant zubereiteten Fisch-, Fleisch- und Pasta-Gerichten. Die Terrasse direkt am Meer erstreckt sich über 3 Etagen. Ganz unten kann man sogar gleich ins Meer springen – oder aber man trinkt erstmal einen Kaffee oder ein Gläschen in der zugehörigen Café-Bar. Nicht ganz billig, aber sowohl das Essen als auch die Lage rechtfertigen den Preis. ⏰ 12–15, 18–23 Uhr.

Male Madlene, Sv. Križa 28, ✆ 052-815905. Winziges, hübsches Lokal, wo mit Blick aufs

Meer ein Gläschen Wein sowie Häppchen, Fingerfood und kleine, süße Desserts verköstigt werden können. ⏲ 11–14, 19–24 Uhr.

Monte, Montelbano 75, ☎ 052-830203, 🖥 www.monte.hr. Lokal, saisonal, innovativ – so beschreibt Danijel Đekić, Inhaber und Küchenchef des gehobenen Restaurants, seine Philosophie. Dementsprechend sieht es auch auf den Tellern aus. Moderne Kreativküche, mit saisonalen Lokalprodukten zubereitet – das bekommt man mit den 20 Gerichten serviert, die auf der Speisekarte stehen. Das Monte liegt romantisch auf der Spitze des Hügels, direkt unter der Kirche der Hl. Euphemia. Leider nichts für den kleinen Geldbeutel. ⏲ Ostern–Nov 12–14.30, 18–22.30 Uhr.

Scuba, Pino Budivicin 6, ☎ 098-219446. Maritimes Lokal mit weißen Möbeln direkt an der Promenade, auf dessen Speisekarte Meeresfrüchte und italienische Spezialitäten sowie Fleischgerichte stehen. Die Preise sind gemessen an den großen Portionen äußerst korrekt. ⏲ 11–24 Uhr.

Segutra, Vrata pod zidom 4, ☎ 052-812004. Buffet mit ein paar Außentischen, das leckere kleine Snacks – Fisch, Käse, Tapas, Crêpes, Sandwiches, Salate – für zwischendurch und zu kleinen Preisen anbietet, ideal für ein leichtes Mittagessen zur heißen Jahreszeit. ⏲ 9–1 Uhr.

📖 **Tipico**, Grisia 32, ☎ 091-7240621. Der dynamische, junge Besitzer des sympathischen Lokals hat lange Zeit in Deutschland gelebt und spricht fließend Deutsch – und freut sich über den einen oder anderen Plausch mit seinen Gästen. Das Restaurant hat zwar keine Terrasse (was eher an der etwas schwierigen gesetzlichen Lage in der Stadt liegt als am mangelnden Platz), aber die offenen Türen und Fenster und das Lavendellila der Wände bringen genügend Frische in den Raum, sodass man schnell die fehlende Terrasse vergisst. Auch die Speisekarte (Preise inkl.) ist eine erfrischende Abwechslung zu den typischen, manchmal etwas eintönigen Konoba-Gerichten – von Snacks bis hin zu mediterranen Hauptspeisen, über Antipasti, Salate, Gnocchi, Pasta, Risotto, Fisch und einer großen Auswahl an vegetarischen Gerichten findet man hier alles, worauf man Hunger hat. Und sollte ein Wunsch offenbleiben, dann wird sich der Koch bemühen, diesen zu erfüllen. ⏲ ab 12 Uhr.

Wine Vault, A. Smareglie bb, ☎ 052-636017, 🖥 www.winevault.com.hr. Wer mal richtig schick und teuer essen gehen und einen besonderen Abend verbringen möchte, der ist hier an der richtigen Adresse. Vor allem, wenn man Weinkenner ist, denn es sind bis zu 600 Weine im Angebot. Dieses prestigeträchtige Restaurant ist im exklusiven Hotel Monte Mulini südlich von Rovinj untergebracht und bietet v. a. französische Haute Cuisine, da diese angeblich am besten zu den Weinen passt. ⏲ 19–23 Uhr.

UNTERHALTUNG UND KULTUR

Havana, Obala Aldo Negri bb. Cocktailbar unter freiem Himmel, wo man unter Strohschirmen und Pinien leckere exotische Cocktails schlürfen und dazu kubanische Zigarren paffen kann.

Monte Carlo, Križa 21. Schlichte Café-Bar mit tollem Blick aufs Meer und Sv. Katarina.

Monvi Centar, Luja Adamovića bb, ☎ 052-545117, 🖥 www.monvicenter.com. Großer Komplex mit Restaurants, Clubs und Bars etwas außerhalb des Zentrums. Regelmäßig Open-Air-Konzerte und Disco-Partys mit renommierten DJs statt.

Piassa Granda, Veli trg 1. Kleine, stimmungsvolle Weinbar mit weinroten Wänden, die ganze 150 Weinsorten aus Istrien und Kroatien zur Verkostung anbietet. Dazu gibt es leckere Häppchen und Salate.

Valentino, Sv. Križa 28. Sehr schicke Cocktail- und Champagner-Bar, mit einem Fußabstand zum Meer. ⏲ 18–1 Uhr.

FESTE

Open-Air-Kunstausstellung. Am 2. So im August kann – wirklich – jeder in der Grisia seine Werke in Kirchen, Studios und auf der Straße zur Schau stellen.

Prozession der Batanas. Von Mitte Juni–Ende August findet Di und Do ab 20.30 Uhr die Prozession der Batanas mit Laternen statt. Für 50 Kn kann man dabeisein, für 140 Kn bekommt man ein Abendessen in einer traditio-

nellen Konoba. Organisiert wird das Ganze vom Museum im Haus der Batana.
Rovinj Sommerfestival. Von Ende April–August gibt es eine Reihe an klassischen Konzerten in der Kirche der Hl. Euphemia und im Franziskanerkloster.

AKTIVITÄTEN UND TOUREN

Kajaktouren
Istrian Kayak Adventures, Carera 69, ℡ 095-8383797, 🖥 www.adistra.hr. Tages- und Wochentouren rund um und in den Archipel von Rovinj, die Brijuni-Inseln und den Limski-Kanal.

Klettern
Der Steinbruch auf Zlatni rt bietet 80 Kletterrouten, viele davon sind für Anfänger geeignet.

Radfahren
Die Straßen und Gassen der Altstadt sind nicht zum Radfahren geeignet, dafür sind sie zu steil, eng und holprig. Die Umgebung von Rovinj sowie Zlatni rt lassen sich jedoch super mit dem Fahrrad erkunden. Ein beliebtes Ausflugsziel ist z. B. die **Vogelschutzwarte in Palud Marsh**, 8 km südwestlich von Rovinj. Fahrradkarten sind in der Touristeninformation erhältlich, Fahrräder können an mehreren Stellen in der Stadt geliehen werden.
Bike Planet, Trg na lokvi 3, ℡ 052-830531. Fahrradverleih für 15 Kn pro Std., 60 Kn pro Tag und 50 Kn für jeden weiteren Tag.

Tauchspots

Rovinj und Umgebung sind dank spannender Unterwasserdestinationen und -objekte ein Tauchparadies. Zu den meistbesuchten Tauchspots gehört das **Wrack** des luxuriösen österreichisch-ungarischen Passagierschiffs **Baron Gautsch**, das am 13. August 1914 ein ähnliches Schicksal erlitt wie die Titanic. Durch einen Fehler des Offiziers stieß das Schiff auf ein Minenfeld und sank. Nun liegt es in 40 m Tiefe beim Kap Barbariga und wartet auf den Besuch von Tauchern. Verschiedene Tauchzentren in der Stadt bieten Tauchausflüge an.
Diving Rovinj, Hotel Istra, Otok Sveti Andrija, ℡ 052-802540, 🖥 www.rovinj-diving.hr.
Scuba Valdaliso, Hotel Valdaliso, Monsena bb, ℡ 098-212360, 🖥 www.diving-rovinj.com.

SONSTIGES

Apotheken
Ljekarna Mihovilović-Muškardin, Istarska bb, ℡ 052-830040, 🖥 www.tvrtke.com/ljekarne-mm. ⏰ Mo–Sa 7.30–20, So 7.30–13 Uhr.
Ljekarna Blitva, Carera 22a, ℡ 052-830832, ✉ ljekarne-popadic-blitva@pu.t-com.hr. ⏰ 8–21 Uhr.
Ljekarna Blitva, Valbruna 2, ℡ 052-840680, ✉ ljekarne-popadic-blitva@pu.t-com.hr. ⏰ 8–21 Uhr.

Autovermietungen
AMC, Šetalište Vijeća Europe bb, ℡ 052-814259. ⏰ Mo–So 7–20 Uhr.
Uni rent, A. Starčevića 35, ℡ 052-841040, 🖥 www.uni-rent.net.
Vetura, Nazorova bb, ℡ 052-815209, 🖥 www.vetura-rentacar.hr.

Einkaufen
Atelier Galerija Brek, Ulica Fontika 2. Dieses hübsche kleine Atelier verkauft bunte Dekorationsgegenstände im maritimen Stil. ⏰ 11–25 Uhr.

Informationen
Touristeninformation Rovinj, Pina Budicina 12, ℡ 052-811566, 🖥 www.tzgrovinj.hr.

Medizinische Hilfe
Ambulanz für Touristen, Istarska ulica bb, ℡ 052-813004. Die Ambulanz ist außerhalb des Altstadtzentrums beim Rettungsdienst Rovinj untergebracht und rund um die Uhr geöffnet.

Taxi
Taxi station, Trg na lokvi bb, ℡ 052-811100, 🖥 www.rovinj-taxi.net.

Touristenagenturen
Andre Tours, Tommasea Niccoloa 11, ℡ 052-817376, 🖥 www.andre-tours.com. Vermittlung

von Privatunterkünften, Organisation von Ausflügen und Transfers.
Country Club, Rovinjsko Selo 31, ✆ 052-848549, 🖳 www.country-club.hr. Vermietung von Apartments, Villas und Bungalows in Rovinj und Umgebung.
Turist Agentur Petra, Matije Vlacica Ilirika 22, ✆ 052-812880, 🖳 www.divingpetra.hr. Kleine Touristenagentur, die neben der Vermietung von einfachen, aber recht preiswerten Privatzimmern v. a. Tauchausflüge zu den Schiffswracks organisiert.
Tourist Agency Planet, Sv. Križ 1, ✆ 052-840494, 🖳 www.planetrovinj.com. Unterkunftsvermittlung, Exkursionen zu den Brijuni-Inseln, Plitvicer Seen und nach Venedig, Auto- und Radverleih sowie Angebot an Wellness- und Aktivurlaub. Die Agentur bietet auch Internet.

TRANSPORT

Busse
Der **Busbahnhof**, Trg na Lokvi, ✆ 060-333111, 🖳 www.autotrans.hr, brioni.hr, befindet sich südlich der Altstadt.
NOVIGRAD, 5x tgl. in 1–1 1/2 Std. für 58 Kn.
PAZIN, 4x tgl. in 30 Min.–1 1/2 Std. für 46 Kn.
POREČ, 9x tgl. in 45 Min. für 35–43 Kn.
PULA, mind. 1x pro Std. in 30–45 Min. für 32–43 Kn.
RIJEKA, 6x tgl. in 2 1/2 Std. für 93–127 Kn.
ZAGREB, 11x tgl. in 3–5 Std. für 145–180 Kn.
Es gibt 1x tgl. einen Direktbus von Rovinj nach PADUA (5 Std.), der in TRIEST (2 Std.) und VENEDIG (4 Std.) hält. Ein weiterer Direktbus fährt nach TRIEST und hält in POREČ. Nach LJUBLJANA und KOPER geht 2x tgl. ein Bus, nach FRANKFURT, MÜNCHEN, STUTTGART und ULM 2x pro Woche (Mi und Sa).

Schiffe
Es fahren zu jeder halben Stunde Schiffe vom Hafen zu den Inseln SV. ANDRIJA und SV. KATARINA, das erste startet um 5.30 Uhr, das letzte kehrt um 1 Uhr zurück. Zum LIMKSI-KANAL kommt man von Rovinj aus nur über organisierte Bootsfahrten, welche am Hafen oder von Touristenagenturen angeboten werden, wie beispielsweise von **Quo Vadis**, 🖳 www.excursions-quovadis.com.

Limski-Kanal

Der Limski-Kanal, auch Limski-Fjord oder Limkanal genannt, ist rund 10 km lang und Teil des 35 km langen Tals Limska draga, das sich bis Pazin im Landesinneren erstreckt. Auf beiden Seiten des Kanals erheben sich steile, dicht bewaldete Berghänge, die an manchen Stellen bis zu 100 m Höhe erreichen. Der Name stammt vom lateinischen Wort *limes* („Grenze"), da der Kanal einst eine Grenze zwischen den Besitztümern von Poreč und Pula bildete. Um einen Fjord im eigentlichen Sinne handelt es sich indes nicht, sondern vielmehr um ein Flusstal, das nach der letzten Eiszeit von Meerwasser überflutet wurde. Der schmale Meeresarm bietet dank des geringen Salzgehaltes übrigens ideale Bedingungen für die Austernzucht, die hier intensiv betrieben wird. In den Restaurants am Kanal kann man sich von der Qualität und Güte der Austern höchstpersönlich überzeugen (s. Loose Aktiv S. 137).

Von Vrsar, Poreč und Rovinj aus werden Bootsausflüge durch den Kanal angeboten, den man von der Straße aus nur an ganz wenigen Punkten einsehen kann.

Über dem Anlegeplatz und den Restaurants an der **Limski-Bucht**, auf 100 m Höhe, liegt im Wald versteckt die 105 m lange **Romualdo-Höhle** (Romualdova špilja), zu der ein steiler, ausgeschilderter Pfad führt und die nur zu Fuß erreicht werden kann (gutes Schuhwerk ist unabdingbar!). Die Legende besagt, dass hier der Hl. Romualdo lebte, der das Kloster Sv. Mihovila gründete, dessen Ruinen im Ort Kloštar zu finden sind. Die Höhle ist mit Verzierungen ausgeschmückt, außerdem bezeugen dort gefundene Tierknochen, dass sie in der Steinzeit vorübergehend bewohnt wurde. Erst kürzlich wurde die Höhle für Besucher zugänglich gemacht, man kann sie nur im Rahmen einer Führung besichtigen. Achtung, warme Kleidung anziehen – die Temperatur in der Höhle beträgt nur 15 °C. ⏱ 11–18 Uhr, Eintritt 30 Kn, erm. 15 Kn.

Auf der Straße in Richtung Vrsar gibt es einen **Aussichtsturm**, den man bei Schwindelfreiheit unbedingt besteigen sollte, denn von dort hat man einen recht guten Blick auf den Kanal und die umliegenden Hügel.

Mit dem Kanu durch den Limski-Kanal

- **Fahrzeit**: 2 Std.
- **Länge**: variabel, hier ca. 3 km
- **Schwierigkeitsgrad**: mittel

Eine wunderbare Möglichkeit, den Limski-Kanal kennenzulernen, bietet, zumindest bei gutem Wetter und ruhiger See, die Tour mit dem Kanu durch die rund 10 km lange Wasserstraße, welche zwischen Vrsar und Rovinj verläuft und auch Limbucht *(Limski zaljev)* oder Limfjord *(Limski fjord)* genannt wird. Die tief ins Landesinnere eindringende, schmale Meeresbucht (Ria) ist nicht durch die Erosion eines Gletschers entstanden, sondern durch einen Fluss – die Pazinčica, die in Jahrmillionen neben dem 10 km langen Meeresarm auch das 35 km lange Lim-Tal *(Limska draga)* grub. Zu römischer Zeit soll hier ein Grenzkastell existiert haben, von dem jedoch keine Spuren mehr vorhanden sind.

Erlebnis Fjord-Landschaft

Der Limski-Kanal ist landschaftlich von einzigartiger Schönheit und sucht in Kroatien seinesgleichen. Mit etwas Glück kann man sogar Delphine erblicken. Doch nur gut trainierte, geübte Kanuten werden es schaffen, den kompletten Kanal zu befahren, zumal immer wieder Strömungen einen daran hindern, zügig voranzukommen. Doch die hier vorgeschlagene, zweistündige Kanutour reicht schon aus, um einen Eindruck von der wunderschönen Fjord-Landschaft mit den steil abfallenden, grünen Felsen zu bekommen, die, wie Funde belegen, in der Steinzeit als Siedlungsplätze dienten. Besonderes schön ist die Landschaft, wenn sich die Bäume der umgebenden Wälder bunt färben und einen faszinierenden Kontrast zum Dunkelblau des Wassers bilden – oder bei untergehender Sonne. Während der Tour hat man wiederholt die Möglichkeit, am Ufer anzulegen und ins Wasser zu springen.

Toureinstieg

Es gibt verschiedene Kanuverleihstationen. Am besten aber leiht man das Kanu beim **Naturistencamp Koversada** (S. 140), da man von dort auf direktem und schnellstem Weg zum Kanal gelangt. Der Zutritt zum Camp ist prinzipiell kostenpflichtig, nicht jedoch für denjenigen, der nur ein Kanu leihen möchte (am Ende der Tour muss man die Kanurechnung vorweisen!). Der Kanuverleih befindet sich an der nordwestlichsten Spitze des Campingplatzes, bei der Lounge Bar Punta Trole.

Hat man das Kanu zu Wasser gelassen, fährt man vom Camp aus links unter der Brücke hindurch, welche das Inselchen Koversada mit dem Festland verbindet, ein Stück aufs offene Meer hinaus und um den Campingplatz herum. Da sich hier Strände befinden, muss man etwas vorsichtig und langsam durch schwimmende Badegäste hindurchpaddeln, doch wenn das geschafft ist, gelangt man auch schon zum Kanal. Um keinen Booten in die Quere zu kommen, sollte man möglichst nahe am Ufer bleiben. Dort paddelt es sich bequem, so lange man Kraft und Puste hat.

Weitere Kanuverleihstationen

Die **Tourist Agency Bovi** vermietet Kanus für 50 Kn die Stunde (kein Tagesverleih), außerdem werden Kanus beim **Sportzentrum Belvedere** des gleichnamigen Resorts, beim **Sportzentrum Koversada**, 052-426331, beim **Sportzentrum Valkanela**, 052-445216, sowie beim **Sportzentrum Montraker**, 091-5774819, www.sport-vrsar.com.hr, verliehen. Die **Touristenagentur Fiore Adventure**, 052-431397, www.fiore.hr, organisiert Kajaktouren durch den Limski-Kanal und durch den Archipel von Vrsar.

Restaurants

Egal, wie viel vom Limski-Kanal man durchpaddelt hat – in der Bucht am Ende des Kanals wartet anschießend eine willkommene Stärkung (Zufahrt auch mit dem Auto möglich). Die **Unterwasser-Süßquellen** machen diese Bucht zu einem idealen Zuchtort von Miesmuscheln, Austern und anderen Fischen, weshalb der Limski-Kanal die Adresse Nr. 1 für Muscheln in Istrien ist. Bereits 1888 wurden hier Austern gezüchtet. Die zwei in der Bucht befindlichen Restaurants – das **Restaurant Fjord**, 052-448222, fjord@mail.inet.hr, 11–23 Uhr, und das **Restaurant Viking**, 052-448223, viking@pu.t-com.hr, 11–16.30, 18.30–23 Uhr – sind daher die besten Orte, um fangfrische Muscheln zu essen. Es gibt dort aber auch gute Fisch- und Pasta-Gerichte, die geräucherten Filetstücke der Goldbrasse und Seebarsche können auch direkt gekauft und mitgenommen werden.

Vrsar

Der hübsche Fischerort Vrsar (2700 Einw.) gehört zu den weniger touristischen Küstenorten Istriens und stellt daher eine gute Alternative zu den doch recht teuren Städten Pula, Rovinj und Poreč dar. Vrsar liegt auf einer Halbinsel am Limski-Kanal, umgeben von 15 Inselchen. Die pittoreske historische Altstadt erstreckt sich auf einem Hügel, die kleinen Plätze und engen Gassen, die sich steil nach oben winden, sind gesäumt von schönen alten Häusern unterschiedlicher architektonischer Stilrichtungen. Unten führt eine Uferpromenade am Wasser entlang, wo sich zahlreiche kleine Restaurants und Cafés sowie wunderschöne Badebuchten aneinanderreihen.

Neben der **Kirche der Hl. Foška** (Crkva Sv. Foške) aus der ersten Hälfte des 17. Jhs. befindet sich das **Hauptstadttor**, das im 13. Jh. errichtet wurde und jahrhundertelang den Eingang in die befestigte Stadt bildete. Über dem Tor kann man den venezianischen Löwen entdecken – mit geschlossenem Buch, ein Zeichen, dass es aus der Zeit der Kriegsführung der Republik Venedig stammt. Bei der kleinen **Kirche des Hl. Anton von Padua** (Crkva Sv. Antuna Padovanskog) aus der zweiten Hälfte des 17. Jhs., die im Stil der Renaissance und des Barock erbaut ist, kann man das alte, romanische Tor, auch **Kleines Stadttor** genannt, am Ortsrand finden. Der Rahmen besteht aus 13 Steinblöcken, die gut erhaltene Tür aus istrischer Eiche gehört zu den ältesten in Istrien. Neben dem Tor erkennt man zwei eingemauerte Eisenkugeln von englischen Schiffen, die Anfang des 19. Jhs. auf die damals von Napoleon verwaltete Stadt abgefeuert wurden.

Ganz oben, auf einem Plateau, steht die **Kirche des Hl. Martin** (Crkva Sv. Martina), Nazorova 1, 052-441746, mit dem Glockenturm, der für 10 Kn bestiegen werden kann und von wo aus man einen traumhaften Blick über die Stadt und das Meer genießen kann. Mit dem Bau der Kirche wurde 1804 begonnen, jedoch wurde sie erst 1935 fertiggestellt. Das Innere des Gotteshauses ist sehr schlicht, einige Gemälde stellen das Leben der Hl. Foška und des Hl. Martin dar. ⏲ 9–22 Uhr.

Oben auf dem Hügel befindet sich auch das **Kaštel**, das den Bischöfen von Poreč als Sommerresidenz und als Zufluchtsort vor Epidemien und Kriegen diente. Ursprünglich befand sich hier ein kleineres, romanisches Kastell, das im 13. Jh. unter Bischof Oton erneuert und erweitert wurde. Von den Mauern und Türmen sind heute nur noch zwei erhalten, eines davon besitzt eine Sonnenuhr. Unter venezianischer Herrschaft im 18. Jh. wurde das Kastell vom Bürgermeister von Sv. Lovreč in Beschlag genommen, im 19. Jh. übernahm es die Familie Vergotini aus Poreč. Daraufhin verwahrloste es und blieb verlassen, bis es kürzlich wieder hergerichtet wurde.

Ebenfalls sehenswert ist die **Basilika der Hl. Maria vom Meer** (Crkva Sv. Marije od mora) an der Anlegestelle, die aus dem 8. Jh. stammt und zu den bedeutendsten Beispielen romanischer Architektur in Istrien zählt.

Erwähnenswert ist auch, dass der berüchtigte Liebhaber und Abenteurer Giacomo Casanova aus Venedig Vrsar zweimal besucht hat, was man in seinen Memoiren nachlesen kann, wo er eine leidenschaftliche Begegnung mit einem Zimmermädchen beschreibt. Vielleicht ist es deshalb kein Zufall, dass auf dem **Inselchen Koversada** im Süden von Vrsar, das über eine Brücke mit dem Festland verbunden ist, einer von Europas meistbesuchten **FKK-Camps** liegt. Und das schon seit 50 Jahren, was Vrsar zu einem Weltpionier in puncto Freikörperkultur macht.

Um Vrsar herum gibt es viele schöne **Badebuchten** mit Liegemöglichkeiten auf dem betonierten Ufer oder im Wald, nur ein paar Minuten vom Zentrum entfernt. Die schönsten Buchten und Strände befinden sich beim **Camp Orsera**, wenn man von der Hafenpromenade Richtung Norden läuft.

ÜBERNACHTUNG

Da Vrsar noch nicht so touristisch ist wie die anderen Orte an der Küste, ist hier das Angebot an Unterkünften auch nicht so groß. Die Touristenagenturen vermitteln Privatunterkünfte, die Preise liegen bei etwa 250 Kn pro Nacht. Vrsar ist jedoch vor allem ein Campingparadies, mit seiner schönen Natur und den vielen kleinen Badebuchten.

Hotel Vista, Rade Končara 52, 052-406620, www.hotelvista.hr. Die Zimmer dieses geschmackvollen, modernen Hotels sind nach

den Themen Meer, Lavendel und Oliven gestaltet und farblich darauf abgestimmt. Es gibt eine schöne, große Terrasse mit Piano Bar und Blick auf das Meer, wo gefrühstückt, abends ein Gläschen getrunken und den Tag über entspannt werden kann. ❸–❺
Naturist Kamp Koversada, ☏ 052-800200, 🖥 www.campingrovinjvrsar.com. Der Campingplatz an der Mündung zum Limski-Kanal wird von der **Kette Maistra** verwaltet, zur der auch mehrere Resorts und Apartments gehören. Der Campingplatz ist riesengroß, aber sehr schön angelegt, an traumhaften Stränden und inmitten mediterraner Vegetation. Von derselben Kette werden auch das etwas kleinere **Kamp Porto Sole**, das ein Stückchen nördlich des Naturistencamps liegt, und das nördlich von Vrsar gelegene **Kamp Valkalena** geführt, wo auch geräumige, modern eingerichtete Bungalows mit Veranda vermietet werden und der wohl von allen Campingplätzen um Vrsar herum der empfehlenswerteste ist.

ESSEN

Bare, Kamenarija 4, ☏ 052-445193, 🖥 www.konoba-bare.hr. Diese gemütliche, rustikal eingerichtete Konoba befindet sich in Funtana, 4 km nördlich von Vrsar, und serviert exzellente istrische Küche mit frischen Lokalprodukten. Besonders lecker sind der Fisch mit Kartoffeln im Ofen, Risotto mit Scampi sowie die Trüffelgerichte. Da das Lokal von vielen Gourmetführern empfohlen wird, ist es ratsam, einen Tisch im Voraus zu reservieren. Die Preise sind etwas gehoben. ⏲ Do–Di 12–23 Uhr.
Café Bar Ladonja, Giacoma Casanove 1, ☏ 098-865164. In dieser Café-Bar in der Altstadt von Vrsar wird öfter mal Livemusik gespielt. ⏲ 20–24 Uhr.
Café L'Angélique, Orlandova 47, ☏ 052-441296. Romantisch und ruhig am Fuße der Kirche des Hl. Martin liegt dieses hübsche Lokal mit ein paar Außentischen. Ein idealer Ort, entweder um nachmittags eine Tasse ausgezeichneten Kaffee oder Tee (für Kroatien gibt es hier eine außergewöhnlich große Auswahl) mit einem Stück hausgemachten Kuchen zu sich zu nehmen oder abends ein Gläschen Wein mit leckeren

Ausflug in die Welt der Kunst

In **Valkanela**, ein paar Kilometer nördlich von Vrsar, neben dem Campingplatz Valkanela, liegt der **Skulpturenpark Džamonja**, 🖥 www.dusan-dzamonja.com, des weltweit bekannten kroatischen Bildhauers Dušan Džamonja. Die beeindruckenden, modernen Skulpturen aus verschiedenen Metallen, Marmor und Bronze fügen sich perfekt in die wunderschöne Natur. Der Eintritt ist frei, es gibt auch keine festen Öffnungszeiten.

Häppchen (beispielsweise Käse und Schinken mit selbst gemachtem Brot) zu genießen. Die Besitzer Tom und Daniela sind sehr freundlich und bemüht. ⏲ 8.30–22 Uhr.
More, A. Gašparini 3, ☏ 052-445202, ✉ restoran.konoba.more@gmail.com. Diese rustikale, gemütliche Konoba liegt in Funtana, 4 km nördlich von Vrsar, und serviert von Küchenchef Ivan Ipša zubereitete, mediterrane Küche – hausgemachte Pasta, Fisch- und Fleischgerichte und auf Anfrage auch vegetarische Speisen. Besonders zu empfehlen sind die *pljukanci* mit Scampi und Spargel (saisonal) oder Fisch im Salz. Freundliche Bedienung. ⏲ 12–24 Uhr.
Restaurant Fortuna & Pizzeria 2000, Dalmatinska 14, ☏ 052-441209. Die Bedienung dieses Restaurants mit Pizzeria ist außergewöhnlich freundlich und zuvorkommend, was wohl mit ein Grund dafür ist, dass dieses Lokal v. a. abends so gut gefüllt ist (wer auf Nummer sicher gehen möchte, sollte daher reservieren). Neben leckeren Pizzas aus dem Holzofen gibt es hier istrische Spezialitäten, große Fisch- und Fleischplatten und sogar eine große Auswahl an vegetarischen Gerichten. Besonders gut sind auch die verschiedenen Salate. Kleine Preise, große Portionen, und am Ende spendiert das sympathische Besitzerpaar meist noch ein Getränk. ⏲ 12–23 Uhr.
Trošt, Obala maršala Tita 1a, ☏ 052-445197, 🖥 www.restoran-trost.hr. Ausgezeichnetes Restaurant mit istrisch-mediterranen Fisch- und Fleischgerichten in kleiner, aber feiner

Auswahl. Besonders zu empfehlen sind die schwarzen Spaghetti mit Scampi oder – auf Vorbestellung – das Kalbfleisch unter der Glocke *(peka)*. Als Nachspeise sollte man sich die Pannacotta mit Waldbeeren nicht entgehen lassen. ⏲ 10–24 Uhr.

UNTERHALTUNG UND KULTUR

Der Tourismusverband Vrsar engagiert sich für das kulturelle Leben der Stadt und organisiert vor allem im Sommer gemeinsam mit verschiedenen Vereinen und Organisationen der Stadt diverse Kunst- und Kulturveranstaltungen.

So gibt es den ganzen Sommer über regelmäßig Konzerte auf den Plätzen und in den Kirchen von Vrsar. Infos und Veranstaltungskalender sind in der Touristeninformation von Vrsar erhältlich.

Klassische Konzerte finden während der Sommermonate in der Kirche des Hl. Martin sowie im Rahmen des **Musikfestivals Meer und Gitarren** in der Basilika der Hl. Maria statt. Beim **Montraker Live Music Festival**, 🖳 www.montrakerlive.com, werden 2 Tage lang Blues-, Rock-, Soul- und Jazzkonzerte von einheimischen und ausländischen Musikern in einem verlassenen Steinbruch gespielt.

6x in der Saison wird beim **Fischerfest** für viel Unterhaltung und Folklore gesorgt und natürlich Fisch in allen Zubereitungsvarianten verspeist.

Und natürlich muss auch dem Casanova ein Fest gewidmet sein – beim **Casanovafest** Ende Juni werden anhand von Literaturabenden, Ausstellungen, Filmprojektionen und Konzerten die Liebe und Erotik gefeiert.

AKTIVITÄTEN UND TOUREN

Die zahlreichen Campingplätze rund um Vrsar verfügen alle über ein Sportzentrum, in dem Fahrräder, Boote und Kanus verliehen werden, ein paar davon haben auch ein Tauchzentrum und Ballspielplätze.

In Vrsar werden auch **Bootsfahrten durch den Limski-Kanal** angeboten, die Karten werden an der Anlegestelle am Hafen verkauft. Die Preise variieren je nach Länge des Ausflugs (manche Ausflüge beinhalten auch den Besuch der Höhle oder Verpflegung). Die meisten Bootstouren sind sehr touristisch, nur einige wenige Anbieter machen auch Privatausflüge.

Radfahren

Von Vrsar gehen schöne Radrouten ab, die durch den Wald Kontija führen, beispielsweise nach Kloštar am Limski-Kanal oder zum Skulpturenpark nach Valkanela. In der Touristeninformation gibt es kostenlose Radkarten. Räder werden beispielsweise beim **Sportzentrum Belvedere** des gleichnamigen Resorts, ✆ 052-689100, vermietet.

Tauchen

Der Archipel von Vrsar bietet mit seinen Riffs und Wracks wunderbare Tauchmöglichkeiten. Einige der Sportzentren der Campingplätze verfügen über Tauchbasen.

Tauchclub Starfish, AC Porto Sole, ✆ 052-442119, 🖳 www.starfish.hr. Tauchzentrum beim Campingplatz Porto Sole, das Tauchkurse für Anfänger und Fortgeschrittene anbietet.

Tauchclub Fran's Reef, AC Orsera, Orlandova 17, ✆ 091-1562001, 🖳 www.fransreef.com. Tauchzentrum mit großem Angebot – von Riff-, Höhlen- und Wracktauchen bis zu Nachttauchgängen.

SONSTIGES

Apotheken

Ljekarna Maja Kolenc, Trg Degrassi 8, ✆ 052-441347. ⏲ Mo–Fr 7.30–20, Sa 8–15, So 8–13 Uhr.

Informationen

Touristeninformation Vrsar, Rade Končara 46, ✆ 052-441746, 🖳 www.infovrsar.com. Sehr bemühte Touristeninformation, die auch gerne bei der Suche nach Unterkünften behilflich ist.

Medizinische Hilfe

AC Valkanela, ✆ 052-445 216. Touristische Ambulanz beim Camping Valkanela.
Ambulanz Dr. Janko Vesna, Rade Končara 66, ✆ 052-441308.

FKK Koversada, ✆ 052-441299. Touristische Ambulanz beim Camping Koversada.

Post
Post Vrsar, Saline bb, ✆ 052-372645.
⏰ Mo–Fr 7.30–17, Sa 7.30–13 Uhr.

Taxi
Taxis können unter ✆ 098-9622555 gerufen werden.

Touristenagenturen
N°1 Tourist Office, Brostolade 7, ✆ 052-442262, ✉ no1@pu.t-com.hr. Vermittlung von Privatunterkünften.
Tourist Agency Bovi, Jadranska 18, ✆ 052-441590, 🖥 www.bovi.hr. Vermittlung von Privatunterkünften.
Turistička agencija Sole, Rade Končara 84, ✆ 052-428615, 🖥 www.sole-vrsar.com. Vermittlung von Unterkünften.

TRANSPORT
Der **Busbahnhof**, Obala maršala Tita bb, ✆ 066-333111, liegt im Zentrum an der Promenade. Nach POREČ fahren zwischen 6 und 21 Uhr stdl. Busse, nach ROVINJ und PULA gehen tgl. mind. 4 Busse.

Poreč

Poreč (17 000 Einw.) gehört mit Rovinj und Pula zu den wichtigsten Städten Istriens. Die historische Altstadt erstreckt sich malerisch auf einer Halbinsel und birgt zahlreiche historische Schätze sowie willkommene Bademöglichkeiten. Mit seinem reichen touristischen Angebot und zahlreichen interessanten Sehenswürdigkeiten ist Poreč zu einem der beliebtesten Reiseziele der Region geworden.

Wie viele andere istrische Küstenstädte stand auch Poreč mehr als 500 Jahre lang (1267–1797) unter venezianischer Herrschaft; in dieser Zeit entstanden prachtvolle Palazzi, die bis heute das Stadtbild prägen. Unter der Herrschaft der Habsburger im 19. Jh. wurde die Stadtmauer abgerissen, was das rasante Anwachsen der Stadt ermöglichte. Poreč avancierte zum Verwaltungszentrum Istriens und in der zweiten Hälfte des 20. Jhs. zu einem der wichtigsten touristischen Zentrum an der istrischen Küste.

Von Poreč aus lassen sich auch schöne Ausflüge ins Landesinnere unternehmen, empfehlenswerte Ziele sind z. B. Motovun (S. 160), Livade (S. 159), Oprtalj (S. 159) und Grožnjan (S. 157).

Der alte Stadtkern
Die Altstadt wirkt wie ein riesengroßes Freilichtmuseum – überall stößt man auf imposante, gut erhaltene Bauwerke, Sinnbild der verschiedenen Epochen und architektonischen Stilrichtungen, von der Antike bis ins 20. Jh.

Rund um den historischen Stadtkern führen drei Uferpromenaden, die neben schönen, romantischen Spaziergängen die Möglichkeiten bieten, ins Wasser zu springen oder in der Sonne zu liegen. Von der **Obala maršala Tita** (auch *Riva* genannt) fahren die Schiffe zur vorgelagerten Insel Sv. Nikola ab. Neben zahlreichen Restaurants und Cafés wird die Promenade von dem imposanten Gebäude der **Stadtverwaltung** aus dem Jahr 1909 geschmückt, das von schönen Palmen gesäumt wird.

Die Stadtmauer
Vom 12.–16. Jh. wurde die Stadtmauer hauptsächlich entlang der alten antiken Festungen errichtet. Von den elf Türmen, die es früher in Poreč gegeben haben soll, sind nur noch drei erhalten, wovon der bekannteste der **Fünfeckige Turm** im Osten ist, der den Eingang zur Altstadt markiert und aus dem Jahr 1475 stammt. An seiner Spitze erblickt man den venezianischen Löwen mit geöffnetem Buch. Im Süden, nahe dem Wasser, erhebt sich der **Rundturm** aus dem Jahr 1475, der zur Zeit Pietro da Mulas errichtet wurde und wo sich heute die Café-Bar Torre Rotonda befindet. An der Nordseite der Halbinsel, wo die Stadtmauer noch am besten erhalten ist, ist der 1473 unter Francesco Boundulmier errichtete **Nordturm** zu erkennen.

Decumanus und Cardo Maximus
Im alten Stadtkern wurde die **symmetrische Straßenordnung der Römer** beibehalten, manche Straßen tragen sogar noch römische Namen. Die Hauptstraße, die sich einmal quer

Euphrasius-Basilika: goldener Prunk so weit das Auge reicht

durch die Altstadt zieht, von Osten aus, wo sich früher das Stadttor befand und heute der Hauptplatz Trg slobode liegt, Richtung Westen zum Forum, dem heutigen Platz Trg Marafor, heißt **Decumanus**. Die Hauptquerstraße ist **Cardo Maximus**. Parallel zu diesen zwei Hauptachsen verlaufen sämtliche Seitenstraßen, sodass die Altstadt aus vielen kleinen Quadern besteht, in denen sich früher die Häuser befanden. Die zwei Hauptstraßen zieren viele **Paläste** aus dem 15. und 16. Jh., wie beispielsweise der **Palača Zuccato** an der Kreuzung zwischen Decumanus und Cardo Maximus, mit seinen typisch venezianisch-spätgotischen Fenstern.

Am Eingang zur Altstadt liegt der belebte, mit Cafés und Geschäften übersäte **Trg slobode** mit der hübschen, gelb getünchten **Kirche Muttergottes der Engel** (Gospe od Anđela) aus dem 18. Jh. mit dem 18 m hohen Glockenturm. Geht man ein paar Schritte weiter in Richtung Altstadt, so kommt man zum **Aquarium**, Frane Glavinića 4, ✆ 052-428720, 🖥 www.aquarium-travel.com, das in 25 Becken unterschiedlicher Größe die vielfältige Unterwasserwelt, Flora wie Fauna, der Adria zeigt. ⏰ Juni–Aug 9–23, Sep–Juni Sa, So 10–15 Uhr, Eintritt 40 Kn, erm. 20 Kn.

Gleich zu Beginn der Decumanus findet man das **Heimatmuseum Poreštine** (Zavižajni muzej Poreštine), Decumanus 9, ✆ 052-431585, 🖥 www.muzejporec.hr, das im Palast der Familie Sinčić aus dem frühen 18. Jh. eingerichtet ist. Das Museum wurde 1884 eröffnet und ist somit das älteste in Istrien. Es beherbergt archäologische Funde und Exponate aus venezianischer Zeit. In den Barocksalons der ersten und zweiten Etage ist die Kunstsammlung alter Meister mit Porträts der Familie Carli aus Koper untergebracht. Im Erdgeschoss sowie im hinteren, offenen Teil befindet sich das **Lapidarium** mit Denkmälern aus römischer Zeit, darunter die Skulpturen aus dem Neptuntempel und ein Grabstein, der die Wein- und Olivenernte zeigt. Im Lapidarium lockt außerdem eine Bar, in der während des Sommers Jazzkonzerte stattfinden. ⏰ Mo–Fr 8–16 Uhr.

Am südlichen Ende der Eleuterija liegt das **Haus der beiden Heiligen** (Kuća Dva sveca), deren eingemauerte Reliefs zweier Heiliger auf der Fassade dem ehemaligen Benediktinerkloster seinen Namen gegeben haben.

Am **Trg Marafor**, am westlichen Ende der Altstadt, befand sich das **antike Forum** und damit

die größte römische Kultstätte Istriens. Es sind noch die Überreste des Neptun- und Marstempels zu sehen und die Reste der Originalpflasterung des Forums. Ebenfalls auf dem Platz erblickt man das **Romanische Haus** aus dem 13. Jh. Im Erdgeschoss befand sich früher ein Stall, steinerne Außentreppen führen zum Zimmer mit Feuerstelle in der ersten Etage. Entlang der zweiten Etage zieht sich ein schöner Eckbalkon aus Holz. In dem Haus ist die ethnografische Sammlung des Heimatmuseums Poreštine untergebracht.

Euphrasius-Basilika

Am nördlichen Ende der Eleuterija, einer Querstraße des Cardo Maximus, befindet sich die bekannteste und beeindruckendste Sehenswürdigkeit Porečs, die dreischiffige Euphrasius-Basilika (Eufrazijana), die 1998 ins Unesco-Weltkulturerbe aufgenommen wurde. Der Komplex wurde im 6. Jh. an der Stelle einer Kapelle aus dem 4. Jh. errichtet, also zur Zeit, als Poreč von Byzanz verwaltet wurde, und umfasst neben der Kirche ein Atrium und eine Taufkapelle. Die Basilika gehört zu den besterhaltenen und schönsten frühbyzantinischen Kirchen Europas.

Besonders beeindruckend sind die funkelnden, goldenen Mosaike in der Apsis, welche biblische Szenen, darunter Christus mit den zwölf Aposteln, das Lamm Gottes und istrische Märtyrer darstellen. Auf der linken Seite sieht man den Bischof Euphrasius, Auftraggeber für den Bau der Basilika, wie er in seiner Hand im Modell der Kirche hält. Es ist erstaunlich, dass sich die Mosaike über eine derart lange Zeit so gut erhalten haben, weshalb lange angenommen wurde, dass sie aus einer späteren Epoche stammen. Neben den Goldtönen dominieren im Inneren der Kirche kräftige, rötliche Ockertöne, die zusammen mit dem vielen Gold einen faszinierenden Gesamteindruck ergeben.

Vom Glockenturm, der über die achteckige Taufkapelle zugänglich ist, hat man einen wunderbaren Blick auf die Stadt. Wichtiger Hinweis: In die Kirche wird man nur mit korrekter Kleidung eingelassen, das heißt die Arme und Beine müssen bedeckt sein, T-Shirts und kurze Hosen sind tabu! ⏰ 9.30–18, So 14–18 Uhr, Eintritt 30 Kn.

Neben der Kirche steht das **Bischofspalais**, in dem heute das **Diözesanmuseum** untergebracht ist, das u. a. Steinskulpturen und Mosaike aus dem 4. Jh. beinhaltet, welche von dem Vorgängerbau der Basilika stammen. ⏰ April–Okt 10–19 Uhr, ansonsten auf Voranmeldung bei der Touristeninformation, Eintritt 10 Kn.

Insel Sv. Nikola

Die längliche, vorgelagerte Insel mit zwei Wellenbrechern diente der Stadt immer schon als Schutz. Heute ist sie vor allem wegen der vielen attraktiven **Bademöglichkeiten** beliebt. Neben den eingezäunten, zurechtgemachten Stränden befinden sich an der Westseite zum offenen Meer hin schöne, felsige Abschnitte. Die dichten Kiefernwälder spenden angenehmen Schatten. Auf der Insel steht außerdem der älteste **Leuchtturm** der Adria (1402), der heute allerdings nicht mehr in Betrieb ist. Zur Infrastruktur gehören ein Hotel mit Pool und ein paar Restaurants. Es setzen alle halbe Stunde Boote von der Riva zur Insel über, die Fahrt kostet etwa 20 Kn.

ÜBERNACHTUNG

Übernachtungen in Poreč sind relativ teuer, die meisten Unterkünfte befinden sich südlich oder nördlich des Zentrums. Wegen der großen Nachfrage sollte man so früh wie möglich buchen. Abgesehen von den großen Hotelkomplexen in Brulo, Plava Laguna und Zelena Laguna gibt es noch die grünen Touristenorte Borik und Špadići, wo sich an die 20 Hotels und Apartmentanlagen befinden. Die größten Ketten sind **Valamar Hotels & Resorts**, ☎ 052-465100, 🖥 www.valamar.com, und **Laguna Poreč**, ☎ 052-410102, 🖥 www.lagunaporec.com. Wer nicht in einem dieser Hotels absteigen möchte, der kann sich über eine der Touristenagenturen eine Privatunterkunft suchen oder auf dem Campingplatz übernachten. Hotels in der mittleren Preisklasse sind leider eher schwer zu finden.

Aparthotel Lav, Vladimira Gortana 2, ☎ 052-427058, 🖥 www.hotellavporec.com. Gepflegte, gemütlich eingerichtete 3-Sterne-Apartments im Zentrum, mit etwas funktionalen Möbeln und gut ausgestatteter Küche. ❶–❸

Futurum Apartments Poreč, Eufrazijeva 33, ☏ 099-5933343, 🖥 www.porec-apartments-futurum.com. Die Apartments mit Kochnische sind nicht wirklich schön, aber dafür liegen sie im Zentrum und preislich deutlich unter dem Schnitt. ❶

Gargamelo Pension, Dalmatinska 10, ☏ 095-5180261, 🖥 www.gargamelo.info. Hübsche, gepflegte Pension im nördlichen Stadtteil Špadići, 2,5 km vom Zentrum und 1 km vom Strand entfernt. Die Besitzer sind sehr freundlich und hilfsbereit. Zur Pension gehört auch ein Restaurant, das gut zubereitete einheimische Gerichte serviert, morgens gibt es ein Frühstücksbuffet. Die Pension vermietet auch Apartments. ❷–❹

Hotel Mauro, Obala maršala Tita 15, ☏ 052-219500, 🖥 www.hotelmauro.com. Das 4-Sterne-Hotel an der Hafenpromenade wurde erst 2010 eröffnet und ist dementsprechend neu und modern. Die geschmackvoll eingerichteten Zimmer sind mit hellen Möbeln und Holzböden ausgestattet und in orange-braunen Tönen gehalten. Die Badezimmer sind sehr gepflegt. ❻

Kaštel Pansion & Restaurant, Kaštelir 28, ☏ 052-455310, 🖥 www.kastel-kastelir.hr. Diese familiengeführte, ländliche 3-Sterne-Pension mit Restaurant liegt im hübschen Ort Kaštelir, 7 km nordöstlich von Poreč und dem Meer entfernt. Die Zimmer sind gemütlich und rustikal eingerichtet, mit freigelegten Steinmauern und Holzbalken, Holzböden und alten Möbeln. Zum Frühstück gibt es frisches, lokales Obst, hausgemachte Croissants und Crêpes. Auch das Restaurant ist sehr zu empfehlen, die lokalen Gerichte werden mit frischen, saisonalen Produkten zubereitet. ❷–❹

Transition Lifestyle Retreat in Croatia, Diklići br 6, ☏ 052-422077. Diese von 2 Briten geführte Landhausvilla liegt im Dörfchen Diklići, knapp 20 km östlich von Poreč und 3 km vom nächstgelegenen Ort Višnjan entfernt. Die zwei Wahlkroaten Nigel und Shirley sind sehr um das Wohl ihrer Gäste bemüht und legen großen Wert darauf, ihnen ein authentisches Stück Istrien nahezubringen. Die Villa liegt zwar nicht am Meer, es gibt aber einen großen Garten mit Pool, wo man abschalten und entspannen kann. Das Frühstück und warme Gerichte wird aus lokalen Produkten zubereitet, Eier und Gemüse stammen aus eigener Produktion. Das Essen wird von Shirley zubereitet, manchmal gibt es auch spezielle Istrien-Abende. Buchen kann man leider nur über Internetportale. ❷–❹

Camping

Die Campingplätze in und um Poreč werden von 2 großen Ketten verwaltet.

Zur Kette **Laguna Poreč**, 🖥 www.lagunaporec.com, gehört der Campingplatz **Bijela Uvala**, ☏ 052-410102, ein riesiger Familiencampingplatz in der Zelena Laguna, 5 km südlich von Poreč, mit viel Vegetation, etlichen Kiesbuchten und Sport- und Unterhaltungsmöglichkeiten. Ebenfalls in der Zelena Laguna befindet sich der gleichnamige 4-Sterne-Campingplatz **Zelena Laguna**. Kleiner und ruhiger ist der 2-Sterne-Camping **Puntica**, ☏ 052-445270, der beim hübschen Fischerort Funtana, 7 km südlich von Poreč, auf einer kleinen Halbinsel mit Strand und einem Pinienwald liegt. Das schön angelegte und gepflegte Naturist Center **Ulika**, ☏ 052-410102, liegt auf der Halbinsel Červar, 8 km nördlich von Poreč.

Zur Kette **Camping on the Adriatic**, 🖥 www.camping-adriatic.com, gehört der Campingplatz **Lanterna**, ☏ 052-465010, ein gepflegter, großer 3-Sterne-Campingplatz auf der Halbinsel Lanterna, wo sich ebenfalls das Naturist Resort **Solaris**, ☏ 052-404000, befindet, das neben einem Campingplatz auch über Apartments und Zimmer verfügt und erst kürzlich renoviert wurde.

ESSEN

Barilla, Eufrazijeva 26, ☏ 052-452742. Die überdachte, in Steinmauern gefasste Terrasse und die freundliche Bedienung machen das Essen in diesem Restaurant beim Park Dobrile zu einer wahren Erholung. Auf der Speisekarte stehen mediterrane Fisch- und Fleischgerichte sowie eine große Auswahl an Holzofenpizzas und istrischen Pasta- und Risotto-Gerichten, die sogar von Italienern Lob ernten. Gutes Preis-Leistungs-Verhältnis. ⏱ 11–1 Uhr.

Divino, Obala maršala Tita 20, ☎ 052-453030, 🖥 www.divino.hr. Das etwas gehobenere Restaurant von Küchenchef Kristijan Budiša serviert frische Fisch- und Fleischgerichte, mediterran und fein zubereitet. Zu den Spezialitäten des Hauses gehören beispielsweise das Risotto Divino, Beefsteak im Salz Divino oder das Glattbuttfilet Divino. Wofür „Divino" steht? Selbst ausprobieren! Die Preise sind etwas höher als in üblichen Konobas. ⏲ 11–24 Uhr.

Dvi Murve, Grožnjanska 17, ☎ 052-434115, 🖥 www.dvimurve.hr. Dieses traditionsreiche Restaurant liegt an Porečs Stadtrand, im Schatten eines 200 Jahre alten Maulbeerbaumes, und bietet eine ideale Kombination aus innovativ und traditionell, mediterran und lokal. Der Fisch wird frisch von örtlichen Fischern gefangen und von Küchenchef Gianpaulo Sardot zu feinen, schnörkellosen Gerichten zubereitet. Etwas ausgefallener ist die hausgemachte schwarze Pasta mit Scampi. Fleischliebhabern sei das Beefsteak vom istrischen Rind *(Boškarin)* mit Trüffeln ans Herz gelegt. Auch für Vegetarier hat die Speisekarte etwas zu bieten. Die Preise sind etwas höher als bei gewöhnlichen Konobas, aber gerechtfertigt. ⏲ Feb–Dez 12–23.30 Uhr.

€ **Konoba Aba**, M. Vlačića 2, ☎ 052-438669. Kleine, familiäre Konoba mit einer versteckten Terrasse und Holzbänken, die ausgezeichnete Gerichte mit Fisch, Fleisch, Meeresfrüchten und Trüffeln zu fairen Preisen bietet. Die Besitzer sind sehr bemüht, die Atmosphäre ist dementsprechend angenehm und entspannt. An kälteren Tagen sorgt die rustikale Inneneinrichtung mit Kamin zusätzlich für Gemütlichkeit. ⏲ 12–1 Uhr.

UNTERHALTUNG UND KULTUR

Poreč gilt als Partymetropole Istriens. Hier ein paar der besten Locations.

Byblos, Zelena Laguna bb, ☎ 091-6633312, 🖥 www.byblos.hr. Wohl die angesagteste Adresse, wenn es ums Abfeiern geht, und die größte Disco Kroatiens, mit einem großen Open-Air-Bereich in der Zelena Laguna. Hier legen seit 2007 die international namhaftesten DJs auf, die dann auch die jeweilige Musikrichtung bestimmen. Samstags wird zu Dance-Music abgetanzt, dafür stehen die zahlreichen Tanzflächen bereit.

Cotton Club – Old pub, Trg slobode 5, ☎ 052-453293, 🖥 www.cottonclub.hr. Restaurant und Bar mit gemütlicher Pub-Atmosphäre und einer großen Auswahl an diversen Getränken, die man vielleicht nirgendwo sonst in der Stadt bekommt – ein Pub eben. Draußen gibt es ein paar Tische mit Sonnenschirmen, wo man ebenfalls ein Bier oder einen Cocktail zu sich nehmen kann.

Epoca, Obala maršala Tita 24, 🖥 www.epoca.hr. Gemütliche Café-Bar an der Riva, mit den besten Cocktails der Stadt. Auch tagsüber ein angenehmer Ort, wo man gut Kaffee trinken oder eine Kleinigkeit essen kann.

Lapidarium, Maura 10. Bar im Innenhof des Heimatmuseums, das dank der vielen Antiquitäten einen ganz besonderen Charme besitzt. Im Sommer finden hier jeden Mi am Abend Jazzkonzerte im Freien statt.

Saint & Sinner, Obala maršala Tita 12, ☎ 099-2211811, 🖥 www.saint-sinner.net. Ein Mekka für Liebhaber der Elektromusik. Die in Schwarz-Weiß-Tönen und mit gemütlichen Korbsesseln eingerichtete Bar am Meer ist tagsüber eine Beach-Bar, abends kann man leckere Cocktails trinken. Regelmäßig finden auch Themenpartys statt. ⏲ 10–4 Uhr.

Torre Rotonda, Narodni trg 3a, ☎ 098-255731, 🖥 www.torrerotonda.com. Café-Bar in einem historischen Rundturm. Drinnen hat es historisches Flair, von der Dachterrasse hat man einen fantastischen Blick auf das Meer.

FESTE

Poreč ist die Musikstadt schlechthin. Vor allem im Sommer kann man hier jeden Tag Musik verschiedener Stilrichtungen zu hören bekommen.

Jazzkonzerte, 🖥 www.jazzinlap.com, finden von Ende Juni–Anfang September 1x pro Woche im Innenhof des Heimatmuseums statt.

Klassische Konzerte, 🖥 www.concertsinbazilika.com, gibt es im Juli und August mehrmals pro Woche in der Euphrasius-Basilika, Karten dafür sind 1 Std. vor Konzertbeginn erhältlich.

Poreč Annale. Für Liebhaber der bildenden Kunst interessant. Von Juli–August werden Ausstellungen moderner Kunst organisiert, meist mit einem bestimmten Themenschwerpunkt.

Poreč-Musiksommer. Kostenlose Konzerte auf dem Trg Slobode. Um nichts zu verpassen, holt man sich am besten eine Veranstaltungsbroschüre aus der Touristeninformation.

Straßenkunst-Festival. Spaß für alle – garantiert! Das Festival füllt jedes Jahr eine Woche lang im August die Straßen und Plätze der Altstadt mit Leben, Musik, Theater und Akrobatik und zieht zahlreiche internationale Künstler an.

EINKAUFEN

Agrolaguna, Ulica Mate Vlašića 34, ✆ 091-4419998, 🖥 www.agrolaguna.hr. Einladendes Geschäft etwas außerhalb des Zentrums, wo Wein, Käse und Olivenöl aus Istrien probiert und gekauft werden können.

Farm Pino Olives & Oil, Katun 1, Baderna, ✆ 052-462341, 🖥 www.farmpino.hr. 14 km von Poreč entfernt, im Landesinneren, liegt dieser Handel, wo man ausgezeichnete Olivenprodukte kaufen kann. ⏱ 9–20, Sa, So 10–15 Uhr.

AKTIVITÄTEN UND TOUREN

Radfahren und Wandern

Rund um Poreč gibt es gut beschilderte Rad- und Wanderrouten, die meisten führen ins Landesinnere. In der Touristeninformation erhält man eine kostenlose Rad- und Wanderkarte, viele der Touristenagenturen verleihen Räder, außerdem gibt es einen Fahrradverleih in der Zelena Laguna, ✆ 052-451391. 1 Std. kostet im Schnitt 20 Kn, 3 Std. 40 Kn, 1 Tag 90 Kn.

Reiten

Horse Centar Ban, Bijela Uvala, ✆ 052-455111, ✉ banprodukt@gmail.com. Reitclub und -schule mit Bar. ⏱ 8–21 Uhr.

Tauchen

Highlight eines Tauchgangs in Poreč ist das Wrack eines Kriegsschiffes der British Royal Navy. Es gibt mehrere Tauchzentren, die diverse Exkursionen anbieten, das Höhlen- und Wracktauchen ist allerdings relativ teuer, aber es lohnt sich!

Blue Lagoon Diving, Hotel Galijot, ✆ 095-2526465, 🖥 www.divingporec.com.

Tauchzentrum Poreč, Brulo 4, ✆ 052-433606, 🖥 www.divingcenter-porec.com.

Zeus Faber, SC Valeta, Lanterna, ✆ 052-405045, 🖥 www.zeus-faber.com.

SONSTIGES

Apotheken

Centralna ljekarna, Ulica Maura Gioseffija 2, ✆ 052-434950. ⏱ Mo–Sa 7–19 Uhr.

Gradska ljekarna, Trg slobode 12, ✆ 052-432362. ⏱ Mo–Sa 7.30–20 Uhr.

Ljekarna Salus, Grožnjanska 5, ✆ 052-443888, 🖥 www.ljekarna-salus.hr.

Apotheke am Stadtrand, nördlich des Zentrums. ⏱ Mo–Fr 8–21, Sa 8–15 Uhr.

Autovermietungen

Holidayautos, Zagrebačka 17, 🖥 www.holidayautos.de. Deutsches Autoverleihunternehmen, das weltweit Niederlassungen hat.

Parenzo rent a car, Istarskog razvoda 11, ✆ 052-427103, 🖥 www.parenzo-rentacar.com.

Vetura rent a car, Trg Joakima Rakovca broj 2, ✆ 052-434700, 🖥 www.vetura-rentacar.com. Verleiht auch Fahrräder und Mofas.

Informationen

Touristeninformation Poreč, Zagrebačka 9, ✆ 052-451293, 🖥 www.to-porec.com.

Medizinische Hilfe

Krankenhaus Poreč, Ulica Maura Gioseffija 2, ✆ 052-451611.

Taxi

Taxistation Poreč, Karla Huguesa 2, ✆ 052-432465.

Touristenagenturen

Das Angebot der verschiedenen Touristenagenturen unterscheidet sich kaum, die meisten Agenturen vermitteln Privatunterkünfte

und organisieren Ausflüge in die nähere und weitere Umgebung.
Adriatic-Apartmani, Trg slobode 2a, ☏ 052-452663, 🖥 www.apartmani-adriatic.hr.
Anitours, A. Butorac 3, ☏ 052-427068, 🖥 www.parenzo.com.
Arlen, Vukovarska 26, ☏ 052-453145, 🖥 www.arlen.hr.
Gulliver Travel, Partizanska 4/1, ☏ 052-453551, 🖥 www.gulliver.hr.
ISTRA line, Partizanska 4, ☏ 052-432339, 🖥 www.istraline.hr.
Teamar, M. Vlašića 1, ☏ 052-432529, 🖥 www.teamar.hr.

TRANSPORT

Busse

Der **Busbahnhof**, Rade Končara 1, ☏ 052-432153, liegt südlich der Altstadt, einen 10-minütigen Fußweg entfernt. Die Tickets können entweder am Schalter oder direkt im Bus gekauft werden, am Schalter ist es jedoch meist billiger.
KOPER, 3x tgl. in 1 1/2 Std. für ca. 70 Kn.
LJUBLJANA, 3x tgl. in 3 Std. für ca. 145 Kn.
PAZIN, 7x tgl. in 30 Min. für 31–41 Kn.
PULA, 8x tgl. in 1 1/2 Std. für 58–63 Kn.
RIJEKA, 10x tgl. in 1 1/2 Std. für 70–89 Kn.
ROVINJ, 9x tgl. in 40 Min. für 35–43 Kn.
UMAG, über NOVIGRAD, 19x tgl. in 45 Min. für 31–41 Kn.
VRSAR, 11x tgl. in 15 Min. für 20–27 Kn.
ZAGREB, 9x tgl. in 4 Std. für 150–215 Kn.
FRANKFURT und MÜNCHEN, 3x wöchentl. in 9 Std. für 490 Kn (München), in 16 Std. für 790 Kn.
TRIEST, 3x tgl. in 1 3/4 Std. für 80 Kn.

Novigrad

Einst ein Fischerdorf, heute ein beliebter Touristenort – Novigrad (4345 Einw.) hat sowohl ein gutes touristisches Angebot als auch eine ganze Reihe interessanter Sehenswürdigkeiten, ist jedoch nicht so überlaufen wie Poreč oder Umag. Die Stadt, die mit Umag zu jenen istrischen Orten gehört, in denen heute noch hauptsächlich Italienisch gesprochen wird und die auch sonst sehr viel italienisches Flair besitzt, liegt malerisch auf einer kleinen Halbinsel an der Mündung der Mirna. An der langen Hafenpromenade, die einmal rund um den Stadtkern führt, befinden sich all die hübschen Restaurants und Cafés, in der kleinen, schmucken Altstadt liegen die historischen Schätze der Stadt. Am besten, man kauft sich bei einem der vielen Eisverkäufer ein Eis und schlendert damit auf einem rund 20-minütigen Erkundungsspaziergang durch Novigrads Gassen.

Der Stadtkern war früher gänzlich von **Stadtmauern** umschlossen, die im 13. Jh. unter venezianischer Herrschaft auf Ruinen aus der Spätantike errichtet wurden. Teile der Stadtmauern sind jedoch bis heute erhalten geblieben und grenzen den historischen Kern vom Rest der Stadt ab. Bei den Stadtmauern, die südlich zum Meer hinaus gehen (Rivarela), steht eine **Loggia**, die zu den schönsten Istriens zählt und als einzige so nah am Meer liegt. Sie wurde im 16. Jh. erbaut und im 18. und 19. Jh. erneuert. Neben der Loggia gibt es auch noch eine Reihe an Adelspalästen und Bürgerhäusern, die auf die italienische Oberschicht zurückgehen. So zum Beispiel der nach einer angesehenen Familie benannte **Palast Rigo** (Palača Rigo) aus dem Jahr 1760 – ein Beispiel des mitteleuropäischen Barocks. Der Palast beherbergt auch die **Galerija Rigo**, Velika ulica 5, ☏ 052-726582, 🖥 www.galerija-rigo.hr, in der jährlich sieben Ausstellungen berühmter zeitgenössischer Künstler aus Kroatien und dem Ausland präsentiert werden. Neben historischen Sehenswürdigkeiten gibt es auf dieser Seite der Stadt auch Betonliegeflächen und Liegewiesen zum Baden.

Interessant ist auch die große **Pfarrkirche** (Crkva Sv. Maksimilian i Pelagije), die im 6. Jh. als Kathedrale erbaut wurde und bis ins 19. Jh. Sitz des Bistums Novigrad war. Die Kirche wurde so oft umgebaut (im 18. Jh. erhielt sie barocke Elemente, erst 1935 wurde die neoklassizistische Vorderseite zu Ende gebaut), dass von ihrer ursprünglichen Form nur mehr noch der Grundriss geblieben ist. Der freistehende Glockenturm wurde 1883 nach dem Vorbild der Markusbasilika in Venedig erbaut und bietet einen wunderschönen Ausblick auf die Stadt und Umgebung. Wirklich besonders an der Kirche ist jedoch die große frühromanische Krypta hinter dem Hauptaltar, die für Istrien sehr ungewöhnlich ist. Viele der Reste des frühmittelalterlichen Mobiliars, die hier gefunden wurden, sind im **Museum Lapidarium**, Veliki trg 8a, ☎ 052-726582, 🖥 www.muzej-lapidarium.hr, ausgestellt, das generell über eine kleine, aber wertvolle Sammlung antiker und mittelalterlicher Exponate verfügt und (auch für Kinder) sehr ansprechend und professionell organisiert ist. ⏰ April–Mai 10–13, 17–20, Juni–Sep 10–13, 18–22, Okt Di–So 10–13, 17–20, Nov–März 10–13, 17–19 Uhr, Eintritt 10 Kn.

Ebenfalls in der Altstadt untergebracht ist das **Museum Gallerion – k.u.k.-Marinemuseum**, Mlinska 1, ☎ 098-254279, 🖥 www.kuk-marine-museum.com, mit imposanten Modellen von Kriegsschiffen und Segelbooten, Marineuniformen, Landkarten und Fahnen aller Flotten, die im Laufe der Geschichte so an der Adria entlangsegelten. Das Museum ist sehr stolz, dass die nach Wien zweite Sammlung von Modellen österreichisch-ungarischer Kriegsschiffe von Otto von Habsburg höchstpersönlich bestaunt wurde. ⏰ Di–So 9–12, 16–20 Uhr.

Die besten **Badeplätze** rund um die Stadt findet man am Rivarella-Strand Rivarella in der Nähe der Altstadt sowie beim Hotel Maestral, wo sich ein Kiesstrand mit Blauer Flagge erstreckt, und etwas weiter entfernt beim Autocamp Mareda.

ÜBERNACHTUNG

Neben den 2 unpersönlichen Hotelanlagen **Laguna**, Terre 2, ☎ 052-858660, und **Maestral**, Terre 4, ☎ 052-858630, die von ein und demselben Unternehmen, **Laguna Novigrad**, 🖥 www.laguna-novigrad.com, verwaltet werden, gibt es:

Hotel Cittar, Prolaz Venecije 1, ☎ 052-757737, 🖥 www.cittar.hr. Gepflegtes 3-Sterne-Hotel mitten in der Altstadt nahe dem Hafen, mit etwas altmodisch, in braunen und gelben Farben eingerichteten Zimmern. ❹

Villa Santa Marija, Gradska Vrata 37, ☎ 052-757444, 🖥 www.santa-marija.hr. Freundliche, familiengeführte Pension in zentraler Lage mit sauberen, frisch renovierten und gemütlichen Zimmern und zuvorkommendem Service. Der Strand liegt nur 100 m entfernt, zum Frühstück gibt es ein reichhaltiges Buffet, und wer möchte kann hier auch ausgezeichnet speisen. ❷–❹

Abendstimmung am Hafen von Novigrad

ESSEN

Amfora, Ribarnička 10, ☎ 052-726298. Ausgezeichnetes Lokal an der Promenade, das frische Fischgerichte zu moderaten Preisen serviert. Wer etwas Besonderes möchte, der sollte den Hummer und Fisch im Ofen mit Kartoffeln probieren. ⏱ 11–24 Uhr.

Damir & Ornella, Zidine 5, ☎ 052-758134, 🖥 www.damirornella.com. Das Restaurant zählt zu den besten (und teuersten!) in Novigrad und Umgebung. Zu den Spezialitäten gehören die rohen Fisch- und Scampi-Gerichte sowie Languste vom Grill, weshalb die Bezeichnung „istrisches Sashimi" naheliegt – roher Fisch mit istrischen Gewürzen. Ebenfalls empfehlenswert sind die hausgemachten Gnocchi mit weißen Trüffeln oder Spargel. Im Sommer sollte man vorher reservieren, da das Restaurant sehr klein und auch bei Einheimischen sehr beliebt ist. ⏱ März–Okt, Dez–Jan Di–So 12–15.30, 19.30–23 Uhr.

Gasthaus Čok, Sv. Antuna 2, ☎ 052-757643, ✉ sergio.jugovac@pu.t-com.hr. Die Familien-Konoba kocht nach dem Motto „alles wird zu Hause gemacht" – dies betrifft sowohl die Tagliatelle, Spaghetti, Rigatoni und Fuži als auch den Kuchen von Mutter Vilma. Besonders stolz ist Küchenchef Viljan Jugovac auf seine Scampi mit Quark und die wilden Austern. Inhaber Sergio Jugovac ist leidenschaftlicher Imker und einer der ersten Sommeliers in Istrien. Die Auswahl an Weinen kann sich also sehen lassen. ⏱ Do–Di 12–15, 18–23 Uhr.

Mandrać, Mandrač 6, ☎ 052-757120. Das Lokal wurde mehrfach ausgezeichnet, das Personal ist sehr freundlich und professionell und das Essen ausgezeichnet – Fisch und Fleisch vom Grill, diverse Pasta-Gerichte wie z. B. Nudeln mit Languste. Alles sehr frisch und schmackhaft zubereitet. ⏱ 10–24 Uhr.

Pepenero, Sv. Antona 4, ☎ 052-758542, 🖥 www.pepenero.hr. Der Küchenchef dieses gehobenen Restaurants, Marin Rendić, gilt als einer der Vorläufer der neuen Welle kroatischer Köche und hat seine Erfahrungen in Dänemark und in Spanien gesammelt, bevor er dieses Restaurant eröffnet hat. Auf der Karte stehen Degustationsmenüs und kreative Fischgerichte wie Sashimi von Novigrader Seezunge oder pochierter Fisch auf Stein aus dem Novigrader Meer mit Meeresgras. Als Nachtisch sollte man unbedingt Mojito Lip Balm probieren. Wer also von der gewöhnlichen Konoba-Küche genug hat, der sollte hierher kommen. Achtung – nicht ganz billig! Eher etwas für einen besonderen Abend … ⏱ 12–15, 18–23 Uhr.

Restaurant Navigare, Sv. Antuna 15, ☎ 052-600400, 🖥 www.nauticahotels.com. Dieses hervorragende Restaurant gehört zum Hotel Nautica, dem ersten istrischen 5-Sterne-Hotel. Auf dem Menü stehen kreative, mediterrane Fischgerichte wie z. B. Tintenfisch mit Rucola, Balsamico und frischen Trüffeln oder Goldbrassen-Filet mit Radieschen und einer Sauce aus Pinienkernen und Basilikum. Nach dem Essen kann man in der **Lounge Bar Nautica** bei Cocktail und Blick aufs Wasser verdauen und entspannen. ⏱ 7–24 Uhr.

Vitriol, Ribarnička 6, ☎ 052-758270, 🖥 www.vitriolcaffebar.com. Auf der schönen Terrasse dieser Café-Bar am Hafen kann man sowohl wunderbar tagsüber Eis und Kuchen essen und ein Erfrischungsgetränk zu sich nehmen als auch abends bei einem Glas Wein oder Cocktail dem Sonnenuntergang zusehen. ⏱ 8–24 Uhr.

SONSTIGES

Apotheke
Ljekarna Đurđa Karakaš, Općinska 2, ☎ 052-757039, ✉ ljekarna.novigrad@pu.t-com.hr. ⏱ Mo–Fr 8–18, Sa 8–13 Uhr.

Informationen
Touristeninformation Novigrad, Mandrač 29a, ☎ 052-757075, 🖥 www.novigrad-cittanova.hr.

Medizinische Hilfe
Ambulanta Novigrad, Rižanskog placita 2, ☎ 052-757544.

TRANSPORT

Es fahren **Busse** nach:
POREČ, 7x tgl. in 20 Min. für 23–31 Kn.
PULA, 2x tgl. in 2 Std. für 72 Kn.
RIJEKA, 3x tgl. in 2–2 1/2 Std. für 85–116 Kn.
ROVINJ, 1x tgl. in 1 1/4 Std. für 58 Kn.
TRIEST, 1x tgl. in 1 1/2 Std. für 45 Kn.
UMAG, 9x tgl. in 20 Min. für 25–33 Kn.

Umag

Umag liegt in einer großen Bucht an der äußersten Nordwestspitze Istriens und ist, verglichen mit den wesentlich idyllischeren Städten an der Küste Istriens, kein wirklich schöner Ort. Dafür ist er wohl ein wenig zu touristisch, zu modern und auch zu wenig malerisch. Vielleicht liegt das auch an der Geschichte Umags, denn immer wieder wurde die Stadt, deren Ursprünge auf die Römerzeit zurückgehen, zerstört und wieder neu aufgebaut. Das antike Zentrum war die Siedlung Sipar, die im 9. Jh. zerstört wurde und deren Ruinen zwischen Umag und Savudrija verborgen liegen. Umag entwickelte sich daraufhin auf Inselchen, die durch einen schmalen Kanal vom Festland getrennt waren. 1176 siegten bei der Schlacht in der Bucht von Savudrija die Venezianer über die Schiffsflotte von Friedrich Barbarossa, 1370 wurde Umag von Genua zerstört. Unter den Venezianern, Österreichern und Italienern stagnierte die Stadt, bis sie schließlich nach dem Zweiten Weltkrieg vom Tourismus entdeckt wurde. Heute befinden sich vor allem nördlich der Stadt bedeutende Touristenzentren.

Trotz oder vielleicht auch wegen dieser bewegten Geschichte gibt es ein paar Besonderheiten, für die Umag bekannt ist und die einen Besuch durchaus lohnend machen. Hier findet seit über zehn Jahren das renommierte **ATP Tennisturnier Croatia Open** statt, das alljährlich Ende Juli die Stars und Sternchen der internationalen Tenniswelt anlockt. Und deren Anhänger, versteht sich. Sport wird in Umag jedoch generell ganz großgeschrieben. Die Stadt bietet zahlreiche Möglichkeiten, sich sportlich zu betätigen. Neben Tennisplätzen werden alle möglichen Wassersportarten angeboten, und die Umgebung eignet sich besonders gut für nicht zu anspruchsvolle Wander- und Radtouren, da dieser Teil Istriens im Unterschied zum Binnenland sehr flach ist.

Von Umag aus lassen sich schöne Touren ins Landesinnere unternehmen, z. B. nach Brtonigla (S. 155) und Grožnjan (S. 157), oder an die slowenische Küste (S. 181).

Altstadt

Der alte Stadtkern liegt hübsch auf einer Halbinsel, die einst vom Festland getrennt und von Festungsmauern aus dem 10. Jh. umgeben war. Von den **Stadtmauern** ist heute nur noch der Teil an der südwestlichen Seite übrig geblieben. Am Eingang zur Altstadt, zwischen den damaligen Stadtmauern, steht die **Kirche Sv. Roka** (Crkva Sv. Roka), die dem Schutzpatron gegen die Pest gewidmet ist. Sehenswert ist die bemalte hölzerne Decke aus dem 18. Jh.

In der Altstadt selbst befindet sich die zweite wichtige Kirche der Stadt – die **Kirche Mariä Himmelfahrt und St. Peregrin** (Crkva Uznesenja Blažene Djevice Marije i Sv. Peregrina), die 1757 an der Stelle einer älteren, bei einem Unwetter zerstörten Kirche gebaut wurde und deren isoliert stehender Glockenturm aus dem 15. Jh. mit dem venezianischen Löwen versehen ist, der einst den Stadtpalast geschmückt hatte, bevor dieser nach einem Brand abgerissen wurde. In Anbetracht dieser bewegten Geschichte ist es umso erstaunlicher, dass die Kirche sieben Altäre und wertvolle Bilder und Statuen enthält. Die Orgel aus dem Jahr 1776 gibt jedes Jahr Ende August und Anfang September anlässlich des **Festivals Organum Histriae** ihren Klang zum Besten. Neben der Kirche befindet sich die öffentliche **Zisterne**, die aus dem Jahr 1677 stammt und im 18. Jh. erneuert wurde.

Natürlich darf auch ein **Stadtmuseum** (Muzej grada Umaga), Trg Sv. Martina 1, ☏ 052-720386, 🖥 www.mgu-mcu.hr, in Umag nicht fehlen. Es ist im mittelalterlichen Festungsturm untergebracht und beherbergt Exponate aus der römischen Zeit, die in archäologischen Fundstätten

---

Tomatenfest

Ein Kuriosum ist das Tomatenfest, das jedes im August auf dem Trg slobode gefeiert wird. Anders als in Pamplona landen die Tomaten hier nicht auf Menschen, sondern in Riesenpfannen, wo sie zu leckeren Pasta-Varianten mit Gemüse-, Fisch- und Fleischsaucen für Tausende von Besuchern zubereitet werden. Das kulinarische Fest wird von allen möglichen Veranstaltungen, Spielen und einem krönenden Feuerwerk begleitet.

> ### Tipp zum Sonnenuntergang
>
> Eine weitere Besonderheit von Umag ist der 404 m lange **Wellenbrecher**, der von der Altstadt ausgehend sichelförmig ins Meer hinausragt und die spezielle Form der Stadt ausmacht. Bereits 1825 hat man mit dem Bau dieser beeindruckenden Promenade begonnen, die deshalb so begehrt ist, weil man hier die schönsten Sonnenuntergänge erleben kann.

der Umgebung gefunden wurden, wie z. B. bemalte Öllampen, Amphoren und Grabsteine. In einem Teil des Museums wird auch zeitgenössische Kunst ausgestellt. ⏲ Juni–Sep Di–Sa 10–13, 18–21, So 10–13, Jan–Mai, Okt–Dez Di–Mi 10–12, Do–Fr 10–12, 17–20, Sa, So 10–13 Uhr.

ÜBERNACHTUNG

Viele der Hotels befinden sich nicht in Umag selbst, sondern in **Savudrija**, 7 km nördlich der Stadt, an der äußersten Spitze der Halbinsel und an einer schönen Bucht gelegen. Zwischen großen Hotelanlagen gibt es leider nur wenige familiäre Unterkünfte. Am besten kontaktiert man hierfür das **Tourismusportal Istrien**, 🖥 www.istra.hr.
Villa Rosetta, Crvena uvala 31, Zambratija, ☎ 052-725710, 🖥 www.villarosetta.hr. Stilvolles 4-Sterne-Hotel an der „Schwarzen Bucht" von Zambratija, 5 km nördlich von Umag, mit modernen, komfortablen Zimmern mit wahlweise Meer- oder Parkblick, Wellnessbereich und ausgezeichnetem Restaurant in wunderschöner Umgebung. Das Restaurant ist für seine kreative, mediterrane Küche bekannt, Brot, Olivenöl und Nudelgerichte werden selbst gemacht, als Aperitif und Digestif wird hausgemachter Likör aus Walnüssen angeboten.
❹–❻

ESSEN

An der Uferpromenade, nördlich und südlich von Umag, reihen sich zahlreiche Restaurants aneinander.
Badi, Lovrečica, ☎ 052-756293, 🖥 www.restaurant-badi.com. Gediegenes Restaurant im malerischen Küstenörtchen Lovrečica, etwa auf halbem Weg zwischen Umag und Novigrad, das heimische istrische und mediterrane Küche serviert. Besonders zu empfehlen sind der Fisch im Brotteig und die hausgemachten, mit Fischfleisch gefüllten Ravioli. Auch ein Angebot für Vegetarier und 90 Weine zur Auswahl. Naschkatzen werden an den hausgemachten Kuchen Freude haben. Draußen gibt es eine schöne Terrasse mit Blick aufs Meer und die umliegende Natur. ⏲ Do–Di 11–23 Uhr.
Buščina, Buščina 18, Marija na Krasu, ☎ 052-732088, 🖥 www.konoba-buscina.hr. Wahrscheinlich die beste Konoba in der Umgebung von Umag, 5 km nördlich der Stadt gelegen. Die heimelige, familiengeführte Konoba ist in einem schönen Steinhaus untergebracht mit einer weinüberrankten Terrasse und bietet schmackhaft zubereitete istrische Fisch- und Fleischgerichte und eine große Auswahl an exzellenten Lokalweinen. Auf Voranmeldung bei der Besitzerin Fabiana Marjanović bekommt man etwas speziellere Speisen wie Ziegen- und Lammfleisch sowie Gerichte aus der *peka*. Neben dem Restaurant befindet sich ein anderes Steinhaus, in dem 3 äußerst geschmackvoll, im Landhausstil, doch zugleich modern eingerichtete DZ mit Bad vermietet werden. Im Erdgeschoss steht eine komplett eingerichtete Küche den Gästen zur Verfügung. Es gibt auch einen schönen, großen Garten, wo das Frühstück oder andere Mahlzeiten eingenommen werden können, und einen Swimming Pool. ⏲ Mi–Mo 12–24 Uhr.
Coronica, Koreniki 86, ☎ 052-730196. Der Winzer Moreno Coronica aus dem Dorf Koreniki bei Umag hat mit den besten Wein der Region, den man in seinem Weinkeller gerne mal probieren darf. Seine Malvazijas, Terans und Merlots sind mit diversen Preisen ausgezeichnet worden. Am besten vorher anrufen.
Dani, Zemljoradnička 11, ☎ 052-741093. Die Fisch-Konoba gehört dem jungen Weinhändler Daniel Kraljević, der außerdem Olivenöl produziert und ausgezeichnete istrische Saisonspezialitäten zubereitet. ⏲ 7–23 Uhr.
Macumba, ☎ 098-327558. Offene Strandbar in der Bucht von Stella Maris und einer der

besten Orte zum Ausgehen und Cocktailtrinken in Umag. Während des Tennisturniers kann man hier auch mal den einen oder anderen Tennisstar treffen.

Mare e Monti, Savudrijska cesta bb, ✆ 052-710984. Der Küchenchef dieses gediegenen Restaurants, Robert Kličković, serviert kreative, mediterrane Gerichte mit Fisch, Fleisch und frischem, saisonalem Gemüse. Zu den Empfehlungen des Hauses gehört das Beefsteak Tartar vom adriatischen Thunfisch mit Meerfenchel. Das Restaurant gehört zum Resort Meliã Istrian Villas. ⊙ April–Okt 9–24 Uhr.

Nono, Umaška 35, Petrovija, ✆ 052-740160, 🖥 www.konoba-nono.com. Die traditionelle istrische Restaurant liegt im Örtchen Petrovija, knappe 4 km östlich von Umag. Beim Restaurant befindet sich ein kleiner Streichelzoo mit Esel, Ziegen, Schafen, Enten und dergleichen. Die Gerichte werden nach alten Rezepten und mit Produkten aus dem Eigenanbau zubereitet. Pasta, Käse, Brot, Schinken und Würstchen werden hausgemacht, das Fleisch kommt vom istrischen Boškarin. ⊙ Di–So 11–23 Uhr.

Pergola, Sunčana 2, Savudrija, ✆ 052-759685, ✉ icio72@live.com. In diesem gemütlichen, einladenden Restaurant in Savudrija stehen mediterrane Gerichte auf der Speisekarte, originell und fein von Küchenchef Fabricio Vežnaver zubereitet. Besonders zu empfehlen ist der rohe Fisch und das in Salz gebratene Filet. Die Preise sind etwas gehoben, angesichts der Qualität jedoch durchaus gerechtfertigt. ⊙ Mi–Mo 12–22 Uhr.

AKTIVITÄTEN UND TOUREN

Radfahren

Im Hinterland von Umag gibt es zahlreiche gut ausgeschilderte Radwege, die auch mit Themennamen versehen sind, wie z. B. die **Route des Momjaner Muskat** (Staza momjaskog muškata), **Istrischer Malvazija** (Istarska malvazija) oder **Schatz der Riviera von Umag** (Blago umaške rivijere). Ein Radweg führt an der Küste entlang bis nach Savudrija. Nordöstlich von Umag beginnt der kroatische Teil des **Parenzana-Radweges**, 🖥 www.parenzana.net, der Italien, Slowenien und Kroatien miteinander verbindet.

Reiten

Ranč Goli Vrh, Goli Vrh 31, ✆ 052-721820. Reitclub etwa 10 km südöstlich von Umag. Eine Reitstunde kostet 110 Kn. ⊙ April–Sep 9–17, Okt–März 10–16 Uhr.

Reitzentrum Katoro, Juricanija bb, ✆ 098-206129, 🖥 www.konjicki-centar.com. Schönes Reitzentrum in Katoro, 3 km nördlich von Umag. Eine Reitstunde kostet 100 Kn. ⊙ März–Okt 7–21, Nov–Feb 8–16 Uhr.

SONSTIGES

Apotheken

Ljekarna Škoko, Trgovačka 3, ✆ 052-751396, ✉ umag@ljekarna-skoko.hr. ⊙ Mo–Fr 7–20, Sa 7.30–15 Uhr.

Ljekarna Umag, Ernesta Miloša 2/c, ✆ 052-741413. ⊙ Mo–Fr 7–20, Sa 7.30–15 Uhr.

Informationen

Touristeninformation Umag, Trgovačka 6, ✆ 052-741363, 🖥 www.istria-umag.com.

Medizinische Hilfe

Ambulanta Umag, Edoarda Pascalia 3, ✆ 052-702222.

TRANSPORT

Es fahren **Busse** nach:
POREČ, 7x tgl. in 45 Min. für 31–41 Kn.
PULA, 2x tgl. in 2 Std. für 84 Kn.
RIJEKA, 5x tgl. in 2 1/2 Std. für 96–123 Kn.
ROVINJ, 1x tgl. in 1 Std. 40 Min. für 72 Kn.
TRIEST, 1x tgl. in 1 1/2 Std. für 48 Kn.

Das Binnenland

Obwohl Istriens Küste bei Besuchern hoch im Kurs steht, ist es eigentlich das istrische Binnenland, das diese Region so speziell macht. In der sanft geschwungenen Hügellandschaft, die geradezu prädestiniert ist für den Weinanbau, wechseln sich Weinberge und Wälder ab, gurgelnde Bäche durchziehen die in weiten Teilen unberührte Landschaft, die im Nordosten an die schroffen, unwirtlichen, weißen Karstgebirgszüge Ćićarija und Učka grenzt, die eine natürliche Grenze zur mediterranen Kvarner Bucht bilden (auch wenn die Opatija Riviera geografisch zu Istrien zählt, gehört sie historisch und kulturell zur Kvarner Bucht, S. 185). Besonders abends, wenn die Hügel mit ihren weißen Häusern in gelb-oranges Licht getaucht werden und der Duft von wilden Kräutern in der Luft liegt, offenbart sich das istrische Binnenland in seiner ganzen Schönheit.

Unzählig sind die mittelalterlichen Städtchen, die dank ihres historischen und kulturellen Erbes einen Besuch verdient haben und die jedes für sich einzigartig sind. Auf den ersten Blick mögen sie zwar klein und verschlafen erscheinen, doch bei genauerem Hinsehen wird man eine rege Kunst- und Kulturszene entdecken, die alles andere als verschlafen ist. Kaum ein Ort im Binnenland, der nicht irgendein Musik- oder Filmfestival oder zumindest Sommerkonzerte zu bieten hat. Dabei ist allein schon die Kontemplation der untergehenden Sonne bei einem Glas Malvazija ein Festival der Sinne.

Brtonigla und Umgebung

Erwähnt wurde „Ortonegro", ca. 20 km südöstlich von Umag, zum ersten Mal im 13. Jh. Der Name leitet sich vom römischen Namen „Hortus Niger" ab, der auf den fruchtbaren schwarzen Boden der Umgebung von Brtonigla zurückzuführen ist. Dies ist auch der Grund, warum Wein und Oliven hier so wunderbar gedeihen. Brtonigla gehört auch zu den wenigen Orten im Binnenland, die nahe am Meer liegen und einen wunderschönen Blick auf die Küste bieten.

Auch hier wird das Ortszentrum von der Pfarrkirche geprägt – von der **Kirche des Hl. Zenon** (Crkva Sv. Zenona), welche 1861 an der Stelle einer Kirche aus dem 15. Jh. erbaut wurde, von der heute nur mehr noch der Glockenturm erhalten ist. Dieser ist jedoch noch älter als die Kirche, denn er wurde 1491 errichtet.

Das Beste an Brtonigla ist, neben der wunderschönen, idyllischen Lage und Landschaft, jedoch die Gastronomie, die auf jeden Fall einen Abstecher wert ist.

In der Nähe von Brtonigla, beim Anwesen Drušković, befindet sich die **Höhle Mramornica**, Štancija Drušković 20, ✆ 052-774313, 🖥 www.agroturizamsterle.hr, eine der größten Höhlen Istriens, die bereits im Jahr 1770 zum ersten Mal erwähnt wurde und eine faszinierende unterirdische Welt aus verschiedenfarbigen Stalagmiten, welche eine Höhe von bis zu 13 m erreichen können, preisgibt. ⏱ 10–18 Uhr (nach Anmeldung), Eintritt 50 Kn, erm. 40 Kn.

Für Naturliebhaber empfiehlt sich ein Ausflug zum **Naturpark Škarline**, 2 km von Brtonigla entfernt, der nach dem gleichnamigen Bach benannt ist, der nach einigen Kilometern in die Mirna mündet. Mit seinem grünen Canyon bietet der Park nicht nur Erholung fürs Auge, sondern ist auch ein beliebtes Wanderrevier. Vom Dorf **Nova Ves** aus, welches nahe Brtonigla liegt, führt ein schöner Wanderweg durch den Naturpark. Am Eingang zum Park ist der grüne Canyon noch nicht in Sichtweite, die Landschaft ist offen und sanft, mit zwei kleinen Seen und Wiesen und einer kleinen Brücke. Betritt man diese jedoch und folgt dem Weg, der steil nach unten führt, so wird man schon bald von einer atemberaubenden Landschaft überrascht.

ÜBERNACHTUNG UND ESSEN

Da Brtonigla klein ist, gibt es nicht übermäßig viele Unterkünfte. Wer gerne privat unterkommen möchte, wende sich am besten an die Touristeninformation. Privatunterkünfte kosten zwischen 140 und 350 Kn pro Nacht.

San Rocco, Srednja ulica 2, ✆ 052-725000, 🖥 www.san-rocco.hr. Das preisgekrönte Boutiquehotel gehört zu den besten Kleinhotels in ganz Kroatien, und das aus gutem Grund. Die Zimmer sind äußerst geschmack- und stilvoll eingerichtet, mit schönen, alten Möbeln und in warmen, hellen Farben. Es gibt auch einen Wellness- und Spa-Bereich, 2 Swimming Pools (innen und außen) und ein ausgezeichnetes Restaurant mit offener Terrasse und Weinkeller, ⏱ 10–22 Uhr. ❺–❻

Konoba Astarea, Ronkova 6, ☎ 052-774384, 🖥 www.konoba-astarea-brtonigla.com.
In der urigen Konoba, welche zu den besten in ganz Istrien zählt, gibt es nur pro forma eine Speisekarte, denn hier wird das Essen ausschließlich auf Empfehlung des sympathischen Inhabers Anton bestellt. Wer ihm vertraut, wird bestimmt nicht enttäuscht sein. Die lokalen Zutaten sind tgl. frisch und variieren je nach Saison, das Angebot an istrischen Weinen ist sehr groß und ausgezeichnet, genauso wie die Küche. ⏱ 11–24 Uhr.

Konoba Morgan, Bracanija 1, ☎ 052-774520, 🖥 www.konoba-morgan.eu.
Die Konoba liegt nicht direkt in Brtonigla, sondern rund 2 km in Richtung Buje, einsam und romantisch auf einem Hügel mitten auf dem Land. Von der schönen großen Terrasse hat man einen fantastischen Blick auf die Umgebung. Das Menü wechselt ständig und ist sehr abwechslungsreich, wobei die Spezialität des Hauses Wildgerichte und Gerichte mit saisonalen Zutaten wie Trüffel und Spargel sind. ⏱ Mi–Mo 12–22 Uhr.

Konoba Silvano, Marconi 10, ☎ 052-757902, ✉ sandro.milic@gmail.com.
Eine preiswerte, schnörkellose Konoba, die leckere selbst gemachte Pasta und Gnocchi mit Trüffeln, Fleisch und Pilzen serviert und vor allem bei Einheimischen sehr beliebt und dementsprechend untouristisch ist. Nach hinten gibt es eine offene Terrasse mit Sonnenschirmen und Blick auf die Häuser, die Bedienung ist sehr freundlich und bemüht, auf die Wünsche der Gäste einzugehen. ⏱ 12–15, 18–22 Uhr.

SONSTIGES

Feste
Das **Fest des Hl. Rochus** gehört zu den wichtigsten Folklore-Festivals in ganz Istrien und findet Mitte August statt. Dort können ebenso kulinarische Leckerbissen probiert werden wie auf dem **Fest des istrischen Malvazija**, das nicht nur Weinliebhabern ans Herz gelegt werden soll. Es findet alljährlich im Juni statt.

Informationen
Touristeninformation Brtonigla, Mlinska 2, ☎ 052-774307, 🖥 www.tzo-brtonigla.hr.

TRANSPORT
Busse nach:
RIJEKA, 1x tgl. in 2 Std. für 90 Kn.
UMAG, 3x tgl. in 14 Min. für 27 Kn.

Bevorzugtes Weinanbaugebiet

Istriens hügelige Landschaft und die fruchtbare, rote Erde bieten ideale Bedingungen für den Weinanbau. Die bekannteste Weißweinsorte ist der **Malvazija**, der in den letzten zehn Jahren sowohl an Popularität als auch an Qualität gewonnen hat. Im Idealfall hat er eine honiggelbe Farbe und einen weichen, leicht süßlichen Geschmack, der an Akazienblüten erinnert. Die besten Malvazija-Weine sind mit dem istrischen Qualitätssiegel IQ versehen. Neben dem Malvazija gibt es für Weißweinliebhaber noch den **Muskat**, dessen bekannteste Sorte aus Momjan stammt. Sogar der Habsburger Kaiser Franz Joseph war seiner goldenen Farbe und dem blumigen Bouquet verfallen. Er passt hervorragend zu Desserts, Obst und Käse, wird oft aber auch als Aperitif serviert.

Wer einen roten Tropfen bevorzugt, der sollte unbedingt ein Gläschen **Teran** probieren. Dieser gehaltvolle Wein mit rubinroter Farbe hat einen vollen Geschmack nach roten Beeren und einen hohen Taningehalt. Sein ganzes Aroma entfaltet er in Begleitung von istrischem *pršut* oder kräftigen Fleischspeisen.

Wer gleich mehrere Weine probieren und vergleichen möchte, der sollte ein Stück auf den istrischen **Weinstraßen** fahren, die mit mehr als hundert Weinkellern zu den besten und schönsten in Kroatien zählen. Am besten holt man sich eine Karte mit den eingezeichneten Weinstraßen in einer der Touristeninformationen oder -agenturen oder im Internet unter 🖥 www.istria-gourmet.com.

3 HIGHLIGHT

Grožnjan und Umgebung

Das malerisch auf einem Hügel gelegene **Künstlerdorf Grožnjan** (ca. 200 Einw.) gilt noch immer als Geheimtipp, die Atmosphäre in den mittelalterlichen Gassen, in denen heute zahlreiche Künstler ihre Ateliers haben, ist einzigartig.

Schon in der Antike gab es hier eine Siedlung, die den Namen Graeciniana trug. Erstmals urkundlich erwähnt wurde sie jedoch 1102, und zwar als Castrum Grisiniana in einer Schenkungsurkunde des istrischen Grafen Ulrich II. und seiner Frau Adelajda an die Kirche. Zur Zeit der venezianischen Republik 1335–1779 erhielt Grožnjan schließlich den Stadtstatus und entwickelte sich zu einem mittelalterlichen Städtchen. Aus dieser Zeit stammen die Festungsmauern und Tore. Besonders sehenswert ist die **Stadtloggia**, die 1587 über einem früheren Weizenlager gebaut wurde. Sie befindet sich gleich rechts neben dem Stadttor. Etwas weiter folgt der barocke **Palast Spinotti Morteani**. Sehenswert ist zudem die oberhalb des Ortes gelegene **Pfarrkirche der Hl. Märtyrer Vitus, Modest und Crescentia** (Crkva Sv. Vida, Modesta i Kresencija), die im 14. Jh. errichtet wurde und 1770 barocke Gestalt annahm. Innen sollte man sich das Gemälde ansehen, welches die Leiden des Hl. Vitus und des Hl. Modest zeigt, Schutzpatrone der Kirche, die 303 im römischen Kolosseum ums Leben kamen. Der Altar mit Reliquien ist ein Geschenk von Papst Pius VII., der 1800 in der nahe gelegenen Bucht Tar Schutz vor einem Unwetter suchte.

Das wirklich Besondere an Grožnjan ist jedoch die von Künstlern geprägte Atmosphäre, die hier auf Schritt und Tritt spürbar ist und den eigentlichen Charme des Ortes ausmacht. Nach dem Zerfall des venezianischen Reiches im 18. Jh. geriet die Stadt zunächst in Vergessenheit und war bald ganz verlassen. Erst 1965 wurde sie wiederentdeckt, und zwar vom Bildhauer Aleksander Rukavina und einer kleinen Gruppe anderer Künstler, die in den verlassenen Häusern ihre Ateliers einrichteten und eine Art Kommune bzw. Künstlerkolonie gründeten (die mit dem Balkankrieg und der Unabhängigkeit Kroatiens jedoch in ihrer speziellen Form aufhörte zu existieren). Dies erweckte Grožnjan zu neuem Leben, bald folgten andere Künstler und Musiker. 1969 wurde die Sommermusikschule **Jeunesses Musicales Croatia** gegründet, die ein umfassendes Programm in den Bereichen Musik, Orchester, Ballett und Gesang bietet und sich großer Beliebtheit erfreut. Den ganzen Sommer über gibt es Veranstaltungen, bei denen die Teilnehmer das Erlernte vorführen. Veranstaltungsorte sind das **Kaštel** am Eingang zur Stadt, die Pfarrkirche, der Hauptplatz und die Loggia.

Außerdem finden in Grožnjan jedes Jahr die **Jeunesses Musicales International** statt, ein

Die istrische Tonleiter

Musik wird nicht nur in Grožnjan, sondern in ganz Istrien großgeschrieben. Einen besonderen Platz nimmt hierbei die Volksmusik ein, welche die verschiedensten Töne und Musikinstrumente hervorgebracht hat. Das bekannteste Instrument ist die **Sopila** oder **Roženica**, ein Oboen-ähnliches Blasinstrument mit einer doppelten Klappe aus Schilf und einem konischen Holzmundstück. Zur Beliebtheit der Volksmusik hat der istrische Komponist **Ivan Matetić Ronjgov** Anfang des letzten Jahrhunderts signifikant beigetragen. Er war es, der die **istrische Tonleiter** erfunden hat. Diese Tonleiter besteht aus sechs Tönen und Halbtönen, die in einem so speziellen Harmonieverhältnis zueinander stehen, dass sie lange Zeit nicht notiert werden konnte, da sie in kein standardmäßiges Notensystem passte. Nach 25 Jahre langem Herum- und Ausprobieren verschiedener Volksmelodien gelang es dem Musiker schließlich, eine theoretische Grundlage für die Volksmusik zu schaffen, die es in der Folge ermöglichte, ihr einen angemessenen Platz auf den Konzertbühnen zu verschaffen. Es gibt sogar Bemühungen, die istrische Tonleiter in die Liste des Unesco-Welterbes aufzunehmen.

Ausbildungsprogramm für junge Musiktalente. Kein Wunder also, dass durch die Gassen und Häuser ständig der Klang einer Geige, eines Klaviers oder einer Stimme dringt und den Ort in eine ganz spezielle, künstlerische Atmosphäre hüllt. Die Musik begleitet den Besucher auf einem Streifzug durch die **über 30 Galerien und Ateliers**, die zwischen Mai und September meist täglich geöffnet sind und Werke kroatischer wie internationaler Künstler präsentieren. Eine davon ist die wunderschöne **Gradska Galerija Fonticus**, Trg lođe 3, 052-776131, www.gallery-fonticus-groznjan.net, Di–So 10–13, 17–20 Uhr.

In der Nähe von Grožnjan liegt der malerische Ort **Završje**, der abgesehen von seiner bezaubernden Lage und den hübschen Häusern durch seinen schiefen Glockenturm bekannt ist, welcher zur Kirche der Hl. Maria vom Rosenkranz (Crkva Sv. Marije od Krunice) gehört. Der Turm hat ein flaches Dach und Brüstungen, was auf seine einstige Verteidigungsfunktion hinweist, und neigt sich 40 cm in Richtung Norden.

ÜBERNACHTUNG UND ESSEN

In Grožnjan gibt es keine Hotels, aber wer hier übernachten möchte, wendet sich am besten an die Touristeninformation, die über eine Liste mit sämtlichen Privatunterkünften in und um Grožnjan verfügt.

Bastia, 1. Svibnja 1, 052-776370. Es ist das älteste Restaurant im Ort und befindet sich auf dem Hauptplatz. Neben zahlreichen anderen Speisen kann man hier v. a. ausgezeichnete Trüffelgerichte bekommen. Die Ausstattung des Restaurants ist fröhlich und freundlich, ebenso wie die Bedienung.

Café Vero, Trg Cornera 3. Gemütliche Café-Bar am Ortsende mit ein paar Holztischen draußen und einem fantastischen Blick hinunter aufs Tal.

Kaya Energy Bar & Design, Vincenta is Kastva 2, 052-776051. Das Beste an der Bar ist ihre Lage – direkt am Eingang zur Stadt, beim Kaštel, bietet die Terrasse einen unglaublichen Blick auf die Umgebung. Die Bar ist jedoch auch innen sehr geschmackvoll eingerichtet, handelt es sich doch gleichzeitig um einen Designladen, in dem neben bunten Obstschalen auch dekorative Möbel und Gegenstände, Lampen und Teppiche zum Verkauf stehen. Manchmal fungiert die Bar auch als Galerie, Ausstellungs- und Veranstaltungsort. Im Gebäude befindet sich noch eine weitere, kleine Terrasse, mit Sofas, Kissen und Sonnenschirmen – der ideale Ort zum Chillen. Auf der Karte kann man so ziemlich alles finden, was das Herz begehrt, von hausgemachten Limonaden, Smoothies und Cocktails bis hin zu ayurvedischen und Bio-Tees. Natürlich kann man hier auch ein Glas exzellenten Malvazija trinken.

Konoba Pintur, Mate Gorjana 9, 052-776397, ivan.cerneka@pu.t-com.hr. Das Beste an dieser Konoba auf dem Hauptplatz von Grožnjan sind die Preise, aber auch das Essen und die Lage sind in Ordnung. März–Sep 8–22 Uhr.

SONSTIGES

Einkaufen

Zigante Tartufi, Umberta Gorjana 5, 052-776099, www.zigantetartufi.com. Filiale des bekannten Trüffelgeschäfts, wo Trüffeln in allen möglichen Variationen verkauft werden, außerdem Olivenöl und Wein. Sommer 9–22, Winter 10–20 Uhr.

Feste

Den ganzen Sommer finden Konzerte statt, die vom **Internationalen Kulturzentrum der Jeunesses Musicales Croatia**, www.hgm.hr, organisiert werden. Die Konzerte sind gratis und können ohne Reservierung besucht werden. Einen Veranstaltungskalender hält die Touristeninformation bereit.

Informationen

Touristeninformation Grožnjan, Umberta Gorjana 3, 052-776131, www.tz-groznjan.hr.

TRANSPORT

Leider fahren **keine öffentlichen Verkehrsmittel** nach Grožnjan. Die einzige Möglichkeit wäre, den Busfahrer anderer Linien zu fragen, ob er einen am Fuße des Ortes absetzen kann.

Oprtalj

Das pittoreske Örtchen Oprtalj (ca. 100 Einw.) erhebt sich auf einem 378 m hohen Hügel und sticht durch seine bunten Fassaden ins Auge. Es wurde auf vorgeschichtlichen Burgruinen und einer späteren römischen Festung erbaut. Vom 13. bis Anfang des 15. Jhs. stand es unter der Herrschaft der Patriarchen von Aquilea, Ende des 18. Jhs. gehörte es zur Republik Venedig. Mauern und Stadttor umschlossen einst, wie in vielen anderen istrischen Städten, den mittelalterlichen Ortskern. Heute haben sich moderne Gebäude perfekt in die alten Häuserzeilen integriert. Nicht umsonst kommen viele Kroaten hierher, um ihren Heiratsantrag zu machen.

Überragt wird der Ort vom 27 m hohen Glockenturm der **Pfarrkirche des Hl. Georg** (Crkva Sv. Juraj), die aus dem Jahr 1526 stammt und an der Stelle einer älteren Kirche errichtet wurde, deren Teile in die heutige Kirche integriert sind. Hinzugefügt wurden das gotische Netzgewölbe und das Presbyterium, später wurde die Kirche vergrößert und mit einer Steinfassade mit Fensterverzierungen aus Formeisen versehen. Innen ist die Kirche mit wertvollen Bildern und Statuen sowie einer Orgel aus dem 18. Jh. geschmückt.

In der schönen, erst kürzlich renovierten **Stadtloggia** befindet sich ein Lapidarium mit Steindenkmälern aus Oprtalj und der Umgebung. Von hier aus hat man auch einen wunderschönen Blick.

ESSEN

Agroturizam Tončić, Čabarnica 42, Zrenj, 052-644146, www.agroturizamtoncic.com. Dieser moderne, familiengeführte Agrotourismus-Betrieb ist in einem schönen alten Steinhaus untergebracht und liegt im Dörfchen Zrenj, 7 km nordöstlich von Oprtalj, inmitten erholsamer Natur. Geboten wird traditionelle istrische Küche. Die hausgemachten Speisen werden aus saisonalen und lokalen Produkten zubereitet. Es gibt auch vegetarische Gerichte. 12–22 Uhr.

Livade

Auf dem Weg von Oprtalj nach Motovun passiert man das Örtchen Livade, das als das **Weltzentrum der Trüffel** bezeichnet wird. Es liegt im Mirna-Tal nahe dem Motovuner Wald, wo der heiß begehrte Pilz besonders gut wächst. Im Oktober finden hier alljährlich die **Tage der Trüffeln** statt, wo neben Trüffeln andere istrische Leckerbissen wie Olivenöle, Käsesorten, Honig, Schnäpse und erstklassige Weine verkostet werden. Eine Jury beurteilt und kürt die weißen Trüffeln, die anschließend bei einer öffentlichen Auktion ersteigert werden können. Natürlich bietet jedes Lokal im Ort Trüffeln an, außerdem werden „Trüffeljagden" organisiert, welche mit Hilfe von dressierten Hunden vor sich gehen. In Livade wohnt auch Zigante, der berühmte Trüffelsamm-

---

Radeln auf historischer Bahntrasse

Erbaut wurde die **Parenzana-Eisenbahnstrecke** 1902 auf Initiative der Habsburger. Sie führte auf einer Länge von 122 km über zwei Brücken, sechs Viadukte und durch acht Tunnel und verband 33 Orte in Istrien, von Triest bis Poreč. Bis 1935 wurde sie für den Transport von Personen und Landwirtschaftsprodukten genutzt und ermöglichte die Entwicklung der ärmeren, vom Rest des Landes abgeschnittenen Teile Istriens. So wurde beispielsweise Salz aus den Salinen in Piran und Sečovlje transportiert, Olivenöl aus der Umgebung von Buje und Motovun sowie Obst, Gemüse und andere Produkte aus und nach ganz Istrien. Obwohl der Betrieb nach nur 33 Jahren eingestellt wurde, hat die Bahnstrecke ihre Spuren hinterlassen. Nicht zuletzt heute, wo sie in Form eines **Wander- und Radweges** neu aufbereitet wird. Es wird fleißig daran gearbeitet, die Strecke von zugewachsener Vegetation zu befreien und in Schuss zu bringen. Ein guter Teil ist bereits gut befahrbar und ausgeschildert, an anderen Stellen muss noch etwas gearbeitet werden. Karten mit den eingezeichneten Routen findet man in den meisten Touristeninformationen sowie unter www.istria-bike.com.

ler, der in seinem Restaurant die Trüffel in allen Variationen hochleben lässt und dessen Geschäft in mehreren Orten in Istrien Filialen hat.

Eine weitere Besonderheit von Livade ist das **Parenzana Museum**, ☏ 052-644150, 🖥 www.parenzana.net/de/museen, das der Parenzana-Eisenbahnstrecke gewidmet ist, welche einst Triest mit Poreč verband und durch Buje, Grožnjan, Oprtalj, Motovun und Vižinada führte. Weitere Eisenbahnmuseen in Triest und Izola.

ESSEN

Zigante, Livade 7, ☏ 052-664302, 🖥 www.restaurantzigante.com. Die Trüffelhochburg schlechthin – ein vom Trüffelzaren Giancarlo Zigante hochstpersönlich eröffnetes Feinschmeckerlokal in Livade, das durch seine elegant-rustikale Atmosphäre besticht. Wer keine Trüffel mag, sollte nicht hierher kommen, denn praktisch jede Speise schmeckt nach dem Pilz. Die exquisiten Gerichte werden von ausgezeichneten Weinen begleitet. Das Menü wird den Jahreszeiten angepasst, das Hauptgericht liegt bei etwa 200 Kn. ⏱ 12–22 Uhr.

Motovun

Motovun (983 Einw.) ist die bekannteste Stadt im Binnenland und ein Touristenmagnet. Der alte Stadtkern liegt idyllisch auf einem 277 m hohen Hügel und ist von einer gut erhaltenen, **doppelten Stadtmauer** umgeben, welche man entlanglaufen und den Blick auf das Mirna-Tal und die Weinberge genießen kann. Die äußere Stadtmauer verläuft um den Stadtteil Podgrađe und schließt das Außen- bzw. Nordtor, das **Renaissance-Tor** aus dem 15. Jh., mit ein. Im Durchgang befindet sich das Lapidarium mit dem venezianischen Löwen und dem Wappen mit den fünf Türmen. Zwischen dem Außen- und Innentor liegt der äußere Stadtplatz **Trg Josef Ressel**, der den Namen des Erfinders der Schiffsschraube trägt. Besonders sehenswert hier ist die **Loggia** aus dem 17. Jh., welche sich neben dem westlichen oder inneren **gotischen Stadttor** aus dem 14. Jh. befindet. Hier verläuft auch die innere Stadtmauer, welche aus dem 13./14. Jh. stammt und den ältesten Teil der Stadt umgibt.

Im Zentrum der Altstadt steht die **Kirche des Hl. Stephan** (Crkva Sv. Stjepan), eine dreischiffige Pfarrkirche, die im 17. Jh. im Renaissancestil an der Stelle einer älteren Kirche errichtet wurde. Innen ist die Kirche durch Deckenmalereien, welche den Hl. Stephan und die Hl. Margarethe zeigen, drei Marmoraltäre, einen beweglichen Holzaltar und diverse sakrale Gegenstände geschmückt. Besonders wertvoll sind auch die Statuen des Hl. Stephan und des Hl. Laurentius, welche 1735 von Francesca Bonanza geschaffen wurden.

Die Kirche befindet sich am Hauptplatz, dem **Trg Andrea Antico**, der nach einem in Motovun geborenen Renaissance-Komponisten und Notendrucker benannt ist. Unter dem Platz befindet sich die große Zisterne, welche die Stadt mit Wasser versorgte, auf dem Platz findet das alljährliche Sommerhighlight statt, für das Motovun auch so bekannt geworden ist – das **Motovun Filmfestival**. Unter freiem Himmel werden seit zehn Jahren Ende Juli internationale, unabhängige Produktionen gezeigt. Dies lockt nicht nur zahlreiche Cineasten aus aller Welt nach Motovun, sondern auch Stars und Sternchen aus der internationalen Filmszene. Der be-

Motovun und der Große Jože

Motovun ist Handlungsort des Romans *Veli Jože*, welcher der Feder des großen kroatischen Schriftstellers **Vladimir Nazor** entstammt, nach dem praktisch in jeder kroatischen Stadt eine Straße benannt ist. Geboren wurde der Autor zwar in Postira auf Brač, gelebt hat er aber die meiste Zeit seines Lebens in Istrien. Der Roman, der auf volkstümlichen Legenden basiert, handelt von einem hilfsbereiten, gutmütigen Riesen, der zur Zeit der venezianischen Herrschaft zu allen möglichen Arbeiten herangezogen und missbraucht wurde, dem es jedoch schließlich gelang, sich von der Unterdrückung zu befreien und Motovun für immer zu verlassen. Der Riese wurde später zum Symbol für das kroatische Istrien – sowohl für dessen qualvolle Unterdrückung als auch für dessen Mut und Stärke.

Motovun ist aufgrund seiner charakteristischen Hügellage schon von weitem zu sehen.

kannteste unter ihnen ist wohl John Malkovich, dessen Vater kroatischer Abstammung ist.

Motovun zieht aber nicht nur Filmemacher und -liebhaber an, sondern generell viele Künstler, was an den zahlreichen Ateliers sichtbar wird, die sich hinter den schmucken Steinhäuschen verstecken. Schlendert man durch die Gassen der Stadt und lässt den Blick über die sanfte Landschaft streifen, die Motovun zu Füßen liegt, so kann man gut nachvollziehen, warum ausgerechnet dieser Ort so inspirierend ist.

ÜBERNACHTUNG UND ESSEN

Motovun ist klein und hat dementsprechend auch nicht sehr viele Unterkünfte und Restaurants zu bieten. Das, was es gibt, ist jedoch von hoher Qualität und außerdem nicht übermäßig teuer, vor allem im Vergleich zu den istrischen Küstenstädten.

Apartmani Bella Vista, Gradiziol 1, ✆ 052-681724, 💻 www.apartmani-motovun.com. Gepflegte, ländlich eingerichtete Apartments im Zentrum von Motovun. ❷–❸

B&B Villa Borgo, Borgo 4, ✆ 052-681708, 💻 www.villaborgo.com. Charmante und modern eingerichtete Frühstückspension in einem schönen, alten Haus, mit liebevoll eingerichteten Zimmern und Apartments, von denen man eine unglaubliche Aussicht auf die Hügel der Umgebung hat. Die hat man auch von der Terrasse. Das fantastische, selbst gemachte Frühstück bekommt der Gast, wann er möchte – der Wecker kann also getrost zu Hause bleiben. Ein idealer Ort zum Entspannen und sich Wohlfühlen. Dafür sorgen auch die freundlichen Besitzer Slaven und Ivana. ❶–❷

Hotel Restaurant Kaštel, Trg Andrea Antico 7, ✆ 052-681607, 💻 www.hotel-kastel-motovun.hr. Elegantes Hotel, mit individuell und gemütlich eingerichteten Zimmern und fantastischem Blick auf die umliegenden Hügel. Es gibt auch einen Wellnessbereich, mit schönem Swimming Pool und Massageangebote. Auf der großen, schattigen Terrasse des Restaurants werden istrische Spezialitäten, Trüffelgerichte und vegetarische Speisen serviert, ⏱ 10.15–20 Uhr. ❸–❹

Agroturizam Štefanić, Štefanići 55, ✆ 052-689026, 💻 www.agroturizam-stefanic.hr. In einem Dorf namens Štefanići, 6 km von Motovun entfernt, liegt dieses sehr gepflegte, liebevoll in einem schönen, alten Steinhaus eingerichtete Agrotourismus-Restaurant, wo ausgezeichnete Lokalprodukte und -weine verkostet werden.

Agroturizam Toni, Brkač 24, ✆ 052-681531, ✉ motovun-toni@net.hr. Einfacher Agrotourismus-Betrieb rund 4 km von Motovun entfernt, wo man preiswert Lokalprodukte verspeisen und übernachten kann, ❶. Auf der Speisekarte stehen gut und einfach zubereitete istrische Spezialitäten wie hausgemachte Pasta und Gnocchi mit Pilzen, Spargel und Wild, selbst gemachter Käse, Schinken und Würste.

Konoba Mondo, Barbacan 1, ✆ 052-681791, ✉ klaudio@sundance.hr. Urige, einfache Konoba, wo traditionelle istrische Gerichte mit Trüffeln, Fleisch und Pasta auf der Speisekarte stehen. ⊙ 12–15, 18–22 Uhr.

Konoba Pod Voltom, Trg Josefa Ressela 6, ✆ 052-681923. Kleine und süße Konoba, die selbst gemachtes, ausgezeichnetes Essen zubereitet. Hier bekommt man Trüffeln in allen Variationen, begleitet von hausgemachter Pasta (besonders lecker sind die schwarzen Gnocchi) und Polenta. An Regentagen kann man es sich drinnen am Kamin gemütlich machen, bei Sonne stehen draußen ein paar Bänke, von denen man einen fantastischen Blick genießen und dazu ein Glas exzellenten lokalen Wein trinken kann. ⊙ 12–23 Uhr.

EINKAUFEN

Kunsthandwerk

Motovun Gallery, Borgo 11, ✆ 098-294369, ✉ renata.vrtaric@gmail.com. Originelles Kunsthandwerk – Schmuck, Keramik, Bilder und Souvenirs – mit lokalem Touch, das in einem süßen kleinen Atelier hergestellt wird. ⊙ 10–19 Uhr.

Lebensmittel

Miro Tartufi, Gradiziol 1, ✆ 052-681522, 🖳 www.miro-tartufi.com. Ein Paradies für Trüffelliebhaber – hier kann man Trüffeln in allen möglichen Varianten kaufen, frisch, gefroren, getrocknet, eingelegt, in Olivenöl, Käse oder Honig … ⊙ 9–20 Uhr.

SONSTIGES

Feste

Motovun Filmfestival, ✆ 052-352990, 🖳 www.motovunfilmfestival.com. Tickets telefonisch oder an den über 150 Verkaufsstellen in ganz Kroatien, zwischen 10 und 35 Kn.

Geld

Es gibt nur wenige **Bankomaten** im Ort, einer befindet sich am Trg Josef Ressel.

Informationen

Touristeninformation Motovun, Trg Andrea Antico 1, ✆ 052-681726, 🖳 www.tz-motovun.hr.

Medizinische Hilfe

Ambulanz, Kanal 4, ✆ 052-681617.

Touristenagenturen

Montona Tours, Kanal 10, ✆ 052-681970, 🖳 www.montonatours.com. Großes Angebot an diversen Unterkünften – Apartments, Pensionen, Frühstückspensionen und dergleichen. Auto- und Fahrradverleih.

TRANSPORT

Auto und Motorrad

Parken kann man entweder ganz unten, am Fuß der Stadt, allerdings muss man dann einen 1 km langen steilen Aufstieg in Kauf nehmen. Eine zweite Parkmöglichkeit gibt es etwa 300 m unterhalb der Altstadt. Von Juni–September müssen Nicht-Hotelgäste 15 Kn pro Tag für einen Parkplatz bezahlen. Ganz oben ist es nur Einwohnern, Hotelgästen und Autofahrern mit Behindertenausweis erlaubt zu parken bzw. mit dem Auto zu fahren.

Busse

Von PAZIN gibt es 4x tgl. Busverbindungen nach Motovun.

Istarske Toplice

Am Motovuner Wald befindet sich die **Therme Istarske Toplice**, Sv. Stjepana 60, ✆ 052-603000, 🖳 www.istarske-toplice.hr, und damit einer der ältesten und schönsten Kurorte Kroatiens, der von einem markanten, rund 85 m hohen Fels überragt wird. Im Ort lockt neben einem Hotel, das schon etwas älter und daher nicht wirklich empfehlenswert ist, ein neues Wellnesscenter mit beheizten Außen- und Innenbecken, Sauna, Fitness- und Beautycenter. Es werden verschiedene Massagen und Schlammpackungen angeboten. Das Thermalwasser hat einen hohen Schwefelgehalt und ist an die 34° C warm. Es soll bei Rheuma, Haut- und Atemerkrankungen helfen. Zum Komplex gehört auch eine Klinik, in der Physiotherapie und diverse Behandlungen angeboten werden. Insgesamt versprüht der Ort eine etwas gesundheitsbetonte Atmosphäre, aber für Erholungsbedürftige bietet er in Kombination mit der umliegenden Natur doch eine gute Möglichkeit zur Entspannung. ⏲ Mo–Do 14–21, Fr–So 10–21 Uhr, Eintritt 40 Kn, erm. 20 Kn.

Buzet

Im Zentrum des Trüffelgebiets gelegen, gilt Buzet (6000 Einw.) als die **Trüffelstadt** schlechthin und tut alles, um diesem Titel gerecht zu werden. Aufgrund ihrer strategisch günstigen Lage war die Stadt in vergangenen Zeiten heiß umfochten, was ihr den Namen „Schlüssel Istriens" einbrachte. Um die Stadt vor türkischen Eroberern zu schützen, wurden während der venezianischen Herrschaft hohe Mauern errichtet, die heute noch den alten Stadtkern umschließen. Dieser liegt – wie das bei so vielen Städten im istrischen Binnenland der Fall ist – auf einem Hügel über dem Mirna-Tal und ist von mittelalterlicher Architektur geprägt, während sich der neue **Stadtteil Fontana** am Fuße der Altstadt erstreckt und außer ein paar Geschäften nicht wirklich viel zu bieten hat.

Von der Stadtmauer sind heute noch das **Große Tor** (Vela Vrata) am Eingang zur Altstadt und das **Kleine Tor** (Mala Vrata) im Westen der Altstadt erhalten. Ein Teil der Stadtmauer wurde im 17. Jh. in Wohnhäuser verwandelt. Auf dem Trg Josipa Fabijančića, dem Hauptplatz Buzets, der sich auf der Spitze des Hügels befindet, steht die **Kirche der Seligen Jungfrau Maria** (Crkva Blažene Djevica Marije) aus dem 18. Jh., welche ein reiches Inventar und mehrere Gemälde venezianischer Künstler aus dem 17. und 18. Jh. enthält. Zu den bedeutendsten Gegenständen gehört die silberne und vergoldete Monstranz aus dem Jahr 1453, die zu den wertvollsten Goldschmiedewerken aus dieser Zeit in Istrien zählt. Sehenswert ist auch die Orgel – ein Werk von Gaetano Callido aus dem Jahr 1787.

In der Altstadt gibt es mehrere alte Paläste, die von betuchten istrischen Adelsfamilien vom 16. bis 18. Jh. errichtet wurden. Der schönste davon ist der **Palast Bigatto**, Ulica rašporskih kapetana 5, aus dem Jahr 1639, in dem heute das **Heimatmuseum** (Zavičajni muzej Buzet), ☎ 052-662792, ✉ muzej@poubuzet.hr, untergebracht ist, das prähistorische und römische Fundstücke sowie volkskundliche Ausstellungsstücke präsentiert. Das bekannteste Exponat ist der Ohrring, der wahrscheinlich Teil einer frühmittelalterlichen Tracht war. ⏲ Mo–Fr 9–15 Uhr, ansonsten auf Anmeldung in der Touristeninformation, Eintritt 15 Kn, erm. 10 Kn.

Etwas weiter nördlich vom Museum stößt man auf die **Große Zisterne**, Trg Vela šterna, aus dem Jahr 1789, die mit Barockverzierungen, dem venezianischen Löwen und dem Wappen des Kapitäns Marc Antonio Trevisan geschmückt ist.

Im Norden der Altstadt steht die **Kirche des Hl. Georg** (Crkva Sv. Jurja), Ulica Sv. Jurja, welche 1611 fertiggestellt und im 18. Jh. vergrößert wurde. Innen ist sie mit wertvollen Altären aus Holz und Gold aus dem 17. Jh. und dem Gemäl-

---

Auf Trüffelsuche gehen

Rund um Buzet gibt es einige schöne, gut ausgeschilderte **Wanderrouten**. Wanderkarten sind in der Touristeninformation erhältlich. Eine besondere Art der Wanderung ist die **Trüffelsuche**, welche die **Familie Karlić** anbietet, die im Dorf Paladini, 13 km südlich von Buzet, wohnt. Im Tourenpreis (150–200 Kn) inbegriffen sind Trüffel- und Käseverkostungen, die Waldwanderung dauert ein 1–2 Std. Die Familie besitzt auch einen Trüffelshop, Paladini 14, ☎ 052-667304, 🖥 www.karlictartufi.hr, mit ausgezeichneten, selbst gemachten Produkten.

Der teuerste Pilz der Welt

Die **Trüffel** ist Istriens ganzer Stolz, drei von den begehrten Pilzsorten wachsen in seinen Wäldern, vor allem im Motovuner Wald im Mirna-Tal und um den Ort Livade herum. Trüffeln wachsen etwa 20 cm unter der Erde, ohne dass sie an der Oberfläche sichtbar wären. Da sie schwer zu finden sind, wird die Suche von Tieren mit ausgeprägtem Geruchssinn begleitet. Früher setzte man dazu Wildschweine ein. Aber da Wildschweine Trüffel sehr lieben und diese, ehe man sich versieht, selbst verspeisen, ist man zu den etwas gutmütigeren und besser dressierten Hunden (genannt *breks*) übergegangen. Dabei gibt es keine spezielle Hunderasse, allein das Training ist ausschlaggebend. Oft werden sogar Mischlingshunde eingesetzt. Diese werden bereits ab einem Alter von zwei Monaten trainiert, nur 20 % von ihnen werden jedoch zu professionellen Schnüfflern. Spürt der Hund eine Trüffel auf, wird diese vorsichtig mit einer Schaufel hervorgeholt und dann der Boden wieder mit Erde bedeckt, damit neue Pilze wachsen können.

Am begehrtesten ist die große weiße Trüffel *(Tuber magnatum Pico)*, die mit einem Kilopreis von 34 000 Kn zu den teuersten der Welt gehört. Ihr Geruch ist intensiver als der anderer Sorten und abhängig vom Baum, unter dem sie wächst. Die Saison, in der man sie frisch kaufen kann, geht von September bis Ende Dezember. Ihre Größe variiert von Kirsch- bis Apfelgröße, sie kann jedoch auch schon mal die Größe einer Honigmelone erreichen. Wesentlich billiger als die weiße Trüffel ist die schwarze *(Tuber aestivum Vitt)*, auch bekannt als Sommertrüffel oder Scorzone. Geerntet wird sie von Mai bis Oktober, normalerweise in Walnussgröße. Während der Trüffelsaison sind ungefähr 3000 Menschen und zwischen 9000 und 12 000 Hunde in den dunklen Wäldern um Motovun unterwegs.

Istrien wurde übrigens ins Guinnessbuch der Rekorde aufgenommen, da hier bis dato die größte Trüffel der Welt gefunden wurde. Sie war 19,5 cm lang, 12,4 cm breit, 13,5 cm hoch und wog 1,31 kg. Gefunden wurde sie von Giancarlo Zigante – oder besser gesagt von seiner Hündin Diana (die hoffentlich mit einer fetten Wurst belohnt wurde) – im Mirna-Tal am 2. November 1999. Ein Bronzeabguss dieser Trüffel kann im Zigante-Laden in Livade bestaunt werden. Ein Besuch in dieser oder einer der anderen Filialen ist auf jeden Fall lohnenswert, denn dort werden neben frischen, getrockneten oder gefrorenen Trüffeln auch diverse andere Produkte in Kombination mit dem aromatischen Pilz verkauft. Sehr zu empfehlen sind das Olivenöl mit Trüffelaroma oder die diversen Pasten und Aufstriche. Zigante gehören 90 % des kroatischen Trüffelmarktes, er exportiert auch kräftig ins Ausland.

Interessanterweise war es jedoch ein italienischer Soldat, der 1932 Istrien als Trüffelregion entdeckte. Die istrische Vegetation erinnerte ihn an seine Heimatstadt Alba, die gleichzeitig als Trüffelhochburg gilt. Nach seinem Militärdienst kam er mit ausgebildeten Hunden nach Istrien zurück und stieß tatsächlich auf Trüffeln.

---

de *Wunder des Hl. Antonius von Padua* aus der Schule von Tiepolo ausgeschmückt. Neben der Kirche steht der Glockenturm aus dem 15. Jh., von dem aus man einen herrlichen Blick auf die Umgebung genießen kann.

ÜBERNACHTUNG UND ESSEN

In Buzet gibt es nur ein Hotel Die Touristeninformation vermittelt private Unterkünfte bzw. leitet Anfragen weiter.

Hotel Vela Vrata, Šetalište Vladimira Gortana 7, ✆ 052-494750, 🖥 www.velavrata.net. Modernes, geschmackvoll eingerichtetes Boutiquehotel an der alten Stadtmauer, mit gemütlichen Zimmern, kleinem Wellnessbereich, ausgezeichneter Küche und fantastischem Blick auf's Mirna-Tal. Sehr freundliches und zuvorkommendes Personal. ❸–❺

Stara Oštarija, Petra Flega 5, ✆ 052-694003, 🖥 www.stara-ostarija.com.hr. Eines der besten

Restaurants im Ort, vor allem für Trüffelliebhaber, denn Trüffeln gibt es hier in allen Formen und Variationen. Auch die übrigen (istrischen) Gerichte werden mit viel Liebe zum Detail zubereitet, außerdem gibt es eine gute Auswahl an vegetarischen Gerichten. Von der klimatisierten Terrasse hat man einen schönen Blick auf das Tal, die Bedienung ist sehr freundlich und hilfsbereit. Für Liebhaber von Slow Food gibt es ein Menü für 2 Pers. für 790 Kn. ⏲ 12–22 Uhr.

Toklarija, Sovinjsko polje 11, ✆ 091-9266769. Das Slow-Food-Restaurant liegt hoch in den Hügeln in dem winzigen Dorf Sovinjsko polje, 9 km südwestlich von Buzet. Die liebevoll zubereiteten istrischen Feinschmeckergerichte werden von Inhaber Nevio Sirotić in einer 600 Jahre alten Ölmühle serviert, die sein Großvater in den 1950er-Jahren gekauft hat. Wer Geld und Zeit hat, der kann sich auf das 6-Gänge-Menü einlassen, das bis zu 4 Std. dauern kann und um die 350 Kn kostet. Das Menü wechselt tgl. und wird mit saisonalen, lokalen Produkten, häufig aus dem eigenen Garten, zubereitet. Auch das Brot und die Teigwaren sind hausgemacht. Unbedingt im Voraus reservieren. ⏲ Mi–Mo 13–22 Uhr.

VRH, Vrh 2, ✆ 052-667123, ✉ restaurant@vrh.hr. Die etwas feinere, familiengeführte Restaurant liegt etwa 8 km südlich von Buzet und bietet ausgezeichnete istrische Hausmannskost. Besonders zu empfehlen sind die Speisen aus istrischem Rindfleisch, die Trüffelgerichte sowie die hausgemachte Pasta. Draußen gibt es eine angenehm schattige Terrasse, die Bedienung ist freundlich und professionell. Gutes Preis-Leistungs-Verhältnis. ⏲ Di–So 13–22 Uhr.

FESTE

Weit über Buzets Grenzen hinaus bekannt ist das **Fest Subotina**, das seit Jahrhunderten Anfang September stattfindet und dessen Hauptattraktion ein Riesenomelette mit Trüffeln *(fritaja s tartufima)* ist. Hierfür werden in einer Pfanne mit einem Durchmesser von 2,5 m so viele Eier zubereitet wie das Kalenderjahr zählt. Am zweiten Tag des Festes, dem "Subotinu po starinski" ("Subotina wie es einst war"), präsentiert sich die Stadt – wie sie einst war. In den Straßen und Gassen von Buzet kann man dann alte Gewerbe bestaunen und autochthone Speisen probieren, außerdem werden traditionelle Instrumente gespielt und Volkstheater aufgeführt. Ein Fest, das man auf keinen Fall verpassen sollte – und das nicht nur wegen des Omelettes!

SONSTIGES

Einkaufen

Zigante Tartufi, Trg Fontana, 🖥 www.zigantetartufi.com. Filiale des Trüffelgiganten (S. 160), wo man Trüffeln in den unterschiedlichsten Variationen kaufen kann – eingelegt in Öl, als Paste, gefroren, getrocknet oder frisch. Hier kann man auch ausgezeichnetes Olivenöl finden, das von vielen der Restaurants im Ort verwendet wird. ⏲ 9–20 Uhr.

Informationen

Touristeninformation Buzet, Šetalište Vladimira Gortana 9, ✆ 052-662343, 🖥 www.tz-buzet.hr.

Radfahren

Von Buzet aus kann man zahlreiche wunderschöne Radtouren durch die Natur und zu den umliegenden Orten machen, z. B. nach Roč, Oprtalj oder Cerovlje. Eine Karte mit allen eingezeichneten Wegen und Routen ist kostenlos in der Touristeninformation erhältlich.

TRANSPORT

Busse

In Buzet gibt es keinen Busbahnhof. Die Busse halten an der ersten Haltestelle am Fontana auf der Riječka Ulica. Es verkehren 3–5x tgl. Busse nach RIJEKA und 1x tgl. nach PULA. Busfahrpläne sind auch in der Touristeninformation erhältlich.

Eisenbahn

Der **Bahnhof**, ✆ 052-662899, liegt etwa 4 km nördlich des Zentrums. Leider fährt kein Bus dorthin, man kann also nur ein Taxi nehmen oder zu Fuß laufen. Von **Buzet** gibt es 5x tgl. Züge nach PULA und 2x tgl. nach LJUBLJANA.

Hum, Roč und Kotli

Bei einer Rundfahrt mit dem Auto durch das istrische Binnenland sollte man sich nicht die „**kleinste Stadt der Welt**" entgehen lassen – **Hum** zählt nur 24 Einwohner (vielleicht sind es mittlerweile auch ein paar mehr oder weniger) und ist ein bezaubernder kleiner Ort. Die Legende besagt, dass die Riesen, welche Istrien einst bauten, Hum aus den noch übrig gebliebenen Steinen errichteten. Das Aussehen und der Grundriss der Stadt sind seit dem 11. Jh. unverändert geblieben, was ihren besonderen Charme ausmacht. Aus jener Zeit stammen auch die **Stadtmauern**, von den drei **Toren** ist jedoch nur eines, dafür aber ein besonders schönes, erhalten geblieben. Es ist mit Türgriffen in Form von Ochsenhörnern und einem Volkskalender geschmückt, dessen Bilder jeweils einen Monat im Leben im Haus und auf dem Hof darstellen. Im Ortskern steht die **Pfarrkirche Mariä Himmelfahrt** (Crkva Uznesenja Blažene Djevice Marije) mit einem 22 m hohen Glockenturm, fünf Altären, einer wertvollen Statue und Bildern. Interessant ist auch die romanische **Hieronymuskapelle** (Crkvica Sv. Jeronim) aus dem 12. Jh., mit wunderschönen Fresken, die in leuchtenden Farben das Leben Jesu zeigen und ein seltenes Beispiel byzantinischer Malerei sind. Die Kapelle liegt beim Friedhof, etwas außerhalb der Stadttore, und ist geschlossen. Der Schlüssel kann jedoch in der Humska Konoba ausgeliehen werden. Im **Stadtmuseum** (Gradski muzej) können einige alte Werkzeuge besichtigt und Souvenirs gekauft werden, ⏱ März–Nov 10–19 Uhr, Eintritt frei.

Von Hum geht die 6 km lange **Glagolitische Allee** (Aleja glagoljaška) ab, deren elf Skulpturen an die Bedeutung dieser Gegend als Zentrum der kroatischen mittelalterlichen Schrift erinnern. Am Ende dieser Allee befindet sich das ebenso entzückende **Roč**, das mit seinen rund 180 Einwohnern neben Hum wie eine richtige Großstadt erscheint und mit der einen oder anderen historischen Sehenswürdigkeit aufwartet. Im Mittelalter war Roč eine Festungsstadt; aus dieser Zeit stammen die zwei **Stadttore** – das Große und das Kleine – und ein Teil des Bollwerks. Im Durchgang des Großen Tores befinden sich das Lapidarium und eine venezianische Kanone aus dem 15. Jh., die einst zur Verteidigung der Stadt diente. An Kirchen gibt es hier die **Kirche des Hl. Rochus** (Crkva Sv. Rok) mit wunderschönen Fresken, die **Pfarrkirche des Hl. Bartolomeus** (Crkva Sv. Bartul) aus dem 15. Jh. und die **romanische Kirche des Hl. Antonius** (Crkva Sv. Antuna) aus dem 12. Jh. mit dem Abecedarium von Roč, das die Buchstaben des glagolitischen Alphabets enthält.

Knapp 7 km südlich von Roč liegt das Dorf **Kotli**, das den Einwohnerrekord schlägt – nachdem der Ort einst über hundert Menschen beheimatete, hat er heute laut der letzten Volkszählung gerade mal einen Einwohner. Früher war das Dorf für seine Handwerker, Schneider und Müller bekannt, heute ist es ein beliebter Ausflugsort, was er u. a. der alten **Mühle** am kleinen Fluss Rečina zu verdanken hat. Dort wurde das ganze Jahr über Weizen, Gerste und Mais für die ganze Umgebung gemahlen. Unterhalb der Mühle befindet sich außerdem eine **natürliche Badestelle** namens Slap, welche die größte am Fluss Mirna ist und für angenehme Erfrischung sorgt.

ÜBERNACHTUNG UND ESSEN

In den 3 Orten gibt es natürlich keine Hotels, sondern nur Privatunterkünfte. Am besten wendet man sich hierfür an die Touristeninformation in Buzet.

Humska Konoba, Hum 2, ☎ 052-660005, 🖥 www.hum.hr/humskakonoba.
Die Auswahl dieser entzückenden, einfachen Konoba ist nicht gerade groß, dafür sind die Gerichte aber authentisch, typisch istrisch und lecker. Das Haus liegt am Hang, von der überdachten Steinterrasse aus hat man einen wunderschönen Blick auf die umliegenden Hügel, drinnen ist die Konoba rustikal einge-

---

Stadt des Biska

Vor Kurzem wurde Hum auch zur Stadt des Biska ernannt. *Biska* ist ein Schnaps, der aus einer weißen Mistel *(viscum album)* gewonnen wird. Das Rezept stammt aus Hum, weshalb jedes Jahr im Oktober eine Schnapsausstellung stattfindet, bei der Schnapshersteller um den ersten Platz konkurrieren.

Klein, aber fein: die hübsche Altstadt von Hum

richtet. Die Bedienung ist sehr freundlich und entspannt, die Preise wie der Rest – als wäre die Zeit stehen geblieben. Es gibt auch 2 Menüs zu 75 Kn. ⏲ 15. Nov–15. März Sa, So 11–22, 15. März–15. Mai Di–So 11–22, 15. Mai–15. Okt 11–22, 15. Okt–15. Nov Di–So 11–22 Uhr.
Ročka Konoba, Roč 14, ☎ 052-666451, ✉ nenad29@gmail.com. Diese urige Konoba ist in einem traditionellen Steinhaus untergebracht und serviert hausgemachte istrische Spezialitäten wie *fuži* und *maneštra* sowie Würstchen. ⏲ Di–So 12–22 Uhr.

EINKAUFEN

Imela, ☎ 052-660005, 🖥 www.hum.hr/imela.html. Souvenirladen, der von den Besitzern geführt wird und wo man fantastische einheimische Produkte wie Olivenöl, Wein, Schnäpse und Marmeladen bekommt.

Višnjan

10 km nordöstlich von Poreč liegt auf einem Hügel das Örtchen Višnjan, das vor allem für sein **Observatorium**, ☎ 091-4491788, 🖥 www.astro.hr, bekannt ist, welches seit den 1970er-Jahren genutzt wird und den dritten Platz belegt, was die Entdeckung von Asteroiden betrifft. Gegründet und betrieben wurde es von Professor Korado Korlević, der elfte Asteroidenforscher aller Zeiten. Nach ihm sind auch zwei Kometen benannt. Vor ein paar Jahren ist die Sternwarte auf den Berg Tićan umgezogen, 3 km von Višnjan entfernt, das Teleskop steht in einem schönen Gebäude inmitten eines Pinienwaldes. Der kostenlose Rundgang sollte vorab telefonisch angemeldet werden. Ansonsten kann das Observatorium auch im Rahmen des zweitägigen **Astro-Festivals** besucht werden, das am 21. Juni zur Sommersonnenwende beginnt und von Musikveranstaltungen begleitet wird. Außerdem werden dort Olivenöl, Honig, Wein, Schnaps sowie Souvenirs und Handarbeiten lokaler Gewerbebetreiber abgeboten.

Ins Zentrum von Višnjan gelangt man durch das **Stadttor von 1766** mit dem venezianischen Löwen. Dort findet man auch noch die **Reste der Stadtmauer**. Am Stadteingang befindet sich außerdem die kleine gotische **Kirche des Hl. Antonius** (Crkva Sv. Antuna) mit schönen Fresken. Den Hauptplatz beherrscht die **Pfarrkirche des**

Hl. Quiricus und der Hl. Julieta (Crkva Sv. Kvirika i Sv. Julijete) aus dem 19. Jh., die an der Stelle einer früheren Kirche aus dem 13. Jh. errichtet wurde. Die Kirche hat neoklassizistische Säulengänge und beherbergt im Inneren wertvolle Bilder, darunter ein Gemälde der Heiligen Jungfrau Maria, welches 1598 von Zorzo Ventura aus Zadar gemalt wurde. Der 27 m hohe Glockenturm stammt aus dem Jahr 1772.

Neben der Sternwarte ist Višnjan auch als Sitz des Zuchtverbands des istrischen Rindes **Boškarin** bekannt, das Ende des letzten Jahrhunderts vom Aussterben bedroht war. Dieses weiße, oft mehr als 1 t schwere Tier hat über Jahrhunderte hinweg bei der Feldarbeit geholfen und somit einen großen Beitrag zum Überleben der Menschen in dieser Region geleistet. Die hügelige Landschaft um Višnjan ist außerdem als **Weinanbaugebiet** bekannt, die besten Winzer der Gegend sind Poletti, Radovan und Pulin.

INFORMATIONEN

Touristeninformation Višnjan, Trg slobode 1, 052-449142, www.visnjan.hr/tz.

Romeo und Julia auf Istrisch

Der Legende nach befindet sich in der Grotte Baredine der versteinerte Körper der Hirtin Milka aus Nova Vas, der langsam, aber sicher immer tiefer in die Höhle hinabgleitet. So soll sich der Edelmann Gabrijel aus Poreč im 13. Jh. in die schöne Frau verliebt haben, doch seine böse Mutter stellte sich gegen diese Liebe und gab Räubern für drei Gulden den Auftrag, Milka zu töten. Doch statt sie umzubringen, warfen die Räuber sie in die Grotte. Als Gabrijel davon erfuhr, schwang er sich auf sein Pferd und begab sich auf die Suche nach ihr. Das Pferd fand man später ganz in der Nähe bei einer weiteren Grotte.

Höhlenforscher konnten belegen, dass die Entfernung zwischen den beiden Höhlen so gering ist, dass man durch Ausgrabungen von der einen zur anderen gelangen könnte. Dies entspricht der istrischen Version der Geschichte um Romeo und Julia, nach der sich ihre Körper in der unterirdischen Welt wiederfinden und für immer zusammenbleiben werden.

Grotte Baredine

Zwischen Višnjan und Poreč, nahe dem Dorf Nova Vas, liegt im Karstgebiet die Grotte Baredine, 052-421333, www.baredine.com, die 1986 zum Naturdenkmal erklärt wurde. Am Eingang zur Höhle, der auf 117 m NN liegt und einen Durchmesser von 5 m hat, befindet sich ein Schaukasten mit Resten von Keramiken prähistorischer Menschen. Es ist anzunehmen, dass die Behälter zu Zeiten der Dürre hier gelassen wurden, damit sie sich mit Wasser füllten. Die Grotte ist 132 m tief und fasst ganze fünf Hallen, die eine beeindruckende Zahl an Stalagmiten und Stalaktiten in sich bergen, welche durch die jahrtausendelange Wirkung des Wassers entstanden sind und zu faszinierenden Skulpturen geformt wurden. In der Höhle leben ungewöhnliche Tiere, wovon das bekannteste der blinde Grottenolm *(proteus anguinus)* ist, der nur im Karstgebiet zu finden ist. Außerdem kann man winzige, durchsichtige Krabben und Insekten sehen. In der Höhle bleibt die Temperatur das ganze Jahr über konstant bei 14 °C – man sollte sich also mit warmer Kleidung wappnen. Wer möchte, kann an dem 40-minütigen Rundgang mit einem Höhlenforscher teilnehmen, die Strecke ist 300 m lang und führt in eine Tiefe von 60 m. Ausflüge zur Grotte werden von mehreren Reiseveranstaltern angeboten. April und Okt 10–16, Mai, Juni und Sep 10–17, Juli und Aug 9.30–18 Uhr, ansonsten auf Voranmeldung, Eintritt 60 Kn, erm. 45 Kn.

Pazin

Pazin (ca. 5000 Einw.) ist Istriens Verwaltungssitz und liegt im Zentrum der Halbinsel. Der Ort ist sehr gut nach allen Seiten angebunden, weshalb er der ideale Ausgangspunkt für die Erkundung sowohl des istrischen Binnenlandes als auch der Küste ist. Obwohl Pazin nicht so pittoresk daherkommt wie andere istrische Binnenstädte, so hat es doch einiges zu bieten und ist zudem wesentlich preiswerter als viele andere Orte in der Region.

Die wichtigste Sehenswürdigkeit Pazins ist das **Kaštel**, Trg Istarskog razvoda 1, das etwas abseits auf einem Felsvorsprung liegt. 983 wurde es zum ersten Mal erwähnt und gilt trotz zahlreicher Angriffe, Zerstörungen und Besitzwechsel als die größte und besterhaltene mittelalterliche Festung Istriens. 1374 kam es in den Besitz der Habsburger, im 15. Jh. wurde es zum Sitz der Paziner Grafschaft, die über 30 Städte im Landesinneren regierte. Das Bauwerk ist eine interessante Mischung aus Romantik, Gotik und Renaissance, seine heutige, fünfeckige Form stammt aus dem 16. Jh. Im Sommer finden im Kaštel und auf dem Vorplatz zahlreiche Konzerte, Theateraufführungen und Ausstellungen statt, abends ist es wunderschön beleuchtet und bietet auch aus der Ferne einen märchenhaften Anblick. Im Kaštel sind außerdem das **Ethnografische Museum** (Etnografski muzej Istre), ✆ 052-622220, 🖥 www.emi.hr, und das **Paziner Stadtmuseum** (Muzej grada Pazina), ✆ 052-625040, untergebracht, die mit nur einer Eintrittskarte besucht werden können. Während das Stadtmuseum eine Sammlung mittelalterlicher istrischer Kirchenglocken und eine Ausstellung über die Sklavenaufstände beherbergt, umfasst das Ethnografische Museum ganze 42 000 Exponate, welche einen lebendigen Eindruck des istrischen Dorflebens geben. ⏱ Di–So 10–18 Uhr, Eintritt 25 Kn, erm. 18 Kn.

Direkt neben der Festung findet man auch gleich schon die zweite Besonderheit Pazins – die 100 m tiefe, beeindruckende **Paziner Schlucht** (Pazinska jama), 🖥 www.pazinskajama.com, die zu den bekanntesten Naturattraktionen im istrischen Binnenland zählt und ein einzigartiges hydrogeologisches Phänomen darstellt. Hier entspringt der Karstfluss Pazinčica, der drei unterirdische Seen bildet. Bekannt wurde die Schlucht durch den französischen **Schriftsteller Jules Vernes**, der – ebenso wie zahlreiche kroatische Autoren – durch sie zu seinem Roman *Mathias Sandorf* (1885) inspiriert wurde (s. Kasten). Der 1300 m lange Schluchtweg kann begangen werden, er wird von einem mehrsprachigen **Lehrpfad** begleitet. Es gibt zwei Eingänge – einen beim Hotel Lovac, einen anderen bei der Fußgängerbrücke Vršč, welche 100 m vom Kaštel entfernt über die Schlucht führt und wo sich auch ein **Aussichtspunkt** befindet. Von Oktober bis Mai ist die Begehung kostenlos, allerdings ist man dann auch auf eigene Gefahr unterwegs. Wer möchte, kann die Grotte auch in Begleitung eines Höhlenforschers besichtigen, der über die Touristeninformation gebucht wird. ⏱ Juli–Aug 10–18, Sep–Juni 10–15 Uhr, Eintritt 30 Kn, erm. 15 Kn.

ÜBERNACHTUNG UND ESSEN

Da Pazin kein klassischer Touristenort ist, gibt es hier nur ein Hotel – das **Hotel Lovac**, Ulica Šime Kurelića 4, ✆ 052-624324, das

Jules Vernes Drama an der Paziner Schlucht

Die Handlung von Jules Vernes Roman *Mathias Sandorf*, der später mehrmals verfilmt wurde, ist ebenso dramatisch wie die Kulisse, in der sie sich abspielt. Der Roman handelt vom Grafen Mathias Sandorf und dessen zwei Verbündeten, die aufgrund ihrer revolutionären Aktivitäten von der österreichischen Polizei festgenommen und in die Paziner Festung eingesperrt werden. Dem Grafen gelingt es, über einen Blitzableiter zu entkommen, doch als der Blitz einschlägt, stürzt er in die Tiefe und wird vom mächtigen Fluss Pazinčica mitgerissen. Der Held schafft es abermals sich zu retten, indem er sich an einem Baumstumpf festhält, der ihn bis zum Limski-Kanal trägt. Von dort wandert er bis nach Rovinj, um sich schließlich im Kugelhagel von einem Felsen in die Tiefen des Meeres zu stürzen. Unglaublich, aber wahr – Verne hat diese höchst dramatische Geschichte erfunden, ohne jemals in Pazin gewesen zu sein. Umso erstaunlicher ist es, dass es der Erzählung keineswegs an Authentizität mangelt und dass der Schriftsteller seither als Lokalheld gefeiert wird. Ihm zu Ehren gibt es in Pazin eine nach ihm benannte **Straße**, die alljährlich stattfindenden **Jules-Verne-Tage** sowie einen **Jules-Verne-Club**, 🖥 www.ice.hr/davors/jvclub.htm.

> ### Süßer Paziner Honig
>
> Die Umgebung von Pazin ist für ihre langjährige Imkertradition bekannt. Eine Liste der Imkereien ist in der Touristeninformation erhältlich. Zu den besten Honigherstellern gehört die **Familienimkerei Gržetić**, Zarečje 32, bei Pazin, ☎ 052-622537, wo neben verschiedenen Honigsorten, Honigwaben, Hasel- und Erdnüssen in Honig auch Wachs und Kerzen verkauft werden.

jedoch aufgrund seiner renovierungsbedürftigen Zimmer nicht empfehlenswert ist. Wer in Pazin übernachten möchte, sollte sich daher lieber mit Hilfe der Touristeninformation eine Privatunterkunft suchen.

Apartmani Laura, Antuna Kalca 10/a, ☎ 052-621312, ✉ elivs.milotic@pu.t-com.hr. Das freundliche kroatisch-italienische Paar Milotić verbringt die eine Hälfte des Jahres in Triest, während es in den Sommermonaten Apartments in ihrem schönen, großen Haus vermietet, dessen rosa Farbe bereits aus der Ferne erkennbar ist. Die Apartments sind etwas altmodisch und bestimmt nicht nach jedermanns Geschmack eingerichtet, aber sie sind auf ihre Art gemütlich, sehr sauber, groß und preiswert. Von allen Zimmern und Balkonen hat man einen schönen Blick, entweder auf die Natur, das Kastell oder die Kirche, nachts wird es angenehm frisch und absolut ruhig. ❶

Konoba Vela Vrata, Beram 41, ☎ 052-622801, ✉ helenajur84@gmail.com. In dem 5 km von Pazin entfernten Dörfchen Beram befindet sich diese gemütliche, urige Konoba auf einem Hügel, von deren großer, überdachter Terrasse man das Gefühl hat, ganz weit weg von allem zu sein. Man hört allein das Zirpen der Grillen und hat den Duft von frisch gegrilltem Fleisch und Gemüse in der Nase. Keine Sorge, für Vegetarier gibt es leckere istrische Pasta mit Trüffeln und Gemüse. Das Personal ist freundlich und bemüht, auf die Wünsche der Gäste einzugehen. ⏰ Di–So 11–23 Uhr.

Konoba Vinja, Stancija Pataj 73a, ☎ 052-623006. Dieses elegante Restaurant ist bei Einheimischen beliebt und liegt etwas außerhalb und versteckt. Obwohl die weitere Umgebung nicht so verlockend ist, ist das Restaurant von viel Grün und einer großen Terrasse umgeben, es ist schön ruhig, und wenn man die nahe liegende Tankstelle ausblenden kann, dann hat man das Gefühl, mitten auf dem Land zu sein. Serviert werden istrische Pasta- und Fleischspezialitäten, sehr fein und originell zubereitet. Auf keinen Fall verpassen sollte man die Eiskreationen, die der ultimative Beweis für das gekonnte Händchen des Küchenchefs sind. ⏰ 12–16, 20–23 Uhr.

SONSTIGES
Apotheken
Ljekarna Pazin, Šetalište pazinske gimnazije 4. ⏰ Mo–Fr 7–20, Sa 7.30–20, So 9–13 Uhr.
Ljekarna Radoš, Prolaz Ernesta Jelušića 1, ☎ 052-624046, ✉ ljekarna.rados@pu.t-com.hr. ⏰ Mo–Fr 7–20, Sa 7.30–15.30 Uhr.

Feste
Zum Höhepunkt des Paziner Sommers gehören die **Jules-Verne-Tage**, die in der letzten Juniwoche stattfinden und den Schriftsteller und dessen Romanfigur Mathias Sandorf anhand verschiedenster Veranstaltungen, Lesungen und dergleichen in allen Farben und Schattierungen hochleben lassen.

Informationen
Touristeninformation Pazin, Franine i Jurine 14, ☎ 052-622460, 🖥 www.tzpazin.hr. Hält nicht nur Infos über Pazin, sondern ganz Istrien bereit, da sie gleichzeitig als Touristenzentrale für ganz Istrien fungiert.

Medizinische Hilfe
Ambulanta, Jurja Dobrile 1, ☎ 052-624221.

TRANSPORT
Busse
Der **Busbahnhof**, Šetalište Pazinske Gimnazije, ☎ 052-624364, liegt im Zentrum von Pazin.

BUZET, 1x tgl. (sehr früh) in 45 Min. für ca. 40 Kn.
MOTOVUN, 4x tgl. in 30 Min. für 33 Kn.
POREČ, 8x tgl. in 30 Min. für 31–41 Kn.
PULA, 6x tgl. in 1 Std. für 53 Kn.
RIJEKA (über UČKA), 8x tgl. in 1 Std. für 49–61 Kn.
ROVINJ, 8x tgl. in 30 Min.–1 1/2 Std. für 46 Kn.
UMAG, 2x tgl. in 1 1/4 Std. für 55–67 Kn.
ZAGREB, 11x tgl. in 3 1/2 Std. für 130 Kn.
TRIEST und VENEDIG, 1x tgl. (sehr früh) in 2 Std. für ca. 80 Kn (Triest), in 4 1/2 Std für ca. 130 Kn.

Eisenbahn

Der **Bahnhof**, Od Stareh Kostanji 3b, ℘ 052-624310, liegt auf einem Hügel, nur ein paar hundert Meter vom Busbahnhof entfernt. Pazin ist sehr gut mit dem Zug angebunden, es fahren mehrmals pro Tag Züge nach PULA (zwischen 6.20 und 21.50 Uhr), BUZET, HUM, ROČ, KANFANAR und VODNJAN. 1x tgl. fährt ein Zug nach LJUBLJANA.

Gračišće

Gračišće, 8 km südöstlich von Pazin gelegen, gehört zu den Geheimtipps im istrischen Binnenland, vor allem für diejenigen, die verträumte, romantische Orte lieben. Trotz seiner Größe hat das mittelalterliche Städtchen neben der heimeligen Atmosphäre so einiges an interessanten Sehenswürdigkeiten und Bauwerken zu bieten. Allein schon die Zahl der Kirchen ist beeindruckend – da wäre die romanische **Kirche der Hl. Euphemia** (Crkva Sv. Eufemije), die 1425 erbaute **Kirche der Hl. Maria** (Crkva Sv. Marija) mit ihren wunderschönen Fresken, die **Kirche des Hl. Anton aus Padua** (Crkva Sv. Antun Padovanski) aus dem 14. Jh., die **Kirche des Hl. Pankrecius** (Crkva Sv. Pankrecija) aus dem 15. Jh. und die **Pfarrkirche des Hl. Veit** (Crkva Sv. Vid) aus dem 17. Jh. Sehenswert ist auch der **Palast Salomon**, der im 15. Jh. im venezianisch-gotischen Stil erbaut wurde.

Von Gračišće geht der 11,5 km lange **Wanderweg Sv. Šimun** ab, der durch eine wunderschöne Hügellandschaft mit Blick auf das Učka-Gebirge und vorbei an den Resten einer Mühle, der Wasserquelle in Žlepčari, dem Wasserfall in Sopot und ein paar hübschen Kleinkirchen führt (Rundweg, 3–4 Std., lückenhafte Markierung: rot-weißer Kreis, ausreichend Getränke mitnehmen, festes Schuhwerk nötig).

ÜBERNACHTUNG UND ESSEN

Da Gračišće leider nicht über eine eigene Touristeninformation verfügt, sollte man sich bei der Suche nach (Privat-)Unterkünften an jene in Pazin wenden.

Vile Poli Svetega Antona, Gračišće 29, ℘ 091-2554400, 🖥 www.istria-villas.info. 3 wunderschöne, im Landhausstil eingerichtete Villen für 2–16 Pers. mit Swimming Pool und Garten. ❸–❺

Konoba Marino, Gračišće 75, ℘ 052-687081. Diese einladende Dorfkonoba hat viel Hausgemachtes auf der Speisekarte, von istrischen Fleisch- und Pasta-Gerichten mit Gemüse bis hin zu Sandwiches und Salaten. Kleine Auswahl, aber große Portionen und alles sehr fein zubereitet. Draußen stehen ein paar Holzbänke um die Konoba herum, wo man das Flair des Ortes schnuppern kann. ⏱ Mo, Di, Do–Sa, 14–23, So 10–23 Uhr. Zur Konoba gehört auch die hübsche **Frühstückspension Poli Luce**, ℘ 052-687081, die in einem schmucken Steinhäuschen untergebracht ist und über ein paar rustikal eingerichtete Zimmer verfügt. ❶

EINKAUFEN

Suvenirica Gallignana, Gračišće 68, ℘ 098-361937, 🖥 www.suvenirnica-gallignana.hr. In dem kleinen, hübschen Laden gibt es alle möglichen Souvenirs, kulinarische Spezialitäten aus Istrien, Trüffelprodukte sowie Wein. ⏱ 10–20 Uhr.

Bale und Umgebung

Das pittoreske Städtchen **Bale** (1047 Einw.) entstand während der Römerzeit zum Schutz der Handelsstraße zwischen Triest und Pula und bezaubert nicht nur dank des hübschen, mittelalterlichen Ortszentrums mit den schönen gotischen Bauten, Steinhäusern, verwinkelten Gassen und versteckten Plätzen, sondern auch weil Bale trotz seines verschlafenen Anblicks eine rege Kunst-Szene hat. Eine der vielen Reize von Bale ist auch seine Lage nur 7 km vom Meer entfernt, wo man schöne, unberührte Strände findet (in den **Buchten San Polo und Colone** wurden sogar Fossilien von Dinosaurierarten entdeckt).

Im Ortszentrum von Bale, das unter Denkmalschutz steht und von herrlich grüner Natur umgeben ist, befindet sich die **Pfarrkirche des Hl. Julian** (Crkva Sv. Julijana) mit einem 36 m hohen Glockenturm, die 1883 an der Stelle einiger älterer Sakralgebäude errichtet wurde, von denen heute noch in der Krypta die Reste der Basilika aus dem 9. Jh. zu sehen sind. Innen kann man neben dem Sarkophag des Hl. Julian, der im 14. Jh. lebte und der ursprünglich im nahe gelegenen Kloster des Hl. Michael (Samostan Sv. Mihovil) beigesetzt wurde, auch die Statue der Muttergottes von Mon Perin besichtigen, der Heilkräfte nachgesagt werden, sowie ein Lapidarium in der Krypta unter dem Presbyterium und zwölf Kapitelle aus der Karolingerzeit, welche bei der Marienkirche (Crkva Sv. Marije Velike) gefunden wurden.

Außer der Pfarrkirche gibt es noch die **Heiliggeistkirche** (Crkva Sv. Duha), welche im 15. Jh. im gotischen Stil erbaut wurde und sich durch die Kalkplatten auf dem Dach und die schönen Fresken im Inneren der Kirche abhebt, die **Kirche des Hl. Anton** (Crkva Sv. Antuna Opata), die südlich von Bale in Richtung Pula liegt, aus dem 14. Jh. stammt und deren Grundriss die Form des lateinischen Kreuzes hat, und die **vorromanische Kirche des Hl. Elias** (Crkva Sv. Ilije), die etwas außerhalb der Stadt nahe der Straße in Richtung Rovinj liegt und im 14. Jh. erneuert wurde.

Das berühmteste Bauwerk von Bale ist jedoch das **Kaštel Bembo**, das erst vor Kurzem restauriert wurde. Ursprünglich wurde es im 15. Jh. aus zwei Türmen errichtet, die durch eine Brücke miteinander verbunden waren, auf der schließlich ein Wohnbereich im Gotik-Renaissance-Stil gebaut wurde. Zuerst gehörte der Palast der Familie Soardo, da diese jedoch keine männlichen Nachkommen hatte, ging der Besitz 1618 nach der Trauung von Veronica Soardo mit Alvisea Bemba in die Familie Bemba über.

Bales enge Gassen beherbergen zahlreiche Galerien, wo originelle, handgefertigte Souvenirs und Kunstgegenstände gekauft werden können.

Als wäre die Zeit stehen geblieben: Sommernachmittag in Bale

In der **Etnogalerija Grgac**, Castel 70, 🖥 www.ceramic-art-etno.com, werden beispielsweise Unikatstücke aus glasierter Terrakotta und mit traditionellen, farbenfrohen Motiven ausgestellt.

Auch die Umgebung von Bale hält einige Überraschungen bereit. Die **Bucht von Palud**, welche sich in direkter Nähe von Bale befindet, ist ein Sumpfgebiet, das zum ornithologischen Reservat erklärt wurde. Entstanden ist das Gebiet durch die Wasserzuflüsse aus den umliegenden Bergen und Quellen und durch die Nähe zum Meer. Noch bis zum 20. Jh. war es völlig vom Meer abgetrennt, doch zur Bekämpfung der Malaria wurde ein 200 m langer Kanal gegraben, durch den es zu einer Vermischung von Süß- und Salzwasser kam. Außer einer großen Varietät an Vogelarten leben hier noch Schildkröten, Eidechsen und Zitteraale. Das Sumpfgebiet kann auch mit dem Fahrrad umfahren werden.

ÜBERNACHTUNG UND ESSEN

Um Bale herum gibt es sogenannte *stancije* – einstige landwirtschaftliche Betriebe, zu denen die Häuser von Grundbesitzern und Feldarbeitern, Ställe und manchmal sogar kleine Kirchen oder Kapellen gehörten. Heute werden diese Landsitze gerne für den Agrotourismus genutzt. Privatunterkünfte werden von der Touristenagentur Mon Perin vermittelt.

Hotel und Restaurant La Grisa, La Grisa 23, ☎ 052-824501, 🖥 www.la-grisa.com. Modernes, gepflegtes 4-Sterne-Hotel im Ortszentrum. Die Zimmer sind schlicht eingerichtet, in Rot- und Beigetönen gehalten und mit hellen Holzböden und integrierten Steinwänden ausgestattet. ❸–❹

Kamene priče, Kaštel 57, ☎ 052-824235, 🖥 www.kameneprice.com. Das Kamene priče (was so viel wie „steinerne Geschichten" bedeutet) ist Restaurant, Café-Bar, Club und Hotel in einem und verspricht mit Sicherheit etwas anderes, als man erwartet. Auf jeden Fall ist es ein Tipp für Jazzliebhaber, denn hier finden vor allem im Sommer regelmäßig Konzerte und das „Last Minute Open Jazz Festival" statt. Draußen stehen ein paar bunte Bänke und Sessel über die Straße verteilt, wo man entweder etwas essen oder einfach nur ein Gläschen trinken kann, während man der Musik lauscht. Die Apartments, welche das Kamene priče vermietet, sind gemütlich und individuell eingerichtet, mit Holzböden und -decken und alten Möbeln. ⏰ 10–14, 18–23 Uhr. ❷–❸

Stancija Meneghetti, Bale bb, 🖥 www.meneghetti.info. Wer sich einen klassischen Agrotourismus-Betrieb vorstellt, der liegt hier völlig falsch. Dafür ist der Besitz – das Hotel mit seinen luxuriös ausgestatteten, stilvollen Zimmern, das Restaurant mit seiner exquisiten, aus selbst angebauten Produkten zubereiteten Küche und der gepflegten Umgebung mit Swimming Pool und Garten – zu perfekt. Aber wer sich von dem Gedanken verabschieden kann, dass Agrotourismus zwangsläufig volkstümlich und folkloristisch sein muss, dem wird das Anwesen bestimmt gefallen. Hier gibt es übrigens das vielleicht beste Olivenöl der gesamten Region. Das Anwesen liegt ein paar Kilometer südwestlich von Bale. ⏰ Di–So 12–23 Uhr. ❻

Villa Lav, Grote 25, ☎ 052-824267, 🖥 www.villalav.com. Hübsche Pension mit 11 Zimmern, die ländlich und ein wenig

Das gelbe Gold Istriens

In Istrien hat die Gewinnung von **Olivenöl** eine mindestens so lange Tradition wie die Weinherstellung. Bereits Apicius, der Autor des ältesten römischen Kochbuchs, erwähnte das istrische Olivenöl. Auf die lange Tradition deuten der 1650 Jahre alte Olivenbaum auf Brijuni sowie die Reste antiker Ölmühlen entlang der Westküste, auf Brijuni, in Barbariga, Poreč und Červar Port hin. In Istrien gibt es zwölf autochthone und genauso viele naturalisierte Olivensorten. Die am meisten verbreiteten einheimischen Sorten sind **Buža** und **Istarska bjelica**, in nördlichen Gebieten wird die autochthone Sorte **Črnica** angebaut. Neben den Weinstraßen gibt es in Istrien auch einige, sehr gut beschilderte **Olivenölstraßen**. Karten mit den eingezeichneten Straßen sind in den Touristeninformationen oder im Internet unter 🖥 www.istria-gourmet.com erhältlich.

altmodisch bis kitschig eingerichtet sind. Die Pension liegt etwa 10 Gehminuten vom Zentrum entfernt und ist in einem schönen, alten Landhaus untergebracht, das außerdem über einen großen Swimming Pool und einen gepflegten Garten verfügt, wo das Frühstück eingenommen wird. Zur Pension gehört auch ein ausgezeichnetes Restaurant, das die typischen istrischen Gerichte auf dem offenen Grill zubereitet. ❷–❸

Konoba Istra, Trg La Musa 18, ☎ 052-824396. Gemütliche Konoba, die kein außergewöhnliches, aber solides Essen zu fairen Preisen bietet. ◷ 7–23 Uhr.

Slastičarna San Rocco, Zagrebačka 2, ☎ 099-666357. Eisdiele und Café mit einer schönen Terrasse mit Holzboden und gemütlichen Sesseln. ◷ 9–12, 19–22 Uhr.

SONSTIGES

Informationen
Touristeninformation Bale, ☎ 052-824391, 🖥 www.bale-valle.hr. Bale hat keine richtige Touristeninformation, aber auf der Homepage stehen ein paar nützliche Informationen, und bei Bedarf kann man telefonisch Auskünfte erhalten.

Touristenagenturen
Mon Perin, San Zuian 22a, ☎ 052-824343, 🖥 www.agency-monperin.hr. Diese kleine, professionell organisierte Agentur vermittelt Privatunterkünfte und organisiert Tagesausflüge.

TRANSPORT

Es fahren **Busse** nach:
POREČ, 4x tgl. in 1 Std. für 32 Kn.
PULA, 14x tgl. in 20 Min. für 25–33 Kn.
RIJEKA, 2x tgl. in 3 Std. für 121 Kn.
ROVINJ, 14x tgl. in 20 Min. 23–31 Kn.
UMAG, 2x tgl. in 1 Std. 50 Min. für 67 Kn.

Svetvinčenat

Svetvinčenat (ca. 2000 Einw.) liegt etwa 12 km nordöstlich von Bale und gilt als eines der schönsten Städtchen Istriens. Das liegt wahrscheinlich daran, dass sein Ausbau fast mit dem Lineal geplant wurde – und zwar von dem Venezianer Pietro Morosini, der die Stadt mit zahlreichen wunderschönen Renaissancebauwerken versah. Die lineare Struktur wird am besten am Hauptplatz – auch **Placa** genannt – sichtbar, wo sich auch die meisten Sehenswürdigkeiten befinden. Die wichtigste davon ist das **Kaštel Morosini-Grimani**, das zu den schönsten und besterhaltenen Kastellen in Istrien gehört und gleichzeitig das Wahrzeichen von Svetvinčenat ist. Die Grundsteine der Festung wurden im 13. Jh. gelegt, im Laufe der Geschichte wurde sie jedoch mehrmals beschädigt und wieder erneuert. Ende des 16. Jhs. wurde das Kastell Opfer einer Feuersbrunst, danach aber wieder aufgebaut. Aus jener Zeit stammt ihr heutiges Aussehen mit den drei Ecktürmen, die durch Bollwerke miteinander verbunden sind. An der vierten Ecke befindet sich der Palast. Das Kastell hat über die Jahre ebenfalls mehrmals seinen Besitzer gewechselt. Ursprünglich war es in den Händen des Bischofs von Poreč, ist dann aber in den Besitz der Familie Castropol und dann in den der Familie Morosini übergegangen. Zwei Schwestern, die Erbinnen des Kastells, haben 1560 zwei Brüder der Familie Grimani geheiratet, in deren Besitz es bis zum 19. Jh. blieb, als das Bauwerk dem Bischof Juraj Dobrila überlassen wurde. Das Wappen der Familie Grimani, welches über dem Eingang des Kastells hängt, ist heute das Wappen von Svetvinčenat. Das Kastell bietet heute eine atemberaubende Kulisse während des **Ethno-Jazz-Festivals**, das alljährlich Anfang Juli stattfindet.

Am östlichen Teil des Hauptplatzes steht die **Pfarrkirche Maria Verkündigung** (Crkva Navještenja Marijina) aus dem 16. Jh., die zu den schönsten Renaissancekirchen Istriens gehört. Die dreiteilige Fassade besteht aus istrischem Stein, im mittleren Teil ist eine schöne Rosette platziert. Im Inneren der Kirche befinden sich fünf Marmoraltäre mit Gemälden. Das wertvollste Gemälde ist jenes am Altar der Hl. Viktoria, welches die Mutter Gottes mit Engeln, dem Hl. Sebastian und dem Hl. Rochus abbildet und ein Werk des venezianischen Meisters Jacopo Palma der Jüngere ist, während der Hauptaltar mit dem Gemälde *Marias Verkündigung* von Guiseppe Porto-Salviati geschmückt ist. Sehenswert ist auch die Reliquie der Hl. Viktoria, die 1669 aus Rom hierher gebracht wurde. In der Sakristei ist außerdem eine Sammlung sakraler Kunst untergebracht mit Altarkreuzen, Kelchen und anderen wertvollen Gegenständen. Der Hauptplatz wird von einer **Stadtloggia aus dem 18. Jh.** und einer Reihe schöner Renaissancehäuser aus dem 16. Jh. gesäumt, das Zentrum bildet eine **Steinzisterne** aus dem Jahr 1808.

Im der 12. Jh. errichteten **Kirche des Hl. Vinzent** (Crkva Sv. Vincent) am Friedhof kann man beeindruckende dreischichtige **Fresken** sehen. Von der ältesten Schicht ist kaum noch etwas sichtbar, die zweite wurde Ende des 13. Jhs. von Ognobenus aus Treviso geschaffen und zählt zu den bedeutendsten romanischen Fresken unter byzantinischem Einfluss in Istrien. Die dritte, gotische Schicht stammt aus der italienischen Schule aus dem 14. und 15. Jh. Die Fresken zeigen Bibelszenen und Szenen aus dem Leben der Heiligen.

Weitere Fresken aus dem 15. Jh. kann man in der romanischen **Kirche der Hl. Katarina** (Crkva Sv. Katarine) entdecken, die sich am östlichen Ausgang des Ortes befindet.

ÜBERNACHTUNG UND ESSEN

Bei der Vermittlung von Privatunterkünften ist die Touristeninformation behilflich.
Kod Kaštela, Savičenta 53, ☎ 052-560012. Hübsches regionaltypisches Restaurant im Zentrum der Stadt, mit Blick auf das Kastell und den Hauptplatz. Serviert werden hausgemachte Pasta-Gerichte, ⏰ 10–23 Uhr. Im 1. Stock werden ein paar günstige, recht hübsche Privatzimmer vermietet. ❶
Stancija 1904, Smoljanci 2-3, ☎ 052-560022, 🖥 www.stancija.com. Dieses von einer schweizerisch-kroatischen Familie geführte Landhaus liegt im Dorf Smoljanci, zwischen Svetvinčenat und Kanfanar, und vermietet ein paar schöne Apartments, welche gemütlich eingerichtet und modern ausgestattet sind. Die Umgebung ist sehr grün und erholsam. Das Restaurant serviert ausgezeichnete, fein zubereitete Speisen, das Frühstück ist außergewöhnlich üppig. Es werden auch Kochkurse angeboten. ❹–❺

SONSTIGES

Informationen
Touristeninformation Svetvinčenat, Svetvinčenat 20, ☎ 052-560349, 🖥 www.tz-svetvincenat.hr.

Radfahren
Von Svetvinčenat führt ein relativ neuer, 35 km langer **Radrundweg** bis nach Sveti Petar. Radkarten mit den eingezeichneten Routen sind in der Touristeninformation erhältlich.

TRANSPORT

Es fahren **Busse** nach:
PULA, 8x tgl. in 25 Min. für 30–36 Kn.
ROVINJ, 2x tgl. in 40–70 Min. für 37 Kn.
PAZIN, 4x tgl. in 25 Min. für 34 Kn.
RIJEKA, 2x tgl. in 1 Std. 20 Min. für 66 Kn.

Vodnjan und Umgebung

Vodnjan, rund 12 km nördlich von Pula, ist die istrische Stadt der Superlative. Hier befindet sich neben der längsten Gasse Istriens, der Trgovačka ulica, die größte Kirche – die **Kirche des Hl. Blasius** (Crkva Sv. Blaža), mit einem Glockenturm von 63 m Höhe. Erbaut wurde die Kirche Ende des 18. Jhs., der Glockenturm stammt aus der Mitte des 19. Jhs. Für den Bau der Kirche musste die Bevölkerung ein Zehntel ihres Ertrags vom Wein- und Olivenbau abtreten. Die Kirche übertrifft jedoch nicht nur von außen alles bisher Gesehene, sondern auch innen, wo eine wertvolle **Sammlung sakraler Kunst** untergebracht ist, mit über 730 Exponaten vom 5. bis 19. Jh. Viele der Reliquien wurden aus Venedig hierher gebracht, um sie vor der Zerstörung unter der Napoleonischen Herrschaft zu bewahren. Aber damit nicht genug: Hinter dem Altar werden die **Mumien von Vodnjan** aufbewahrt – jahrhundertealte Körper und Körperteile von Heiligen, von denen drei komplett erhalten sind, worüber sogar Wissenschaftler die Köpfe schütteln. Es handelt sich um die Körper des 1188 gestorbenen Hl. Leon Bembo, des 1512 verstorbenen Hl. Nikolosa Bursa und des Hl. Giovanni Olinio, der den Pestkranken geholfen hatte und 1309 starb. Es wird davon ausgegangen, dass die Heiligenleichname Heilkräfte haben, weshalb die Kirche jährlich von 15 000 Menschen besucht wird. ⏱ So–Fr 9–19, Sa 14–19 Uhr.

Bei einem Spaziergang durch Vodnjan wird man einige schöne Paläste entdecken, beispielsweise den **Palast Bettica**, der im 14. Jh. im Gotik-Renaissance-Stil erbaut wurde und viele Fresken beherbergt. Auf dem Hauptplatz, dem Narodni trg, steht der im neogotischen Stil entworfene **Stadtpalast** aus dem Jahr 1911 sowie der **Barockpalast Bradamate** aus dem 17. Jh.

An der alten römischen Straße beim Dorf **Batvači** nahe Peroj, etwa 6 km westlich von Vodnjan, steht die sagenumwobene **Kirche der Hl. Foska** (Crkva Sv. Foška) aus dem 12. Jh. Foska lebte im 3. Jh. in einer reichen römischen Familie, wurde jedoch nach ihrem Bekenntnis zum Christentum verstoßen und ihren Peinigern ausgeliefert. Die qualvollen Torturen ließen sie nicht von ihrem Glauben abbringen, und so wurde sie – mit nur 15 Jahren – enthauptet. Die Kirche, welche dieser Märtyrerin gewidmet ist, wurde auf den Ruinen einer vorromanischen Kirche erbaut und im 12. Jh. mit Fresken geschmückt. 1681 schrieb der Bischof Tommasini das erste Heilereignis auf, woraufhin viele Gläubiger hierher reisten und von ihren Wundern und Heilungen erzählten. Die Hl. Foska soll vor allem bei Kopfschmerzen, Rheumatismus und Arthritis Linderung schenken.

ÜBERNACHTUNG UND ESSEN

Stancija Negričani, Divišići bb, ☎ 092-2665995, 🖥 www.stancijanegricani.com. Der Agrotourismus-Betrieb der Familie Modrišan gilt als einer der besten in ganz Istrien und liegt im Dörfchen Divišići, an der Straße von Vodnjan in Richtung Barban. In der Naturoase kann man ausgezeichnete istrische Weine sowie traditionelle Speisen genießen, die auf dem Grill und mit allerlei Gewürzen zubereitet werden. Natürlich stammen alle Produkte aus dem Eigenanbau. Die Zimmer sind geschmackvoll und mit alten Möbeln eingerichtet, es gibt auch einen Swimming Pool. Das Preis-Leistungs-Verhältnis stimmt jedoch insgesamt nicht ganz, die Freundlichkeit der Besitzer lässt auch ein wenig zu wünschen übrig. ❸

Leben wie anno dazumal

In der Umgebung von Vodnjan findet man die größte Anzahl von *kažuni*. Es handelt sich dabei um einfache, kleine Hirtenhäuschen, die ein traditionell istrisches Bauwerk darstellen. Das Besondere an diesen Häusern ist, dass sie gänzlich ohne Bindemittel gebaut wurden. Man sammelte einfache flache Steine auf den Feldern und schichtete diese in konzentrischen, immer enger werdenden Kreisen übereinander, bis das kuppelförmige Dach geschlossen war. Die Häuser boten den optimalen Schutz vor Sonne und Hitze und dienten als Werkzeuglager sowie zur Beobachtung der Felder und Weinberge. Das größte *kažun* hat einen Durchmesser von 4,5 m, darin haben gerade mal drei Personen Platz (vorausgesetzt sie sind nicht zu groß und breit). Früher gab es im Süden Istriens zwischen 10 000 und 20 000 solcher *kažuni*. Heute findet man sie nur noch vereinzelt, oft als Repliken auf Höfen oder neben Restaurants.

Vodnjanka, Istarska 22b, ☎ 052-511435, ✉ svjetlanacelija@net.com. Küchenchefin Svjetlana Celija serviert autochthone istrische Küche in diesem kleinen, familiären Restaurant im Zentrum von Vodnjan. Auf der Speisekarte stehen vor allem handgemachte Pasta-Variationen mit saisonalen Saucen, aber auch die Fleisch- und Fischgerichte sind sehr zu empfehlen, besonders das Beefsteak mit Trüffeln. Die Bedienung ist sehr freundlich und zuvorkommend. ⏱ Juli–Aug 11–24, So 17–24, Sep–Juni 11–23 Uhr.

SONSTIGES
Informationen
Touristeninformation Vodnjan, Narodni trg 3, ☎ 052-511700, 🖥 www.vodnjan.hr.

Radfahren
Um Vodnjan gibt es mehrere beschilderte, kürzere Radrouten, z. B. in das etwas südlich gelegene Dorf Galižana oder nach Fažana. Eine Karte mit den eingezeichneten Wegen ist in der Touristeninformation erhältlich.

TRANSPORT

Es fahren **Busse** nach:
POREČ, 5x tgl. in 1 Std. für 42 Kn.
PULA, 22x tgl. in 10 Min. für 19–27 Kn.
RIJEKA, 5x tgl. in 2–2 1/2 Std. für 78–114 Kn.
ROVINJ, 13x tgl. in 30 Min. für 27–36 Kn.
TRIEST, 1x tgl. in 3 Std. für 44 Kn.
UMAG, 2x tgl. in 2 Std. für 76 Kn.

Die Ostküste

Die Ostküste Istriens hat wesentlich weniger zu bieten als die Westküste, was wohl vor allem an ihrer schroffen, weniger zugänglichen Landschaft liegt. Ausnahme bildet der pittoreske, auf einem Hügel angelegte Ort Labin, der zwar nicht direkt an der Küste liegt, zu dessen Füßen sich jedoch das Badeparadies Rabac erstreckt und der somit die perfekte Verbindung zwischen Binnenland und Küste darstellt.

Labin und Rabac

Das kleine mittelalterliche Städtchen **Labin** (ca. 11 6400 Einw.) liegt malerisch auf einem 320 m hohen Hügel und blickt auf die Bucht des modernen Rabac hinab. Kein Wunder, dass der keltische Name der Stadt, **Albona**, „Höhensiedlung" bedeutet. Den bunten Fassaden kann man ihre interessante und zugleich bewegte Geschichte ablesen. In den 60er-Jahren des 20. Jhs. sorgte ein Bergstollen dafür, dass die Erde unter der Stadt gesenkt wurde und viele Gebäude im alten Stadtkern Risse bekamen oder sogar einstürzten. Um die Bewohner zur Rückkehr zu überzeugen, wurden leer stehende Häuser Künstlern überlassen. Ihnen hat die Stadt ihr künstlerisches Flair und ihr junges Aussehen zu verdanken, das sich über Labins altes, von der Geschichte gezeichnete Antlitz gelegt hat.

Im frühen Mittelalter gehörte Labin mit Buzet zu den ersten kroatisierten Städten, später war es einer der letzten Orte, die unter venezianische Herrschaft kamen. Die darauf folgende Geschichte teilt Labin mit der anderer istrischer Küstenstädte, mit einer Ausnahme – am 2. März 1921 eroberten die unterdrückten Bergarbeiter von Labin die Bergwerke, übernahmen die Macht und riefen die Republik Labin aus. Ganze fünf Wochen dauerte das Intermezzo, bevor der Aufstand blutig niedergeschlagen wurde.

Im Mittelalter war allein der obere Teil der Altstadt (Gorica) bis zur Pfarrkirche von einer Mauer umgeben. Als sich die Stadt im 16. Jh. erweiterte, musste auch der untere Stadtteil Dolica befestigt werden. Die Stadt teilt sich noch heute in zwei Teile – auf dem Berg liegt die Altstadt mit den meisten Sehenswürdigkeiten, in Podlabin, der Neustadt am Fuße des Berges, befinden sich die meisten Restaurants und Geschäfte.

Vor dem Eingang zur Altstadt liegt der **Titov trg**, der Hauptplatz, wo sich einige Restaurants befinden. Hier steht die **Loggia** aus dem Jahr 1555, wo früher Gerichtsurteile verlesen, Leute an den Pranger gestellt, aber auch Volksfeste gefeiert wurden.

Betritt man die Altstadt, so kann man auf der linken Seite das **Tor Sv. Flor** mit dem Wappen von Labin und dem venezianischen Löwen sehen, das 1587 im Stil der Hochrenaissance erbaut wurde und früher eine bewegliche Tür hatte, die nachts geschlossen wurde. Auf der gegenüberliegenden Seite befindet sich das kleinere **Tor Uskočka vrata**, das seinen Namen einer Legende verdankt – in der Nacht des Hl. Sebastian, vom 19. auf den 20. Januar 1599, sollen Uskoken durch das Tor in die Stadt eingedrungen sein und ihr kleinere Schäden zugefügt haben. Auf der rechten Seite liegt das **Kleine Theater**

Skulpturenpark Dubrova

In Dubrova, 2 km von Labin in Richtung Rijeka entfernt, befindet sich der Skulpturenpark Dubrova, in dem über 80 Skulpturen kroatischer wie internationaler Künstler ausgestellt sind. Hier findet seit 1970 das vom istrischen Bildhauer und Künstler Josip Diminić gegründete **Mediterrane Bildhauersymposium**, ✉ mediteranski-kiparski-simpozij@pu.t-com.hr, statt. Besonders sehenswert ist auch die **Bijela cesta** („Weiße Straße"), ein über 800 m langes Steinmosaik, das von verschiedenen bekannten Künstlern gestaltet wurde.

mit dem **Uhrturm**, das 1539 erbaut wurde, dessen neoklassizistische Fassade jedoch aus dem Jahr 1844 stammt, während der Uhrturm im 17. Jh. errichtet wurde.

Ein Stückchen weiter davon befindet sich die **Kirche Mariä Himmelfahrt** (Crkva Marijina Uznesenja), Aldo Negri bb, ✆ 052-852477, in der heute eine Sammlung sakraler Kunst untergebracht ist, mit neun Ölgemälden aus dem 17. Jh., die auf Antonio Moreschi zurückgehen, einem Schüler der venezianischen Schule. Außerdem sehenswert sind die polychromierten Holzstatuen der Apostel. ⏲ Juli–Aug Mo–Sa 10–13 Uhr, sonst auf Anfrage.

Zu den schönsten Gebäuden in der Altstadt zählen die zahlreichen Paläste aus dem 17. Jh. Der **Palast Franković-Vlačić**, Giuseppine Martinuzzi 7, ✆ 052-852477, 🖥 www.flacius.net, ist das Geburtshaus von **Matija Vlačić Ilirik**, dem Reformator, Theologieprofessor und Mitarbeiter Martin Luthers, an den eine Gedenksammlung im Palast erinnert. In chronologischer Reihenfolge werden sein Leben und seine theologischen und wissenschaftlichen Errungenschaften nachgezeichnet. Das wertvollste Exponat ist wohl die Kopie seines Porträts, welches der Maler Eugen Kokot originalgetreu in Jena nachgezeichnet hat. ⏲ auf Anfrage.

Im **Barockpalast Battiala-Lazzarini** aus dem 18. Jh. ist heute das **Stadtmuseum** (Gradski muzej), Ulica 1. svibnja 6, untergebracht, mit Denkmälern aus der Antike und einer ethnografischen Sammlung. Besonders sehenswert ist die Rekonstruktion des Bergwerkes, welche die schwere Arbeit des Kohleabbaus der Bergarbeiter vor Augen führt. Im ersten Stock findet man eine interessante Gegenüberstellung der Republik Labin aus dem Jahr 1921 mit der heutigen Labin Art Republika. ⏲ April–Mai 10–14, Juni 10–13, 17–20, Juli–Aug 10–13, 18–22, Sep 10–13, 17–20 Uhr, Eintritt 15 Kn, erm. 10 Kn.

In derselben Straße befindet sich die **Kirche der Hl. Jungfrau Maria** (Crkva Blažene Djevice Marije), die 1336 im gotischen Stil an der Stelle einer Kirche aus dem 11. Jh. erbaut wurde. Auffallend an der Frontseite ist die wunderschöne Fensterrosette sowie der venezianische Löwe mit der Kugel im Mund – dem Symbol für die Anerkennung der venezianischen Herrschaft. Im Sommer werden hier klassische Konzerte ge-

Die Küste im Blick – Aussicht von Labin auf die Schwesterstadt Rabac

geben. Neben der Kirche erblickt man die **Kirche des Hl. Stefan** (Crkva Sv. Stjepan) aus dem 17. Jh., deren Fassade wohl zu den schönsten Barockfassaden in Istrien gehört.

Läuft man zu Labins höchstem Punkt im Westen der Altstadt, so gelangt man zur **Festung** (Fortica), die entweder direkt über die Ulica 1. svibnja oder über die Šetalište San Marco entlang der Stadtmauer zu erreichen ist. Es versteht sich, dass man von hier den besten Blick auf die Stadt und Umgebung hat, bei gutem Wetter kann man sogar das Učka-Gebirge und bis zur Insel Cres sehen.

Neben diesen historischen Sehenswürdigkeiten ist Labin auch als innovative, junge Kunststadt bekannt. Dafür steht beispielsweise die **Labin Art Republika**, eine Kunstveranstaltung, die jedes Jahr im Juli und August stattfindet. Bildende Kunst, Musik und Theater nehmen dann sowohl die offenen als auch die geschlossenen Plätze der Stadt ein, zahlreiche Museen, Galerien und Ateliers stehen Besuchern und Interessenten offen.

Neben der **Stadtgalerie** (Gradska galerija), Ulica 1. svibnja 4, 052-852123, gradskagalerija@labin.hr, Mo–Fr 10–13, 17–19, Sa 10–13 Uhr, ist vor allem die **Galerija Alvona**, Giuseppine Martinuzzi 15, 052-852082, www.galerija-alvona.hr, erwähnenswert, wo seit 1993 die Werke zeitgenössischer, internationaler Künstler ausgestellt werden. Die Galerie ist in der hübschen kleinen **Kirche der Hl. Gottesmutter von Karmel** (Gospa Karmelska) untergebracht und wunderschön in die alten Gemäuer integriert. 10–13 Uhr.

Rabac an sich hat nicht viel zu bieten – dafür ist es zu touristisch, modern und unpersönlich. Um den Ort herum gibt es jedoch viele schöne Badebuchten, die bei einem Besuch von Labin eine willkommene Erfrischung bieten. Dabei gilt, je weiter weg von Rabac, desto intimer und idyllischer werden die Buchten. Wer sich gerne unter die Lokalbevölkerung mischt, der sollte z. B. nach **Sveta Marina**, knapp 13 km südlich von Rabac fahren. Hier befindet sich in einer Bucht ein malerischer Strand mit einer kleinen Strandbar, wo sich viele Einheimische entspannen und das beliebte Ballspiel Picigin (S. 370) spielen.

ÜBERNACHTUNG

In Labin selbst gibt es keine Hotels, dafür bietet Rabac umso mehr Unterkünfte. Die meisten davon sind große Hotelanlagen, die von der Kette **Valamar**, www.valamar.com, oder der etwas kleinere Kette **Maslinica**, www.maslinica-rabac.com, verwaltet werden, vereinzelt gibt es auch kleinere Hotels. Die Preise schnellen in der Hochsaison in die Höhe, wer weniger als 3 Nächte bleibt, zahlt meist einen Preiszuschlag von 30 %. Wer also in Labin oder Rabac übernachten möchte, der sollte sich besser nach Privatunterkünften umsehen, die von den Touristenbüros vermittelt werden.

Agroturizam Istra Partner, Bratulići 17, 052-544400, www.agroturizam-istra-partner.com. Schöner Agrotourismus-Betrieb etwa 25 km südlich von Labin, im Ort Bratulići. In einem schönen alten Steinhaus werden ein paar helle, ländlich eingerichtete Zimmer mit Holzböden und -balken zu fairen Preisen vermietet, in der Konoba bekommt man leckere istrische Küche aus lokalen und hausgemachten Produkten, 17–22 Uhr. ❷

Camping Oliva, Rabac bb, 052-872258, www.maslinica-rabac.com. Der Campingplatz ist Teil einer größeren Anlage, mit Hotel und Swimming Pool, und ziemlich groß und dementsprechend unpersönlich, dafür liegt er schön inmitten von Olivenbäumen und grünen Hügeln und direkt an der Bucht von Rabac. Es werden auch modern ausgestattete, relativ neue Mobilheime vermietet. Preise: 55 Kn p. P., Stellplatz 140 Kn.

Hotel Amfora, Rabac bb, 052-872222, www.hotel-amfora.com. Dieses 3-Sterne-Hotel gehört zu keiner Kette, ist aber trotzdem recht unpersönlich und schon etwas in die Jahre gekommen. Dafür sind die Preise hier etwas niedriger, und das Hotel liegt direkt am Hafen, die Zimmer haben also teilweise Meerblick (kosten dann aber mehr als jene mit Parkblick). ❸–❹

Kaštel Pineta, Sv. Martin 32/B, Nedešćina, 052-493118, www.kastelpineta.com. Der wunderschöne, moderne und sehr gepflegte Agrotourismus-Betrieb liegt

6 km nördlich von Labin, mitten in der Natur. Es werden Apartments verschiedener Größe vermietet, die Zimmer sind sehr hell, ruhig und im ländlichen Stil eingerichtet, mit viel Holz und Dachschrägen. Es gibt auch ein Hallenbad und einen Massageservice. Im Restaurant werden die lokaltypischen Gerichte nach traditionellen Rezepten und nur mit selbst produzierten Produkten zubereitet. Die Speisen werden von hausgemachten Teigwaren, Polenta und frisch gebackenem Brot begleitet. Auch Weinverkostung. ❶–❷

Villa Annette, Raška 24, Rabac, 052-884222, www.villa-annette.com. Sehr gepflegtes, modernes 4-Sterne-Hotel auf einem Hügel gelegen, mit stilvoll und modern eingerichteten Zimmern und unglaublichem Blick auf die Bucht hinunter. Es gibt auch einen Swimming Pool, ein Restaurant und einen großen Garten, wo die Mahlzeiten eingenommen werden können. Leider sehr teuer. ❻

ESSEN

Due Fratelli, Montozi 6, Labin, 052-853577, www.due-fratelli.com. Ausgezeichnetes Fischrestaurant, das auch sehr gerne von Einheimischen besucht wird und ein wenig abseits vom Zentrum im Grünen liegt. Auf der großen Terrasse und im luftigen Innenraum mit großen Fenstern wird frischer Fisch vom Grill serviert – der Ofen steht im Speiseraum, man kann also zusehen, wie der Fisch gegrillt wird. 12–23 Uhr.

Ferali, Štrmac 198, Labin, 052-851840, restaurant.ferali@yahoo.com. Das Restaurant ist für seine schmackhafte mediterrane, istrische Küche bekannt. Zu den Hausspezialitäten gehören hausgemachte Teigwaren – davon sind *krafi* (traditionelle Teigtaschen) sehr zu empfehlen – und Trüffelgerichte (z. B. Beefsteak mit Trüffeln). Es gibt auch hausgemachte Kuchen und Eistorten. 10–22 Uhr.

Martin Pescador, Trget 20, 052-544976, patrikv9@gmail.com. Das ausgezeichnete Fischlokal liegt in Trget, 12 km südlich von Labin, und serviert Fisch und Meeresfrüchte, die so frisch sind, dass man denken könnte, dass sie direkt vom Wasser auf den Teller gesprungen sind. Dazu gibt es hausgemachte Pasta und frisch gebackenes Brot. Die Preise sind gehoben, aber allein die romantische Lage am Wasser macht den Preis wett. Di–So 12–23 Uhr.

Pizzeria Napoli, Titov trg 7, Labin, 052-852261. Einfache, sehr preiswerte Pizzeria am Hauptplatz mit ein paar Holzbänken draußen, wo es neben lecker zubereiteten Pizzas mit abwechslungsreichen Belägen und Pasta-Gerichten auch Grillfleisch und -gemüse gibt. 11–23 Uhr.

Velo Kafe, Titov trg 10, Labin, 052-852745, alvona@pu.t-com.hr. Hübsches Restaurant mit Terrasse im Schatten von Bäumen und einer Markise, von wo aus man einen guten Blick auf das Geschehen des Hauptplatzes hat. Auf der Speisekarte stehen verschiedene mediterran zubereitete Fisch- und Fleischgerichte mit originellen Beilagen, hausgemachte Pasta mit Fisch oder Gemüse, Beefsteaks und große, abwechslungsreiche Salate. Zum Nachtisch gibt es Pfannkuchen und mehrere Süßspeisen. Sehr gutes Preis-Leistungs-Verhältnis. Mo–Fr 10–23, Sa, So 12–23 Uhr.

AKTIVITÄTEN UND TOUREN

Radfahren

Von Labin und Rabac gehen mehrere gut ausgebaute, beschilderte **Radrouten** ab, mit unterschiedlichen Längen und Schwierigkeitsgraden. Da der Teil der Halbinsel jedoch relativ gebirgig ist, sind die Routen ziemlich anspruchsvoll. Eine Karte mit den eingezeichneten Wegen ist in der Touristeninformation erhältlich.

Reiten

Ranch Barba Tone, Manjadvorci 60, Barban, 098-750501, www.istra-riding.com. Großer, professioneller Reithof 15 km südwestlich von Labin, der mehrstündige oder auch mehrtägige Ausritte in die Umgebung und ans Meer anbietet.

Wandern

Von Labin gehen mehrere gut **ausgeschilderte Themenwanderwege** ab, beispielsweise nach **Rabac** (3 km), in das Dorf **Kranjci** (3 km) oder nach **Skitačka** (20 km) südlich von Labin. Auch in Rabac gibt es einen Rundwanderweg (5 km). Eine Karte mit den eingezeichneten Routen bekommt man in der Touristeninformation.

SONSTIGES
Apotheken
Ljekarna Škopac-Batelić, Marcilnica 21/2, Labin, ℘ 052-880093. ⏲ Mo–Fr 7–20, Sa 7.30–15, So 9–13 Uhr.

Einkaufen
Negri Art Gastro Gallery, Palazzo Negri, G. Martinuzzi 11, Labin, ℘ 098-219524. Eine Kombination aus Kunstgalerie, Olivenölhandel und Weinverkostung. ⏲ 9.30–19 Uhr.

Informationen
Touristeninformation Labin-Rabac, Aldo Negri 2, Labin, ℘ 052-855560, 🖳 www.rabac-labin.com.

Medizinische Hilfe
Ambulanta Rabac, ℘ 052-872030.

Touristenagenturen
Ad Majora Turizam, Slobode 21, Rabac, ℘ 052-881196, 🖳 www.istra-admajora.com. Vermittlung von Privatunterkünften in Rabac und Labin.
Kvarner Express, Obala maršala Tita 53, Rabac, ℘ 052-872225, 🖳 www.kvarner-express.hr. Vermittlung von Privatunterkünften in Rabac und Labin, schöne Ausflüge in die nähere und weitere Umgebung, darunter Plitvicer Seen und Venedig.
Sidro, Aldo Negri 20, Labin, ℘ 052-881010, 🖳 www.sidro-istra.hr. Kleines Touristenbüro in Labin, das Privatunterkünfte verschiedenster Kategorien und Größen anbietet, außerdem Ausflüge.

NAHVERKEHR
Busse
Zwischen Rabac und Labin verkehren im Sommer zwischen 6 und 24 Uhr stdl. Busse. Die Busse halten in Podlabin, von dort kann man einen Lokalbus in die Altstadt nehmen.

Taxi
Auto Taxi, Bečići 80, Labin, ℘ 052-861139.
Non Stop, Slobode 23, ℘ 098-9369880.
Taxi Ivanić, Vinež 53, Labin, ℘ 098-226960.
Taxi Jasmin, Slobode 11, Labin, ℘ 098-9161863.

TRANSPORT
Zwischen Labin und PULA fahren tgl. bis zu 11 **Busse**, die Fahrt dauert ungefähr 1 Std.

Der slowenische Küstenstreifen

Die Frage, warum man bei einem Besuch des kroatischen Istriens, das selbst über so viel schöne Küste verfügt, sich ausgerechnet noch den winzigen slowenischen Küstenstreifen ansehen sollte, ist berechtigt. Die slowenische Küste mag zwar nur 47 km lang sein, aber auf dem kleinen Stück liegen Orte, die den Abstecher absolut lohnenswert machen. Der Küstenstreifen zwischen Koper, der größten Hafenstadt Sloweniens, und Piran, einem auf einer Halbinsel gelegenen Kleinod, ist von unbeschreiblicher Schönheit und bietet einen interessanten Kontrast zur kroatischen Küste. Schon allein, um ein bisschen slowenisches Flair zu schnuppern, rentiert sich ein Abstecher ins Nachbarland Kroatiens.

Piran

Piran (17 500 Einw.) erstreckt sich malerisch auf einer spitzen Halbinsel, wo sich die bunten Häuser vor der Kulisse der Julischen Alpen abheben, die besonders gut sichtbar wird, wenn die Bergspitzen verschneit sind. Das Herzstück der Stadt ist der **Tartiniplatz** (Tartinijev trg), der zu den schönsten in ganz Slowenien zählt und dem 1692 in Piran geborenen Musiker Giuseppe Tartini gewidmet ist, nach dem die sog. Tartini-Töne benannt sind. An ihn erinnert auch das **Giuseppe-Tartini-Denkmal**. Der Platz wurde erst vor Kurzem in eine Fußgängerzone umgewandelt, wo sich zahlreiche Restaurants und Cafés aneinanderreihen und man wunderbar mit Blick auf den Hafen sitzen kann. Den Platz zieren zwei große **Gebäude aus der Neorenaissance**, die älter sind als der Platz selbst – vor 1884 war an seiner Stelle noch der Hafen. Die ovale Form des Platzes geht auf die Zeit zurück, als sich hier die Endstation für eine Bahn befand, welche Piran bis 1953 mit den benachbarten Orten Portorož und Lucija verband. Die marmornen Steine, die den Platz heute bedecken, kamen erst 1992 hinzu, sozusagen als posthumes Geschenk zu Tartinis 300. Geburtstag. Über dem Café Tartini findet man die **Stadtgalerie Piran** (Obalne galerije Piran), Tartinijev trg 3, ℡ +386-56712080, 🖳 www.obalne-galerije.si, wo das ganze Jahr über interessante Ausstellungen stattfinden. Das Highlight ist die **Ex-Tempore Piran**, die einmal pro Jahr von Ende August bis Anfang September rund 500 Künstler aus Mittel- und Osteuropa zusammenbringt. ⏲ Di–Sa 11–17, So 11–13 Uhr.

Der Platz wird von der **Kathedrale des Hl. Georg** (Cerkev Sv. Jurija), Adamičeva 6, überragt, die Pirans Schutzpatron gewidmet ist und bereits aus der Ferne in Erscheinung tritt. Die Legende besagt, dass die Kirche Ende des 16. Jhs. so baufällig war, dass der Hl. Georg persönlich vorbeikommen musste, um die Einwohner Pirans zu Renovierungsarbeiten zu animieren. Jedenfalls geschah genau dies nur wenige Zeit später. Aus jener Zeit stammt auch der 50 m hohe Glockenturm – eine Nachahmung des Campanile der Basilica di San Marco in Venedig. Von hier hat man einen prächtigen Blick auf die Stadt, die Halbinsel und das Meer.

ÜBERNACHTUNG UND ESSEN

Max, Ulica 9. Korpusa 26, ℡ +386-56733436, 🖳 www.maxpiran.com. Diese hübsche Frühstückspension ist in einem schönen, 300 Jahre alten Haus untergebracht. Der redselige Besitzer namens Max ist sehr freundlich und bemüht, die Zimmer sind einfach, aber liebevoll eingerichtet, mit rosafarbenen Wänden und Blick auf den Kirchturm – dafür muss man allerdings morgens den Glockenschlag ertragen. ❷

Galeb, Pusterla 5, ℡ +386-56733225. Kleines Familienrestaurant mit nur 6 Tischen im Norden der Altstadt, auf dem Weg zur Kathedrale. Während der Besitzer Savo Ristič in der Küche leckere Gerichte mit frischem Fisch und Meeresfrüchten zaubert, kümmert sich seine Frau Mija um die Gäste. Der perfekte Ort für ein romantisches Abendessen. ⏲ 11–16, 18–23 Uhr.

Klet Cantina, Prvomajski trg, ℡ +386-56733275. Kleine Weinbar, versteckt unter Weinreben am Platz des 1. Mai, mit viel Charakter und Charme. Zum Wein werden kleine Snacks und Käseplatten serviert. ⏲ 10–23 Uhr.

Pavel & Pavel 2, Prešernovo Nabrežje, ℡ +386-56747102, ✉ pavel.piran@siol.net. Beliebtes, familiengeführtes Fischrestaurant am Hafen von Piran. Der Andrang sowohl von Einheimischen als auch von Touristen war so groß, dass die Besitzer ein zweites Lokal öffnen mussten, nur ein paar Schritte voneinander entfernt. Trotz seiner Beliebtheit hat die Qualität bis heute nicht gelitten, die nach alter Rezeptur zubereiteten Fischgerichte schmecken nach wie vor ausgezeichnet, ebenso der Wein. Und das alles auf der überdachten Terrasse mit Blick auf den Hafen. ⏲ 11–23 Uhr.

Sarajevo 84, Tomšičeva 43, ℡ +386-59235044, 🖳 www.sarajevo84.si. Ein Hauch von Bosnien am Eingang zur Altstadt. Und was könnte man in einer *čevabdžinica* anderes bekommen als die guten alten *čevapi*? Na, bosnisches Bier, Baklava und in der *džezva* servierter Kaffee à la turque. Und warum heißt das Lokal ausgerechnet Sarajevo 84? Wer's nicht weiß, muss hierher oder in eine der anderen Filialen in Ljubljana oder Koper kommen. ⏲ 11–23 Uhr.

INFORMATIONEN

Touristeninformation Piran, Tartinijev trg 2, ℡ +386-56734440, 🖳 www.portoroz.si.

TRANSPORT

Zwischen IZOLA, KOPER und Piran fahren alle 20 Min. **Busse**, am Wochenende alle 40 Min.

Koper

Koper (51 500 Einw.) ist Sloweniens einzige Seehafenstadt und die größte Stadt an der slowenischen Küste. Trotz ihrer Lage am Meer geht es hier nicht übermäßig touristisch zu, dafür ziehen die Universität und die Industrie die Lokalbevölkerung an und tragen so zur Lebendigkeit der Stadt bei. Im Herzen der Altstadt liegt der Hauptplatz, **Titov trg**, der vom Glockenturm der imposanten **Kathedrale Mariä Himmelfahrt** (Cerkev Marije Vnebovzete) dominiert wird. Die Kathedrale stammt aus dem 12. Jh. und wurde an der Stelle einer romanischen Basilika errichtet. Die Fassade lässt eine interessante Mischung aus Gotik (untere Hälfte) und Renaissance (obere Hälfte) erkennen. Zu den Sehenswürdigkeiten im Inneren der Kirche gehören das große Altarbild von Vittore Carpaccio aus dem Jahr 1516, der Steinsarkophag des Hl. Nazarus, Kopers Schutzpatron, aus dem 15. Jh. und die Orgel samt zwei weiteren Gemälden von Vittore Carpaccio. Die komplette Innengestaltung der Kirche geht auf das 18. Jh. und den italienischen Architekten Giorgio Massari zurück. Der 54 m hohe Glockenturm kann bestiegen werden und bietet einen unglaublichen Ausblick, bei guter Wetterlage bis nach Triest. ⏱ 9–14, 16–21 Uhr, Eintritt 2 €.

Die Südseite des Titoplatzes wird vom **Prätorenpalast** (Pretorska palača) gesäumt, dessen gotische Fassade aus dem 15. Jh. kunstvoll im venezianischen Stil geschmückt ist. Nach diversen Zweckentfremdungen und einer langen Restaurierungsphase in den 90er-Jahren wird das Gebäude heute wieder als Rathaus genutzt.

Der schönste **Strand** von Koper befindet sich neben der Marina, in der Kopališko Nabrežje, mit weißen Kieselsteinen, Duschen, einem Restaurant und Café.

ÜBERNACHTUNG

Garni Hotel Pristan, Ferrarska 30, ☎ +386-56144000, 🖥 www.pristan-koper.si. Das einzige komfortable 4-Sterne-Hotel der Stadt. Die Zimmer sind sauber und etwas steril eingerichtet, die meisten haben Balkon, was man jedoch bei der Reservierung einfordern sollte, da die Preise dieselben sind.

Hostel Histria Koper, Ulica pri velikih vratih 17, ☎ +386-83824038, 🖥 www.hostel-histria.si. Frisch zurechtgemachtes Hostel in einem renovierten historischen Gebäude, inmitten der Altstadt und zahlreicher Restaurants und Bars. Die Zimmer sind modern eingerichtet und in kräftigen Farben gehalten, doch versprühen die freigelegten Steinmauern noch etwas von dem historischen Charme. Es gibt zwei 8-Bett-Zimmer und drei 6-Bett-Zimmer. Preis pro Bett 22 €.

Hotel Koper, Pristaniška 3, ☎ +386-56100500, 🖥 www.terme-catez.si. Das 3-Sterne-Hotel gehört zur Terme Čatež und trifft vielleicht eher den Geschmack von Businessleuten, aber die Zimmer sind gepflegt, die Lage am Hafen ist ideal, und es gibt einen großen Wellnessbereich. ❷

Hotel Vodišek, Kolodvorska cesta 2, ☎ +386-56392468, 🖥 www.hotel-vodisek.com. Mittelklassiges Hotel mit sauberen, etwas funktional eingerichteten Zimmern, ein paar Meter von der Altstadt entfernt. ❸

ESSEN

Bikers Speed Pub, Ferrarska 14, ☎ +386-56308792. Keine Bar für Radfahrer, sondern für Studenten. Diese bringen die Bar jeden Abend zum Brodeln. Neben gutem, kaltem Bier gibt es auch eine kleinere Auswahl an Pizzas. ⏱ Mo–Sa 8–1, So 15–22 Uhr.

Cityburger, Ankaranska 7, ☎ +386-56309920, 🖥 www.cityburger.si. Mehr als ein einfaches Fastfood-Restaurant bietet dieses Bistro östlich der Altstadt neben frischen Burgern eine große Auswahl an Pizzas, Steaks, Pasta, Salaten und Meeresfrüchten. ⏱ 10–24 Uhr.

€ **Istrska klet Slavček**, Županičičeva 39, ☎ +386-56276729. Beliebter Ort der Einheimischen, wo neben Fisch und Meeresfrüchten auch tgl. variierende Gerichte – ohne Fisch – angeboten werden. ⏱ Mo–Fr 7–22, So 7–22 Uhr.

Kavarna Kapitanija, Ukmarjev trg, ☎ +386-59942469, ✉ kapitanija@siol.net. Trendige Café-Bar, wo die Lokalbevölkerung sehr gerne auf den roten und gelben Sofas abhängt. ⏱ 7–24 Uhr.

Lord Byron Pub, Repičeva ulica 2, ☎ +386-59159300, 🖥 www.lordbyronpub.si. Ein uriges und authentisches Pub in einer ruhige Seitenstraße in der Altstadt, wo man für einen Moment vergessen könnte, dass man sich in Slowenien aufhält. Auf der Karte stehen natürlich alle möglichen Biersorten und typische Pub-Snacks. ⏱ Mo–Fr 7–24, Sa 8–24, So 9–24 Uhr.

Okrepčevalnica Pr Bepča, Čevljarska 36, ✆ +386-56272052. Der perfekte Ort für ein gelungenes Mittagessen – frischer Fisch mit gegrilltem Gemüse in großen Portionen zu fairen Preisen. ⏱ Mo–Fr 7–17, Sa 7–13 Uhr.

Skipper, Kopališko nabrežje 3, ✆ +386-56261810, 🖥 www.skipper-koper.com. Ausgezeichnetes Fischrestaurant am Hafen, mit einer Terrasse, welche die Marina überblickt. Frischer Fisch, tolle Weine der Region. ⏱ 11–22 Uhr.

SONSTIGES

Autovermietung
Kompas Hertz, Pristaniška ulica 15, ✆ +386-56274134.

Informationen
Touristeninformation Koper, Titov trg 3, ✆ +386-56646403, 🖥 www.koper.si. ⏱ Juni–Sep 9–20, Okt–Mai 9–17 Uhr.

Internet
E Kavarna@Pina, Kidričeva 43, ✆ +386-56278072, 🖥 www.pina.info. Preiswertes Internetcafé in einer ruhigen Straße in der Altstadt. ⏱ Di–Fr 9–22, Sa, So 16–22 Uhr.

Medizinische Hilfe
Ambulanz (Zdravstveni dom Koper), Dellavallejeva 3, ✆ +386-56647100.

Post
Postamt Koper, Kolodvorska cesta 9, ✆ +386-56127017.

Wasserpark
Aquapark Žusterna, Istrska 67, ✆ +386-56100304, 🖥 www.terme-catez.si. An Regentagen bietet der von der Terme Čatež betriebene Wasserpark eine gute Alternative für Groß und Klein, mit Innen- und Außenschwimmbecken mit Salz- und Süßwasser, Wasserrutschen und römisch-irischen Bädern. ⏱ 9–21 Uhr, Eintritt für 3 Std. 11 €, erm. 8,30 €.

NAHVERKEHR

Busse
Der **Busbahnhof** (Avtobusna postaja Koper), Kolodvorska cesta 11, ✆ +386-56395269, liegt wie der Bahnhof ein paar hundert Meter von der Altstadt entfernt. Von dort fahren alle 10 Min. die Busse Nr. 1 oder 2 ins Zentrum zur Prištaniska ulica, die Fahrt dauert keine 5 Min. Es fahren auch alle 20 Min. Busse nach Izola, Portorož und Piran. Die Tickets können entweder am Busbahnhof oder beim Fahrer gekauft werden.

Taxi
Taxi Srečko, Partizanska 6d, ✆ +386-31386000, 🖥 www.taxisrecko-sp.si.

TRANSPORT

Es fahren 2–3x tgl. **Busse** von ROVINJ und POREČ nach Koper.

Kvarner Bucht

Stefan Loose Traveltipps

4 Rijeka Nicht von den Plattenbauten und Industrieanlagen an der Peripherie abschrecken lassen: Rijeka wartet mit imposanten Palästen aus habsburgischer Zeit auf – Zeugen einer Epoche, als Österreich noch am Meer lag und Rijeka dessen wichtigster Hafen war. S. 186

Karneval in Rijeka In der Hafenstadt und größten Karnevalshochburg Kroatiens herrscht jedes Jahr närrisches Treiben. S. 194

Nationalpark Risnjak Der Geheimtipp unter den kroatischen Nationalparks hat seinen Namen vom Luchs, die Berge und Wälder ziehen wander- und naturbegeisterte Besucher an. S. 204

Opatija Riviera Opatija und Umgebung weisen in Kroatien neben Zagreb die höchste Dichte an Spitzenrestaurants auf. S. 205

Vrbnik auf Krk In dem malerischen Städtchen wird Žlahtina hergestellt, einer der bekanntesten Weine des Landes. Zu verkosten mit einem Panoramablick auf das Velebit-Gebirge an der Festlandsküste. S. 226

5 Insel Cres Die naturbelassenste und größte Insel der Kvarner Bucht besticht durch eine raue Berglandschaft, traumhafte Buchten und eine Gänsegeierkolonie. S. 228

Rab Die vier Glockentürme sind Symbol für die große Historie der Inselhauptstadt. S. 244

Die Region Kvarner ist nach Istrien die am zweitstärksten frequentierte Touristenregion Kroatiens. Die Hauptstadt **Rijeka** ist zwar eher untouristisch, punktet jedoch mit habsburgischer Architektur, Hafencharme und einem jungen und lebendigen Stadtleben. Die Festlandküste „des Kvarner" zieht sich entlang der Kvarner Bucht von der mondänen **Opatija Riviera** im Westen über Rijeka bis zu den Tourismushochburgen **Crikvenica** und **Novi Vinodolski** im Südosten. Zu den wichtigsten bewohnten Inseln zählen Krk, Cres, Lošinj und Rab. Der Insel **Krk** mangelt es an Vokalen, ansonsten kann die größte kroatische Insel jedoch aus dem Vollen schöpfen: Von hübschen historischen Städten wie Krk-Stadt und Vrbnik über zahlreiche Aktivangebote bis hin zu den Touristenresorts von Baška oder Punat hat die Insel alles zu bieten, was das Urlauberherz begehrt. Wer raue Natur mag, wird auf **Cres** fündig; die felsige Insel begeistert mit fantastischen Wanderrouten und einer frei lebenden Gänsegeierkolonie – außerdem lockt die gleichnamige historische Hauptstadt. Direkt südlich schließt sich ein weiteres Naturparadies an, die Insel **Lošinj**. Hier kann man die Altstädte von Veli und Mali Lošinj besuchen, in bezaubernden Buchten baden gehen und vor der Küste Delphine beobachten. **Rab** schließlich mit seiner viertürmigen, historischen Inselhauptstadt ist auch bei Kroaten ein beliebtes Urlaubsziel.

Rijeka und Umgebung

Besucher sollten sich nicht durch die sozialistischen Trabantenstädte und die hoch aufragende Industrie Rijekas abschrecken lassen, die sich rings um die gleichnamige Bucht erstrecken. Die drittgrößte Stadt Kroatiens ist ein lebendiger, geschichtsträchtiger Ort, in dem verschiedene Epochen bis heute sichtbar sind, von den Römern über die Habsburger bis hin zur sozialistischen und postsozialistischen Moderne. In der weiteren Umgebung laden das Gebirge Gorski Kotar mit dem Nationalpark Risnjak, die hübsche historische Kleinstadt Kastav sowie die klassischen Touristendestinationen um Crikvenica und Novi Vinodolski zu Erkundungstouren ein.

Rijeka

Rijeka (129 000 Einw.) besitzt den wichtigsten Fährhafen Kroatiens und ist zugleich die einzige größere Küstenstadt des Landes, die nicht auf Tourismus setzt. Das pulsierende Leben verdankt die Universitätsstadt vielmehr den Studenten, die die Gassen und Plätze Rijekas bevölkern. Dabei geizt die eindrucksvolle Altstadt keineswegs mit Sehenswürdigkeiten.

Geschichte

Die Lage am nördlichen Ende der Kvarner Bucht war prädestiniert für den Bau eines Hafens, der bereits von Kelten und Illyrern genutzt wurde. Doch Rom blickte mir Argwohn auf den illyrischen Hafen, der den Namen Liburna trug, da von hier aus wiederholt römische Handelsschiffe attackiert worden waren. 180 v. Chr. eroberten die Römer den Hafen, in der Folge entstanden zwei Siedlungen: Tarsatica Romana (das heutige Rijeka) und Tarsatica Liburna (das heutige Trsat). Im Mittelalter siedelten sich Kroaten in der Stadt an, und Rijeka wurde Teil des Königreichs Kroatien und somit später Teil des ungarischen Königreichs. Im späten Mittelalter wechselten die Herren von Rijeka häufig, bis die Stadt 1465 von den Habsburgern gekauft wurde, deren Herrschaft mit kurzen Unterbrechungen bis 1918 anhielt. Die Habsburger bauten die Stadt, die nun St. Veit am Flaum/Fiume hieß (Kasten S. 191), zu ihrem zweiten großen Hafen (nach Triest) aus, der somit in Konkurrenz zu Venedig stand. Im 17. und 18. Jh. entwickelten sich Industrie, Seefahrt und Handwerk, 1719 wurde der Hafen zum Freihafen erklärt. Der Status der Stadt wechselte im Laufe der habsburgischen Herrschaft. Mal unterstand sie direkt der österreichischen Krone, dann wieder war Rijeka Teil Kroatiens und damit Ungarns. Nach dem österreichisch-ungarischen Ausgleich von 1867 gehörte Rijeka als Freie Stadt zum ungarischen Teil des Reiches und blühte als wichtigster Hafen Ungarns wirtschaftlich auf. Rijeka erhielt nicht nur einen Bahnanschluss und eine Stra-

KVARNER BUCHT

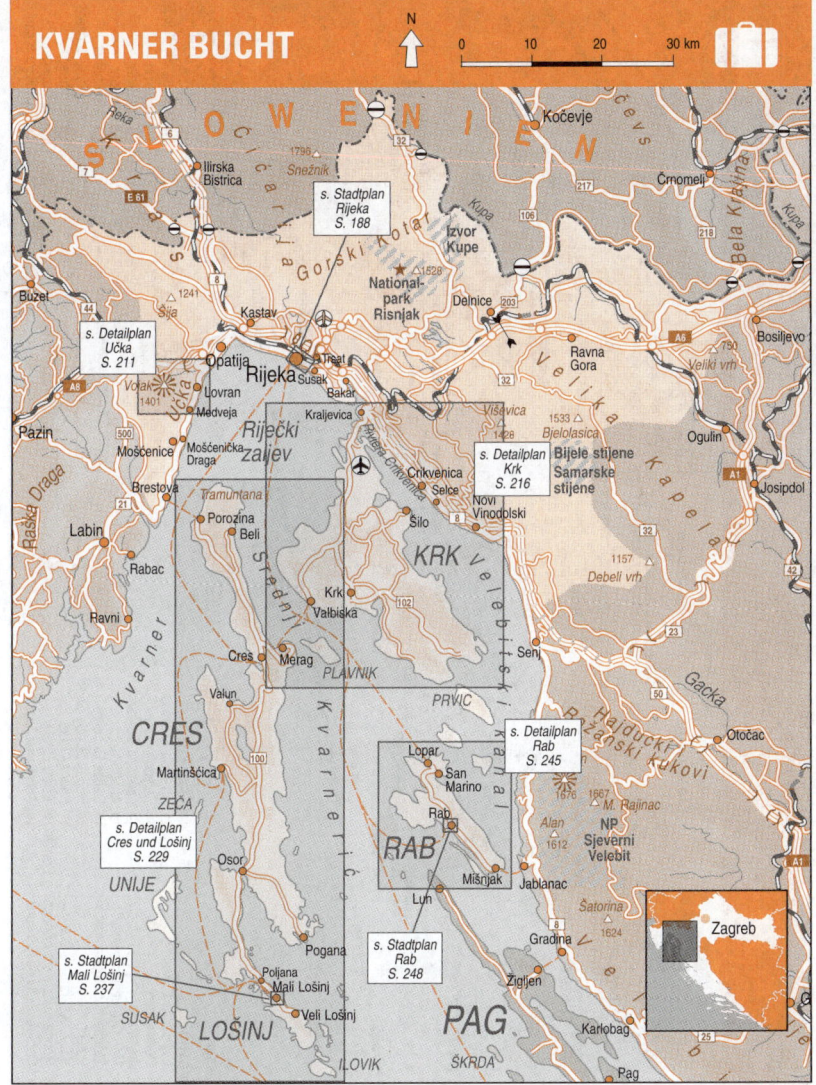

ßenbahn, mit der die Stadtteile verbunden wurden, sondern auch ein von gründerzeitlichen Villen geprägtes Stadtbild.

Nachdem 1919 italienische Freischärler unter Leitung des Nationalisten und Schriftstellers Gabriele D'Annunzio die Stadt eingenommen hatten, wurde Rijeka (ähnlich wie Danzig) 1920 zum Freistaat erklärt, der jedoch nur vier Jahre Bestand hatte (Kasten S. 191). Danach wurde das Territorium geteilt: Das mehrheitlich von

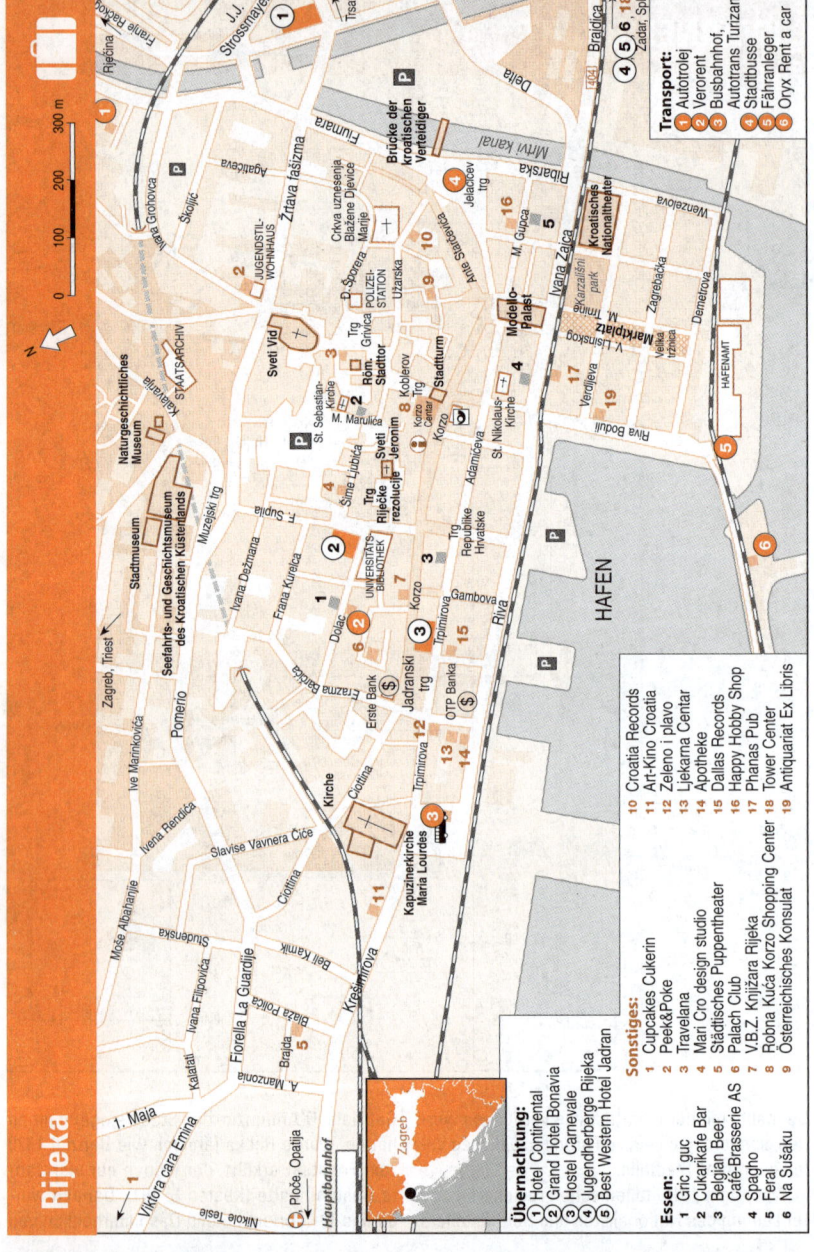

Italienern bewohnte Stadtzentrum kam zum faschistischen Italien, der südlich gelegene Vorort Sušak zum Königreich der Serben, Kroaten und Slowenen (dem späteren Jugoslawien). Rijeka wurde italisiert, und die wirtschaftliche Bedeutung litt erheblich unter der Teilung der Stadt und der Grenzlage innerhalb Italiens. Der kleine Hafen von Sušak erlangte jedoch eine wichtige Bedeutung für die jugoslawische Wirtschaft. Nach dem Zweiten Weltkrieg wurden Rijeka und Sušak wiedervereinigt und Teil des sozialistischen Jugoslawiens, obwohl etwa 80 % der Bevölkerung Italiener waren. Diese zum Teil auch erst kurz zuvor angesiedelte Bevölkerung wurde in der Folgezeit weitgehend vertrieben oder verließ freiwillig die Region. Die zuvor vertriebenen Kroaten kehrten in die Stadt zurück. In jugoslawischer Zeit wurde die Innenstadt modernisiert, und Rijeka erlangte erneut eine große wirtschaftliche Bedeutung, 1973 wurde die Universität der Stadt gegründet. Im Krieg der 1990er-Jahre blieb Rijeka unbeschädigt, viele Serben verließen jedoch die Stadt, während eine große Zahl an Flüchtlingen aus anderen kroatischen Regionen und Bosnien aufgenommen wurde.

Altstadt

Der Stadtspaziergang beginnt am Busbahnhof, dem gegenüber sich ein eindrucksvoller Sakralbau erhebt. Die **Kapuzinerkirche Maria Lourdes** wurde zwischen 1904 und 1929 im neugotischen Stil errichtet. Die Kapuziner schreckten nicht mal davor zurück, das Wunder einer blutschwitzenden Frau zu inszenieren, um ihren finanziell gefährdeten Bau zu vollenden. Der Trick gelang, das Resultat war eine Gefängnisstrafe für die vermeintliche Heilige und die Fertigstellung des ambitionierten Kirchenbaus.

Durch die Trpimirova ulica geht es zum modernen **Jadranski trg** mit zwei identischen Brunnen in der Mitte und dem Palast Jadran aus dem 19. Jh., heute Zentrale der Fährlinie Jadrolinija. Am Jadranski trg beginnt die Fußgängerzone Rijekas, der **Korzo**. Hier mischen sich alte repräsentative Habsburgerhäuser mit modernen Gebäuden, die Einwohner der Stadt kommen hierher, um zu shoppen oder in einem der zahlreichen Cafés zu sitzen, zu plaudern und Kaffee zu trinken. Durch eine Nebenstraße

Die Torpedos von Rijeka

Zugegeben: Auf eine Erfindung so zerstörerischer Art wie den Torpedo stolz zu sein, fällt schwer. Doch die Geschichte des Torpedos ist eng mit der Stadt Rijeka verbunden. 1860 stellte der Ingenieur Ivan Lupis-Vukić (ital.: Giovanni Lupis) aus Rijeka den Prototyp eines selbst angetriebenen Torpedos her, den er „Retter der Küste" nannte. Er durfte seine Erfindung sogar Kaiser Franz-Josef vorstellen, der militärische Einsatz wurde jedoch zunächst wegen mangelhaften Antriebs und schlechter Kontrollsysteme zurückgewiesen. Gemeinsam mit dem Briten Robert Whitehead arbeitete Lupis dann in den folgenden Jahren daran, diese Erfindung für die Marine nutzbar zu machen. Die erste öffentliche Präsentation erfolgte 1866 in Rijeka, die Marinekommission akzeptierte das Modell, und so wurde 1875 von Whitehead die erste Torpedo-Fabrik der Welt in Rijeka eröffnet. In der Whitehead-Werft wurden ab 1910 neben Torpedos auch U-Boote hergestellt, die im Ersten Weltkrieg von der k. u. k.-Armee eingesetzt wurden. Die Erfindung von Ivan Lupis-Vukić hatte auf zerstörerische Weise einen wesentlichen Einfluss auf die Kriegsführung des Ersten und Zweiten Weltkriegs.

In Rijeka ging die Torpedo-Produktion bis in die 1990er-Jahre weiter; in der Torpedo-Fabrik wurden jedoch in jugoslawischen Zeiten in erster Linie Motoren für Schiffe und Traktoren hergestellt. Es bestehen Pläne, einige Elemente der Torpedo-Fabrik im Westen Rijekas (wie die Torpedo-Abschussrampe aus den 30er-Jahren) als Industriedenkmal wiederherzustellen und für Besucher zugänglich zu machen.

(F. Supila) erreicht man linker Hand die **Universitätsbibliothek** (Sveučilišna knjižnica) mit einem Museum für Moderne Kunst und einer Ausstellung über Glagolitische Schrift im Erdgeschoss, ⏰ Mo–Fr 10–13, 18–21 Uhr. Auf der gegenüberliegenden Straßenseite gelangt man auf den **Platz der Resolution von Rijeka** (Trg Riječke rezolucije), in dessen Mitte sich ein Fahnenmast in Form einer Steinsäule befindet, den

Kaiser Maximilian der Stadt 1508 vermachte. Der Platz ist nach der Resolution von Rijeka benannt, mit der 1905 Parlamentarier aus den damaligen Provinzen Kroatien, Istrien und Dalmatien ungarische Unabhängigkeitsbestrebungen gegen Österreich unterstützten, um eine Vereinigung und zunehmende Autonomie der kroatischen Provinzen zu erreichen. Zurück auf dem Korzo, wird in dessen Mitte das Wahrzeichen Rijekas erreicht, nämlich der **Stadtturm** (Gradski toranj) aus dem Jahr 1750 mit dem habsburgischen Doppeladler und den Büsten zweier Kaiser (Leopold I. und Karl VI.).

Durch den Turm gelangt man ins historische Zentrum der Stadt, in dem Spuren aus der Antike und dem Mittelalter erhalten geblieben sind. Am Koblerov trg stehen die Ruinen einer spätantiken Festung sowie ein Stückchen weiter ein erhaltener **römischer Torbogen** (Stara vrata). Über den nahe gelegenen Trg Grivica erhebt sich **Sveti Vid**, die nach dem Schutzpatron der Stadt, dem heiligen Veit, benannte Kathedrale Rijekas. Zwischen 1638 und 1727 wurde die Kirche mit gotischen und barocken Elementen als Rotunde errichtet, was für diesen Teil Europas eher untypisch ist. Im Inneren befinden sich eindrucksvolle Säulen und ein gotisches Kruzifix. ⏰ Mo–Sa 7–12, 16.30–19, So 7–12 Uhr.

Der Straße Žrtava fašizma Richtung Westen folgend, erreicht man den **Stadtpark Vladimira Nazora** mit drei interessanten Museen. Das **Seefahrts- und Geschichtsmuseum des Kroatischen Küstenlands** (Pomorski i povijesni muzej Hrvatskog primorja), 💻 www.ppmhp.hr, in dem einst die ungarischen Statthalter ihr Domizil hatten, gewährt einen Einblick in die Geschichte der Seefahrt und der Region um Rijeka. Ausgestellt sind Schiffsmodelle, Schiffsausrüstung, nautische Instrumente, Karten und Bilder, ⏰ Di–Fr 9–20 Uhr (Dez–April 9–16 Uhr), Sa 9–13 Uhr, Eintritt 20 Kn., erm. 10 Kn. Das **Museum der Stadt Rijeka** (Muzej grada Rijeke), 💻 www.muzej-rijeka.hr, umfasst elf Sammlungen, die von Bildern und Fotos über Theater und Film bis hin zu historischen und modernen Waffen Exponate zur Geschichte und Kultur der Stadt Rijeka ausstellen, ⏰ Mo–Fr 10–13, 16–19, Sa 10–13 Uhr, Eintritt 20 Kn., erm. 10 Kn. Das **Naturgeschichtliche Museum** (Prirodoslovni muzej), 💻 www.prirodoslovni.com, beinhaltet den Botanischen Garten, eine Insektensammlung sowie ein Multimediazentrum mit Aquarium, in dem die typi-

Gebäude aus der Habsburgerzeit geben der Hafenstadt ihren Charme.

Chaos in Rijeka: der Freistaat Fiume

Nach dem Ersten Weltkrieg gehörte Kroatien als Teil des Habsburgerreiches zu den Kriegsverlierern, während Italien auf der Seite der Kriegsgewinner stand. So mussten bei der Auflösung Österreich-Ungarns in den Verträgen von Trianon (für Ungarn) und St. Germain (für Österreich) Istrien, die westliche Kvarner Bucht sowie Cres und Lošinj an Italien abgetreten werden. Die gesamte Adriaküste östlich von Rijeka bis nach Montenegro fiel (mit Ausnahme der Stadt Zadar und der Insel Lastovo) an das neu gegründete Königreich der Serben, Kroaten und Slowenen (das spätere Jugoslawien). Zankapfel war die Stadt Rijeka, der durch den bedeutenden Hafen eine enorme wirtschaftliche Bedeutung zukam. Etwa die Hälfte der Bevölkerung waren Italiener, doch auch Südslawen und Ungarn stellten einen wesentlichen Bevölkerungsteil. Die Zustände waren durch die Rivalität des neuen südslawischen Staates und Italiens derart chaotisch, dass französische und britische Truppen die Kontrolle in der Stadt übernehmen mussten. Das Chaos machte sich der präfaschistische italienische Dichter und Nationalist **Gabriele D'Annunzio** zunutze, indem er die Stadt am 12. September 1919 mit eigenen Truppen einnahm. Um die Situation zu beruhigen, wurde 1920 durch den internationalen Vertrag von Rapallo der Freistaat Fiume gegründet, woraufhin D'Annunzio von regulären italienischen Truppen aus der Stadt vertrieben wurde. Die Bürger des kleinen neuen Staates stimmten der Autonomie zu, der Hafen wurde sowohl für Italien als auch für Jugoslawien zugänglich gemacht. Doch die Unabhängigkeit währte nicht lange. Nach der Machtübernahme der Faschisten in Italien wurde Fiume in einem Staatsstreich unter italienische Kontrolle gebracht. 1924 stimmte das südslawische Königreich der Annexion durch Italien zu, womit Rijeka auch offiziell bis 1945 unter italienisch-faschistische Herrschaft kam, die mit einer rigorosen Italisierungspolitik einherging.

sche Meeresfauna der Adria bewundert werden kann, ⏲ Mo-Sa 9-19, So 9-15 Uhr, Eintritt 10 Kn, erm. 5 Kn.

Zurück über die Ulica žrtava fašizma kommt man an die **Rječina**, die hier in die Adria mündet und von der ein kleiner Kanal abgeht, in dem eine Reihe kleiner Boote liegen. Über den Kanal führt eine futuristische Brücke, die an die kroatischen Soldaten erinnert, die im Krieg der 1990er-Jahre gekämpft haben (Most hrvatskih branitelja). Zwischen Rječina und Kanal befindet sich auch der Busbahnhof für die städtischen Linien, nach Osten hin schließt sich der Stadtteil **Sušak** mit den großen Hafenanlagen an. Aber auch einige schöne Badestellen laden zum städtischen Baden ein.

Nach Westen geht es zurück ins Stadtzentrum, wo sich gleich am Ufer des Kanals das **Kroatische Nationaltheater Rijeka Ivan Zajc** (Hrvatsko Narodno Kazalište) erhebt. Das Theater wurde von den Wiener Architekten Fellner und Helmer erbaut und 1885 eingeweiht. Benannt ist es nach dem Komponisten und Dirigenten Ivan Zajc, einem Sohn der Stadt. Im kleinen Theaterpark steht ein Denkmal des Namengebers. Am Theaterpark erblickt man auch den **Modello-Palast**, ein eindrucksvolles Beispiel habsburgischer Baukunst. Außerdem beginnt hier der **Markt** von Rijeka (Velika Tržnica). Auf der Straße kann man frisches Obst und Gemüse kaufen, in den Markthallen, von denen die älteste aus dem Jahr 1880 stammt, wird unter anderem frischer Fisch zum Verkauf angeboten. Am Anfang der Promenade steht die serbisch-orthodoxe **Kirche des Hl. Nikolaus** (Crkva Sv. Nikole), die 1790 für die damals reiche und einflussreiche serbisch-orthodoxe Gemeinde errichtet wurde. Zum Abschluss des Stadtrundgangs lädt die **Riva** genannte Promenade zum Spaziergang ein. Hier gibt es Cafés und Restaurants, aber auch einfach die Möglichkeit, in der Sonne zu sitzen und den Fährbetrieb zu beobachten.

Trsat

Der eindrucksvollste Teil Rijekas ist wohl Trsat, der östlich der Rječina auf einem Berg liegende **Marien-Wallfahrtsort**. Bereits in römischer Zeit lag hier eine Festung, um die nahe gelegene Siedlung im Gebiet des heutigen Rijeka zu schützen. Besondere Aufmerksamkeit erhielt der Ort jedoch am 10. Mai 1291, als der Legende nach das Geburtshaus der heiligen Frau Maria auf wundersame Weise von Nazareth nach Trsat transportiert wurde. Nach drei Jahren wurde das Haus auf ebenso wundersame Weise auf die andere Seite der Adria nach Loreto transportiert, wo es sich auch heute noch befinden soll. Der damalige Herrscher der Region, Nikola Frankopan, war von dieser Geschichte so fasziniert, dass er persönlich nach Trsat fuhr und zudem Boten nach Palästina entsandte, um herauszufinden, dass dort tatsächlich das Geburtshaus Marias verschwunden war. Diese Legende, deren historischer Hintergrund wohl im Scheitern eines Kreuzzuges und der Mitnahme zahlreicher Reliquien nach Europa durch die Kreuzfahrer zu suchen ist, machte Trsat zu einem Wallfahrtsort, was er bis heute geblieben ist. Zu erreichen ist er über die **Stufen des Petar Kružić** – im Mittelalter errichtet und immer wieder weitergebaut –, heute führen die 538 Stufen vom Fluss Rječina bis nach Trsat. Die **Kirche der Seligen Jungfrau Maria** ist das Ziel der meisten Wallfahrer, denn hier lässt sich nicht nur der Namensgeberin gedenken, hier gibt es auch ein Bildnis der Heiligen Jungfrau, das durch ein Wunder einen Brand überstand, ⏲ 8–17 Uhr. Vor der Wallfahrtskirche steht ein **Denkmal Johannes Paul II.** mit dem Titel „Der Pilger von Trsat", das an den Trsat-Besuch des Papstes im Jahr 2003 und damit seine 100. Auslandsreise erinnert.

Das imposante **Kastell von Trsat** schließlich, das man fußläufig erreicht, geht auf eine römische Festung zurück und wurde im Laufe der Geschichte wieder und wieder erweitert und umgebaut, um gegen Karl den Großen oder gegen die Osmanen zu kämpfen oder später einfach zu repräsentieren. Heute genießt man von der Verteidigungsanlage einen fantastischen Blick über Rijeka.

Trsat ist durch die Buslinien 2 und 8, die mehrfach stündlich verkehren, mit dem Zentrum verbunden.

ÜBERNACHTUNG

In Rijeka reicht das Hotelangebot vom Hostel bis zum 4-Sterne-Hotel. Da Rijeka keinen klassischen Sommertourismus hat, variieren die Preise in der Regel nicht nach Saison.

Astronomisches Zentrum

Das Astronomische Zentrum, **Astronomski Centar Rijeka**, Sveti Križ 33, ☏ 051-455700, 🖥 www.rijekasport.hr, ist das größte seiner Art in Südosteuropa und beinhaltet ein **digitales Planetarium** sowie eine **Teleskop-Beobachtungsstation**. Tickets kosten 20 Kn für das Planetarium (10 Kn für Kinder) sowie 10 Kn für die Teleskop-Station und sind in der Touristeninformation oder direkt im Astronomischen Zentrum (fürs Planetarium jeweils 30 Min. vor der Präsentation) erhältlich. Es liegt etwa 4 km östlich des Zentrums auf dem Berg Sveti Križ und ist mit der Buslinie 7a (Endstation) 2- bis 3 Mal stündlich vom Zentrum aus erreichbar. ⏲ Di–Sa 8–22 Uhr.

Privatunterkünfte vermittelt die Touristeninformation.

Best Western Hotel Jadran, Šetalište XIII. divizije 46, ☏ 051-216600, 🖥 www.bestwestern.at. Das 4-Sterne-Hotel der bekannten Hotelkette befindet sich südöstlich des Zentrums direkt an der Adria. Der Eingang ist in einem oberen Stockwerk, während sich die weiteren Etagen nach unten zum Meer ausstrecken. Die freundlichen Zimmer sind in hellen Tönen gehalten und überzeugen mit viel Licht und Meerblick. Das Hotel verfügt über einen eigenen Strand. ❺

Grand Hotel Bonavia, Dolac 4, ☏ 051-357100, 🖥 www.bonavia.hr. Luxushotel direkt im Zentrum im modernen Glaskasten, mit schöner Aussicht von den oberen Etagen, bietet guten 4-Sterne-Service. ❺

Hotel Continental, Šetalište Andrije Kačića Miošića 1, ☏ 051-372008, 🖥 www.jadran-hoteli.hr. Das zentral, aber außerhalb des städtischen Rummels gelegene Continental stammt von 1888 ist das älteste Hotel Rijekas. Es wurde 2010 renoviert und besticht durch eine dezente, aber geschmackvolle Einrichtung mit hellgelben Wänden, rotem Teppichboden und dunklen Möbeln. Das Personal ist sehr freundlich. ❸–❹

Jugendherberge Rijeka, Šetalište XIII. divizije 23, ☏ 051-406420, 🖥 www.hfhs.hr.

Klassische Jugendherberge mit 2- bis 8-Bett-Zimmern östlich des Zentrums, nah am Meer. Bett 147 Kn.

Hostel Carnevale, Jadranski trg 1, ℅ 051-410555, 🖥 www.hostelcarnevale.com. Ein neues und modernes Hostel im unmittelbaren Zentrum von Rijeka. Schlafsäle mit 6–10 Betten, Privatzimmer und ein Gemeinschaftswohnzimmer. Bett 145 Kn.

ESSEN

Belgian Beer Café-Brasserie AS, Adamićeva 26, ℅ 051-212148, 🖥 www.ugostiteljstvo-as.com. Wer eine Pause von Ožujsko und Karlovačko braucht, bekommt hier weltbekanntes belgisches Bier, dazu gutes belgisches Essen in Pub-Atmosphäre. ⏱ So–Do 6–1, Fr, Sa 6–2 Uhr.

Cukarikafe Bar, Trg Jurja Klovića 4, ℅ 099-5838276. Urgemütliches Café in der Innenstadt von Rijeka, hinter dem Stadtturm. ⏱ Mo–Mi 7–24, Do, Fr 7–2, Sa 8–2 Uhr.

Feral, Matije Gupca 5b, ℅ 051-212274, 🖥 www.konoba-feral.com. Dieses kleine, aber feine Fischrestaurant nahe des Nationaltheaters vermittelt ein gemütliches Ambiente in einem alten Steingebäude. Ein paar Tische auf der Straße. Serviert wird, was an dem Tag aus dem Meer gefischt wurde. Wer authentische kroatische Fischküche zu gutem Preis-Leistungs-Verhältnis sucht, ist hier richtig. ⏱ Mo–Sa 8–24, So 12–18 Uhr.

Fork, Marka Marulića 8, ℅ 092-1884110. Vegetarier haben es generell schwer in Kroatien, da kommt dieses ausgezeichnete vegetarische Restaurant gerade recht. Das kleine Bistro, das auch bei vielen Nicht-Vegetariern sehr beliebt ist, ist 2012 ins Stadtzentrum umgezogen. Auf der Karte stehen Tofu- und Seitan-Gerichte, Couscous, Currys und vieles mehr. Die Bedienung ist sehr freundlich und hilfsbereit, die Preise sind ausgesprochen günstig. ⏱ Mo–Sa 9–20 Uhr.

Na Sušaku, Radnička 21, ℅ 051-436050, ✉ zlatko.segota@ri.htnet.hr. Eines der beliebtesten und besten Restaurants in Rijeka liegt etwas außerhalb, in der Nähe des Tower Centers. Hier findet man hervorragende Steaks und andere Fleischgerichte, aber auch Fisch und vegetarische Gerichte zu moderaten Preisen (Vegetarier können auf Nachfrage auch individuelle Gerichte bekommen). Das Personal ist professionell und freundlich. ⏱ Mo–Sa 9–23, So 13–17 Uhr.

Restoran Gric i guc, Dolac 8b, ℅ 051-319043, ✉ catering.as@ri.t-com.hr. Das Gric i guc ist ein Pub, in dem bodenständige kroatische Küche und eine große Auswahl an Bier und Wein serviert werden. Viele Grill- und gute Fischgerichte, aber auch Vegetarier werden hier fündig. Mo–Do 6–24, Fr, Sa 6–2 Uhr.

Spagho, Ivana Zajca 24a, ℅ 051-311122. Das Spagho in der Nähe des Fährhafens besticht nicht nur mit einer großen Auswahl an Pizza, Pasta, Gnocchi, Lasagne und Risotto, sondern auch mit einheimischen Produkten und regionalen Variationen der italienischen Klassiker. Die Qualität und Vielfalt der Gerichte heben es von vielen anderen italienischen Restaurants in Kroatien ab. Gerade auch Vegetarier haben eine fantastische Auswahl. Das Innere des Restaurants ist geschmackvoll eingerichtet, auf der Straße stehen Holztische. ⏱ Mo–Sa 9–24, So 12–21 Uhr.

UNTERHALTUNG UND KULTUR

Bars und Clubs

Mirage bar, Istarska 52. Auf dem Dach eines Sportzentrums mit Schwimmbecken und Strand liegt zwischen Rijeka und Opatija diese Bar. Tagsüber schlürft man Cappuccino zu Lounge-Musik, abends legen DJs House und Techno auf, manchmal spielen auch Live-Bands. Spektakulär ist der Ausblick auf die Opatija Riviera. ⏱ So–Do 7–24, Fr, Sa 7–2 Uhr.

Nad urom, Trg Ivana Koblera 1, ℅ 051-333338, 🖥 www.nadurom.com. Im Dachgeschoss des Shoppingcenters Korzo liegt diese Café-Bar mit Blick auf das Zentrum Rijekas und besonders auf den Uhrturm, der auch die Inspiration zu dem Namen gab (Nad urom = über der Uhr). Etwa 2x wöchentl. finden hier Konzerte statt, die Getränkepreise sind sehr günstig. Einlass ab 20 Uhr.

Palach, Kružna ulica 8, ℅ 051-215063, ✉ bookamail@gmail.com. Rijekas alternative Szene trifft sich zum Feiern und zu Konzerten in einem Club, der nach dem tschechischen

Studenten Jan Palach benannt ist, der sich aus Protest über die sowjetische Besatzung selbst verbrannte.
Phanas Pub, Ivana Zajca 9, ℡ 051-312377, 🖥 www.phanas.hr. Ein Pub mit schwerer Holzeinrichtung zum Bier trinken, Musik hören und tanzen zu Rock- und Dance-Musik. ⏰ So–Mi 7–1, Do–Sa 7–5 Uhr.

Kino
Art-Kino Croatia, Krešimirova 2, ℡ 051-323261, 🖥 www.art-kino.org. In diesem Kino nahe dem Busbahnhof sind eher Programmfilme zu finden, viele französische, italienische und andere Filme, jeweils kroatisch untertitelt.
Cinestar Rijeka, J. Poliča Kamova 81 (Tower Center), 🖥 www.blitz-cinestar.hr. Das moderne Multiplex-Kino hat vor allem amerikanische Filme im Programm, mit Ausnahme von Kinder- und Animationsfilmen werden Originalfassungen mit kroatischen Untertiteln gezeigt.

Musik und Theater
Hrvatsko Narodno Kazalište Ivan pl. Zajc, Uljarska 1, ℡ 051-355900. 🖥 www.hnk-zajc.hr. Im altehrwürdigen Gebäude des Nationaltheaters finden Theater- Opern, Ballett- und Konzertaufführungen statt. Die Preise variieren je nach Platz und Art der Aufführung zwischen 30 und 150 Kn. ⏰ Ticketschalter des HNK, Mo–So 9–13 Uhr und jeweils 1 Std. vor Beginn der Aufführungen.
Städtisches Puppentheater, Blaža Poliča 6, ℡ 051-325680, 🖥 www.gkl-rijeka.hr. Seit den 1960er-Jahren existiert das Puppentheater in Rijeka, überwiegend mit Märchen und Kindervorstellungen, allerdings in kroatischer Sprache.

FESTE
Fiumanka, 🖥 www.fiumanka.eu. Segelregatta im Juni mit spektakulären Segel-Events (z. B. Regatta von Mali Lošinj nach Rijeka) und Kulturprogramm.

Karnevalshochburg Rijeka

In der gesamten Kvarner Bucht werden die letzten Tage vor Fastenbeginn gefeiert, doch den Höhepunkt findet die fünfte Jahreszeit in Rijeka, wo der jährlich größte Karneval des Landes veranstaltet wird, zu dem bis zu 100 000 Besucher in die Stadt strömen. Der Karneval blickt auf eine lange Tradition zurück, doch erst 1982 wurde er in Rijeka mit einem kleinen Umzug wiederbelebt. Das närrische Treiben beginnt immer am 17. Januar mit dem Aufstellen einer *Pust* genannten Puppe, die symbolisch für alles Schlechte des vergangenen Jahres steht. Am Tag des Hauptkarnevalsumzugs endet der Karneval mit dem abendlichen Verbrennen des *Pust*.
In der Woche vor Aschermittwoch finden verschiedene Karnevalsveranstaltungen statt. Zeichen für den Erfindungsreichtum der Organisatoren ist die **Rallye Paris–Bakar**, die angelehnt an die Wüstenrallye Paris–Dakar ins Leben gerufen wurde. Die kostümierte Oldtimer-Rallye beginnt am Restaurant Paris in Rijeka und endet in der Küstenstadt Bakar, 15 km südöstlich. Am Samstag vor Aschermittwoch findet im Zentrum der **Kinderkarneval** statt, wo die kleinen Verkleidungsfreunde auf ihre Kosten kommen. Der Sonntag schließlich markiert mit dem **internationalen Karnevalsumzug** im Stadtzentrum den Höhepunkt. Angeführt vom Karnevals-Königspaar ziehen dabei mehr als hundert Karnevalsgruppen, die jeweils unter einem bestimmten Motto verkleidet sind, durch die Straßen, darunter auch internationale Gäste, z. B. aus Italien, Serbien oder Montenegro. Eine besondere Gruppe im Karnevalszug sind die **Zvončari** (Glöckner) aus der Umgebung von Kastav. Das Kostüm der Zvončari umfasst eine weiße Hose, ein gestreiftes T-Shirt und einen Schafsfellüberwurf, teils mit Hörnern am Kopf, teils mit ganzer Tiermaske. Zur Ausstattung gehören zudem große umgebundene Glocken, die laut geläutet werden. Diese Tradition geht zurück auf das Vertreiben böser Geister in heidnischer Zeit – angeblich haben die Bauern der Region auch die anrückenden Tartaren und Osmanen mit diesen angsteinflößenden Geräuschen und Kostümen ferngehalten. Die Zvončari wurden 2009 in die Unesco-Liste des immateriellen Weltkulturerbes aufgenommen. 🖥 www.rijecki-karneval.hr.

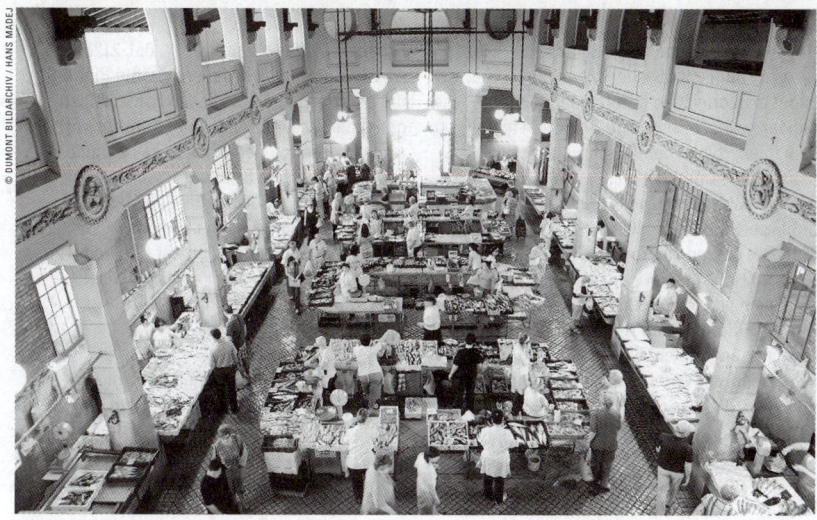
Rege Geschäftigkeit in der Fischmarkthalle

Ri Rock Festival, 🖳 www.rirock.org. Im Dezember versammelt sich die lebendige Rockszene der Stadt zu einem Festival, in dessen Rahmen zahlreiche Konzerte und ein Band-Kontest stattfinden.
Sommer auf der Gradina. Festival mit klassischen und Pop-Konzerten in den historischen Mauern der Burg Trsat.
Sommernächte von Rijeka, 🖳 www.rijeckeljetnenoci.com. Sommerfestival mit klassischen Konzerten, Theater, Tanz und anderen Kulturveranstaltungen, die im Juni und Juli teils Open Air, teils im Nationaltheater und anderen Orten stattfinden.
Tage des heiligen Veit. Am 15. Juni wird in Rijeka der Tag des Stadtpatrons begangen, nicht nur ein religiöses, sondern vor allem ein kulturelles Großereignis mit Konzerten, Ausstellungen und Sportveranstaltungen.

EINKAUFEN
Bücher
Antiquariat Ex Libris, Riva Boduli 3b, ✆ 051-312221, 🖳 www.ri-exlibris.hr. Große Auswahl an neuen und antiquarischen Büchern, auch auf Englisch und Deutsch. Das Antiquariat liegt in der Nähe des Fährhafens. ⏱ Mo–Fr 9–20, Sa 9–14 Uhr.
V.B.Z. Knjižara Rijeka, Korzo 32, ✆ 051-324015, 🖳 www.vbz.hr. Buchladen mit kroatischer und internationaler Literatur in der Fußgängerzone. ⏱ Mo–Fr 7.30–19.30, Sa 7.30–17 Uhr.

Rijeka-Card

Mit der Rijeka-Card erhält der Besucher 48 Std. lang Ermäßigungen für etliche Hotels (10 %), Museen (meist 50 %) und andere Kultureinrichtungen (10–50 %), Souvenirshops, Restaurants (10–20 %) und vieles mehr. Zudem ist der Busverkehr in der Zone 1 (Stadt Rijeka) sowie den Zonen 2–5 inkl. (z. B. nach Opatija, Mošćenička Draga, Kastav, Bakar). Eine vollständige Liste der teilnehmenden Betriebe gibt es beim Kauf dazu, diese ist auch einsehbar auf der Homepage der Touristeninformation 🖳 www.tz-rijeka.hr. Die Karte kostet 55 Kn (zum Vergleich: Eine Einzelbusfahrt in Rijeka kostet 10 Kn) und gilt für einen Erwachsenen und ein Kind bis zu zwölf Jahren. Erhältlich ist sie im Touristeninformationszentrum (TIC), Korzo 14.

Kleidung

Happy Hobby Shop, Matije Gupca 8, 🖳 www.happyhobbyshop.blogspot.de. Hier findet man originelle Mitbringsel, Taschen, Kleider sowie T-Shirts und Broschen mit dem Rijeka-typischen Ausspruch „Šta da?" (was wenn? Oder: wirklich?) oder „Made in Rijeka". Alles in liebevoller Handarbeit in Rijeka produziert. ⏱ Mo–Fr 10–19, Sa 10–13 Uhr.
Mari Cro design studio, Šime Ljubića 12, ✆ 051-324002, 🖳 www.mari-crodesign.com. In diesem Laden werden ausschließlich Kleidung, Schuhe und Accessoires kroatischer Designer angeboten. Eine gute Möglichkeit also, die lokale Wirtschaft zu unterstützen und gleichzeitig etwas Besonderes mit nach Hause zu nehmen. ⏱ Mo–Fr 9–20, Sa 9–14 Uhr.

Lebensmittel

Cupcakes Cukerin, Braće Branchetta 5a, ✆ 051-673113, 🖳 www.cukerin.hr. Cupcakes in allen Motiven, Formen und Farben, Kuchen, Torten und anderes findet man hier in der Nähe der Medizinischen Fakultät. Süß! ⏱ Mo–Fr 8–14, Sa 8–12 Uhr.

Gradska tržnica, Verdijeva ulica. Rijekas **Markt** ist einer der größten der gesamten Region. Hier findet man alles, was das Herz begehrt: Obst und Gemüse, Fisch, Fleisch, Milchprodukte aus ganz Kroatien werden hier zu moderaten Preisen verkauft. In der Nähe des Nationaltheaters in mehreren Straßen und Markthallen. In der Nähe des Marktes gibt es auch einige preiswerte Schnellrestaurants und Konobas. ⏱ Mo–Sa 7–14, So 7–12 Uhr.

Supermarket Plodine, Ružićeva 29, 🖳 www.plodine.hr. ⏱ Mo–Sa 7–21, So 7–14 Uhr.

Zeleno i plavo – Delicije našega kraja, Trpimirova 1a, ✆ 051-322598. Wunderbare Lebensmittel von Produzenten aus der Gespanschaft Primorje-Gorski kotar, darunter Wein von der Insel Krk und aus dem Vinodol, Honig aus der Bucht von Bakar, Liköre aus dem Gorski Kotar sowie Süßspeisen von der Insel Rab, aber auch Souvenirs wie Figuren, Kleidung und Rijeka-Regenschirme. Ein wahres Paradies für Lokalpatrioten und ökobewusste Shopper. ⏱ Mo–Fr 8–20, Sa 8–13 Uhr.

Musik

Croatia Records, Užarska 3, ✆ 051-212262, 🖳 www.crorec.hr. Kroatiens größte Plattenfirma betreibt auch CD-Läden, wo es Alben nationaler wie internationaler Künstler vor allem im Bereich Pop-Rock zu kaufen gibt. ⏱ Mo–Fr 8–20, Sa 8–13 Uhr.
Dallas Records, Splitska 2a, ✆ 051-332524, 🖳 www.dallasmusica.com. Große Auswahl kroatischer und internationaler CDs und DVDs, auch abseits des Mainstreams. ⏱ Mo–Fr 9–21, Sa 9–13, 17–21 Uhr.

Shoppingcenter

Robna Kuća Korzo, Trg Ivana Koblera 1, ✆ 051-333338, 🖳 www.centar-korzo.hr. Shoppingcenter in der Fußgängerzone mit Geschäften für Kleidung, Schmuck, Haushaltswaren, Süßwaren und einem Supermarkt. ⏱ Mo–Sa 8–20 Uhr.
Tower Center, Ulica Janka Polić Kamova 81 A, ✆ 051-403815, 🖳 www.tower-center-rijeka.hr. Im Hochhaus östlich des Zentrums gibt es so ziemlich alles, was das Shopping-Herz begehrt. Neben Kleidung, Lebensmitteln und vielem mehr verfügt das Tower Center auch über Cafés und Restaurants auf jeder Etage sowie ein Kino im Obergeschoss. Erreichbar mit dem Bus Nr. 2 bis zur Station Janka Polić Kamova. ⏱ Mo 13–21, Di–Sa 9–21, So 10–21 Uhr.

AKTIVITÄTEN UND TOUREN

Radfahren

Radfahren ist mühsam in der Stadt mit ihren breiten Hauptverkehrsstraßen ohne Fahrradwege. Dennoch können Fahrräder geliehen werden.

Wo die blaue Flagge weht

Die Strände und Badebuchten Rijekas liegen westlich und östlich des Zentrums. Etwas weiter entfernt, auf halbem Weg Richtung Opatija, erstreckt sich der größte und meistbesuchte Strand: **Ploče**, der dank seiner guten Wasserqualität mit der blauen Flagge ausgezeichnet wurde. Besucher erwarten hier zahlreiche Aktivangebote.

Auf Schusters Rappen

In und um Rijeka hat die Touristeninformation einen etwa **25 km langen Spazier- und Wanderweg** eingerichtet, der in mehrere Etappen eingeteilt ist und zu dem eine kostenlose Broschüre erhältlich ist (Riječke Šetnice). Die Wege sind so konzipiert, dass sie städtische Bereiche und umliegende Natur verbinden und die Einstiegspunkte leicht mit Bussen erreichbar sind.

Ein 11,5 km langer Wanderweg führt z. B. von der Busstation Plumbum (Endstation Linie 1, Nähe Tower Center) über die Kirche Sv. Križ und das Astronomiezentrum nach Trsat. Ein weiterer führt vom Fährhafen über zahlreiche Stufen nach Trsat (7 km, knapp 2 Std.). Die Ausschilderung erfolgt über einen weißen Pfeil auf gelbem Grund.

Sprint Centar, Franje Čandeka 36b, 051-211629, www.sprint-centar.com. 100 Kn pro Tag, 60 Kn für einen halben Tag. Mo–Fr 8–19 Uhr.

Stadtführungen
Udruga turističkih vodića Kvarnera, Užarska 14, www.vodici-kvarnera.hr. Stadtführungen in Rijeka oder anderswo in der Region können individuell über die Homepage der Vereinigung der Touristenführer der Kvarner-Region gebucht werden.

Stadtrundfahrten
Turistički autobus, 051-311425, prijevozi_reklame@autotrolej.hr. Der bunt bebilderte Bus fährt vom 15. Juni–15. Sep tgl. und zeigt die Sehenswürdigkeiten von Rijeka und Opatija in 8 Sprachen, darunter Deutsch. Die Fahrkarte kostet 50 Kn (35 Kn für Kinder) und ist 48 Std. gültig. Die Besichtigung der Burg Trsat ist inkl.

Tauchen
Diving Centar Kostrena, Rožići 1, Kostrena, 051-287462, www.dckostrena.hr. Im Tauchcenter zwischen Rijeka und Bakar werden Tauchkurse und Tauchgänge angeboten, entsprechende Ausrüstung kann geliehen werden. Übernachtungsmöglichkeiten vorhanden. Eine Konoba und eine Lounge-Bar laden nach dem Auftauchen zum Entspannen ein.

SONSTIGES
Apotheken
Ljekarna Centar Rijeka, Riva 18, 051-213101. rund um die Uhr.

Autovermietungen
Die wichtigsten internationalen und kroatischen Vermieter sind in Rijeka vertreten. Die meisten haben eine Station am Flughafen und eine im Zentrum.
Oryx Rent a car, Riječki lukobran 4, 051-338800, rid@oryx-rent.hr.
OTS, Cavtatska 2b, 051-215160, www.rentacar-rijeka.com.
Verorent, Dolac 3, 051-211378, rkd@verorent.hr.

Geld
Alle wichtigen nationalen Banken sind in Rijeka vertreten. In den Banken kann in der Regel auch Geld gewechselt werden, dazu zahlreiche Bankomaten.
Erste Bank, Jadranski trg 3a,
OTP Banka, Riva 16.

Gepäckaufbewahrung
Es gibt eine Gepäckaufbewahrung im **Hauptbahnhof** und am **Busbahnhof**. Im Hauptbahnhof ist diese von 4–23 Uhr geöffnet und kostet 15–20 Kn pro Tag.

Informationen
Touristisches Informationszentrum Rijeka (TIC), Korzo 14, 051-335882, www.tz-rijeka.hr. Neben Informationen auch Souvenirs aus Rijeka. Mo–Sa 8–20, So 8–14 Uhr.

Konsulate
Konsulat der Republik Österreich, Stipana Konzula Istrarina 2, Rijeka, 051-338554, konzulat.republike.austrije@ri.t-com.hr.

Medizinische Hilfe
Krankenhaus Rijeka, Krešimirova 42,
051-658111, www.kbc-rijeka.hr.

Polizei
Polizeistation Rijeka, Đure Šporera 4,
051-335234.

Post
Hrvatska Pošta Rijeka, Korzo 13,
051-525582. Mo–Fr 7–20, Sa 7–14 Uhr.

Touristenagenturen
Autotrans Turizam, Trg Žabica 1, 051-660334, www.autotrans-turizam.com.
Das große Busunternehmen Autotrans ist zugleich Touristenagentur, die Ausflüge und Gruppenreisen organisiert und Privatunterkünfte anbietet. 5.30–21 Uhr.
Travelana, Andrije Medulića 8/II, 051-321543, www.travelana.hr. Ausflüge in der Kvarner Region und darüber hinaus, auch Unterkünfte, allerdings eher für die touristischen Regionen der Kvarner Bucht.
Juni–Sep Mo–Sa 9–20, Okt–Mai 9–17 Uhr.

NAHVERKEHR
Busse
Rijeka verfügt über ein dichtes Netz an Stadtbussen, durch das alle umliegenden Stadtviertel tagsüber und nachts mit dem Zentrum verbunden sind. Die **zentrale Station für Stadtbusse** ist der Jelačićev trg am östlichen Ende des Korzo, zahlreiche Linien fahren jedoch auch am Hauptbahnhof (Željeznički kolodvor) oder den Stationen dazwischen ab. Eine Karte im Stadtgebiet (Zone 1) kostet 15,50 Kn für 2 Fahrten und kann in einem Kiosk erworben werden.
Autotrolej, Školjić 15, 051-311400, www.autotrolej.hr.

Taxi
Es gibt 3 Taxistände, am Hauptbahnhof, am Busbahnhof und im Zentrum in der Ulica Matije Gupca.
Taxi Cammeo, 051-313313, www.taxicammeo.net. Die günstigsten Taxis: 20 Kn für 5 km, 6 Kn für jeden weiteren Kilometer.

TRANSPORT
Auto und Motorrad
Es gibt reichlich **Parkplätze**, z. B. gegenüber dem Busbahnhof am Trg Žabica, wo 1 Std. 4 Kn kostet.

Busse
Busbahnhof (Autobusni kolodvor), Trg Žabica 1, 060-302010, www.autotrans.hr. Alle größeren Städte des Landes sind mit Rijeka direkt verbunden:
DUBROVNIK, 4x tgl. in 12 Std. für 411–515 Kn.
OSIJEK, 2x tgl. in 7 Std. für 265 Kn.
PULA, 18x tgl. in 2 1/2 Std. für 103 Kn.
ZADAR, 10x tgl. in 4 Std. für 185–201 Kn.
ZAGREB, 24x tgl. in 2 1/2 Std. für 100–149 Kn.

Zudem zahlreiche Direktverbindungen ins Ausland. Nach Deutschland gibt es tgl. eine Verbindung nach FRANKFURT über MÜNCHEN und STUTTGART, wöchentl. werden DORTMUND (über KÖLN, DÜSSELDORF), HAMBURG (über GÖTTINGEN, HANNOVER) und BERLIN angefahren. ZÜRICH und BASEL sind tgl., WIEN und GRAZ 1x wöchentl. erreichbar. Weitere Verbindungen bestehen nach Italien, Slowenien, Bosnien-Herzegowina, Serbien und Makedonien.

Eisenbahn
Hauptbahnhof Rijeka, Krešimirova 5, 060-333444 (national), www.hznet.hr.
Die Zugverbindungen von Rijeka sind langsam und zum Teil umständlich, aber preiswerter als die Fahrt mit dem Bus. Es gibt zwar eine Verbindung nach PULA, diese erfolgt jedoch nur bis Lupoglav auf der Schiene und anschließend im Bus. Ein Ausbau der Strecke nach Zagreb mit erheblicher Fahrtzeitverkürzung ist geplant.
LJUBLJANA, 2x tgl. in 3 Std. für ca. 100 Kn.
LUPOGLAV, 5x tgl. (mit Busverbindung nach Pula) in 40 Min. für 34 Kn.
MORAVICE/OGULIN, 4x tgl. in 1 3/4 Std. für 64 Kn.
OSIJEK, 1x tgl. in 9 Std. für 232 Kn.
ZAGREB, 2x tgl. in knapp 5 Std. für 118 Kn.

Fähren

Die kroatische Fährgesellschaft Jadrolinija hat ihren Sitz in Rijeka. Von hier starten Fähren zu den vorgelagerten Inseln und zum südlicheren Festland. Ein Katamaran (nur Personen, keine Autos) verbindet Rijeka mit:
CRES, in 1 Std. 20 Min. für 45 Kn.
LOŠINJ, in 3–4 Std. für 60 Kn.
NOVALJA (PAG), in 2 1/2 Std. für 60 Kn.
RAB, in 1 Std. 40 Min. für 60 Kn.
2x pro Woche verkehrt in der Saison eine Autofähre an der Küste entlang von Rijeka über SPLIT, STARI GRAD (HVAR), KORČULA und SOBRA (MLJET) nach DUBROVNIK. Die Fahrt dauert fast 24 Std., daher sind auch Schlafkabinen an Bord. Die Einstellung der Linie wurde in den letzten Jahren immer wieder diskutiert. Aktuelle Informationen unter 💻 www.jadrolinija.hr.

Flüge

Flughafen Rijeka, Hamec 1, Omišalj, 📞 060-300301, 💻 www.rijeka-airport.hr. Der Flughafen liegt auf der **Insel Krk**, bei Omišalj, ist jedoch sehr gut angebunden. Ryanair verbindet 2x wöchentl. Rijeka mit DÜSSELDORF-WEEZE und 1x wöchentl. mit FRANKFURT-HAHN. SkyWork fliegt mehrmals wöchentl. die Strecke Rijeka–BERN. Germanwings fliegt in der Saison ab/nach STUTTGART, KÖLN und BERLIN und bietet etliche Gabelflüge. Mit Condor gibt es eine wöchentl. Verbindung mit Frankfurt.
Die Busfahrt zwischen Busbahnhof und Flughafen dauert 30 Min. und kostet 30 Kn.

Auf der Lujzijana von Karlovac nach Rijeka

Zugegeben, auf der modernen Autobahn saust man in nur wenig mehr als einer Stunde von Karlovac nach Rijeka. Für historisch interessierte Reisende bietet sich jedoch die alte Straße, die **135 km** lange Lujzijana, an. Die **historische Straße** stammt aus der napoleonischen Zeit und war damals eine der modernsten Bergstraßen Europas. Heute führt sie durch hübsche verschlafene Dörfchen und harmonische Berg- und Hügellandschaften. Die Schönheit der Landschaft des Gorski-Kotar-Gebirges und der gesamten Region zwischen Binnenland und Meer erschließt sich über diese Straße. Infos dazu unter 💻 www.kvarner.hr/lujzijana.

Kastav

In den Bergen oberhalb von Rijeka kann man ein echtes Juwel entdecken. Das Städtchen Kastav (10 500 Einw.) überzeugt nicht nur mit einem eindrucksvollen historischen Zentrum, es ist auch reich an kulturellem Leben, verfügt über gute Gastronomie und liegt dennoch abseits des Massentourismus. Kastav breitet sich auf einem 365 m hohen Berg aus und ist von einer **mittelalterlichen Stadtmauer** umgeben. Innerhalb dieser führen enge, verwinkelte Gassen durch die Altstadt, in der mehrere mittelalterliche Kirchen, die **Festung Fortica** und die eindrucksvolle **Kirchenruine Crekvina** zu bewundern sind. Die kleine **Kirche Sv. Trojice** wurde zu einer Galerie umfunktioniert, in der moderne Kunst zu sehen ist. Zahlreiche Restaurants, Cafés und Kunsthandwerkstätten komplettieren das Bild, begleitet von einem Panoramablick auf die Adria, das Učka-Gebirge und die Opatija Riviera. Kastav verfügt über eine lebendige **Karnevalstradition** und hat auch ansonsten kulturell einiges zu bieten: Im Sommer belebt der **Kultursommer** (Kastavsko kulturno leto) die Stadt mit Konzerten und Theater, einem Malworkshop und vielem mehr. Seit 2007 findet zudem im Sommer jährlich das **Kastav-Bluesfest** mit interessanten Konzerten von Blues-Musikern aus dem In- und Ausland statt. Die Umgebung der Stadt, die **Kastavština**, lädt zu ausgiebigen Wanderungen ein.

ÜBERNACHTUNG UND ESSEN

Kukuriku, Trg Lokvina 3, 📞 051-691519, 💻 www.kukuriku.hr. Das Kukuriku gilt als eines der besten Restaurants der Region und ist mit mehr als 40 Jahren Tradition eine Institution in der kroatischen Gourmet-Landschaft. Die Küche basiert – getreu der „Slow food"-Idee – auf regionalen und saisonalen Lebensmitteln, die in kreativer und überraschender Weise kombiniert und zubereitet werden. Ein Klassiker ist das Überraschungsmenü, bei dem für etwa 30 € ein 5-Gänge-Menü aufgetischt wird. Dazu gibt es eine große Auswahl an Weinen. Das Kukuriku ist zugleich Hotel und vermietet geschmackvolle luxuriöse Zimmer und Suiten. ⏰ 12–24 Uhr.

Loža, Kastav 93b, ☎ 051-691347. Unter einer lauschigen Weinrebenterrasse werden im Zentrum von Kastav Fleisch und Fisch sowie Vegetarisches serviert. Die Gerichte sind auf originelle Art zubereitet, die Bedienung ist freundlich. Für alle, die kreativ-kroatische Küche zu erschwinglichen Preisen probieren wollen. ⏰ 11–24 Uhr.

Pepe Nero, Tometići 33a, ☎ 051-275063, 🖥 www.pepenero.fullbusiness.com. Traditionelle kroatische und istrische Küche, also viel Fisch und Grillfleischgerichte, aber als Besonderheit auch Gerichte aus dem Wok. ⏰ Mo–Sa 11–23 Uhr.

Villa Sandi, Čavle 231, ☎ 051-224994, 🖥 www.villasandi.hr. Im malerischen Städtchen Čavle oberhalb von Rijeka liegt dieses hervorragende Restaurant, das außerdem hübsche Zimmer anbietet. ❸ Die Lage bietet sich für Erkundungen ins Gorski-Kotar-Gebirge genauso an wie für Ausflüge nach Rijeka oder ans Meer. Die Autobahn A6 ist nicht weit. ⏰ 10–22 Uhr.

UNTERHALTUNG UND KULTUR

Guitar Caffe, Put zagrad 1, ☎ 051-691515 🖥 www.guitar-caffe.com. Ein gemütliches Café, das auch außerhalb des Sommers reichlich Kulturveranstaltungen wie Konzerte und Ausstellungen organisiert. Riesige Auswahl an Kaffee, heißer Schokolade und Tee – Letzteres hat Seltenheitswert in Kroatien. ⏰ So–Do 7–24, Fr, Sa 7–2 Uhr.

FESTE

Karneval. Jedes Jahr vom Tag des heiligen Anton (17.1.) bis Aschermittwoch steht Kastav (wie die gesamte Umgebung) ganz im Zeichen des Karnevals. Mit verschiedenen Veranstaltungen werden die langen Karnevalstraditionen gepflegt. Umzüge mit maskierten Gruppen bilden den Höhepunkt des Karnevals, überregional bekannt sind die Zvončari (Glöckner), die mit Lärm und unheimlichem Kostüm böse Geister vertreiben sollen (Kasten S. 194).

Kastafsko kulturno leto, ☎ 051-691610, 🖥 www.kkl.hr. Eines der ambitioniertesten und interessantesten Sommerfestivals der kroatischen Küstenregion. Über den ganzen Sommer verteilt gibt es jede Woche etwa 3 Veranstaltungen, meist Konzerte und Theater, außerdem werden Ausstellungen organisiert. Auch viele bekannte Künstler nehmen am Festival teil, wie etwa 2012 der aus amerikanischen Produktionen bekannte kroatische Schauspieler Rade Šerbedžija oder die bosnische Band Hari Mata Hari.

Kastav Blues Fest, 🖥 www.kastavbluesfest.com. Im Jahr 2007 kam der Bluesmusiker Jerry Ricks aus Philadelphia nach Kastav, und der Ort gefiel ihm derart, dass er seine Gitarren einpackte und kurzerhand dorthin zog. Noch im gleichen Jahr starb Ricks im Alter von 67 Jahren in Kastav an Krebs. Im Gedenken an Jerry Ricks veranstaltete die Stadt ein Blues-Festival, das seither jährlich gefeiert wird und das größte seiner Art in Kroatien ist. Blues-Musiker aus dem In- und Ausland treten Anfang August an verschiedenen Orten in Kastav und neuerdings auch in einigen Orten der Region (Matulji, Čavle, Viškovo) auf.

SONSTIGES

Apotheken
Ljekarna Margetić, Šporova jama 7a.

Autovermietungen
City Rent, Žegoti bb, Kastav, ☎ 051-601112, 🖥 www.cityrent.hr.

Einkaufen
Kastavski Spomeni, Ulica Jurja Vlaha 4, ☎ 051-691653, 🖥 www.kastavski-spomeni-to.hr. Souvenirs vor allem kulinarischer Art: Wein, Olivenöl, Marmelade, Rakija, Honig, aber auch Bilder und Zvončari-Figuren. ⏰ Mo–Fr 17.30–21, Sa, So 10–13, 17–21 Uhr.

Suza T.B., Bregi 75, Matulji, ☎ 099-2247371, 🖥 www.suza-tb.hr. In Matulji, 2,5 km südwestlich von Kastav, werden Schnäpse *(rakija)* und Liköre *(liker)* aus Honig und Obst produziert, aber auch Honig gibt es hier zu kaufen.

Geld
Im Zentrum gibt es eine Bank und einige Bankomaten.
Erste Banka, Trg Matka Laginje 3.

Informationen
Touristeninformation Kastav,
Trg Matka Laginje 5, ✆ 051-691425,
🖳 www.kastav-touristinfo.hr.

TRANSPORT
Mit den **Buslinien** 18 und 18b ist Kastav tagsüber in Abständen von 10–30 Min. von RIJEKA (Delta) aus zu erreichen. Die Fahrt dauert 35 Min. und kostet 16 Kn, Hin- und Rückfahrt 26 Kn. Von OPATIJA fährt etwa stdl. die Buslinie 37 nach Kastav.

Die Küste südlich von Rijeka

Hat man die industrielle Zone Rijekas hinter sich gelassen, folgen **Bakar** und dann die **Riviera Crikvenica**, die ganz im Zeichen des Tourismus steht und schon zu Habsburger Zeiten für den Fremdenverkehr genutzt wurde. Folglich verfügen die Orte entlang der Riviera zwischen Kraljevica und Selce über eine entsprechende touristische Infrastruktur mit zahlreichen Apartments, Hotels und Restaurants.

Bakar

Südlich von Rijeka erstreckt sich zunächst eine große industriell genutzte Zone um den Hafen von Sušak. Ein Stückchen weiter liegt am Ende einer tief ins Land eingeschnittenen, schmalen Bucht Bakar (8300 Einw.), einst Haupthafen der Zrinski und Frankopanen und eine der wichtigsten kroatischen Städte, die aber seit dem 20. Jh. weitgehend vom Tourismus abgeschnitten ist, da der Eingang zur Bucht von einer großen Kokerei verbaut wurde, die zudem die Wasserqualität erheblich beeinträchtigte. Das Zentrum Bakars, das sich an die Berghänge schmiegt, hat sich dadurch jedoch seine Ursprünglichkeit bewahrt, es lassen sich viele **prächtige Häuser** von Kapitänen und Händlern sowie ein **mittelalterliches Kastell** besichtigen. Die Altstadt ist nur zu Fuß über schmale Treppengässchen erreichbar.

In der Nähe von Bakar findet man schöne Bademöglichkeiten, bei **Bakarac** z. B. hat das Wasser hervorragende Qualität.

ÜBERNACHTUNG UND ESSEN
An der Promenade laden mehrere **Restaurants** zum Verweilen ein.
Hotel Jadran, Palada 32, Bakar, ✆ 051-762100, 🖳 www.hotel-jadran-bakar.com. Das einzige Hotel von Bakar (2 Sterne) liegt in einem historischen Gebäude am Hafen. Die Zimmer in Blau- und Brauntönen sind etwas lieblos, aber ordentlich eingerichtet. ❷

SONSTIGES
Apotheken
Ljekarna Jadran, Veberova 137, Bakar,
✆ 051-761319, 🖳 www.ljekarna-jadran.hr.
🕐 Mo, Mi, Fr 7–14.30, Di, Do 12–20 Uhr.

Einkaufen
PZ Pčelarstvo Apitrade, Hreljin 136,
✆ 051-545552, 🖳 www.apitrade.hr. In Hreljin, oberhalb der Bucht von Bakar, werden feinste Imkereiprodukte wie Honig, Honigwein, Honigessig und Kerzen angeboten.

Geld
Erste Bank, Primorje 50, Bakar.

Informationen
Touristeninformation der Stadt Bakar,
Primorje 39, ✆ 051-761111, 🖳 www.tz-bakar.hr.

TRANSPORT
Nach Bakar fährt in unregelmäßigen Abständen ca. 20x tgl. ein **Bus** von RIJEKA (Delta) aus. Die Fahrt dauert 25 Min. und kostet 16 Kn, mit Rückfahrt 26 Kn.

Kraljevica

Kraljevica am Eingang der Bucht von Bakar, rund 20 km südlich von Rijeka, wird geprägt von zwei alten **Kastellen**, von denen eines von den Zrinski (im Ortszentrum), das andere von den Frankopanen (Kasten S. 222) errichtet wurde. In diesem, 1650 im Stile der Renaissance erbauten „Neuen Schloss" (Novi Grad), das lange Zeit als Armeehospital diente, finden im Sommer Kultur- und Unterhaltungsveranstaltungen statt.

Crikvenica

Crikvenica (11 200 Einw.), der Hauptort an der gleichnamigen Riviera, war einst ein bedeutendes Seebad, in dem vor allem Adlige aus Ungarn die Sommerfrische genossen. Bekannt ist der Ort zudem für seine schönen Strände, zu denen auch die in Kroatien eher raren Sandstrände zählen. Im Sommer heiß begehrt sind der Stadtstrand und der Sandstrand Crni Molo.

An der Mündung des Flüsschens Dubračina erhebt sich das ehemalige **Paulanerkloster** (1412), dem der Ort seinen Namen verdankt (crkva = Kirche) und in dem sich heute ein Hotel befindet.

Das **Museum der Stadt Crikvenica** (Muzej grada Crikvenice), Petra Preradovića 1, ℡ 051-781000, 🖥 www.mgc.hr, lockt mit Exponaten aus den Bereichen Archäologie, Naturgeschichte, Kulturgeschichte, Fischfang. ⏰ Juni–15. Sep 9–13, 18–22, 16. Sep–Mai Di–So 10–14 Uhr. Der Eintritt ist frei.

Ganz den Meeresbewohnern gewidmet ist das **Aquarium Crikvenica**, Vinodolska 8, ℡ 051-241006, 🖥 www.aquariumcrikvenica.com. Hier können mehr als 150 Fischarten beobachtet werden, die meisten davon aus der heimischen Adria, aber auch tropische Fische und Süßwasserfische wie Piranhas. Gerade den größeren Fischen mangelt es jedoch an Platz, was das Aquariumserlebnis trübt. ⏰ April, Okt 9–18, Mai, Juni, Sep 8–20, Juli, Aug 8–22 Uhr, der Eintritt kostet 30 Kn.

Weitere Bademöglichkeiten gibt es in **Selce**, wo der Strand **Rokan** mit einer Kombination aus Fels- und Sandstrand lockt.

ÜBERNACHTUNG UND ESSEN

An der touristisch orientierten Riviera Crikvenica, 🖥 www.rivieracrikvenica.com, steht eine Vielzahl an Hotels und Ferienwohnungen zur Verfügung. Die Touristen-information in Crikvenica bietet auf ihren Internetseiten eine Reihe Privatunterkünfte an, die wesentlich preiswerter sind als die Hotels.

Apartments Vila Rosa Mora, Vukovarska 24, Crikvenica, ℡ 091-3420210, 🖥 www.rosamora.freshcreator.com. 3 helle und geschmackvolle Apartments in einem ruhigen Teil von Crikvenica, umgeben von Pinien, sehr freundliche Vermieter. ❸

Autokamp Selce, Jasenova 19, Selce, ℡ 051-764038, 🖥 www.jadran-crikvenica.hr. Campingplatz in Selce, nah am Zentrum, gute Bademöglichkeiten, aber einige Stellplätze in Schräglage. 46 Kn p. P., Stellplatz 73 Kn.

Hostel Stoimena, Šetalište Vladimira Nazora 75, Crikvenica. Neu eröffnetes Hostel nah am Zentrum von Crikvenica. Ein Bett im Schlafsaal kostet 115 Kn.

Burin, Dr. I. Kostrenčića 10a, Crikvenica, ℡ 051-785209. In einem angenehmen Ambiente kommt traditionelle kroatische Küche, wie zahlreiche Fisch- und Meeresfrüchte, auf den Tisch. Die Bedienung ist freundlich, die Preise sind moderat.

UNTERHALTUNG UND KULTUR

Bakaga Discotheque, Ivana Skomerže 1, ℡ 099-2323203, 🖥 www.bakaga.net. Wilde Disco-Nächte im Hotel International.

Cocktailbar Galija, Gajevo Šetalište 1, ℡ 051-784710, 🖥 www.galija-crikvenica.hr. Cocktailbar und Nachtclub an der Uferpromenade Crikvenicas.

FESTE

Dani Ad Turres. Ad Turres war der Name der römischen Vorgängersiedlung Crikvenicas, und so wird jedes Jahr im Juli die römische Vergangenheit lebendig. Römische Verkleidungen gehören ebenso dazu wie Präsentationen von antikem Handwerk und Workshops für Erwachsene und Kinder.

Ribarski tjedan, 🖥 www.ribarski.net. Die Fischerwoche findet jährlich Ende Aug/

Anfang Sep in Crikvenica statt und erinnert an die große Tradition der Fischerei in Crikvenica. Konzerte, Aufführungen folkloristischer Gruppen sowie Klape, aber auch kulinarische und Sportveranstaltungen bereichern das touristische Angebot.

AKTIVITÄTEN UND TOUREN

Klettern
Adrenalinpark, Klanfari 7, ✆ 098-259755, 🖥 www.adrenalinpark.eu. Ein Klettererlebnis für Groß und Klein auf verschiedenen Parcours in einem Waldstück zwischen Dramalj und Crikvenica. ⏰ Sa, So 9–19 Uhr, wochentags auf Anfrage.

Tauchen
Dive City, Braće Buchoffer 18, Crikvenica, ✆ 051-784175, 🖥 www.divecity.net. Tauchkurse und Tauchgänge zwischen der Insel Krk und der Festlandsküste, Ausrüstungsverleih und Unterkunftsvermittlung.
Tauchzentrum Mihurić, Šetalište Ivana Jeličića bb (Bucht Slana), Selce, ✆ 051-765462, 🖥 www.mihuric.hr. Tauchgänge und Kurse verschiedener Schwierigkeitsgrade in Selce.
Unterwasserclub Crikvenica (Klub za podvodne aktivnosti), Frankopanska 28b (Hafen Podvorska), Crikvenica, ✆ 051-783004, ✉ darvin.kalanj@ri.t-com.hr.

Wellness
Poliklinika Selce, 1. Prilaz I.L. Ribara 8, Selce, ✆ 051-764055, 🖥 www.terme-selce.hr. Zugleich Krankenhaus und Wellnesscenter mit Massagen, Sportprogrammen, Anti-Stress-Therapien usw.
Thalassotherapie Crikvenica, Gajevo Šetalište 21, ✆ 051-407666, 🖥 www.thalasso-ck.hr. Meerwasserschwimmbad und zahlreiche Wellnessangebote, die mit Meerwasser zusammenhängen.

SONSTIGES

Apotheken
Ljekarna Deltis Pharm Crikvenica, Braće Brozičević bb, ✆ 051-781587. ⏰ Mo–Fr 7.30–20, Sa 7.30–13 Uhr.

Einkaufen
Artera Keramika, Gornja Draga 27, ✆ 051-242794, ✉ suzana.kljus@ri.htnet.hr. Künstlerin Suzana Kljus aus Split stellt Keramiksouvenirs her, darunter typische Häuser der Region, Seeleute, Sardellen und Schafe. Echte Unikate also als Mitbringsel des Kroatien-Urlaubs.

Geld
Splitska Banka, Trg kralja Tomislava 4.

Informationen
Touristeninformation der Stadt Crikvenica und Riviera Crikvenica, Trg Stjepana Radića 1c, ✆ 051-784101, 🖥 www.rivieracrikvenica.com.

Medizinische Hilfe
Medizinische Behandlungspraxis für Touristen – Poliklinik Katunar, Dr. I. Kostrenića 10, ✆ 051-785132, 🖥 www.poliklinika-katunar.hr.

Polizei
Polizeistation Crikvenica, Kralja Tomislava 85a, ✆ 051-241233.

TRANSPORT

Crikvenica wird 1–2x stdl. per **Bus** mit RIJEKA verbunden, 45 Min. für 46 Kn.
Busbahnhof Crikvenica, ✆ 051-781333.

Vinodol

An die Riviera Crikvenica schließt sich die Region **Vinodol** an, deren Name (dt. Weintal) auf die lange Weinbautradition hinweist. Hauptort der Region ist **Novi Vinodolski** (5100 Einw.), das im Hochmittelalter ein bedeutender Stützpunkt der Frankopanen an der nördlichen Adria war. Zu sehen ist aus dieser Zeit noch der **Wehrturm Kvadrac**, in dem heute ein Museum mit verschiedenen historischen Sammlungen untergebracht ist, ⏰ Mo–Sa 9–12, 19–21, So 9–12 Uhr, außerhalb der Saison nur vormittags. Sehenswert ist zudem die **dreischiffige Hauptkirche**, die den Heiligen Philipp und Jakob geweiht ist. Die mittelalterliche Kirche wurde im Laufe ihrer Geschichte immer wieder umgebaut, sodass sie

Dem Luchs auf der Spur im Nationalpark Risnjak

Zwischen Rijeka und der slowenischen Grenze erstreckt sich die Gebirgslandschaft **Gorski Kotar** und darin ein Nationalpark, der vielen Touristen im Gegensatz zu Plitvice, Krka etc. unbekannt sein dürfte. Der **Nationalpark Risnjak** umfasst eine Fläche von 6350 ha. Wegen seiner unberührten Waldlandschaft und der Quelle des Flusses Kupa wurde das Gebiet 1953 zum Nationalpark erklärt. Neben einer reichen Pflanzenwelt beheimatet der Risnjak-Park auch die drei großen europäischen Raubtiere: den Braunbären, den Wolf und den Luchs (keine Angst, angesichts der Größe des Territoriums sind unliebsame Begegnungen sehr unwahrscheinlich). Letzterer gab dem Nationalpark auch den Namen (*ris* = Luchs) und ist dessen Wahrzeichen. Nachdem die Luchse wie auch Bären und Wölfe in Mitteleuropa nahezu ausgerottet waren, stabilisieren sich die Populationen nur allmählich. Große, waldreiche Rückzugsgebiete wie das Gorski-Kotar-Gebirge sind dabei natürlich enorm wichtig. Auch wenn man die großen Raubtiere im Nationalpark meist nicht sichten kann, lohnt sich doch ein Abstecher. Die Karstlandschaft mit imposanten Bergen, Flüssen und Seen lässt sich am besten zu Fuß erkunden, es gibt jedoch auch Fahrradwege im Nationalpark.

Ein besonderes Ausflugsziel ist die **Kupa-Quelle**, die sich auf dem Territorium des Nationalparks befindet. Die Kupa entspringt in einem türkisfarbenen Teich und bildet schon wenige Kilometer danach die slowenisch-kroatische Grenze, windet sich dann durch Zentralkroatien, wo sie in Sisak in die Save mündet. Die Quelle der Kupa ist von zwei Seiten zu erreichen: Vom Dorf Razloge aus (erreichbar mit dem Auto auf der Straße Gerovo–Crni Lug, bei Malo selo abbiegen) führt der Weg steil bergab, und die Kupa-Quelle ist in 30 Minuten erreicht. Etwas schneller geht es von der anderen Seite vom Dorf Kupari aus, das allerdings nur auf einer kurvenreichen Straße zu erreichen ist, die von der Straße Mali Lug–Zamost abbiegt.

Zweites großes Highlight des Nationalparks ist der Berg **Veliki Risnjak** (1528 m). Dieser ist vom Eingang Vilje aus auf zwei verschiedenen Wegen zu erreichen. Der Auf- und Abstieg braucht jeweils etwa eine Stunde und wird mit einem einmaligen Ausblick über die Kvarner Bucht, Istrien und die Julischen Alpen belohnt. Übernachtungsmöglichkeit besteht in der **Berghütte Josip Schlosser Klekovski**, die vom 1. Mai bis 31. Oktober täglich außer Di geöffnet ist. Die Übernachtung kostet 85 Kn.

---

gotische, barocke und klassizistische Elemente aufweist. Eine hölzerne Madonnenstatue am Seitenaltar stammt bereits aus spätgotischer Zeit. Novi Vinodolski ist ein klassischer Badeort – der Stadtstrand ist groß, bietet viel, ist aber im Hochsommer rappelvoll –, während im Hinterland des Vinodol lohnenswerte **Wander- und Ausflugsziele** wie **Grižane** und **Bribir** locken.

ÜBERNACHTUNG UND ESSEN

Die Touristeninformation in Novi Vinodolski bietet auf ihren Internetseiten Privatunterkünfte an, die deutlich günstiger sind als die Hotels.
Camping Punta Povile, Milana Butkovića 18, Povile, ☏ 051-793316. Der Campingplatz liegt etwa 1 km südlich von Novi Vinodolski und bietet schöne Stellplätze in unmittelbarer Meernähe. Stellplatz 2 Pers. 175 Kn.

Hotel Tamaris, Kralja Tomislava 14, ☏ 051-792280, 🖥 www.hoteltamaris.com. Strandnahes 4-Sterne-Hotel, etwa 300 m südöstlich des Zentrums, mit ordentlichen, modernen Zimmern und Pool. ❹

Maestral, Korzo hrvatskih branitelja 45, ☏ 051-245911, 🖥 www.maestral.de. Restaurant mit überdachter Terrasse und traditionellem kroatischen Essen und großem Salatbuffet. Auch eine Pension mit soliden Zimmern, teils mit Balkon und schöner Aussicht. Das Personal spricht Deutsch, die meisten Gäste sind Deutsche. ❹

Restaurant Vinodol, Obala Petra Krešimira IV. 1b, ☏ 051-244515, 🖥 www.restaurant-vinodol.hr. Solide kroatische Fischgerichte in gemütlichem Ambiente mit schöner Terrasse und Meerblick. ⊙ 8–24 Uhr.

AKTIVITÄTEN UND TOUREN

Die Region Vinodol ist gut auf Fahrradtouristen eingestellt. Hier verlaufen 6 **Fahrradwege** unterschiedlichen Schwierigkeitsgrades mit einer Gesamtlänge von mehr als 300 km – es dominieren anspruchsvollere Mountainbike-Strecken. Eine Karte und Informationen sind in der Touristeninformation Novi Vinodolski erhältlich.

Fahrradverleih unter anderem über Turistička Agencija Novi Turist, Kralja Tomislava 8, Novi Vinodolski, ✆ 051-792210, 🖥 www.novi-turist.hr.

SONSTIGES

Feste
Sommerabende des Vinodol. Kulturelles Highlight des Sommers in Novi Vinodolski (Juli/Aug) mit Konzerten, Theater, Folklore und anderen Veranstaltungen.

Geld
Erste Bank, Korzo hrvatskih branitelja 47, Novi Vinodolski.

Informationen
Touristeninformation Vinodol, Bribir 1, ✆ 051-248730, 🖥 www.tz-vinodol.hr.

TRANSPORT

Busse von RIJEKA nach Novi Vinodolski fahren stdl., Fahrtzeit ca. 1 Std., 53 Kn. Die Busse ermöglichen den Ausstieg unter anderem in DRAMALJ und SELCE.
Busbahnhof Novi Vinodolski, ✆ 051-244268.

Opatija Riviera

Die Riviera von Opatija zählt zu den ältesten Touristenregionen Kroatiens. Stadt und Küste wurden architektonisch und kulturell stark von Österreich geprägt, die habsburgische Oberschicht verbrachte an diesem geschützten Küstenstrich, an dem das Klima besonders mild ist und eine subtropische Vegetation mit Agaven, Palmen und Magnolien in schmucken Gärten das Auge erfreut, ihre Ferien. Zur illustren Gästeschar zählten unter anderem der österreichische Kaiser Franz Joseph I., Kaiser Wilhelm II. und die österreichische Kaiserin Maria Anna. Die Riviera beginnt im Norden in Volosko, heute Vorort Opatijas mit großer kulinarischer Kultur, und erstreckt sich über Opatija, Ičići, Ika, Lovran, Medveja, Mošćenička Draga bis nach Brseč im Süden. Alle Orte entlang der Riviera verfügen über eine ausgeprägte touristische Infrastruktur. Eine schöne Möglichkeit, die Opatija Riviera, die mit ihren Jugendstilvillen noch immer einen Hauch von k.u.k.-Flair verströmt, kennenzulernen, bietet der 12 km lange Promenadenweg Lungomare, der von Volosko bis Lovran am Adria-Ufer entlangführt.

Opatija

Opatija (ital. Abbazia, 11 800 Einw.) war bis 1884 ein ganz normales Fischerdorf, danach jedoch begann der Aufstieg zum mondänen Seebad der habsburgischen Oberschicht. Hintergrund war die Verlängerung der „Südbahnstrecke" von Wien nach Triest mit Anschluss an die Kvarner Bucht. Nun war Abbazia („Kloster") für das wohlhabende Wiener Bürgertum mühelos erreichbar. Die Lage am Fuße des Učka-Gebirges lässt ein Mikroklima entstehen, das Opatija das ganze Jahr über mildes Wetter beschert. In Habsburgerzeiten kamen die Gäste v. a. in den Wintermonaten, und bis heute gibt es hier Tourismus auch außerhalb der eigentlichen Saison.

Highlights von Opatija sind die imposanten **Hotelbauten** aus dem 19. Jh., die teils angestaubt, teils herausgeputzt nichts von ihrem Charme verloren haben. Insgesamt verfügt die Stadt über mehr als 25 Hotels, an der ganzen Riviera sind es mehr als 40. Viele Hotels und repräsentative Gebäude wurden von dem Architekten Carl Seidl erbaut, darunter die **Kirche Mariä Verkündigung** im neoromanischen Stil, die mit ihrer prägnanten grünen Kuppel ein Wahrzeichen der Stadt ist. Bereits 1844 wurde die erste noble Villa Opatijas errichtet. Die **Villa Angiolina** des Kaufmanns Iginio Scarpa aus Rijeka war ein wichtiger Treffpunkt der Oberschicht, sie liegt im Herzen der Stadt und beheimatet heute das **Kroatische Museum für Tou-**

Flanieren auf Opatijas mondänem Küstenweg Lungomare

rismus (Hrvatski muzej turizma, Park Angiolina 1, ☎ 051-603636, ⏱ Juni–Aug Di–So 9–13, 17–22, Sep–Mai 10–18 Uhr, 🖳 www.hrmt.hr, Eintritt frei), das wichtigste Museum Opatijas. Hier können historische Postkarten, Fotos, Hotelinventar, Souvenirs und vieles mehr bestaunt werden. In dem umgebenden Park sind zahlreiche exotische Pflanzen zu finden, die Seeleute von ihren Reisen mit nach Opatija brachten. Mehrere weitere Parks, wie der angenehme **Park Margarita**, komplettieren das Bild der grünen Sommerfrische von Opatija.

Das Symbol Opatijas ist das **„Mädchen mit Möwe"**, eine Skulptur des Bildhauers Zvonko Car aus dem Jahr 1953, die dem promenierenden Besucher den Rücken zuwendet und den Tourismusrummel ihrer Stadt gelassen zu beobachten scheint.

In Opatija selbst ist das Angebot an **Stränden** eher durchwachsen, vorherrschend sind überfüllte Beton- und schwer zugängliche Felsstrände. Einen schönen Kies- und Betonstrand mit blauer Flagge bietet der 4 km südlich gelegene Ort Ičići, auch in den südlicher gelegenen Orten der Riviera wie Mošćenička draga findet man einige schöne Strände.

ÜBERNACHTUNG

In Opatija dominieren die höherklassigen Hotels, oft in historischen Gebäuden und meist zu gehobenen Preisen. Sehr präsent sind die Hotels der Liburnia-Kette, 🖳 www.liburnia.hr. Wer weniger zahlen möchte, kann auf private Ferienwohnungen ausweichen – eine Liste und Kontakte gibt's auf der Homepage der Touristeninformation 🖳 www.opatija-tourism.hr.
Camping Opatija, Liburnijska 46, Ičići, 🖳 www.rivijera-opatija.hr. Campingplatz direkt am Meer in Ičići, zwischen Opatija und Lovran. 45 Kn p. P., Stellplatz 55–70 Kn.
Hotel Kristal, Maršala Tita 135, Opatija, ☎ 051-710444, ✉ kristal@liburnia.hr. Zentral und direkt am Meer gelegenes 4-Sterne-Hotel, geschmackvolle Zimmer in Braun, Rot und Blau, eigener Strand und geheizter Meerwasserpool. ❸–❹
Hotel Miramar, Ive Kaline 11, Opatija, ☎ 051-280000, 🖳 www.hotel-miramar.info. Das luxuriöse 4-Sterne-Hotel liegt östlich des Zentrums in der schlossartigen ehemaligen Villa Neptun aus dem Jahr 1876. Ein großer Garten mit Übergang zur Promenade lädt zu Spaziergängen ein. ❻

Hotel Opatija, Trg V. Gortana 2/1, Opatija, ☏ 051-271388, 🖥 www.hotel-opatija.hr. Highlight dieses 2-Sterne-Hotels ist der vorgelagerte Park, der zur Promenade hinunterführt. Die Einrichtung der Zimmer ist schlicht, aber schön, die Badezimmer hell und verkachelt, die Zimmer nicht klimatisiert. Das Hotel ist ganzjährig geöffnet. ❷

Hotel Savoy, Maršala Tita 129, Opatija, ☏ 051-710500, 🖥 www.hotel-savoy.hr. Das ehemalige Hotel Dubrovnik wurde 2005 erneuert. Das 4-Sterne-Hotel versprüht alten Habsburger-Charme, die 32 klimatisierten Zimmer sind mit schönen alten Holzmöbeln eingerichtet. Außerdem: Wellnessbereich und Schwimmbad. ❻

ESSEN

Die Opatija Riviera gilt als Zentrum der Feinschmeckerkultur in Kroatien, bei Restaurantwettbewerben stauben die hiesigen Restaurants regelmäßig Spitzenplätze ab. Gastronomisches Zentrum der Region ist das kleine Volosko, nördlich gelegener Vorort Opatijas, aber auch die Restaurantlandschaft in Opatija und den anderen Orten der Riviera kann sich sehen lassen.

Bevanda, Zert 8, Opatija, ☏ 051-493888, 🖥 www.bevanda.hr. Restaurant der gehobenen Klasse, direkt in Opatija, und zwar direkt an der Adriapromenade. Herausragend sind die Fischgerichte, dazu eine erlesene Weinkarte. Service und Beratung sind erstklassig. Die geschmackvolle Einrichtung und der wunderbare Meerblick sind weitere Gründe, hier Station zu machen. ⏲ 12–24 Uhr.

Café Wagner, Maršala Tita 109, ☏ 051-202071. Kaffeehauskultur im Hotel Milenij. Hausgemachte Schokolade und viele Arten von Kuchen, Eis und Pralinen, schöne Terrasse zum Kaffeeschlürfen und Aussichtgenießen. ⏲ 7–24 Uhr.

Le Mandrać, Obala Frana Supila 10, Volosko, ☏ 051-701357, 🖥 www.lemandrac.com. Küchenchef Deniz Zembo ist ein kreativer junger Meister seines Fachs, der mit traditionellen lokalen Zutaten überraschende Gerichte zubereitet. Die Preise sind gehoben, gerade für das Degustationsmenü, dafür bekommt man aber auch etwas geboten. ⏲ 12–23 Uhr, Nov–Mai Mo geschl.

Plavi Podrum, Obala Frana Supila 12, Volosko, ☏ 051-701223, 🖥 www.plavipodrum.com. Der blaue Keller (Plavi podrum) wurde 2012 als bestes Restaurant Istriens und der Region Kvarner ausgezeichnet, kroatienweit kam das Restaurant auf Platz 4. Die Inhaberin Daniela Kramarić kreiert ihre Gerichte mit Respekt vor den Jahreszeiten und Lebensmitteln, das Ganze erstklassig und modern zubereitet, und dazu gibt es unglaubliche 250 Weinsorten zur Auswahl. ⏲ 12–24 Uhr.

Valle Losca, Andrije Štangera 2, Volosko, ☏ 095-5803757. Kleines Restaurant in Volosko, dessen Besitzer großen Wert auf Qualität und Service legt. Kroatische Küche mit vielen hausgemachten Produkten. Da sich der exzellente Ruf des Restaurants langsam herumspricht, ist eine Reservierung auf jeden Fall empfehlenswert. ⏲ 7–23 Uhr.

UNTERHALTUNG UND KULTUR

Hemingway, Zert 2, ☏ 051-712333, 🖥 www.hemingway.hr. Kult-Cocktail-Bar in Opatija, deren Filialen sich inzwischen über das ganze Land verteilt haben. Der Service ist mäßig, aber der Besuch gehört für Nachteulen, die Opatija besuchen, zum Pflichtprogramm. Cocktail schlürfen, sehen und gesehen werden und abfeiern. ⏲ 12–1 Uhr.

Monokini, Maršala Tita 96, ☏ 051-703888. Die Lounge Bar für alle, die Abwechslung von dem mondänen Alt-Opatija suchen. Die Einrichtung ist im 60er-Jahre Retro-Look gehalten, die Wände werden für wechselnde Kunstausstellungen genutzt, und ein DJ legt loungige und tanzbare Musik auf. ⏲ 7–21 Uhr.

FESTE

Karneval. Wie das benachbarte Rijeka, verfügt auch Opatija über eine reiche Karnevalstradition, die eng mit den Bräuchen der umliegenden Region verbunden ist. Veranstaltungen sind u. a. ein Kinderkarneval und ein großer Karnevalsumzug mit Teilnehmern aus der Region und anderen europäischen Ländern.

Liburnia Film Festival, Ičići, 🖥 www.liburnia filmfestival.com. Open-Air-Dokumentarfilmfestival mit überwiegend kroatischen, aber vereinzelt auch internationalen Filmen, allesamt mit englischer Untertitelung. Das Festival findet Ende August an 4 Tagen im Zentrum von Ičići bei Opatija statt, der Eintritt ist frei.

AKTIVITÄTEN UND TOUREN

Kajaktouren
Kayak Center Opatija, Dražica 4,
☎ 098-9372247, 🖥 www.binarnet.hr/rk.
Geführte Kajak-Touren entlang der Riviera mit der Möglichkeit zum Schnorcheln.

Paragliding
Für die ganz Mutigen besteht die Möglichkeit, sich mit Paraglidern von den Bergen Vojak und Brgud zu stürzen, atemberaubende Aussicht natürlich eingeschlossen!
Paragliding-Club Homo Volans,
Nova Cesta 136, 🖥 www.homo-volans.hr.

SONSTIGES

Apotheken
Ljekarna Vaše zdravlje Opatija,
Trg Vladimira Gortana 4/4, ☎ 051-718683.
🕐 Mo–Fr 7–20, Sa 7.30–15 Uhr.

Autovermietungen
Sixt Rent a Car, Maršala Tita 116, Opatija,
☎ 051-740128, 🖥 www.sixt.hr.
Uni Rent, Hotel 4 opatijska cvijeta,
Viktora Cara Emina 6, Opatija, ☎ 051-271100,
🖥 www.uni-rent.net.

Einkaufen
Trgovina Oliva, Maršala Tita 112,
🖥 www.oliva.com.hr. Lebensmittel, Souvenirs, Kosmetik, Textilien, alles handgemacht in Kroatien.

Geld
Mehrere Banken und Bankomaten befinden sich im Zentrum von Opatija.
Istarska Kreditna Banka, Maršala Tita 140,
☎ 051-271841.

Informationen
Kvarner Tourismusverband, Nikole Tesle 2, Opatija, ☎ 051-272988, 🖥 www.kvarner.hr.
Kvarner Turistik, Maršala Tita 65,
☎ 051-703723, 🖥 www.kvarner-touristik.com.
Zahlreiche Unterkünfte, dazu Ausflüge.
Touristeninformation Opatija,
Vladimira Nazora 3, ☎ 051-271710,
🖥 www.opatija-tourism.hr.

Polizei
Polizeistation Opatija, Poginulih hrvatskih branitelja 1, ☎ 051-710111.

Taxi
Hallo Taxi, Matka Laginje 14, Opatija,
☎ 051-704100, 🖥 www.hallotaxi.opatija.net.
Startpreis 18 Kn, dann 5 Kn pro km, nachts mehr.

Touristenagenturen
Contessa Tours, Andrije Stangera 18,
☎ 091-5227999, 🖥 www.contessa-tours.hr.
Ausflüge, Verleih von Booten und Mofas.
Efekt, Maršala Tita 216, ☎ 051-272222,
🖥 www.opatija.net. Große Auswahl an Unterkünften, dazu viele andere Angebote.
Katarina Line, Maršala Tita 75/1,
☎ 051-603400, 🖥 www.katarina-line.com.
Schiffsausflüge und andere Aktivitäten, dazu Unterkunftsvermittlung.
Touristenbüro Ičići, Liburnijska bb,
☎ 051-704187, 🖥 www.tourism-icici.hr.
Volosko, I.M. Ronjgova 1, Volosko,
☎ 051-703145, 🖥 www.opatija-apartments.com.hr. Vermittlung von Apartments an der ganzen Riviera.

TRANSPORT

Auto und Motorrad
Opatija und die Orte der Riviera sind bequem mit dem Auto erreichbar. Auf der Küstenstraße ist Opatija in 15 Min. von Rijeka zu erreichen. Von Istrien kommend, sollte man den **Učka-Tunnel** nehmen und bei der ersten Ausfahrt hinter dem Tunnel (Veprinac/Ičići) rausfahren.
Kostenpflichtige Parkplätze stehen in allen Orten der Riviera zur Verfügung.

Busse
Regionale Busse verbinden Rijeka mit der Opatija Rivijera und die Orte der Riviera

untereinander. Linie 32 verkehrt zwischen RIJEKA (Jelačićev trg) und LOVRAN (über Opatija), einige der Busse fahren noch weiter in Richtung MOŠĆENIČKA DRAGA und ZAGORE. Die Fahrt von Rijeka nach Opatija dauert 30 Min. und kostet rund 20 Kn. In Opatija gibt es mehrere Haltestellen, die zentralste ist am Trg Vladimira Gortana, in der Nähe vom Hotel Opatija.

Von Opatija fahren einige **überregionale Busse**, die von Istrien über Labin in Richtung RIJEKA unterwegs sind. So sind PULA, ROVINJ, SPLIT, UMAG, VARAŽDIN UND ZAGREB je 1x tgl. direkt zu erreichen.

Eisenbahn

Von **Matulji**, zwischen Opatija und Rijeka gelegen, fahren tgl. je 2 Züge nach LJUBLJANA und RIJEKA.

Lovran

Das Städtchen Lovran ist der älteste und vielleicht hübscheste Ort der Riviera, der neben dem Spazierweg Lungomare, der von hier bis Volosko führt, und den habsburgischen Villen auch einen **mittelalterlichen Stadtkern** aufzuweisen hat. Dieser gruppiert sich um die gotische **Georgskirche** (Crkva Sv. Jurja), in deren Inneren eindrucksvolle Fresken aus dem 15. Jh. zu sehen sind. Am Gebäude gegenüber der Kirche ist das Holzrelief mit der Darstellung des Drachentöters Georg aus dem frühen 19. Jh. ebenso sehenswert wie ganz in der Nähe ein Relief, das einen finster dreinblickenden bärtigen Mann darstellt, den „Mustacione", der das Haus vor Feinden schützen soll. Von der ehemaligen Stadtbefestigung sind ein zum Hafen weisendes **Stadttor** und ein Turm erhalten geblieben. Der viereckige **Stadtturm Fortezza** beherbergt heute die Galerie des Malers Charles Bilich (**Galerija Fortezza**, Trg slobode 1, ✆ 051-292450). Der als Karlo Bilić in Lovran geborene, international bekannte Künstler lebt seit 1956 in Australien und ist als Maler und Bildhauer in Erscheinung getreten.

Zu Beginn des 20. Jhs. war Lovran vom Bahnhof Matulj und Opatija aus auch per Tram zu erreichen, was die Initialzündung für den Tourismus gab, der wie im benachbarten Opatija Villen und repräsentative Großbauten des Fin de Siècle hervorgebracht hat. Der Name Lovran geht auf den Lorbeer (kroat. *lovor*) zurück, der in der Region auch wild wächst. Zudem ist die Region bekannt für wilde Esskastanien, Spargel und Kirschen. Hinter Lovran erhebt sich das imposante Učka-Gebirge, für entsprechende Touren ist die Stadt ein idealer Ausgangspunkt.

Der Kiesstrand **Peharovo** in Lovran wurde für die Wasserqualität mit der blauen Flagge ausgezeichnet. Der Eingang ins Wasser ist jedoch mit Sand bedeckt, was den Strand auch für Kinder gut zugänglich macht.

ÜBERNACHTUNG UND ESSEN

Privatunterkünfte vermittelt die Touristeninformation, Infos auf der Homepage.

Camping Medveja, ✆ 051-710444, 🖥 www.campingopatija.com. Der zur Liburnia-Kette gehörende Campingplatz befindet sich in Medveja, 4 km südlich von Lovran, und bietet neben Stellplätzen Apartments, Zimmer und Camping-Bungalows an. Ein öffentlicher Strand und ein Bootsverleih sind in der Nähe. 49 Kn p. P., Stellplatz 60–155 Kn.

Draga di Lovrana, Lovranska Draga 1, ✆ 051-294166, 🖥 www.dragadilovrana.hr. Das Restaurant/Hotel liegt oberhalb von Lovran, auf halbem Weg auf die Učka-Gipfel. Küchenchef Zdravko Tomšić kocht traditionelle Küche auf herausragendem Niveau, der Schwerpunkt der ca. 20 Gerichte liegt bei Fisch und Meeresfrüchten. Ein Degustationsmenü ist für etwa 30 € zu haben. Eindrucksvoll ist der Blick über die Kvarner Bucht von der Terrasse aus, 🕐 Di–So 12–23 Uhr. Zu dem Komplex gehört ein 4-Sterne-Hotel, das angenehme und geschmackvolle Zimmer vermietet. ❹

Hotel Park, Šetalište maršala Tita 60, Lovran. Direkt an der Promenade in Lovran gelegenes 4-Sterne-Hotel, das von außen wie von innen in ein angenehm-entspannendes Blau getaucht ist. ❹

Hotel Villa Vera, Šetalište maršala Tita 5, Lovran, ✆ 051-294120, 🖥 www.hotel-villavera.hr. Hervorragendes 4-Sterne-Hotel

nahe der Altstadt von Lovran und direkt am Meer. Die Zimmer sind geschmackvoll eingerichtet und haben alle einen Balkon. ❻
Restoran Stari Grad, Trg slobode 5, ☎ 051-293807. In diesem familiengeführten Restaurant in der Altstadt von Lovran kommt gute Küche in großen Portionen auf den Tisch. Die Bedienung ist sehr freundlich.
Wine Bar Loza, Stari grad 5, ☎ 051-294444, ✉ winebarloza@gmail.com. Im Zentrum Lovrans wird eine große Auswahl kroatischer Weine zum Probieren und Genießen entkorkt, dazu gibt es Snacks wie Bruschette und Risotto, freundliche Bedienung und gemütliche Atmosphäre. ⏱ Di–So 17–1 Uhr.

FESTE

Allen drei kulinarischen Spezialitäten Lovrans (Spargel, Kirsche, Esskastanie) ist ein Fest gewidmet.
Festival šparuga, das Spargelfestival eröffnet im April das kulinarische Jahr in Lovran. Der wilde Spargel der Region erhält seinen besonderen Geschmack durch die Mischung von Meeres- und Gebirgsluft. Attraktion der Spargeltage ist die Zubereitung eines gigantischen Riesenomeletts aus 1000 Eiern und 30 kg Spargel.
Dani trešanja, die Kirschentage folgen im Juni, die Cafés, Konditoreien und Restaurants setzen in der Woche einen kulinarischen Schwerpunkt auf das rote Steinobst. Bei der Hauptveranstaltung können auf dem Hauptplatz (Trg slobode) Kirschen und Köstlichkeiten aus Kirschen probiert werden. Zum Ende wird ein 10 m langer Kirsch-Strudel angeschnitten.
Marunada, die Kastanientage haben die längste Tradition und finden in 2 Wochen im Oktober statt. Und nein, es wird keine 4 m hohe Kastanie in die Stadt gerollt, aber alles dreht sich dennoch um die schmackhaften Nüsse, Kultur- und Sportprogramm (Trekkinglauf, Radtour, Bergtour) inkl. Und natürlich Maroni-Gerichte und -süßspeisen zuhauf.

AKTIVITÄTEN UND TOUREN

Durch die Nähe zum Učka-Gebirge ist Lovran beliebt bei Mountainbikern. Mehrere **Mountainbike-Touren** sind ausgewiesen, Infos und Karten gibt es in der Touristeninformation. Einige Touristenagenturen vermieten Fahrräder:
Turistička agencija Lauretius, Stari grad 60, ☎ 051-615554, 🖥 www.lauretius.com.
Turistička agencija Tehnodom, Šetalište maršala Tita 63, ☎ 051-292315.

SONSTIGES

Apotheken
Ljekarna Nada Bačić, Šetalište maršala Tita 46, ☎ 051-291051.

Einkaufen
OPG Nedjeljka Jurin – Kozmetika Danica, Put Školarovo 22, Lovran, ☎ 092-3095881. Selbst produzierte Kosmetikprodukte aus der Kvarner Region.

Geld
Erste Banka, Šetalište maršala Tita 41.

Informationen
Cromatours, Put braće Honović 46, ☎ 051-271089, 🖥 www.cromatours.hr. Breites Angebot an Privatunterkünften an der gesamten Riviera, dazu Ausflüge.
Touristeninformation Lovran, Trg slobode 1, ☎ 051-294387, 🖥 www.tz-lovran.hr.

Mošćenička Draga und Umgebung

Im Süden der Riviera liegt in einer kleinen Bucht **Mošćenička Draga**, das unter anderem für seine schönen (und im Sommer völlig überlaufenen) Strände bekannt ist und vom Učka-Gebirge eingerahmt wird. Der kleine Ort wird von Einheimischen wie internationalen Gästen gleichermaßen geschätzt und bietet eine professionelle touristische Infrastruktur.

Noch schnuckliger wird es in **Mošćenice**, einem 173 m oberhalb von Mošćenička Draga gelegenen mittelalterlichem Bergdörfchen mit engen Gassen. Mošćenice ist über eine Straße, aber auch über 750 Stufen (vom Strand Sv. Ivan) zu erreichen. Von hier eröffnet sich ein atem-

Von Lovran auf die Spitze des Učka-Gebirges

- **Route**: Lovran (11 m) – Vojak (1401 m) – Lovran
- **Länge**: ca. 15 km
- **Dauer**: 6 1/2 Std.
- **Wegbeschaffenheit**: stabil, die Steigung ist selten extrem, obwohl insgesamt ein enormer Höhenunterschied bewältigt werden muss
- **Orientierung**: die Markierung ist rot-weiß, Beschriftung auch RT
- **Wandersaison**: April–Juni, Sep–Okt
- **Ausrüstung**: Wanderschuhe, ausreichend warme Kleidung (oben kann es frisch werden), Wasser, Verpflegung
- **Schwierigkeitsgrad**: anspruchsvoll

Der Weg führt von Lovran an der Opatija Riviera bis auf den höchsten Punkt des gewaltigen Učka-Massivs. Auf 1400 m Höhenunterschied ergeben sich immer wieder eindrucksvolle Ausblicke auf die Kvarner Bucht; von der Spitze des Vojak hat man einen atemberaubenden Blick über die gesamte Region, die Inseln Cres und Krk, an klaren Tagen sogar bis nach Venedig.

Die Route

Ausgangspunkt der Bergwanderung ist die Touristeninformation am Trg slobode, der in Lovran rechts von der Hauptstraße Šetalište maršala Tita abgeht. Am Ende des Trg slobode rechts auf

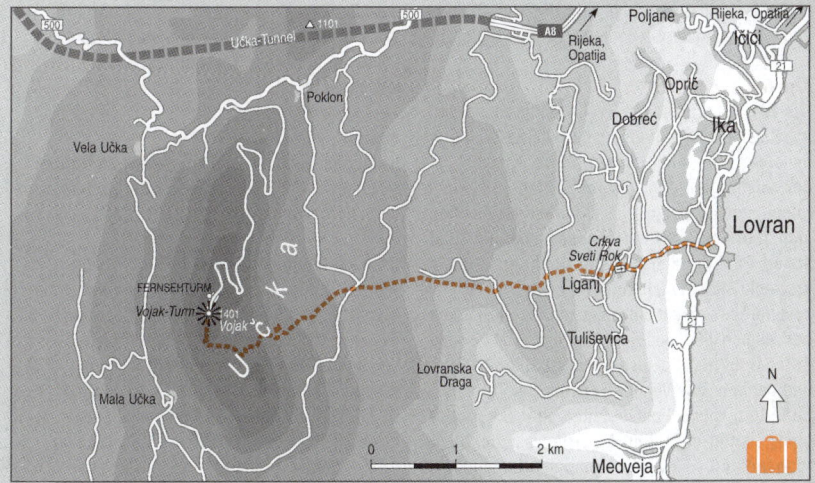

die Straße Brajdice abbiegen und dieser folgen (an der ersten Kreuzung nicht rechts abbiegen). An einer Kreuzung mit Stufen auf der linken Seite dem grünen Schild „Za Učku" nach links folgen, wenig später findet sich rechts die rot-weiße Markierung an einer Steinmauer, und der Weg führt rechts eine Treppe hinauf, die in eine kleine Straße mündet, dann weiter die Stufen bergauf nehmen. Nach einem Waldstück führt der Weg links an den Häusern vorbei, man folgt ihm, bis die Kapelle Sv. Rok erreicht wird. Hinter der Kapelle der Straße (Brajdina ulica) ca. 150 m nach rechts folgen, bis ein weißes Schild mit der Aufschrift „Dindići, Kršanci, Šmari, Ivulići, Brajdina" erreicht ist. Hier der Treppe rechts folgen und sich im weiteren Verlauf halbrechts halten. Nach Überqueren einer Straße führt ein kleiner Weg links gegenüber zwischen den Häusern hindurch und dann rechts an der kleinen Siedlung Ivulići vorbei. Der Weg geht geradeaus bis zu einem Wegweiser, wo es links Richtung Vojak abgeht. Ein Fahrweg wird überquert (links halten) und nach einem Stückchen durch den Wald ist wieder „Vojak" ausgeschildert. Es wird der Wendepunkt eines Forstwegs erreicht, hier führt die rot-weiße Markierung links auf einen Fußweg. An zwei Kreuzungen geht es weiter Richtung „Vojak", nach Überqueren eines Fahrweges zunächst im Wald und dann auf einer Lichtung weiter, wo auch der Gipfel des Vojak mit dem Fernsehturm bereits zu sehen ist. Das nachfolgende Waldstück ist das bis dahin steilste Stück und führt in steilen Serpentinen auf den Gipfel zu.

Aufstieg zum Gipfel
Der Weg führt zwischen Felsen hindurch und zwischenzeitlich wieder etwas bergab, wo sich erstmals der Blick nach Istrien öffnet. Nun beginnt der Anstieg auf den felsigen Gipfel, der jedoch relativ schnell erreicht ist. Oben wartet der **Aussichtsturm** auf 1401 m Höhe, der einen unglaublichen Panoramablick bietet. Richtung Westen erstreckt sich die istrische Halbinsel, im Norden sind bei klarer Sicht die Julischen Alpen zu erkennen, östlich liegt die Bucht von Rijeka, das Gorski-Kotar-Gebirge, die Inseln der nördlichen Adria und dahinter das Velebit-Gebirge. Der Turm existierte übrigens schon zu Zeiten der k.u.k-Monarchie, diente im Ersten Weltkrieg als Beobachtungsposten, wurde später dem Italienischen Alpenclub überstellt, im Jahr 2004 renoviert und ist heute Wahrzeichen und Infozentrale zugleich. Von der Rampe starten bei gutem Wetter **Drachen- und Gleitschirmflieger** – welch ein Panorama, das ihnen hier zu Füßen liegt!

Rückweg
Der Rückweg nach Lovran erfolgt auf dem gleichen Weg. Als **Variante** kann der Gipfel aber auch auf der anderen Seite verlassen werden. Der Weg führt dann vor dem Gipfel des Plas entlang und endet im Örtchen Poklon, wo es Restaurants und eine öffentliche Straßenanbindung gibt. Dieser Abstieg vom Vojak dauert eine knappe Stunde.

Alternative Routen
Startpunkt der Tour kann auch **Liganj** sein. Eine weitere Variante beginnt in **Lovranska Draga**. Wer sich den harten Aufstieg ersparen, aber dennoch den Ausblick vom Vojak genießen will, kann sein Auto in **Poklon** parken und ab hier losmarschieren. Dauer ca. 1 1/2 Std. (hin und zurück ca. 3 Std.).

Praktische Tipps
Informationen
Touristeninformation Lovran, Trg slobode 1, ℡ 051-291740, 🖥 www.tz-lovran.hr.
Prirodni Park Učka, Liganj 42, ℡ 051-293753, 🖥 www.pp-ucka.hr.

Karten
Wanderkarten sind in der Touristeninformation Lovran oder bei der Naturparkverwaltung in Liganj erhältlich.

Notfall
Im Notfall wählt man die kroatienweite Notrufnummer ℡ 112. Verbindung zur Bergrettung wird dann hergestellt.

Übernachtung und Essen
Auf dem Hauptteil des Weges gibt es weder die Möglichkeiten zum Essen noch zu Übernachten. Restaurants und Hotels gibt's in Lovran und Lovranska Draga, ein Restaurant in Liganj (Gostionica Bojana, Liganj 79, ℡ 051-292609, 🕐 11–23 Uhr). Mehrere Angebote gibt es in Poklon (z. B. Gostionica Poklon, Vela Učka bb, ℡ 051-299604, 🖥 www.trattoriapoklon.com).

beraubender Panoramablick über die Inseln Krk und Cres sowie die Bucht von Rijeka.

Wer von romantischen Bergdörfern noch nicht genug hat, erreicht über eine schöne Bergstraße schließlich das gänzlich untouristische und verschlafene Örtchen **Bršec**, an dem die Opatija Riviera und die Region Kvarner enden. Den alten Stadtkern von Bršec bildet ein frühmittelalterliches Kastell, um welches sich später der Ort Bršec entwickelte. Bršec ist Geburtsort des kroatischen Schriftstellers und Politikers Eugen Kumičić, in dessen Geburtshaus die Galerie „Eugen K" untergebracht ist, in der kroatische und internationale Künstler ausstellen. Der Bildhauer Ljubo de Karina hat sich in Bršec niedergelassen, seine Werke können hier bewundert werden (Ljubo de Carina, Zagore 17, Bršec, 051-290100, www.de-karina.net).

ÜBERNACHTUNG UND ESSEN

Camping Draga, Aleja Slatina bb, 051-737523, www.autocampdraga.com. Der Campingplatz liegt etwa 250 m von der Adriapromenade und dem Zentrum von Mošćenička Draga entfernt, die Sanitäreinrichtungen sind etwas älter, aber ordentlich, freies WLAN. 55 Kn p. P., Stellplatz 47 Kn.

Hotel Marina, Aleja Slatina 2, 051-737504, www.liburnia.hr. Schöne Lage direkt am Strand, ruhig, professioneller 4-Sterne-Service. In den modernen weiß-braunen Zimmern kann man sich wunderbar erholen. ❺

Hotel Mediteran, Trg slobode 1, 051-710444, www.liburnia.hr. Gute Lage am Meer, ordentliches Preis-Leistungs-Verhältnis, allerdings sind die Zimmer renovierungsbedürftig. ❸

Johnson, Sveti Petar bb, 051-737578, www.johnson.hr. Das Johnson gilt als eines der besten Fischrestaurants der Region. Das Personal ist freundlich und berät den Gast individuell und auch auf Deutsch. Der frische Fisch ist gut zubereitet, die Auswahl variiert je nach Saison, die Preise sind eher gehoben, aber angemessen. Reservierung wird empfohlen. 12–23 Uhr.

Perun, Mošćenice bb, 051-737515, restoran-perun@ri.t-com.hr. Fantastisches Fischrestaurant im malerischen Bergdorf Mošćenice mit Panoramablick über die ganze Kvarner Bucht und gutem Preis-Leistungs-Verhältnis, unbedingt reservieren. 10–23 Uhr.

SONSTIGES

Apotheken
Ljekarna Biserka Redi (Hotel Marina), Aleja Slatina 2, 051-737645. Mo–Fr 8–17 Uhr.

Feste
Am ersten Wochenende nach dem 14. Juli findet das **Fischerfest von Mošćenička Draga** statt, das der Ortsheiligen, der Hl. Marina, gewidmet ist. Neben musikalischen Aufführungen werden eine Segelregatta und ein Feuerwerk organisiert.

Geld
Erste Banka, Aleja Slatina 2, Mošćenička Draga.

Informationen
Tourismusverband Mošćenička Draga, Aleja Slatina bb, 051-739166, www.tz-moscenicka.hr.

Tauchen
Tauchzentrum Marinesport, Aleja Slatina 2, 051-737837, www.marinesport.hr. Tauchgänge vor der Küste Mošćenička Dragas, Tauchkurse, Ausrüstung.

Taxi
Taxi Klaudio, Ljube Mrakovčića 4, 051-737372, 091-2474040, www.taxi-transfer.net.

Touristenagenturen
Anna Linea, Stari Grad 1, 051-737207, www.annalinea.hr. Vermittlung von Privatunterkünften und einige Ausflugsangebote.

TRANSPORT

Auto und Motorrad
Mošćenička Draga ist als südlichster Ort der Riviera etwa 40 Autominuten von Rijeka entfernt. Von Istrien aus wählt man entweder

die Route durch den Učka-Tunnel oder die schöne, aber langsamere Fahrt südlich um das Učka-Gebirge herum über Plomin und die südliche Küste.

Busse
MOŠĆENICE, 7x tgl. in 10 Min. für 10 Kn, 5 Busse davon verkehren weiter nach BRŠEC.
RIJEKA, 14x tgl. (am Wochenende weniger) in 40 Min. für 36 Kn.
SPLIT, 2x tgl. in 8 1/2 Std. für 353 Kn.
ZAGREB, 5x tgl. in 3 1/2 Std. für 176 Kn.

Inseln der Kvarner Bucht

Insel Krk

Krk (406 km²) ist so etwas wie die ideale Urlaubsinsel. Sie ist (gemeinsam mit Cres) die größte und mit ihren rund 20 000 Einwohnern auch die bevölkerungsreichste Insel der Adria und hat abwechslungsreiche Landschaften, lange Strände und kulturelle Schätze sowie historische Altstädte genauso zu bieten wie zahlreiche Möglichkeiten aktiver Urlaubsgestaltung. Allein die Aussprache des Inselnamens macht es den Besuchern etwas schwer. Die Insel ohne Vokale kann man kroatisch nur aussprechen, wenn man das „R" mit der Zunge rollt – zum Üben kann man vor dem „R" ein angedeutetes „i" einfügen, dann geht es leichter.

Die Insel Krk ist seit 1980 mit einer **Brücke** (Krčki most) mit dem Festland verbunden: eine gewaltige Konstruktion mit zwei Bogen; darunter, in deren Mitte, liegt das Inselchen **Sveti Marko**.

Alle größeren Inselorte befinden sich an der Küste, der klassische Tourismus konzentriert sich auf den Westen (Malinska, Njivice) und den Süden (Krk-Stadt, Punat, Baška) der Insel, dort laden seichte Strände, zumeist Kiesstrände, zum Verweilen ein, und eine üppige mediterrane Natur bestimmt das Hinterland. Anders die Ostküste Krks mit Vrbnik als einziger größerer Ortschaft. Die dortige Küste ist rau und felsig, zumeist erheben sich die Ortschaften auf Felsen über dem Meer, immer mit der gegenüberliegenden imposanten Gebirgslandschaft des Velebit im Blick. Doch auch hier gibt es schöne, meist etwas versteckt gelegene Strände. Vrbnik selbst ist ein wunderbares mittelalterliches Stadtensemble hoch über dem Meer, bekannt zudem für den Weißwein Vrbnička Žlahtina.

Geschichte
Die Besiedlung der Insel geht auf illyrische Zeit zurück, aus der auch der Name der Insel stammt. In römischer Zeit wurde Krk Insula aurea („Goldene Insel") genannt, Spuren römischer Besiedlung sind in Krk-Stadt und in der Nähe von Omišalj zu finden. Im Mittelalter entwickelte sich die lokale Fürstenfamilie der Frankopanen zu einem wichtigen Machtfaktor in ganz Kroatien. Ihre Herrschaft auf Krk schlug sich im Bau zahlreicher Burgen und der Stiftung von Kirchen nieder. In dieser Zeit war Krk ein wichtiges kulturelles Zentrum Kroatiens in dem unter anderem die glagolitische Schriftkultur florierte. Nach etwa 300-jähriger Herrschaft Venedigs, die bis 1797 dauerte, gehörte Krk bis 1918 zum Habsburgerreich.

Nach dem Ersten Weltkrieg war Krk zwischen Italien und Jugoslawien umstritten, da es eine erhebliche italienische Minderheit gab, doch ab 1921 war Krk Teil Jugoslawiens. Schon seit dem späten 19. Jh. hatte sich der Tourismus auf Krk entwickelt, der sich in jugoslawischer Zeit und seit der Unabhängigkeit intensivierte und professionalisierte.

Omišalj und Umgebung

Omišalj liegt im Nordwesten der Insel und ist gegenüber den weiter südlich gelegenen touristischen Zentren eher ein Geheimtipp. Da die meisten Besucher nur den Flughafen Omišalj wahrnehmen oder von der nahe gelegenen Krk-Brücke weiter Richtung Süden düsen. Dabei lohnt Omišalj auch einen längeren Besuch. Das Zentrum liegt oben auf dem Berg und besteht aus kleinen Gässchen und gemütlichen Plätzen, wo unter anderem die **Pfarrkirche Mariä Him-**

Meisterwerk der Technik: die Krk-Brücke

melfahrt zu finden ist. Von mehreren Aussichtspunkten lässt sich zwischen Feigenbäumen die Bucht von Omišalj überschauen, die neben eindrucksvoller Natur aber auch über Industrie verfügt, die jedoch den romantischen Sonnenuntergängen hinter dem Učka-Massiv am Horizont keinen Abbruch tut. Zwischen der Stadtmauer Omišaljs und dem Meer erstreckt sich auf 18 000 m² der **Park Dubec**, der auf mehreren Wegen zu entspannten Spaziergängen in mediterraner Natur einlädt.

In der **Bucht Sepen**, 2 km südwestlich von Omišalj, finden sich Ruinen einer frühchristlichen Basilika aus dem 5. Jh. Diese war wiederum auf den Resten der römischen Siedlung Fulfinum errichtet worden (von denen auch Teile erhalten sind), sodass die Stätte von den Einheimischen als **Fulfinum Mirine** (Mauern von Fulfinum) bezeichnet wird. In den Sommermonaten werden in den Ruinen Feste und Veranstaltungen organisiert.

Etwa 10 km südöstlich von Omišalj liegt an der Ostküste Krks, bei der Ortschaft Rudine, die **Tropfsteinhöhle Biserujka**. Die 110 m lange, eindrucksvolle Höhle ist in drei Säle gegliedert, von denen der letzte aufgrund der baumförmigen Stalagmiten als „Zypressensaal" bezeichnet wird. Anfragen unter ✆ 051-860171. ⏱ Juli, Aug 9–18 Uhr, außerhalb der Saison kürzer, Eintritt 20 Kn.

ÜBERNACHTUNG UND ESSEN

Omišalj ist kein klassisches Touristenziel, daher hält sich das Angebot an Hotels und Restaurants in Grenzen. Privatunterkünfte sind über die Touristeninformation zu finden.
Guesthouse Delfin, Stran 22. Solides, familienbetriebenes Hotel ca. 1 km nördlich des Zentrums. Es besticht durch seine schöne Lage, direkt am Meer. ❸–❹
U Barbi Gerga, Prikešte bb, ✆ 051-842255, 🖥 www.barbagerga.com. Maritim ausgestattete Konoba am Eingang in die Stadt (nahe Busbahnhof), bietet Meeresfrüchte, Fisch, Fleischgerichte und Pizza, ⏱ 8–23 Uhr. Vermietung von ordentlichen Apartments inkl. Küche. ❸–❹

FESTE

Likovna kolonija Fulfinum. Jährlich im August versammeln sich hier auf Initiative des Omišaljer Fotografen Dragutin Barac

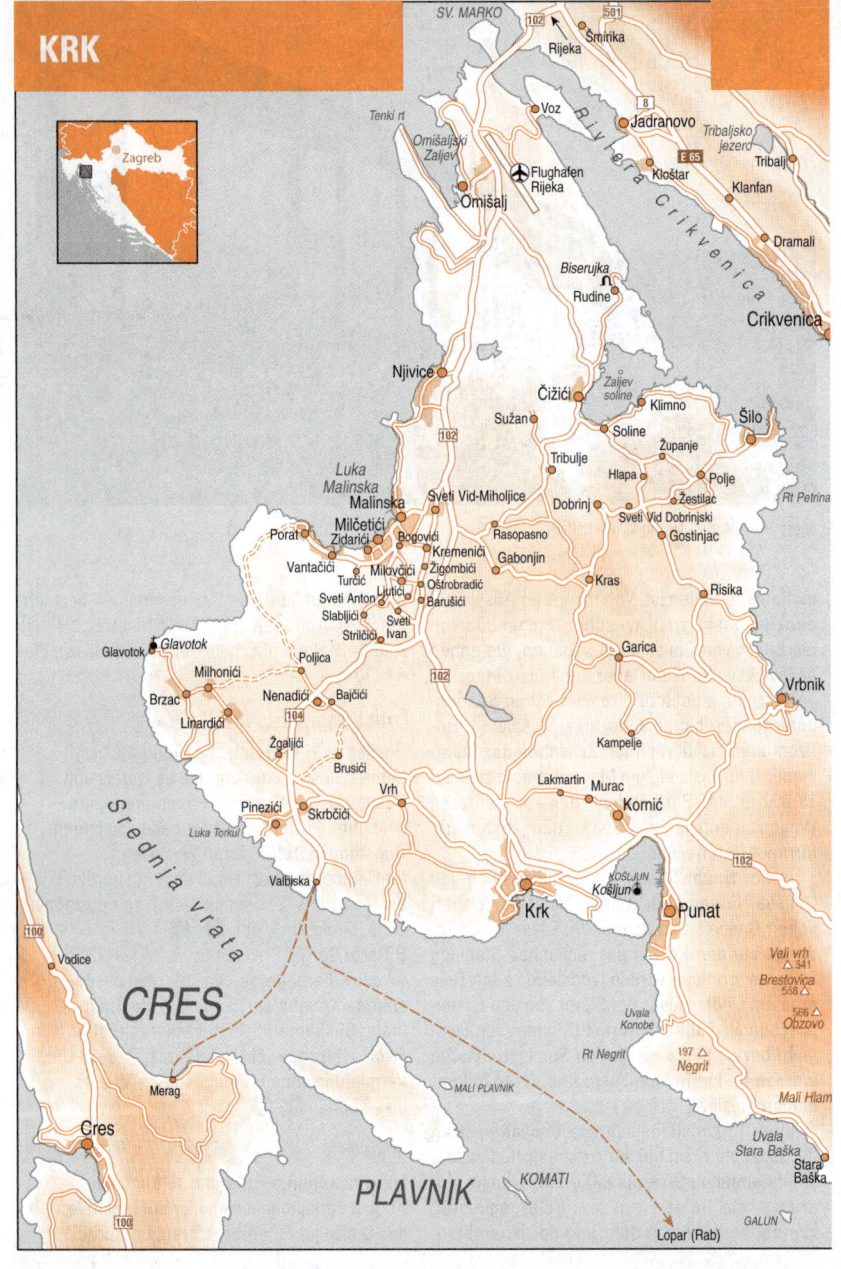

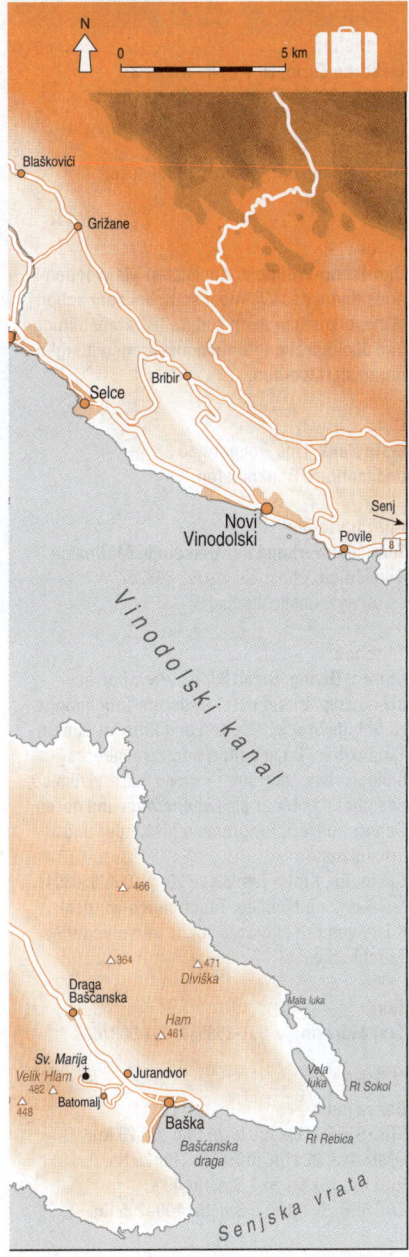

bildende Künstler aus ganz Kroatien und arbeiten in Omišalj an neuen Kunstwerken, die am Ende des Treffens auch der Öffentlichkeit präsentiert werden. Auch Konzerte und andere Kulturveranstaltungen sind Teil des Programms.

Stomorina. Ein Fest, das jedes Jahr an Mariä Himmelfahrt (15. Aug) stattfindet. Im Mittelpunkt stehen die lokale Folklore sowie diverse Kulturveranstaltungen.

SONSTIGES

Apotheken
Ljekarna Gračan Mučnjak, Kovačnica 1, 051-842127.

Autovermietungen
Etliche lokale wie internationale Autovermieter finden sich am Flughafen Rijeka, der in Omišalj liegt.

Einkaufen
Trgovina Krk, Medermuniće 2. Supermarkt. Mo–Sa 6.30–19, So 7–13 Uhr.

Geld
In Omišalj gibt es keine Bank, aber einige Bankomaten (z. B. **PBZ Bankomat**, Bajeć bb), die nächste Bank befindet sich in Njivice (**Erste Bank**, Primorska cesta 30).

Informationen
Touristeninformation der Gemeinde Omišalj, Ribarska obala 10, 051-846243, www.tz-njivice-omisalj.hr.

TRANSPORT

Busse
Omišalj ist gut mit Bussen zu erreichen.
KRK-STADT, tgl. 17x in 40 Min. für 36 Kn.
RIJEKA, tgl. 15x in 35 Min. für 41 Kn.
ZAGREB, tgl. 9x in ca. 3 Std. für 100–195 Kn.

Flüge
Flughafen Rijeka, Hamec 1, Omišalj, 060-300301, www.rijeka-airport.hr.
Der Flughafen Rijeka liegt auf der Insel Krk, weitere Informationen dazu im Abschnitt Rijeka, Transport auf S. 199.

Malinska

Malinska liegt an einer Bucht, auf halbem Weg von Omišalj nach Krk-Stadt, und ist eine der beliebtesten Destinationen für Badeurlauber auf der Insel Krk. Das Angebot an Kiesel- und Felsstränden sowie Restaurants, Hotels und Aktivitäten ist umfangreich. Malinska ist der Hauptort der Region Dubašnica, in der sich auch einige kulturell interessante Orte finden, wie die Überreste einer frühchristlichen Kirche im Wald **Cickini**, wo seit 2002 Ausgrabungen stattfinden. Ein Stückchen nördlich von Malinska liegt **Njivice**, das ebenfalls über eine umfangreiche touristische Infrastruktur verfügt.

ÜBERNACHTUNG, ESSEN, UNTERHALTUNG

Es mangelt nicht an (zumeist höherpreisigen) Hotelunterkünften in Malinska und Njivice. Eine Liste mit Privatunterkünften ist auf der Homepage der Touristeninformation zu finden.
Frajona Apartments, Lina Bolmarčića 6, ☎ 051-859102. Saubere und angenehme Apartments, teilweise mit Balkon oder Terrasse unmittelbar im Zentrum von Malinska gelegen. Das Personal ist freundlich und hilfsbereit. ❷–❺
Hotel Jadran, Primorska cesta bb, Njivice, ☎ 051-661200, 🖳 www.njiviceresort.com. Solides 3-Sterne-Resorthotel in Njivice mit erneuerten Zimmern, teils mit Balkon, direkt am Strand gelegen. ❹
Konoba Intrada, Obala 50, ☎ 051-858150. Kanoba an der Uferpromenade von Malinska mit überdachter Terrasse und schönem Blick auf die Bucht von Malinska. Spezialität sind frischer Fisch und Meeresfrüchte. ⏲ 12–23 Uhr.
Konoba Tri Maruni, Poljica 17. Urige Keller-Konoba in Poljice, 9 km südwestlich von Malinska. Tagesgerichte, viel Selbstgemachtes und Obst aus dem eigenen Garten, alles zu moderaten Preisen.
Club Boa, Dubasljanska 76, ☎ 091-3399339, 🖳 www.clubboa.com. In dem exklusiven Club finden Partynächte mit R'n'B, DJ-Sets und zum Teil Livemusik statt.

SONSTIGES

Apotheken
Ljekarna Žužić, Lina Bolmarčića 33, ☎ 051-859387. ⏲ Mo–Fr 7.30–19 Uhr.

Autovermietungen
Algos Rent a car, Obala 49, Malinska, ☎ 051-859014.

Feste
Öko-Ethno-Weinfest. Am letzten Maiwochenende findet das Weinfest statt, bei dem neben Weinverkostung auch kulturelle Veranstaltung und ökologische Informationsveranstaltungen organisiert werden.

Geld
Erste Bank, Lina Bolmarčića 33, und mehrere Bankomaten.

Informationen
Tourismusverband der Gemeinde Malinska-Dubašnica, Obala 46, ☎ 051-859207, 🖳 www.tz-malinska.hr.

Tauchen
Correct Diving, Brzac 33, 🖳 www.correct-diving.com. Bietet unter anderem Tauchgänge zu Schiffswracks, Grotten und Riffs an, zudem Tauchkurse. Dazu gehört auch ein meeresbiologisches Zentrum, 🖳 www.mare-vivum.eu, das über das Meer als Lebensraum und deren Schutz aufklärt, Programme für Kinder und Erwachsene.
Submalin, Kralja Tomislava 23, ☎ 051-850304, 🖳 www.submalin.de. Tauchgänge vor der Küste von Krk und Cres sowie verschiedene Tauchkurse.

Taxi
Taxi Morožin, ☎ 051-859554, 091-5087030.

TRANSPORT

Busse nach:
KRK-STADT, 19x tgl. in 20 Min. für 29 Kn.
OMIŠALJ, 22x tgl. in 20 Min. für 29 Kn.
RIJEKA, 15x tgl. in 1 Std. für 49 Kn.
ZAGREB, 9x tgl. in 3 Std. für 100–205 Kn.

Krk-Stadt

Der gleichnamige und zugleich größte Ort der Insel (6200 Einw.) ist allein schon wegen seiner kulturellen Schätze einen Besuch wert. Kein Wunder also, dass im Hochsommer in den engen Gassen der malerischen Altstadt viel Trubel herrscht.

Geschichte

Krk-Stadt gehört zu den ältesten Städten des Adriaraums, seine Ursprünge gehen schon auf die Zeit der Liburner und der Römer zurück. Im 7. Jh. wurde Krk Bischofssitz, seine mittelalterliche Blüte begann jedoch mit dem Aufstieg der kroatischen Adelsfamilie Frankopan, die ihren Hauptsitz in der Stadt hatte. Unter starkem venezianischem Einfluss erhielt sich Krk dennoch eine Selbstverwaltung, die bis zum Beginn der Herrschaft der Habsburger 1797 behauptet werden konnte. Als Zentrum der Frankopanen und der Glogoljica-Kultur entwickelte Krk eine wichtige Bedeutung in der kroatischen Nationalbewegung des 19. Jhs., der illyrischen Bewegung. 1866 wurden die ersten Ansichtskarten von der Stadt gedruckt, was als der Beginn des Tourismus in Krk gilt. Seither entwickelte sich der Tourismus auf und in Krk zunehmend.

Altstadt

Vom Busbahnhof oder Parkplatz aus erreicht man das Zentrum von Westen her. In die Altstadt gelangt man durch das **Stadttor** (Glavna gradska vrata) aus dem 15. Jh., in dem vom 16. Jh. bis vor Kurzem das Rathaus der Stadt untergebracht war. Besonderheit des Gebäudes ist die 24-stündige Uhr aus dem 16. Jh. Dahinter erstreckt sich **Vela placa**, der Hauptplatz von Krk.

Richtung Osten führen mehrere Altstadtgassen in Richtung des wichtigsten Bauwerks der Stadt: der romanischen **Kathedrale** aus dem 12. Jh., deren Turm das Wahrzeichen Krks bildet. Die mehrmals umgebaute dreischiffige Basilika beinhaltet noch römische Säulen und Kapitele, die aus dem Vorgängerbau stammen. Der Glockenturm wurde im 16. Jh. errichtet und später mit einem barocken Zwiebelturmhelm versehen. Im Laufe der Zeit wurden Altarkapellen an die Kathedrale angebaut, von denen die prächtig ausgestattete gotische Barbarakapelle sehenswert ist, die nach ihrem Stifter Ivan VII. Frankopan auch Frankopankapelle genannt wird und in der das Frankopan-Wappen zu sehen ist.

Direkt neben der Kathedrale befindet sich eine weitere romanische Kirche, die **Quiriniuskirche**, die dem Stadtpatron gewidmet ist. Diese besteht eigentlich aus zwei miteinander verschmolzenen Kirchen, die von verschiedenen Seiten aus zugänglich sind. Hier befindet sich heute auch ein **Museum sakraler Kunst**, ⏲ Mo–Sa 9–13 Uhr, Eintritt 5 Kn.

Läuft man von der Kathedrale Richtung Meer, erreicht man das mittelalterliche **Frankopanen-Kaštel**, dessen älteste Bestandteile aus dem 12. Jh. stammen. Die Festung sollte die Stadt einst gegen Piratenangriffe verteidigen und steht für die Wehrhaftigkeit Krks und seiner Herren. Im Mittelalter wurde die Stadt mit einer eindrucks-

---

Auf römischen Spuren durch Krk

Bereits zu römischer Zeit war Krk eine bedeutende Stadt, wovon noch heute einige Relikte Zeugnis abgeben. In der Ribarska ulica sind z. B. die Reste eines **römischen Mosaiks** zu finden (erreichbar über die Café-Bar Mate, Eintritt 5 Kn), das aus einer Therme stammt. Abgebildet ist darauf der griechische Meergott Triton, um den herum Delphine und andere Meerestiere tanzen. Überreste aus der Römerzeit liegen auch unterhalb des Hauptplatzes Vela placa. Die **archäologische Stätte Volsonis** beheimatet heute die Café-Bar Volsonis, in der unter anderem ein römischer Opferaltar und Reste der spätantiken Stadtmauer zu finden sind. Selbst die erste Erwähnung Krks kann in Stein gehauen am Eingang zur Galerie Stančić (Vela placa 8) nachgelesen werden, wo eine **Kopie der lateinischen Inschrift** angebracht ist. Die Stadt wird mit der Tafel aus dem 4. Jh. als „Splendidissima Civitas Kuryctarum" (Glanzvollste Stadt der Bewohner Krks) erstmals belegt.

Feigenbäume schmücken die Kathedrale von Krk.

vollen **Stadtmauer** versehen, heute noch erinnern massive Mauern und Türme an diese Zeit.

Moderner Mittelpunkt des Stadtlebens ist die **Uferpromenade**, an der zahlreiche Cafés zum Verweilen einladen.

Im Norden der Altstadt ist das hübsch in die Stadtmauern eingebettete **Franziskanerkloster** aus dem 15. Jh. sehenswert.

ÜBERNACHTUNG UND ESSEN

Hostel Krk, Dr. D. Vitezića 32, Krk, ✆ 051-220212, 🖥 www.hostel-krk.hr. Das Hostel in der Nähe des Zentrums ist in die Jahre gekommen, aber sauber und wird freundlich verwaltet. Das Hostel verfügt auch über ein Restaurant mit Terrasse und großen Holztischen. Ein Bett im Mehrbettzimmer (bis 6 Betten) kostet in der Hauptsaison 150 Kn.

Valamar Koralj Hotel, V. Tomašića bb, ✆ 052-465000, 🖥 www.valamar.com. Hübsche Zimmer und ideale Lage am Meer mit einer fantastischen Badelandschaft mit Pool und Meerzugang, sehr freundliches Personal. ❺–❻

Galija, Frankopanska 38, ✆ 051-221250, 🖥 www.galijakrk.com. In der urigen Konoba im Zentrum stehen massive Holztische, die mit Spezialitäten wie Oktopussalat, Nudeln in Scampi und Spargelsauce, Fischplatte oder Pizza verschiedenster Art gefüllt werden. Nicht vergessen sollte man die leckeren, selbst gebackenen Brötchen. ⏱ 11–2 Uhr.

Konoba Nono, Krčkih iseljenika 8, Krk, ✆ 051-222221, ✉ nono@nono-krk.com. Die Traditionsreiche Konoba serviert Fisch- und Fleischgerichte sowie Pizzas und selbst gebackenes Brot aus dem Steinofen. Ein Highlight sind außerdem das hausgemachte Olivenöl, der Schinken und Pager Käse. Direkt im Zentrum liegt auch das **Mali Nono**, sozusagen der kleine Bruder des Nono (J.J. Strossmayera 39, ✆ 051-221995). Das Nono vermietet auch Apartments und Zimmer.

UNTERHALTUNG UND KULTUR

Cocktail-Bar Volsonis, Vela plaça 8, ✆ 051-220052, 🖥 www.volsonis.hr. Beim Aufräumen stießen die Besitzer des Gasthauses 1999 auf römische Funde, nach ausführlichen Ausgrabungen wurde dann 2004 die Bar Volsonis eröffnet, die neben alkoholischen Getränken eine Reihe römischer Steine und Mauern

enthält. Hier kann man jetzt in einer archäologischen Stätte an Cocktails oder Wein nippen und über vergangene Zeiten sinnieren oder einfach im Hier und Jetzt abfeiern. ☼ So–Do 7–2, Fr, Sa 7–5 Uhr.
Diskothek Jungle, Stjepana Radića bb, 💻 www.junglekrk.com. In dieser Disco an der Stadtmauer Krks geht im Sommer tgl. die Post ab, Einheimische tanzen hier genauso wie Sommergäste, vorgelagert ist eine Cocktail-Bar. ☼ Mai–Sep 22–5 Uhr.

EINKAUFEN

Lebensmittel
Oleothek Nono, Krčkih iseljenika 8, 📞 051-222221. Verkauf von Olivenölen verschiedener Krker Produzenten in der Konoba Nono. Neben den üblichen Verdächtigen (Konzum, Lidl, Plodine) hat Krk auch eine eigene **Supermarkt-Kette** namens Trgovina Krk hervorgebracht, die Filialen auf der gesamten Insel betreibt.
Trgovina Krk, J.J. Strossmayera, 📞 051-221629, 💻 www.trgovina-krk.hr. ☼ Mo–Sa 7–19, So 7–12 Uhr.

Souvenirs
Galerija Stanić, Vela placa 8, 📞 051-220052, 💻 www.helena.hr. In der Galerie dreht sich alles um kroatische Kunst und die Glogoljica. Neben Bildern, Rahmen, Spiegeln und Lampen werden Souvenirs mit den kroatischen Buchstaben angeboten: als Holzfigur, Bild, Keramik, Lesezeichen usw.

AKTIVITÄTEN UND TOUREN

Radfahren
In und um Krk gibt es eine Reihe ausgewiesener Radwege, und – fast einzigartig in Kroatien – es führen separate Radwege an der Straße entlang! Infos zu den Radwegen und eine Karte sind in der Touristeninformation erhältlich.
Hotel Dražica, Ružmarinska 6, 📞 051-655755. Vermietet Fahrräder.

Tauchen
Diver Krk, Braće Juras 9, 📞 051-222390, 💻 www.diver-krk.hr. Tauchgänge vor der Küste Krks sowie bei den vorgelagerten Inseln Prvić und Plavnik, Tauchkurse.
Fun Diving Krk, Braće Juras 3, 📞 051-222563, 💻 www.fun-diving.com. Deutschsprachige Tauchbasis mit Tauchgängen vor der Küste Krks und den vorgelagerten Inseln, Tauchkurse, Verleih von Ausrüstung.

Wandern
Einige **Wander- und Spazierwege** führen von Krk in die Umgebung. Wer sich auf den Weg machen möchte, sei es an der Küste entlang, durch Olivenhaine, oder in verlassene und besiedelte Dörfer des Umlands, der bekommt eine Wanderkarte in der Touristeninformation.

SONSTIGES

Apotheken
Ljekarna Janeš Krk, Vela placa 3, 📞 051-221133. ☼ Mo–Fr 8–19, Sa 8–12 Uhr.

Autovermietungen
Etliche lokale wie internationale Autovermieter sind am Flughafen Rijeka zu finden, der in Omišalj liegt.
Rent a car Krk, Zagrebačka bb, Krk, 📞 051-222565, 💻 www.rentacarkrk.com. Verleih von Campingwagen und Autos zu moderaten Preisen.

Feste
Festival der Folklore von Krk (Festival Folklora otoka Krka). Das Festival findet jedes Jahr im Juni an einem anderen Ort auf der Insel statt. Die traditionellen Folkloregruppen Krks kommen dort zusammen.

Geld
Im Zentrum findet man eine ganze Reihe Banken und Bankomaten.
Erste Bank, Trg bana Jelačića 4, Krk.

Informationen
Touristeninformation Krk, Vela placa 1/1, 📞 051-221414, 💻 www.tz-krk.hr.

Medizinische Hilfe
Dom zdravlja Krk PGŽ, Vinogradska bb, Krk, 📞 051-221155.

Polizei
Polizeistation Krk, Kralja Tomislava 10,
☏ 051-439210.

Taxi
Taxi-Dienst Miljenko, Ivana Gundulića 6,
☏ 051-221456, 🖥 www.taxi-krk.com.

TRANSPORT

Auto und Motorrad
Krk ist mit einer Brücke (Krčki most) mit dem Festland verbunden. Die **Maut für die Brücke** beträgt 35 Kn und ist nur auf der Strecke vom Festland auf die Insel zu entrichten. Baška, Punat und Krk sind westlich über Malinska zu erreichen, die Straße nach Vrbnik geht in Omišalj ab und führt an der Ostküste entlang.

Busse
Busbahnhof Krk, Šetalište Sv. Bernardina 3,
☏ 060-300101, 🖥 www.autotrans.hr.
Der Busbahnhof liegt westlich des Zentrums an der Promenade. Es gibt diverse Verbindungen, die Krk-Stadt mit den anderen Orten der Insel verbinden:
BAŠKA, 7x tgl. in 45 Min. für 34 Kn.
MALINSKA, 16x tgl. in 25 Min. für 29 Kn.
OMIŠALJ, 13x tgl. in 40 Min. für 36 Kn.
PUNAT, 16x tgl. in 15 Min. für 25 Kn.
VRBNIK, 3x tgl. in 30 Min. für 29 Kn.
Zudem Direktverbindungen nach RIJEKA und ZAGREB. Auch die anderen Orte der Insel sind untereinander verbunden. Von Malinska und Omišalj fahren häufig Busse nach Rijeka und Zagreb. Alle Fern- und Auslandsverbindungen laufen über Rijeka.

Fähren
Krk ist durch eine Autofähre von Valbiska (bei Krk-Stadt) nach Merag mit der Insel CRES verbunden, die Fahrt dauert ca. 25 Min. Informationen unter 🖥 www.jadrolinija.hr.
Eine weitere Autofähre verkehrt 4x tgl. zwischen Valbiska und Lopar auf der Insel RAB, 1 1/2 Std, p. P. 31 Kn, Auto 140–180 Kn. Informationen: 🖥 www.lnp.hr.

Die Frankopanen – große Herrscher auf Krk

Die Frankopanen waren eine adlige kroatische Familie, deren Herkunft mit der einflussreichen römischen Familie der Frangipani verbunden ist. Der erste Nachweis über die Herrschaft der Frankopanen in Kroatien stammt aus dem Jahr 1133, als **Dujam Frankopan** als Herrscher über Krk und Teile Dalmatiens erwähnt wird. Während der Angriffe Dschingis Khans erwies sich die Familie Frankopan als treuer Unterstützer König Belas IV. von Ungarn, der sich mit Titeln und Landbesitzungen revanchierte. Die Macht der Frankopanen wuchs bis zum 17. Jh. beständig, neben ihren Besitzungen in und auf Krk kontrollierten sie einen großen Teil der nördlichen Adria und die Region um Karlovac. Gemeinsam mit der Familie Zrinski aus Zentralkroatien wurden die Frankopanen zu einem bedeutenden Machtfaktor der Region, beide Familien waren vielfach durch Vermählungen verbunden.
Doch die Ära der Zrinski und Frankopanen nahm im Jahr 1671 ein jähes Ende. Um dem drohenden Verlust an Macht und Einfluss zu begegnen und in dem Bestreben um ein eigenständiges Kroatien, hatten sich **Fran Krsto Frankopan** und **Petar Zrinski** gegen die Habsburger verschworen und zu diesem Zweck Verhandlungen mit Frankreich, Venedig und sogar mit dem Omanischen Reich geführt. Die Habsburger befanden sich zu dieser Zeit in einem langwierigen Kriegszustand mit den Osmanen, und die Verschwörung der kroatischen Adligen galt als Hochverrat. Durch Spione kam Wien den Verschwörern auf die Schliche – Petar Zrinski und Fran Krsto Frankopan wurden zum Tode verurteilt und am 30. April 1671 in der Wiener Neustadt hingerichtet.
Bis heute erinnern zahlreiche Burgen, Festungen, aber auch Schenkungen in Kirchen an die Frankopanen. Und für die Kroaten sind Zrinski und Frankopan Vorreiter eines Kroatiens, das sich nicht von anderen Mächten unterdrücken lässt.

Punat und Košljun

Punat liegt östlich der Stadt Krk an der kreisrunden Bucht **Puntarska draga**, die nur durch eine schmale Meerenge mit der Adria verbunden ist. Im Zentrum der von Olivenhainen und Feigenbäumen umgebenen Kleinstadt, durch die verwinkelte Gässchen führen, erblickt man die **Pfarrkirche der Heiligen Dreifaltigkeit** aus dem 18. Jh., ansonsten ist der Ort mit Cafés, kleinen Geschäften und einer Meerespromenade ganz auf Tourismus eingestellt. Besonders Segler werden von dem großen Jachthafen, angeblich dem größten der Adria, angezogen.

Punat ist zudem bekannt für seine schönen **Strände**. Der Stadtstrand geht seicht ins Meer über und ist somit auch für Familien mit Kindern oder ältere Besucher geeignet. Ein besonders schöner Strand befindet sich vor Stara Baška, südlich von Punat, erreichbar mit dem Boot oder auf einer kurvenreichen Straße und schließlich zu Fuß. In der Umgebung gibt es weitere naturbelassene Buchten, die mit dem Boot erreicht werden können.

Highlight für die Punat-Besucher ist die kleine **Insel Košljun** inmitten der windgeschützten Bucht Puntarska Draga. Auf dem von Steineichen bewaldeten Inselchen befindet sich ein **spätmittelalterliches Franziskanerkloster**, das noch immer in Funktion ist. Bereits bei der Ankunft im Hafen (10 Min. per Taxiboot von Punat aus) wird man von der Statue des Ordensgründers Franz von Assisi begrüßt, der beim Zähmen eines Wolfes dargestellt ist. Die spätgotische **Klosterkirche Mariä Verkündigung** ist das Zentrum des religiösen Lebens der Insel. Interessant ist das Polyptichon von Giralomo di Santacroce aus dem Jahr 1535, das sich über dem Hauptaltar befindet und auf dem unter anderem der Hl. Quirin vor einem Stadtmodell von Krk abgebildet ist. Darüber werden in einem eindrucksvollen Altarbild von Francesco Ugehetti (1654) Paradies, Fegefeuer und Hölle dargestellt. Im Klostergebäude kann ein **Museum** mit einer sakralen, ethnografischen, archäologischen und naturkundlichen Sammlung sowie die **Klosterbibliothek** mit wertvollen Handschriften besucht werden, ⏲ 9.30–12.30, 15–17 Uhr. Der Besucher sollte sich Zeit für einen Spaziergang über die von Steinmauern eingerahmten Pfade nehmen, die quer über die Insel verlaufen. Die kleinen Kapellen, der Kreuzweg und die Gärten vermitteln ein Gefühl der Besinnlichkeit in mediterraner Abgeschiedenheit. Sonntags um 9.30 Uhr findet eine fremdsprachliche Messe auf Deutsch oder Italienisch statt.

ÜBERNACHTUNG UND ESSEN

Es stehen zahlreiche Privatunterkünfte in Punat und Stara Baška zur Verfügung, die über die Homepage der Touristeninformation gebucht werden können.
Camping Maslinik, Nikole Tesle 1, Punat, ☏ 091-1654113, 🖥 www.kamp-maslinik.hr. Kleiner Campingplatz im Schatten von Oliven- und Feigenbäumen, rund 10 Min. vom Ortskern entfernt. Gäste können eine Olivenölmanufaktur besuchen, die von den Besitzern betrieben wird. 40 Kn p. P., Stellplatz 30–100 Kn.
Hotel Kanajt, Kanajt 5, ☏ 051-654340, 🖥 www.kanajt.hr. Attraktives 4-Sterne-Hotel am Jachthafen, am Nordrand Punats. Elegante, geräumige und saubere Zimmer mit großen Betten, zum Teil zum Meer ausgerichtete Terrasse. Freundliche Mitarbeiter und gutes Restaurant. ❺
Konoba Ribice, 17. Travnja 95, ☏ 091-1841301, 🖥 www.konoba-ribice.com. „Fischchen" heißt diese urige Konoba im alten Steinhaus, und Sardellen und andere kleine gesalzene Fische sind dann natürlich auch die Spezialität des Hauses. Dazu kommen auch große Fische, Scampi, Salate und mehr auf den Tisch. Highlight ist zudem eine begrünte Gartenterrasse, auf der regelmäßig Klapa-Gruppen auftreten. ⏲ 18–1 Uhr. 10. Okt.–1. Mai geschl.

FESTE

Internationale Segelregatta Croatia Cup. Die große Regatta findet jährlich im Mai statt.
Oliventage Punat. Ende Oktober, Anfang November. Neben der Olivenernte selbst und der Besichtigung einer Ölmühle, können in ausgewählten Restaurants Gerichte mit hochklassigem Olivenöl aus Punat gekostet werden.

AKTIVITÄTEN UND TOUREN

Radfahren
Fahrräder werden von verschiedenen Hotels vermietet.
Hotel Park, Obala 102, ☎ 051-854024, 🖥 www.hoteli-punat.hr.

Tauchen
Magic Dive Tauchertreff, Pasjak 1, ☎ 051-855120, 🖥 www.magic-dive.at. Österreichische Tauchschule mit Sitz in Punat.

Wakeboarding
Cable Krk, Prvo more na Dunatu, ☎ 091-2627302, 🖥 www.wakeboarder.hr. Wasserski und Wakeboarding am Kabel über der Puntarska draga.

SONSTIGES

Apotheken
Ljekarna Marica Žic, Kljepina 6, ☎ 051-854848.

Geld
Im Zentrum gibt es eine Bank in der Nähe des Hotels Park und mehrere Bankomaten. **Erste Banka**, Obala 87.

Informationen
Touristeninformation der Gemeinde Punat, Pod Topol 2, ☎ 051-854970, 🖥 www.tzpunat.hr.

Taxi
HVT d.o.o., Puntica, ☎ 098-327701.

Touristenagenturen
Touristenagentur Marina, Obala 81, ☎ 051-854375, 🖥 www.marina-tours.com. Vermittlung von Unterkünften.
Touristenagentur Zala, Stara Baška 80, ☎ 051-844755, 🖥 www.zala.hr. Vermittlung von Unterkünften in Stara Baška.

TRANSPORT
Busse von und nach:
BAŠKA, mehrmals tgl. in 30 Min. für 33 Kn.
KRK-STADT, alle 1–2 Std. in 15 Min. für 25 Kn.
VRBNIK, 4x tgl. in 20 Min. für 27 Kn.

Baška

Am südlichen Ende des Baška-Tals, flankiert von steilen Karstbergen, erstreckt sich an einer der schönsten Buchten der kroatischen Inselwelt das Städtchen Baška (1700 Einw.). Malerisch säumen die Häuschen mit ihren roten Ziegeldächern die schmale Uferstraße und ziehen sich den Hang hinauf, von wo aus man einen grandiosen Blick über die sichelförmige Bucht genießt: auf die in verschiedenen Blautönen changierende Adria, die Insel Prvić und in der Ferne, am Festland, das imposante Velebit-Gebirge …

Ein Highlight ist zweifellos der **Strand Vela Plaža**, der zwar nur einer von vielen einladenden Stränden in der Region von Baška ist, aber eben dank des eindrucksvollen Panoramas ringsum einer der schönsten. Dieser 2 km lange Kieselstrand (Teile des Strandes sind mit Sand aufgefüllt und bieten sich auch für Kinder an) lädt zu herrlichem Badevergnügen ein. Der Strand wurde mit der blauen Flagge für besonders gute Wasserqualität ausgezeichnet.

Im historischen Zentrum lockt unter anderem die barocke **Pfarrkirche der Hl. Dreifaltigkeit** aus dem 18. Jh., die mit acht Altären und zahlreichen Bildern ausgestattet ist. Gegenüber der Kirche liegt das **Heimatmuseum** von Baška (Zavičajni muzej Baška), Ulica kralja Zvonimira 28, ☎ 051-750550, in dem das Volkserbe der Region in Form von Trachten, Geschirr und Küchenbesteck dokumentiert wird. ⏰ Juni–Sep 17–22 Uhr, Okt–Mai auf Anfrage.

Oberhalb von Baška liegt mit atemberaubender Aussicht die **ehemalige Pfarrkirche**, die Johannes dem Täufer geweiht ist. In der Kirche befindet sich die älteste Glocke der Region aus dem Jahr 1431, heilige Messe wird hier nur einmal jährlich gefeiert, nämlich am Gedenktag des Patrons (24. Juni).

Nicht nur ein Tipp für Kinder: das **Aquarium Baška**, Stjepana Radića 26, ☎ 098-211630, 🖥 www.akvarij-baska.com.hr. 100 Fisch- und mehr als 400 Muschel- und Schneckenarten der heimischen Adria tummeln sich in den 20 Aquarien. ⏰ April, Okt 10–15, Mai 10–17, Juni, Sep 9–21, Juli, Aug 9–22 Uhr, Eintritt 30 Kn, Kinder (5–12 Jahre) 20 Kn, Kinder bis 5 Jahre gratis.

Glagolitische Schrift

Als der griechische Mönch Kyrill im 9. Jh. begann, in byzantinischem Auftrag die slawische Bevölkerung Südosteuropas für das Christentum zu gewinnen, stieß er auf ein sehr praktisches Problem. Die südslawischen Sprachen verfügten bis dahin über keine schriftliche Form, das griechische Alphabet war hingegen für slawische Sprachen nicht geeignet. Angelehnt an verschiedene andere Alphabete entwickelte Kyrill eine eigene Schrift für diese Sprachen, die auch auf deren lautliche Besonderheiten eingehen konnte: die Glagoljica. In Regionen, wo sich die östliche Variante des Christentums durchsetzte, wie in Serbien und Bulgarien, wurden Elemente der glagolitischen und der griechischen Schrift kombiniert – es entstand die kyrillische Schrift. Diese wird bis heute in allen orthodoxen Ländern mit slawischer Sprache verwendet.

In Kroatien jedoch blieb die Glagoljica in ihrer ursprünglichen eckigen Form erhalten und wurde mit Zustimmung der katholischen Kirche bis in die Neuzeit hinein verwendet. So kam es auch zu gedruckten Texten in glagolitischer Schrift. Ab dem 16. Jh. wurde die Glagoljica von der lateinischen Schrift verdrängt, doch in einigen Regionen hielt sich die alte Schrift noch bis ins 20. Jh.

Die glagolitische Schrift kann in allen kroatischen Regionen belegt werden, ihre Kernregion befand sich jedoch in den nördlichen Küstenregionen von Istrien und Kvarner. Im istrischen Binnenland führt die **Glagolitische Allee** an großen Steinmonumenten entlang, die in Form der glagolitischen Buchstaben gestaltet sind. Herz der glagolitischen Region ist jedoch die Insel Krk, wo mehr als die Hälfte der überlieferten glagolitischen Schriftstücke entstanden ist. Berühmtestes Dokument der frühen Glagoljica ist die um **1100** entstandene **Tafel von Baška** (*Bašćanska ploča*), die in der Kirche von Jurandvor bei Baška gefunden wurde. Bis heute kann man hier eine Kopie der Tafel besichtigen, das Original befindet sich in der Kroatischen Akademie der Wissenschaften in Zagreb. Der Text der Tafel erwähnt unter anderem eine Schenkungsurkunde des kroatischen Königs Zvonimir und den Kirchenbau in Jurandvor, zudem enthält sie die erste Erwähnung der kroatischen Stadt Otočac. Die Tafel von Baška ist eines der ältesten und das vielleicht bedeutendste Zeugnis in glagolitischer Schrift und eine wichtige Quelle für Historiker und Slawisten.

In der Nähe von Baška wurde der **Glagoljica-Pfad** eingerichtet, für den glagolitische Buchstaben in große Steinblöcke eingraviert wurden. Der Pfad beginnt am Gebirgsjoch Treskavac und führt über Jurandvor nach Baška. Glagolitische Zeichen sind heute zudem ein beliebtes Souvenir aus der Kvarner Region oder aus Istrien, sei es aus Holz oder Stein, zum Umhängen oder Aufstellen.

Hören Kroaten von Baška, denken sie allerdings zunächst an ein wichtiges kroatisches Kulturdenkmal, die **Bašćanska ploča** (s. Kasten). Diese Steinplatte aus dem 11. Jh. ist eines der ältesten Zeugnisse der kroatischen Sprache. Es ist in glagolitischer Schrift geschrieben, die im Mittelalter eine eigene kroatische Variante des Alphabets darstellte. Die Platte wurde in der **Kirche von Jurandvor**, 2,5 km nordwestlich von Baška, gefunden, in der heute eine Kopie des Steins zu sehen ist.

ÜBERNACHTUNG, ESSEN, UNTERHALTUNG

In Baška besteht ein breites Angebot an Hotels und anderen Übernachtungsmöglichkeiten. In der Hauptsaison sind reguläre Hotelzimmer kaum unter 150 € pro Nacht zu haben. Die meisten Hotels (Atrium Residence, Zvonimir, Corinthia) gehören zur Kette **Hoteli Baška** (Emila Geistlicha 39, ☎ 051-656111, 🖥 www.hotelibaska.hr). Eine Liste mit Privatunterkünften findet sich auf der Homepage der Touristeninformation.

Camp Zablaće, in der Nähe des Strandes Vela Plaža, ☎ 051-856909, 🖥 www.hotelibaska.hr. Großer 3-Sterne-Campingplatz. 51–69 Kn p. P., Stellplatz 90–206 Kn.

Hotel Tamaris, Emila Geistlicha bb, ☎ 051-864200, 🖥 www.baska-tamaris.com. Hervorragendes 3-Sterne-Hotel direkt am Strand mit modernen Zimmern in Blau- und Brauntönen, freundliches Personal. ❺

Bistro Francesca, Vladimira Nazora 15, Baška, ℡ 051-856568, 🖥 www.bistrofrancesca.com. Liebevoll zubereitete mediterrane Speisen, serviert auf gemütlicher Terrasse. Freundliches, vielsprachiges Personal. ⏱ 12–24 Uhr.

Porto Club, Emila Geistlicha bb, am Strand Vela Plaža gelegen. Der Club besticht durch seine großen Außenterrassen, die sowohl für eine Erfrischung tagsüber als auch fürs abendliche Feiern geeignet sind. Im Sommer finden auch regelmäßig Live-Konzerte statt.

AKTIVITÄTEN UND TOUREN

Klettern
Climbing in Baška, 🖥 www.climbinbaska.com. Informiert über Kletterangebote an den Felsen in und um Baška, vor allem an den beiden Kletteranlagen Bunculuka und Portafortuna.

Radfahren
Wie auf der gesamten Insel Krk, kann der Besucher auch rund um Baška auf eine Reihe an markierten Radwegen zugreifen. Fahrradverleih unter anderem über:
Turistička Agencija Igen, Draga Bašćanska 1/b, ℡ 051-844095, 🖥 www.igen.hr. 70 Kn pro Tag.

Tauchen
Squatina Diving, Zarok bb, ℡ 051-856034, 🖥 www.squatinadiving.com. Die meisten Tauchplätze liegen bei der vorgelagerten Insel Prvić, neben Tauchgängen und Tauchkursen werden auch Unterkünfte vermittelt.

Wandern
In und um Baška wurden **19 Wanderwege** mit insgesamt 90 km ausgewiesen, Informationen und Karten sind in der Touristeninformation erhältlich.

SONSTIGES

Apotheken
Ljekarna Karabaić Baška, Kralja Zvonimira 114, ℡ 051-856900. ⏱ Mo–Fr 8–19, Sa 8–13 Uhr.

Einkaufen
Trgovina Krk, Kralja Zvonimira 86, 🖥 www.trgovina-krk.hr. Supermarkt.

Feste
Crna Ovca, 🖥 www.crnaovca.com.hr. Das „schwarze Schaf" findet jährlich im Mai statt und besteht aus Sportveranstaltungen unter freiem Himmel, einer Regatta, Konzerten und Ausstellungen sowie gastronomischen Events.

Geld
Eine Bank und mehrere Bankomaten im Zentrum.
Erste Banka, Kralja Zvonimira 114.

Informationen
Touristeninformation der Gemeinde Baška, Kralja Zvonimira 114, ℡ 051-856817, 🖥 www.tz-baska.hr.

Touristenagenturen
Aventura, ℡ 051-856774, 🖥 www.aventura-baska.com. Vermittlung von Privatunterkünften, Ausflüge.
Da-Tomasi, Frankopanska 36, ℡ 051-856442, 🖥 www.da-tomasi.hr. Vermittlung von Unterkünften sowie Ausflüge unter anderem zur ehemaligen Gefängnisinsel Goli Otok (S. 250) und mit dem *Seeaquarium Explorer*, einem Glasbodenboot.

TRANSPORT
Busse nach:
KRK-STADT, 11x tgl. in 45 Min. für 34 Kn.
RIJEKA, 7x tgl. in 2 Std. für 82 Kn.
ZAGREB, 5x tgl. in 4 Std. für 145–233 Kn.

Vrbnik

Vrbnik liegt auf einem ca. 50 m hohen Felsen über dem Meer, von hier genießt man einen spektakulären Panoramablick über die östliche Kvarner Bucht und das Velebit-Gebirge. Zudem ist Vrbnik ein sehr malerisches Städtchen etwas abseits der großen Touristenströme, mit vielen hübschen Gebäuden und engen, verwinkelten Gässchen. Beim Grškovićev prolaz 14 befindet sich die angeblich **engste Gasse der Welt**, die nur von schlankeren Fußgängern problemlos durchquert werden kann. Sehenswert ist die

Kirche Mariä Himmelfahrt aus dem 16. Jh., in deren Kirchturm sich ein **Kunstmuseum** befindet, ⏲ 10–12, 18–21 Uhr. Vrbnik ist bekannt als Zentrum der (altkroatischen) glagolitischen Schrift (Kasten S. 225), in dem zahlreiche Manuskripte aufbewahrt wurden. Kulturelles Highlight ist zudem die **Bibliothek der Familie Vitezović** (Knjižnica obitelji Vitezović, Placa Vrbničkog statuta 4, ⏲ Mo–Fr 8–15 Uhr) mit mehr als 10 000 Büchern und Handschriften, in der die Nachbildung einer glagolitischen Druckerei zu besichtigen ist. Weiterhin stammt einer der bekanntesten Weine Kroatiens, **Vrbnička Žlahtina**, aus dem Ort. Der trockene Weißwein der autochthonen Sorte žlahtina wird mit seiner Frische vor allem im Sommer gekühlt genossen.

Aufgrund der Steilküste sind die **Bademöglichkeiten** etwas eingeschränkt. **Zgribnica**, der Hauptstrand von Vrbnik, liegt unterhalb des Hotels Argentum, der Kieselstrand verfügt über Duschen und einen Kiosk. Ein schöner größerer Kieselstrand befindet sich 2 km südlich von Vrbnik in der **Potovšće-Bucht**, ein Sandstrand im hübschen Nachbarort **Risika**, 6 km nördlich von Vrbnik. Hierhin gelangt man übrigens auch auf Schusters Rappen. Ein markierter **Wanderweg** führt an der Küste entlang von Vrbnik nach Risika. Die raue Ostküste Krks ist ohnehin prädestiniert für ausgiebige Wanderungen (weitere Routenvorschläge sind auf der Homepage der Touristeninformation zu finden).

ÜBERNACHTUNG UND ESSEN

Vrbnik ist kein Ziel für Massentourismus, statt Hotelketten stehen ein angenehmes kleines Hotel und Privatunterkünfte zur Verfügung. Vermittlung über die **Touristenagentur Mare**, Pojana 4, ✆ 051-604400, 🖳 www.mare-vrbnik.com.

Hotel Argentum, Supec 68, ✆ 051-857370, 🖳 www.hotel-argentum.net. Das kleine, neu gebaute 3-Sterne-Hotel verbreitet eine freundliche und persönliche Atmosphäre. Es gibt sehr gemütliche Zimmer mit hübschen Kissen und Bettüberwürfen, neuem dunkelbraunem Teppichboden und Stuckdecke. Eine Sonnenterrasse mit hauseigenem Feigenbaum (zur Selbstbedienung) lädt zum Füßehochlegen ein, das Restaurant ist geschmackvoll eingerichtet. Von den Zimmerbalkonen bietet sich ein Blick auf den nahe gelegenen Strand, das Meer und das kroatische Festland. ❺

Gospoja, Frankopanska 1. In der Nähe des Stadtstrands liegt dieses Restaurant mit zugehörigem Weinkeller. Auf der Karte stehen vorwiegend Fisch und Fleisch. ⏲ 12–23 Uhr.

Pizzeria Morska Vila, Pod Keštel 12, ✆ 095-9028674. Die Mini-Pizzeria befindet sich in einem kleinen historischen Gebäude mit Terrasse, die einen Blick auf das Meer und das Velebit-Gebirge zu bieten hat. Im Innenraum stehen zwar nur 3 Tische, alles ist jedoch äußerst liebevoll in maritimem Stil eingerichtet, an der Wand hängen Modellschiffe. Die Pizza ist empfehlenswert und nicht teuer, das Personal freundlich. ⏲ 10–24 Uhr.

Restaurant Nada, Glavaća 22, ✆ 051-857065, 🖳 www.nada-vrbnik.hr. Viel guter Fisch und Meeresfrüchte sowie einige Fleischgerichte, alles originell zubereitet. Etwas gehobene Preisklasse. Terrasse mit atemberaubendem Ausblick aufs Meer und das Velebit-Gebirge auf dem gegenüberliegenden Festland. Das Restaurant ist sehr beliebt, es empfiehlt sich daher eine Reservierung, um einen guten Platz zu bekommen. In der zugehörigen Konoba nebenan werden Schinken, Schafskäse und hauseigener Wein serviert und verkauft.

SONSTIGES

Feste

Dani vina. Die Weintage von Vrbnik finden jedes Jahr am letzten Augustwochenende statt. Auf den beiden Hauptplätzen des Ortes kann der Besucher lokalen Wein probieren, dazu werden jedes Jahr Winzer aus einer anderen Weinregion Kroatiens eingeladen, um ihre Weine zu präsentieren. Abends finden kulturelle Veranstaltungen an.

Geld

Erste Banka, Trg Sv. Ivana 8.

Informationen

Touristeninformation der Gemeinde Vrbnik, Placa Vrbničkog statuta 4, ✆ 051-857479, 🖳 www.vrbnik.hr.

Touristenagenturen
Mare Tours, Pojana 4, ℡ 051-604400, 🖥 www.mare-vrbnik.com. Vermittlung von Zimmern, Ausflüge mit kleinen und großen Booten, Kajak-Touren, Vermietung von Fahrrädern. Mare Tours legt Wert auf nachhaltigen, lokal verankerten Tourismus.

TRANSPORT

Vrbnik ist mühsamer zu erreichen als die anderen größeren Orte der Insel. Von KRK fahren tgl. 3 **Busse** in 20–40 Min. für 29 Kn, eine direkte Verbindung besteht tgl. von RIJEKA, 90 Min., 65 Kn.

5 HIGHLIGHT

Insel Cres

Einsame Strände, eine schroffe Küste, unwegsame Natur- und raue Berglandschaften sowie ganz und gar unzersiedelte Landstriche kennzeichnen die schmale Insel Cres, durch die von Nord nach Süd fast schnurgerade die Inselhauptstraße führt, die bei Osor auf die Nachbarinsel Lošinj leitet. Cres und Lošinj sind zwei eigenständige Inseln, die jedoch einst eine gemeinsame Insel bildeten und heute wieder durch eine Brücke miteinander verbunden sind. Cres ist dabei zweifellos die wildere von beiden. Neben Cres-Stadt gibt es nur kleinere Ortschaften, die sich zum Teil auf dem Berg oder in verwunschenen Buchten befinden. Cres ist geprägt von rauen Bergen, von denen der Gorice (648 m) die höchste Erhebung und damit auch der zweithöchste Inselberg Kroatiens ist. Die Beschaffenheit und die vielen Wanderwege machen die Insel zum idealen Ziel für wanderfreudige Touristen. Der kargen Natur haben Generationen von Inselbewohnern versucht, landwirtschaftlichen Nutzen abzugewinnen, Trockenmauern, vereinzelte Schafherden, verwilderte Weinberge oder Olivenhaine zeugen davon. Cres ist für Massentourismus nicht geeignet und findet so langsam seine Nische im Individualtourismus.

Geschichte

Die Besiedlung von Cres geht bereits in die Jungsteinzeit zurück. Griechen, Römer und Byzantiner regierten auf der Insel, bis sich Kroaten hier ansiedelten. Cres wurde Teil Kroatiens und als solches Teil des ungarischen Reiches, vom 16. Jh. bis 1797 herrschte hier jedoch die Republik Venedig. Nach einem französischen Intermezzo wurde die Insel Teil des Habsburgerreiches, was sie bis 1918 blieb. Nach dem Ersten Weltkrieg wurde Cres mit Istrien und Lošinj Italien zugeschlagen, nach dem Zweiten Weltkrieg jedoch Teil Jugoslawiens, und seit 1991 gehört sie zum unabhängigen Kroatien.

Cres-Stadt

Die einzige Stadt der Insel Cres ist die gleichnamige, an einer geschützten Bucht der Westküste gelegene Inselhauptstadt (2900 Einw.). Geprägt wird das Stadtbild von den bunten venezianischen Fassaden rund um das Hafenbecken, wo im Sommer das Leben pulsiert und etliche Restaurants und Konobas zur Rast einladen. Der starke italienische Einfluss, der sich nicht nur in der Architektur, sondern auch im Stadtleben manifestiert, geht auf die venezianische Besiedlung im 15. und 16. Jh. zurück, als sich der Bedeutungsschwerpunkt der Insel von Osor nach Cres verlagerte. Damals entstanden die Paläste und repräsentativen Gebäude am **Hafen** (Mandrać), die ab dem 16. Jh. von einer Stadtmauer umgeben waren. Am Ende der Hafenpromenade befindet sich der **Hauptplatz Trg Frane Petrića** mit einem runden Brunnen in Form einer Pusteblume.

Der Weg vom Hafen in die eigentliche Innenstadt führt vorbei an der **Stadtloggia**, an der einst der Pranger aufgestellt war, und wo heute der vormittägliche Obst- und Gemüsemarkt stattfindet, und durch den **Uhrturm** aus dem 16. Jh., der Teil der Stadtbefestigung war, von der zwei weitere Stadttore und ein runder Wehrturm erhalten sind. Hinter dem Uhrturm beginnt ein Gewirr aus engen Gassen, aus denen die **Pfarrkirche der heiligen Maria vom Schnee** (Crkva Svete Marije Snježne) hervorragt. Die Hauptkirche im Renaissancestil prägt mit ihrem markanten Glockenturm das Bild der Stadt. An der mächtigen Fassade fällt ein Relief auf, das die heilige Maria mit Kind darstellt. Rechts hinter der Hauptkirche liegt etwas versteckt die **Kirche des Hl. Isidor** (Crkva Svetog Isidora) aus dem 12. Jh., die älteste Kirche der Stadt mit romanischer Apsis und gotischer Fassade.

Zurück am Hafen fällt auf dem **Trg Arsan** ein Denkmal ins Auge, das den kroatischen Philosophen **Frane Petrić** darstellt. Der dahintergelegene Palast ist das Geburtshaus Petrićs und beherbergt heute das **Stadtmuseum** von Cres (Creski muzej), Ribarska 7, ✆ 051-571127. Darin sind unter anderem Amphoren aus 2. und 3. Jh. v. Chr., archäologische Funde verschiedener Epochen und Fundstücke aus einem vor der Küste von Valun gesunkenen Handelsschiffes ausgestellt, ⏰ 9–11, 20–23 Uhr, außerhalb der Saison kürzer. Ein Stückchen außerhalb, auf dem Weg zum Jachthafen, liegt das um 1300 gegründete **Franziskanerkloster**. Ein kleines **Museum** stellt Gemälde, Skulpturen und alte liturgische Bücher aus. In der zugehörigen Franziskuskirche aus dem 15. Jh. findet sich gotisches Chorgestühl, an der Spitze des Glockenturms sind Porträts angebracht, die je nach Windrichtung fröhlich oder griesgrämig dreinschauen, ⏰ 10–12, 16–18 Uhr, im Winter auf Anfrage.

Läuft man vom Hafen aus in entgegengesetzte Richtung, erreicht man über eine **Promenade**, vorbei an zahlreichen Kiesbuchten (spezielle Hundestrände!), den langen **Kiesstrand bei Kimen**. Im Hochsommer herrscht hier dank der Campingplätze, der Volleyball-, Surf- und Tauchangebote etc. lebhaftes Treiben.

ÜBERNACHTUNG UND ESSEN

Im Gegensatz zur Schwesterinsel Lošinj stehen in Cres nur wenige Hotels zur Verfügung, dafür gibt es eine Reihe von Privatunterkünften. Eine Liste ist auf der Homepage der Touristeninformation Cres zu finden.
Camping Kovačine, Melin I/20, ✆ 051-573150, 🖥 www.camp-kovacine.com. Erstklassiger 3-Sterne-Campingplatz nordwestlich des Zentrums von Cres, gute Lage, sauber, freundliches Personal. 93 Kn p. P., Stellplatz 90 Kn.
Hotel Kimen, Melin I/16, Cres, ✆ 051-573305, 🖥 www.hotel-kimen.com. Schöne Lage am Strand inmitten von Kiefernwäldern, 10 Fuß-

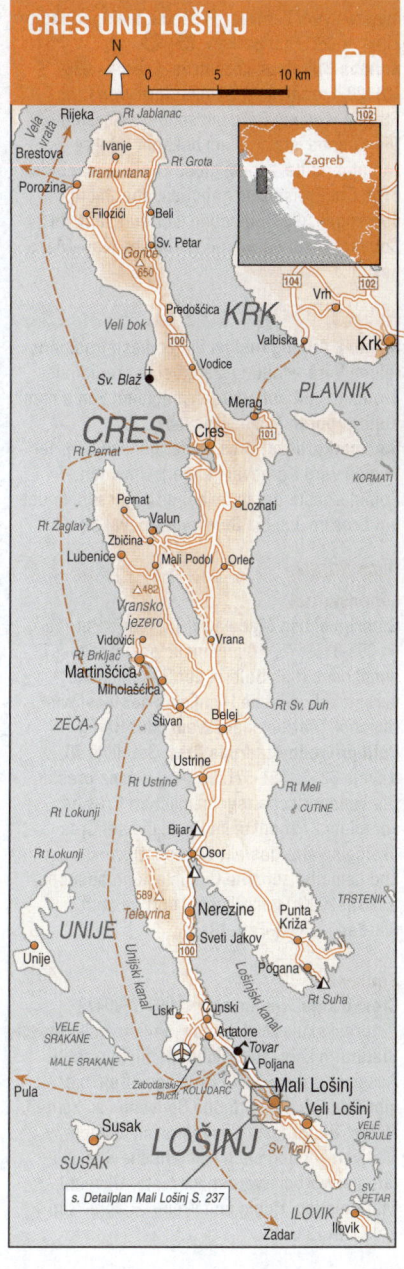

CRES UND LOŠINJ

minuten vom Zentrum. Freundlich eingerichtete Zimmer (221) mit Balkon. ❹–❻
Konoba Bukaleta, Loznati 9a, Cres, ☎ 099-481120. Loznati liegt 5 km entfernt von Cres-Stadt auf einem Berg mit schöner Aussicht. Die Konoba ist vor allem bekannt für ihre Lammgerichte, zudem gibt es hausgemachtes Brot. Die Preise sind gehoben, aber nicht überzogen, die Bedienung ist freundlich. Im Sommer reservieren. ⏱ 12–24 Uhr, Nov–März geschl.

FESTE

Semenj. Anfang August findet diese traditionsreiche Veranstaltung statt, bei der regionale Produkte verkauft werden, begleitet von einem Kulturprogramm mit Livemusik.
Sommerkarneval Cres. In der ganzen Kvarner Region wird Karneval gefeiert. Um auch Sommergäste daran teilhaben zu lassen, findet auf Cres im Juli ein Sommerkarneval statt.

EINKAUFEN

Lebensmittel
Galerija okusa Macmalić, Trg Frane Petrića 7, ☎ 095-9143875, ✉ macmalic.galerijaokusa@gmail.com. Die „Galerie der Geschmäcke" vereint kulinarische Highlights der Insel wie Olivenöl, Marmeladen, Wein oder Honig.
Poljoprivredna zadruga Cres, Šetalište 20. travnja 62, ☎ 051-571257, 🖥 www.pz-cres.hr. Die Landwirtschaftsgemeinschaft Cres hat vor allem 2 Produkte im Blick, die auf Cres ökologisch hergestellt werden: Olivenöl und Lammfleisch. Die Ölmühle kann besucht (Eintritt 20 Kn) und Olivenöl dort gekauft werden. ⏱ Mo–Fr 9–13 Uhr.

Souvenirs
Creska kula, Put fortece ☎ 091-7690472, ✉ creskakula@yahoo.com. Im ehemaligen Stadtturm kann man nicht nur die herrliche Aussicht auf die Stadt Cres genießen, hier gibt es auch autochthone Souvenirs zu kaufen. Neben Bildern und Souvenirs mit lokalen Motiven können auch kulinarische Spezialitäten erworben werden, darunter Olivenöl, Marmeladen, Honig und Wein. ⏱ Juni–Sep 9–13, 19–23 Uhr.

Wollprodukte
Ruta Cres, Zazid 4a, ☎ 051-571835, 🖥 www.ruta-cres.hr. Eine Gruppe von Frauen (und 2 Männern!) aus Cres fertigt wundervolle Mitbringsel aus einheimischer Wolle und Filz, darunter Pantoffeln, Puppen, Kissen, Hüte und Kleidung.

AKTIVITÄTEN UND TOUREN

Kanutouren
Die Strecke von Cres-Stadt nach Valun (S. 233) und zurück ist eine beliebte Seekajak-Strecke. Kajaks können am Campingplatz Kovačine in Cres ausgeliehen werden. Für die direkte Strecke benötigt man rund 1 Std., für die Strecke an der Küste entlang 1 1/2 Std. Eine Aktivkarte ist in der Touristeninformation Cres erhältlich.

Radfahren
Ein Radweg von Cres-Stadt führt nach Süden teils an der Küste entlang nach Valun. Fahrräder können unter anderem bei der Touristenagentur Croatia (s. u.) ausgeliehen werden.

Tauchen
Diving Cres, Autocamp Kovačine, ☎ 051-571706, 🖥 www.divingcres.de. Tauchgänge vor der Küste von Cres, auch Wracktauchen, Tauchkurse.

Wandern
Es gibt eine Reihe Wanderwege, die von Cres-Stadt aus in alle Himmelsrichtungen gehen, z. B. südlich Richtung Valun (12 km, 3 Std.), östlich Richtung Merag (4,5 km, 1 1/2 Std.) oder nördlich Richtung Stara Gavza (3,3 km, 1 1/2 Std.). Eine Wander- und Aktivkarte ist in der Touristeninformation erhältlich.

SONSTIGES

Apotheken
Ljekarna Cres, Trg Frane Petrića 4, ☎ 051-571243. ⏱ Mo–Fr 7.30–20, Sa 7.30–13 Uhr.

Geld
Erste Bank, Cons 8.

Naturbelassene Strände prägen die Insel Cres.

Informationen
TZG Cres, Cons 10, ℅ 051-571535,
🖥 www.tzg-cres.hr.

Medizinische Hilfe
Dom zdravlja Cres, Turion 26,
℅ 051-571116. Ärztehaus.

Polizei
Polizeistation Cres, Šetalište 20. travnja,
℅ 051-571207.

Taxi
Taxi Franc, ℅ 095-9216123.

Touristenagenturen
Touristenagentur Croatia, Cons 10,
℅ 051-573053, 🖥 www.cres-travel.com.
Vermittlung von Unterkünften, Boots-, Fahrrad- und Mofaverleih, Organisation von Ausflügen.

TRANSPORT
Auto und Motorrad
Mit dem Auto können Lošinj und Cres nur auf zwei Wegen erreicht werden. Von Istrien oder Rijeka ist die Fährverbindung von BRESTOVA, südlich der Opatija Riviera, nach Porozina auf Cres vorzuziehen, von Zagreb oder dem östlichen Teil der Küste die Fähre von VALBISKA auf Krk nach Merag auf Cres. Die Hauptstraßen sind gut ausgeschildert und in ordentlichem Zustand. In allen größeren Orten stehen zentrale **kostenpflichtige Parkplätze** zur Verfügung.

Busse
Busbahnhof Cres, Bernardino Ricci 2,
℅ 060-306020, 🖥 www.autotrans.hr.
Der Busbahnhof liegt am südlichen Eingang in die Altstadt neben der INA-Tankstelle.
MALI LOŠINJ, 6x tgl. in 1 1/4 Std. für 59 Kn.
RIJEKA, 4x tgl. in 2 Std. für 115 Kn.
ZAGREB, 3x tgl. in 4–5 Std. für 242–264 Kn.

Fähren
Eine Autofähre verbindet Cres mit KRK, die Fahrt von Merag (Cres) nach Valbiska (Krk) dauert etwa 25 Min. Im Westen pendelt eine Autofähre von Porozina nach BRESTOVA ans istrische Festland, die Fahrt dauert 20 Min. Im Sommer kann es an den Fähren voll werden, ein frühzeitiges Erscheinen ist zu empfehlen

(Auto abstellen und am Kassenhäuschen Ticket kaufen). Von Rijeka fährt über Cres (und zum Teil die Inseln Unije, Susak, Ilovik) ein Katamaran nach MALI LOŠINJ, allerdings nicht für Reisende mit Autos. Die Fahrt dauert je nach Verbindung 3–5 Std. Fährkarten müssen vor Betreten der Fähre gekauft werden, zumeist gibt es einen Schalter oder ein Büro von Jadrolinija. Alle weiteren Infos gibt die Fährgesellschaft unter 🖥 www.jadrolinija.hr.

Beli

Beli ist mit seinen lediglich 49 Einwohnern eine der ältesten Siedlungen der Insel. Das schnuckelige Dörfchen liegt inmitten urwüchsiger Natur auf einem 130 m hohen Hügel über dem Meer. Beim Spaziergang durch die engen Gassen mit den aus grobem Stein gebauten Häusern ergeben sich immer wieder aufregende Panoramablicke auf den Norden der Bucht von Rijeka mit der Insel Krk und dem Kvarner Festland. Unterhalb von Beli liegt eine hübsche Badebucht mit Kiesstrand und einem kleinen Hafen.

Tierfreunde werden vielleicht das Naturschutzprojekt **Caput Insulae** (s. Kasten) besuchen, in dem engagierte Tierschützer sich um den Bestand der bedrohten Gänsegeier kümmern, die an der steilen Ostküste der Insel ihr Refugium haben, doch viel zu oft Opfer von verantwortungslosen Motorbootfahrern oder Jägern werden.

ÜBERNACHTUNG UND ESSEN

Autocamp Brajdi, Beli bb, ☎ 051-840532, 64 Kn p. P. in der Hauptsaison, inkl. Zelt oder Campingwagen, Strom und Wasser.
Gostionica Beli, Beli 6, ☎ 051-840515. Gemütliche Dorfgaststätte mit Fischgerichten, 🕗 8–24 Uhr. Okt–März geschl. Vermietet auch Zimmer.
Restaurant und Pension Tramontana, ☎ 051-840519, 🖥 www.beli-tramontana.com. Die Inhaber der Tauchbasis Beli betreiben zugleich dieses freundliche Restaurant, in dem die Spezialitäten der Insel, Lammfleisch und Fisch, auf den Tisch kommen, auch ein vegetarisches Menü ist erhältlich. Die meisten Zutaten kommen aus der unmittelbaren Umgebung, alle jedoch aus Kroatien. Vermietet werden auch einfache Pensionszimmer. ❸

SONSTIGES

Diving Base Beli, ☎ 051-840519, 🖥 www.diving-beli.com. Tauchgänge vom Boot oder Strand aus, z. B. zu Höhlen und Wracks vor der Küste.

TRANSPORT

Auto und Motorrad
Beli liegt ca. 25 km nördlich von Cres an der Ostküste der Insel. Von der D100 führt eine schmale gebirgige Straße rechts nach Beli. Von der Fähre in Porozina kommend, wird diese Straße nach 12 km auf der linken Seite erreicht.

Busse
Im Sommer fahren tgl. 2 Busse von CRES-STADT nach Beli und zurück, 30 Min., 33 Kn.

Unter Geiern in Beli

Auf Cres lebt die größte Gänsegeier-Kolonie Kroatiens. Und einige engagierte Naturschützer haben es sich zur Aufgabe gemacht, die selten gewordenen Greifvögel zu schützen und über sie zu informieren. In Beli besteht daher seit 1993 das Forschungs- und Bildungszentrum Caput Insulae, dessen Name auf den römischen Namen Belis zurückgeht. Caput Insulae informiert über Gänsegeier, aber auch über die Natur und Kultur der Insel Cres. Schwache Junggeier werden in der Station aufgezogen, verletzte oder unterernährte Tiere versorgt und aufgepäppelt. Besucher können hier die Gänsegeier beobachten, mit etwas Glück auch in freier Wildbahn. Darüber hinaus wurden **Öko-Wanderwege** in der Tramuntana (Nord-Cres) eingerichtet, auf denen diese urwüchsige Felslandschaft erkundet werden kann.
Eko-centar Caput Insulae Beli, ☎ 051-621877, 🖥 www.supovi.hr. 🕗 9–20 Uhr, Nov–März geschl., Eintritt 40 Kn.

Valun

14 km südwestlich von Cres-Stadt liegt in der großen Bucht von Valun das beschauliche gleichnamige Fischerdorf. Die kleine Ortschaft gruppiert sich um einen Hafen und die Dorfkirche, in deren Sakristei ein wichtiges kulturhistorisches Zeugnis aufbewahrt wird: Die **Valuner Tafel** (Valunska Ploča) datiert aus dem 11. Jh. und eines der ältesten Zeugnisse der altkroatischen glagolitischen Schrift. Auf der Terrasse einer Konoba neben der Kirche kann das glagolitische Lapidarium mit Kopien alter Inschriften aus Istrien, Kvarner und Dalmatien besichtigt werden.

Der Ort, der sich an einem steilen Hang erstreckt, ist autofrei. Die Autos bleiben (gebührenpflichtig!) auf dem hoch oberhalb gelegenen Parkplatz, was im Hochsommer zu Engpässen führt, seit Valun durch die TV-Serie „Der Sonne entgegen" an Popularität gewonnen hat. Hübsche Kiesstrände, nette Restaurants am Hafen und eine ganz und gar relaxte Atmosphäre machen das Dorf zu einem beliebten Ferienort für alle diejenigen, die auf Rummel gut verzichten können.

ÜBERNACHTUNG UND ESSEN

In Valun wird man Hotels vergeblich suchen. Eine kleine Auswahl an Privatzimmern und Apartments ist über die Touristinformation vor Ort zu buchen.
Camping Zdovice, Valun bb, ℡ 051-571161, 🖥 www.cresanka.hr. Nur ein paar Meter östlich von Valun liegt der hübsche, auf mehreren Ebenen in den Wald gebaute Zeltplatz Zdovice. Die Ausstattung des 1-Sterne-Platzes ist spartanisch, aber die Lage ist herrlich: Ein schöner Strand befindet sich in unmittelbarer Nähe. 105 Kn p. P., Zeltplatz inkl.
Gostionica na Moru, Valun 65, ℡ 051-525056. Feines Fischrestaurant mit Terrasse direkt am Meer. Fische und sogar Hummer kommen frisch aus dem hauseigenen Meerwasseraquarium, das mit dem Meer verbunden ist. Ausgezeichnete Fischgerichte, gehobene Preise. ⏲ 11–23 Uhr, 15. Okt–15. April geschl.
Mamalu, Valun 13a, ℡ 051-525035 🖥 www.mamalu-valun.hr. Sehr gutes Fischrestaurant in Valun mit frischem Fisch und angenehmem Service, ⏲ 12–23 Uhr, Sep–Feb geschl. Das Mamalu vermietet auch hübsche und bezahlbare Zimmer ❷.

AKTIVITÄTEN UND TOUREN

Von Valun führen mehrere teils steile **Fußwege** in die umliegenden Bergdörfer, wie das verlassene Dorf Grabovica oder nach Lubenice (im Sommer schweißtreibend). Nach Lubenice und Cres führen auch **Fahrradwege**, für die man allerdings Mountainbike-erprobt sein sollte.

SONSTIGES

Einkaufen
Am Hafen befindet sich ein kleines **Lebensmittelgeschäft**, wo es das Nötigste zu kaufen gibt. Für alles andere muss man nach Cres-Stadt ausweichen.

Geld
Es gibt keine Bank in Valun, aber zwei Bankomaten (Erste Bank, Imex Banka).

Touristenagenturen
Touristinformation, etwas zurückliegend, an der Straße vom Hafen stadtauswärts, ℡ 051-571161. Vermittlung von Unterkünften, Kartenmaterial, allgemeine Infos.

TRANSPORT

Auto und Motorrad
Kostenpflichtiger Parkplatz für Tagesbesucher oberhalb des Ortes. Wer in Valun wohnt, braucht die Parkgebühr nicht zu entrichten.

Busse
Im Sommer 2x tgl. Busse von CRES-STADT nach Valun in 20 Min. für 29 Kn., weiter nach LUBENICE.

Lubenice

Eine schmale Straße zwischen Trockenmauern und Wald führt von Valun ins verwunschene Örtchen Lubenice mit seinem markanten Glockenturm aus dem Jahr 1791. Das Dorf, dessen Wurzeln 4000 Jahre zurückreichen, liegt auf einem 378 m hohen Berg, von dem sich ein atemberaubender Blick auf die Adria eröffnet, vor allem zum Sonnenuntergang. Die meisten Häuser sind verlassen, nur noch rund 43 Menschen leben heute in Lubenice, das jedoch seit einigen Jahren einen zaghaften Tourismus erlebt. Neben der kleinen Steinkirche laden die Bänke der Konoba zum Verweilen ein. Bekannt ist Lubenice zudem für die Abendkonzerte (Lubeničke večeri), eine Reihe klassischer Konzerte nationaler und internationaler Künstler, die im Juli und August stattfinden (Informationen gibt die Touristeninformation Cres).

Unterhalb von Lubenice liegen verwunschene einsame Meeresbuchten, felsig, aber auch mit Kieselstränden. Die **Uvala Žanja** südwestlich von Lubenice ist eine große Bucht mit Kieselstrand und strahlend türkisfarbenem Meer. Beliebt ist der Zugang mit dem Boot, was den Strand etwas stärker füllt als die umliegenden. Wer von Lubenice aus den steilen Geröllweg (feste Schuhe anziehen!) zur bildschönen **Bucht Sveti Ivan** hinunterwandern will, sollte bedenken, dass er denselben Weg auch wieder hinauflaufen muss, was anstrengend ist (etwa 1 Std., ausreichend Wasser mitnehmen).

Eine Besonderheit ist die ca. 20 m lange **Blaue Grotte** (Plava Grota), die auch ein lohnenswertes Ziel für Taucher darstellt. Ausflugsboote ab Cres-Stadt und Valun bringen einen zur Grotte.

Von Lubenice aus führen **Fahrrad- und Wanderwege** in umliegende Orte wie Valun, Pernat und Vidovići. Eine Wander- und Radkarte ist in der Touristeninfo Cres erhältlich.

ESSEN

Lubenička loza, Lubenice bb, ☏ 051-840427. Die Dorfkonoba bietet Wein, Schinken und Käse der Region. ⏲ 9–22 Uhr, Okt–April geschl.

TRANSPORT

Auto und Motorrad
Die einzige Autoanbindung von Lubenice erfolgt über Valun. Dort verengt sich die Straße zu einem Sträßchen, das zwischen hohen Trockensteinmauern hindurchführt. Vorsicht bei Gegenverkehr!

Busse
Im Sommer 2x tgl. von CRES-STADT über VALUN (Bushaltestelle außerhalb des Ortes), 30–50 Min., 33 Kn.

Hoch über den Klippen thront das Bergdörfchen Lubenice.

Martinšćica

Martinšćica liegt in einer kleinen, geschützten Bucht an der Westküste, etwa auf halber Höhe der Insel Cres, 30 km südwestlich von Cres-Stadt. Die namensgebende **Pfarrkirche des Hl. Martin** (Crkva Sv. Martina) mit angeschlossenem **Franziskanerkloster** aus dem 16. Jh. und ein Kastell aus dem 17. Jh. bilden das historische Zentrum des kleinen Fischerdorfes. Es gibt einen Felsstrand, zwei Konobas, ein Eiscafé und ein paar Privatunterkünfte.

ÜBERNACHTUNG

Camping Slatina, Slatina bb, Martinšćica, 051-574127, www.camp-slatina.com. Großer Campingplatz in der Nähe von Martinšćica, direkt am Meer, alles neu und sauber, das Personal ist freundlich. 65 Kn p. P., Stellplatz 56–106 Kn.

Osor

Das kleine Örtchen Osor (63 Einw.) liegt an der Brücke, die Cres und Lošinj verbindet, kann aber darüber hinaus auf eine bedeutsame Geschichte zurückblicken. Als Apsoros gegründet, erlebte Osor seinen Aufstieg unter Liburnern, Griechen und Römern, als sich eine Stadt mit Forum, Theater und Tempeln entwickelte. Seine Blütezeit erlebte Osor im Mittelalter, als es zunächst Bischofssitz und ab dem 9. Jh. Sitz der venezianischen Verwaltung von Cres und Lošinj wurde. Nach einer Welle von Seuchen in Osor verlor die Stadt an Bedeutung: 1459 verlagerte sich die venezianische Verwaltung nach Cres, das Bistum wurde 1822 aufgelöst.

Am Hauptplatz der Stadt erhebt sich die **Kathedrale Mariä Himmelfahrt** aus dem 15. Jh. mit Renaissance-Fassade und Glockenturm aus dem 16. Jh. Im Inneren befinden sich ein Barockaltar und das Grab des Stadtpatrons St. Gaudentius. Die **spätantike Stadtbefestigung** wurde im 15. Jh. zerstört und nur in Teilen wiederaufgebaut. Überall in und um die Stadt herum finden sich weitere Spuren der Vergangenheit, eine **archäologische Sammlung** im ehemaligen Rathaus am Hauptplatz, Reste eines Kastells, eines Benediktinerklosters und mehrerer Kirchen. Zeichen der einstigen Größe der Stadt, die sich einst bis in die Bijar-Bucht ausdehnte.

Besondere Aufmerksamkeit verdient zudem der **Kavuada-Kanal** mit der verbindenden Brücke. Cres und Lošinj bildeten zunächst eine verbundene Insel, bereits in römischer Zeit wurde jedoch an der engsten Stelle der Insel ein Kanal gegraben, der kleineren Schiffen die Durchfahrt ermöglichte. Bis heute wird die Drehbrücke von Osor zweimal täglich (9 und 17 Uhr) für die Durchfahrt von Schiffen geöffnet.

Der beliebteste **Strand** in der Umgebung von Osor ist der Fels/Kiesel-Strand **Bijar** beim gleichnamigen Campingplatz.

Ein beliebter Strand mit großem FKK-Bereich und Campingplatz ist auf der südöstlich gelegenen Landzunge **Punta Križa** zu finden. Diese erreicht man über einen Abzweig von der Hauptstraße kurz vor der Brücke von Osor nach ca. 12 km. Zahlreiche hübsche Badebuchten und einige verschlafene Dörfer charakterisieren diesen Teil der Insel.

ÜBERNACHTUNG UND ESSEN

Camp Bijar, Osor bb, 051-237147, www.camp-bijar.com. Der naturbelassene Campingplatz liegt 500 m von Osor entfernt und beinhaltet einen Kiesel- und Betonstrand. Das Camp hat eine ökologische Abwasserwiederaufbereitungsanlage. 65 Kn p. P., Stellplatz 68–106 Kn.

Konoba Bonifačić, Osor 64, 051-237413, www.jazon.hr. Konoba mit gemütlichem Garten im Herzen von Osor. Auf der Speisekarte stehen Fischgerichte, aber auch Lammfleisch oder Gulasch. Wer in der Spargelsaison kommt, sollte unbedingt die Spargelgerichte probieren. ⏲ März–Okt 10–23 Uhr.

SONSTIGES

Einkaufen
Am Hauptplatz gibt es einen kleinen **Lebensmittelladen**.

Feste
Osorske glazbene večeri, 051-237110, www.osorskeveceri.org. Die Musiktage von Osor finden jährlich im Juli und August in

der Kathedrale von Osor statt. Der Schwerpunkt liegt dabei auf klassischen Konzerten kroatischer Musiker.

Geld
Der nächste Bankomat befindet sich in Nerezine, die nächste Bank in Mali Lošinj. Eine **Wechselstube** besteht im Postamt am Hauptplatz und an der Rezeption des Campingplatzes Bijar.

TRANSPORT
6 **Busse** tgl. von CRES-STADT in 45 Min. für 41 Kn, 8 von MALI LOŠINJ in 30 Min. für 34 Kn.

Insel Lošinj

Lošinj ist etwas kleiner, aber wesentlich stärker besiedelt als die Schwesterinsel Cres. Besonders im Süden mit den Hauptorten Mali und Veli Lošinj konzentrieren sich das Leben und auch der Tourismus Lošinjs. Die Insel ist wesentlich üppiger bewachsen als Cres: Neben dichten Pinien- und Kiefernwäldern gedeihen hier auch Zitronenbäume, Bananenstauden, Eukalyptus und Palmen, ebenso wie viele Heilkräuter. Viele dieser Pflanzen wurden einst von Kapitänen mitgebracht, die sich in großer Zahl auf der Insel niedergelassen hatten und das Gesicht Lošinjs prägten. Die Kapitänsvillen in Mali und Veli Lošinj gehören zu den Aushängeschildern der Insel. Aber auch die zahlreichen hübschen Badebuchten an der bewaldeten Küste machen Lošinj zu einer beliebten Urlaubsinsel.

Geschichte
Lošinj war schon in römischer Zeit besiedelt, wovon einige Ruinen auf der Insel zeugen. Ab dem 15. Jh. gewannen die Hauptorte Mali und Veli Lošinj als Seefahrerstandorte mit Schiffsbau und Handel an Bedeutung. Nach dem Fall der Republik Venedig wurde Lošinj bis 1918 österreichisch, danach gelangte es bis zum Zweiten Weltkrieg mit Istrien und Cres unter italienische Herrschaft. Seit dem Zerfall des sozialistischen Jugoslawien ist Lošinj Teil der Republik Kroatien und konzentriert sich auf den Tourismus.

Mali Lošinj

Auch wenn *mali* klein bedeutet, ist Mali Lošinj mit seinen knapp 6000 Einwohnern und zahlreichen stattlichen Villen doch der größte Ort der Insel. Die Ursprünge des Hafenstädtchens, das Schiffsverbindungen mit Pula, Venedig und Zadar unterhält, gehen ins Mittelalter zurück, doch seine ruhmreichste Zeit erlebte Mali Lošinj im 19. Jh., als ganze sechs Werften ihren Sitz in der Stadt hatten und die Kapitäne von Lošinj um die ganze Welt schipperten.

Das Herzstück der Stadt, die **Hafenpromenade**, wurde nach diesen Lošinjer Kapitänen benannt (Riva Lošinjskih Kapetana). Hier pulsiert im Sommer das Leben, die Straßen und Cafés sind voll, die abendlichen Sonnenuntergänge romantisch. Zwischen Palmen steht ein hübscher Brunnen, der zwei springende Delphine darstellt – Hinweis darauf, dass sich in den Gewässern rund um Losinj noch immer zahlreiche Delphine tummeln, die einen bisweilen bei Schiffsfahrten (vor allem am frühen Morgen und am frühen Abend) begleiten.

Hinter der Riva erhebt sich die **Altstadt** Lošinjs mit der **Pfarrkirche Mariä Geburt** aus dem 18. Jh., die das Bild des Hafenpanoramas prägt. Im südlichen Teil der Stadt führt ein **Kreuzweg** an 14 winzigen Kapellen aus dem 18. Jh. entlang auf den Kalvarienberg. Im **Fritzy-Palast** aus dem 19. Jh. ist die **Galerie von Mali Lošinj** (Muzej Lošinja), V. Gortana 35, ☎ 051-233892, 🖥 www.muzej.losinj.hr, untergebracht, hier sind Werke alter Meister aus dem 16. Jh. genauso zu finden wie moderne kroatische Kunst, ⏰ Di–So 10–13, 19–22 Uhr, Eintritt 10 Kn.

Mali Lošinj hat eine Reihe attraktiver **Strände** zu bieten. Der Kieselstrand **Veli Žal** befindet sich in der Sunčana uvala (Sonnige Bucht) und verfügt über einen leichten Zugang zum Meer, was ihn auch für Familien mit Kindern geeignet macht. Liegen und Sonnenschirme können ausgeliehen werden; außerdem wurde der Strand mit der blauen Flagge für besonders gute Wasserqualität ausgezeichnet. Ein Stückchen weiter liegt der hübsche Kiesel- und Felsstrand **Žalić**.

Etwa 1 km vom Zentrum entfernt und fußläufig zu erreichen, befindet sich der bekannteste Strandbereich Mali Lošinjs namens **Čikat**, er be-

Mali Lošinj

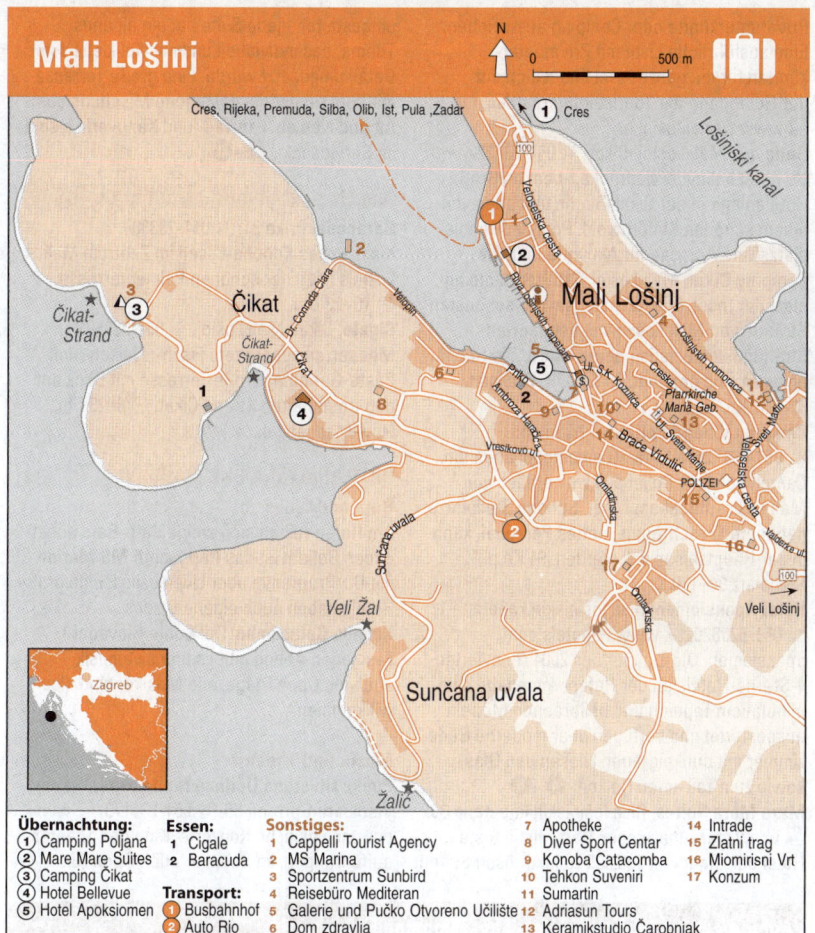

Übernachtung:	Essen:	Sonstiges:	7 Apotheke	14 Intrade
① Camping Poljana	1 Cigale	1 Cappelli Tourist Agency	8 Diver Sport Centar	15 Zlatni trag
② Mare Mare Suites	2 Baracuda	2 MS Marina	9 Konoba Catacomba	16 Miomirisni Vrt
③ Camping Čikat		3 Sportzentrum Sunbird	10 Tehkon Suveniri	17 Konzum
④ Hotel Bellevue	Transport:	4 Reisebüro Mediteran	11 Sumartin	
⑤ Hotel Apoksiomen	① Busbahnhof	5 Galerie und Pučko Otvoreno Učilište	12 Adriasun Tours	
	② Auto Rio	6 Dom zdravlja	13 Keramikstudio Čarobnjak	

steht aus drei Stränden in der Čikat-Bucht, darunter ein Sandstrand, umgeben von Nadelwald.

Geheimtipps sind die Strände, die sich in der Nähe des kleinen Flughafens von Mali Lošinj befinden. Zwischen der **Zabodarski-Bucht** und **Liski** liegen ein paar schöne versteckte Naturstrände, die nicht mit öffentlichen Verkehrsmitteln, sondern nur nur mit dem Auto (oder mit dem Boot natürlich) zu erreichen sind (Abfahrt von der Hauptstraße in Ćunski, ab dem Flughafen nur noch kleine Feldwege).

Von Mali Lošinj aus starten zudem einige **Wanderwege**, die ausführlich auf der Homepage der Touristeninformation beschrieben werden. Ein wunderschöner Weg führt z. B. am Meer entlang von Mali nach Veli Lošinj.

ÜBERNACHTUNG

Mali Lošinj verfügt über einige sehr hochpreisige Hotels, mehrfach vertreten ist die Hotelkette **Lošinj Hotels**, 🖳 www.losinj-hotels.com. Wer weniger zahlen möchte, sollte auf

Privatunterkünfte oder Camping ausweichen. Eine ausführliche Liste mit Privatunterkünften für die ganze Insel findet sich auf der Homepage der Touristeninformation, 💻 www.tz-malilosinj.hr.

Bellevue, Mali Lošinj, Čikat, ✆ 051-231222, ✉ hotel.bellevue@jadranka.t-com.hr. Große Hotelanlage in der Čikat-Bucht, umgeben von einem schönen Kiefernwald. Pool und Tennisplatz. Gute Adresse für Aktivurlauber. ❺

Camping Cikat, Mali Lošinj. Größter Campingplatz der Insel. Er liegt an einem der schönsten Strände von Mali Lošinj, mit betonierten Stränden und Einstieg über Leitern. Die Sanitäranlagen sind gepflegt. 65 Kn p. P., Stellplatz 68–137 Kn.

Camping Village Poljana, Poljana bb, ✆ 051-231726, 💻 www.campingpoljana.com. Campingplatz in Poljana, 4 km nördlich von Mali Lošinj, direkt am Meer. Schöne Stellplätze, gepflegte Waschräume, nettes Personal, kann in der Hauptsaison voll werden. 94 Kn p. P., Stellplatz 94–170 Kn.

Hotel Apoksiomen, Riva lošinjskih kapetana 1, ✆ 051-520820, 💻 www.vi-hotels.com/apoksiomen. Die Zimmer des 2004 renovierten 4-Sterne-Hotels an der Hafenpromenade sind mit blauem Teppich und hellbraunen Möbeln ausgestattet und verfügen über moderne Badezimmer mit dunkelgrauen Fliesen und Glas sowie zum Teil einen Balkon. ❺–❻

Mare Mare Suites, Riva lošinjskih kapetana 36, 💻 www.mare-mare.com. Das einst älteste Hotel der Stadt wurde 2005 zu luxuriösen Suiten umgestaltet – jede Suite hat ein eigenes Thema, das individuell und mit viel Liebe zum Detail umgesetzt wurde. Eine große Terrasse mit Pool rundet die gelungene Mischung aus Alt und Neu ab. Fahrrad- und Kanuverleih sind im Service inkl. ❺–❻

ESSEN

Baracuda, Priko 31, ✆ 051-233309. Klassisches Konoba-Essen im Zentrum Mali Lošinjs mit einer schönen Palmenterrasse. ⏰ 10–23 Uhr.

Cigale, Čikat, Mali Lošinj, ✆ 051-238583. Mediterran zubereitete Fisch-, Fleisch- und Pasta-Gerichte. Große Terrasse mit Blick auf den traumhaften Strand Čikat. ⏰ 8–23 Uhr, Nov–Mai geschl.

UNTERHALTUNG UND KULTUR

Bars und Clubs

Am Hafen reihen sich einige Café-Bars aneinander. Beliebt ist das **Partyschiff MS Marina** mit DJ-Programm oder Livemusik. Einige große Hotels haben auch eigene Discos.

Konoba Catacomba. Del Conte Giovanni 1. Fast jeden Abend gibt es hier Livemusik, auch mit Open Stage, alle Musiker sind also willkommen.

Musik und Theater

Pučko Otvoreno Učilište Mali Lošinj, Vladimira Gortana 35, ✆ 051-231173, 💻 www.pou-malilosinj.hr. Konzerte, Kino und Theateraufführungen, im Sommer auch Open Air.

Apoxiomen – archäologischer Sensationsfund

Im Jahr 1996 unternahm der belgische Tourist und Amateurfotograf René Wouters einen Tauchgang vor der Küste Lošinjs und stieß dabei auf etwas Außergewöhnliches. Am Meeresgrund hatte er in 45 m Tiefe eine etwa 2 m hohe **antike Statue** entdeckt. Wouters Informationen und Fotos waren der Ausgangspunkt dafür, dass die Statue 1999 aus dem Meer gehoben und im Anschluss restauriert wurde. Die Skulptur stammt wahrscheinlich aus dem 2. oder 1. Jh. v.Chr. und ist nach einem älteren griechischen Vorbild hergestellt worden. Die sehr gut erhaltene Statue stellt einen Apoxiomen dar, einen griechischen Athleten, der sich den Staub und Schweiß vom geölten Körper abschrubbt. Der Apoxiomen war möglicherweise Teil der Fracht eines römischen Schiffes und könnte bei hohem Seegang von Bord gefallen oder ins Meer geworfen worden sein. Bis ein eigenes Museum in Mali Lošinj für die Statue geschaffen wird, müssen sich Besucher mit dem Abguss begnügen, der im Museum in Veli Lošinj zu sehen ist.

EINKAUFEN
Lebensmittel
Intrade, Braće Vidulića 9, ☎ 098-9519396. Kulinarische Souvenirs aus Lošinj und der Kvarner Region: Olivenöl von Cres, Honig, Marmelade, Schnaps, Trüffeln, Lavendelprodukte u.v.m.
Konzum, Kalvarija bb. ⊙ Mo–Sa 7–21, So 7–14 Uhr.

Souvenirs
Keramikstudio Čarobnjak, Kaštel 5, ☎ 051-232690, 🖥 www.carobnjak.hr. Keramiksouvenirs und Schmuck mit maritimen Motiven: Leuchttürme, Boote, Delphine. ⊙ 9–24 Uhr.
Tehkon Suveniri, Maria Martinolića 9, ☎ 051-231968, 🖥 www.tehkon.hr. Bilderrahmen mit Muscheln und Blumen, kleine Figuren u. v. m. Wahrzeichen sind Figuren von Geckos. In der Werkstatt können Besucher auch selbst Souvenirs anfertigen.

AKTIVITÄTEN UND TOUREN
Beach-Volleyball
Ein Beach-Volleyballfeld ist am Strand **Veli Žal** zu finden.

Radfahren
Auf der gesamten Insel stehen Rad- und Mountainbike-Routen zur Verfügung. Fahrradverleih über:
Sportzentrum Sunbird, Uvala Čikat, ☎ 095-8377142, 🖥 www.sunbird.de.

Tauchen
Diver Sport Centar, Uvala Čikat 13, ☎ 051-233900, 🖥 www.diver.hr. Tauchkurse, Tauchgänge vom Boot aus, Ausrüstungsverleih.
Sumartin, Sv. Martin 41, ☎ 051-241038, 🖥 www.sumartin.com. Tauchgänge, Verleih von Ausrüstung, Vermietung von Unterkünften.

Windsurfing
Sportzentrum Sunbird, s. o.

SONSTIGES
Apotheken
Ljekarna Mali Lošinj, ☎ 051-231661.
⊙ Mo–Fr 8–20, Sa 8–15, So 9–12 Uhr.

Autovermietungen
Auto Rio, Dražica bb, Mali Lošinj, ☎ 051-233666.

Feste
Im Sommer werden zahlreiche Unterhaltungs- und Kulturveranstaltungen in Mali Lošinj organisiert, z. B.:
Jazz Festival Lošinj, 🖥 www.jazzlosinj.com. Findet seit 2005 jährlich an einem Juli-Wochenende mit Jazzmusikern aus dem In- und Ausland statt.

Geld
Zahlreiche Banken und Bankomaten im Zentrum.
PBZ Banka, Vladimira Gortana 20.
⊙ Mo, Mi, Fr 8–14, Di, Do 13–19, Sa 8–12 Uhr.

Informationen
Touristeninformation Mali Lošinj, Riva lošinjskih kapetana 29, ☎ 051-231884, 🖥 www.tz-malilosinj.hr. Zuständig für die gesamte Insel Lošinj.

Medizinische Hilfe
Dom zdravlja Mali Lošinj, Priko ulica 69, ☎ 051-231824. Ärztehaus.

Polizei
Polizeistation Mali Lošinj, Dubovica 1, ☎ 051-233114.

Touristenagenturen
Adriasun Tours, Sv. Martin 41, ☎ 051-233319, 🖥 www.adriasuntours.com. Vermittlung von Unterkünften.
Cappelli Tourist Agency, Lošinjskih brodograditelja 57, ☎ 051-231582, 🖥 www.cappelli-tourist.hr. Vermittlung von Unterkünften, Ausflüge, Verleih von Fahrrädern, Mofas und Booten.
Reisebüro Mediteran, Trg Zagazinjine 2, ☎ 051-232999, 🖥 www.imediteran.com. Vermittlung von Unterkünften, Fahrrad- und Mofaverleih.
Zlatni trag, Braće Vidulić 54, ☎ 051-231363, 🖥 www.zlatnitrag.hr. Vermittlung von Unterkünften, Vermietung von Mofas.

TRANSPORT

Auto und Motorrad

Mit dem Auto können Lošinj und Cres nur auf zwei Wegen erreicht werden. Von Istrien oder Rijeka ist die Fährverbindung von BRESTOVA, südlich der Opatija Riviera, nach Porozina auf Cres vorzuziehen, von Zagreb oder dem östlichen Teil der Küste die Fähre von VALBISKA auf Krk nach Merag auf Cres. Von der Fähre nach Mali Lošinj sind es ca. 70 (Merag) bzw. 80 km (Porozina), die Hauptstraßen sind in ordentlichem Zustand und gut ausgeschildert. In allen größeren Orten stehen zentrale **kostenpflichtige Parkplätze** zur Verfügung.

Busse

Busbahnhof Mali Lošinj, Lošinjskih brodograditelja bb, ☎ 051-231289, 🖥 www.autotrans.hr. Der Busbahnhof liegt von Norden aus gesehen am Anfang der Promenade, direkt am Fähranleger. Es bestehen zahlreiche Verbindungen zwischen Mali Lošinj und VELI LOŠINJ, zudem einige zwischen CRES und Lošinj sowie aufs Festland nach RIJEKA und ZAGREB (über die Insel KRK). Kleinere Orte sind nur selten per Bus zu erreichen.

Fähren

Von RIJEKA fährt über Cres (und zum Teil die Inseln UNIJE, SUSAK, ILOVIK) ein Katamaran nach Mali Lošinj, allerdings nicht für Reisende mit Autos. Die Fahrt dauert je nach Verbindung 3–5 Std. Tgl. gibt es außerdem eine Fährverbindung von Mali Lošinj über die Inseln PREMUDA, SILBA, OLIB und IST nach ZADAR, zudem exisiert eine Verbindung mit PULA. Tickets müssen vor Betreten der Fähre gekauft werden, meistens gibt es einen Schalter oder ein Büro von Jadrolinija. Alle weiteren Informationen gibt die Fährgesellschaft, 🖥 www.jadrolinija.hr.
Weitere Fährverbindungen s. Cres.

Flüge

Mali Lošinj besitzt einen kleinen **Flughafen**, der im Moment keine Linienflüge anbietet, aber bereits internationale Flüge angeboten hat und perspektivisch wieder anbieten kann. Im Moment starten von hier jedoch nur **Taxi- und Panoramaflüge** (z. B. 85 € pro 15 Min Flug – max. 3 Passagiere).
Flughafen Mali Lošinj, Privlaka 19, ☎ 051-231666, 🖥 www.airportmalilosinj.hr.

Der duftende Insel-Garten

Wer die reiche mediterrane Vegetation der Insel mit allen Sinnen erfahren möchte, sollte sich den Insel-Garten von Sandra Nicolich nicht entgehen lassen. Im wunderschön angelegten Garten (am Abzweig der Straße nach Veli Lošinj) mit Blick aufs Meer kann man die Pflanzen der Insel mit ihren heilsamen Wirkungen kennenlernen. In jedem Monat steht dabei eine andere Pflanze im Mittelpunkt, im März blüht der Rosmarin, im Mai der Salbei, im Juni Lavendel usw. Die Düfte und Geschmäcke der Insel können auch als Tee, Likör oder Kosmetikprodukte mit nach Hause genommen werden. **Miomirisni Vrt**, Braće Vidulić bb, ☎ 098-326519, 🖥 www.miomirisni-vrt.hr.

Veli Lošinj

Das „große" (Veli) Lošinj (890 Einw.) ist in Wahrheit viel kleiner und wesentlich ruhiger als „Klein-" (Mali) Lošinj. Im Gegensatz zum quirligen Mali Lošinj ist das Leben in der zweitgrößten Stadt der Insel eher beschaulich. Die älteste Siedlung Lošinjs war einst Residenz der Lošinjer Kapitäne, die hier, am Ende einer schmalen Bucht, ihre stattlichen Villen mit prachtvollen Gärten erbauten. Die wunderschönen bunten Häuser am Hafen beheimaten heute überwiegend Restaurants, Eisdielen und Souvenirshops. An lauen Sommerabenden sind die Restaurants direkt am Wasser bis auf den letzten Platz besetzt, kein Wunder bei dem herrlichen Blick auf die hübschen Fischerboote, die dicht gedrängt im Hafenbecken vor Anker liegen.

Gleich daneben erhebt sich die stolze **Pfarrkirche des Hl. Antonius** (Crkva Sv. Antuna) aus dem 18. Jh., deren Bau aus den Spenden reicher Seeleute finanziert wurde. Der Innenraum ist dementsprechend mit einer Reihe prachtvoller Bilder italienischer Künstler ausgestattet, darunter Vivarinis *Madonna mit Heiligen* aus dem Jahr 1475.

Das zweite Wahrzeichen der Stadt bildet der runde **Wehrturm**, der im 15. Jh. zum Schutz vor Piraten errichtet wurde. Heute ist hier das **Turmmuseum** mit einer Galerie untergebracht (**Muzej Kula**), Kaštel bb, 051-236594, www.muzej.losinj.hr. In den ersten drei Etagen lockt eine Dauerausstellung zur Geschichte der Insel, im obersten Stockwerk eine Galerie mit wechselnden Ausstellungen. Vom Dach aus genießt man einen hübschen Blick auf die palmenbestandene Innenstadt und den Hafen von Veli Lošinj. Di–So 10–13, 16–22 Uhr, außerhalb der Saison kürzer.

Ein bemerkenswertes Bauwerk ist die **Kirche der Engelsmadonna** (Crkva Gospa od Anđela), die auf dem Weg vom Parkplatz oder Busbahnhof passiert wird. Im Jahr 1510 erbaut, wurde die dreischiffige Kirche im 18. Jh. erweitert und renoviert. Die rotgedeckte Kuppel erinnert an orthodoxen Kirchenbau.

Nur wenige Fußminuten von Veli Lošinj entfernt erstreckt sich die **Rovenska-Bucht**, die eine Art zweiten Stadtteil von Veli Lošinj bildet. Der romantische Fischerhafen mit den kleinen Häuschen lädt zu Promenadenspaziergängen und Restaurantbesuchen ein.

Um Veli Lošinj befinden sich mehrere **attraktive Strände**, unter anderem ein familiengerechter Kieselstrand in der Rovenska-Bucht und ein relativ ebener Felsstrand mit blauer Flagge in der Nähe vom Hotel Punta, ein Stückchen westlich vom Zentrum.

Zudem starten von Veli Lošinj herrliche, notdürftig beschriftete **Wanderrouten** an die Westküste der Insel, wo zauberhafte Badebuchten locken (Verpflegung mitnehmen!). Nähere Infos dazu in der Touristenagentur.

ÜBERNACHTUNG UND ESSEN

Die meisten Hotels liegen im benachbarten Mali Lošinj, dafür hat Veli Lošinj eine Jugendherberge und zahlreiche Privatunterkünfte zu bieten – sowie, unübersehbar, das riesige Hotel Punta am Ortsrand.

Jugendherberge Veli Lošinj, Kaciol 4, 051-236234, losinj@hfhs.hr. Jugendherberge in einer hübschen Villa aus dem 19. Jh. direkt am Hafen, die Atmosphäre ist angenehm

Idyllisches Plätzchen fürs Abendessen: der Hafen von Veli Lošinj

und das Personal freundlich. Nov–April geschl. 100–150 Kn p. P. und Nacht im 4-Bett-Zimmer.

Pjacal, Kastel 3, ✆ 051-236244, 💻 www.pjacal.hr. Nur einen Katzensprung vom Hafen entfernt gelegenes, äußerst liebevoll von einem deutsch-kroatischen Ehepaar geführtes B&B. Hübsche, saubere Zimmer, romantischer Innenhof, in dem morgens das Frühstück serviert wird und wo man abends einen letzten Absacker zu sich nehmen kann. Auf Wunsch bereitet Karin an manchen Abenden auch typisch kroatische Gerichte zu. Familiäre Atmosphäre, viele Stammgäste. Rechtzeitig reservieren! ❷

Punta, Šestavine b.b, ✆ 051-662000, ✉ hotel-punta@jadranka.t-com.hr. Riesiges Vitalhotel mit 219 Zimmern und 16 Suiten, direkt am Meer gelegen. Großes Freizeitangebot, Pool, Tennis, Wellness, Sauna, Beauty-Angebote und ein Restaurant mit makrobiotischer Küche. ❻

Bora Bar, Rovenska 3, ✆ 051-867544, 💻 www.borabar.com. Der italienische Chef des Restaurants, Marco Sasso, verwöhnt seine Gäste mit bester mediterraner Küche in angenehmer Atmosphäre in der Rovenska-Bucht. Seine Spezialität: Trüffel-Gerichte. ⏰ 9–2 Uhr, Dez–März geschl.

Mol, Rovenska 1. Das Mol liegt in absolut bezaubernder Lage an der Rovenska-Bucht. Die Spezialität sind naturgemäß Fisch und Meeresfrüchte, die frisch sind und professionell zubereitet werden. Das Restaurant kann nur zu Fuß erreicht werden, da der Weg zur Bucht nicht mit Autos angefahren werden kann. ⏰ 9–24 Uhr, Nov–März geschl.

Ribarska koliba, Obala maršala Tita, am Hafen, unterhalb der Kirche, ✆ 051-236235. Ausgezeichnete Konoba, die frischen Fisch und diverse Fleischgerichte serviert. Große Portionen, liebevoll zubereitet. Sehr freundlicher Service.

EINKAUFEN

Lebensmittel
Market Veli Lošinj, Slavojna bb.
⏰ Mo–Sa 7–19, So 7–12 Uhr.

Souvenirs
Ultramarin Art, Obala maršala Tita 7, ✆ 051-236117, 💻 www.ultramarin-art.hr. Galerie und Souvenirshop mit maritimen Figuren in bunten Farben, hergestellt aus Holz, das an der Küste von Cres oder Lošinj angeschwemmt wurde. ⏰ 9–23.30 Uhr.

SONSTIGES

Geld
Mehrere Bankomaten im Zentrum, Banken gibt es in Mali Lošinj.
PBZ Bankomat, Obala maršala Tita 17.

Touristenagenturen
Reiseagentur Palma, Vladimira Nazora 22, ✆ 051-236179, 💻 www.losinj.com. Vermittlung von Unterkünften, Bootsausflüge und Bootsvermietung.
Touristenagentur Turist, Obala maršala Tita 17, ✆ 051-236256, 💻 www.insel-losinj.hr.

TRANSPORT

Auto und Motorrad
Parkplätze (gebührenpflichtig) am Eingang zur Altstadt.

Delphine im Archipel von Lošinj

Wahrzeichen Lošinjs ist der Delphin. Denn vor der Küste der Insel leben zahlreiche Große Tümmler, eine der am weitesten verbreiteten Delphin-Arten. Vom Ausflugsschiff nach Ilovik oder vom Festland aus lassen sich die Meeressäuger mit etwas Glück beobachten. Ein Fernglas gehört also beim Lošinj-Besuch obligatorisch ins Gepäck. Informationen zu den Delphinen gibt der Verein Plavi Svijet (Blaue Welt) in Veli Lošinj, der sich für den Schutz der Tiere einsetzt. Über Plavi Svijet gibt es auch die Möglichkeit, einen Delphin zu adoptieren, natürlich nicht für die eigene Badewanne, sondern als Beitrag zum Schutz der Tiere.
Informationszentrum Plavi Svijet, Kaštel 24, Veli Lošinj, ✆ 051-604666, 💻 www.plavi-svijet.org. ⏰ Okt–April Mo–Fr 10–14, Mai, Juni, Sep Mo–Fr 10–16, Sa 10–14, Juli, Aug tgl. 10–21 Uhr.

Ilovik, Susak, Unije – kleine Inselparadiese

Rund um die Insel Lošinj liegen verstreut einige kleinere Inseln, die zum Archipel von Lošinj gehören. Am Südzipfel Lošinjs befindet sich **Ilovik**, das mit der Nachbarinsel Sv. Petar einen 2,5 km langen natürlichen Kanal bildet, der unter Seglern sehr beliebt ist. Der gleichnamige einzige Ort der Insel verfügt über einen Hafen und mehrere Restaurants, die Insel ist aufgrund ihrer mediterranen Vegetation auch als „Blumeninsel" bekannt.

Westlich von Lošinj liegt etwa auf der Höhe von Mali Lošinj die kleine Insel **Susak**, 🖥 www.otok-susak.org, die mit einer reichen Tradition aufwarten kann: Die bunten Trachten in Orange, Rosa und Rot sind in Kroatien ebenso einmalig wie der schwer verständliche Dialekt der Inselbewohner. Absolutes Highlight für Besucher sind jedoch die Strände von Susak. Während die Strände der Westküste aus rauen Felsen bestehen, sind es die geschützten Strände Richtung Osten, die als schöne Sandstrände absoluten Seltenheitswert in Kroatien haben. Der bekannteste ist der schöne Sandstrand Spiaza, direkt bei der Inselhauptstadt Susak.

Nördlich von Susak, auf der Höhe von Nerezin, liegt **Unije**. In der gleichnamigen Fischersiedlung können die Kirche des Hl. Andreas aus dem 19. Jh. und eine alte Ölmühle besucht werden, die heute eine Galerie beherbergt. Die mediterrane Natur und die zahllosen Buchten mit schönen Stränden machen Unije zu einem lohnenswerten Ausflugsziel.

Anfahrt: Susak ist 1–2x täglich mit einem Katamaran von Mali Lošinj aus zu erreichen, Unije wird dabei täglich außer mittwochs angesteuert, Ilovik 3x wöchentlich. Davon abgesehen bieten Touristenagenturen und Ausflugsboote auf Lošinj Exkursionen zu den drei Inseln an.

KVARNER BUCHT

Busse
CRES-STADT, 6x tgl. in 90 Min. für 63 Kn.
MALI LOŠINJ, stdl. in 12 Min. für 12 Kn.
RIJEKA, 4x tgl. in 4 Std. für 166 Kn.

Nerezine

Nerezine (362 Einw.) ist der einzige größere Ort im ruhigen Norden Lošinjs und liegt inmitten üppiger Vegetation am Fuße des Berges Osoršćica an der Ostküste. Die Häuser reihen sich an der hübschen Hafenpromenade entlang, wo sich auch Restaurants finden. Einzige Sehenswürdigkeit ist das **Franziskanerkloster** aus dem 16. Jh. mit prächtiger Einrichtung.

ÜBERNACHTUNG UND ESSEN

Camping Rapoća, Rapoća bb, ☎ 051-237145, 🖥 www.losinia.hr. Kleiner, aber feiner Campingplatz in Nerezine mit Strandzugang, Einkaufsmöglichkeiten, WLAN. Saubere Sanitäreinrichtungen, freundliches Personal. ❶

Hotel Manora, Magdalenska bb, ☎ 051-237460, 🖥 www.manora-losinj.hr. Etwas außerhalb von Nerezine gelegenes, neues 3-Sterne-Hotel mit 22 modernen Zimmern in warmen Gelb- und Brauntönen, Pool, freundliches Personal. ❹–❺

Hotel und Restaurant Televrin, Obala nerezinskih pomoraca bb, ☎ 051-237121, 🖥 www.televrin.com. Kleines Hotel direkt am Hafen mit freundlichen, sauberen Zimmern ❺ und einem hervorragenden Restaurant mit einheimischer Küche: Fangfrischer Fisch und Lamm sind die Spezialitäten des Hauses, aber auch Vegetarier werden hier fündig. ⏱ 7–24 Uhr, Jan–Feb geschl.

SONSTIGES

Apotheken
Ljekarna Nerezine, Trg Studenac 13, ☎ 051-237226. ⏱ Mo–Fr 7.30–20, Sa 7.30–13 Uhr.

Einkaufen
Gulam, Biskupija 9a, ☎ 051-237240, 🖥 www.gulam.eu. Selbst gemachte Souvenirs, für die sich Stipe Gulam das widerspenstige Holz des Olivenbaums ausgesucht hat. Heraus kommen dabei hübsche und stilvolle Schalen, Stifthalter und Schlüsselanhänger, außerdem gibt es Lavendelprodukte.

Market Nerezine, Obala nerezinskih poporaca bb, ✆ 051-237080. Lebensmittel. ⏲ Mo–Sa 7.30–12, 17–19, So 7.30–12 Uhr.

Geld

Am Hafen befinden sich mehrere Bankomaten, die nächste Bank ist in Mali Lošinj.
Erste Bank Bankomat, Obala nerezinskih pomoraca 3.

Informationen

Touristenagentur Marina, Obala Nerezinskih pomoraca 3, ✆ 051-237038, 🖳 www.marina-nerezine.hr. Vermittlung von Privatunterkünften.

Tauchen

Kreiner Diver, Dolac bb, ✆ 051-237362, 🖳 www.nerezine.cz. Tschechische Tauchbasis (auch auf Englisch), Tauchgänge vor Lošinj, Cres und Unije, Tauchkurse, Vermittlung von Unterkünften.

TRANSPORT

Busse nach:
CRES-STADT, 6x tgl. in 50 Min. für 43 Kn.
MALI LOŠINJ, 8x tgl. in 25 Min. für 31 Kn.

Insel Rab

Die Insel Rab (9500 Einw.) liegt im Südosten der Kvarner Bucht und blickt dank ihres milden Klimas, ihrer zauberhaften, venezianisch anmutenden Inselhauptstadt mit den berühmten vier Glockentürmen und der wohltuenden Landschaft, die im Westen von einem der letzten großen Eichenwälder (Kalifront) dominiert wird, auf eine lange touristische Tradition zurück. Dabei empfängt Rab einen mehr als abweisend. Wer von Jablanac aus mit der Fähre übersetzt, erblickt als erstes die weiße, vegetationslose Karstlandschaft, die den Osten der Insel charakterisiert und so gar nichts gemein hat mit dem grünen und fruchtbaren Westen, in dem Gemüseanbau betrieben wird, wo Erdbeerbäume gedeihen und Pinienwälder ihren harzigen Duft verströmen. Landschaftsbestimmend ist auch das Kamenjak-Gebirge, das den Norden vom Rest der Insel trennt und Schutz bietet vor den kalten Bura-Winden.

Rab ist nicht nur bei ausländischen Gästen, sondern auch bei Kroaten beliebt. Die kleine Hauptstadt mit ihrem mittelalterlichen Zentrum ist zweifellos das Highlight der Insel, ein weiteres sind die schönen Sand- und Kieselstrände, von denen man einige nur zu Fuß oder mit einer Barke ab Rab-Stadt erreicht. Rab verfügt über eine gute touristische Infrastruktur; die zahlreichen Hotels, Pensionen, Privatzimmer und Campingplätze machen deutlich, dass die Insel schon lange zu den bevorzugten Reisezielen Kroatiens gehört.

Rab-Stadt

Egal ob man sich vom Wasser oder vom Land der Stadt nähert: Die Silhouette der Inselhauptstadt, die sich mit den vier charakteristischen Glockentürmen auf einer spitzen Landzunge erstreckt, nimmt wohl jeden gefangen. In den malerischen Altstadtgassen mit ihren zahlreichen Souvenirshops und Lokalen herrscht im Sommer reichlich Trubel; Ruhe dagegen bietet der angrenzende Stadtpark Komrčar, von dem aus zahlreiche Wege hinunterführen zur Promenade an der hübschen Eufemija-Bucht, wo kleine Fels-/Kiesbuchten zum Baden einladen.

Geschichte

„Arba" wurde die Hauptstadt der Insel Rab einst von den Liburnern genannt, was Dunkelheit bedeutet und darauf hinweist, dass die Insel einst von dichtem Wald bedeckt war. Den Liburnern folgten Römer, Byzantiner, kroatisch-ungarische Könige, Venezianer (denen Rab das wunderschöne Stadtbild zu verdanken hat und für die die Insel eine wichtige Station auf ihrem Handelsweg war) und schließlich die Habsburger als Herren von Insel und Stadt. Die Stadt wurde bis zur Herrschaft der Habsburger im 19. Jh. selbstständig verwaltet und profitierte von einem regen Handel, der durch die strategisch günstige Lage zwischen Istrien und Dalmatien bedingt war. Besonders das hohe und späte Mittelalter, als die wichtigsten Monumente Rabs erbaut wurden, gilt als Blütezeit der Stadt.

RAB

Orientierung

Die Altstadt von Rab befindet sich auf einer nach Südosten ausgerichteten Halbinsel und ist von einer mittelalterlichen Stadtmauer umgeben. Drei Parallelstraßen bilden die Hauptstraßen des Zentrums, an denen die meisten Sehenswürdigkeiten zu finden sind. Die drei Straßen sind durch quer gelagerte Treppen miteinander verbunden und heißen (von West nach Ost) ganz einfach Obere (Gornja ulica), Mittlere (Srednja ulica) und Untere Straße (Donja ulica). Die berühmten vier Glockentürme liegen entlang der Gornja ulica. Auf der anderen Seite befindet sich der Hauptplatz der Stadt, der Trg Municipium Arbe. Der Busbahnhof, Shopping-Möglichkeiten und einige Restaurants liegen in **Palit**, direkt hinter der Altstadt-Halbinsel, ein breites touristisches Angebot ist in **Banjol**, am nordöstlich gelegenen Ufer gegenüber dem Zentrum, zu finden.

Sehenswertes
Christopherus-Kirche und Stadtpark Komrčar

Der Stadtrundgang beginnt am **Trg Svetog Kristofora**, dem Christopherus-Platz, der sich vor der Stadtmauer am Anfang der Srednja ulica befindet. Über die Treppen zur Rechten werden die **Ruinen der Christopherus-Kirche** erreicht, von denen aus sich ein Panoramablick über das Zentrum ergibt. Charakteristisch heben sich die vier Glockentürme von Rab als Wahrzeichen ab. Hier befindet sich außerdem das städtische **Lapidarium** mit einer Sammlung steinerner Denkmäler aus dem 2.–8. Jh. Jenseits der Stadtmauer beginnt der waldige **Stadtpark Komrčar**, durch den man über Treppen zum Meer hinuntersteigen kann.

Die vier Glockentürme

Zur anderen Seite hin beginnt der Weg zu den vier Glockentürmen mit der **St. Johanneskirche** (Crkva Sv. Ivana Evanđelista), die über die Gornja ulica erreicht wird. Die frühchristliche Basilika aus dem 6. Jh. wurde im 11. Jh. im romanischen Stil restauriert, heute sind jedoch nur noch ein Säulenrundgang und der Turm erhalten, dessen Besteigung mit einem traumhafter Blick auf das Zentrum mit den übrigen drei Türmen belohnt wird, ⏱ 10–13 Uhr, Eintritt 5 Kn. Die Kirchenruinen werden im Sommer auch für stimmungsvolle Konzertaufführungen genutzt. Vorbei an der **Kreuzkirche** (Crkva Sv. Križa) aus dem 16. Jh. wird der zweite Turm von Rab erreicht, der zur **St. Justinakirche** gehört (Crkva Sv. Justina). Diese einschiffige Kirche wurde im 16. Jh. errichtet. Das zugehörige Benediktinerkloster wurde in napoleonischer Zeit aufgelöst, hier befindet sich heute das **Museum für sakrale Kunst**, in dem auch wertvolle Kunstgegenstände aus der Schatzkammer der Raber Kathedrale zu finden sind, darunter das Reliquiar des Hl. Christopherus, Kruzifixe, Statuen und vieles mehr. Der Turm der Justinakirche stammt aus dem 17. Jh. und ist damit der jüngste der vier Raber Türme. Er ist an der rosa-orangenen Farbe sowie der Zwiebelform zu erkennen, die sich deutlich von den geraden Formen der anderen drei Türme abhebt. Der dritte Raber Glockenturm gehört zur **Andreaskirche** (Crkva Sv. Andrija). Die Kirche, die bis heute mit einem Benediktinerinnenkloster verbunden ist, weist Merkmale der verschiedenen Epochen

Wahrzeichen von Rab: die vier Glockentürme

der langen Bauphase (11.–18. Jh.) auf. Der romanische Turm aus dem Jahr 1181 ist der älteste Raber Kirchturm, während das Kirchenschiff aus der Frührenaissance stammt und das Innere im Barockstil ausgeschmückt wurde. Der vierte und größte Glockenturm schließlich gehört zur **Raber Kathedrale**.

Kathedrale

Das bedeutendste Bauwerk Rabs ist die Kathedrale, die der Hl. Maria geweiht ist (Sv. Marija Velika) und 1177 von Papst Alexander III. persönlich geweiht wurde. An dieser Kirche wurde insgesamt über tausend Jahre gebaut. Einige Säulenkapitele stammen noch aus frühchristlicher Zeit (4./5. Jh.), während das Kirchenschiff in seiner Gesamtheit im romanischen Stil gebaut ist. Auch Renaissance, Barock und Neoklassizismus haben ihre Spuren in der Kirche hinterlassen. Sehenswert im Inneren sind das Ziborium über dem Hauptaltar aus dem 9. Jh. und das zweireihige Chorgestühl aus dem 15. Jh.

Das breite Frontportal wurde teils im 12., teils im 15. Jh. errichtet und weist als Besonderheit ein gestreiftes Muster auf, bei dem die rosa Reihen vom Raber Breča-Stein stammen, der bei den Baumeistern der Stadt ausgesprochen beliebt war (siehe auch Turm der Justina-Kirche). Ganzer Stolz der Raber Kathedrale ist jedoch der mächtige romanische Glockenturm, der etwa 50 m vom Kirchenschiff entfernt steht und von einem Turmhelm in Form einer sechsseitigen Pyramide gekrönt wird.

Zum Trg Municipium Arbe

Hinter der Kathedrale liegt die letzte in der langen Kirchenreihe der Gornja ulica, nämlich das **Antoniuskloster** (Samostan Sv. Antuna) mit zugehöriger Kapelle aus dem 14. Jh. Von dort führt der Weg zurück durch den hübschen **Park Dorka** zum Hauptplatz der Stadt, dem **Trg Municipium Arbe**, dessen Name an die Zeit Rabs als freie Stadt erinnert. An diesem Platz steht der **Rektorenpalast** aus dem 13. Jh., das wichtigste weltliche Gebäude der Stadt. Der Renaissancebalkon mit Balustrade wird von drei Löwenköpfen getragen. Der Platz lädt zum Verweilen in den Straßencafés mit Blick auf den gegenüberliegenden Jachthafen ein.

Bummel zum Euphemia-Kloster

Zwischen der Inselhauptstadt und der bewaldeten Halbinsel Kalifront liegt **Kampor**, ein lang gestrecktes Straßendorf. Größte Sehenswürdigkeit ist das **Franziskanerkloster der Hl. Euphemia** (Samostan Sv. Eufemije) und die nebenan liegende Kirche des Hl. Bernhard (Crkva Sv. Bernarda). Das harmonische Klosterensemble mit hübschem Kreuzgang liegt nur ca. 2,5 km von der Innenstadt Rabs entfernt und kann bequem über den Uferweg erreicht werden.

Paläste und Riva

Ausgeruht kann man das **Stadttor** (Uhrturm) am hinteren Ende des Platzes passieren und stößt sogleich auf die **Stadtloggia**, die heute ein Restaurant-Café beherbergt. Zur Rechten beginnt die Srednja ulica, an der einige historische Gebäude liegen, wie der **Dominis-Palast** aus dem 15. Jh. Unweit von diesem kann das spätgotische Portal des **Nimira-Palastes** bestaunt werden, der sich am Ende der Donja ulica linker Hand befindet. Die Uferstraße Obala kralja Petra Krešimira IV. wird auch **Rabska Riva** genannt. Auf dieser Promeniermeile am Wasser kann der Besucher den Tag entspannt bei einem Kaltgetränk ausklingen lassen.

ÜBERNACHTUNG

Es gibt zahlreiche Hotels auf der Insel, die meisten davon sind hochpreisig; selbst einfache Hotels sind in der Hauptsaison kaum unter 100 € pro DZ zu haben. Wer das umgehen möchte, kann auf ein reichhaltiges Angebot an Pensionen, Ferienwohnungen und Privatzimmern zurückgreifen, das unter anderem von der Touristeninformation vermittelt wird.
Autocamp Padova III, Banjol 496, ☎ 051-667788, 🖥 www.rab-camping.com/autocamp-padova-3. Großer Campingplatz in Banjol, 30 Fußminuten südlich von Rab mit modernen Sanitäreinrichtungen und Strandzugang. 50 Kn p. P., Stellplatz 90–144 Kn.
Hotel Arbiana, Obala kralja Petra Krešimira IV., Rab, ☎ 051-725563, 🖥 www.arbianahotel.com. Das 4-Sterne-Hotel aus dem Jahr 1924 wurde

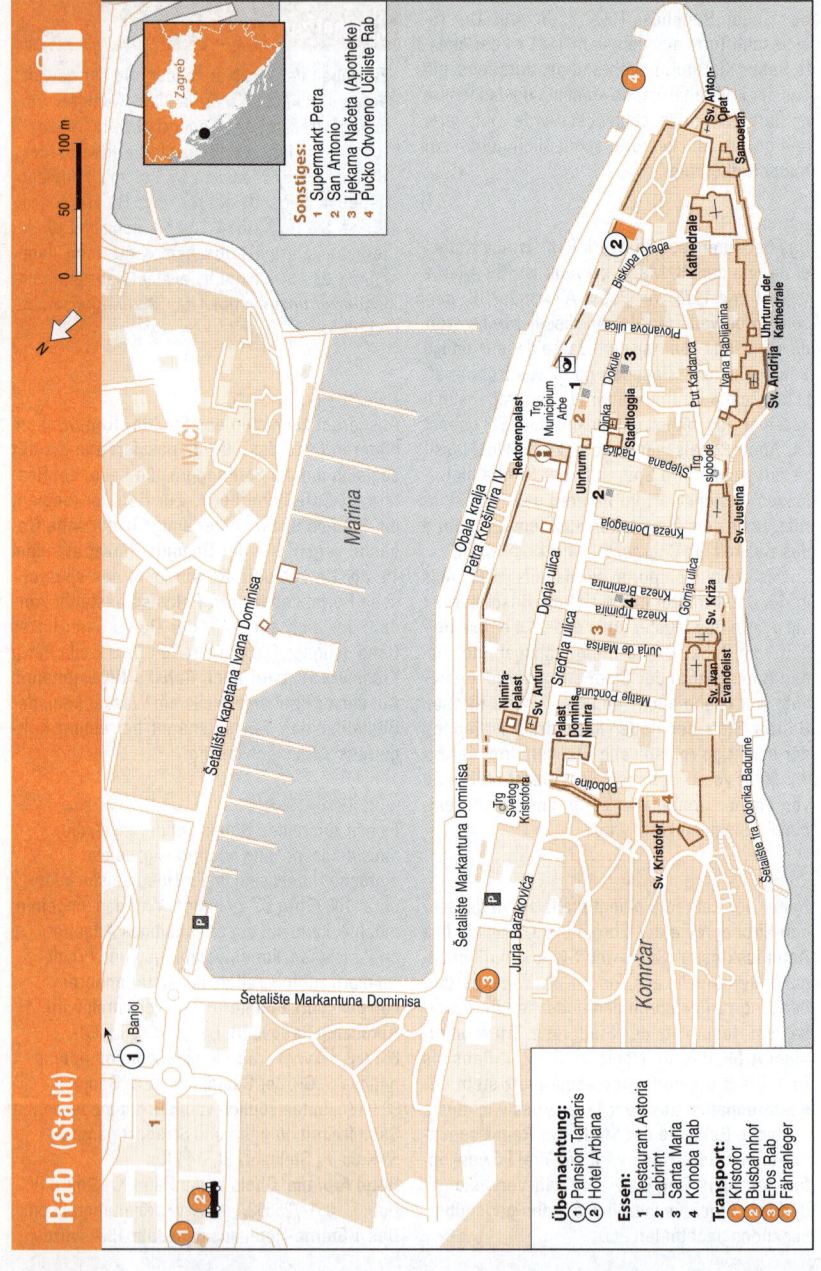

vor einigen Jahren renoviert und gilt heute als das beste Hotel der Stadt. Die Zimmer sind elegant eingerichtet, der Service ist gut, die Lage perfekt an der Hauptpromenade Rabs. ❻

Pansion Tamaris, Palit 285, Rab, ✆ 051-724925, 🖳 www.tamaris-rab.com. Hübsche Zimmer und Apartments, verbunden mit einem Restaurant, in Palit ca. 2,5 km von Rab entfernt. ❹

ESSEN

Konoba Rab, Kneza Branimira 3, Rab, ✆ 051-771145. Spezialität der urigen Konoba im Zentrum von Rab ist Lamm, das unter der Glocke *(ispod peke)* zubereitet wird, aber auch Fisch und anderes kommt auf den Tisch. Die Preise sind moderat. ⏰ 10–24, Fr–So 17–23 Uhr, Nov–Feb geschl.

Labirint, Srednja ulica 9, Rab, ✆ 051-771145, Angenehme Atmosphäre und solide kroatische Küche im Zentrum der Stadt Rab. ⏰ 11–15, 18–24 Uhr.

Restaurant Astoria, Dinka Dokule 2, Rab, ✆ 051-774844, 🖳 www.astoria-rab.com. Im 1. Stock des Hotels Astoria, mit Blick auf den Trg Municipium Arbe. Kreativ-mediterrane Küche mit viel Fisch, Gemüse und Kräutern. ⏰ 12–15, 18–23 Uhr, Okt–März geschl.

Restoran Leut, Barbat 421, ✆ 051-721074, 🖳 www.leut-rab.com. In Barbat, ca. 5 km südlich von Rab, besticht dieses Restaurant durch die Freundlichkeit der perfekt Deutsch sprechenden Besitzer und durch große Portionen mit guter mediterraner Küche. Das Leut (sprich: „le-ut", nicht „oi") vermietet auch Ferienwohnungen. ⏰ 11–23 Uhr, Nov–Feb geschl.

Santa Maria, Dinka Dokule 6, Rab, ✆ 051-724196. Schönes, rustikales Ambiente mit Holztischen im Innenhof und abwechslungsreichen Fisch- und Fleischgerichten auf dem Teller. ⏰ 10–23 Uhr.

UNTERHALTUNG UND KULTUR

Bars und Clubs

San Antonio, Trg Municipium Arbe 4, ✆ 051-724145, 🖳 www.sanantonio-club.com. Tagsüber gemütliches Café am Hauptplatz, abends geht die Post ab – Partys mit Tanz und guten Cocktails.

Santos Beach Club, am Strand Pudarica (zwischen Barbat und Mišnjak). Die Strand-Variante vom San Antonio, wo nach Baden und Sonnenbad auf heißen Partys noch richtig getanzt wird und Cocktails geschlürft werden.

Musik und Theater

Pučko Otvoreno Učiliste Rab, Bobotine bb, ✆ 051-724181, 🖳 www.ucilisterab.hr. Theateraufführungen, Konzerte und Kinoabende im Zentrum Rabs.

EINKAUFEN

Lebensmittel

Natura Rab, Barbat 677, ✆ 051-721927. Ökologische Lebensmittel sowie Kosmetikprodukte von der Insel Rab. ⏰ 8–22 Uhr.

Pekara Kiflić, Palit 432a, ✆ 051-724718, 🖳 www.kiflic.hr. Bäckerei und Konditorei vom Feinsten. Hier findet man auch dunkles Brot, Spezialität ist aber natürlich die Raber Torte (Rabska torta). Das Rezept der spiralförmig gebackenen Torte soll bereits aus dem Mittelalter stammen, wichtige Zutaten sind Mandeln und der Kirschlikör Maraschino.

Pekarna Slastica Vilma, Banjol 162, ✆ 051-724537, 🖳 www.rabskatorta.com. Hier gibt es neben der berühmten Raber Torte Kekse, Kuchen, Torten, aber auch Wein, Likör und Olivenöl.

König ohne Kleider

Als der englische König Edward VIII. 1936 mit seiner Geliebten und späterer Gemahlin Wallis Simpson den Urlaub auf Rab verbrachte, bat er die Behörden um Erlaubnis, nackt in der **Kandarola-Bucht** baden zu dürfen. Die Bitte wurde stattgegeben, und der kleiderlose König wurde zu einer Initialzündung für den **FKK-Tourismus** auf Rab und in ganz Kroatien. Die Kandarola-Bucht bei Rab ist nach wie vor ein beliebter Naturistenstrand, und auch um Lopar kommen Nacktbader auf ihre Kosten. Fraglich bleibt allein, ob die Abdankung des Königs noch im gleichen Jahr nicht doch auch mit seinem unschicklichen Urlaubsverhalten zusammenhing.

Supermärkte
Ein großer Supermarkt befindet sich in Banjol, eine kleinere Filiale in Palit.
Shopping Centar Petra, Banjol 165, ☎ 051-771208. ⊕ Mo–Sa 6.30–20, So 6.30–13 Uhr.
Trgovina Petra, PC Mali Palit, ☎ 051-725044. ⊕ Mo–Sa 6.30–20, So 6.30–12 Uhr.

AKTIVITÄTEN UND TOUREN

Tauchen
Aquasport, Supetarska Draga 331, ☎ 051-776145, 🖥 www.aquasport.hr. Tauchschule und Tauchbasis mit verschiedenen Tauchgängen in Supetarska Draga, 7 km nordwestlich von Rab.
Mirko Diving Center, Barbat 710, ☎ 051-721154, 🖥 www.mirkodivingcenter.com. Tauchgänge vor Rab und den umliegenden Inseln, Tauchkurse verschiedener Art, Unterkunft.

Wandern
Um Rab-Stadt gibt es eine Reihe schöner Spazier- und Wanderwege. Besonders beliebt ist der Aufstieg auf den **Aussichtspunkt Kamenjak**, von dem sich ein herrlicher Blick auf die Inseln der Kvarner Bucht und das Velebit-Gebirge am Festland ergibt. Startpunkt ist Mundanije an der Straße von Rab nach Lopar. Ein zweiter Weg ist der **Lungomare**, der an der Promenade entlang in die touristischen Vororte Banjol und Barbat führt. Eine Wanderkarte gibt es in der Touristeninformation.

SONSTIGES

Apotheken
Ljekarna Načeta, Srednja ulica 15, ☎ 051-724121. ⊕ Mo–Fr 7–20 Uhr.

Feste
Rabska fjera. Das wichtigste Ereignis der Stadt Rab erinnert an die Befreiung Rabs von den Venezianern im 14. Jh. Seit der Wiederbelebung der Tradition steht Rab seit 1995 vom 25.–27. Juli ganz im Zeichen des Mittelalters, Ritterspiele gehören genauso dazu wie autochthone Gerichte und ein mittelalterlicher Markt.

Geld
Mehrere Bankomaten im Zentrum
PBZ Bank, Markantuna de Dominisa 1, ☎ 051-751308. ⊕ Mo–Fr 8–18, Sa 8–12 Uhr.

Informationen
Touristeninformation Rab, Trg Municium Arbe 8, ☎ 051-724064, 🖥 www.tzg-rab.hr.

Medizinische Hilfe
Dom zdravlja, Palit 143a, ☎ 051-724506. Ärztehaus.

Polizei
Polizeistation Rab, Palit 144a, ☎ 051-439810.

Taxi
☎ 051-724955.

Goli Otok – Titos Insel-Lager

Zwischen der Nordspitze Rabs und dem Festland liegen die beiden kleinen Inseln Sveti Grgur und Goli Otok. „Nackte Insel" bedeutet Letztere, beim Anblick der Insel wird auch klar, warum: Die Insel besteht aus Fels und besitzt nahezu keine Vegetation. Bekannt ist Goli Otok jedoch aus einem anderen Grund: Von 1949 bis 1988 befand sich hier ein jugoslawisches Hochsicherheitsgefängnis, in dem zunächst Stalinisten und Faschisten, später aber auch andere Regimegegner inhaftiert wurden. Die Gefangenen lebten unter menschenunwürdigen Bedingungen, mussten harter körperlicher Arbeit nachgehen und waren regelmäßig Misshandlungen durch das Wachpersonal ausgesetzt. Auch auf der Nachbarinsel Sveti Grgur wurde ein vergleichbares Lager eingerichtet, in dem Frauen inhaftiert wurden. 1988 wurden beide Gefängnisse stillgelegt und 1989 völlig verlassen, wobei keine beweglichen Gegenstände zurückgelassen wurden. Die Felsinsel mit der traurigen Vergangenheit kann heute besucht werden, Ausflugsschiffe starten unter anderem von Rab-Stadt und Lopar.

Touristenagenturen

Eros Rab, R. brigade 22, ☏ 051-724688, 🖥 www.rab-novalja.com. Vermittlung von Privatunterkünften, Organisation von Ausflügen.

Numero Uno, Banjol 30, ☏ 051-775073, 🖥 www.numero-uno.hr. Vermittlung von Unterkünften, Verleih von Fahrrädern, Organisation von Exkursionen und Touren.

Reiseagentur Kristofor, Poslovni Centar Mali Palit 70, ☏ 051-725543, 🖥 www.kristofor.hr. Vermittlung von Privatunterkünften, Vermietung von Booten, Organisation von Touren.

TRANSPORT

Auto und Motorrad

Wer mit dem Auto unterwegs nach Rab ist, nimmt am besten die Fähre von STINICA (bei Jablanac, südlich von Senj) nach Mišnjak. Die Fahrt dauert ca. 15 Min., von Mišnjak sind es dann noch einmal gut 10 km bis zur Stadt Rab. Eine weitere Autofähre fährt von VALBISKA auf Krk nach Lopar und braucht ca. 90 Min.

Busse

Zwischen den beiden größten Orten der Insel, Rab und LOPAR, verkehren regelmäßig Busse. Aufs Festland gibt es Verbindungen nach SENJ und RIJEKA. Zuständig ist – wie in der gesamten Kvarner Region – Autotrans aus Rijeka, 🖥 www.autotrans.hr.

Fähren

Die Fähre von Mišnjak verbindet Rab mit dem Festland (in STINICA bei Jablanac), 15 Min., zudem gibt es eine Verbindung von Lopar zur Insel KRK (Valbiska), ca. 90 Min. Mit dem Katamaran ist Rab von RIJEKA aus zu erreichen, allerdings nur ohne Auto. Ein Katamaran verkehrt auch tgl. zwischen Rab und NOVALJA (Pag) in 1 Std. 40 Min.

Lopar

Lopar, bekannt für seine schönen Strände und als Fährhafen der Insel Rab (Fährbetrieb nur im Sommer), liegt auf einer flachen, grünen Halbinsel im Norden Rabs. Die zahlreichen Buchten mit Sandstrand – eine Besonderheit in Kroatien – und das flach abfallende Wasser (z. B. in der San Marino-Bucht) machen diesen Küstenabschnitt vor allem für Familien mit Kindern zu einem attraktiven Feriendomizil. Geboten werden ein breites Sport- und Freizeitangebot, aber auch FKK-Strände, wie z. B. an der Sahara- und der Stolac-Bucht.

Obwohl der Ort ganz auf Tourismus eingestellt ist, hat er dennoch einige interessante kulturhistorische Spuren aufzuweisen. Die **Marienkirche** aus dem 14. Jh. befindet sich auf einem Hügel in der Nähe des Fährhafens. Die einfache Kirche ist mit Schiffsmodellen und Frauentüchern geschmückt und beherbergt einen Altar mit einem spätromanischen Holzrelief. Die zwei-

Wander-, Bade- und Ausflugsziele

Auch abseits von Rab-Stadt und Lopar gibt es einiges zu entdecken. Besonders der eher untouristische, bewaldete **Westen der Insel** eignet sich hervorragend für lange Wanderungen, bei denen man auf versteckte, kleine schöne Badebuchten stößt – herrliche Ziele auch von Bootsfahrten ab Rab-Stadt.

Über Kampor erreicht man **Suha Punta** mit seiner modernen Feriensiedlung von der Hotelkette Imperial 🖥 www.imperial.hr, zu der das Hotel Eva sowie das Hotel Carolina an der Spitze der Landzunge zählen. Bademöglichkeiten findet man an den Felsen, aber auch am Kiesstrand. Zahlreiche schöne, einsame Badebuchten schließen sich hier an, die man auf holprigen Pfaden durch herrlichen Pinienwald erreicht. In der „**Schinken-Bucht**" lädt eine urige Konoba wenig oberhalb des kleinen Hafens zur verdienten Rast ein.

Durch das nahegelegene Waldgebiet der **Halbinsel Kalifront** führen schöne Wanderwege, die allerdings oft aber nur unzureichend beschriftet sind.

Supetarska Draga im Nordwesten ist eines der ältesten Dörfer der Insel und liegt in einer großen geschützten Bucht. Diese Lage macht den Ort bei Seglern und Wassersportlern beliebt.

te Kirche, die **Johanniskirche**, ist dem Schutzpatron der Stadt, dem Hl. Johannes dem Täufer, gewidmet.

Aus Lopar stammt der Legende nach auch der **Steinmetz Marin**, der im 4. Jh. auf die andere Seite der Adria wechselte und als verfolgter Christ die Republik San Marino gründete, die bis heute als älteste Republik der Welt besteht. Die Einwohner Lopars sind stolz auf ihren berühmten Sohn und nannten unter anderem einen Strand und eine Hotelanlage „San Marino".

ÜBERNACHTUNG, ESSEN, UNTERHALTUNG

Lopar wird übernachtungstechnisch von der **Ferienanlage San Marino** mit 5 Hotels dominiert, 🖥 www.imperial.hr. Die günstigere Alternative sind Privatunterkünfte, Vermittlung über Touristenagenturen.

Autocamp San Marino, Lopar 488, ✆ 051-775133, 🖥 www.rab-camping.com. Großer Campingplatz am Paradies-Strand (Rajska Plaža). 50 Kn p. P., Stellplatz 90–122 Kn.

Konoba Ankora, Lopar 103, ✆ 091-7632750, ✉ edi.pecarina@ri.t-com.hr. Der Eigentümer dieser angenehmen Konoba in Lopar fährt jeden Tag zum Fischen aufs Meer, und abends gibt es den Fang frisch im Restaurant, daneben auch Fleischgerichte, Suppen und mehr. Die Portionen sind reichlich und die Preise moderat. Über dem Restaurant können 2 ansprechende Ferienwohnungen gemietet werden. ⏲ 12–15, 17–24 Uhr, Okt–April geschl.

Bamboocho Cocktail-Bar, Cocktail-Bar und Party-Zentrum am San Marino-Strand, die Partys gehen bis in die frühen Morgenstunden.

SONSTIGES

Apotheken
Ljekarna Lopar, Lopar 381a, ✆ 051-775536.

Geld
Einen **Bankomat** gibt's neben dem Supermarkt.

Informationen
Touristeninformation Lopar, Lopar bb, ✆ 051-775508, 🖥 www.lopar.com.

Tauchen
Moby Dick Diving, Lopar 493, ✆ 051-775577, 🖥 www.mobydick-diving.com. Tauchbasis mit Tauchgängen, Tauchkursen, Unterkunft.

Touristenagenturen
Sahara Tours, Lopar bb, ✆ 051-775633, 🖥 www.sahara-lopar.com. Vermittlung von Unterkünften, Verleih von Booten und Mofas, Bootsausflüge.

TRANSPORT

Auto und Motorrad
Lopar liegt 12 km nördlich von Rab, die Autofähre von Krk legt direkt in Lopar an, von der Fähre in Mišnjak sind es 22 km.

Busse
9x tgl. von RAB-STADT nach Lopar in 15 Min. für 20 Kn.

Fähren
Lopar ist mit Valbiska auf KRK verbunden, in der Hauptsaison fahren 13 Fähren tgl., die Fahrt dauert 25 Min.

Lika-Karlovac

Stefan Loose Traveltipps

Karlovac Die Plattenbauten in den Vororten täuschen, das Zentrum von Karlovac ist eine perfekt konstruierte, sternförmige Festungsstadt, inmitten harmonischer Natur. S. 255

Ogulin In diesem historischen Städtchen wurde die berühmteste Kinderbuchautorin des Landes geboren. Auf den Spuren von Märchen und Mythen führt eine Wanderung zudem auf den legendären Berg Klek. S. 263

6 Nationalpark Plitvicer Seen Der älteste und bekannteste Nationalpark Kroatiens ist eine traumhafte Verkettung tiefgrüner Seen, Flüsschen sowie großer und kleiner Wasserfälle inmitten bewaldeter Karstlandschaft. S. 266

7 Gacka Ein verwunschener, eiskalter, grüner Fluss schlängelt sich durch die Tiefebene der Lika, ein Naturvergnügen mit hüpfenden Forellen, aber auch gastfreundlichen Bewohnern und dem erstaunlich lebendigen Städtchen Otočac. S. 271

Senj Eines der bekanntesten deutschen Jugendbücher, *Die rote Zora und ihre Bande*, spielt hier, am rauesten Teil der kroatischen Festlandsküste, besonders die Uskokenfestung Nehaj regt die Fantasie bis heute an. S. 283

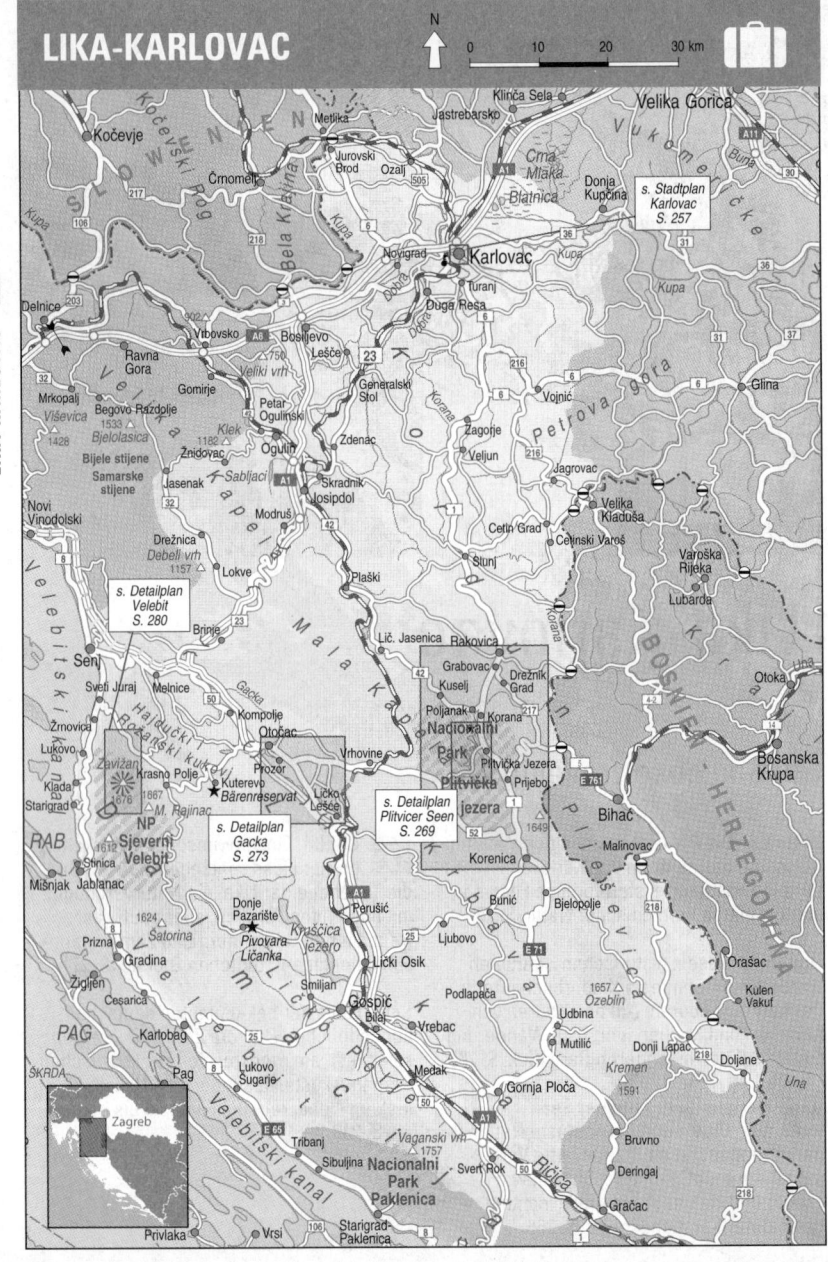

Die Region Lika-Karlovac besteht aus den Gespanschaften Karlovac und Lika-Senj und verbindet das kroatische Binnenland mit der Küste des Landes. Für Reisende stellt sie den idealen Zwischenstopp auf dem Weg nach Dalmatien dar, aber auch ein längerer Aufenthalt lohnt durchaus. Eine atemberaubende landschaftliche Vielfalt, bedeutsame historische Städte und herzliche und gastfreundliche Menschen charakterisieren diese Region. Sie beginnt im Norden mit dem Voralpenland an der slowenischen Grenze und dem harmonisch-hügeligen Umland der alten Festungsstadt **Karlovac**. Der südliche Teil der Region gliedert sich in einen schmalen Küstenstreifen um die Stadt **Senj**, die lang gezogene Hochgebirgslandschaft des **Velebit**, die **Tiefebene der Lika** und schließlich die faszinierende Flusslandschaft um die **Plitvicer Seen**.

Lika-Karlovac war jahrhundertelang eine Grenzregion. Sie grenzte an das mittelalterliche Deutsche Reich, ohne ihm jedoch anzugehören, die Grenze zwischen dem Habsburgerreich und dem Osmanischen Reich verlief mitten durch die Region. Nach der Befreiung von der osmanischen Herrschaft wurde im 16. Jh. die Kroatische Militärgrenze errichtet, Städte wie Karlovac, Ogulin und Otočac wurden befestigt, und in den von den Türkenkriegen entvölkerten Gebieten wurden Flüchtlinge aus anderen Regionen des Osmanischen Reiches angesiedelt, zumeist Serben. Im 19. und 20. Jh. wurde Lika-Karlovac wieder eine wichtige Transitregion, da sie die Festlands- und Küstenteile Kroatiens miteinander verbindet. Im Krieg der 90er-Jahre lief die Frontlinie erneut mitten durch dieses Gebiet, Karlovac, Otočac und Gospić waren wichtige kroatische Stützpunkte, während die Gegenden an der bosnischen Grenze unter serbischer Kontrolle standen und verwüstet wurden. Die Zerstörungen in der Region um Plitvice, im südlichen Umland von Karlovac und im Süden der Lika waren immens. Durch ein Wohnungsbauprogramm der kroatischen Regierung wurden zahlreiche zerstörte Häuser saniert oder abgerissen, die Region erscheint so in neuem Glanz. Auch wenn mit den Plitvicer Seen eines der wichtigsten kroatischen Reiseziele zur Region gehört, ist Lika-Karlovac von Touristen weitestgehend unentdeckt. Besonders die Umgebung von Karlovac und das wunderschöne Flusstal der Gacka rund um Otočac haben beste Bedingungen für den Individualtourismus geschaffen und warten auf entdeckungsfreudige Besucher.

Karlovac

Karlovac (dt. Karlstadt, 56 000 Einw.) liegt etwa eine Autostunde von Zagreb entfernt und bietet sich nicht nur aufgrund seiner günstigen Lage zwischen Zagreb und der Küste bzw. den Plitvicer Seen als Zwischenstopp an. Karlovac wird die „Vier-Flüsse-Stadt" genannt, da tatsächlich die vier Flüsse Kupa, Korana, Mrežnica und Dobra durch das Stadtgebiet fließen. Die Stadt ist zudem ein perfekter Ausgangspunkt für Touren und Ausflüge in die wunderschöne Umgebung.

Karlovac wurde 1579 als habsburgische Festung der österreichischen Militärgrenze gegründet. Die bis heute sichtbare sternförmige Anlage der Stadt gilt als Beispiel für die meisterhafte Baukunst der Renaissance. Militärisch verlor Karlovac nach den Türkenkriegen an Bedeutung, mauserte sich jedoch zu einer wichtigen Handelsstadt. Hier beginnen drei wichtige historische Straßen, die in der Habsburgerzeit angelegt wurden und das Binnenland mit der Küste verbinden, nämlich die Josephina (18. Jh.) nach Senj, die Karolina (18. Jh.) nach Bakar und die Lujzijana (19. Jh.) nach Rijeka (s. Kapitel Kvarner Bucht). Im Zentrum von Karlovac steht ein Meilenstein (Miljokaz), der den Beginn der Josephina nach Senj (115 km) markiert.

In jugoslawischer Zeit wurde die Altstadt von Karlovac mit unzähligen Plattenbauten umgeben, die der Schönheit des Stadtbilds nicht zuträglich sind, aber in dieser Zeit modernen Wohnraum für breite Bevölkerungsschichten schafften. Der Besucher sollte sich von den Blöcken jedoch nicht abschrecken lassen.

Im kroatischen Unabhängigkeits-Krieg hatte Karlovac abermals eine wichtige strategische Position und lag für die gesamte Dauer des Krieges an der Front. So waren in Karlovac und Umgebung erhebliche Kriegsschäden zu verzeichnen. Heute ist das Zentrum jedoch weitestgehend wiederhergestellt, und die Stadt bietet

> ### Erinnerung an das Kriegsgeschehen
>
> In **Turanj**, rund 5 km südlich von Karlovac, erinnert ein Museum an den Krieg der 90er-Jahre. Die **Sammlung der Kriegswaffen aus dem Heimatkrieg** (Zbirka oružja Domovinskog rata) ist eine etwas makaber anmutende Ausstellung von Panzern, Flugzeugen und anderem Gerät unter freiem Himmel, die auch den Urlaubern auf dem Weg zur Adria ins Gedächtnis ruft, dass hier noch vor etwa 20 Jahren Granaten einschlugen, Menschen vertrieben und getötet und Häuser zerstört wurden. ⏱ immer frei zugänglich.

zahlreiche touristische Möglichkeiten. In Karlovac befindet sich eine große Brauerei, in der das bekannteste Bier Kroatiens, **Karlovačko Pivo**, produziert wird.

Das Zentrum von Karlovac bildet die ehemalige **Festungsanlage** in Form eines sechszackigen Sterns, von der einige Teile erhalten sind, umgeben von schönen Parkanlagen. Wuchtige Barockgebäude, darunter militärische und administrative Paläste, eindrucksvolle Wohnhäuser und Kirchengebäude, prägen den Innenstadtkern.

In der Mitte des Hauptplatzes **Trg bana Jelačića** steht eine Pestsäule mit Madonnenstatue, die nach dem Ende einer Pestepidemie im Jahr 1691 erbaut wurde. Der Platz wird dominiert von der **Kirche der Heiligen Dreifaltigkeit** (Crkva Presvetog Trojstva), die als ältestes Gebäude der Stadt gleichzeitig mit der Festung entstand, im 17. Jh. wurde ein Franziskanerkloster hinzugefügt. In der einschiffigen Barockkirche sind ein wuchtiger schwarzer Marmoraltar und mehrere kleinere Seitenkapellen zu sehen. Die serbisch-orthodoxe **Kirche des Hl. Nikolaus** (Crkva Sv. Nikole) wurde nach Kriegszerstörungen wiederhergestellt und erstrahlt heute in bescheidenem hellgrünen Anstrich am anderen Ende des Platzes.

Der zweite zentrale Platz ist der **Strossmayer-Platz** (Trg Josipa Jurja Strossmayera), an dem prächtige Barockgebäude wie das Rathaus aus dem 18. Jh. zu sehen sind. Hier befindet sich auch das **Stadtmuseum** (Gradski Muzej), Strossmayerov trg 7, ☏ 047-615980, 🖥 www.gmk.hr, das in einem Frankopanenpalast aus dem 17. Jh. untergebracht ist. Hier sind Exponate aus den Bereichen Naturkunde, Archäologie, Kulturgeschichte, Geschichte und Ethnografie zu sehen, zudem gibt es eine Kunstgalerie. Interessant sind dabei z. B. Stadtmodelle und Bilder aus der Vergangenheit von Karlovac. ⏱ Di, Do, Fr 8–16, Mi 8–19, Sa, So 10–12 Uhr, Eintritt 10 Kn.

Auf dem Weg zum Ufer der Kupa passiert man den kleinen **Pavillon Katzler**, der als Ausstellungsstück für die Zagreber Messe gebaut und später vom Gärtner Wilhelm Friedrich Katzler nach Karlovac geholt wurde. Hier dokumentieren Fotos und andere Exponate die Geschichte der Stadt Karlovac. Hier kann man Postkarten und andere Souvenirs kaufen. ⏱ Mo–Fr 10–13, 16–19, Sa 9–13 Uhr.

Westlich des Stadtzentrums befindet sich die **Burg Dubovac** (Stari grad Dubovac), ☏ 047-615980, die in etwa einer halben Stunde zu Fuß zu erreichen ist. Die Burganlage geht auf das 13. Jh. zurück und war im Besitz verschiedener kroatischer Adelsfamilien, die Dubovac immer wieder umbauten. Ihre heutige Gestalt erhielt die Burg unter der Herrschaft der Frankopanen im 16. Jh. Dubovac hat sich bis heute hervorragend erhalten, vom Turm aus bietet sich ein herrlicher Blick über die Stadt Karlovac und die Umgebung. Ein Café und eine Dauerausstellung zur Geschichte der Region im Turm gehören zum Angebot der Burg. Etwa zehn Stadtbusse fahren täglich in Richtung Dubovac (Richtung Mala Jelsa,

> ### Baden am Fluss
>
> Karlovac und Umgebung bieten in ganz Kroatien die wohl schönsten Badeplätze an Flüssen. Die Hauptbadestelle **Foginovo** befindet sich am Fluss Korana, in der Nähe des gleichnamigen Hotels. Wer es etwas versteckter haben möchte, findet eine ganze Reihe schöner Badestellen am Fluss Mrežnica, z. B. in und um Duga Resa. In Lešće (bei Generalski stol, zwischen Karlovac und Ogulin) liegt am Fluss Dobra ein Heilbad, 🖥 www.toplice-lesce.com, das neben Kureinrichtungen auch über einen großen Außenpool verfügt.

Karlovac

Übernachtung:	Essen:	Sonstiges:	7 Knjižara VBZ	Transport:
① Hotel Europa	1 Restoran Žganjer (Jaškovo)	1 The River Pub	8 Apotheke (2x)	① Bahnhof
② Hotel Carlstadt	2 Lovački rog	2 Crni mačak	9 Stacun Pri Gambonu	② Ekološko društvo Pan
③ Hotel Korana Srakovčić	3 Tempo	3 Touristenbüro der Gespanschaft Karlovac	10 Stadttheater Zorin dom	③ City Car Korzo
④ Mrežnička kuća /Restoran DP	4 Pod starimi krovovi	4 Karlovčanka	11 Edison	④ Busbahnhof, Taxi
⑤ Autocamp Slapić	5 Zeleni Kut	5 Touristeninformation der Stadt Karlovac	12 Kino Apolo	
	6 Restoran Žganjer (Jelaši)	6 Catalpa		

Velika Jelsa und Zadobarje). ⏰ Mo–Fr 16–20, Sa 10–18, So 16–19 Uhr, Okt–April auf Anfrage, Eintritt 10 Kn (Ticket gilt auch für das Stadtmuseum). Wer eine fachkundige Führung wünscht, sollte sich drei Tage im Voraus anmelden.

ÜBERNACHTUNG

In Karlovac gibt es 3 Hotels und eine Reihe von Privatunterkünften, die über die Touristeninformation kontaktiert werden können.
Autocamp Slapić, Mrežnički Brig bb, Duga Resa, ✆ 047-854754, 047-854700 (Okt–April), 🖥 www.campslapic.hr. Großer und moderner Campingplatz am rechten Ufer des Flusses Mrežnica, in dem man fantastisch baden und auch Kanu fahren kann. 40 Kn p. P., Stellplatz 40 Kn.
Hotel Carlstadt, A. Vraniczanya 1, ✆ 047-611111, 🖥 www.carlstadt.hr. Das nach dem deutschen Namen von Karlovac benannte Hotel liegt im Zentrum unweit des Flusses Kupa in einem alten Gebäude. In den sauberen Zimmern finden sich braune Holzmöbel und rote Teppiche. Das Hotel ist leicht angestaubt, entspricht aber dem Standard eines 3-Sterne-Hotels. ❷–❸
Hotel Europa, Banija 161, ✆ 047-609666, 🖥 www.hotel-europa.com.hr. Direkt an der Autobahn von Zagreb an die Küste gelegen,

bietet sich das Hotel Europa für Transitreisende an, auch der (Zug-) Bahnhof ist fußläufig zu erreichen. Trotz der verkehrsgünstigen Lage ist es ruhig und daher eine gute Alternative zu Motels an der Autobahn. Die Zimmer sind sauber, das Personal freundlich. ❹–❺
Hotel Korana Srakovčić, Perivoj Josipa Vrbanića 8, ✆ 047-609090, 🖥 www.hotel korana.hr. In einem denkmalgeschützten Park liegt direkt am Ufer des Flusses Korana dieses Kleinod. Nach der Zerstörung des Hotels 1906 wurde es von der Familie Srakovčić originalgetreu wieder aufgebaut. Die 19 Zimmer sind geschmackvoll mit Holzmöbeln ausgestattet. Es gibt im Hotel einen Fahrradverleih mit Tourvorschlägen in der Region und das hervorragende **Restaurant Dobra** mit Blick auf den Fluss (🕐 7–22 Uhr). Das Personal ist professionell und freundlich. ❺
Mrežnička kuća/Restoran DP, Donji Zvečaj 41, ✆ 047-819100, 🖥 www.restoran-dp.com. In der Nähe von Duga Resa liegt unweit der Mrežnica dieses Restaurant, das auch preisgünstige Zimmer anbietet. Die Zimmer sind geschmackvoll und sauber, die umliegende Natur lädt zu allerlei Aktivitäten ein. ❷

ESSEN

Lovački rog, Zagrebačka bb, ✆ 047-637675, 🖥 www.lovacki-rog.hr. Das Familienrestaurant 6 km nördlich des Zentrums liegt inmitten eines verwunschenen Eichenwalds mit schöner Sommerterrasse. Die Küche bietet kontinental-kroatische Speisen in guter Qualität, Spezialität sind Rehmedaillons mit Preiselbeeren, dazu gibt es hervorragende lokale Weine, und alles zu sehr moderaten Preisen. 🕐 10–23 Uhr.
Pod starimi krovovi, S. Radića 8, ✆ 047-615420, „Unter den alten Dächern" ist ein stilvolles Restaurant im unmittelbaren Zentrum von Karlovac. Das Essen ist traditionell, die Bedienung professionell, die Preise sind ausgesprochen moderat. Im Innenhof befindet sich ein Café, das ebenfalls zum Restaurantkomplex gehört. 🕐 Mo–Sa 9–22 Uhr.
Restoran Žganjer, Jaškovo 51, ✆ 047-751200/ Jelaši 41, ✆ 047-641333, 🖥 www.restoran-zganjer.hr. Das beliebte Restaurant hat 2 Filialen, eine in Jaškovo, 5 km nördlich, eine in Jelaši, 5 km südlich von Karlovac. Die traditionell-kroatische Küche mit Schwerpunkt auf verschiedenen Fleischspezialitäten ist bei Touristen und Einheimischen gleichermaßen

Die Mauern von Karlovac erinnern an seine reiche Geschichte.

beliebt. In Jelaši werden auch 10 solide Zimmer (❷) vermietet. ⏰ 6–24 Uhr.
Tempo, Mažuranićeva obala 1, ✆ 047-600168. Das zentrumsnahe Restaurant bietet Fleisch- und Fischgerichte sowie Vegetarisches zu sehr erschwinglichen Preisen. Von der Terrasse genießt man eine schöne Aussicht auf das Kupa-Ufer.
Zeleni Kut, Zvečaj 109, ✆ 047-866100, 🖥 www.zeleni-kut-puskaric.hr. Das Restaurant mit dem Namen „Grüne Ecke" liegt idyllisch direkt am smaragdgrünen Fluss Mrežnica unweit von Duga Resa. Auf der Karte stehen neben traditionellen Fleischgerichten (meist gegrillt) auch Flussfische und (Seltenheitswert!) eine Reihe vegetarischer Speisen. Es werden auch angenehme, moderne Zimmer (❷) vermietet. ⏰ 9–23 Uhr.

UNTERHALTUNG UND KULTUR
Bars und Clubs
Catalpa Lounge Bar, S. Radića bb. Kleine Café-Bar mit Glaswänden gegenüber vom Pavillon Katzler mit tollem Blick auf die Parkanlagen. ⏰ Mo–Do 7–23, Fr, Sa 7–1, So 9–23 Uhr.
Crni mačak, N. Šebetića 4, Ecke Preradovićeva, ✆ 047-600219. Der „schwarze Kater" ist ein urgemütliches Pub mit schweren dunklen Holzmöbeln, internationaler Bierauswahl und Rockmusik. Wer draußen sitzen möchte, macht es sich an den Holztischen auf der Terrasse nahe der Kupa-Promenade gemütlich. ⏰ Mo–Do 8–23, Fr, Sa 8–1, So 10–24 Uhr.
Edison, Šetalište dr. Franje Tuđmana 13, ✆ 099-3505959. Das Kinogebäude aus den 20er-Jahren ist heute Café-Bar inmitten der Parkanlagen, hier finden Partys und Konzerte statt. Aber auch wunderbar zum Kaffeetrinken geeignet. ⏰ So–Do 7–23, Fr, Sa 7–4 Uhr.
The River Pub, P. Preradovića 10, ✆ 047-638698, 🖥 www.theriverpub.hr. Eigentlich mehr Club als Pub am Kupa-Ufer, regelmäßig Livemusik bekannter kroatischer Bands. ⏰ Mo–Do 7–24, Fr, Sa 7–3, So 14–24 Uhr.

Kino
Kino Apolo, Marina Držića 4, Karlovac, ✆ 047-415506, 🖥 www.apolo.hr. Nach längerer Pause eröffnete 2012 wieder ein Kino in Karlovac, das Mainstream-Filme für Erwachsene und Kinder zeigt. Die Filme sind in der Regel in Originalversion mit kroatischen Untertiteln, Kinder- und Animationsfilme sind kroatisch synchronisiert.

Musik und Theater
Gradsko kazalište Zorin dom, Domobranska 1, ✆ 047-614950, 🖥 www.zorin-dom.hr. Das 1892 gegründete Stadttheater präsentiert Theater, Konzerte und Tanzveranstaltungen in einem hübschen Theatergebäude in den Parkanlagen.

FESTE
Internationales Folklore-Festival (Međunarodni festival folklora), 🖥 www.ka-mff.org. Das Festival wird seit 1998 jährlich veranstaltet und versammelt Folkloregruppen aus dem In- und Ausland. Die Musik- und Tanzveranstaltungen laufen im Juni über eine Woche hinweg und werden von einer großen Parade aller Teilnehmer im Basketball-Stadion eröffnet.
Karlovački dani piva, 🖥 www.danipiva.com. Die Biertage von Karlovac finden über einen Zeitraum von 10 Tagen Ende August, Anfang September statt. Neben frisch gezapftem Karlovačko pivo stehen Sportevents und Konzerte bekannter kroatischer Musiker auf dem Programm.

AKTIVITÄTEN UND TOUREN
Kanutouren
Im Autocamp Slapić bei Duga Resa (s. Übernachtung) können Kanus ausgeliehen werden. Damit kann man auf eigene Faust auf der Mrežnica lospaddeln (Achtung: Stromschnellen!), oder man schließt sich einer vom Camp organisierten Paddeltour an.

Radfahren
In und um Karlovac wurden eine ganze Reihe attraktiver Fahrradwege eingerichtet, auf denen die Umgebung erkundet werden kann. Fahrradkarten sind in der Touristeninfo und im Hotel Korana Srakovčić erhältlich. Weiter Infos: 🖥 www.cikloturizam.tzkz.hr.
Ekološko društvo Pan, Struga 1, ✆ 047-614063, 🖥 www.eko-pan.hr. Fahrradverleih und Informationen über Fahrradtouren.

Hotel Korana Srakovčić, Perivoj Josipa Vrbanića 8, ☏ 047-609090. Fahrradverleih und Infos.

Wandern

Die Landschaft um Karlovac mit ihren kleineren und größeren, meist bewaldeten Bergen ist ein ideales Ziel zum Wandern. Ein schöner, ausgedehnter Wanderweg führt über 15 km von Karlovac nach Ozalj. Von dem Wanderweg können sehr gut auch kleinere Strecken bewandert werden.

Wandern im Gebirge Petrova gora

Etwa 30 km südöstlich von Karlovac erstreckt sich in der Nähe des Ortes Vojnić das Mittelgebirge Petrova gora, benannt nach dem letzten kroatischen König des unabhängigen mittelalterlichen Kroatien Petar Svačić, der hier 1097 in der verlorenen Schlacht gegen König Koloman von Ungarn zu Tode kam. Ein zweites Mal hatte Petrova gora eine wichtige historische Bedeutung, als die kommunistischen Partisanen hier im Zweiten Weltkrieg ihr zentrales Militärkrankenhaus in unterirdischen Kammern und Blockhütten einrichteten. Außerdem wurden hier die ersten Ausgaben der Partisanenzeitung *Vjesnik* gedruckt, die später zu einer renommierten kroatischen Tageszeitung wurde und bis 2012 erschien.

Durch das dicht bewaldete Gebirge führen **drei gut ausgeschilderte Wanderwege**, die bei der Jagdhütte Muljava beginnen und alle wichtigen Sehenswürdigkeiten (Grab des Petar Svačić, Partisanenkrankenhaus, Ruinen eines Paulanerklosters auf dem Berg Mali Petrovac) sowie die höchsten Erhebungen (Veliki Petrovac, 512 m, Mali Petrovac, 507 m, Mali Velebit 325 m) miteinander verbinden. Informationen und Karten unter: 🖥 www.muljava.com.

Lovački Dom Muljava, Muljava bb, Vojnić, ☏ 098-447596, 🖥 www.muljava.com. Die Jagdhütte mit Restaurant hat Wildspezialitäten und Grillfleisch mit Saisongemüse sowie Desserts mit Waldfrüchten auf der Speisekarte. Die soliden Zimmer der Unterkunft sind sauber, ordentlich, preiswert. ⏰ 10–21 Uhr. ❶

SONSTIGES

Apotheken
Karlovačka Ljekarna, Kralja Tomislava 19a, ☏ 047-614726. ⏰ rund um die Uhr.

Autovermietungen
City Car Korzo, Šetalište dr. Franje Tuđmana 6, ☏ 047-423387, 🖥 www.ruta22.hr.

Einkaufen
Štacun pri Gambonu, S. Radića 8/10, ☏ 047-616494. Wunderbare autochthone Souvenirs aus der Region Karlovac, z. B. Gläser mit Karlovac-Motiven, Bilder, T-Shirts, aber auch Lebensmittel wie regionaler Käse, Wein und andere alkoholische Getränke, darunter auch der (in Anlehnung an das Original aus der Normandie) Carlvados genannte Apfelschnaps oder -likör. ⏰ Mo, Mi 8–15, Di, Do–Sa 13–20 Uhr.

Geld
Zahlreiche Banken im Zentrum.
Karlovačka banka, I.G. Kovačića 1.
⏰ Mo–Fr 7.30–19.30, Sa 7.30–12 Uhr.

Gepäckaufbewahrung
Am Busbahnhof, 5 Kn pro Tag und Gepäckstück. ⏰ 6–20 Uhr.

Informationen
Tourismusverband der Gespanschaft Karlovac, Ambrosa Vraniczanya 6, ☏ 047-615320, 🖥 www.tzkz.hr.
Touristeninformation Karlovac, Trg Petra Zrinskog 3, ☏ 047-615320, 🖥 www.karlovac-touristinfo.hr.

Medizinische Hilfe
Krankenhaus Karlovac, Andrije Štampara 3, ☏ 047-608100, 🖥 www.bolnica-karlovac.hr.

NAHVERKEHR

Stadtbusse
Stadtbusse in die Außenviertel und Vororte fahren vom Korzo (Ulica Ivana Gundulića/Trg bana Petra Zrinskog), dort gibt es mehrere Stationen. Verbindungen unter anderem nach Dubovac, Turanj und Duga Resa. Tickets

können im Bus erworben werden und kosten zwischen 10 und 27 Kn.

Taxi
Taxi, ✆ 047-416249. Der einzige feste Taxi-Stand befindet sich am Busbahnhof.

TRANSPORT

Auto und Motorrad
Kostenpflichtige **Parkplätze** sind überall im Zentrum verfügbar (5 Kn pro Std.).

Busse
Karlovac verfügt über eine exzellente Busanbindung, da nahezu alle Busse, die von Zagreb oder anderswo in Kontinentalkroatien an die Küste fahren, hier halten.
Busbahnhof Karlovac (Autobusni kolodvor), Prilaz Većeslava Holjevca 2, ✆ 060-338833.
PLITVICE, 7x tgl. in 1 1/2 Std. für 44 Kn.
PULA, 11x tgl. in 3–4 1/2 Std. für 148–174 Kn.
RIJEKA, 16x tgl. in 2 Std. für 80–121 Kn.
SPLIT, 7x tgl. in 5–8 Std. für 109–139 Kn.
ZADAR, 5x tgl. in 2 1/2–4 Std. für 75 Kn.
ZAGREB, 39x tgl. in 1 Std. für 37–48 Kn

Eisenbahn
Auch die Bahnanbindung ist für kroatische Verhältnisse sehr gut.
Hauptbahnhof Karlovac (Željeznički kolodvor), Vilima Reinera 3, ✆ 047-646244.
RIJEKA, 3x tgl. in 3 Std. für 92–99 Kn.
SPLIT, 3x tgl. in 6–8 Std. für 165–172 Kn.
ZAGREB, 16x tgl. in 1 Std. für 36–43 Kn.

Umgebung von Karlovac

Die Umgebung von Karlovac gehört zu den landschaftlich schönsten Regionen des kroatischen Binnenlandes, die Höhe der meist bewaldeten Hügel wächst von Ost nach West, auf vielen befinden sich mittelalterliche Burganlagen. Die Region an der slowenischen Grenze ist dünn besiedelt, hier wechseln sich Wälder und Weinberge ab. Das Städtchen Ozalj punktet mit seiner imposanten Frankopanenfestung und einem hübschen Heimatmuseum. Südlich von Karlovac gilt Rastoke (Ortsteil von Slunj) mit seinen Wasserfällen als „kleines Plitvice", während sich Ogulin als historische Märchenstadt präsentiert, in deren Nähe man außerdem Ski fahren kann.

Ozalj

Das historische Städtchen Ozalj (1200 Einw.), 17 km nordwestlich von Karlovac, inmitten einer harmonischen, bewaldeten Hügellandschaft am Fluss Kupa gelegen, wurde 1244 erstmals als Freie Reichsstadt erwähnt, was von seiner einstigen Bedeutung zeugt. Hintergrund war die strategisch günstige Lage an einem wichtigen Flussübergang. Bedeutendstes Bauwerk des Ortes ist **Schloss Ozalj** (Dvorac Ozalj), das sich aus einer mittelalterlichen Burganlage entwickelte. Die hoch über der Kupa gelegene Burg wurde im 13. Jh. errichtet und gehörte den einflussreichen kroatischen Adelsfamilien Frankopan und Zrinski. Die dreieckige Burganlage wurde mehrfach umgebaut. Von der Festung haben sich der Wehrturm und das Palais des kroa-

Elegante Landträume auf sanften Hügeln

Das Hotel Srakovčić in Karlovac hat vor einigen Jahren einen ländlichen Ableger bei Ribnik, nordwestlich von Karlovac, gegründet. Hier kann man in wunderschön hergerichteten traditionellen Holzhäusern übernachten, die 25 DZ mit hellen Holzbetten, kariertem Bettzeug und Gardinen haben nostalgischen Charme und sind doch neu und modern. Die Unterkünfte liegen auf weinbewachsenen Hügeln, die den hauseigenen Weinkeller wachsen lassen. Das Restaurant Petrova klet sorgt für das leibliche Wohl mit lokalem Wein, *pršut* und Käse.
Zum Angebot gehört auch ein Campingplatz mit modernen Sanitäranlagen, Schwimmbecken und anderen Sportangeboten. 52 Kn p. P., Stellplatz 105 Kn.
Srakovčić Heart of Nature, Gorica Lipnička 8, Ribnik, ✆ 047-609090, 🖥 www.srceprirode.hr. ❸

tischen Nationalhelden Nikola Šubić Zrinski (1508–66), der seinen mutigen und entschiedenen Kampf gegen die Osmanen mit dem Leben bezahlte, samt Inschrift von 1556 erhalten. Die späteren Besitzer fügten einen Barock-Trakt hinzu und bauten die Burg zu einem Schloss aus. Die eindrucksvolle Anlage beheimatet heute das **Heimatmuseum Ozalj** (Zavičajni muzej Ozalj), Zrinskih i Frankopana 2, ✆ 047-732271, mit Exponaten zur Kulturgeschichte, Ethnografie und Archäologie der Region Ozalj. ⏲ Mo–Fr 8–15, Sa, So 12–18 Uhr, Eintritt 10 Kn.

Am Ufer der Kupa befindet sich ein **historisches Wasserkraftwerk** aus dem Jahr 1908, das mit seiner prächtigen Fassade und einem Türmchen eher an eine Wasserburg erinnert.

An der Straße zum Vorort Trg befindet sich ein **Ethno-Park**, wo in den hübschen, teils reetgedeckten Häusern der Region die ethnografische Sammlung des Heimatmuseums Ozalj zu sehen ist. ⏲ Mo–Fr 8–15 Uhr.

ÜBERNACHTUNG UND ESSEN

Motel Pavlaković, Karlovačka cesta 93, ✆ 047-731153, 💻 www.motel-ozalj.com. Die Zimmer des Motels sind überholungsbedürftig, aber preiswert, das zugehörige **Restaurant Azaleja** bietet solide Hausmannskost und regionale Weine aus dem nahen Weinbaugebiet Vivodina. ⏲ 12–24 Uhr. Highlight des Hauses ist eine neue Kegelbahn. ❶

Vila Vino, Grandić Breg 1F, ✆ 091-1947252, 💻 www.vila-vino.de. Die hübsche Ferienwohnung liegt auf dem Land, rund 7 km nördlich von Ozalj in einer romantischen Hügellandschaft mit Weinbergen und einigen alten Dörfchen. Die deutsch-kroatischen Besitzer betreiben ein Weingut, dessen Erzeugnisse man hier probieren kann. Buchung nur für mind. 1 Woche möglich. ❷

AKTIVITÄTEN UND TOUREN
Angeln

Die klaren Gewässer in und um Ozalj sind beliebte Ziele für Angler. Die Flüsse Kupa und Dobra, die Bäche Kamenica und Ribnički potok sowie einige Teiche sind zum Angeln freigegeben. Eine Tageslizenz kostet 60 Kn für fließendes Wasser, 80 Kn für die Teiche und ist unter anderem an der Tankstelle OMV (Karlovačka 124) erhältlich.

Mittelalterflair in der Burg Ozalj

Radfahren

Ein Rundweg ab Ozalj (33 km) führt durch die Weinregion Vivodina nördlich und westlich von Ozalj. Informationen in den Touristeninformationen Ozalj oder Karlovac.

SONSTIGES

Apotheken
Ljekarna Perušin, Kurilovac 8b,
✆ 047-732233.

Geld
Karlovačka banka, Trg braće Radić 2,
✆ 047-731188. ⏲ Mo–Fr 8–14.30,
Sa 7.30–11.30 Uhr.

Informationen
Touristeninformation Ozalj, Kurilovac 1,
✆ 047-731196, 🖥 www.ozalj-tz.hr.

Medizinische Hilfe
Dom zdravlja Ozalj, Kolodvorska 2,
✆ 047-731002, 🖥 www.dom-zdravlja-ozalj.hr.

TRANSPORT

Busse
4x tgl. Verbindung von Ozalj nach Karlovac und zurück, ca. 30 Min., 20 Kn.

Eisenbahn
Der **Bahnhof** liegt am Ortseingang. Tgl. fahren hier je 8 Züge nach Karlovac (30 Min., 12–19 Kn) bzw. nach Bubnjarci (30 Min., 12–19 Kn) an der slowenischen Grenze.

Ogulin

Am Fuß des Berges Klek (1182 m) liegt auf halbem Weg zwischen Karlovac und Senj die Stadt Ogulin (8500 Einw.). Der Fluss Dobra fließt hier durch ein breites Tal, verschwindet dann im Boden und bildet eine gigantische unterirdische Höhle. Die **Höhle Medvedica** ist mit über 16 km die längste Höhle Kroatiens. Ihr Eingang, Đurin ponor genannt, befindet sich im unmittelbaren Stadtzentrum.

Die Geschichte Ogulins ist eng verbunden mit der vielleicht mächtigsten Adelsfamilie jener Zeit, der Familie Frankopan (Kasten S. 222), die Ende des 15. Jhs. hier eine **Festung** zur Abwehr der Osmanen errichtete, um die herum sich die Stadt entwickelte. Die Burganlage ist umgeben von einer Stadtmauer, an deren einem Ende das mächtige dreistöckige Hauptgebäude mit zwei runden Türmen steht. Heute beheimatet die Burg das regionale **Heimatmuseum** (Zavičajni muzej Ogulin), Trg hrvatskih rodoljuba 1, ✆ 047-522502, das sich den Themen Archäologie, Ethnologie und alte Waffen widmet und eine Kunstsammlung des in Ogulin geborenen Malers Stjepan Galetić besitzt. Ein Gedenkraum erinnert an die bekannteste Persönlichkeit aus Ogulin, die Schriftstellerin Ivana Brlić-Mažuranić. ⏲ Di–Fr 9–15, Sa 9–13, So 9–12 Uhr, im Winter nur Di–Fr, Eintritt 10 Kn.

Ivana Brlić-Mažuranićs Märchenwelt

Ivana Brlić-Mažuranić (1874–1938) wurde in Ogulin geboren und entstammt einer berühmten kroatischen Familie, ihr Großvater war der Schriftsteller und kroatische Ban Ivan Mažuranić. Sie übersiedelte mit ihrer Familie zunächst nach Karlovac und schließlich nach Zagreb, heiratete den Politiker und Rechtsanwalt Vatroslav Brlić und bekam mit ihm sechs Kinder. Erst danach begann Ivana, sich verstärkt dem Schreiben zu widmen. Sie verfasste Märchen und Kindergeschichten, mit denen sie weit über die Grenzen Kroatiens Erfolg hatte. Einige sind auch auf Deutsch erschienen, aber leider nur noch antiquarisch erhältlich, z. B. *Lapitch, der kleine Schuhmacher* und *Fischer Palunko*. Viele ihrer Märchen passen wunderbar in ihre verwunschen-romantische Heimatregion mit dichten Wäldern, Hügeln und Bergen, kleinen Flüsschen und Märchenburgen.

Brlić-Mažuranićs Werke, die in 15 Sprachen übersetzt wurden, sind durchdrungen von ihrer lebendigen Fantasie und für Kinder sehr zugänglich. Die Autorin wurde zweimal für den Literaturnobelpreis vorgeschlagen. Eine Statue der Schriftstellerin steht im Zentrum Ogulins in der Nähe des Brunnens Cesarovac, eine Erlebnis-Märchenwelt zu ihren Ehren ist in Planung.

Sehenswert im Zentrum Ogulins ist auch die barocke **Pfarrkirche des Hl. Kreuzes** Crkva Sv. Križa) aus dem Jahr 1781 mit dem großen, symmetrisch angelegten vorgelagerten Park.

Zahlreiche Mythen ranken sich um den nahegelegenen Berg **Klek**, die wohl durch seine außergewöhnliche Form entstanden sind. Die Spitze erinnert an den Kopf eines liegenden Riesen, ein weiter entfernt gelegener Felsen liefert die passenden Füße dazu. Der Klek war bereits seit dem 19. Jh. ein beliebtes Wanderziel und ist im Wappen des Kroatischen Alpinistenvereins (HPD) zu sehen. Der Aufstieg von Ogulin aus nimmt etwa drei Stunden in Anspruch, am Wochenende ist kurz vor dem Gipfel eine Berghütte geöffnet.

ÜBERNACHTUNG UND ESSEN

Eine Übersicht an Übernachtungsmöglichkeiten ist auf der Website der Touristeninformation einzusehen, die auch beim Buchen von Privatunterkünften behilflich ist.

Hotel Frankopan, I.G. Kovačića 1, ✆ 047-525509, 🖥 www.hotel-frankopan.hr. Das Hotel direkt neben der Burg bietet geschmackvoll eingerichtete Zimmer, ein hervorragendes

Erfrischung gefällig?

Der See **Sabljaci**, etwa 5 km südlich des Zentrums, ist aufgrund seiner schönen Lage und seiner Wasserqualität ein beliebter Badesee, eignet sich aber auch zum Rudern und Windsurfen. Auch im Fluss **Dobra** kann man baden.

Restaurant mit Wild-Spezialitäten und einen urigen Weinkeller. Die Zimmer sind nach kroatischen Märchen benannt. ❺

AKTIVITÄTEN UND TOUREN

Radfahren
In der Umgebung von Ogulin wurden 2 längere **Radwege** mit einer Gesamtlänge von 131 km ausgewiesen. Räder können im **Bike Park** im Ortsteil Ribarići am See Sabljaci ausgeliehen werden.

Wandern
Ogulin ist Kernland für kroatische Wanderer und Bergsteiger, einige Wanderwege führen durch die zauberhafte Landschaft, die beliebteste Strecke führt natürlich auf den Klek.

Skifahren im Olympiazentrum Bjelolasica

Das Bergmassiv Bjelolasica liegt ca. 30 km westlich von Ogulin und stellt mit dem Gipfel **Kula** (1534 m) den höchsten Berg der Velika Kapela und des Gorski Kotar (Kasten S. 204). Hier befinden sich das neben dem Zagreber Sljeme bekannteste Skigebiet Kroatiens und das kroatische **Olympiazentrum Bjelolasica**, wo sich die kroatischen Skifahrer regelmäßig auf internationale Wettkämpfe vorbereiten. Das Skigebiet ist über die Straße zwischen Ogulin und Novi Vinodolski zu erreichen (Autobahnabfahrt Brinje oder Ogulin), dann geht es in Jasenak ab zum Touristenkomplex Bjelolasica in Vrelo.

Für Skifahrer bietet Bjelolasica sieben Pisten verschiedener Schwierigkeitsgrade und Längen (zwischen 150 und 1700 m) auf einer Höhe von zwischen 600 und 1400 m. Ein Tages-Skipass kostet 100 Kn für Erwachsene und 60 Kn für Kinder. Die Skianlage ist von 9–16 Uhr geöffnet. Es gibt auch eine Skischule, wo man z. B. für 600 Kn p. P. einen einwöchigen Kurs belegen kann.

7 km nördlich (bei Mrkopalj) liegt das Örtchen **Begovo Razdolje**, das höchstgelegene Dorf Kroatiens, mit leichterer Skipiste (1000 m, Tages-Skipass Erwachsene 60 Kn, Kinder 40 Kn).

Der **Touristenkomplex Bjelolasica** verfügt über 120 solide und geräumige Zimmer in fünf Häusern, die sehr preiswert gemietet werden können. ❶ Ein weiteres Hotel ist das Hotel **Jastreb** in Begovo Razdolje, Mrkopalj, ✆ 051-833161, 🖥 www.hoteljastreb.com, das ordentliche Zimmer und ein passables Restaurant bietet. ❸ Weitere erreichbare Unterkünfte befinden sich in Ogulin, Mrkopalj, 🖥 www.tz-mrkopalj.hr, und Delnice, 🖥 www.tz-delnice.hr.

SONSTIGES
Apotheken
Ljekarna Pablo, I.G. Kovačića 1, ☏ 047-525277. ⏱ Mo–Fr 7.30–20, Sa 8–14 Uhr.

Geld
Banken und Bankomaten im Zentrum.

Informationen
Touristeninformation Ogulin, Kardinala A. Stepinca 1, ☏ 047-532278, 🖥 www.tz-grada-ogulina.hr.

Medizinische Hilfe
Krankenhaus Ogulin, Bolnička 38, ☏ 047-819700, 🖥 www.bolnica-ogulin.hr.

TRANSPORT
Busse
Die Fernbusse von Zagreb/Karlovac an die Küste fahren meist über Plitvice und halten nicht in Ogulin. Von hier sind nur umliegende Dörfer mit dem Bus zu erreichen.

Eisenbahn
Ogulin liegt bahntechnisch günstig mit Direktverbindungen nach Zagreb, Split und Rijeka.
KARLOVAC, 14x tgl. in 1 Std. für 40–47 Kn.
OSIJEK, 1x tgl. in 6 1/2 Std. für 173 Kn.
RIJEKA, 6x tgl. in 2 1/2 Std. für 70–86 Kn.
SPLIT, 1x tgl. in 7 Std. für 150 Kn.
ZAGREB, 13x tgl. in 2 Std. für 65–72 Kn.
BUDAPEST, 2x wöchentl. in 8 1/2 Std. für ca. 350 Kn.

Slunj und Umgebung

Das Städtchen **Slunj** (1700 Einw.) wirkt zunächst einmal unspektakulär, ein Straßenort mit barockem Kirchlein und einer mittelalterlichen Burg. Besonders macht Slunj jedoch der nördlich gelegene Ortsteil Rastoke. Hier stürzt der Fluss Slunjčica in zahlreichen Wasserfällen und Kaskaden in die Tiefe, um schließlich in die Korana zu münden, die aus dem Nationalpark Plitvicer Seen kommt. Zwischen und in den Wasserfällen wurden ab dem 17. Jh. **Wassermühlen** errichtet, von denen 22 erhalten geblieben sind. Heute können einige der Mühlen besucht werden, wie im Gasthaus Pod Rastočkim krovom (Rastoke 25b), hier kann auch frisch gemahlenes Maismehl erworben werden. Die gesamte Ortschaft wurde unter Denkmalschutz gestellt, die umliegende Gegend steht unter Naturschutz. Zwei Flussbadestellen befinden sich am Fluss Korana, nordöstlich des Zentrums.

In der Nähe von **Rakovica**, 25 km südöstlich von Slunj, liegt das Höhlensystem **Baraćeve špilje**. Es handelt sich um eine dreigeteilte Karsthöhle von insgesamt 520 m Länge, von denen die ersten 200 m zugänglich sind. ⏱ 9–19 Uhr, außerhalb der Saison kürzer, Eintritt 60 Kn.

ÜBERNACHTUNG UND ESSEN
Mirjana & Rastoke, Donji Nikšić 101, Slunj, ☏ 047-787205, 🖥 www.mirjana-rastoke.com. Der Name täuscht etwas, denn das Unternehmen sitzt nicht in Rastoke, sondern in D. Nikšić, 6 km nördlich von Slunj an der Straße Richtung Karlovac. Es ist zugleich Restaurant, Hotel und Touristenagentur. Die Zimmer sind sauber, das Personal freundlich. Das Restaurant bietet solide kroatische Küche, viel Peka-Fleisch, Wild, Forellen, aber auch Gemüse und Pilze für Vegetarier. ⏱ 6–23 Uhr. ❷
Rastoke 21, Rastoke 25b, Slunj, ☏ 047-777730, ✉ ivan.vuceta1@ka.t-com.hr. Wunderschönes B&B in einem alten Holzhaus in Rastoke, die Vermieter sind freundlich, die Lage wunderbar und das Frühstück empfehlenswert. ❶
Robinson Kamp, ☏ 047-777177, 🖥 www.slunjcica.hr. Ausflugs- und Campingplatz in einer Schleife des Flusses Mrežnica, etwa auf halber Strecke zwischen Slunj und Ogulin. Alles sehr einfach und naturbelassen, es gibt verschiedene Sportangebote. 75 Kn p. P.
Rooms Jana, Novo naselje I-6, ☏ 047-777617, 🖥 www.rooms-jana.com. 3 hübsche, moderne DZ, schöne Gemeinschaftsterrasse, freundliche und hilfsbereite Besitzer, sehr günstige Preise, allerdings kein Frühstück. ❶
Petro, Rastoke 29, Slunj, ☏ 047-777709, 🖥 www.petro-rastoke.com. Traumhaft gelegen in einem alten Holzhaus am Fluss mit Hollywoodschaukeln am Wasser. Tolles Naturgefühl auf dem Terrassenpavillon im Grünen. Serviert werden u. a. Forellen, Lammfleisch und Grill-

gerichte. Vermietung von Zimmern in schönem Holzgebäude mit Sauna und Whirlpool. Internetcafé. ⏲ 9–23 Uhr. ❷–❸

AKTIVITÄTEN UND TOUREN

Angeln
Die Gewässer um Slunj sind beliebte Orte zum Angeln. Eine Lizenz für 60 oder 150 Kn (je nach Fischart) bekommt man in der Café-Bar Vodena ovca in Rastoke (Rastoke 9, ⏲ tgl. 8–23 Uhr).

Radfahren
Von Slunj aus sind **2 Rundradwege** ausgeschildert. Der eine führt über 50 km zum Städtchen Cetingrad, ein Stückchen parallel zur bosnischen Grenze und zurück nach Slunj. Der andere verbindet auf 114 km Slunj mit Josipdol bei Ogulin und den Plitvicer Seen im Süden.

Rafting
Der Fluss Korana bietet sich für Rafting und Kajaktouren an, einen Kanuverleih gibt es jedoch nicht. Geführte Touren bietet die Touristenagentur Mirjana Rastoke.
Mirjana Rastoke, D. Nikšić 101, ☎ 047-787205, 🖥 www.mirjana-rastoke.com.

SONSTIGES

Apotheken
Karlovačka Ljekarna, Braće Radić 13, ☎ 047-777284. ⏲ Mo–Fr 7–16, Sa 8–13 Uhr.

Geld
Banken und Bankomaten im Zentrum.

Informationen
Touristeninformation Slunj, Braće Radić 7, ☎ 047-777630, 🖥 www.tz-slunj.hr.

Medizinische Hilfe
Dom zdravlja Slunj, Plitvička 18a, ☎ 047-777334, 🖥 www.domzdravlja-slunj.hr.

TRANSPORT

Auto und Motorrad
Slunj liegt an der Bundesstraße von Karlovac (50 km) nach Plitvice (30 km). Wenn im Sommer die Touristenströme in den Nationalpark streben, kann es voll werden auf der Straße.

Busse
In Slunj halten die Busse, die von Zagreb/Karlovac nach Plitvice fahren.
KARLOVAC, 10x tgl. in 1 Std. für 32 Kn.
PLITVICE, 5x tgl. in 30 Min. für 23 Kn.
ZAGREB, 11x tgl. in 1 Std. 40 Min. für 67–79 Kn.

Lika

Die Region Lika erstreckt sich von den Plitvicer Seen im Norden bis zur Region von Gračac im Süden und wird im Westen vom Velebit-Gebirge, im Osten von dem Nachbarland Bosnien begrenzt. Die Lika stellt ein riesiges Polje dar (Ličko polje, ca. 700 km²), also eine meist abflusslose, von steilen Hängen umgebene Ebene inmitten einer Karstlandschaft. Typisch für diese Landschaftsform sind kleinere Flüsse oder Bäche, die an sog. Ponoren im Boden verschwinden und dann unterirdisch verlaufen (z. B. die Flüsse Lika und Dobra bei Ogulin). Lika ist eine dünn besiedelte und strukturschwache Region, die sich erst in den letzten Jahren von den Kriegsschäden erholt hat. Die eigenwillige, aber wunderschöne Ebenen-Landschaft mit Velebit-Panorama ist geprägt von Weideland und weit auseinandergezogenen Dörfern. Selbst die größeren Orte der Lika (Otočac, Gospić) sind eher ruhige Kleinstädte. Für Touristen auf dem Weg nach Dalmatien hat Lika auch abseits der bekannten Plitvicer Seen einiges zu bieten. Ein Zwischenstopp lohnt sich also, vor allem für Aktivurlauber, Erholungssuchende und Naturfreunde.

6 HIGHLIGHT

Nationalpark Plitvicer Seen

Imposante Wasserfälle, türkisfarbene Seen und eine beeindruckende Vielfalt an Tieren und Pflanzen: Der Nationalpark Plitvicer Seen (Nacionalni park Plitvička jezera) ist der mit 296 km² größte und älteste Nationalpark Kroatiens (seit 1949) und seit 1979 Unesco-Weltnaturerbe. Er

Der Karst

Karstlandschaften prägen das Bild der kroatischen Küste und vor allem deren Hinterland, sie sind typisch für die gesamte Dinarische Gebirgsregion, aber auch für zahlreiche andere Gebiete, in denen Kalkstein, Gips oder Steinsalz vorkommen. Karstformen entstehen, indem in geologischen Zeiträumen Wasser unter Einfluss von Kohlensäure das Gestein anlöst und poröse Formen schafft. An der Oberfläche typisch sind zentimeter- bis teilweise metertiefe Rillen (sog. Karren). Sichtbar werden diese Formen z. B. an den Bergkuppen des Velebit-Gebirges, wo die „Krune" (dt. Kronen) genannten zackigen Karstfelsen den Berggipfeln bizarre Formen verleihen. Im Untergrund können Hohlformen bis hin zu Höhlen und malerischen unterirdischen Flüssen oder Seen entstehen. Der Karst ist seit jeher ein Eldorado für Speläologen. Kreisrunde Geländeeinbrüche (Dolinen) schaffen nicht selten örtlich eine Verbindung zwischen den oberflächlichen Formen und dem oft verzweigten und geheimnisvollen unterirdischen Fließsystem.

Ein weiteres Phänomen der Karstlandschaft ist das Polje (ursprünglich kroat. für Feld). Diese großen ebenen Flächen liegen zumeist hinter größeren Bergmassiven (wie dem Velebit). Poljen sind charakteristisch wannenförmige Becken ohne oberirdischen Abfluss; einfließendes Wasser aus Bächen oder Karstquellen brachten im Laufe der Jahrtausende fruchtbare Sedimente mit, das zeitweise zufließende Wasser verschwindet teils unvermittelt wieder im Boden.

Zusätzlich können Flüsse landschaftsbildend sein, indem sie durch Erosion tief eingeschnittene Canyons wie im Nationalpark Paklenica oder an den Flüssen Cetina und Zrmanja schaffen. Einige Fluss-Karst-Kombinationen lassen die vielleicht spektakulärsten Landschaften wie die Plitvicer Seen oder den Krka-Nationalpark entstehen. Hier fließt ein meist kleinerer Fluss durch eine Berglandschaft und lässt Seen auf verschiedenen Höhen entstehen, die durch kaskadenartige Wasserfälle verbunden sind. Hohe Wasserfälle und breite Barrieren mit kleineren Kaskaden wechseln sich dabei ab.

---

liegt etwa auf halbem Weg an der Nord-Süd-Verbindung zwischen Zagreb und Norddalmatien (Zadar), unweit der Grenze zu Bosnien-Herzegowina. Hier entspringen mehrere kleine Flüsse, die sich in einer Reihe von 16 strahlend grünen Seen, verbunden mit teils breiten Kaskaden, teils hohen Wasserfällen, durch die bewaldete Karstlandschaft ziehen. Unter dem Namen Korana fließt das Wasser der Seen als Fluss weiter Richtung Norden, bis es bei Karlovac in die Kupa mündet.

Die Plitvicer Seen sind eine Landschaft im stetigen Wandel. Das Karstwasser löste den Kalk aus dem Gestein und schuf Seen und Höhlen (s. Kasten). Aus dem mit Kalk angereicherten Wasser kann durch Fällung auch stellenweise Kalktuff (Travertin) entstehen, der natürliche Barrieren für das fließende Wasser bildet und so stetig die Wasserwege verändert. Wasserfälle verschwinden, dafür stürzen die tosenden Wassermassen an anderer Stelle in die Tiefe, Seen entstehen, Uferlinien verändern sich ...

Und das alles in einer relativ hohen Geschwindigkeit. An manchen Stellen konnte ein Anwachsen der Kaskaden von rund 14 mm pro Jahr nachgewiesen werden. Eine bedeutende Rolle bei diesem Prozess spielen auch Wasserpflanzen und Moose, die nicht nur die Fließgeschwindigkeit des Wassers bremsen, sondern auch unter bestimmten Voraussetzungen durch Kalkfällung versteinern und zur Entstehung natürlicher Barrieren beitragen.

Vielfältig und einzigartig ist die Pflanzenwelt des Nationalparks. Insgesamt 1267 Pflanzenarten wurden hier gezählt, von denen etliche endemisch sind, darunter der Amethyst-Blaustern *(Scilla litardierei)* und die Schmalblättrige Krugglocke *(Edraianthus tenuifolius)*. Alleine 55 verschiedene Orchideenarten hat man im Nationalpark entdeckt. Das Territorium von Plitvice ist dicht bewaldet, eine Besonderheit stellt dabei das Urwaldgebiet Čorkova uvala im Nordwesten des Parks dar, in dem bis zu 700 Jahre alte Tannen und Buchen zu finden sind.

Das Nationalparkgebiet ist (abseits der Besucherströme) auch Rückzugsgebiet für seltene Tierarten, darunter Wölfe, Luchse und Braunbären, deren Population man heute auf rund 400 Exemplare schätzt. Auch mehrere Süßfischarten tummeln sich in den grünen Gewässern. Die ursprünglich hier beheimatete Bachforelle wurde inzwischen überwiegend von allochthonen, also neu im Ökosystem gelangten Arten verdrängt. Auch der Klimawandel scheint sich auf die Fischbestände der Plitvicer Seen auszuwirken.

Der Nationalpark Plitvicer Seen ist zu jeder Jahreszeit einen Besuch wert, im Winter frieren die Seen und Wasserfälle zum Teil zu, die Wälder sind oft tief verschneit, der Frühling lässt die Pflanzen erblühen und den Nationalpark in sanftem Grün erstrahlen, im Herbst lassen Laubbäume den Park in bunten Farben leuchten. Allein in der Hauptsaison kann die Freude beim Besuch von Plitvice getrübt werden, da hier große Touristenmassen in den Park strömen, man sich im Gänsemarsch trottend über die Wege und Holzstege schiebt und ständig irgendwo im Foto steht.

Wanderung durch den Nationalpark

Der Park verfügt über zwei Eingänge, die jeweils von der Hauptstraße zwischen Rakovica und Korenica zu erreichen sind. Von dort aus sind insgesamt zehn Rundwanderwege durch den Park ausgewiesen.

Auf Winnetous Spuren

Der See Kaluđerovac ist vielen Film-Nostalgikern als der titelgebende See im Karl-May-Film *Der Schatz im Silbersee* bekannt. Die Dreharbeiten für die Verfilmung des gleichnamigen Romans fanden 1962 statt, neben dem Silbersee spielte auch der Wasserfall Galovački buk eine wichtige Rolle in dem Film. Das Gebiet der Plitvicer Seen wurde wiederholt als Filmkulisse für Karl-May-Filme genutzt, wer Freude daran hat, kann auf einer liebevoll recherchierten Homepage alle Drehorte der Karl-May-Filme ausfindig machen: 🖥 www.winnetous-spuren.de.

Der beliebteste Rundgang durch den Nationalpark (Tour A) dauert zwei bis drei Stunden und beginnt beim etwas nördlicher gelegenen **Eingang 1**, bei dem die Eintrittskarten und Informationsmaterial erworben werden können. Die Wege sind gut befestigt, ein großer Teil verläuft über Holzstege, mit denen die Seen überwunden werden können. Diese sind bequem zum Laufen, jedoch im Sommer teils etwas überfüllt. Schon wenige Schritte nach Betreten des Parks kann man beim Abstieg zu den Seen eine der Hauptattraktionen, den rauschenden **Großen Wasserfall** (Veliki slap), bestaunen, wo der Fluss Plitvica über eine Höhe von 78 m an einer Steinwand entlang in die Tiefe stürzt. Auf dem Weg zu diesem Wasserfall werden einige kleinere Seen überquert, die am Ende des Nationalparks liegen und als **Untere Seen** zusammengefasst werden. Sie entstanden einst durch den Einsturz der Höhlendecken, der Untergrund besteht aus Kalkstein. Das klare und eiskalte Wasser der Seen leuchtet in beeindruckenden Grün- und Türkistönen. Stellenweise sieht man gigantische Fischschwärme, und immer wieder erblickt man riesige Baumstämme unter Wasser, teils auch in größerer Tiefe. Die Seen (z. B. Gavanovac und Kaluđerovac) sind durch breit gestreckte Barrieren aus Stein und kleineren Pflanzen voneinander getrennt, die jedoch von kleinen Wasserfällen überspült werden und somit die Seen verbinden.

Vorbei an den Unteren Seen wird der mit 81,5 ha größte der Plitvicer Seen namens **Kozjak** erreicht. Dieser erhielt seinen Namen wahrscheinlich, weil auf der Insel in diesem See einst Ziegen (kroat. *koza*) gehalten wurden, um sie vor Wölfen zu schützen. Am Kozjak kann man eine Pause einlegen, hier gibt es eine Möglichkeit zum Essen sowie Sitzplätze. Dann folgt eine Bootsfahrt über den fischreichen Kozjak, die im Eintrittspreis inbegriffen ist. Vorbei an dicht bewaldeten Ufern und einem Inselchen, wird das östliche Ufer mit den Nationalpark-Hotels erreicht, wo sich auch der Eingang 2 befindet. Von hier kann der Shuttlebus zurück zu Eingang 1 genommen und so der Rundgang beendet werden.

Wer noch Zeit und Energie hat, kann seinen Weg entlang weiterer grüner Seen fortsetzen. Diese sind nicht weniger spektakulär als die Un-

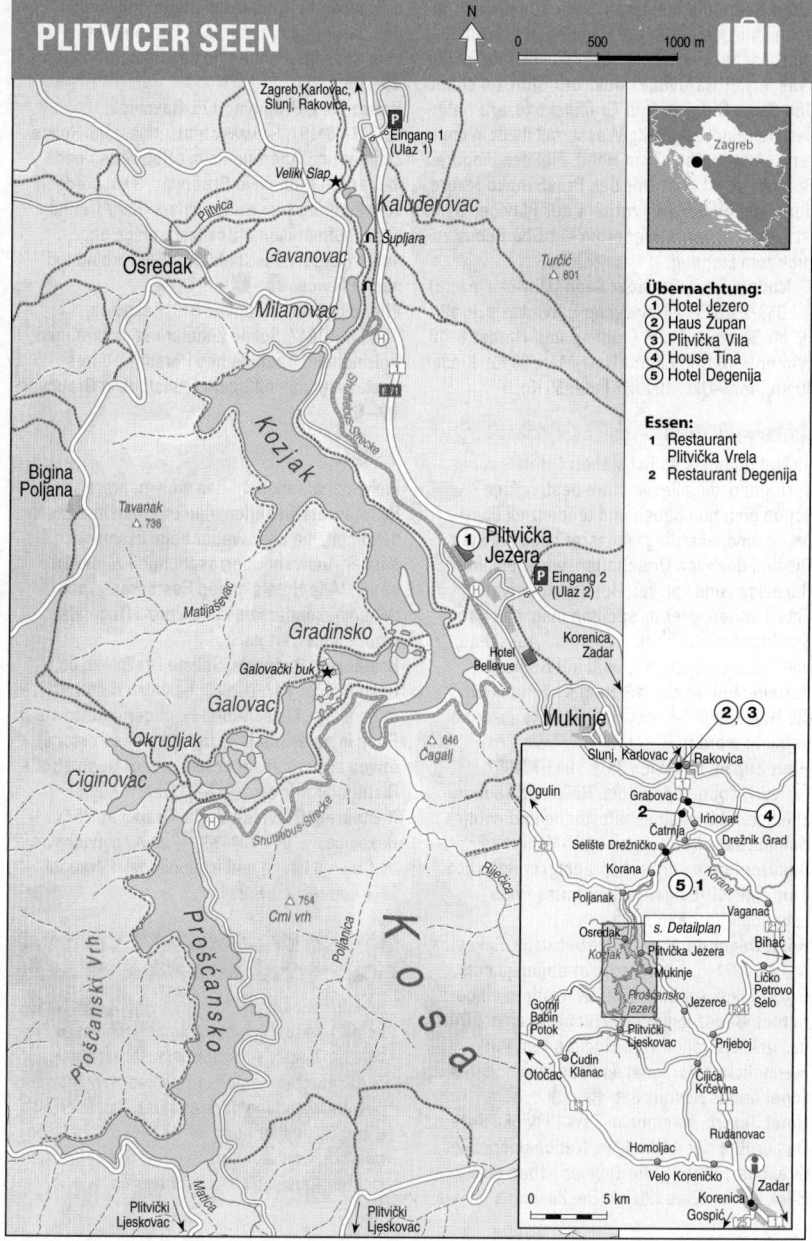

teren Seen, die kleineren Seen ähneln sich jedoch – mit kleineren Unterschieden in Form und Uferbeschaffenheit. Highlight dieser Tour ist der Wasserfall **Galovački buk**, der sich zwischen den Seen Galovac und Gradinsko jezero befindet. Der eindrucksvolle Wasserfall fließt in mehreren Armen über 25 m Höhe. Ziel des längeren Rundwegs ist das Ufer des **Proščansko jezero**, der zugleich der zweitgrößte der Plitvicer Seen ist. Von hier fährt wiederum ein Shuttlebus zurück zum Eingang.

Nationalpark Plitvicer Seen (Plitvička jezera), 053-751015, www.np-plitvicka-jezera.hr, im Sommer 7–20, Frühling und Herbst 8–18, Winter 9–16 Uhr, Eintritt Nov–März 80 Kn, Kinder 40 Kn, April–Okt 110 Kn, Kinder 55 Kn.

ÜBERNACHTUNG

Im Nationalpark selbst stehen 4 Hotels zur Verfügung, die allesamt ihre besten Tage schon gesehen haben und tendenziell überteuert sind, allerdings mit ihrer Lage punkten. Die umliegenden Ortschaften, vor allem um Rakovica, sind voll von Hotels und Privatunterkünften. Wer es spontan mag, hält nach Schildern „Sobe" oder „Zimmer" Ausschau, wer vorausplanen will, wird auf Booking-Portalen fündig, die NP-Hotels können über die Homepage www.np-plitvicka-jezera.hr gebucht werden.

Haus Župan, Rakovica 35, 047-784057, www.sobe-zupan.com. Helle und saubere Zimmer mit Gemeinschaftsküche und -wohnzimmer, sehr freundliche und hilfsbereite Besitzer (auch englischsprachig) in Rakovica, 8 km zum NP-Eingang. Sehr gutes Preis-Leistungs-Verhältnis. ❶

Hotel Degenija, Selište Drežničko 59, Rakovica, 047-782143, www.hotel-degenija.com. Großzügige, saubere Zimmer, modern eingerichtet, Badezimmer mit Wanne, in einem Dorf ca. 10 km nördlich vom Eingang zum Park. Freundliches Personal und ausgezeichnetes zugehöriges Restaurant. ❸–❺

Hotel Jezero, Nacionalni Park Plitvička Jezera. Das größte der 4 Hotels im Nationalpark liegt direkt am Eingang, die Zimmer haben teils Blick auf den See Kozjak. Die Zimmer sind wie das gesamte Hotel in die Jahre gekommen und dafür relativ teuer, das Personal ist aber sehr freundlich und das Restaurant gut. ❹–❺

House Tina, Grabovac 175, Rakovica, 047-784197, www.housetina.com. Solide Zimmer und Apartments mit Holzboden und modernen Möbeln in Grabovac, 8 km nördlich vom Eingang zum Nationalpark. Sehr freundliche, aufmerksame Besitzer, ruhige angenehme Lage, aber schlechte Busverbindung nach Plitvice. ❶–❷

Plitvička Vila, Grabovac 318, Rakovica, 047-801842. Solide Zimmer mit hellbraunen Holzmöbeln, freundliches Personal, gutes Restaurant mit mäßigem Frühstück in Grabovac. ❷–❸

ESSEN

Im Nationalpark befinden sich mehrere Restaurants, in denen man ordentliches Essen bekommt, die aber weder beim Essen noch bei der Auswahl Überraschungen zu bieten haben. Alle Hotels haben Restaurants, von denen besonders das des Hotels Degenija empfehlenswert ist.

Restaurant Degenija, Selište Dražničko bb, Rakovica, 047-782060, www.restoran-degenija.hr. Fleisch- und Fischgerichte sowie Pizza in guter Qualität, freundliches Personal, etwas außerhalb, aber nah an der Hauptstraße Richtung Karlovac. 7–23 Uhr.

Restaurant Plitvička Vrela, Grabovac 257, Rakovica, 047-784498, www.plitvickavrela.hr. Solides Essen und freundliches Personal in Grabovac. 7–23 Uhr.

Abstecher nach Bosnien-Herzegowina?

Im Informationszentrum am Eingang des Nationalparks gibt es nicht nur Informationen zu Plitvice, es liegen auch Tourismusbroschüren zur benachbarten Region in Bosnien-Herzegowina (www.nationalpark-una.ba) aus. Wer also einen Abstecher nach Bihać oder in den Nationalpark Una auf bosnischer Seite machen möchte, kann sich hier informieren.

AKTIVITÄTEN UND TOUREN

Radfahren
Durch den Nationalpark verlaufen mehrere unterschiedlich anspruchsvolle **Mountainbike-Routen**. Eine Aktivkarte mit Radwegen ist im Informationszentrum erhältlich, Infos gibt es auch auf 🖳 www.np-plitvicka-jezera.hr.

Wandern
Auf dem Gebiet des Nationalparks gibt es eine ganze Reihe von **Wanderwegen**, die auch über das eigentliche Territorium der Seenlandschaft hinausgehen. Ein Wanderweg führt z. B. von Eingang 1 über die Urwaldlandschaft Čorkova uvala in großem Bogen zum Prošćansko jezero (ca. 7 Std., gelbe Ausschilderung). Im Süden verlaufen die Wanderwege bei Korenica zum Teil auch außerhalb des Parks. Eine Wander- und Aktivkarte ist im Informationszentrum erhältlich.

SONSTIGES

Apotheken
Ljekarna Prima Pharme, Josipa Jovića 2, Korenica, ✆ 053-776417. ⏰ Mo–Fr 8–15, Sa 8–13 Uhr. In Korenica, 15 km südlich.

Geld
Ein Bankomat befindet sich am Hotel Bellevue.

Informationen
Touristeninformation der Gemeinde Plitvicer Seen, Trg. Sv. Jurja 6, Korenica, ✆ 053-776798, 🖳 www.tzplitvice.hr.

Medizinische Hilfe
Ambulanz Plitvice, Mukinje bb, ✆ 053-774057.

Polizei
Polizeistation Korenica, Pere Šnjarića 5, ✆ 053-675839.

TRANSPORT

Auto und Motorrad
Beide Eingänge liegen an der Hauptstraße östlich des Nationalparks und bieten eine große Zahl an **Parkplätzen**.

Busse
Plitvice ist von Norden und Süden relativ bequem per Bus zu erreichen. Nicht alle Busse von Zagreb nach Dalmatien halten an den Plitvicer Seen, da die schnelleren Busse über die Autobahn fahren.
KARLOVAC, 9x tgl. in 1 1/2 Std. für 44 Kn.
ZADAR, 6x tgl. in 2 1/2 Std. für 85 Kn.
ZAGREB, 8x tgl. in 2 Std. für 92–105 Kn.

7 HIGHLIGHT

Gacka

Der Fluss Gacka (sprich „Gazka"), der auch der umliegenden Region seinen Namen gab, entspringt in der Nähe der Ortschaft Sinac aus drei großen (und mehreren kleinen) Quellen und schlängelt sich mit seinem eiskalten grünblauen Wasser durch eine unberührte Ebene mit Waldgebieten und Wiesen.

Zwischen den **Quellen der Gacka**, von denen besonders Majerovo Vrilo (Majer-Quelle) sehenswert ist (Kasten S. 274), und Otočac, dem Hauptort der Region, hat sich der natürliche Flussverlauf auf insgesamt 11 km erhalten, danach wird die Gacka in Kanäle umgeleitet und verschwindet später für den Rest ihres Verlaufs unter der Erde. Bei Sveti Juraj wird mit dem Wasser der Gacka ein Wasserkraftwerk betrieben, bevor der Fluss schließlich in die Adria fließt.

Die Region Gacka liegt etwa auf halbem Weg zwischen den Plitvicer Seen und der Adria, und auch wenn es inzwischen einige attraktive Angebote für Touristen gibt, ist die Region touristisch noch weitgehend unentdeckt.

Otočac und Umgebung
Größter Ort der Region ist Otočac (4400 Einw.), der bereits um 1100 erstmals erwähnt wurde, und zwar auf der **Baščanska ploča**, dem vielleicht bedeutendsten Zeugnis der altkroatischen glagolitischen Schrift (Kasten S. 225). Die kroatische Besiedlung von Otočac beginnt

wahrscheinlich jedoch noch 200 Jahre früher. Ab 1300 wurde Otočac von den Frankopanen beherrscht, im 15. Jh. erlebte die Stadt ihre erste Blütephase, als 1460 Papst Pius II. sie für 74 Jahre zum Bischofssitz erhob. In Zeiten der türkischen Expansion hielt Otočac den Angriffen stand und wurde ab 1619 zu einer Festung der österreichischen Militärgrenze ausgebaut. Im 18. Jh. avancierte Otočac zudem zu einem wichtigen Handelszentrum, Kaiserin Maria Theresia persönlich bestimmte, dass einmal wöchentlich am Mittwoch ein Markt in Otočac abgehalten werden sollte (der bis heute besteht). Im 19. Jh. entwickelte sich das städtische Leben mit einem Theater, einer Bibliothek und einem Gymnasium. Im Konflikt der 90er-Jahre musste Otočac erhebliche Schäden durch serbische Angriffe in Kauf nehmen, blieb aber durchgehend unter kroatischer Kontrolle. Nach Reparatur und Wiederaufbau durchzieht ein frischer Wind die Stadt, die Wirtschaft beginnt sich zu entwickeln, Cafés und Parks laden zum Verweilen ein, man sieht viele junge Familien in der Stadt.

Das Zentrum von Otočac bildet die Hauptstraße Ulica kralja Zvonimira, an der auch die **Pfarrkirche der Hl. Dreifaltigkeit** (Crkva Presvetog Trojstva) aus dem 17. Jh., zugleich Wahrzeichen von Otočac, zu finden ist. Daneben und dahinter erstreckt sich ein gemütlicher Park mit einem großen Spielplatz, der auf der anderen Seite von der orthodoxen **Kirche des großen Märtyrers Georg** (Crkva Velemučenika Georgija) abgeschlossen wird. An der Hauptstraße befindet sich auch das **Museum der Gacka** (Muzej Gacke), Kralja Zvonimira 37, ☎ 053-771143, das über die Geschichte von Otočac und Umgebung von prähistorischer Zeit bis zum Jugoslawienkrieg informiert. ⏰ Mo–Fr 8–15, 17–22, Sa, So 10–12, 18–21 Uhr, Eintritt 10 Kn.

Angeln in der Gacka

Die Region Gacka wird seit Jahren von einer speziellen kleinen Touristengruppe heimgesucht, nämlich von Hobby-Anglern. Diese kommen aus der ganzen Welt und haben auf irgendeinem Wege von diesem außerordentlichen, kalten Flüsschen erfahren. Das Angeln ist an mehreren Stellen in der Gacka, dem Švičko jezero im Ort Švica sowie im Gusić jezero in Brlog erlaubt. Die erlaubte Größe der geangelten Fische ist dabei ebenso reglementiert wie die tägliche Fangmenge. Angellizenzen (250 Kn pro Tag) können an mehreren Stellen erworben werden, unter anderem in der Touristeninformation in Otočac oder am Holzhaus neben der Gacka-Brücke in Ličko Lešće. Regelmäßig findet auch ein Preisfischen an der Gacka statt, das von Denis Lončar ☎ 091-2222397, organisiert wird, der auch für weitere Fragen zum Angeln zur Verfügung steht (auf Englisch). Und wer sich um den Forellenbestand in der Gacka sorgt, dem sei gesagt, dass das Kroatische Zentrum für autochthone Fisch- und Krebssorten in Karstgewässern in Otočac dafür sorgt, dass Forellen nicht nur geangelt, sondern auch in der Gacka ausgesetzt werden.

Weitere Informationen: **Gacka d.o.o.**, Kralja Zvonimira 10, Otočac, ☎ 053-743050, 🖥 www.gacka.hr.

Prozor

Der reizvollste Teil der Gacka-Landschaft befindet sich südlich von Otočac, wo sich einige dünn besiedelte, aber breit gestreute Dörfer am Fluss entlang gruppieren. Davon war Prozor bereits zu römischen Zeiten unter dem Namen Arupium besiedelt, wovon ein römischer Steinbruch und ein in den Stein gehauenes Relief, das den Gott Mithras darstellt, zeugen. Auf dem nahegelegenen Berg **Prozorina** befinden sich die Ruinen einer **Frankopanenfestung**, von hier hat man zudem einen fantastischen Blick über das Gacka-Tal.

Bärenrefugium von Kuterevo

Weiteres Highlight ist das Bärenrefugium von Kuterevo (Utočište za medvjede), Pod crikvom 103, Kuterevo, ☎ 053-799222, 🖥 www.kuterevo-medvjedi.org, 20 km südwestlich von Otočac. Hier werden kleine Braunbären-Waisen aus ganz Kroatien in vier naturnahen Gehegen großgezogen. Finanziert wird das Ganze durch Spenden und durchgeführt von engagierten Freiwilligen aus der ganzen Welt. Wer Interesse an einer

GACKA

Mitarbeit hat, kann sich per E-Mail auf Englisch melden, ✉ kuterevo.volunteers@gmail.com. Geplant ist, das Refugium zu einem großflächigen Bärenreservat oberhalb des Kuterevo-Tals auszubauen. Informationen auf Deutsch: 🖳 www.baerenfreunde-kuterevo.de. ⏲ ganzjährig tagsüber geöffnet, Eintritt 20 Kn, Kinder 5 Kn.

ÜBERNACHTUNG

Apartman Gacka, Prozor 257a, Otočac, ☏ 091-2222397, 🖳 www.apartman-gacka.com. Das Apartment mit 2 Schlafzimmern und Küche ist im Zentrum von Prozor gelegen, einem Vorort von Otočac. Die freundliche Besitzerfamilie Lončar gibt bei einem Glas selbst gemachtem Šljivovic gerne Tipps für Ausflüge in der Region. ❶

Apartmani Mistral, Prozor bb, Otočac, ☏ 053-773556, 🖳 www.gacka.net. Schöne Apartments in Holzhäusern, etwas außerhalb von Prozor, aber direkt an der Gacka gelegen. ❶–❷

Hotel Park Exclusive, Kralja Zvonimira 33, Otočac, ☏ 053-617984, 🖳 www.hotel-park.com.hr. Das angenehme 4-Sterne-Hotel im Zentrum von Otočac verfügt über geschmackvoll eingerichtete Zimmer in Dunkelrot und Weiß mit neuen Möbeln in klassischem Stil. Pool, Sauna, Fitnessraum und ein gutes Restaurant gehören zum Service des Hotels. ❺

Hotel Zvonimir, Kralja Zvonimira 28, Otočac, ☏ 053-773135, 🖳 www.hotel-zvonimir.hr. 3-Sterne-Hotel im Zentrum von Otočac mit ordentlichen Zimmern in hellen Farben und

Radtour zur Quelle der Gacka

Eine herrliche Radtour führt von Otočac zu den Quellen der Gacka (Rundtour, 42,6 km, ca. 2 1/2 Std., Karte S. 273). Der Weg führt an der Gacka entlang, durch eine der schönsten Flusslandschaften Europas, über Prozor und Sinac, zu zwei der drei großen Gacka-Quellen, von denen die erste (Majerovo vrilo) ein ausgesprochen hübsches Ensemble mit rekonstruierten Wassermühlen bildet und die zweite (Tonković vrilo) ein hervorragendes Restaurant bietet. Der etwas kürzere Rückweg variiert die Strecke, sodass ein Rundweg entsteht.

Die erste der Gacka-Quellen, **Majerovo vrilo** (Majer-Quelle), wurde liebevoll restauriert. Die Holzhäuser der Wassermühle erheben sich auf Steinstelzen über der Quelle, aus der eiskaltes Quellwasser mit einer Temperatur von 8°C sprudelt. Wer mutig ist, stellt die Beine ins Wasser des vorgelagerten kleinen Sees, auch die Wasserflaschen können hier wiederbefüllt werden. In den Mühlenhäuschen selbst befindet sich ein Souvenirshop, in dem schöne, selbst gemachte Handwerksprodukte aus der Region angeboten werden. Außerdem ist eine der Mühlen wieder in Betrieb, hier kann frisch gemahlenes Mehl erworben werden, allerdings nur in größeren Mengen.

Weiter geht es dann zur **Tonković vrilo** (Tonković-Quelle), die in wesentlich schlechterem Zustand ist als die Majer-Quelle, die Mühlengebäude sind hier teils verfallen, aber es gibt einen Grillplatz (mit vorheriger Anmeldung) und das hervorragende **Restaurant Vrilo Gacke**.

Frisch gestärkt folgt man der Straße, die zurück zur Majer-Quelle führt. Von dort geht es auf bekanntem Weg zurück nach Sinac, wo am Brunnen der mittlere Weg gewählt wird (nicht der linke wie auf der Hinfahrt). Von hier radelt man zurück nach Otočac. Im Zentrum des Ortes kann man sich bei einem Kaltgetränk erholen, z. B. in der Café-Bar Enigma.

Der größte Teil der Wegstrecke (85 %) besteht aus asphaltierten Nebenstraßen, ein kleinerer Teil aus Makadam (= Schotterweg), braune Schilder mit weißer Schrift weisen den Weg: „Barkanova staza". Am besten macht man die Tour mit stabilen Fahrrädern, etwa Mountainbikes. Sonnencreme nicht vergessen! Wasser kann im äußerst klaren und sauberen Fluss Gacka nachgefüllt werden (das Leitungswasser in der Region kommt von dort).

In Otočac befindet sich der außergewöhnlich gut organisierte **Fahrradclub Barkan** (s. Otočac, Radfahren), der diesen und drei weitere attraktive Rundwege in der Region ausgewiesen hat, von denen einer an drei Seen entlang, ein weiterer durch die Landidylle zum Örtchen Dabar und der letzte zum Bärenrefugium in Kuterevo führt. Die unterschiedlich anspruchsvollen Routen sind sehr gut ausgeschildert. Das hervorragende Kartenmaterial (auch auf Deutsch) mit ausführlichen Beschreibungen ist in der Touristeninformation von Otočac erhältlich. Moderne Fahrräder werden vom Club Barkan verliehen (100 Kn pro Tag), der seinen Sitz in der Café-Bar Enigma an der Hauptstraße hat.

---

einem hervorragenden Restaurant mit traditioneller lokaler Küche (z. B. Wildgulasch und Forellen aus der Gacka) zu moderaten Preisen. Das Restaurant befindet sich in einem ehemaligen Kino-Saal. ⊙ 6–23 Uhr. ❷

ESSEN

Restoran Mirni Kutak, Gornja Dubrava 63, Otočac, ☎ 053-771589, 🖥 www.hotel-mirni-kutak.hr. Das Hotel ❷ und Restaurant liegt etwas außerhalb von Otočac. Das Restaurant hat einen großen Speisesaal und 2 Terrassen. Auf der Karte stehen traditionelle Gerichte der Region, darunter Grillfleisch, Fluss- und Meeresfisch sowie Wild. ⊙ 7–23 Uhr.

Restoran Vrilo Gacke, Sinac 15a, Otočac, ☎ 053-743019, 🖥 www.vrilo-gacke.hr. Das Restaurant liegt malerisch an einer der 3 Gacka-Quellen (Tonković vrilo) in der Nähe von Sinac. Auf der Karte stehen Fleisch- und Fischgerichte, vor allem natürlich mit frischen Forellen, zudem gibt es gute selbst gemachte Beilagen. Das Restaurant vermietet auch angenehme Zimmer. ⊙ Di–So 8–23 Uhr. ❶

Ribič, Ante Starčevića 44, Otočac, ℡ 053-772772, ✉ bobinac.marinko@gmail.com. Spezialität des Restaurants mit Namen „Angler" sind Forellen aus der Gacka, es gibt aber natürlich auch die obligatorische Grillplatte. Die schöne Terrasse geht zur Gacka hinaus. ⏰ Mo–Do 9–22, Fr, Sa 12–22 Uhr.

UNTERHALTUNG UND KULTUR

An der Hauptstraße liegen mehrere Café-Bars, nett ist z. B. die **Café-Bar Enigma**, Kralja Zvonimira 34, wo auch der Fahrradclub Barkan seinen Sitz hat. Zudem gibt es einen Disco-Clubs: **Disco Bar Shark**, Kralja Zvonimira 59.

EINKAUFEN

Käse
Sirana Eko Gacka, Miroslava Krleže 21, Otočac, ℡ 053-772581, 🖥 www.sirana-ekogacka.hr. Die Käserei Eko Gacka stellt traditionelle Hart- und Weichkäse der Region her.
Sirana Runolist, Špilnički odvojak 5, Otočac, ℡ 053-771177, 🖥 www.sirana-runolist.com.hr. Die Käserei produziert hervorragende traditionelle Käsesorten der Region, darunter Velebitski sir, einen Hartkäse aus Schafsmilch, den Feta-ähnlichen Škripavavac und den Weichkäse Skuta aus Schafs- oder Kuhmilch.

Souvenirs
Wunderbare selbst gemachte Souvenirs aus der Region sind in der Touristeninformation Otočac sowie im rekonstruierten Mühlengebäude Majerovo vrilo an der Gacka-Quelle erhältlich. Hier werden Postkarten genauso verkauft wie regionale Lebensmittel, Handarbeiten, traditionelle Kleidung und vieles mehr.

SONSTIGES

Apotheken
Ljekarna Klobučar, Kralja Zvonimira 18, ℡ 053-773690.

Feste
Eko-Etno Gacka, eine Veranstaltung, die jährlich Ende Juli stattfindet. Dabei werden selbst gemachte Ökoprodukte präsentiert, es gibt Informations- und Verkaufsstände und ein kulturelles Rahmenprogramm.

Informationen
Touristeninformation Otočac, Kralja Zvonimira 17, ℡ 053-771603, 🖥 www.tz-otocac.hr.

Medizinische Hilfe
Dom zdravlja Otočac, Vladimira Nazora 14, ℡ 053-771154.

Polizei
Polizeistation Otočac, Vatrogasna 1, ℡ 053-675610.

Radfahren
Biciklistički Klub Barkan, Kralja Zvonimira 34, Otočac, ℡ 098-9255699, 🖥 www.barkanbike.wordpress.com.

TRANSPORT

Auto und Motorrad
Otočac ist bequem über die Autobahn Zagreb-Split zu erreichen (Ausfahrt Otočac). Es stehen zahlreiche **Parkplätze** im Zentrum zur Verfügung, z. B. am Busbahnhof.

Busse
Otočac verfügt über einige regionale und überregionale Verbindungen.
GOSPIĆ, 6x tgl. in 1 Std. für 51 Kn.
KARLOVAC, 3x tgl. in 1 1/2 Std. für 100 Kn.
RIJEKA, 2x tgl. in 2 Std. für 104 Kn.
SENJ, 2x tgl. in 45 Min. für 45 Kn.
ŠIBENIK, 2x tgl. in 2 1/2 Std. für 120–209 Kn.
ZAGREB, 3x tgl. in 2 1/2 Std. für 111–126 Kn.
Busbahnhof Otočac, Bana Josipa Jelačića bb, ℡ 060-333222.

Eisenbahn
Tgl. halten je 2 Züge nach ZAGREB (4 1/2 Std., 92–99 Kn) und SPLIT (4 1/2 Std., 119–126 Kn) in Ličko Lešće, 10 km südlich von Otočac.

Flüge
Otočac verfügt über einen Sportflughafen für Privatflieger (in der Nähe von Prozor), ein idealer Starpunkt für Panoramaflüge über die Region.
Zračna Luka Otočac, Zagrebačka 1, ℡ 053-773400.

Nikola Tesla – das wechselvolle Leben des Wechselstrom-Erfinders

Der Physiker und Erfinder Nikola Tesla, berühmtester Sohn der Stadt Gospić, wurde am 10. Juli 1856 im 5 km entfernten Smiljan als Kind serbischer Eltern geboren. Die Grundschule besuchte er in Gospić, das Gymnasium in Karlovac, danach begann er ein Maschinenbaustudium in Graz, das er nach drei Jahren abbrach. Teslas unstetes Leben in den nächsten Jahren war von wechselnden Anstellungen an unterschiedlichen Orten in der k.u.k. Monarchie geprägt, bis es ihn schließlich nach Paris und 1884 in die Firma von Thomas Edison nach New York verschlug. Bereits nach einem halben Jahr gründete Tesla jedoch seine erste eigene Firma, mit der er die Patente für erste Erfindungen anmeldete. Nach nur einem Jahr musste die Firma Konkurs anmelden, Tesla war zwischenzeitlich arbeitslos, bis er seine nachhaltigste Erfindung, den **Zweiphasenwechselstrom**, mit seiner zweiten Firma patentieren ließ. Tesla arbeitete in den folgenden Jahren mit der Firma des Großindustriellen George Westinghouse an der Frage, wie die Idee von einem Wechselstromsystem in die Praxis umzusetzen sei und entwickelte Patente zur Umwandlung von Gleichstrom in Wechselstrom. Tesla tat sich dabei schwer mit der Teamarbeit, die dieser Job mit sich brachte, er blieb zeit seines Lebens ein Einzelkämpfer und Sonderling. Teslas Finanzier Westinghouse führte unterdessen einen erbitterten Streit mit Thomas Edison, der als „Stromkrieg" in die Geschichte einging. Teslas Erfindung setzte sich schließlich durch und bildet bis heute die Grundlage des amerikanischen Stromsystems.

Eine weitere Erfindung, an der Tesla bis zu seinem Lebensende tüftelte, war die **drahtlose Übertragung von Energie**. Die funkensprühende Stromübertragung, die auf kleiner Distanz auch funktionierte, präsentierte er 1891 auch einem größeren Publikum in einem Vortrag an der Columbia University. Diese Präsentation trug stark zur Bekanntheit Teslas bei und verschaffte ihm Zutritt zur New Yorker High Society. Der Lebensstil Teslas wurde ausschweifender und verschlang zunehmend Geld, unter anderem pflegte er seine Krawatten und Lederhandschuhe nach einer Woche zu entsorgen und durch andere zu ersetzen. Durch einen Brand in seinem Labor und die Unregelmäßigkeit seiner Einnahmen geriet Tesla in finanzielle Schwierigkeiten, seine Ausgaben (er wohnte mittlerweile im New Yorker Luxushotel Waldorf-Astoria) überstiegen seine Einnahmen deutlich.

Die Forschungen zur drahtlosen Energieübertragung sollten zunächst der Lichterzeugung dienen, doch auf Grundlage von Teslas Erfindungen wurden die **Funktechnik** und das System der **Telegrafie** entwickelt.

In den Jahren um 1900 wandte sich Tesla auch metaphysischen und transzendentalen Themen zu, philosophierte über die Energieübertragung zwischen Menschen und behauptete, Erstkontakt mit Außerirdischen gehabt zu haben. Seine obskuren Abhandlungen schadeten seiner Reputation in Fachkreisen. Einen letzten kleinen Aufschwung erlebte Tesla, als seine Erfindung einer Scheibenläuferpumpe, die **Tesla-Turbine**, ein auch finanzieller Erfolg zu werden schien. Die Träume zerschlugen sich allerdings, und die letzten 40 Lebensjahre Teslas waren geprägt von Armut und Problemen. Er meldete in den folgenden Jahren weitere Patente an und arbeitete aus finanziellen Gründen im Ersten Weltkrieg für das Deutsche Kaiserreich, was ihn in den USA in Misskredit brachte. Tesla wohnte auf Kredit in wechselnden New Yorker Hotels und wurde schließlich 1943 tot im Hotel New Yorker aufgefunden.

Nikola Tesla war ein genialer Erfinder und meldete in seinem Leben **112 Patente** an, von denen viele zu wichtigen Entwicklungen führten, gleichzeitig war Tesla jedoch ein unsteter Geist und spätestens ab der Jahrhundertwende eine gescheiterte Persönlichkeit. Der serbisch-stämmige Kroate wird in beiden Ländern gleichermaßen verehrt, in Belgrad kann man ein Nikola-Tesla-Museum besuchen, dort ist auch der Flughafen nach dem großen Erfinder benannt. In Kroatien besteht ein Museum in Smiljan, dem Geburtsort Nikola Teslas. Dieses erinnert an Leben und Erfindungen Teslas mit Tafeln auf Kroatisch und Englisch und teils elektrischen Exponaten. **Memorijalni centar Nikola Tesla**, Smiljan, ✆ 053-746530, 🖥 www.mcnikolatesla.hr, ⏰ Di–So 9–20 Uhr, Eintritt 50 Kn.

Gospić

Gospić (6800 Einw.) liegt am Fuße des Velebit-Gebirges am Flüsschen Novčica, das wiederum in den Karstfluss Lika mündet, welcher der Region ihren Namen gab. Der Verwaltungssitz der Region Lika-Senj ist zugleich größte Stadt der Lika. Das 1263 erstmals erwähnte Gospić wurde in seiner heutigen Form um zwei osmanische Festungen herum gebaut. Nach der Vertreibung der Osmanen wurde die Stadt Teil der österreichischen Militärgrenze (S. 87). Zu Beginn der 90er-Jahre stand Gospić unter heftigem Beschuss durch serbische Truppen, hielt den Angriffen aber trotz großer Schäden stand. Im Oktober 1991 kam es in der Stadt jedoch zu einem Übergriff kroatischer Armeeeinheiten auf etwa 50 bis 100 überwiegend serbische Zivilisten, das als Massaker von Gospić in die Geschichte einging. Dieses geschah als Reaktion auf die Ermordung von 30 Kroaten durch Serben in einer benachbarten Gemeinde. Die Region von Gospić erholt sich langsam vom Krieg, das Stadtzentrum ist wiederhergestellt, und die Stadt bietet sich für Auflüge ins Velebit-Gebirge an. Hier befindet sich auch das **Informationszentrum des Naturparks Velebit**. Im Stadtzentrum informiert das **Museum der Lika** (Muzej Like), Dr. Franje Tuđmana 3, ☎ 053-572051, 🖥 www.muzejlike.hr, über Geschichte und Kultur der Region, ein Teil des Museums erinnert an den Erfinder Nikola Tesla (s. Kasten), den berühmtesten Sohn der Stadt. ⏲ Mo–Fr 9–14, Sa 9–13 Uhr, Eintritt 10 Kn.

ÜBERNACHTUNG UND ESSEN

Die Touristeninformation vermittelt Unterkünfte.
Hotel Ana, Zagrebačka 18, ☎ 053-560360, 🖥 www.hotel-ana.hr. Hotel im Zentrum mit ordentlichen Zimmern mit dunkelblauem Teppich, weißen Wänden und dunkelbraunen Betten, zum Teil mit Whirlpool. ❸–❹
Hotel Ante, Jasikovačka 9, ☎ 053-570570. Das 3-Sterne-Hotel im Zentrum bietet 27 solide Zimmer, das Personal ist freundlich, es gibt fantastische hausgemachte Pizza. ❸–❹
Restoran Maki, Budačka 200, ☎ 053-575510, 🖥 www.motel-maki.hr. Traditionelle kroatische Küche mit viel Grillfleisch und dalmatinischen Fischspezialitäten. Das eher unspektakuläre Ambiente wird durch die gute Qualität des Essens und die großen Portionen ausgeglichen. ⏲ 7–23 Uhr.

SONSTIGES

Apotheken
Ljekarna Gospić, Kaniška 6, ☎ 053-572835. ⏲ Mo–Fr 7.30–19.30, Sa 7.30–14.30 Uhr.

Informationen
Touristeninformation der Stadt Gospić, Bana Ivana Karlovića 1, ☎ 053-560754, 🖥 www.tz-gospic.hr.
Touristeninformation der Gespanschaft Lika-Senj, Budačka 12, ☎ 053-574687, 🖥 www.lickosenjska.com.

Medizinische Hilfe
Krankenhaus Gospić, Kaniška 111, ☎ 053-572915, 🖥 www.obgospic.hr.

Polizei
Polizeistation Gospić, Popa Frana Biničkog 16, ☎ 053-675550.

TRANSPORT

Busse
Gospić ist relativ gut mit Bussen angebunden.

> **Das beste Bier Kroatiens**
>
> In dem Örtchen Donje Pazarište in der Nähe von Gospić wird ein hervorragendes Bier gebraut, das von nahezu allen Bierkennern des Landes als bestes Bier Kroatiens betrachtet wird. Hergestellt werden ein Pils und ein Dunkelbier, besonders Letzteres kann als absoluter Geheimtipp unter Biertrinkern gelten. Geheimnis der Qualität sind die kleine Produktionsmenge und das klare Quellwasser aus dem Velebit, das für die Herstellung verwendet wird. Man muss Velebitsko in Kroatien regelrecht suchen, wer nicht gleich zur Brauerei fahren will, findet eine Liste mit Supermärkten auf der Velebitsko-Homepage (unter Prodajna mjesta).
> **Pivovara Ličanka**, Novoselija bb, Donje Pazarište, ☎ 053-685224, 🖥 www.pivovara-licanka.hr. ⏲ Mo–Fr 8–16 Uhr.

Alternatives Dance-Festival im kroatischen Niemandsland

Im kleinen Örtchen **Deringaj** bei Gračac, ungefähr auf halbem Weg zwischen Gospić und Knin, findet seit 2011 ein außergewöhnliches Elektro-Trance-Festival statt. Das Lost Theory Festival lockt Mitte August zahlreiche Alternative und Goa-Jünger aus ganz Europa ins kroatische Niemandsland. Dort wird ausgiebig zu internationalen DJ-Sets getanzt, gefeiert, meditiert, jongliert, gebadet und gecampt. Den Veranstaltern liegt die soziale und ökologische Verträglichkeit des Festivals am Herzen. Auf lange Sicht soll hier eine dauerhafte Begegnungsstätte für Reisende und Sinnsucher entstehen, die sich nach einem alternativen und naturnahen Leben sehnen. Die Tickets für das Festival kosten je nach Bestellzeitraum zwischen 50 und 110 €.

Deringaj ist von Norden über die Autobahnabfahrt Sveti Rok und die Stadt Gračac zu erreichen, von dort geht es weiter Richtung Bruvno (7 km). Von Zadar aus fährt man über die D54 (bis Obrovac) und D27 nach Gračac (70 km).
Lost Theory Festival, Deringaj, 🖥 www.losttheoryfestival.com.

Busbahnhof Gospić, Trg Zrinskog i Frankopana 4, ✆ 053-572658.
KARLOBAG, 2x tgl. in 1 Std. für 43 Kn.
ZADAR, 3x tgl. in 1 Std. für 80 Kn.
ZAGREB, 8x tgl. in 2 1/2–3 1/2 Std. für 104–156 Kn.

Eisenbahn
Bahnhof Gospić, Bilajska 165, ✆ 053-574892.
SPLIT, 4x tgl. in 3 Std. für 105–112 Kn.
ZAGREB, 4x tgl. in 3 Std. für 109–116 Kn.

Velebit-Gebirge

Das Velebit-Gebirge ist mit 145 km Länge das längste der Dinarischen Gebirge und das wohl eindrucksvollste Gebirgsmassiv in Kroatien. Es erstreckt sich von Senj im Norden entlang der Küste bis zum Canyon der Zrmanja, nordwestlich von Knin. Steil und abweisend erheben sich die schroffen Berge unmittelbar nahe der Küste, während sie auf östlicher Seite von größeren Ebenen begrenzt werden (Gacko, Ličko und Gračačko polje). Die gesamte Velebit-Region wurde zum **Naturpark** erklärt, wobei sich in diesem Territorium zwei Nationalparks befinden, der **Nationalpark Paklenica** (S. 300) im Süden und der **Nationalpark Nördliches Velebit** (S. 282) im Norden. Höchster Gipfel des Velebit ist mit 1757 m der Berg Vaganski Vrh oberhalb der Paklenica-Schlucht, zugleich der viertgrößte Berg Kroatiens. Die größtenteils nur spärlich erschlossene Gebirgsregion ist ein Paradies für Aktivurlauber – Wanderer, Bergsteiger, Kletterer (im NP Paklenica) und Mountainbiker können sich hier ausleben, die Nähe zur Küste macht das Velebit zusätzlich attraktiv.

Charakteristisch für das Velebit sind die fast weißen Kalkfelsformationen namens Kukovi, die oft auf den Spitzen des Bergmassivs zu finden sind. Dazwischen ist das Gebirge von satten Hainbuchen-, Eichen-, Schwarzkiefern- und Tannenwäldern überzogen. Die Pflanzenwelt des Velebit ist sehr reichhaltig, eine Reihe an Pflanzenarten, zu denen die gelbblühende *Degenia velebitica* zählt, ist endemisch. Auch die Tierwelt ist vielfältig, seltene Schmetterlingsarten sind hier genauso zuhause wie Hornvipern und Kreuzottern sowie zahlreiche Vogelarten (Steinadler, Haselhuhn, verschiedene Eulenarten). Die bekanntesten Bewohner des Gebirges sind jedoch die heimischen Raubtiere: Wölfe, Luchse, Wildkatzen und Braunbären, denen man jedoch aufgrund der Größe und Unerschlossenheit des Velebit bei Wanderungen kaum begegnen wird. Wer dennoch echte Braunbären sehen will, kann ins Bärenrefugium in Kuterevo fahren (S. 272).

Das Velebit wird in der Regel in vier Regionen unterteilt, die von den wichtigsten Gebirgspässen getrennt werden. Der nördlichste Teil reicht vom Vratnik-Pass bei Senj bis zum Pass Veliki Alen bei Jablanac, das mittlere Velebit reicht bis zum Pass Baške Ostarije, der Gospić und Karlobag verbindet, das südliche Velebit mit dem Nationalpark Paklenica erstreckt sich von Baške Ostarije bis zum Pass Mali Alan bei Obrovac, der südöstliche Teil schließlich endet am Canyon der Zrmanja.

Auf dem Höhenweg Premužićeva staza

- **Route**: Zavižan – Rossijeva koliba
- **Länge**: ca. 6 km (eine Strecke)
- **Dauer**: 3 Std. (hin und zurück 6 Std.)
- **Wegbeschaffenheit**: Die Wanderwege sind gut befestigt. Da es sich um einen Höhenwanderweg handelt, sind die Höhenunterschiede überschaubar, wer starke Höhenangst hat, sollte diesen Weg jedoch besser meiden.
- **Orientierung**: rot-weiß
- **Ausrüstung**: Gute Wanderschuhe, wetterfeste Kleidung, Sonnenschutz, ausreichend Wasser und Verpflegung (keine Einkehrmöglichkeit unterwegs), in der Schutzhütte Rossijeva koliba gibt es eine Kochmöglichkeit. Wer in der Schutzhütte übernachten will, sollte zudem Schlafsäcke mitnehmen, da die Matratzen und Decken schon älter sind.
- **Zeitraum**: Mai/Juni, Sep/Okt. In der Hauptsaison wird es zu heiß, im Frühjahr kann noch lange Schnee liegen (am besten vorab beim Nationalpark informieren)
- **Schwierigkeitsgrad**: mittel

Der Weg entspricht dem ersten Abschnitt des Fernwanderwegs Premužićeva staza, der in den 1930er-Jahren unter Leitung des Forstingenieurs Ante Premužić eingerichtet wurde. Der gesamte Weg ist 57 km lang und führt vom Berg Zavižan bis nach Baške Oštarije. Der zweite Abschnitt des Wegs (Veliki Alan – Baške Oštarije) ist weniger gut in Schuss, aber durchgehend begehbar. Als Lehrpfad angelegt, bieten Informationstafeln, über den Weg verteilt, Auskunft über das Velebit, seine Natur und Bewohner sowie die Errichtung des Wanderwegs. Der Gebirgskamm auf dem Premužić-Weg bietet immer wieder fantastische Ausblicke auf Meer und Hinterland und bildet zugleich eine klimatische Grenze. Zum Meer hin findet sich eine trockene Felslandschaft, während in Richtung Binnenland dichte Wälder die Landschaft dominieren.

Anfahrt zum Startpunkt

Ausgangspunkt der Wanderung ist die **Berghütte Zavižan** (Planinarski dom Zavižan). Um diese zu erreichen, fährt man in Oltari von der Passstraße zwischen Sv. Juraj und Krasno ab in Richtung „Nacionalni Park Sjeverni Velebit" und erreicht nach ca. 10 km den Nationalparkeingang Babić Siča. Hier können die Eintrittstickets (45 Kn p. P. und Tag) erworben werden, danach kann man noch ca. 7 km in den Nationalpark hineinfahren, bis man auf der linken Seite einen Parkplatz erreicht. Von hier sind es noch etwa 500 m bis zur Berghütte. Mo–Fr verkehren zwischen Senj und Krasno (Krasno Polje) zwei Busse (5 und 14.15 Uhr ab Senj), die nach etwa 30 Min. Oltari erreichen (33 Kn). Wer von hier weiter in den Nationalpark möchte, ist auf Autostopp angewiesen oder kann laufen – die Strecke bis zur Berghütte hat es allerdings in sich (ca. 10 km steil bergauf)!

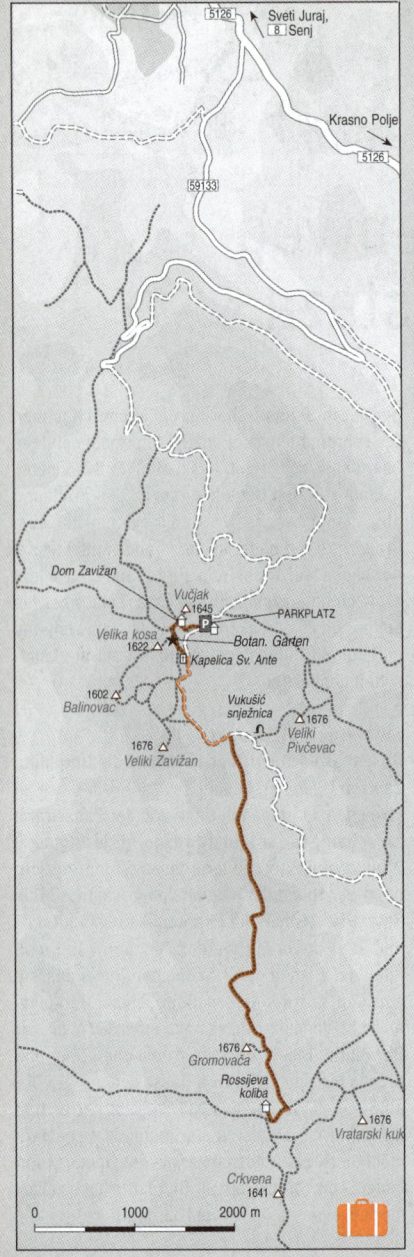

Die Route

Wer die Zavižan-Hütte erreicht hat, hat bereits von hier einen fantastischen Blick in Richtung Kvarner Bucht, kann jedoch auch den hinter der Hütte gelegenen Gipfel **Vučjak** erklimmen und in 15 Min. die erste **Gipfelrundumsicht** der Wanderung genießen. Nun kann die eigentliche Wanderung beginnen, die zunächst auf einer Schotterstraße Richtung Süden führt. Das erste Ziel, das erreicht wird, ist der **Botanische Garten** des Velebit (Velebitski botanički vrt), der, falls die Zeitplanung es zulässt, unbedingt einen Besuch wert ist (halbstündiger Rundweg, auf dem die Fauna und Flora dieser einzigartigen Naturlandschaft anschaulich erläutert wird). Der Straße weiter folgend, zweigt etwa 2 km südlich der Hütte ein Weg ab, der deutlich als Premužićeva staza gekennzeichnet ist, von hier aus ist der Weg in weiß-rot hervorragend ausgeschildert. Nach einem Wegstück durch Waldhänge öffnet sich der Blick auf die **Rožanski kukovi**, deren nördlichster Berg Gromovača direkt am Weg gelegen ist. Die bizarren Karstfelsen der Rožanski kukovi sind ein speziell unter Schutz gestelltes Teilstück des Nationalparks, das ebenso wie die **Hajdučki kukovi** weiter südlich nicht direkt zugänglich ist. Zwischen den etwa 50 Felsgipfeln sind immer wieder Höhlen von enormer Tiefe zu finden. Die tiefste dieser Höhlen ist die 1392 m tiefe **Lukina jama** in den Hajdučki kukovi, die erst im Jahr 1992 entdeckt wurde.

Etwa einen Kilometer nach dem Abzweig zum Gromovača ist das Ziel der Wanderung, die **Berghütte Rossijeva koliba**, erreicht, die immer offen, aber nicht unbedingt modern ausgestattet ist. Wer die Wanderung fortsetzen möchte, kann hier übernachten oder zur nächsten Schutzhütte Veliki Alan weiterwandern. Wer es bei einer Tageswanderung belassen will, kehrt auf gleichem Weg zum Zavižan zurück.

Praktische Tipps

Informationen
Nationalparkverwaltung Sjeverni Velebit,
Krasno 96, ☎ 053-665380,
🖥 www.np-sjeverni-velebit.hr.

AUF DEM HÖHENWEG PREMUŽIĆEVA STAZA

Vom Velebit eröffnen sich atemberaubende Ausblicke aufs Meer und die vorgelagerten Inseln.

Informationszentrum Sjeverni Velebit, Obala dr. Franje Tuđmana 6, Senj, ✆ 053-882436.

Karten und alternative Routen

Auf dieser Strecke können Abstecher zu verschiedenen Berggipfeln abseits der Hauptwegs gemacht werden. Der Wanderweg kann außerdem zu einer mehrtägigen Wanderung verlängert werden, indem der Premužić-Weg weiter verfolgt wird oder über die Berghütte Veliki Alan der Abstieg an die Küste nach Jablanac erfolgt (etwa 6 1/2 Std. ab Rossijeva koliba).

Gutes Kartenmaterial liefert der Verlag SMAND 🖥 www.smand.hr, die Karte 16 (1:30.000, 70 Kn) deckt das nördliche Velebit und damit auch diese Wanderung ab. Wer die Wanderung nach Süden fortsetzen will, braucht unter Umständen Karte 17 (mittleres Velebit).

Übernachtung und Essen

Eine Übernachtung ist in den Berghütten Zavižan, Rossijeva koliba und Veliki Alan möglich. Wer es gern bequemer hat, findet Privatunterkünfte in der Ortschaft Krasno oder den nahe gelegenen Küstenorten Senj, Sveti Juraj und Jablanac. Essen sollte auf die Wanderung mitgenommen werden. Restaurants existieren in Krasno und den Küstenorten.

Warnungen

Gelegentlich trifft man im Velebit-Gebirge auf **Giftschlangen** wie die Hornotter. Normalerweise trollen sich die Tiere, sobald sie menschliche Schritte vernehmen, sodass man sie meist nicht zu Gesicht bekommt. Falls doch, Ruhe bewahren, die Schlangen sind nicht aggressiv (Notrufnummer: ✆ 92).

Das Velebit ist eine Klimagrenze, daher sind plötzliche **Wetterumschwünge** nicht unwahrscheinlich. Vor der Wanderung sollte man also unbedingt die aktuelle Wettervorhersage einholen und bestenfalls noch einmal bei Einheimischen nachfragen, beispielsweise in der Nationalparkverwaltung.

In einigen Gebieten des Velebit sind immer noch **Landminen** aus den 90er-Jahren zu finden, diese liegen jedoch abseits der Wanderwege (vor allem im südlichen Teil des Velebits) und sind außerdem immer markiert.

Nationalpark Nördliches Velebit

Die nördlichste Region schließt den 109 km² großen Nationalpark Nördliches Velebit (Nacionalni Park Sjeverni Velebit), Krasno 96, ℡ 053-665380, 🖥 www.np-sjeverni-velebit.hr, ein, den 1999 gegründeten jüngsten Nationalpark Kroatiens, der sich ungefähr auf der Höhe der Insel Rab befindet. Hier, in der Nähe des Gipfels Zavižan, beginnt der **Fernwanderweg Premužićeva staza** (S. 279), der die Gipfel des nördlichen und mittleren Velebit miteinander verbindet.

Ebenfalls bei Zavižan befindet sich auf 1480 m Höhe des **Botanische Garten** des Velebit (Velebitski botanički vrt), der die Vielfalt der Pflanzenwelt dieser Gebirgsregion auch Nicht-Wissenschaftlern zugänglich macht. Ein 600 m langer Rundweg führt durch den Park, die Pflanzen sind auf Kroatisch und Englisch beschildert.

Weitere Highlights im Nationalpark sind die streng geschützten und nicht zugänglichen **Felsformationen der Rožanski und Hajdučki kukovi**, Letztere mit der **Lukina jama**, der mit 1392 m tiefsten Berghöhle Kroatiens, und das unberührte Nadelwaldgebiet **Štirovača**. In der Nähe von Štirovača befinden sich die **Dabarski kukovi**, eindrucksvolle Karstfelsen, die von **Baške Oštarije** aus zugänglich sind. Baške Oštarije war auch wichtiger Stützpunkt an der Verbindungsstraße zwischen Gospić und Karlobag, die 1786 unter dem Namen Theresiana (kroat. Terezijana) gebaut wurde. Der Name erinnert an Kaiserin Maria Theresia, deren Sohn Joseph II. die Straße in Auftrag gab. Ein 3 km langes Teilstück dieser historischen Straße wurde zu einem Lehrpfad ausgebaut, der nur für Fußgänger zugänglich ist. Hier wird über die Errichtung der **Theresiana** und deren Auswirkung für die Velebit-Region informiert. Anfragen für Führungen an ✉ velebit@gs.t-com.hr.

Prirodni Park Velebit, Kaniža gospićka 4b, Gospić, ℡ 053-560450, 🖥 www.velebit.hr. (Naturparkverwaltung in Gospić, Büros in Krasno und Obrovac).

ÜBERNACHTUNG UND ESSEN

Neben dem Hotel Velebno, stehen Hotel-Unterkünfte in Senj, Karlobag, Otočac und Gospić zur Verfügung. Eine Liste mit Berghütten ist unter 🖥 www.velebit.hr zu finden.

Camp Velebit, Baške Oštarije 5a, ℡ 091-7253349, 🖥 www.kampvelebit.com. Hübsch gelegener Campingplatz in Baške Oštarije auf 928 m Höhe. 75 Kn p. P. inkl. Stellplatz, Bungalow 99 Kn p. P. Geöffnet von Juni–Aug.

Hotel Velebno, Baške Oštarije bb, ℡ 053-674005. Das Hotel in Form einer dreieckigen Hütte ist schon etwas in die Jahre gekommen, das Personal ist jedoch freundlich und der Standort ideal für Wanderungen und Ausflüge im Velebit-Gebirge. ❸

Konoba Jure, Krasno 165, ℡ 053-851100. Ein angenehmes Restaurant in Krasno. Traditionelle Küche mit Grillfleischgerichten, einheimischem Käse und *pršut* sowie selbst gemachtem Brot und Kuchen. ⏱ 8–23 Uhr.

AKTIVITÄTEN UND TOUREN

Radfahren

Im Naturpark Velebit und Nationalpark Nördliches Velebit sind einige **Mountainbike-Routen** ausgewiesen, Radkarten und Informationen gibt es in den Parkverwaltungen und im Internet unter 🖥 www.velebit.hr.

Wandern

Mehrere Routen für Wanderer und Bergsteiger führen durch den Naturpark. Der bekannteste ist der 57 km lange Höhenwanderweg **Premužićeva staza** (S. 279), ein Rundweg führt vom nördlichen Parkeingang Babić Siče zum Berg Zavižan und zurück. Weitere Routenvorschläge unter 🖥 www.np-sjeverni-velebit.hr.

SONSTIGES

Geld

Einen Bankomaten gibt es in Krasno, ansonsten ist man auf die Orte an der Küste und in der Lika angewiesen.

Medizinische Hilfe

Ambulanz Krasno, ℡ 053-851101.

TRANSPORT

Auto und Motorrad

Wer zum **Nationalpark Nördliches Velebit** möchte, der fährt in Otočac von der Autobahn ab und über Švica nach Krasno, wo sich das Informationszentrum befindet. Von hier kommt man zum Parkeingang Babić Siče, von wo eine unasphaltierte Straße zum Berg Zavižan führt. Vom Meer aus ist Krasno über Sveti Juraj erreichbar.

Der **Naturpark Velebit** ist an den Passstraßen zugänglich, am besten von Baške Oštarije aus, Autobahnausfahrt Gospić und dann Richtung Karlobag.

Busse

Tgl. halten 3 Busse zwischen Gospić und Karlobag in Baške Oštarije (je ca. 30 Min., 20 Kn). 2 Busse verkehren tgl. zwischen Otočac und Krasno (1 Std., 34 Kn).

Senj und die Küste

Der etwa 100 km lange Küstenstreifen zwischen Senj und dem Nationalpark Paklenica ist der raueste und unzugänglichste Teil der kroatischen Festlandküste. Die felsige Küste geht direkt ins Gebirgsmassiv Velebit über, von dem oft der schneidend kalte Fallwind Bura (Bora) herabweht. In diesem Bereich liegen nur vereinzelte Küstenstädte und Fischerdörfer, verbunden durch die gewundene Adria-Magistrale. Vorgelagert sind die Insel Rab und die parallel zur Adriaküste verlaufende Halbinsel Pag, getrennt durch den nur wenige Kilometer breiten Velebit-Kanal (Velebitski Kanal).

Senj

Vor dem imposanten, abweisenden, steil ansteigenden Velebit-Gebirge, vis-à-vis der Südspitze der Insel Krk (S. 214), liegt das Städtchen Senj.

Geschichte

Senj (8000 Einw.) ist zwar nur eine kleine Stadt, besaß aber aufgrund seiner Lage am wichtigen Gebirgspass Vratnik schon lange eine große strategische Bedeutung. Senj ist eine der ältesten Siedlungen der kroatischen Adriaküste, die seit mehr als 3000 Jahren besteht. In römischer Zeit war Senia wichtiger römischer Stützpunkt in der Provinz Liburnien und hatte den Status eines Municipium. Im Mittelalter wurde Senj Bischofssitz, kam zunächst unter die Herrschaft des Templer-Ordens und wurde dann von den Frankopanen beherrscht. Zwischen 1494 und 1508 wurde in Senj eine glagolitische Buchpresse betrieben, mit der unter anderem religiöse Texte in der altkroatischen Schrift vervielfältigt wurden. Ab dem 16. Jh. war Senj wichtigster Sitz der Uskoken. Diese waren vor den Osmanen geflüchtete Kroaten aus besetzten Gebieten Kroatiens sowie Bosniens und der Herzegowina, sich geschworen hatten, den Verlust ihrer Heimat an den Osmanen ebenso wie an den Venezianern zu rächen. In diesem Zusammenhang wurde die Festung Nehaj errichtet, die bis heute hervorragend erhalten ist. Durch den starken Bura-Wind war der Kanal von Senj bei den venezianischen Seefahrern gefürchtet, und aufgrund der mangelnden Anbindung Senjs konnten sich die Uskoken auch gegen übermächtige Gegner behaupten. Die Uskoken waren auf diese Unwägbarkeiten hervorragend vorbereitet und trieben als gefürchtete Piraten bis 1612, als Senj unter habsburgische Herrschaft kam, ihr Unwesen in der Region. Die Uskoken wanderten in die Lika oder die Region von Karlovac aus, und es wurde ruhiger um Senj. In den 1770er-Jahren gab der österreichische Kaiser Joseph II. ein gewaltiges Infrastrukturprojekt in Auftrag. Die Straße Josephina verband Karlovac mit Senj und ermöglichte die Überquerung des Velebit-Gebirges über den Vratnik-Pass, wodurch Senjs wirtschaftliche und strategische Position gestärkt wurde.

Als im 19. Jh. der Hafen von Rijeka an Bedeutung gewann, verlor Senj massiv an Wichtigkeit, vor allem als es beim Eisenbahnbau übergangen wurde. Durch die Bombardierungen im Zweiten Weltkrieg wurde die Innenstadt stark zerstört. Heute konzentriert sich die Stadt mit der stolzen Vergangenheit auf den Tourismus.

Festung Nehaj

Die Uskoken-Burg Nehaj ist das eindrucksvollste Bauwerk Senjs, das die Stadt und die Kvarner Bucht von einem etwas südlich gelegenen Berg überblickt. Der kompakte, quadratisch angelegte Bau mit vier Halbtürmen an den Ecken wurde 1558 errichtet und ist das lebendigste Relikt aus der Uskoken-Zeit von Senj. Im Zuge der Restauration der Festung Nehaj wurde 1965 die **Tafel von Senj** gefunden, eines der ältesten kroatischen Schriftdokumente. Im ersten Stock der Festung ist heute ein **Museum** untergebracht, das über die Uskoken-Vergangenheit von Senj informiert. Vom Wehrgang hat man einen schönen Blick auf das Zentrum von Senj. ⏱ Mai, Juni, Sep, Okt tgl. 10–18, Juli, Aug 9–21 Uhr, Nov–April auf Anfrage, Eintritt 20 Kn.

Altstadt

Die Altstadt von Senj ist umgeben von **Stadtmauern**, die von der Wehrhaftigkeit der mittelalterlichen Stadt zeugen. Mehrere Türme der Befestigung sind erhalten, wie der fassförmige **„Papstturm"** (Papina utvrda) im Nordwesten der Stadt, für den Papst Leo X. das Geld spendete, oder der kreisrunde **Turm Šabac** am Hafen, der die Stadt einst gegen Angriffe von See beschützen sollte.

Neueren Datums ist das **Stadttor Velika Vrata**, das 1779 als Endpunkt der Fernstraße Josephina gebaut wurde. Kaiser Joseph II. kam damals persönlich in die Stadt, um sich vom Voranschreiten der Bauarbeiten zu überzeugen. Auf der anderen Seite der Velika Vrata liegt der einstige Hauptplatz **Trg Cilnica**, der heute als Parkplatz genutzt wird. An diesem Platz erblickt man ein im Kern **mittelalterliches Kastell**, das später als Residenz des Stadtkommandanten diente und so Zentrum der habsburgischen Militärverwaltung war. In der Mitte des Trg Cilnica befindet sich ein **sechseckiger Brunnen** aus den 1830er-Jahren.

Ein paar verwinkelte Straßen weiter befindet sich am Trg Cimiter die **Kathedrale Mariä Himmelfahrt** (Katedrala Marijina Uznesenja), die auf ein romanisches Bauwerk zurückgeht, jedoch im Barock stark umgebaut wurde. Die uneinheitlich aussehende Fassade ist eine Folge der Zerstörungen im Zweiten Weltkrieg, die damals mit gemischtem Baumaterial behoben wurden. Das Renaissancerelief an der rechten Seite des Eingangs stellt die heilige Dreifaltigkeit dar und beinhaltet die älteste bekannte Darstellung des kroatischen Schachbrettwappens. Im Inneren sehenswert ist der Altar auf der linken Seite, der die Erzengel Michael und Raphael beim Töten eines Dämons zeigt. ⏱ 9–12, 16–17 Uhr.

Wer noch nicht genug von Geschichte hat, kann das **Stadtmuseum** (Gradski muzej Senj), Milana Ogrizovića 5, ☏ 053-881141, 🖥 www.muzej-senj.hr, besuchen, das im wunderbaren Gotik-Renaissance-Palast der Familie Vukasović untergebracht ist. Zu sehen gibt es Exponate aus der Stadtgeschichte, darunter römische Vasen und die berühmte Tafel von Senj in glagolitischer Schrift. ⏱ Mai, Juni, Sep, Okt 10–18, Juli, Aug 9–21 Uhr, Eintritt 20 Kn.

An den alten Bürgerhäusern in der Altstadt sind zum Teil die steinernen Köpfe der einstigen uskokischen Besitzer zu sehen, mit offenen Augen durch die Stadt zu gehen, lohnt sich also.

An dem südlichen Ende der Stadt befindet sich der beliebte Kiesstrand **Banja** mit einer Beach-Bar. Der Stadtstrand (auch Kies) hat den schwierigen Namen **Škver** und erstreckt sich am Nordende des Hafens, in der Nähe des Stadtzentrums.

Südlich von Senj befinden sich einige Fischerdörfer mit Ferienunterkünften, Restaurants und Stränden, am nächsten an Senj liegen die hübschen Dörfchen **Sveti Juraj** und **Lukovo** (20 km). Letzteres hat einen der schönsten Strände der Region, in einer kleinen Bucht mit türkisblauem Meer.

ÜBERNACHTUNG UND ESSEN

Apartmani Laura, Ante Starčevića 49, ☏ 053-881683, 🖥 www.app-laura.com. Die elegant eingerichteten, komfortablen Apartments liegen ein Stückchen oberhalb von Senj und bieten eine hübsche Aussicht auf die Altstadt, die Festung und die Adria. Die Besitzer sind freundlich. ❶–❸

Camp Ujča, Vučja draga bb, Sveti Juraj, ☏ 053-884626, 🖥 www.camp-ujca.com. Netter kleiner Campingplatz in einer hübschen, versteckten Bucht bei Sveti Juraj, freundliches Personal und ordentliche Sanitäranlagen. Vorsicht: Die Einfahrt erfolgt durch einen Tunnel, das Wenden mit einem großen Camper kann schwierig sein. 38 Kn p. P., Stellplatz 65 Kn.

Garni Hotel Art, Obala kralja Zvonimira 4, ☏ 053-884377, 🖥 www.coning-turizam.hr. Eines von 2 Hotels der Stadt, einfache und zweckmäßige Zimmer, z. T. mit Blick auf den Hafen, Lage direkt im Zentrum. ❷

Mit der roten Zora durch Senj

Sagenhafter Anblick – die Festung Nehaj

Als der deutsche Autor **Kurt Held** (1897–1959) in den 30er-Jahren mehrfach nach Senj fuhr, war er von der Geschichte und den Legenden der Stadt derart fasziniert, dass er sein Kinderbuch *Die rote Zora und ihre Bande* in Senj spielen und darin seine Erlebnisse und die Legenden der Stadt einfließen ließ. Das Buch wurde 1941 in der Schweiz veröffentlicht, wohin der deutsch-jüdische Autor fliehen musste, und war Helds größter Erfolg. Die Titelheldin begleitete Generationen von Kindern und Teenagern und entführte sie so auch immer ein bisschen nach Senj. Auf ihren Abenteuern begleitet den rothaarigen Teenager Zora eine Bande, die sich nach den einstigen Kriegern von Senj Uskoken nennt. „Die rote Zora" wurde mehrmals verfilmt, 1978 auch in Form einer 13-teiligen Fernsehserie, die als deutsch-schweizerisch-jugoslawische Koproduktion entstand und in Senj gedreht wurde. Die Touristeninformation Senj bemüht sich sehr um dieses literarische und filmische Erbe und hat eine Broschüre erstellt, in der die Drehorte einzelner Szenen vorgestellt werden, darunter das Stadttor Gradska vrata, der Stadtstrand, die Kathedrale und die Festung Nehaj. Wer sich also von der roten Zora durch Senj begleiten lassen will, sollte sich zunächst die Broschüre in der Touristeninfo besorgen und dann auf dem „Zora-Weg" durch die Stadt streifen.

Konoba Lavlji Dvor, Petra Preradovića 2, Senj, ✆ 053-882107, 🖥 www.lavlji-dvor.hr. Hier werden Fleisch- und Fischgerichte, Meeresfrüchte sowie Pasta in angenehmem Ambiente serviert. Auf der Terrasse mit Holzboden und -tischen kann man die Atmosphäre der engen Gassen von Senj genießen. ⏱ 11–23 Uhr, Nov–März geschl.

Restaurant Martina, Filipa Vukasovića 23, ✆ 053-881638. Das Restaurant mit fantastischer Seeterrasse mit Blick auf die Insel Krk serviert gegrillten Fisch, Pasta mit Meeresfrüchten und andere Fischspezialitäten. Dazu gibt's frisch gebackenes Brot. ⏱ 7–24 Uhr.

UNTERHALTUNG UND KULTUR

Meduza, Mundaričevac bb, ✆ 053-882131, 🖥 www.meduza-senj.com. Nettes Café und Restaurant an der Promenade mit maritimer Einrichtung drinnen, Meeresfeeling mit Hollywood-Schaukel draußen. ⏱ 8–2 Uhr, Okt–April geschl.

AKTIVITÄTEN UND TOUREN

Tauchen
Explorator Diving Center, Rača Camp, Sveti Juraj, ℡ 053-883801, 🖳 www.tauchen-explorator.de. Deutschsprachige Tauchbasis bietet Tauchgänge vor allem auf der vorgelagerten Insel Prvić.

Wandern
Von Senj aus bieten sich Wanderausflüge ins Velebit-Gebirge an (s. o.).

SONSTIGES

Apotheken
Ljekarna Tomljanović, Obala dr. Franje Tuđmana 4, ℡ 053-881086. ⏲ Mo–Fr 8–20, Sa 8–13, 18–19 Uhr.

Feste
Senjski ljetni karneval, Anfang August findet eine Woche lang in Senj ein Sommerkarneval mit Karnevalsumzug, Musik und Tanz statt.
Uskočki dani, Die Uskoken-Tage finden jedes Jahr für 3 Tage Anfang Juli statt. Geboten wird ein historisches Kostümspektakel rund um die Burg Nehaj.

Informationen
Touristeninformation Senj, Stara cesta 2, ℡ 053-881068, 🖳 www.tz-senj.hr.

Medizinische Hilfe
Ambulanz Senj, Stara cesta 43, ℡ 053-881602. ⏲ rund um die Uhr.

Polizei
Polizeistation Senj, Stara cesta 23, ℡ 053-675660.

Touristenagenturen
Brana Tours, Ivana Lenkovića 10, ℡ 053-881367, 🖳 www.brana-tours.hr. Vermittlung von Privatunterkünften.
GEMA, Riječka cesta 31d, ℡ 053-884130, 🖳 www.gema-senj.hr. Unterkunftsvermittlung.

TRANSPORT
Busbahnhof Senj, Obala kralja Zvonimira 8, ℡ 060-394394.
Busse nach:
RIJEKA, 14x tgl. in 1 Std. 20 Min. für 62–71 Kn.
ZADAR, 5x tgl. in 3 Std. für 127–143 Kn.
ZAGREB, 4x tgl. in 3 1/2 Std. für 161–173 Kn.

Jablanac

Das kleine Fischerörtchen Jablanac ist zugleich Fährhafen für die Fähre nach Mišnjak auf Rab, doch im Vergleich zu den meisten Fährorten ist Jablanac durchaus einen Zwischenstopp wert. In einer wunderschönen kleinen Bucht gelegen, schmiegt sich der Ort malerisch an das dahinter liegende Velebit-Gebirge. Hier gibt es eine hübsche **Pfarrkirche** an der Spitze der Bucht und einige Konobas und Cafés. Wer den Panorama-Blick über den Hafen genießen will, kann sich auf den Weg zur **Berghütte Planinarski dom Miroslav Hitz** machen, die sich jedoch nur 10 m über dem Meer befindet und somit Kroatiens niedrigste Berghütte ist.

Von Jablanac lässt sich in einem 2 km langen Spaziergang die **Bucht Zavratnica** erreichen. Diese fjordartige Bucht inmitten einer Hochgebirgslandschaft ist nicht nur ein Augenschmaus, sondern auch zum Schwimmen und Sonnenbaden geeignet. Die Zavratnica-Bucht ist auch ein beliebtes Ziel von Ausflugsbooten.

Norddalmatien

Stefan Loose Traveltipps

8 **Zadar** Laut Alfred Hitchcock kann man hier den schönsten Sonnenuntergang der Welt beobachten, das Ganze zu den Klängen der Meeresorgel. S. 294

Zrmanja-Canyon Der einstige Drehort von Karl-May-Filmen ist eine imposante Naturkomposition aus Wasser und Bergen. S. 299

Nin Hier wurden Könige gekrönt, Bischöfe widersetzten sich Rom, und in der Mitte steht die kleinste Kathedrale der Welt. S. 301

9 **Insel Pag** Die Küsten von Pag sind wild, steinig und rau. Es locken zahlreiche einsame Badebuchten vor Bergpanoramen. S. 305

Dugi Otok Ein Traum aus Meer und Stein ist der Naturpark Telašćica mit seinen Buchten, Inselchen und einem Salzwasser-See. S. 323

Šibenik Von der beeindruckenden Kathedrale geht es durch die hübschen kleinen Gässchen der Altstadt, die den Charme Šibeniks ausmachen. S. 329

10 **Krka-Nationalpark** Ein Bad im glasklaren See unterhalb der imposanten Wasserfälle. S. 336

Nationalpark Kornati Die unbewohnte, faszinierende Inselgruppe mit etwa 90 Eilanden ist ein beliebtes Tagesausflugsziel und seit 1980 Nationalpark. S. 349

Norddalmatien besteht aus den Regionen Zadar und Šibenik-Knin und erstreckt sich vom **Nationalpark Paklenica** im Norden über Zadar bis nach **Primošten** im Süden. Vor der Küste liegen einige mittelgroße Inseln wie **Pag**, **Vir**, **Ugljan**, **Pašman**, **Dugi Otok** und **Murter** sowie eine Unzahl kleiner und kleinster Inseln, die zum Teil in der **Inselgruppe Kornati** zusammengefasst sind. Die beiden größten Städte Norddalmatiens, **Zadar** und **Šibenik**, haben nicht nur ein reiches architektonisches und kulturhistorisches Erbe aufzuweisen, sie sind zugleich junge und lebendige Städte, deren Leben sich nicht auf die touristische Saison beschränkt. Norddalmatien bietet ein vielseitiges Landschaftsbild. Hübsche mediterrane Inselchen kontrastieren mit der atemberaubenden Bergwelt des Paklenica-Nationalparks im Velebit-Gebirge. Der **Krka-Nationalpark** lässt eine Karstlandschaft mit Fluss, Seen und Wasserfällen erfahrbar machen. Auch klassische Urlaubsziele mit breitem touristischem Angebot finden sich in Norddalmatien, z. B. in der Umgebung von **Biograd**, in **Vodice** oder **Primošten**.

Zadar

Zadar ist mit seinen 75 000 Einwohnern nicht nur die fünftgrößte Stadt Kroatiens. Es ist auch die größte Stadt Norddalmatiens, Universitätsstadt und einer der lebendigsten und innovativsten Orte der ganzen Region. Doch das geschäftige Alltagsleben findet vor einer malerischen Kulisse statt; das eindrucksvolle historische Zentrum spielte bereits in der Antike eine wichtige Rolle. Mit anderen Worten: Zadar ist eine Stadt, die für alle Geschmäcker etwas zu bieten hat und somit zum absoluten Pflichtprogramm für Dalmatienurlauber gehört.

Geschichte

Der illyrische Stamm der Liburner gründete die Stadt Zadar, ihre erste große Blüte erlebte sie jedoch in römischer Zeit. Durch die geografische Lage begünstigt, wurde Zadar unter dem Namen Ladera zur römischen Stadt mit Amphitheater, Thermen, Wasserleitung und Kanalisation. Mit dem Fall des Römischen Reiches kam Zadar unter byzantinische Herrschaft, in dieser Zeit wirkte hier der Hl. Donat, der sich um die Verständigung zwischen Byzanz und dem Frankenreich bemühte und zudem eine außergewöhnliche Kirche bauen ließ, die später seinen Namen erhielt. Nach der Ankunft des kroatischen Stammes an der Adriaküste nahm Norddalmatien eine Schlüsselstellung für das kroatische Königreich ein, was wiederum Konflikte mit Venedig hervorrief. 1202 wurde Zadar von mit Venedig verbündeten Kreuzfahrern verwüstet, die Stadt wurde jedoch wieder aufgebaut und fand im späten Mittelalter zu alter Stärke und Bedeutung zurück. Viele Kirchen und Klöster sowie die Dominikaner-Universität stammen aus dieser Zeit. 1409, unter König Ladislav Napuljski, wurde Zadar dann an Venedig verkauft, was dessen Blüte aber keinen Abbruch tat. Im Gegenteil: Die Stadt wurde befestigt und zu einem wichtigen Bollwerk gegen osmanische Angriffe. Die venezianische Herrschaft in Zadar endete erst in napoleonischer Zeit, als die Stadt zunächst unter französische und dann unter österreichische Herrschaft kam. Die Habsburger brachten für die Stadt Investitionen in Kultur, Bildung und Infrastruktur, Zadar wurde zur Hauptstadt Dalmatiens und Zentrum der kroatischen und südslawischen Kultur, die sich gegen Fremdbestimmung richtete. Fremdherrschaft musste Zadar jedoch nach dem Ersten Weltkrieg erneut erdulden, als die Stadt zu einer italienischen Enklave im Königreich Jugoslawien wurde. Im Zweiten Weltkrieg wurde die Stadt stark umkämpft und schließlich 1944 von den Partisanen erobert. Im kroatischen Unabhängigkeitskrieg stand das dalmatinische Hinterland unter serbischer Kontrolle, und die Stadt Zadar wurde eingekesselt und immer wieder beschossen. Die baulichen Schäden sind heute behoben, und die Stadt Zadar ist offen für Besucher aus aller Welt.

Sehenswertes

Hinter dem Landtor

Der Stadtrundgang beginnt westlich der venezianischen **Bastion** am **Landtor** (Kopnena vrata), einem von vier erhaltenen Stadttoren, welche

NORDDALMATIEN

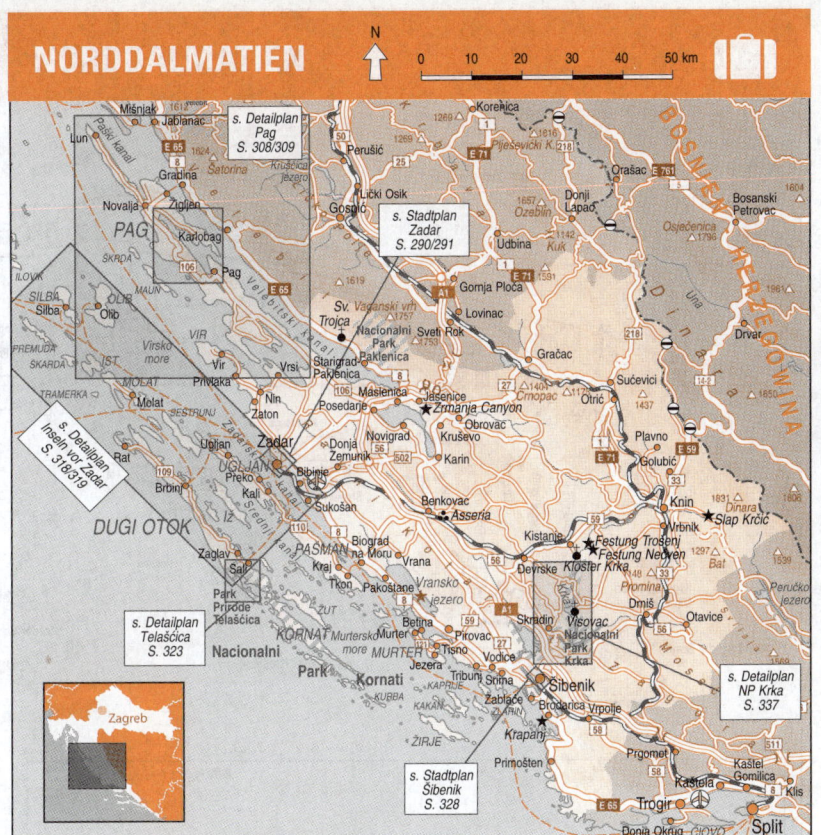

durch eine imposante **Stadtmauer** miteinander verbunden sind, die bis heute die historische Altstadt-Halbinsel Zadars umgibt. Das dreibogige Tor, einst der einzige Zugang zur Stadt auf dem Landweg, wurde im 16. Jh. im Renaissance-Stil von den Venezianern erbaut – Baumeister war Michele Sanmicheli –, und so verwundert es kaum, dass oberhalb des Hauptdurchgangs ein steinerner venezianischer Markuslöwe die Besucher erwartet. Darunter ist etwas unscheinbarer der Hl. Krševan, der Schutzheilige Zadars, auf dem Pferd zu sehen.

Linker Hand liegt, begrenzt von der Zitadelle, der alte Fischerhafen, **Foša**, Teil des einstigen Stadtgrabens. Hinter dem Landtor erstreckt sich im Westen **Varoš**, eines der hübschesten Stadtviertel mit engen Straßen und vielen versteckten Cafés und Restaurants.

Wer sich stattdessen zum **Trg pet bunara** begibt, wird rasch feststellen, warum dieser Platz der fünf Brunnen heißt. Fünf identische Renaissance-Brunnen wurden hier in der Zeit türkischer Belagerungen errichtet und stellten die Wasserversorgung Zadars bis ins 19. Jh. sicher. Direkt dahinter erstreckt sich die auf dem Platz der **Festung Grimani** angelegte Parkanlage **Perivoj kraljice Jelene Madijevke**. Diese wurde von dem österreichischen Kommandanten Franz Ludwig von Welden 1829 gegründet und ist damit der älteste öffentliche Park Dalmatiens.

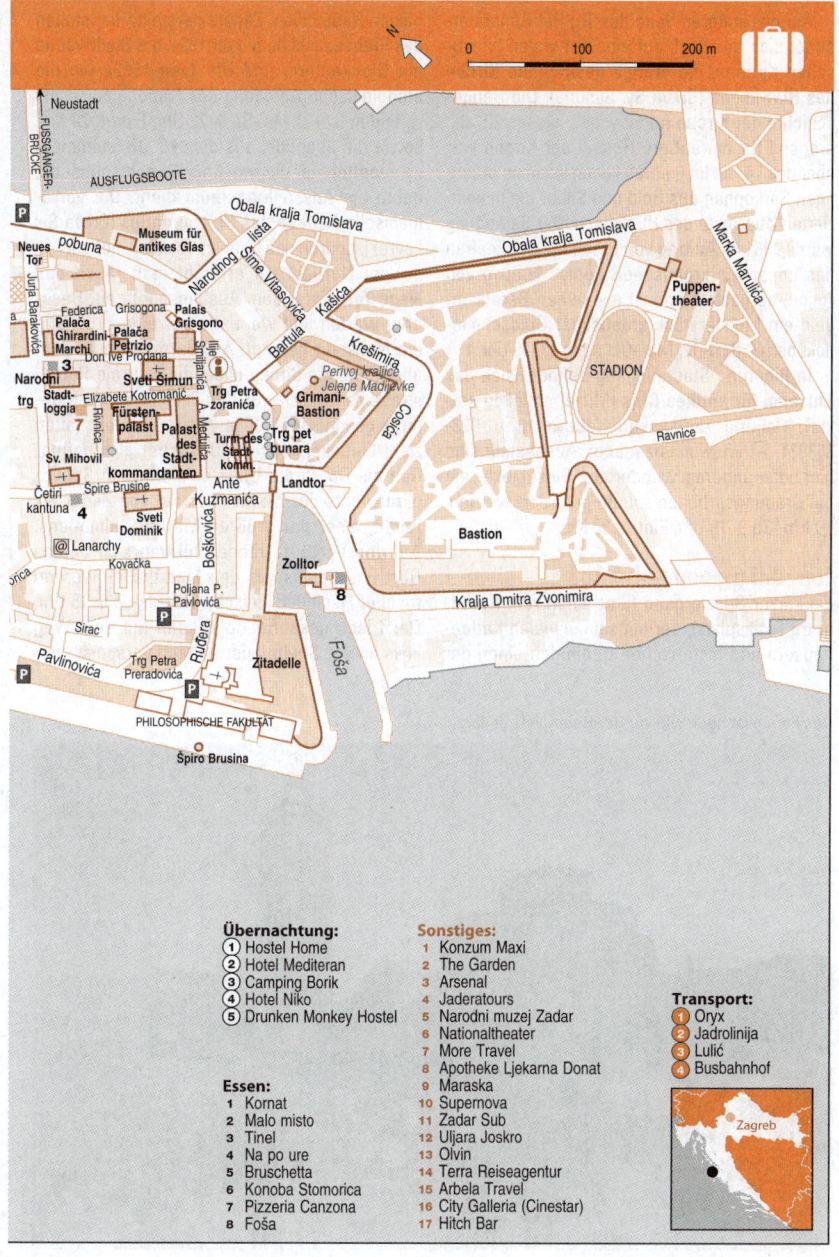

Auf der anderen Seite des Trg Pet Bunara eröffnet sich der Blick auf eine der vielen historischen Kirchen, die orange gestrichene **Kirche des Hl. Simeon** (Crkva Sv. Šimuna). Die Baugeschichte der Kirche reicht vom 5. bis ins 20. Jh., prägend für die äußere Gestalt der Kirche war aber das 14. Jh. Im Inneren liegen in einem prächtigen Sarkophag aus Gold und Silber die mumifizierten Überreste des Hl. Simeon. Der Sarkophag wurde 1381 im Auftrag von Elisabeth, der Ehefrau des ungarisch-kroatischen Königs Ludwig von Anjou, hergestellt und ist mit seinen Barockengeln ein Meisterstück kroatischer Goldschmiedekunst. ⏲ 8.30–12, Mai–Okt auch 17–19 Uhr.

In Richtung Stadtausgang befindet sich das **Museum für antikes Glas** (Muzej antičkog stakla), Poljana zemaljskog odbora 1, ✆ 023-363831, 🖥 www.mas-zadar.hr. Ausgestellt sind hier unter anderem wunderbare Glasobjekte, die bei Grabungsarbeiten zutage gefördert wurden. ⏲ Mo–Sa 9–19 Uhr, Eintritt 30 Kn.

Narodni trg und Kalelarga

Ein kurzer Spaziergang führt einen zum **Narodni trg** (Volksplatz), der mit seinen vielen Kaffeehäusern und historischen Gebäuden einen der beiden Hauptplätze Zadars darstellt. Hier stehen das **Rathaus** aus dem Jahr 1934, die **Stadtwache** mit Glockenturm und Uhr (von 1562), wo die ethnologische Abteilung des Nationalmuseums zu finden ist (⏲ Mo–So 9–22 Uhr, Eintritt 20 Kn), sowie die ebenfalls aus dem 16. Jh. stammende **Stadtloggia**, die einst als Gerichtsgebäude, heute als Ausstellungsraum dient. Die vorromanische **Kapelle des Hl. Laurentius** (Crkva Sv. Lovre) ist durch das Café Lovro zu erreichen.

Vom Narodni trg erreicht man rasch das **Neue Tor**, hinter dem Ausflugsboote auf Besucher warten und wo man über eine Brücke in die Neustadt gelangt. Am Narodni trg beginnt aber auch die Široka ulica, die zentrale Hauptstraße Zadars, die von den Einheimischen **Kalelarga** genannt wird. Eine Vielzahl an Geschäften zieht Einheimische und Besucher gleichermaßen an. Durch die Ulica dalmatinskog Sabora wird rechts der **Markt** (Tržnica) von Zadar erreicht, einer der größten Märkte Dalmatiens. Auf den Verkaufsständen türmen sich buntes Obst und Gemüse, in den Markthallen werden frischer Fisch und Fleisch verkauft, ⏲ 6–15 Uhr. Der frisch gekaufte Apfel kann auf dem Weg links an der Stadtmauer entlang verspeist wer-

Das Forum ist nach wie vor der Hauptplatz Zadars.

den, bis das **Hafentor** erreicht wird, das auch Tor des Hl. Krševan genannt wird und den Hafen mit der Innenstadt verbindet. Namensgebend für das Stadttor ist die **Kirche des Hl. Krševan**, die sich einige Meter stadteinwärts befindet. Krševan (Chrysogonus) war ein christlicher Märtyrer im 3. Jh., dessen sterbliche Überreste in Zadar beigesetzt wurden. Die ihm gewidmete dreischiffige Kirche aus dem 12. Jh. ist ein Meisterwerk romanischer Architektur, die Vorderseite ist einfach gehalten, während sie an der Außenseite mit drei Apsiden geschmückt ist. Im Innenraum sind die Apsiden mit byzantinischen und romanischen Fresken geschmückt, der prächtige Hauptaltar stammt aus der Barockzeit.

Zwischen Hafentor und Sv. Krševan befindet sich das **Museum der Stadt Zadar** (Muzej Grada Zadra), Poljana Pape Aleksandra III bb, ✆ 023-251851, 🖥 www.nmz.hr, wo Zeugnisse der Vergangenheit Zadars von römischen Säulen bis zur Einrichtung des 19. Jhs. ausgestellt sind. ◷ Mo-Fr 9–21, Sa 9–13 Uhr, Eintritt 20 Kn.

Forum

Nach Überqueren der Kalelarga wird das Forum, der geschichtsträchtige zweite Hauptplatz der Stadt, erreicht. Gegründet von Kaiser Augustus, bestand das größte Forum der Region aus einer großen Halle, einem Kapitol und drei Tempeln, die den römischen Göttern Jupiter, Juno und Minerva geweiht waren. Eine Säule und mehrere Säulenstümpfe und Grundmauern sind bis heute erhalten geblieben.

Am Forum steht die außergewöhnliche Kirche **Sveti Donat** aus dem 9. Jh. Das Wahrzeichen Zadars ist ein vorromanischer Rundkirchenbau, der an byzantinische Vorbilder angelehnt ist. Beim Bau der Kirche, den Bischof Donatus in Auftrag gab, wurden Elemente der umliegenden römischen Bauten verwendet, sodass sich in und an Sv. Donat römische Säulen, Säulenteile und lateinische Inschriften finden. Die 27 m hohe Kirche hat eine einzigartige Akustik, sodass hier im Sommer klassische Konzerte stattfinden. ◷ 9–21 Uhr, Eintritt 12 Kn.

Die zweite Kirche auf dem Forum steht Sv. Donat zwar in der Bekanntheit, nicht aber in Größe und Bedeutung nach. Die romanische Kirche **Sveta Stošija** ist die größte Kathedrale Dalmatiens und wurde im 12. und 13. Jh. errichtet. Im Zweiten Weltkrieg wurde die Kirche bei Bombenangriffen vollständig zerstört, aber nach Originalbauplänen wiederaufgebaut. Das prächtige Hauptportal erinnert mit einer zentral angebrachten Rosette und vier Reihen von Blendbogen an romanische Kirchen der Toskana. Hier sind unter anderem Reliefs mit dem Hl. Krševan und der Hl. Stošija (= Anastasia) zu sehen. Im Innenraum sind gotische Chorstühle und ein Taufbecken aus dem 6. Jh. sehenswert. In dem nördlichen Seitenschiff befindet sich ein Steinsarkophag mit den Reliquien der Hl. Anastasia.

Den beiden historischen Kirchen gegenüber befindet sich das 1832 gegründete **Archäologische Museum** (Archeološki muzej), Trg opatice Čike 1, ✆ 023-250516, 🖥 www.amzd.hr, das zweitälteste Museum seiner Art in Kroatien. Darin werden archäologische Fundstücke Norddalmatiens von der prähistorischen Zeit bis zum Mittelalter ausgestellt, darunter zwei römische Kaiserstatuen (Augustus und Tiberius), die in Nin gefunden wurden, Gefäße aus der Jungsteinzeit oder vorromanische Altarschranken aus der Kirche Sv. Nediljica. ◷ 9–21 Uhr, Eintritt 20 Kn.

Stadtpaläste im Zentrum

Neben den imposanten Kirchenbauten befinden sich auch eine ganze Reihe prächtiger Palastbauten im Zentrum Zadars, die meisten von ihnen im Renaissance-Stil. Der mittelalterliche **Fürstenpalast am Trg Petra Zoranića** wurde im 19. Jh. umfassend umgebaut, ebenso wie der **Palast der Providuren**, der ursprünglich im Jahr 1607 errichtet wurde. Eine prächtige Fassade hat der **Palast des Stadtkommandanten** aus der Renaissance. Neben den städtischen Würdenträgern hatten auch einflussreiche adlige Familien ihre Paläste im Stadtzentrum von Zadar. Eindrucksvoll sind der **Palast der Familie Grisogono** im Gotik-Renaissance-Stilmix und die **Paläste Petrizio** und **Ghirardini-Marchi** (alle Ulica don Ive Prodana) sowie der **Fanfogna**- und der **Guerini-Palast** in der Ulica Brne Krnarutića.

Direkt neben dem Museum befindet sich **Sveta Marije**, ein Benediktinerinnenkloster, dessen Gründerin 1066 die Adlige Čika aus Zadar war. Einige Gebäudeteile wie der Glockenturm gehen auf romanische Zeit zurück, wenngleich der Umbau während der Renaissance der Anlage ihr heutiges Gesicht verlieh. Im Kloster ist die ständige Ausstellung „Gold und Silber in Zadar" mit Exponaten sakraler Kunst aus dem 8.–18. Jh. untergebracht. **Zlato i srebro Zadra**, Trg opatice Čike 1, ☏ 023-250496. ⏰ Mo–Sa 10–13, 18–20, So 10–13 Uhr, Eintritt 20 Kn.

Franziskanerkloster

Auf dem Weg zur Promenade passiert man das schlichte Franziskanerkloster (Samostan Sv. Frane) von 1280 mit gotischer Kirche und Renaissance-Ausstattung sowie hübschem Kreuzgang. ⏰ 7.30–12, 16.30–18 Uhr, Eintritt 15 Kn.

8 HIGHLIGHT

Promenade

Nach all den historischen Bauten und Kirchen repräsentiert die Uferpromenade Obala Petra Krešimira IV. das moderne und innovative Zadar – mit Meeresorgel und Gruß an die Sonne. Am südlichen Ende der Promenade steht, vor dem Universitätsgebäude, das **Denkmal des Naturforschers Špiro Brusina**, der eine Muschel in den Händen hält und diese nachdenklich betrachtet. Alfred Hitchcock bemerkte nach einem Besuch in Zadar, dass man hier die schönsten Sonnenuntergänge der Welt beobachten könne, und Hitchcock kann sicherlich als Experte für alles Optische gelten. Das erfüllt die Bevölkerung von Zadar verständlicherweise mit Stolz, und eine Tafel erinnert an die Worte des großen Regisseurs. Der beschriebene Sonnenuntergang lässt sich am besten auf den Stufen am nordwestlichen Ende der Promenade beobachten, wo neben diesem optischen auch ein akustisches Highlight zu finden ist. Die **Meeresorgel** (Morske orgulje), die 2005 von dem Architekten Nikola Bašić erbaut wurde, erzeugt ihre Töne nur durch die Wellen, die Luft durch die 35 Pfeifen stoßen, die damit je nach Höhe der Wellen und Windrichtung immer neue Harmonien erzeugen. Ein Ort zum Genießen und Entspannen, mit außergewöhnlichen Lauten und seiner ganz eigenen Romantik. Ergänzt wurde die Meeresorgel 2008 um die Lichtinstallation **„Gruß an die Sonne"** (Pozdrav suncu), ebenfalls von Nikola Bašić, die allabendlich nach Sonnenuntergang zu bewundern ist.

ÜBERNACHTUNG

Es mangelt nicht an Hotelunterkünften in der Stadt. Besonders präsent ist die österreichische Hotelkette **Falkensteiner**, 🖥 www.falkensteiner.com, die einige hochpreisige Hotels in Borik betreibt. In den letzten Jahren ist eine ganze Reihe von Hostels in Zadar entstanden, die größtenteils auch DZ anbieten. Privatunterkünfte werden von Touristenagenturen vermittelt.

Camping Borik, Majstora Radovana 7, ☏ 023-332074, 🖥 www.campingborik.com. Großer Campingplatz in Borik, schöne Lage mit schönen Stellplätzen, jedoch überholungsbedürftige Sanitäreinrichtungen. 54 Kn p. P., Stellplatz 130 Kn.

Central Royal Apartments, ☏ 091-2912978, 🖥 www.centralroyalapartments.com. 5 wunderschöne, individuell eingerichtete Apartments an unterschiedlichen Orten im Zentrum von Zadar für 2–4 Pers. Warme Holzfußböden, stilvolle Einrichtung. ❹

Hostel Home, Mihovila Pavlinovića 9, ☏ 091-4564466, 🖥 www.hostel-home.com. Direkt in der Altstadt, nahe der Promenade. Wer sich die 133 Stufen bis zur 5. Etage hochgequält hat, wird mit einem fantastischen neuen Hostel belohnt. Nette, saubere Zimmer mit Holzboden, freundliches Personal, auch deutschsprachig. Bett im Schlafsaal 120 Kn. Nov–März geschl.

Hotel Mediteran, Matije Gupca 19, ☏ 023-337500, 🖥 www.hotelmediteran-zd.hr. 3-Sterne-Hotel in Borik mit gepflegten und großzügigen Zimmern mit Holzmöbeln und Balkon, der Strand ist in 10 Min. fußläufig zu erreichen, ganzjährig geöffnet, ❸–❹

Hotel Niko, Obala Kneza Domagoja 9, ☏ 023-337880, 🖥 www.hotel-niko.hr. Elegantes 4-Sterne-Hotel im Stadtteil Borik, große stilvoll eingerichtete Zimmer, zum Teil mit Meerblick, freundliches Personal, bei Barzahlung reduzierter Preis. Das zugehörige Restaurant ist ein exzellentes Fisch-Lokal. ❺

The Drunken Monkey Hostel, Jure Kastriotića skenderbeg 21, ✆ 023-314406, 099-4157350, 🖥 www.drunkenmonkeyhostel.com. Dieses nahe dem Busbahnhof gelegene Hostel ist ein Paradies für Backpacker, es gibt geschmackvolle, bunte Zimmer für 2–8 Gäste mit Laminatboden und Holzbetten, einen Pool, eine Terrasse und gemütliche Gemeinschaftsräume. Die Atmosphäre ist familiär und angenehm, die Besitzer und Mitarbeiter sind größtenteils selbst Backpacker. Der beliebte Strand Kolovare ist nur 10 Min. zu Fuß entfernt. Geöffnet März–Okt. Bett im Schlafsaal 190 Kn.

ESSEN

In der **Ulica Stomorica** gibt es zahlreiche gemütliche Fastfood- und Pizza-Lokale, besonders nett ist die **Pizzeria Canzona**, Stomorica 1, ✆ 023-212081, 🖥 www.canzona.hr, und die **Konoba Stomorica**, Stomorica 12, ✆ 023-315946, mit Fisch- und Fleischgerichten.

Fośa, Kralja Dmitra Zvonimira 2, ✆ 023-314421, 🖥 www.fosa.hr. Edles Fischrestaurant nahe des Stadttors Kopnena vrata mit malerischer Terrasse und Blick auf den Hafen, elegante Einrichtung mit viel Glas. Das Angebot hängt davon ab, was an diesem Tag aus dem Meer gefischt wurde, es gibt aber auch Fleisch und vegetarische Gerichte. Die Preise sind gehoben. ⏲ 12–23.30 Uhr.

Kornat, Liburnska Obala 6, ✆ 023-254501. Feines Restaurant, am Hafen gelegen, auf der Karte stehen Fleischgerichte und frisch gefangener Fisch. ⏲ 12–24 Uhr, Jan geschl.

Malo misto, Jurja Dalmatinca – Matejeva 3, ✆ 023-301831, 🖥 www.malo-misto.com. Pasta und Gegrilltes auf einer freundlichen Terrasse, ⏲ 11–24 Uhr.

Na po ure, Špire Brusine 8, ✆ 023-312004. Zentral gelegene Konoba, gegrillte Fisch- und Fleischgerichte, die Spezialität ist Hai-Steak, liebevoll eingerichteter Garten zur Hofseite, günstige Preise. ⏲ 9–23 Uhr.

Restaurant Bruschetta, M. Pavlinovića 12, ✆ 023-312915, 🖥 www.bruschetta.hr. Nettes Restaurant im Zentrum mit mediterraner Küche und schöner Terrasse. ⏲ 11–23.30 Uhr.

Tinel, Don Ive Prodana 2, ✆ 098-9757130, 🖥 www.tinelzadar.com. Mediterranes Essen auf originell eingerichteter Holzdielen-Terrasse mit weißen Tischen, sehr freundliches Personal, Fisch, Fleisch und interessante Salate zu angemessenen Preisen. Das Tinel vermietet auch elegante, maritim eingerichtete Zimmer. ⏲ 10–24 Uhr. ❹

Badeplätze

Einen Ort zum Baden muss man in Zadar nicht umständlich suchen, denn an der gesamten südwestlichen **Promenade** kann gebadet werden. Teils gelangt man über Treppen oder Leitern ins Wasser. Der Kieselstrand **Kolovare** ist der östlich der Altstadt gelegene Stadtstrand von Zadar und bietet Annehmlichkeiten wie Restaurants, Cafés, Stranddúschen und Tischtennisplatten. Weiter östlich folgen weitere Strände. Beliebte Badestrände befinden sich auch in den nordöstlichen Stadtteilen rund um die Ferienanlage Borik. In **Borik** selbst wurde der Sand-Kies-Strand neu hergerichtet, er eignet sich auch hervorragend für Kinder. Es gibt Wassersportmöglichkeiten und Toiletten, Umkleidekabinen und Duschen. Ein auch bei Einheimischen beliebter Strand befindet sich in **Diklo** ein Stückchen nördlich von Borik.

Wer es noch spezieller möchte, kann das vorgelagerte **Inselchen Ošljak** ansteuern, das zugleich die kleinste bewohnte Insel der Adria ist. Dort gibt es wunderschöne Naturstrände, teils Kiesel-, teils Felsstrände, und Ruhe abseits vom Touristenrummel. Die Insel ist zweimal täglich (um 11.30 und 14.45 Uhr) mit der Fähre nach Preko (Ugljan) zu erreichen, zurück geht es um 18 Uhr (Hin- und Rückfahrt 36 Kn). Weitere schöne Strände findet man im Umland von Zadar, z. B. in Zaton, Nin, Petrčane oder auf den vorgelagerten Inseln.

UNTERHALTUNG UND KULTUR

Bars und Clubs
Das Nachtleben Zadars ist vielfältig, im Zentrum befinden sich zahlreiche Café-Bars, die zum Kaffeetrinken tagsüber genauso einladen wie zum Ausgehen nachts.

Arsenal, Trg tri bunara 1, ✆ 023-253821, 🖥 www.arsenalzadar.com. In der ehemaligen Lagerhalle ist dieser Club beheimatet, der zugleich Konzertsaal, Ausstellungsraum, Bar und Souvenirshop ist. Mit Ausstellungen, Konzerten und Partys ist das Arsenal Mittelpunkt des kulturellen Lebens in Zadar. ⏲ Mo, So 18–2, Mi–Fr 18–3 Uhr.

Hitch Bar, Kolovare, ✆ 095-1118888, 🖥 www.hitch-bar.com. Der Zadar-Fan Alfred Hitchcock stand Pate für diesen am Strand gelegenen Kolovare Club mit seinen langen Partynächten, im Sommer auch mit Live-Konzerten, internationalen DJs oder Themenabenden. ⏲ 8–6 Uhr.

The Garden, Bedemi zadarskih pobuna bb, ✆ 023-250631, 🖥 www.watchthegardengrow.eu. Außergewöhnliches Café und Club auf den Stadtmauern Zadars. Tagsüber räkeln sich die Besucher auf gemütlichen Sesseln und Liegen, schlürfen an Kaffee oder Kaltgetränken und genießen den einmaligen Ausblick auf den Hafen, hinter dem sich am Horizont das Velebit-Gebirge erhebt. Abends wird The Garden zum Herzschlag des Partylebens von Zadar mit angesagter Tanzmusik wie Nu Jazz, Dub, Latin und Downtempo Elektro. ⏲ 10–1.30 Uhr, Restaurant 12–14.30, 18–23 Uhr.

Kino
Cinestar Zadar, City Galleria, Murvička 1, 🖥 www.blitz-cinestar.hr. Multiplex-Kino mit vor allem amerikanischem Mainstream-Kino, i.d.R. Originalton mit Untertiteln.

Musik und Theater
Hrvatsko Narodno Kazalište Zadar, Široka ulica 8, ✆ 023-314586, 🖥 www.hnk-zadar.hr. Das Nationaltheater Zadar veranstaltet Konzerte und Theateraufführungen, darunter auch einige Gastspiele.

EINKAUFEN

Glas
Muzej antičkog stakla, Poljana zemaljskog odbora 1, ✆ 023-363831, 🖥 www.mas-zadar.hr. Im Museum für antikes Glas lassen sich wunderbare Repliken als Souvenirs erwerben.

Lebensmittel
Maraska, Mate Karamana 3, 🖥 www.maraska.hr. Alkoholische Spezialitäten wie der berühmte Likör Maraschino, der aus Maraska-Kirschen und deren Blättern hergestellt wird. ⏲ Mo–Fr 8–20, Sa 8–14 Uhr.

Olvin, Put Nina 8. Selbst gemachtes hochklassiges Olivenöl, Weine und Säfte. ⏲ Mo–Fr 7–14.30, Sa 7.30–13 Uhr.

Uljara Joskro, Put Bokanjca 24, ✆ 023-322225. Olivenöl, Sardellen, Käse aus eigener Herstellung. ⏲ Mo–Fr 8–16 Uhr.

In Zadar sind alle großen **Supermarktketten** vertreten.

Konzum Maxi, Dalmatinskog Sabora 8, ✆ 023-254984. ⏲ Mo–Sa 6.30–21, So 7–13 Uhr.

Souvenirs
Souvenirgeschäfte sind in der ganzen Stadt verteilt.

Narodni muzej Zadar, Poljana pape Aleksandra III. bb, ✆ 023-251851, 🖥 www.nmz.hr. Im Erdgeschoss des Museums ist ein großer Souvenirshop. Die Souvenirs sind zum Teil Repliken der Exponate des Museums. ⏲ 9–22 Uhr.

SONSTIGES

Apotheken
Ljekarna Donat, Braće Vranjanina bb, ✆ 023-251342. ⏲ Mo–Fr 7–21, Sa 7–13.30 Uhr.

Autovermietungen
Die wichtigsten nationalen und internationalen Autovermieter sind am Flughafen und zum Teil auch im Zentrum vertreten. Es operieren hier aber auch lokale Vermieter.

Lulić, Majstora Radovana 7, ✆ 023-242224, 🖥 www.lulic.hr.

Oryx, Vrata Krševana bb, ☎ 023-254301, 🖥 www.oryx-rent.hr.

Feste
Avvantura Festival – Film Forum Zadar, 🖥 www.filmforumzadar.com. Ende August findet seit 2010 in Zadar ein interessantes internationales Filmfestival statt, das seither beträchtlich gewachsen ist.
Glazbene večeri u crkvi Sv. Donata, 🖥 www.donat-festival.com. Ab Anfang Juli finden klassische Konzerte in der Kirche Sv. Donat statt, mehr als 5 Wochen lang 1–2 Konzerte pro Woche.

Geld
Es mangelt nicht an Banken und Bankomaten im Zentrum.
OTP Banka, Široka ulica 1. ⏰ Mo–Fr 8–20, Sa 8–12 Uhr.

Gepäckaufbewahrung
Gepäck kann am Busbahnhof abgegeben werden.

Informationen
Touristeninformation Zadar, Ilije Smiljanića 5, ☎ 023-212222, 🖥 www.tzzadar.hr.

Medizinische Hilfe
Krankenhaus Zadar, Bože Peričića 5, ☎ 023-505505, 🖥 www.bolnica-zadar.hr.

Polizei
Polizeistation Zadar, Zore Dalmatinske 1, ☎ 023-345141.

Post
Postamt Zadar, Šimuna Kožičića Benje 1, ☎ 023-223717. ⏰ Mo–Fr 7.30–21, Sa 7.30–20 Uhr.

Tauchen
Zadar Sub, Dubrovačka 20a, ☎ 023-214848, 🖥 www.zadarsub.hr. Tauchkurse verschiedener Schwierigkeitsgrade, Verkauf und Verleih von Tauchausrüstung, Tauchgänge vor Zadars Küste.

Touristenagenturen
Arbela Travel, Tomislava Ivčića 20a, ☎ 023-311270, 🖥 www.arbela.hr. Vermittlung von Unterkünften.
Jaderatours, Pape Aleksandra III. 5/1, ☎ 023-250350, 🖥 www.jaderatours.hr. Unterkunftsvermittlung, Ausflüge, z. B. in die Nationalparks Plitvice, Paklenica, Krka, Kornati.
More Travel, Elizabete Kotromanić 2, ☎ 023-312556, 🖥 www.morezadar-travel.com. Unterkünfte, Ausflüge, unter anderem zum Nationalpark Kornati.
Terra Reiseagentur, Put Matije Gupca 2a, ☎ 023-337294, 🖥 www.terratravel.hr. Vermittlung von Unterkünften, Bootsausflüge, z. B. zu den Kornaten, Tauchgänge, Kanutouren, Autovermietung.

NAHVERKEHR
Busse
Ein dichtes Netz an Bussen, betrieben von Liburnija, 🖥 www.liburnija-zadar.hr, verbindet die verschiedenen Stadtteile miteinander. Am Ticket-Schalter am Busbahnhof kann man ein Ticket für 16 Kn kaufen, das für 2 Fahrten gilt. Wird das Ticket im Bus gekauft, gilt es für eine Fahrt und kostet 10 Kn.

Taxi
Es gibt eine ganze Reihe an Taxi-Unternehmen, am besten zuerst den Preis erfragen.
Taxi Lulić, ☎ 023-494494, 🖥 www.lulic.hr. 5 km kosten 25 Kn.

TRANSPORT
Auto und Motorrad
Die **Parkplätze** im Stadtzentrum (meist Fußgängerzone) sind limitiert, einige Parkplätze befinden sich am Fährhafen, größere Parkmöglichkeiten befinden sich am Eingang in die Altstadt. Das Parken kosten je nach Parkzone zwischen 2 und 12 Kn pro Std.

Busse
Durch die mageren Bahnverbindungen ist der Bus das öffentliche Verkehrsmittel in Norddalmatien. **Busbahnhof Zadar**, Ante Starčevića 1, ☎ 060-305305, 🖥 www.liburnija-zadar.hr.

DUBROVNIK, 8x tgl. in 8 Std. für 188–268 Kn.
RIJEKA, 11x tgl. in 4 1/2 Std. für 152–201 Kn.
ŠIBENIK, 30x tgl. in 1 1/2 Std. für 40–69 Kn.
SPLIT, 30x tgl. in 3 Std. für 80–144 Kn.
ZAGREB, 27x tgl. in 5 Std. für 99–148 Kn.
Weitere tägliche Verbindungen nach SARAJEVO, BELGRAD, LJUBLJANA, TRIEST.

Direktverbindungen nach:
BASEL, über Zürich, 1x tgl. in 18 Std. für 831 Kn.
BERLIN 3x wöchentl. in 20 Std. für 923 Kn.
DORTMUND, 5x wöchentl. in 24 Std. für 960 Kn.
FRANKFURT, über Stuttgart, 1x tgl. in 19 Std. für 788 Kn.
HAMBURG, über Hannover, 1x wöchentl. in 24 Std. für 960 Kn.
MÜNCHEN, 1x tgl. in 11 Std. für 288 Kn.
WIEN, über Graz, 5x tgl. in 10 Std. für 327 Kn.

Eisenbahn
Die Zuganbindung Zadars ist etwas mühsam. **Hauptbahnhof Zadar**, Ante Starčevića 4, ✆ 023-212555, 🖥 www.hznet.hr.
Tgl. fahren 3 Züge nach KNIN, von dort besteht Anschluss nach ZAGREB und SPLIT, allerdings braucht das nahezu 8 (Zagreb) bzw. 4 1/2 Std. (Split).

Fähren
Der **Fährhafen** befindet sich am nördlichen Ende der Altstadt. Hier fahren tgl. Fähren nach PREKO (Ugljan), BRBINJ (Dugi Otok), SALI (Dugi Otok), MALI LOŠINJ und zu den kleineren vorgelagerten Inseln IST, OLIB, SILBA, PREMUDA, MOLAT, RIVANJ, SESTRUNJ, ZVERINAC, IŽ und RAVA. Zu Ausflügen auf die Kornati-Inseln s. Touristenagenturen.
Jadrolinija, Liburnska obala 7, ✆ 023-254800, 🖥 www.jadrolinija.hr.

Flüge
Flughafen Zadar, Zemunik Donji, ✆ 023-205800, 🖥 www.zadar-airport.hr.
Der Flughafen Zadar liegt etwa 10 km östlich des Stadtzentrums und bietet internationale und regionale Flüge an. Croatia Airlines fliegt direkt nach MÜNCHEN und FRANKFURT, Germanwings nach STUTTGART und KÖLN, Lufthansa nach MÜNCHEN und DÜSSELDORF, Ryanair nach DÜSSELDORF-WEEZE, FRANKFURT-HAHN und KARLSRUHE, Intersky nach FRIEDRICHSHAFEN und ZÜRICH. Croatia Airlines fliegt zudem in der Saison nach ZAGREB und PULA.

Nördlich von Zadar

Starigrad-Paklenica

Die Region von Starigrad bringt Extreme zusammen. Hier treffen Hochgebirge und die Schluchten des Velebit (S. 278) im Nationalpark Paklenica auf eine touristisch relativ neu erschlossene Küstenregion. Von Starigrad aus blickt man auf die raue Ostküste der Insel Pag, doch auch auf das malerische Novigradsko more mit seinen seichten Stränden.

Das Städtchen Starigrad-Paklenica (1900 Einw.) ist Hauptort der Region und blickt auf eine Geschichte zurück, die bis in vorrömische Zeiten zurückreicht. Die **Peterskirche** (Crkva Sv. Petra) zwischen Starigrad und Seline stammt bereits aus dem 9. oder 10. Jh. und ist ein eindrucksvolles Zeugnis vorromanischer altkroatischer Kirchenbaukunst. Weitere alte Kirchen und Festungen im Umland von Starigrad zeugen von der wichtigen Bedeutung des Ortes im Mittelalter. Nach der Eroberung des Novigradsko more durch die Osmanen im Jahr 1527 kontrollierten diese die Verbindungsstrecke zwischen Nord- und Südkroatien. Die Region um Starigrad verlor ihre strategische Funktion und verödete. Nach der Wiederbesiedlung im 17. Jh. gelangte der Ort wieder zu einer gewissen strategischen Bedeutung. Die Einwohner Starigrads lebten von Viehzucht und Fischfang und in den letzten Jahren auch zunehmend vom Tourismus, den sie vor allem dem nahe gelegenen **Nationalpark Paklenica** (S. 300) zu verdanken haben. Doch auch an den anderen Küstenorten gibt es

Auf Winnetous Spuren durch den Zrmanja-Canyon

Die Zrmanja ist ein kroatischer Fluss, der unweit der bosnischen Grenze entspringt, sich in einem imposanten Canyon durch die Karstlandschaft windet und schließlich in der Nähe von Obrovac ins Novigradsko more mündet. Der Canyon ist an den meisten Stellen nur vom Wasser aus zugänglich – nimmt man die Straße, ergibt sich nur ganz selten ein schöner Ausblick auf die eindrucksvollen Berge mit dem smaragdgrünen Fluss in der Mitte.

Diese wilde Landschaft der Zrmanja hat interessanterweise auch unsere Vorstellung vom Wilden Westen geprägt, denn hier wurde in den 1960er-Jahren eine Reihe von bekannten Verfilmungen der Romane Karl Mays gedreht. Die Zrmanja wurde als „Rio Pecos" zentrales Motiv der Winnetou-Filme, oberhalb des Canyons lag die wichtigste Apachen-Siedlung. Ein enthusiastischer Fan der Karl-May-Filme hat sich die Mühe gemacht, die Originalschauplätze der Filme ausfindig zu machen, 🖥 www.winnetous.spuren.de. Das ist nicht nur für Winnetou-Fans eine Freude, es macht auch Lust auf die versteckten Landschaftsperlen des dalmatinischen Hinterlands. Wer nun die Zrmanja in Apchen-Manier erkunden will, ist auf das Boot angewiesen. Im unteren Verlauf des Flusses werden **Touren mit Ausflugsbooten** organisiert, im oberen Teil gibt es **Rafting- und Kanutouren,** an denen auch etwas ältere Kinder teilnehmen können. Am Ende der Kanustrecke liegen ein Campingplatz, eine Badestelle und ein kleines Restaurant.

Novi Commerce, Novigrad 66, ☎ 098-774651, 🖥 www.f-zrmanja.com. Kanu- und Raftingtouren.
Raftrek Travel, ☎ 01-6521666, 🖥 www.raftrek.hr. Organisiert Rafting- und Kanutouren in ganz Kroatien.
Riva Rafting Centar, Obala hrvatskog časnika Senada Župana 6, Obrovac, ☎ 023-689920, 🖥 www.riva-rafting-centar.hr. Bootsausflüge, Kanu- und Raftingtouren von Obrovac aus.
Siehe auch Kasten Winnetou-Museum in Starigrad-Paklenica, S. 301.

---

zum Teil schöne Strände, Campingplätze und andere Unterkünfte, alles eingerahmt vom gewaltigen Bergpanorama des Velebit.

Strände finden sich im Zentrum Starigrads, z. B. beim Hotel Alan mit seinem angeschlossenen kleinen **Winnetou-Museum** (Kasten S. 301), besonders schöne Strände sind in **Seline** südlich von Starigrad zu finden. Der Strand **Pisak** z. B. ist ein hübscher Kieselstrand, der sich als kleine Landzunge ins Meer erstreckt.

Ein Ausflug lohnt ans **Novigradsko more** (Novigrader Meer), einen seeförmigen Meeresarm mit dem malerischen, aber eher verschlafenen Städtchen **Novigrad** und dem lebendigeren **Posedarje**, das auch für seinen *pršut* (Rohschinken) bekannt ist. Die Strände des Novigradsko more sind teils Kies-, teils Sandstrände, das Wasser ist nicht ganz so klar wie das im offenen Meer, dafür geht es seicht und angenehm ins Wasser.

ÜBERNACHTUNG UND ESSEN

Eine Liste von Privatunterkünften gibt's auf der Homepage der Touristeninformation Starigrad.

Aparthotel Castrum Novum, E. Kotromanića bb, Novigrad, ☏ 023-375309, 🖥 www.kroatia.hr. Das angenehme Hotel direkt am Novigradsko more bietet nette Apartments, die je nach Lage nach kroatischen Küstenorten (also Meerblick) oder Orten im Binnenland (also Parkseite) benannt sind. Das Personal ist freundlich, hilfsbereit und spricht gut Englisch. Zum Service des Hotels gehört der Verleih von Kayaks, mit denen man das Novigradsko more erkunden kann. ❹–❺

Bluesun-Camp Paklenica, Dr. Franje Tuđmana 14, Starigrad-Paklenica, ☏ 023-209050, 🖥 www.hotel-alan.hr. Großer Campingplatz direkt an einem Kieselstrand, saubere Sanitäranlagen und viel Schatten. 71 Kn p. P., Stellplatz 128 Kn.

Camp Stine, Ladjin Porat bb, Starigrad-Paklenica, ☏ 091-5946181, 🖥 www.campstine.com. Kleiner, familiengeführter Terrassen-Campingplatz nördlich von Starigrad, neue Sanitäranlagen, freundliche Besitzer. 34 Kn p. P., Stellplatz 35 Kn.

Hotel Lucija, Braće Dežmalj bb, Posedarje, ☏ 023-266844, 🖥 www.hotel-lucija.hr. Das kleine Hotel in Posedarje am Novigradsko more liegt am Meer mit hoteleigenem Kiesstrand. Das Hotel verfügt über schöne Zimmer mit braunen Holzmöbeln, dazu Suiten und Apartments. Der Service ist professionell und freundlich. ❸

Hotel Rajna, Dr. Franje Tuđmana 105, Starigrad-Paklenica, ☏ 023-369130, 🖥 www.hotel-rajna.com. Kleines familiengeführtes Hotel mit soliden Zimmern zu moderaten Preisen, zudem gibt es ein Restaurant und Ferienwohnungen. ❷

Konoba Pece, Draga 2, Vinjerac, 🖥 www.vinjerac.de. Nette Konoba in einem romantisch angelegten Steinhaus in Vinjerac, auf der Starigrad gegenüberliegenden Seite des Velebitski Kanal. Beliebt für seine leckeren Grillspezialitäten. Auch Ferienwohnungen. ⊕ 16–24 Uhr, Jan. geschl. ❸–❹

Miramar, Sv. Jurja 23, Starigrad-Paklenica, ☏ 023-369017, 🖥 www.miramar-paklenica.hr. Im Restaurant Miramar gibt es traditionelle dalmatinische Speisen auf einer Terrasse mit Meerblick. Zusätzlich Vermietung von angenehmen Apartments am Meer. ❷–❸

SONSTIGES

Apotheken
Ljekarna Starigrad-Paklenica, Dr. Franje Tuđmana 14, ☏ 023-369258. ⊕ Mo–Mi, Fr 7–15.30, Do 12–20, Sa 8–12 Uhr.

Geld
Splitska Banka, Dr. Franje Tuđmana 12a, ☏ 023-369670. ⊕ Mo, Di, Do, Fr 8–14.30, Mi 8–17 Uhr.

Informationen
Touristeninformation Starigrad-Paklenica, Trg Tome Marasovića 1, ☏ 023-369255, 🖥 www.rivijera-paklenica.hr.

Medizinische Hilfe
Ambulanz Starigrad, Starigradskih zidara 7, ☏ 023-647197. Mo–Mi, Fr 7–13.30, Do 13–19.30 Uhr.

Tauchen
Pandive, Bluesun Hotel Alan, Dr. Franje Tuđmana 14, Starigrad-Paklenica, ☏ 098-9234724, 🖥 www.pandive.com. Tauchkurse, Vermietung von Equipment und Tauchgänge vor der Küste.

TRANSPORT

Starigrad ist 4x tgl. mit dem **Bus** von Zadar zu erreichen. Die Fahrt dauert etwa 1 Std. und kostet 28 Kn.

Nationalpark Paklenica

1949 zum Nationalpark erklärt, ist Paklenica als Teil des **Naturparks Velebit** (S. 278) nach den Plitvicer Seen der zweitälteste Nationalpark Kroatiens. Das **Velebit-Gebirge** erstreckt sich auf insgesamt 145 km Länge parallel zum Meer und bietet Besuchern zahlreiche Angebote zum Wandern und Klettern (Kasten S. 301). Besonderheit des Nationalparks Paklenica, wo sich mit dem Vaganski vrh (1757 m) auch der höchste Gipfel des Velebit-Gebirges befindet, sind zwei imposante Schluchten (Velika Paklenica und Mala Paklenica), die zwischen bis zu 400 m hohen Felsen hindurchführen. In dieser atemberaubenden Canyon-Landschaft wurden einige Karl-May-Western gedreht (s. Kasten).

Die Pflanzenwelt des Paklenica-Parks zeigt sich nicht zuletzt dank zahlreicher Quellen erstaunlich üppig. Das Klima ist auf Meereshöhe mediterran, in höheren Lagen kontinental bis alpin. Paklenica ist ein Refugium für eine vielfältige Tierwelt. Hirsche und Rehe sind hier genauso zu Hause wie Gänsegeier und andere Raubvögel, nicht zuletzt auch Braunbären, Wölfe, Luchse und Wildkatzen. Letztere halten sich zumeist in höheren Lagen auf, es ist also eher unwahrscheinlich, eines dieser Raubtiere zu sichten.

Die beste Besuchszeit im Nationalpark ist der Frühling oder der Frühherbst, wenn das Klima mild und die Besucherströme überschaubar sind. Mehrere **Wanderwege** in verschiedenen Schwierigkeitsgraden führen durch den Nationalpark, dessen landschaftliche Höhepunkte zweifellos die Felsnadeln **Vidakov kuk** darstellen. Ein relativ leichter Weg führt in zwei Stunden durch die Schlucht Velika Paklenica, vorbei an Mühlen, Wasserfällen bis zur bewirtschafteten Berghütte Paklenica. Ein anspruchsvoller Rundweg braucht sechs Stunden für die Durchquerung beider Schluchten (Velika und Mala Paklenica). Eine kostenpflichtige Wanderkarte ist im Informationszentrum in Starigrad erhältlich. Der Eintritt in den Park kostet in der Hauptsaison 50 Kn, von Oktober–April 40 Kn.

Nationalparkverwaltung Paklenica, Dr. Franje Tuđmana 14a, Starigrad-Paklenica, ✆ 023-369155, 🖥 www.paklenica.hr.

Paradies für Kletterer

Im Nationalpark Paklenica können sich Kletterfreunde wunderbar austoben. Vor allem Freeclimber finden an den steilen Wänden der Großen Paklenica-Schlucht und an anderen Stellen des Parks ideale Bedingungen vor. Infos, Regeln und ausgewiesene Kletterstellen samt Karte finden sich auf der Homepage des Nationalparks, 🖥 www.paklenica.hr.

Winnetou-Museum

Im Nationalpark Paklenica bzw. zwischen dem Park und dem südlichen Velebit-Gebirge wurden sieben der insgesamt elf in Kroatien entstandenen Winnetou-Filme gedreht: *Der Schatz im Silbersee* (1962), *Unter Geiern* (1964), *Old Shurehand* (1965), *Winnetou und Old Shatterhand im Tal der Toten* (1968), *Winnetou I* (1963), *Winnetou III* (1965) sowie *Winnetou und das Halbblut Apanatschi* (1966).

Die Filmteams waren während der Dreharbeiten im einstigen Motel Paklenica untergebracht, lediglich bei den letzten Filmaufnahmen 1968 logierte man im neuen Hotel Alan. Seit 2009 gibt es in dem historischen Hoteltrakt ein kleines, privates Winnetou-Museum, das anhand von Fotos, Filmplakaten und anderen Exponaten an die Filmarbeiten der 60er-Jahre erinnert. Man besichtigt auch die einfachen Räume, in denen einst Pierre Brice und Lex Barker nächtigten.

Hotel Alan, Dr. Franje Tuđmana 14, ✆ 023-209050, 🖥 www.hotel-alan.hr/winnetoumuseum.aspx.

Nin

Auf den ersten Blick wirkt Nin (2800 Einw.) wie ein verschlafenes Örtchen mit ein paar schönen Sandstränden. Doch bereits für die Liburner war Nin ein wichtiger Stützpunkt, und in römischer Zeit verfügte der Ort unter dem Namen Aenona über ein Amphitheater, ein Forum und eine Wasserleitung. In den militärischen Auseinandersetzungen mit dem Osmanischen Reich wurde Nin mehrfach zerstört, woraufhin man einen Graben um die Stadt anlegte, der, wie auch Teile der Stadtmauer, bis heute existiert.

Seine größte Blütezeit erlebte Nin jedoch im Mittelalter, als die Stadt Bischofssitz wurde und der Legende nach sieben kroatische Könige hier gekrönt wurden. Diese ritten demnach zur winzigen **Kirche des Hl. Nikolaus** (Crkva Sv. Nikole) aus dem 11. Jh., die auf einem kleinen Hügel 2 km südlich von Nin steht, und durchteilten

Grgur Ninski gegen den Rest der Welt

In Nin wirkte der Bischof Grgur Ninski, der im 10. Jh. in Konflikt zum Papst und zu seinem König geriet. Papst Johannes X. hatte den kroatischen König Tomislav anerkannt und Split zur Erzdiözese ernannt und erhoffte sich davon eine Anbindung Kroatiens an die Westkirche. Dadurch wurde Bischof Grgur gleich doppelt vor den Kopf gestoßen, zum einen weil Split der Vorzug vor Nin gegeben wurde, zum anderen weil Grgur ein Anhänger der slawischen Liturgie war und sich gegen lateinische Messen zur Wehr setzte. Auf zwei Synoden kämpfte der resolute Bischof dafür, die Messen in kroatischer Sprache abhalten zu dürfen, und damit für eine engere Anbindung an die Ostkirche. Grgur unterlag, die lateinische Fraktion setzte sich durch, der Bischofssitz Nin wurde aufgelöst und Grgur nach Skradin versetzt. Der Ruhm der kroatischen Nachwelt war dem wehrhaften Grgur allerdings sicher, er gilt als Nationalheld und ihm zu Ehren schuf Ivan Meštrović (Kasten S. 361) das vielleicht bekannteste Denkmal Kroatiens. Grgur wird darauf kraftvoll und mutig mit erhobenem Zeigefinger dargestellt, das Berühren des bereits blankpolierten großen Zehs gilt als glücksbringend. Das Denkmal in Nin steht in der Nähe der Kathedrale, Repliken sind in Split und Varaždin zu finden.

zum Zeichen ihrer Herrschaft die Luft in allen vier Himmelsrichtungen mit dem Schwert. Einer der kroatischen Fürsten, Branimir, ist mit einem Denkmal am Eingang zur Stadt verewigt.

Etwas größer als Sv. Nikola ist die **Kirche des Hl. Kreuzes** (Crkva Sv. Križa) aus dem 9. Jh., dennoch gilt diese als kleinste Kathedrale der Welt. Sie ist das vielleicht bedeutendste erhaltene Denkmal der altkroatischen kirchlichen Architektur. Der eher unscheinbare vorromanische Bau war Sitz der Bischöfe von Nin und besticht durch seine einfachen und schönen Formen. Die Kirche wurde so symmetrisch angeordnet, dass durch den Lichteinfall durch die kleinen Fenster die Uhrzeit und das Datum berechnet werden konnten. So war die Kirche zugleich auch Sonnenuhr und Kalender.

Das dritte prägende Gotteshaus der Stadt ist die **Pfarrkirche des Hl. Anselm** (Crkva Sv. Anselma), die in ihrer heutigen Form aus dem 18. Jh. stammt und eine Schatzkamer mit sakraler Kunst und Reliquien des Hl. Anselm beherbergt. ⏱ 9.30–12, 17.30–21 Uhr.

Das **Archäologische Museum** (Arheološka zbirka Nin), Trg kraljevac 8, ☎ 023-264726, stellt Exponate der liburnischen, römischen und mittelalterlichen Geschichte der Stadt aus, darunter das Taufbecken, in dem der erste kroatische Fürst christlich getauft wurde. ⏱ Hauptsaison 9–22 Uhr, sonst kürzer, Eintritt 15 Kn.

Nin ist bekannt für seine schönen Sandstrände, zudem wird hier seit der Antike Salz gewonnen. Die Saline hat einen Souvenirshop und neuerdings auch ein **Salz-Museum** (Solana Nin), Ilirska 7, ☎ 023-264021, 🖥 www.solananin.hr, das über die Geschichte der Salzgewinnung in der flachen Bucht informiert. Es werden Führungen angeboten. ⏱ Mo–Sa 7–14, 18–20 Uhr.

ÜBERNACHTUNG

Eine umfangreiche Liste mit Privatunterkünften findet sich auf der Homepage der Touristeninformation. Die Vermittlung von Privatunterkünften erfolgt zudem über Touristenagenturen.
Aparthotel Condura Croatica, Put Škrile 1, Ninske Vodice, ☎ 023-272330, 🖥 www.conduracroatica.hr. Restaurant und 9 Apartments in einem modernen Gebäude direkt am Meer. Die zweckmäßig eingerichteten, sauberen Apartments blicken auf den Sandstrand von Ninske Vodice, 5 km nordwestlich von Nin. ❸
Camping Ninska Laguna, Put blata 10, ☎ 023-264265, 🖥 www.ninskalaguna.hr. Kleiner und familiärer Campingplatz im Wald, direkt am Sandstrand von Nin mit seinem Heilschlamm. Nin ist 10 Fußminuten entfernt. 69 Kn p. P. inkl. Stellplatz.
Camping Peros, Put Petra Zoranića 14, ☎ 023-265830, 🖥 www.autocamp-peros.hr. Kleiner Campingplatz, etwa 300 m vom Meer entfernt in Zaton, Pool, saubere Sanitäranlagen, freundliche Mitarbeiter. 62 Kn p. P., Stellplatz 142 Kn.
Dalmacija Camp, Ivana Pavla II. 40, Privlaka, ☎ 023-366661, 🖥 www.dalmacija-camp.com. Campingplatz direkt an einem Sandstrand (Seltenheitswert in Kroatien!), 8 km nordwestlich von Nin, gutes Preis-Leistungs-Verhältnis. 56 Kn p.P., Stellplatz 110–168 Kn.
Zaton Holiday Resort, Dražnikova 76t, ☎ 023-280280, 🖥 www.zaton.hr. Große Urlaubsanlage 3 km südwestlich von Nin mit Hotel-Apartments, Ferienwohnungen und Campingplatz. Direkt am Strand, es gibt Animation, Kinderprogramm und andere Bespaßungen. Camping p. P. 88 Kn, Stellplatz 200–300 Kn.

Heilschlamm in Nin

Wer am Königinstrand unweit von Nin dem Meer den Rücken dreht und zu einem tümpelartigen flachen Gewässer kommt, wird dort Peloid-Seeschlamm finden, der heilsame Wirkung hat. Und so geht's: Mit dem dunklen Matsch einschmieren, in der Sonne trocknen lassen und dann alles im Meer abwaschen. Das ist Natur-Wellness vom Feinsten.

Suche nach den besten Šokolari

Šokol ist die wichtigste kulinarische Spezialität Nins, aber wer bei diesem Namen an Schokolade denkt, irrt. Šokol ist eine Art luftgetrockneter, geräucherter Schinken aus Schweinefleisch, der nach tradiertem Rezept hergestellt wird. Jedes Jahr findet ein Wettbewerb statt, um die besten Šokolari (Hersteller von Šokol) zu küren, eine Sache der Ehre für die Einwohner Nins. Und die Besucher dürfen probieren und mitfeiern, wenn Ende Juli, bei der **Ninska šokolijada**, feierlich die Sieger geehrt werden.

ESSEN

Gostionica Sokol, Hrvatskog Sabora 2, ☎ 023-264412. Pizza, Grillfleisch und Fisch zu moderaten Preisen auf einer netten Terrasse am Eingang zum historischen Zentrum Nins. ⏰ 7–22 Uhr.
🧳 **Konoba Branimir**, Višeslavov trg 2, ☎ 023-264866. Die Konoba im alten Steinhaus liegt direkt neben der Kathedrale, von der Steinterrasse aus hat man dieses einzigartige Monument immer im Blick. Feine Konoba-Küche mit vielen Spezialitäten vom Grill zu erschwinglichen Preisen.

UNTERHALTUNG UND KULTUR

Café-Bar Zora, Put hrvatskih gradova 32, 🖥 www.caffebarzora.com. Gemütliche Café-Bar am Strand Ždrijac, von wo aus man wunderbar den Sonnenuntergang beobachten kann. ⏰ 8–23 Uhr.
Saturnus, Zaton Holiday Resort, ☎ 023-280280, 🖥 www.zaton.hr. Der größte Nachtclub der kroatischen Küste ist Teil des touristischen Angebots des Resorts in Zaton. ⏰ Do–So 23–4 Uhr.

EINKAUFEN

Ribarnica, Branimirova. Der Fischmarkt ist im Juli und August geöffnet. ⏰ 8–12 Uhr.
Solana Nin, Ilirska 7, ☎ 023-264021, 🖥 www.solananin.hr. Die Saline von Nin besitzt einen Souvenirshop, in dem Speisesalz und Wellness-Salzprodukte angeboten werden. ⏰ Mo–Sa 7–14, 18–20 Uhr.

Seltenes Vergnügen: Sandstrände

Nin kann mit einigen der schönsten Strände der Region auftrumpfen, darunter auch zahlreiche Sandstrände, die in Kroatien absoluten Seltenheitswert haben. Die Sandstrände liegen in langen sanften Buchten, sodass das Wasser hier auch etwas wärmer ist als anderswo. Das macht Nin zu einer guten Wahl für Familien mit Kindern. Die beliebtesten Strände Nins sind **Ždrijac**, eine lange Sandbank direkt nördlich der Altstadtmauer, und der **Königinnenstrand** (Kraljičina plaža) im Nordwesten, in dessen Nähe auch der Heilschlamm zu finden ist. In **Zaton**, 3 km westlich von Nin, gibt es am großflächigen Sandstrand ein breites touristisches Angebot. Schöne Sandstrände sind auch in **Privlaka**, 8 km nordwestlich von Nin, zu finden.

Studenac, Put Grgura Ninskog 47, ☎ 023-264761. Supermarkt am Ortsausgang Richtung Privlaka.
Zelena tržnica, Branimirova obala. Obst- und Gemüsemarkt. ⏰ 8–12 Uhr.
Suvenirnica More, Trg Kraljevac 11, ☎ 095-8012947. Souvenirs und Silberschmuck.

AKTIVITÄTEN UND TOUREN

Kiteboarding
Für Freunde der Lenkdrachen-Akrobatik gibt es in Nin ideale Bedingungen: lange Sandstrände und viel Wind. Daher ist am Strand Ždrijac eine Kiteboarding-Schule zu finden, wo Ausrüstung geliehen und repariert werden kann.
Kiteboarding Schule Croatia, Strand Ždrijac, ☎ 091-5888912, 🖥 www.kiteboarding-croatia.com.

Reiten
Reitzentrum Zaton, Dražnikova 76t, ☎ 098-472227, 🖥 www.horse-center-libertas.hr. Teil der Ferienanlage Zaton. Reitunterricht, Strand- und Wanderritte. ⏰ 7–13, 17–22 Uhr.

Tauchen
Scuba adriatic, Zaton Holiday Resort, ☎ 023-280350, 🖥 www.scubaadriatic.com. Tauchkurse und Tauchgänge in der Inselwelt vor Zadars Küste. Gehört zum Resorthotel in Zaton.

SONSTIGES

Apotheken
Ljekarna Kremić, Jurja Barakovića 5, ☎ 023-264491.

Geld
OTP Banka, Branimirova 13, ☎ 062-201402. ⏰ Mo–Fr 8–14, Sa 8–12 Uhr.

Informationen
Touristeninformation Nin, Trg Braće Radić 3, ☎ 023-265247, 🖥 www.nin.hr.

Medizinische Hilfe
Ambulanz Nin, Put Grgura Ninskog bb, ☎ 023-264888.

Taxi
Taxi Ivan Magaš, Put Grgura Ninskog 20, ☎ 023-264154, 098-330256.

Touristenagenturen
Touristenagentur Lotos, Vile Velebita 2, ☎ 023-265555, 🖥 www.lotos-croatia.com. Vermittlung von Unterkünften.
Touristenagentur Lucis, Zrinsko-frankopanska 4, ☎ 023-265533, 🖥 www.vanjak.net/lucis. Vermittlung von Unterkünften.

TRANSPORT

Busse von ZADAR fahren etwa 1x stdl. und brauchen etwa 30 Min. Alle weiteren Anbindungen über Zadar.

Insel Vir

An der Insel Vir scheint die kroatische Tourismusentwicklung der letzten Jahre vorbeigegangen zu sein. Die Insel nördlich von Zadar wird in erster Linie von den Einwohnern Dalmatiens selbst besucht und verfügt über keine größere touristische Infrastruktur. Die Insel ist in erster Linie Urlaubsziel für Erholungssuchende, da sie über schöne Natur, aber wenig historisch interessante Substanz verfügt. Vor der Brücke nach Vir liegt der touristischere Ort **Privlaka** mit einer schönen Promenade, Sandstränden und der Möglichkeit, im Hafen frischen Fisch an den Fischerbooten zu kaufen.

Von den Neubauten und der Industrie zwischen der Brücke und der Stadt Vir sollte man sich nicht abschrecken lassen. **Vir-Stadt** bietet eine Reihe Restaurants, Privatunterkünfte und Campingplätze, die Strände liegen parallel zur Hauptstraße. Der Stadtstrand von Vir heißt **Jadro**, mit ist ein Schotter- und Sandstrand, an dem man abends schön spazieren gehen kann.

Einziges historisches Highlight der Insel ist die **Festung Kaštelina** aus dem 17. Jh., von den Venezianern zum Schutz vor den Türken gebaut und frisch renoviert offen für Besucher. Die Festung liegt zwischen Kozjak und Vir, von wo sie fußläufig erreichbar ist.

Ansonsten laden auf der Insel **einsame Strände** ein, z. B. bei **Lozice**, weitere Strände sind schwer zugänglich, aber für Freunde eines naturnahen Badevergnügens absolut lohnenswert. Der Strand **Lučica** befindet sich auf der nördlichen Seite der Insel, teilweise Betonliegefläche, im Wasser eine Mischung aus Sand und Stein, es gibt ein gastronomisches Angebot, ein Lebensmittelgeschäft und eine Disco.

ÜBERNACHTUNG, ESSEN, UNTERHALTUNG

Auf Vir existieren keine Hotels, eine Liste mit Privatunterkünften findet sich unter 🖥 www.otok-vir.info.
Campingplatz Luka, Stari put, ✆ 098-449041. Kleiner, familiärer Campingplatz (einer von 3 Campingplätzen auf Vir) direkt am Strand.
Kod Spavalice, Put spavalice 1, ✆ 023-362033. Konoba im Steinhaus mit gemütlicher Terrasse in einer Seitenstraße im Zentrum von Vir. Schwerpunkt auf Fisch und Meeresfrüchten zu moderaten Preisen. ⏱ 10–24 Uhr.
Restaurant Viranka, Marova 1, ✆ 023-362039. Gemütliches, traditionell-kroatisches Restaurant im Zentrum von Vir mit begrünter Terrasse, regelmäßig Klapa-Konzerte. Auf den Tisch kommen Fisch, Meeresfrüchte und Grillfleisch. ⏱ 6–24 Uhr, Jan, Feb geschl.
Disco Bar More, Put Lučica 19. Hier werden Cocktails und andere Kaltgetränke geschlürft, und abends wird zu DJ-Programmen oder Live-Bands bis in die frühen Morgenstunden abgefeiert.

SONSTIGES
Apotheken
Ljekarna Kapović, Borisa Krnčevića 56, ✆ 023-362064. ⏱ Mo–Fr 8–15, Sa 8–13 Uhr.

Feste
Virsko Ljeto, von Juni–September dauert der „Sommer von Vir". Geboten werden Konzerte und andere Veranstaltungen, die meist freitags oder samstags stattfinden.

Geld
Mehrere Bankomaten im Zentrum, z. B. **Zagrebačka banka** am Busbahnhof, die nächste Bank ist in Nin.

Informationen
Touristenbüro Vir, Put mula bb, ✆ 023-362196, ✉ tzo-vir@zd.t-com.hr.

Medizinische Hilfe
Ambulanz Vir, ✆ 023-362769.

Touristenagenturen
Vir Turizam, Prezida 7, ✆ 023-346741, 🖥 www.virturizam-agency.hr. Vermittlung von Privatunterkünften, Vermietung von Autos, Booten und Fahrrädern, Ausflüge, Tauchgänge, Transfer.

TRANSPORT
Tgl. 15 **Busse** von ZADAR nach Vir, am Wochenende weniger. Die Fahrt dauert etwa 45 Min. Tgl. ein direkter Bus nach ZAGREB.

9 HIGHLIGHT

Insel Pag

Rau, felsig, zerklüftet – die lang gestreckte Insel, die über etwa 60 km parallel zur Festlandsküste verläuft, zeigt ein überwiegend karges Landschaftsbild, ist aber zugleich gesegnet mit tief eingeschnittenen, traumhaften Badebuchten, stellenweise mit imposantem Panoramablick auf die Berge des unwirtlichen Velebit-Gebirges. Besonders um Novalja gibt es eine ganze Reihe beliebter Strände, die durch pures Naturgefühl und weite Aussicht bestechen, einer der schönsten Strände namens Zrće wird jedoch jeden Sommer zum Partymekka mit mehreren großen Strand-Discos.

Der steinige Inselboden, auf dem allenfalls Disteln, Kräuter und Gräser ihr karges Dasein fristen, zwang die Prager schon früh dazu, erfinderisch zu werden. Die Gewinnung von Salz aus dem Meer ist bereits für das 13. Jh. verbrigt, einige der Salinen werden bis heute bewirtschaftet. Und so verfügt auch die Inselhauptstadt Pag nicht nur über eine hübsche historische Altstadt, sondern auch über eine Saline, in der das bekannte Pager Salz (Paški sol) hergestellt wird. Kulinarische Spezialitäten sind Pager Lammfleisch und der berühmte Pager Käse, ein hochwertiger Hartkäse aus Schafsmilch (Kasten S. 310), dem die Inselkräuter einen unverwechselhaften Geschmack verleihen; keineswegs zu verachten sind aber auch die inseleigenen Olivenöle und der Pager Schinken. Auf Pag gibt es ein reichhaltiges Angebot für Aktiv- und Individualtouristen, Wander- und Radwege laden zur Naturerkundung ein, Campingplätze jeder Größe und Art zur Übernachtung.

Pag-Stadt

Die Geschichte der Inselhauptstadt Pag (etwa 4000 Einw.) reicht bis in die Zeit der Liburner und Römer zurück, doch ihre erste große Blüte erfolgte im Mittelalter. 1070 erstmals urkundlich erwähnt, wurde Pag 1244 zur freien Königsstadt ernannt. Im 15. Jh. wurde das Stadtzentrum in seiner heutigen Form angelegt, es gilt als Meisterwerk der Renaissance-Architektur. Die von Stadtmauern umgebene Altstadt besteht aus quadratisch angelegten Straßen und Gassen, in deren Zentrum der **Hauptplatz Trg kralja Krešimira** liegt. Hier befindet sich die dreischiffige **Basilika Mariä Himmelfahrt** (Crkva Marijinog Uznesenja), die 1466 von dem bekannten kroatischen Baumeister Juraj Dalmatinac errichtet wurde. Über dem Haupteingang ist passenderweise ein Relief angebracht, auf dem Jesus gemeinsam mit Schäfern abgebildet ist. Die darüber gelegene Rosette erinnert an Muster der

Pags raue Schönheit

Pager Spitzen. Dieser alten Pager Tradition kann man im **Spitzen-Museum** (Muzej čipke), Kralja Zvonimira bb, in der Nähe des Hauptplatzes, auf den Grund gehen. ⏱ 18–21 Uhr, Eintritt frei. Der **Rektorenpalast** ist ebenfalls ein Werk von Juraj Dalmatinac und diente als Regierungssitz der venezianischen Herrscher von Pag. In den Gassen rund um den Hauptplatz werden Souvenirs, Kunsthandwerk und die berühmten Pager Spitzen angeboten. Die Promenade mit ihren zahlreichen Cafés und Restaurants lädt zum Spazieren und Verweilen ein.

In und um Pag-Stadt liegen einige attraktive **Strände**. Der Stadtstrand **Prosika** mit sandigem Boden hat eine Länge von 800 m und führt sehr seicht ins Meer, was ihn vor allem für Familien mit Kindern geeignet macht. Bis zu etwa 80 m Entfernung von der Küste ist das Meer weniger als einen Meter tief! Hier ist ein reiches Angebot an Aktivitäten und Restaurants zu finden. Links und rechts des Stadtstrandes erstrecken sich weitere Strände unterschiedlichen Charakters. In einem Waldstück (eine Seltenheit auf Pag) 10 Autominuten von der Inselhauptstadt entfernt, liegt der schwer zugängliche Felsstrand **Bošana**. Durch die zahlreichen Quellen, die hier ins Meer münden, ist das Wasser hier weniger salzhaltig, aber auch kälter als anderswo auf Pag.

ÜBERNACHTUNG, ESSEN, UNTERHALTUNG

In Pag ist eine große Auswahl an Hotels, Pensionen und Privatunterkünften zu finden. Eine Liste mit Privatunterkünften bietet die Homepage der Touristeninformation. Weiterhin vermitteln Touristenagenturen Privatzimmer und Ferienwohnungen.

Hotel Meridijan, Ante Starčevića bb, ☎ 023-492200, 098-738710, 🖥 www.meridijan15.hr. Direkt hinter dem Hotel Pagus liegt das 4-Sterne-Hotel mit Zimmern und Apartments mit Meerblick. ❹–❻

Hotel Pagus, Ante Starčevića 1, ☎ 023-611310, 492050 (Reservierungsbüro), 🖥 www.hotel-pagus.hr. 4-Sterne-Hotel mit hellen, geräumigen Zimmern mit gemütlichen, neuen Möbeln, inkl. Ledercouch oder Sessel. Es gibt eine Cocktail-Bar und einen Wellnessbereich. Das Hotel liegt direkt am Strand. ❺–❻

Barcarola, Konoba mit Fisch und Fleisch vom Grill zu moderaten Preisen (50–70 Kn). Nette bewachsene Terrasse direkt am Wasser. ⏱ 11–23 Uhr.

Bistro na Tale, Stjepana Radića 4, ☎ 023-611194. Klassische Konoba mit überranktem Innenhof und soliden Fisch- und Fleischgerichten. ⏱ 8–24 Uhr. Jan geschl.

Club Vanga, Stara Riva bb, 🖥 www.ljubica.hr. Rund um die Uhr geöffnet. Verschiedene Partys, wie Schaum- und Karaoke-Partys.

EINKAUFEN

Beliebte Souvenirs von der Insel Pag sind der berühmte **Pager Käse** (Kasten S. 310) und **Pager Spitzen**. Diese meist von älteren Damen hergestellten Handarbeiten können überall im Zentrum erworben werden.

Konzum, Prosika bb. Supermarkt. Mo–Sa 7–20, So 7–13 Uhr.

SONSTIGES

Apotheken
Ljekarna Butković, Stjepana Radića 2c, ☎ 023-600125. ⏱ Mo–Fr 7–20 Uhr.

Feste
Paški ljetni karneval. Ende August findet in Pag jährlich der Sommerkarneval statt, wo bei Tanz und Musik die bunten Kostüme zu bestaunen sind. Wer sich inspirieren lässt, kann beim traditionellen Tanz Paško Kolo mitmachen.

Geld
Mehrere Bankomaten und Banken im Zentrum
Erste Bank, Kneževa 1, ☎ 062-376610. ⏱ Mo–Fr 8–15 Uhr.

Informationen
Touristeninformation Pag, Od Špitala 2, ☎ 023-611286, 🖥 www.tzgpag.hr.

Medizinische Hilfe
Ambulanz Pag, Prosika 7, ☎ 023-611006.

Polizei
Polizeistation Pag, Gugliania Polzinetia 6, ☎ 023-345939.

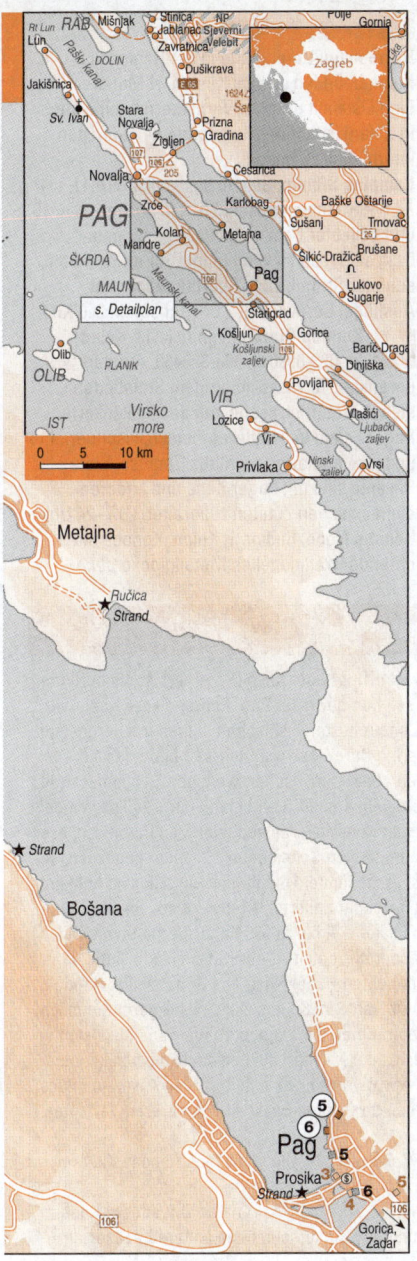

Tauchen

Tauchzentrum Foka, Košljun 131, ✆ 091-5302072, 🖥 www.foka.hr. Tauchgänge unter anderem vom Campingplatz Šimuni aus.

Touristenagenturen

Maricom, Vukovarska 4, ✆ 023-612266, 🖥 www.pag-tourist-service.hr. Vermittlung von Unterkünften, Ausflüge.
Pag Tours, Zagrebačka 12, ✆ 023-646722, 🖥 www.pagtours.hr. Vermittlung von Privatunterkünften, Ausflüge, Vermietung von Rädern, Autos, Mofas und Kanus.
Perla, J. Bana Jelačića 21, ✆ 023-612077, 🖥 www.perla-pag.hr. Vermittlung von Unterkünften, Ausflüge.

TRANSPORT

Auto und Motorrad

Die Insel Pag ist über eine Brücke mit dem Festland verbunden, von Süden kommend ist also diese Anreise zu bevorzugen. Wer über die Küstenstraße von Norden kommt, kann alternativ die Fähre von Prizna (bei Karlobag) nach Žigljen (bei Novalja) nehmen. Pag-Stadt ist etwa eine Autostunde von Zadar entfernt.

Busse

In der Hauptsaison verbinden tgl. 6x Busse ZADAR mit Novalja mit Halt in Pag-Stadt, außerhalb der Hauptsaison 3x tgl. 3 Busse fahren direkt nach ZAGREB, einer nach SPLIT. Der Bus hält auf Wunsch in allen am Weg liegenden Orten.

Kolan und Mandre

Kolan (383 Einw.) ist Zentrum einer kleinen Gemeinde auf halbem Weg zwischen Pag-Stadt und Novalja. Es liegt ein paar Kilometer vom Meer entfernt auf dem hügeligen schmalen Landstreifen in der Inselmitte. Kolan lohnt aus zweierlei Gründen einen Zwischenstopp: Zum einen gibt es hier ein paar gemütliche Konobas, zum anderen ist Kolan Zentrum der Produktion des berühmten Pager Käses. Gleich mehrere **Käsereien** laden zu Führungen, Kauf und Käseprobe ein.

Unweit von Kolan sind einige **Brunnen aus römischer Zeit** zu finden, die Teil eines römischen Aquädukts waren. In dessen Nähe wurde in der Antike Kohle abgebaut, die Reste der Kohlengrube sind heute noch zu sehen. Nordwestlich von Kolan befindet sich das ornithologische Reservat **Kolanjsko blato**, hier leben 163 Vogelarten, die in der Sumpflandschaft ideale Lebensbedingungen gefunden haben. Unweit von Kolan befindet sich der wunderschöne Sandstrand **Sveti Duh**, von dem aus man beim Baden den felsigen Ostteil Pags und das dahinter aufragende Velebit-Gebirge am Festland bestaunen kann. Folgt man der Küste Richtung Novalja, liegt hinter Sveti Duh der seichte Sandstrand **Čista**.

Der nahe gelegene Ort **Mandre** liegt an der Westküste Pags und bietet ein umfangreiches touristisches Angebot mit Unterkünften, Restaurants und mehreren schönen Stränden, von denen der Sandstrand **Mala Mandra** mit der blauen Flagge für seine gute Wasserqualität ausgezeichnet wurde.

ÜBERNACHTUNG UND ESSEN

Die meisten Unterkünfte in der Region von Kolan befinden sich im Küstenort Mandre. Eine Liste mit privaten Vermietern (einige auch in Kolan) ist auf der Homepage der Touristeninformation zu finden.

Camping Šimuni, Šimuni bb, ✆ 023-697441, 🖥 www.camping-simuni.hr. Ein großer und beliebter Campingplatz liegt in Šimuni, 5 km südwestlich von Kolan. Große Stellplätze, schöner Strand, viele Sportangebote und Ausflüge. Caravan mit 2 Erwachsenen 250 Kn.

Konoba Giardin, Vanđelje 11, Kolan, ✆ 023-698007, 098-325450. Auf der berankten Terrasse mit urigem Steinboden stehen Naturholztische, auf der Speisekarte Pager Lamm und anderes Fleisch, Fischgerichte und für Vegetarier grilltes Gemüse. Viele Rezepte sind mit Pager Käse und anderen einheimischen Zutaten zubereitet. ⏲ 7–24 Uhr.

Konoba Nono, Rudina 1, Kolan. Konoba mit unter der traditionellen Metallglocke *peka*

Erstklassiger Käse von glücklichen Inselschafen

Kein Pag-Besuch ohne das Verkosten dieser Spezialität! Der Pager Käse (Paški Sir) ist die berühmteste Käsesorte Kroatiens und kulinarisches Wahrzeichen der Insel Pag. Echter Pager Käse wird aus der Milch Pager Schafe hergestellt. Die kleinen und robusten Inselschafe laufen frei herum und ernähren sich von Inselkräutern, die durch den scharfen Bura-Wind mit Meersalz bedeckt sind. Das verleiht der Milch und später auch dem Käse seinen charakteristischen würzigen Geschmack. Je nach Alter unterscheidet sich der Pager Käse noch einmal nach Geschmack und Qualität, wobei der alte Käse in seinem kräftigen Geschmack und seiner Konsistenz an hochwertigen Parmesankäse erinnert. Am besten wird Pager Käse als Vorspeise in dünnen Scheiben mit Olivenöl gegessen, so kommt sein aromatischer Geschmack ganz zur Geltung. Besonders die Region um Kolan ist bekannt für die Käseherstellung, aber auch in Pag-Stadt, Novalja oder anderen Orten wird man den berühmten Käse finden. Vorsicht: Ein 2,5 kg schwerer Käse kostet z. T. bis zu 550 Kn, er ist mit etwas Glück aber auch für 250–300 Kn zu haben. Bei privaten Käseproduzenten ist der Käse meist billiger, dafür ist aber nicht immer gewährleistet, dass es sich um echten Pager Käse aus Schafsmilch handelt. Denn nicht jeder Käse von der Insel Pag ist ein Paški sir – oft wird Schafsmilch mit billigerer Kuhmilch gemischt. Und wer die Unmengen an Pager Käse betrachtet, die angeboten werden, muss sich in der Tat die Frage stellen, ob 28 000 Inselschafe dabei mit der Milchproduktion nachkommen können.

Sirana Gligora, Figurica 20, Kolan, ✆ 023-698052, 🖥 www.sirena.hr. Eine der größten Käsereien Pags stellt verschiedene Käsesorten her, darunter auch den berühmten Paški sir in mehreren Varianten. Hier kann man Käse probieren und kaufen.

Sirana Mih, Stanić 29, Kolan, ✆ 023-698011, 🖥 www.siranamih.hr. Die familienbetriebene Käserei in Kolan stellt Paški sir und andere Käsesorten her.

Paška sirana, Zadarska 5, Pag-Stadt, ✆ 023-600810, 🖥 www.paskasirana.hr. Die älteste Käserei Pags hat ihren Sitz in Pag-Stadt und produziert neben Paški sir verschiedene andere Käsesorten.

gebratenen Gerichten (45–95 Kn) und gemütlicher, mit Holz überdachter Steinterrasse. ⏱ 11–23 Uhr.

AKTIVITÄTEN UND TOUREN

Radfahren
Auf der Insel Pag sind verschiedene **Fahrradrouten** ausgewiesen, die unter anderem auf der Homepage der Touristeninformation (🖥 www.tzkolan-mandre.com) zu finden sind. Einige Unterkünfte verleihen Räder an Übernachtungsgäste.

Wandern
In der Umgebung von Kolan gibt es mehrere **Wanderwege**, ausführliche Beschreibungen auf der Homepage der Touristeninformation Kolan-Mandre. Eine schöne Strecke führt in gut 1 Std. von Kolan auf den Berg **Sveti Vid**, die höchste Erhebung der Insel Pag.

SONSTIGES

Einkaufen
Markt Crnika, Vanđelje 1, ☎ 023-698088.

Geld
Ein Bankomat befindet sich in Mandre: **PBZ Bankomat**, Lučica bb, Mandre.

Informationen
Touristeninformation Kolan-Mandre, Trg kralja Tomislava 6, Mandre, ☎ 023-698290, 🖥 www.tzkolan-mandre.com.

Medizinische Hilfe
Ambulanz Kolan, ☎ 023-698117.

Touristenagenturen
Sara Tours, Ribarska 18, Mandre, ☎ 023-697337, 🖥 www.sara-tours.hr. Vermittlung von Privatunterkünften in Mandre.

TRANSPORT

Kolan liegt auf der Strecke von PAG-STADT nach NOVALJA und ist im Sommer mehrfach tgl. von beiden Orten aus mit dem **Bus** zu erreichen. Mandre ist zudem direkt mit Pag-Stadt verbunden.

Novalja

Novalja (3800 Einw.) ist die zweitgrößte Stadt Pags und Zentrum des nördlichen Inselteils, der zur Gespanschaft Lika-Senj gehört. Das ehemalige Fischerdorf ist in den letzten Jahren zu einem Ausflugsziel für Party-Urlauber geworden, man hört viel Deutsch auf den Straßen, und der nahegelegene Strand Zrće gilt als kroatisches Ibiza. Doch auch ältere Kulturspuren lassen sich in Novalja finden. Die Bedeutung Novaljas in früheren Zeiten lässt sich an den Überresten aus antiken Zeiten ablesen. Zu sehen sind bis heute die Reste dreier frühchristlicher Basiliken aus dem 4. Jh.; ein römisches Mosaik aus einer dieser Kirchen ist in der **Kirche der Muttergottes vom Rosenkranz** (Crkva Majke Božje od Ružarija) zu sehen. Diese stammt in ihrer heutigen Form aus dem 17. Jh.

Novalja und Umgebung sind bekannt für die vielen schönen **Strände**. Bekanntester Strand ist **Zrće**, ca. 4 km östlich von Novalja. Der am Ende einer langen Bucht befindliche Kieselstrand ist mit der Blauen Flagge ausgezeichnet, jedoch weniger für seine Wasserqualität als für seine Partys bekannt. Hier liegen die Party-Urlauber tagsüber in der Sonne, abends wird dann bis in die frühen Morgenstunden getanzt und gefeiert. Wem weniger nach Feiern zumute ist, dem stehen eine Reihe anderer Strände zur Verfügung, z. B. der schöne Sandstrand **Caska**, ein Stückchen nördlich von Zrće. Wer es beschaulicher mag, sucht sich am besten einen der Strände südlich von Zrće, zu denen kleine Wege von der Hauptstraße abgehen, z. B. **Čista** und **Sveti Duh** (s. auch Kolan). Auch die Halbinsel rund um **Metajna** (14 km südöstlich von Novalja) verfügt über schöne Strände. Am Kieselstrand **Ručica** kann man wunderschöne Sonnenuntergänge vor Mondlandschafts-Kulisse genießen. An der Westküste gibt es ebenfalls zahlreiche schöne Strände wie den Stadtstrand **Lokunje** oder den großen Strand **Straško** mit Campingplatz.

ÜBERNACHTUNG UND ESSEN

Privatunterkünfte vermitteln die Touristeninformation und Touristenagenturen.
Autocamp Dražica, Primorska 21a, Novalja, ☎ 053-669018, 🖥 www.autocampdrazica.com.

Der Campingplatz ist das genaue Gegenprogramm zu Straško (s. u.): klein, ruhig und angenehm persönlich, in einem 100-jährigen Olivenwald in der Dražica-Bucht rund 10 km nördlich von Novalja gelegen. 45 Kn p. P., Stellplatz 75 Kn.

Boškinac, Novaljsko Polje bb, ℘ 053-663500, 🖥 www.boskinac.com. Malerisch auf den olivenbewachsenen Hügeln oberhalb Novaljas gelegen, kann man von hier die Aussicht genießen und gleichzeitig dreierlei Angebot nutzen. Boškinac ist zugleich kleines Hotel, Restaurant und Weinkeller. Die mehrfach prämierten Weine kann man im Weinkeller oder Restaurant genießen (für Weinproben reservieren), zum Übernachten gibt es 8 Zimmer und 3 Suiten, zudem einen Pool. Verlässt man Novalja Richtung Lun, kann man der Ausschilderung folgen. ❻

Camping Straško, Trg Loža 1, ℘ 053-663381, 🖥 www.campingkroatienpag.de. Der größte Campingplatz der Insel befindet sich 1 km südlich von Novalja und bietet einen schönen Strand, saubere Sanitäreinrichtungen und Sport- und Aktivangebote. Auf dem Campingplatz wird auf Nachtruhe geachtet, jedoch tönt manchmal die Musik des Partystrandes Zrće herüber. 70 Kn p. P., Stellplatz 200–240 Kn.

Konoba Starac i More, Braće Radić bb. Diese Konoba macht ihrem Namen „Der alte Mann und das Meer" alle Ehre. Ausgestattet mit Fischernetzen und einem überdimensionalen Fisch am Restaurantgebäude, versprüht der Ort eine maritime Atmosphäre. Die Karte enthält die üblichen Fleisch- und Fischgerichte. Die Terrasse ist mit rotbraunen Holzmöbeln eingerichtet. ⏱ 11–23 Uhr.

Stari Kaštel, Trg Loža 6, ℘ 053-661539. Restaurant in der Nähe des Hafens mit gemütlicher Steinterrasse im Innenhof. Spezialität sind Steaks, Fisch und Meeresfrüchte.

UNTERHALTUNG UND KULTUR

Bars und Clubs

Hauptattraktionen für Partygänger sind die Clubs am Strand von Zrće. Inzwischen befinden sich dort 5 Discos, nämlich **Aquarius**, 🖥 www.aquarius.hr, **Papaya**, 🖥 www.papaya.com.hr, **Kalypso**, 🖥 www.kalypso.com.hr, **Noa Beach**, 🖥 www.noa-beach.com, und **Euphoria**, 🖥 www.euphoriazrce.com.hr. Diese veranstalten in den Sommermonaten heiße After-Beach-Partys, Spring-Break-Partys und Festivals wie das Hideout-Festival Anfang Juli. Infos zu Anreise, Partys, Bilder und vieles mehr unter 🖥 www.zrce.eu.

Cocomo Club, Obala Petra Krešimira IV. 9, ℘ 099-2666626, 🖥 www.cocomoclub.com. Neben den Clubs von Zrće gibt es auch im Zentrum Novaljas einen Club.

Kino

Ljetno Kino Hollywood, Zeleni put bb, ℘ 098-355539, 🖥 www.kino-novalja.info. Sommer-Kino und Café-Bar am östlichen Rand von Novalja.

SONSTIGES

Apotheken

Ljekarna Škunca, Dalmatinska 1, ℘ 053-661370. ⏱ Mo–Fr 8–20 Uhr.

Einkaufen

Konzum, Šetalište Hrvatskih Mornara bb, ℘ 053-663712. Supermarkt. ⏱ Mo–Sa 7–21, So 7–13 Uhr.

Geld

Mehrere Banken und Bankomaten im Zentrum.

Erste Bank, Braće Radića 1, ℘ 062-376770. ⏱ Mo, Di, Do, Fr 8–15, Mi 9.30–15 Uhr.

Informationen

Touristeninformation Novalja, Trg Brišćić 1, ℘ 053-661404, 🖥 www.tz-novalja.hr.

Internet

Busbar, direkt am Busbahnhof, ℘ 053-661245. ⏱ 5–23 Uhr.
La Paloma, Trg Bazilike, ℘ 053-661960. ⏱ 7–23 Uhr.

Medizinische Hilfe

Gesundheitszentrum Novalja, Špital 1, ℘ 053-661367.

Taxi
Taxi Novalja, ✆ 098-282872.

Touristenagenturen
Navalija Kompas, Slatinska bb, Novalja, ✆ 053-661102, 🖥 www.navalija-kompas.hr. Vermittlung von Unterkünften, Ausflüge.
Suntourist, Kranjčevićeva bb, Novalja, ✆ 053-661211, 🖥 www.sunturist.com. Vermittlung von Privatunterkünften, Auskünfte.

TRANSPORT

Busse
3x tgl. nach ZADAR, 1x tgl. nach RIJEKA und ZAGREB sowie 7x tgl. nach PAG-STADT.

Fähren
Eine Autofähre verbindet im Sommer stdl. PRIZNA (bei Karlobag) mit Žigljen (bei Novalja), außerhalb der Hauptsaison seltener. Eine Personenfähre fährt 1x tgl. von RIJEKA über RAB nach Novalja, 🖥 www.jadrolinija.hr. Mit einer weiteren Personenfähre von Lun ist mind. 1x tgl. Rab zu erreichen, 🖥 www.rapska-plovidba.hr.

Riviera von Zadar

Der Küstenabschnitt südlich von Zadar wird manchmal auch Zadarska Rivijera genannt und erstreckt sich von Bibinje über 30 km bis zum Vransko jezero. Die Region mit ihrem Hauptort **Biograd na Moru** (S. 314) (*na moru* = am Meer) ist ganz auf Tourismus eingestellt. Und so haben die meisten Orte zwischen Zadar und der Insel Murter außer professionellem Tourismus wenig zu bieten, wenn auch z. B. **Sveti Filip i Jakov** auf antike Wurzeln verweisen kann und der Küstenstrich im Mittelalter eine bevorzugte Adresse von Adel, Klerus und gekrönten Häuptern war, die hier am Meer ihre prachtvollen Sommerresidenzen errichteten.

Ausflug nach Lun

Wer von Novalja auf der schnurgerade verlaufenden Straße zum Nordwestzipfel Pags fährt, passiert mit etwas Glück die berühmten Inselschafe und ansonsten eine recht karge Landschaft. Lun, die nördlichste Ortschaft Pags, ist nichts Besonderes, hier findet man Apartments, Hotels und einen kleinen Hafen. Highlight des Ortes ist jedoch ein Feld mit bis zu tausendjährigen Olivenbäumen, die durch den starken Wind und das Meersalz geprägt wurden und vom Alter der Kulturlandschaft Pag zeugen. Am Nordzipfel Pags kann man baden, es gibt einen Hafen, Restaurants und einen kleinen Supermarkt.

Interessant erscheint das Küstenstädtchen **Sukošan** (2800 Einw.), 10 km südlich von Zadar. In den engen Gassen im Zentrum sind mehrere gemütlich-urige Konobas zu finden, ein historischer Leckerbissen befindet sich jedoch vor der Küste Sukošans. Etwa 50 m im Meer liegt eine **versunkene Festung**, die einst von den Fürsten von Bribir erbaut wurde. Die im seichten Wasser gelegene Festung ist für Schwimmer leicht erreichbar, für Kinder empfehlen sich Schlauchboote, um die Festung planschend einzunehmen. Auch der Name des Sandstrands **Dječji raj** ist Programm, das „Kinderparadies" ist besonders bei Familien mit Kindern beliebt. Ein weiterer schöner Strand ist **Zlatna luka** („Goldener Hafen") am Ortsausgang Richtung Zadar mit Beachvolleyballfeld.

ÜBERNACHTUNG

Die Küste südlich von Zadar ist seit Jahrzehnten ganz auf Tourismus eingestellt, daher mangelt es nicht an Hotels, Privatunterkünften und Campingplätzen. Privatunterkünfte vermitteln die Touristeninformationen Bibinje, Sukošan und Sveti Filip i Jakov sowie Touristenagenturen.
Autocamp Adria, Put Primorja 175, Sveti Filip i Jakov, ✆ 023-388356, 🖥 www.autocamp-adria.de. Familienbetriebener Mini-Campingplatz in Sv. Filip i Jakov mit 22 hübschen Stell-

plätzen, schönem Meerzugang und freundlichen Besitzern. 42 Kn p. P., Stellplatz 48 Kn.

Hotel Mare Nostrum, Sveti Petar na Moru 375b, Sv. Filip i Jakov, ℡ 023-391420, 🖳 www.marenostrum-hr.com. Im kleinen Örtchen Sveti Petar liegt dieses hübsche 3-Sterne-Privathotel. Es gibt 14 2-Bett-Zimmer (mit Zusatzbettmöglichkeit), allesamt mit Balkon und Blick aufs Meer. Die Zimmer sind hell, groß und versprühen eine maritime Atmosphäre, das Personal ist freundlich. ❹

ESSEN

Konoba Griblja, Trg Ruševac, Sukošan, ℡ 023-393700. Am zentralen Platz an der Promenade findet man diese Konoba im alten Steinhaus mit großen Holztischen und Bänken auf der Terrasse. Die Portionen (55–380 Kn) sind groß, mit frischen Zutaten. ⏱ 13–23 Uhr.

 **Konoba Kaleta**, Papa Ivana Pavla II, Sukošan, ℡ 023-394031, 091-8823437. Traditionelles dalmatinisches Essen (70–200 Kn) in einem schönen Steinhaus mit rustikaler Holzeinrichtung, ca. 50 m von der Promenade entfernt. Die Terrasse befindet sich auf dem Dach. ⏱ 17–24 Uhr.

Konoba Kod Guste, Rudina 9, Sukošan, ℡ 023-393303, 🖳 www.kod-guste.com. Authentische dalmatinische Küche zu moderaten Preisen (65–200 Kn). Weinberankter Wintergarten und Terrasse direkt am Meer. ⏱ 16–23 Uhr.

SONSTIGES

Informationen

Touristeninformation Bibinje, ℡ 023-261001, 🖳 www.tzo-bibinje.hr.
Touristeninformation Sukošan, Trg mladeži 4, ℡ 023-393345, 🖳 www.sukosan.hr.
Touristeninformation Sv. Filip i Jakov, Obala kralja Tomislava 16, ℡ 023-389071, 🖳 www.sv-filipjakov.hr.

Tauchen

RK Zlatna luka, Sv. Nikole Putnika bb, Bibinje, ℡ 023-263121, 🖳 www.diving-zlatnaluka.net. Tauchzentrum in der gleichnamigen Bucht, vor allem Tauchgänge im Nationalpark Kornati und im Naturpark Telašćica.

Touristenagenturen

Lotos Tours, Franje Tuđmana 153, Sukošan, ℡ 023-394636, 🖳 www.lotos-croatia.com. Vermittelt Unterkünfte in ganz Kroatien, vor allem aber in Norddalmatien.

Biograd und Umgebung

Wer die Hotelketten, das Strand- und Partygetümmel von Biograd sieht, wird verwundert sein, dass die „weiße Stadt am Meer" (5700 Einw.) im Mittelalter Königssitz und wichtiges kroatisches Kulturzentrum war. Im Jahre 1102 wurde in Biograd der ungarische König Koloman zum kroatischen König gekrönt, eine Verbindung, die fast tausend Jahre halten sollte. 1125 wurde Biograd bei einem venezianischen Überfall fast dem Erdboden gleichgemacht, die Bewohner flohen in andere dalmatinische Orte.

Im Zentrum haben sich mehrere historische Kirchen erhalten, von denen besonders die zentral gelegene **Kirche der Hl. Anastasia** (Crkva Sv. Anastazije oder Sv. Stošije) interessant ist. In ihrem Innern ist unter anderem ein gotischer Altar aus vergoldetem Holz sehenswert, auf dem die Hl. Anastasia abgebildet ist.

Außerhalb des kleinen historischen Zentrums hat der Tourismus Biograd fest in der Hand, dazu zählen eine große Marina, eine Menge Restaurants, Hotels, die sich an der Hafenpromenade oder an den zentralen Stränden aufreihen. In Biograd und Umgebung gibt es zahlreiche schöne **Strände**, die meisten davon Kiesstrände. Der Strand **Dražica** ist ein beliebter Feinkiesstrand in der Nähe des Zentrums, hier findet man zahlreiche Strandaktivitäten, auch für Kinder, und ein gastronomisches Angebot. Ein schöner Sandstrand namens **Crvena Luka** befindet sich 3 km vom Zentrum entfernt in einer bewaldeten Bucht.

Von Biograd aus werden **Ausflugstouren** auf die vorgelagerten **Kornati-Inseln** angeboten (s. Touristenagenturen).

Vransko jezero

Der Vransko jezero bei **Pakoštane** ist der mit 300 ha größte Natursee Kroatiens und nur durch einen schmalen Landstreifen von ca. 1 km Breite vom Meer getrennt. Der See ist mit Brackwasser gefüllt und über unterirdische Kanäle mit dem Meer verbunden. Durch seine besondere Beschaffenheit und die vielfältige Flora und Fauna wurde der Vransko jezero 1999 zum **Naturpark** erklärt. An der Nordspitze des Sees (fußläufig von Pakoštane erreichbar), der sich rund 14 km parallel zur Küstenstraße erstreckt, befindet sich ein **ornithologisches Reservat** mit zwei Aussichtspunkten, von denen aus Reiher, Enten, Rohrdommeln, Wasserhühner, Falken und natürlich Krähen, von denen der See seinen Namen hat (vrana = Krähe), beobachtet werden können. Hier liegt zudem ein hübscher Campingplatz (Camping Crkvine, ca. 175 Kn für Stellplatz und 2 Pers.) zwischen Kiefernbäumen und ein Restaurant (Restaurant Vransko jezero, ✆ 023-636193, vor allem Fischgerichte). Um den Vransko Jezero wurde ein ca. 40 km langer **Fahrradweg** angelegt, von dem aus sich die Schönheit des Parks erkunden lässt. Das Ufer des Sees hat auch kulturhistorische Bedeutung, im namensgebenden Ort **Vrana** können eine eindrucksvolle Burganlage aus dem 11. Jh. sowie Mašković Han besichtigt werden, eine türkische Karawanserei aus dem 17. Jh., die zugleich das westlichste profane Bauwerk der Osmanen darstellt.

ÜBERNACHTUNG

Privatunterkünfte vermitteln die Touristeninformationen Biograd und Pakoštane sowie Touristenagenturen.
Camping Nordsee, Alojzija Stepinca 68, Pakoštane, ✆ 023-381438, 🖥 www.autocamp-nordsee.com. Von einer deutschen Familie geführter Campingplatz, freundliche Besitzer, ordentliche Sanitäranlagen, gutes Restaurant, überwiegend deutschsprachige Besucher und Dauercamper. 45 Kn p. P., Stellplatz 60 Kn.
Camping Oaza Mira, Franje Tuđmana 2, Drage, ✆ 023-635419, 🖥 www.oaza-mira.hr. Schöner, ruhiger Campingplatz namens „Oase der Ruhe" in Drage nahe dem Vransko jezero, direkt am Meer. Moderne Sanitäranlagen in bestem Zustand, schöner Strand, nur der Preis in der Hauptsaison ist im kroatischen Vergleich gesalzen. 75 Kn p. P., Stellplatz 270 Kn (!).
Hotel Adriatic, Tina Ujevića 7, Biograd na Moru, ✆ 023-290700, 🖥 www.ilirijabiograd.com. 3-Sterne-Hotel mit großen, in Lila gehaltenen Zimmern mit Blick aufs Meer, zum Teil mit Balkon. Moderne Einrichtung in dunklem Holz, alles ist frisch renoviert, es gibt einen Pool, ein Restaurant und eine Bar. Nebenan stehen 2 weitere Hotels der Ilirija-Gruppe, Hotel Kornati und Hotel Ilirija, beide mit 4 Sternen und nur geringfügig teurer als das Adriatic. ❺–❻

ESSEN UND UNTERHALTUNG

Carpymore, Kralja Tvrtka 10, Biograd na Moru, ✆ 023-386119, 🖥 www.carpymore.hr. Gemütlich rustikale Konoba in der Altstadt Biograds mit massiven Holztischen auf der Terrasse und mit breitgefächertem kroatisch-mediterranen Menü auf der Speisekarte. Ist zugleich Hotel (❺). ⏰ 7–18 Uhr.
Vapor, Obala kralja Petra Krešimira IV. 21, Biograd na Moru, ✆ 023-385482, 091-5449039, 🖥 www.vapor.hr. Diese Konoba liegt am Anfang der Promenade, etwas außerhalb des Rummels, die Terrasse blickt auf den Hafen, auf der Karte finden sich Fisch- und Fleischgerichte zu moderaten Preisen. 60–80 Kn. ⏰ 12–23 Uhr.
Lavender Bed Bar, Tina Ujevića 7, Biograd na Moru. Diese zum Hotel Adriatic gehörende Bar ist komplett in Lila und Gelb gehalten und lädt mit Liegen auf der Terrasse und Blick aufs Meer zum Chillen ein. ⏰ 8–1 Uhr.

SONSTIGES

Apotheken
Ljekarna Biograd, Matije Ivanića 2, ✆ 023-385358. ⏰ Mo–Fr 7–20, Sa 7–13 Uhr.

Geld
Zahlreiche Bankomaten und ein paar Banken im Zentrum.
Erste Bank, Trg kralja Tomislava 4, Biograd, ✆ 062-374730. ⏰ Mo–Fr 8–16 Uhr.

Informationen
Touristeninformation Biograd, ✆ 023-383123, 🖥 www.tzg-biograd.hr.
Touristeninformation Pakoštane, Trg kraljice Jelene 78, ✆ 023-381892, 🖥 www.pakostane.hr.

Medizinische Hilfe
Ambulanz Biograd, Matije Ivanića 6,
023-383014.

Polizei
Polizeistation Biograd, Put Solina 2,
023-345739.

Tauchen
Bougainville, Put Kumenta 3, Biograd,
023-385900, www.bougainville.nl.
Internationale Tauchcrew bietet Tauchgänge, Ausrüstung, Kurse und Unterkunft.
Nadji laguna, Obala kralja Petra Krešimira IV. 64, Pakoštane, 023-381056, www.nadji-laguna.com. Verschiedene Tauchkurse, Schnupperkurse, Ausrüstung, Tauchgänge.

Taxi
Taxi Biograd, 098-536591,
www.taxi-biograd.com.

Touristenagenturen
Laurana Tours, Neznanog junaka 2, Drage,
023-635644, www.lauranatours.com.
Vermittelt Privatunterkünfte, vor allem in der Region Pakoštane, Drage, zudem Ausflüge, unter anderem zum Nationalpark Kornati und Naturpark Telašćica.
Val Tours, Trg hrvatskih velikana bb, Biograd na Moru, 023-386479, www.val-tours.hr.
Vermittlung von Unterkünften, Aktivangebote, Ausflüge in den Nationalpark Kornati.

TRANSPORT

Busse
Busse fahren etwa stdl. von ZADAR nach Biograd na Moru über SUKOŠAN (40 Min., 21–30 Kn). Von Biograd nach PAKOŠTANE (10 Min., 20 Kn) fahren tgl. 12 Busse. Einige Busse verbinden Biograd direkt mit ŠIBENIK (50 Min., 34 Kn) und SPLIT (2 1/2 Std., 105 Kn) und 1x tgl. mit DUBROVNIK (7 Std., 198 Kn).

Eisenbahn
Von Sukošan und Bibinje aus sind je 3x tgl. ZADAR und KNIN zu erreichen, von Knin besteht Anschluss in Richtung ZAGREB und SPLIT.

Archipel von Zadar

Herrliche Naturlandschaften mit zauberhaften stillen Badebuchten und Landzungen, gastfreundliche Menschen und ein Urlaub abseits des touristischen Mainstreams: Das verspricht der Aufenthalt auf den kleineren und größeren Inseln vor der dalmatinischen Küste bei Zadar. Doch längst sind es nicht mehr nur Taucher, Segler und Windsurfer, die diesen Archipel, in dem man noch Ruhe und Ursprünglichkeit findet, zu schätzen wissen.

Insel Ugljan

Die Insel Ugljan erstreckt sich parallel zur Küste von Zadar und ist mit der südlich gelegenen Schwesterinsel Pašman durch eine Brücke verbunden. Bis zum Bau eines Kanals 1883, der den Schiffsverkehr erleichtern sollte, waren Ugljan und Pašman eine zusammengehörige Insel. Alle Siedlungen der Insel liegen auf der dem Festland zugewandten Seite, während das südwestliche Ufer steil und unzugänglich ist. Ugljan wird geprägt von Landwirtschaft, allen voran werden hier, zwischen und auf den bewaldeten Hügeln der Insel, Oliven, Wein und Obst angebaut. Die erste Erwähnung Ugljans erfolgte 1325, die Besiedlung der Insel geht jedoch bis in die Steinzeit zurück. Römische Ruinen im Nordwestteil der Insel deuten auf eine starke Besiedlung in der Antike hin. Ugljan war und ist eng mit der Entwicklung Zadars verbunden, schon im 16. und 17. Jh. bauten adlige Familien aus Zadar hier ihre Paläste. Heute haben viele Einwohner Zadars ein Ferienhaus oder sogar ihren Hauptwohnsitz auf Ugljan.

Preko

Der Hauptort der Insel (1300 Einw.) liegt an der Ostküste etwa in der Mitte Ugljans und ist durch seinen Fährhafen direkt mit Zadar verbunden.

Schon der Ortsname Preko (kroat. gegenüber) deutet die Lage vis-à-vis von Zadar an, und tatsächlich hat man in Preko immer die Stadt auf dem Festland im Blick. In der Nähe des Hafens befindet sich die romanische **Kirche des Hl. Johannes des Täufers** (Crkva Sv. Ivana Krstitelja) aus dem 12. Jh., die barocke **Pfarrkirche** im Zentrum entstand im 18. Jh. An der Promenade von Preko sind Restaurants, Cafés und Geschäfte zu finden. Auf der kleinen vorgelagerten, bewaldeten **Insel Galevac** befindet sich ein **Franziskanerkloster** aus dem 15. Jh., die Insel ist zudem beliebt zum Baden, im Sommer bringen einen Boote hinüber.

Oberhalb von Preko erhebt sich auf 236 m Höhe die **Festung des Hl. Michael** (Tvrđava Sv. Mihovila), die im 13. Jh. von den Venezianern um ein ehemaliges Benediktinerkloster gebaut wurde. Von hier ergibt sich ein weiter Blick über das Festland um Zadar auf der einen und Dugi Otok auf der anderen Seite, bei besonders klarer Sicht soll man sogar die italienische Küste ausmachen können. Durch den Fernsehturm inmitten der Festung ist der Berg auch vom Festland gut zu erkennen. Sv. Mihovila ist per Auto über eine kleine Straße oder zu Fuß in etwa 1 1/2 Stunden zu erreichen, der Eintritt zur Festung ist frei.

ÜBERNACHTUNG UND ESSEN

Camping Porat, Kapetanovo šet. 8, Ugljan, ✆ 023-288318, 🖥 www.campingporat.com. Der kleine Campingplatz rund 1 km nördlich des Ortes Ugljan (Ortsteil Sušica) liegt am Meer in einem Kiefernwald. Die Campleitung ist freundlich, genau das Richtige für ruhe- und naturbedürftige Urlauber. 30 Kn p. P., Stellplatz 58 Kn.

Vile Eden, Jaz 18, Preko, ✆ 023-286075, 🖥 www.eden.hr. Hübsche Apartments in Preko, sauber und geschmackvoll eingerichtet, freundliches Personal, direkt am Meer gelegen. ❺–❻

Villa Stari Dvor, Bataleža 7, Ugljan, ✆ 023-288688, 🖥 www.staridvor.hr. Schönes, familiengeführtes Hotel nur wenige Fußminuten vom Zentrum Ugljans entfernt. Saubere, geschmackvoll eingerichtete Zimmer, freundliches und professionelles Personal. ❸–❹

Zelena Punta, Kukljica, ✆ 023-373338, 🖥 www.zelenapunta.hr. Die Touristensiedlung in Kukljica, 8 km südlich von Preko, ist das touristische Zentrum der Insel und beinhaltet alles dringend zum Urlaub Erforderliche. Das Hotel verfügt über moderne Apartments und liegt ca. 50 m vom Meer entfernt. Buchung für mind. 3 Nächte. ❺–❻

Jardin, Ulica Ive Mašine, im Zentrum von Preko. Hervorragende Gerichte mit Fisch und Meeresfrüchten, aber auch Vegetarisches. Bester Service zu moderaten Preisen.

Kod Barba Tome, Kukljica, ✆ 023-373323. Das Lokal ist eines von 5 in Kukljica und das beliebteste, wenn es um Fischgerichte geht. Die Preise sind etwas gehoben, der Service freundlich.

UNTERHALTUNG UND KULTUR

Bars und Clubs

Miramare Lounge Bar, Vrulja 10, Preko, ✆ 098-313966, 🖥 www.miramare-lounge.com. Gemütliche Bar direkt am Wasser in Preko, wo man einen langen Tag am Strand entspannt mit einem Cocktail ausklingen lassen kann. Nov–März geschl.

Fest der Maria Schnee

Alljährlich am 5. August findet **Gospa od Sniga**, das Fest der Maria Schnee, statt, bei dem mit einer eindrucksvollen Bootsprozession eine Marienstatue aus der Kirche in Ždrelac (Pašman) in die Kirche von Kukljica überführt wird. Danach wird auch weltlich ausgelassen gefeiert.

Hintergrund ist das Marienwunder aus dem Jahr 358. Der Legende zufolge erschien Papst Liberius (352–66) in der Nacht vom 4. auf den 5. August im Traum die Gottesmutter, die ihn darum bat, dort eine Basilika zu errichten, wo in der Nacht Schnee gefallen war. Und tatsächlich: Es hatte geschneit, mitten in Rom, mitten im Sommer. Daraufhin wurde auf dem Esquilin in Rom die Basilika der Hl. Maria beim Schnee erbaut. An das Wunder wird jedoch vielerorts erinnert.

INSELN VOR ZADAR

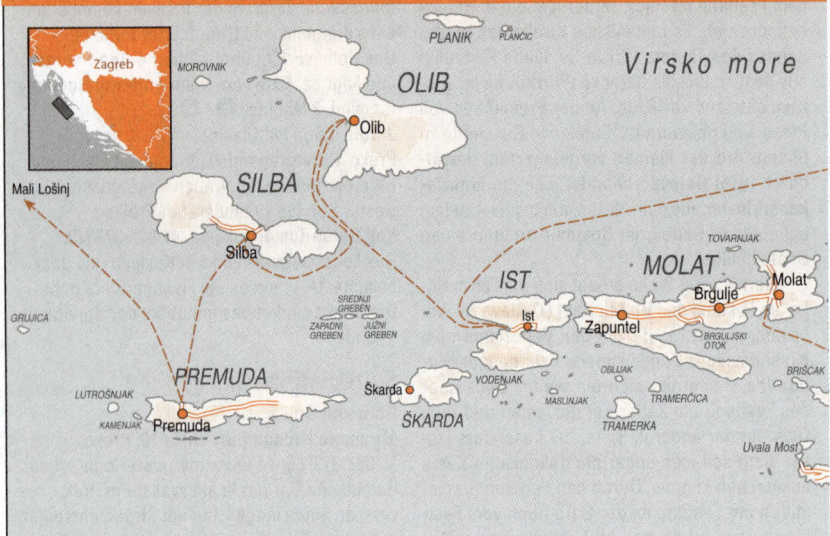

Ritam Bar, Ugljan. Gemütliches Café und Nachtclub im Zentrum von Ugljan. Hier finden im Sommer regelmäßig Partys und Livekonzerte statt.

Musik und Theater
Pučko Otvoreno Učilište Preko, Magazin br. 8, ✆ 023-286001, ✉ pou.preko@gmail.com. Raum für vielfältige kulturelle Veranstaltungen wie Konzerte und Ausstellungen im Zentrum von Preko.

AKTIVITÄTEN UND TOUREN
Radfahren
Eine Reihe an **Fahrradwegen** ist auf der Insel ausgewiesen. Routen-Vorschläge gibt z. B. die Touristeninformation in Ugljan. Fahrräder können im Hotel Ugljan ausgeliehen werden.

Tauchen
Diving Ugljan, ✆ 023-288022, 🖳 www.diving-ugljan.com. Tauchkurse von Schnorcheln bis Tieftauchen, auch Schnupperkurse. Einzige Tauchschule in Kroatien mit Tauchlehrerausbildung.

SONSTIGES
Apotheken
Ljekarna Ugljan, Ive Mašine 3, Preko, ✆ 023-286179.

Einkaufen
Konzum, Trg hrvatske Nezavisnosti 1, Preko, ✆ 023-286137. Supermarkt. ⏱ Mo–Sa 7–21, So 7–13 Uhr.

Feste
Vela Gospa, Höhepunkt des Jahres ist im Ort Ugljan das Fest zu Mariä Himmelfahrt am 15. August mit Messe, Prozession und abendlicher Livemusik.

Geld
Mehrere Bankomaten in Ugljan und Preko. **Zagrebačka Banka Bankomat**, Artić 3, Preko.

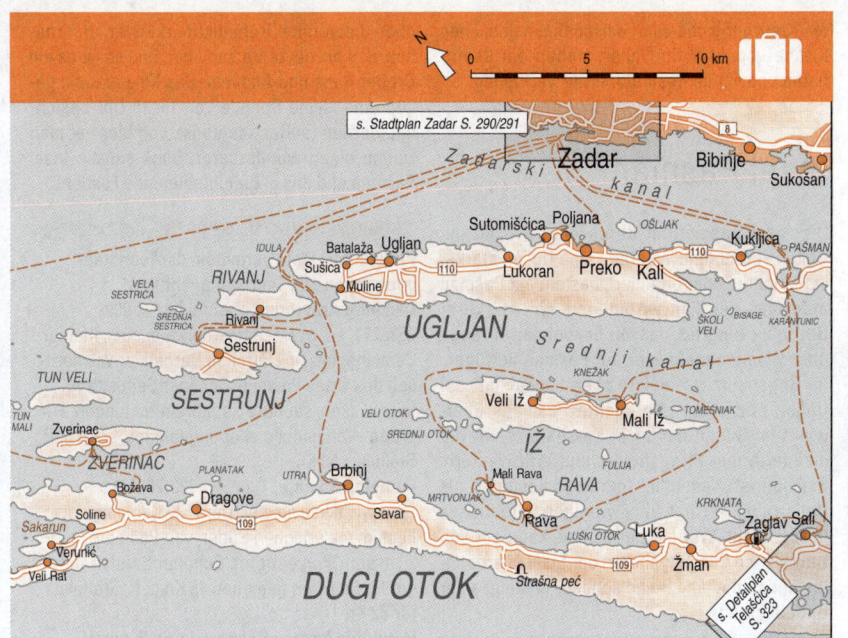

Informationen
Touristeninformation Ugljan, Šimuna Kožičića Benje 17, ☏ 023-288011, 🖥 www.ugljan.hr.

Medizinische Hilfe
Ambulanz Preko, ☏ 023-286181.

TRANSPORT
Auto und Motorrad
Autofahrer können über zwei Wege auf die Insel gelangen: Die meisten werden mit der Fähre von ZADAR nach Preko kommen, die Alternative ist die Fähre ab BIOGRAD NA MORU nach Tkon (Pašman) und der Weg über die Brücke nach Ugljan. Eine gut befestigte Hauptstraße (B110) führt von Nord nach Süd an allen Orten der Insel entlang und weiter nach Pašman. Eine **Tankstelle** gibt's in Preko.

Busse
Tgl. 13x Busverbindungen zwischen Preko und UGLJAN, 14x zwischen Preko und KUKLJICA und 10x zwischen Preko und TKON auf Pašman.

Fähre
Die Fähre von ZADAR nach Preko verkehrt tgl. etwa im Stundentakt zwischen 5 und 24 Uhr. Eine Überfahrt dauert 25 Min. und kostet p. P. 15 Kn, 86–133 Kn für ein Auto.

Ugljan-Stadt

Der kleine Ort (1350 Einw.) liegt im Norden der Insel und verfügt auch in seiner näheren Umgebung über interessante Spuren seiner kulturellen Vergangenheit. So stößt man im nahe gelegenen Örtchen **Muline** auf die Ruinen einer römischen **Villa Rustica** aus dem 1. oder 2. Jh. v. Chr. und einer **antiken Ölpresse**. Hier befinden sich auch die Überreste der frühchristlichen **Basilika des Hl. Johannes** (Crkva Sv. Ivana) und ein spätantikes **Mausoleum**.

Bedeutendstes erhaltenes Bauwerk des Ortes Ugljan selbst ist das **Franziskanerkloster des Hl. Hieronymus** aus dem Jahr 1430 in der Nähe des Hafens mit einem säulengeschmückten Kreuzgang und einer einschiffigen gotischen Kirche von 1447. In Ugljan stehen ein Jachthafen und einige Restaurants zur Verfügung.

Insel Pašman

Die Insel Pašman ist durch eine Brücke mit Ugljan verbunden. Während sich Ugljan stärker in Richtung Zadar orientiert, besteht auf Pašman aufgrund der Fährverbindung ein stärkerer Bezug zu Biograd, dessen Einwohner oft auch über Wochenendhäuser auf Pašman verfügen. Im Gegensatz zur waldreichen Landschaft auf Ugljan und in der Nordhälfte Pašmans überwiegt im Süden der Insel Karstlandschaft mit mediterranem Strauchwerk und Wildkräutern. Pašman ist wesentlich geringer besiedelt als Ugljan und verfügt über weniger touristische Infrastruktur. Wer hierher kommt, kann auf den zahlreichen Campingplätzen der Insel übernachten und findet eine Reihe schöner und einsamer Badebuchten.

Pašman-Stadt

Der Hauptort der Insel (400 Einw.) war bereits in der Römerzeit besiedelt und wurde 1067 erstmals urkundlich erwähnt. Von dem kleinen Hafen von Pašman aus überblickt man das vorgelagerte Inselchen Babac, auf dem schöne und einsame Strände liegen, die jedoch nur mit dem Boot erreichbar sind.

Tkon

Der Ort im Süden Pašmans ist mit seinen knapp 800 Einwohnern der größte der Insel und zudem über den Fährhafen mit Biograd verbunden. Hier steht eine große Auswahl an Restaurants und Cafés zur Verfügung, Highlight Tkons ist jedoch sein **Benediktinerkloster**. Das nach den Heiligen Cosmas und Damian benannte Kloster wurde im 12. Jh. auf dem Hügel Ćokovac auf Fundamenten einer altchristlichen Kirche errichtet und im 16. Jh. umgebaut. Es ist das einzige von Mönchen bewohnte Benediktinerkloster in Kroatien, das bis heute Bestand hat, und so ist es ein Ort der Ruhe und Andacht. Das Kloster kann gegen eine kleine Spende von 16–18 Uhr besichtigt werden (außer sonntags), von hier hat man zudem einen wunderbaren Blick auf die Insel Pašman und das gegenüberliegende Festland.

ÜBERNACHTUNG UND ESSEN

Privatunterkünfte vermitteln die Touristeninformation und Touristenagenturen.

Camping Arboretum, Barotul bb, ☏ 099-2538711, 🖥 www.camparboretum.com. Kleiner Campingplatz im Dörfchen Barotul, etwas nördlich des Ortes Pašman. Schöner Sandstrand, tolles Essen, saubere Sanitäreinrichtungen. Für große Wohnmobile eher ungeeignet. 42 Kn p. P., Stellplatz 50 Kn.

Camping Sovinje, Tkon, ☏ 023-285541, 🖥 www.fkksovinje.hr. Der FKK-Campingplatz liegt im malerischen Süden von Pašman, 2 km von Tkon entfernt. Schöner Sandstrand, gut für Familien geeignet. 45 Kn p. P., Stellplatz für 22 Kn.

Hotel Vila Kruna i Palma, Kraj 6a (Kruna)/Kraj 122a (Palma), Tkon, ☏ 098-504606, 🖥 www.vila-kruna.com. Geschmackvoll eingerichtete Apartments in Kraj, zwischen Tkon und Pašman. Direkt am Meer, mit Pool und freundlichen Besitzern. Mind. 3 Übernachtungen. ❸–❹

Vila Rosa, Put Pelastra 10, Tkon. Angenehme Apartments für 3–5 Pers., nahe am Hafen und 150 m vom Strand entfernt. Saubere Zimmer, freundliches Personal und gemäßigte Preise. ❶–❷

Restaurant Arkada, Trg mulina bb, ☏ 023-285312, 🖥 www.restoran-arkada.com. Ableger des gleichnamigen Restaurants in Biograd, traditionelle Fisch- und Fleischgerichte direkt am Fährhafen.

SONSTIGES

Apotheken
Ljekarna Pablo, Tkon 95, ☏ 023-285533, 🖥 www.ljekarna-pablo.hr. ⏰ Mo–Sa 8–14 Uhr.

Einkaufen
Kleiner **Supermarkt** im Zentrum von Tkon.

Geld
Mehrere Bankomaten in Tkon
Zagrebačka Banka Bankomat, Artić 3, Preko.

Informationen
Touristeninformation Pašman, Pašman bb,
☎ 023-260155, 🖥 www.pasman.hr.

Medizinische Hilfe
Ambulanz Neviđane, ☎ 023-269298.
🕐 Mo–Fr 7–19 Uhr.

Touristenagenturen
Turistička Agencija Kun, ☎ 023-285418,
🖥 www.takun.net. Vermittlung von Zimmern und Apartments auf Pašman.

TRANSPORT
Auto und Motorrad
Autofahrer gelangen i. d. R. mit der Fähre BIOGRAD–Tkon nach Pašman. Einzige Alternative ist die Fährverbindung ZADAR–PREKO (Ugljan), von Ugljan führt eine Straße zur Schwesterinsel Pašman. Zum **Tanken** muss man mit der Fähre nach Biograd oder ins 30 km von Tkon entfernte Preko auf Ugljan fahren.

Busse
10x tgl. Verbindungen zwischen Tkon und PREKO (Ugljan), dazwischen liegen alle weiteren Orte auf Pašman.

Fähre
Die Fähre zwischen BIOGRAD und Tkon verkehrt alle 1–2 Std. zwischen 6 und 22 Uhr. Die Fahrt dauert 20 Min. und kostet 12 Kn p. P. und 67–100 Kn pro Auto.

Dugi Otok

Dugi Otok (1800 Einw.) heißt „lange Insel" – beim Blick auf die Karte wird klar, warum. Die über 40 km lange Insel, die sich parallel zur Küste westlich von Ugljan und Pašman erstreckt, ist über weite Strecken nur 1–2 km breit. Die Insel besticht durch eine zauberhafte Natur, die zwischen beiden Enden der Insel erheblich variiert.

Mit dem Rad bis an die Nordspitze

Auf der Insel sind einige Radwege ausgewiesen. Durch den relativ geringen Autoverkehr sind auch die Abschnitte auf der Straße gut befahrbar. Ein Radweg (Nr. 1) führt z. B. über 12,8 km **von Božava** über Sakarun und Veli Rat **zur Bucht Most**, die den nordwestlichsten Zipfel der Insel markiert. Auf den ersten Kilometern geht es einmal auf 150 m hinauf und wieder hinunter, ansonsten ist das Profil der Strecke relativ eben. Eine Rad- und Wanderkarte ist in der Touristeninformation in Božava oder Sali erhältlich. Radverleih über die Hotelgruppe Božava.

Während der Norden mit einer üppigen mediterranen Natur, Kiefernwäldchen, Kies- und einigen Sandstränden ein sanftes Bild bietet, beeindruckt der verkarstete Süden mit seiner felsigen Steilküste und einer großen Zahl hübscher versteckter Buchten, die gemeinsam mit dem Salzsee Mir den tollen Naturpark Telaščica bilden.

Im Sommer verkehren Ausflugsboote auf die Kornati-Inseln, z. B. ab Sali.

Božava und der Norden

Das ehemalige Fischerdorf **Božava** (120 Einw.) ist mit mehreren Hotels und einem Jachthafen das touristische Zentrum der Nordhälfte, an deren äußerster Spitze sich mehrere bewaldete Landzungen erstrecken. Am nordwestlichsten Ausläufer befindet sich **Veli Rat** mit seinem Leuchtturm Punta Bjanca aus dem Jahr 1849, der sich 42 m hoch über die Adriaküste erhebt. Wer Ruhe und Erholung in traumhafter Natur sucht, kann im Leuchtturm auch übernachten (möglich über mehrere Buchungsportale, z. B. über 🖥 www.adriatica.net). Unweit von Veli Rat liegt der bekannteste Strand der Insel namens **Sakarun** mit weißem Sand und Kiefernwald.

ÜBERNACHTUNG UND ESSEN

In Božava dominiert die Hotelgruppe **Božava** mit 3 höherpreisigen Hotels, 🖥 www.bozava hotels.com. Es existieren aber auch **Privat-**

unterkünfte, die über Touristenagenturen gebucht werden können. In Veli Rat ist ein Campingplatz in Planung, dessen Eröffnung sich jedoch immer wieder verzögert. Infoanfragen dazu gehen am besten an die Touristeninformation.
Amarcord, Strand Sakarun, Veli Rat, ℘ 091-1614822. Gutes Essen in kleinem Bistro direkt am Strand Sakarun.

AKTIVITÄTEN UND TOUREN
Tauchen
Tauchschule Božava, Hotel Božava, ℘ 023-318891, 🖥 www.bozava.de. Auch Kinder-, Senioren- und Anfängerkurse. Meereshöhlentauchen, Unterwasserfotografie etc.

Wandern
Auf vielen Wanderwegen kann man Dugi Otok auch per pedes entdecken. Im Norden führt z. B. der Weg Nr. 3 **von Božava** an der Küste entlang und dann **zum Dorf Dragove**, das auf etwa 150 m Höhe liegt, und zurück nach Božava. Eine Wanderkarte bekommt man in der Touristeninformation.

SONSTIGES
Informationen
Touristenverband Božava, ℘ 023-377607, ✉ turisticko-drustvo-bozava@zd.t-com.hr.

Touristenagenturen
Turistička agencija Dugi Otok, Šetnica Verona 18, Veruniċ, ℘ 023-378153, 🖥 www.dugiotok-travel.com. Vermittelt Privatunterkünfte im Norden von Dugi Otok.

Sali und der Süden

Der Hauptort von Dugi Otok ist **Sali** (760 Einw.). Der ehemalige Fischerort im Südosten der Insel gruppiert sich um einen kleinen Hafen. An der **Promenade** sind Restaurants, Cafés, Supermarkt, Touristeninformation und einiges mehr zu finden, außerdem legen hier die Personenfähren nach Zadar ab. Am südöstlichen Ende der Promenade befindet sich eine kleine weiße Kapelle, von hier hat man einen schönen Blick auf die Nachbarinsel Pašman. In Sali stehen drei Kirchen, von denen die **Marienkirche** (Crkva Sv. Marije) aus dem 15. Jh. einen schönen Holzaltar besitzt, allerdings kann sie nur zur Messe besichtigt werden. Kulturelles Zentrum Salis ist die **Bibliothek** (Knjižnica Sali), Obala Petra Lonija bb, ℘ 023-377597, die sich ebenfalls am Hafen befindet. In deren Lesesaal stehen für eine Gebühr von einem Kuna pro Tag Bücher in verschiedenen Sprachen, ein Teleskop und Spiele zur Verfügung, die ideale Beschäftigung also für einen Regentag auf Dugi Otok. ⏰ Mo–Fr 9–13, 20–22, Sa 10–13, So 20–22 Uhr.

Unweit von Sali befindet sich ein Feld mit zahlreichen alten Olivenbäumen, die von der langen Besiedlungsgeschichte Salis zeugen. Einige dieser Bäume sind über 700 Jahre alt, und so wurde das **Saljsko polje** 1989 als botanisches Reservat unter Schutz gestellt. Angelegt wurde der Olivenwald wahrscheinlich schon vor mehr als 2000 Jahren von griechischen Bewohnern der Insel.

Nördlich von Sali befinden sich einige kleine Ortschaften mit geringerem touristischem Angebot wie **Zaglav**, **Luka** oder der etwas entferntere Fährort **Brbinj**. Wer seine Ruhe in der Abgeschiedenheit der schönen Inselnatur sucht, wird sich hier wohlfühlen, Privatunterkünfte sind auf der Homepage der Touristeninformation oder über Touristenagenturen zu finden.

Naturpark Telašćica
Südlich von Sali erstreckt sich der traumhafte Naturpark Telašćica. Die zerklüftete gleichnamige Bucht mit fünf Inselchen, weiteren 25 kleinen Buchten und Felsen gilt als einer der schönsten und größten natürlichen Häfen der Adria. Nach Westen hin erheben sich imposante, bis 161 m hohe Felsklippen zum offenen Meer hin, Nistplatz von Wanderfalken, während sich Delphine in der tiefblauen Adria tummeln. An den steilen Felsen gedeihen zudem nicht nur Wolfsmilchgewächse und die endemische Ragusa-Flockenblume, hier sind auch zwei seltene Schneckenarten beheimatet. In der **Mir-Bucht** legen regelmäßig Ausflugs- und Segelschiffe an, hier gibt es einige Restaurants und Kiosks. Es ist der einzige etwas überlaufene Ort im ansonsten sehr ruhigen und harmonischen Naturpark.

Triathlon in den Naturpark Telašćica

- **Route**: Sali – Salzsee Mir – Sali
- **Länge**: Fahrradstrecke 18 km, Fußstrecke 3 km
- **Dauer**: 2 1/2 Std.
- **Wegbeschaffenheit**: teils Asphalt, teils Schotter, der aber relativ gut befahrbar ist. Der Radweg ist fast bis zum Mir-See als solcher nutzbar. Der Fußweg ist ein Trampelpfad am Seeufer entlang.
- **Orientierung**: Wegweiser an Kreuzungen weisen Richtung Telašćica oder Slano jezero (= Salzsee)
- **Saison**: ganzjährig
- **Ausrüstung**: im Sommer Kopfbedeckung, Sonnenmilch, ausreichend Wasser
- **Schwierigkeitsgrad**: leicht

Die Tour führt von Sali in den Naturpark Telašćica, dabei geht es durch buschig-mediterrane Vegetation, vorbei an zauberhaften Buchten bis in die bewaldete Bucht Mir. Hier werden die Fahrräder geparkt und zu Fuß der Salzsee Mir erkundet. Auf dem Rückweg kann eine schöne Badepause eingelegt werden, womit der Triathlon perfekt wäre.

Die Route

Ausgangspunkt der Tour ist der **Hafen von Sali**, wo Räder ausgeliehen werden können. Wer mit eigenen Rädern anreist, beginnt die Tour an der Abzweigung von der Hauptstraße, wo „Park prirode Telašćica" angeschrieben ist, da man sich hier den ersten längeren Anstieg spart.

In Sali geht es zunächst auf die Hauptstraße in Richtung Božava, die in einer großen Kurve auf knapp 100 m Höhe ansteigt. Dies ist die einzige

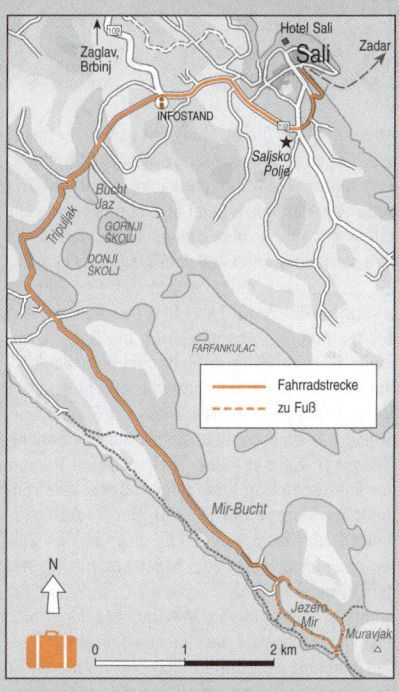

größere Steigung der Strecke. Nach etwa 1,5 km folgt man links einem Weg, der mit „Park prirode Telašćica" ausgeschildert ist. Hier wird auch ein **Infostand der Naturparks Telašćica** passiert. Der Weg geht zunächst stetig bergab, mit Fahrtwind um die Nase rauscht man durch mediterrane Natur, die sich immer wieder zu hübschen natür-

lichen Buchten öffnet. Nun geht es teils bergauf, teils bergab über eine wenig befahrene Straße. Kurz hinter einem Parkplatz wird die **Bucht Tripuljak** auf der linken Seite erreicht, wo man sich schon mal eine schöne Badestelle für den Rückweg aussuchen kann. Auf dem Weg muss man ein Tor durchqueren, doch keine Sorge: Der Weg ist bis zur Mir-Bucht für Fahrräder freigegeben. Auf der rechten Seite befindet sich ein Gehege mit Eseln, die zum Teil frei im Naturpark herumlaufen. Hat man die **Mir-Bucht** erreicht, erhöht sich die Menschenzahl schlagartig, alle halbe Stunde spucken die Ausflugsboote Besucher aus, die im nahe gelegenen Salzsee baden gehen. Nach Parken der Fahrräder folgt man diesem Besucherstrom Richtung **Salzsee Mir** (S. 325). Der See ist geologisch eine Besonderheit, da er an beiden Seiten nur einige Meter vom Meer entfernt ist, mit dem er unterirdisch verbunden ist. Ein Weg führt rechts am See entlang. Wer möchte, kann hier einen Abstecher auf die steilen, imposanten Klippen machen, von denen sich ein wunderbarer Blick übers Meer und auf die vorgelagerten Inseln ergibt. Am Ende des Sees ist es nur noch ein kleines Stück, bis man in einer steinigen Bucht den Blick aufs offene Meer hat. Selten genug ist dieser Blick in Kroatien, keine vorgelagerten Inseln mehr bis Italien ... Die Steine der Bucht wurden zu großen Steinhaufen gestapelt, die dem Ort etwas Mystisches verleihen.

Wer noch überschüssige Energie hat, kann den hinter dem See befindlichen **Berg Muravjak** besteigen, ansonsten geht es auf der anderen Seeseite zurück zur Mir-Bucht. Nach einem Erfrischungsgetränk kann man frisch gestärkt auf den Rädern zurück Richtung Sali radeln – nicht jedoch ohne auf dem Weg noch einmal ins Wasser zu springen. **Schöne Badeplätze** befinden sich **zwischen den Buchten Mir und Tripuljak** und in der **Bucht Jaz**. Das letzte Stückchen bergauf zur Hauptstraße hat es in sich, man sollte dafür einige Kräfte aufsparen; bei der anschließenden Abfahrt nach Sali gilt es, den Autoverkehr vor lauter Erleichterung nicht zu vergessen.

Praktische Tipps
Information
Touristeninformation Sali, s. Sali, Informationen.
Park prirode Telašćica, Ulica Danijela Grbin bb, ✆ 023-377096, 🖥 www.telascica.hr.

Karten
Eine Rad- und Wanderkarte ist in der Touristeninfo Sali gegen einen kleineren Betrag erhältlich.

Übernachtung und Essen
Übernachtungsmöglichkeiten existieren in Sali, nicht aber im Naturpark. In der Mir-Bucht befinden sich mehrere Restaurants, die kroatisches Essen und Getränke anbieten, sowie mehrere Kiosks.

Auf der schmalen, bewaldeten Landzunge zwischen Mir-Bucht und offenem Meer befindet sich der flache **Salzsee Mir**, der unterirdisch mit dem Meer verbunden ist. Der See (rund 900 m lang, 300 m breit, 6 m tief) ist sehr klar, nur der Grund ist schlammig, durch seine geschützte Lage ist er wesentlich wärmer als das Meer. Im Südosten geht der Naturpark Telašćica in den **Nationalpark Kornati** (S. 349) über. Die Halbinsel nördlich der Telašćica-Bucht besteht aus runden, kahlen Hügeln, von denen aus sich immer wieder ein Blick auf die vorgelagerten Inseln und die Kornaten ergibt.

Park Prirode Telašćica, Ulica Danijela Grbin bb, Sali, ☎ 023-377096, 🖥 www.telascica.hr.

Ausflug zum „Schrecklichen Ofen"

Bei Savar liegt auf 70 m Höhe die **Höhle Strašna peć**, deren Name „schrecklicher Ofen" bedeutet und in der man eindrucksvolle Stalagmiten und Stalaktiten mit einer Länge von 2–8 m bewundern kann. Die Höhle ist 10 000–15 000 Jahre alt und wurde 1903 entdeckt. Ausflüge zum schrecklichen Ofen organisiert z. B. die Touristenagentur Kartolina. 🖥 www.kartolina-turist.com.

ÜBERNACHTUNG, ESSEN, UNTERHALTUNG

Das Hotelangebot auf Dugi Otok ist überschaubar, und so bieten sich Privatunterkünfte an, die von der Touristeninformation und Touristenagenturen vermittelt werden.

Hotel Sali, ☎ 023-377049, 🖥 www.hotel-sali.hr. Nahe dem Zentrum von Sali in einem mediterranen Nadelwald gelegen, besteht dieses Hotel aus 4 Pavillons an der malerischen Bucht Sašćica. Die 52 Zimmer haben einen Balkon mit Meerblick. ❸

Gelateria Conteš, Sali, ☎ 023-377308, 🖥 www.contes.hr. Das Eiscafé neben der Touristeninformation bietet leckere italienische Eis- und Kaffeespezialitäten mit Blick auf den Hafen von Sali.

Konoba Špageritimo, Sali, Dugi Otok. In dieser bei Seglern beliebten Konoba am Hafen von Sali kann man nicht nur Nudeln, sondern auch jede Menge Fischgerichte bestellen. Das Lokal verbreitet kreatives Flair, nicht nur bei den Öffnungszeiten. ⏱ 11.15–23.32 Uhr(!).

Restaurant Kornat, Sali, Dugi Otok. Das Restaurant des Hotels Sali verfügt gleich über 3 Terrassen: eine mit Blick auf den Hafen, eine im Innenhof und eine in der 2. Etage. Neben frischen Fisch- und Fleischgerichten serviert die freundliche Bedienung auch gut duftende Steinofenpizza. ⏱ 11–24 Uhr, Nov–Mai geschl.

Restaurant Roko, Zaglav, ☎ 023-377182, 🖥 www.pansion-roko.hr. Das Restaurant liegt in der Bucht Triluke in Zaglav (5 km nordwestlich von Sali) direkt am Meer. Auf der Karte stehen vor allem Fischgerichte, Spezialität des Hauses sind Scampi mit Spaghetti im Tontopf. Das Roko vermietet auch solide Privatunterkünfte ❶–❷.

Maritimo, Sali, ☎ 098-869714, 🖥 www.maritimo-sali.com. Die gemütliche Bar an der Promenade lädt tagsüber zu einem Kaffee mit entspanntem Blick auf den Hafen ein, abends kann man hier Cocktails oder Bier vom Fass schlürfen. Das Innere des schönen Steinhauses ist mit Holzbänken und alten Fotos an den Wänden ausgestattet und maritim eingerichtet. Gelegentlich finden auch Partys oder Live-Konzerte statt. ⏱ 7–1 Uhr.

AKTIVITÄTEN UND TOUREN

Angeln

Tome Fishing, Sali, ☎ 023-377489, 🖥 www.tome.hr. Bietet verschiedene Touren für Hobby-Angler und alle, die es werden wollen.

Radfahren

Die Insel lässt sich gut mit dem Rad erkunden. In der Touristeninformation ist eine Karte mit Radwegen erhältlich, die sich über die ganze Insel verteilen. In der Nähe von Sali bieten sich Ausflüge in den Naturpark Telašćica an, aber auch die Orte nördlich von Sali sind attraktive Ausflugsziele.

Gelateria Conteš, s. Sali, Essen. Hier werden Räder verliehen.

Hotel Sali, Sali bb, ☎ 023-377049, 🖥 www.hotel-sali.hr. Inkl. Fahrradverleih.

Badebuchten im Süden

Auf Dugi Otok existiert eine Vielzahl schöner Badebuchten. **Bočac**, der Stadtstrand von Sali, befindet sich in der Nähe des Hotels Sali und ist ein angenehmer Kiesstrand. Eine ganze Reihe vielfältiger Strände locken im Naturpark **Telašćica**. Einsame kleine Badebuchten finden sich auf dem Weg von Sali zur Mir-Bucht zuhauf, und auch der **Mir-Salzsee** und die **Mir-Bucht** sind beliebt zum Baden.

Tauchen
Dive Dugi Otok, Zaglav, ✆ 098-1693107, 🖳 www.kornati-diver.com. Geboten werden Tauchkurse und Tauchgänge im Telašćica-Park, auf den Kornaten und im Norden von Dugi Otok.

SONSTIGES
Apotheken
Ljekarna Vukadin, Obala Petra Lorinija bb, ✆ 091-2333737. ⏱ Mo–Fr 8–13, 18–20 Uhr.

Einkaufen
Tommy, Obala Petra Lorinija bb, ✆ 023-377413. Supermarkt. ⏱ Mo–Sa 6.30–21, So 7–13 Uhr.

Die „Bräuche von Sali"

Am ersten Augustwochenende finden die „Bräuche von Sali" (Saljske užance) statt. Bei dieser traditionellen Veranstaltung kommt moderne und eine Spielart traditioneller Musik zum Klingen. Bei der sog. **Eselsmusik** *(Tovareća muzika)* wird auf Rinderhörnern geblasen, die früher jeder Fischer als Signalhorn bei der Fischjagd besaß. Die Musik entstand aus einem Spaß heraus, wurde aber Teil des kulturellen Erbes von Dugi Otok. Höhepunkt der Saljske užance ist ein spektakuläres **Eselrennen**, bei dem sowohl der erste als auch der letzte Reiter und Esel im Ziel ausgezeichnet werden.

Geld
Auf Dugi Otok existiert keine Bank, es gibt aber einige Bankomaten.
PBZ Bankomat, Obala Petra Lorinija bb.

Informationen
Touristeninformation Sali, Obala Petra Lorinija bb, ✆ 023-377094, 🖳 www.dugiotok.hr.

Medizinische Hilfe
Ambulanz Sali, Sali 12, ✆ 023-377129.

Taxi
Taxi Frka Sali, ✆ 098-891036, 🖳 www.taxidugiotok.com.

Touristenagenturen
Adamo Travel, Sali, ✆ 023-377208, 🖳 www.adamo.hr. Vermittlung von Privatunterkünften.
Kartolina, Obalja kralja Tomislava 16, Sali, ✆ 023-377191, 🖳 www.kartolina-turist.com.

TRANSPORT
Auto und Motorrad
Autofahrer gelangen mit der täglichen Autofähre von Zadar entweder nach Sali, Zaglav oder Brbinj. Die einzige **Tankstelle** der Insel befindet sich in Zaglav.

Busse
Die Busse sind an den Fährplan angebunden, fahren also immer, wenn eine Fähre ankommt, nach Sali und Božava. Wer dazwischen flexibel sein will, kann sich in Sali oder Božava auch Mofas ausleihen.

Fähren
3x tgl. verbindet ein Katamaran ZADAR und Sali in 45 Min. für 30 Kn, 1x tgl. fährt zudem eine Autofähre in 1 Std. 20 Min., wobei diese nur werktags verkehrt. Beide halten nur in der Richtung Zadar–Dugi Otok in Sali, ansonsten fährt die Fähre von und nach Zaglav. Salis Fährhafen liegt im Zentrum.
Die Hauptfähre nach Dugi Otok verkehrt 3x tgl. zwischen ZADAR und Brbinj in 80 Min. für 25 Kn p. P., 147–265 Kn pro Auto. Die letzte Fähre zurück ans Festland fährt gegen 17 Uhr ab.

Die kleineren norddalmatinischen Inseln

Vor der Küste Zadars liegen neben den großen Inseln Dugi Otok, Ugljan und Pašman zahlreiche kleinere Inseln und Inselchen, von denen einige auch bewohnt und per Fähre erreichbar sind. Alle diese Inseln sind für Besucher zu empfehlen, die einen ruhigen und beschaulichen Urlaub inmitten mediterraner Natur genießen wollen und auf die Annehmlichkeiten größerer Touristenorte verzichten können.

Iž und Rava

Zwischen Ugljan und Dugi Otok liegen die beiden Inseln Iž und Rava, von denen Iž zweimal täglich, Rava dreimal wöchentlich von Zadar mit der Fähre angefahren wird. Durch seine Lage und die Anbindung ist **Iž**, 🖳 www.otok-iz.com, die am stärksten besiedelte der kleineren Inseln vor Zadars Küste, mit den beiden Inselörtchen Veli Iž und Mali Iž, beide mit kleinem Hafen und alten Steinhäusern. Als einzige dalmatinische Insel hat sich Iž eine alte Töpfertradition bewahrt. Das kleine bewaldete Inselchen **Rava** bietet unberührte Natur und ist beliebter Anlaufpunkt für Nautiker.

Ist, Olib, Silba und Premuda

Eine weitere Fähre verbindet täglich Zadar mit den Inseln Ist, Olib, Silba und Premuda (und fährt weiter nach Mali Lošinj). Das absolut unkommerzielle **Ist** misst weniger als 10 km^2 und besticht durch Olivenhaine, Weinberge und schöne Sandstrände. Es wird noch von zwei anderen Fähren angefahren. **Olib** ist die größte der kleineren Inseln vor Zadars Küste, von einst 2000 Einwohnern (1920) leben hier heute nur noch 150. Im Sommer ist der Ort ein beliebtes Ziel für ausgewanderte Kroaten vor allem aus den USA, welche die alte Heimat besuchen. Der Osten der naturbelassenen Insel ist wegen des regelmäßigen Bura-Windes eher rau und eignet sich nicht zum Ankern, während der Westen üppige Meditation und geschützte Buchten bietet. In Olib sind einige kulturhistorische Denkmäler zu besichtigen – Wahrzeichen der Insel ist ein 400 Jahre alter Wachturm, die Pfarrkirche aus dem 18. Jh. und ein verlassenes mittelalterliches Kloster kommen hinzu. Während Olib mit seiner kargen Natur an Pag erinnert und landwirtschaftlich geprägt ist (hervorragender Käse, Olivenöl und Wein!), lässt **Silba** als Kapitäns- und Seefahrerinsel samt üppiger mediterraner Natur an Lošinj denken. Wahrzeichen der beliebten kleinen Urlaubsinsel ist der sechseckige sog. „Liebesturm", von dem es heißt, ein Kapitän habe ihn für seine Frau errichtet, damit sie sein Schiff möglichst früh erspähen könnte. Silba verfügt über eine ganze Reihe schöner Strände, auch mit Sportangeboten und Bootsverleih. Infos und Unterkünfte: Silba Online, ✆ 098-473938 🖳 www.silba.org, Touristeninformation Silba, ✆ 023-370010, 🖳 www.silba.net. **Premuda** schließlich ist mediterrane Natur auf kleinem Raum, kaum Tourismus, schöne Strände, Feigen- und Olivenhaine, dazu ein beliebter Ort für Taucher. Ziele für Tauchgänge sind ein großes Höhlensystem, Katedrala genannt, und das Wrack eines 1918 versenkten österreichischen Kriegsschiffes.

Molat, Rivanj, Sestrunj und Zverinac

Die Inseln **Molat**, **Rivanj**, **Sestrunj** und **Zverinac** sind durch zwei täglich fahrende Fähren an Zadar angebunden. Sie sind beliebt bei Seglern, aber insgesamt relativ untouristisch.

Informationen

Infos über die kleineren Inseln und eine größere Zahl von Privatunterkünften bekommt man über die Touristenagentur Lotos in Sukošan.
Lotos Tours, Franje Tuđmana 153, Sukošan, ✆ 023-394636,
🖳 www.lotos-croatia.com.
Infos zu den Fähren: 🖳 www.jadrolinija.hr.

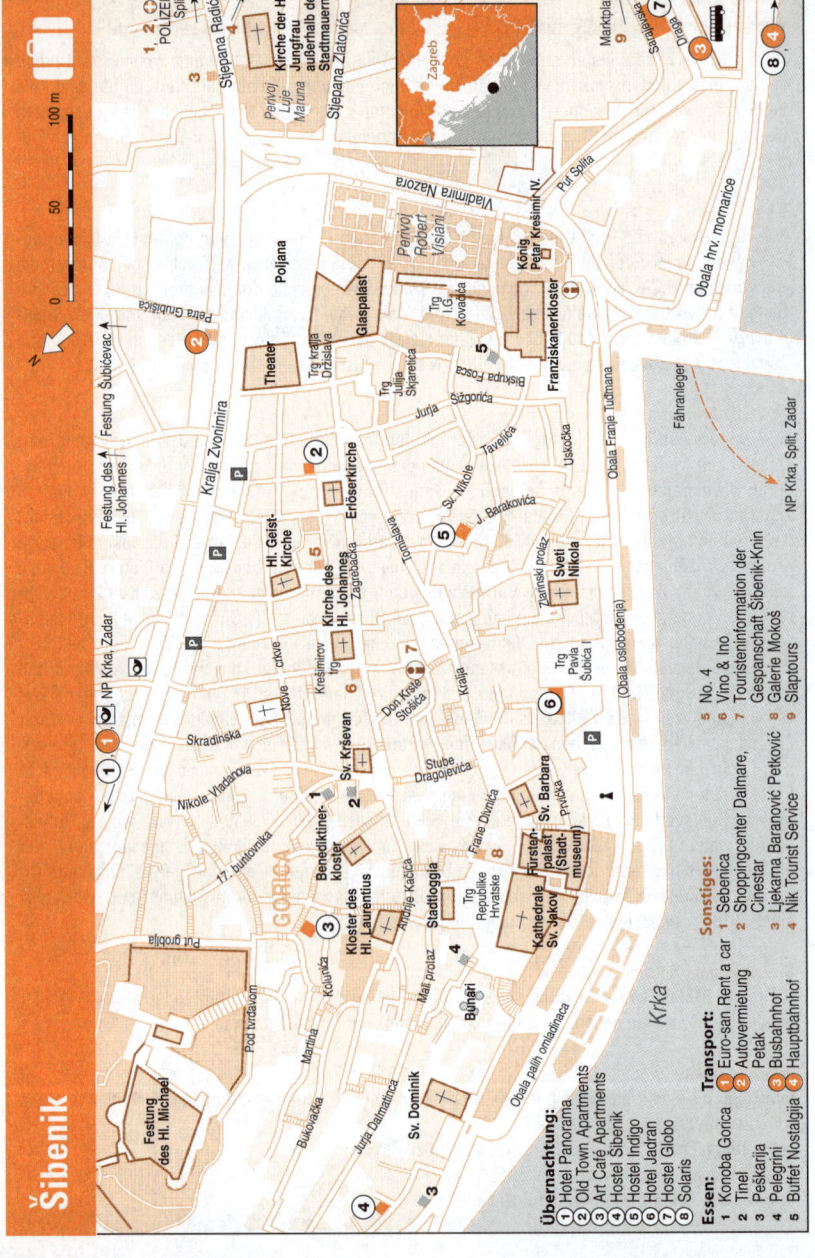

Von Šibenik bis Knin

Im Landesinneren bei Knin, nahe der Grenze zu Bosnien-Herzegowina, entspringt die Krka, bei Šibenik mündet sie in die Adria. Mit seinen rauschenden Wasserfällen, unter denen man ein erfrischendes Bad genießen kann, gehört der nördlich von Šibenik gelegene Krka-Nationalpark zweifellos zu den Top-Reisezielen Norddalmatiens. Die kulturhistorisch bedeutsame Küstenstadt, zugleich Drehscheibe der Region, lädt dagegen zu einer ausführlichen Stadtbesichtigung ein, während man in der näheren Umgebung von Šibenik unbeschwerten Badeurlaub am Meer verbringen kann. Nur wenige Besucher allerdings machen sich von Šibenik aus auf die Fahrt Richtung Knin, der einstigen kroatischen Königsstadt. Verständlich, denn bis heute versinnbildlicht Knin auf bedrückende Weise das Grauen des jüngsten Krieges, von dem sich die Stadt und das Umland noch immer nicht erholt haben.

Šibenik

Šibenik (47 000 Einw.) ist nach Split und Zadar die drittgrößte Stadt Dalmatiens und Hauptstadt der Region Šibenik-Knin. Es sind überwiegend Tagestouristen, die Šibenik besuchen, wenngleich im Touristenresort auf der Halbinsel Solaris ein breites touristisches Angebot zur Verfügung steht. Hauptattraktion ist die Kathedrale, die zum Unesco-Weltkulturerbe zählt. Doch Šibenik hat noch viel mehr zu bieten: zahllose historische Kirchen, Stadtpaläste, hübsche Plätze und gleich vier eindrucksvolle Festungsanlagen. Die Atmosphäre in Šibenik ist entspannt, die Touristen verlieren sich in den kleinen verwinkelten Gassen und Treppen, Cafés und Restaurants laden zum Verweilen ein, und natürlich ist auch das Meer nicht weit. Ein schöner Tagesausflug führt z. B. von Šibenik auf die Kornati-Inseln (S. 349).

Geschichte

Šibenik hat im Gegensatz zu den meisten dalmatinischen Städten keine antike Vorgängerstadt, sondern wurde von Kroaten gegründet. Erstmals erwähnt wurde die Stadt 1066 in einer Urkunde des kroatischen Königs Petar Krešimir, der sich in der Festung des Hl. Michael aufhielt. Nach wechselnden Besitzverhältnissen (kroatisch, ungarisch, bosnisch, byzantinisch) setzten sich 1412 schließlich die Venezianer durch, nachdem sich jedoch die Bürger Šibeniks drei Jahre lang erfolgreich gegen deren Okkupationsversuche gewehrt hatten. Die folgenden Jahrhunderte waren von den militärischen Auseinandersetzungen mit dem Osmanischen Reich bestimmt, das sich bis unmittelbar vor die Stadtgrenzen Šibeniks ausgedehnt hatte. Mehrere Festungen wurden in dieser Zeit erbaut und die Stadt erfolgreich gehalten. 1797 endete die venezianische Herrschaft, und nach einer kurzen französischen Besetzung kam Šibenik bis 1918 mit großen Teilen Dalmatiens unter habsburgische Verwaltung. Šibeniks erster kroatischer Bürgermeister Ante Šupuk war zugleich Ingenieur und Erfinder und nutzte den nahe gelegen Fluss Krka zum Bau eines Wasserkraftwerks, das dafür sorgte, dass Šibenik bereits 1895 als dritte Stadt der Welt eine wechselstrombetriebene Straßenbeleuchtung erhielt. Am Ende des Ersten Weltkriegs wurde die Stadt von Italien besetzt, fiel jedoch mit dem Vertrag von Rapallo an das spätere Königreich Jugoslawien. Nach erneuter italienischer und deutscher Besatzung im Zweiten Weltkrieg wurde Šibenik Teil des sozialistischen Jugoslawien. Anfang der 90er-Jahre wurde Šibenik erneut zur Frontstadt, als die Jugoslawische Volksarmee und serbische paramilitärische Einheiten die Stadt attackierten. Im sog. September-Krieg *(rujanski rat)* wurde die Innenstadt Šibeniks schwer beschädigt, große Teile des Hinterlandes wurden eingenommen, die Stadt selbst konnte sich trotz mangelnder Bewaffnung in kroatischer Hand halten. Mit der Operation Oluja im August 1995 gelangte auch das Umland Šibeniks wieder unter kroatische Kontrolle. Die Kriegsschäden wurden relativ schnell beseitigt, und so entwickelte sich die Stadt wieder zum regionalen Zentrum und konnte sich für den Tourismus öffnen.

Sehenswertes

Die östliche Innenstadt

Der Stadtrundgang beginnt am Busbahnhof bzw. am östlichen Ende der Šibeniker Promenade, wo ein Denkmal ins Auge fällt, das sich von Blumen und Treppenstufen umgeben erhebt. Die **Statue** stellt den kroatischen **König Petar Krešimir IV.** dar, dem die erste Erwähnung der Stadt Šibenik zu verdanken ist.

Links daneben befindet sich das **Franziskanerkloster**, dessen einschiffige Kirche im gotischen Stil erbaut, jedoch im 17. Jh. barock umgebaut und ausgeschmückt wurde. In dieser Zeit entstanden auch einige eindrucksvolle Altarbilder des venezianischen Barockmalers Matej Ponzoni (1583–1663) und die Bemalung der aus Lerchenholz bestehenden, rotbraunen Holzkassettendecke. Die Klosterbibliothek enthält eine Sammlung bedeutender Manuskripte und Bücher. ⏱ 7.30–19.30 Uhr.

An dem Franziskanerkloster und dem Königsdenkmal beginnt der Stadtpark **Perivoj Robert Visiani**, der nach einem in Šibenik geborenen Botaniker benannt und in den 1890er-Jahren angelegt wurde. Der wunderbar entspannte Park mit seinen immergrünen Bäumen, Lavendel- und Rosmarinsträuchern, Brunnen und Sitzbänken ist von Steinmauern eingefasst und streckt sich länglich bergauf, bis er am Platz **Poljana** endet. Poljana ist der zentrale Platz des modernen Šibenik, hier entwickelte sich einst das Leben außerhalb der Stadtmauern. Östlich schließt sich der Park **Perivoj Luje Maruna** an, in dem man die Füße hochlegen kann und dabei die Schildkröten am Brunnen und die **Kirche der Heiligen Jungfrau außerhalb der Stadtmauern** (Crkva Gospe van Grada) betrachten kann.

Am südlichen Ende des Platzes Poljana steht der **Glaspalast** aus sozialistischen Zeiten, der lange Zeit Ruine war, heute aber als **Stadtbibliothek** wiederhergestellt wurde. Am Westende des Platzes schließlich befindet sich in einem schönen Gebäude das **Theater** Šibeniks, das 1870 im Auftrag von Šibeniker Bürgern nach Plänen des Architekten Josip Slade errichtet wurde.

Die Straße Zagrebačka führt mit zahlreichen Geschäften und Restaurants einmal quer durch die Innenstadt. Rechts eröffnet sich durch eine Gasse ein kleiner Platz mit der **Heiliggeistkirche** (Crkva Sv. Duha), einer der schönsten kleinen Kirchen Šibeniks. Die im 17. Jh. erbaute Kirche ist leider für Besucher geschlossen, doch an der gewölbten Steinfassade lassen sich eine schöne barocke Rosette und ein Relief in Form eines Vogels bewundern.

Weiter auf der Zagrebačka ulica wird die **Kirche des Hl. Johannes** (Crkva Sv. Ivana) erreicht, ein etwas klobiges Gotteshaus aus dem 15. Jh. Sehenswert sind der gotische Treppenaufgang zur Balustrade, die Rosette über dem Haupteingang und der Uhrturm mit der ältesten mechanischen Uhr der Stadt, die von osmanischen Uhrmachern erbaut und nach vorherigem Einsatz in Drniš nach Šibenik transportiert wurde.

Richtung Gorica und Festung des Hl. Michael

Folgt man der Zagrebačka ulica weiter (jetzt unter dem Namen Ulica Don Krste Stošića), wird auf der rechten Seite einer der schönsten Flecken Šibeniks erreicht: das **Kloster des Hl. Laurentius** (Samostan Sv. Lovre), das im 18. Jh. vollendet wurde. Das Franziskanerkloster war ein wichtiges Zentrum der Philosophie und Theologie, wo unter anderem Andrija Kačić Miošić (1704–60) als Lehrer tätig war, der inspiriert durch die Aufklärung ein Epos über slawische historische Themen verfasste, das wiederum zahlreiche kroatische Literaten inspirierte. An der Frontseite der Klosterkirche wurde eine künstliche Grotte mit der Statue der Maria von Lourdes eingerichtet. Das Highlight des Laurentiusklosters ist jedoch der schöne **Klostergarten** (Vrt Sv. Lovre), der nach mittelalterlichem Vorbild 2008 wiederhergestellt wurde. Entlang der systematisch angelegten Beete wachsen Blumen, Heilpflanzen und Kräuter, über die Dächer ergibt sich ein schöner Blick aufs Meer. Am Eingang des Gartens befindet sich ein gemütliches Café. ⏱ 8–23 Uhr, im Winter kürzer.

Oberhalb des Klosters beginnt das schnuckelige Stadtviertel **Gorica**, das sich mit zahlreichen engen Gassen und Sträßchen vom Trg pučkih kapetana mit schönen Cafés und Restaurants bis hin zur **Festung des Hl. Michael** (Trvrđava Sv. Mihovila) erstreckt. Die Festung, manchmal auch nach der Hl. Anna benannt (Tvrđava

Sv. Ane), wurde im 11. Jh. errichtet, und die kroatischen Könige dieser Zeit brachten ihren Hof mehrfach hierher. Die große Anlage wurde wiederholt um- und ausgebaut, erhalten sind vier Türme und ein gotischer Eingang. Vom Wehrgang aus ergibt sich ein fantastischer Blick über Šibenik, die vorgelagerten Inseln, die Adria und die Mündung des Flusses Krka. ⏲ 9–21 Uhr, Eintritt 20 Kn.

Trg Republike Hrvatske und Kathedrale

Zurück im Stadtzentrum, erreicht man über Gassen und Treppen den **Platz der Republik Kroatien** (Trg Republike Hrvatske), den Hauptplatz der Stadt.

Beherrschendes Gebäude ist hier natürlich die berühmte **Kathedrale von Šibenik** (Katedrala Sv. Jakova). Das dem Hl. Jakobus geweihte Gotteshaus ist ein Meisterwerk des Architekten Juraj Dalmatinac und wurde zwischen 1431 und 1536 erbaut. Das bedeutendste Renaissancebauwerk Dalmatiens wurde im Jahr 2000 in die Weltkulturerbeliste der Unesco aufgenommen. Die Kathedrale ist ausschließlich aus Stein (Kalkstein und Bračer Marmor) gebaut und gilt als größte Kirche der Welt, die ohne Ziegel oder Holz errichtet worden ist.

Die Kirche ist als dreischiffige Basilika gebaut, die durch eine kreuzförmige tonnengewölbte Dachkonstruktion abgeschlossen wird, die auf Niccolò Fiorentino zurückgeht, der nach Juraj Dalmatinacs Tod die Federführung des Baus übernahm. Der charakteristischste Teil des Daches ist der achteckige Tambour über der Vierung, auf dem sich die spitzgewölbte Kuppel erhebt. Die komplette Dachkonstruktion ist aus ineinandergreifenden Steinplatten ohne Hilfe von Mörtel erbaut worden. Das Hauptportal verweist mit seiner Kleeblattform auf die Dreieinigkeit und gibt durch vier kunstvolle Rosetten Licht in den Innenraum der Kathedrale. Rund um die Apsiden des Chors zieht sich ein Fries mit 71 sehr lebendigen Porträtköpfen, die auf Juraj Dalmatinac zurückgehen. Abgebildet sind die Gesichter von Šibeniker Bürgern aus dem 15. Jh. – die Legende sagt, wer bei der Finanzierung der Kathedrale knauserig war, wurde auf dem Fries unvorteilhaft dargestellt.

Im Inneren befinden sich zwei Altäre aus der Bauzeit der Kathedrale (Dreikönigsaltar und Heiligkreuzaltar) sowie der Hauptaltar und die Holz-

Die Treppen führen nicht nur zur Kathedrale, sondern auch mitten in die Altstadt.

kanzel aus der Barockzeit. Rechts am Eingang erkennt man das Grabmal des humanistischen Bischofs Juraj Šižgorić aus Šibenik, das noch von Juraj Dalmatinac gestaltet wurde. Das Baptisterium in der Südapsis, das ebenfalls von Dalmatinac entworfen wurde, ist im Gewölbe mit zahlreichen Figuren geschmückt. Das zentrale Taufbecken wird von drei Engelsfiguren getragen. ⏰ 8–20 Uhr, Eintritt 20 Kn.

Gegenüber der Kathedrale befindet sich die **Stadtloggia** aus der Renaissance-Zeit. Ehemals diente die Stadtloggia, die während des Zweiten Weltkriegs zerstört und anschließend wieder aufgebaut wurde, als Gerichts- und Auktionshalle. Von hier wurden auch die Erlasse der venezianischen Herrscher für die Bürger Šibeniks verkündet. Vor dem Hauptportal der Kathedrale steht ein Denkmal des Juraj Dalmatinac, das von Ivan Meštrović (Kasten S. 361) erschaffen wurde.

Dahinter liegt mit dem **Museum Bunari**, Obala Palih Omladinaca 2, ☎ 098-341175, ein ganz besonderes Museum, das sich der interaktiven Aufarbeitung der Geschichte und Kultur Šibeniks widmet und auch für Kinder gut geeignet ist. Das Museum befindet sich unterirdisch in einem Tonnengewölbe, das einst als Wasserreservoir diente, und wird daher Bunari (Brunnen) genannt. ⏰ 8–24 Uhr, Eintritt 15 Kn.

Das zweite wichtige Museum der Stadt ist das ganz in der Nähe gelegene **Stadtmuseum** (Gradski Muzej Šibenik), Gradska Vrata 3, ☎ 022-213880, 🖥 www.muzej-sibenik.hr, im ehemaligen Fürstenpalast an der südöstlichen Ecke der Kathedrale. Die Dauerausstellung zeigt Exponate zur Geschichte Šibeniks und Dalmatiens, zudem gibt es wechselnde Kunstausstellungen. ⏰ 10–13, 17–20 Uhr, Eintritt 10 Kn.

Zum Abschluss des Stadtrundgangs geht es an die **Promenade** hinunter, wo man von einer Sitzbank aus aufs Meer und die vorgelagerten Inseln und Halbinseln blicken kann. Wer noch einen Kaffee in der Nähe der Promenade genießen will, kann über den Trg Pavla Šubićeva (beim Hotel Jadran) gehen und die Unterführung nach rechts nehmen, dort findet man nette Cafés und Restaurants.

Badeplätze

Einen schönen, aber auch vollen Sandstrand, ausgezeichnet mit der Blauen Flagge, findet man in der nahe gelegenen Touristensiedlung **Solaris**. Der Stadtstrand Šibeniks heißt **Jadrija**, befindet sich allerdings etwas außerhalb, auf der vorgelagerten Halbinsel. Der schöne Kiesstrand bietet verschiedene Sportmöglichkeiten und einen Blick auf die Festung des Hl. Nikolaus.

Die Festungen von Šibenik

Šibenik lässt sich wahrlich als wehrhafte Stadt bezeichnen – zur Abwehr türkischer Angriffe bestanden nicht weniger als vier Festungsanlagen, die mit einer Ausnahme allesamt heute zugänglich sind. Neben der **Festung des Hl. Michael**, die in großen Teilen bereits aus dem Mittelalter stammt, wurden oberhalb der Stadt die Festung Šubićevac und die **Festung des Hl. Johannes** errichtet. Letztere wurde 1646 erbaut und ist mit ihrem sternförmigen Grundriss, der eine nach allen Seiten hin flexible Verteidigung ermöglichte, typisch für diese Zeit. Die Festung ist in ca. 20 Minuten zu Fuß vom Zentrum erreichbar und bietet einen schönen Blick über die Altstadt Šibeniks und die Adriaküste. Die **Festung Šubićevac** liegt südöstlich der Johannesfestung und ist mit dieser durch einen Fußweg verbunden. Sie ist kleiner und liegt etwas niedriger als die Nachbarfestung, war aber für die erfolgreiche Abwehr der Osmanen von eminent wichtiger Bedeutung. Šibenik wurde nie von den Türken eingenommen! Auch hier lässt sich von einer Aussichtsterrasse ein wunderbarer Ausblick genießen.

Ganz anders gelagert ist die **Festung des Hl. Nikolaus**, die sich an der Mündung der Krka ins Meer, im Kanal Sv. Ante, befindet, der Šibenik mit dem offenen Meer verbindet. Diese dreieckige Seefestung aus dem 16. Jh. sollte Šibenik vor Angriffen der osmanischen Flotte schützen. Es gibt Pläne, die elegante Festung in ein Museum umzuwandeln und so zugänglich zu machen, doch bis dahin ist sie nur vom Schiff aus zu bewundern, z. B. von der Fähre nach Vodice.

ÜBERNACHTUNG

Die große **Hotelkette Solaris**, 🖥 www.solaris.hr, bietet mehrere 3- bis 4-Sterne-Hotels, einen Campingplatz und Apartments auf der Halbinsel Solaris, südwestlich des Zentrums von Šibenik. Abseits von Hotels stehen Hostels, Campingplätze und Privatunterkünfte zur Verfügung, welche von Touristenagenturen vermittelt werden.

Untere Preisklasse

Camping Solaris, Hotelsko naselje bb, ☎ 022-361017, 🖥 www.campingsolaris.com. Großer Campingplatz als Teil des Hotelkomplexes Solaris. Saubere Sanitäranlagen, professioneller Service, Unterhaltungs- und Sportangebote. 75 Kn p. P., Stellplatz 180–270 Kn.

Hostel Globo, Sarajevska 2, ☎ 022-244817, 🖥 www.hostel-globo.com. Von den gleichen Betreibern wie das Hostel Indigo, aber wesentlich größer. Insgesamt 43 Betten in 2- bis 10-Bett-Zimmern, dazu Wohnzimmer, Küche und Waschmöglichkeit. Bett je nach Zimmergröße in der Hauptsaison 99–140 Kn.

Hostel Indigo, Jurja Barakovića 3, ☎ 022-200159, 🖥 www.hostel-indigo.com. 4 klimatisierte Zimmer mit je 4 Betten, alles passend in Blautönen mit Jeans dekoriert. Die Zimmer haben Blick aufs Meer, Highlight ist eine Terrasse zum Chillen mit Meerblick. Zentrale Lage, freundliches Personal. 112 Kn pro Bett in der Hauptsaison.

Hostel Šibenik, Buta Harolda Bilinića 20, ☎ 099-3291399, 🖥 www.hostelsibenik.com. Das zentral an der Promenade gelegene Hostel existiert seit 2012 und verfügt mehr als 2 angenehme, klimatisierte Zimmer mit 6 bzw. 8 Betten. TV, WLAN, kleine Küche und die Möglichkeit, Wäsche zu waschen. Sehr freundliches junges Team, Mitarbeiterin Maja spricht perfekt Deutsch. Übernachtung pro Bett 117 Kn in der Hauptsaison, in der Nebensaison noch günstiger.

Old Town Apartments, Ulica Grgura Ninskog 13, ☎ 098-347430. Sehr stilvoll eingerichtete Apartments an verschiedenen Orten im Zentrum Šibeniks, also unbedingt die richtige Adresse vorher rausfinden. Die Zimmer verfügen über Holzböden, Steinwände und elegante moderne Möbel, die Besitzer sind freundlich. ❷

Mittlere und obere Preisklasse

Art Café Apartment, Stube Jurja Čulinovića 3, ☎ 022-216361. Im Herzen Šibeniks liegen diese Apartments in einem historischen Steinhaus, das zuvor das Art Café beheimatete. So erklärt sich, dass im unteren Apartment eine Bar zu finden ist, jedoch keine Kochmöglichkeit. Die Zimmer sind mit urigen Möbeln und angenehmem Holzboden ausgestattet. ❸–❹

Hotel Jadran, Obala dr. Franje Tuđmana 52, ☎ 022-242000, 🖥 www.rivijera.hr. Das einzige Hotel im Zentrum Šibeniks hat einen großen Trumpf, das ist die schöne Lage an der Promenade, unweit der Kathedrale. Ansonsten riecht das Hotel doch etwas sehr nach Sozialismus und ist dafür in der Hauptsaison definitiv zu teuer. ❹–❺

Hotel Panorama, Šibenski most 1, ☎ 022-213398, 🖥 www.hotel-panorama.hr. Das Hotel Panorama liegt an der Brücke, die über die tiefe Schlucht bei der Krka-Mündung führt (Straße Richtung Vodice) und verfügt so, wie der Name nahelegt, über eine fantastische Aussicht. Die Zimmer sind solide, es gibt einen Pool, das Personal ist freundlich. ❺–❻

ESSEN

€ Buffet Nostalgija, Biskupa Fosca 11, ☎ 022-200217. Morgens nehmen hier die Globetrotter aus den Hostels Indigo und Globo ihr Frühstück ein (mit exzellentem Kaffee), abends gibt es tolle mediterrane Gerichte in familiärer und gemütlicher Atmosphäre zu moderaten Preisen. Was will man mehr? ⏱ Mo–Sa 8–14, 18–23, So 8–11, 18–23 Uhr.

Konoba Gorica, Frane Dismanića 2, ☎ 098-9718539. Auf dem Weg zur Michael-Festung gelegene Konoba mit schnuckliger Terrasse, freundlicher Bedienung und leckeren Fisch- und Fleischgerichten. ⏱ Mo–Fr 12–15, 18–23, Sa, So 19–23 Uhr.

Pelegrini, Jurja Dalmatinca 1, ☎ 022-213701, 🖥 www.pelegrini.hr. Die beste Restaurant-Adresse in Šibenik, große gemütliche Terrasse im Innenhof mit Blick aufs Meer, umfangreiche

Weinkarte mit vor allem kroatischen Weinen, gute und kreative Gerichte auf der Speisekarte, Mittagsmenü 120 Kn (12–15 Uhr). ⊕ Di–So 12–24 Uhr.

Peškarija, Obala palih omladinaca 6, ℡ 091-1112727. Ein kleiner Gang neben der Dominikus-Kirche führt zu diesem Restaurant, dessen Name „Fischmarkt" bedeutet, dementsprechend ist auch viel Fisch auf der Karte, aber auch Fleisch und Vegetarisches. Die Bedienung ist freundlich, die Preise sind angemessen, der Blick von Terrasse und Wintergarten herrlich. ⊕ 11–24 Uhr.

Tinel, Trg pučkih kapetana 1, ℡ 022-331815. Gute adriatische Fischgerichte, aber auch Grillfleisch auf einer schönen erhöhten Steinterrasse in einem versteckten Winkel der Altstadt. ⊕ 10–23 Uhr, 15. Okt–15. April geschl.

UNTERHALTUNG UND KULTUR

Bars und Clubs

In Šibenik lädt eine ganze Reihe an Café-Bars zum Abendgetränk, wer eine Disco sucht, sollte nach Vodice (z. B. Hacienda) oder Primošten (z. B. Aurora) ausweichen.

No. 4, Trg Dinka Zavorovića 4, ℡ 022-217517. Die „Vier" (Četvorka) ist ein beliebtes Ausgehziel für ein junges, alternatives Publikum. Es ist zugleich Café und Restaurant mit einem Angebot von Pasta bis Steak und erstreckt sich über mehrere Etagen. Besonders beliebt ist die Terrasse neben der Heiliggeistkirche. Oft finden hier Livemusik und andere Abendveranstaltungen statt. ⊕ 12–24 Uhr.

Vino & Ino, Fausta Vrančića bb, ℡ 091-1522332. Auf einer gemütlichen Terrasse im Zentrum Šibeniks lassen sich in dieser Weinbar 50 Sorten kroatischen Weins genießen, mit einem deutlichen Schwerpunkt auf der Region Šibenik. Hier werden zudem Produkte junger kroatischer Künstler verkauft, regelmäßig finden Kulturveranstaltungen und Partys statt. ⊕ Mo–Sa 9–2 Uhr.

Kino

Cinestar Šibenik, Velimira Škorpika 23, ℡ 060-323233, 🖥 www.blitz-cinestar.hr/cinestar-sibenik. Mainstream-Kino im Shoppingcenter Dalmare, meist mit Originalfilmen mit Untertiteln.

Musik und Theater

Hrvatsko Narodno Kazalište u Šibeniku, Kralja Zvonimira 1, ℡ 022-213145, 🖥 www.hnksi.hr. Das **Theater** hat Theater- und Musikvorstellungen im Programm, darunter auch zahlreiche Gastspiele anderer kroatischer Theater. Veranstaltet werden auch spezielle Vorstellungen für Kinder. Die Karten kosten je nach Platz und Vorstellung zwischen 30 und 100 Kn.

EINKAUFEN

Galerien

Mokoš, Trg Republike 6, ℡ 098-753817, ✉ info@gallery-mokos.com. Die familienbetriebene Galerie stellt Werke ungewöhnlicher einheimischer Künstler aus, Skulpturen aus angeschwemmtem Holz, Holzfiguren mit gigantischen Schnauzbärten, Bilder und Schmuck. Die ganzen Herrlichkeiten gibt's auch zu kaufen. ⊕ Juni–Sep 10–19 Uhr.

Lebensmittel

Marktplatz (Pijaca), Stankovačka 9. Der Markt in Šibenik liegt unweit des Busbahnhofs und bietet im Überfluss, was die Saison bietet. Das Obst und Gemüse ist frisch und gut, und wer Glück hat, findet hier etwas, das ansonsten in Kroatien absoluten Seltenheitswert hat: selbst eingelegte Oliven. ⊕ 6–14 Uhr.

AKTIVITÄTEN UND TOUREN

Bungee Jumping Šibenik, ℡ 099-6770631, 🖥 www.bungee.com.hr. Ja, von der Šibeniker Brücke zwischen Šibenik und Vodice kann man aus 40 m Höhe mit dem Bungee-Seil springen. Für alle Adrenalinfreunde, die auch eine schöne Aussicht genießen wollen.

SONSTIGES

Apotheken

Ljekarna Baranović-Petković, Stjepana Radića 1, ℡ 022-200013. ⊕ Mo–Fr 7–20, Sa 7–15 Uhr.

Autovermietungen

Euro-san Rent a car, Ivana Meštrovića 5, ℡ 022-200290, 🖥 www.rentacar-croatia.net. Nördlich des Zentrums.

> ### Greifvögel zum Greifen nahe
>
> Das **Falknerzentrum Šibenik** (Sokolarski Centar) liegt ca. 6 km östlich von Šibenik und ist zugleich eine Auffangstation, in der kranke oder schwache Greifvögel wieder aufgepäppelt werden, und ein Zentrum zur Ausbildung von Greifvögeln. Dabei wird die mittelalterliche Kunst der Falknerei zu neuem Leben erweckt. Mit dem Eintritt von 40 Kn bekommen Besucher eine Präsentation mit Erklärungen im Umfang von 45 Min. Bitte keine Haustiere mitbringen!
> **Sokolarski Centar**, Škugori bb, Dubrava kod Šibenika ✆ 091-5067610, 💻 www.sokolarski centar.com. ⏲ 10–17 Uhr.

Petak, Poljana maršala Tita 2, ✆ 022-331555, 💻 www.petak.hr. Im Zentrum am Platz Poljana.

Feste
Internationales Kinderfestival, 💻 www.mdf-sibenik.com. Ende Juni, Anfang Juli findet in Šibenik das Festival für Kinder mit Theater, Musik, Workshops, Kino und vielem mehr statt.
Terraneo Festival, 💻 www.terraneofestival.com. Anfang August findet ein großes Open-Air-Festival in Šibenik statt, zudem Rock- und Popkünstler sowie DJs aus dem In- und Ausland anreisen, darunter auch einige größere Namen.

Geld
Zahlreiche Banken und Bankomaten im Zentrum.
Jadranska Banka, Ante Starčevića 4. ⏲ Mo–Fr 7.30–19, Sa 8–12 Uhr.

Gepäckaufbewahrung
Am **Busbahnhof**, pro Gepäckstück 1,20–2,20 Kn. pro Std. ⏲ 7–22 Uhr.

Informationen
Touristeninformation Šibenik, Obala dr. Franje Tuđmana 5, ✆ 022-214411, 💻 www.sibenik-tourism.hr.

Touristeninformation der Gespanschaft Šibenik-Knin, Fra Nikole Ružića bb, ✆ 022-219072, 💻 www.sibenikregion.com.

Medizinische Hilfe
Krankenhaus Šibenik, Stjepana Radića 83, ✆ 022-641641, 💻 www.bolnica-sibenik.hr.

Polizei
Polizeistation Šibenik, Stjepana Radića 79, ✆ 022-347109.

Post
Postamt Šibenik, Zadarska 2, ✆ 022-212648. ⏲ Mo–Fr 7–14 Uhr.

Taxi
MTM Taxi, ✆ 099-5553000. 15 Kn für 3 km, jeder weitere Kilometer 5 Kn, freundliche Fahrer.

Touristenagenturen
Nik Tourist Service, Ante Šupuka 5, ✆ 022-338550, 💻 www.nik.hr. Vermittlung von Unterkünften, Organisation von Ausflügen, unter anderem in die Nationalparks Krka und Kornati, Autovermietung.
Sebenica, Bosanska 33, ✆ 091-5174025, 💻 www.sebenica.com. Vermittlung von Privatunterkünften in Šibenik und der gesamten Umgebung.
Slaptours, Fra Jeronima Milete 7, ✆ 022-311460, 💻 www.slaptours.hr. Vermittlung von Unterkünften, Ausflüge z. B. in die Nationalparks Krka, Kornati und Plitvice, Autoverleih, Stadtrundfahrten mit dem Bus.

TRANSPORT

Auto und Motorrad
Es stehen ausreichend kostenpflichtige Parkplätze zur Verfügung, die je nach Lage zwischen 3 und 10 Kn kosten.

Busse
Von Šibenik sind alle Ziele Kroatiens relativ bequem per Bus zu erreichen. Zudem bestehen Verbindungen ins Ausland.
RIJEKA, 7x tgl. in 6 Std. für 243–257 Kn.
SPLIT, 34x tgl. in 1 1/2 Std. für 53–68 Kn.

ZADAR, 19x tgl. in 1 1/2 Std. für 48–61 Kn.
ZAGREB, 11x tgl. in 4 1/2–7 Std. für
ca. 150 Kn.

Eisenbahn

Šibenik verfügt über einen Bahnanschluss, die Verbindungen sind jedoch eher dürftig. **Hauptbahnhof Šibenik**, Fra Jeronima Milete 24, ✆ 022-333699.
KNIN, 3x tgl. in 2 Std. für 50 Kn.
PERKOVIĆ, 9x tgl. in 40 Min. für 14 Kn.
SPLIT, über Perković, in ca. 2 Std. für 45 Kn
ZAGREB, über Perković, in 6–8 Std. für 175 Kn.

Fähren

Von Šibenik bestehen 2 Fährverbindungen. Die eine steuert 2x tgl. die vorgelagerten Inseln ZLARIN (30 Min., 93–145 Kn pro Auto), KAPRIJE (1 Std., 147–265 Kn) und ŽIRJE (90 Min., 147–265 Kn) an, die andere fährt 5x tgl., außer So, über ZLARIN, PRVIĆ LUKA und ŠEPURINE nach VODICE (insgesamt 75 Min., Vodice 18 Kn, die Inseln 17 Kn).

Ziele im Hinterland

Nationalpark Krka

Rauschende Wasserfälle, die über Sinterterrassen in die Tiefe stürzen, glasklare Seen und gurgelnde Wasserläufe: Der Nationalpark im Hinterland von Šibenik zählt zu den eindrucksvollsten Naturlandschaften des Landes – kein Wunder also, dass auch hier die beliebten Winnetou-Streifen verfilmt wurden.

Die Krka, Dalmatiens längster Fluss, entspringt in der Nähe von Knin, zieht sich streckenweise in einem Canyon durch die karstige Landschaft, überwindet dabei etwa 300 Höhenmeter, zumeist in breiten kaskadenartigen Wasserfällen, bevor er sich schließlich vor Šibenik zu einem breiten Kanal öffnet, der schließlich in die Adria mündet. Die einzigartige Beschaffenheit dieser Landschaft, die stellenweise dem Nationalpark Plitvicer Seen ähnelt (S. 266), sorgte dafür, dass der größte Teil des Flusslaufs der insgesamt 72 km langen Krka 1985 zum Nationalpark erklärt wurde. Der Nationalpark Krka erstreckt sich mit seinen 109 km^2 am Fluss entlang von Skradin im Südwesten bis Knin im Nordosten.

Ein Ausflug in den Nationalpark beginnt zumeist im historischen Städtchen **Skradin** (etwa 620 Einw.), das jedoch viel mehr ist als nur Tor zum Krka-Park. Das idyllisch zwischen bewaldeten Hügeln und der Krka, die sich hier zum See Prukljansko jezero weitet, gelegene Skradin war schon von Illyrern und Römern (unter dem Namen Scardona) besiedelt und wechselnden Herrschern unterworfen: Für das mittelalterliche Kroatien war Skradin ein wichtiger Stützpunkt, im 16. Jh. wurde es von den Osmanen erobert, es folgten venezianische, französische, österreichische und jugoslawische Herrscher, seit 1991 gehört es wieder zu Kroatien. Zwischen dem 6. Jh. und 1828 war Skradin Bischofssitz und zugleich lange Zeit Zentrum der Region, verlor jedoch beides an Šibenik. Zeugen der bewegten Stadtgeschichte sind die **Kirche der Hl. Jungfrau Maria** aus dem 18. Jh. mit ihrem stadtbildprägenden Glockenturm und der angegliederten Schatzkammer sowie die eindrucksvolle serbisch-orthodoxe **Kirche des Hl. Spyridon** (Crkva Sv. Spiridona) aus dem 19. Jh. Die engen Gassen und Treppen mit hübschen Steinhäusern vergangener Jahrhunderte laden ebenso zu Einkehr und Spaziergang wie die Promenade.

Von Skradin aus wird der Eingang zum Nationalpark mit Booten angefahren, und schon diese Anfahrt ist ein eindrucksvolles Naturerlebnis. Der Eingang, an dem auch die Karten erworben werden können (Erwachsene 95 Kn, Kinder 70 Kn, außerhalb der Saison weniger), liegt an der größten Attraktion des Nationalparks, dem Wasserfall **Skradinski buk**. Der siebte und letzte Wasserfall der Krka ergießt sich gemeinsam mit dem Zulauf des Flusses Čikole über 17 Stufen und 45 m rauschend und donnernd in die Tiefe. Unten bildet sich ein kleiner blaugrüner See, in dem gebadet werden darf, der Bereich des Wasserfalls direkt ist jedoch abgesperrt.

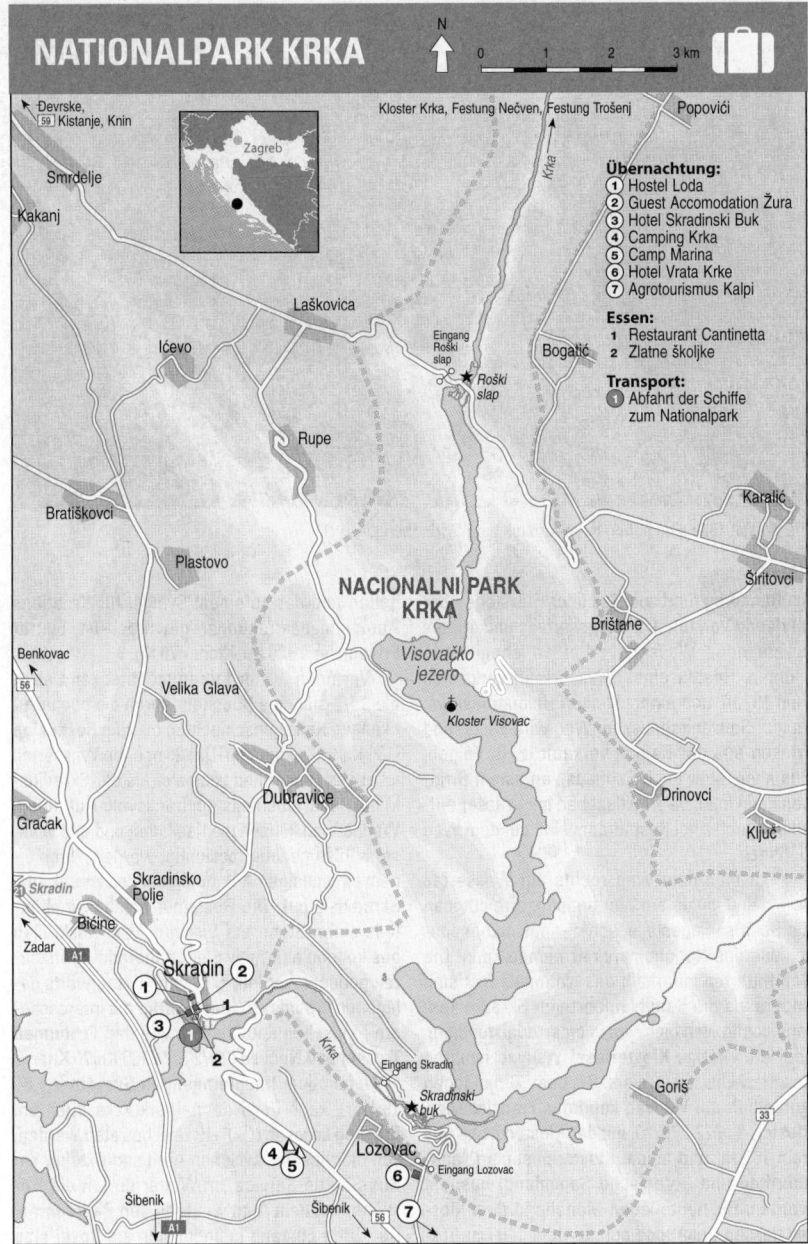

Die Wasserfälle sind schon beim Anblick eine Erfrischung.

Ein **Rundweg** führt zum Teil über Holzstege über quirlende Vorstufen des Wasserfalls und grünes sprudelndes Wasser, vorbei an ehemaligen Mühlen, Resten eines Wasserkraftwerks aus dem 19. Jh. und einem kleinen Heimatmuseum. Es gibt Souvenirshops, am Weg wird Essen und Trinken aus der Region verkauft (z. B. Feigen, Pflaumen, aber auch Schnaps), an einem Brunnen kann man die Trinkflaschen mit Wasser auffüllen. Auch zwei Restaurants sind auf dem Weg zu finden.

Folgt man dem Weg rechts am Wasserfall vorbei und immer am Ufer entlang, erreicht man die Schiffsanlegestelle, von der aus man weitere Teile des Nationalparks erreichen kann. Die **Schifffahrten** innerhalb des Nationalparks sind anders als die Schiffsanfahrt von Skradin kostenpflichtig. Von hier wird in einer zweistündigen Tour die winzige **Klosterinsel Visovac** inmitten des Krka-Flusses erreicht. Bei dem 30-minütigen Aufenthalt auf Visovac kann das **Franziskanerkloster**, ✆ 022-775730, mit der Klosterkirche aus dem 16. Jh. und einem Klostermuseum (Handschriften und Botanische Sammlung) besucht werden. Bis heute leben Mönche in dem Kloster, dessen Ursprünge auf das Jahr 1400 zurückgehen und das zu einem Symbol für Kroatiens Autonomiebestrebungen geworden ist. Eintritt Erwachsene 100 Kn, Kinder 70 Kn.

Wer noch weiter fahren möchte, kann auch die 3 1/2-stündige Bootstour durch die beeindruckenden Kalksteinschluchten bis zum **Roški slap** (130 Kn/90 Kn) buchen. Der 25 m hohe Wasserfall ist etwas kleiner und schmaler als der Skradinski buk, aber ebenfalls eindrucksvoll. Auf einem Wanderweg können die Kaskaden und alte Wassermühlen genauer besichtigt werden. Nach einem einstündigen Aufenthalt geht es zurück zum Skradinski buk. Die Bootstour beinhaltet ebenfalls einen Stopp auf Visovac. Vom Roški slap aus können alternativ weiterführende Bootstouren gebucht werden, z. B. zum flussaufwärts gelegenen orthodoxen **Kloster Krka** mit interessanten römischen Katakomben und den **Festungen Trošenj und Nečven** (2 1/2 Std., 100 Kn/70 Kn).

Neben dem **Haupteingang in Skradin** (⏲ 8–19 Uhr), kann der Nationalpark Krka auch am **Eingang Lozovac** (⏲ 8–19 Uhr) betreten werden, von hier besteht zwischen April und Oktober ein Bus-Shuttle-Service, im Winter dürfen die Besucher mit dem Auto weiter in den Park fahren. Der dritte **Eingang** befindet sich **am Roški slap**

(⏱ 9–17 Uhr) und ist von Skradin, Drniš oder Knin aus zu erreichen.

Nationalpark Krka Büro, Trg Ivana Pavla II. 5, Šibenik, ☏ 022-201777, 🖥 www.npkrka.hr. ⏱ Mo–Fr 7–15 Uhr.

Infozentrum Nationalpark Krka, Šibenska bb, Skradin, ☏ 022-771688. ⏱ 8–20 Uhr, außerhalb der Saison kürzer.

ÜBERNACHTUNG

Neben einem Hotel und einem Hostel steht eine Reihe von Privatunterkünften in Skradin zur Verfügung, eine Liste ist auf der Homepage der Touristeninfo zu finden.

Agrotourismus Kalpić, Kalpići 4, Lozovac, ☏ 091-5845520, 🖥 www.kalpic.com. Agrotourismus in einem schönen Steinhaus mit 8 angenehmen DZ und großem Garten in der Nähe des Krka-Parks. Fantastische Gastronomie mit hausgemachtem *pršut*, Käse und traditionellen kroatischen Gerichten. Freundliche Besitzer. ❷

Camping Krka, Skočići 21, Lozovac, ☏ 022-778495, 🖥 www.camp-krka.hr. Sauberer kleiner Campingplatz in der Nähe des Nationalparks. Freundliche Besitzer, gutes Essen. 30 Kn p. P., großes Zelt 38 Kn.

Camp Marina, Skočići 6, Lozovac, ☏ 022-778503, 🖥 www.camp-marina.hr. Einfacher, kleiner Campingplatz am Eingang zum Nationalpark. Saubere Sanitäreinrichtungen, freundliche Besitzer. 30 Kn p. P., Stellplatz 27 Kn.

Guest Accomodation Žura, Grge Vatavuka 6, Skradin, ☏ 022-771350. Privatunterkunft mit angenehmen Zimmern und Apartments mit braunem Parkettboden, weißen Wänden und bunten Bettüberwürfen, sehr freundliche Vermieter, zentral gelegen. ❶

Hostel Loda, Franje Tuđmana 32, Skradin, ☏ 022-771058, ✉ hostel.loda@zgh.hr. Hostel im Zentrum Skradins mit Mehrbettzimmern (24 Betten in 5 Zimmern), Gemeinschaftssanitäranlagen und ein Restaurant. ❶

Hotel Skradinski Buk, Burinovac 2, Skradin, ☏ 022-771771, 🖥 www.skradinskibuk.hr. Das Hotel liegt an der Schiffsanlegestelle der Boote zum Nationalpark Krka und bietet sich für Ausflüge in den Park an. Die Zimmer sind klein, aber solide. Es gibt keinen Aufzug. ❸–❹

Hotel Vrata Krke, Lozovac bb, ☏ 022-778091, 🖥 www.vrata-krke.hr. Das Hotel liegt am Eingang zum Krka-Park und bietet Unterkunft in angenehmen, sauberen Zimmern, ein Restaurant und eine Reitschule. Wer mit Ruhe und Naturgefühl ganz nah am Nationalpark übernachten will, ist hier richtig, wer mehr Leben braucht, sollte in Skradin Quartier beziehen. ❸–❺

ESSEN

Restaurant Cantinetta, Aleja skradinskih svilara 7, Skradin, ☏ 091-1506434, 🖥 www.cantinetta-skradin.com. Restaurant im Zentrum Skradins mit eingemauerter Steinterrasse, weißen Tischen und gediegener Atmosphäre, das sich zu den Kriterien des Slow Food bekennt. Auf der Karte steht eine reiche Auswahl an Fisch und Meeresfrüchten, dazu Grillfleisch und für Vegetarier Trüffelnudeln oder Beilagen, alles zu eher gehobenen Preisen. ⏱ 12–24 Uhr, im Jan geschl.

Zlatne školjke, Grgura Ninskog 9, Skradin, ☏ 022-771022, 🖥 www.zlatne-skoljke.com. Das Familien-Restaurant in der Skradiner Altstadt heißt „Goldene Muschel" und besticht naturgemäß durch hervorragende Meeresfrüchte- und Fischgerichte, aber auch Fleisch, für Vegetarier bleiben auch hier Trüffelnudeln. Spezialitäten sind das sehr lang zu kochende Skradiner Risotto (Skradinski rižot) und zum Dessert die Skradinska torta nach einem Hausrezept, gehobene Preise. ⏱ 12–23 Uhr, Dez geschl.

AKTIVITÄTEN UND TOUREN

Radfahren

In und um den Nationalpark Krka gibt es einige **Radwege**, Infosrmationen sind in der Touristeninfo in Skradin erhältlich. Räder können im Sommer an verschiedenen Orten in Skradin oder am Campingplatz Marina in Lozovac geliehen werden.

Wandern

Durch den Nationalpark führen zahlreiche, unterschiedlich lange **Rundwanderwege**. Beim Einlass in den Park kann man eine Übersichtskarte bekommen.

SONSTIGES

Apotheken
Ljekarna Skradin, Obala bana Pavla Šubića 2, ✆ 022-771049. ⏲ Mo–Fr 7–20, Sa 7.30–15 Uhr.

Einkaufen
Bibich, Fra Luje Maruna 21, Skradin, ✆ 022-771615. Bekanntester Weinproduzent der Region. Verkauft neben Rot- und Weißwein auch Rakija u. a. Delikatessen. ⏲ 9–23 Uhr.
Skradinske delicije, Bribirskih knezova bb, Skradin, ✆ 022-771348, 🖵 www.skradinske-delicije.hr. Wein, Rakija, Skradinska torta und allerlei andere süße Herrlichkeiten. ⏲ Juli, Aug tgl. 8–18 Uhr.

Geld
Mehrere Banken und Bankomaten in Skradin, aber nicht im Nationalpark.
Erste Bank, J. Blaževića 6, Skradin.

Informationen
Touristeninformation Skradin, Trg Male Gospe 3, ✆ 022-771329, 🖵 www.skradin.hr.

Medizinische Hilfe
Ambulanz Skradin, ✆ 022-771099.

TRANSPORT

Auto und Motorrad
Skradin liegt etwa 20 km von Šibenik entfernt, erst fährt man Richtung Autobahn und überquert diese, dann geht es links nach Skradin ab. Fährt man über die Autobahn, nimmt man von Norden die Ausfahrt Skradin, von Süden die Ausfahrt Šibenik. Die Straße zum Eingang Lozovac geht von der Straße von Šibenik nach Skradin ab. Der Eingang am Roški slap ist von Šibenik über Skradin und Dubravice zu erreichen oder von Knin über Kistanje.

Busse
Täglich fahren je 5 Busse von Šibenik nach Skradin und zurück. Achtung: Der letzte Bus von Skradin fährt bereits um 17 Uhr, man sollte also bei der Rückfahrt einen Puffer einrechnen. Die Fahrt von Šibenik dauert etwa 30 Min.

Hinterland mit bewegter Geschichte

Die Region zwischen der dalmatinischen Küste und der bosnischen Grenze hat eine lange Geschichte als Grenzregion. Hier stießen schon Habsburgerreich und Osmanisches Reich aufeinander, nach den langjährigen Kriegen, in deren Folge die osmanischen Herren vertrieben wurden, waren die Landschaften entvölkert. Das Einrichten der österreichischen Militärgrenze sollte die gesamte Region durch Befestigungsanlagen und flächendeckende Besiedlung stabilisieren und wiederbeleben. Als Siedler wurden Serben angesiedelt, die aus anderen Teilen des Osmanischen Reiches geflohen waren. In den ethnischen Konflikten des 20. Jhs. wuchs der Gegensatz zwischen Serben und Kroaten in Kroatien und gipfelte im Krieg der 90er-Jahre. Die kroatischen Serben fanden sich nach der Unabhängigkeitserklärung Kroatiens am 25. Juni 1991 in der Minderheit wieder, starteten gewaltsame Übergriffe auf Kroaten und gründeten die „**Republik Serbische Krajina**". Diese erstreckte sich von Knin im Süden entlang der bosnischen Grenze bis nach Westslawonien, hinzu kam Ostslawonien an der serbischen Grenze. Hauptstadt dieser ominösen Freischärler-Republik war **Knin**, die alte kroatische Königsstadt mit damals fast 80 % serbischer Bevölkerung. Im Krieg wurde die kroatische Bevölkerung der Region fast vollständig vertrieben, die Häuser wurden geplündert und zerstört, katholische Kirchen verwüstet. Mit der Militäroperation „Oluja" im Sommer 1995 wurde die gesamte Region von der kroatischen Armee erobert, die serbische Bevölkerung floh vor den anrückenden kroatischen Truppen, es kam auch zu Übergriffen auf die Serben. Zurück blieb eine zum zweiten Mal in ihrer Geschichte entvölkerte Region, und wieder wurden Flüchtlinge angesiedelt, dieses Mal vertriebene bosnische Kroaten. Auch der Großteil der kroatischen und ein Teil der serbischen Bevölkerung kehrte zurück. Erholt hat sich die Region von Knin jedoch bis heute noch nicht. Bei Überlandfahrten passiert man **zerstörte Häuser** und **Minenfelder** in einer beeindruckenden Berglandschaft.

Knin

In dem an der Krka gelegenen Städtchen Knin (17 000 Einw.) sind die Spuren des letzten Krieges noch vielerorts sichtbar. Das kriegsgebeutelte Knin (Kasten S. 340) wird von zahlreichen Kriegsveteranen und kriegstraumatisierten Familien bewohnt. Dabei blickt Knin auf eine stolze Geschichte zurück, im 11. Jh. war es unter König Dmitar Zvonimir Hauptstadt des kroatischen Königreichs. Die gewaltige **Festungsanlage** auf dem Berg Spas, deren Bau schon im 9. Jh. begann und deren heutige Form im 17. und 18. Jh. hergestellt wurde, ist Hauptattraktion der Stadt.

INFORMATIONEN

Touristeninformation Knin, Dr. Franje Tuđmana 24, ✆ 022-664822, 🖳 www.tz-knin.hr.

Drniš und Umgebung

Auch über der nahe gelegenen Stadt Drniš erhebt sich eine **Festung**, die im 15. Jh. gebaut wurde. An die türkische Herrschaft erinnert die ehemalige **Große Moschee**, die barockisiert und in eine Kirche umgewandelt wurde. Drniš ist zudem bekannt als Mekka des *pršut*, des beliebten kroatischen Rohschinkens.

Das nahe gelegene Dörfchen **Otavica** bei Drniš ist das Heimatdorf des berühmten kroatischen Bildhauers **Ivan Meštrović** (S. 361). Auf einem Berg inmitten des Dorfes ließ Meštrović einen Kreuzkuppelbau als Mausoleum für sich und seine Familie errichten.

In der Nähe des Städtchens **Vrlika** östlich von Drniš entspringt der Fluss **Cetina**, und unweit dieser blau-grünen runden Quelle befindet sich die Ruine der präromanischen **Kirche der Hl. Erlösung** (Crkva Sv. Spasa). Es ist eine der bedeutendsten und am besten erhaltenen altkroatischen Kirchen. Die im 9. oder 10. Jh. erbaute einschiffige Kirche ist für ihre Zeit erstaunlich groß, auch der Uhrturm ist erhalten.

INFORMATIONEN

Touristeninformation Drniš, Domovinskog rata 5, ✆ 022-888619, 🖳 www.tz-drnis.hr.

Umgebung von Šibenik

Vodice

Vodice (9500 Einw.) liegt etwa 13 km nordwestlich von Šibenik und ist gänzlich auf Tourismus eingestellt. Der Ort gruppiert sich um einen kleinen Hafen mit einfachen Steinhäusern, die heute überwiegend als Restaurants oder kleine Läden genutzt werden. Entlang der zu allen Tages- und Nachtzeiten gut gefüllten **Promenade** werden Souvenirs verkauft, auch sonst gibt es alles, was für einen Urlaubsaufenthalt nötig ist. Das wichtigste historische Bauwerk der Stadt ist die barocke **Pfarrkirche des Hl. Kreuzes** (Župna crkva Sv. Križa) aus dem Jahr 1746 mit Barockrosette über dem Portal und charakteristischem Glockenturm.

Bekannt ist Vodice für zweierlei: für die schönen Strände und sein reichhaltiges Nachtleben. Die **Strände**, meistens Kies- oder Sandstrände, zum Teil auch betoniert, reichen **von Tribunj** im Westen **bis Srima** im Osten und bieten ein sehr reiches Angebot für Touristen. Der größte und beliebteste Strand heißt **Plava plaža** und liegt am westlichen Ortsrand von Vodice. Hier kommen Familien mit Kindern ebenso auf ihre Kosten wie aktive oder feierfreudige Besucher. Nur wer Ruhe und Abgeschiedenheit sucht, sollte auf die umliegenden Inseln ausweichen, denn es ist meist voll an Vodices Stränden.

An Unterkünften mangelt es nicht, die Hotels sind eher hochpreisig, eine Liste mit Privatunterkünften ist auf der Homepage der Touristeninformation zu finden, und nicht weniger als

Partynächte in Vodice

Abends wird Vodice zum Partymekka. Der bekanntester Club heißt **Hacienda**, ist außen und innen wie ein spanisches Landgut (Hacienda) eingerichtet, aber statt beschaulichem Landleben gibt es hier lange Partynächte mit internationalen DJs und zum Teil Livemusik. Weitere Café-Bars, Discos und Clubs befinden sich entlang der Strände.

zehn Campingplätze liegen an Vodices Stränden. Auch Restaurants gibt es im Überfluss, die meisten davon solide.

INFORMATIONEN

Touristeninformation Vodice, Obala Vladimira Nazora bb, 022-443888, www.vodice.hr.

Brodarica und Insel Krapanj

Wer in der Nähe von Šibenik einen beschaulichen Ort für einen entspannten Urlaub sucht, ist im 7 km südlich gelegenen **Brodarica** (2500 Einw.) gut aufgehoben. Eine lange Uferpromenade mit Restaurants und mehreren Badestellen mit Stein-, Beton- und Sandstrand machen den Vorort Šibeniks zu einem attraktiven Ziel, ohne dass der Ort jedoch von Touristen überschwemmt wird.

Besonders interessant wird Brodarica jedoch durch die vorgelagerte **Insel Krapanj**, die nur 300 m vom Festland entfernt liegt und mit kleinen Booten zu erreichen ist. Das ungewöhnlich flache Eiland ist mit seinen nur 0,36 km² eine der kleinsten bewohnten Inseln der Adria. Krapanj ist bekannt als **Schwammtaucherinsel**. Bereits seit etwa 1700 begeben sich hier Schwammtaucher unter Einsatz ihres Lebens auf den Meeresgrund, um nach den begehrten Schwämmen zu tauchen. Zwischen den hübschen Steinhausgässchen im einzigen Inselort befindet sich das **Franziskanerkloster**, das von bosnischen Mönchen erbaut wurde, denen die Insel im 15. Jh. überlassen wurde. Die 1523 fertiggestellte Kirche beinhaltet sakrale Kunst, Gemälde aus dem 16. Jh. und ein Kruzifix aus dem 15 Jh. sowie eine kleine Ausstellung von Schwämmen, Korallen, Amphoren und anderen aus dem Meer gefischten Gegenständen. Eine Galerie mit Meeresschwämmen befindet sich in der Nähe der Fähranlegestelle, hier können Schwämme und alte Tauchausrüstung bestaunt werden, zudem werden Schwämme als Souvenirs verkauft.

Auf Krapanj gibt es zwei **Strände**, der eine in einer kleinen Bucht hinter dem Fährhafen, der andere, ein schöner Kiesstrand mit Duschen, beim Hotel Spongiola.

An der Promenade liegen einige gemütliche **Konobas**, wo man bei einem guten Schluck Wein auf das gegenüberliegende Brodarica schauen kann.

ÜBERNACHTUNG, ESSEN, UNTERHALTUNG

Eine Liste mit Privatunterkünften ist auf der Homepage der Touristeninformation Brodarica zu finden.

Camping Jasenovo, Žaborić, Šibenik, 098-9063250, www.jasenovo.hr. Ruhig und idyllisch gelegener kleiner Campingplatz in Žaborić, 10 km südlich von Šibenik. Kiesstrand in der Nähe, familiäre Atmosphäre, saubere Sanitäranlagen. 57 Kn p. P., Stellplatz 84 Kn.

Hotel Spongiola, Obala I 58, Krapanj, 022-348900, www.spongiola.com. Ein kleines 4-Sterne-Hotel mit freundlichen Zimmern, dunkelbraunen Holzmöbeln, Innenpool, Fitnessstudio und der schönsten Badestelle auf Krapanj direkt vor der Tür. ❺–❻

Villa Rosa, Krapanjskih spužvara 40, Brodarica, 022-350690, www.villa-rosa-brodarica.com. Nun, das Rosa dieser Apartments ist Geschmackssache, elegant eingerichtet und sauber sind sie auf jeden Fall, und die Vermieter sind freundlich und professionell. ❷–❸

Konoba Dalmata, Obala I 68, Krapanj, 095-9061407. Eine gemütliche traditionelle Konoba an der Promenade von Krapanj mit Holzbänken und schönem Blick hinüber nach Brodarica. Serviert werden in erster Linie Fisch und Meeresfrüchte in guter Qualität zu erschwinglichen Preisen. 12–23 Uhr, Okt–März geschl.

Zlatna ribica, Krapinjskih spužvara 46, Brodarica, 022-350300, www.zlatna-ribica.hr. Der „Goldfisch" gilt als bestes Fischlokal in der Umgebung Šibeniks und bietet hervorragende Fischgerichte in feinerer Atmosphäre. Der Qualitätsfisch wird nach Gewicht berechnet und kann je nach Vorliebe gegrillt, gebacken oder gedünstet bestellt werden. Vermietet zudem Zimmer und Apartments. 12–23 Uhr, Jan geschl.

Fjaka bar, Obala Maratuša bb, Brodarica, 091-2001526. Am Ende der Promenade in

Richtung Šibenik gelegen, kann in der Fjaka bar tagsüber Kaffee getrunken werden, abends gibt es hier Cocktails, DJ-Programme und Livemusik. ⏲ 9–2 Uhr.

EINKAUFEN
Lebensmittel
Auf Krapanj gibt es nur ein kleines Lebensmittelgeschäft an der Promenade, in Brodarica mehrere Geschäfte.
Konzum, Krapanjska spužvara 92, Brodarica. ⏲ Mo–Sa 7–20, So 7–13 Uhr.
Uljara Brodarica, Rešačka 11, Brodarica, ✆ 023-350058. Hier kann frisches Olivenöl bester Qualität erworben werden.

Souvenirs
In Brodarica befinden sich einige Souvenirgeschäfte an der Promenade, in Krapanj können im Hotel Spongiola Souvenirs erworben werden.
Žitak Fina Dalmata, Trg I. br. 6, Krapanj, ✆ 022-350950, 🖥 www.zitak.hr. Verkauft werden unter anderem Schwämme.

AKTIVITÄTEN UND TOUREN
Kanutouren
An der Promenade in Brodarica können Kanus geliehen werden, mit denen man z. B. die kurze Distanz nach Krapanj fahren kann. Nachfragen in der Touristenagentur Tudić.

Tauchen
Hotel Spongiola, s. o. Das Hotel bietet Tauchkurse und Tauchgänge an.

SONSTIGES
Apotheken
Ljekarna Svalina, Krapinjskih spužvara 63a, Brodarica, ✆ 022-351098.

Feste
Fest von Krapanj, Anfang August wird auf Krapanj traditionell das Fest der Hl. Muttergottes der Engel gefeiert. Nach der Messe wird in ein Bootsprozession die Insel umschifft, es folgt ein musikalisches und kulinarisches Programm.

Geld
Auf Krapanj gibt es keinen Bankomaten, aber in Brodarica (OTP Bankomat, Oslobođenja bb), die nächste Bank befindet sich in Šibenik.

Informationen
Touristeninformation Brodarica-Krapanj, Krapanjskih spužvara 1, ✆ 022-350612, 🖥 www.tz-brodarica.hr.

Medizinische Hilfe
Ambulanz Brodarica, ✆ 022-350036.
⏲ Mo–Sa 9–13.30, Mi zudem 15.30–19.30 Uhr.

Touristenagenturen
Touristenagentur Tudić, Krapanjskih spužvara 46, Brodarica, ✆ 022-350695. Gehört zum Restaurant Zlatna ribica und vermietet Boote, Kanus, Fahrräder, Mofas und Autos, Organisation von Ausflügen.

TRANSPORT
Auto und Motorrad
Krapanj ist eine **autofreie Insel**, es ist jedoch alles bequem zu Fuß zu erreichen.

Busse
Busse von ŠIBENIK fahren etwa stdl. nach Brodarica und dann weiter in Richtung SPLIT. Wer in Brodarica aussteigen möchte, sollte vorher mit dem Fahrer klären, wo genau, es gibt nämlich 3 Busstationen im lang gezogenen Brodarica.

Fähren
Die Personenfähren von Brodarica nach Krapanj fahren in der Woche etwa 1x stdl., die letzte fährt in der Hauptsaison um 24 Uhr. Sonntags fahren nur 4 Fähren. Die Überfahrt dauert wenige Minuten und kostet 6 Kn, die Karten werden auf dem Schiff erworben.

Primošten

Primošten (2900 Einw.) ist ein touristisches Zentrum der Region Šibenik mit reichhaltigem Angebot an Hotels, Restaurants, Cafés, Clubs und Sportmöglichkeiten. Das historische Zentrum liegt jedoch sehr hübsch auf einer Halbinsel, die erst im 16. Jh. stärker besiedelt wurde, als die kroatischen Einwohner vor den heranrückenden Osmanen an die Küste flohen. Zentrum des Städtchens ist die **Pfarrkirche des Hl. Georg** (Crkva Sv. Jurja), die im 15. Jh. auf dem höchsten Punkt der Insel errichtet und 1760 stark umgebaut wurde. Von hier hat man einen tollen Panoramablick auf die Umgebung und das offene Meer. Die Gassen der Altstadt mit ihren historischen Steinhäusern laden zum Spaziergang ein, an der Promenade kann zum Teil gebadet werden. Die Stadt ist von einer **Stadtmauer** aus dem 17. Jh. umgeben. Primošten ist bekannt für seine schönen Strände und die alte **Weinbautradition**. Die kleinen Weinbergparzellen, die man auch von der Altstadt aus erkennen kann, wurden von der Unesco unter Schutz gestellt. Der bekannteste Wein der Region ist der Rotwein Babić.

Auf der **Halbinsel Raduća** befinden sich neben Hotels und Restaurants auch einige nette Kiesstrände mit seichtem Einstieg ins Meer, also auch kindergerecht. Baden kann man auch direkt an der Altstadt.

ÜBERNACHTUNG UND ESSEN

Neben den Hotelriesen auf der Halbinsel Raduća, können Privatunterkünfte gebucht werden, die die Touristenagenturen vermitteln. Eine weitere Alternative ist Camping.
Camping Adriatiq, Huljerat, ✆ 022-571223, 🖥 www.autocamp-adriatiq.com. Größerer Campingplatz etwas nördlich von Primošten, große Stellplätze, super Sanitäranlagen und schönes klares Meer. 68 Kn p. P., Stellplatz 165–186 Kn, unparzelliert 95 Kn.
Hotel Zora, Bana Josipa Jelačića 17, ✆ 022-570048, 🖥 www.hotelzora-adriatiq.com. Der riesige Hotelkomplex auf der Halbinsel Raduća bietet solide 3- und 4-Sterne-Zimmer und viele Freizeitangebote. Schöne Strände direkt vor dem Hotel, wer kein Interesse an Animationsprogrammen und dergleichen hat, wählt den Kiesstrand, der zur Altstadt schaut. ❻
Konoba Toni, Podakraje 26, ✆ 091-5895722, 🖥 www.konoba-toni.com. Frische Fischspezialitäten, dazu Steaks, kleine Terrasse direkt am Meer, freundliche Bedienung. ⏲ 12–15, 17–23 Uhr, 15. Okt–15. April geschl.

UNTERHALTUNG UND KULTUR

Aurora, Kamenar 3, ✆ 098-9201964, 🖥 www.auroraclub.hr. Der große Club liegt auf einem Berg oberhalb der Stadt und ist zugleich Nachtbar, Pizzeria und Disco. Kroatische Popstars geben hier regelmäßig Konzerte, zudem gibt es Auftritte internationaler DJs. Der beleuchtete Garten macht die Atmosphäre des Aurora aus. ⏲ Juni–Sep Fr, Sa 23–4, 13. Juli–25. Aug Di–So 23–4 Uhr, Okt–Mai geschl.
The Legend's Pub, Trg don Ive Šarića 1, ✆ 091-3333313, 🖥 www.thelegendspub.com. Die Gäste sitzen an schweren rotbraunen Holzmöbeln, wie sich das für ein richtiges Pub gehört, an der Wand hängen Bilder kroatischer Sportlegenden, ein geschwungener Holzbalkon befindet sich über der Bühne, die regelmäßig Coverbands (Jazz, Blues, Rock) und DJs beheimatet. ⏲ Mai–Sep 19–5, Okt–Dez Fr, Sa 19–4 Uhr.

SONSTIGES

Apotheken
Ljekarna Primošten, Grgura Ninskog 22, ✆ 022-570305. ⏲ Mo–Fr 7.30–14, Sa 7.30–13 Uhr.

Geld
Mehrere Bankomaten und Banken im Zentrum.

Informationen
Touristeninformation Primošten, Trg biskupa Arnerića 2, ✆ 022-571111, 🖥 www.tz-primosten.hr.

Medizinische Hilfe
Ambulanz Primošten, ✆ 022-570033.

Touristenagenturen
Turistička Agencija Dalmatinka, Zagrebačka 8, ✆ 022-570323, 🖥 www.dalmatinka.hr. Vermittlung von Unterkünften, Verleih von Autos, Fahrrädern, Mofas und Booten, Ausflüge.
Turistička Agencija Daltours, Dalmatinska 7a, ✆ 022-571572, 🖥 www.daltours.com. Vermittlung von Privatunterkünften in der Region Primošten.

Turistička Agencija Rozario, Topli Bok 27, 022-216441, www.agencija-rozario.com. Vermittlung von Privatunterkünften, Ausflüge.

TRANSPORT
Auto und Motorrad
Die Altstadt auf der Halbinsel darf nicht mit dem Auto befahren werden.

Busse
Etwa halbstündig fahren Busse nach SPLIT oder ŠIBENIK. In der Regel fahren die Busse zwischen Split und Šibenik über PRIMOŠTEN, einige fahren jedoch über die Autobahn, das sollte man vorher checken.

Inselwelt vor Šibenik

Insel Murter

Murter gehört zu den wenigen kroatischen Inseln, die noch als Geheimtipp gelten können. Den meisten Besuchern ist die Insel lediglich bekannt als Startpunkt für Ausflüge in den Nationalpark Kornati (S. 349). Und so füllt sich die gleichnamige Inselhauptstadt im Rhythmus der Ausflugsboote regelmäßig mit Touristen, von denen sich aber nur wenige Zeit für die knapp 20 km² große Insel nehmen. Das gibt die Möglichkeit, Murter abseits der großen Ströme zu entdecken und in den vier hübschen Fischerorten der Insel ein Stück authentisches Inselkroatien zu genießen.

Geschichte
Die Insel war bereits in prähistorischer Zeit besiedelt und wurde erstmals in römischer Zeit von Plinius dem Älteren als Colentum erwähnt. Die Ruinen der römischen Stadt, die vor allem im 1. Jh. n. Chr. florierte, befinden sich unweit von Murter-Stadt, ein Teil davon liegt heute unter der Wasseroberfläche. Nach der Zerstörung von Colentum entstanden im Mittelalter die Ortschaften Murter und Jezero, die sich zu einem Mittelpunkt der glagolitischen Kultur entwickelten. Die Orte Betina und Tisno entstanden in der Zeit der türkischen Präsenz in der Region Šibenik – die Bevölkerung nahm in dieser Zeit durch Flüchtlingsströme stark zu. Die Bevölkerung von Murter lebte jahrhundertelang von Fischfang, in den letzten Jahren ist der Tourismus als Einnahmequelle hinzugekommen.

Tisno

Das Städtchen Tisno (1300 Einw.) liegt teils auf dem Festland und teils auf Murter, verbunden durch eine Autobrücke, die zweimal täglich geöffnet wird, um Schiffe hindurchzulassen. Tisno entstand im 15./16. Jh., erhalten ist aus dieser Zeit die **Heiliggeistkirche** (Crkva Sv. Duha) aus dem Jahr 1548, die im 17. und 19. Jh. um- und ausgebaut wurde und mit ihrem höher gelegenen Uhrturm aus dem Jahr 1684 das Bild des Inselteils von Tisno prägt. Auf einem Hügel oberhalb des Ortes liegt die **Kapelle der Hl. Maria von Caravaggio** (Crkva Gospe od Karavaja), die 1720 von einigen Familien aus der Gegend von Bergamo errichtet wurde, die sich hier niedergelassen hatten. Von hier aus ergibt sich ein herrlicher Blick über die Stadt Tisno und das gegenüberliegende Festland. Die italienischen Einwohner von Tisno errichteten im 18. und 19. Jh. zudem eine ganze Reihe an prächtigen Palästen, von denen sich elf erhalten haben.

Im Örtchen **Ivinje**, 3 km von Tisno in Richtung Pirovac, sind die Kirche des Hl. Martin (Crkva Sv. Martina) aus dem 11. Jh. und römische Ausgrabungsstätten zu finden. Hier standen einst eine Villa rustica und eine altchristliche Basilika.

In und um Tisno gibt es ein paar schöne **Strände**, der beliebteste ist der Kiesstrand **Jazine** in der Nähe des gleichnamigen Campingplatzes, 1 km nordwestlich vom Zentrum auf der Festlandseite. Von Tisno Richtung Murter-Stadt befindet sich der Kiesstrand **Lovišća**, auch hier an einem Campingplatz, es gibt einige Freizeitangebote.

ÜBERNACHTUNG UND ESSEN
Camping Dalmacija, Put Jazine 265, 022-439933, www.camping-dalmatien.de. Schöner, ruhiger Campingplatz 800 m von Tisno

auf dem Festland kurz vor Murter, freundliches Personal. 50 Kn p. P., Stellplatz 63–73 Kn.
Hotel Tisno, Zapadna gomilica 8, ☎ 022-438182, 🖥 www.hoteltisno.hr. Herausragendes 4-Sterne-Hotel mit geräumigen rot-weiß eingerichteten Zimmern, und Pool. Professioneller und freundlicher Service. ❺–❻
Villa Stegić, Put Jazine 32, ☎ 091-5792952, 🖥 www.villa-stegic.hr. Villa mit 10 Ferienwohnungen in eleganter Einrichtung in Schwarz-Weiß-Optik. Im Festlandsteil von Tisno gelegen. ❶–❷

€ **Brzilovi**, Put Brošćice 7. Das Konzept ist so einfach wie genial: Im Juli und August wird an einem Stand auf der Inselseite von Tisno Fish&Chips sowie frittierter Tintenfisch verkauft. Schmeckt super und kostet fast nichts. ⏱ Juli, Aug 18–23 Uhr.
Restaurant Gina, Put Jazine 9, ☎ 022-438589, 🖥 www.gina.hr. Das Restaurant am Festlandufer von Tisno bietet frischen Fisch und Meeresfrüchte, aber auch Pizza oder Steaks, zudem heimische Wein. Der schattige Garten lädt dazu ein, hier die Sonnenuntergänge zu beobachten. ⏱ 8–23 Uhr, Nov–April geschl.

SONSTIGES

Apotheken
Ljekarna Tisno, Istočna gomilica 2, ☎ 022-438512. ⏱ Mo–Fr 7–20, Sa 7.30–15 Uhr.

Feste
Internationales Eselsrennen, Anfang August findet seit 1963 dieses spektakuläre Ereignis statt, bei dem das Symboltier Dalmatiens im Mittelpunkt steht.
The Garden Festival, 🖥 www.thegardenfestival.eu. Seit 2005 veranstalten die Betreiber des Clubs The Garden aus Zadar Anfang Juli ein Sommerfestival in Tisno. In entspannter Atmosphäre kommen auf mehreren Bühnen verschiedene Arten tanzbarer Musik zum Klingen.

Geld
Es gibt eine Reihe Bankomaten im Zentrum.

Informationen
Touristeninformation Tisno, Istočna gomilica 1a, ☎ 022-438604, 🖥 www.tz-tisno.hr.

Medizinische Hilfe
Ambulanz Tisno, Istočna gomilica 1, ☎ 022-438427.

Tauchen
Diving Center Tramonto, Stjepana Radića 13, ☎ 098-843233, 🖥 www.divetramonto.com. Tauchkurse, Tauchgänge in der vorgelagerten Inselwelt, Unterkünfte.

Taxi
Taxi Silver, Šibenska 1, ☎ 098-337499.

Touristenagenturen
Turistička agencija Kosirina, Istočna gomilica 6, ☎ 022-438648, 🖥 www.tisno.net. Vermittlung von Unterkünften, Ausflüge, Tauchgänge, Fahrradverleih.
Turistička agencija Nik, Ive Vodopije 1, ☎ 022-438909, 🖥 www.nik.hr. Büro einer Touristenagentur aus Šibenik mit Vermittlung von Privatunterkünften, Ausflügen und mehr.

TRANSPORT

Busse fahren stdl. von ŠIBENIK über Tisno nach Murter in 30 Min. für 20 Kn. Mit den anderen Orten auf Murter ist Tisno mit einem Inselbus verbunden, der alle 90 Min. fährt.

Jezera

Der Ort Jezera (deutsch: Seen) liegt knapp 2 km südlich von Tisno in einer natürlichen, von kleinen Hügeln eingefassten Bucht, was den Ort zu einem schönen Jachthafen prädestiniert. Die **Pfarrkirche der Muttergottes der Gesundheit** (Crkva Gospe od Zdravlja) wurde 1722 erbaut und wird von einem 32 m hohen Glockenturm überragt. Von Jezera aus lässt sich der unbewohnte Südostzipfel der Insel zu Fuß oder auf dem Rad erkunden. Südlich von Jezera befindet sich ein Relikt aus illyrischer Zeit, ein kegelförmiges Bauwerk, das die Einheimischen „**Pudarica**" nennen.

INFORMATIONEN

Touristeninformation Jezera, Put Zaratića 3, ☎ 022-439120, 🖥 www.tzjezera.hr.

Murter-Stadt

Der Hauptort (2100 Einw.) befindet sich in einer großen Bucht am nordwestlichen Ende der Insel. Murter-Stadt ist zugleich Hauptort der Gemeinde Murter-Kornati mit mehr als 160 kleinen Inselchen. Von der römischen Besiedlung unter dem Namen **Colentum** sind noch Ruinen erhalten, die unter anderem am Fuße des Hügels Gradine und in der Bucht Hramima zwischen Murter und Betina zu finden sind. Das heutige Zentrum hat sich seit dem Mittelalter herausgebildet, die **Pfarrkirche des Hl. Michael** (Crkva Sv. Mihovila) stammt aus dem Jahr 1770 und beherbergt einen barocken Altar. Oberhalb des Ortes steht auf dem Berg Vršina die **Kapelle des Hl. Rochus** (Crkva Sv. Roka) aus dem Jahr 1760, von hier hat man einen schönen Blick auf Murter und die vorgelagerten Inseln. Das Zentrum Murters ist heute ganz auf Tourismus ausgerichtet, Ferienhäuser und Restaurants gruppieren sich um den großen Jachthafen, doch ein paar alte, schön zurechtgemachte Steinhäuser verbreiten noch den Charme des einstigen Fischerdorfes. An Regentagen steht die **Bibliothek Murter** (Knjižnica Murter), Butina 2, ✆ 022-435500, zur Verfügung. ⏲ Mo, Mi 14–20, Di, Do 9–15.30, Fr 8–14, Sa 9–13 Uhr.

In und um Murter gibt es einige attraktive **Strände**. Der Stadtstrand **Luke** ist teils kiesig, teils sandig, einige Stellen sind betoniert und insgesamt gut für Kinder geeignet. Duschen sowie eine Café-Bar und ein Supermarkt sind vorhanden. Der Sand/Fels-Strand **Slanica** ist der beliebteste Strand der Insel, auch Kinder können hier super baden. Es gibt Duschen und Sanitäreinrichtungen sowie ein gastronomisches Angebot und zahlreiche Sportmöglichkeiten.

ÜBERNACHTUNG UND ESSEN

In Murter-Stadt gibt es keine Hotels, aber eine Reihe an Privatunterkünften, die von der Touristeninformation vermittelt werden.
Camping Slanica, Jurja Dalmatinca 17, Murter, ✆ 098-336741, 🖥 www.murter-slanica.hr. Hübscher Campingplatz am Meer unter Kiefern gelegen, 20 Fußminuten bis Murter, einfache, aber saubere Sanitäranlagen, freundliches Personal. 47 Kn p. P., Stellplatz 63 Kn.
Konoba Boba, Butina 22, ✆ 098-9485272, 🖥 www.konoba-boba.hr. Konoba mit netter, überrankter Terrasse und viel Meeresfrüchten und Fisch auf der Karte, dazu Fleischgerichte, schwierig für Vegetarier. Alles mit professionellem Service, aber zu gehobenen Preisen. Vermietet auch Zimmer. ⏲ 12–24 Uhr.
Restaurant Zameo ih vjetar, Hrvatskih vladara 5, ✆ 022-434475, ✉ zameoihvjetar@hotmail.com. Vom Winde verweht heißt dieses Restaurant, das neben zahlreichen Nudelvarianten auch eine spezielle Pizza anbietet. Die Bubizza ist eine Pizza mit dickem Teig und reichlichen und besonderen Belag-Kombinationen, beim Backen kann man zuschauen. ⏲ 13–24 Uhr.

UNTERHALTUNG UND KULTUR

Lantana Beach Bar, Uvala Čigrada. In der Čigrada-Bucht liegt diese entspannte Strandbar unter Kiefernbäumen. Hier kann man sich mit Pizza und Snacks stärken, am Kaltgetränk nippen und aufs Meer blicken. Abends gibt es öfters Livemusik oder DJ-Sets. ⏲ 10–24 Uhr, 15. Okt–15. April geschl.
Reful, Sabuni 11. Eine erfrischende Abwechslung zu anderen Café-Bars am Meer, ein Billardtisch in der Mitte, klassische Rockmusik aus den Lautsprechern und am Wochenende regelmäßig Blues- und Rockmusik live. ⏲ 7–2 Uhr.

AKTIVITÄTEN UND TOUREN

Ausflüge zu den Kornati-Inseln
Verschiedene Anbieter organisieren tgl. mehrere Bootstouren von Murter in den Nationalpark Kornati. Größter Anbieter ist Arta, 🖥 www.murter-kornati.com. Andere Anbieter sind auf der Homepage des Parks zu finden, 🖥 www.kornati.hr (über Offer-Excursions).

Radfahren
Auf der gesamten Insel sind **Radwege** ausgewiesen, die aufgrund der vergleichsweise flachen Beschaffenheit der Insel gut zu befahren sind. Eine Radkarte ist in der Touristeninformation erhältlich. Räder kann man z. B. bei der Touristenagentur Amfora in Betina bekommen (S. 349).

Tauchen
Tauchzentrum Najada, Put Jersan 17,
☎ 022-436020, 💻 www.najada.com.
Tauchkurse mit verschiedenen Schwerpunkten, Tauchgänge, Verleih von Ausrüstung.

SONSTIGES
Apotheken
Ljekarna Skračić, Marka Marulića 2,
☎ 022-434129. ⏰ Mo–Sa 9–12, 17–21 Uhr.

Geld
Es gibt eine Reihe von Bankomaten und Wechselstuben im Zentrum.

Informationen
Touristeninformation Murter-Kornati, Rudina bb, ☎ 022-434995, 💻 www.tzo-murter.hr.

Medizinische Hilfe
Touristenambulanz Murter,
Hrvatskih vladara 47, ☎ 091-22756039.

Taxi
Taxi Otok Murter, ☎ 091-2001000,
💻 www.taxiotokmurter.com.

Touristenagenturen
Adriagent, Žutska 21, ☎ 022-434108,
💻 www.heartofdalmatia.com. Vermittlung von Privatunterkünften, darunter ein paar schöne Fischerhäuser direkt am Meer.
Turistička agencija Arta, Podvrtaje 21,
☎ 022-436544, 💻 www.murter-kornati.com. Vermittelt Unterkünfte auf ganz Murter, organisiert Ausflüge, Verleih von Booten.

TRANSPORT
Stdl. fahren **Busse** zwischen ŠIBENIK und Murter in 45 Min. für 25 Kn, 3x tgl. geht's nach ZADAR, je 2x nach RIJEKA und ZAGREB.

Betina

Der vielleicht schönste Ort der Insel ist das beschauliche Betina (700 Einw., erste Silbe betonen!). Wahrzeichen der Stadt ist die barocke **Kirche des Hl. Franz von Assisi** (Crkva Sv. Frane Asiškog) aus dem 17. Jh. mit dem eleganten Glockenturm aus dem Jahr 1752, die durch ihre Lage auf dem höchsten Punkt des Ortes von allen Seiten gut sichtbar ist. Im Inneren der Kirche befinden sich zwei barocke Altäre aus dem 18. Jh. Die engen Gassen des Ortes schlängeln sich von der Kirche hinunter bis zur Promenade, die fließend in die Promenade von Murter übergeht. Betina ist bekannt für den **Holzschiffsbau**, und noch heute gehen fünf Familienunternehmen hier noch dieser Tätigkeit nach. Besonders beliebt ist Betina bei Seglern, die in der **Bucht Zdrače** einen ruhigen und geschützten Hafen finden. Wer den Anker geworfen hat, sucht sich ein nettes Restaurant an der Promenade, von dem aus man das malerische Örtchen beobachten kann, und lässt die Seele baumeln.

Betina ist von einigen schönen **Stränden** umgeben, der Stadtstrand **Zdrače** liegt in der gleichnamigen Bucht zwischen Murter und Betina. Der Sand-Kies-Strand verfügt über Strandduschen. Der Strand **Plitka vala**, eine Mischung aus Sand-, Kies- und Felsstrand, liegt zwischen Betina und Tisno an einem Campingplatz und bietet einen angenehm flachen Einstieg ins Wasser. Der Strand **Kosirina** schließlich befindet sich südlich von Betina in einer geschützten Bucht und ist zum Teil FKK-Strand.

ÜBERNACHTUNG UND ESSEN
Zahlreiche Privatunterkünfte werden von Touristenagenturen vermittelt, ein Hotel gibt es nicht.
Camping Kosirina, Put Kosirine bb, Betina
☎ 022-435268. Naturbelassener Campingplatz in einer schönen Bucht nahe Betina mit Aussicht auf die Kornaten.
€ **Kornati Hostel**, Zdrače 41, ☎ 095-5802338. Das sympathische, kleine Hostel liegt direkt am Strand und bietet solide 2- und 3-Bett-Zimmer und eine schöne Gemeinschaftsterrasse. ❶
Pizzeria Riva, Dolac bb, ☎ 022-434191.
Die kleine, gemütliche Pizzeria mit Seekarten auf den Tischen serviert große und leckere Pizzas zu erschwinglichen Preisen, es gibt aber auch Fisch- und Fleischgerichte, die Bedienung ist freundlich. ⏰ 16–24 Uhr.

SONSTIGES

Geld
In Betina befinden sich mehrere Bankomaten.

Informationen
Touristeninformation Betina, Trg na moru 2, ☎ 022-436522, ✉ tz-betina@hi.t-com.hr.

Taxi
Taxi Otok Murter, ☎ 091-2001000, 💻 www.taxiotokmurter.com.

Touristenagenturen
Turistička Agencija Amfora, Branimirova 7, Betina, ☎ 022-434221, 💻 www.murter-amfora.com.
Turistička Agencija Lori, Zdrače 2, ☎ 022-435540, 💻 www.touristagency-lori.hr. Vermittlung von Privatunterkünften und Fischerhäuschen.

TRANSPORT

Etwa alle 90 Min. fährt ein **Inselbus** alle Ortschaften Murters ab.

Nationalpark Kornati

Vor der dalmatinischen Küste zwischen Zadar und Šibenik wird die ohnehin große Inselvielfalt Kroatiens auf die Spitze getrieben. Neben den größeren Inseln wie Dugi Otok, Ugljan und Pašman liegt hier eine Unzahl kleiner und kleinster, meist unbewohnter Inseln, die sich besonders im Bereich zwischen Murter und Dugi Otok konzentrieren. Diese unglaubliche und faszinierende Inselwelt wurde 1980 mit der Gründung des Nationalparks Kornati unter Schutz gestellt. Namensgebend ist Kornat, die mit Abstand größte Insel des 89 Eilande umfassenden Nationalparks, um die sich die anderen kleineren Inseln gruppieren. Viele dieser Inseln sind winzig klein und oft rund und hügelig geformt, die kleinste Insel misst lediglich 4 m². Typisch sind die schroffen Steilküsten vieler Kornati-Inseln, die sich zum Teil bis zu 80 m über das Meer aufgebaut haben, aber auch bis zu 90 m unter Wasser weitergehen. Die Kliffs werden aufgrund ihrer Form von den Einheimischen als Kronen *(krune)* bezeichnet. Einst waren die

Das schmucke Betina liegt verborgen in der Bucht.

Weitere Inseln des Šibeniker Archipels

Vor der Küste von Šibenik liegen zahlreiche kleine, nur zum Teil bewohnte Inseln, von denen die größeren auch mit der Fähre von Šibenik erreichbar sind. **Žirje** ist die größte dieser Inseln und wird zweimal täglich von Šibenik angefahren. Hier befinden sich die Ruinen einer Festungsanlage aus dem 6. Jh., ansonsten ist die Insel für ihre Wasserqualität und Tauchmöglichkeiten bekannt.

Die Insel **Kaprije**, benannt nach den hier beliebten Kapern, ist eine naturbelassene Insel, die vor allem bei Nautikern sehr beliebt ist, auch wegen der Nähe zum Nationalpark Kornati. Kaprije ist zweimal täglich von Šibenik aus zu erreichen.

Zlarin schließlich liegt am nächsten an Šibenik, und so haben hier über lange Jahre bis heute die reichen Šibeniker ihre Ferienhäuser gebaut, die auch heute noch zu bewundern sind. Einige alte Kirchen zeugen von der Vergangenheit der einstigen Fischer- und Seefahrerinsel. Bekannt ist Zlarin als Herstellungsort von Korallenschmuck, der hier in einer Manufaktur angefertigt wird, sowie als Heimatort von Anthony Maglica, dem Erfinder der Maglite-Taschenlampen. Die Fähren nach Zlarin fahren viermal täglich, sonntags nur zweimal.

Inseln dicht bewaldet, doch die Römer rodeten die Wälder. Man benötigte das Holz für den Bau von Schiffsflotten. Seither sind die Inseln karg, nur spärliches Grün sprießt hier aus dem steinigen Boden. Einige der größeren Inseln waren einst bewohnt oder wurden von Landwirten aus Murter als Weidefläche für Ziegen und Schafe genutzt, die man zum Teil noch heute sehen kann. Auf einigen Inseln erblickt man knorrige Oliven- oder auch Feigenbäume.

Als einziger Nationalpark Kroatiens sind die Kornaten nur **mit eigenem Schiff** oder **Ausflugsboot** zugänglich, wodurch eine gute vorherige Planung eines Besuchs nötig ist. Wer den Nationalpark mit eigenem Schiff befährt, muss zuvor eine Eintrittskarte kaufen (150–800 Kn) oder im Nationalpark ein Ticket erwerben, das dann aber teurer ist (250–1500 Kn). Wer kein Boot zur Verfügung hat, kann eines der Ausflugsboote nehmen, die von Murter, Dugi Otok, Zadar, Biograd oder Šibenik abfahren. Eine Liste der registrierten Anbieter ist auf der Homepage des Nationalparks zu finden. Exkursionen von Murter beginnen morgens um 9 Uhr, eine erste Pause mit Mittagessen, Bademöglichkeit und einer kleinen Wanderung wird auf der Insel Panitula eingelegt, eine zweite auf der Insel Levrnaka. Nach der Umrundung der Hauptinsel Kornat geht es zurück nach Murter, wo das Schiff gegen 18 Uhr wieder anlegt. Eine solche Tour kostet 250 Kn für Erwachsene und 125 Kn für Kinder inkl. Mittagessen und wird von der Touristenagentur Arta angeboten, 🖳 www.murter-kornati.com.

Wer individuell mit seinem Boot auf die Kornaten reist, kann hier auch übernachten, z. B. in hübschen Fischerhäuschen, es gibt eine Reihe (teurer!) Restaurants, die vom Boot aus zugänglich sind. Einkaufsmöglichkeiten existieren nicht, man muss also alles vom Festland mitbringen. Wer im Nationalpark tauchen möchte, braucht dafür eine kostenpflichtige Genehmigung, wer sich den Aufwand ersparen möchte, kann sich in die professionellen Hände der Tauchbasen auf Dugi Otok begeben, die allesamt Tauchgänge auf den Kornaten anbieten und auch den lästigen Papierkram erledigen.

Nationalpark Kornati, Butina 2, Murter, ☎ 022-435740, 🖳 www.kornati.hr.

Mitteldalmatien

Stefan Loose Traveltipps

11 Split Kroatiens zweitgrößte Stadt verwandelt sich im Sommer in eine einzige Partymeile. Dabei ist allein schon der nächtliche Anblick der Meerpromenade vor der Kulisse des beleuchteten Diokletianpalasts ein Fest für sich. S. 353

Sinj Die „Stadt mit den hundert Cafés" wird im August zur Kulisse für die berühmten Ritterspiele. Ein sehenswertes historisches Spektakel, nicht nur für Pferdefreunde. S. 382

Bergwelt Biokovo Vom Hafenörtchen Baška Voda geht es hinauf auf Kroatiens zweithöchsten Gipfel, den Sveti Jure, der majestätisch die atemberaubend schöne Küste der Makarska Riviera überragt. S. 390

Brač Er ist spektakulär: der Blick vom Berg Vidova Gora auf das wohl bekannteste Motiv Kroatiens, den von Pinien bedeckten, weißen Kieselstrand Zlatni rat. S. 402, 406

Hvar Zu Sommerbeginn blüht der Lavendel und taucht die Insel in ein kräftiges, leuchtendes Lila. S. 408

12 Vis Nach einer kurzen Wanderung erreicht man traumhafte Badebuchten – das Wasser ist hier einfach blauer und klarer als anderswo. S. 426

MITTELDALMATIEN

Glitzerndes, glasklares Meer, schroffe, beeindruckende Bergkuppen, pulsierende, historische Städte – Mitteldalmatien ist so vielseitig wie kaum eine andere Region Kroatiens und gehört nicht ohne Grund zu den beliebtesten Urlaubsdestinationen des Landes. Dabei wird ein einziger Besuch kaum ausreichen, um alle Schätze dieser Küsten- und Inselregion kennenzulernen. Angefangen mit **Split**, Kroatiens zweitgrößter Stadt, die nicht nur historische und kulturelle Sehenswürdigkeiten in Hülle und Fülle zu bieten hat, sondern auch eine lebendige, junge Stadt ist, wo besonders im Sommer ein Festival das nächste jagt und Menschen aller Nationalitäten und Altersgruppen die Straßen und Gassen bevölkern. Auch die Umgebung von Split, mit der malerischen Stadt **Trogir**, den **Ruinen von Salona** und der einstigen Piratenhochburg **Omiš** steht der Hauptstadt Mitteldalmatiens in nichts nach. Ein Paradies für Naturliebhaber sind die mitteldalmatinischen Inseln, die in höchstens zweieinhalb Stunden von Split aus erreicht werden können – **Brač** mit dem weltberühmten Strand Zlatni rat, **Hvar** mit seinen blühenden Lavendelfeldern, **Vis** mit azurblauen Buchten und Grotten sowie **Šolta**, das über eine üppige Vegetation verfügt. Zum reinen Strand- und Badevergnügen laden die Städte an der **Makarska Riviera** ein, die vor der Kulisse des Biokovo-Gebirges außerdem der ideale Ausgangspunkt für Berg- und Radtouren sind.

Split

Auf einer Halbinsel ragt Split (178 000 Einw.) in die Adria, malerisch liegt die zum Unesco-Weltkulturerbe zählende historische Altstadt in einer Bucht. Kommt man mit dem Bus oder Auto vom etwa 23 km entfernten Flughafen in Kaštel nach Split, so zeigt sich die Stadt jedoch nicht gerade von ihrer Schokoladenseite. Mehrspurige Fahrbahnen, (etwas abgeranzte) Hochhäuser, überdimensionale Werbeplakate und dann noch das riesige Fußballstadion – das ist das erste, was man sieht. Erblickt man dann das glitzernde Blau der Adria, dann schöpft man so langsam wieder Hoffnung, dass man doch alles richtig gemacht hat. Spätestens jedoch, wenn man die paar Schritte vom Hafen in Richtung Zentrum läuft, verfliegen die letzten Zweifel, und die Vorfreude auf alles, was es hier zu entdecken gibt, macht sich breit. Wer lieber gleich von Splits Schokoladenseite begrüßt werden möchte, der sollte am besten mit den Schiff anreisen, denn dann ist das erste, was man sieht, auch gleich Splits unverkennbares Markenzeichen: der Diokletianpalast mit dem hoch in den Himmel ragenden Glockenturm an der wunderschönen, von Palmen gesäumten Meerespromenade.

Geschichte

Berühmt wurde Split, als der römische Kaiser Diokletian hier von etwa 295–305 seinen Alterspalast bauen ließ. Nach seinem Tod wurde der Palast von anderen römischen Herrschern als Residenz genutzt. Als im 7. Jh. die Nachbarsiedlung Salona, das heutige Solin, von Slawen und Awaren zerstört wurde, wurde der Palast zum Zufluchtsort für die romanisierten Bewohner, deren Nachfahren noch heute dort wohnen. Das mittelalterliche Split war zwischen dem 12. und 14. Jh. relativ unabhängig und breitete sich über seine ursprünglichen Grenzen aus. Das städtische Zentrum verlagerte sich auf den westlichen Teil der Altstadt um den Narodni trg (Nationalplatz), während der religiöse Mittelpunkt weiterhin innerhalb der Palastgemäuer blieb. 1420 wurde Split von den Venezianern erobert und dem allmählichen Niedergang geweiht. Im 17. Jh. wurde die Stadt schließlich gegen den Angriff der Osmanen mit Stadtmauern befestigt und verteidigt. 1797 kamen die Österreicher und blieben mit Unterbrechung der Napoleonischen Kriege bis 1918.

Seit 1991 ist Split Teil des unabhängigen Kroatien. Glücklicherweise blieb die Stadt während der jugoslawischen Zerfallskriege weitgehend verschont, die Kämpfe drangen 1993 während der kroatischen Rückeroberungsangriffe allein bis zum Hinterland vor. Ende Juli 1995 wurde in Split jedoch das Deutsch-französische Feldlazarett zur Versorgung von 12 500 Soldaten eines multinationalen Blitzeinsatzes der Vereinten Nationen zum Schutz der Unprofor am Berg Igman bei Sarajevo errichtet.

Orientierung

Split liegt auf einer Halbinsel, die sowohl mit dem Bus, mit der Bahn als auch mit der Fähre erreicht werden kann. Hafen, Bahnhof und Busbahnhof befinden sich praktischerweise in unmittelbarer Nähe zueinander und sind nur ein paar Gehminuten entlang des Wassers vom Stadtzentrum entfernt. Dort trifft man auch schon auf die Höhepunkte einer Stadtbesichtigung – die Promenade (Riva) und den Diokletianpalast. Die übrigen Sehenswürdigkeiten befinden sich fast ausschließlich in der kompakten Altstadt, die (nur) zu Fuß ergründet werden kann. An touristisch interessanten Vierteln gibt es noch das an die Altstadt anschließende Veli Varoš, das an den Hausberg Marjan angrenzt, das im Norden befindliche Poljud mit dem Fußballstadion und Franziskanerkloster sowie Lukac und Bačvice im Südosten der Stadt, mit einer interessanten Festung und dem Seefahrtsmuseum. Die meisten Hotels, Restaurants und Cafés befinden sich in der Altstadt, vereinzelt auch in Veli Varoš, die schönsten Strände liegen entlang der Küste des Marjan und südöstlich der Stadt.

Diokletianpalast

Splits Sehenswürdigkeit Nummer eins, der antike Diokletianpalast (Dioklecijanova palača), befindet sich direkt hinter der Riva. Größe und Ausmaß des Bauwerkes, in dem sich der historische Stadtkern Splits entwickelte, werden einem erst bewusst, wenn man eine Ansicht von oben oder aus der Ferne (z. B. vom Marjan aus) gesehen hat. Die Bauarbeiten wurden 295 n. Chr. begonnen und zehn Jahre später fertiggestellt, wobei verschiedenste Materialien aus der Region benutzt wurden, unter anderem der weiße Stein aus Brač. Aber auch Marmor aus Italien und Griechenland und sogar Sphynxe und Säulen aus Ägypten wurden unter großem Aufwand herbeigeschafft.

Der Diokletianpalast ist wohl das lebendigste Museum der Welt, da er die komplette Altstadt und somit unzählige Wohnungen, Geschäfte, Hotels, Restaurants und Cafés umfasst. Die gesamte Anlage erstreckt sich auf einer Fläche von 31 000 m² und war einst von rund 18 m hohen Mauern samt Wehrtürmen und Laubengängen umgeben. An jeder Außenmauer befindet sich ein Tor – an der Nordseite das **Goldene Tor** (Porta Aurea), im Süden das **Bronzene Tor** (Porta Aenea), im Osten das **Silberne Tor** (Porta Argentea) und im Westen steht das **Eiserne Tor** (Porta Ferrea). Die Nord- und Südhälfte des Palastes werden durch eine Straße getrennt, die Decumanus genannt wurde und heute **Krešimirova** heißt. Zu Diokletians Zeiten befanden sich in der Südhälfte die kaiserliche Residenz mit ihren Repräsentationsgemächern und Tempeln, während im Norden die Soldaten und Diener wohnten.

Kathedrale des Hl. Domnius

An jedem der Tore befindet sich eine Kirche. Das bedeutendste sakrale Gebäude, die Kathedrale des Hl. Domnius (Katedrala Sv. Duje), Kraj Svetog Duje, deren imposanter Glockenturm den Diokletianpalast bereits aus der Ferne sichtbar überragt, befindet sich am Silbernen Tor im Osten und gleich am Beginn der Altstadt. Das oktogonale, mit einer Kuppel versehene Gebäude wurde ursprünglich als Mausoleum für Diokletian erbaut, im 7. Jh. jedoch als Kirche geweiht. Man betritt das Gotteshaus durch ein aus Ebenholz gearbeitetes Portal (1214), auf dem 28 Szenen aus dem Leben Christi dargestellt sind, die auf Andrija Buvina zurückzuführen sind. Zu den Sehenswürdigkeiten im Inneren der Kathedrale gehören der rechter Hand befindliche, 1427 von Bonino da Milano geschnitzte Altar und die Wandgemälde von Dujam Vušković am Gewölbe oberhalb des Altars. Der linke Altar ist dem Hl. Anastasius von Dalmatien gewidmet. Das Relief *Die Geißelung Christi* zählt zu den herausragendsten bildhauerischen Arbeiten im damaligen Dalmatien. Zu den übrigen Kunstwerken in der Kathedrale zählt der Fries, der den Kaiser und seine Frau Prisca zeigt. Außerdem sehenswert ist der Chorraum, deren romanische Be-

---

Splits schönste Flaniermeile: Riva

Egal ob man mit dem Schiff, Bus oder Zug in Split ankommt – man landet erst einmal am Hafen, denn dort ist der Endpunkt aller Transportmittel. Glücklicherweise ist das Zentrum nur einen Katzensprung entfernt. Einfach ein paar hundert Meter nach links am Wasser entlanggehen und schon rückt eine wunderschöne **Seepromenade** in Sichtweite – die Obala hrvatskog narodnog preporoda (Narodnog Preporoda). Damit man nicht gleich bei der Ankunft über den Zungenbrecher stolpert, sollte man einfach die gängige Bezeichnung **Riva** benutzen. Denn die Flaniermeile ist das wahre Zentrum von Split. Hier kann man in einem der zahlreichen Cafés den freien Blick aufs Meer genießen und den Schiffen beim Ein- und Auslaufen zusehen. Unterhaltsam sind natürlich auch die vielen unterschiedlichen Leute, die den ganzen Tag wie über einen Laufsteg über die prachtvolle Promenade schlendern.

Split

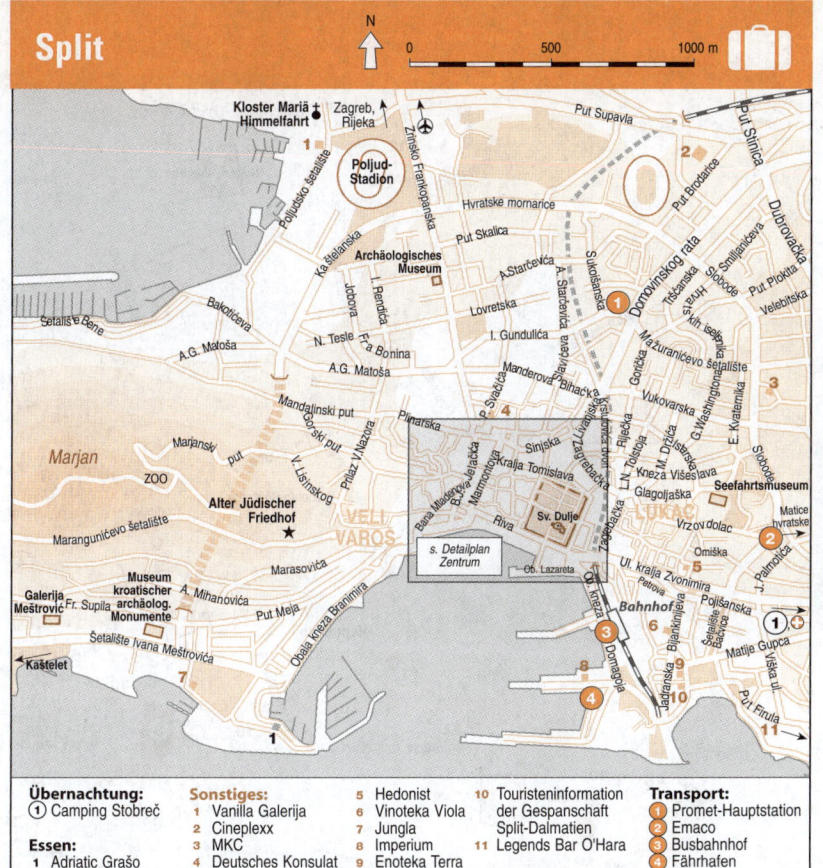

Übernachtung:	**Sonstiges:**	5 Hedonist	10 Touristeninformation	**Transport:**
① Camping Stobreč	1 Vanilla Galerija	6 Vinoteka Viola	der Gespanschaft	① Promet-Hauptstation
	2 Cineplexx	7 Jungla	Split-Dalmatien	② Emaco
Essen:	3 MKC	8 Imperium	11 Legends Bar O'Hara	③ Busbahnhof
1 Adriatic Grašo	4 Deutsches Konsulat	9 Enoteka Terra		④ Fährhafen

stuhlung aus dem 13. Jh. die älteste in Dalmatien erhaltene ist, und die **Schatzkammer** (Riznica splitske katedrale) mit wertvollen Reliquien, Ikonen, Kirchengewändern, bebilderten Handschriften und Schriftstücken in glagolitischer Schrift. Der **romanische Glockenturm** (57 m) kann auch bestiegen werden und bietet von oben einen fantastischen Blick auf die Stadt. Er wurde zwischen dem 12. und 16. Jh. erbaut und 1908 nach einem Einsturz neu errichtet. ⏲ Juni–Sep Mo–Sa 8–20, So 12.30–18.30 Uhr, Okt–Mai sporadisch, Eintritt Kathedrale frei, Eintritt Schatzkammer 10 Kn, Eintritt Glockenturm 10 Kn.

Kirche und Kloster des Hl. Dominikus

Am Silbernen Tor östlich der Kathedrale erheben sich die Kirche und das Kloster des Hl. Dominikus (Crkva i Samostan Sv. Dominika), Hrvojeva 2, ☎ 021-323471, aus dem 13. Jh., die ihre heutige Form 1682 bekamen und zu Beginn des 19. Jhs. erweitert wurden.

Sehenswert sind die gut erhaltenen Barockaltäre, die Gemälde *Das Wunder in Suriano* und *Darstellung im Tempel* von Jacopo Palma dem Jüngeren sowie ein gotisches Holzkruzifix. ⏲ 6.30–12, 18–19.30 Uhr.

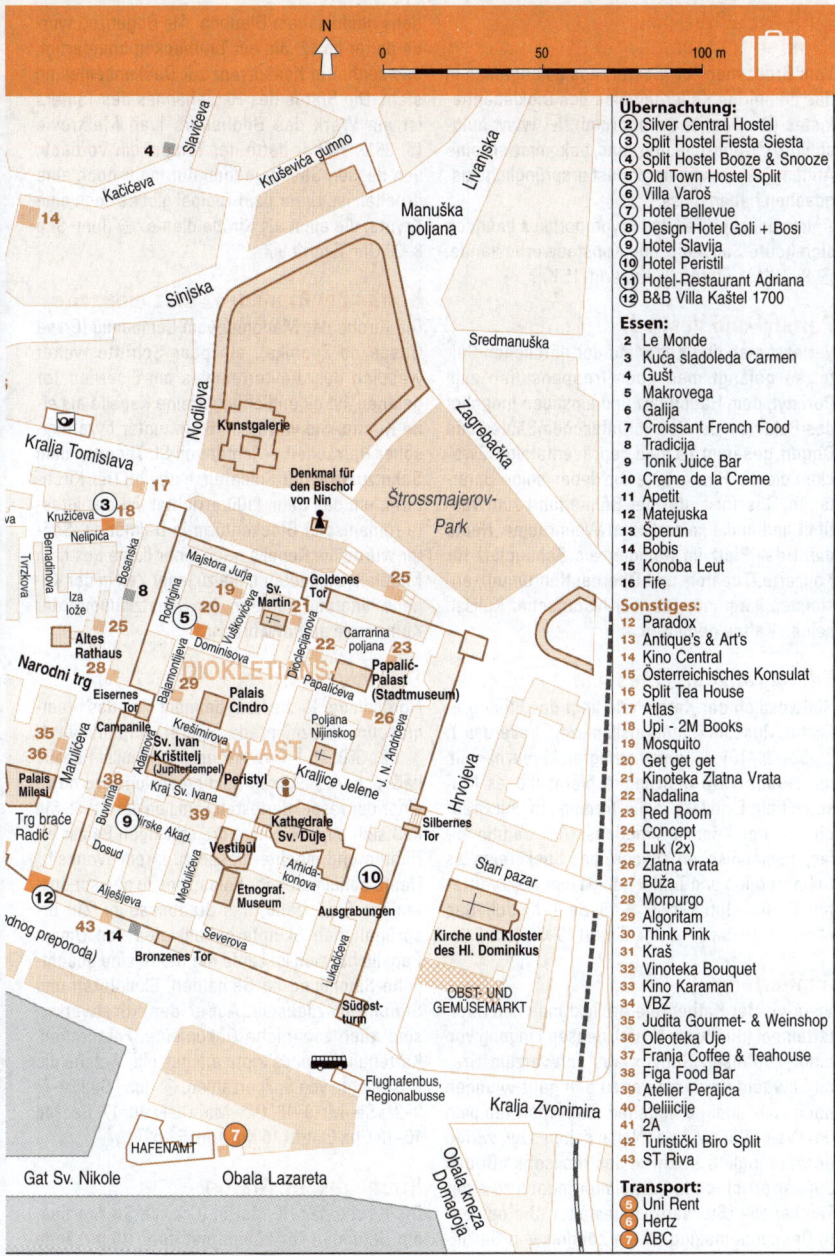

Kellergewölbe des Diokletianpalastes

Vom Bronzenen Tor (Seetor) aus gelangt man in das dämmrige Kellergewölbe des Diokletianpalastes (Dioklecijanovi podrumi), 🖥 www.hulu-split.hr/str/podrumi.htm, und bekommt so eine Ahnung davon, wie der Palast ursprünglich ausgesehen haben muss.

Im südlichen Teil des Kryptoportikus befinden sich heute Souvenir- und Kunstgewerbestände. ⏲ 9–21 Uhr, Eintritt 35 Kn, erm. 15 Kn.

Peristyl und Vestibül

Verlässt man den Keller auf der nördlichen Seite, so gelangt man über Treppenstufen zum **Peristyl**, dem Hauptplatz und einstigen Innenhof des Palastes, der von korinthischen Säulen und Bogen gesäumt ist und repräsentativen Zwecken diente. Hier grüßte Diokletian seine Untertanen. Das Tor hinter der Bühne führt zum **Vestibül** und in die kaiserlichen Wohnräume. Heute dient der Platz im Sommer als Schauplatz für Konzerte, Theater- und Opernaufführungen, ansonsten kann man hier vor historischer Kulisse seinen Kaffee genießen.

Ethnografisches Museum

Südwestlich der Kathedrale liegt das Ethnografische Museum (Etnografski muzej), Severova 1, ☏ 021-344161, 🖥 www.etnografski-muzej-split.hr. Bereits 1910 gegründet, bietet dieses Museum tiefe Einblicke in die Traditionen und Bräuche an der Küste Dalmatiens. Von traditionellen, dalmatinischen Kleidern und Stickereien bis Schnitzereien und Töpfereien ist hier alles vertreten. ⏲ Okt–Juni Mo–Fr 9–18, Sa 9–13, Juli–Sep Mo–Fr 9–19, Sa 9–13 Uhr, Eintritt 10 Kn, erm. 5 Kn.

Jupitertempel

Vis-à-vis der Kathedrale erblickt man den Jupitertempel (Jupiterov Hram), dessen Eingang von einer kopflosen Sphinx aus schwarzem Granit bewacht wird und der zu den ganz wenigen noch vollständig erhaltenen römischen Tempeln der Welt zählt. Wie der Name schon sagt, wurde er ursprünglich zu Ehren des römischen Gottes Jupiter errichtet, im Mittelalter jedoch zu einer Taufkapelle (Sv. Ivan) umgestaltet. Die opulente Deckenbemalung ist ein Zeugnis von Diokletians heidnischem Glauben. Als Gegenzug wurde daher im 12. Jh. ein Taufbecken angefertigt, das seither in Konkurrenz zur Deckenbemalung steht. Die Statue des Hl. Johannes des Täufers ist ein Werk des Bildhauers Ivan Meštrovic (S. 361). Früher hatte der Tempel ein Vordach, von dessen Säulen jedoch nur mehr noch eine erhalten ist. Unter dem Tempel gibt es noch eine Krypta, die einst als Kirche diente. ⏲ Juni–Sep 8–20 Uhr, Eintritt 5 Kn.

Kirche der Madonna vom Campanile

Die Kirche der Madonna vom Campanile (Crkva Gospe od Zvonika), ein paar Schritte weiter westlich des Jupitertempels am Eisernen Tor gelegen, ist eigentlich mehr eine Kapelle als eine Kirche. Sie wurde im 6. Jh. unter byzantinischer Herrschaft errichtet und St. Theodor, dem Schutzpatron der Soldaten, geweiht. Der Kirchturm, um das Jahr 1100 errichtet, ist der älteste romanische Glockenturm in Dalmatien. Später wurde die Kapelle nach einer Ikone aus dem Mittelalter umgetauft, die zu jener Zeit in der Kapelle hing und heute in der Schatzkammer der Kathedrale aufbewahrt wird.

Stadtmuseum

Nördlich der Kathedrale befindet sich das Stadtmuseum (Muzej grada Splita), Papalićeva 1, ☏ 021-360171, 🖥 www.mgst.net. Familie Papalić ließ sich im 14. Jh. in Split nieder und wurde zu einer der respektiertesten Familien der Stadt. Sie ließ sich einen kleinen, dreistöckigen Palast errichten und machte diesen zu ihrem Wohnsitz. Heute beheimatet der Palast, der zu den schönsten der Stadt zählt, das Stadtmuseum. Zur ursprünglichen Skulpturenkollektion von Dmine Papalić hat sich im Laufe der Jahre eine beachtliche Sammlung an Gemälden, Skulpturen und Statuen hinzugesellt. Außer den Kunstwerken sind auch zahlreiche Dokumente, Fotografien, Karten und Manuskripte ausgestellt, welche die Geschichte von Split erzählen. ⏲ Juni–Sep Di–Fr 9–21, Sa–Mo 9–16, Okt–Mai Di–Fr 10–17, Sa–Mo 10–13 Uhr, Eintritt 10 Kn, erm. 5 Kn.

Kirche des Hl. Martin

Die Kirche des Hl. Martin (Crkvica Sv. Martina) am Goldenen Tor könnte mit ihren 10 m Länge und 1,64 m Breite die kleinste Kirche der Welt sein. Früher haben hier die Wächter über den Eingang zum Diokletianpalast gewacht. Zu Beginn des 19. Jhs. wurde eine Kirche daraus gemacht und sie dem Hl. Martin gewidmet.

Außerhalb des Diokletianpalastes

Štrossmajerov Park

Verlässt man den Diokletianpalast im Norden durch das Goldene Tor, einst das repräsentative Haupteingangstor in den Palast, so gelangt man zum **Štrossmajerov Park**, der heute ein beliebter Skater-Treffpunkt ist und wo man gut ein Mittagspäuschen im kühlen Schatten der Bäume einlegen kann. An einem Trinkwasserbrunnen kann man sich frischmachen und seine Wasserflaschen auffüllen. Sofort ins Auge stechen wird die überlebensgroße **Bronzestatue des Bischofs von Nin** (Grgur Ninski), der sich im 10. Jh. für das Recht, die Liturgie auf Altkroatisch lesen zu dürfen, einsetzte. Für das Werk verantwortlich zeichnete niemand anderer als der bekannte Bildhauer Ivan Meštrović (S. 361). Auffällig ist der linke große Zeh der Statue, der blitzblank gescheuert und dementsprechend wesentlich heller ist als der Rest. Das Reiben soll angeblich Glück bringen und bewirken, dass man ein zweites Mal nach Split kommt. Wer Letzteres möchte, der sollte also nicht versäumen, den Zeh des Bischofs zu berühren. Im Sommer sind die Statue und der Park auch ein beliebtes Motiv für Hochzeitsfotos. Vielleicht bringt das ebenfalls Glück.

Kunstgalerie

In einem renovierten Krankenhaus in derselben Straße ist die Kunstgalerie (Galerija umjetnina), Ulica Kralja Tomislava 15, ✆ 021-350112, 🖥 www.galum.hr, untergebracht, die erst vor Kurzem neu eröffnet wurde. Die wichtigste Kunstgalerie Splits beherbergt eine der umfassendsten Sammlungen an der gesamten Adria. Besonders stolz ist die Galerie auf das Altarstück aus der Renaissance, das Polo Veneziano zugeschrieben wird, sowie ein Gemälde von Albrecht Dürer. Auf kroatischer Seite sind Künstler wie Vlaho Bukovac und Emanuel Vidović vertreten. An zeitgenössischen Werken sind Bilder von Nina Ivančić und Fotografien von Ana Opalić ausgestellt. Von der Terrasse des schmucken Cafés hat man einen schönen Blick auf den Palast. ⏱ Di–Fr 11–19, Sa 11–15, Mo 11–16 Uhr, Eintritt 20 Kn, erm. 10 Kn.

Narodni trg

Ein Spaziergang auf der Krešimirova in Richtung Westen, durch das Eiserne Tor hindurch (über dem äußeren Tor hatten früher die Wächter ihren Wohnsitz), führt zum Narodni trg (Nationalplatz), der auch **Pjaca** genannt wird und heute zentraler Treffpunkt der Stadt ist, mit zahlreichen Geschäften und Cafés. Nördlich des Platzes steht das **Rathaus** (Gradska vijećnica) aus dem 15. Jh., wo im Sommer verschiedene (Geschichts- und Kunst-) Ausstellungen stattfinden.

Trg Republike

Am westlichen Ende der Riva trifft man auf den Trg Republike (Platz der Republik), der an drei Seiten von wunderschönen, intakten Neorenaissance-Gebäuden gesäumt wird. Die sog. **Prokurative** wurde in der letzten Hälfte des 19. Jhs. unter Aufsicht von General Marmont und nach dem Vorbild der zeitgenössischen venezianischen Baukunst errichtet. Im Sommer füllt sich der Platz mit Leben und wird zum Schauplatz zahlreicher Konzerte und kultureller Events, wie beispielsweise des Popmusik-Festivals, das Ende Juni/Anfang Juli über vier Tage geht.

Südwestlich des Trg Republike, auf dem Weg zum Stadtteil Varoš, erblickt man das **Franziskanerkloster** (Samostanska crkva Sv. Frane) aus dem 13. Jh., in dessen frühgotischer Kirche sich verschiedene Grabstätten befinden, unter anderem von so berühmten kroatischen Persönlichkeiten wie dem Schriftsteller Marko Marulić oder dem Komponisten Ivan Lukačić. Sehenswert sind auch die zahlreichen Barockgemälde im Inneren und ein gotischer Kreuzgang auf der Außenseite.

Marmontova ulica

Zwischen der Riva und dem Trg Republike zieht sich die Marmontova ulica nach Norden – eine Fußgängerzone, in der sich ein Geschäft an das andere reiht, dazwischen Eisdielen und Imbissbuden. Wer also auf der Suche nach einer neuen Sonnenbrille oder einem Sonnenhut ist (und bessere Qualität als auf dem Markt haben möchte), der findet hier bestimmt das Richtige. In der Marmontova befindet sich auch der **Fotoclub Split** (Galerija fotografije fotokluba Split), Marmontova 5, ✆ 021-347597, 💻 www.fotoklubsplit.hr, eine Galerie mit zeitgenössischen Fotografien nationaler wie internationaler Künstler und originellen Themenschwerpunkten, ⏱ Mo–Fr 10.30–12.30, 18.30–22, Sa 10.30–13 Uhr, Eintritt frei. Die Straße ist übrigens nach eben dem französischen General Auguste Marmont benannt, der zur Zeit Napoleons dafür sorgen musste, dass die Stadt den französischen Standards entsprach, und der Gebäude abreißen und neue Straßen bauen ließ.

Am Ende der Marmontova, am Trg Gaje Bulata, befindet sich das **Kroatische Nationaltheater** (Hrvatsko narodno kazalište Split), ✆ 021-344999, 💻 www.hnk-split.hr, ein Neo-Renaissance-Gebäude von Jahr 1893, in dem neben Theaterstücken in kroatischer Sprache auch Opern und Tanzvorstellungen aufgeführt werden. ⏱ Mo–Fr 9–14, 15 Uhr–Vorstellungsbeginn, Sa 9–12, 18 Uhr–Vorstellungsbeginn.

Archäologisches Museum

Im Norden der Stadt findet man das Archäologische Museum (Arheološki muzej), Zrinsko-Frankopanska 25, 💻 www.armus.hr, das den Besuch auf jeden Fall lohnt. 1820 gegründet, ist es das älteste Museum Kroatiens. Die Exponate stammen vor allem aus Mitteldalmatien, allen voran aus Solin, wo man Tausende von Grabschriften fand. Es gibt aber auch Exponate aus Glas und Keramik römischer und griechischer Herkunft, außerdem Hunderte von Objekten aus Knochen, Metall und Glas aus den verschiedenen geschichtlichen Epochen, von der Vorgeschichte bis ins Mittelalter. Zum Archäologischen Museum gehört auch ein großer, schön angelegter Park mit römischen Grabskulpturen aus der Spätzeit und einer überdachten Außengalerie. ⏱ Juni–Sep Mo–Sa 9–14, 16–20, Okt–Mai Mo–Fr 9–14, 16–20, Sa 9–14 Uhr, Eintritt 20 Kn, erm. 10 Kn.

Museum Kroatischer Archäologischer Monumente

Eine zweite gute Adresse für Archäologie-Liebhaber, jedoch noch weiter vom Zentrum entfernt, ist das Museum Kroatischer Archäologischer Monumente (Muzej hrvatskih arheoloških spomenika), Šetalište Ivana Meštrovića 18, ✆ 021-323901, 💻 www.mhas-split.hr. Dieses 1893 gegründete Museum hat eine bewegte Geschichte und zahlreiche Umzüge hinter sich, die teils auf den ständig wachsenden Umfang der Sammlung, teils auf Kriegsbedrohungen zurückzuführen sind. Seit 1976 ist das Museum mit seinen 3000 Ausstellungstücken – Skulpturen, Werkzeugen, Waffen und anderen interessanten Objekten, die mehrere Epochen umfassen – nun hier, am Eingang zum Marjan, beheimatet. ⏱ Mo–Fr 9–13, 17–20, Sa 9–14 Uhr, Eintritt 10 Kn, erm. 5 Kn.

Veli Varoš und Galerija Meštrović

Im Viertel **Veli Varoš** westlich der Altstadt gibt es zwar nicht so viel an klassischen Sehenswürdigkeiten zu sehen, dafür sind die labyrinthartigen Straßen und Gassen und die typisch dalmatinischen Häuser an sich sehenswert. Hier spielt sich das Leben der Einheimischen ab, ein bisschen abseits vom Touristenrummel in der Altstadt. Am besten einfach treiben lassen ... Nette Cafés und Restaurants laden zwischendurch zur Rast ein.

Läuft man von Veli Varoš in Richtung Marjan, parallel zum Wasser, kommt man zur **Galerija Meštrović**, Šetalište Ivana Meštrovića 46/39, ✆ 021-340800, 💻 www.mestrovic.hr, die allein schon wegen ihrer Lage einen Besuch wert ist. Die Galerie ist in einer Marmorvilla untergebracht, die der Bildhauer (Kasten S. 361) selbst entworfen hat. Im Haus und im groß angelegten Garten mit Pinien und Zypressen stehen Meštrovićs beeindruckende, lebensgroße Skulpturen, deren Einflüsse von Modernismus bis zur Bildhauerkunst der alten Griechen reichen, die aber dennoch ihren ganz eigenen, unverkennbaren Stil gefunden haben. Vom Park aus hat man einen wunderschönen Blick aufs offene Meer. Einen fünfminütigen Spaziergang weiter westlich entfernt befindet das zweite Highlight der Galerie – das **Kaštelet** (Crikvine-

Ein Leben zwischen Sturm und Stein

Schlendert man durch die Gassen und über die Plätze von Split, so begegnet einem immer wieder der Name eines Mannes, der heute zu den wichtigsten Persönlichkeiten Kroatiens gehört. Die Rede ist von dem **Bildhauer Ivan Meštrović**. Geboren wurde der Künstler 1883, aber nicht in Dalmatien, sondern in einem slawonischen Dorf namens Vrpolje (S. 594). Aufgewachsen ist er jedoch nahe Šibenik, dort wo die Berge in die Adria tauchen. Die raue Natur hat den Künstler und sein Werk maßgeblich geprägt. Nicht ohne Grund zog es ihn schon früh zur Materie Stein. Der junge Meštrović brachte sich selbst das Lesen und Schreiben bei, indem er die Bibelgeschichte, welche seine Mutter ihm vorlas, mit den Seiten der Bibel seines Vaters verglich. Er versuchte, die Figuren dieser Erzählungen in Holz und Stein zu ritzen. Im Alter von 17 Jahren bemerkte sein Umfeld schließlich sein Talent und sammelte Geld, um ihn als Lehrling zu einem Steinmetz namens Pavle Blinić nach Split schicken zu können. Blinić und dessen Frau gelang es, das Talent des Jungen zu fördern und die Aufmerksamkeit eines österreichischen Minenbesitzers in Drniš auf ihn zu lenken, der ihm schließlich ein Studium an der Kunstakademie in Wien ermöglichte.

Die ersten Jahre in Wien waren nicht leicht für den Autodidakten, denn er sprach kein Wort Deutsch und rebellierte gegen das akademische Leben, dennoch waren diese Jahre sehr lehrreich und öffneten ihm die Augen für die künstlerischen und intellektuellen Strömungen seiner Zeit. Schließlich lernte Meštrović seine erste Frau Ruža kennen und zog mit ihr, auf Rat Auguste Rodins, der den jungen Künstler respektierte und bewunderte, in die weite Welt. Finanziert wurden ihre Reisen durch diverse Auftragswerke, allen voran den *Lebensbrunnen*, der heute vor dem Nationaltheater in Zagreb steht. Die folgenden Jahre waren sehr arbeitsintensiv, 1903 stellte Meštrović mit der weltberühmten Wiener Sezessionsgruppe aus, 1911 gewann er mit den ersten Preis für Bildhauerei bei der Weltausstellung in Rom, wo Gustav Klimt im Bereich Malerei den ersten Preis bekam.

Während des Zweiten Weltkrieges verließ Meštrović schließlich Kroatien, nachdem er von der Nazi-freundlichen Regierung eingesperrt worden war. Nach Ende des Krieges weigerte er sich, unter dem kommunistischen Regime Jugoslawiens zu leben und nahm eine Stelle an der Syracuse University im Staat New York an. 1954 wurde ihm die US-amerikanische Staatsbürgerschaft verliehen, 1955 zog er nach South Bend, Indiana, wo er eine Stelle an der Notre Dame University erhielt und 1962 im Alter von 79 Jahren starb. Begraben ist er in Otavice, dem Dorf seiner Eltern.

Im Laufe seines Lebens hat er Hunderte von Skulpturen, Denkmälern und öffentlichen Gebäuden geschaffen, seine Werke stehen heute in ganz Europa und der Welt. Zu seinen Freunden und Bekanntschaften zählten die wichtigsten Persönlichkeiten, er war Mitglied der Kroatischen Akademie der Wissenschaften und Künste, der Amerikanischen Akademie der Künste und des Amerikanischen Instituts der Architekten sowie Ehrenmitglied der Wiener Kunstakademie. Zehn Jahre vor seinem Tod schenkte er dem Land Kroatien den Großteil seiner Werke, inkl. seiner Häuser in Split und Zagreb und der Kapellen in Split und Otavice. Diese wurden in Museen umgestaltet und der Öffentlichkeit zugänglich gemacht.

Kaštilac), Meštrovićs Sommerhaus aus dem 16. Jh., das der Künstler 1939 erstand und in eine Kapelle umwandelte. Ganze 35 Jahre lang arbeitete er an den 28 Holzreliefs, welche das Leben Christi darstellen und deren Motive alle möglichen Einflüsse aus der antiken, mittelalterlichen und modernen Kunst aufgreifen. Der Eintritt zur Kapelle ist im Ticket für die Galerie inbegriffen. ⏰ Mai–Sep Do–So 9–19, Okt–April Di–Sa 9–16, So 10–15 Uhr, Eintritt 30 Kn, erm. 15 Kn, Familien 50 Kn.

Marjan

Splits Hausberg Marjan, 🖥 www.marjan-parksuma.hr, ist die grüne Lunge der Stadt, mit duftenden Wäldern und Stränden am Fuße des Berges. Hierher kommen auch die Einheimischen, wenn ihnen die Hektik und Hitze der Stadt zu viel werden. Nach einem zehnminütigen Spaziergang durch Veli Varoš ist man schon am Eingang des Parks angelangt. Die asphaltierten Wege machen das Laufen oder Radfahren leicht. Am besten beginnt man den Ausflug mit einem Getränk im Café Vidilica, von wo aus man den Hafen überblickt. Auf dem Marjan gibt es jedoch auch die eine oder andere Sehenswürdigkeit, wie beispielsweise die **Überreste eines Jüdischen Friedhofs** aus dem 16. Jh. oder die **Einsiedeleien und Kapellen** aus dem 13. und 14. Jh. Außerdem ist hier ein **Zoo** (Zoološki vrt), Kolombatićevo šetalište 2, Marjan, ✆ 021-394525, untergebracht, der allerdings – außer für Kinder vielleicht – nicht viel zu bieten hat, ⏱ 8–20 Uhr, Eintritt 10 Kn, erm. 5 Kn. Vom höchsten Punkt des Berges (178 m) kann man schließlich den Blick auf die Inseln Brač, Hvar und Šolta, an klaren Tagen sogar bis Vis genießen.

Poljud im Nordwesten

Von den Einheimischen liebevoll „Poljudska ljepotica" („Poljud Schönheit") genannt, dominiert das **Poljud Stadion** den nördlichen Teil der Stadt und ist schon aus der Ferne sichtbar. Nach dem Maksimir Stadion ist es das zweitgrößte in Kroatien und fasst 35 000 Menschen. Es wurde 1979 von der jugoslawischen Regierung anlässlich der Mittelmeerspiele erbaut und von Tito eröffnet, der ein erklärter Fan von HNK Hajduk war.

Ebenfalls in diesem Stadtteil, nur ein paar Schritte weiter in Richtung Meer, befinden sich die **Franziskanerkirche** und das **Kloster Mariä Himmelfahrt** (Franjevačka crkva i samostan Uznesenja Blažene Djevice Marije), Ploljudsko šetalište 2, ✆ 021-381377, 💻 www.samostanpoljud, an der Kaštela-Bucht. Das Gebäudekomplex gilt als das wertvollste Monument aus der Gotik und Renaissance und verfügt über eine schöne Sammlung liturgischer Gegenstände aus Silber. ⏱ auf Anfrage oder zur Messe, Mo–Fr 7, 19, Sa 7, So 8.30, 10, 20 Uhr.

Das Viertel verdankt seinen Namen im Übrigen dem lateinischen Wort für Sumpf *(paludes)*, da der Stadtteil ursprünglich mit Wasser überlaufen war.

Stadtteil Lukac

In den östlichen Stadtteil **Lukac** würde man sich wahrscheinlich so schnell nicht verirren. Dabei lohnt sich der Ausflug, allein schon wegen der schmalen, steilen Gassen und der malerischen Häusergruppen. Auf dem Gipfel der Anhöhe steht die im 17. Jh. von den Venezianern errichtete **Festung Gripe**, in der das **Kroatische Seefahrtsmuseum** (Hrvatski pomorski muzej), Glagoljaška 18, ✆ 021-347346, untergebracht ist. Dort kann man eine kleine, aber interessante Sammlung an Modellschiffen verschiedenster Epochen sehen, von der venezianischen Galeere bis hin zum Kreuzfahrtschiff, sowie alle verschiedenen Arten von Schiffsausrüstung, -uniformen und Leuchtturmlaternen. ⏱ Mo–Fr 9–19, Sa 9–14 Uhr, So auf Voranmeldung, Eintritt 10 Kn, erm. 5 Kn.

Hajduk-Split

Hajduk-Split ist das **wichtigste Fußballteam in Dalmatien** und steht in bitterer Konkurrenz zu Dinamo Zagreb. Über die Stadt verteilt kann man das Hajduk-Logo an den Wänden finden, die Fans sind in der ganzen Welt verstreut. Im ehemaligen Jugoslawien gehörte Hajduk zu den wenigen Teams, die ihre Anhänger aus verschiedenen Regionen und Volksgruppen wie beispielsweise den Kosovo-Albanern rekrutierten. Hajduk steht aber auch für Qualitätsfußball – als die kroatische Nationalmannschaft es bei der Weltmeisterschaft von 1998 auf den dritten Platz schaffte, waren fünf der elf Nationalspieler ehemalige Hajduk-Mitglieder.

ÜBERNACHTUNG

Split ist nicht das teuerste Pflaster in Kroatien, zumal es eine Reihe schöner, neuer Hostels gibt, die oftmals auch Doppelzimmer anbieten. Somit können auch Reisende mit kleinem Geldbeutel einen geeigneten Schlafplatz finden. Die Hotels sind etwas teurer, oft aber frisch renoviert und mit jeglichem Komfort versehen. Somit stimmt vielerorts das Preis-Leistungs-Verhältnis. Im Sommer sollte man im Voraus buchen, denn die Stadt wird dann ziemlich voll.

Untere Preisklasse

Goli + Bosi – Design Hostel, Morpurgova poljana 2, ☎ 021-510999, 🖥 www.golibosi.com. Ein Muss für alle Design-Freaks! Während die Gänge in grellem Gelb erstrahlen, bestechen die Zimmer durch ein schlichtes Weiß. Die 29 Zimmer – vom DZ bis hin zum 8er-Zimmer ist hier alles vertreten – sind neu, äußerst modern und sauber. Für Liebhaber der Gemütlichkeit vielleicht einen Tick zu steril. ❶–❹

Old Town Hostel Split, Dominisova 3, ☎ 021-355144, 🖥 www.oldtownsplit.com. Das Hostel inmitten des Diokletianpalastes wurde 2011 frisch renoviert und mit neuen Möbeln ausgestattet. Durch die schönen Parkettböden und farbenfrohen Wände wirkt es sehr freundlich, die Atmosphäre ist entspannt und offen. Es gibt sowohl DZ als auch 4er- und 8er-Zimmer. ❶–❸

Silver Central Hostel, Kralja Tomislava 1, ☎ 021-490805, 🖥 www.silvercentralhostel.com. Eines der schönsten Hostels der Stadt: sehr hell, mit Laminatböden und bunten Wänden. Es gibt gemischte 6- und 8-Bett-Schlafsäle mit Abschließfächern, einen großen Gemeinschaftstraum mit Internet und Flatscreen. Das Personal – allen voran Tracy aus den USA – ist äußerst freundlich, hilfsbereit und kommt aus allen Ecken der Welt. Bett 150–180 Kn.

Split Hostel Booze & Snooze, Narodni trg 8, ☎ 021-342787, 🖥 www.splithostel.com. Klassisches Hostel mit allem, was dazugehört – knallig bunte Zimmer mit 6, 7 oder 11 Betten im Jugendherbergsstil, dafür aber gepflegt und relativ neu, mit neuen Betten. Der ideale Ort für Backpacker, die schnell Anschluss finden möchten! Bett 150–180 Kn.

Split Hostel Fiesta Siesta, Kružićeva 5, ☎ 021-355156, 🖥 www.splithostel.com. Ableger vom Booze & Snooze, dementsprechend moderner und neuer, mit diskreteren Farben, schönen Holzböden und Steinwänden sowie intakten Sanitäranlagen. Auch DZ oder Zimmer mit 4, 5, 6 oder 8 Betten. ❶–❷

Mittlere Preisklasse

B&B Villa Kaštel 1700, Mihovilova Širina 5, ☎ 021-343912, 🖥 www.kastelsplit.com.

Privatunterkünfte und Camping

Eine günstige Alternative zu den Hotels stellen Privatunterkünfte dar. Allerdings ist es ratsam, nicht auf Zimmerangebote auf der Straße einzugehen, da diese meist von schlechter Qualität sind und man nicht weiß, ob man dem Angebot trauen kann. Es empfiehlt sich daher, eine der Touristenagenturen zu kontaktieren. Bei den folgenden werden Privatunterkünfte vermittelt:
Atlas, Bosanska 11, ☎ 021-343055, 🖥 www.atlas.hr.
Split Tours, ☎ 021-352553, 🖥 www.splittours.hr.
Turistički Biro, Obala hrvatskog narodnog preporoda 12, ☎ 021-347100, 🖥 www.turistbiro-split.hr.
Der **Campingplatz Stobreč**, Sv. Lovre 6, Stobreč, ☎ 021-325426, 🖥 www.campingsplit.com, liegt 6 km südlich des Stadtzentrums, in einer Bucht und im Schatten von Pinienwäldern. Die Sanitäranlagen sind modern und gepflegt. Stellplatz 14,80–19,90 €.

Relativ altmodisches Hotel, aber es wird jedes Jahr ein Zimmer renoviert, die Zimmer sind sehr gepflegt und komfortabel und das Personal sehr freundlich. Es gibt DZ mit oder ohne Meerblick, Apartments für 2 oder 4 Pers. sowie Luxury Suites. Die Preise variieren stark je nach Zimmer. ❷–❺

Villa Varoš, Miljenka Smoje 1, ☎ 021-483469, 🖥 www.villavaros.hr. Gediegenes, intimes Hotel mit geschmackvoll eingerichteten Zimmern und äußerst professionellem Service direkt am Berg Marjan. ❸–❺

Hotel Adriana, Obala hrvatskog narodnog preporoda (Narodnog Preporoda) 8, ☎ 021-340000, 🖥 www.hotel-adriana.hr. Das Hotel ist zwar erst 10 Jahre alt, wurde aber vor 5 Jahren nochmals renoviert und neu hergerichtet. Das Mobiliar ist neu, die Zimmer in einem schönen Lila und Blau gehalten. Es gibt keine Balkone, aber dafür liegt das Hotel direkt an der Riva und ist somit perfekt für alle Nachtschwärmer. ❹–❺

In Splits Altstadt ist jede Gasse voller Leben.

Hotel Bellevue, Bana Josipa Jelačića 2, ℡ 021-345644, 🖳 www.hotel-bellevue-split.hr. Ganze 170 Jahre hat dieses Hotel auf dem Buckel und gehört somit zu den ältesten der Stadt. Es war das erste Hotel mit Lift, wie der Portier gerne und stolz erzählt. Die Zimmer sind mittlerweile ein wenig in die Jahre gekommen, es gibt auch keine Balkone, aber wer auf altmodischen Charme steht, wird dieses Hotel garantiert lieben. ❹–❻

Hotel Peristil, Poljana Kraljice Jelene 5, ℡ 021-329070, www.hotelperistil.com. 1700 wurde das Peristil innerhalb der Mauern des Diokletianpalastes errichtet. Vor 8 Jahren wurde es renoviert und verbindet heute Geschichte und Modernität auf harmonische Weise. Das Personal ist ebenso freundlich wie die Zimmer mit gelben Wänden, weißen Möbeln, Parkettböden und ansonsten viel Liebe zum Detail. Eines der wenigen Hotels, das wirklich ganzjährig geöffnet hat. Im hoteleigenen Restaurant wird morgens ein großzügiges Frühstück serviert. ❺–❻

Hotel Slavija, Buvinina 2, ℡ 021-323840, 🖳 www.hotelslavija.hr. Mit seinen hundert Jahren kann auch dieses Hotel auf eine traditionsreiche Geschichte zurückblicken. Unter dem Gebäude wurden römische Thermen entdeckt, was den geplanten Bau eines Liftes behindert. Im April 2012 wurde das Hotel komplett renoviert und muss sich somit vor den modernen Hotels nicht verstecken. Die Zimmer sind mit weißen Möbeln und lila Teppichen ausgestattet, in den Wänden sind die alten Steinmauern integriert. Eine Besonderheit: Als Lampen dienen beleuchtete Stadtpläne, in denen die Lage des jeweiligen Zimmers markiert ist. ❺–❻

ESSEN

Dalmatinisch – Fisch und Fleisch

Adriatic Grašo, Uvala Baluni bb, ℡ 021-398560. Extravagantes Restaurant am Jachthafen mit unschlagbarem Blick aufs Meer. Für die Romantik kann man auch schon mal die etwas gehobenen Preise in Kauf nehmen. Die Speisekarte ist umfangreich, besonders die Fische vom Grill und die Risotto-Varianten schmecken hier sehr gut. ⏱ 10–24 Uhr.

Apetit, Šubićeva 5, ℡ 021-332549, 🖳 www.apetit-split.hr. Eines der moderneren Restaurants der Stadt, das dalmatinische

Gerichte mit innovativem Touch serviert. Es befindet sich im 1. Stock des aus dem 15. Jh. stammenden Papalić-Palastes und ist äußerst stilvoll eingerichtet. Es verfügt zwar über keine Terrasse, ist aber angenehm klimatisiert und bietet mit seinen hellen, großen Fenstern und den offengelegten Steinmauern genügend Erfrischung von der Sommerhitze. Es werden tgl. Menüs zwischen 60 und 130 Kn und vegetarische Gerichte angeboten. Die Weinkarte kann sich ebenfalls blicken lassen. ⏰ 10–24 Uhr.

Fife, Trumbićeva obala 11, ☎ 021-345223. Unprätentiöses Buffet-Bistro am Hafen für den kleinen und großen Hunger, mit großer Auswahl an preiswerten Fisch- und Fleischgerichten und großen Portionen. Draußen stehen ein paar überdachte Holzbänke. Das Lokal ist auch ein beliebter Treffpunkt der lokalen Bevölkerung, insbesondere der Lokaljournalisten, Autoren und Schauspieler. Der einzige Nachteil – im Sommer ist es ziemlich überlaufen. ⏰ 6–24 Uhr.

Leut, Siriščevića 1, ☎ 021-490944. Gemütliche Konoba am Hafen mit erhöhter, überdachter Terrasse und auch bei Einheimischen für seine Lokalküche geschätzt. Besonders empfohlen wird dabei die *pašticada* – ein Eintopf aus Rindfleisch, Rotwein und Tomaten, serviert mit Gnocchi oder Pasta. Für den Hunger zwischendurch gibt es auch eine breite Auswahl an Salatplatten. ⏰ 9–24 Uhr.

Le Monde, Plinarska 6, ☎ 021-322265. Im charmanten Stadtteil Veli Varoš versteckt, liegt dieses kleine Restaurant mit großer, begrünter Terrasse. Seinem Namen zum Trotz gibt es hier vor allem dalmatinische Fisch- und Fleischgerichte und Wein aus der Region. ⏰ Mo–Sa 10–23, So 15–23 Uhr.

Matejuska, Tomića Stine 3, ☎ 021-355152. Kleine Konoba in einer kleinen Seitenstraße mit ein paar Tischen draußen und nicht wirklich viel Auswahl. Die gegrillten Fisch- und Fleischgerichte schmecken jedoch lecker, und die Preise sind niedriger als an vielen anderen Orten. Für Vegetarier gibt es leider kein Angebot. ⏰ 13–17, 19–23 Uhr.

Šperun, Šperun 3, ☎ 021-346999. Süßes kleines Buffet-Restaurant einen Steinwurf vom Wasser entfernt. Geboten wird Lokalküche mit einer Vorliebe zu Fisch und Meeresfrüchten, es gibt aber auch mediterrane, Pasta- und Risotto-Gerichte sowie preiswerte Mittagsmenüs. Innen ist das Lokal mit Antiquitäten und Ölgemälden ausstaffiert, draußen stehen ein paar Tische auf der Straße bei einem kleinen Platz. ⏰ 9–23 Uhr. Gegenüber vom Restaurant befindet sich das **Šperun deva**, wo gut gefrühstückt oder ein Snack, beispielsweise ein Glas Wein mit Käse, zu sich genommen werden kann, ⏰ 8–23 Uhr.

Vegetarisch und Pizza

Galija, Kamila Tončića 12, ☎ 021-347932. Große Auswahl an Pizzabelägen, die jeden Hunger stillen werden. ⏰ Mo–Sa 9–23.30, So 12–23.30 Uhr.

Gušt, Slavićeva 1, ☎ 021-486333. Nicht leicht zu finden ist diese traditionelle Pizzeria am Ende der Marmontova, aber der Umweg lohnt sich, denn die Pizza kommt vom Holzkohlegrill. ⏰ Mo–Sa 9–23 Uhr.

Makrovega, Leština 2, ☎ 021-394440, 🖥 www.makrovega.hr. Hier gibt es alles, was das Vegetarier-Herz begehrt – originell zusammengestellte Gerichte aus selbst angebautem Gemüse, Getreide, Teigwaren, Tofu und Seitan, dazu frisch gepresste Obst- und Gemüsesäfte. Lecker sind auch die hausgemachten Kuchen. ⏰ Mo–Fr 9–20, Sa 9–17 Uhr.

Bäckereien, Cafés und Eisdielen

Bobis-Riva, Obala hrvatskog narodnog preporoda 20. Das Bobis ist seit 1950 eine Institution und hat mehrere Filialen über die Stadt verteilt. Direkt an der Riva mit Blick aufs Meer schmeckt der Kaffee jedoch besonders gut. Neben allem möglichen süßen Gebäck und Eis ist besonders die *kremšnita* (Kasten S. 510) sehr zu empfehlen, die man in Samobor auch nicht besser bekommen könnte. ⏰ Mo–Sa 6–22, So 7–22 Uhr.

Creme de la Creme, Ilićev prolaz 1, ☎ 021-355123. Eine der Topadressen, wenn das Bedürfnis nach was Süßem aufkommt. Hier gibt es hausgemachte Torten und Kuchen in allen Farben und Varianten. Das Interieur ist

hingegen in schlichten Weißtönen und sehr schick. ⏲ 7–23 Uhr.
Croissant French Food, Kraj Sv. Marije 6. Süße kleine Bäckerei, von deren Duft die Passanten bereits von Weitem angezogen werden. Neben französischen Soufflés, Croissants, Kuchen und Brot können auch verschiedene Snacks mitgenommen und auf der Hand verzehrt werden. ⏲ Mo–Sa 7.30–22.30, So 7–14 Uhr.
Kuća sladoleda Carmen, Trg Gaje Bulata 6, ✆ 021-344989. Ein absolutes Muss für Eisliebhaber. Von cremigen bis fruchtigen Eissorten ist hier alles vertreten. ⏲ 8–23 Uhr.
Tonik Juice Bar, Ban Mladenova 5. Ideal, um vor oder nach einer Wanderung auf den Marjan mit frisch gepressten Säften und Smoothies neue Energie zu tanken. ⏲ 7–22 Uhr.
Tradicija, Bosanska 2, ✆ 021-361070. Wie der Name bereits verrät, handelt es sich hier um die älteste Konditorei der Stadt. Hier werden die Schokoladen, Kekse, Kuchen und andere Gebäckwaren nach altem Rezept gefertigt. ⏲ Mo–Fr 8–21.30, Sa 8–20.30 Uhr.

UNTERHALTUNG UND KULTUR
Bars und Clubs
Buža, Priora Petra 7. Eingebettet zwischen einer Reihe von Bars liegt diese alternative Bar, die der ideale Ort für Liebhaber der Rockmusik ist. ⏲ Mo–Sa 7–24 Uhr.
Figa Food Bar, Ecke Dosud 2/Buvinina 1, ✆ 021-274491. Über 2 Treppen verteilt sich diese Café-Bar, die neben kalten und warmen Getränken, Snacks und Cocktails auch Salate, Fisch-, Pasta- und Risotto-Gerichte zu bieten hat. Außerdem gibt es leckere Kuchen. Das Besondere an der Bar ist jedoch ihre entspannte, lässige Atmosphäre. Auf gepolsterten Bänken und Kissen kann hier bis in die Nacht gequatscht, gelacht und gechillt werden. ⏲ So, Mo 8–1, Fr, Sa 8–2 Uhr.
Hedonist, Kuzmanićeva 13, ✆ 091-3803966. Weinbar mit schickem Interieur, wo dalmatinische Weine probiert und gekauft werden können. Besitzer Igor kennt sich ziemlich gut auf dem Weingebiet aus und führt auch gerne Weinproben durch, die von verschiedenen lokalen Delikatessen begleitet werden. Es können auch schöne Souvenirs gekauft werden. Die Klientel ist eher betucht. ⏲ Mo–Fr 9–13, 18–21, Sa 9–13 Uhr, So auf Anfrage.
Imperium, Gat Svetog Duje bb, ✆ 095-8750219, 🖥 www.imperium.hr. Lounge-Bar der spezielleren Sorte, mit Couchnischen, Fensterfronten und exklusiver Bedienung. Das Beste – die Terrasse bietet einen unglaublichen Blick auf die Stadt. ⏲ Fr, Sa 23–6 Uhr.
Jungla, Šetalište Ivana Meštrovića bb, ✆ 095-8972921. Eine stimmungsvolle Strandterrasse beim Jachthafen, mit guter Elektro-, House- und Rockmusik. ⏲ So–Di 8–24, Mi–Sa 8–6 Uhr.
Legends Bar, Uvala Bačvice. Strandbar an der populären Bucht von Bačvice, mit Jazz-, Rock- und Bluesmusik, oftmals gibt es auch Open-Air-Livekonzerte. Hitze garantiert! ⏲ So–Do 8–24, Fr, Sa 8–2 Uhr.
Mosquito, Majstora Jurja 4. In der Tat klein wie eine Fliege ist diese Bar auf 2 Etagen, die durch eine Wendeltreppe miteinander verbunden sind. Die Einrichtung ist kunterbunt zusammengewürfelt, aber das tut dem Flair keinen Abbruch. Die Sofas und Sessel sind bequem, und es gibt sogar eine Terrasse, auf die man sich im Notfall flüchten kann. ⏲ So–Do 8–1, Fr, Sa 8–2 Uhr.
O'Hara, Uvala Zenta 3, ✆ 091-7941349, 🖥 www.ohara.hr. Eines von Splits Party-Mekkas. In dem Strand-Nachtclub geht's laut zu! Wem es zu laut wird, der kann sich aber in den Lounge- und Barbereich flüchten. Wer es nicht laut mag, der sollte woanders hingehen. ⏲ So–Do 8–3, Fr, Sa 8–4 Uhr.
Paradox, Poljana Tina Ujevića 2. Traditionelle Weinbar mit über hundert verschiedenen dalmatinischen Weinen und 20 unterschiedlichen Käsesorten. ⏲ 7.30–23.30 Uhr.
Red Room, Carrarina poljana 4. Der ideale Ort für Leute, die es gern ein bisschen ruhiger haben. Entspannte, intime Atmosphäre, romantische Beleuchtung und leichte Musik – alles, was man für einen gemütlichen Abend braucht. ⏲ So–Do 7–1, Fr, Sa 7–2 Uhr.
ST Riva, Obala hrvatskog narodnog preporoda 18, 🖥 www.st-riva.com. Cocktail-Bar an den

Stadtmauern mit betörendem Blick auf die Riva und den Hafen. Hier lassen sich an heißen Sommertagen die Cocktails besonders schnell wegschlürfen. ⏲ So–Do 8–11, Fr, Sa 8–2 Uhr.
Vanilla, Poljudski put bb, ✆ 098-292522. Offener, lässiger Club mit hipper Einrichtung, 2 großen Barbereichen, bequemen Sitzen und House-Musik. Die Augenweide von Splits schönsten Menschen, die diesen Club bevorzugt aufsucht, gibt's kostenlos dazu. ⏲ So–Do 7–24, Fr, Sa 7–4 Uhr.

Kino

Central, Trg Gaje Bulata bb, ✆ 021-343813, 🖥 www.ekran.hr. Kleines Kino mit einheimischen und internationalen Filmen (Original mit kroatischen Untertiteln) im Programm.
Cineplexx, Put Brodarice 6 (Joker Centre), ✆ 021-651111, 🖥 www.cineplexx.hr. Großes Cineplexx-Kino mit allen aktuellen Filmen im Original mit kroatischen Untertiteln.
Galerija MKC, Savska bb, Dom mladih, 🖥 www.mkcsplit.hr. Galerie der zeitgenössischen Kunst und Fotografie, die auch Filme zeigt, oftmals thematisch zusammengefasst. ⏲ Galerie Di–Sa 10–13, 17–21, So 10–13 Uhr.
Karaman, Ilićev prolaz 3, ✆ 021-345833, 🖥 www.ekran.hr. Vom selben Anbieter wie das Central betrieben.
Kinoteka Zlatna vrata, Dioklecijanova 7, ✆ 021-361335, 🖥 www.pouciliste-split.hr. Schöne, neu errichtete Cinemathek, die Kunstfilme und Filmklassiker zeigt.
Open-Air-Kino Bačvice, Preradovićevo šetalište 6, ✆ 021-348676, 🖥 www.ekran.hr. ⏲ Juli–Aug 19–23 Uhr.

Musik und Theater

Nationaltheater Split (Hrvatsko Narodno Kazalište Split), Trg Gaje Bulata 1, ✆ 021-306908, 🖥 www.hnk-split.hr. Das Theater wurde 1891 erbaut und 1979 originalgetreu renoviert. Allein deshalb sollte man sich das Gebäude auch von innen ansehen. Das ganze Jahr über gibt es ein breites Angebot an Konzerten, Opern und Ballettaufführungen. Die Tickets (ab 80 Kn) sind online oder an der Abendkasse erhältlich.

FESTE

Archäologisches Filmfestival Split, Museum Kroatischer Archäologischer Denkmäler, Šetalište Ivana Meštrovića 18, 🖥 www.mhas-split.hr. Mal was anderes als Hollywood und Bollywood! Ganz jung ist dieses Festival der besonderen Art, das Anfang November stattfindet und etwas für Liebhaber der Archäologie ist. Hier kann man alles über die neuesten Fortschritte in der angewandten Archäologieforschung und Technik erfahren. Für Kinder gibt es Matinee-Vorstellungen.
Bluesfestival Split, 🖥 www.splitbluesfestival.com. Der Name trügt – pünktlich zum Sommerbeginn am 21. Juni schallt nicht nur der Blues, sondern alle möglichen Rhythmen über die Adria. 10 Bühnen, 10 Musikgenres, 500 Teilnehmer, 24 Std. lang.
Filmfestival Split – International Festival of New Film, ✆ 021-539600, 🖥 www.splitfilmfestival.hr. Laut dem britischen Regisseur Stuart Pond ein Filmfestival, das seinesgleichen sucht. 8 Tage lang gibt es Mitte September ein buntes Programm rund um den Film, mit der Vorführung von Spiel- und Dokumentarfilmen aus der ganzen Welt, Lesungen, Workshops und informellen Treffen, wobei den Genres keine Grenzen gesetzt wird. Die Eröffnung findet im **Kino Central** statt, die Filme werden dann im **Kino Karaman**, in der **Cinemathek Zlatna vrata** und in der **Galerija MKC** gezeigt. Teile des Programms sind kostenlos, ansonsten kosten die Tickets 15 Kn. Die Filme werden tgl. zwischen 17 und 23 Uhr ausgestrahlt.
MAGfestival, Stadtmuseum, Papalićeva 1, 🖥 www.udrugamag.com. Erst vor 3 Jahren wurde dieses Festival ins Leben gerufen, und zwar vom Verein junger, akademischer Musiker. Nicht nur, dass die Kammermusikkonzerte in den wunderschönen gotischen Gemäuern des Stadtmuseums gespielt werden – im Ticket inkl. ist der Eintritt ins Museum sowie in die Dauerausstellung der Emanuel Vidović-Galerie. Das Festival findet in der ersten Septemberwoche statt.
Mittelmeer-Filmfestival Split, 🖥 www.fmfs.hr. In der zweiten Juniwoche zeigt dieses 6 Jahre junge Festival Hunderte von Filmen, die im und um den Mittelmeerraum spielen, begleitet von

Matineen und Abendvorstellungen am Strand. Abends sitzen die Zuschauer auch mal auf Strandtüchern, so schnell sind die Tickets weg! Das Festival wandert anschließend zu anderen Orten in Kroatien, wie Makarska, Sinj, Bol, Vis …

Split-Festival, Trg Republike, 🖳 www.splitskifestival.hr. Auch für die Liebhaber der klassischen Musik hat Split natürlich reichlich was zu bieten. Dieses Festival zieht die größten Namen der kroatischen Klassikszene an. Das Festival dauert nur 3 Tage und findet am letzten Wochenende im Juni statt.

Split Sommerfestival, 🖳 www.splitskoljeto.hr. Von Mitte Juli–Mitte August, einen Monat lang ein umfassendes Programm aus Oper (150–300 Kn), Ballett (200–250 Kn), Theater (40–150 Kn), Konzerten (60–100 Kn) und Ausstellungen an verschiedenen Veranstaltungsorten wie beispielsweise dem Diokletianpalast. Tickets können online auf der Festival-Homepage oder an der Kasse vom **Kroatischen Nationaltheater** (Blagajna Hrvatsko Narodno Kazalište Split), Trg Gaje Bulata 1, ✆ 021-306908, ✉ blagajna@hnk-split.hr, gekauft werden. Reservierte Tickets müssen 4 Tage vor der Vorstellung bis 12 Uhr abgeholt werden. ⏲ Mo–Fr 9–14, 16–21, Sa 9–12, 18–21, So 19–21 Uhr.

EINKAUFEN

Antiquitäten

Antique's & Art's, Plinarska 21, ✆ 098-9176368. ⏲ Mo–Sa 10–13, 19–21 Uhr.
Zlatna vrata, Papalićeva ulica 4, ✆ 021-360122. ⏲ Mo–Fr 9–12.30, 17–20, Sa 9–13 Uhr.

Bücher

Algoritam, Bajamontijeva 2, ✆ 021-348030, 🖳 www.algoritam.hr. Große Buchhandlung mit englischen und ein paar deutschen, französischen und spanischen Büchern und Zeitschriften. ⏲ Mo–Fr 8.30–21, Sa 8.30–14 Uhr.
Morpurgo, Narodni trg 16, ✆ 021-346843. Angeblich der älteste Buchladen der Welt! Vor 150 Jahren eröffnete der 20-jährige jüdische Einwanderer Vid Morpurgo diese Buchhandlung auf dem Nationalplatz. Eine Hochburg der kroatischen Literatur für die Intellektuellen von Split. ⏲ Mo–Sa 8–21 Uhr.
Upi – 2M Books, Kružićeva 5, ✆ 021-344024. Außergewöhnliche Buchhandlung, mit Spezialisierung auf Architektur, Design und Kunst und über 7000 Büchern und Zeitschriften. ⏲ Mo–Fr 9–20, Sa 10–14 Uhr.
VBZ, Ilićev prolaz 1, ✆ 021-332380, 🖳 www.vbz.hr. Gut sortierte Buchhandlung, die auch englische Bücher und Magazine verkauft. ⏲ Mo–Fr 8.30–20.30, Sa 8.30–14 Uhr.

Kroatisches Modedesign

2A, Radićev trg 7, ✆ 021-345069. ⏲ 9–22 Uhr.
Concept, Obrov 7, ✆ 021-312190. ⏲ Mo–Fr 9–20, Sa 9–14 Uhr.
Luk, Andrićeva 3 und Bosanska 3, ✆ 021-332347. ⏲ Mo–Fr 8.30–20.30, Sa 8.30–14 Uhr.
Think Pink, Zadarska 8, ✆ 021-317126, 🖳 www.thinkpink.com.hr. ⏲ 9–22 Uhr.

Kunst und Fotografie

Atelier Perajica, Peristil bb, ✆ 021-344646, 🖳 www.atelierperajica.com. Kleines Atelier, das von 3 Fotografengenerationen geführt wird. Hier werden wunderschöne Fotos vom alten und modernen Split verkauft, teilweise auf Leinwand gedruckt und mit handgefertigten Rahmen. ⏲ Mo–Fr 10–20, Sa 10–12 Uhr.
Get get get, Vuškovićeva 5, ✆ 021-341015, ✉ info@getgetget.com.hr. Kleiner Designershop einer Hand voll Künstler, die kleine, nicht massentaugliche Kunstwerke unter dem Motto „made in Croatia" verkaufen. ⏲ Mo–Fr 10–13.30, 18–22, Sa 11–13.30 Uhr.

Lebensmittel und Delikatessen

Deliiicije, Obala hrvatskog narodnog preporoda 7, ✆ 021-323149, 🖳 www.deliiicije.com. Ein Paradies für Naschkatzen! Hier gibt es die regionaltypischen *rafioli* (süße Teigtaschen mit Nussfüllung). ⏲ Okt–Juni Mo–Sa 9–21, Juli–Sep Mo–Sa 9–23, So 19–23 Uhr.
Franja Coffee & Teahouse, Radićev trg 5. Alle möglichen kroatischen Produkte – Tee,

Wohin zum Baden?

Der beliebte Stadtstrand Splits, **Bačvice**, befindet sich in einer Bucht östlich des Hafens. Obwohl hier im Sommer enorm viel los ist, wurde dem Strand die Blaue Flagge verliehen. Man kann hier sehr gut schwimmen, und es gibt sogar Duschen. Im Sommer wird der Strand auch als Bar- und Club-Areal genutzt.

Ansonsten befinden sich die schönsten Strände Splits entlang der kilometerlangen Küste unterhalb des Marjan, beispielsweise die etwas ruhigere **Kašjuni-Bucht**. Beliebt sind außerdem die Strände **Ježinac**, **Zvončac**, **Obojena** und **Bene**. Sie sind gut zu Fuß zu erreichen, von der Riva sind es auf einem schönen Küstenspaziergang ungefähr 25 Minuten bis zur ersten Bucht. Alternativ kann man auch das Auto oder das Fahrrad nehmen – einfach der Šetalište Ivana Meštrovića folgen! Ein Fahrrad kann man für 15 Kn pro Stunde am nördlichen Parkeingang (Spinutska Vrata) leihen – hinter dem Nationaltheater die Plinarska ulica nehmen und anschließend den Mandalinski put entlanggehen.

Südlich von Split lässt es sich gut in **Podstrana** baden oder, noch etwas weiter südlich, in **Duće**. Auch diese Buchten sind zu Fuß gut zu erreichen, einfach von der Altstadt den Hafen entlanglaufen und dann der Fußgängerpromenade folgen.

Kaffee, Wein, Öl, Schnaps, Süßigkeiten …
⏰ Mo–Sa 8–22, So 9–21 Uhr.
Kraš, Narodni trg 6, ☎ 021-346138
💻 www.kras.hr. Filiale von Kroatiens Schokoladenmarke Nr. 1. ⏰ Mo–Fr 7–21, Sa 7–20 Uhr.
Nadalina, Dioklecijanova 6. Leckere handgemachte Schokolade aus Dalmatien.
⏰ Mo–Fr 8.30–20.30, Sa 9–14 Uhr.
Oleoteka Uje, Marulićeva 1, ☎ 021-342719, 💻 www.uje.hr. Ansprechender Shop mit allen möglichen Produkten aus Olivenöl und anderen regionalen Produkten. ⏰ Sep–Juni Mo–Sa 9–21, So 9–17, Juli–Aug 9–22 Uhr.
Split Tea House (Kuča čaja Split), Kralja Tomislava 6, ☎ 021-332358, 💻 www.kucacaja-split.hr. ⏰ Okt–Juni Mo–Fr 8.30–20.30, Sa 8.30–14.30, Juli–Sep Mo–Fr 8.30–21, Sa 8.30–14.30 Uhr.

Märkte

Fischmarkt (Ribarnica), Obrov 5. Der Geruch von Salz und Meer zeigt einem den Weg schon aus der Ferne. Hier gibt es alles, was das Herz eines jeden Fischliebhabers nur so begehrt – neben Fisch natürlich auch Meeresfrüchte und Schalentiere. ⏰ früh morgens bis der letzte Fisch verkauft ist.
Obst- und Gemüsemarkt (Pazar), Ulica Stari Pazar. Nicht nur alle möglichen Obst- und Gemüsesorten kann man (wie der kroatische Name bereits vorwegnimmt) auf diesem Markt am Silbernen Tor finden, sondern auch Kleider, Souvenirs und Dinge, die man auf einem Strandurlaub eben so braucht – oder auch nicht. ⏰ früh morgens, bis der letzte Stand Feierabend macht.

Wein

Enoteka Terra, Prilaz braće Kaliterna 6, ☎ 021-314800, 💻 www.vinoteka.hr.
⏰ Mo–Fr 8–20.30, Sa 8–13.30 Uhr.
Judita – Gourmet- und Weinshop, Marulićeva 1, ☎ 021-355147, ✉ judita.split@yahoo.com. ⏰ 8.30–22 Uhr.

Alles dreht sich um die Olive

Ende Juni dreht sich ein verlängertes Wochenende lang alles um die Olive und ums Olivenöl, denn dann findet auf der Riva die **Olivenölwoche** statt. Dort kann man nicht nur das beste Olivenöl der Region und aus Olivenöl hergestellte Produkte kaufen, sondern auch Wissenswertes rund um das mediterrane Gold erfahren, den einen oder anderen Experten treffen, bei Olivenölvorführungen zugucken und jede Menge Leckerbissen durchprobieren.

Vinoteka Bouquet, Trg Franje Tuđmana 3,
☎ 021-348031. ⏰ Mo–Fr 8.30–12.30, 17–20.30,
Sa 9–13 Uhr.
Vinoteka Viola, Bijankinijeva 8,
☎ 021-323035. ⏰ Mo–Fr 8–20, Sa 9–13 Uhr.

AKTIVITÄTEN UND TOUREN
Kanu- und Kajaktouren
Falco Tours, Žrnovička 11, ☎ 021-548646,
🖥 www.falco-tours.com. Geführte Rafting-,
Kanu- und Kajaktouren, z. B. um Trogir und
auf der Cetina. Außerdem Zimmervermittlung.

Tauchen
Akvatorij, Put Supavla 21/III, ☎ 021-459545,
🖥 www.akvatorij.hr. In diesem Tauchzentrum
bekommt man Informationen und Ausrüstung.
⏰ Mo–Fr 9–14.30 Uhr.

SONSTIGES
Apotheken
Über die Stadt verteilt findet man zahlreiche
Apotheken. Die folgenden Adressen haben
rund um die Uhr geöffnet:
Lučac, Pupačićeva 4, ☎ 021-533188,
🖥 www.ljekarnasdz.hr.
Prima Pharme, Kralja Stjepana Držislava 22
(Super Konzum), ☎ 021-325504,
🖥 www.primapharme.hr.

Autovermietungen
ABC, Obala Lazareta 3, ☎ 021-342364,
🖥 www.rentacar-abc.com. ⏰ Mo–Fr 8–20,
Sa 8–14, So 8–12 Uhr.
Emaco, Matice Hrvatske 14, ☎ 021-539506,
🖥 www.emaco.hr. ⏰ 8–20 Uhr.
Europcar, Cesta dr. Franje Tuđmana 96,
Kaštel Štafilić, ☎ 098-231081,
🖥 www.europcar.com.hr. Autovermietung
am Flughafen. ⏰ 8–20 Uhr.
Hertz, Trumbićeva obala 2, ☎ 021-360455,
🖥 www.hertz.hr. ⏰ Mo–Fr 8–20,
Sa 8–13 Uhr.
Uni Rent, Šperun 2, ☎ 021-317297,
🖥 www.uni-rent.com. ⏰ Mo–Sa 8–20,
So 8–12 Uhr.

Gepäckaufbewahrung
Schließfächer gibt es am **Hauptbahnhof**,
Obala kneza Domagoja 9. Am **Busbahnhof**,
Obala kneza Domagoja 12, kann man für
6,50 Kn pro Std. und Gepäckstück seine
Taschen deponieren. Von dort sind es nur
ein paar Schritte ins Zentrum. ⏰ 6–22 Uhr.

Informationen
Touristeninformationszentrum, Peristil bb,
☎ 021-345606, 🖥 www.visitsplit.com.
⏰ Mo–Sa 8–20.30, So 8–13 Uhr.

Sehr unterhaltsam: Picigin

Neben Fußball gibt es in Kroatien noch einen anderen „Nationalsport", der sich in Split besonderer Beliebtheit erfreut und mittlerweile zum festen Bestandteil der Alltagskultur geworden ist: Picigin. Als kroatische Studenten 1908 die Sportart **Wasserball** aus Prag nach Split brachten, war man begeistert, stellte jedoch bald fest, dass die Bedingungen für diese Sportart am Strand von Bačvice nicht optimal waren: Im seichteren Strandbereich war an Schwimmen nicht zu denken, im tieferen Wasser waren die Wellen zu hoch. Und so entwickelte sich als Alternative der Sport Picigin. Fünf Spieler versuchen dabei, im seichten Wasser im Kreis stehend, den *Balun* (einen leichten Ball, der durch Schälen eines Tennisballs hergestellt wird) möglichst oft mit der flachen Hand hochzuschlagen. Je länger ein Ballwechsel dauert, umso spektakulärer werden die Flugeinlagen der Spieler. Sieht man den Hechtsprüngen der Spieler im nur 10 cm hohen Wasser eine Weile zu, kann man die enorme Anstrengung erahnen, die damit verbunden ist. Klare Regeln für den Gewinn eines Picigin-Spiels gibt es nicht. Der ideale Strand für Picigin besteht aus Sand oder feinem Kies, um die Verletzungsgefahr zu minimieren. Wer routinierten Picigin-Spielern zuschauen möchte, hält am besten am Ursprungsstrand Bačvice in Split die Augen offen, doch auch an anderen Orten an der kroatischen Küste lässt sich der Sport beobachten. Allein schon das Zuschauen lohnt sich, denn Picigin hat hohen Unterhaltungswert! Echte Picigin-Spieler sind übrigens sogar im Winter aktiv.

Touristeninformation Split, Obala hrvatskog narodnog preporoda 7, ✆ 021-348600, 🖥 www.visitsplit.com. ⏲ Mo–Fr 7.30–15.30 Uhr.
Touristeninformation der Gespanschaft Split-Dalmatien, Prilaz braće Kaliterna 10/1, ✆ 021-490032, 🖥 www.dalmatia.hr. ⏲ Mo–Fr 8–16 Uhr.

Konsulate
Konsulat Deutschland, Svačićeva 4, ✆ 021-409347, ✉ split@hk-diplo.de. ⏲ Mo–Fr 9–12 Uhr.
Konsulat Österreich, Klaiceva poljana 1, ✆ 021-322535, ✉ marin.mrklic.consulate@email.htnet.hr. ⏲ Mo–Fr 9–12 Uhr.
Konsulat Schweiz, Strožanačka cesta 20, Podstrana, ✆ 021-420420, ✉ split@honrep.ch. Das Konsulat befindet sich nicht im Zentrum, sondern im etwa 9 km südlich gelegenen Podstrana. ⏲ Mo–Fr 9–12 Uhr.

Medizinische Hilfe
Bolnica Križine, Šoltanska 1, ✆ 021-557111.
Klinički Bolnički Centar (Firule), Spinćićeva 1, ✆ 021-556111.

Post
Hauptpostamt, Hercegovačka 1, ✆ 021-342417. Mo–Sa 7–20 Uhr.
Postamt, Kralja Tomislava 9, ✆ 021-406705, 🖥 www.posta.hr. ⏲ Juni und Okt Mo–Fr 7–20, Sa 7–13, Juli–Sep Mo–Fr 7–21, Sa 7.30–14 Uhr.

NAHVERKEHR
Busse
Das Bussystem in Split (**Promet Split**, Gundulićeva 29, ✆ 021-481097, 🖥 www.promet-split.hr) funktioniert sehr gut, die Linien 1–18, 21 und 22 verkehren zwischen 5 und 23 Uhr. Fr und Sa gibt es zusätzlich 3 Nachtbusse (Nummer 23, 39 und 40). Die Fahrpläne hängen an den jeweiligen Stationen aus. Tickets sind für 11 Kn im Bus oder 9 Kn beim Kiosk erhältlich. Die **Haupthaltestelle** befindet sich in der **Sukoišanska ulica**, ✆ 021-480656, etwa 1 km nördlich der Altstadt, wo auch Busse nach Trogir (mit Halt in Solin), Omiš und zum Flughafen (Linie 37) abfahren. ⏲ Ticketschalter Mo–Fr 6–20, Sa 6–12 Uhr. Generelle Auskünfte über die Busse bekommt man auch unter ✆ 021-407999.

Taxi
Am einfachsten bestellt man ein Taxi unter ✆ 1777. Taxistände befinden sich vor den großen Hotels und Krankenhäusern, am Hafen, Busbahnhof und nahe der Riva. Der Tarif beginnt bei 18 Kn, pro Kilometer kommen 8 Kn hinzu, pro Gepäckstück 2,5 Kn.

TRANSPORT
Auto und Motorrad
Es gibt über die Stadt verteilt ausreichend **Parkplätze**. Im Zentrum kostet 1 Std. 5 Kn, etwas außerhalb 3 Kn (dafür muss man aber einen etwas längeren Fußweg in Kauf nehmen). Die teuersten, aber zentralsten Parkplätze befinden sich an der Riva (10 Kn pro Std.) und hinter dem Bahnhof (7 Kn pro Std.), Letzterer wird nachts jedoch nur spärlich beleuchtet und ist somit nicht gerade sicher. Potenzielle Parksünder sollten wissen, dass das Abschleppen in Split ein beliebter und kostspieliger Sport ist.

Busse
Der **Busbahnhof**, Obala kneza Domagoja 12, ✆ 021-329180, 🖥 www.ak-split.hr, liegt direkt am Fährhafen und nur 10 Gehminuten vom Altstadtzentrum entfernt. Die Verbindungen sind erstklassig und sehr gut organisiert. Meist ist es billiger, Hin- und Retourticket zusammen zu kaufen, allerdings muss man dann mit derselben Busgesellschaft fahren. Vorab erkundigen sollte man sich auch, ob der Bus über die Autobahn oder die kurvenreiche Bundesstraße fährt, denn dies macht einen erheblichen zeitlichen Unterschied aus, auch wenn die Panoramablicke über die Bundesstraße atemraubend schön sind. ⏲ 6–21.30 Uhr, der Informationsschalter hat rund um die Uhr geöffnet.
DUBROVNIK, regelmäßige Verbindungen zwischen 1.30 und 17.15 Uhr in 5 Std. für 113–132 Kn. Auf dem Weg dorthin liegt MAKARSKA, das nach 1 Std. erreicht werden kann.

PLITVICER SEEN, 4 Buslinien ab Split, 8.30, 12, 20.15, 22.45 Uhr. 137–147 Kn.
RIJEKA. Der erste Bus Richtung Rijeka startet um 5 Uhr, der letzte um 21.20 Uhr, 7 Std., 291–349 Kn.
TROGIR, zwischen Split und Trogir verkehrt ein Direktbus, 26x tgl. (in unregelmäßigen Abständen) zwischen 6.30 und 23 Uhr in 30 Min. für 21 Kn. Alternativ: Regionalbus über KAŠTELA, der alle 20 Min. fährt, 1 Std.
ZAGREB, stdl. zwischen 1 und 23.59 Uhr in 5 Std. für 146–219 Kn.

Eisenbahn

Der **Bahnhof**, Obala kneza Domagoja 9, ✆ 021-338525, 🖥 www.hznet.hr, liegt neben dem Busbahnhof, bietet allerdings nicht viele Möglichkeiten außer der Fahrt nach ZAGREB, wo man Anschluss in alle möglichen europäischen Städten hat. Die Fahrt dauert allerdings geschlagene 8 Std., was am Wochenende mit dem *Discozug* – jeder Menge Musik und Tanz – schmackhaft gemacht werden soll. Der Nachtzug (23.20 Uhr von Zagreb, 21.18 Uhr von Split) hat noch einen Vorzug – man kann gegen einen Aufpreis von 180–266 Kn sein Auto oder Motorrad auf den Zug laden und am nächsten Morgen wieder abholen. Abgesehen davon empfiehlt es sich jedoch, auf den Bus als bevorzugtes Transportmittel zurückzugreifen. Vom Bahnhof sind es nur wenige Schritte bis ins Zentrum.

Schiffe

Der **Fährhafen** (Trajektni Terminal), Obala Lazareta, ✆ 021-338333, befindet sich direkt gegenüber dem Busbahnhof. Von Split fahren zahlreiche Fähren auf alle größeren kroatischen Inseln.
BRAČ, tgl. 14x nach Supetar, 5–22.45 Uhr, in knapp 1 Std. für 30 Kn p. P., Auto 123 Kn.
HVAR, tgl. 7x nach Starigrad, 1.30–20.30 Uhr, in 2 Std. für 37 Kn p. P., Auto 245 Kn.
VIS, in der Hauptsaison, 30. Juni–2. Sep, 10x nach Vis-Stadt, 5.30–20.50 Uhr, in der Nebensaison, 1.–29. Juni und 3.–30. Sep., 8x tgl., 5.30–19.20 Uhr, in 2 1/2 Std. für 54 Kn p. P., Auto 287 Kn. Es gibt auch einen Katamaran, der über die Stadt Hvar fährt, schneller (1 1/2 Std.) und nicht wesentlich teurer ist, der aber nur Personen befördert.
KORČULA, in der Hauptsaison 2x tgl. nach Vela Luka in 3 Std. für 100 Kn p. P., Auto 360 Kn. Von Vela Luka fährt die Fähre weiter nach Ubli auf LASTOVO.
Die aktuellen Fährpläne sind auf der Homepage der Jadrolinija-Fährgesellschaft, 🖥 www.jadrolinija.hr, zu finden. Direkt an der Fähre befindet sich die **Busstation Trajektna luka**, von wo aus man überall hinkommt. Zur Altstadt sind es nur ein paar Minuten zu Fuß.

Flüge

Der **Flughafen Split-Kaštela**, Cesta dr. Franje Tuđmana 96, Kaštel Štafilić, ✆ 021-203555, 🖥 www.split-airport.hr, befindet sich 30 km von Split entfernt, ist jedoch gut angebunden. Es fahren alle 20 Min. Busse (Nr. 37) nach Split, am Wochenende alle 30 Min. Ein Ticket kostet 16 Kn. Es gibt auch eine Reihe Autoverleiher am Flughafen. Bei allen möglichen Fragen hilft das freundliche Personal am **Informationsschalter** gerne weiter. ⏰ 5.15–23 Uhr.
Split wird in der Hochsaison direkt von folgenden Flughäfen angeflogen:

Deutschland: von Ende April–Mitte Okt 4x wöchentl. von BERLIN, von Ende März–Ende Okt 5x wöchentl. von KÖLN, von Anfang April–Ende Okt 3x wöchentl. von DORTMUND, von Anfang Mai–Ende Ok 1x wöchentl. von DRESDEN, von Ende April–Ende Okt 2x wöchentl. von DÜSSELDORF, von Anfang Mai–Ende Okt 1x wöchentl. von ERFURT, von Anfang April–Ende Okt tgl. von FRANKFURT, von Anfang Mai–Ende Okt 3x wöchentl. von HAMBURG, von Anfang April–Ende Okt 4x wöchentl. von HANNOVER, von Anfang Mai–Ende Okt 1x wöchentl. von LEIPZIG, von Anfang April–Ende Okt. mind. 1x tgl. von MÜNCHEN, von Mitte Mai–Anfang Okt 1x wöchentl. von NÜRNBERG, von Anfang April–Ende Okt 1x tgl. von STUTTGART.

Österreich: von Anfang April–Ende Okt 1x tgl. von WIEN.

Schweiz: von Ende April–Ende Okt 1x wöchentl. von BASEL, von April–Okt 2x wöchentl. von BERN, von Anfang Mai–Mitte Okt 5x wöchentl. von ZÜRICH.

Rund um Split

Die Umgebung von Split hat mindestens noch einmal genauso viel zu bieten wie die Stadt selbst. Reich an historischen Sehenswürdigkeiten sind die Ruinen von Salona, Dalmatiens einstiger Hauptstadt vor Splits Toren, sowie die Küstenburgen entlang der Kaštela-Bucht. Das quirlige Trogir wartet mit einer stimmungsvollen Hafenpromenade, einer Fülle an Hotels und Restaurants und einem aufregenden Nachtleben auf, während die romantischen Fischerstädtchen Seget Vranjica und Marina mit hübschen Buchten und entspanntem Laissez-faire locken. Für ein Gefühl von Abenteuer sorgt die einstige Piratenhochburg Omiš an der Cetina-Schlucht. Dass nicht nur die Küste einen Besuch wert ist, das beweist das charmante Städtchen Sinj im Hinterland, das mit seinen Ritterspielen nicht nur für Pferdeliebhaber ein Geheimtipp ist.

Solin

Die antike Stadt Solin (römisch „Salona"), 8 km nördlich von Split gelegen, gehört dank ihrer Ruinen zu den historisch interessantesten Orten der Region. Und dies nicht nur, weil Solin der Geburtsort von Kaiser Diokletian ist. Zur Zeit der Römer war die Stadt ein wichtiges Kultur-, Handels- und Militärzentrum, das im 3. und 4. Jh. seine Blütezeit erlebte, als es sogar Hauptstadt Dalmatiens wurde. Darauf folgten drei Jahrhunderte Christentum, die den Ort ihrerseits prägten. 614 wurde die Stadt schließlich vom zentralasiatischen Reitervolk der Awaren und den Slawen zerstört. Damit ging eine Epoche zu Ende und bedeutete das Ende der Antike und den Beginn des Mittelalters in Kroatien. Die Bewohner flohen nach Split und auf die umliegenden Inseln, Salona verfiel.

Spaziert man durch die Ruinen von Salona, so kann man ziemlich gut nachvollziehen, wie die Stadt einst ausgesehen haben muss. Dank eines kroatischen Archäologen namens Frane Bulić (1846–1934) wurde das **Archäologische Museum Tusculum** eingerichtet und der Öffentlichkeit zugänglich gemacht. So sehr am Herzen lag dem Archäologen das Schicksal von Solana, dass er sich hier begraben ließ. Das Museum befindet sich am Eingang des Komplexes, nahe der Café-Bar Salona, und ist Museum und Informationszentrum zugleich. Der Eintritt gilt sowohl für das kleine Museum als auch für die komplette Anlage. ⊙ Juni–Sep Mo–Sa 9–19, So 9–13, Okt–Mai Mo–Fr 9–15, Sa 9–13 Uhr, Eintritt 20 Kn.

Wohl am beeindruckendsten ist das **Amphitheater** im südwestlichen Teil, das aus dem 2. Jh. stammt und seinerzeit 18 000 Menschen fassen konnte. Danach erfuhr das Gebäude ein trauriges Schicksal – im Mittelalter wurde es der Verteidigung willen zweckentfremdet und im 17. Jh. von den Venezianern zerstört, damit es nicht den Osmanen in die Hände fiel.

Auf der **Nekropole Manastirine**, einem der größten altchristlichen Friedhöfe, befinden sich die Gräber des Hl. Anastasius und des Hl. Dominius. Aus dem Friedhof wurde im Laufe der Zeit eine Grabstätte christlicher Märtyrer, die vor der Legalisierung des christlichen Glaubens für ihren Glauben starben. Zum Höhepunkt eines Besuches von Salona gehört die **Bischofsanlage** mit ihren zwei Basiliken aus dem 4./5. Jh., einem Taufbecken und einem Palast. Ein **überdachtes Aquädukt**, um das 1. Jh. erbaut, lässt darauf schließen, dass dieses nicht nur Salona mit Wasser aus dem Fluss Jadro versorgte, sondern auch den Diokletianpalast. Erstaunlich ist, dass auch heute noch die Wasserversorgung von Split teilweise über Diokletians Aquädukte funktioniert. Es gibt auch mehrere, gut erhaltene öffentliche Bäder auf der Anlage.

Natürlich ist Solin (20 000 Einw.) heute neben einer archäologischen Stätte auch eine ganz gewöhnliche Stadt, die allerdings leider durch Industrie (hier befindet sich unter anderem eines der größten Zementwerke Kroatiens) und die großen Durchfahrtsstraßen etwas verschandelt wurde.

TRANSPORT

Zwischen SPLIT und Solin verkehrt alle 30 Min. die **Bus**-Linie 1, die in Split vom Trg Gaje Bulata abfährt und bei der Café-Bar Salona hält. Von Solin nach TROGIR fährt die Linie 37, die nahe dem Amphitheater startet. Tickets sind beim Busfahrer erhältlich. Wenn man mehrere Strecken fährt, lohnt sich das 4-Zonen-Ticket für 20 Kn.

Kaštela-Bucht

Fährt man von Split nach Trogir, so erblickt man an jeder Straßenwindung eine Festung. Ganze sieben sind es, die sich entlang der 20 km langen Kaštela-Bucht erheben. Betrachtet man die Lage zwischen Meer und Berg, so wird schnell klar, dass es keinen besseren Ort für den Bau von Festungsanlagen geben konnte. Und so kam es, dass sich im 15. und 16. Jh. eine Adelsfamilie nach der anderen hier, im Schutze des lang gezogenen Kozjak-Berges, ihre Festung errichtete, um sich vor den Osmanen sicher zu fühlen, die zu dieser Zeit halb Europa einnahmen. Da es Letztere tatsächlich nie bis hierher schafften, sind die Festungen allesamt gut erhalten.

Die erste Küstenburg, die auf dem Weg von Split nach Trogir in Erscheinung tritt, ist das um 1392 erbaute **Kaštel Sućurac**, später Sommerpalast der Bischöfe von Split, das gleichzeitig ein guter Ausgangspunkt für eine Wanderung auf den Kozjak ist. Am Friedhof vorbei führt ein Weg auf die Hütte bei Putalj, wo es dann weiter auf den Höhenrücken des Kozjak geht.

Die zweite Burg ist das **Kaštel Gomilica**, welches von Benediktinernonnen errichtet und von schönen Sandstränden umgeben ist. Sehenswert ist die aus dem 12. Jh. stammende Kirche.

Es folgt das **Kaštel Kambelovac**, das durch seine Zylinderform rausticht, und das **Kaštel Lukšić**, das mit der tragischen Geschichte eines Liebespaares verbunden ist, das hier heiratete und begraben liegt. Architektonisch interessant ist der Übergang von der Renaissance zum Barock, der an dem 1487 errichteten Bauwerk offensichtlich wird. Heute befinden sich hier die Touristeninformation der Region, ein kleines Museum sowie die städtischen Verwaltungsbüros.

Das **Kaštel Stari** stammt aus dem Jahr 1476 und ist somit die älteste der Festungen. Das Innere der Burg überrascht mit einem Kreuzgang mit Arkaden. Nach dem **Kaštel Novi** bildet das **Kaštel Štafilić** das Schlusslicht, das auf einer kleinen Insel thront und nur über eine Zugbrücke mit dem Festland verbunden ist.

Heute leben die Einheimischen der Region in erster Linie vom Wein-, Obst- und Gemüseanbau. Sichtlich bietet der Kozjak also nicht nur Schutz vor Eindringlingen, sondern auch vor ungünstiger Witterung.

INFORMATIONEN/TOURISTENAGENTUREN

Touristeninformation Kaštela, Dvorac Vitturi, Brce 1, Kaštel Lukšić, ✆ 021-228355, 🖥 www.dalmacija.net/kastela.htm. Informiert auch über Unterkünfte in Kaštela. ⏰ Juni–Sep Mo–Sa 8–21, So 8–12, Okt–Mai Mo–Sa 8–15 Uhr.

Pinija, Ante Starčevića 39, Kaštel Kambelovac, ✆ 021-234750, 🖥 www.pinija-dalmatia.hr. Unterkunftsvermittlung, Exkursionen sowie geleitete Sportaktivitäten wie Rafting, Tauchen und Segeln.

TRANSPORT

Die **Bus**-Linie 37 fährt alle 30 Min. von SPLIT nach TROGIR in 30 Min. für 21 Kn und hält an allen Orten entlang der Kaštela-Bucht. Man kann auch ein Stück die Uferpromenade entlanglaufen.

Trogir und Insel Čiovo

Malerisch liegt das Städtchen **Trogir** (12 995 Einw.) auf einem Inselchen, das durch eine kleine Brücke mit dem Festland verbunden ist. Die Stadt wurde im 3. Jh. v. Chr. von griechischen Siedlern gegründet, die von Vis hierher kamen. Bis weit in die Römerzeit hinein gehörte Trogir zu den wichtigsten Hafenstädten der Region, bevor das aufstrebende Salona diese Rolle übernahm. In der Geschichte geriet Trogir, wie so viele Küstenstädte, mehrmals unter Fremdherrschaft, war jedoch gleichzeitig immer sehr auf seine Unabhängigkeit bedacht, was allein

Trogir

Übernachtung:
1. Camping Seget
2. Villa Maslina
3. Hotel-Restaurant Trogirski Dvori
4. Vanjaka B&B
5. Hotel-Restaurant Trogir
6. Hotel-Restaurant Pašike
7. Hotel Tragos
8. Villa Sv. Petar
9. Tonina Apartments
10. Camping Rožac

Essen:
1. Konoba Idro
2. Restaurant Vanjaka
3. Kamerlengo
4. Konoba Ružmarin

Transport:
1. Taxi
2. Busbahnhof
3. Luna Rent a Car

Sonstiges:
1. Ärzte
2. Ljekarna Stojan-Špika
3. Ljekarna Svalina
4. Adriatic 4 you
5. Kairos Travel
6. Atlas Trogir
7. Laganini Beach Club

schon durch seine beschützte Lage zwischen den Bergen im Norden, dem Meer im Süden und den Stadtmauern rundherum gegeben war. Seine Autonomie behielt Trogir auch während der kroatischen und byzantinischen Herrschaft, und als die Venezianer 1409 Dalmatien einnahmen, wehrte sich die Stadt mit all ihrer Kraft. Zwar vergebens, doch gelang es Trogir im Gegensatz zu vielen anderen Städten Dalmatiens, auch unter venezianischer Herrschaft künstlerisch produktiv zu bleiben.

Von dieser reichen Geschichte und Trogirs Blütezeit im 13. Jh., als Architektur und Bildhauerei florierten, zeugt die **historische Altstadt**, die seit 1997 zum Unesco-Weltkulturerbe zählt. Hier treffen die verschiedensten architektonischen Einflüsse aufeinander, von der Romanik über die Gotik, den Barock und die Renaissance bis hin zur Moderne. Längst hat sich die Stadt jedoch über die Grenzen der Altstadt ausgebreitet. Viele der Hotels und Restaurants befinden sich auf der benachbarten **Insel Čiovo**, die durch eine weitere Brücke mit der Altstadt verbunden ist. Die 15,3 km lange und 3,5 km breite Insel bietet mit ihren Stränden und Buchten außerdem all die Bade- und Freizeitmöglichkeit, die einen Besuch in Trogir erst zum richtigen Urlaubsvergnügen machen.

Trotz aller historischen Sehenswürdigkeiten, die in Trogir schier unerschöpflich sind, ist das Erste, was man bei der Ankunft sieht, ein großer, bunter **Obst- und Gemüsemarkt**, auf dem neben Lokalprodukten auch alle möglichen Souvenirs erhältlich sind. Das quirlige Treiben geht gleich weiter, sobald man die Altstadt durch den Nordeingang betritt.

Stadtmuseum und Palača Ćipiko

Gleich zu Beginn stößt man auf das **Stadtmuseum** (Muzej grada Trogira), Gradska vrata 4, ☎ 021-881406, das in insgesamt fünf Räumen des einstigen Garagnin-Fanfogna-Palastes von Trogirs reicher Geschichte erzählt. ⏱ Mo–Sa 9–13, 17–22 Uhr.

Nur ein paar Schritte weiter südlich liegt der romanische **Palača Ćipiko**, dessen in Stein gemeißeltes gotisches Triforium zu den bedeutendsten Werken Andrija Alešis gehört.

Kathedrale des Hl. Laurentius

Gleich gegenüber beeindruckt Trogirs wichtigste Sehenswürdigkeit, die dreischiffige venezianische Kathedrale des Hl. Laurentius (Katedrala Sv. Lovre), Trg Ivana Pavla II, ☎ 021-881426, mit ihrer Größe und Pracht. Zwischen dem 13. und 15. Jh. errichtet, zeichnet sich die Kathedrale vor allem durch das **Portal von Radovan** aus, das der aus Trogir stammende Meister 1240 schuf. Die Seiten sind jeweils durch die venezianischen Löwen geschmückt, auf denen Adam und Eva stehen. Zu den weiteren Sehenswürdigkeiten der Kathedrale zählen die 1464 von Andrija Aleši gestaltete **Taufkapelle** am Ende des Säulenganges, die **Kapelle Sveti Ivan Ursini**, die durch die Renaissance-Bildhauer Nikola Firentinac und Ivan Duknović geschaffen wurde, sowie die **Sakristei** mit Gemälden, die den Hl. Hieronymus und Johannes den Täufer darstellen. Außerdem sollten weder ein Abstecher in der **Schatzkammer**, die ein Triptychon aus Elfenbein sowie wertvolle Manuskripte beherbergt, noch die Besteigung des 47 m hohen **Kirchturms** versäumt werden, denn von dort hat man verständlicherweise den besten Blick auf Trogir und die Umgebung. ⏱ Mo–Fr 8–19, So 11.30–19 Uhr, Eintritt 20 Kn.

Am Hafen von Trogir trifft sich Groß und Klein.

Rathaus

Gegenüber der Kathedrale liegt das Rathaus (Gradska Vijećnica) aus dem 15. Jh., dessen Besonderheit in einem gotischen Innenhof und einem Brunnen liegt, der mit dem Markuslöwen der Republik Venedig verziert ist.

Kloster des Hl. Nikolaus

An der Südseite der Insel hat sich das Kloster des Hl. Nikolaus (Samostan Sv. Nikole), Gradska 2, ☎ 021-881631, eingenistet, das vor allem für das Relief von Kairos, dem griechischen Gott des richtigen Augenblicks, einen Besuch wert ist, das aus orangefarbenem Marmor gemeißelt wurde. Dafür sollte der richtige Augenblick keinesfalls verpasst werden. ⏱ tgl. 10–13, 16–18 Uhr, Eintritt 20 Kn.

Riva

Tritt man durch das **Seetor**, gelangt man zur Riva, die – ähnlich wie in Split – entlang dem Wasser führt und seit 2002 in neuem Glanz erstrahlt. Es ist das Prestigeprojekt eines Teams, bestehend aus den bekanntesten kroatischen Architekten. Im Sommer ist es ein beliebter Anlegeplatz für Luxusjachten. Hier findet man einfach alles – Waffelverkäufer, Künstler, Touristen, Einheimische und Jugendliche, die sich fürs Ausgehen schick gemacht haben.

Kloster des Hl. Dominikus

Auf dem Weg in Richtung Westen läuft man am Kloster des Hl. Dominikus (Samostan Sv. Dominika), Obala bana Berislavića, ☎ 021-881960, vorbei, wo sich die Adelsfamilie Sobota von Niccolò Fiorentino ein Grabmal im Renaissance-Stil errichten ließ. ⏱ 10–15 Uhr.

Festung Kamerlengo

Das krönende Schlusslicht am äußersten südwestlichen Zipfel der Insel bildet die imposante Festung Kamerlengo (Tvrđava Kamerlengo), welche früher mit den Stadtmauern verbunden war, genauso wie der **Rundturm Sveti Marko**, der von eben demselben General Marmont errichtet wurde, der bereits bei der Neugestaltung von Split ein Wörtchen mitzureden hatte. In Trogir hingegen spielte er mit Vorliebe Karten im Rundturm. Heute wird hier nicht mehr Karten gespielt, dafür kommen in der Festung während des Trogir Sommerfestivals Konzerte zur Aufführung. ⏱ Mai–Okt 9–21 Uhr, Eintritt 15 Kn.

ÜBERNACHTUNG

Hotel-Restaurant Pašike, Sinjska bb, ☎ 021-885185, 🖥 www.hotelpasike.com. Der mehr als 300 Jahre alte Familienbesitz war ursprünglich ein Restaurant und wurde anschließend zu einem traditionellen Hotel umgebaut. Die Einrichtung stammt komplett aus der Familie, die Zimmer sind also auf schöne Art urig und sehr gemütlich. Im Restaurant wird in Trachten bedient. ❹–❺

Hotel-Restaurant Trogir, Sinjska 8, ☎ 021-884756, 🖥 www.trogirhotel.com. Sehr freundliches, helles 3-Sterne-Hotel, das vor 6 Jahren seine Türen geöffnet hat. Die Zimmer sind sehr gepflegt, mit hellen Holzböden und in edlem, etwas altmodischem Stil eingerichtet. ❸–❺

Hotel-Restaurant Trogirski Dvori, Kneza Trpimira 245, ☎ 021-885444, 🖥 www.hotel-trogirskidvori.com. Schöne, helle Zimmer in gelben Farben mit Fischgrätparkett und teilweise Blick aufs Meer. ❸–❺

Hotel Tragos, Budislavićeva 3, ☎ 021-884729, 🖥 www.tragos.hr. Besitzer dieses Hotels ist Familie Žunić, die großen Wert auf authentisches Flair legt. Die Räumlichkeiten sind insgesamt etwas düster, und die Einrichtung könnte moderner sein, dafür ist das Hotel aber etwas billiger und weniger fein rausgeputzt. ❸–❺

Rožac, Šetalište braće Radić bb, ☎ 021-806105 🖥 www.camp-rozac.hr. Schöner Campingplatz in Okrug Gornji auf Čiovo, 20 Fuß- und 10 Autominuten von Trogir entfernt. Er liegt an einem 1 km langen Kiesstrand und im Grünen. Stellplatz zwischen 16,60 und 20 €.

Seget, Hrvatskih žrtava 121, ☎ 021-880394 🖥 www.kamp-seget.hr. Der Campingplatz liegt am Meer und 2 km von Trogir entfernt, bietet aber nur teilweise Schatten. Ab 35 Kn für einen Autostellplatz.

Tonina Apartments, Špira Puovica 1a, ☎ 091-882343, 🖥 www.tonina-apartments.com. Gepflegte, schön eingerichtete Apartments auf der Insel Čiovo. ❶–❸

Vanjaka B&B, Radovanov trg 9, ℡ 021-884061, 🖥 www.vanjaka.hr. Eine der preiswerteren Optionen in der Stadt. Die Zimmer sind gemütlich und individuell gestaltet, die Pension ist insgesamt sehr sauber und gepflegt. Allein die Freundlichkeit der Besitzerin lässt ein wenig zu wünschen übrig. Unbedingt vorher anmelden! ❷–❺
Villa Maslina, Alojza Stepinca 41, ℡ 021-798130, 🖥 www.villa-maslina.net. Freundlich und modern eingerichtete Apartments nahe der Altstadt, mit guter Ausstattung und neuen Sanitäranlagen. Die meisten Zimmer haben einen Balkon, Blick auf Trogir oder das Meer. ❶–❷
Villa Sv. Petar, Ivana Duknovića 14, ℡ 021-884359, 🖥 www.villa-svpetar.com. Apart-Hotel in den Gemäuern der Altstadt mit moderner, schlichter Einrichtung und schönen Holzböden. Es gibt 4 DZ und ein Apartment. ❸–❹

ESSEN

Kamerlengo, Vukovarska 2, ℡ 021-884772, 🖥 www.kamerlengo.hr. Feinere Konoba mit etwas gehobeneren Preisen und guten Portionen. Auf der Speisekarte steht viel Fisch und Fleisch vom Grill und Holzofen, aber auch die Auswahl an Meeresfrüchten ist beachtlich. Es gibt eine offene Terrasse. ⏱ 10–23 Uhr.
Konoba Idro, M. Gupca 6, ℡ 021-882609, ✉ u.o.idro@st.t-com.hr. Gemütliche Konoba, die Fleisch und Fisch vom Grill und aus dem Holzofen *(peka)* serviert, welche auf einer hübschen überdachten Terrasse mit Holzboden, Steinmauern und Holzbalken genossen werden können. ⏱ 11–23 Uhr.
Konoba Ruzmarin, Obala bana Berislavića 20, ℡ 021-884748. Nur ein paar Schritte vom Hafen entfernt liegt diese schöne, romantische Konoba mit überdachter Steinterrasse. Neben Muscheln und Fisch vom Grill gibt es auch zahlreiche mediterrane (Pasta-) Gerichte. ⏱ April–Okt tgl. 17–24 Uhr.
Restaurant Vanjaka, Radovanov trg 9, ℡ 091-5038734, 🖥 www.vanjaka.hr. Familienrestaurant, das einheimische, rustikale Lokalküche zubereitet. Draußen gibt es eine schöne Terrasse, drinnen sorgen freigelegte Steinmauern für romantisches Flair. ⏱ 11–23 Uhr.

UNTERHALTUNG UND KULTUR

Laganini Beach Club, Čiovo, ℡ 092-3097441, 🖥 www.laganinibeachclub.com. Trendiger Strandclub auf der Insel Čiovo, in dem es sich tagsüber bei einem Erfrischungsgetränk oder einer Massage mit Blick aufs Meer besonders gut entspannen lässt. Abends wird es bei Kerzenschein romantisch, auf den weißen Bettsofas und bei einem leckeren Cocktail. Im Sommer gibt es auch Livemusik und Open-Air-Kino. Der Club befindet sich auf der Südseite der Insel, in der Uvala Duboka, auf der anderen Seite von Okrug Gornji. ⏱ 10–22 Uhr.

AKTIVITÄTEN UND TOUREN

Kajak
Die Umgebung von Trogir bietet sich sehr gut für ausgedehnte Kajaktouren an. Dementsprechend groß ist das Angebot an geführten Ausflügen. In einigen Touristenagenturen kann aber auch einfach ein Kajak gemietet und der Archipel im Alleingang erkundet werden.
Falco Tours, Žrnovnička 11, ℡ 021-548646, 🖥 www.falco-tours.com. Touristenagentur, die von Split aus Kajaktouren rund um Trogir und zur Blauen Lagune von Krknjaši auf der Insel Drvenik organisiert.
Red Adventures Beach Center, Strand Okrug Gornji, ℡ 091-7903747, 🖥 www.adventure-in-croatia.com. Verleih von Fahrrädern, Kajaks und Surfbrettern sowie organisierte und geleitete Windsurf-, Kletter- und Kajaktouren.

Tauchen
Tauchzentrum Trogir, Okrug Gornji – Pod Luku 1, ℡ 021-886299, 🖥 www.trogirdivingcenter.com. Professionelles Tauchzentrum mit allen möglichen Equipments und Ausflugsangeboten. Zum Tauchen besonders geeignet ist der Archipel um die Inseln Čiovo und Šoltan. ⏱ April–Okt.

SONSTIGES

Apotheken
Ljekarna Stojan-Špika, Kardinala Alojzija Stepinca 17, ℡ 021-885541. ⏱ Mo–Sa 8–20 Uhr.

Bade- und Strandvergnügen

Die meisten Strände Trogirs befinden sich auf der Insel **Čiovo**. Davon ist der bekannteste die sog. **Copacabana**, ein 2 km langer Kieselstrand mit zahlreichen Bars in Okrug Gornji. Beliebt ist auch der Kieselstrand **Medena**, der zum Hotel gleichen Namens gehört und auf 3 km alle möglichen Sport- und Freizeitmöglichkeiten für die gesamte Familie bietet. Etwas ruhiger geht es in der Bucht **Mavraštica** auf der Südseite der Insel zu. Der Stadt am nächsten ist der Kies- und Sandstrand **Pantan**, der 1,5 km östlich der Altstadt an der Mündung des gleichnamigen Flusses und inmitten eines Naturschutzgebietes liegt. Wem all das nicht intim genug ist, der sollte zu den **Inseln Drvenik Mali** und **Drvenik Veli** übersetzen, die mit einer Personenfähre erreichbar sind und mit ihren wenigen Einwohnern absolute Ruhe und Einsamkeit garantieren. Die schönsten Strände auf der Insel Drvenik Veli findet man an ihrer Ostküste in der **Bucht Krknjaši** gegenüber den zwei gleichnamigen Inselchen. Der Kiesstrand und sandige Untergrund verleihen der Bucht einen paradiesischen, fast schon tropischen Anblick. Es gibt mehrere kleine Buchten mit seichten Stellen, die das Baden auch für Kinder ermöglichen. Die Bucht ist leicht mit dem Boot zu erreichen.

Ljekarna Svalina, Alojzija Stepinca 9, ℡ 021-884247. ⌚ Mo–Sa 7–20, So und feiertags 8–12, 17–20 Uhr. Die einzige Apotheke der Stadt, die auch sonn- und feiertags geöffnet hat.

Autovermietungen
Die meisten Touristenagenturen verleihen Autos und Motorräder.
Luna Rent a Car, Put Balana 1, ℡ 091-3838390, 🖥 www.lunarentacar.hr. Autos können in Trogir oder aber am Flughafen von Split gemietet und wieder abgegeben werden.

Einkaufen
Obst- und Gemüsemarkt Trogir, Alojza Stepinca bb. Unübersehbar – die Farben und Formen stechen einem schon von Weitem ins Auge. ⌚ 6–21 Uhr.
Fischmarkt Trogir, Alojza Stepinca bb. Gegenüber vom Gemüsemarkt kann gleich der Fisch dazu gekauft werden. ⌚ 6–12 Uhr.
Fischmarkt Seget Donji, ℡ 095-9045455. Großes Angebot an frischem Fisch, Muscheln, Meeresfrüchten und Krebsen. Nicht direkt in Trogir, sondern etwas außerhalb, in Seget Donji. ⌚ 7–12, 17–20 Uhr.

Feste
Vom 21. Juni–Anfang September findet jährlich das **Trogir Sommerfestival** statt, mit Klassik- und Folkkonzerte in Kirchen, auf Plätzen und in der Festung. Die Plakate, die dafür werben, sind über die ganze Stadt verteilt.

Informationen
Touristeninformation Trogir, Trg Ivana Pavla II/1, ℡ 021-885628, 🖥 www.tztrogir.hr.

Medizinische Hilfe
Dr. Marija Klarić, Dr. Mirjana Grga (Allgemeinmedizin), Kardinala A. Stepinca 16, ℡ 021-884184, 021-885900. ⌚ Mo–Fr 8–19 Uhr.

Touristenagenturen
Adriatic 4 you, Gradska 12, ℡ 021-885143, 🖥 www.adriatic4you.com. Vermittlung von Unterkünften, Organisation von Exkursionen, (sportlichen) Aktivitäten und Transporten sowie Verleih von Autos, Motorrädern, Booten und Fahrrädern.
Atlas Trogir, Obala kralja Zvonimira 10, ℡ 021-881374, 🖥 www.atlas-trogir.hr. Eine der größten und professionellsten Touristenagenturen der Region. Unterkunftsvermittlung, Verleih von Autos, Booten, Fahrrädern und Motorrollern sowie geführte Exkursionen und Sportaktivitäten.
Kairos Travel, Obala bana Berislavića 23, ℡ 021-796290, 🖥 www.kairos-trogir.com. Das Angebot reicht von Unterkunftsvermittlung

über den Verleih von Autos, Motor- und Fahrrädern bis hin zu Transport und diversen Ausflugsmöglichkeiten.

NAHVERKEHR
Busse
Die Busse fahren vom Busterminal am **Busbahnhof** ab, der sich im Zentrum befindet. Linie 42 fährt alle 1–2 Std. auf die INSEL ČIOVO, Linie 43 mehrmals tgl. zu den Stränden OKRUG GORNJI und OKRUG DONJI. Mehrmals tgl. fahren auch Busse in die Küstenörtchen VRANJICA (Linie 45) und MARINA (Linie 47 und 48). **Lokalbusse** (Linie 37) fahren alle 20 Min. (am Wochenende alle 30 Min.) über Kaštel nach SPLIT, 1 Std. Es gibt aber auch alle 30–50 Min. **Direktbusse** von Trogir nach Split, die nur 30 Min. benötigen. **Tickets** sind am Busterminal oder direkt beim Fahrer erhältlich. Das 4-Zonen-Ticket kostet 20 Kn.

Taxi
Taxistände befinden sich u. a. in der **Kneza Trpimira**. Taxis können unter ☎ 021-881277 oder 021-796290 gerufen werden.

TRANSPORT
Auto und Motorrad
Westlich des Marktes gibt es einen öffentlichen, gebührenpflichtigen **Parkplatz**.

Busse
Der **Busbahnhof**, Kneza Trpimira 2, ☎ 021-882947, befindet sich mitten im Zentrum, am Eingang zur Altstadt. Die Anbindung von Trogir an die umliegenden Städte ist sehr gut. **Tickets** können entweder im Bus oder am Terminal gekauft werden.
ŠIBENIK, tgl. zwischen 1.10 und 23.30 Uhr mind. 1x stdl. für 36–38 Kn.
SPLIT, 26x tgl. Direktbus, in unregelmäßigen Abständen zwischen 6.30 und 23 Uhr, 30 Min. für 21 Kn. Alternativ: Regionalbus über KAŠTELA alle 20 Min.,1 Std. für 21 Kn.

Schiffe
DRVENIK VELI, 4x tgl. für 17 Kn.
MEDENA, tgl. zwischen 9 und 22.30 Uhr alle 1 1/2 Std. Fähren über VRANJICA, 10 Kn.
OKRUG GORNJI, stdl. zwischen 8 und 23 Uhr Passagierfähre, die direkt vor dem Hotel Concordia startet,10 Kn.
SPLIT, im Sommer (1. Juli–1. Sep) tgl. 4x über SLATINE an der Nordostküste von ČIOVO (Abfahrt ist auf Čiovo, 150 m links von der Brücke), 24 Kn, von Slatine nach Split 20 Kn.

Seget Vranjica und Marina

Die ehemaligen Fischerorte Seget Vranjica und Marina liegen nur ein paar Kilometer von Trogir entfernt (Richtung Šibenik) und sind ideal für alle, die ihren Urlaub an der Küste in der Nähe von Split und Trogir verbringen und zugleich den Touristenmassen ein wenig entkommen möchten. Beide Orte liegen wunderschön, Seget Vranjica auf einer Halbinsel, Marina in einer Bucht – vom Tourismus sind sie sichtlich noch relativ unentdeckt geblieben. In den Orten gibt es schöne Strände, eine (besonders abends) romantische Promenade, ein paar hübsche Restaurants und Unterkünfte (meist privat). Das Wahrzeichen von Marina ist der befestigte Sommersitz der Bischöfe von Trogir aus dem 15. Jh., der heute als Hotel genutzt wird.

ÜBERNACHTUNG
Villa Vrbat, Seget Vranjica, Vukovarska 17, ☎ 021-894106, 🖥 www.villavrbat.com.
Villa mit 6 schönen, hellen Apartments in Seget Vranjica, modern und farbenfroh eingerichtet und sehr gut ausgestattet. ❶–❸
Vranjica-Belvedere, Seget Vranijica bb, ☎ 021-798222 🖥 www.vranjica-belvedere.hr.
Auf Terrassen angelegter Campingplatz mit vielen Bäumen und einem Strand vor der Nase. Kann in Sommer allerdings ziemlich voll werden. Stellplatz ab 14,20 €.

INFORMATIONEN
Touristeninformation Seget, ☎ 021-880559, 🖥 www.tz-seget.hr.
Touristeninformation Marina, Trg Stjepana Radića 1, ☎ 021-889015, 🖥 www.tz-marina.hr.

Sinj und das Cetina-Tal

Sinj liegt wunderschön ins Cetina-Tal eingebettet, etwa 30 km vom Meer entfernt und von Bergen umgeben. Diese sorgen im Sommer für angenehm kühle Nächte. Die Stadt mit 11 448 Einwohnern und angeblich über hundert Cafés zeichnet sich durch zwei Besonderheiten aus: die Madonnenkirche und die berühmten Ritterspiele (Kasten S. 382).

Vsinj (Sinj) war ursprünglich der Name einer **Festung**, die auf einem Hügel 438 m über der Stadt emporragte und von der heute nur noch spärliche Ruinen übrig geblieben sind (heute als Altstadt bezeichnet). Der Blick von der Festung hinunter ins Tal macht jedoch schnell klar, warum die Lage so ideal war. Sinj liegt strategisch günstig auf dem Weg von Bosnien nach Split. 1463 eroberten die Osmanen Bosnien und drangen immer weiter in das Randgebiet der Cetina vor. Trotz seiner günstigen Lage kam Sinj 1516 unter osmanische Herrschaft und blieb es bis 1686, als Sinj mit Unterstützung der Bevölkerung von der Republik Venedig erobert wurde. Natürlich gaben sich die Türken nicht so schnell geschlagen und versuchten mehrmals, die Stadt erneut einzunehmen, jedoch vergeblich. Am 23. Juli 1715 schlug Mehmed-paša Ćelić mit seiner Armee sein Lager entlang der Cetina auf, am 8. August fand schließlich der finale Angriff auf Sinj statt. Während die Männer die Stadt zu verteidigen versuchten, beteten die Mönche, Frauen und Kinder vor dem Altarbild der Heiligen Muttergottes von Sinj (Sinjska Gospa) um Hilfe. Daraufhin, so heißt es, sei eine in Weiß gekleidete Frau aus dem Bild gestiegen und habe die Türken dermaßen beeindruckt, dass diese die Flucht ergriffen.

Das Abbild der Muttergottes kann heute im prachtvollen, reichlich mit Gold geschmückten Madonnenaltar bewundert werden, der in der eindrucksvollen **Madonnenkirche** (Crkva Gospe Sinjske), Fratarski prolaz 4, ✆ 021-707010, 🖥 www.gospa-sinjska.hr, steht. Ob die Geschichte tatsächlich so stimmt, sei dem Glauben eines jeden überlassen. Fest steht jedoch, dass 700 Mann gegen 40 000 bis 60 000 türkische Soldaten verteidigen konnten. Am Morgen des 15. August (Mariä Himmelfahrt) 1715 befand sich kein einziger Türke mehr vor Sinjs Toren. Seither zählt Sinj zu den beliebtesten Marienwallfahrtsorten Kroatiens; bevor Među-

Abstecher zur Festung Klis

Auf dem Weg von Split nach Sinj erblickt man oberhalb des gleichnamigen Ortes die Ruinen der einst imposanten Festung Klis, die zu den bedeutendsten Festungsanlagen Kroatiens zählte und im Mittelalter an einem wichtigen Verkehrsweg lag, der von der Küste nach Sarajevo führte. Bereits zu illyrischer Zeit soll an dieser strategisch günstigen Stelle eine Befestigung existiert haben, die später als römisches Bollwerk diente. Im Mittelalter war Klis wiederholt Residenz kroatischer Könige und damit ein bedeutendes Machtzentrum, bevor die Ungarn und Bosnier, im Jahr 1537 schließlich, nach 25 Jahre andauernden, erbitterten Kämpfen, die Osmanen die Burganlage eroberten und hier oben eine Moschee errichteten. Kein schlechter Ausgangspunkt, um gegen das von den Venezianern kontrollierte Dalmatien zu Felde zu ziehen. 111 lang Jahre verteidigten die Türken die Stellung hoch über der Küste, 1648 jedoch konnten die Venezianer die Festung nach einem nur zehn Tage dauernden, blutigen Kampf einnehmen und hier oben ihre Flagge hissen. Die Moschee wurde daraufhin wieder in eine Kirche umgewandelt.

Wer die alte Straße (über Solin) Richtung Sinj befährt, der kann die noch heute eindrucksvolle Festungsanlage besichtigen. Man erkennt neben den mittelalterlichen Toranlagen und Wohngebäuden noch Wehr- und Aussichtstürme, Kanonen, ein Pulverlager, eine venezianische Waffenkammer sowie die Moschee, die später als Kirche des Hl. Vid diente – und genießt einen wahrlich grandiosen Blick über das Tal, die Berge und bis auf die blaue Adria bei Split. ⏲ Di–So 9–19 Uhr, Eintritt 20 Kn.

gorje bekannt wurde, war es sogar der größte. ⏲ 7–19 Uhr.

Am 15. August findet alljährlich das **Stadtfest** von Sinj statt, das an die Feierlichkeiten zu Mariä Himmelfahrt (Velika Gospa) gebunden ist, mit einer großen Prozession, bei der das Altarbild durch die ganze Stadt getragen wird. Vom Ortszentrum führt ein **Kreuzweg** mit 14 Stationen, die von angesehenen kroatischen Bildhauern gestaltet wurden, hinauf auf den Gipfel der Stadt. Oben befindet sich eine kleine, schlichte **Kirche**, die 1887 errichtet wurde. Daneben, auf einem kleinen Felsvorsprung, steht seit 2008 auch eine **Bronzestatue der Madonna von Sinj** – das Werk des kroatischen Bildhauers Joža Marinović.

Zu den weiteren Sehenswürdigkeiten der Stadt gehört das **Franziskanerkloster**, Fratarski prolaz 4, ☏ 021-707010, das mit der Madonnenkirche verbunden ist und in dem eine **archäologische Sammlung** untergebracht ist (Besichtigung nach Anmeldung), sowie das sternförmige **Fort Kamičak**, Andrije Kačića Miošića 5, das sich gegenüber der Madonnenkirche befindet und aus dem Jahr 1712 stammt. Der augenfällige Turm wurde früher als Observatorium genutzt. Die dort angebrachte Uhr ertönt drei Minuten vor jeder Stunde, Eintritt frei.

Das 1956 gegründete **Museum der Region Cetina-Krajina**, Andrije Kačića Miošića, ☏ 021-821949, verfügt ebenfalls über einen beeindruckenden Bestand, der von der Jungsteinzeit bis zur türkischen Eroberung reicht und eine archäologische, kulturhistorische, ethnografische, naturhistorische sowie numismatische Sammlung umfasst. ⏲ Mo–Fr 8–16, Sa 8–13 Uhr, So auf Anfrage.

Wer sich mehr für moderne Kunst und Kultur interessiert, der sollte die schön angelegte **Galerija Sikirica**, Put Petrovca, ☏ 021-826014, 🖥 www.kus-sinj.hr, besuchen, die nach dem bekannten Bildhauer Stipe Sikirica benannt ist und neben Ausstellungen zeitgenössischer Kunst (Gemälde, Skulpturen und Fotografien) auch Konzerte organisiert. ⏲ Mo–Fr 8–16 Uhr, Sa auf Anfrage.

Schließlich gibt es in den ersten Augusttagen auch noch einen **Markt mit traditionellen Produkten** (Sinjski sajam sela). Den August sollte man in Sinj also keinesfalls verpassen!

Trilj

Etwa 15 km südlich von Sinj liegt der Ort Trilj an der Cetina, in dessen Nähe sich die **Ausgrabungen von Tilurium** befinden. Tilurium gehörte mit Burnum zu den wichtigsten Legionslagern in Dalmatien, seit 1997 finden hier intensive Ausgrabungen statt.

Imotski

52 km südöstlich von Trilj gelangt man, nach einer Fahrt durch das wunderschöne Cetina-Tal, wo unter anderem in den Gärten Pfirsiche und vor allem Maraska-Kirschen angepflanzt werden, aus denen der Maraskino-Likör gewonnen wird (der wiederum zur Herstellung der

---

Traditionelle Ritterspiele

Um an die Rettung des Ortes vor den türkischen Truppen zu erinnern und der Muttergottes zu danken, wurde die **Sinjska Alka** eingeführt – ein Ritterspiel, das jedes Jahr am 1. Sonntag im August stattfindet. Am vorangehenden Freitag und Samstag bereiten die Vorläufer „Bara" und „Čoja" auf die „Alka" vor. Der Name Alka kommt aus dem Türkischen *(halka)* und bedeutet „Metallring". Die verkleideten Ritter *(Alkar)* müssen auf dem Pferd reitend mit der Lanze auf diese eisernen, konzentrischen Ringe zielen, die mit drei Stäbchen verbunden sind und von einem Seil herunterhängen, das über die Rennbahn gespannt ist. Wird der mittlere Kreis getroffen, so bekommt der Teilnehmer drei Punkte. Treffer im oberen Drittel bringen zwei Punkte, in den beiden unteren Dritteln jeweils einen. Der Alkar, der nach drei Läufen die meisten Punkte gesammelt hat, ist der Sieger.
Tickets können beim **Alka Ritterverband**, Šetalište A. Stepinca 2/I, ☏ 021-821542, 🖥 www.alka.hr, erstanden werden und kosten 110–130 Kn. Es ist allerdings nicht ganz leicht, Tickets zu bekommen. Ein kleiner **Tipp**: Tage vor der Alka finden Proben statt, bei denen kostenlos zugesehen werden kann.

Ausritte durchs Cetina-Tal

Der Reitsport erfreut sich in Sinj auch unabhängig von der Alka großer Beliebtheit. In und um den Ort herum gibt es gleich mehrere Höfe, die Reitunterricht sowie verschiedenste Formen des Sportes (Ausritte, Spring- und Dressurreiten) anbieten. Da die wenigsten Clubbesitzer Englisch sprechen, ist die Touristeninformation Sinj der beste Ansprechpartner. Das breite Cetina-Tal eignet sich besonders gut für ausgedehnte Ausritte in der Natur.

Torta Makarana verwendet wird), nach **Imotski** (4300 Einw.). Die Kleinstadt liegt 7 km von der bosnischen Grenze entfernt am Rande des fruchtbaren Karstbeckens Imotsko polje und direkt hinter dem Bergmassiv des Biokovo. Den schönsten Blick auf die Stadt und die Ebene hat man von der **Festung Topana**, welche die Österreicher, nachdem sie sie von den Venezianern übernommen hatten, verfallen ließen. Die Überreste davon sind heute noch erhalten und können begangen werden. Topana liegt am oberen Rand einer 300 m tiefen Einsturzdoline, aus welcher der **Blaue See** (Modro jezero) entstanden ist. Auf einem angenehmen Fußweg gelangt man zu einer Aussichtsplattform direkt am See. Einen Kilometer westlich liegt auch gleich schon die nächste Einsturzdoline, diesmal 500 m tief und **Roter See** (Crveno jezero) genannt, die er der rötlichen Farbe der fast senkrecht abfallenden Felswand verdankt. Dies ist auch die größte, mit Wasser gefüllte Einsturzdoline der Welt, sie ist vor etwa 2 Mio. Jahren eingebrochen.

SONSTIGES

Touristeninformation Sinj, Put Petrovca 12, ✆ 021-826352, 🖥 www.tzsinj.hr. Die Mitarbeiter sind sehr hilfsbereit und bemüht und können in jeglichen Belangen weiterhelfen. ⏰ Mo–Fr 8–16 Uhr.

Avanturist Trilj, ✆ 021-831790, 🖥 www.svmihovil.com. Die Touristenagentur befindet sich in Trilj, 13 km von Sinj entfernt, und hat neben Unterkunftsvermittlung vor allem ein breites Angebot an Sportaktivitäten (Reiten, Wandern, Rafting und Mountainbiken).

Omiš

Ganz gleich zu welcher Tageszeit man nach Omiš (6000 Einw.) gelangt, ob bei Sonnenschein, mit dem glitzernd blauen Meer und der mächtigen Bergwand als Hintergrund, oder wenn sich die Dunkelheit bereits über den Ort gelegt hat und die Lichtergirlanden sich vor den fast furchteinflößenden Gipfeln in der Dunkelheit abheben – der Anblick dieser malerischen Küstenstadt an der Mündung der Cetina fasziniert immer. So idyllisch die Stadt heute scheinen mag, so bewegt ist ihre Geschichte. Bekannt wurde der Ort durch die „Omiški gusari", eine Gruppe von Piraten, die vom 12.–14. Jh. durch die Gewässer der Region schipperten und dank ihrer speziellen, als „Pfeile" bezeichneten Boote schnell angreifen und sich ebenso schnell wieder in die Mündung des Flusses zurückziehen konnten. Omiš wurde somit neben dem weiter nördlich liegenden Senj zum **Zentrum der Seeräuberei** und gefährdete den venezianischen Seehandel. Zeitweise musste sich Venedig den Weg durch hohes Passagiergeld freikaufen, schaffte es jedoch, die Stadt 1444 einzunehmen und blieb bis zum Ende der venezianischen Republik, nicht ohne Omiš sein dalmatinisch-venezianisches Aussehen zu hinterlassen.

Heute ist Omiš natürlich kein Zentrum der Piraterie mehr, sondern jenes der **Omiš Riviera**, der Region rund um die Mündung der Cetina. Ein Hauch von Abenteuer schwebt jedoch immer noch durch die Straßen und Häuser, aber das mag wohl eher an der beeindruckenden Bergschlucht liegen, die über die Stadt ragt. Der Ort bietet zahlreiche Sportmöglichkeiten – die Berge laden zum Wandern und Klettern ein, während das Wasser Paddler anlockt.

Natürlich hat die Geschichte auch in den Gebäuden ihre Spuren hinterlassen. Das bedeutendste davon ist die altkroatische **Kirche St. Peter** (Crkva Sv. Petar) am gegenüberliegenden Ufer der Cetina, das mit seinem einschiffigen Kuppelgebäude aus dem 10. Jh. zu den wertvollsten Denkmälern Dalmatiens gehört. Eindrucksvoll sind auch die Überreste der **Festungen Mirabela** und **Starigrad**, welche die Piraten und später die Venezianer als Schutzschild gegen die Angriffe der Osmanen nutzten. Mit

Erfolg übrigens, denn die Stadt wurde nie eingenommen.

Omiš bietet auch zahlreiche Bademöglichkeiten. An der **Cetina-Mündung** befindet sich ein 1 km langer Sandstrand mit Restaurants und Beach-Volleyballfeldern, 2 km nördlich von Omiš erstreckt sich der **Duće** mit seinen wunderschönen Sandstränden. Der Ort **Mimice**, ca. 10 km südlich von Omiš, hat außerdem zwei weiße Kieselstrände zu bieten.

ÜBERNACHTUNG UND ESSEN

Camp Galeb, Vukovarska 7, ☏ 021-864430, 🖥 www.kamp.galeb.hr. Kleiner, gepflegter und gut geführter Campingplatz an der Cetina-Mündung und einer Pappelallee. Stellplatz 15–23 €.

Hotel Villa Dvor, Mosorska cesra 13, ☏ 021-863444, 🖥 www.hotel-villadvor.hr. 1937 erbaut, wurde das Hotel 2002 komplett renoviert und zu einem 3-Sterne-Boutiquehotel umgebaut. Obwohl die Preise gehoben sind, lohnt sich ein Besuch – wegen der unglaublichen Lage am Berg, dem Panorama-Jacuzzi und dem atemberaubenden Blick auf das Meer. Die Zimmer sind auch recht schön und schlicht eingerichtet, es gibt außerdem ein ausgezeichnetes **Restaurant (Knez)** mit Terrasse. Rechtzeitig buchen, denn das Hotel ist sehr begehrt! ❹–❻

AKTIVITÄTEN UND TOUREN

In Omiš gibt es rund 40 ausgeschilderte **Kletterrouten**, welche an 7 verschiedenen Kletterstellen im Ortszentrum beginnen. Ein wahres Paradies für Kletterliebhaber! Mehr Informationen dazu unter 🖥 www.climbingomis.com.

Makarska Riviera

Landschaftlich gehört die 45 km lange Makarska Riviera, die den Küstenabschnitt zwischen Brela und Gradac umfasst, zu den schönsten Regionen Mitteldalmatiens, wenn nicht ganz Kroatiens. Atemberaubende Ausblicke kann man von der sich vor dem Berg entlangschlängelnden Magistrale aus genießen (sofern man nicht am Steuer sitzt!), Brač und Hvar liegen friedlich in der blau glitzernden Adria, während das Biokovo-Massiv stets und beeindruckend bis bedrohlich an seine Präsenz erinnert.

Die Orte an der Makarska Riviera gehören seit geraumer Zeit zu den beliebtesten Urlaubszielen sowohl ausländischer als auch kroatischer Touristen, was zur Folge hatte, dass zahlreiche neue Hotels und Hotelketten entstanden sind und der nachhaltige Tourismus ins Hintertreffen geraten ist. Selbst der einstige Geheimtipp Brela ist mittlerweile schon ziemlich verbaut, im ehemaligen Fischerdorf Promajna 4 km südlich von Baška Voda wurde ein komplett neuer Ferienort mit zahlreichen Apartments aus dem Boden gestampft. Größtenteils sind die Hotels und Apartments jedoch einigermaßen harmonisch in die Landschaft integriert, man findet auch etliche Privatunterkünfte, und die Strände sind trotz allem wunderschön – man darf nur nicht erwarten, dort alleine zu sein. Der namensgebende Hauptort der Makarska Riviera ist vor allem für junge Urlauber ein beliebter Ort,

---

Rafting im Cetina-Tal

Heute bewegen sich auf der Cetina zwar keine Piraten mehr, der Fluss ist aber dennoch heiß begehrt – und zwar zum Rafting. Zahlreiche Veranstalter bieten geführte Rafting-Touren an, die an mehreren Orten beginnen und enden können. In Omiš ist es der Veranstalter **Rafting Cetina**, Drage Ivaniševića 15, 🖥 www.rafting-cetina.com, der solche Ausflüge organisiert. Im Sommer werden zweimal täglich Rafting-Touren angeboten, morgens um 9 Uhr und nachmittags um 14 Uhr. Sie dauern drei bis vier Stunden, der Preis beträgt 230 Kn p. P. und beinhaltet die komplette Ausrüstung, die Begleitung eines professionellen Guides sowie den Transfer von Omiš nach Penšići, wo die Tour beginnt. 12 km geht es dann flussabwärts durch eine beeindruckende Landschaft aus Felsen und Wasserfällen, die man so nur vom Fluss aus bestaunen kann. Endstation ist die Radmanov-Mühle (Radmanove Mlinice), die heute noch in Betrieb ist.

um dort die Nächte hindurch zu feiern. Außerdem bietet dieser Küstenabschnitt zahlreiche Möglichkeiten zur sportlichen Betätigung und ist ein idealer Ausgangspunkt, um die mitteldalmatinischen Inseln zu erkunden.

Brela

Der einstige Geheimtipp ist heute schon längst keiner mehr. Dafür war der Strand einfach zu schön und der Ort zu idyllisch, als dass er sich nicht rumgesprochen hätte. Brela ist und bleibt jedoch einer der schönsten Orte an der Makarska Riviera. Im Sommer wird es hier ziemlich voll, da der Ort zwischen dem Meer und dem Berg eingequetscht liegt und sich somit in keine Richtung mehr ausdehnen kann. Außer eben auf dem Berg selbst. Daher gehört das Viertel **Podrače**, das terrassenförmig am Berg angelegt wurde, heute zu Brelas schönsten Flecken.

Brela berauscht eher durch seine Strände und Buchten als durch seine kulturellen und historischen Sehenswürdigkeiten. Davon nennenswert ist allenfalls die **Kirche der Madonna von Karmel** (Crkva Gospe od Karmela), eine süße alte Kirche, die als Dank für den Sieg der Christen über die Türken bei Sinj 1715 errichtet wurde und die nahe am Ufer, im Schatten großer Pinienbäumen steht.

Das bekannteste Motiv von Brela ist jedoch ein kleiner Fels mitten im Wasser, auf dem ein paar Pinien wachsen – **Kamen Brela** („Fels von Brela"). Er liegt vor dem **Strand Dugi rat**, der von der US-Zeitschrift *Forbes* einst zum schönsten in Europa und zum sechsschönsten weltweit auserkoren wurde. Neben dem weltbekannten Dugi rat gibt es an schönen Stränden noch **Stomarica** im Westteil von Brela und **Berulia** in Richtung Baška Voda. Alle drei Strände dürfen sich der Blauen Flagge rühmen, das heißt, das Meer hier ist besonders klar, außerdem spenden die Kiefernwälder angenehmen Schatten.

Außerdem besitzt Brela eine hübsche, von mediterraner Vegetation überdachte **Promenade** mit vielen kleinen Cafés und Restaurants. Hier werden Touren mit dem **Glasboot** angeboten. Auf einer 90-minütigen und 12 km langen Fahrt kann man wunderschöne Fische beobachten, die man ansonsten wohl nicht zu Gesicht bekommen würde. Der Ausflug kostet 70 Kn p. P., erm. 35 Kn. Abfahrten: 10.30, 12 und 13.30 Uhr.

Eine der zahlreichen kuschligen Badebuchten in Brela.

ÜBERNACHTUNG

In Brela gibt es nicht gerade viele Hotels, und die wenigen, die es gibt, gehören zur Hotelkette Bluesun Hotels. Alternativ kann man auf kleinere oder private Unterkünfte zurückgreifen. Private Zimmervermittlung übernehmen die Touristenagenturen.

Abuelas Beach House, Jardula 20, 021-619003, www.abuelasbeachhouse.com. Ursprünglich war dies das Haus einer Großmutter, deren Enkelin die geniale Idee hatte, es in Ferienwohnungen umzubauen. 3 davon gibt es – das Apartment Tango, das Apartment Caipirinha und das Studio Adriatic. Warum die so heißen? Weil die Enkelin und ihr Partner aus Lateinamerika stammen und sie die Apartments nach ihren Geburtsländern Argentinien und Brasilien und ihrem jetzigen Wohnort Kroatien benannt haben. Dementsprechend bunt und originell ist die Einrichtung. Und warum es Beach House heißt? Weil es direkt am Meer liegt. Noch mehr Fragen? Das freundliche Pärchen wird sie bestimmt gerne beantworten. ❷–❹

Aparthotel Sunčeva Postelja, Podrače 19, 021-604320, www.hotel-brela.com. 11 wunderschöne Apartments, die im Ortsteil Podrače in den Hang gebaut sind und somit uneingeschränkten Blick aufs Meer bieten. Die Apartments sind mit sehr viel Geschmack in hellen Tönen eingerichtet und äußerst geräumig. Küche und Sanitäranlagen sind neu und haben eine luxuriöse Ausstattung. ❹–❺

Bluesun Hotel Marina, Trg Gospe od Karmela 1, 021-608608, www.hotelmarinaadria.com. Riesiger, unpersönlicher Hotelkomplex mit allem Drum und Dran – Restaurant mit riesiger Terrasse und Frühstücksbuffet, Massage- und Fitnessbereich (der zwar ist, aber kostenlos ist), Arztpraxis, Frisör und Animation. Die Zimmer sind je nach Lage in Grün oder Blau gehalten und in Anbetracht der Größe des Hotels recht gemütlich. Halbpension kostet nur 60 Kn mehr pro Tag. ❻

Villa Joška, Obala 70, www.villa-joska.com. Süße kleine Villa mit schönem, gepflegtem Garten. Die Zimmer sind nicht wirklich schön und altmodisch, mit alten Möbeln eingerichtet, aber zum Meer sind es nur ein paar Schritte. ❶–❸

ESSEN

Konoba Feral, Obala kneza Domagoja 30, 021-618909. Kleine intime Konoba direkt an der Promenade, wo neben dalmatinischen Fisch- und Fleischspezialitäten sowie Meeresfrüchten auch vegetarische Gerichte serviert werden. 11–24 Uhr.

Marko, Obala kneza Domagoja 44, 021-618421, www.villa-marko-brela.com. Hier gibt es Fisch und Fleisch vom Grill und jede Menge italienische Gerichte – Pasta, Risotto, Pizza und eine große Salatauswahl. Besonders schön ist die große Terrasse an der Promenade, die mit Holz und Wein überdacht ist. 10.30–23 Uhr.

Restaurant Mediteran, Podrače 4, 021-619007, www.villamediteran-brela.com. Im schönen, auf einem Steilhang gelegenen Ortsteil Podrače liegt das von der Familie Šošić betriebene, kleine Restaurant mit mediterraner, kreativer Küche (Pasta, Fleisch und Fisch vom Grill und aus der Pfanne). Auch in der Mittagssonne kann man hier sein Essen unter dem Schatten von Pflanzen und Sonnenschirmen mit Blick hinunter auf die Bucht genießen. 8–23 Uhr.

Das gelbe Gold der Küste

Lust auf die Besichtigung einer Ölmühle, Olivenöl- und Weinverkostung? Die **Ölmühle Orgula** (Orgula PZ – uljara), Marušići, 021-455449, www.orgula.hr, befindet sich im alten Dorf **Marušići** neben der Kirche, unmittelbar über der Magistrale. Von der Terrasse und dem Verkostungssaal hat man einen schönen Ausblick auf den Meereskanal von Brač und die Makarska Riviera. Anhand einer Videopräsentation wird das Verfahren zur Herstellung von hochwertigem, extra nativem Olivenöl anschaulich gemacht. Es gibt auch ein Snack-Buffet und ein Souvenir-Sortiment mit den Produkten.

Mit dem Rad die Küste entlang

Es führt eine schöne, nicht zu anspruchsvolle Radstrecke entlang der Küste **von Brela über Baška Voda nach Makarska**, die 31,8 km lang ist (etwa 3 Std.). Die Route beginnt in Brela, an der Bucht Jakiruša, auf dem Asphaltweg nahe dem Strand Veli rat. Von dort geht ein schmaler Gehweg ab, der nicht für Radfahrer ausgeschildert ist und wo das Rad geschoben werden sollte. Vom Hotel Soline führt der Weg weiter nach Baška Voda und immer am Meer entlang bis nach Promajna. Nachdem das Örtchen durchquert wurde, führt eine asphaltierte Straße nach Bratuš. Anschließend gelangt man nach einer kurzen Steigung und Abfahrt zum Strand in Krvavica. Von dort geht ein schmaler Pfad durch einen dichten Wald in einen Kiesweg über, der zum Tenniscenter Makarska führt. Fährt man weiter in Richtung Plaža Restaurant, kommt man schließlich zum Wasser.

SONSTIGES

Informationen
Touristeninformation Brela, Trg A. Stepinca bb, ✆ 021-618337, 🖳 www.brela.hr. ⊕ 8–21 Uhr.

Kanu- und Raftingtouren
Mehrere Touristenagenturen bieten Rafting-Touren auf der Cetina an:
Cetina Tours, ✆ 095-5522836, 🖳 www.cetinatours.com.
Dalmatia Rafting, ✆ 021-321698, 🖳 www.dalmatiarafting.com.
VIR-Rafting, ✆ 091-5558559, 🖳 www.vir-rafting.com.

Touristenagenturen
Berulia Travel, Frankopanska 111, ✆ 021-618519, 🖳 www.beruliatravel-brela.hr. Vermittlung von Unterkünften, Organisation von Exkursionen und Autoverleih.
Mariva Turist, ✆ 021-618122, 🖳 www.marivaturist.hr. Bietet neben Zimmervermittlung und Autovermietung auch Ausflüge unter anderem nach Korčula, Mljet und zu Leuchttürmen.

TRANSPORT

Alle **Busse** zwischen MAKARSKA und SPLIT halten in Brela, die Fahrt von Split nach Brela dauert etwa 1 Std. Die Busse fahren alle 15–45 Min., der erste um 1.30, der letzte um 22.30 Uhr. Die **Bushaltestelle** liegt hinter dem Hotel Soline, von dort kommt man schnell auf die Hafenstraße Obala kneza Domagoja und somit ins Ortszentrum.

Baška Voda

Eingebettet zwischen dem beeindruckenden Biokovo-Gebirge und dem glasklaren Wasser des Mittelmeeres liegt Baška Voda, einst ein Fischerdorf, heute ein beliebtes Urlaubsziel, an dem besonders im Sommer reges Treiben herrscht. Der Ort ist etwas größer als Brela und hat dementsprechend mehr Angebot an Unterkünften und Restaurants, ist aber kleiner als Makarska und somit noch etwas familiärer. Baška Voda ist außerdem ein guter Ausgangspunkt für alle möglichen sportlichen Aktivitäten und für Touren auf die Inseln Brač und Hvar. In Baška Voda gibt es, wie in den meisten Orten an der dalmatinischen Küste, ein **Sommerprogramm** (Baškavoško lito), das von Juni bis September dauert und diverse Konzerte, folkloristische Veranstaltungen, Fischerabende und Ausstellungen beinhaltet.

Seinen Namen verdankt Baška Voda einer Trinkwasserquelle, die 4000 v. Chr. Siedler hierher lockte. In der Bronzezeit, die gleichzeitig Zeit der Viehzüchterwanderungen in der Mittelmeerregion war, kam es schließlich zu Konflikten und Kämpfen verschiedener Stämme um die Wasserquellen und Weideplätze. Aus diesem Grund wurden auf der Anhöhe *(Gradina)*, dem heutigen Zentrum des Ortes, Festungsmauern errichtet. In der Antike gab es an der Stelle des heutigen Baška Voda eine Siedlung namens Aronia, deren Existenz durch archäologische Funde und eine Landkarte (Tabula Peutingeriana) bewiesen ist, auf der die gleichnamige Siedlung gekennzeichnet ist.

Sehenswert ist die **Sammlung des Archäologischen Museums** (Arheološka muzejska zbirka),

Blato 12, ℅ 021-620695, ✉ tonijurisic@net.hr, welche die Zeit von den prähistorischen Anfängen der Makarska Riviera bis zum 7. Jh. n. Chr. abdeckt. ⏲ 10–12, 18–22 Uhr, Eintritt 5 Kn.

Das **Muschelmuseum** (Malakološki muzej), Srida 3, ℅ 021-620261, zeigt Muschelarten nicht nur aus der Adria, sondern aus der ganzen Welt. ⏲ Mo–Sa 10–12, 18–22 Uhr, Eintritt 5 Kn, erm. 3 Kn.

Dem Hl. Nikolaus, Schutzpatron von Baška Voda und gleichzeitig jener der Reisenden und Matrosen, ist die beeindruckende **Statue des Hl. Nikolaus** (Kip Sv. Nikole) am Hafen gewidmet – die übrigens 1999 von Mladen Mikulin geschaffen wurde, der auch für die Büste Jim Morrisons verantwortlich zeichnete, welche das Grab des Sängers in Paris schmückte, bevor sie gestohlen wurde. 1889 wurde zudem im neoromantischen Stil die **Kirche St. Nikolaus** (Crkva Sv. Nikole) errichtet, die über eine Steiltreppe vom Stadtzentrum aus erreichbar ist und innen mit bunten Kirchenfenstern des zeitgenössischen Künstlers Josip Botteri Dini ausgeschmückt ist.

Von Baška Voda gehen vier verschiedene, markierte **Rad- und Wanderrouten** aus, die mit unterschiedlichen Schwierigkeitsgraden und Längen gekennzeichnet sind. Eine Karte mit den eingezeichneten Wegen ist in der Touristeninformation von Baška Voda erhältlich. Der beliebteste Strand von Baška Voda ist **Ikovac** mit einer Beach-Bar.

ÜBERNACHTUNG

Dorijini dvori, Put kapelice 41, ℅ 021-620870, 🖥 www.dorija-hoteli.com. Dieses kleine 4-Sterne-Hotel liegt am Berg und ist erst 4 Jahre alt. Die Zimmer sind etwas dunkel, aber recht schön eingerichtet und an die bergige Umgebung angepasst, mit großzügig angelegten Balkonen und Blick auf das Meer oder die Berge. Das Personal ist sehr freundlich und bemüht. Es gibt auch ein Restaurant und eine große Frühstücksterrasse. Es ist billiger, wenn man direkt bucht. ❷

Haus Bilić, Tri ceste 26, ℅ 021-620306, 🖥 www.haus-bilic.com. Familie Bilić teilt bereits seit über 30 Jahren ihren Lebensmittelpunkt zwischen Köln und Baška Voda. Mittlerweile ist ein Teil der jüngeren Generation schon wieder nach Kroatien zurückgekehrt. Dementsprechend gut und gerne wird hier Deutsch gesprochen. Kroatisch ist jedoch die Gastfreundschaft und Offenheit, mit der diese sympathische Familie ihre Gäste willkommen heißt. Die Apartments sind gut und modern ausgestattet, mit teilweise sehr schönen, hellen Möbeln und Balkon. Die meisten davon haben Blick aufs Meer. Definitiv das beste Preis-Leistungs-Verhältnis im Ort. ❶

Hotel Croatia, Iza Palaca bb, ℅ 021-695900, 🖥 www.orvas-hotels.com. 4-Sterne-Hotel mit jungem, dynamischem Personal, das in einem schönen, alten Steinhaus untergebracht ist und 2008 komplett renoviert wurde. Das Hotel gehört zur Orvas-Kette, ist aber mit seinen 18 hübschen, komfortablen Zimmern trotzdem recht klein und familiär. Es befindet sich an der Uferpromenade, an einem kleinen lauschigen Platz und inmitten aller Restaurants und Ausgehmöglichkeiten. ❷–❺

Hotel Villa Bacchus, Obala Sv. Nikole 89, ℅ 021-695190, 🖥 www.hotel-bacchus.hr. Gewöhnliches 4-Sterne-Hotel mit allem, was dazugehört. Die Zimmer sind sehr gepflegt und ein wenig altmodisch eingerichtet, mit grünem Teppichboden und etwas kitschigen Bettüberwürfen, Vorhängen und Bildern. Man hat wahlweise Blick aufs Meer oder das Biokovo-Gebirge. Es gibt auch einen Wellnessbereich und ein Restaurant mit großer, überdachter Terrasse. ❸–❻

ESSEN

King Restaurant, Iza Palaca 3, ℅ 021-620640, ✉ restaurantking@yahoo.com. Das bekannteste und – auch von Einheimischen – meistbesuchte Restaurant im Ort. Wahrscheinlich weil hier die dalmatinischen Spezialitäten traditionell von der Familie selbst gemacht werden und dementsprechend einfach besser schmecken. Und weil das Personal freundlicher als an vielen anderen Orten ist. ⏲ 12–14, 17–23 Uhr.

Konoba Panorama, Topići, ℅ 021-620211. Auf einer Anhöhe oberhalb von Baška Voda befindet sich diese folkloristische Konoba mit traumhaftem Blick auf die Bucht und das Biokovo. Das Lokal ist zwar etwas touristisch, aber die wunderbare Panoramaterrasse und das schmackhafte dalmatinische Essen vom Holzkohlegrill lassen dies schnell vergessen. Wer möchte, kann auch hinauf wandern oder mit dem Mountainbike fahren, um sich das Essen zu verdienen.

Restaurant Karlo, Obala Sv. Nikole 11, ℡ 021-620028. Einfaches, unprätentiöses Bistro, wo man alles bekommt und das genau deshalb so beliebt ist – und weil es lecker schmeckt und die Bedienung sehr freundlich ist. ⏱ 8–23 Uhr.

Restaurant Palac, Obala Sv. Nikole 27, ℡ 021-620522. Zwischen eine Reihe touristischer Restaurants hat sich das kleine Lokal gequetscht, mit einer romantischen Terrasse direkt an der Promenade. Auf der Speisekarte stehen neben den traditionellen dalmatinischen Gerichten auch ein paar originellere Spezialitäten des Hauses sowie leckere vegetarische und mediterrane Gerichte. Speziell ist auch die lange Liste an kroatischen Weinen und vor allem Bieren. Die Preise sind in Ordnung. ⏱ 7–23 Uhr.

SONSTIGES

Apotheke
Ljekarna Branka Jelaš, Blato 16, ℡ 021-620077. ⏱ Mo–Sa 7–20 Uhr.

Informationen
Touristeninformation Baška Voda, Obala Sv. Nikole 31, ℡ 021-620713, 🖥 www.baskavoda.hr. ⏱ Sep–Juni 8–20, Juli, Aug 8–21 Uhr.

Medizinische Hilfe
Ambulanta Baška Voda, Fra Andrije Kačića Miošića bb, ℡ 021-620133.

Makarska und Umgebung

Makarska hat zwei Gesichter – einmal das vor Leben überschäumende an der Šetalište Donja Luka, der neuen Strandpromenade, wo sich ein Restaurant, Café und Hotel an das andere reiht, wo man tagsüber am Strand liegt und nachts abfeiert. Das ist das junge, aber auch touristische Makarska. Geht man die Promenade bis ans Ende, so kommt man schon zur nächsten, die entlang der Obala kralja Tomislava und in den alten Kern der Stadt führt. Hier geht es schon etwas ruhiger zu. Außerhalb der Fährzeiten, wenn die Schiffe nach Brač auslaufen, kann es auch mal richtig gemächlich zugehen. Hinter der Uferpromenade führt der Weg in die Altstadt, wo die eine oder andere historische Sehenswürdigkeit darauf wartet, dem Strandvergnügen vorgezogen zu werden.

An der **Hafenpromenade** befindet sich das **Stadtmuseum** (Gradski muzej), Obala kralja Tomislava 17/1, ℡ 021-612302, 🖥 www.mdc.hr/makarska, das bestimmt nicht zu den schönsten seiner Art gehört, das aber anhand von Fotos und anderen archäologischen und ethnografischen Exponaten einen ganz guten Überblick über die Geschichte Makarskas gibt. Regelmäßig finden interessante thematische Ausstellungen statt. ⏱ Mo–Fr 7–15, Sa 9–12 Uhr, Eintritt Okt–Mai frei, Juni–Sep 5 Kn.

Prominent an der Hafenpromenade steht das **Touristen-Monument** (Spomenik turistu), das wahrscheinlich weltweit die einzige Skulptur ist, die Touristen gewidmet ist und die 2006 von dem jungen Bildhauer Nikola Šanjeka angefertigt wurde. Das Monument zeigt einen Mann und eine Frau, die sichtlich entspannt die Promenade entlanglaufen, genauso wie es unzählige Besucher der Stadt täglich und zu jeder Tageszeit tun. Bei genauerem Hinsehen wird man bemerken, dass die rechte Brust der Frau wesentlich heller ist als der Rest der Skulptur. Genauso wie beim Monument des Bischofs von Nin in Split nimmt man an, dass das Berühren der Statue Glück bringt. Warum allerdings ausgerechnet die Brust der Frau davon betroffen ist – darüber sollten sich Feministen wohl lieber keinen Kopf zerbrechen.

Geht man ein paar Meter weiter entlang der Hafenpromenade, findet man auf der Höhe des Hotels Porin das **Fisch- und Krebsmuseum** (Muzej riba, rakova i školjiki), Ulica fra Filipa Grabovca 3, ℡ 021-611733, mit über 200, teilweise seltenen Exponaten aus der Adria. ⏱ 9–12.30, 18–22 Uhr, Eintritt 10 Kn, erm. 5 Kn.

Interessanter als dieses Museum ist jedoch das **Museum der Muscheln** (Malakološki muzej), ☏ 021-611256, das im 1400 gegründeten **Franziskanerkloster** (Franjevački samostan), Franjevački put 1, ☏ 021-612259, am Ende der Hafenpromenade untergebracht ist und eine der weltweit größten Sammlungen von Muscheln und Schnecken enthält. Das Museum ist außerdem hübsch in der einschiffigen Kirche des Klosters eingerichtet, deren Apsis mit einem beeindruckenden Mosaik ausgeschmückt ist. ⏲ Mo–Sa 9–12, 17–19, So 10–12 Uhr, Eintritt 15 Kn, erm. 10 Kn.

Parallel zur Hafenpromenade verläuft die Ulica don Mihovila Pavlinovića, auf der sich in Nr. 1 die **Stadtgalerie Antun Gojak** (Gradska galerija Antuna Gojaka), ☏ 021-612198, befindet. Die Galerie wurde 1988 von Marin Gojak gegründet, der der Stadt 333 Gemälde und Zeichnungen seines Bruders Antun schenkte. Antun Gojak (1907–86) gilt mit seinen farbenfrohen Werken, welche die Natur und das Leben an sich darstellen, als „Makarskas Van Gogh". Im Laufe der Zeit wurden der Sammlung neue Werke anderer Künstler hinzugefügt. Mit rund zwölf Ausstellungen pro Jahr wurde die Galerie somit fixer Bestandteil des Kulturlebens von Makarska. ⏲ Mo–Fr 9–12, 19–21, Sa 9–12 Uhr, Eintritt frei.

Ein paar Schritte weiter Richtung Süden führen zu Makarskas schönstem und größtem Platz, dem **Trg Fra Andrije Kačića Miošića**, dessen Name zwar schwer auszusprechen ist, der dafür aber ein umso entspannteres Flair versprüht. Der Platz vor dem Hintergrund der faszinierenden Bergkulisse ist wunderschön von Bäumen eingerahmt. Hier befindet sich neben vielen gemütlichen Cafés und Restaurants die **Kirche des Hl. Markus** (Crkva Sv. Marka) aus dem 18. Jh., die manchmal auch als die Kathedrale von Makarska bezeichnet wird, da Makarska bis 1828 einen eigenen Bischofssitz hatte. Vor der Kirche steht das **Denkmal für Andrija Kačić Miošić** (Spomenik fra Andriji Kačiću Miošiću), welches dem einheimischen Dichter (1704–60) und Franziskaner gewidmet und ein Werk Ivan Rendićs aus dem Jahr 1889 ist.

Im Sommer wird der **Strand von Makarska** voll, daher sollte man auf das nahe gelegene (im Norden von Makarska befindliche) **Krvavica** ausweichen.

Lebensraum Biokovo

Der **Naturpark Biokovo** (Park Prirode Biokovo) wurde 1981 gegründet, erstreckt sich über eine Fläche von 196 km² und umfasst ein etwa 30 km langes Gebirgsmassiv. Der höchste Gipfel ist der **Sveti Jure** (1762 m), der zweithöchste Gipfel Kroatiens. Der Naturpark ist Heimat von 1500 Pflanzenarten, sieben geschützten Amphibienarten, 21 Reptilienarten, mehr als hundert Vogelarten und 13 seltenen, geschützten und bedrohten Fledermausarten. Von den 199 Faunenarten sind 60 nur im Biokovo aufzufinden.

9 km vom Eingang entfernt befindet sich ein ausgeschilderter **geologischer Lehrpfad**, der leicht innerhalb einer halben Stunde begangen werden kann. Einige der typischen Oberflächenkarstformen, die dort entdeckt werden können, sind Karren und Kamenitza. Letztere füllen sich mit Wasser und werden dadurch oft zur Wiege von Amphibienlarven, am häufigsten von Fröschen, Feuersalamandern und Wassermolchen. Die ursprünglich kroatische Bezeichnung *kamenica* ging übrigens in die Weltkarstterminologie ein.

Im Naturpark befindet sich außerdem der **Botanische Garten Kotišina**, der auf den Küstenberghängen über dem gleichnamigen Dorf liegt und entweder mit dem Auto oder nach einem 45-minütigen Spaziergang von Makarska aus erreicht werden kann.

Durch das Biokovo-Gebirge führen zahlreiche, mehr oder weniger anspruchsvolle und gut ausgeschilderte **Wanderwege** (s. auch Loose Aktiv S. 394). Eine Karte mit den eingezeichneten Wegen ist im **Informationszentrum Biokovo**, Marineta – Mala obala 16, Makarska, ☏ 021-616924, 🖥 www.biokovo.com, erhältlich, das außerdem ausführlich Auskunft rund um den Naturpark gibt. ⏲ Mo–Fr 7–15, 18–22, Sa, So 7–11, 18–22 Uhr, Eintritt 35 Kn.

Die beeindruckende Kulisse des Biokovo ist in Makarska immer präsent.

Wallfahrtsort Vepric

Ein paar Kilometer westlich von Makarska befindet sich der Wallfahrtsort Vepric (Svetište Vepric), ✆ 021-616336, 🖳 www.vepric.net. Inmitten gebirgiger, bewaldeter Landschaft ist in den Fels ein Schrein gehauen, welcher der Jungfrau Maria gewidmet wurde. Die Grotte, in der sich heute ein kleiner, mit Blumen geschmückter Altar befindet, erinnert an den französischen Wallfahrtsort Lourdes. Vielleicht wurde der Wallfahrtsort deshalb 1908 von Bischof Juraj Carić ins Leben gerufen und für den Besuch zahlreicher Gläubiger zurechtgemacht. Neben dem Altar gibt es eine Kapelle, einen Kreuzweg und Wege für Prozessionen. Auch für nicht Gläubige ist Vepric allein schon wegen der speziellen Lage am Berg ein ganz besonderer Ort, wo man in sich gehen und durchatmen kann.

Von Makarska Richtung Süden

An der Küstenstraße von Makarska Richtung Süden reiht sich bis **Ploče** Ferienort an Ferienort. Wer in **Drvenik** die Fähre nach Hvar nimmt, kann je nach Lust und Laune zuvor an dem kleinen, hübschen Strand eine Badepause einlegen.

ÜBERNACHTUNG

Hostel Makarska, Prvosvibanjska 15, ✆ 098-542785, 🖳 www.hostelmakarska.com. Einfaches Hostel inmitten von hässlichen Wohnblocks, mit einfachen und altmodisch eingerichteten Zimmern. Die Preise sind aber in Makarska nicht zu toppen, und das Personal ist sehr freundlich. Es gibt 4 DZ, 3 Apartments und ein 10er-Zimmer. ❶

Hotel Biokovo, Obala kralja Tomislava 14, ✆ 021-615244, 🖳 www.hotelbiokovo.com. Das Hotel sieht von außen schöner aus als von innen, die Zimmer sind ein wenig lieblos und altmodisch eingerichtet, die Ausstattung ist schon älter. Die geschlossenen Balkone machen die Zimmer etwas dunkel. Die Lage am Hafen ist jedoch schwer zu übertreffen. ❺–❻

Hotel Maritimo, Put Cvitačka bb, ✆ 021-619900, 🖳 www.hotel-maritimo.hr. 3-Sterne-Hotel, das erst 2009 seine Türen geöffnet hat. Die Zimmer sind sehr neu, schön und gemütlich, mit hellen Möbeln und Teppichböden und in beige-orangen Farben gehalten. Auf Etage 1 und 2 haben die Zimmer einen Balkon, in der 3. Etage eine große Terrasse. Leider nicht ganz billig. ❺

Hotel Osejava, Šetalište dr. Fra. Jure Radića bb, ✆ 021-604300, 🖥 www.osejava.com. Luxuriöses 4-Sterne-Hotel in der Bucht etwas abseits vom Touristenrummel, mit äußerst stilvoll und schlicht eingerichteten Zimmern mit weißen Möbeln und hellen Holzböden. In der Nebensaison kann man mit etwas Glück noch ein erschwingliches Zimmer ergattern. Es lohnt sich! ❻

Hotel Rosina, Vukovarska 38, ✆ 021-695450, 🖥 www.hotel-rosina.com. Kleines 4-Sterne-Hotel mit 20 Zimmern, das 2003 eröffnet wurde. Es liegt zwar an der Straße, die Zimmer haben aber Blick aufs Meer. Die Einrichtung ist klassisch für ein Hotel dieser Kategorie – edel, aber nichts Besonderes. Jedoch eines der wenigen Hotels in Makarska in der mittleren Preisklasse. ❸–❺

Kamp Jure Makarska, Ivana Gorana Kovačića bb, ✆ 021-7845951, 🖥 www.kamp-jure.com. Schöner großer Campingplatz in Strandnähe am Rande von Makarska und mit Pinien bewachsen. Es werden auch (sportliche) Aktivitäten für Groß und Klein angeboten. Stellplatz 26 €.

Luxury Apartmens Sulenta, Dr. Jakova Dudana 29, ✆ 099-7553612. Recht geschmackvoll eingerichtete, gut ausgestattete Apartments mit gutem Preis-Leistungs-Verhältnis. Nur über Booking-Portale buchbar. ❷

ESSEN

Konoba Kalalarga, Kalalarga 40, ✆ 098-9902908. In dieser urigen, kleinen Konoba in einer schattigen Seitenstraße mit ein paar primitiven Bänken und Tischen aus Bierfässern gibt es tgl. 5 Mittagsgerichte für 45 Kn, je nachdem, was die Ernte oder der Fang so gebracht hat. Ab 17 Uhr bestellt man dann à la carte, angeboten werden vor allem Fisch, Fleisch und Pasta. Unbedingt vorher reservieren! ⏲ 9–23 Uhr.

Konoba Veza, Gornje Tučepi, Srida Sela 1, ✆ 021-623224, ✉ carevicivan@yahoo.com. Traditionelle Konoba mit mediterraner Küche, idyllisch etwas abseits auf dem Berg gelegen, mit fantastischem Blick auf das Meer und die Berge. So gibt es beispielsweise Gerichte aus der *peka*, Lamm vom Grill, dalmatinischen Schinken und hausgemachten Wein. ⏲ 9–24 Uhr.

Restaurant Bura, Šetalište dr. Fra Tuđmana. Steakhaus mit einer großen Auswahl an Grillspezialitäten, Fisch und Meeresfrüchten, außerdem gibt es verschiedene Salate und Torten. Das Restaurant liegt schön ruhig am Jachthafen Bura, man sitzt bequem auf Holzbänken. ⏲ 10–23 Uhr.

Restoran Ivo, Ante Starčevića 41, ✆ 021-611257. Dieses kleine Fischrestaurant ist bei den Einheimischen sehr beliebt. Es liegt zwar an einer viel befahrenen Straße, der gute Service und das leckere Essen, begleitet von ausgezeichneten Weinen, lassen einen dies jedoch bald vergessen. Besonders die verschiedenen Risotto-Varianten und Gerichte mit Fisch und Meeresfrüchten sind sehr zu empfehlen. Zum Nachtisch sollte man absolut den Zitronenkäsekuchen oder die Pfannkuchen probieren! ⏲ 10–23 Uhr.

Restoran Kalafatić, Put Cvitačka 10, ✆ 098-1865600. Ein gutes Fischrestaurant am Strand, mit großer Auswahl und fairen Preisen. ⏲ 11–23 Uhr.

€ **Roma**, Vladimira Nazora bb. Das italienisch inspirierte Lokal ist fern vom Touristenrummel und nicht ganz leicht zu finden. Wahrscheinlich ist es deshalb bei Einheimischen so beliebt. Der Umweg lohnt sich, denn die Auswahl an Pizza- und Pasta-

---

Eine kleine Sünde aus Mandeln

Zu besonderen Anlässen biegt sich der Essenstisch in Makarska ganz besonders, und dies vor allem wegen einer kleinen kulinarischen Sünde – der **Makarska Torta Makarana**, einer Mandeltorte, die unter anderem aus 1 kg Mandeln, 1 kg Zucker, 15 Eiern und, nicht zu vergessen, Maraskino-Likör (Likör aus Maraskinokirschen) besteht. Dass diese Torte schon längst zum Kulturgut geworden ist, zeigt sich daran, dass jedes Jahr die beste Torte gewählt und ausgezeichnet wird. Aufpassen muss man nur, wenn man anschließend ins Wasser geht – es könnte passieren, dass man untergeht. Dafür hat es sich aber gelohnt.

Gerichten, kombiniert mit frischen Meeresfrüchten und Fisch, ist enorm und die Bedienung sehr zuvorkommend. Die verwendeten Zutaten und Produkte sind alle frisch und stammen aus der Region. Die Portionen sind riesig, dafür die Preise um einiges niedriger als der Schnitt. Besonders preiswert ist das tgl. angebotene Mittagsmenü. ⏱ 11–23 Uhr.

UNTERHALTUNG UND KULTUR

Deep, Šetalište fra Jure Radića 21, ☎ 098-320055. Club in einer Höhle beim Hotel Osejava. Gute Cocktails, aktuelle DJ-Musik.

Grota, Šetalište Sv. Petra bb, ☎ 091-7217028. Wie der Name bereits verrät, befindet sich diese beliebte Disco ebenfalls in einer Grotte, nämlich auf der Halbinsel Sveti Petar, gleich hinter dem Hafen. Hier legen einheimische DJs auf, manchmal gibt es auch live Jazz-, Blues- und Rockmusik zu hören.

Petar Pan, Šetalište fra Jure Radića bb, ☎ 021-616838. Riesiger Club unter freiem Himmel, wo vor allem Elektro und Hip-Hop gespielt wird, ab und an auch live.

AKTIVITÄTEN UND TOUREN

Radfahren

Fahrradverleih Meteor, Put mlikarica 32, ☎ 021-612262. 1 Std. kostet 25 Kn, 3 Std. 50 Kn, 6 Std. 75 Kn, 1 Tag 100 Kn, 2 Tage 180 Kn, 1 Woche 400 Kn. ⏱ 8–20 Uhr.

Schnorcheln und Tauchen

Tauchschule More-Sub, Kralja Petra Krešimira IV 43, ☎ 021-611727, 🖥 www.more-sub-makarska.hr. Breites Angebot an Wassersportarten: Schnorcheln, Scuba Diving, Wrack- und Höhlentauchen, Kurse für Kinder und Erwachsene sowie Verleih von Tauchausrüstung. ⏱ 10–20 Uhr.

Wandern

Mit dem Biokovo-Gebirge vor der Tür ist Makarska der perfekte Ausgangspunkt für Wanderungen jeglicher Art. Folgende Agenturen haben sich auf diverse Wanderangebote spezialisiert:

Biokovo Active Holidays, Kralja Petra Krešimira IV 7b, ☎ 021-679655, 🖥 www.biokovo.net. Wie der Name schon verrät, organisiert diese Touristenagentur ein- und mehrtägige Gebirgswanderungen durch das Biokovo, wie z. B. eine Abend-wanderung auf den Sveti Jure. Angeboten werden auch Kajak- und Rafting-Exkursionen etc.

Tip Extreme, Šimići 9, Tučepi, ☎ 021-623581, 🖥 www.tipextreme.hr. Diese Agentur befindet sich in Tučepi, ein paar Kilometer südlich von Makarska und hat sich auf Wander- und Naturexkursionen spezialisiert.

SONSTIGES

Apotheken

Falak, Zagrebačka 46, ☎ 021-616491.

Ljekarna Dom zdravlja, Stjepana Ivičevića 2, ☎ 021-612288.

Autovermietungen

Autos und Mofas werden von den meisten Touristenagenturen verliehen.

Informationen

Touristeninformation Makarska, Obala kralja Tomislava 16, ☎ 021-621002, 🖥 www.makarska-info.hr, www.makarska.hr. ⏱ 7–21 Uhr.

Medizinische Hilfe

Krankenhaus Makarska, Stjepana Ivičevića 2, ☎ 021-695842.

Kroatischer Bergrettungsdienst Stanica Makarska, A.G. Matoša 1, ☎ 021-690017, 🖥 www.hgss-makarska.hr, www.gss.hr.

Polizei

Polizeistation Makarska, Kralja Petra Krešimira IV, ☎ 021-612570.

Taxi

Der größte **Taxistand** liegt beim Busbahnhof in der Ante Starčevića 30, Taxis können unter ☎ 021-611366 gerufen werden.

Touristenagenturen

Touristenagenturen gibt es in Makarska wie Sand am Meer. Hier nur eine kleine Auswahl. Die meisten bieten dasselbe an, es spielt also keine große Rolle, welche davon man wählt.

Wanderung auf den Sveti Jure (1762 m)

- **Route**: Planinarski Dom Vošac – Sveti Jure
- **Länge**: 12 km (hin und zurück)
- **Dauer**: 3 3/4 Std. (hin und zurück)
- **Höhenunterschied**: 450 m
- **Wegbeschaffenheit**: bis zum Gipfelanstieg gute, markierte Wege
- **Schwierigkeitsgrad**: mittel

Das **Biokovo-Gebirge**, dessen höchster Gipfel der Sveti Jure ist, ist Teil des Dinarischen Küstengebirges, das sich eindrucksvoll zwischen Omiš und der Mündung der Neretva erstreckt. Ein Großteil des Karstmassivs gehört zum Naturpark Biokovo und steht somit unter Naturschutz. Es ist extrem wasser- und somit vegetationsarm, nur an vereinzelten Stellen befinden sich Quellen, die an den Grenzen zwischen Kalksteinen und Flyschzonen entstehen. Die Wanderung durch die Karsthügel des Biokovo ist wenig anspruchsvoll und somit auch für Kinder geeignet. Der Gipfelanstieg jedoch ist steil, und es gibt keinen gut befestigten Weg nach oben. Die Wege sind rot/weiß markiert, an manchen Stellen sind die Markierungen schon etwas verblasst.

Wegbeschreibung

Der **Ausgangspunkt** der hier beschriebenen Wanderung ist nur mit dem Auto zu erreichen. Gleich hinter Makarska zweigt links eine mit „Vrgorac" beschilderte Straße ab und hinter dem Dorf **Gornji Tučepi** erneut links, dort dem Schild „Sv. Jure – Biokovo" folgen. Eine kurvenreiche, schmale Straße führt zur Passhöhe, danach wird es wieder flacher. Bei der Gabelung mit dem Schild „Vošac" geht es links zu einer Hütte und einem **Parkplatz**.

Vom Parkplatz muss man ein paar Schritte zurückgehen und links der Markierung „**Sv. Jure**" folgen. Der Weg biegt zuerst rechts, dann links ab und ist anfangs nicht in bestem Zustand, wird jedoch bald besser. Bei der nächsten Gabelung führt die Wanderung geradeaus weiter, bis man auf den Weg stößt, der von Makarska heraufkommt. Rechts folgend geht es durch einen kleinen Buchenwald, vorbei an einer Kuppe. Hier kann man schon die Nasenspitze des Gipfels erblicken.

Der Weg führt nun durch Wälder, mal steil, mal flach, bis nach etwa einer Stunde ein Wegweiser erreicht wird, hier geht es nach rechts ab. Auf einen Bergrücken folgt ein Hang, von dem aus man einen **schönen Ausblick aufs Meer** genießen kann. Dies könnte auch ein krönender Endpunkt der Wanderung sein.

Wer den Gipfel erklimmen will, der geht zu einem kleinen Sattel hinunter, dann abwechselnd hinauf und hinab. Über einen Felsrücken geht es weiter durch einen kleinen Wald. Die Markierungen führen schließlich zu einer Teerstraße und rechts zu einer Schranke in der Nähe der Schutzhütte. Links zweigt ein kleiner Weg ab, der mit einem Seil gesichert ist. Es empfiehlt sich aber, den kleinen schlangenförmigen Weg zum Ende zu gehen. Oben wird es flach, rechts führt ein Weg zur **Gipfelkapelle** des Heiligen Georg. Auf dem Gipfel wird man verblüfft feststellen, dass die Inlandseite des Biokovos aufgrund des Regens begrünt ist, die Meerseite hingegen einen kahlen, schroffen Anblick bietet. Beim Blick hinunter kann einem schon mal der Atem wegbleiben. Nach einer Pause geht es auf gleichem Weg wieder nach unten.

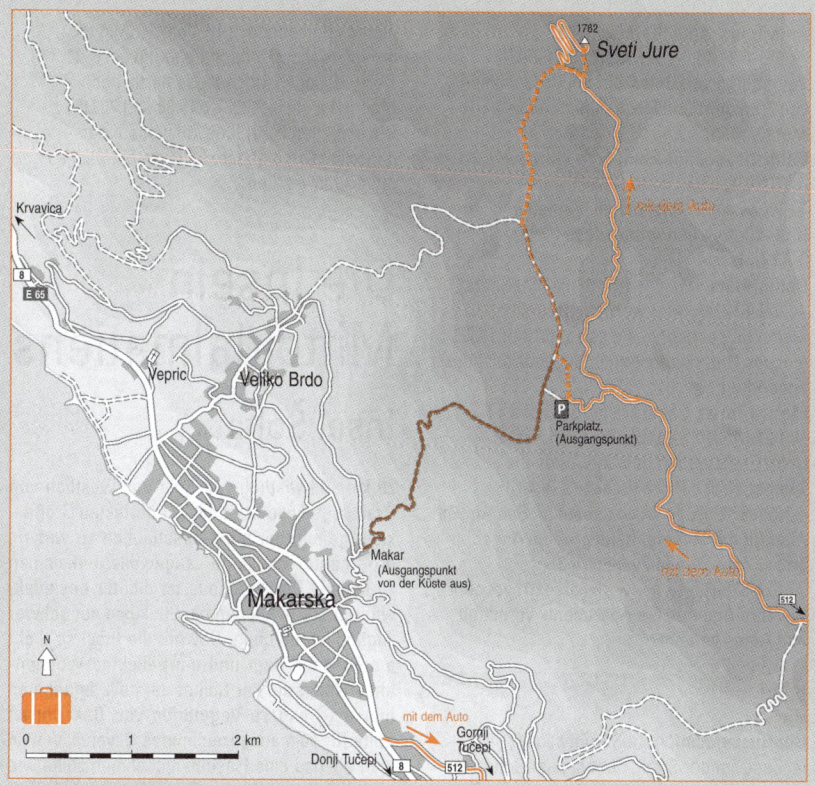

Alternative: Aufstieg von der Küste aus

Eine andere, anspruchsvollere Variante der Wanderung wäre der Aufstieg von der Küste aus. Dieser Weg nimmt seinen Ausgang im Bergdorf Makar, oberhalb von Makarska. An diese Wanderung sollten sich jedoch nur geübte Bergsteiger wagen, da sie anspruchsvoll ist und an die fünf Stunden dauert.

Mit dem Auto hinauf

Wer nicht gut zu Fuß ist, aber trotzdem den unglaublichen Blick vom Gipfel auf die Makarska Riviera genießen möchte, der kann sogar mit dem Auto bis zum Gipfel gelangen. Dafür muss man jedoch an die 30 Kn bezahlen, da der Weg durch den Nationalpark führt, und über genügend Erfahrung mit dem Fahren auf engen Bergstraßen verfügen, denn streckenweise windet sich die höchste Asphaltstraße Kroatiens ganz schön steil am Fels entlang den Berg hinauf und ist zur Talseite nicht gesichert und somit nicht ganz ungefährlich. Am Gipfel befinden sich nur eine Handvoll Parkplätze!

Praktische Tipps

Da die Strecke streckenweise nicht bewaldet ist, sollte man im Sommer zeitig starten, am besten gleich früh morgens oder aber am späten Nachmittag. Auf jeden Fall sollte man festes Schuhwerk sowie ausreichend Wasser, im Sommer Kopfbedeckung und Sonnencreme dabeihaben. Einkehrmöglichkeiten gibt es oben keine, im Rucksack sollte sich also auch etwas zur Stärkung befinden.

Arka Tours, Ante Starčevića 23,
📞 021-679046, 💻 www.arkatours.hr.
Vermittlung von Unterkünften, Organisation von Transport und Exkursionen, Auto- und Mofaverleih.
Dalmatiavacation.com, Ante Starčevića 32 (PTC Sv. Nikola), 📞 021-678365,
💻 www.mymakarska.com. Vermittlung von Unterkünften und Autoverleih. 🕐 Mo–Sa 9–17 Uhr.
Delfin Tours, Kačićev trg 16 (ulaz Marineta),
📞 021-612248, 💻 www.delfin-tours.hr.
Kleine Reiseagentur, die es schon seit 1989 gibt, mit Unterkunftsvermittlung und Ausflugsangeboten.
Mariva Turist, Obala kralja Tomislava 15,
📞 021-616010, 💻 www.marivaturist.hr.
Unterkunftsvermittlung und Autoverleih.
Tempet, Kralja Petra Krešimira IV 48,
📞 021-616967, 💻 www.tempet.hr. Sehr große Agentur mit entsprechend großem Angebot.
Travel Zone, Kralja Zvonimira 3,
📞 021-678036, 💻 www.makarskatravel.com.
Kleinere Agentur, die Apartments vermittelt und Autos verleiht.

TRANSPORT

Busse

Der **Busbahnhof**, Ante Starčevića 30, liegt im Zentrum der Stadt, nur ein paar Schritte von der Uferpromenade entfernt.
PLOČE, zwischen 9.30 und 14 Uhr 1x stdl., dann erst wieder um 20.30 und 22.15 Uhr; von Ploče nach Makarska tgl. nur 2x (12.10 und 16.45 Uhr).
SPLIT, alle 30–45 Min.; von Split nach Makarska fährt etwa 1x pro Std. ein Bus.
ZAGREB, tgl. 5x zwischen 6 und 13 Uhr, abends 2x, 21 und 22.45 Uhr; von Zagreb nach Makarska 7x tgl. zwischen 10 und 22.30 Uhr.
Die aktuellen Fahrpläne können auf der Homepage des Busunternehmens **Promet**, 📞 021-612333, 💻 www.promet-makarska.hr, eingesehen werden.

Schiffe

BRAČ, mehrmals tgl. nach SUMARTIN, 1 Std., 33 Kn p. P., Auto 160 Kn. 30. Mai–18. Juli sowie 25. Aug.–30. Sep 3x tgl. Fähren (vormittags, mittags und abends); 19. Juli–24. Aug tgl. 5x: von Makarska nach Sumartin um 8, 11, 14.30, 18 und 21 Uhr, von Sumartin nach Makarska um 6, 9.30, 13, 16.30 und 20 Uhr. Die aktuellen Fahrpläne können auf der Jadrolinija-Homepage, 💻 www.jadrolinija.hr, abgerufen werden.

Die Inseln Mitteldalmatiens

Insel Šolta

20 km südwestlich von Split und westlich von Brač liegt diese Insel mit der perfekten Größe – klein genug, um noch beschaulich zu wirken, groß genug, um keine Langeweile aufkommen zu lassen. Die Nordseite ist dichter besiedelt, während raue Klippen die Südküste nur schwer zugänglich machen. Obwohl die Insel so dicht am Festland liegt und ein beliebtes Wochenendausflugsziel der Spliter darstellt, findet man hier eine andere Vegetation vor. Bekannt ist Šolta für sein ausgezeichnetes Olivenöl, wovon man ebenso eine Flasche mitnehmen sollte wie von der autochthonen Rotweinsorte Dobričić. Das Symbol der Insel ist der Steinkauz, dessen Abbildung auf vielen der Häuser entdeckt werden kann und der in Form einer Tonfigur ein beliebtes Souvenir der Insel ist.

Der älteste und größte Ort der Insel ist **Grohote**, 1,5 km vom Küstenort **Rogač** entfernt, wo die Fähren aus Split ankommen. Von einer anderen Zeit zeugen ein Wehrturm aus dem 17. Jh., die altchristliche Basilika aus dem 6./7. Jh. sowie die antiken Sarkophagdeckel auf dem Friedhof. Ein paar Kilometer weiter von Grohote liegen, wie aufgefädelt, die Orte **Srednje Selo** und **Donje Selo**, die das Herz der Insel ausmachen und wo man das beste Olivenöl bekommt. Bei **Gornje Selo**, im östlichen Teil der Insel, befindet sich auch der höchste Punkt von Šolta, **Vela straža**, auf einer Höhe von 236 m. Natürlich hat man von hier den besten Ausblick auf die

Insel und das Umland. Die Ferienorte **Nečujam** und **Stomorska**, ebenfalls im Osten, verfügen über die meisten Unterkünfte. Diokletian ließ hier einen Fischteich anlegen, dessen Überreste heute noch sichtbar sind. Ansonsten bieten sich die etwas schwer zugänglichen **Buchten Stračinska, Senjska, Tatinja** und **Jorja** zum Baden an, am besten gelangt man dort jedoch mit dem Boot hin.

Am westlichsten Punkt der Insel schließlich liegt der 1703 von den Brüdern Marchi gegründete Ort **Maslinica**. Von den Venezianern bekamen diese die Genehmigung, hier ein Dorf zu gründen und einen Turm, eine Kirche und schließlich ein befestigtes Schloss zu errichten, um sich gegen Piratenangriffe zu verteidigen. Das Schloss wurde zu einem Hotel und Restaurant umgebaut, das heute vor allem bei Seglern sehr beliebt ist. Abends sind die sieben Inseln vor Maslinica in orangefarbenes Licht getaucht.

ÜBERNACHTUNG UND ESSEN

Auf der Insel gibt es nur wenige Hotels, die meisten Unterkünfte befinden sich in Nečujam. Privatunterkünfte vermitteln unter anderem die Touristenagenturen **Rina Tourism**, Riva Pelegrin 29, ✆ 021-658169, 💻 www.rina.hr, und **M-Travel Tourist Service**, Veli Dolac 15, ✆ 021-718309, 💻 www.solta-mtts.hr, in Stomorska.
Hotel-Restaurant Martinis-Marchi, Maslinica, ✆ 021-718838, 💻 www.martinis-marchi.com. Das im Schloss der Brüder Marchi untergebrachte Hotel ist luxuriös und äußerst geschmackvoll eingerichtet. Die Zimmer sind sehr geräumig und schlicht mit hellen, modernen Möbeln und wunderschönen Holzböden ausgestattet. Zur Anlage gehören auch ein Swimming Pool mit Liegestühlen und Palmen sowie ein ausgezeichnetes Restaurant. Außerdem: Café-Bar. Die Aussicht lässt sich auch bei einem Latte Macchiato genießen. ❻
Konoba Nevera, Sv. Nikole 27, Stomorska, ✆ 021-658063. Mehr eine Snackbar als ein richtiges Restaurant, aber der Fisch ist hier sehr lecker, und das Lokal ist authentisch. Im Örtchen Stomorska, weiter östlich von Nečujam. ⏰ April–Okt tgl. 8–2 Uhr.

Bei **OPG Vicko Kaštelanac**, Duga Gomila, Gornje Selo, ✆ 021-658109, ✉ vkastelanac@net.hr, bekommt man den besten Wein, begleitet von Peka-Gerichten.

INFORMATIONEN

Touristeninformation Rogač, ✆ 021-654491, 💻 www.solta.hr. Direkt am Fähranleger. ⏰ Juni–Sep 7.30–14.30, 15.30–21.30 Uhr.

TRANSPORT

Um die Insel bestmöglich erkunden zu können, empfiehlt es sich, das **Auto** mitzunehmen.
Im Sommer verkehren tgl. 6 **Fähren** zwischen SPLIT und Rogač, die Fahrt dauert ca. 1 Std. und kostet an die 33 Kn. Es gibt auch 2 Katamarane, die etwas schneller sind und 16,50 Kn kosten, aber nur Personen befördern.

Insel Brač

Brač ist die drittgrößte Insel Kroatiens, die größte Insel Mitteldalmatiens und hat mit dem Vidova Gora (778 m) den höchsten Berg auf einer adriatischen Insel. Bol an der Südküste der Insel bietet außerdem das wohl meistfotografierte Motiv ganz Kroatiens – Zlatni rat (das Goldene Kap), den zungenförmigen Strand mit den weißen Kieseln, der sich ins türkisfarbene Meer streckt. Abgesehen von diesen zwei Besonderheiten ist die Natur auf Brač aber generell von unglaublicher, zugleich wilder und sanfter Schönheit. Die Insel ist überraschend ursprünglich und noch relativ unberührt geblieben, mit alten Siedlungen und schmucken Örtchen an der Küste und im Binnenland. Besonders malerisch ist der Norden mit so hübschen Orten wie Splitska, Postira, Pučišća und Lovrečina, azurblauen Buchten, Olivenhainen und Weinhängen sowie dem ständig präsenten Blick auf Split.

Die ersten überlieferten Siedler der Insel waren die Illyrer, die sich in Škrip im Norden der Insel als Schutz gegen die griechischen Invasoren eine Festung bauten. 167 v. Chr. kamen die Römer und nutzten die Steinbrüche bei Škrip, um sich daraus auf der ganzen Insel ihre Sommerresidenzen zu bauen. Für diesen glänzenden, **weißen Kalkstein** ist die Insel heute noch bekannt, und dies weit über die Grenzen Kroatiens hinaus. Sowohl der Diokletianpalast in Split als auch das Weiße Haus in Washington D.C. sind daraus erbaut worden. Die venezianische Herrschaft dauerte vier Jahrhunderte lang und brachte der Insel kein Glück – in den Dörfern im Inselinneren kamen viele Menschen bei einer Pestepidemie ums Leben, woraufhin ein Großteil der Inselbewohner an die Küste zog und den Orten Bol, Supetar, Sumartin und Milna neues Leben einhauchten. Auch heute noch ist das Bračer Binnenland nahezu unbewohnt, was aber der Schönheit und dem Reiz der Dörfer keinen Abbruch tut. Unter der Habsburger Herrschaft expandierte der Weinbau, aber auch hier wurde die Insel vom Pech verfolgt – eine Reblausplage Anfang des 20. Jhs. zerstörte die Weinstöcke der Insel. Es kam daraufhin zu einer großen Auswanderungswelle nach Nord- und Südamerika, insbesondere nach Chile. Auch während des Zweiten Weltkrieges blieben die Inselbewohner nicht verschont. Die deutschen und italienischen Truppen nahmen die Insulaner gefangen oder ermordeten sie und zündeten Dörfer an. Während der jugoslawischen Zerfallskriege in den 1990er-Jahren erlitt Brač die letzte Erschütterung, da zahlreiche Touristen und somit eine wichtige Einnahmequelle, ausblieben, doch heute blüht der Tourismus dort mehr denn je – und das aus gutem Grund, denn die Insel hält zahlreiche Schätze und Überraschungen bereit.

Supetar und Umgebung

Die Fähren von Split laufen den Hafenort Supetar an der Nordküste der Insel an. Er hat zwar keinen so spektakulären Strand wie Zlatni rat, steckt ansonsten aber voller Leben. Mit über 4000 Einwohnern ist Supetar heute die größte Siedlung auf Brač und das administrative, kulturelle und wirtschaftliche Zentrum der Insel.

Zum ersten Mal erwähnt wurde Supetar im Jahr 1423, den Status einer Stadt erhielt es 1997. Auf eine Persönlichkeit ist Supetar ganz besonders stolz. Der in Imotski geborene und in Supetar aufgewachsene **Ivan Rendić** (1849–1932) ist der erste bedeutende Bildhauer Kroatiens und wird heute als der Vater der modernen kroatischen Skulptur angesehen. Er schloss aber seine Ausbildung in der Kunstakademie in Venedig ab und lebte die meiste Zeit in Triest. Seine Werke können heute in der **Kunstgalerie Ivan Rendić** im ersten Stock der Stadtbibliothek, Jobova bb, ☏ 021-630033, 🖥 www.knjiznica supetar.hr, ⏰ Mo, Mi, Fr 14.30–19.30, Di, Do, Sa 8.30–13.30 Uhr, sowie auf dem Friedhof in Supetar bewundert werden, wo allerdings das von Toma Rosandić 1914 geschaffene Mausoleum erst einmal alle Aufmerksamkeit auf sich zieht.

Splitska

Supetar ist ein idealer Ausgangspunkt für verschiedene Ausflüge in die Umgebung. Dazu gehört das malerisch in einer Bucht gelegene Örtchen Splitska, 7 km östlich von Supetar, das bereits zur Zeit des Baus des Diokletianpalastes Exporthafen für Stein war. Davon zeugen Überreste des römischen Steinbruchs oberhalb von Splitska, in welchem man Brunnen, Teiche und *pašarini* (tiefe, von Hand gegrabene Kanäle) finden kann. Rund um Splitska gibt es wunderschöne **Wanderwege**, beispielsweise in den Nachbarort **Postira** (30 Min. Fußweg) (S. 400), in dessen Nähe, in der Bucht **Lovrečina** (S. 400), sich die **Überreste einer frühchristlichen Basilika** befinden.

Škrip

Nach einer 45-minütigen Wanderung und 3 km bergauf ins Landesinnere gelangt man von Split-

---

Kultursommer in Supetar

Im Rahmen des Supetarer Kultursommers (Supetarsko lito), der jedes Jahr Ende Juni beginnt und Mitte September endet, werden zahlreiche, größtenteils kostenlose **Konzerte**, **Theateraufführungen**, **Folkloreabende** und andere Events in Supetar organisiert, begleitet von **Open-Air-Kino** und **Workshops**. Veranstaltungsorte sind die Kirchen, Plätze und Museen von Supetar und der Hafen. Das komplette Veranstaltungsprogramm ist kostenlos in der Touristeninformation erhältlich.

ska nach Škrip, der ältesten Ortschaft auf der Insel, deren Geschichte mehr als 5000 Jahre zurückreicht, wie archäologische Funde bewiesen haben. Die heute noch 189 Einwohner leben überwiegend von der Landwirtschaft. In jüngster Zeit aber kommen zunehmend Touristen hierher, um dieses lebende Museum zu besuchen. Auf dem Hauptplatz befindet sich das **Schloss der Familie Cerinić** aus dem 16. Jh. Im alten Haus Radojković ist das **Museum der Insel Brač**, ☏ 021-630033, untergebracht, in dem die Vergangenheit und das Leben in den Bračer Dörfern nachvollzogen werden kann. ⏰ Juli–Aug 8–20 Uhr, Sep–Juni nach Voranmeldung.

Mirca

3 km von westlich von Supetar liegt Mirca, wo die Zeit stehen geblieben zu sein scheint. Einer anderen Zeit scheint auch die **Drachenhöhle** (Zmajeva špilja) zu entstammen, die sich unweit von Mirca befindet und die ein faszinierendes Denkmal des Klosterlebens in Höhlen ist. Mirca ist außerdem bekannt als das Dorf der Olivenbauern. Über diese und mehr Ausflugsziele gibt die Touristeninformation in Supetar Auskunft.

ÜBERNACHTUNG

Bračka Perla, Put Vele Luke, Supetar, ☏ 021-755530, 🖥 www.brackaperla.com. Wie der Name schon deutlich macht, handelt es sich hier um ein exklusives Hotel mit insgesamt 8 Suiten und 3 Zimmern, das in einem wunderschönen, weißen Steinhaus untergebracht ist. Das Hotel hat alles, was man zum Entspannen braucht – einen hübschen Garten, einen Swimming Pool mit Sonnenschirmen, ein kleines Wellnesszentrum sowie ein ausgezeichnetes Restaurant. Allein die Preise sind der Haken. ❻

Funky Donkey Hostels, Polanda 20, Supetar, ☏ 021-630937, 🖥 www.brachostels.net. Klassisches Hostel in der Altstadt, dessen primärer Vorteil die niedrigen Preise sind. ❶

Pansion Palute, Put Pašike 16, Supetar, ☏ 021-631541, ✉ palute@st.t-com.hr. Eine gepflegte Familienpension mit freundlichen Besitzern. Die Zimmer sind mit Parkettböden und meist einem Balkon ausgestattet, morgens gibt es selbst gemachte Marmelade. ❷

ESSEN

Konoba Gušti Mora, Ive Vojnovića 16, ☏ 021-631056. Familiengeführte, kleine Konoba mit Holzbänken und Terrasse im Hof. Die Produkte sind entweder selbst gemacht oder kommen aus der Region. Serviert werden dalmatinische Klassiker vom Grill, aber auch internationale Gerichte mit speziellem Touch, begleitet von Livemusik. Besonders lecker sind die Pfannkuchen mit Feigen in Honigsauce. Die Besitzer sind sehr um ihre Gäste bemüht. ⏰ Mai–Juni, Sep–Okt 12–22, Juli–Aug 12–24 Uhr.

Konoba Kopačina, Donji Humac, ☏ 021-647707, 🖥 www.konoba-kopacina.com. Eine der besten Feinschmecker-Adressen, 7,5 km südlich von Supetar, auf der Straße nach Bol. Der Umweg lohnt sich, denn das Restaurant liegt idyllisch inmitten der hügeligen Landschaft. Hier kommt alles vom Tier – Schafs- und Frischkäse *(skuta)* sowie Lammfleisch vom Spieß und Bračer *vitalac* (Lamminnereien im Lammdarm vom Spieß). Es gibt aber auch Röstkartoffeln und Käse für Vegetarier sowie Süßigkeiten und Torten für Naschkatzen. ⏰ April–Okt 11–23 Uhr.

📖 **Restoran Žiža**, ☏ 091-5171288, 🖥 www.restaurant-ziza.com. Die traditionelle Konoba liegt 10 Min. mit dem Auto von Supetar in Richtung Nerežišća – Bol, auf einer Anhöhe. Von der überdachten, begrünten Terrasse hat man einen herrlichen Blick hinunter aufs Meer. Ein Geheimtipp für Romantiker! Auf der Speisekarte stehen dalmatinische Gerichte vom Grill, Bračer Meeresspezialitäten und leckeres Lamm. Das Gemüse kommt aus dem eigenen Ökoanbau. ⏰ April–Nov tgl. 12–22 Uhr.

SONSTIGES

Apotheken

Ljekarna Puharić, Mladena Vodanovića 24, ☏ 021-757308. Apotheke im Krankenhaus Supetar.

Ljekarna Škoko, Porat 25, ☏ 021-631714. ⏰ Mo–Fr 7–20, Sa 7–13 Uhr.

Informationen

Touristeninformation Supetar, Porat 1, ☏ 021-630551, 🖥 www.supetar.hr.

Medizinische Hilfe
Krankenhaus Supetar, Mladena Vodanovića 24, ✆ 021-640014.

Polizei
Polizeistation Brač, Mladena Vodanovića 24, ✆ 021-631145.

Radfahren
Bike Centar A.C.F., B.J. Jelačića 14, ✆ 021-531910, ✉ antonijo.zidar@st.t-com.hr. Hier können Fahrräder geliehen werden.

Touristenagenturen
Atlas Supetar, Porat 10, ✆ 021-631105, 🖥 www.atlas-supetar.com. Vermittelt Unterkünfte, organisiert Ausflüge und verleiht Autos und Boote.

TRANSPORT
Busse
Supetar ist die Drehscheibe des Inselbusverkehrs. Die Busse starten am **Busbahnhof**, Porat 12, ✆ 021-631122. Es verbinden tgl. mehrere Busse Supetar mit BOL (40 Min.) und SUMARTIN (1 1/2 Std.). Sonntags verkehren weniger Busse. Um all die Sehenswürdigkeiten der Insel zu besichtigen, empfiehlt es sich dringend, das Auto zu nehmen oder eines zu leihen. Autos können auch vor Ort bei Reisebüros gemietet werden.

Brač im Weißen Haus

Der weiße Kalkstein der Insel Brač steckt nicht nur in einigen der bekanntesten kroatischen Bauwerke wie dem Diokletianpalast in Split. Aus ihm wurde sogar das Weiße Haus in Washington errichtet. Umso schöner ist die Vorstellung, dass auch die einfachen Häuser von Bračer Fischern und Bauern aus demselben Stein bestehen. Die Schlichtheit der Häuser, die gebaut wurden, um Sonne, Wind und Wetter zu trotzen, passt wunderbar zu den Mandarinen-, Zitronen-, Feigen- und Granatapfelbäumen, welche die Natur auf diesem Stückchen Erde hervorgebracht hat.

Schiffe
Im Juli und Aug verkehren tgl. bis zu 14 Fähren zwischen SPLIT und Supetar. Die Überfahrt dauert ca. 50 Min. und kostet 33 Kn p. P., 160 Kn fürs Auto. In der Nebensaison gibt es weniger Fährverbindungen.
Fahrkahrten kann man beim **Jadrolinija-Ticketschalter**, Hrvatskih velikana bb, ✆ 021-631357, 🖥 www.jadrolinija.hr, kaufen.

Postira und Pučišća

An der Nordküste von Brač liegen ein paar kleine, schmucke Örtchen, die jedes für sich eine Besonderheit zu bieten haben. **Postira**, der Geburtsort des in ganz Kroatien bekannten Dichters **Vladimir Nazor**, ist für seine mit Ornamenten verzierten Straßen und die grünen Fensterläden bekannt. Der Ort blickt auf eine lange Fischereitradition zurück, die Mandarinen- und Olivenbäume und Rebstöcke am Ortseingang lassen jedoch auch auf Landwirtschaft schließen.

In der Nähe von Postira, umgeben von einem schönen Kiefernwald, erstreckt sich paradiesisch in einer Bucht der 100 m lange Sandstrand **Lovrečina**. Im Sommer sorgt eine Strandbar für Erfrischungsgetränke und Snacks, für Erholungsbedürftige werden Massagen angeboten. Der Strand ist sowohl zu Fuß als auch mit dem Rad oder Auto erreichbar.

Unbestritten die schönste und reichste Stadt an der Nordküste ist jedoch **Pučišća**, die malerisch um eine Bucht und auf einem Hügel erbaut worden ist. In einem der wunderschönen, gut erhaltenen Steinhäuser ist eine internationale Sommermusikschule untergebracht. Beim genauen Hinhören kann man die Klänge verschiedener Instrumente hören, die die Mittagsstille durchbrechen. Berühmt geworden ist Pučišća jedoch durch seine Steine. Schon zu römischer Zeit wurde von hier der berühmte weiße „Bračer Marmor" exportiert, der bei zahlreichen Bauten Verwendung fand, so unter anderem beim Berliner Reichtstag und dem Kapitol in Washington (s. Kasten). Bis heute gibt es hier die meisten Marmorsteinbrüche, eine Bildhauerschule mit 100-jähriger Tradition und

Bračs weltberühmter weißer Stein schmückt die ganze Insel, hier in Pučišća.

die meisten weißen Steindächer der Insel. Von den 13 Festungen, die zum Schutz vor den Osmanen errichtet wurden, sind leider nur noch drei erhalten – das **Renaissance-Kastell Ciprian Žuvetić**, das **Aquilinus-Kastell** und das **Kastell der Familie Dešković**, das zu einem Luxus-Hotel (Dešković Palace, 🖳 www.palaca-deskovic.com) umgebaut wurde.

Sumartin

Sumartin ist ein kleiner, friedlicher Hafenort an der östlichsten Spitze der Insel, an dem die Fähren vom Festland (Makarska) anlegen. Ein Besuch des Mitte des 17. Jhs. gegründeten Ortes, der über ein schönes Franziskanerkloster verfügt, lohnt vor allem, wenn man von den belebteren Orten Bol und Supetar genug hat. In Sumartin, so scheint es, ist die Zeit stehen geblieben. Das Stadtzentrum beginnt direkt beim Fähranleger, ein Stückchen weiter locken ein paar felsige Strände zum Baden. Wer hier übernachten möchte, fragt am besten bei den mit dem Schild *Sobe* gekennzeichneten Privatunterkünften nach.

ESSEN

Konoba Bernardo, Riva, ✆ 021-648012, ✉ alenvidovic1974@gmail.com. Typische Konoba mit guter Lokalküche und frischem Fisch, direkt am Hafen. Das Personal ist sehr herzlich. ⏱ 15. Mai–1. Okt 8–24 Uhr.

TRANSPORT

Busse
Von Supetar fahren tgl. mehrere Busse nach SUMARTIN in 1 1/2 Std. Sonntags allerdings verkehren weniger Busse.

Schiffe
Es verkehren mehrmals tgl. Fähren zwischen Sumartin und MAKARSKA, die Überfahrt dauert 1 Std. und kostet 66 Kn p. P., 160 Kn für das Auto. Näheres dazu auf S. 396.

Bol

Bol ist die älteste Siedlung an der Küste Bračs, der Ort ist bereits seit der Antike besiedelt. Aus der Römerzeit sind oberhalb des berühmten Strandes Zlatni rat **Überreste einer römi-**

schen Zisterne sowie **römische Grabsteine** erhalten geblieben. Heute zählt Bol, das durch die steilen Hänge des Berges Vidova Gora (780 m) geschützt an einer langen Bucht liegt, zu den beliebtesten Ferienorten der Insel – nicht zuletzt natürlich dank der pittoresken Kiesstrände, von denen **Zlatni rat** (das „Goldene Horn") zweifellos der berühmteste ist. Rund 500 m ragt die Landzunge, die sich durch wechselnde Meeresströmungen von Jahr zu Jahr ein wenig verändert, bildschön in die von Türkis- bis Dunkelblautönen verzauberte Adria – das Kroatien-Motiv schlechthin!

Doch stimmungsvoll ist auch der von historischen Palazzi gesäumte **alte Hafen** von Bol, und das nicht nur am Abend, wenn sich die Restaurants füllen und man beim Essen den Blick auf zahlreiche im Wasser dümpelnde Fischerboote – und natürlich den hier angebauten Rotwein, den Plavac bol – genießt. Da die meisten großen Hotels westlich des Ortes, nahe Zlatni rat, liegen, bildet die Altstadt mit ihren Natursteinhäusern bis heute ein weitgehend authentisches Ensemble.

Besonders sehenswert ist die **Kunstgalerie Branislav Dešković**, die in dem winzigen Palast am Ufer aus dem Jahr 1694 untergebracht ist und eine repräsentative Auswahl kroatischer moderner Kunst zeigt – etwa 30 Gemälde des Malers Ignjat Job, 20 von Ljubo Ivančić, eine Reihe Skulpturen von Valerija Michielija und Ivan Rendić sowie von Dešković selbst, der 1883 in Pučišća geboren wurde und als der erste impressionistische Bildhauer Kroatiens gilt. ⏲ Mai–Nov Di–So 18–22 Uhr, Eintritt 10 Kn.

Kunstliebhaber sollten außerdem zum **Dominikanerkloster** (Dominikanski samostan), Anđelka Rabadana 4, aus dem 15. Jh. mit der angrenzenden spätgotischen **Kirche der Jungfrau von Gnaden** (Crkva Gospe od Milosti) gehen, das wunderschön auf der Halbinsel Glavica am östlichen Ende der Hafenpromenade liegt. Im Kloster ist ein kleines **Museum** untergebracht, das neben prähistorischen Funden aus der Kopačina-Höhle und einer Sammlung alter Dokumente, antiker Münzen, Amphoren und Kirchgewänder vor allem das Altargemälde *Madonna mit Kind und Heiligen* von Tintoretto birgt. Der Klosterkomplex wird von einem wunderschönen, mit mediterranen Pflanzen begrünten Garten gesäumt. ⏲ April–Okt 10–12, 17–20 Uhr, Eintritt 10 Kn. Im Frühjahr 2012 wurde das Gästehaus

Der Strand Zlatni rat ist das wohl meistfotografierte Motiv Kroatiens.

des Klosters in ein hübsches **Klosterhotel** umgebaut, dessen Zimmer mit Blick aufs Meer passenderweise in den Farben der Dominikaner – Schwarz und Weiß – eingerichtet sind und denen es in keiner Weise an modernem Komfort mangelt. Die Gäste werden außerdem im Klosterrestaurant mit vorzüglicher kroatischer Küche verpflegt. Die Zimmer und Apartments werden unter anderem von der Touristenagentur Santo Bol, Frane Radića 16, ☏ 091-7818999, 🖥 www.santo-bol-croatia.com, vermittelt. ❺

Neben **Zlatni rat** hat es die Konkurrenz natürlich schwer. Allerdings bietet der schöne Kieselstrand **Martinica** in unmittelbarer Nähe des Dominikanerklosters eine unübertreffliche Ruhe, mit der Zlatni rat wiederum nicht mithalten kann.

Von Bol aus lassen sich mehrere reizvolle Wanderungen unternehmen. Zu den beliebtesten Ausflugszielen gehört die 12 km entfernte **Einsiedlerklause Blaca** (Pustinja Blaca), welche im 16. Jh. von glagolitischen Priestern gegründet wurde, die hier Zuflucht vor den Türken suchten und sich durch die Herstellung und den Handel von Wein finanzierten. Das ehemalige Kloster wurde praktisch in den Fels hineingebaut, es liegt auf einem steilen Felsvorsprung inmitten einer rauen Landschaft, die einer Wüste *(pustinja)* gleicht. Bis 1962 wurde die Einsiedelei noch als Kloster genutzt, heute befindet sich hier ein Museum, das eine Sammlung von Uhren, Lithografien und astronomischen Instrumenten beherbergt. Blaca ist nur zu Fuß zu erreichen, über teilweise holprige und schmale Wege, aber durch wunderschöne Natur und Wälder und vorbei an kleinen, einsamen Badebuchten. Von Murvica (über Farska) dauert die Wanderung etwa zwei Stunden, von Bol (über Murvica) sind es vier Stunden (für eine Strecke – man sollte also genügend Wasser und Proviant mitnehmen!). Man kann aber auch – von Norden kommend – mit dem Auto auf einem Schotterweg, der von der Straße auf den Vidova Gora abgeht, bis zu 2 km an die Einsiedlerklause heranfahren. Alternativ kann man auch den 2 km langen Weg von der Blaca-Bucht an der Südseite der Insel nehmen, die im Sommer von Bol aus mit Booten erreicht werden kann. Von dort ist es nur noch eine halbe Stunde zu gehen, und der Weg ist relativ flach. Eine andere Variante wäre, bis nach Farska das Mountainbike zu nehmen und von dort nach Blaca zu wandern. Die Siedlung war zwischenzeitlich geschlossen, daher empfiehlt es sich, vorab bei der Touristeninformation Bol nachzufragen, ob sie wieder geöffnet ist. Die Wanderung lohnt sich jedoch – so oder so.

ÜBERNACHTUNG

Apartmani Vallum, Bračka cesta 9A, 9B, 9C, ☏ 021-642033, 🖥 www.apartmanibol.eu. Wunderschöne, schlicht und modern eingerichtete Apartments für 2–8 Pers., die mit jeglichem Komfort ausgestattet sind. ❶–❸

Bluesun Hotel Borak, Bračka cesta 13, ☏ 021-306202, 🖥 www.brachotelborak.com. Unpersönlicher 4-Sterne-Hotelkomplex mit 133 Zimmern und allem Drum und Dran. Dafür sind die Zimmer – in Blau gehalten – noch relativ hübsch und gemütlich und außerdem nur 50 m vom Strand entfernt. ❻

Funky Donkey Hostels, Domovinskog rata 62, ☏ 021-635026, 🖥 www.brachostels.net. Die Zimmer sind alt, altmodisch und somit nicht wirklich schön, aber das Hostel liegt nur wenige Minuten vom Zentrum und Zlatni rat entfernt und ist relativ preiswert. ❶–❷

Hotel Kaštil, Frane Radića 1, ☏ 021-635995, 🖥 www.kastil.hr. Das Hotel liegt direkt am Meer und hat 28 relativ hübsche Zimmer, die mit Teppichböden, gelben und roten Wänden, Holzmöbeln und einem kleinen Balkon ausgestattet sind. Möchte man sich nicht im Zimmer aufhalten, so kann man es sich auch in einem der Sessel gemütlich machen, die auf jeder Etage neben einem Bücherregal stehen, das ständig von Passanten neu geleert und wieder gefüllt wird. Besonders schön ist auch das **Restaurant Gusio**, das nach der Familie benannt ist, die lange hier gelebt hatte. Dort wird auf der schönen, überdachten Terrasse mit Blick auf den Hafen frischer Fisch serviert. ❷–❺

Pension Nono Ban, Gornji Humac bb, kann nur über Booking-Portale wie z. B. booking.com gebucht werden. 9 km vom Zlatni rat entfernt, ist diese 4-Sterne-Pension eine gute Alternative zu den übertreuerten, überfüllten Hotels im

Zentrum. Es liegt wunderschön im Grünen und verfügt sogar über einen Swimming Pool. Die Zimmer sind schlicht und im Landhaus eingerichtet, mit Steinmauern und Holzböden. Es gibt auch ein Restaurant mit großer Terrasse, wo gut gegessen und gefeiert werden kann. ❸–❹

Villa Giardino, Novi put 2, ☏ 021-635286, 🖥 www.dalmacija.net/bol/villagiardino. Ein kleines Schmuckstück ist diese elegante Villa, die bereits von außen mit einem üppig bewachsenen Garten und einer riesigen Terrasse lockt. Die 10 restaurierten Zimmer sind mit Antiquitäten möbliert und haben wahlweise einen schönen Blick auf den Garten oder das Meer. ❺

Camping

Dominikanski Samostan, Anđelka Rabadana 4, ☏ 021-635132. Campingplatz östlich der Stadt in der Nähe des Dominikanerklosters, der von Mönchen geführt wird. ⏱ Juni–Okt. 50/20 Kn p. P./Zelt.

Kito, Bračka cesta bb, ☏ 021-635551, 🖥 www.camping-brac.com. Ruhiger, kleiner Campingplatz im Schatten von Pinien und Olivenbäumen. Es gibt auch ein kleines Restaurant, in dem dalmatinische Gerichte serviert werden. ⏱ April–Sep. Preise: p. P. 5,50–8 €, Campingbus 3–4 €, Zelt 2–3 €.

ESSEN

Mali Raj, Zlatni rat, ☏ 021-635282. Konoba direkt am Zlatni rat, mit begrünter Terrasse und dalmatinischer Küche – Suppen, Salate, Fisch, Muscheln und Fleisch, für den kleinen und großen Hunger, vor oder nach dem Eintauchen ins Wasser. ⏱ tgl. 12–24 Uhr.

Marija, Ulica uz poljanu 18, ☏ 021-635368. Einfache, schnörkellose Konoba, wo die Lokalgerichte hausgemacht werden. ⏱ Mai–Okt tgl. 10–24 Uhr.

Mendula, Hrvatskih domobrana 7, ☏ 091-5158593. Gesellige Konoba mit freundlicher Bedienung und Atmosphäre, wo Gastfreundschaft noch ganz großgeschrieben wird. Das Essen ist günstig und lecker, dazu gibt es gratis einen Salat, den man sich am Buffet selbst zusammenstellen kann. Wer den Weg bergauf in Kauf nehmen möchte, wird oben ganz bestimmt belohnt. ⏱ April–Okt 11–23 Uhr.

Pumparela, Porat bolskih pomoraca bb, ☏ 021-635886. Dieses Lokal ist – wie viele Restaurants in Bol – ziemlich touristisch und überteuert, aber die Lage am Hafen ist nur schwer zu toppen. Die dalmatinischen Fisch- und Fleischspezialitäten schmecken recht lecker, und auf den gemütlichen Holzbänken am gluckernden Wasser umso mehr. ⏱ April–Okt 8–1 Uhr.

Bračer Delikatessen

Brač hat neben den typischen dalmatinischen Spezialitäten und einheimischen Produkten wie getrocknete Feigen, Johannisbrot und Mandeln auch eine ganze Reihe an kulinarischen Leckerbissen zu bieten, die man nur hier finden kann und die man bei einem Besuch keinesfalls verpassen sollte. Besonders beliebt in der Bračer Küche ist das Fleisch von Lämmern und Zicklein, die ausschließlich von Muttermilch ernährt werden. Das bekannteste Gericht ist **Vitalac**, wofür Lamminnereien Stück für Stück auf einen Spieß gesteckt und, umwickelt mit einem Lammbauchlappen, gegart werden. Das Ganze wird, noch nicht durchgegart, in Scheiben geschnitten und als Vorspeise serviert. Wem das ein bisschen zu abenteuerlich ist, der kann Bračer Lammfleisch auch als **Butalac**, einer Lammkeule mit Kräutern, die am Ende der Garzeit mit Wein begossen wird, oder **Tingul**, geschmortem Lammfleisch, probieren. Keine Sorge, die Bračer Küche hat auch etwas für Vegetarier – die Insel ist auch für ihren Käse *(brački sir)* berühmt. **Procip** wird aus max. 24 Std. altem Käse zubereitet, der in Scheiben geschnitten und in Zucker karamellisiert wird. Für ganz Mutige gibt es auch noch **Smutica**, ein Getränk aus 80 % Ziegenmilch und 20 % Rotwein, das anscheinend schon von Hippokrates empfohlen wurde.

UNTERHALTUNG UND KULTUR

Marinero, Rudina 46. Bar mit Kultstatus, die über eine Treppe vom Strand aus erreicht werden kann. Manchmal gibt es auch Livemusik.

Varadero Cocktail-Bar, Frane Radića bb. Cocktail-Bar am Meer, wo unter freiem Himmel und in gemütlichen Korbstühlen und -sofas Cocktails geschlürft werden können. Tagsüber werden die Cocktails gegen Kaffee und frisch gepressten Orangensaft ausgetauscht.

AKTIVITÄTEN UND TOUREN

Kajaktouren, Kiteboarding, Windsurfen
Big Blue Sport Center, Podan Glavice 2, ✆ 021-635614, 🖥 www.big-blue-sport.hr. Sportcenter mit breitem Angebot an Sport- und Freizeitaktivitäten. ⏲ im Sommer tgl. 9–19 Uhr.

Mountainbiken

Es gehen ein paar sehr attraktive, aber auch anspruchsvolle und nicht immer markierte Mountainbike-Routen von Bol aus. Informationen sowie Fahrradkarten halten die **Touristeninformation** sowie einige **Touristenagenturen** bereit. Fahrräder verleiht das **Big Blue Sport Center**, s. o.

SONSTIGES

Apotheke
Ljekarna Škoko, Porat Bolskih pomoraca bb, ✆ 021-635987. ⏲ Mo–Fr 7–20, Sa 7–13 Uhr.

Feste
Zwischen Mitte Juni und Ende September finden traditionell im Rahmen des **Bol Sommerfestivals** (Bolsko lito) alle möglichen Theater- und Musikveranstaltungen in Kirchen und unter freiem Himmel statt.

Informationen
Touristeninformation Bol,
Porat bolskih pomoraca bb, ✆ 021-635638, 🖥 www.bol.hr.

Medizinische Hilfe
Ambulanz, Porat bolskih pomoraca bb, ✆ 021-635112.

Touristenagenturen

Adria Tours, Bračka cesta 10, ✆ 021-635966, 🖥 www.adria-bol.hr. Unterkunftsvermittlung, Ausflüge in die Region, Auto- und Bootsverleih.
Boltours, Vl. Nazora 18, ✆ 021-635693, 🖥 www.boltours.com. Kleine Touristenagentur, vermittelt Apartments.
Delta Tours, Ante Radića 6, ✆ 021-642089, 🖥 www.deltatours-bol.hr. Große Agentur, die Unterkunftsvermittlung und Ausflüge anbietet.
Koki, Bračka cesta 4, ✆ 021-635343, 🖥 www.koki.hr. Vermittlung privater Unterkünfte.
More, Vl. Nazora 28, ✆ 021-642050, 🖥 www.more-bol.com. Vermittlung privater Unterkünfte und Hotels, Ausflüge sowie Sportangebot.
Santo, Riva bb, ✆ 021-717194, 🖥 www.santo-bol-croatia.com. Vermittlung von Privatunterkünften.

TRANSPORT

Busse
Es verkehren tgl. mehrere Busse zwischen Bol und SUPETAR, Fahrzeit 40 Min.

Schiffe
Von SPLIT aus fahren in der Hauptreisezeit (Juni–Sep) 14x tgl. Autofähren nach SUPETAR an Bračs Nordküste, 50 Min., p. P. 33 Kn, Auto 160 Kn. Alternativ: von MAKARSKA nach SUMARTIN, 1 Std., 33 Kn p. P., Auto 160 Kn. Näheres auf S. 396, Makarska/Transport oder 🖥 www.jadrolinija.hr. Tickets werden vor Ort am Jadrolinija-Schalter gekauft. Im Sommer sollte man möglichst früh vor Ort sein, da der Andrang groß ist und die Fähren nur eine begrenzte Anzahl an Autos aufnehmen können. Von SPLIT nach MILNA an Bračs Westküste und weiter nach HVAR-STADT fährt von Juni–Sep ein Jadrolinija-Katamaran, 2 Std., 22 Kn p. P. Im Sommer außerdem 1x tgl. Personenfähre zwischen BOL und JELSA auf Hvar, 25 Min., 20 Kn p. P., und zwischen SPLIT und BOL, 70 Min., 40 Kn. Die Linijska Nacionalna Plovida (LNP), 114. brigade 10, ✆ 021-352527, 🖥 www.lnp.hr, bietet zudem 1x tgl. ein Passagierboot von SPLIT nach MILNA an, das nur 30 Min. braucht und 18 Kn p. P. kostet.

Wanderung auf die Vidova Gora (780 m)

- **Route**: Bol – Vidova Gora
- **Länge**: 12 km
- **Dauer**: 3 1/2 Std. (hin und zurück)
- **Höhenunterschied**: 740 m
- **Wegbeschaffenheit**: größtenteils gut
- **Ausschilderung**: rot-weiß-beschilderter Weg
- **Schwierigkeitsgrad**: mittel

Der Weg auf den höchsten Punkt von Brač lohnt sich allein schon wegen des spektakulärsten Ausblicks, den man sich nur träumen kann – zu den Bergsteigerfüßen liegt Zlatni rat, der schönste Strand der Insel, der erst aus der Vogelperspektive seine wahre Schönheit enthüllt. Der Vidova Gora ist außerdem der höchste Berg der kroatischen Inselwelt und bietet nicht nur den besten Blick auf den bekanntlich schönsten Strand Kroatiens, sondern auch auf die Nachbarinsel Hvar sowie weitere dalmatinische Inseln.

Der Wanderweg führt direkt von Bol auf den Gipfel und vorbei an duftenden Heiden und mannshohen Disteln verschiedenster Art. Bemerkenswert ist auch, dass sich im Nordosten des Berges ein kleiner **Flugplatz** befindet, der während des Kroatienkrieges eingerichtet wurde, als der Tourismus auf der Insel aufgrund der Kämpfe um Dubrovnik lahmgelegt werden musste.

Obwohl eine Höhe von 780 m erstmal nach nicht viel klingt, ist die Tour durchaus anstrengend, immerhin startet man schon bei etwa 80 m über dem Meeresspiegel. Die Wanderung ist dennoch auch für nicht so geübte Wanderer gut zu bewältigen und führt auf einem alten, steinigen Eselspfad auf den Gipfel. Da früher auf diesem Weg das Vieh nach oben getrieben wurde, sind die Serpentinen nicht so steil angelegt und somit ganz gemütlich zu gehen. Der Weg ist zwar bis auf zwei Schilder am Anfang nicht wirklich ausgeschildert, da es jedoch unterwegs ohnehin keine Abzweigungen gibt, kann man ihn kaum verfehlen. Oben am Plateau weisen Markierungen auf den Weg zum Gipfel.

Neben dem **atemberaubenden Blick auf Zlatni rat** bietet die Wanderung auf den Vidova Gora noch weitere Reize, wie beispielsweise die üppige Vegetation, die von Wacholder, Salbei, Oregano und Thymian bis Rosmarin reicht und immer wieder angenehme Düfte versprüht.

Wegbeschreibung

Die Wanderung beginnt bei der **Kapelle von Bol**. Wer mit dem Auto unterwegs ist, biegt von der Hauptstraße kommend vor dem großen weißen Haus mit der Aufschrift „Zlatni-rat – Skladiste Service" rechts in eine kleine Straße und parkt oberhalb der Kapelle. Es gehen zwei breite Fahrwege nach oben, der rechte führt durch ein Gatter auf eine Gabelung, bei der links ein schmalerer Weg weiterführt. Nach einer kurzen Wanderung entlang einer Mauer kommt erneut ein Viehgatter. Dann wird der Weg etwas steiler und schmaler, erreicht für kurze Zeit den Talboden und schlängelt sich schließlich etwas steiler nach oben. Nach einer kurzen ebenerdigen Ver-

schnaufpause geht es auf der anderen Talseite weiter durch einen schattigen Pinienwald, wo der Weg wieder etwas breiter wird, bevor eine imposante Felswand den Wald verdrängt und einen ersten Vorgeschmack auf den atemberaubenden Blick auf Bol bietet.

Nach etwa 1 Stunde und 40 Minuten ist dann das **karge Hochplateau** der Insel erreicht. Dort endet auch der breite Weg an einem Zaun, wo ein markierter Pfad beginnt. Kurz darauf sind schon die Antennen des Gipfels zu sehen. Es geht geradeaus weiter durch ein weiteres Gatter, auf einer Teerstraße und schließlich durch ein Tor. Dahinter biegt der Weg nach links ab. Nach einer zweistündigen Wanderung ist der **Gipfel** erreicht, von dem sich der spektakuläre Blick ergibt. Kamera nicht vergessen!

Praktische Tipps

Erfrischung bietet nicht nur der Anblick von Zlatni rat und der gegenüberliegenden Insel Hvar, sondern auch ein Gasthaus rechts von der Bergspitze. Nach weiteren 1 1/2 Stunden wartet unten das glasklare Wasser.

Aufgrund der exponierten Lage empfiehlt es sich, im Hochsommer zeitig zu starten, ausreichend Wasser mitzunehmen, an eine Kopfbedeckung und Sonnenschutz zu denken.

Insel Hvar

Hvar ist wohl die beliebteste der mitteldalmatinischen Inseln, was sie nicht nur ihrer reizvollen Natur mit blühenden Lavendelfeldern im Juni/Juli (Kasten S. 416), sondern auch der Inselhauptstadt Hvar zu verdanken hat, die im äußersten Westen der Insel liegt und deren Schönheit unübertroffen ist. Im Sommer zieht sie zahlreiche Segler an, hier gibt es die schicksten Hotels und Restaurants. Ebenso herausgeputzt sind oft die Leute, die in einem der vielen Cafés der Altstadt oder am Hafen Kaffee trinken und sich in der Sonne aalen, darunter nicht selten Promis aus Film- und Showgeschäft. Nachts kann man hier feiern wie an keinem anderen Ort der Insel. Wer allerdings seinen kompletten Urlaub in Hvar verbringen möchte, der sollte einen nicht zu schmalen Geldbeutel haben, denn Hvar ist die teuerste Stadt in der gesamten Region.

Als Urlaubsort weniger bekannt, doch durchaus reizvoll ist Stari Grad, nur 20 km von Hvar-Stadt entfernt. Ein Ort voller Geschichte, verwinkelter Gassen, lauschiger Plätze und einladender Cafés und Restaurants. Zwar gibt es hier nicht so viele Unterkünfte wie in Hvar-Stadt, aber wer gerne in einer Privatunterkunft oder auf dem Campingplatz übernachtet, der wird hier auf jeden Fall eine passende Schlafgelegenheit finden. Ansonsten bietet sich auch Jelsa im Nordwesten als Urlaubsort an. Rund um das ehemalige Fischerdorf befinden sich wunderschöne Buchten, die gleichermaßen zum Baden und Campen einladen.

Die Hauptattraktionen der Insel aber liegen alle im Westen. Obwohl es auch die Möglichkeit gibt, mit der Fähre von Drvenik nach Sućuraj im Osten der Insel zu fahren, empfiehlt es sich, die Fähre von Split nach Stari Grad zu nehmen, da man sich dadurch die mühsame und relativ uninteressante Fahrt über die komplette Insel erspart.

Geschichte

Dass Hvar bereits in der Vorgeschichte besiedelt wurde, beweisen die Funde bemalter Keramik der 5000 v. Chr. entwickelten Danilo-Hvar-Kultur in den Höhlen Grapčeva spilja bei Jelsa und Pokrivenik bei Gdinj an der Nordküste der Insel. Ein paar tausend Jahre später wurden zum ersten Mal Namen in Zusammenhang mit der Insel erwähnt. Im 4. Jh. v. Chr. gründeten griechische Seeleute zwei Siedlungen auf der Insel – Pharos (das heutige Stari Grad) und Dimos (das heutige Hvar-Stadt). Danach war die Insel hart umkämpft – erst waren es die Illyrer, die gegen die Griechen kämpften, dann fielen die Römer ein, die bis in das 7. Jh. n. Chr. die Vorherrschaft behalten konnten. Den nachhaltigsten Einfluss hinterließen jedoch die Venezianer, unter deren Schutz sich Hvar 1278 sogar freiwillig stellte. Hvar-Stadt wurde in diesem Zuge zu einem Winterquartier der adriatischen Flotte ausgebaut, während Stari Grad an Bedeutung verlor. 1510 lehnten sich 6000 Bürger unter Matija Ivanić gegen diese dadurch entstandene Klassenhierarchie auf, doch hatten sie gegen die venezianische Übermacht keinerlei Erfolg. Erst im Jahre 1571 vereinten sich die gegnerischen Parteien gegen einen gemeinsamen Feind: die Türken. Diese waren bis nach Hvar vorgedrungen und machten die Städte dem Erdboden gleich. Nach langwierigen Aufbauarbeiten zog sich Venedig langsam zurück. Auf die spätere napoleonische Herrschaft folgte jene der Habsburger, nach dem Ersten Weltkrieg besetzten italienische Truppen die Insel ebenso wie – nach kurzer Zugehörigkeit zum Königreich Jugoslawien – während des Zweiten Weltkrieges, nach dessen Ende und der Eroberung der Partisanen Hvar Teil Jugoslawiens wurde. Seit 1991 gehört die Insel zum unabhängigen Kroatien.

Hvar-Stadt

„Hvar" leitet sich vom griechischen Wort „Pharos" ab. So nannten die Griechen, die im 4. Jh. v. Chr. von den Ionischen Inseln kommend hier anlandeten und die Stadt Pharos, das heutige Stari Grad, gründeten, die Insel. Im 13. Jh. wurde der Name schließlich auf die heutige Stadt Hvar übertragen. Ruhm und Macht erlangte Hvar im Mittelalter als wichtiger Marinestützpunkt der venezianischen Flotte. Heute ist das von ei-

Hvar (Stadt)

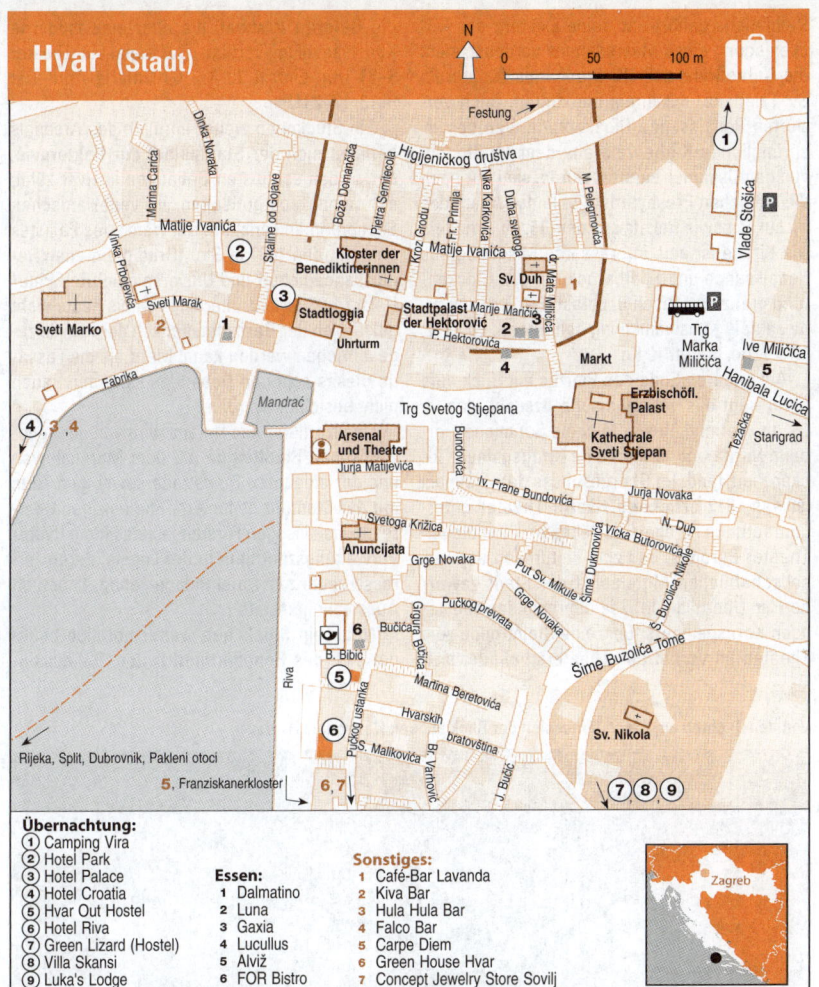

Übernachtung:
① Camping Vira
② Hotel Park
③ Hotel Palace
④ Hotel Croatia
⑤ Hvar Out Hostel
⑥ Hotel Riva
⑦ Green Lizard (Hostel)
⑧ Villa Skansi
⑨ Luka's Lodge

Essen:
1 Dalmatino
2 Luna
3 Gaxia
4 Lucullus
5 Alviž
6 FOR Bistro

Sonstiges:
1 Café-Bar Lavanda
2 Kiva Bar
3 Hula Hula Bar
4 Falco Bar
5 Carpe Diem
6 Green House Hvar
7 Concept Jewelry Store Sovilj

ner imposanten Festungsanlage überragte Hvar das bedeutendste Tourismuszentrum der Insel und eine der begehrtesten Urlaubsdestinationen an der gesamten dalmatinischen Riviera. Kein Wunder, lockt der Südwesten der Insel dank seines ausgesprochen milden Klimas doch schon seit Jahrhunderten Erholungssuchende an.

Das Zentrum und Herz von Hvar sind der **Platz des Hl. Stephanus** (Trg Sv. Stjepana) – der Hauptplatz, der kurz auch *Pjaca* genannt wird – mit einem Brunnen aus dem Jahr 1529 und die **Hafenpromenade Mandrač**, wo zu jeder Tageszeit reges Treiben herrscht und auch schon mal Jachten wie jene von Bill Gates und Bernie Ecclestone anlegen – es lohnt sich also, hier zu verweilen.

Am Eingang des Platzes, der übrigens mit seinen 4500 m² zu den größten historischen Plätzen

Dalmatiens gehört und seine Existenz der Trockenlegung eines Meeresarmes verdankt, steht die **Kathedrale des Hl. Stephanus** (Katedrala Sv. Stjepana) mit ihrem markanten, reich verzierten Renaissance-Glockenturm. Von der ursprünglichen Kathedrale aus dem 14. Jh., die von den Osmanen zerstört wurde, sind nur noch die gotischen Presbyterien, Teile des Altars des Hl. Lukas sowie Reliefs aus dem 15. Jh. erhalten. Die Kirche ist eine interessante Mischung aus Renaissance und Spätbarock. An den Glockenturm grenzt der **Bischofspalast** (Riznica), der eine sakrale Kunstsammlung beherbergt, ⊙ 9–12, 17–19 Uhr, Eintritt 10 Kn.

Am anderen Ende des Platzes mit Blick aufs Meer liegt das venezianische **Arsenal**, das im 16. Jh., vermutlich von Michele Sanmicheli, erbaut wurde und in dem eine Kriegsgaleere locker Platz fand. Im Obergeschoss des Arsenals ist das 1612 errichtete **Hvarer Theater** untergebracht. Es ist eines der ältesten öffentlichen Theater Europas, das zum kulturellen und gesellschaftlichen Mittelpunkt der Stadt geworden ist. Über die Terrasse oberhalb des ehemaligen Kornspeichers führt eine Steintreppe zum Theater. Im Vorhof des Theaters befindet sich die **Galerija Arsenal**, die über eine moderne Kunstsammlung verfügt. ⊙ Arsenal und Theater 9–21 Uhr, Eintritt 20 Kn, ⊙ Galerie April–Okt 9–13, 17–23 Uhr.

Ein Stückchen weiter nördlich des Arsenals befindet sich der **Stadtpalast der Hektorović**, der zu den schönsten Gebäuden in Hvar zählt, mit seinen spätgotischen, im venezianischen Stil geformten Fenstern. Der Name des Palastes geht auf den 1487 in Stari Grad geborenen Renaissancedichter und Universalgelehrten Petar Hektorović zurück, allerdings ist bis heute nicht geklärt, ob der Besitz tatsächlich der Familie zugeschrieben werden kann. Mehr als die Fassade dieses schönen Gebäudes kann denn auch nicht besichtigt werden.

Das Norduferder des Hafens wird von der venezianischen **Stadtloggia** mit dem Markuslöwen und der eleganten Balustrade sowie dem **Turm mit der Stadtuhr** dominiert – die einzigen Überreste des einstigen Fürstenpalastes (dem Hvarer Verwaltungszentrum). In der Loggia, deren Terrasse heute zum Hotel Palace gehört, finden oft Ausstellungen statt.

Noch ein Stückchen weiter nördlich befindet sich das **Benediktinerkloster** (Benediktin-

Von den Jachten am Hafen öffnet sich der Blick auf den Hauptplatz Hvars.

Die schönsten Strände und Buchten

Der Strand **Bonj** vor dem Hotel Amfora ist der wohl exklusivste Badeort der Insel, mit weißen Steinsäulen aus den 30er-Jahren, Kabinen zum Entspannen und zahlreichen Freizeitangeboten. Etwas vom Zentrum entfernt liegt der Strand **Hula-Hula** mit der gleichnamigen Strandbar. Östlich von Hvar befinden sich jedoch die schönsten Buchten. Am nächsten davon ist der Kiesstrand von **Pokonji dol**. **Mekićevica mali** ist ein kleines Paradies, in Zaraće liegen die wunderschönen Buchten **Malo** und **Velo Zaraće**, die über einen steilen Weg zu Fuß oder mit dem Auto erreichbar sind. Einer der schönsten Strände befindet sich in der **Bucht Dubovica**.

ski samostan), das im 17. Jh. von Benediktinerinnen der Insel Rab gegründet wurde. Bekanntheit erlangte es durch die Herstellung von Spitzen aus Agavenfasern. Das **Klostermuseum** verfügt über eine Sammlung von Bildern, Ikonen und liturgischen Gegenständen. ⏱ Mo–Sa 9.30–12, 17–19 Uhr, Eintritt 10 Kn.

Läuft man den Weg noch ein wenig weiter, so kommt man zu einem Park und anschließend zu den **Stadtmauern** aus dem 13./14. Jh., die den ältesten Stadtteil umfassen und bis zur **Festung Španjola** aus dem 16. Jh. reichen. Die Festung, von den Einheimischen *Fortica* genannt, diente im Jahr 1571 als Zufluchtsort vor den Angriffen der Osmanen. 1579 wurden ein Teil der Festung sowie einige Stadtteile unterhalb durch eine Explosion der Pulverkammer zerstört, welche durch einen Blitz ausgelöst wurde. Ausgebaut wurde die Festung später durch Napoleon und anschließend die Habsburger, heute ist hier eine antike Amphorensammlung untergebracht. Die Festung ist über enge Gassen und steile Treppen zu erreichen, von oben genießt man einen herrlichen Ausblick. Alternativ gelangt man mit dem Auto über eine Straße hinauf. ⏱ Juni–Sep 8–21 Uhr, Eintritt 10 Kn.

Etwas westlich von der Hafenbucht befindet sich die **Kirche des Hl. Markus** (Crkva Sv. Marko) – das Einzige, was vom Kloster der Dominikaner übrig geblieben ist. Heute beheimatet die Kirche eine **Archäologische Sammlung** und das **Lapidarium Grga Novak**, die vor allem für die Funde aus griechischer und römischer Zeit interessant sind. ⏱ Sommer 10–13, 20–23 Uhr, im Winter auf Anfrage.

Romantisch in der Bucht Križa südlich des Stadtzentrums liegt das **Franziskanerkloster** (Franjevački samostan) mit dem ältesten städtischen Glockenturm. Das Kloster diente einst auch als Seemannsquartier. Die **Klostersammlung** umfasst wertvolle Gemälde, darunter *Das letzte Abendmahl*, ein im 17. Jh. entstandenes Werk eines unbekannten Künstlers, eine Münzsammlung und einen ptolemäischen Atlas aus dem Jahr 1524. Vor dem Hauptaltar wurde der aus Hvar stammende Schriftsteller Hanibal Lucić (um 1485–1553) beigesetzt. Im Kreuzgang werden im Sommer oft Konzerte veranstaltet, im Garten steht eine über 300 Jahre alte Zypresse. Wer den Weg zurück zur Stadt nicht mehr findet, der kann sich einfach an die kleinen Kapellen halten, die seit 1720 als Kreuzwegstationen dienen.

ÜBERNACHTUNG

Croatia, Majerovica bb, ☎ 021-742400, 🖥 www.hotelcroatia.net. Schön angelegtes 3-Sterne-Hotel direkt am Meer. Die Zimmer sind in gelben, orangefarbenen und violetten Tönen gehalten, viele haben Balkon mit Blick auf den Garten oder das Meer. Manche Zimmer sind jedoch ein wenig dunkel. Für ein gutes Preis-Leistungs-Verhältnis empfiehlt es sich, nach Angeboten Ausschau zu halten. ❻

Green Lizard, Domovinskog rata 13, ☎ 021-742560, 🖥 www.greenlizard.hr. Gemütliches Hostel etwas abseits vom Rummel und mit viel Grün. Es werden sowohl DZ mit eigenem Bad als auch Schlafsäle und Apartments vermietet. Die Einrichtung ist unterschiedlich, einfach, aber recht hübsch. Von der gemeinschaftlichen Terrasse hat man einen schönen Blick aufs Meer. Es müssen mind. 3 Nächste gebucht werden. ⏱ April–Okt. ❷

Hvar Out Hostel, Kroz Burak 32, ☎ 021-717375, ✉ hvarouthostel@gmail.com. Dieses relativ kleine und versteckte Hostel wurde 2010 eröffnet, Einrichtung, Sanitäranlagen und Küche sind also noch recht neu. Es ist in einem schönen Steinhaus in der Altstadt, nahe dem Meer, untergebracht. Die Zimmer sind grün angestrichen, die Betten und der Boden aus Holz bzw. Laminat. ❷

Luka's Lodge, Lučica bb, ✆ 021-742118, 🖥 www.lukalodgehvar.hostel.com. Luka ist unter den Backpackern, die regelmäßig in Hvar stranden, schon längst ein Name. Dies ist die beste Adresse für Leute, die schnell Anschluss möchten, denn das Hostel ist wie eine Großfamilie. Darauf legt der schon etwas ältere, freundliche Luka großen Wert. Wenn er mal ein bisschen Zeit hat, dann lohnt es sich, seinen spannenden Geschichten zu lauschen. Er hat insgesamt 45 Betten, jeweils zwei 4er- und 6er-Zimmer mit Kühlschrank sowie Apartments und ein paar 2er- und 3er-Zimmer mit eigenem Bad und eigener Küche. Es gibt auch eine große Terrasse und einen Gemeinschaftsraum mit Computern und Flatscreen. Die Einrichtung ist schon älter (das Hostel gibt es seit 1987!) und nicht wirklich schön, aber die Preise sind im Vergleich zu vielen anderen Orten der Stadt unschlagbar. ⏰ April–Okt. ❶

Park, ✆ 021-718337, 🖥 www.hotelparkhvar.com. Schönes 4-Sterne-Hotel im Zentrum und am Hafen mit 13 Apartments (ohne Küche, aber mit 2 Zimmern) und einem gewöhnlichen DZ. Die Zimmer sind modern eingerichtet und ausgestattet, in hellen Farben und mit viel Komfort. Dementsprechend hoch sind auch die Preise. Es gibt aber auch immer wieder Spezialangebote, das Hotel hat das gesamte Jahr über geöffnet. ❹–❻

Riva, Riva bb, ✆ 021-750555, 🖥 www.suncanihvar.com. Luxuriöses Hotel an der Seepromenade mit exquisit und doch recht individuell eingerichteten Zimmern, in Beige- und Orange-Tönen und -Mustern sowie Schwarz-Weiß-Bildern von Filmstars vergangener Zeiten an den Wänden. Auch hier sollte man einen Blick auf Spezialangebote werfen oder in der Nebensaison kommen, damit die Zimmer in bezahlbarem Rahmen bleibt. ❸–❻

The Palace, Trg Sv. Stjepana, ✆ 021-741966, 🖥 www.suncanihvar.com. Schickes Hotel mit schlichten, sandfarbenen Zimmern. Von den Zimmern hat man einen traumhaften Blick auf die Palmen und das Meer. Das Hotel gehört wie das Riva zu den Sunčani Hvar Hotels. ❺–❻

Villa Skansi, Lučica bb, ✆ 021-741426, ✉ hostelvillaskansi1@gmail.com. Hübsche Pension von einem freundlichen, aufgeschlossenen Pärchen betrieben, einen kurzen Spaziergang vom Meer bergauf. Die Zimmer (Doppel- und Mehrbettzimmer) und Sanitäranlagen sind sehr gepflegt, die Einrichtung ist geschmackvoll und individuell in verschiedenen Farben gestaltet. Das Beste ist die große Dachterrasse mit gemütlichen Rattansofas, Kissen und großen Sonnenschirmen, von wo aus man einen fantastischen Blick aufs Meer genießen kann. Es werden auch Exkursionen organisiert und Fahrräder, Motorräder und Boote verliehen. Außerdem gibt es eine Bar und einen Grill, kostenlos Internet, eine Tauschbörse für Bücher und einen Wäscheservice. Definitiv eine der besten preiswerten Optionen in der Stadt. Unbedingt im Voraus buchen! ❷–❸

Vira, ✆ 021-741803, 🖥 www.campingvira.com. Großer 4-Sterne-Campingplatz 4 km nördlich von Hvar gelegen, mit Kieselstrand und teilweise im Schatten. Die Sanitäranlagen sind neu und gepflegt. Stellplatz 16–22 €.

ESSEN

Alviž, Dolac bb, ✆ 021-742797, 🖥 www.hvar-alviz.com. Eine gesellige Konoba mit Familientradition und Bistro-Atmosphäre im Herzen der Altstadt, wo man traditionelle, hausgemachte und lecker zubereitete dalmatinische Gerichte – Fisch und Fleisch vom Grill – sowie Holzofenpizza bekommt. Natürlich gibt es auch eine Steinterrasse, genau wie es sich für so eine urige Konoba gehört. ⏰ 17–22 Uhr.

Dalmatino, Sv. Marak 1, ✆ 091-5293121, 🖥 www.dalmatino-hvar.com. Etwas gehobeneres Restaurant, das sich vor allem auf Steaks und Fisch spezialisiert hat. Es stehen aber auch ein paar Pasta-Gerichte auf der Speisekarte, und die Auswahl an Salaten ist relativ groß. Das Restaurant hat eine sehr angenehme, entspannte Atmosphäre und eine romantische Terrasse. ⏰ Mai–Okt 11–1 Uhr.

Ausflug zu den Pakleni-Inseln

Wortwörtlich heißen sie „Hölleninseln" (Pakleni otoci), was sich jedoch mehr etymologisch herleitet als den Tatsachen entspricht. Ihr Name stammt vom Wort *paklina*, einer Kiefernharzart, die früher zum Bestreichen von Schiffen verwendet wurde. Aus *paklinski* wurde *pakleni*, was eben „höllisch" bedeutet. Die rund 20 grünen Inseln sind der Stadt Hvar vorgelagert, ihre Landschaft ist eher himmlisch als höllisch. Mit ihren versteckten Badebuchten und herrlichen Stränden sind sie ein beliebtes Ausflugsziel für Sonnenanbeter, Segler und Taucher. An der Westseite des Archipels liegt **Vodenjak Veli**, im Osten vor der gleichnamigen Bucht das Inselchen **Pokonji Dol**. Die größte der Inseln ist jedoch **Sv. Klement**, auf der sich eine Marina, das Familienanwesen Meneghello mit dem Botanischen Garten, eine Kunstgalerie, zwei Restaurants und prachtvolle Villen befinden. Die Bucht Palmižana auf Sv. Klement gehört zu den beliebtesten Stränden, kann im Sommer allerdings höllisch voll werden.

Von Hvar-Stadt aus kann man stdl. ab 10 Uhr mit einem der vielen **Taxiboote** und **Ausflugsschiffe** zu den Inseln fahren, hin und zurück (je nach Entfernung) 20–60 Kn p. P.

FOR Bistro, Burak bb, 021-718396, www.for.hr. Eine preiswerte Alternative zu den feinen Restaurants der Stadt, auch wenn das Essen eher einfach zubereitet ist. Die Auswahl ist klein, hat aber für jeden Geschmack etwas zu bieten. Es gibt auch Frühstück und Tagesmenüs. 8–23 Uhr.

Giaxa, Petra Hektorovića 3, 021-741073, www.giaxa.com. Dieses Restaurant gehört zu den feinsten der Stadt, was man auch an den Preisen merkt. Die Mittagsmenüs (120 Kn) sind aber auch für den kleineren Geldbeutel bezahlbar. Die Auswahl ist klein, aber exquisit – Fisch, Hummer und Lamm aufs Feinste zubereitet. Auch der Terrasse mangelt es nicht an Stil. 12–24 Uhr.

Lucullus, Petra Hektorovića bb, 021-742498, www.villanora.eu. Um das Wohl seiner Gäste kümmert sich Küchenchef Antun Matkovic höchstpersönlich. Sein Motto – damit das Essen schmeckt, muss der Koch seine Finger benutzen und mind. 100 kg wiegen. Und genauso schmecken die dalmatinischen Gerichte in diesem traditionellen, etwas feineren Lokal. 18–1 Uhr.

Luna, Petra Hektorovića 1, 021-741400, baul.d.o.o@st.t-com.hr. Geht man die paar Treppen nach oben, dann findet man sich auf einer schönen Terrasse mit Blick auf Hvars Dächer und in einer anderen Welt wieder. Hier ist einfach alles der Farbe Blau verschrieben – das gesamte Lokal ist in Blau dekoriert, und Blau ist auch das Motto der Speisekarte. Auf den Teller kommen vor allem Fisch und Meeresfrüchte, dabei werden die Spezialitäten aus der Region originell zubereitet. Es werden aber auch ein paar vegetarische Gerichte (z. B. Gnocchi mit Trüffel) angeboten. Die Preise sind etwas gehoben, für den Hvar-Standard aber noch relativ niedrig. Mai–Okt 12–24 Uhr.

Park, Bankete bb, 021-718337. Genauso wie das Hotel, so ist auch das Restaurant etwas feiner und nicht ganz billig. Aber wenn man eine kleine Pause von den traditionell zubereiteten Gerichten braucht und einen besonderen Abend verbringen möchte, dann lohnt es sich, hierher zu kommen. Das Essen ist eine Mischung aus italienischer und dalmatinischer Küche mit ziemlich originellem Touch. Die überdachte, begrünte Terrasse bietet Entspannung und Romantik. 7–15, 18–24 Uhr.

UNTERHALTUNG UND KULTUR

In Hvar gibt es sehr viele Bars und Clubs, und es kommen immer wieder neue hinzu. Die meisten sind jedoch schick und relativ teuer, weshalb die Hvarer Jugend oftmals einfach nur ein Getränk aus dem Supermarkt kauft, sich damit ans Wasser setzt und so ihre eigenen Partys feiert. Trotzdem gibt es ein paar tolle Adressen, die man bei einem Besuch in Hvar nicht verpassen sollte.

Café-Bar Lavanda, Dr. Mate Miličića 5. Offene Music-Bar in einer Seitenstraße, mit Sofas, Kissen und Wasserfontänen an den Wänden. Bei chilliger Musik und dem Geräusch von plätscherndem Wasser kann man an einem Cocktail nippen und die High Society von Hvar vorbeispazieren sehen. ⏲ 8–2 Uhr.

Carpe Diem, Riva, ☎ 021-742369, 🖥 www.carpe-diem-hvar.com. Egal ob man hier frühstückt oder abends auf einem der bequemen Sofas mit Blick auf den Hafen einen Cocktail schlürft – der Laden an der Riva ist immer voll. Einheimische DJs legen House-Musik auf, die Getränkeliste ist schier unerschöpflich (wenn nur das Geld auch so unerschöpflich wäre), und wenn einem langweilig wird, kann man immer noch die glamourösen Gäste beobachten. Der Club hat auch einen Ableger auf der Insel Stipanska, das **Carpe Diem Beach**, das zwischen Juni und September zu den besten Partyadressen weit und breit zählt. Dort gibt es außerdem ein Restaurant, ein Spa und ab und zu Mondscheinpartys. Alles sehr exklusiv! ⏲ 9–2 Uhr.

Hula-Hula, ☎ 021-717261, 🖥 www.hulahulahvar.com. Diese Strandbar am Hafen, direkt am Wasser, ist für seine Après-Beachpartys (16–21 Uhr) berüchtigt, bei denen Techno- und House-Musik aufgelegt wird und die trendbewusste Jugend von Hvar angetroffen werden kann. Die Sonnenuntergänge hier sind besonders schön. Die Bar besitzt auch eine Surfschule und Strände. ⏲ 9–2 Uhr.

Falko Bar, Šetalište Tonija Petrića 22, ☎ 021-717530, 🖥 www.falkohvar.com. Die beste Alternative zu den doch sehr exklusiven, teuren Bars, die in Hvar dominieren, und ein beliebter Treffpunkt für die Hvarer Künstlerszene. Mitten in einem Pinienwald liegt diese Oase, einen etwa 20-minütigen Spaziergang vom Zentrum entfernt. Statt schicken Sofas gibt's hier Hängematten, gelegentlich auch Livemusik und Ausstellungen. ⏲ Mai–Sep tgl. 10–21 Uhr.

Kiva Bar, Fabrika bb, 🖥 www.kivabarhvar.com. Der erste Disco-Club der Insel! Die kultige, schrille Bar liegt in einer Gasse auf der anderen Seite der Riva und ist vor allem bei jungem, internationalem Publikum beliebt. Für gute Atmosphäre sorgen die DJs, die Old Dance, Pop- und Rockklassiker auflegen, sowie der Tequila.

EINKAUFEN

Lebensmittel

Green House Hvar, Kroz Burak 27, ☎ 092-1307808, 🖥 www.greenhousehvar.com. Hausgemachte, lokale Bioprodukte, Olivenöl und Wein aus Hvar. ⏲ Mo–So 9–24 Uhr.

Schmuck und Design

Concept Jewelry Store Sovilj, Kroz Burak 19, ☎ 021-645792, 🖥 www.sovilj.com. Exquisite Boutique, die den extravaganten Schmuck von Designer Nenad Sovilj sowie zahlreiche stilvolle Dekorationsgegenstände, Parfums

---

Made in Hvar

Auffallend sind die zahlreichen Kunstgalerien, die ganz stark zu Hvars modernem, künstlerischem Flair beitragen. Fast in jeder Gasse versteckt sich ein kleines Atelier, das entweder durch Gemälde, Mode oder Schmuck neugierig macht und zum Verweilen einlädt. Schon längst einen Namen hat sich die **Schmuckdesignerin Tanja Ćurin** gemacht, die unter dem Motto „Not Made in China" originellen, handgefertigten Schmuck herstellt. Ihr Laden befindet sich in der Ulica od Pjace (wörtlich „Straße vom Platz weg"). In der nahe gelegenen **Galerija Šoša**, Groda, ☎ 021-742120, ✉ sosa.sonja@gmail.com, sind bunte Keramikboote, Gemälde von Hvarer Motiven, Originalmöbel und Holzfiguren ausgestellt und zum Verkauf angeboten. Am Pjaca selbst, in dem Gebäude, das mit dem Theater und dem Arsenal verbunden ist, ist das **Hvar'oom**, Trg Sv. Stjepana, ☎ 021-741264, 🖥 www.hvaroom.com, untergebracht, Kunstgalerie und Blumenatelier in einem. Auf der anderen Seite des Platzes findet man die **Galerija Minimal**, Trg Sv. Stjepana, ☎ 091-8804185, 🖥 www.minimal.hr, eine Kunstoase, die im Rahmen des Projektes **Made in Hvar.com** entstanden ist.

und Champagner verkauft. ⏲ im Sommer 10–23 Uhr.
Noche Azul, Petar Hektorović, 🖳 www.noche-azul.com. Kleine Boutique mit wunderschönem, handgemachtem Modeschmuck aus verschiedenen Steinen, Metallen und Naturmaterialien, hergestellt von der kroatischen Designerin Manuela Delise. ⏲ im Sommer 9–21 Uhr.

SONSTIGES

Informationen
Touristeninformation Hvar, Trg Sv. Stjepana bb, ✆ 021-741059, 🖳 www.tzhvar.hr.

Tauchen und Wassersport
Die Insel Hvar ist ein Paradies für Taucher, es gibt zahlreiche Schiffswracks und Riffe, die man unter Wasser entdecken kann, und eine vielfältige Tier- und Pflanzenwelt.
Tauchzentrum Viking, Put podstine 7, ✆ 021-742529, 🖳 www.viking-diving.com. Professionelles, gut ausgestattetes Tauchzentrum, das Tauchkurse und -exkursionen anbietet. ⏲ 9–18 Uhr.
Tauch- und Wassersportzentrum, Jagodna-Sv. Nedilja, ✆ 091-2242270, 🖳 www.hvar-diving.com. Tauchzentrum, das außerdem Kajakexkursionen anbietet und Boote verleiht.

Taxi
Auf der Insel Taxi fahren, kann teuer werden. Das **Radio Taxi Tihi**, ✆ 098-338824, bietet die günstigsten Tarife, vor allem wenn sich mehrere Passagiere einen Minivan teilen.

Touristenagenturen
Del Primi, Kroz Burak 53, ✆ 021-717412, 🖳 www.delprimi-hvar.com. Vermittlung aller möglichen Unterkünfte sowie Verleih von Autos, Mofas, Fahrrädern und Booten.
Fontana Tours, Obala 16, ✆ 021-742133, 🖳 www.happyhvar.com. Kleine und familiäre Agentur, die Privatunterkünfte und Tauchausflüge vermittelt.
Hvar Adventure, Obala bb, ✆ 021-717813, 🖳 www.hvar-adventure.com. Angebot von verschiedenen sportlichen Aktivitäten wie Segeln, Kajak, Wandern und Klettern, auch in Kombination, für mehrere Stunden oder auch Tage. Das Angebot eignet sich auch Anfänger geeignet. Für Transport wird ebenfalls gesorgt.
Hvar Putnička Agencija, Riva bb, ✆ 021-717916, 🖳 www.hvar-agency.com. Große Touristenagentur an der Riva mit ebenso großem Angebot an Unterkünften.
Lukarent, Burak bb, ✆ 021-742946, 🖳 www.lukarent.com. Verleih von Autos, Fahrrädern, Mofas und Booten sowie Ausflugs- und Transferangebot.
Navigare, Trg Sv. Stjepana 1, ✆ 021-718721, 🖳 www.renthvar.com. Verleih von Autos, Mofas und Booten, Unterkunftvermittlung sowie Internetcafé.
Pelegrini Tours, Riva bb, ✆ 021-742743, 🖳 www.pelegrini-hvar.hr. Verleih von Autos,

Radfahren und Wandern

Die gesamte Insel eignet sich sehr gut zum Moutainbiken (oder auch Wandern), es gibt für jeden Schwierigkeitsgrad eine Route. In **Hvar** startet eine leichte Rundtour, die 24,1 km lang ist, zwei Stunden dauert, einen Höhenunterschied von 400 m überwindet und über Brusje (von wo aus zahlreiche Badebuchten erreicht werden können), Malo Grablje und Milna führt. Ebenfalls gut zu schaffen ist die Tour, die in **Jelsa** beginnt, 29,2 km lang ist, ebenfalls rund zwei Stunden dauert, einen Höhenunterschied von 95 m überwindet und über Vrbanj, Stari Grad, Rudine und Vrboska führt. Wer eine mittelschwere Tour ausprobieren möchte, der sollte in **Poljica**, 14 km östlich von Jelsa, starten und über Zastražišće, Glavičica, Grudac, Humac und zurück nach Poljica fahren. Diese Tour geht über 27,8 km, dauert zwei Stunden und erreicht einen Höhenunterschied von 265 m. Anspruchsvoll ist die Rundtour, die in **Stari Grad** startet, 28,1 km lang ist, zwei Stunden dauert, einen Höhenunterschied von 395 m überwindet und über die Orte Selca, Malo Grablje und Dubovica führt. Eine Radkarte ist in den Touristeninformationen sowie am Kiosk erhältlich.

Mofas, Rädern und Booten, Vermittlung von Unterkünften und Organisation von Ausflügen (unter anderem zur Blauen Grotte von Biševo und auf die Pakleni-Inseln).
Secret Hvar, Dolac bb, 021-717615, www.secrethvar.com. Gut organisierte Agentur mit etwas speziellerem Angebot, die Ausflüge rund um die Insel und sportliche Aktivitäten organisiert, Unterkünfte vermittelt und Autos und Mofas verleiht.

TRANSPORT

Auto und Motorrad
Von Stari Grad führen zwei Wege nach Hvar – landschaftlich schöner ist die Straße, die sich durch die Berge im Inselinneren schlängelt, schneller und direkter geht es jedoch über die neue Straße (2960).

Busse
Die Busse sind auf die Fähren abgestimmt, die bei Stari Grad anlegen, und fahren weiter nach HVAR-STADT und JELSA. Im Sommer tgl. 7x zwischen Hvar und Stari Grad in 50 Min. für 25 Kn. Die Strecke nach Jelsa ist etwas kürzer und kostet 30 Kn. Sonntags und in der Nebensaison fahren weniger Busse.

Schiffe
Die Fähren von SPLIT legen nicht in Hvar-Stadt an, sondern im 19 km nordöstlich davon gelegenen STARI GRAD, 2 Std., 47 Kn p. P., Auto 318 Kn. Alternativ kann man vom 32 km südlich von Makarska gelegenen DRVENIK nach SUĆURAJ an Hvars Ostküste übersetzen, 35 Min., 16 Kn p. P., Auto 108 Kn. Da die Strecke bis nach Hvar-Stadt jedoch wegen des sehr schlechten Straßenzustands lang, mühsam und landschaftlich uninteressant ist, ist von dieser Option abzuraten. Es verkehrt 1x tgl. eine Personenfähre zwischen HVAR-STADT und VELA LUKA auf Korčula, 65 Min., 32 Kn p. P., die nach UBLI auf Lastova weiterfährt, ab Hvar-Stadt 2 Std., 32 Kn. 1x wöchentl. (dienstags) Fährverbindung zwischen HVAR-STADT und VIS-STADT, 50 Min., 40 Kn p. P. Zu den PAKLENI-INSELN fahren nur Privatboote, Anbieter hier-für gibt es am Hafen von Hvar-Stadt jedoch genügend.

Stari Grad

Wie eine herrenlose Katze liegt Stari Grad faul in der Mittagssonne. Kommt man zu jener Zeit hier an, könnte man denken, die Stadt sei komplett ausgestoben. Doch der Schein trügt. Geht man nur ein paar Schritte vom Ortskern links in Richtung Strand, so stellt sich schnell heraus, dass sämtliche Einwohner sich hier aufhalten. Und Stari Grad gehört noch seinen Einwohnern! Genau das macht den Ort für Individualtouristen so attraktiv. Kaum neigt sich der Tag dem Ende, füllt sich die „alte Stadt" mit ihren historischen Steinhäusern und bunten, etwas abgebröckelten Fassaden mit Leben.

Hufeisenförmig liegt Stari Grad in einer Bucht, umgeben von grünen Hügeln, die sich zu allen Seiten erheben. Das Herzstück der Stadt bildet die lang gezogene **Promenade** (Riva), auf der sich zahlreiche Restaurants und Cafés aneinanderreihen und die zum Flanieren einlädt. Hinter dem Ufer befinden sich die historischen Sehenswürdigkeiten, die von der langen Geschichte der im 4. Jh. v. Chr. von den Griechen gegründeten Stadt zeugen.

Gleich zu Beginn der Promenade, wenn man sich ein paar Schritte vom Wasser entfernt und

Leuchtendes, duftendes Blau

Schlendert man durch die Straßen von Stari Grad, so werden einem die vielen Lavendelsäckchen auffallen, die an jeder Ecke verkauft werden. Dass der **Lavendel** das Markenzeichen von Hvar wurde, hat die Insel einem Zufall zu verdanken. Oder besser gesagt, ihrer Kunst, aus der Not eine Tugend zu machen. Als das Aufkommen der Reblaus und die österreichische Weinklausel den Weinanbau erschwerten, haben die Einwohner von Hvar mit dem Anbau von Lavendel begonnen, zuerst rund um das Dorf Velo Grablje bei Stari Grad, schließlich, weil sich der Lavendel so gut an die Umgebung angepasst hat, auf der ganzen Insel. Ende Juni bis Anfang Juli taucht die Pflanze die Insel in ein unbeschreibliches Lila-Blau und verströmt einen Geruch, den man einfach selbst erleben muss.

Hvars Garten Eden

Es lohnt sich auch, die Landschaft um die Stadt herum zu erkunden, denn nicht ohne Grund gehört die **Ebene von Stari Grad** östlich der Stadt zum Unesco-Weltkulturerbe. Sie erstreckt sich auf einer Länge von 6 km, in Richtung Osten bis nach Vrboska, im Süden bis zu den malerischen Dörfern Dol und Vrbanj, und gilt als die fruchtbarste Ebene der dalmatinischen Inseln. Dass dieses Stück Land landwirtschaftlich besonders ertragreich ist, hatten schon die Griechen begriffen. Ihre meisterhafte Einteilung des Grundstückes wurde bis heute fast ausnahmslos beibehalten. Was sich veränderte war einzig und allein der Name des Feldes – hieß es bei den Griechen noch *Chora Farou*, wurde es von den Römern *Ager Pharensis* und im Mittelalter schließlich *Campus Sancti Stephani* genannt. Die nachträglichen Teilungen zur Errichtung von Trockenmauern verliefen innerhalb der ursprünglichen griechischen Einteilung. Hier wurde immer schon Wein angebaut, im Mittelalter auch Getreide. Auch heute noch ist dieses Fleckchen Erde ein kleines Paradies mit Oliven-, Feigen- und Mandelbäumen, auf dessen Boden sich außerdem rund 120 frühgeschichtliche bis mittelalterliche archäologische Fundstellen befinden.

Vielerorts kann man noch die Überreste antiker Wirtschaftsgebäude *(Villae Rusticae)* finden, am besten erforscht ist die **Villa Rustica Kupinovik** bei Dol. Die Orte sind teilweise versteckt und schwer zu finden. In der Touristeninformation von Stari Grad sind Karten mit eingezeichneten **archäologischen Wanderwegen** erhältlich, die man sich unbedingt besorgen sollte.

---

durch die labyrinthartig angelegten Straßen und Gässchen schlendert, trifft man auf einen **kleinen barocken Platz namens Škor**, der zu den schönsten Marktplätzen von Stari Grad zählt und an dem sich der Besucher um Jahrhunderte zurückversetzt fühlt. Nicht ohne Grund wird der Platz im Sommer gerne für kulturelle Ereignisse genutzt, denn er ähnelt einer Theaterkulisse. Seine spezielle Form erhielt er im 17./18. Jh., als der seichte Meeresbereich, in welchem die Schiffswerft ansässig war, aufgeschüttet wurde. Daher erhielt der Platz auch seinen Namen – *škver* bedeutet auf Dalmatinisch „Schiffswerft". Die malerischen, mit Efeu bewachsenen Steinhäuser, welche den Platz säumen, tragen zusätzlich zur besonderen Atmosphäre dieses Ortes bei, mit ihren typischen Dachfenstern *(luminari)* und Steinterrassen *(sulari)*.

Geht man ein paar hundert Meter weiter in Richtung Meer, findet man auf einer kleinen Anhöhe das **Dominikanerkloster** (Dominikanski Samostan), das 1482 gegründet, 1571 von den Osmanen beschädigt und später mit einem Turm befestigt wurde. Sehenswert ist das Klostermuseum mit seiner Bibliothek und archäologischen Funden sowie die Kirche aus dem 19. Jh., mit einem Gemälde *(Die Grablegung Chris-* *ti)*, welches Tintoretto zugeschrieben wird, und zwei Bildern von Gianbattista Crespi. ⏱ Juni–Sep 10–13, 18–21 Uhr, Eintritt 10 Kn.

Das Highlight einer jeden Stadtbesichtigung von Stari Grad ist die **Festung des Petar Hektorović** (Tvrdalj), Trg Tvrdalj, aus dem 16. Jh., mit einem idyllischen Fischteich und Taubenschlag. Sie ist das Lebenswerk des Renaissance-Dichters (1487–1572), der eine besondere Liebe zu Fischen hegte und diese auch gern mal in seine Poesie einfließen ließ. In der Burg kann man Zitate aus seinen Werken lesen, die auf Latein und Kroatisch an die Wände geschrieben sind. ⏱ Juni–Sep 10–13, 18–21 Uhr, Eintritt 10 Kn.

Nur ein paar Meter von der Festung entfernt steht der aus der Neo-Renaissance stammende **Palača Biankini**, ☎ 021-765910, der bereits von Weitem durch seine helltürkise Farbe auffällt. Hier, in dem Familienhaus der Brüder Biankini, ist das **Museum von Stari Grad** (Muzej Starogada Grada), Ulica Braće Biankini 2, ☎ 021-766324, ✉ muzej.starogada.grada@st.t-com.hr, untergebracht, mit einer beeindruckenden hydroarchäologischen Sammlung, welche daran erinnert, dass die Stadt einst ein wichtiges Zentrum für Schiffsbau und -industrie war. So gibt es beispielsweise die Geschichte vom Untergang eines Handelsschiffes, das, beladen mit Amphoren, im 4./5. Jh. von Südafrika aus Richtung Pharia gesegelt ist. Im Museum sind außerdem Gegenstände aus der Zeit der Erbauung des Palastes zu sehen. In der ständigen Ausstellung der **Galerija Juraj Plančić**, welche ebenfalls im Gebäude untergebracht ist, sind Werke zweier Bildhauer von Stari Grad – Juraj Plančić und Bartol Petrić – und kroatischer Bildhauer aus dem 20. Jh. ausgestellt, ⌚ Juli–Aug 10–12, 19–21 Uhr, ansonsten nur Voranmeldung.

Dass sich Stari Grad nicht nur auf seiner reichen Geschichte ausruht, sondern auch heute noch künstlerisch aktiv ist, davon zeugt die wachsende Zahl an **Galerien**, die hier entstehen, wie beispielsweise das **Open Art Atelier Fantazam**, Ivana Gundulica 6, ✆ 021-765070, 🖥 www.fantazam.com, dessen Exponate und Schmuckdesign mit Tiermotiven zugegebenermaßen etwas gewöhnungsbedürftig sind.

Wer nach der Besichtigungstour endlich ins Meer springen möchte, dem bieten sich **mehrere Strände rund um Stari Grad**. Am schnellsten erreicht man jenen, der sich vom Zentrum ausgehend links, gegenüber dem Hotel Helios befindet. Man liegt zwar auf Beton, kann dafür aber schön in den Wellen baden, denn die sind hier besonders hoch.

ÜBERNACHTUNG

Mit Ausnahme der nicht sehr einladend wirkenden **Helios-Hotels**, 🖥 www.heliosfaros hr, findet man in Stari Grad nur Privatunterkünfte, die von diversen Touristenagenturen und der Touristeninformation vermittelt werden.

Hostel Sunce, Ulica don Mihovila Pavlinovića 2, ✆ 092-1065152, 🖥 www.hostelsunce.freshcreator.com. Kleines und familiäres Hostel im Zentrum von Stari Grad, das sehr um seine Gäste bemüht ist. Es gibt Einzel-, Doppel- und 3-Bettzimmer, wahlweise mit Frühstück, Halb- oder Vollpension, und einen Fahrradverleih. Die Zimmer sind funktional eingerichtet und nicht wirklich schön, aber das kann man bei den Preisen gut verkraften. ❶

Jurjevac, Njiva bb, ✆ 021-765843. Der Campingplatz ist Teil des Hotelkomplexes Helios und kann etwa 400 Gäste unterbringen. Der Strand ist zum Teil aus Beton, zum Teil aus Kies, der Campingplatz liegt größtenteils im Schatten von Pinienbäumen. 33 Kn p. P., Stellplatz 33 Kn.

Mudri Dolac, Vrbanj, ✆ 091-5018924, 🖥 www.mudridolac.com. Der familiengeführte Campingplatz befindet sich nicht direkt in Stari Grad, sondern in dem kleinen Fischerdorf Mudri Dolac, ein paar Kilometer östlich, und kann nur an die 30 Pers. beherbergen. Dafür ist er familiär und intim, liegt am Wasser und im Grünen – und die Sanitäranlagen sind neu. Es werden zudem Apartments vermietet. Preise auf Anfrage.

ESSEN

Buffet Antika, Donja Kola 24, ✆ 021-765479. Die Auswahl, die diese Konoba und Cocktail-Bar zu bieten hat, ist gigantisch – Suppen, Salate, Risotto, Pasta, Fleisch, Fisch und Meeresfrüchte und dann noch vegetarische Optionen. Noch dazu alles schmackhaft zubereitet und zu niedrigen Preisen. Die Bedienung ist sehr bemüht und freundlich, die Atmosphäre auf dem lauschigen Platz perfekt für einen gemütlich-romantischen Abend. ⌚ Feb–Mai, Sep–Okt 12–15, 18–1, Juni–Aug 9–1 Uhr.

Eremitaž, Obala hrvatskih branitelja bb, ✆ 021-766167. Dieses ausgezeichnete, kleine Restaurant ist in einer Einsiedlerklause aus dem 15. Jh. untergebracht und in 10 Min. zu Fuß vom Zentrum entlang der Küste in Richtung Hotel Helios erreichbar. Die Einrichtung ist rustikal, mit freigelegten Steinmauern, draußen gibt es eine Terrasse direkt am Meer. Neben den typischen dalmatinischen Gerichten werden außerdem etwas speziellere Kreationen serviert wie beispielsweise Wildschwein mit Preiselbeeren. Die Bedienung ist sehr freundlich und bemüht. ⌚ 12–15, 18–24 Uhr.

Jurin Podrum, Donja Kola 11, ✆ 021-765448, ✉ silvijapa@net.hr. Eine große Auswahl an etwas spezielleren mediterranen kalten und warmen Gerichten, Pasta, Risotto, Fisch und Fleisch, auch vegetarisch. ⌚ April–Okt 12–24 Uhr.

Konoba Pharia, Vagonj 2, ☎ 021-765603. Süße kleine Terrasse im Innenhof, auf der dalmatinische Gerichte, Fisch und Fleisch vom Grill und Meeresfrüchte serviert werden. Auf Bestellung kann man auch Gerichte aus der *peka* bekommen. ⊙ 18–1 Uhr.

Konoba Zvijezda Mora, Petra Zoranića bb, ☎ 091-7851103. Auf diese Konoba in einer Seitenstraße zum Hafen wird man durch ein altes Fahrrad aufmerksam gemacht, das anstelle eines Schildes vorne draußen steht. Genauso originell wie die Einrichtung – draußen ein paar einfache Holztische, die geschmackvoll gedeckt sind, drinnen urige, antike Möbel – so sind auch die Gerichte zubereitet. Pasta und Risotto, Fisch und Fleisch, dazwischen einige vegetarische Optionen. Mediterran, speziell, authentisch. Einfach (und) gut. ⊙ April–Okt 12–14, 18–23 Uhr.

SONSTIGES

Informationen
Touristeninformation Stari Grad, Obala dr. Franje Tuđmana 1, ☎ 021-765763, 🖥 www.stari-grad-faros.hr. Sehr professionelle Homepage mit Unterkunftsvermittlung und allen möglichen nützlichen Informationen. ⊙ Juni–Sep Mo–Sa 8–14, 15–22, So 9–12, 17.30–20.30, Sep–Juni Mo–Fr 9–14 Uhr.

Kino
Im Sommer wird während des **Ljetno kino Stari Grad** (Sommerkino Stari Grad) ein spezielles Programm mit Open-Air-Kino und internationalen Filmen in Originalversion gezeigt.

Radfahren und Wandern
Die gesamte Insel eignet sich sehr gut zum Mountainbiken und Wandern, es gibt für jeden Schwierigkeitsgrad eine Route. Eine **Rad- und Wanderkarte** ist in den Touristeninformationen sowie am Kiosk erhältlich.

Touristenagenturen
Hvar Holiday, Vrbanj bb, ☎ 021-768142, 🖥 www.holidayonhvar.com.
Hvar Touristik, Šiberija 31, ☎ 021-717580, 🖥 www.hvar-touristik.com.

TRANSPORT

Busse
Der **Busbahnhof**, Ulica Ivana Meštrovića bb, ☎ 021-765911, befindet sich im Zentrum, am Anfang der Bucht von Stari Grad. Die Busse sind auf die Fähren abgestimmt, die bei Stari Grad anlegen, und fahren mind. 3x tgl. über STARI GRAD nach HVAR-STADT und JELSA. Im Sommer 7x tgl. nach Hvar-Stadt in 50 Min. für 25 Kn. Die Strecke nach Jelsa ist etwas kürzer und kostet 30 Kn. Sonntags und in der Nebensaison fahren weniger Busse.

Schiffe
Der **Hafen** von Stari Grad befindet sich ein paar Kilometer nordöstlich der Stadt.
SPLIT, mehrmals tgl. in 2 Std. für 47 Kn p. P., Auto 318 Kn.
Die andere Möglichkeit, vom Festland auf die Insel Hvar zu gelangen, ist die Fährfahrt von DRVENIK, eine halbe Std. Autofahrt südlich von Makarska, nach Sućuraj, an der Ostküste der Insel, 16 Kn p. P., Auto 108 Kn. Allerdings muss bei dieser Strecke bedacht werden, dass man, um zu den schönsten Orten der Insel zu kommen, die komplette Insel überqueren muss, was bei der schlechten Beschaffenheit der kurvigen, 90 km langen Straße viel Zeit braucht und extrem anstrengend sein kann. Vor allem nachts ist es auch nicht ungefährlich, da die Straßen nicht beleuchtet und nur zum Teil befestigt sind.
ANCONA, 1x tgl., 10 1/2 Std., ab 210 Kn.

Jelsa

Einst ein Fischerdorf, hat sich Jelsa, etwa 9 km östlich von Stari Grad, zu einem beliebten, noch nicht so überlaufenen Urlaubsort gemausert. Im 14. Jh. diente es als Hafen für das Dorf **Pitve** im Binnenland, heute jedoch kommt ihm wesentlich mehr Bedeutung zu als dem Dörfchen im Hinterland. Denn die Buchten östlich von Jelsa, beispielsweise jene von Grebišće, sind ideal zum Baden und ziehen viele Urlaubsgäste an.

Der Ortskern wird, wie in so vielen dalmatinischen Küstenstädten, vom **Stadtplatz** und der **Seepromenade** geprägt. Und wie in so vielen dalmatinischen Städten gibt es auch in Jelsa eine große Anzahl an Kirchen und Kapellen. Auf dem Stadtplatz befindet sich die im 17. Jh. erbaute **Kirche des Hl. Johannes** (Crkva Sv. Ivana), die Stilelemente der Gotik, Renaissance und des Barock miteinander verbindet. Außerdem sehenswert sind noch die **Kirche der Hl. Maria** (Crkva Sv. Marije), die Anfang des 16. Jhs. wegen der heranrückenden Osmanen erweitert und befestigt wurde, sowie die **Kirche des Hl. Fabian und Sebastian** (Crkva Sv. Fabijan i Sebastjan) aus dem 14. Jh., welche 1535 aufgrund der Bedrohung durch Piraten zur Wehrkirche umgebaut wurde. Den schönsten Blick hat man vom **griechischen Wachturm** aus. Hinter der Seepromenade findet man schließlich den **Lustgarten** (Perivoj), eine der größten und schönsten Parkanlagen in Dalmatien, die 1870 durch die Trockenlegung des Sumpfes entstanden ist. Hier steht auch das **Denkmal von Niko Dubković**, einem Schiffbauer, Banker und Politiker, der vom österreichischen Kaiser Franz-Josef höchstpersönlich besucht wurde. Die Skulptur stammt von niemand Geringerem als Ivan Rendić.

Von Humac, 10 km südöstlich von Jelsa, gelangt man zur Kalksteinhöhle **Grapčeva spilja**, die zu den bedeutendsten archäologischen Stätten Kroatiens gehört, da sie von einer neolithischen Kultur zwischen dem 5. und 3. Jt. v. Chr. zeugt, die in Verbindung mit der heutigen Bevölkerung in Griechenland und auf Sizilien gebracht wird. Dies belegen unter anderem die in der Höhle gefundenen bemalten Keramiken. Die Höhle ist außerdem aufgrund ihrer wunderschönen Stalaktiten und Stalagmiten absolut sehenswert. Leider ist eine Besichtigung nur mit einem professionellen Guide möglich. Mehr Infos hierzu gibt es in der Touristeninformation von Jelsa.

ÜBERNACHTUNG

Übernachtungsmöglichkeiten bieten 2 große Ferienanlage, die allerdings unpersönlich sind und zu ein- und derselben Kette gehören. Dafür sind die Zimmer aber relativ gemütlich und die Preise absolut erschwinglich. Wer nicht hier übernachten möchte, der kann sich über die Touristeninformation eine Privatunterkunft suchen oder auf einem der 3 Campingplätze übernachten.

Adriatiq Resort Fontana, ✆ 021-761810, 🖥 www.resortfontana-adriatiq.com. Ähnlich wie im Hotel Hvar sind auch hier die Zimmer erstaunlich gemütlich, mit Holzböden und gemütlichem Licht. Außerdem hat jedes Zimmer einen eigenen Balkon und Meerblick. ❷–❸

Hotel Hvar, ✆ 021-761024, 🖥 www.hotelhvar-adriatiq.com. Großer Hotelkomplex mit Swimming Pool und modernen, recht freundlich eingerichteten Zimmern, mit hellen Holzböden und Balkon. Die Preise variieren, je nachdem, ob das Zimmer zur Meer- oder Parkseite liegt. ❷–❹

Pension & Restaurant Murvica, ✆ 021-761405, 🖥 www.murvica.net. Diese einfache, familiengeführte Pension befindet sich in einer engen Straße in der Altstadt von Jelsa, 200 m vom Hafen entfernt, und verfügt über ein paar saubere, etwas altmodisch eingerichtete Apartments. Auf der großen, schattigen Terrasse werden einheimische, mit Lokalprodukten zubereitete Gerichte serviert. Für das Olivenöl hat die Familie Gurdulić 2002 sogar die Gold- und Silbermedaille erhalten. ⏱ 11–15, 18–24 Uhr. ❸–❹

Camping

Kamp Grebišće, ✆ 021-761191, 🖥 www.grebisce.hr. Schöner, ausgezeichneter 4-Sterne-Campingplatz 1,5 km von Jelsa entfernt, mit schönem Kiefernwald inmitten von Mandarinen- und Olivenbäumen. Stellplatz 15,50–32 €.

Kamp Holiday, ✆ 021-761140, 🖥 www.camp-holiday.eu. Der Campingplatz liegt direkt am Meer, inmitten schöner Pinien. Die Sanitäranlagen sind etwas älter. Preise: p. P. 31 Kn, Autostellplatz 36 Kn, Parzelle 86 Kn.

ESSEN

Konoba Nono, ✆ 091-7352335. In der gemütlichen Konoba wird alles selbst gemacht, vom Olivenöl und Wein bis zum Gemüse und den zahlreichen, für die Insel typischen

Gerichten, die hier auf der Speisekarte stehen. Das Lokal befindet sich in einer Gasse gleich hinter der Kirche. Vor allem ein Tipp für Fleischliebhaber!

INFORMATIONEN

Touristeninformation Jelsa, Riva bb, 021-761017, www.tzjelsa.hr.

TRANSPORT

Die **Busse** sind auf die Fähren abgestimmt, die bei Stari Grad anlegen, und fahren weiter nach HVAR-STADT und JELSA. Die Strecke nach Jelsa dauert etwa 20 Min. und kostet 30 Kn. Sonntags und in der Nebensaison fahren weniger Busse.

Insel Vis

Vis ist die Insel Mitteldalmatiens, die am weitesten vom Festland entfernt ist. Nicht ohne Grund galt sie lange als Geheimtipp. Doch schon längst hat sich die Schönheit ihrer Natur rumgesprochen und zieht zahlreiche Besucher an. Dies tut aber ihrer Attraktivität keinerlei Abbruch, ganz im Gegenteil. Die Insel ist so gebirgig und voller versteckter, türkis-blauer Buchten, dass man mühelos ein einsames Fleckchen findet – falls dies überhaupt erwünscht ist. Ansonsten bieten die Städte Vis und Komiža auch genügend Abwechslung und Unterhaltung, was bestimmt kein Gefühl von Einsamkeit oder Langeweile aufkommen lässt. Und wem die Buchten von Vis noch nicht blau genug sind – ein Naturphänomen der überirdischen Art kann man in der Blauen und Grünen Grotte auf der kleinen Nachbarinsel **Biševo** erleben.

Vis ist nicht nur durch seine Naturschönheiten und durch seine vom Festland entfernte Lage eine ganz besondere Insel. Auch die Geschichte hat ihren Teil dazu beigetragen, dass Vis etwas anders ist als die übrigen mitteldalmatinischen Inseln. Durch seine strategisch günstige Lage war die Insel immer schon militärisch interessant. Vor dem Zusammenbruch Jugoslawiens war sie daher militärisches Sperrgebiet und für Ausländer nicht zugänglich, was zur Folge hatte, dass sich ein zaghafter Tourismus erst ab Mitte der 1990er-Jahren entwickeln konnte. Vis ist daher wesentlich untouristischer und ursprünglicher als viele der anderen kroatischen Inseln. Seine Bewohner leben auch nicht ausschließlich vom Tourismus, sondern von einem florierenden Fischfang und vor allem vom Weinanbau. Hier ist die Wiege von einigen der bekanntesten Weine Kroatiens – der Weißweinsorte Vugaca und der Rotweinsorte Plavac. Über die ganze Insel verteilt bedecken die Weinreben die steilen, sonnenverwöhnten Hänge.

Vis mit dem Rad entdecken

Wer im Sommer auf Vis Rad fahren möchte, der sollte guter Kondition und hitzeresistent sein, denn es geht meist steil bergauf. Erfüllt man diese zwei Voraussetzungen, dann darf mich sich auf tolle Touren freuen. Denn es gibt auf Vis **gute Radwege** mit unglaublichen Panoramaaussichten, dazwischen liegen blaue Buchten, wo man sich herrlich abkühlen kann. Der **kürzeste Weg von Vis nach Komiža** (entlang der Westroute) ist nur 10 km lang, führt jedoch durch eine gebirgige, dünn besiedelte Landschaft mit sehr steilen Etappen, die Fahrt dauert daher über eine Stunde. Der **längere Weg** (Ostroute) ist doppelt so lang und führt **über Podselje und Podšpilje**, durch ein fruchtbares Tal, ist aber wesentlich leichter zu bewältigen. Auf jeden Fall sollte man die Mittagssonne vermeiden und nie ohne Kopfbedeckung, ausreichend Sonnenschutz und Wasser unterwegs sein.

Es gibt mehrere **Touristenagenturen** an der Promenade von Vis-Stadt, die **Fahrräder verleihen**. Diese kosten im Schnitt in der Hauptsaison 20 Kn pro Std., 50 Kn für 3 Std., 100 Kn für 12 Std. und 120 Kn für den ganzen Tag (inkl. Nacht). In der Nebensaison kosten sie nur 70 Kn für den Tag. In der Touristeninformation erhält man eine **Karte** der Insel **mit eingezeichneten Radwegen**.

Vis-Stadt

Vis, Fährort und zugleich die wichtigste Stadt der Insel, liegt eingebettet in eine hufeisenförmige Bucht auf dem Südhang des Gradina-Hügels. Gleich an der Fähre beginnt die von Palmen gesäumte Promenade, wo sich Cafés, Restaurants, Hotels und Geschäfte aneinanderreihen. Wer sportlich ist, der kann sich ein Fahrrad leihen und damit die Stadt und Umgebung erkunden. Ansonsten ist ein Motorroller das beste Fortbewegungsmittel, um die schönsten Buchten zu entdecken. Wer weiter nach Komiža möchte, der sollte gleich weiter zum Busbahnhof gehen, der sich ebenfalls am Hafen befindet, denn die Busse sind an die Fährzeiten angepasst und der nächste Bus fährt erst wieder nach Ankunft der nächsten Fähre ein paar Stunden später.

Vis hieß einst Issa und wurde von den Griechen gegründet. Auf dem Meeresgrund kann man noch die Überreste des antiken Hafens und der Hafengebäude sehen. Vis ist die älteste Siedlung der Insel und aus ursprünglich zwei Siedlungen gewachsen – Luka im Nordwesten, dort wo der Hafen liegt, und Kut im Südosten der Bucht. Beide Teile sind durch die Uferpromenade miteinander verbunden, an ihrer (imaginären) Grenze wurde im 16. Jh. die **Pfarrkirche Mariä Himmelfahrt** (Crkva Uznesenja Blažene Djevice Marije) mit einem markanten gotischen Glockenturm errichtet.

Das Erste, was man von der Fähre aus sieht, ist das auf der **Halbinsel Prirovo** westlich vom Hafen liegende, aus dem 16. Jh. stammende **Franziskanerkloster** (Franjevački samostan) mit der **Kirche des Hl. Hieronymus** (Crkva Sv. Jeronima), das oft als Postkartenmotiv abgedruckt wird und anstelle eines einstigen antiken Theaters errichtet wurde. Auch die Marmorsteine des Theaters wurden zum Bau wiederverwendet. Die Halbkreisform ist noch heute sichtbar. Auf dem Weg zum Kloster passiert man die **Reste eines griechischen Friedhofs**.

Über die ganze Insel verstreut kann man die Sommerresidenzen und Kastelle kroatischer Dichter finden. Die meisten befinden sich in Kut, wie beispielsweise die **Renaissance-Residenz der Familie Jakška** am äußersten östlichen Punkt der Seepromenade, das ebenfalls im Renaissance-Stil errichtete **Sommerhaus des Apothekers Frane Gariboldi** aus dem Jahr 1552 oder das **Zamberlin-Kastell** und Haus von Hanibal Lucić, das heute die Cocktail-Bar Lambik beheimatet.

In der **Festung Gospina batarija**, welche im 19. Jh. von den Österreichern erbaut wurde, in der Ortsmitte ist das **Archäologische Museum** (Arheološki Muzej), Šetalište Viški boj 12, untergebracht, das anhand vieler archäologischer Exponate und einer ethnografischen Sammlung die Geschichte der Stadt erzählt. So erfährt man hier alles über die Inselfischerei, die Weinerzeugung, den Schiffsbau und auch ein bisschen etwas über die Zeitgeschichte. In der zweiten Etage befindet sich die landesweit größte Kollektion altgriechischer Kunstwerke. Im Museum bekommt man außerdem eine Karte mit den Ruinen rund um Vis. Zum Selbstentdecken! ⊕ Juni–Sep Mo–Fr 10–13, 17–21, Sa 10–13 Uhr, Okt–Mai auf Voranmeldung über die Touristinformation, Eintritt 20 Kn.

Relativ nah an der Stadt Vis liegt die Bucht von **Stončica**, die den Vorzug eines Sandstrandes besitzt. Die attraktivsten Strände aber befinden sich an der Südostküste der Insel (S. 426).

Die Galerie der verlorenen Tomate

Auf einem kleinen, versteckten Platz in Vis befindet sich die hübsch und ansprechend eingerichtete **Galerija Izgubljeni Pomedor**, Pod Kulom 5, ✆ 091-8856678, wörtlich übersetzt „Die Galerie der verlorenen Tomate", wo die Werke der Künstler von Vis (und jener, die sich zu ihnen zugehörig fühlen) ausgestellt und zum Verkauf angeboten werden. Auf der kleinen Terrasse der Galerie gibt es auch ein Bistro, wo kleine Tapas-Köstlichkeiten aus der Region und dalmatinischer Wein werviert werden, außerdem kann man dort morgens gemütlich frühstücken. ⊕ Galerie 9–12, 19–24 Uhr, ⊕ Bistro 8–14, 18–1 Uhr.

ÜBERNACHTUNG

Hotel San Giorgio, Petra Hektorovića 2, ✆ 021-711362, 🖥 www.hotelsangiorgiovis.com. Ein schmuckes Boutiquehotel

Das kristallklare Meer zieht besonders Wasserratten nach Vis.

mit 4 Sternen und 10 äußerst stilvoll eingerichteten Zimmern, die 2008 neu entworfen wurden. Der Besitzer ist Italiener, aber das Hotel wird von einem kroatischen Paar geführt. Es gibt auch einen Bereich mit Spa, Massage und Maniküre. Zum Hotel gehört auch das exzellente **Restaurant Boccadoro**, wo Fisch und Fleisch mediterran zubereitet und auf Holz von Weinreben gegrillt werden. ⏱ April–Okt und auf Anfrage. ❹–❻

Hotel Tamaris, Obala Sv. Jurja 30, ☎ 021-711350, 🖥 www.hotelsvis.com. Das Tamaris ist neben dem **Hotel Issa** bislang das einzige größere Hotel in Vis. Das 3-Sterne-Hotel wurde zwar saniert, hat schöne Holzböden und hohe Räume, wirkt aber etwas karg und altmodisch, wenn auch sehr gepflegt. Es hat ganzjährig geöffnet. Es gibt außerdem ein Restaurant mit großer Terrasse. ❺

Pansion Dionis, Matije Gubca 1, ☎ 021-711963, 🖥 www.dionis.hr. Am Meer gelegene Pension mit Blick auf die Stadt. Die Zimmer sind freundlich, mit Holzbalken und teilweise Balkon, und befinden sich in der oberen Etage, über der Pizzeria. ❷–❸

ESSEN

Agroturizam Kod Magića, Stončica bb, ☎ 091-8984859, ✉ stoncica@yahoo.com. Zauberhafter, kleiner Agrotourismus-Betrieb der Familie Jerković, benannt nach dem kleinen Esel des Großvaters. Hier gibt es selbst gemachte Produkte und magische Geschichten. Der Bauernhof liegt in Stončica, 7,6 km östlich von Vis.

Konoba & Bar Lola, Matije Gupca 12, ☎ 095-8497932. Die Neuentdeckung des Jahres – erst im Juli 2012 hat die Konoba eröffnet. Von Weitem ist sie bereits durch das Fahrrad zu erkennen, das auf dem Dach steht und Aufmerksamkeit auf sich zieht. Geht man ein paar Schritte den Berg aufwärts, so gelangt man in eine komplett andere Welt. Das Restaurant verteilt sich über verschiedene Terrassen, die durch eine bunte Vegetation miteinander verbunden sind. Jeder Tisch ist individuell gestaltet, es gibt mehrere Sofas, die sich harmonisch zwischen die alten Häuserfassaden einfügen. Alles, was hier auf dem Teller kommt, ist frisch, saisonal und biologisch in Dalmatien angebaut. Die Auswahl an Fisch- und Fleischgerichten, kombiniert

VIS

Übernachtung:
1. Hotel Issa
2. Hotel Tamaris
3. Pansion Dionis
4. Hotel San Giorgio
5. Biševo
6. Leandra, Villa Kamenica
7. Villa Nonna

Essen:
1. Konoba & Bar Lola
2. Konoba Kantun
3. Pizzeria Karijola
4. Vila Kaliopa
5. Val
6. Restoran Pojoda
7. Konoba Stončica
8. Agroturizam Kod Magića
9. Pol Murvu
10. Konoba Olio
11. Konoba Roki's
12. Jastožera
13. Bako

Sonstiges:
1. Café-Bar Bejbi
2. Galerija Izgubljeni Pomedor
3. Pizzeria & Bar Lambik

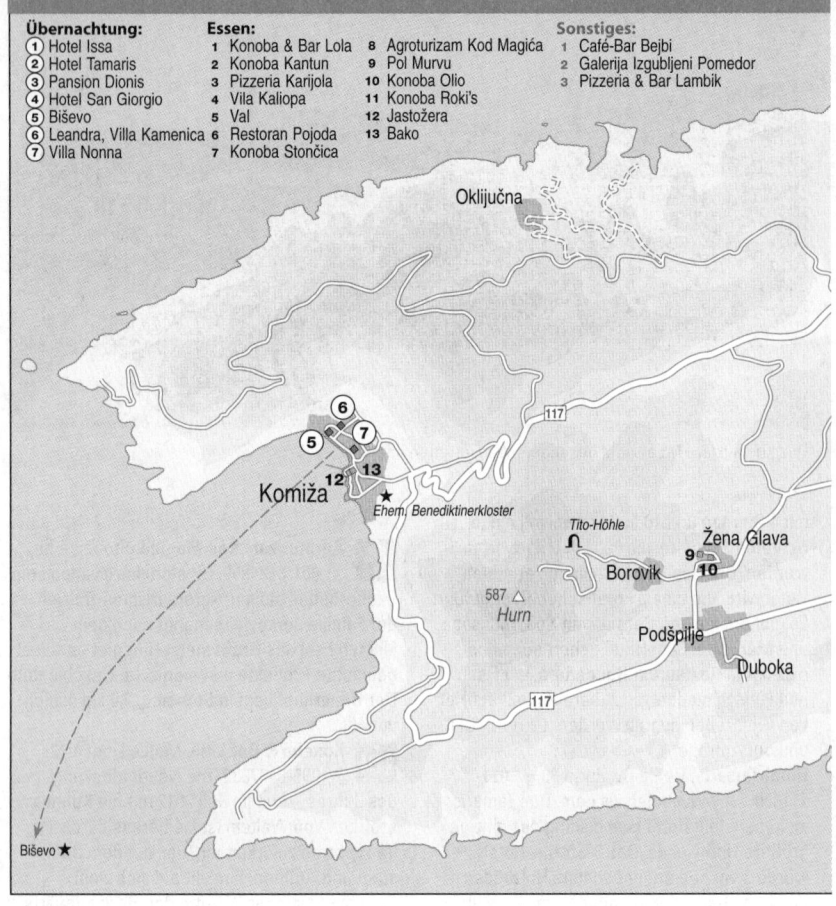

mit leckerem Gemüse, ist dementsprechend klein, aber erlesen. Die Rezepte sind eine originelle Kombination aus Tradition und Innovation. Die Preise sind zwar etwas gehoben, aber es lohnt sich in jedem Fall. Unbedingt ausprobieren, und sei es nur für einen Aperitif. ⏲ 17–24 Uhr.

Konoba Kantun, Biskupa Mihe Pušića 17, ✆ 021-711306. Reizende Konoba direkt am Meer, mit einer sehr kleinen, dafür aber feinen Auswahl an lokalen Fisch- und Fleischgerichten, die nur aus den allerbesten Zutaten zubereitet werden. Nach dem Essen muss unbedingt einer der rund 40 Rakija-Sorten probiert werden. Sitzen kann man drinnen entweder in dem rustikalen Speiseraum oder draußen im weinberankten Gartenbereich. ⏲ 18–24 Uhr.

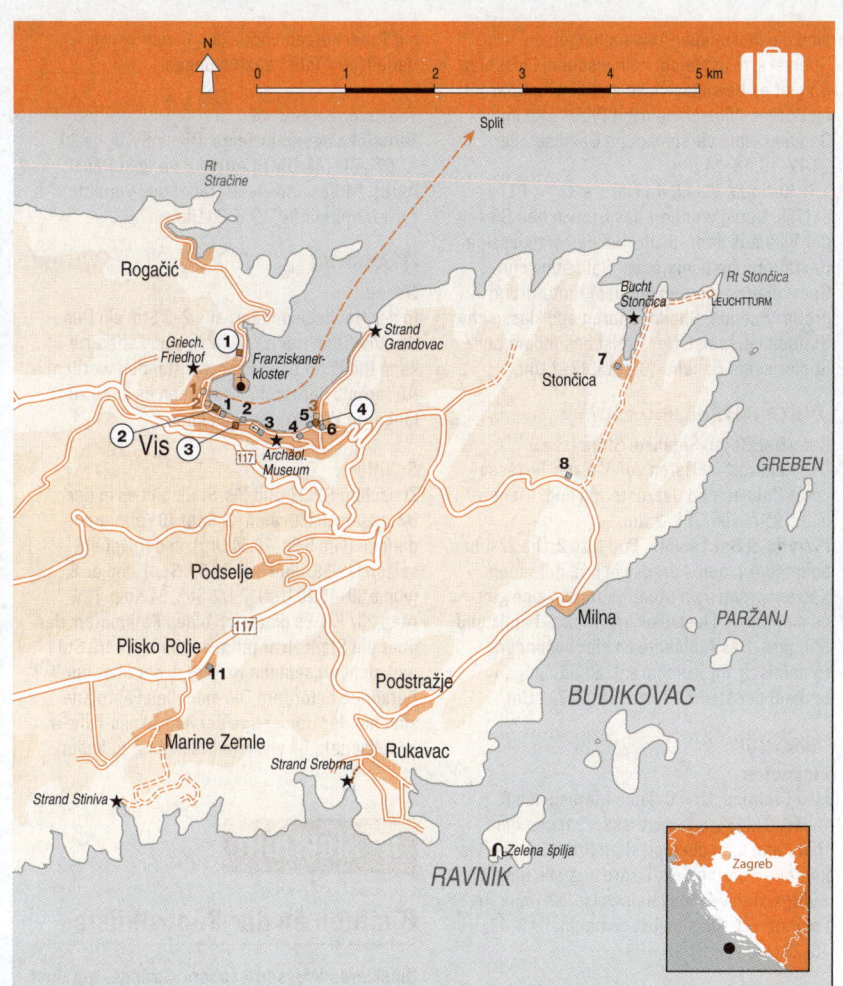

Pizzeria Karijola, Šetalište Viški boj 5. Angeblich die beste Pizzeria der Insel. Die Pizza ist dünn und knusprig, die Auswahl an Belägen groß und reichhaltig. Das Lokal liegt wunderschön ein wenig abseits in einer Bucht. ⏲ 12–24 Uhr.

Restoran Pojoda, Don Cvjetka Marasovića 8, ✆ 021-711575. Spezialität des Hauses sind Fisch, Meeresfrüchte und Krustentiere, von denen Kroatiens Feinschmecker schwärmen. Für die Optik sorgen Orangen- und Zitronenbäume, die großzügig die Terrasse umrahmen. ⏲ 12–1 Uhr.

Val, Don Cvjetka Marasovića 1, ✆ 021-711763. Auf der sehr schönen Palmenterrasse mit Blick auf das Meer werden neben Fisch und Fleisch vor allem frische Meeresfrüchte serviert. Das Besondere an diesem Lokal

sind die saisonalen Abwandlungen der Speisekarte mit leicht italienischem Einschlag. So gibt es beispielsweise im Frühling Spargel, im Winter Wildschwein mit Pilzen und im Sommer viele verschiedene Gemüseteller. ⏱ 12–16, 18–24 Uhr.
Vila Kaliopa, Vladimira Nazora 32, ☏ 021-711755. Üppig wuchert das Grün in den Gärten der Villa aus dem 16. Jh., wo das erstklassige Restaurant beheimatet ist. Dalmatinische Spezialitäten werden vor dem Hintergrund großer Palmen, Rhododendren und klassische Statuen verspeist. Der Ort ist besonders bei Seglern sehr beliebt. ⏱ 8–14, 17–2 Uhr.

UNTERHALTUNG UND KULTUR
Café-Bar Bejbi, Šetalište Stara Issa 9. Der Kulturort im Hafen von Vis, mit Terrasse unter Palmen und Jazzuntermalung. Manchmal Livemusik. ⏱ 6–2 Uhr.
Pizzeria & Bar Lambik, Pod ložu 2. Die 2. sehr beliebte Ausgeh-Adresse in Kut, nur einen Katzensprung vom Meer entfernt. Auch gibt es manchmal Livemusik, mit Akustikbands und Sängern. Das Ambiente ist hier besonders romantisch, im weinberankten Säulengang und auf der kleinen Terrasse. ⏱ 7–2 Uhr.

SONSTIGES
Einkaufen
Issa Croatica, Don Cvjetka Marasovića 6, ☏ 021-711485, 🖥 www.issacroatica.com. Hier kann man die typischen Produkte von Vis kaufen – Marmelade, Liköre und alle möglichen Süßigkeiten wie beispielsweise *hib* (eine Art Feigenbrot). Alles selbst gemacht. ⏱ 9–13, 18–23 Uhr.

Informationen
Touristeninformation Vis, Šetalište Stara Issa 5, ☏ 021-717017, 🖥 www.tz-vis.hr. ⏱ Mitte Juni–Mitte Sep Mo–Fr 8.30–16, 18–20, Sa 8.30–14.30, 18–20, So 10.30–12.30, Ende Sep–Anfang Juni Mo–Fr 8.30–14.30 Uhr.

Tauchen
Diving Centar Anma, Kamenita 12, ☏ 091-5213944, 🖥 www.anma.hr. Professionelles Tauchzentrum an der Promenade von Vis, mit Tauchkursen und -exkursionen sowie Verleih von Tauchausrüstungen.

Touristenagenturen
Turistička agencija Teuta, Obala Sv. Jurja 30, ☏ 021-711144. Diese Agentur verleiht Räder, Autos, Mofas und Elektroräder und vermittelt Privatunterkünfte. ⏱ 8–20 Uhr.

TRANSPORT
Busse
In der Hochsaison fährt alle 2–3 Std. ein Bus von Vis-Stadt nach KOMIŽA, eine Fahrkarte kann für 25 Kn beim Fahrer erstanden werden. Außerhalb der Hochsaison kann es auch zu längeren Wartezeiten kommen.

Schiffe
Zwischen SPLIT und Vis-Stadt gibt es in der Hauptsaison (30. Juni–2. Sep) 10 Fährverbindungen (von 5.30–20.50 Uhr), in der Nebensaison (1.–29. Juni und 3.–30. Sep) sind es 8 (von 5.30–19.20 Uhr), 2 1/2 Std., 54 Kn p. P., Auto 287 Kn. Es gibt auch einen Katamaran, der über die Stadt Hvar fährt, schneller (1 1/2 Std.) und nicht wesentlich teurer ist, der aber nur Personen befördert. Die aktuellen Fährpläne sind auf der Homepage der Jadrolinija-Fährgesellschaft, 🖥 www.jadrolinija.hr, zu finden.

12 HIGHLIGHT

Buchten an der Südostküste

Glasklares Wasser, saubere Strände, gerahmt von Schatten spendenden Pinien, die ihren harzigen Duft verströmen, und vereinzelten Palmen: Die attraktivsten Strände von Vis befinden sich an der Südostküste. Die schönsten Buchten sind jedoch teilweise schwer und nur zu Fuß (oder – für geübte Mountainbiker – mit dem Rad) zugänglich, viele liegen auch etwas versteckt, was natürlich ihren besonderen Reiz ausmacht. Da es nur einen Bus – zwischen Vis und Komiža – auf der Insel gibt und der auch sehr unregelmäßig fährt, empfiehlt es sich, die Insel mit dem

Höhlentour auf der Insel Ravnik

An der Südwestküste der kleinen Insel Ravnik, die man mit dem Boot von Rukavac aus erreicht, lockt mit der **Grünen Grotte (Zelena špilja)** ein spannendes Naturschauspiel: Sonnenlicht dringt durch eine Öffnung in der Felsendecke und sorgt mit dafür, dass das Wasser in der Höhle spektakulär grün schimmert. Boote bringen einen in die Höhle, die längst auch zu einem Eldorado für Taucher geworden ist.

Auto zu erkunden oder, für Besucher mit guter Kondition, in Vis ein Fahrrad zu leihen.

Der erste Strand, den man auf dem Weg von Vis-Stadt nach Osten erreicht, ist **Grandovac**, der sich prima für eine rasche Abkühlung lohnt. Ein Stückchen weiter Richtung Osten folgt die Bucht **Stončica** mit einem herrlichen Sandstrand. Das Wasser fällt hier flach ab, noch 30 m entfernt kann man stehen.

Zu den schönsten Stränden gehört jener in der Bucht **Srebrna** nahe dem Ort und der Bucht **Rukavac**, mit seinen weißen Kieselsteinen. Es gibt dort auch einen schattigen Felsstrand. Von Rukavac aus starten übrigens die **Boote zur Insel Ravnik** (s. Kasten).

Ein steiler, 20-minütiger Weg führt hinunter zur tiefblauen und paradiesischen Bucht von **Stiniva**, deren Zugang durch Felsen und Gestrüpp versteckt und teilweise erschwert wird. In der Bucht befindet sich eine kleine Strandbar, wo man sich für den steilen Abstieg belohnen kann.

ESSEN

Konoba Olio, Žena Glava, im Hinterland von Stiniva, ☏ 091-5160374. Bekannt für gute Peka-Gerichte (Kalb oder Seeteufel) und ihren einheimischen Wein und Schnaps.

Konoba Roki's, Plisko polje 17, ☏ 021-714004, 🖳 www.rokis.hr. Im Hinterland von Rukavac befindet sich in dem Örtchen Plisko Polje die Konoba Roki's, deren Besitzer aus Australien zurückgekehrte Kroaten sind, die dafür gesorgt haben, dass nicht nur ihr ausgezeichneter Wein, sondern auch Cricket auf Vis verbreitet wird. Ihre Spezialität sind Peka-Gerichte von Öko-Grillgemüse begleitet.
⏲ 12–24 Uhr.

Konoba Stončica, Stončica 1, ☏ 021-711952. In Stončica kann man bei den Brüdern Linčir einkehren: In Teamarbeit werden hier Wein, *Prošek* und Schnaps hergestellt, Fisch gefangen und zubereitet und die Oliven essbar gemacht. Besonders lecker sind die Grilltomaten und Salzkartoffeln, die Fisch und Fleisch begleiten.

Pol Murvu, Žena Glava, im Hinterland von Stiniva, ☏ 021-715117. Hier kommt genau das auf den Teller, was die Familie auch selbst isst: Suppen, Kalbs- und Lammfleisch aus der *peka* (auf Voranmeldung), Grillsardinen, Eierspargel (saisonabhängig) sowie leckere *Pašticada* und *Brodetto* (Fischsuppe).
⏲ Mai–Okt 14–24 Uhr.

Komiža

Komiža (1400 Einw.) ist wesentlich kleiner und unspektakulärer als Vis-Stadt, dafür aber genauso hübsch an einer Bucht – am Fuße des Hum, des höchsten Punktes der Insel – gelegen. Seit dem 12. Jh. ein Fischerhafen, zieht Komiža im Sommer vor allem Lebenskünstler an, die es gern alternativ und nicht so überlaufen haben. Hier, an der Westküste der Insel, kann schon mal das Gefühl aufkommen, am Ende der Welt zu sein, denn weit und breit ist nichts zu sehen außer den Inseln Biševo und Svetac – und der blauen Weite des Mittelmeers. Aber Komiža ist nicht der schlechteste Ort, um einfach mal in den Tag hineinzuleben.

Proviant mitnehmen!

Restaurants gibt es außer in Vis und Komiža nur vereinzelt über die Insel verteilt, meistens handelt es sich dabei um kleinere, private Gastwirtschaften, die einfache, aber dennoch wohlschmeckende, lokale Gerichte anbieten. Für den Hunger und die Durststrecken zwischendurch empfiehlt es sich, ausreichend Proviant bei sich zu haben.

Selbst in der Inselhauptstadt geht es beschaulich zu.

Viel zu tun gibt es hier ohnehin nicht, mal abgesehen vom Besuch des **Fischereimuseums**, das allerdings mehr durch seine Terrasse mit Blick aufs Meer lockt als durch seine – etwas verstaubten – Exponate. Am interessantes davon ist die Falkusa, ein traditionelles Fischerboot, das früher zum Sardinenfang benutzt wurde. Das Museum ist in einem **venezianischen Kastell** (Kaštel) aus dem Jahr 1585 untergebracht. ⏱ Mo–Sa 9–12, 18–21 Uhr, Eintritt 15 Kn.

Oberhalb der Stadt liegt ein ehemaliges **Benediktinerkloster** aus dem 12. Jh., welches gegründet wurde, als die Mönche von Biševo vor Piratenangriffen fliehen mussten.

Eine einstündige Wanderung führt vom Zentrum zu einem anderen Rückzugsort – nämlich zur berüchtigten **Tito-Höhle** (Titova špilja), die der spätere Staatschef 1944 eine Zeit lang zu seinem Hauptquartier gemacht hat. Von hier aus führte Tito unter dem Schutz der Engländer, die seit 1943 auf der Insel waren, seinen Partisanenkampf gegen die deutschen Besatzungstruppen auf dem Festland. In die Höhle kann man heute hineingehen.

Es sind jedoch nicht die historischen Sehenswürdigkeiten, die den Charme von Komiža ausmachen, sondern vielmehr die malerische Lage, die schmalen Gassen, die den Berg hinaufführen, die kleinen Sand- und Kiesstrände und die hellen Steinhäuser, die sich eng entlang der Uferpromenade aneinanderschmiegen. Hier denkt man unweigerlich an Heinrich Bölls Kurzgeschichte über einen Fischer, der nicht mehr arbeiten wollte, weil er am liebsten den ganzen Tag lang am Meer in der Sonne lag. Wer es ihm gleichtun will, findet schöne und relativ ruhige **Strände** rund um Komiža. Der Stadtstrand beim Hotel Biševo wird Gusarica genannt, auf der anderen Seite befindet sich der Strand **Kamenica**.

ÜBERNACHTUNG

Biševo, Ribarska 72, ☎ 021-713279, 🖥 www.hotel-bisevo.com.hr. Das Hotel erinnert mit seinen 131 Zimmern an Jugoslawienzeiten und wurde nur teilweise renoviert, punktet aber durch seine Strandnähe. Am besten fragt man vorher nach einem renovierten Zimmer. ❶–❹

Leandra, Pavlinovićeva 15, ☎ 021-713230, 091-7345383, 🖥 www.leandra.tk. Privatunterkunft 2 Gehminuten vom Strand

und 4 Gehminuten vom Ortszentrum entfernt, in einem schönen Haus mit großem Garten. Es gibt ein gelbes, grünes und blaues Zimmer sowie ein orangefarbenes Apartment, alle mit Bad, TV, Kühlschrank und kleiner Kochnische ausgestattet. Die Einrichtung ist einfach, aber recht gemütlich. ❶
Villa Kamenica, Pavlinovićeva 15, 🖥 www.villa-kamenica.hr. In der Villa sind drei 3-Sterne-Apartments untergebracht, die 2006 recht geschmackvoll renoviert und mit altem Mobiliar ausgestattet wurden. Alle 3 Apartments haben einen Balkon und sind von schöner Natur umgeben. Die Villa liegt nur wenige Gehminuten vom Strand und Ortszentrum entfernt. ❶–❸

Villa Nonna, Ribarska 50, ☎ 021-713500, 🖥 www.villa-nonna.com. Schönes, altes Steinhaus, das 7 nach Pflanzen benannte Apartments beherbergt. Die Zimmer wurden 2003 renoviert und haben Parkettböden sowie freigelegte Steinwände. Die Sanitäranlagen sind sehr gepflegt. Das Mobiliar ist einfach, aber gut in das Gebäude integriert. Die Apartments sind unterschiedlich geschmackvoll eingerichtet, das schönste ist das Laurus, mit hellen Möbeln und Parkett. Neben der Villa Nonna steht das Haus Nono, das 2005 renoviert wurde und über insgesamt 3 Etagen geht. Das Haus kann für 6–9 Pers. gemietet werden. Der Preis des Hauses ist abhängig von der Saison und der Anzahl der Personen, bewegt sich aber zwischen 80 und 300 € pro Tag. ❸–❺

Typische Insel-Produkte

Bei einer Fahrt über die Insel fallen die zahlreichen Feigenbäume auf, von denen im Sommer die prächtigsten Früchte herabhängen. Kein Wunder also, dass bei einer ganzen Reihe von Viser Spezialitäten Feigen die Hauptrolle spielen. Besonders bekannt und beliebt ist **Hib**, eine Art Feigenkuchen, der fast ausschließlich aus Feigen besteht und wovon allein ein Stückchen schon satt macht. Ein eher herzhafter Snack sind die **Komiška pogača**, Hefeteigfladen mit Salzfisch (Sardinen oder Sardellen), Zwiebeln, Olivenöl, Oregano und Pfeffer. In Komiža kommen auch noch Tomaten hinzu. Fast food also, aber auf Mittelmeerart.

ESSEN

Bako, Gundulićeva 1, ☎ 021-713742, 🖥 www.konobabako.hr. Ausgezeichnete Konoba, wo man sämtliche Spezialitäten von Komiža durchprobieren kann. Dazu gehört z. B. *brodet* (Eintopf aus Hummer mit Polenta) oder die *komiška pogača* (hausgemachtes Brot mit Fischfüllung). Und überall kann man das einheimische Olivenöl und die Kräuter

Tour nach Biševo – zur Blauen Grotte

Ein ganz spezielles Naturphänomen kann man auf der kleinen, Vis vorgelagerten **Insel Biševo** in den Sommermonaten zwischen 11 und 12 Uhr bestaunen. In der **Blauen Grotte (Modra špilja)** brechen in dieser Stunde die Sonnenstrahlen durch eine Unterwasseröffnung und bringen das Wasser zum Leuchten. In dem überirdisch wirkenden Blau heben sich die vorbeischwimmenden Fische blau ab, die Felsen kann man bis zu einer Tiefe von 16 m durchschimmern sehen.

Man kann entweder über eine der Touristenagenturen in Komiža einen Ausflug nach Biševo buchen (rund 140 Kn), das reguläre Boot nehmen (S. 430, Transport) oder aber dort ein Boot leihen und selbst hinfahren. Der einzige Haken: Im Sommer kann es sehr voll werden, und außerhalb der Sommermonate ist der Besuch nicht ratsam, da die Wellen meist zu hoch sind, als dass man in die Grotte hineinfahren könnte. Eine Alternative wäre die **Grüne Grotte (Zelena špilja)** (S. 427) auf der noch kleineren Insel Ravnik, die noch nicht so überlaufen ist, die aber auch sehr schön leuchtet. Übrigens: Auf Biševo wohnen das ganze Jahr über nur sieben Menschen, Regenwasser ist die Hauptwasserversorgung der Insel.

der Insel herausschmecken. ⊕ Juli–Aug 11–2, Sep–Juni 17–24 Uhr.
Jastožera, Gundulićeva 6, ✆ 021-713859, 🖥 www.jastozera.com. In diesem Lokal war schon John Malkovich zu Gast. Dafür geht es hier aber sehr urig und gesellig zu, abends wird auch gern mal zur Gitarre gegriffen und Seemannslieder zum Besten gegeben. Komplett dem Meer hat sich diese Konoba verschrieben, was man sowohl an der Einrichtung als auch an der Speisekarte sehen kann, auf der v. a. Fischgerichte, Meeresfrüchte und Krustentiere stehen. Der Hummer kommt aus dem hauseigenen Tank und wird auf unterschiedlichste Weise zubereitet. Auf jeden Fall einen Besuch wert! ⊕ 12–2 Uhr.
Riblji restoran, Riva Sv. Mikule 6, ✆ 021-713255, Restaurant des Hotels Biševo (s. o.), das exzellenten, frischen Fisch vom Holzkohlegrill serviert. ⊕ tgl. 7–2 Uhr.

SONSTIGES
Informationen
Touristeninformation Komiža, Riva Sv. Mikule 2, ✆ 021-713455, 🖥 www.tz-komiza.hr. ⊕ Juli–Aug 8–21, Sep–Juni Mo–Fr 9–12 Uhr.

Tauchen
Tauchzentrum Issa, Ribarska 91, ✆ 021-713651, 🖥 www.scubadiving.hr. Tauchzentrum im Ortskern in der Nähe des Hotels Biševo mit breitem Angebot – Wrack-, Höhlen-, Steilwand- und Nachttauchen unter professioneller Anleitung. ⊕ 9–19 Uhr.

Touristenagenturen
Alter Natura, Hrvatskih mučenika 2, ✆ 021-717239, 🖥 www.alternatura.hr. Touristenagentur, die sich auf Abenteuertourismus und Sportarten wie Gleitschirmfliegen, Kajakfahren und Trekking spezialisiert hat, die aber ansonsten auch Ausflüge zur Blauen Grotte (S. 429) und auf die umliegenden, kleineren Inseln anbietet.
Darlić & Darlić, Riva Sv. Mikule 13, ✆ 021-713760, 🖥 www.darlic-travel.hr. Vermittlung von Privatunterkünften und Auto-, Motorroller- und Mountainbikeverleih. Außerdem im Angebot: eine Sonnenuntergangstour zum Hum.

TRANSPORT
Busse
Es gibt nur einen Bus, der VIS-STADT mit KOMIŽA verbindet, und der fährt nur alle 2–3 Std. (nur im Sommer!). Am besten einfach gleich den ersten Bus nehmen, der bei der Fährankunft wartet. Der Bus hält am Stadtrand von Komiža, neben dem Postamt und nur ein paar Schritte von der Zitadelle entfernt. Um die Insel wirklich gut erkunden zu können, empfiehlt es sich jedoch, das Auto zu nehmen oder eines zu leihen.

Schiffe
In der Hochsaison fährt tgl. ein Boot von Komiža nach BIŠEVO, es startet um 8 Uhr und fährt um 16.30 Uhr zurück. 25 Kn p. P. (einfache Strecke).

Süddalmatien

Stefan Loose Traveltipps

13 **Dubrovnik** Die „Perle der Adria" präsentiert sich am besten bei einem Rundgang auf der Stadtmauer. S. 432

Prevlaka-Park Am südlichsten Zipfel Kroatiens erblickt man bereits die Berge Montenegros, allein das Meer trennt die beiden einst verfeindeten Länder. S. 454

Neretva-Delta Im Sumpfgebiet nördlich von Dubrovnik scheint die Zeit stehen geblieben zu sein. S. 455

Pelješac Ein Streifzug durch die gebirgige Halbinsel erweist sich als gastronomischer Höhepunkt einer jeden Kroatien-Reise. S. 456

14 **Insel Korčula** Ganz Korčula bietet wunderschöne Strände, die attraktivsten Badeplätze aber befinden sich bei Lumbarda: mit weißen Kieselsteinen und türkisblauem Meer. S. 471

Leuchtturm von Palagruža 68 Seemeilen vom Festland entfernt wartet der Leuchtturm von Palagruža auf Gäste, auch nachts. S. 473

Mostar Die geteilte Stadt in der Herzegowina liegt direkt vor Kroatiens Haustür und ist doch faszinierend anders. Auch wenn die Narben der Vergangenheit noch nicht verheilt sind, so erstrahlt die berühmte weiße Brücke über der Neretva heute in neuem Glanz. S. 479

SÜDDALMATIEN

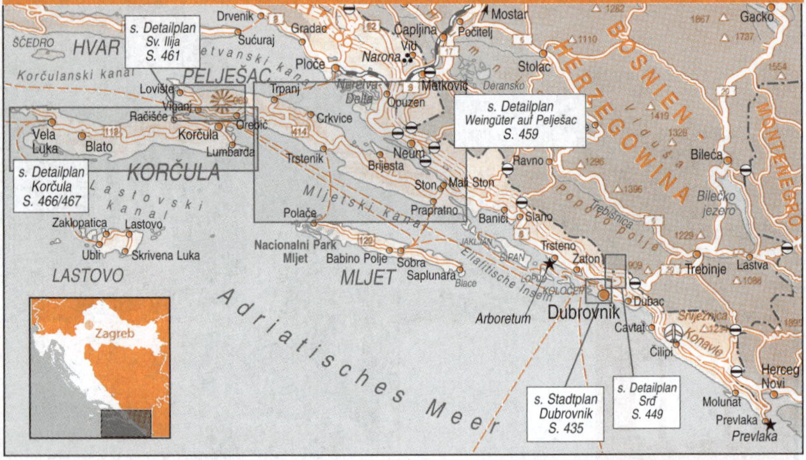

Denkt man an Süddalmatien, so erscheint zwangsläufig als erstes **Dubrovnik** vor dem inneren Auge – die Schöne an der Adria, ein heiß begehrtes Urlaubsziel und zweifellos die attraktivste und meistbesuchte Stadt Kroatiens, die Touristen aus aller Welt anlockt. Zu Recht, denn die Stadt ist sowohl von ihrer wunderschönen Lage zwischen Meer und Berg als auch von ihrer Fülle an historischen Sehenswürdigkeiten und architektonischen Schönheiten kaum zu übertreffen. Süddalmatien auf Dubrovnik zu reduzieren, würde dieser kleinen Region am südlichsten Zipfel Kroatiens jedoch nicht gerecht werden. Nicht nur die **Halbinsel Pelješac** mit ihren beeindruckenden Hängen, die von Bergsteigern und Winzern gleichermaßen geschätzt werden, und die **Insel Korčula** mit der wunderschönen, gleichnamigen Hauptstadt und traumhaften Stränden machen einen Urlaub in dieser Region absolut lohnenswert – auch das Festland hält die eine oder andere Überraschung bereit. So z. B. das **Neretva-Delta**, wo Zitrusfrüchte gedeihen, das **Konavle**, das besonders stolz auf seine Traditionen ist, oder der **Park Prevlaka** auf der gleichnamigen Halbinsel, der zugleich der südlichste Punkt Kroatiens ist, von wo aus die montenegrinischen Berge bereits in Sichtweite rücken. Süddalmatien ist jedoch nicht nur der ideale Ausgangspunkt, um einen Abstecher nach **Montenegro** zu machen, sondern auch um der bosnischen Stadt **Mostar** einen Besuch abzustatten, die garantiert niemanden kalt lassen wird.

Dubrovnik

Egal ob sich der Besucher von Süden oder von Norden der Stadt nähert, ob er zum ersten Mal die schmale, hoch gelegene Küstenstraße mit dem atemberaubenden Blick aufs Meer entlangfährt oder diese Strecke ihm bereits vertraut ist – wenn Dubrovnik (43 000 Einw.) plötzlich hinter einer der vielen Windungen auftaucht, fasziniert sie jedes Mal aufs Neue. Selbstsicher und doch verletzlich liegt die „Perle der Adria", wie Lord Byron sie einst nannte, am Fuße der Küste, umgeben von glitzerndem, glasklarem Wasser. Die heiß umkämpfte Schöne ist dank ihrer bewegten Vergangenheit reich an kulturellen Schätzen und Sehenswürdigkeiten – sie steht aber auch für das leichte Lebensgefühl Süddalmatiens, lädt zum Bummeln und Verweilen ein, verwöhnt mit kulinarischen Leckerbissen und bietet entspannte Stunden am Meer. Im Sommer platzt die Stadt allerdings aus allen Nähten. Wer es lieber ruhig und weniger touristisch möchte, sollte Dubrovnik deshalb besser im Frühjahr oder Herbst besuchen oder aber auf eine Unterkunft in einer der zahlreichen, hübschen Ortschaften in der Umgebung ausweichen. Denn auch wenn Dubrovnik zweifellos das absolute Highlight eines jeden Süddalmatien-Besuches ist, so haben auch die anderen Orte und Inseln in der Region nicht zu unterschätzende Reize.

Geschichte

Dubrovnik, das über Jahrhunderte eine unabhängige Stadtrepublik war, ist bis heute ein Symbol der Freiheit geblieben. Um verstehen zu können, warum Dubrovnik stets so sehr auf seine Unabhängigkeit bedacht war, muss man ein wenig in seiner bewegten Geschichte graben. Diese begann im 7. Jh. mit einem Angriff der Slawen auf die gesamte Region und der Auslöschung der römischen Stadt Epidaurum, dem heutigen Cavtat. Auf der Suche nach einem sicheren Ort flohen die Einwohner auf die felsige Insel Ragusa, die durch einen schmalen Kanal vom Festland getrennt war. Um sich vor weiteren Eindringlingen zu schützen, wurden Stadtmauern errichtet, während auf dem Festland nördlich und südlich der Insel eine neue Siedlung entstand, deren Name sich vom kroatischen Wort für Eichenhain *(dubrava)* ableitet. Im 12. Jh. verschmolzen die beiden Siedlungen zu einer, und Dubrovnik wurde zu einem bedeutenden Handelszentrum und Bindeglied zwischen dem Mittelmeer und dem Südosten Europas. Zu dieser Zeit wurde auch der Kanal zugeschüttet, dessen Verlauf man jedoch noch heute gut erkennen kann: Es handelt sich um den Stradun, Dubrovniks wichtigste Straße.

1205 war es die Seerepublik Venedig, die Dubrovnik einnahm, doch konnte sich die Stadt 1358 wieder befreien und bis ins 15. Jh. zur Republik Ragusa heranwachsen, deren Territorium von Ston bis nach Cavtat, von Pelješac über Mljet bis nach Lastovo reichte. Eine eigene Flotte wurde gegründet, die damals drittgrößte der Welt, und die Schiffe wurden nach Sizilien, Spanien, Frankreich, Konstantinopel, Ägypten und Syrien entsandt. Es war Dubrovniks Blütezeit, es herrschten jahrhundertelang Frieden und Wohlstand, Wissenschaft und Literatur erblühten, und die Beziehungen zu allen benachbarten Staaten inkl. des Osmanischen Reichs waren dank des diplomatischen Geschicks sehr gut.

Erst 1667 wurde die Stadt erneut erschüttert, diesmal durch ein Erdbeben, das 5000 Menschenleben forderte und den Großteil der Renaissancebauten dem Boden gleichmachte. Zwar wurde die Stadt einheitlich im Stil des Barock wieder aufgebaut, doch setzte zu dieser Zeit mit der Öffnung neuer Handelswege im Osten und dem Aufstieg rivalisierender Seemächte ihr wirtschaftlicher Niedergang ein.

Zu guter Letzt fiel 1806 Napoleon mit seinen Truppen ein, 1808 wurde das Ende der Republik ausgerufen. 1815, beim Wiener Kongress, wurde Dubrovnik Österreich zugesprochen. Obwohl die Stadt ihren Status als Seehafen behalten konnte, traten immer mehr gesellschaftliche Probleme auf. Bis 1918 war Dubrovnik schließlich Teil der österreichisch-ungarischen Monarchie. Bereits zu jener Zeit setzte der Tourismus ein, der sich seither – mit einigen Unterbrechungen – stetig weiterentwickelt hat.

Fotos, die den Krieg dokumentieren

In einer Seitenstraße des Stradun befindet sich das **War Photo Limited**, Antuninska 6, ✆ 020-322166, 🖥 www.warphotoltd.com, das an die Schrecken des Krieges erinnert. Der Kriegsfotograf Wade Goddard aus Neuseeland hat Dubrovnik aufgrund seiner Zerstörungsgeschichte während des Krieges in den 1990er-Jahren als Standort für die Präsentation von Fotografien dieser Art ausgewählt. Ein Museum der besonderen Art, dessen Exponate seinen Besuchern garantiert unter die Haut gehen. ⏱ Juni–Sep Di–So 9–21, Mai und Okt Di–So 10–16 Uhr, Eintritt 30 Kn.

Während der jugoslawischen Zerfallskriege blieb Dubrovnik auch nicht verschont, 1991 und 1992 fielen an die 2000 Bomben und zerstörten große Teile der historischen Altstadt, die seit 1979 Unesco-Weltkulturerbe ist. Von den Kriegsschäden ist heute nichts mehr zu sehen, doch kann man die Geschichte, die reichen Einflüsse und die historischen Wechselbäder, die diese Stadt erlebt hat, auf Schritt und Tritt spüren.

Orientierung

Die Altstadt, in der sich die Sehenswürdigkeiten konzentrieren, liegt auf einer Halbinsel, die von massiven Stadtmauern eingefasst ist. Die Altstadt ist autofrei, das Fahrzeug muss also außerhalb der Stadtmauern geparkt werden – was in Dubrovnik gar nicht so leicht ist, denn die Stadt hat ein massives Parkplatzproblem, das auch Einheimische betrifft. Rund um die Altstadt sind Parkplätze heiß begehrt und dementsprechend teuer. Wer das Problem vermeiden möchte, kann das Auto entweder etwas weiter östlich der Altstadt (z. B. in der Ulica kralja Petra Krešimira IV) oder aber im westlich der Altstadt gelegenen Stadtteil Lapad parken und anschließend den Bus in die Altstadt nehmen. In Lapad befinden sich auch die meisten Hotels und Strände, außerdem der Busbahnhof sowie der Hafen, wo die Schiffe auf die umliegenden Insel übersetzen.

Sehenswertes

Die Besichtigung Dubrovniks beginnt ganz klassisch mit einem Spaziergang durch die Altstadt, schließlich gehört das Spazierengehen traditionell zu den Lieblingsbeschäftigungen ihrer Einwohner. Sie haben sogar ein eigenes Wort dafür: *Đir* bedeutet dabei mehr als nur Bewegung. Es geht nicht darum, möglichst schnell von einem Ort zum anderen zu gelangen, sondern eher darum, „zu sehen und gesehen zu werden". Der traditionelle „Đir von Dubrovnik" reichte vom Pile-Tor, dem Stadttor am westlichen Eingang der Altstadt, bis zur Mitte des Stradun – Flaniermeile und Herzstück der Altstadt, auch Placa genannt. Sie bis zum Ende zu laufen, dafür reichte wohl die Ausdauer der reichen Bevölkerung nicht, immerhin muss bei einem *Đir* auch einmal angehalten und Kaffee getrunken werden. Und dazu locken bis heute die zahlreichen Cafés, auch in den kleinen Gassen und Winkeln rund um den Stradun, hinter denen sich Dubrovniks Geschichten verstecken. Egal zu welcher Tageszeit, ob in der grellen Mittagssonne oder im nächtlichen Schein der Laternen – die weiß schimmernden Marmorsteine verleihen dem Stradun einen fast unwirklichen Anblick.

Rundgang auf der Stadtmauer

Wer die Entstehungsgeschichte Dubrovniks besser verstehen möchte, der sollte einen Spaziergang über die Befestigungen nicht versäumen – zumal man mit einem traumhaften Blick auf das blau funkelnde Meer belohnt wird. Der Rundgang auf den Stadtmauern (Gradske zidine), 🖥 www.citywallsdubrovnik.hr, kann am Pile- oder am **Ploče-Tor** auf der gegenüberliegenden Seite des Stradun beginnen, dann geht es im Uhrzeigersinn 2 km auf einer Höhe von 25 m die Stadtmauern entlang, vorbei am **Minčeta-Turm**, der einst den nördlichen Stadtrand vor Invasoren schützte, während die **Festung Lovrijenac** die Stadt nach Westen hin verteidigte. Das **Pile-Tor** wird durch den **Bokar-Turm** gesichert, die **Festung Revelin** beim Ploče-Tor hielt Angriffen aus dem Osten stand. Die beiden Stadttore sind übrigens nach zwei Vorstädten benannt – Pile im Westen und Ploče im Osten. Heute sind dies natürlich keine Vorstädte mehr, sondern Stadtteile Dubrovniks. Während Ploče früher Haupteingang für Handelskarawanen und Reisende aus dem Osmanischen Reich war und heute mit Kunstgalerien und Luxushotels auftrumpft, entstanden am Pile-Tor Renaissancebauten und Gärten.

Am Pile-Tor/Rund um den Stradun

Ruhe und Schatten auf dem geschichtlichen Stadtspaziergang kann man im direkt am **Pile-Tor** gelegenen Kreuzgang des **Franziskanerklosters** (Franjevački samostan), Placa 2, ✆ 020-321410, finden, der im Gotik-Renaissance-Stil erbaut wurde und der schönste Teil des Klosters ist, das bei dem Erdbeben 1667 in Teilen zerstört wurde. Das wirklich Interessante ist jedoch die historische **Apotheke** aus dem Jahre 1317 (Stara

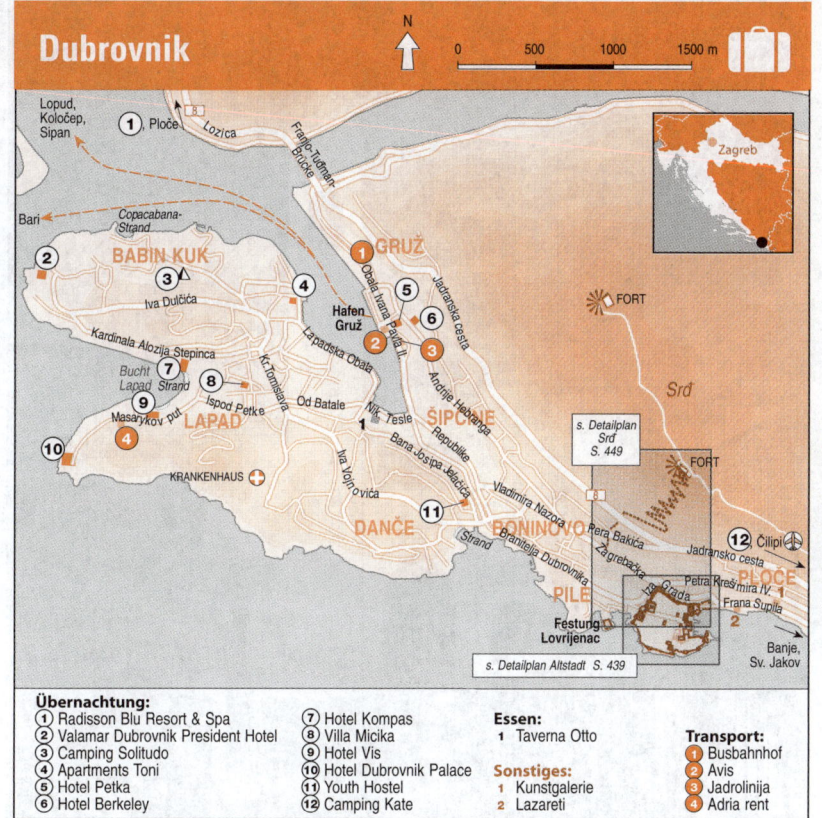

apoteka Male braće), in der die Mönche bis 1901 Arzneien zubereiteten. Es handelt sich dabei um eine der ältesten Apotheken Europas, die heute in das Museum des Franziskanerklosters integriert ist. ⊕ 9–17 Uhr, Eintritt 30 Kn, erm. 15 Kn.

Südlich des Franziskanerklosters befindet sich eines der bekanntesten Wahrzeichen Dubrovniks – der **Onofrio-Brunnen**, der 1438 zur städtischen Wasserversorgung errichtet wurde und einst mit einer prunkvollen Skulptur geschmückt war, die 1667 durch das Erdbeben jedoch derart beschädigt wurde, dass heute nur noch 16 Masken übrig geblieben sind. Aus ihnen sprudelt jedoch heute noch munter das Wasser in den Brunnen.

Neben dem Onofrio-Brunnen befindet sich die **Erlöserkirche** (Sveti Spas), welche 1520 als Dank dafür, dass die Stadt von einem Erdbeben verschont geblieben war, gebaut wurde und wie durch ein Wunder vom großen Erdbeben 1667 ebenfalls nicht beschädigt wurde. Für das Werk verantwortlich zeichneten die Brüder Andrijić.

Südlich des Stradun steht die **Serbisch-orthodoxe Kirche** von 1877, Od Puča 8, in der eine **Ikonensammlung** (Muzej Pravoslavne Crkve) aus dem 15.–19. Jh. untergebracht ist, welche neben Porträts des kroatischen Malers Vlaho Bukovac Abbildungen der Heiligen Familie aus Italien, Kreta, Slowenien und Russland beinhaltet. ⊕ Mo–Sa 9–14 Uhr, Eintritt 10 Kn, erm. 5 Kn.

Über das glatte, weiße Pflaster des Stradun zu bummeln gehört zu den Höhepunkten eines jeden Dubrovnik-Besuchs.

Ein Stückchen südlich des Stradun liegt das **Ethnografische Museum Rupe** (Etnografski muzej), Od Rupa 3, ℡ 020-412545, 🖥 www.mdc.hr/dubrovnik, das in einem einstigen Getreidespeicher aus dem 16. Jh. untergebracht ist. Getreide wurde in Stein gemeißelten Behältern bei einer Temperatur von 17 °C gelagert. Im Erdgeschoss befinden sich 15 solche Silos, genannt *rupe* („Löcher"). Im ersten Stock ist die traditionelle Kultur der Region Dubrovnik dargestellt, im zweiten Stock sind Volkstrachten und Gegenstände aus einer reichen Folkloresammlung zu sehen. ⏱ Mi–Mo 9–16 Uhr, Eintritt 40 Kn, erm. 20 Kn.

Am Luža-Platz

Am östlichsten Ende des Stradun befindet sich der Luža-Platz, das einstige Zentrum des öffentlichen Lebens in Dubrovnik. Heute bildet der Luža-Platz den Hintergrund für viele Spektakel wie beispielsweise die Sommerfestspiele und den Dubrovniker Karneval und lädt zum Kaffeetrinken auf der riesigen Terrasse des bekanntesten Stadtcafés ein.

Rund um den Platz locken gleich mehrere Sehenswürdigkeiten, allen voran der im Stil der Gotik und Renaissance erbaute **Sponza-Palast** (Palača Sponza), der im 16. Jh. als Zollamt errichtet und als Bank und Schatzkammer genutzt wurde. Heute beherbergt der Palast, der unter anderem durch seine spätgotischen Fenster beeindruckt, die Staatsarchive (Državni Arhiv u Dubrovniku), mit einer Sammlung von fast tausend Jahre alten Schriften. In einem Gedenkraum wird an die gefallenen Verteidiger Dubrovniks im letzten Krieg erinnert. ⏱ Mo–Fr 8–15, Sa 8–13 Uhr, Eintritt 15 Kn.

An der **Orlandosäule** unmittelbar neben dem Sponza-Palast wurden einst Feste gefeiert sowie Edikte und Urteile verlesen. Verziert ist die Säule mit einem mittelalterlichen Ritter aus dem Jahr 1417, dessen Unterarm früher als Maßeinheit der Republik diente – die Dubrovniker Elle misst 51,1 cm. Heute ist die Säule ein beliebter Treffpunkt.

Gegenüber der Säule steht der **Uhrturm**, daneben die **Stadtloggia**, welche zwar aus der Gotik stammt, nach dem Erdbeben von 1667 jedoch stark verändert wurde. Unweit davon erhebt sich die **Kirche des Hl. Blasius** (Sveti Vlaho), welche 1715 im Stil des Barock erbaut wurde und deren prunkvolle Fassade hervorsticht. Im Inneren sehenswert sind vor allem die Marmoraltäre sowie die Statue des Stadtpatrons Blasius aus dem 15. Jh., welcher ein Modell von Dubrovnik aus der Zeit vor dem großen Erdbeben in der Hand hält. ⏱ Mo–Sa morgens und spätnachmittags zur Messe.

Einen Katzensprung vom Luža-Platz entfernt befindet sich die **Synagoge** (Sinagoga), Žudioska 5, aus dem 15. Jh., welche die älteste sephardische und zweitälteste Synagoge auf dem Balkan ist und die heute ein Museum beherbergt, das Dokumentationen über die jüdische Bevölkerung, Kultgegenstände und Relikte aus dem Zweiten Weltkrieg birgt. ⏱ Mai–Okt Mo–Fr 10–20, Nov–April Mo–Fr 10–15 Uhr, Eintritt 10 Kn.

Am Hafen

Vom Luža-Platz gelangt man durch das Tor neben dem Uhrturm auch zum **Alten Hafen**. Von der Mole aus hat man einen schönen Blick auf die Festungen Sveti Ivan und Revelin. Im Laufe der Geschichte und besonders in der Zeit der Republik war der **Rektorenpalast** (Knežev dvor), Pred Dvorom 3, ℡ 020-321497, das bedeutendste öffentliche Gebäude in Dubrovnik. Öffentlich im wahrsten Sinne des Wortes, denn es war frei zugänglich, obwohl sich hier der Regierungssitz (der Kleine Rat) und die Privaträume des Rektors befanden. Die Einwohner Dubrovniks kamen hierher zu Gericht, zum Notar oder um Häftlinge zu besuchen, aber auch in der Freizeit, sodass das Atrium zu einer Art Stadtplatz wurde. Hier waren die Hallen des Großen Rates und des Senats, das Waffenlager, die Wohnung des Gefängnishüters sowie die Räume für die Palastwächter untergebracht. Heute beherbergt es das **Kulturhistorische Museum** (Kulturno povijesni muzej), 🖥 www.mdc.hr/dubrovnik, ℡ 020/321422, dessen Barock- und Rokokoräume und diverse Exponate wie Porträts, Wappen und Münzen die Pracht und den Geist der einstigen Republik Dubrovnik näherbringen. ⏱ Mo–Sa 9–13, 16–17, So 9–13 Uhr, im Winter Mo–Sa 9–13 Uhr, Eintritt 40 Kn, erm. 20 Kn.

Der hübsche kleine Platz **Bunićeva poljana** südlich des Rektorenpalastes wird von Steinhäusern und der **Kathedrale Mariä Himmel-**

fahrt (Velika Gospa) umschlossen. Erbaut wurde die Kathedrale 1673–1713 an der Stelle einer beeindruckenden Basilika, welche das große Erdbeben nicht überstand und von der nur noch die Grundsteine übrig geblieben sind. Der wertvollste Besitz der Kirche ist ein Abbild Marias in der Apsis hinter dem Hauptaltar, das Tizian zugeschrieben wird. In der Schatzkammer können Reliquien aus Silber und Gold bestaunt werden.
⏱ 9–12, 15–19 Uhr.

Auf der Bunićeva poljana könnte man bei einer Tasse Kaffee, einem Glas Wein und angenehmer Musik fast vergessen, dass man hier auf einem der geschichtsträchtigsten Plätze der Stadt sitzt. Allein der Blick auf die Verteidigungsmauer des spätantiken Kastells aus dem 6. Jh. ruft einem dies jedoch rasch wieder in Erinnerung.

Der größte Platz im Kern der Altstadt ist die **Gundulićeva poljana**, etwas westlich des Rektorenpalastes und der Bunićeva poljana gelegen, in deren Mitte das **Denkmal Ivan Gundulićs** steht. Es ist das Werk von Ivan Rendić aus dem Jahre 1893 und erinnert an den 1589 in Dubrovnik geborenen Barock-Dichter. Heute ist der Platz vor allem für seinen **Markt** bekannt, der das ganze Jahr über jeden Vormittag den Platz belebt.

Von der Gundulićeva poljana führt eine barocke Treppe zur **Boškovićeva poljana** im ältesten Teil der Stadt und der ebenfalls barocken **Jesuitenkirche St. Ignatius** (Crkva Sv. Ignacije), Poljana Ruđera Boškovića 6, welche aus dem Jahr 1725 stammt. ⏱ 8–19 Uhr. Benannt wurde dieser Platz nach dem berühmten Wissenschaftler Ruđer Bošković, der als Einziger sogar seine eigene Straße hat. Im Sommer fungiert auch dieser Platz als Bühne der Festspiele.

An der südöstlichen Spitze der Altstadt befindet sich die stadtbildprägende, monumentale **Festung des Sveti Ivan** (Tvrđava Sv. Ivana), die in ihrer heutigen Form aus dem 16. Jh. stammt und die Hafeneinfahrt bewacht. Hier ist das **Aquarium**, Kneza Damjana Jude 12, ✆ 020-323484, 🖥 www.imp-du.com, beheimatet, wo in über 30 Becken einheimische Fische bestaunt werden können, von Gelbschwanzmakrelen über Zahnbrassen bis hin zu Tintenschnecken, Seepferdchen und Schildkröten. ⏱ April–Nov 9–20, Dez–März 9–16 Uhr, Eintritt 40 Kn, erm. 15 Kn.

Dubrovnik Altstadt

Übernachtung:
13 Apartments Lučić
14 Old Town Hostel
15 Hostel Fresh Sheets

Essen:
2 Cantina Mexicana Chihuahua
3 Konoba Lady Pi Pi
4 ...nishta
5 D'vino
6 Dolce vita
7 Kraš
8 Konoba Dalmatino
9 Oliva Gourmet
10 Gradska Kavana
11 Pizzeria Mea Culpa
12 Sugar & Spice
13 Konoba Baracuda
14 Taj Mahal
15 Pizzeria Castro
16 Konoba Lokanda Peškarija

Transport:
5 Taxi (2x)
6 Busstation Pile

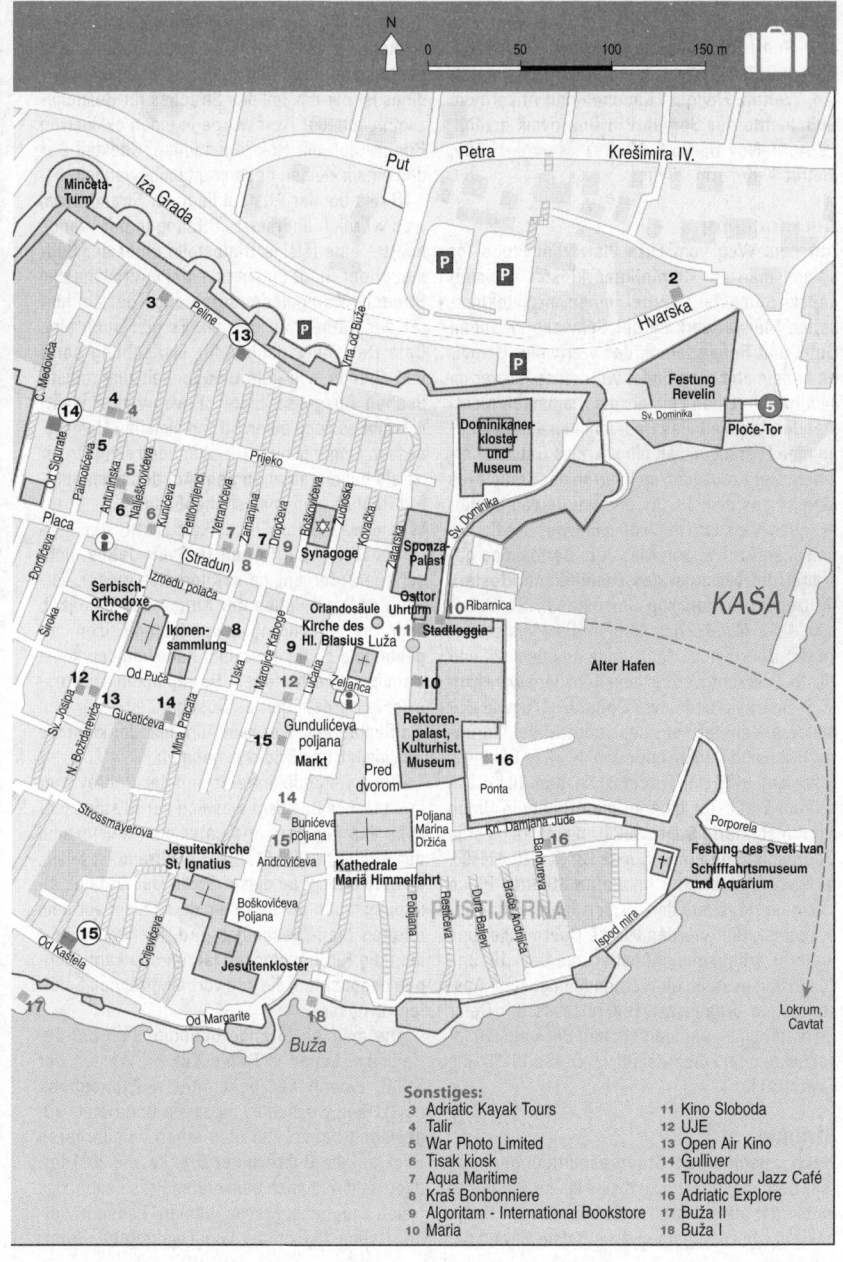

Im massigen Fort befindet sich ebenfalls das **Schifffahrtsmuseum** (Pomorski muzej), ℡ 020-323904, das anhand von Schiffsmodellen, Waffen, Flaggen, Kanonen und Ankern die Geschichte der Seefahrt in Dubrovnik erzählt. ⊕ April–Nov Di–So 9–20, Dez–März 9–16 Uhr, Eintritt 40 Kn, erm. 20 Kn.

Am Ploče-Tor

Auf dem Weg vom Luža-Platz zum Ploče-Tor kommt man am **Dominikanerkloster** (Dominikanski Samostan) vorbei, einem architektonischen Meisterwerk an der Schwelle zwischen Gotik und Renaissance, das wertvoller Gemälde beheimatet. Gegründet wurde das Kloster im 14. Jh., zur selben Zeit, als die Stadtmauern entstanden, weshalb das Bauwerk von außen mehr an eine Festung als an ein sakrales Gebäude erinnert. Der Kreuzgang im Inneren des Komplexes stammt aus dem 15. Jh. und wurde von einheimischen Künstlern nach dem Entwurf des florentinischen Architekten Massa di Bartolomeo gestaltet. Im **Museum des Dominikanerklosters** (Muzej Dominikanskog Samostana), Sv. Dominika 4, ℡ 020-322200, können die Meisterwerke der Dubrovniker Malschule aus dem 15. und 16. Jh. bestaunt werden, von Künstlern wie Nikola Božidarević und Lovro Dobričević, sowie Gemälde bekannter venezianischer Maler, darunter Tizian und Paolo Veneziano. ⊕ Mai–Okt 9–18, Nov–April 9–17 Uhr, Eintritt 20 Kn, erm. 10 Kn.

Vom Ploče-Tor gelangt man Richtung Osten zur **Kunstgalerie Dubrovnik** (Umjetnička galerija Dubrovnik), Put Frana Supila 23, ℡ 020-426590, 🖳 www.ugdubrovnik.hr, die im Stadtteil Ploče in einem Haus aus den 1930er-Jahren untergebracht ist. Hier werden Werke Dubrovniker und anderer kroatischer Künstler aus dem 19. und 20. Jh. ausgestellt, oft werden thematische Ausstellungen organisiert. Die Terrasse der Galerie bietet einen wunderschönen Blick auf die Insel Lokrum und die Altstadt. ⊕ Di–So 10–20 Uhr, Eintritt 30 Kn.

Strände

Nach ausgiebigen Stadtbesichtigungen und -spaziergängen bietet sich eine kleine Auszeit an einem der vielen Strände Dubrovniks an. **Banje** heißt der bekannteste und zentralste Strand der Stadt. Er liegt nur ein paar Minuten östlich der Altstadt, unweit vom Ploče-Tor, und bietet eine der besten Aussichten auf die Stadtmauer. Allerdings ist nur ein Teil des Strandes für Besucher zugänglich, der Rest wurde in einen exklusiven Beach-Club mit Holzliegestühlen, Cocktail-Bar und einem kleinen Restaurant umgewandelt.

Direkt bei der Altstadt liegt der Strand **Buža**, was wörtlich übersetzt „Öffnung in der Wand" heißt – eine felsige Badestelle unter der Südmauer der Stadt und in unmittelbarer Nähe des Stradun. Man gelangt durch enge Gassen hinter der Kathedrale dorthin. Es gibt auch eine Café-Bar, die tagsüber für Erfrischung sorgt und abends eine gute Gelegenheit zum romantischen Ausgehen bietet. Etwas weiter westlich gibt es noch einen Strand gleichen Namens, dessen Eingang ins Meer aber noch schwieriger ist als beim erstgenannten. Auf den zementierten Flächen kann man sonnenbaden.

Wer etwas mehr Einsamkeit sucht, der sollte den Weg zum **Strand in Sveti Jakov** nicht scheuen, der ein paar Kilometer weiter östlich der Stadt neben der Kirche des Hl. Jakob liegt. Der Sandstrand ist von hohen Felsen umgeben und bietet ein wenig Ruhe von den sonst ziemlich überlaufenen Badeplätzen Dubrovniks, außerdem gibt es Duschen, eine Bar und ein Restaurant. Wer kein Auto hat, der kann die Buslinien 5 und 8 dorthin nehmen.

Der zweitpopulärste Strand der Dubrovniker heißt **Dance** und liegt westlich der Altstadt, jenseits des Pile-Tors und unter dem Kloster und der Kirche der Hl. Marija. Der Strand ist felsig, das Wasser ist an dieser Stelle klar und tief, allerdings auch etwas kälter, da es nicht vor dem offenen Meer geschützt wird. Manchmal hört man die Kirchenglocken läuten und kann Nonnen beobachten, die den vorbeifahrenden Schiffen zuwinken.

Die meisten Strände befinden sich auf der Halbinsel **Lapad** in **Babin Kuk** im Westen der Stadt, wovon der bekannteste **Copacabana** heißt. Hier, wo sich all die modernen Hotels angesiedelt haben, hat man einen wunderbaren Blick auf die **Dubrovniker Brücke**, die 2001 fertiggestellt und nach dem ersten Präsidenten des freien Kroatiens, Franjo Tuđman, benannt wurde. Neben Aktivitäten wie Kajakfahren, Jetski oder Parasailing bietet dieser Strand auch einen Wasserballplatz, wo die „Wilde Liga" – eine Wasserball-Meisterschaft der Dubrovniker Badestätten – ausgetragen wird. Einige schöne und populäre Strände findet man in der **Bucht Lapad** am Ende der langen Promenade mit vielen Cafés und Bars. Besonders beliebt ist der Sandstrand Uvala.

Die für viele Dubrovniker schönsten Strände der Stadt sind auf der grünen Insel **Lokrum** (s. u.) zu finden, die nur ein paar Minuten Schifffahrt vom Alten Hafen entfernt liegt. Die seichten Buchten sind speziell für Kinder und fürs Sonnenbaden auf den flachen Felsen geeignet. Eine besondere Attraktion ist der kleine Salzsee in der Mitte der Insel.

Wem all das nicht weit genug vom Touristenrummel entfernt ist, der sollte am **Hafen Gruž** in das nächste Boot steigen und sich auf den Weg zu einer der vielen noch – relativ – unberührten Inseln, wie z. B. den Elafitischen Inseln, machen. Bestimmt findet jeder dann ein Fleckchen ungestörter Ruhe und unberührter Natur.

Ausflüge in die Umgebung
Lokrum und die Elafitischen Inseln
Auf jeden Fall einen Ausflug wert und eine willkommene Abwechslung vom Stadttrummel in Dubrovnik ist eine Bootstour auf die umliegenden Inseln.

Lokrum ist die Grüne Oase von Dubrovnik. Zu den besonderen Reizen der nahe gelegenen Insel zählen der Klosterkomplex mit dem ehemaligen Benediktinerkloster aus dem 12. Jh. und einer Villa im neogotischen Stil aus dem 19. Jh., die Festung Royal, die auf Befehl von Napoleons Marschall Marmont erbaut wurde, der Botanische Garten sowie ein kleiner Salzsee inmitten der Insel, auch Totes Meer (Mrtvo more) genannt, der heute als beliebte Badestelle für Kinder dient.

Die **Elafitischen Inseln**, eine Gruppe von 13 Eilanden, erstrecken sich von der Halbinsel Lapad bis Pelješac. Neben einer üppigen Vegetation haben die Inseln vor allem auch versteckte Buchten, Sand- und Kiesstrände sowie ein interessantes Kulturerbe zu bieten. Bewohnt sind nur **Lopud**, **Koločep** und **Šipan** (die einzige mit dem Auto befahrbare Insel), die beliebteste von ihnen ist Lopud mit dem bekannten Sandstrand Šunj. Die Inseln bieten sich außerdem sehr gut zum Wandern an.

Anfahrt: Im Alten Hafen von Dubrovnik werden stündlich die verschiedensten Bootsfahrten dorthin angeboten: Panoramafahrt (75 Kn), Fahrt nach Lopud (100–150 Kn), Fahrt auf die Elafitischen Inseln inkl. Mittagessen (250 Kn), Fahrt nach Lokrum inkl. Eintritt in den Botanischen Garten (50 Kn).

Arboretum Trsteno
Trsteno, ✆ 020-751019, ✉ arbor@hazu.hr, ist die älteste gepflegte Renaissance-Parkanlage Dalmatiens und das einzige Arboretum an der kroatischen Adria. Auf einer Fläche von 28 ha können neben einheimischen Pflanzen auch kanarische Dattelpalmen, indische Avocados, Libanon-Zedern, Himalaya-Zypressen und zwei über 400 Jahre alte Platanen bestaunt werden. Ein besonderes Highlight ist das 70 m lange **Aquädukt**, der **Renaissance-Brunnen** mit dem Wassergott Neptun sowie die gut erhaltene **Olivenmühle**. Ein Spazierweg führt bis ans Meer hinunter. Achtung – das Arboretum ist von der Straße her nicht gut beschildert. Am besten langsam durch den Ort fahren und beim Schild „Autocamp Trsteno" in Richtung Meer abbiegen. Am Eingang gibt es auch einen Parkplatz. ⏱ Mai–Okt 7–19, Nov–April 8–16 Uhr, Eintritt 35 Kn, erm. 20 Kn.

ÜBERNACHTUNG

Dubrovnik gilt als teuerste Stadt Kroatiens. Verfügt man über genügend Geld, so kann man in Dubrovnik zwischen einer Vielzahl luxuriöser Hotels wählen. Eine schöne Unterkunft für wenig Geld zu finden, stellt sich hingegen als schwieriges Unterfangen heraus. Preise und Qualität können je nach Saison sehr variieren, einige Hotels liegen noch in staatlichen Händen und sind dementsprechend funktional eingerichtet. Das schlechte Preis-Leistungs-Verhältnis kann somit häufig zu Frustrationen führen. Es ist daher ratsam, auf eine der vielen privaten Unterkünfte auszuweichen. Auch hier kann die preisliche und qualitative Spannbreite sehr groß sein, doch ist die Auswahl ebenfalls sehr groß, und viele der Apartments sind neu gebaut und gut ausgestattet. Die offiziell gemeldeten Ferienapartments sind durch ein blaues Schild mit der Aufschrift *Sobe* (Zimmer) oder *Apartmani* gekennzeichnet. Während Hotelzimmer oftmals über Booking-Portale billiger sind, empfiehlt es sich bei privaten Unterkünften, die Vermieter direkt zu kontaktieren. Die Preise in Hotels sind grundsätzlich oft verhandelbar. In Dubrovnik ist, wie an vielen anderen Küstenorten, eine Touristentaxe von 7 Kn pro Tag und Person zu entrichten.

Untere Preisklasse

Camping Kate, Mlini, ℡ 020-487006, www.campingkate.com. Zwischen Zypressen und Pinienbäumen im Örtchen Mlini, 6 km östlich von Dubrovnik und 200 m vom Strand entfernt, liegt der kleine Campingplatz, mit Blick aufs Meer und die umliegenden Inseln. Das Management dieses 3-Sterne-Campingplatzes agiert umweltbewusst. 24,50 Kn p. P., Auto 17 Kn.

Camping Solitudo Dubrovnik, Babin Kuk, ℡ 052-465010, www.camping-adriatic.com. Der einzige Campingplatz (3 Sterne) direkt in Dubrovnik und am Strand. Gut ausgestattet, viele Aktivitäten im Angebot. ⊕ April–Nov. Parzelle 31,80 €.

Fresh Sheets, Svetog Šimuna 15, ℡ 091-7992086, www.freshsheetshostel.com. Dieses von einem sympathischen kanadisch-kroatischen Paar geführte und in der Altstadt gelegene Hostel ist eine der besten Optionen für Reisende mit kleinem Geldbeutel. Die originell gestalteten Schlafsäle mit 22 Betten, das kostenlose Frühstück und die gastfreundliche, offene Atmosphäre machen diesen Platz zu etwas Besonderem. Es gibt auch eine Bar und einen Aufenthaltsraum sowie Filmabende. Preis 210 Kn p. P. ⊕ März–Nov.

Old Town Hostel, Od Sigurate 7, ℡ 098-9728297, www.dubrovnikoldtownhostel.com. Mitten in den alten Gemäuern der Altstadt gelegen, wurde dieses Hostel komplett neu errichtet und öffnete 2010 seine Tore. Die Zimmer sind sehr sauber und hell, mit schönen Holzböden und geschmackvoll eingerichtet. Dem Besitzer Mike, einem kroatischstämmigen Globetrotter aus New York, liegt das Wohl seiner Gäste besonders am Herzen. ❶ – ❷

Omladinski Hostel/Youth Hostel Dubrovnik, Bana Josipa Jelačića 15–17, ℡ 020-423241, www.hfhs.hr. Ruhig und schön auf der Halbinsel Lapad gelegen, befindet sich diese Jugendherberge in Strandnähe. Die Zimmer sind einfach, aber sauber, es gibt eine große Terrasse, wo morgens gefrühstückt werden kann, eine kleine Küche sowie einen Gemeinschaftsraum. Für Gruppen steht ein 4er-Zimmer mit eigenem Bad zur Verfügung. Das Personal ist sehr freundlich, Mitarbeiter Mićo spricht außerdem sehr gut Deutsch. Preis 148 Kn p. P.

Petka, Obala Stjepana Radića 38, ℡ 020-410500, www.hotelpetka.hr. Der 4-stöckige Betonklotz gegenüber dem Hafen Gruž sieht in der Tat nicht sehr einladend aus, wirkt von innen aber wesentlich besser aus als von außen. Die orangefarbenen Zimmer strahlen einen gewissen Charme aus, der von dem Blick auf die ein- und auslaufenden Schiffe im Hafen noch unterstrichen wird. Die hoteleigene **Taverna Nostromo** serviert gute Lokalküche, es gibt WLAN im ganzen Haus. ⊕ Feb–Nov. ❷

Vila Micika, Mata Vodopića 10, ℡ 020-437332, www.vilamicika.hr. Diese in einer alten Steinvilla beherbergte Pension mit Garten in Lapad punktet mit ihren (noch) erschwinglichen Preisen. Die Zimmer sind einfach eingerichtet und dunkel, dafür aber mit eigenem Bad, und das Preis-Leistungs-Verhältnis ist besser als in vielen anderen Hotels. Die Klimaanlage kostet allerdings 70 Kn extra. ❶ – ❷

Mittlere und obere Preisklasse

Apartments Lučić, ℡ 020-891519, www.lucic-dubrovnik.com. Die Geschwister Toni und Karmen sind in Dubrovnik aufgewachsen und betreiben, wie so viele Dubrovniker, mehrere Apartments in der Stadt – 2 etwas oberhalb der Altstadt (Cavtatska), 2 inmitten der Altstadt (Peline, mit dem schönsten Blick auf Dubrovniks Dächer, den man sich nur vorstellen kann!), 3 neue am Eingang der Altstadt und eines in Orašac, 10 Automin. von Dubrovnik entfernt. Die Wohnungen sind sauber und gut ausgestattet, sehr zentral und doch ruhig gelegen und umgeben von Orangen- und Kiwibäumen. Toni und Karmen sind sehr freundlich und hilfsbereit. ❷–❸

Apartments Toni, Ivana Zajca 5, ✆ 091-5294741, 🖥 www.apartmanitoni.com. Gepflegte, gut ausgestattete Apartments im etwas kitschigen, überladenen Stil, dafür aber in Meeresnähe auf der Halbinsel Babin Kuk, mit Blick auf den Hafen Gruž. ❶–❸

Berkeley, Andrije Hebranga 116a, ✆ 020-494160, 🖥 www.berkeleyhotel.hr. Kleines Hotel mit gemütlichen, modernen Zimmern und guter Ausstattung. Nahe dem Hafen Gruž gelegen, ist dies der ideale Ausgangspunkt für Ausflüge auf die umliegenden Inseln. Es gibt außerdem gratis Internet, ein Frühstücksbuffet und exzellente Lattes, um in den Tag zu starten. Das Hotel verfügt auch über 4 Apartments und 7 1-Zimmer-Wohnungen. ❷–❺

Hotel Kompas, Šetalište Kralja Zvonimira 56, ✆ 020-430830, 🖥 www.alh.hr. Dieses 3-Sterne-Hotel liegt direkt an der Bucht von Lapad und bietet somit einen tollen Ausblick auf die tiefblaue Adria. Die Zimmer sind groß und gepflegt, wenn auch etwas altmodisch, das Personal ist sehr freundlich. ⏰ April–Nov. ❹

Hotel Vis, Masarykov put 4, ✆ 020-433605, 🖥 www.hotelimaestral.com. Ebenfalls in der Bucht von Lapad gelegen, punktet dieses 3-Sterne-Hotel mit seiner Nähe zum Strand und dem Gefühl, vom Meer umgeben zu sein. Auch die Frühstücksterrasse und das eigene Restaurant gehen aufs Wasser hinaus. Die Zimmer sind alt, aber gepflegt, die Preise je nach Lage der Zimmer, Saison und Nachfrage sehr variabel. ⏰ April–Nov. ❹.

Radisson Blu Resort & Spa, Dubrovnik Sun Gardens, Na Moru 1, Orašac, ✆ 020-361500, 🖥 www.radissonblu.com/resort-dubrovnik. Das etwas außerhalb der Stadt gelegene 5-Sterne-Hotel lässt keine Wünsche offen und bietet Komfort und Wellness in wunderschöner, entspannter Lage. Außerhalb der Saison kann mit ein bisschen Glück auch für den schmaleren Geldbeutel ein Zimmer gefunden werden. ❹–❻

ESSEN

Dalmatinisch – Fisch und Fleisch

Konoba Dalmatino, Miha Pracata 6, ✆ 020-323070. Laut vieler Einheimischer die beste Konoba Dubrovniks. Der Fisch kommt tgl. frisch aus dem Meer vor Pelješac und Korčula auf den Teller, die Gerichte werden nach Großmutters Rezept mit Produkten von der eigenen Farm auf Pelješac zubereitet. ⏰ April–Nov 12–24 Uhr.

Konoba Lady Pi-Pi, Peline bb (am obersten Ende der Ulica Antuninska). Inmitten der Altstadt und doch fernab vom Touristenrummel. Wer nichts gegen Stufensteigen und eine gesellige Atmosphäre hat und gerne ein Stück Dubrovniker Authentizität probieren möchte, der sollte sich auf den Weg zu dieser rustikalen Konoba machen. Fisch und Fleisch werden auf dem Grill auf der Terrasse zubereitet, an den Tischen sitzt man gerne mal mit Fremden, die aber bei einer Flasche Wein auch nicht lange fremd bleiben müssen. Der Name der Konoba stammt übrigens von einem Springbrunnen in Form einer Frau, die … ⏰ April–Nov 9–24 Uhr.

Konoba Lokanda Peskarija, Na ponti bb, ✆ 020-324750, 🖥 www.mea-culpa.hr. Terrasse mit viel Flair direkt am Hafen, innen rustikale Gemütlichkeit auf 2 Etagen. Die Muscheln werden in alten Kasserollen serviert, aber auch ein Glas Wein bei Sonnenuntergang schmeckt hier besonders gut. Für die romantische Lage am alten Hafen sind die Preise sehr moderat. ⏰ Feb–Dez 11–22 Uhr.

Oliva Gourmet, Cvijete Zuzorić 2, ✆ 020-324076, 🖥 www.olivadubrovnik.com. Frische lokale Produkte, Fisch und Meeresfrüchte mit mediterranem Touch und sehr lecker zubereitet – auch für Vegetarier ein Geheimtipp! Mit gemütlicher, stilvoller Inneneinrichtung und lauschiger Terrasse für laue Sommerabende. Empfehlenswert ist auch die Pizzeria Oliva, nur ein paar Meter entfernt. ⏰ April–Feb 11–23 Uhr.

Taverna Otto, Nikole Tesle 8, ✆ 020-358633, 🖥 www.tavernaotto.com. Kleine, mediterran inspirierte Speisekarte mit saisonal variablem Menü. Die Fisch- und Fleischgerichte sind fein und originell zubereitet, das Ambiente des Lokals nahe dem Hafen Gruž angenehm entspannt, egal ob drinnen zwischen den geschmackvoll integrierten Steinmauern oder draußen auf der großen begrünten Terrasse. Die Preise sind etwas gehoben. Mo–Fr 11–22, Sa 12–22 Uhr.

Vegetarisch, Pizza und Exotisch

Cantina Mexicana Chihuahua, Hvarska 6, 020-424445, duchihuahua@gmail.com. Diese kleine, kuschelige und im mexikanischen Stil eingerichtete Taverne oberhalb der Altstadt bietet neben köstlichen und persönlich zubereiteten mexikanischen Gerichten eine gesellige Atmosphäre. Die Besitzerinnen Ana und Goge sind sehr um ihre Gäste bemüht und feiern auch mal gerne mit, wenn sich die Sommernächte auf der Steinterrasse mit Blick auf die Stadtmauern bis in die Morgenstunden hinziehen. Sehr empfehlenswert sind auch die von Anas Mutter selbst gebrannten Schnäpse. Mo–So 17–23 Uhr.

Dalmatinische Köstlichkeiten

Auf einem kulinarischen Streifzug durch Süddalmatien sollte man einige der typischen Spezialitäten auf jeden Fall probieren. Die Region ist nicht nur reich an Fisch und Meeresfrüchten, sondern auch an Zitrusfrüchten, Nüssen und natürlich Wein. So ist die *torta od makarula* ein Muss für Naschkatzen – auf den ersten Blick eine etwas sonderbare, aber überraschend harmonische Kombination aus Mürbeteig, gekochten Makkaroni und einer Walnuss-Schokoladencreme. Massiv, aber göttlich! Zu den anderen süßen Regionalspezialitäten zählen *arančini* (kandierte Orangenstücke), *krokanat* (Mandelkrokant) sowie *rozata* (Karamellflan). Wer es lieber pikant mag, der sollte neben frisch zubereiteten Fischgerichten und Meeresfrüchten auf alle Fälle *crni rižot* (schwarzes Tintenfisch-Risotto) probieren. Für den kleineren Hunger bietet sich neben frischen Austern mit Zitrone auch *sir u ulju* (Käse in Öl) an. Natürlich wird all das aus hausgemachten, selbst gepflückten oder eigenhändig gefangenen Produkten zubereitet!

Konoba Baracuda, Nikole Božidarevića 10, 020-323160. Ordentlich zubereitete Pizza und Pasta (wenn man nicht gerade den italienischen Standard erwartet), innen rustikal eingerichtet, draußen Terrasse mit Altstadtflair. März–Jan 10–22.30 Uhr.

…nishta, Prijeko bb, 020-322088, www.nishtarestaurant.com. So gut, dass selbst Nicht-Vegetariern das Fleisch nicht abgehen wird! Die Speisekarte präsentiert kreative vegetarische Gerichte, die eine interessante Kombination aus lokalen Produkten und exotischen Rezepten sind. Die Bedienung ist freundlich und äußerst entspannt, die Einrichtung ebenso originell und farbenfroh wie das Essen. Und mit der Rechnung kommt noch ein kleiner Dankeschön-Stein. Mo–Sa 11.30–22 Uhr.

Pizzeria Castro, Gundulićeva poljana 5. Das Beste an dieser Pizzeria ist ihre Lage auf einem der romantischsten Plätze Dubrovniks, besonders am Abend! Aber auch die Pizza schmeckt gut, der Salat ist ausgezeichnet und die Bedienung freundlich. 10–22 Uhr.

Pizzeria Mea Culpa, Za Rokom 3, 020-323430, www.mea-culpa.hr. Die Pizza macht der italienischen bestimmt keine Konkurrenz, die Atmosphäre und fairen Preise machen dies aber wieder wett. Feb–Dez 10–22 Uhr.

Taj Mahal, Nikole Gučetića 2, 020-323221, kuca.edo@du.t-com.hr. Ein Stück Bosnien in Kroatien – hier werden typisch bosnische Gerichte serviert, von Čevapčići über grilltes Fleisch und Gemüse bis hin zu den schmackhaften bosnischen Backwaren wie Pita und Burek. Für Vegetarier gibt es auch Salate und Gemüsegerichte. Die Bedienung ist etwas barsch, passt aber zur derben Einrichtung. 10–23 Uhr.

Cafés und Eisdielen

Dolce vita, Nalješkovićeva 1a, 020-321666, dolcevita@vodatel.net. Zu einem Spaziergang durch die Altstadt, nachmittags oder abends, gehört eine Kugel Eis zwingend dazu. In dieser typisch kroatischen Eisdiele findet jeder seinen Geschmack. 9–24 Uhr.

Gradska Kavana, Gorica Sv. Vlaha 77, 020-321065. Klassisch, mondän, touristisch –

Mit dem Weinglas in der Hand ein Stück Dalmatien erkunden

Weit mehr als eine gewöhnliche Weinbar ist Sasha Lušićs **D'vino**, Palmotićeva 4a, ✆ 020-321130, 🖥 www.dvino.net. Der kroatischstämmige Australier kam – wie so viele Auslandskroaten – vor ein paar Jahren in die Heimat seiner Familie zurück, weil er sich in Kroatiens Schönheit und entspannte Lebensart verliebt hatte. Genau diese (neu entdeckte) Liebe zu Kroatien macht diesen Ort zu einem Geheimtipp für alle, die ein authentischeres Süddalmatien kennenlernen möchten. Neben exzellenten Weinen aus Pelješac und Korčula und lokalen Käse- und Wurstköstlichkeiten serviert Sasha auch die besten Adressen der Region. Auf Anfrage organisiert er individuelle Bootstouren zu Winzern und kleinen Restaurants an versteckten Orten und möchte seinen Gästen somit ein anderes, untouristisches Stück Kroatien näherbringen. Wer diese Bar besucht, kann auf ganz unprätentiöse Weise alles über einheimischen Wein erfahren und Sashas spannenden Geschichten lauschen. Die intime, entspannte Atmosphäre lädt zum Kommunizieren ein, und so muss niemand seinen Wein alleine trinken. Und wer Gitarre spielen kann, wird – nach ein paar Gläschen Wein, versteht sich – gebeten, ein Lied zum Besten zu geben. Im Keller gibt es außerdem ein kleines Restaurant, in dem einfache Gerichte serviert werden. Diese werden von Sasha höchstpersönlich zubereitet, denn er ist eigentlich gelernter Küchenchef. ⏱ 10–2 Uhr.

---

wer die typischen regionalen Kuchen probieren möchte, der sollte dies hier tun. Auf der großen Terrasse dieses „Stadtcafés" kann zudem wunderbar das Treiben auf dem Stradun beobachtet werden. Kuchen um die 20 Kn pro Stück (mehr als eines ist auch schwer zu schaffen …). ⏱ 8–24 Uhr.

Sugar & Spice, Ulica Sv. Josipa 5, ✆ 020-324039, 🖥 www.sugarandspicedubrovnik.com. Ein Geheimtipp, der schon lange keiner mehr ist, dafür aber klein und bescheiden geblieben ist. Gabi, eine aus Slawonien stammende Wahl-Dubrovnikerin, zaubert aus lokalen Produkten und Rezepten aus aller Welt süße und salzige Kuchen und macht mit ihrer positiven Energie und Freundlichkeit einen jeden Besuch zu etwas Besonderem. Unbedingt die köstlichen Marmeladen probieren! Und Gabi freut sich immer über neue Rezepte. Kuchen um die 12 Kn pro Stück (bei einem bleibt es aber meist nicht …). ⏱ Feb–Dez 9–17 Uhr.

UNTERHALTUNG UND KULTUR

Bars und Clubs

Das Nachtleben von Dubrovnik spielt sich im Sommer vor allem auf den Plätzen und in den Gassen ab, es gibt nichts Besseres als nach einem heißen Sommertag abends mit einem Glas Wein auf den Stufen der Altstadt zu sitzen und die quirlig-entspannte Atmosphäre einzuatmen. Doch hier ein paar Tipps, wo es sich in Dubrovnik am besten feiern lässt.

Buža I, Ilije Sarake, und **Buža II**, Crijevićeva 9, ✆ 020-324053. Hier hat man auf den Felsen unter der Stadtmauer Strand, Café und Nachtclub in einem. Manchmal spielen auch lokale Bands. Buža II ist etwas gediegener als sein Vorgänger, dafür ist Buža I aber einen Tick uriger. ⏱ abhängig von den Wetterbedingungen.

Lazareti, Frana Supila 8, 🖥 www.lazareti.com. Das Lazarti ist nicht nur ein Nachtclub, in dem regelmäßig Konzerte und Partys stattfinden, sondern ein 1988 gegründetes Kulturzentrum für zeitgenössische Kunst und Ort der Begegnung für Musiker, Künstler, Schriftsteller und Philosophen. ⏱ Fr–Sa 22–4 Uhr (je nach Veranstaltung).

Talir, Antuninska 5. Das „Wohnzimmer" ist dank seiner Besitzer eine der beliebtesten Bars der Stadt und im Sommer Oase für die Schauspieler des Sommerfestivals. Ohne auf bequemen Kissen einen Kaffee oder ein Abendgetränk auf den unbequemen Treppenstufen der Antuninska zu trinken, kann man den echten Geist von Dubrovnik nicht spüren. ⏱ 8–24 Uhr.

Troubadour Jazz Café, Bunićeva poljana 2, ℡ 020-323476. Die kleine Bar hinter der Kathedrale hat ihren Kultstatus dank ihres enthusiastischen Besitzers Brešković erhalten, der zahlreiche Jazzgrößen und -legenden herlocken konnte. Seit seine Söhne den Laden übernommen haben, hat es nicht mehr ganz so viel Flair, doch kann man auch heute dort noch jeden Abend Jazz, Funk und Latino-Rhythmen hören. ⏱ 11–24 Uhr.

Kino

Kino Sloboda, Pred dvorom 1, ℡ 020-321425, 🖥 www.kinematografi.org. An Regentagen bietet das Kino am Stradun eine willkommene Abwechslung, mit internationalen Filmen in Originalfassung mit kroatischen Untertiteln. Der Ticketschalter öffnet 2 Std. vor der ersten Aufführung.

Open-Air-Kino, Kumičića, Lapad. Im Juli und August werden jeden Abend nach Sonnenuntergang in Lapad und in der Altstadt (Za Rokom) Filme unter freiem Himmel gezeigt. Das Programm kann auf der Homepage des Kinos Sloboda eingesehen werden.

FESTE

Dubrovnik Shakespeare Festival, ℡ 020-448188, 🖥 www.dubrovnikshakespearefestival.com. Jeden Frühling widmet sich Dubrovnik 2 Wochen lang dem großen britischen Dramatiker. Der Gründer des Festivals, Michael Lederer, ist kroatischstämmiger US-Amerikaner, der die Liebe zu seinem Ursprungsland neu entdeckt hat. Zusammen mit seinem internationalen Team lässt er mit den unterschiedlichsten Veranstaltungen den alten Meister jedes Jahr wieder auferstehen und in ein neues Licht rücken. Ein spannendes Projekt jenseits kultureller, künstlerischer und zeitlicher Grenzen, begleitet von diversen Workshops und Weltpremieren.

Dubrovnik Wein- und Jazzfestival, 🖥 www.dubrovnikwinejazz.com. Das Festival entsteht in Kooperation mit dem Vancouver Wein- und Jazzfestival und bietet die beste Kombination aus dem Genuss kroatischer Weine und internationaler Jazzgrößen. Gespielt wird ein paar Tage im Mai an Dubrovniks historischen Stätten, die Gäste kommen aus der ganzen Welt. Tickets können für 50–150 Kn über die Touristeninformation gebucht werden.

Libertas-Filmfestival, Kino Sloboda, Pred dvorom 1, 🖥 www.libertasfilmfestival.com. Von Ende Juni–Anfang Juli werden in der Altstadt im Freiluftkino Filme, Dokumentationen und Kurzfilme aus der ganzen Welt ausgestrahlt. Eintritt frei.

Theater-, Musik- und Kunstfestival

Bereits seit 60 Jahren ziehen die **Dubrovniker Sommerfestspiele**, Od Sigurate 1, ℡ 020-326100, 🖥 www.dubrovnik-festival.hr, Tausende von Künstlern und einige Zehntausende an Besuchern aus aller Welt an. In 45 Tagen, vom 10. Juli–25. August, bekommt die Stadt ein neues Gesicht und wird zum Schauplatz des Theaters, der Musik und der Kunst. Drama, Poesie, Musik und Folklore nehmen alle möglichen Orte der Stadt ein – Stadtplätze, Paläste, Villen, Kirchen, Kreuzgänge und Festungen. Das Festival beginnt mit dem Hochziehen und endet mit dem Senken der Libertas-Flagge auf der Orlandosäule. Der Sitz der Festspiele befindet sich im Barockpalast, an der Ecke Stradun und Od Sigurate. Im Erdgeschoss können Eintrittskarten gekauft und reserviert werden.

EINKAUFEN

Die meisten Geschäfte sind von Mo–Sa von 8–20 Uhr geöffnet, im Sommer auch bis 21 Uhr, während die Shops in der Altstadt meist bis spät abends ihre Türen offen haben. Sonntags hat ein Großteil der Geschäfte – außer den Souvenirshops – geschl. Supermärkte haben sonntags in der Regel bis 13 Uhr geöffnet.

Boutiquen

Gulliver, Gundulićeva poljana 4, ℡ 020-324727, 🖥 www.guliver.hr. In dieser Boutique werden schöne Handtaschen, Schuhe, Gürtel und Accessoires verkauft, die allerdings ihren Preis haben.

Maria, Ulica Sv. Dominika bb, ✆ 020-321330, 🖥 www.mariastore.hr. Schicke Modeboutique am Eingang der Altstadt mit Kleidungs- und Schmuckstücken namhafter Designer.

Bücher und Zeitschriften
Algoritam, Placa 8, 🖥 www.algoritam.hr. Wem die Reiselektüre ausgegangen ist, der kann in dieser Buchhandlung, die auch fremdsprachige Literatur anbietet, sein Glück finden. ⏲ Mo–Fr 9–20.30, Sa 9–15, So 10–14 Uhr.
Tisak kiosk, Placa bb, ✆ 099-7061326. Kiosk mit internationalen Zeitungen und Zeitschriften. ⏲ 6.30–24 Uhr.

Märkte
Gundulićeva poljana. Reger und schöner Gemüse- und Obstmarkt, wo während des Sommers häufig auch Kunsthandwerk verkauft wird. Besonders empfehlenswert ist der Obst- und Gemüseeinkauf bei den kroatischen Omas! ⏲ Mo–Sa 7–13 Uhr, sonntags gibt es weniger Stände.
Hafen Gruž. Großer Markt am Hafen, mit Gemüse, Obst und Fisch. ⏲ tgl. vormittags geöffnet.

Souvenirs
Souvenirläden gibt es über die ganze Stadt verteilt. Wer lieber kein klassisches Souvenir mitbringen möchte, der sollte sich in folgenden Geschäften umschauen:
Aqua Maritime, Placa 9, 🖥 www.aquamaritime.hr. Eine Kette, die es an mehreren Orten in Kroatien und auch mehrfach in Dubrovnik gibt. Die Produkte sind individuell gestaltet und von guter Qualität. Hier kann man T-Shirts, Flip-Flops, Handtücher, Schals, Kissen, Taschen und dergleichen im maritimen Stil kaufen. Allein das Betreten der Shops macht gute Laune! ⏲ 8–16 Uhr.
Kraš Bonbonnière, Zamanjina 2, 🖥 www.kras.hr. Kroatienweit die Adresse Nr. 1 für kroatische Schokolade und Süßigkeiten. ⏲ Mo–Sa 9–19 Uhr.
UJE, Od Puča 9, 🖥 www.uje.hr. Laut eigener Angaben der erste kroatische Oliven-Shop. Verkauft werden ausgewählte regionale Naturprodukte wie Olivenöl, Marmeladen, Gewürze, Kräuter, Tee, Schwämme und alle möglichen Süßigkeiten (wie z. B. *arančini* und *krokanat*). ⏲ Mo–Sa 9–21 Uhr.

AKTIVITÄTEN UND TOUREN

Ausflüge
Die Reiseagentur **Adriatic Explore**, Bandureva 4, ✆ 020-323400, 🖥 www.adriatic-explore.com, bietet Tagestouren nach Mostar und Montenegro an, für jeweils 360 Kn. Außerdem Fahrten nach Korčula oder nach Pelješac (390 Kn).

Kajaktouren
Adriatic Kayak Tours, Zrinsko Frankopanska 6, ✆ 020-312770, 🖥 www.adriatickayaktours.com. Kajaktouren um die Dubrovniker Stadtmauern und die umliegenden Inseln. Außerdem im Programm: Rafting-Abenteuer auf dem Tara-Fluss in Montenegro.

Radfahren
In Dubrovnik selbst ist das Radfahren nicht zu empfehlen, da viele Straßen und Gassen Treppen sind, doch bietet die Umgebung genug Möglichkeiten zu Erkundungen mit dem Rad. Am besten nach Cavtat fahren und dort ein Rad ausleihen.

Segeln
Dubrovnik Boats, Bartola Kašića 13, ✆ 020-454677, 🖥 www.dubrovnikboats.com. Vermietung von Segelschiffen, Jachten und Gleitbooten mit oder ohne Skipper sowie Organisation von Ausflügen in die Region und Aktivitäten wie Unterwasserfotografieren, Tauchen und Fischen.

Tauchen
In Dubrovnik mangelt es weder an spektakulären Tauchgründen noch an Tauchschulen, die Ausflüge anbieten. Beliebtes Tauchobjekt ist das Schiffswrack der *Taranto*.
Diving Center Abyss, Hotel Valamar Dubrovnik President, Iva Dulčića 39, ✆ 020-357316, 🖥 www.dubrovnikdiving.com.
Diving Center Blue Planet, Hotel Dubrovnik Palace, Masarykov put 20, ✆ 020-756123, 🖥 www.blueplanet-diving.com.

SONSTIGES

Apotheken
Findet man in größeren Ortschaften sowie auf größeren Inseln.
Ljekarna Kod zvonika, Placa b.b., ☎ 020-321133. Diese Apotheke hat 24 Std. geöffnet, ab 21 Uhr jedoch nur in Notfällen und mit Rezept.

Autovermietungen
Zahlreiche Autoverleihunternehmen befinden sich direkt am Flughafen. Außerdem gibt es am Hafen **Avis-Budget**, Obala Pape Ivana Pavla II 1, ☎ 020-313633, 🖥 www.avis.com.hr, ⏱ Mo–Sa 8–15 Uhr, und in Lapad **Adria rent**, Masarykov put 9, ☎ 020-437066, 🖥 www.adriarent.hr, ⏱ Mo–Fr 8–15, Sa 8–12 Uhr. Natürlich können Autos auch im Voraus reserviert werden (z. B. unter 🖥 www.billiger-mietwagen.de).

Gepäckaufbewahrung
Am **Busbahnhof Gruž**, Obala Pape Ivana Pavla II 44A, ☎ 020-357020. 5 Kn pro Std., jede weitere Std. 1,5 Kn. ⏱ 4.30–22 Uhr.

Informationen
Touristeninformation Dubrovnik, Brsalje 5, ☎ 020-323887, 🖥 www.visitdubrovnik.hr. ⏱ Mo–Sa 8–20, So 8–16 Uhr.
Touristeninformation Dubrovnik-Neretva, Vukovarska 24, ☎ 020-324999, 🖥 www.visitdubrovnik.hr. ⏱ Mo–Fr 8–16 Uhr.
Touristeninformation Gruž, Obala Stjepana Radića 32, ☎ 020-417983, ✉ ured.gruz@tzdubrovnik.hr. ⏱ Mo–Fr 8–20, Sa 8–14 Uhr.

Tipps zum Sparen

Wer bei der Besichtigung Dubrovniks etwas Geld sparen möchte, der sollte sich die **Dubrovnik Card** besorgen. Im Preis (130 Kn für 24 Std., 180 Kn für 3 Tage und 220 Kn für eine Woche) enthalten ist die Nutzung aller Nahverkehrsmittel, der freie Eintritt zu fünf Museen, zwei Galerien und den Stadtmauern sowie Rabatt bei einer Reihe von Restaurants und Geschäften. Diese Karte kann in allen Touristeninformationen erstanden werden.

Touristeninformation Lapad, Šetalište kralja Zvonimira 3, ☎ 020-437460, ✉ ured.lapad@tzdubrovnik.hr.
Touristeninformation Lopud, Obala Iva Kuljevana 12, ☎ 020-759086, ✉ ured.lopud@tzdubrovnik.hr.
Touristeninformation Šipan, Luka b.b., ☎ 020-758084, ✉ ured.sipan@tzdubrovnik.hr.
Dubrovnik online, Iva Dulčića 5, ☎ 020-435668, 🖥 www.dubrovnik-online.com. Internetseiten mit vielen touristischen Infos über Dubrovnik und die Region.

Medizinische Hilfe
Allgemeines Krankenhaus Dubrovnik, Dr. Roka Mišetića 2, ☎ 020-431777, 🖥 www.bolnica-du.hr.

NAHVERKEHR

Busse
Das städtische Busunternehmen **Libertas**, 🖥 www.libertasdubrovnik.hr (leider nur auf Kroatisch), bietet zuverlässige, schnelle und günstige Fahrten im engeren und weiteren Stadtgebiet. Die Busse verbinden den Busbahnhof und Hafen Gruž mit Hotels auf Lapad und in der Altstadt. Der Fahrplan in kroatischer und englischer Sprache hängt an allen Stationen aus. Die Fahrkarten können beim Fahrer gekauft werden (12 Kn), im Kiosk sind sie aber billiger (10 Kn). Tageskarten gibt es für 30 Kn, 20 Einzelkarten kosten 150 Kn. Der **wichtigste Busknotenpunkt** für den innerstädtischen Verkehr befindet sich am **Pile-Tor**. Die Tickets müssen nach dem Einstieg in der Maschine neben dem Busfahrer abgestempelt werden.
Busse fahren außerdem in Richtung Süden nach **Cavtat** und in Richtung Norden nach **Pelješac**. Die Tickets kosten ein bisschen mehr (17 Kn für eine Fahrt) und können direkt beim Fahrer erstanden werden.

Taxi
Taxis können unter ☎ 080-00970 oder 080-01441 gerufen werden. Taxistände gibt es am Pile- und Ploče-Tor, am Busbahnhof, am Hafen Gruž und in Lapad. Eine Fahrt beginnt bei 25 Kn und kostet 8 Kn pro Kilometer.

Wanderung auf den Berg Srđ

- **Route**: Boškovićeva Ulica – Berg Srđ
- **Länge**: 3 km
- **Dauer**: 45 Min.
- **Höhenunterschied**: 412 m
- **Schwierigkeitsgrad**: leicht

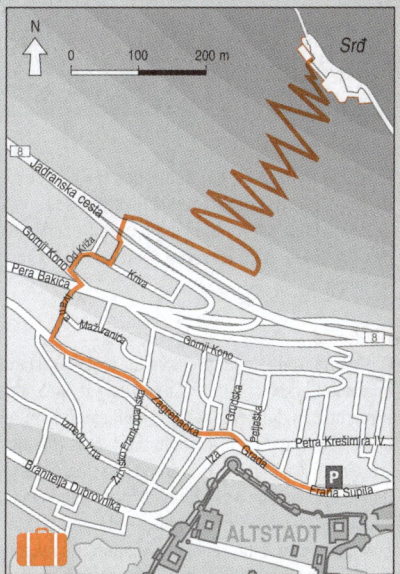

Der Weg hinauf auf den sowohl beeindruckenden als auch geschichtsträchtigen Berg Srđ ist für die Bewohner Dubrovniks ein beliebtes Ausflugsziel, der Einstieg jedoch für Ortsfremde nur schwer zu finden, vor allem wenn man sich in den verwinkelten Treppengassen Dubrovniks verirrt hat. Hat man den Weg jedoch einmal gefunden, dann bringt er einen bequem auf den Gipfel. Das erste Stück führt durch den Wald und ist dementsprechend schattig, doch der Großteil des Weges ist karg und exponiert. Man sollte sich daher in den Sommermonaten möglichst früh oder aber am späteren Nachmittag auf den Weg machen und Kopfbedeckung und Sonnenschutz nicht vergessen.

Geschichtliches

Vor dem Krieg führte eine Seilbahn auf den Berg, doch während der Belagerung Dubrovniks 1991–92 verschanzten sich kroatische Nationalgardisten in den Ruinen der Festung Imperial, welche aus napoleonischer Zeit stammt. Trotz erbitterten Widerstands wurden Seilbahn und Station sowie das Gipfelkreuz – ein Geschenk Napoleons – komplett zerstört. Heute ist alles wieder hergestellt, allein das **Museum in der Festungsruine** erinnert mit beeindruckenden Bildern, Video-Darstellungen und diversen Ausstellungsstücken an den Krieg. ⊕ 8–18 Uhr, Eintritt 20 Kn.

Für die Zukunft schmiedet Kroatien große Pläne für Dubrovniks Hausberg. Geplant ist ein riesiges Areal hinter dem Berg, mit einem Golfplatz und Hotels. Auch von einem Amphitheater mit

rund 250 Plätzen ist die Rede, das für verschiedenste Veranstaltungen genutzt werden soll – ein Zeichen, dass die Kroaten die bittere Geschichte des Srđ hinter sich lassen wollen und nach vorne blicken.

Die Route

Die Wanderung beginnt entweder in der Altstadt oder am Parkplatz nördlich der Altstadt. Von dort erreicht man die Zagrebačka. Nach ein paar hundert Metern geht es rechts in die I. Mažuranića, wo eine Fußgängerüberquerung über die Straße und in die Ulica od Križa führt, an deren Ende man zweimal über die Straße muss – das erste Mal befindet sich auf der rechten Seite ein Tunnel, der ins Stadtzentrum führt, das zweite Mal überquert man die Hauptstraße Jadranska Magistrala (leider ohne Zebrastreifen, also gut nach rechts und links schauen!), die nach Split führt und wo sich eine Bushaltestelle befindet. Kurz vor der Bushaltestelle entdeckt man auf der rechten Seite einen kleinen, versteckten Weg, der in den Wald führt. Dies ist der Weg auf den Berg Srđ., der in Serpentinen nach oben führt. Ein Blick auf das Gipfelkreuz lässt einen den Weg nicht verfehlen. Außerdem sind immer genügend andere Touristen und Einheimische unterwegs, sodass man bei Zweifeln jederzeit jemanden fragen kann.

Oben wird man mit einem **wunderschönen Rundumblick** auf Dubrovniks Dächer, Lokrum, die Bucht von Cavtat, die Elafiten und Mljet sowie die beeindruckende Bergwelt Bosniens und Montenegros belohnt. Außerdem gibt es neben einem Souvenir-Shop auch zwei Panorama-Terrassen und eine Snack-Bar, wo reichlich Getränke und Speisen gekauft und zu sich genommen werden können. Auch für ein Picknick eignet sich der Platz bestens. Doch Achtung! Obwohl die Minen aus dem vergangenen Krieg weitgehend geräumt wurden, sollte man sich zur eigenen Sicherheit nicht zu weit vom Weg entfernen.

Mit der Seilbahn

Die Seilbahn, Frana Supila 35a, 🖳 www.dubrovnikcablecar.com, wurde originalgetreu wieder aufgebaut und vor ein paar Jahren wieder eingeweiht. Wer den Weg also nicht zu Fuß gehen möchte, der kann auch die Seilbahn nehmen, die einen in knapp fünf Minuten nach oben bringt. Ein Ticket kostet für Erwachsene 50 Kn, für Kinder 25 Kn, Hin- und Rückfahrt jeweils 87 bzw. 40 Kn. Von Juni bis August fährt die Bahn bis 24 Uhr.

TRANSPORT
Auto und Motorrad
Kroatien verfügt über ein modernes, neu ausgebautes Straßennetz. Allerdings ist die Autobahn bis zum heutigen Zeitpunkt noch nicht bis Dubrovnik ausgebaut. Die Küstenstraßen sind gut befahrbar und bieten unglaubliche Ausblicke, allerdings sollte man bei den kurvenreichen Strecken ein relativ erfahrener und v. a. schwindelfreier Fahrer sein.
Parken ist ein großes Problem in Dubrovnik, sowohl für Touristen als auch für Einheimische. Die meisten Bewohner der Stadt zahlen tgl. viel Geld, um ihr Auto unterzubringen, die wenigsten haben einen Privatparkplatz. Parken kostet 5 Kn pro Std. oder 85 Kn pro Tag. Wer einen Gratisparkplatz sucht, der sollte versuchen, sein Auto etwas außerhalb der Stadt zu parken, z. B. in der Petra Krešimira IV (kurz bevor sich die Straße teilt, befindet sich links ein kleiner Parkplatz) oder ein paar Meter weiter rechts auf der Straße. Dabei muss man allerdings ca. 20 Min. Fußmarsch ins Zentrum in Kauf nehmen. Es gibt auch eine öffentliche Parkgarage in der Zagrebačka ulica, ✆ 020-312720, ✉ dubrovnik@parkcom.hr, die 24 Std. geöffnet ist und 711 Plätze fasst.

Busse
Da keine Eisenbahn bis Dubrovnik fährt, sind Busse immer noch die beste und preiswerteste Möglichkeit, um von hier in andere Städte inner- und außerhalb Kroatiens zu gelangen. Von Dubrovnik fahren regelmäßig Busse sowohl in andere kroatische Städte, unter anderem nach SPLIT, ŠIBENIK, ZADAR, RIJEKA und ZAGREB, als auch ins benachbarte Bosnien-Herzegowina und Montenegro. Die Fahrt nach Zagreb dauert 14 Std. und könnte möglicherweise mit dem Flugzeug preiswerter sein. Die Busse fahren vom **Busbahnhof**, Obala Pape Ivana Pavla II 44A, ✆ 020-357020, im Ortsteil Gruž ab. ⏱ 5–21.30 Uhr. Mehr Infos unter: **Libertas**, ✆ 08-001919, 🖥 www.libertas dubrovnik.hr.

Schiffe
Es gibt 2 Häfen in Dubrovnik: den Alten Hafen in der Altstadt und den **Hafen Gruž**, der sich eine 10-minütige Busfahrt (Linien 1A, 1B, 1C oder 3) von der Altstadt entfernt befindet. Von dort legen alle großen Linien ab.
Dubrovnik ist vom **Hafen Gruž** durch tägliche Schiffsverbindungen verbunden mit:
KOLOČEP, 4 x tgl. in 35 Min. für 23 Kn.
LOPUD, 5 x tgl. in 1 Std. für 23 Kn.
ŠIPAN, 5 x tgl. in 1 1/4 Std. für 23 Kn p. P., (Auto 160–276 Kn).
Außerdem: tgl. eine Fährverbindung über die Insel ŠIPAN mit MLJET. Die Insel Mljet erreicht man auch mit der Fähre von Prapratno auf Pelješac.
Mit **Italien** ist Dubrovnik durch die Küstenfähre von Rijeka nach Bari verbunden.
Vom **Alten Hafen** verkehrt während der Saison eine Schiffslinie nach CAVTAT. Nach LASTOVO startet im Juli und August in Dubrovnik ein Katamaran über ŠIPAN und MLJET. Mehr Infos unter: **Jadrolinija**, Obala Stjepana Radića 40, ✆ 020-418000, 🖥 www.jadrolinija.hr.

Flüge
Der **Flughafen Dubrovnik**, Čilipi-Konavle, ✆ 020-773110, 🖥 www.airport-dubrovnik.hr, liegt 17 km südöstlich von Dubrovnik.
Die nationale Fluggesellschaft **Croatia Airlines**, ✆ 020-773232, 🖥 www.croatiaairlines.com, betreibt die meisten Flüge, es gibt aber auch Flüge mit Billigfluggesellschaften wie easyJet. Direktverbindungen mit Dubrovnik gibt es im Sommer 3x pro Woche von BERLIN (easyJet, Lufthansa und Croatia Airlines), 1x tgl. von FRANKFURT (Condor, Lufthansa und Croatia Airlines), 1x pro Woche von HAMBURG (Germanwings), 1x pro Woche von HANNOVER (Germanwings), 3x pro Woche von DÜSSELDORF (Lufthansa und Croatia Airlines), mehrmals tgl. von MÜNCHEN (Lufthansa), 2x pro Woche von STUTTGART (Germanwings), 1x tgl. von WIEN (Austrian Airlines und Croatia Airlines) und 4x pro Woche von ZÜRICH (Croatia Airlines). Im Winter gibt es Direktflüge nur von Frankfurt, München, Stuttgart, Wien und Zürich, meist nur 1x pro Woche (außer von Wien und Frankfurt).
Vom Flughafen fahren neben **Taxis** (200–250 Kn) auch **Busse** nach Dubrovnik, der Fahrplan ist den Flugplänen angepasst, ein Ticket kostet

35 Kn. Die erste Busstation bei der Ankunft ist das Pile-Tor am Eingang zur Altstadt, gefolgt vom Hafen Gruž und dem Busbahnhof. Die Abfahrt in Richtung Flughafen ist nur vom Busbahnhof aus möglich.

Südlich von Dubrovnik – das Konavle

Das Konavle, jene schmale, fruchtbare Küstenregion südöstlich von Dubrovnik, die im Landesinneren von den Karstbergen des Sniježnica (1234 m), auf der anderen Seite von der Adria begrenzt wird und nur einen Katzensprung von Bosnien-Herzegowina sowie Montenegro entfernt ist, steht mehr als jede andere Region in Süddalmatien für die landestypischen Traditionen und Bräuche. An besonderen Feiertagen werden hier, im äußersten Süden Kroatiens, bis heute die klassischen Trachten angelegt. Und ganz zweifellos ist die Volkstracht von Konavle eine der schönsten und bekanntesten des Landes und zeugt von den jahrhundertealten Traditionen. Wegen der Einzigartigkeit und Schönheit ist ihre Stickerei auch heute auf vielen Gebrauchsgegenständen zu sehen.

Zwischen Bergen und Küste erstreckt sich auf rund 35 km Länge das sog. Feld von Konavle, das dank zahlreicher Bäche und Quellen landwirtschaftlich genutzt wird.

Weniger touristisch als seine große Schwester Dubrovnik, bietet auch das Hafenstädtchen Cavtat eine schöne Hafenpromenade mit zahlreichen Restaurants, Cafés und Läden, während in Čilipi folkloristische Tänze bestaunt werden können. Romantisch wird es bei den Mühlen von Gruda und abenteuerlich an Kroatiens südlichster Spitze, auf der Halbinsel Prevlaka, deren Fuß schon an Montenegros Berge grenzt.

Cavtat

Zwei schmale Halbinseln ragen malerisch ins Meer: Sustjepan und Rat. Auf Letzterer, wo im 4. Jh. v. Chr. bereits die griechische Siedlung Epidaurus (zu römischen Zeiten Epidaurum) existierte, erstreckt sich heute Cavtat, das im Sommer im Unterschied zum 20 km entfernten lauten Dubrovnik etwas mehr Ruhe bietet. Der Ort schmiegt sich heimelig an den Hang, die Promenade am Hafen ist gesäumt von Palmen, Restaurants und Bars und bietet Entspannung und Abwechslung in einem. Wohlhabende Kaufleute aus Dubrovnik hatten im 15. Jh., zur Zeit der Republik Ragusa, hier erneut ein Städtchen gegründet, das von einer Stadtmauer umgeben war, die später jedoch zerstört wurde. In der Folgezeit entstanden Klöster, Kirchen und ein Palast, in dem der stellvertretende Rektor Ragusas logierte.

Das Stadtbild wird dominiert von der **Barockkirche des Hl. Nikolas** (Crkva Sv. Nikole) aus dem 15. Jh., die vier Kunstwerke von Vlaho Bukovac (s. u.) beinhaltet. ⏰ 10–13 Uhr, Eintritt 10 Kn. Direkt daneben steht der **Rektorenpalast**, Obala Ante Starčevića 18, aus der Renaissance, in dem heute ein Museum beheimatet ist, das neben antiken Fundstücken, Lithografien und einer kleinen archäologischen Sammlung die umfangreiche Bibliothek und das **Archiv von Baltazar Bogišić** (1834–1908), dem angesehenen serbischen Juristen und Soziologen und Mitglied vieler europäischer Akademien, umfasst. ⏰ Mo–Sa 9.30–13 Uhr, Eintritt 10 Kn, erm. 5 Kn., das unter anderem ein kleine archäologische Sammlung beinhaltet

Sehenswert ist auch die **Pinakothek**, Ulica Vlaha Bukovca 5, neben dem Rektorenpalast und der Kirche mit einer interessanten Sammlung von Werken alter Meister wie z. B. dem sizilianischen Maler Carmelo Reggio (15. Jh.) sowie Werken von **Vlaho Bukovac** (1855–1922), der in Cavtat geboren wurde und zu den bedeutendsten kroatischen Maler des 19./20. Jhs. zählt.

In **Bukovacs Geburtshaus**, Rodna kuća Vlaha Bukovca, sind an die 30 Kunstwerke sowie eine Sammlung des Familienmobiliars zu sehen. Besonders interessant sind die Wände im Ostteil des Hauses, die er vor seiner Reise nach Paris bemalt hatte. Im Erdgeschoss finden Wechselausstellungen moderner Kunst statt. ⏰ Di–Sa 10–13, 16–18, So 16–18 Uhr, Eintritt 20 Kn.

Gleich nebenan beeindruckt das **Kloster Maria Schnee** (Samostan Snježne Gospe) mit wunderschönen Bildern aus der Frührenaissance.

Zu Fuß, zu Pferd oder mit dem Rad die Küste entlang

Am besten erkundet man die Region – von ausgedehnten Wanderungen einmal abgesehen – auf dem Rücken eines Drahtesels oder Pferdes. Beides wird im Konavle möglich gemacht. Es gibt eine Vielzahl an Reit-, Rad- und Wanderwegen. Der Reiterhof **Kojan Koral**, Popovići, ☎ 098-606929, 🖥 www.kojankoral.hr, im Dorf Popovići nahe Gruda bietet **Ausritte** für Fortgeschrittene ebenso wie für Anfänger an. Eine Tour kostet 600 Kn und beinhaltet den Transfer von jedem Ort in der Region zum Reithof und zurück, Ausrüstung, Einweisung und eine geführte Tour entlang der Küste sowie einen kleinen Snack und Erfrischungsgetränke. Die Tour dauert etwa zwei Stunden. Der Reithof bietet auch Quad-Touren an.

Von den zahlreichen **Wander- und Trekkingwegen** sei der Weg Ronald Brown erwähnt, der in Cavtat beginnt und nach dem US-Minister aus dem Kabinett von Bill Clinton benannt ist, der 1996 hier bei einem Flugzeugabsturz ums Leben kam. Zum Gipfel Stražišće (701 m) dauert der Aufstieg zwei Stunden. Ein anderer Wanderweg geht von Cavtat über Močići nach Čilipi.

Radwege führen beispielsweise von Cavtat über Močići nach Čilipi (9,5 km und 1 Std.), von Cavtat über Zvekovica nach Miljasi (26 km und 2 1/2 Std.) oder von Čilipi über Gruda und Ljuta nach Pridvorje (25 km und 2 Std.). Infos zu den Radwegen und **Karten** unter 🖥 www.tzcavtat-konavle.hr oder in der Touristeninformation in Cavtat.

Ein Spaziergang ans Ende der Halbinsel Rat führt auf einen Hügel zum Friedhof, wo sich das **Mausoleum** der auf tragische Weise an der Spanischen Grippe verstorbenen Schiffseignerfamilie Račić befindet. Das Mausoleum ist das Werk des berühmten kroatischen Bildhauers Ivan Meštrović (Kasten S. 361) aus dem Jahr 1921 und eine sehr gelungene Verbindung zwischen Architektur und Skulptur aus dem weißen Stein von Brač. Zwei große Karyatiden markieren den Eingang zum Mausoleum mit den vier Grabstätten. ⏱ Juli–Aug 10–12, 17–19 Uhr, Eintritt 5 Kn.

Die wichtigsten Veranstaltungen im Cavtater Sommer sind die **Klapa-Konzerte** und **Auftritte der Folkloregruppen im Freien** sowie das von Ende August bis Ende September stattfindende **Epidaurus Festival**, 🖥 www.epidaurusfestival.com, ein internationales Festival der Musik und Kunst.

In und um Cavtat herum gibt es mehrere gute Bademöglichkeiten, die alle gut ersichtlich und leicht zugänglich sind.

ÜBERNACHTUNG UND ESSEN

Privatunterkünfte vermittelt die **Touristeninformation in Mlini**, Šetalište dr. Franje Tuđmana 7, ☎ 020-486254, 🖥 www.dubrovnikriviera.hr, oder die Reiseagentur **Atlas Travel Agency**, Trumbićev put 2, ☎ 020-479031, 🖥 www.atlas-croatia.hr, die auch Exkursionen organisiert.

Hotel Supetar, Obala Ante Starčevića 27, ☎ 020-430830, 🖥 www.alh.hr/en/hotel-supetar-dubrovnik-cavtat. Kleines und intimes 3-Sterne-Hotel in einer Steinvilla direkt an der Promenade mit 28 gepflegten Zimmern. ⏱ April–Nov. ❶–❸

Dalmacija, Trumbićev put 9, ☎ 020-478800, 🖥 www.villa-pattiera.hr. Traditionelle dalmatinische Spezialitäten, serveirt auf einer wunderschönen Terrasse mit Blick auf den Hafen. ⏱ März–Nov 11–24 Uhr.

Dalmatino, Put Tihe 1, ☎ 020-479912. Sympathisches Restaurant mit Terrasse am Hafen, wo man auf Sofas und Kissen Pizza und Fischgerichte genießen kann. ⏱ 8–24 Uhr.

Galija, Vuličevićeva 1, ☎ 020-478566, 🖥 www.galija.hr. Etwas exquisitere Gerichte serviert diese Konoba am Ende der Promenade auf einer schönen Terrasse im Schatten der Kiefern. ⏱ Feb–Nov 11–24 Uhr.

AKTIVITÄTEN UND TOUREN

Radfahren

Bei der **Teuta Travel Cavtat**, Trumbićev put 3, ☎ 020-479786, 🖥 www.cavtat.biz, können Fahrräder ausgeliehen werden. 25 Kn/Std.,

70 Kn/Tag. März–April Mo–Sa 9–15, Mai 9–21 Uhr. Die Reiseagentur vermittelt auch Privatunterkünfte.

SONSTIGES

Apotheken
Apotheke Mišković Cavtat, Trumbićev put 2, 020-478261.

Informationen
Touristeninformation Konavle, Cavtat, Zidine 6, 020-478025, www.tzcavtat-konavle.hr.

Medizinische Hilfe
Arztpraxis Cavtat, Put od Cavtata, 020-478001.
Arztpraxis für Touristen, Hotel Iberostar Albatros, Od Zala 1, Cavtat, 020-471333. April–Okt.

TRANSPORT

Busse
Es verkehren alle 30 Min. Busse zwischen Cavtat und DUBROVNIK (Linie 10). Die Busse halten und fahren vom Ortszentrum ab. Infos unter www.libertasdubrovnik.com.

Schiffe
Im Sommer verkehren stdl. Boote zwischen Cavtat und dem Alten Hafen in DUBROVNIK (50–80 Kn).

Čilipi

Das Dorf Čilipi, 8 km südlich von Cavtat und nahe des Flughafens von Dubrovnik, ist bekannt für seine **Folkloreveranstaltungen**, 020-771007, www.cilipifolklor.hr, die von Palmsonntag bis Ende Oktober jeden Sonntag um 11.15 Uhr nach der Heiligen Messe auf dem Dorfplatz vor der **Kirche des Hl. Nikolaus** stattfinden. Bevor es mit den traditionellen Liedern und Tänzen losgeht, können ab 9 Uhr ausgestellte Handarbeiten bestaunt und gekauft werden. Sehenswert ist auch das **Heimatmuseum Konavle**, Beroje 49, 020-772249, mit seinen ethnologischen Funden.

Die Mühlen von Gruda

Das Ljuta-Flusstal, in dem sich mehrere Mühlen und Pressen befinden, die aus der Mitte des 16. Jhs. stammen, ist heute Naturschutzgebiet

Dort wo Kroatien endet und Montenegro beginnt

Fährt man die steile, etwas rumplige Straße von Molunat in Richtung Süden hinunter, eröffnet sich einem ein beeindruckender Blick auf die **Halbinsel Prevlaka**. Hier macht sich das Gefühl breit, am Ende der Welt und eins mit der atemberaubenden Natur zu sein. Am Eingang zum **Park Prevlaka**, Gruda 152, 020-791555, www.park-prevlaka.hr, wird man von einer herzlichen älteren Dame willkommen geheißen. Sie heißt Lucia, genannt Luci, und sitzt den ganzen Nachmittag bis spät abends in dem kleinen Wächterhäuschen und „bewacht" strickend die Halbinsel. Warum bewachen? Weil die Halbinsel mit dem **Kap Oštro** und der **österreichischen Festung aus dem 19. Jh.** Kroatiens südlichster Punkt ist und erst 2002 wieder an Kroatien zurückgegeben wurde. 1991 wurde sie von der jugoslawischen Armee belagert und später unter den Schutz der Vereinten Nationen gestellt. Noch heute sind die Seegrenzen zu Montenegro nicht geklärt, was das Befahren mit dem Boot bis zum heutigen Zeitpunkt schwierig macht. Die Halbinsel kann jedoch wunderbar mit dem Fahrrad erkundet werden, Fahrräder werden am Eingang von Luci oder ihren Kollegen verliehen. Im Park gibt es auch eine kleine Tierfarm und einen Leuchtturm. Die Festung Oštro sowie der Blick auf das gegenüberliegende Montenegro mit seiner Inselfestung, seinen (je nach Jahreszeit verschneiten) Bergen und dem Küstenstädtchen Herceg Novi tragen zu einem ganz besonderen Abenteuergefühl bei. Eintritt 15 Kn, Fahrräder 25 Kn für zwei Stunden. Siehe auch „Ausflug nach Montenegro", S. 481.

und Kulturdenkmal zugleich. Die Mühlen wurden zur Mehl- und Ölgewinnung eingesetzt, während die Pressen die Republik Ragusa mit Textilien versorgten. Heute sind die Mühlen, die in einer idyllischen Umgebung liegen, wo man typische regionale Spezialitäten bekommt, ein beliebtes Ausflugsziel. Bei den Mühlen befindet sich das Restaurant **Konavoski dvori**, Gruda-Ljuta, ✆ 020-791039, das weit über die Ortsgrenzen hinaus bekannt ist. Hier werden die heimischen Spezialitäten, wie es für diese Region typisch ist, unter der Glocke *(ispod peke)* serviert. Auf der Speisekarte finden Sie Lamm- und Kalbsgerichte, hausgemachte Suppen und Brot, Käse in Öl und andere traditionelle Gerichte. ⏱ März–Nov 12–24 Uhr.

Nördlich von Dubrovnik – das Neretva-Delta

Die **Neretva** entspringt im Landesinneren Bosniens, rund 60 km südlich von Sarajevo, und fließt durch die Tallandschaften der über 2000 m hohen Berge der Zelena Gora über Mostar und Metković, wo sie das Küstengebirge durchbricht und ein breites Flussdelta bildet. Die Landschaft, die durch den Fluss geformt wurde, ist von eigenwilliger und doch faszinierender Schönheit. Geologen gehen davon aus, dass es sich bei den lang gezogenen, parallel zueinander verlaufenden Tälern um Karstpoljen handelt, welche nach der letzten Eiszeit vom Meer überschwemmt und teilweise aufgeschottert wurden, woraufhin sumpfartige Seen entstanden und der Fluss sich zwischen den Schottermassen aufteilte und die für das Delta charakteristischen Arme (genannt *jendeci*) bildete. Einst Schlupfwinkel von Piraten, die sich in die malariaverseuchten Sumpfgebiete zurückzogen, wurden die Sümpfe schließlich trockengelegt und man begann, den fruchtbaren Boden landwirtschaftlich nutzbar zu machen. Heute befindet sich hier ein bedeutendes Obstanbaugebiet, insbesondere Zitrusfrüchte wie Zitronen, Orangen und Mandarinen gedeihen vortrefflich (s. Kasten oben). Das Obst wird an Ständen entlang der Straße verkauft, was die Geschichte der Neretva-Mündung als wichtiger Handelsweg ins Landesinnere fortsetzt. Das Sumpfgebiet selbst kann nur mit Booten befahren werden, **Rundfahrten** werden beispielsweise von der Villa Neretva und der Pension Đuđa & Mate angeboten (s. u.). Die beste Aussicht auf das Delta hat man auf einer Anhöhe einige Kilometer hinter der Tankstelle auf der Straße in Richtung Dubrovnik. Das Zentrum der Region ist **Metković**, einst wichtiger Hafen, heute eine Kleinstadt mit speziellem Charme, deren Besuch jedoch nicht wirklich lohnenswert ist.

Die Neretva entspringt in Südbosnien und fließt zum größten Teil durch die Herzegowina. Auf den 20 Kilometern, die sich durch Kroatien ziehen, findet alljährlich am zweiten Augustsamstag ein **Boots-Marathon** statt. An die 300 Ruderer („Piraten der Neretva") stürzen, begleitet von Trommelrhythmen und ermutigt von über 20 000 Zuschauern auf Brücken und Deichen, in etwa 30 selbst gebauten Holzbooten *(ladjas)* flussabwärts. Am spannendsten ist der Start in Metković. Achtung – Riesengedränge!

Vid

Fährt man von Metković über eine Brücke, so gelangt man nach ein paar Kilometern nach Vid, einem etwas verschlafenen, aber idyllischen kleinen Dorf. Besonders bekannt ist Vid für

---

> **Ein Paradies aus Obst und Gemüse**
>
> Das fruchtbare Neretva-Delta ist das größte Obst- und Gemüseanbaugebiet der Region. Der Stolz des Neretva-Deltas sind die Zitrusfrüchte, die im Herbst geerntet und den ganzen Winter über gegessen werden. Je nach Saison gibt es auch Kiwis, Pfirsiche, Äpfel und Trauben, im Sommer sind vor allem die im Wasser der Neretva gekühlten Wassermelonen sowie Tomaten und Paprika zu empfehlen. Auf dem Weg durch das Neretva-Delta sollte also unbedingt an einem der vielen Stände angehalten werden, die die Straßen säumen. Besonders lecker sind auch die getrockneten Feigen!

das **Archäologische Museum Narona**, ✆ 020-691596, 🖥 www.a-m-narona.hr, das erste Museum Kroatiens, das auf einem archäologischen Fundort, dem römischen Tempel Augusteum, erbaut wurde. Heute ist es eines der bedeutendsten Antiken-Museen Kroatiens. Narona war nach Salona die zweitwichtigste römische Siedlung, die das adriatische Meer mit dem Landesinneren verband. Neben mehr als 900 Ausstellungsstücken im Museumsgebäude und dem kleinen archäologischen Park auf der nördlichen Seite, sind auch die Fundorte im Freien sehenswert – Überreste frühchristlicher Basiliken aus dem 5. und 6. Jh. sowie die Stadtmauer und der Ereš-Turm mit lateinischen Inschriften. Die 16 Statuen der Kaiserfamilien von Augustus bis Vespasian, die erst 1997 ausgegraben wurden, waren wie durch ein Wunder fast unversehrt geblieben. Das Museum ist auch architektonisch eine absolute Sehenswürdigkeit. ⏱ März–Nov Di–Sa 9–20, So 9–13, Dez–Feb Di–Sa 9–17, So 9–13 Uhr, Eintritt 40 Kn, erm. 20 Kn.

ÜBERNACHTUNG UND ESSEN

Restaurant-Pansion Đuđa & Mate, Vid-Metković, ✆ 020-687500, 🖥 www.djudjaimate.hr. Freundlicher Familienbetrieb am Neretva-Ufer, gleich auf der linken Seite hinter der Brücke. Die Pension bietet einfache, aber gepflegte Zimmer. Auf der großen überdachten Terrasse kann man sich durch die vielen Spezialitäten des Neretva-Deltas durchprobieren. So gibt es beispielsweise Frösche in allen Variationen (als Risotto, paniert oder gegrillt), außerdem Fisch, Fleisch und Meeresfrüchte sowie alle möglichen hausgemachten Produkte (Käse und Brot). Wer möchte, kann für 50 Kn sein Essen auch bei einer 45-minütigen Fahrt auf dem Kanal in einem der typischen Holzboote einnehmen. ❶

Villa Neretva, Splitska 14, Krvavac II, Metković, ✆ 020-672200, 🖥 www.hotel-villa-neretva.com. Neben den kulinarischen Neretva-Spezialitäten und 8 hübschen, modern eingerichteten, gut ausgestatteten Zimmern bietet die Villa auch eine Fotosafari in einer *ladja* durch die Neretva. Für mehr Informationen am besten direkt mit dem Hotel Kontakt aufnehmen. ❷

Neum

Ein Kuriosum ist die 9 km lange **bosnische Enklave**, auf der sich Neum befindet. Als einziger Küstenabschnitt in Bosnien und Herzegowina hat dieser natürlich eine besondere Stellung im Land, was dadurch ersichtlich wird, dass sich hier ein kolossaler Hotelkomplex an den nächsten drängt. Bereits in den 1960er-Jahren hat sich hier die bosnische Politprominenz ihre Sommersitze errichten lassen. Einen Besuch wert ist Neum nur, wenn man hier billig tanken oder in den vielen Discount-Supermärkten einkaufen möchte. Ansonsten – einfach anschauen und bestaunen. Aber Achtung, Personalausweise bereithalten!

Halbinsel Pelješac

Die rund 66 km lange Halbinsel Pelješac ist in ganz Kroatien für ihren exzellenten Rotwein bekannt. Die exponierte Lage am Meer sowie die steilen Berghänge verleihen den Trauben ei-

Paradies für Austernliebhaber

Dass die Auster in **Mali Ston** zu Hause ist, beweist nicht nur das Austernfestival, das jährlich Mitte März stattfindet. An jeder Ecke können frische Austern genossen werden. Der Ort liegt malerisch an der Mauer von Ston und einer Bucht mit Blick auf das gegenüberliegende Festland. Für ein authentisches Austernerlebnis empfiehlt sich ein Besuch bei **Liljana**, ✆ 098-1628298. Frischer könnten Austern nicht sein, denn sie holt sie direkt und eigenhändig vor den Augen ihrer Gäste aus dem Meer und serviert sie ganz einfach mit einer Scheibe Orange. Eine mittelgroße Auster kostet 6 Kn, eine große bekommt man für 8 Kn. Einfach am Eingang von Mali Ston auf der linken Seite nach einem Schild mit der Aufschrift "Svježe Školjke, Školjkarstvo, Bebek" Ausschau halten oder nach Liljana fragen. Neben Austern und Muscheln verkauft sie auch selbst gemachte Marmeladen und diverse Obstprodukte.

Wer nicht bis zur chinesischen Mauer fahren möchte, kann auch die gigantischen Festungsmauern von Mali Ston entlanglaufen.

nen besonders süßen, charakteristischen Geschmack. Die Berge beheimaten aber nicht nur Kroatiens beste Weinreben, sondern laden auch zu ausgedehnten Touren ein. Die abwechslungsreiche Halbinsel ist daher ein Paradies für Aktivurlauber. Zu den weiteren Höhepunkten auf Pelješac gehören Ston mit seiner 5 km langen Festungsmauer und den Austernkulturen, das Surferparadies Viganj sowie das versteckte, idyllische Lovište an der westlichsten Spitze der Halbinsel. Für alle Geschmäcker etwas zu bieten hat das belebte, doch entspannte Orebić, nur einen Katzensprung von der Insel Korčula entfernt.

Ston und Mali Ston

59 km nordwestlich von Dubrovnik liegen Ston und Mali Ston an einer Meerenge, die Pelješac mit dem Festland verbindet. Es gibt zwei Besonderheiten, für die **Ston** berühmt ist. Die erste ist die **Chinesische Mauer Europas** – die mit 5,5 km längste Festungsmauer des Kontinents. Auf ihr kann man bis zum nächstgelegenen Ort **Mali Ston** („Kleines Ston") wandern. Der Bau, an dem führende Architekten der damaligen Zeit, darunter Michelozzo Michelozzi und Juraj Dalmatinac, beteiligt waren, wurde im 14. Jh. begonnen, als Ston noch zur Republik Ragusa gehörte und von großer wirtschaftlicher Bedeutung war. Die Mauer schützt mit ihren 40 Türmen und fünf Forts die zahlreichen mittelalterlichen Gebäude in der Innenstadt und endet in Mali Ston, das zusammen mit der Mauer als Bestandteil der Wehranlage errichtet wurde. ⏱ 9–15 Uhr, Eintritt 30 Kn, erm. 10 Kn.

Von der Burg Stoviš, die Teil der Mauer ist, kann man sehr gut die zweite Besonderheit Stons erblicken – die **Saline** (Solana Ston), Peljeski put 1, ✆ 020-754027, 🖥 www.solanaston.hr, die zugleich eine der ältesten aktiven am Mittelmeer ist. Salz hatte einst einen ähnlichen Status wie Erdöl heute. Die Salzernte findet von Mitte Juli bis September statt, Erntehelfer sind willkommen!

ÜBERNACHTUNG UND ESSEN

Vila Koruna, Mali Ston, ✆ 020-754999, 🖥 www.vila-koruna.hr. Kleines, familiäres Hotel direkt am Wasser und neben der Stadtmauer, mit einem Restaurant, das Fisch und Meeresfrüchte sowie Austern serviert.

Die Zimmer sind gepflegt und gemütlich eingerichtet. ❹

Konoba Bakus, Ston, ✆ 020-754270, 🖥 www.bakus.hr. Große Auswahl an dalmatinischen Gerichten, frischen Meeresfrüchten, Fisch, Fleisch und vegetarischen Gerichten, alles ab 50 Kn. ⊕ 9–24 Uhr.

Taverna Bota Šare, Mali Ston, ✆ 020-754482, 🖥 www.bota-sare.hr. In der Speisekarte kann man lesen „Fast alles, was Sie hier essen und trinken, ist gezüchtet, gefangen oder erzeugt in einem Umkreis von 1000 m von Ihrem Tisch". Genau das macht dieses Restaurant zu einem der besten in Mali Ston. ⊕ 9–23 Uhr.

SONSTIGES

Apotheken
Apotheke Ston, Imena Isusova 2, ✆ 020-754034.

Informationen
Touristeninformation Ston, Pelješki put 1, ✆ 020-754452, 🖥 www.ston.hr.

Medizinische Hilfe
Ambulanz Ston, Put braće Mihanović 7, ✆ 020-754004.

TRANSPORT

Unter der Woche verkehren 4x tgl. **Busse** zwischen DUBROVNIK und Ston, am Wochenende sind es nur 2. Die Busse fahren vom Ortszentrum ab.

Im Herzen des Weinanbaugebietes

Ein Besuch auf Pelješac wäre nicht vollständig, wenn man nicht zumindest eines der vielen Weingüter besuchen würde, denn diese Weine zählen zu den besten, die Kroatien zu bieten hat. Die bekannteste Rebsorte ist **Plavac Mali**, aus welcher Wein verschiedenster Art und Qualität gewonnen wird. Einer davon ist der vollmundige **Dingač**, ein Spitzenwein, der auf den steilen Berghängen der gleichnamigen Region gedeiht. Durch die Reflexion der Sonne im Meer und die Wärmespeicherung durch den Felsboden haben die Trauben hier besonders viel Fruchtzucker. Anschließend wird der Wein etwa fünf Jahre in Eichenfässern gelagert und hat mit mind. 14 Volumenprozent einen sehr hohen Alkoholanteil.

Radtouren und Kochkurse im malerischen Weindörfchen

Mehr als nur ein gewöhnlicher Winzer ist der junge und lebensfrohe **Maro Bartulović** (s. Karte), Prizdrina, ✆ 020-742346, 🖥 www.bartul.com. Nach einem Studium in Zagreb ist er in sein Heimatdorf, das Seefahrerdorf **Prizdrina**, zurückgekehrt, hat eine Familie gegründet und führt nun das Werk seines Vaters fort. Zum Glück, denn dank der Familie Bartulović zählt das Dorf nun ganze 21 Einwohner. Der junge Winzer hat neben dem Weinbau auch noch andere große Leidenschaften. Dazu zählt das Radfahren ebenso wie das Kochen. Um Reisenden mehr als nur die touristischen Seiten seiner Halbinsel zu zeigen, bietet er Radtouren durch die Weinberge, Weintouren zu den benachbarten Winzern und Kochkurse regionaler Spezialitäten an. Wer keine Lust auf Kochen hat, der kann auch die Füße unter den Tisch legen und sich in seinem Restaurant verwöhnen lassen. Auf den Tisch kommt, was es frisch aus dem Garten oder Wasser gibt. Geplant sind auch eine Frühstückspension und eine Farm mit Ziegen, wo Käse selbst hergestellt wird. Und schließlich war es auch Maro Bartulović, der Slow Food nach Pelješać brachte. Wer weiß, was er sonst noch alles auf Lager hat. Seine Lebensenergie ist auf alle Fälle einen Besuch wert. Eine Weinprobe bei ihm kostet 30 Kn, Weinflaschen kann man für 50–140 Kn kaufen. Ein Essen in seinem Restaurant bekommt man für 80–140 Kn inkl. Wein, eine Radtour inkl. Essen kostet 350 Kn. Und wer die Weinberge lieber alleine erkunden möchte, der kann sich für 70 Kn ein Rad leihen. Einfach kurz vorher per E-Mail oder telefonisch Bescheid geben oder auf gut Glück vorbeikommen und schauen, was gerade im Angebot ist.

WEINGÜTER AUF PELJEŠAC

Fährt man von **Potomje** durch einen ca. 300 m langen Tunnel, der selbst schon wie ein Weinkeller aussieht, gelangt man über eine kurvenreiche, abenteuerliche Straße (am Tunnelende linkshalten) in den Ort **Dingač**. Wer den Weg durch den Tunnel nicht scheut, der kann auch zu Fuß den steilen Hang hinuntergehen und sich anschließend unten im Meer abkühlen. Mit Blick auf den steilen Hang, wo die Weinstöcke wie aufgefädelt aussehen, wird der gehaltvolle Wein besonders gut schmecken.

Fährt man über die Insel, wird man in fast jedem Ort ein Schild mit der Aufschrift „Vino" oder „Vinarija" entdecken. Für eine Weinprobe empfiehlt es sich, vorher telefonisch anzufragen. Irgendjemand in der Familie spricht auf jeden Fall Englisch oder Deutsch. Eine Liste mit Winzeradressen bekommt man in den Touristeninformationen. Im Folgenden eine kleine Auswahl.

Winzereien
Vinarija Grgić (s. Karte)
Der bekannteste Winzer der Halbinsel – Miljenko, genannt Mike Grgić (oder Grgich) – emigrierte 1954 aus dem kommunistischen Jugoslawien nach Kalifornien, wo er neun Jahre lang auf einem Weingut arbeitete. Berühmt wurde er 1976 durch eine Weinprobe, die in Paris mit den renommiertesten französischen Weinexperten stattfand und bei der es darum ging, kalifornische Cabernet Sauvignons und Chardonnays mit den besten Weinen aus dem Bordeaux und Burgund zu vergleichen. Die Weinprobe verlief blind, das Ergebnis war überraschend, denn es gewannen nicht die französischen, sondern die kalifornischen Weine, darunter der Chardonnay von Grgić. Dank dieses Erfolges konnte der aus Dalmatien stammende Grgić daraufhin seinen eigenen Weinkeller gründen, der heute zu den besten in der Region zählt. Vor einigen Jahren hat er auch in Dalmatien ein **Weingut**, Trstenik 78, ☎ 020-748088, ✉ grgic-vina@du.t-com.hr, gegründet und verbringt seither die Sommermonate in Trstenik. Eine Weinprobe (Plavac Mali und Pošip) bei Grgić kostet 20 Kn, auf Wunsch gibt es kleine Häppchen wie Pasteten und Strudel. Eine Flasche Wein kostet um die 140 Kn. Geplant sind auch der Ausbau von Zimmern für etwa zehn Personen sowie ein Restaurant. ⏱ 10–17 Uhr. In **Trstenik** kann man auch wunderbar mit dem Boot anlegen oder sich am Strand etwas abkühlen. Geht man jedoch vom

Weingut auf der anderen Seite direkt hinunter zum Meer, so gelangt man an einen kleinen wilden Strand samt kleinem Bistro.

Matuško (Karte S. 459)
Die Besonderheit an dieser **Winzerei**, Potomje 5 A, ℡ 020-742399, 🖥 www.matusko-vina.hr, ist der riesige Weinkeller (der größte der Region), der genauso ist, wie man sich einen Weinkeller vorstellt. Die Türen hier sind fast immer geöffnet und der Empfang sehr herzlich. Allerdings sollte man keine intime Weinverkostung erwarten, da oft große Touristengruppen ankommen. Dafür ist Matuškos Frau Deutsche, was die Kommunikation erheblich erleichtert.

Weinverkostung (verschiedene Weine und Liköre) für 15 Kn (auf Wunsch begleitet von Käse und Wurst). Eine Flasche Plavac Mali kostet 40 Kn, eine Flasche Dingač 90 Kn. ⏰ 10–20 Uhr und auf Anfrage.

Frano Miloš (Karte S. 459)
Frano Miloš, Boljenovići 15, Ponikve, ℡ 098-1965254, ist einer der bekanntesten und meistbesuchten Winzer der Halbinsel, der seinen Wein noch auf traditionelle Weise herstellt.

Orebić

Am Fuße des 961 m hohen Berges **Sveti Ilija** (s. Loose Aktiv) liegt Orebić mit seiner reichen und lebhaften Seefahrtstradition, die am besten im **Schifffahrtsmuseum**, Obala Pomoraca, nachzuvollziehen ist. Bis in die Mitte des 19. Jhs. war der Ort Heimat großer Reedereien und bedeutender Kapitäne, die hier schmucke Häuser erbauten. Ausgestellt sind neben Gemälden von Booten allerlei Schiffsteile, Navigationshilfen und prähistorische Funde von der archäologischen Stätte auf der Insel Majsan. ⏰ Mai–Okt Mo–Sa 10–12, 17–20 Uhr, Eintritt 10 Kn.

Beim Spaziergang entlang der Küste kann man die **Kapitänshäuser mit Barockdenkmälern** und wunderschöne Gärten mit mediterranen und exotischen Pflanzen, die einst Seeleute aus der ganzen Welt mitbrachten, bewundern.

Von 1343–1806 war Orebić Sitz des Rektors, also des höchsten Beamten unter der Verwaltung Dubrovniks, bis zum 15. Jh. hieß es Trstenica. Diesen Namen trägt heute auch der schönste Strand im Ort – die **Plaža Trstenica**.

Wie in den meisten Küstenorten, gibt es auch in Orebić ein **Franziskanerkloster**, das gleichzeitig Ausgangspunkt für viele Wanderungen ist – u. a. zum Gipfel des Sveti Ilija (hin und zurück 4–5 Std.). Das aus dem 15. Jh. stammende Kloster liegt malerisch zwischen Kiefern und Zypressen oberhalb des Ortes und beherbergt in seinem kleinen Museum Kunstschätze italienischer Meister. ⏰ Mo–Fr 15–20 Uhr, Eintritt 10 Kn.

Und natürlich fehlt auch die hübsche Dorfkirche nicht – die **Kirche der Jungfrau von Karmen** (Gospa od Karmena) liegt auf einem Hügel östlich des Klosters, umgeben von riesigen Zypressen.

Neben seiner speziellen Seefahrtsgeschichte ist Orebić auch ein perfekter kleiner Urlaubsort mit einer Reihe an Angeboten und gleichzeitig ein guter Ausgangspunkt für Ausflüge auf die Inseln Korčula, Mljet und Lastovo. Besonders erholsam sind die spezielle Lage zwischen Berg und Meer und die umliegende Natur, die den Ort von allen Seiten umfasst. Für ein besonderes Naturerlebnis sorgen die Schakale, die zu Beginn des 20. Jhs. aus Indien mitgebracht wurden, um Schlangen zu jagen. Heute gibt es nur noch wenige Schlangen, aber man kann die Schakale immer noch aus den Bergen im Einklang mit den Dorfhunden heulen hören.

ÜBERNACHTUNG UND ESSEN

Grand Hotel, Kralj Petra Krešimira IV, ℡ 020-798000, 🖥 www.grandhotelorebic.com. Komfortables 4-Sterne-Hotel mit neu eingerichteten Zimmern und Blick aufs Meer oder die umliegenden Berge. Die Preise hängen von Angebot und Nachfrage ab, daher am besten direkt beim Hotel anfragen. ❺

Nevio, Dubravica bb, ℡ 020-714465, 🖥 www.nevio-camping.com. Großer 4-Sterne-Campingplatz mit gehobenem Standard und allem Komfort. ❸

Palme, Kučište 45, ℡ 020-719164, 🖥 www.kamp-palme.com. Kleiner familiärer 3-Sterne-Campingplatz, 5 km westlich von Orebić inmitten mediterraner Vegetation. Der untere Teil befindet sich an einem Sandstrand. ❷

Bergwanderung auf den Sveti Ilija (961 m)

- **Route**: Gornja Nakovana – Sveti Ilija
- **Länge**: 13 km
- **Dauer**: 5 Std. (hin und zurück – variiert je nach Ausgangspunkt)
- **Höhenunterschied**: 627 m
- **Wegbeschaffenheit**: sehr gut befestigte und beschilderte Wege
- **Schwierigkeitsgrad**: mittel (Direktweg von Orebić: schwer)

Der Sveti Ilija ist mit seinen 961 m der höchste Berg der Halbinsel Pelješac und die beliebteste Wanderdestination, nicht nur für Touristen. Zu Frühlingsbeginn wird fast jeder Einwohner der Halbinsel mindestens einmal den Gipfel erklommen haben, am 1. Mai ist ganz Orebić auf seiner Spitze und isst gemeinsam Linsensuppe.

Legende

Der Berg ist somit mehr als nur ein beliebtes Wanderziel. Die Legende besagt, dass er ursprünglich nach Perun, dem Gott des Donners, benannt war. Als die während des 16. und 17. Jh. erbaute Kirche von Sveti Ilija und Pantelija im 19. Jh. durch zahlreiche Blitzeinschläge zerstört wurde, taufte man den Berg um und gab ihm den Namen des Heiligen Ilija (Elias). Später wurde auch der italienische Name Monte Vipera (Schlangenberg) benutzt – einige vermuten, aufgrund der giftigen Schlangen (*poskok* – Hornviper), die in dieser Gegend beheimatet sind. Andere wiederum vertreten die Theorie, der Name komme von den Zick-Zack-Linien der geologischen Schichten, die den steilen Berghang über Orebić kennzeichnen.

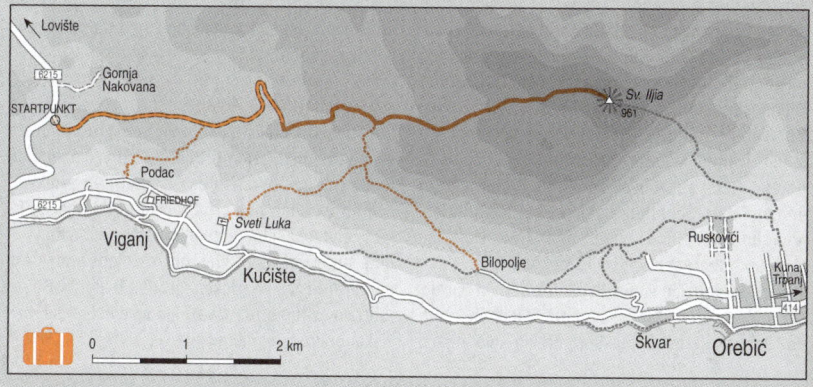

Selbst auf dem Weg zum Sveti Ilija rückt das Meer nie außer Sichtweite.

Wegbeschreibung

Viele Wege führen auf den Gipfel. Je nach Erfahrung und Kondition können also verschiedene Längen und Schwierigkeitsgrade gewählt werden. Der meist begangene und einfachste geht von **Gornja Nakovana** ab, etwa 6 km nordwestlich von Viganj gelegen. Am besten erreicht man diesen Ausgangspunkt mit dem Auto – nach dem Schild kommt eine grüne Schranke, wo der Weg beginnt. Das Auto kann wenige Meter weiter auf Wegausbuchtungen geparkt werden.

Der untere Teil des Wanderweges ist reich mit mediterranen Kräutern, Büschen und Bäumen bewachsen, ab 750 m spenden Pinienwälder angenehmen Schatten. Es gibt zwei Berghütten: eine auf einer Höhe von 565 m und aus Holz, mit Grill- und Übernachtungsmöglichkeiten, die in den 1980er-Jahren von einem Jagdclub gebaut wurde; die andere ist aus Stein, liegt auf 800 m und wurde 1908 von Karl von Habsburg für die Kojotenjagd errichtet. Oben angekommen, wird man mit einem atemberaubenden Panorama belohnt, das einem eine Aussicht gewährt, die – je nach Wetterlage – vom Neretva-Delta über die Inseln Korčula, Brač, Hvar, Vis und Mljet bis hin nach Dubrovnik und den Berg Orjen in Montenegro reicht. Wenn man Glück hat, der Nordwind Bura (Bora) weht und der Himmel klar ist, kann man sogar die Küste Italiens erspähen.

Andere markierte Wege

Die kürzeste, steilste und daher anspruchsvollste Wanderung startet in **Urkunići** (200 m östlich von Ruskovići und nördlich von Orebić). Diesen Weg sollten wirklich nur erfahrene Bergsteiger nehmen, Einheimische raten allerdings davon ab.

Eine aufgrund der schönen Aussicht und ihres moderaten Schwierigkeitsgrades beliebte Route führt von **Bilopolje** (etwa 1 km westlich des Franziskanerklosters) nach oben.

Eine weitere Alternative besteht darin, den oben ausführlich beschriebenen Weg ganz ohne Autoanfahrt zu begehen. Startpunkt ist dann in **Viganj**. Dieser Pfad beginnt zwischen den Ortschaften Jerkovo Selo und Podac, ungefähr 400 m nordwestlich des Friedhofs, und geht nach einem kurzen, steilen Stück in jenen von Gornja Nakovana über.

Nicht markiert, aber begehbar ist der Weg, der in **Sveti Luka** (östlich von Viganj) beginnt.

Sicherheitshinweise

Je nach Ausgangsposition sind die Routen auch für nicht so bewanderte Bergsteiger leicht zu bewältigen. Allerdings sollte man sich an gewisse Sicherheitsmaßnahmen halten. Die Wege sind gut markiert, mit rot-weiß-roten Streifen und/oder einem rot umrandeten weißen Punkt. Diese **markierten Wege** sollten aber **auf keinen Fall verlassen** werden, es sind bereits Wanderer abgestürzt. Da Teile des Weges ziemlich exponiert sind, sollte man unbedingt **früh genug aufbrechen** (im Hochsommer am besten um 6 Uhr morgens) und **ausreichend Wasser** mitnehmen. Das Wasser kann auch oben wieder aufgefüllt werden.

Um sich vor den – giftigen – **Schlangen** zu schützen, sind **lange Hosen** egal bei welcher Temperatur unabdingbar, außerdem trittfestes, knöchelhohes Schuhwerk mit guter Sohle. Doch keine Sorge – Schlangen sind scheu und ziehen sich ins Gestein zurück, sobald sie die **Vibrationen** spüren (wer also sichergehen möchte, kann das Auftreten mit einem Stock begleiten). Es empfiehlt sich auch, den aktuellen Wetterbericht zu hören, um nicht von einem Gewitter überrascht zu werden.

Zu guter Letzt sollte man immer ein Mobiltelefon bei sich haben. Im Unglücksfall kann unter ☎ 92 die **Rettungswacht** gerufen werden.

Villa Mirela, Eugena Kvaternika 30, ☎ 020-713753, ✉ josip.primorac@du.t-com.hr. Ferienapartments im Zentrum von Orebić am Fuße des Berges Sveti Ilija und nur ein paar hundert Meter vom Strand entfernt. Die herzliche Seefahrerfamilie Primorac ist sehr um ihre Gäste bemüht, die Apartments sind sehr sauber und gemütlich eingerichtet. Manchmal kann man die Schakale heulen hören, aber der anhängliche Haushund Bubi verteidigt das Revier (keine Sorge, er beißt bestimmt nicht, er hat kaum noch Zähne!). Zimmerpreise je nach Saison und Größe. ❶–❹

Konoba Karako, Šetalište kneza Domagoja 32, ☎ 020-713116. Einmal beim Duft von gegrilltem Fisch und Fleisch mit dem Fuß im Wasser unter Pinien ein Glas Wein trinken? In dem sympathischen Familienrestaurant ist's möglich – und das zu moderaten Preisen! ⏱ März–Nov 18–24 Uhr.

AKTIVITÄTEN UND TOUREN

Dalmatino Tours, Fiskovićeva 29, ☎ 020-713800, 🖥 www.dalmatino-tours.eu. Mirko Grepo, ein in Deutschland aufgewachsener Kroate, bietet alle möglichen Touren und Ausflüge an und verleiht außerdem Fahrräder, Boote und dergleichen. Neu im Angebot: Kräuterkunde mit einem deutschen Ehepaar, das schon seit Jahren auf der Halbinsel lebt.

Watersport Center Orebić, Morski Covik, ☎ 098-293657, 🖥 www.morskicovik.hr. Wassersportzentrum an Orebićs schönstem Strand, der Plaža Trstenica, mit großem Angebot an Wassersportarten und Bootsverleih. ⏱ 9–19 Uhr.

SONSTIGES

Apotheken
Apotheke Orebić, Ban Jelačića bb, ☎ 020-713019.

Autovermietungen
Croatia Holidays, Josipa Bana Jelačića 29, ☎ 020-713803, 🖥 www.croatia-holidays.hr, www.peljesacinfo.com.
Dalmatino Tours, Fiskovićeva 29, ☎ 020-713800, 🖥 www.dalmatino-tours.eu.

Informationen
Touristeninformation Orebić, Zrinsko frankopanska 2, ☎ 020-713718, 🖥 www.visitorebic-croatia.hr, www.visitpeljesac.hr.

Medizinische Hilfe
Ambulanz Orebić, Kralja Tomislava, ☎ 020-713694, 020-713410, mit Bereitschaftsdienst.

TRANSPORT

Auto und Motorrad
Die Halbinsel ist problemlos mit dem Auto oder Motorrad befahrbar, die Straßen sind in sehr gutem Zustand. **Tankstellen** findet man in Orebić, Potomje und Trpanj.

Busse
Die Busse fahren vom Ortszentrum ab. Informationen unter: ☎ 060-373060.
DUBROVNIK, 1x tgl. in 2 1/4 Std. für ca. 70 Kn.
LOVIŠTE, 3x tgl. in 40 Min. für 25 Kn.
TRPANJ, 6x tgl. in 40 Min. für 24 Kn (abgestimmt auf den Fährverkehr).
VELA LUKA, 2x tgl. in 1 3/4 Std. für ca. 50 Kn.
ZAGREB, 1x tgl. in 10 Std. für 256 Kn.

Schiffe
Es fahren regelmäßig Fähren von Orebić nach KORČULA (alle 20–30 Min., außerhalb der Saison alle 1–2 Std.). Die Personenfähren legen direkt in Korčula-Stadt an, die Autofähre hingegen legt in Dominče, etwas außerhalb des Zentrums, an und ist daher zu Fuß nur schlecht zu erreichen. Tickets für die Autofähre können am Jadrolinija-Schalter direkt am Hafen neben der Einfahrt zur Fähre gekauft werden (63 Kn für ein Auto normaler Größe, 13 Kn p. P. und Fahrt), die Tickets für die Personenfähre werden auf dem Schiff vom Kontrolleur verkauft (12 Kn p. P. und Fahrt).

Viganj und Lovište

Ein Eldorado für Surfer ist der kleine Küstenort **Viganj**. Durch seine Lage am Kanal zwischen Pelješac und Korčula herrschen dort besonders gute Windbedingungen. 1989 fand hier sogar die Weltmeisterschaft im Windsurfen statt

> ### Agrotourismus auf Pelješac
>
> Wie sehr diese Halbinsel noch der Ursprünglichkeit und Natur verschrieben ist, zeigen die vielen Schilder mit der Aufschrift *Agroturizam*. Für diejenigen, die gerne lokale Produkte (hausgemachten Käse, Schinken, Wein, Schnaps etc.) und -gerichte probieren und Einheimische kennenlernen möchten, gibt es hier gleich mehrere gute Adressen:
> **Antunović**, Kuna, ☏ 020-742101, 🖥 www.opgantunovic.hr. Dieses Lokal ist bereits so bekannt, dass es kein Geheimtipp mehr ist. Trotzdem sehenswert sind die Schinken, die von der Decke hängen. Außerdem gibt es eine kleine Tierfarm für Kinder. ⏱ 12–23 Uhr.
> **Taverna Domanoeta**, Janjina 51, ☏ 020-741406. Bunt angemaltes Steinhaus und einladender Familienbetrieb in einem der ältesten Orte auf der Halbinsel, wo man ausgezeichnete Küche aus biologischem Anbau bekommt. ⏱ April–Nov 11–22 Uhr.
> **Ankica Munitić** (Farm Holidays), Golubinica bb, Oskorušno, ☏ 020-742361. Einfacher, authentischer Agrotourismusbetrieb, mit Verkostung lokaler und selbst gemachter Produkte sowie Übernachtungsmöglichkeit. ⏱ April–Nov, telefonische Voranmeldung!
> Mehr Informationen unter 🖥 www.dubrovnikruralholidays.com.

und ein Jahr später die Europameisterschaft, heute werden noch regelmäßig nationale Meisterschaften abgehalten. Von Frühjahr bis späten Herbst bläst der Mistral, ein frischer Nordwest-Wind. Am Ponta, dem beliebtesten Strand des Ortes, gibt es mehrere Surfschulen, die auch Surfausrüstung sowie Fahrräder verleihen. Schwimmer sollten allerdings aufpassen, es ist an dieser Stelle schon mehrmals zu Zusammenstößen mit Surfern gekommen.

Zum Schwimmen besser geeignet ist der wohl untouristischste Ort der Halbinsel, der sich an ihrer äußersten Spitze befindet. **Lovište** ist bekannt für seine wunderschönen Strände in kleinen, vor Wellen geschützten Buchten. Das Wasser dort ist besonders klar und warm. Um das Robinson-Erlebnis zu vervollständigen, sollte man mit dem Boot zu weiter entlegenen Buchten fahren.

ÜBERNACHTUNG UND ESSEN

Antony Boy, Viganj, ☏ 020-719077, 🖥 www.antony-boy.com. 4-Sterne-Campingplatz im Surferparadies Viganj, 2 km westlich von Kučište am Hang inmitten von Olivenbäumen mit schönem Blick auf das gegenüberliegende Korčula. Es gibt ein breites Angebot an Sportaktivitäten. 46 Kn p. P., Wohnmobil 68 Kn.
Karmela & Karmela 2, Viganj, ☏ 020-719097. Der beste Ort zum Ausgehen auf Pelješac. In der Nachtbar Karmela 2 unterhalten sich die Surfer, in der Konoba Karmela wird gut gegessen.
Konoba Bili Dvori, Uvala Mirci, Lovište, ☏ 020-711167, 🖥 www.agavakorcula.com/bilidvori. Eines der wenigen Restaurants in Lovište, charmant und mit einer abwechslungsreichen Speisekarte und guten Lokalweinen. ⏱ Mai–Sep 9–24 Uhr.

Die Inseln Süddalmatiens

Insel Korčula

Noch ein Stückchen weiter vom Festland entfernt als ihre benachbarte Halbinsel Pelješac, ist das lang gestreckte Korčula noch ein wenig ursprünglicher, unangetasteter. Nicht ohne Grund ist die knapp 47 km lange Insel die Hochburg des Agrotourismus und bietet so ihren Besuchern Einblicke in das Leben ihrer Bewohner und die Bewirtschaftung ihres Landes. Während Pelješac bekannt ist für seinen Rotwein, trumpft Korčula mit seinem Weißwein und Olivenöl auf, mit einsamen, türkisfarbenen Buchten und verträumten Dörfern, die sich an die

KORČULA

Hänge schmiegen. Einst war die Insel von dichten Kiefernwäldern überzogen, die Griechen nannten sie Korkyra Melaina (Schwarzes Korfu), die Römer Corcyra Nigra, woraus sich der heutige Name Korčula ableitet. Doch noch immer ist Korčula, dessen höchste Erhebung der Klupca (568 m) nahe des Ortes Pupnat ist, eine relativ grüne Insel. Auf den sanften Hügeln erstrecken sich Steineichen- und Kiefernhaine, außerdem gedeihen hier mediterrane Pflanzen, darunter Zitrusfrüchte und Mandelbäume. Hübsche kleine Badebuchten ohne touristische Infrastruktur locken Ruhesuchende auch an die stellenweise raue Steilküste im Süden. Die Insel ist der ideale Ort für einen Bade- und Familienurlaub inmitten wunderschöner Natur, hat aber mit Korčula-Stadt – nach Dubrovnik sicherlich die schönste Stadt in der Region – auch für Nachtschwärmer, Stadtbummler und Kulturliebhaber mehr als genug zu bieten.

Korčula-Stadt

In zauberhafter Lage auf einer kleinen Halbinsel im Nordosten der gleichnamigen Insel erstreckt sich die mittelalterliche Stadt Korčula. Vielen gilt das Stadtpanorama samt dem Berg Sveti Ilija auf der vis-à-vis gelegenen Halbinsel Pelješac (S. 456) als eines der schönsten Kroatien-Motive.

Erst 1420 von Venedig erobert, wurde die Befestigungsanlage der Stadt am strategisch wichtigen Pelješki-Kanal, zu der massive Stadtmauern samt Wehrtürmen zählten, in der Folgezeit auf eindrucksvolle Weise verstärkt. Auffällig ist der klar gegliederte Grundriss der Stadt: Von der Hauptachse, die die Stadt vom Landtor aus in Nord-Süd-Richtung durchzieht, gehen in Ost-West-Richtung kleine Gassen ab. Korčula ist eine Stadt, die nach römischem Vorbild und klaren Gesichtspunkten am Reißbrett neu entworfen wurde: Ziel war es, den Bewohnern im Sommer Schutz vor der erbarmungslosen Hitze, im Winter vor stürmisch-kalten Winden zu bieten.

Bekannt ist die Stadt (ca. 6000 Einw.) für den Rittertanz Moreška (Kasten S. 470) und als Geburtsstadt von **Marco Polo**. Genau daran wird man an jeder Ecke erinnert, sein Name hängt an Shops, Restaurants und historischen Gebäuden. Ihm ist natürlich auch das **Marco-Polo-Museum**, De Polo, im Zentrum der Altstadt gewidmet. Es befindet sich in einem schmalen Turm und zeigt Karten und Grafiken des berühmten Welt-

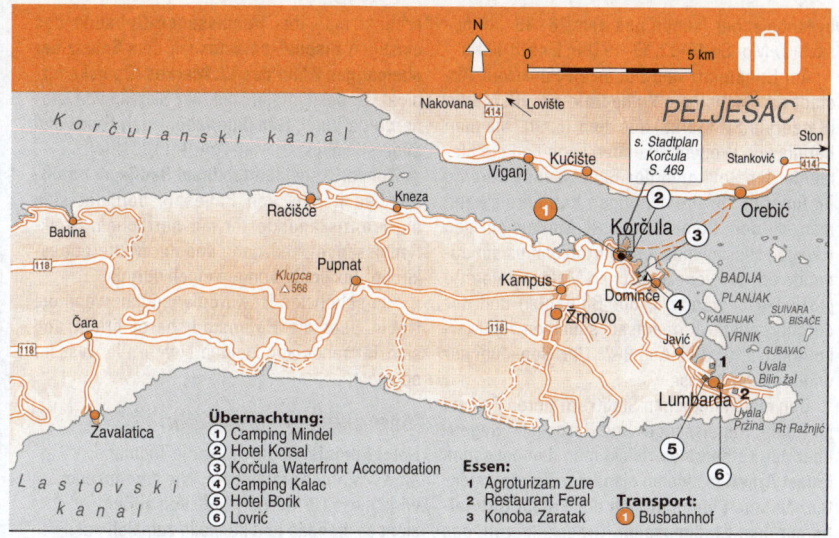

Übernachtung:
① Camping Mindel
② Hotel Korsal
③ Korčula Waterfront Accomodation
④ Camping Kalac
⑤ Hotel Borik
⑥ Lovrić

Essen:
1 Agroturizam Zure
2 Restaurant Feral
3 Konoba Zaratak

Transport:
① Busbahnhof

reisenden. Wenn man erst einmal die steilen Stufen erkommen hat, so kann man von oben einen atemberaubenden Blick auf die Adria genießen. ⏱ Juni–Sep 9–19, Mai und Okt 10–16 Uhr, Eintritt 15 Kn.

Ob dies nun tatsächlich das Geburtshaus von Marco Polo ist, ist umstritten, außer in Korčula, doch weisen stichhaltige Beweise darauf hin. Letztendlich spielt diese Frage aber auch keine Rolle, wenn man durch die malerischen Gassen der auf einem Hügel erbauten **Altstadt** schlendert. Durch ihre strategische Lage am Kanal von Pelješac hat die Stadt ohnehin eine lange Schifffahrtstradition, Marco Polo hin oder her. In der Altstadt stößt man noch auf so manche andere Sehenswürdigkeit, welche die Stadt zum absoluten Höhepunkt eines Inselbesuchs macht. Und an Kirchen und Palästen mangelt es auch hier nicht. Allein das Läuten der 15 Glockentürme der Stadt und Umgebung sorgen für ein ganz besonderes Erlebnis.

Zu einer strategisch so wichtigen Stadt gehörte natürlich auch eine Stadtbefestigung. Von der **Stadtmauer** aus dem 13. Jh. sind der südöstliche Teil und acht Türme aus dem 15. Jh. erhalten. Beeindruckend erhebt sich der **Turm Veliki Revelin** über dem Haupteingang der Stadt, dem **Landtor**, der Markuslöwe verweist auf das venezianische Erbe. Hat man das Tor durchquert, erblickt man auf der innerstädtischen Seite des Turms den **Triumphbogen Foscolo** (1650), der dem venezianischen Feldherrn und Verteidiger gegen die Türken gewidmet ist. Der obere Teil des Turms beherbergt ein **kleines Museum**, das die **Moreška-Tanztradition** (Kasten S. 470) dokumentiert und Tanztrachten sowie alte Fotos zeigt. ⏱ Juni–Sep 9–21, Mai und Okt 10–16 Uhr, Eintritt 15 Kn.

Auf dem kleinen Platz hinter dem Tor befindet sich die **Kapelle Maria Schnee** (Gospa snježe), die 1571 als Dank für die Rettung vor den Osmanen errichtet wurde.

Nur einen Steinwurf davon entfernt steht das **Rathaus**, das einst Sitz des venezianischen Statthalters war und mit dem Markuslöwen an die Serenissima erinnert.

Wendet man sich nun nach Osten, so gelangt man schon bald an einen weiteren Turm und die zu Beginn des 14. Jhs. erbaute **Allerheiligenkirche** (Crkva Svih Svetih), Trg Svih Svetih, die vor allem wegen der monumentalen Pietà des österreichischen Bildhauers Georg Raphael sehenswert ist. Neben der Kirche befindet sich auch das **Ikonenmuseum**, das eine Sammlung byzantinischer Ikonen aus dem 13.–15. Jh. besitzt. ⏰ Mo–Sa 10–12, 17–19 Uhr, Eintritt 10 Kn.

Am Hauptplatz und höchsten Punkt der Altstadt erhebt sich die **Kathedrale des Hl. Marko** (Katedrala Sv. Marka) aus dem 15. Jh., die man bereits von Weitem erkennen kann und die Elemente der Gotik und der Renaissance vereint. Im Inneren der dreischiffigen Kathedrale kann man mit dem Gemälde des Hl. Markus mit den Heiligen Hieronymus und Bartholomäus ein Jugendwerk des venezianischen Malers Tintoretto (1518–94) bewundern, der Baldachin und der durchbrochene Turmaufsatz stammen von Marko Andrijić. ⏰ Juli, Aug 9–21 Uhr, Sep–Juni nur während der Messe.

Den mittelalterlichen Stadtkern zieren Paläste im Gotik-, Renaissance- und Barockstil. Gegenüber der Kathedrale erblickt man den gotischen **Palast Arneri** mit vielen eleganten Zierornamenten, daneben befindet sich der **Palast Gabriellis** mit dem **Stadtmuseum** (Gradski muzej), das anhand archäologischer Funde, typischer Einrichtungsgegenstände und zahlreicher anderer Exponate die Geschichte und Kultur Korčulas erläutert. ⏰ Juni–Aug 9–21, Sep–Mai Mo–Sa 9–13 Uhr, Eintritt 15 Kn. Südlich der Kathedrale erblickt man das Renaissance-Gebäude des einstigen **Bischofspalastes** mit dem **Schatz der ehemaligen Abtei des Hl. Markus** (Opatska Riznica). Zu besichtigen sind hier Skizzen von Leonardo da Vinci, Gemälde, aber auch Gold- und Silberschmuck. ⏰ Mai–Nov 9–19.30 Uhr.

Auf der vorgelagerten **Insel Badija**, der größten des Kanals von Pelješac, befindet sich ein Franziskanerkloster mit herrlichem Gotik-Renaissance-Kreuzgang und der Muttergotteskirche. Taxiboote bringen einen dorthin.

Am schönsten ist Korčula jedoch, wenn die Nacht über die Hafenstadt hereinbricht und sich Tausende von kleinen Lichtern im Wasser spiegeln.

ÜBERNACHTUNG UND ESSEN

Hotel Korčula, Obala dr. Franje Tuđmana, 🖥 www.hotelkorcula.com. Wie ein Museum wirkt dieses 3-Sterne-Hotel. Von außen sieht es mondän und heimelig zugleich aus, von innen lässt es an alte Zeiten denken. Die Zimmer sind altmodisch, aber groß und gepflegt und haben durchaus Charme – für all diejenigen, die gerne in älteren Gemäuern übernachten. Die Preise der Zimmer können

Selbst in der heißen Mittagssonne sind die Straßen Korčulas voller Leben.

je nach Saison und Ausstattung stark variieren. ②–⑤.
Hotel Korsal, Šetalište Frana Kršinića 80, ☎ 020-715722, 💻 www.hotel-korsal.com. Sehr gepflegtes und stilvolles 4-Sterne-Hotel mit allem Komfort. ⑤–⑥.

Kalac, Dubrovačka cesta 19, ☎ 020-726693, 💻 www.korcula-hotels.com. An der „Bucht der Schalentiere" (Uvala školjki) und in einem dichten Wald aus Pinien und Olivenbäumen gelegener 3-Sterne-Campingplatz. Der Strand befindet sich gleich gegenüber dem Fußweg –

3 Buchten, teils Strand, teils Kies, mit asphaltierten Stellen zum Sonnenbaden und einer Mole für Boote. Preise: 50 Kn p. P., Stellplatz 82–116 Kn.

Korčula Waterfront Accomodation, Šetalište Tina Ujevića 33, Kalac, ✆ 020-715085, 🖳 www.korcula-waterfront-accomodation.com. Neu renovierte, gut ausgestattete und recht hübsch eingerichtete Apartments direkt am Wasser. Die Agentur verfügt außerdem über ein breites Touren- und Aktivangebot. ❸–❹

Marco Polo Mystique, Trg kralja Tomislava 2, ✆ 020-715432, ✉ agava.cvita@hi.t-com.hr. Restaurant, Café, Cocktail- und Lounge-Bar in einem. Exzellente Fisch-, Fleisch- und Pastagerichte und sehr freundliche Bedienung. ⏱ 7–2 Uhr.

Račiška, Šetalište Kanavelića bb, ✆ 092-2307633, ✉ hana.turudic@gmail.com. Besonders abends ein sehr einladendes Lokal mit dalmatinischer Küche an der Uferpromenade, deren Bäume mit bunten Licht-girlanden verziert sind. ⏱ April–Nov 8–24 Uhr.

SONSTIGES

Informationen
Touristeninformation Korčula-Stadt, Obala dr. Franje Tuđmana 4, ✆ 020-715701, 🖳 www.visitkorcula.net.

Medizinische Hilfe
Dom Zdravlja Korčula, Kalac bb, ✆ 020-711137.

Tanken
Eine Tankstelle befindet sich am Fähranleger in Dominče, ein paar Kilometer von Korčula-Stadt entfernt.

TRANSPORT

Busse
Der **Busbahnhof**, ✆ 020-711216, befindet sich südwestlich der Altstadt. Informationen unter ✆ 060-373060.
BELGRAD, 4x wöchentl. in 12 Std. für 350 Kn.
LUMBARDA, alle 1–2 Std., über Dominče, in 15 Min. für 15 Kn.
PUPNAT-ŽRNOVO, Sa und So, in 20 Min. für 22 Kn.
RAČIŠĆE, alle 2–3 Std., über Kneže, in 25 Min. für 22 Kn.
VELA LUKA, 4–8x tgl., über Blato, Smokvica und Čara, in 1 Std. für 39 Kn.
ZAGREB, 1x tgl., über Ston, Split und Zadar, in 11 Std. für 258 Kn.

Schiffe
Nach OREBIČ fahren stdl. Personenfähre, von DOMINČE nach OREBIĆ Autofähren. Aktuelle Fährpläne unter: 🖳 www.jadrolinija.hr.

Säbeltanz Moreška

Seit 1620 wird jedes Jahr Ende Juli in Korčula-Stadt die Moreška veranstaltet – ein Ritterspiel bzw. Kriegstanz, der, so wird stellenweise vermutet, seinen Ursprung in Spanien hatte und erst im 15. Jh. Einzug in Korčula hielt. In historischen Kostümen und ausgerüstet mit krummen Säbeln, treten die beiden Gruppen von Tänzern gegeneinander an. Eine Gruppe trägt Schwarz, Sinnbild für die Türken und damit alles Böse und Feindliche; die andere Gruppe trägt Rot und verkörpert die Christen und damit das Gute – also die Insulaner selbst (die Weißen). Die Handlung: Der Kaisersohn Moro (von den Schwarzen) entführt Bula, die Verlobte eines Königs, die Moro alles andere als zugetan ist. Der König zieht daraufhin mit seiner Armee los, um die Verlobte zurückzuerobern. Es kommt zum Kampf, aus dem der König als Sieger hervorgeht, Moro überlässt ihm Bula. Das Gute siegt über das Böse. Der Tanz, der die dramatische Schlacht nachstellt, besteht aus sieben Fechtfiguren.
Zu Ehren des Stadtpatrons, des Hl. Theodor (Sv. Todor), wird am 29. Juli der Säbeltanz in der Inselhauptstadt veranstaltet. Weitere Säbeltänze, wie Moštra und Kumpanija, finden im Laufe des Jahres in anderen Ortschaften der Insel (und als Touristenattraktionen) statt.

14 HIGHLIGHT

Lumbarda

Helltürkisfarbenes Wasser, versteckte Badebuchten und der traumhafte Blick auf das gegenüberliegende Pelješac: Die Strände bei Lumbarda sind zweifellos etwas ganz Besonderes. Vor allem die Bucht von **Bilin žal** und **U. Pržina** (Letztere hat bereits ab April Badetemperaturen) laden zum Entspannen ein.

Lumbarda ist der ideale Ort, um einen gemütlichen Bade- oder Familienurlaub zu verbringen. Die kleine Ortschaft inmitten der Olivenhaine und Weinberge ist noch relativ unberührt vom Massentourismus und bietet zahlreiche versteckte Buchten, wo fernab von jeglichem Trubel gebadet werden kann. Für Liebhaber des Aktivurlaubs bietet sich eine **Kanufahrt** auf die vorgelagerten Inselchen **Vrnik**, **Planjak**, **Kamenjak** und **Badija** an.

ÜBERNACHTUNG UND ESSEN

Hotel Borik, Prvi žal bb, ☎ 020-712215, 🖥 www.hotelborik.hr. 2-Sterne-Hotel mit allem möglichen Drum und Dran – Pool, Pizzeria und Restaurant. Es gibt Zimmer sowohl im alten Steinhaus mit Blick auf die Bucht als auch in einem Neubau hinter dem Hauptgebäude, der zwar weniger schön, dafür aber günstiger ist. Die Zimmer sind alle modern eingerichtet und sehr gepflegt. Das Hotel verfügt außerdem über einen Kajakverleih. ❷–❹

Pizzeria Torkul, ☎ 092-2886125, ✉ domenika.stankovic@du.t-com.hr. Gemütliche, intime Pizzeria mit überdachter Steinterrasse am Hafen. Die Pizza überrascht mit einem knusprig-dünnen Teig und einer großen Auswahl an Belägen. ⏰ 12–24 Uhr.

Restaurant Feral, Ivica Batistić Fidulić, ☎ 020-712090. Freundliches Familienrestaurant, das dalmatinische Spezialitäten, frischen Fisch und Fleisch vom Steingrill auf einer überdachten Terrasse mit Blick auf den Hafen serviert. ⏰ April–Nov 12–24 Uhr.

INFORMATIONEN

Touristeninformation Lumbarda, Lumbarda bb, ☎ 020-712005, 🖥 www.lumbarda.hr.

Smokvica und Čara

Niemand sollte Korčula ohne eine Flasche Weißwein und Olivenöl verlassen. Dies kann man mit einem Besuch der zwei beschaulichen Dörfer Smokvica und Čara verbinden. In **Smokvica**, das sich an einen halbkreisförmigen Hang schmiegt und von Weinterrassen umgeben ist, wird der in ganz Kroatien bekannte Pošip angebaut. Die beste Adresse, um eine Fla-

Inselprodukte vor Ort genießen

In Lumbarda häufen sich die Agrotourismus-Angebote. Hier hat fast jeder seinen eigenen Garten, in dem Obst und Gemüse angebaut werden. Der Fisch wird meist eigenhändig gefangen. Im Folgenden ein paar Adressen, die kulinarische und Weinproben anbieten.

Agroturizam Zure, Lumbarda 239, ☎ 020-712008, 🖥 www.zure.hr. Kleine Familienfarm mit Restaurant und Pension, leckere Hauptgerichte für 60–80 Kn. Hier kann auch selbst Hand angelegt werden – bei Ernte und Fischfang sowie bei der Verarbeitung von Wein, Olivenöl etc. Am besten telefonisch voranmelden.

Bire, ☎ 098-344712. Auf telefonische Voranmeldung können hier leckere hausgemachte Produkte probiert werden: Ziegenkäse, Oliven, Olivenöl, getrocknete Früchte, dalmatinischer Käse, gesalzener Fisch und Wein.

Lovrić, ☎ 020-712052, 🖥 www.lovric.info. Einladende Familienpension mit Restaurant, in dem eigene Produkte zu dalmatinischen Gerichten verarbeitet werden. Besonders empfehlenswert sind der selbst gemachte Wein von Korčulas bekannter Rebsorte Grk und die hausgemachten Desserts, die vor der wunderschöner Meerkulisse besonders gut munden. ⏰ 18–23 Uhr.

Logenplatz am Meer

Ein kleiner Geheimtipp ist das Küstenörtchen **Brna** bei Smokvica, das romantisch in einer Bucht liegt und in das sich nur im Hochsommer Touristen verirren. Hier befindet sich ein weiterer Geheimtipp, der allerdings unter Einheimischen längst bekannt ist – die **Konoba Zaratak**, Smokvica-Brna, von Marijo Tomašić am Ende der Strandpromenade. Marijo und seine Mutter servieren hier frischen Fisch vom Steingrill und selbst angebautes Gemüse aus dem Garten. Näher am Meer als diese Konoba kann ein Restaurant nicht liegen – neben Tischen und Stühlen direkt am Wasser gibt es auch eine Terrasse, die im Sommer von Vegetation überwuchert ist. Einmal pro Woche gibt es Livemusik. ⏱ Mai–Okt ab 7 Uhr.

sche davon mitzunehmen, ist Milan Pecotic, genannt Petrušac, ✆ 091-8859233. Hier wird auch Olivenöl verkauft, doch lohnt sich hierfür ein Abstecher in das benachbarte, beschauliche **Čara**, wo beinahe jede Familie ihr eigenes Olivenöl herstellt und ein paar Liter davon verkauft. Einfach nach dem Schild Ulje Ausschau halten und klingeln.

Vela Luka

Der im Nordwesten der Insel an einer tiefen Bucht gelegene Ort (ca. 4500 Einw.) ist der westlichste, zweitgrößte und jüngste der Insel und schon seit geraumer Zeit touristisch gut erschlossen. Über der Bucht Kale befindet sich die **Grotte Vela špilja**, eine der bedeutendsten vorgeschichtlichen Fundstätten im Mittelmeerraum. Zu ihr gelangt man über die Straße oder den Fußweg auf den Berg **Pinski Rat**, von wo aus man einen schönen Blick auf **Blatsko polje** und **die Inselchen Ošjak, Kamenjak und Proizd** hat.

ÜBERNACHTUNG

Mindel, Stani 193, ✆ 020-813600, 🖥 www.mindel.hr/camp.asp. 3-Sterne-Campingplatz, 5 km von Vela Luka entfernt und im Schatten von Oliven- und Mandelbäumen gelegen. Die Strände liegen 15 Gehminuten vom Camp entfernt.

SONSTIGES

Autovermietungen
Autos werden bei fast allen Tourismusagenturen verliehen.

Informationen
Touristeninformation Vela Luka, Ulica 41 br. 11, ✆ 020-813619, 🖥 www.tzvelaluka.hr. Vermittelt auch Privatunterkünfte.

Medizinische Hilfe
Dom Zdravlja Dr. Ante Franulović, Ulica 1. br. 1, ✆ 020-601740.

Tanken
Eine Tankstelle befindet sich im Hafen von Vela Luka. ⏲ Juli–Aug 6–22, Sep–Juni Mo–Sa 7–19, So 7–13 Uhr.

Tauchen
Croatia Divers, Obala 1 Br 42, ✆ 020-813508, 🖥 www.croatiadivers.com. Professionelles Tauchzentrum mit breitem Kursangebot und Unterkunftsvermittlung. ⏲ April–Okt.

TRANSPORT
Busse
Der **Busbahnhof** befindet sich in Hafennähe und ist aufgrund der überschaubaren Größe des Ortes leicht zu finden.

Eine Nacht im Leuchtturm

Einmal in einem Leuchtturm übernachten – ist das möglich? Aber ja! Beispielsweise auf **Palagruža**: der Leuchtturm wurde 1875 mitten in der Adria, zwischen der kroatischen und der italienischen Küste errichtet. Die Insel selbst ist mit ihren 1400 m Länge und 300 m Breite die am weitesten vom Festland entfernte Insel Kroatiens. Der Leuchtturm hat eine Höhe von 90 m und beherbergt zwei geräumige Ferienwohnungen mit jeweils vier Betten. Gegen Aufpreis können mit dem Leuchtturmwächter Spaziergänge durch die faszinierende Flora und Fauna der Insel gemacht werden, außerdem kann man ihm beim Fischen über die Schulter schauen und die anderen Inselchen und Felsen im Archipel erkunden. Ausflüge nach Palagruža werden beispielsweise von der **Tourismus-Agentur Mediterano**, Obala 3, Vela Luka, ✆ 020-813832, 🖥 www.mediterano.hr, angeboten.

DUBROVNIK, 1–2x tgl., über Ston, in 4 Std. für 106 Kn.
KORČULA, 3–7x tgl. in 1 Std. für 39 Kn.
PUPNAT-ŽRNOVO, 3–7x tgl. in 45 Std. für 29 Kn.
SARAJEVO, 4x wöchentl., über Mostar, in 8 Std. für 240 Kn.
SMOKVICA-ČARA, 3–7x tgl. in 25 Std. für 24 Kn.
ZAGREB, 1x tgl., über Ston, Split und Zadar, in 12 1/2 Std. für 272 Kn.

Schiffe
LASTOVO, 4x tgl. Fährverbindung in 2 Std. für 32 Kn (Auto 195–342 Kn).
SPLIT, 2x tgl. Fährverbindung in 3 Std. für 60 Kn (Auto 530–972 Kn).
Aktuelle Fahrpläne im Internet unter: 🖥 www.jadrolinija.hr.

Insel Mljet

Mljet (100 km²[2]) ist die grünste aller kroatischen Inseln – sie besteht zu mehr als zwei Dritteln aus Wald, wobei sich Steineichen- und Aleppokiefernwälder abwechseln, der Rest ist Seengebiet. Im Nordwesten erstreckt sich der von dichten Wäldern überzogene, 1958 gegründete Nationalpark. Wer also in der heißen kroatischen Sommersonne etwas Abkühlung sucht, hat auf Mljet gute Chancen, ein Schattenplätzchen zu finden. Die Griechen nannten sie dank des Bienenreichtums *melite nesos* – Honiginsel, doch auch als Vogelparadies machte Mljet sich einen Namen.

Homer zufolge erlitt Odysseus auf der Heimkehr vom Trojanischen Krieg Schiffbruch und landete auf Mljet, wo ihm die Nymphe Calypso begegnete. Durch Zauber verliebte er sich in sie, und sie bekamen zwei Kinder. Er verweilte sieben Jahre auf der Insel, doch auf Zeus' Befehl hin musste Calypso Odysseus zu seiner geliebten Penelope ziehen lassen.

Auf Mljet gibt es weder riesige Luxushotels noch teure Restaurants oder wilde Partynächte. Doch macht die Kombination aus duftender mediterraner Vegetation, kristallklarem Meer, kul-

Paradies für Wassersportler

Die schönsten **Badebuchten** mit Sandstrand und Kiefernwäldern befinden sich im Osten der Insel, in **Saplunara** und in **Blace**. Ein sehr schöner Kiesstrand liegt etwa 4 km von Babino Polje entfernt in der Bucht **Sutmiholjska**. Auch die beiden **Seen im Nationalpark** eignen sich mit ihren warmen Temperaturen sehr gut zum Baden, an Teilen des Ufers des Malo jezero gibt es sogar Heilschlamm.

Mljet bietet zudem nicht nur eine faszinierende Vegetation, sondern auch ein schillerndes Unterwasserleben mit Korallenriffen, Tiefseespalten und Unterwasserhöhlen und ist somit ein Paradies für **Taucher** und **Schnorchler**.

turellen Sehenswürdigkeiten und nicht zuletzt den Legenden den ganz besonderen Charme der Insel aus. Sportbegeisterte können hier ihrem Hobby frönen: ob Tauchen, Schwimmen, Radfahren oder Wandern, und das alles in Ruhe und Abgeschiedenheit.

Nationalpark Mljet

Der 5375 ha große, waldreiche Nationalpark, 🖥 www.mljet.hr, nimmt den nordwestlichen Teil der Insel ein. Die schönste Aussicht über den Nationalpark kann man vom Berg **Montokuc** (253 m) genießen, von dem der Blick bis zur Halbinsel Pelješac reicht. Eine Besonderheit des Nationalparks sind die zwei natürlichen, mit Salzwasser gefüllten Seen, **Veliko jezero** und **Malo jezero** – ein seltenes geologisches Phänomen. Forscher gingen bislang davon aus, dass die Seen aus Poljen entstanden sind, die durch den Anstieg des Meeresspiegels oder Absenkung des Landes nach der letzten Eiszeit geflutet wurden. Möglich ist aber auch, dass schon lange vor der Eiszeit eine unterirdische Verbindung mit dem Meer existierte. Die Wassertemperaturen liegen im Sommer bis zu 5 °C über jenen des Meeres! Rund um die Seen verläuft ein Spazierweg, der von mit vielfältigen Pflanzen gesäumt wird, die in mehreren Sprachen beschriftet sind.

Eine weitere Besonderheit des Nationalparks ist die **Klosterinsel Sveta Marija** im Veliko jezero, auf der sich die aus dem 12. Jh. stammende Klosterburg befindet, welche durch ein Befestigungssystem mit der Kirche verbunden ist. Die Abteikirche des einstigen Benediktinerordens trägt Merkmale der apulischen Romanik, wurde das Kloster doch von Mönchen aus dem Gargano in Apulien gegründet. An dem Renaissance-Vorbau aus dem 16. Jh. erkennt man das Stifterwappen der Familie Gundulić. Der Wehrturm über dem Chor entstand zur gleichen Zeit.

Die Insel ist zwar so klein, dass sie in ein paar Minuten durchquert ist, doch kann man hier auf kleinstem Raum fast alle Pflanzen des Mittelmeerraums finden. Und auch zu dieser Insel gibt es eine Legende, die von einem König erzählt, der seinen Sohn als Strafe auf die Insel verbannt hat. Zu seiner großen Überraschung und Entzückung fühlte dieser sich jedoch wie im reinsten Paradies. Er schickte seinem Vater in einer Muschel die prächtigsten Früchte von der Insel, woraufhin der Vater, wütend darüber, dass er seinen Sohn mit der Verbannung nicht bestraft, sondern belohnt hatte, die Früchte vergiftet zurücksandte. Für diejenigen, die sich selbst von der Schönheit der kleinen Insel überzeugen möchten – einmal stündlich fahren Ausflugsboote dorthin, gute Schwimmer können auch hinüberschwimmen.

Im Nationalpark befinden sich mehrere kleine Ortschaften, wo es Restaurants, kleinere Geschäfte und Unterkünfte gibt und wo Sportaktivitäten angeboten werden. Der erste wichtige Ort im Nationalpark ist **Polače**, der ehemalige kleine Fährhafen am Ende einer tiefen Meereseinbuchtung. Neben einigen kleinen Tavernen und Pri-

Wanderungen auf Mljet

Die anspruchsvollste Wanderung der Insel führt über 1,7 km von Babino Polje, vorbei an Tropfsteinhöhlen, auf den mit 514 m höchsten Berg Mljets, den **Veliki Grad**. Wer es ruhiger angehen möchte, kann auch den **Montokuc** besteigen – auf halbem Weg zwischen Pristanište und Soline führt bei der Kapelle ein ausgeschilderter Wanderweg hinauf.

Die Insel auf der Insel mit dem Kloster Sveta Marija im Nationalpark Mljet

vatunterkünften hat dieser Ort auch eine besondere Sehenswürdigkeit zu bieten: ein Tor, durch das man hindurchfahren kann, vorbei an den bis zu 15 m hohen Überresten eines römischen Palastes, dem der Ort auch seinen Namen verdankt (*palača* = Palast). Das bedeutendste Monument sind jedoch die Ruinen einer altchristlichen, dreischiffigen Basilika aus dem 5. Jh. Überreste von römischen Grabstellen und Wohnungen sind in der gesamten Umgebung verstreut.

Das Touristenzentrum im äußersten Nordwesten ist **Pomena**, was jedoch auch nicht mehr als aus einem Hotel, ein paar Häuschen und einem Jachthafen besteht. Man kann hier an den vorgelagerten Badeinseln wunderbar schwimmen oder Wanderungen und Fahrradtouren unternehmen.

Einen Steinwurf entfernt liegt **Goveđari** am Berghang oberhalb des Veliko jezero, dem ehemaligen Rindergebiet (*govedo* = Rind). Der malerische Ort mit seinen alten großen Häusern und bröckelnden Fassaden ist umgeben von Olivenhainen, Weingärten und Gemüsefeldern, die sich bis ins Tal ziehen. Zum Goveđari-Gebiet gehören auch die Siedlungen **Babine Kuće**, **Pristanište** und **Soline** am Soline-Kanal, die alle im Zuge der Bewirtschaftung der Klostergüter entstanden.

Eintritt für den Nationalpark: Juli–Aug 100 Kn, ansonsten 90 Kn. Im Preis enthalten ist auch die Bootsfahrt nach Sv. Marija.

Babino Polje

Der Ort heißt zu Deutsch „Großmutters Feld" und verdankt laut Überlieferung seinen Namen einer weisen Alten, die einst einem König einen entscheidenden Tipp für dessen Kriegstaktik gegeben hatte. Fest steht, dass es die älteste Siedlung der Insel ist. Heute leben dort knapp 300 Einwohner, inkl. Großmüttern. Am Fuße des Berges **Veliki Grad** gedeihen Granatäpfel, Feigen, Blumen, Wein und Gemüse. Besonders bekannt ist Babino Polje für sein hochwertiges Olivenöl, für seine schönen Badebuchten sowie für die Höhlen und Tropfsteingrotten. So ist z. B. die **Odysseus-Grotte**, in der die Nymphe Calypso den schiffbrüchigen Odysseus festgehalten haben soll, auch ohne Legende einen Besuch wert, denn besonders in der Mittagssonne gibt es hier großartige Farb- und Lichtspiele zu sehen. Dorthin gelangt man über zwei verschiedene Eingänge – einer ist kleinen Booten oder Schwimmern (nur bei Ebbe!) vorbehalten, ein anderer ist von der Post in Babino Polje über einen 2 km langen Weg erreichbar.

ÜBERNACHTUNG

Camp Marina, Ropa 11, ☏ 020-745071. Kleiner, einfacher Campingplatz am Olivenhain oberhalb der Südküste. Ein steiler Fußweg führt hinab zum Meer. Preise: p. P. 25 Kn, 47 Kn für den Stellplatz.

Saplunara

Saplunara ist ein kleiner Ort am östlichsten Ende der Insel. Wem die anderen Orte der Insel bereits zu überlaufen und touristisch sind, dem sollen die **Sandstrände** Saplunaras ans Herz gelegt werden, denn hier findet man garantiert noch seine Ruhe. Am Ortseingang liegt der kleine Sandstrand, der über eine betonierte Treppe zu erreichen ist. Der große Sandstrand befindet sich hinter dem Ortsende und ist ca. 100 m lang und 7 m breit. Der flache Zugang zum Meer ist auch für Kinder geeignet. Folgt man der Buchtstraße, gelangt man nach ca. 200 m zum dritten Sandstrand. Alle drei Strände bieten auch ihrer Kiefern Schatten in der heißen kroatischen Sommersonne. In Saplunara gibt es auch drei Restaurants, essen kann man aber auch in den Häusern, die Zimmer mit Halbpension anbieten, wie z. B. in der Villa Mirosa am Ortsende.

ÜBERNACHTUNG UND ESSEN

Auf Mljet gibt es nur ein größeres Hotel, nämlich das Hotel Odisej in Pomena. Ansonsten bieten v. a. kleinere Pensionen und Privatunterkünfte in Pomena, Polače, Sobra und Saplunara Zimmer an. Es gibt auch 3 kleine Campingplätze in Ropa und Babino Polje. In Pomena und Polače kann man in den vielen kleinen Tavernen am Ufer frischen Fisch und regionale Küche genießen.

Hotel Odisej, Pomena, ☏ 020-430830, 🖥 www.hotelodisej.hr. Das 3-Sterne-Hotel verfügt über 155 Zimmer, 2 Luxusapartments, einen Strand mit Kinderbecken und Strandbar, ein Tauchzentrum, eine Pizzeria, eine Taverne mit Terrasse sowie einen Jachthafen. Das Hotel verleiht außerdem Boote, Kajaks, Kanus, Segelboote, Surfbretter etc. ❹–❺

Fischrestaurant-Pension Pomena, ☏ 020-744075. An der Uferstraße gelegen, hat dieses Restaurant gut zubereitete Fisch- und Fleischgerichte auf der Speisekarte. Die Veranda blickt auf den Hafen. Die Pension vermietet auch ein paar einfache, aber recht preiswerte Zimmer. ⏰ April–Nov 11–23 Uhr. ❶–❷

Konoba-Pension Matana, Pomena 10, ☏ 020-744010. Ebenfalls direkt an der Uferstraße liegt diese Konoba mit überdachter Terrasse, die dalmatinische Gerichte und Fischspezialitäten serviert. Hier kann man Zimmer und Apartments mieten. ⏰ April–Nov 11–23 Uhr. ❷–❸

Restaurant-Pension Villa Mirosa, Saplunara 26, ☏ 020-746133, 🖥 www.villa-mirosa.com. Die meisten Zutaten für die Gerichte sowie Wein, Schnaps und Olivenöl werden von den Gastgebern selbst hergestellt, der Fisch wird tgl. frisch gefangen. Direkt unterhalb der Pension befindet sich ein kleiner Privatstrand. Die 3-Sterne-Familienpension vermietet auch Zimmer. ❶–❷

Gostiona-Pension Mali Raj, Babine Kuće, ☏ 020-744115. Hier wird leckerer Fisch auf der Terrasse serviert. ⏰ April–Nov 11–23 Uhr.

Mit dem Rad unterwegs

Mljet hat mehrere sehr schöne **Radrouten** zu bieten, viele davon führen entlang der Seen und durch prächtige Natur. Die leichteste geht über 20,1 km von Polače nach Govedari. Die anspruchvollste, aber kürzeste (14,9 km) führt von Pomena (nahe dem Hotel Odisej) zum Aussichtspunkt Montokuc. Da der Weg steinig ist, wird ein Mountainbike benötigt, das letzte Stück nach Montokuc ist sehr steil und kann nur per Fuß erklommen werden. Weitere Routen: von Prožurska Luka nach Saplunara (52,1 km), von Sobra nach Babino Polje (34,8 km), von Sobra nach Prožura (16,5 km) und von Blato nach Pomena (die zweitanspruchsvollste Route mit 67,5 km).

Radulj Tours (S. 477) verleiht Räder.

Konoba Stermasi, Saplunara 2, ✆ 020-746179, 🖥 www.stermasi.hr. Hier bekommt man sehr gute Gerichte aus Fisch, Meeresfrüchten und Fleisch, außerdem vorzügliche Risotto- und Nudelgerichte. Die Tische befinden sich zum Teil auf kleinen Terrassen mit Blick auf die Elafiten und das entfernte Dubrovnik. Der Chef und seine Mutter sprechen ausgezeichnet Deutsch und sind sehr bemüht. Es werden auch einfache, hübsche Zimmer und Apartments vermietet. ⏲ 11–23 Uhr. ❶–❷
Restaurant Melita, Otok Sv. Marije, ✆ 020-744145, 🖥 www.mljet-restoranmelita.com. Wer direkt auf der Klosterinsel speisen möchte, kann in diesem gepflegten Restaurant frischen Fisch, Meeresfrüchte und regionale Spezialitäten in idyllischer Umgebung genießen. ⏲ April–Nov 10–23 Uhr.
Taverne Triton, Sršenovići 43a, Babino Polje, ✆ 020-745131. Eines der bekanntesten Restaurants der Insel, das Gewinner mehrerer Auszeichnungen ist. ⏲ April–Nov 11–23 Uhr.

EINKAUFEN

Über die Insel verteilt gibt es nur wenige und kleine **Supermärkte** wie beispielsweise in Polače und Pomena. Wer also eine größere Auswahl möchte, sollte besser noch auf dem Festland einkaufen gehen!

AKTIVITÄTEN UND TOUREN

Boots-, Kajak- und Kanutouren
Boote, Kajaks und Kanus können bei **Radulj Tours** an der Mali Most, der Brücke zwischen den beiden Salzseen, ausgeliehen werden. Boote werden außerdem in Prožura vermietet: **Prozura Boats**, ✆ 098-608861, 🖥 www.island-mljet.com.

Tauchen und Schnorcheln
Das **Tauchzentrum Aquatica**, ✆ 098-479916, 🖥 www.aquatica-mljet.hr, in Pomena bietet neben Tauchausrüstung auch Schnorcheltouren sowie Wrack- und Tiefseetauchen.

SONSTIGES

Autovermietungen
Autoverleih Mini Brum, Zabrezje 2, Babino polje, ✆ 020-745260.

Geldautomaten
Es gibt keine Banken auf der Insel, dafür aber Geldautomaten in Pomena im Hotel Odisej, in Polače neben der Touristeninformation und in Sobra bei der Fähre.

Informationen
Nationalparkverwaltung, Pristanište, ✆ 020-744041. ⏲ 8–16 Uhr.
Touristeninformation Goveđari, Polače, ✆ 020-744086, ✉ tz-mjesta@du.t-com.hr.
Touristeninformation Mljet, Zabrezje 2, Babino Polje, ✆ 020-746025, 🖥 www.mljet.hr.
Weitere nützliche Informationen unter 🖥 www.mljet-kroatien.de.

Medizinische Hilfe
Eine **Ambulanz** findet man in Babino Polje und in Goveđari, eine **Apotheke** nur in Babino Polje.

Parken
Die Zufahrt mit dem Auto zum Nationalpark ist nur für Übernachtungsgäste frei, einen großen bewachten Parkplatz gibt es vor Pristanište.

Tanken
Eine Tankstelle gibt es nur in **Sobra**, direkt bei der Fähre. ⏲ Juni–Sep 8–20, Okt–Mai Mo–Sa 10–17 Uhr.

TRANSPORT

Busse
Busse verkehren 2x tgl., immer zu Fährabfahrts- und -Ankunftszeiten: Morgens fahren 2 Busse zur Fähre nach SOBRA, einer von Pomena, der andere von Saplunara; abends, wenn die Fähre von Dubrovnik ankommt, fährt je ein Bus nach Pomena und einer nach Saplunara. Das Reisebüro **Mljet Travel** bietet ebenfalls Transport inkl. Taxiservice an.

Schiffe
Der Hauptfährort auf Mljet ist Sobra. Tickets können am Jadrolinija-Schalter direkt bei der Fähre gekauft werden.
DUBROVNIK, 2x tgl. (Hafen Gruž) Schnellboot (ohne Autotransport), G&VLine Dubrovnik,

🖵 www.gv-line.hr, die Fahrt dauert 1 Std. 20 Min. und kostet 40 Kn pro Strecke. Dieselbe Linie fährt 4x pro Woche nach KORČULA weiter, mit Halt in Polače, die Fahrt dauert 1 1/2 Std. und kostet 45 Kn. Die Tickets können 1 Std. vor Abfahrt des Bootes beim Einstieg gekauft werden.
PRAPRATNO (Pelješac), bis zu 6x tgl., von 7–21 Uhr, in 45 Min. Eine Strecke kostet für das Auto 126 Kn und p. P. 27 Kn.
Um die aktuellen Fahrpläne zu erhalten, empfiehlt es sich, einen Blick auf die Homepage der Jadrolinija zu werfen: 🖵 www.jadrolinija.hr.

Insel Lastovo

Die südlichste, kleinste und bei Weitem ursprünglichste der bewohnten süddalmatinischen Inseln ist Lastovo, das, im Herzen eines aus 46 Inselchen bestehenden Archipels gelegen, ganz besondere Naturschönheiten besitzt. Weite Teile der gebirgigen Insel, die einst ein berüchtigter Piratensitz und bis 1996 militärisches Sperrgebiet war, sind von Aleppokiefern überzogen. Die Insel ist der ideale Aufenthaltsort für diejenigen, die Einsamkeit suchen und denen Mljet bereits zu touristisch ist. Am besten erkundet man die Insel mit einem Motorroller oder Auto.

Die Inselgruppe von Lastovo ist außerdem **der jüngste Naturpark Kroatiens**, Trg Svetog Petra 7, Ubli, ☏ 020-801252, 🖵 www.pp-lastovo.hr. Auf Lastovo kann man viele schöne Sandbuchten finden, die seicht und somit auch für Kinder zum Baden geeignet sind. Ein schöner Sandstrand mit einer weitläufigen Bucht befindet sich in **Skrivena Luka**, direkt unterhalb des Leuchtturms. Ein weiterer traumhafter Sandstrand liegt im Fischerdorf **Zaklopatica**.

Trotz seiner Abgeschiedenheit hat Lastovo ein reichhaltiges Kulturangebot zu bieten, allen voran das Sommerjazzfestival. Darüber hinaus ist die Insel für ihre berüchtigten Faschingsbräuche bekannt, der Karnevalsumzug, genannt *Lastovski poklad*, ist das eigentliche Wahrzeichen von Lastovo. Laut Legende findet er als Erinnerung an die Hilfe des Heiligen Georg (Sveti Jure) beim Schutz vor Seeräubern statt. Am Faschingsdienstag wird eine überlebensgroße Puppe als Symbol für einen Gefangenen vom Berg Pokladarova grža über den Ort Lastovo mittels eines 300 m langen Seils heruntergezogen, begleitet von Knallen, Tanz und Gesang, und anschließend verbrannt.

Ubli

Ubli ist der erste Ort bei der Ankunft auf Lastovo. Sehenswert sind am Ortsrand die **Reste der altchristlichen Basilika des Hl. Peter** aus dem 6. Jh., unter welcher der Legende zufolge zwölf goldene Apostelstatuen vergraben sind. Über eine Brücke erreicht man die vorgelagerte **Insel Prežba**, die mit Sandstränden aufwartet.

ÜBERNACHTUNG

Die Touristeninformation von Lastovo vermittelt Privatunterkünfte.
Hotel Solitudo, Pasadur, ☏ 020-802100, 🖵 www.hotel-solitudo.com. Schönes 3-Sterne-Hotel im alten Stil direkt an der Bucht mit Restaurant, Weinkeller, Hafen mit 50 Anlegeplätzen, Vermietung von Booten und Fahrrädern sowie einem Tauchzentrum. ❷–❺

Lastovo

Lastovo, Hauptort der Insel, liegt im Zentrum und nicht am Meer. Auf dem südlichen, amphitheaterähnlichen Hang sind Häuser im Gotik-, Renaissance- und Barockstil aufgefädelt, doch das Wahrzeichen der Stadt sind die zylindrischen *fumari* (Schornsteine), die einst auch Statussymbol waren. Am Hauptplatz steht die **Kirche des Hl. Kuzma und des Hl. Damjan** aus dem 15. Jh. mit wertvollem Inventar und einer Loge. Von der **napoleonischen Festung** auf dem Berg **Glavica** hat man einen herrlichen Blick über die Insel.

ESSEN

Augusta Insula, Zaklopatica 21, ☏ 020-801167, 🖵 www.augustainsula.com. Das Restaurant liegt an der Nordküste in der Bucht Zaklopatica

direkt am Meer und serviert Meeresspezialitäten und selbst angebauten, preisgekrönten Wein. Unterkunftsmöglichkeiten mit Halb- und Vollpension. ⏲ Mai–Okt 8–24 Uhr.
Café Bar Mamilo, Pjevor 7, Lastovo, ✆ 020-801215. Neben frisch gebackenen Kuchen, Backwaren und Snacks gibt es hier auch hausgemachten Wein und Brandy, außerdem Internetzugang. ⏲ 7–24 Uhr.

SONSTIGES

Informationen
Touristeninformation Lastovo, Pjevor bb, ✆ 020-801018, 🖳 www.lastovo.hr.

Tauchen
Tauchzentrum Ankora, Zaklopatica 46, Lastovo, ✆ 091-7613210, ✉ info@lastovo-diving-ankora.com.

TRANSPORT
Lastovo kann mit der **Fähre** oder dem **Katamaran** erreicht werden. Verbindungen gibt es in der Hauptsaison 4x tgl. zwischen SPLIT über VELA LUKA (Korčula) nach Ubli.

Skrivena Luka

Skrivena Luka, einer der größten und schönsten Buchten, befindet sich auf der südlichen Seite der Insel und bietet einen geschützten Raum für Segler. Passend dazu bedeutet der Name Skrivena Luka „versteckter Hafen". Der **Leuchtturm Struga** wurde 1839 erbaut und ist somit der älteste an der Adria.

Ausflug nach Bosnien – Mostar

Als attraktivste bosnische Stadt in der Region bietet Mostar die Begegnung mit einer komplett anderen Welt. Denn Bosnien steht nicht nur für die Absurdität der jugoslawischen Zerfallskriege, sondern hat auch landschaftlich und kulturgeschichtlich jede Menge Abwechslung zu bieten. Die bosnische Bevölkerung wird von allen Nachbarn für ihre Herzlichkeit, Gastfreundschaft und entspannte Lebenseinstellung geschätzt – durchaus auch mal begleitet von einem selbstkritischen und selbstironischen Humor.

Von der Küste Richtung Mostar

Počitelj
Auf der Tour Richtung Mostar sollte man Počitelj nicht verpassen. Dieser mittelalterliche Ort schmiegt sich malerisch an den Berg und weist eine prächtige **islamische Architektur** auf. Der ideale Ort, um auf dem Weg nach Mostar einen kleinen Halt zu machen und einen türkischen Kaffee zu trinken oder eine Forelle zu testen.

Međugorje
Weitaus bekannter und dementsprechend überlaufener ist der westlich gelegene Wallfahrtsort Međugorje, für den man auf dem Weg nach Mostar einen kleinen Umweg fahren muss. 1981 ist hier einer Gruppe Kinder die Gottesmutter erschienen. Seither ist dies der meist besuchte Ort in Bosnien und Herzegowina, jährlich pilgern Millionen von Katholiken hierher und besteigen den Berg **Podbrdo** (Brdo ukazanja) oder den Berg **Križevac** mit seinen Kreuzwegstationen. Für weniger religiöse Besucher bietet auch die Kontemplation der Herzegowinischen Berge und Felder ein spirituelles Erlebnis.

Kravica-Wasserfälle
Wer auf dem Weg noch ein paar Naturschönheiten „mitnehmen" möchte, der sollte einen Abstecher zu den Kravica-Wasserfällen, den „herzegowinischen Plitvicer Seen" machen. Diese liegen südöstlich von Ljubuški (ein paar Kilometer westlich von Međugorje) am Fluss Trebižat und sind 100 m breit und 25 m hoch.

Blagaj
Der wohl geheimnisvollste Ort in Bosnien und Herzegowina ist Blagaj, einige Kilometer von Mostar entfernt, mit der Buna-Quelle und dem Derwisch-Kloster. Aus einer 200 m tiefen Felsen-

höhle quillt das Wasser mit derartiger Wucht heraus, dass es aus eigener Kraft den Fluss Buna bildet. Der türkische Sultan war davon so beeindruckt, dass er ein moslemisches Kloster (Tekija) bauen ließ. Das Kloster wurde um 1520 erbaut und ist eine interessante Verbindung aus ottomanischer Architektur und mediterranem Stil. Für den Adrenalinkick wird vor Ort Rafting angeboten. Romantiker sollten sich in einem der Restaurants niederlassen, die direkt am und über dem Wasser gebaut wurden, und dem Plätschern lauschen.

Mostar

Ziel der Tour aber ist das berühmte Städtchen Mostar. Das Wahrzeichen der Stadt ist die **Stari Most** (Alte Brücke) über den Fluss Neretva, die 1566 gebaut und 1993 im Krieg zerstört wurde. Heute steht die Brücke wieder in altem Glanz, doch der symbolische Wert der Brücke als Bindeglied zwischen Ost und West, zwischen Muslimen und Katholiken, ist bis heute nicht ganz wiederhergestellt. In der bildschönen Altstadt mit dem **ottomanischen Stadtteil** und der steingepflasterten **Straße Kujundžiluk** kann die tragische Geschichte dieser Stadt aber schnell vergessen werden. Die Touristen sind schon seit ein paar Jahren zurückgekehrt, überall locken Souvenirläden, es duftet nach Räucherstäbchen, und in die smaragdgrüne Neretva lassen sich die Flussspringer fallen, als hätten sie nie etwas anderes getan. Wer die Augen vor der Geschichte nicht verschließen möchte, der wird ihr in den Vierteln außerhalb der Altstadt begegnen – zahlreich sind die Gebäude, deren Bombeneinschläge wie Narben an ihr tragisches Schicksal erinnern. So ganz hat die Stadt ihre alte Faszination als Schmelztiegel der Religionen und Ethnien doch bis heute nicht verloren.

Zu einem Bosnien-Besuch gehört auf jeden Fall der Genuss eines **echten türkischen Kaffees** – Bosnier können das Trinken einer einzigen Tasse bis in die Unendlichkeit ziehen. Die zahlreichen Restaurants laden außerdem dazu ein, die vielen **bosnischen Köstlichkeiten** wie Čevapčići, Burek und Pita zu probieren. Alles natürlich direkt vom Grill.

ESSEN

Die Altstadt von Mostar ist voll von guten und preiswerten Restaurants, in denen bosnische Spezialitäten bestellt werden können. Probieren sollte man auch die Backwaren in einer der zahlreichen *Pekaras* (Bäckereien), wie z. B. Pita oder Burek.

Caffe Konoba Šadrvan, Jusovina 11, +387-36579057, kontakt@restoransadrvan.ba. Traditionelles Restaurant, in dem bosnische Spezialitäten vom (sehr freundlichen!) Personal in Trachten serviert werden. Neben deftigen Fleischgerichten gibt es für Vegetarier auch Gerichte mit Reis und Gemüse, schmackhafte Salate und gegrilltes Gemüse. An heißen Sommertagen bietet die Terrasse mit Springbrunnen eine willkommene Abkühlung. 11–23 Uhr.

Pekara Suncokret, Stjepana Radića. Die Bäckerei befindet sich etwas außerhalb des Zentrums, gegenüber vom Zrinjski Stadion. Der Umweg lohnt sich aber, da es hier die besten Pitas (mit Kürbis, Kartoffeln, Spinat und vielem mehr) und Bureks der Stadt gibt. 8–18 Uhr.

Restaurant Radobolja, Kraljice Katarine 11a. Etwas fernab vom Touristenrummel der Altstadt. Hier gibt es Grillspezialitäten und den besten Krautsalat der Stadt! Freundliches, authentisches Personal. 12–23 Uhr.

Restoran Balkan, B. Fejića 57, +387-36551868. Gemütliches Restaurant nur 500 m von der Alten Brücke entfernt mit bosnischen Spezialitäten zu niedrigen Preisen. 10–23 Uhr.

SONSTIGES

Formalitäten

Bei der Ein- und Ausreise wird ein **Personalausweis oder Pass** benötigt. An Grenzübergängen sollte man sich mit etwas Geduld wappnen, es könnte ein paar Minuten dauern, bis man weiterfahren darf.

Geld

Die Währung von Bosnien und Herzegowina ist die an die ehemalige Deutsche Mark angepasste Konvertible Mark (KM). Gezahlt werden kann überall mit Euros, allerdings bekommt man Konvertible Mark zurück. Die Preise sind sowohl in KM als auch in Euro angeschrieben.

Tanken
Das Benzin ist – wie so vieles andere – in Bosnien und Herzegowina billiger als in Kroatien. Es empfiehlt sich also, hier den Tank zu füllen.

TRANSPORT
Auto und Motorrad
Wer mit dem Auto von Dubrovnik nach Mostar fahren möchte, der sollte auf jeden Fall die Küstenstraße über Neum nehmen. Diese wirkt zwar auf den ersten Blick länger und ist auch umständlicher, da man dreimal an Passkontrollen (zweimal bei der Durchreise durch Neum, ein drittes Mal bei Metković) vorbei muss, aber die Straßen durchs Gebirge sind z. T. sehr steil, in schlechtem Zustand und von Minengebieten (die jedoch gut gekennzeichnet sind) umgeben. Die Küstenstraße (ca. 140 km) hingegen ist in sehr gutem Zustand und bietet auch wunderschöne Ausblicke aufs Meer und die Inseln – und ist letztendlich doch schneller!

Busse
Tgl. fahren bis zu 3 Busse von Dubrovnik nach Mostar, um 8, 15.15 und 17.15 Uhr. Die Fahrt dauert etwa 3 Std. und kostet um die 100 Kn. Der **Busbahnhof**, Trg Ivana Krndela bb, ☏ +387-36552025, befindet sich nicht direkt im Zentrum, die Alte Brücke ist aber in max. 10 Gehminuten zu erreichen, und der Weg ist gut ausgeschildert. Informationen unter 🖥 www.libertasdubrovnik.hr.

Eisenbahn
Die schönste Reise nach Mostar ist wohl mit dem Zug, mitten durch die Natur und beeindruckende Bergwelt, vorbei an kleinen bosnischen Dörfern. PLOČE ist der südlichste Punkt Kroatiens, wo es Bahnschienen gibt. Von hier fahren tgl. 2 Züge nach Mostar, einer morgens um 7 Uhr, der andere nachmittags um 16 Uhr. Mostar ist auch mit Sarajewo und Zagreb per Bahn verbunden. Der **Bahnhof** ist gleich an den Busbahnhof angeschlossen. Informationen unter 🖥 www.zfbh.ba.

Ausflug nach Montenegro – Herceg Novi

Herceg Novi

Einen Katzensprung vom Nationalpark Prevlaka an Kroatiens südlichster Spitze entfernt befindet sich Herceg Novi, der erste Ort in Montenegro, der bereits von kroatischer Seite zu sehen ist. In den letzten Jahren hat sich Herceg Novi zu einer Destination des Massentourismus entwickelt, was dem Ruf der Stadt als Urlaubsziel sehr geschadet hat. Und das obwohl das Land selbst vom Tourismus noch relativ unberührt ist und somit zu den Geheimtipps in der Region gehört. Einen Abstecher von Kroatien aus ist die Stadt mit etwa 12 700 Einwohnern jedoch auf jeden Fall wert – nicht nur, um ein wenig montenegrinische Luft zu schnuppern und von den (im Vergleich zu Kroatien) moderaten Preisen zu profitieren, sondern auch um ihre besondere Lage am Eingang der **Bucht von Kotor** und ihre terrassenförmige Anlage zu genießen. Das Zentrum bilden die **Altstadt** und der 3 km lange Spazierweg **Pet Danica**, auf dessen Meerseite sich auch der 2 km lange betonierte Strand befindet. Hier lassen sich auch zahlreiche Restaurants, Hotels, Diskotheken und Verkaufsstände finden. Bekannt ist der Ort auch für seinen **Kurtourismus**, der den leicht radioaktiven Meeresschlamm als Grundlage für verschiedenste Therapien einsetzt.

Der bosnisch-serbische Filmregisseur **Emir Kusturica** verbringt schon seit einigen Jahren seine Ferien in Herceg Novi und hat dort in einem alten Bahnhof ein **Kulturzentrum** namens **Žalo** eingerichtet, das auch das **Kino Aurora** beheimatet.

Kotor

Wer von der wunderschönen montenegrinischen Landschaft noch nicht genug bekommen hat, der sollte sich auf den Weg nach Kotor machen, der alten mediterranen Handels- und Hafenstadt, die tief in der Bucht, umrahmt von einer 1894 m hohen Bergkette (Orjen und Lovćen) liegt. Die Stadt wurde 1979 dank ihrer bedeutenden kulturhistorischen Bauwerke und ihrer Lage in das Unesco-Weltkultur- und Naturerbe aufgenommen. Sie ist außerdem Sitz des katholischen Bistums und ein Zentrum der serbisch-orthodoxen Christen. Die Bucht von Kotor zählt du den atemberaubendsten Landschaften am Mittelmeer und ist mit dem Kajak befahrbar. Viele Veranstalter bieten Touren durch dieses spektakuläre Gebiet an.

ESSEN

Belvedere Gregorian Restaurant, Manastirska ulica, ✆ +382-31346520, ✉ info@belvedere-montenegro.me. Restaurant mit Terrasse und Blick aufs Wasser, das regionale Küche und große Portionen zu fairen Preisen bietet. ⏲ 11–23 Uhr.

Gradska Kafana, Njegoševa. Auf einer Anhöhe gelegen, bietet das stilvolle Restaurant neben gutem, preiswertem Essen einen tollen Blick auf die Bucht von Kotor. Sehr freundliche Bedienung. ⏲ 7–24 Uhr.

Kala Longa Herceg Novi, Ulica Marka Vojnovića 6, ✆ +382-31322518, ✉ kalalonga@t-com.me. Gemütliches Restaurant in der Altstadt mit osteuropäischer Küche zu moderaten Preisen. ⏲ 10–1 Uhr.

INFORMATIONEN

Touristeninformation Herceg Novi, Jova Dabovića 12, ✆ +382-31350820, 🖥 www.hercegnovi.cc.

TRANSPORT

Auto und Motorrad

Die Einreise nach Montenegro ist mit gültigem Personalausweis oder Pass kein Problem. Wer mit dem (kroatischen) Mietauto unterwegs ist, sollte sich jedoch vorab informieren, ob die Versicherung auch hier gültig ist. Möglicherweise muss ein Aufpreis gezahlt werden.

Busse

Es fahren tgl. mehrere Busse von DUBROVNIK nach Herceg Novi – um 10, 15 und 15.30 Uhr und Mo, Mi und Sa um 20.30 Uhr. Informationen unter 🖥 www.libertasdubrovnik.hr. Jeden Tag verkehren außerdem Busse zwischen HERCEG NOVI, KOTOR, BUDVA, CETINJE und PODGORICA.

Zagreb und Zentralkroatien

Stefan Loose Traveltipps

Stadtturm Lotrščak in Zagreb Vom Stadtturm, Teil des historischen, von den Habsburgern geprägten Hauptstadtzentrums, wird täglich um 12 Uhr ein Kanonenschuss abgefeuert. S. 489

15 Tkalčićeva ulica in Zagreb Der beste Ort, um in Gesellschaft von Kroaten genüsslich einen Kaffee zu trinken. S. 492

16 Samobor Das barocke Stadtzentrum bildet eine traumhafte Kulisse, um die legendären Cremeschnitten zu probieren. S. 507

Sisak Die charmante Industriestadt punktet mit historischen Bauwerken, einer Flusspromenade mit zahlreichen Cafés und einer lebendigen Kneipenkultur. S. 515

17 Naturpark Lonjsko Polje Nostalgiker und Romantiker werden die schnuckeligen Dörfer mit ihren typischen Holzhäusern lieben, in denen man mitunter auch übernachten kann. S. 519

Moslavina Der bekannteste lokale Wein – der frische, trockene Weißwein Škrlet – wird in der Region um Kutina angebaut. Živjeli! S. 524

ZAGREB UND ZENTRALKROATIEN

Zentralkroatien ist geprägt von der Hauptstadt **Zagreb** und besteht aus den Gespanschaften Zagreb (Stadt und Land), Sisak-Moslavina und Bjelovar-Bilogora. Die Region stand jahrhundertelang unter der Herrschaft der Habsburger, die sämtlichen größeren Orten Zentralkroatiens ihren architektonischen und kulturellen Stempel aufdrückten.

Die nördliche Hälfte der Region besteht aus den sanften Hügellandschaften um Samobor und den Gebirgen **Bilogora** bei Bjelovar und **Medvenica**, an dessen Fuß sich die Hauptstadt erstreckt. Im südlichen Teil um Sisak erstreckt sich die flache Flusslandschaft der **Save** mit den geschützten Auenlandschaften im Naturpark Lonjsko Polje.

Der Massentourismus hat diese Region Kroatiens noch nicht erreicht, auch wenn die Besucherzahlen Zagrebs mit jedem Jahr steigen. Auch das Barockstädtchen **Samobor** ist ein relativ beliebtes Ausflugsziel, während **Bjelovar** und das erstaunlich lebendige **Sisak** noch im Anfangsstadium ihrer touristischen Entwicklung stecken. Besuchermagnet für Individualtouristen ist hingegen der wunderschöne, altertümlich-verschlafene **Naturpark Lonjsko Polje** mit dem Storchendorf **Čigoć** und viel Agrotourismus-Angeboten.

Zagreb

Erstaunlich scheint es, dass in einem Land, das die Besucher vor allem mit einer herausragenden, schier endlos erscheinenden Küste verbinden, ausgerechnet die Hauptstadt im Binnenland liegt. Und nicht nur das: In Zagreb scheint Split weit, Wien hingegen nur einen Katzensprung entfernt zu sein. Die Stadt atmet bis heute den Geist vergangener Zeiten, als die Habsburger Zagreb (unter dem deutschen Namen Agram) dominierten. Und dennoch ist Zagreb das Herz Kroatiens, hier pulsiert das kulturelle, ökonomische, wissenschaftliche und politische Leben der Republik. Zagreb ist Hauptstadt, einzige Metropole (790 000 Einw.) und die lebendigste Stadt des Landes.

Am Fuße des Gebirges Medvenica mit Zagrebs Hausberg Sljeme gelegen, kommen hier Berge und Ebene Zentralkroatiens zusammen, südlich des Zentrums fließt die Save, der größte und wichtigste Fluss der Region. Zagreb verbindet den slawonischen Osten, Zagorje im Norden und die Küstenregionen Kroatiens miteinander, sodass es gewissermaßen auch das geografische Zentrum Kroatiens darstellt.

In kultureller Hinsicht hat Zagreb einiges zu bieten: Die Konzerthäuser, Theater und Festivals sowie das lebendige Nachtleben der Stadt locken Besucher aus ganz Kroatien und dem Ausland in die Hauptstadt, die überdies mit einer Vielzahl an Museen beeindruckt, darunter auch ausgefallene wie das Museum der zerbrochenen Beziehungen.

Die schönsten Jahreszeiten, um Zagreb einen Besuch abzustatten, sind der Frühling und der Herbst, im Winter kann man dafür auf dem Sljeme skifahren oder Ausflüge in die verschneite Umgebung unternehmen, allein im Hochsommer wird es etwas ruhiger in der Hauptstadt, dann ist ganz Kroatien am Meer.

Geschichte

Die Stadt wurde zum ersten Mal 1094 erwähnt, Hintergrund war die Gründung der Zagreber Diözese durch den ungarischen König Ladislaus I. Es entwickelten sich die beiden Siedlungen Gradec mit dem Markusplatz als Zentrum – hier waren vor allem Kaufleute und Handwerker ansässig – und Kaptol um die heutige Kathedrale, wo die Kirchenvertreter residierten. Zwischen beiden Orten, die heute das Altstadtzentrum bilden, kam es oft zu Konflikten, die z. T. auch blutig ausgetragen wurden. Über einen trennenden Graben führte die „blutige Brücke" *(krvavi most)*, die heute einer Straße im Zentrum ihren Namen gibt, wenngleich der Graben nicht mehr existiert.

Im 13. Jh. avancierte Gradec zur freien königlichen Stadt, nachdem der kroatisch-ungarische König Béla IV., der dort vor den marodierenden und plündernden Tataren Schutz fand, den Bewohnern von Gradec als Anerkennung die Goldene Bulle verliehen hatte. Was folgte, war eine Zeit der wirtschaftlichen Prosperität, in der auch Kirchen, Palast- und Burganlagen entstanden.

1557 wurde Zagreb Hauptstadt Kroatiens. Südlich von Gradec und Kaptol entwickelte sich die Unterstadt, die eine wichtige Rolle als Handelsplatz einnahm. 1669 wurde eine jesuitische Akademie als Vorgänger der Universität Zagreb gegründet, die heute die größte Hochschule des Landes bildet.

1756 wurde Varaždin vorübergehend kroatische Hauptstadt, ein Intermezzo, das nur 20 Jahre dauerte: 1776 durfte Zagreb sich wieder mit dem Titel der kroatischen Kapitale schmücken. 1850 entstand die heutige Stadt Zagreb aus den Städten Gradec und Kaptol sowie der Unterstadt. Die meisten Gebäude im Zentrum stammen aus dem 19. und 20. Jh., als die Stadt zur Metropole heranwuchs.

€ Zwei Tage Zagreb für unter 100 €	
2 Übernachtungen im Palmers Lodge Hostel (Mehrbettzimmer)	28 €
2x Frühstück (Gebäck vom Bäcker in der Radićeva ulica 2 € plus Kaffee in der Tkalčićeva ulica 1 €	6 €
Zagreb Card für 72 Stunden	12 €
Archäologisches Museum (mit Zagreb Card)	1,30 €
Badeausflug zum Jarun-See	0 €
Rundgang zu den Meštrović-Figuren	0 €
Eintritt in den Botanischen Garten	0 €
Vegetarisches Tagesmenü im Vegehop mit Softdrink (mit Zagreb Card)	8,50 €
Pizza im Restoran Nokturno mit Softdrink	4,90 €
Burek vom Bäcker in der Radićeva	2 €
Kroatische Hausmannskost aus der Pivnica Medvedgrad mit Bier oder Softdrink	7 €
4 Tassen Kaffee in verschiedenen Cafés der Stadt	6 €
Bier im Route 66 mit Livemusik	2 €
Cidre oder **anderes Getränk** im Café Godot	2,40 €
Gesamt	**80,10 €**

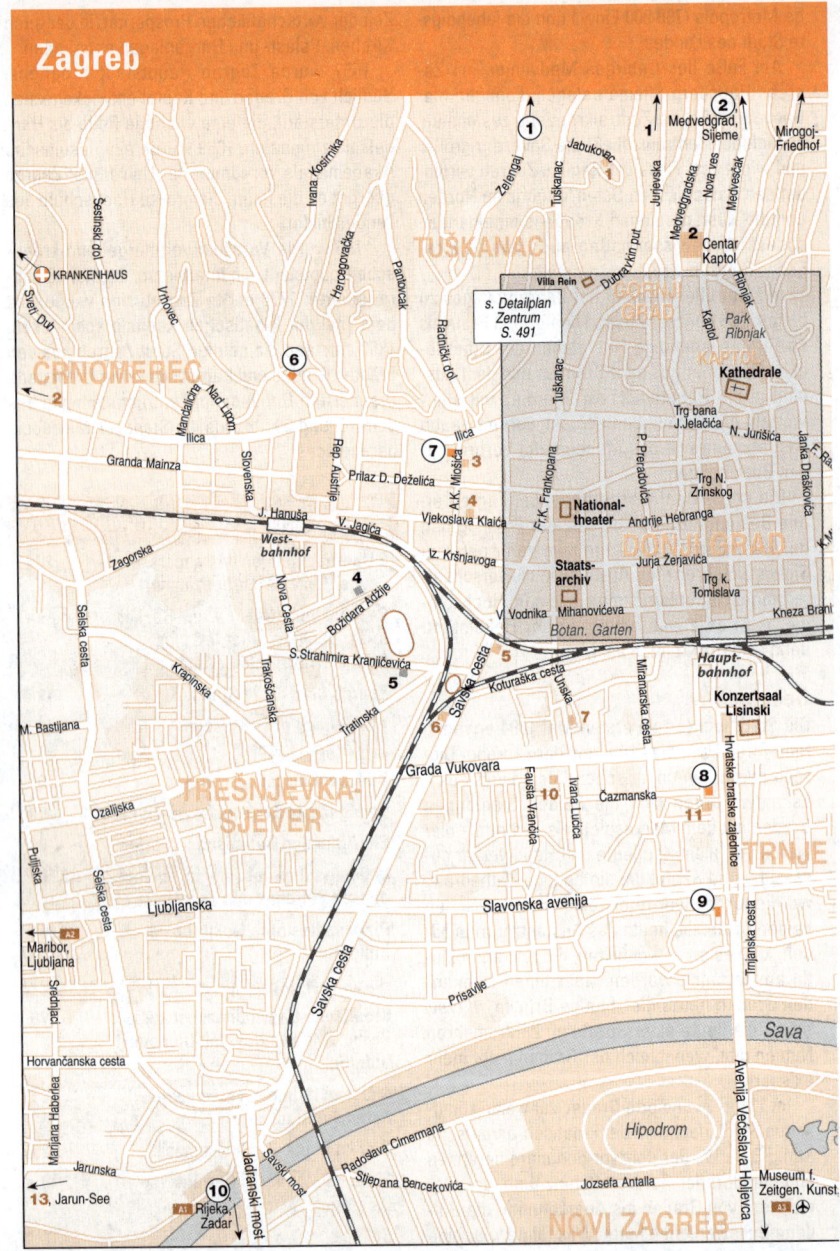

Im sozialistischen Jugoslawien stand Zagreb als zweitgrößte Stadt in Opposition zur Hauptstadt Belgrad. Von hier ging 1971 der Kroatische Frühling aus, der sich für eine stärkere kroatische Autonomie innerhalb Jugoslawiens einsetzte. Die Bewegung scheiterte, doch 20 Jahre später wurde Zagreb Hauptstadt des nunmehr unabhängigen Kroatiens. Im Krieg der 1990er-Jahre verlief die Frontlinie etwa 50 km von Zagreb entfernt, sodass die Hauptstadt von größeren Übergriffen verschont blieb und zum Auffangbecken für zahlreiche Flüchtlinge aus Slawonien und Bosnien wurde. Die Jugoslawische Volksarmee bombardierte die Stadt jedoch mehrmals im Verlauf des Krieges, wobei es Todesopfer und zahlreiche Verletzte gab. In den letzten Jahren hat sich Zagreb weiterentwickelt, eine rege Bautätigkeit setzte ein, und auch Touristen haben die kroatische Hauptstadt, zumindest als Ziel für einen Tagesausflug oder Zwischenstopp, entdeckt. Zu Recht, denn Zagreb ist die lebendigste und vielleicht auch interessanteste Stadt des Landes.

Orientierung

Das Zentrum Zagrebs befindet sich auf und um den Trg bana Jelačića, im Norden schließen sich die Oberstadt (Gornji Grad) und das Viertel Kaptol an, im Süden die Unterstadt (Donji Grad), die sich über das sog. Grüne Hufeisen mit mehreren begrünten Plätzen und Parks bis zum Hauptbahnhof erstreckt. Die Straßen in der Unterstadt sind sehr systematisch und rechtwinklig angelegt, was ein Verlaufen fast unmöglich macht. Mehrere kilometerlange Straßen verlaufen in Ost-West-Richtung durch Zagreb (Ilica, Ulica grada Vukovara, Slavonska avenija und Avenija Dubrovnik), welche die Orientierung erleichtern. Südlich der Save liegt Novi Zagreb (Neu Zagreb), ein nach dem Zweiten Weltkrieg entstandener, touristisch eher uninteressanter Vorort. Die Unterkunftsmöglichkeiten verteilen sich über die gesamte Stadt, die meisten Hostels liegen im Zentrum, Hotels sind zum Teil auch in Außenvierteln angesiedelt. Nahezu alle Straßen sind mit dem Auto zu erreichen, nur der Trg bana Jelačića selbst und einige wenige Straßen, wie die Tkalčićeva ulica, sind Fußgängerzone.

Oberstadt und Kaptol

Ein Stadtrundgang durch Zagreb startet am besten am **Trg bana Jelačića**, dem zentralen Platz, der die historischen Stadtteile Gradec (Oberstadt), Kaptol und die Unterstadt miteinander verbindet.

 Zagreb (fast) umsonst

Zagreb gehört verglichen mit den Touristenzentren der adriatischen Küste zu den preiswerteren Städten des Landes. Wer also für ein paar Tage in der kroatischen Hauptstadt unterwegs ist, kann auch mit kleinerem Geldbeutel voll auf seine Kosten kommen.
Ein **Stadtrundgang zu den wichtigsten Sehenswürdigkeiten** ist natürlich kostenlos. Für **Kirchen** muss man keinen Eintritt bezahlen, für die zahlreichen interessanten Museen sollte man zwischen 10 und 30 Kn einplanen, wer eine **Zagreb Card** erwirbt (60 Kn für 24 Std. oder 90 Kn für 72 Std.), bekommt in den meisten Museen 50 % Rabatt. Die Zagreb Card ist eine gute Möglichkeit, Geld zu sparen, denn so kann man die öffentlichen Verkehrsmittel im Stadtgebiet gratis nutzen und erhält Rabatte in Restaurants, Hotels, Geschäften und vielem mehr.
Kostenlos ist der Eintritt in den **Botanischen Garten**, in den **Park Maksimir** sowie zu den Seen **Bundek** und **Jarun**, wo man auch schwimmen kann. Ebenso das **Sommerkino Gradec** sowie der Eintritt zu den **Sommerveranstaltungen auf der Strossmayer-Promenade** (Ljeto na Strossu). Kunstliebhaber müssen zwar für Museen ohnehin nicht viel Geld ausgeben, ganz kostenlos gibt es jedoch die **Skulpturen von Ivan Meštrović** zu sehen, die über die ganze Stadt verteilt sind. In vielen Cafés und Clubs gibt es regelmäßig **Livemusik** zu hören (z. B. Route 66, Dobar Zvuk, Sax), dafür muss man oft keinen Eintritt bezahlen, es wird jedoch erwartet, dass man ein Getränk bestellt.

Ein Museum über zerbrochene Beziehungen

Das Konzept des Museums der zerbrochenen Beziehungen ist so einfach wie genial: Interessierte schenken dem Museum einen Gegenstand, den sie mit einer zerbrochenen Beziehung verbinden, schreiben die Geschichte dazu, und all das wird zusammen im Museum ausgestellt.
Beispiel gefällig? Eine Berlinerin schmiss ihre Lebensgefährtin aus ihrer Wohnung, da diese sich nicht über eine gemeinsame Zukunft äußern wollte. Die Lebensgefährtin fuhr sogleich für 14 Tage mit ihrer neuen Freundin in den Urlaub. Die sitzen gelassene Berlinerin kaufte sich bei Karstadt eine Axt, mit der sie an jedem der 14 Tage ein Möbelstück ihrer Ex genüsslich zerschlug. Als diese zurückkehrte, um ihre Möbel abzuholen, lagen sie feinsäuberlich als Holzhaufen aufgestapelt in ihrem Zimmer, woraufhin sie die Wohnung für immer verließ. Die Axt ist heute Exponat des Museums. Die Gesamtheit der Exponate bietet ein Bild von der Vielfalt der Beziehungen und deren Ende und ist ungemein unterhaltsam. Bestätigung dafür ist die Auszeichnung mit dem Kenneth-Hudson-Award als innovativstes Museum Europas im Jahr 2011. Die Ausstellung ist in kroatischer und englischer Sprache aufbereitet. Wer nach dem Besuch des Museums emotional aufgewühlt ist, kann sein Gemüt im zugehörigen gemütlichen Café beruhigen.
Muzej prekinutih Veza, Čirilometodska 2, 01-4851021, www.brokenships.com. Juni–Sep tgl. 9–22.30, Okt–Mai tgl. 9–21 Uhr, Eintritt 25 Kn.

Jelačić-Platz

Der Jelačić-Platz ist *der* Treffpunkt der Zagreber, dort verkehren die meisten Straßenbahnen, und alle Teile des Zentrums sind von hier aus gut erreichbar. In der Mitte des Platzes steht das **Denkmal für Josip Jelačić** (1801–59), den kroatischen Ban und Nationalhelden, der für kroatische Autonomie in der Habsburgermonarchie kämpfte und den liberalen Aufstand von 1848 für die kaiserliche Seite niederschlug. Das Denkmal wurde 1854, also noch zu Lebzeiten Jelačićs, in Auftrag gegeben und 1866 eingeweiht. Zu Titos Zeiten ließ die jugoslawische Führung das Denkmal entfernen und den Platz umbenennen. 1990 wurde das Denkmal auf Anordnung Franjo Tuđmans wieder aufgestellt, dabei allerdings gedreht, sodass Jelačićs Säbel, als Versöhnungsgeste an Ungarn, nunmehr nicht Richtung Ungarn zeigt, sondern Richtung Süden.

Lotrščak-Turm

Vom Jelačić-Platz aus folgt man der Ilica, einer der längsten und geschäftigsten Straßen der Stadt mit vielen Shopping-Möglichkeiten, bis zur Tomićeva ulica, wo die **Zahnradbahn** *(uspinjača)* in die Oberstadt startet (6.30–22 Uhr, alle 10 Min., 5 Kn).

Oben angekommen kann man den Ausblick über die Zagreber Unterstadt genießen und auf den Stadtturm Lotrščak steigen, Teil der einstigen mittelalterlichen Stadtmauer von Gradec. Auf diesem Turm befindet sich eine alte Kanone *(grički top)*, die jeden Tag Punkt 12 Uhr mittags abgefeuert wird. Der Kanonenknall ist im ganzen Zentrum zu hören. Früher war es eine Glocke, die abends die Schließung der Stadttore signalisierte, heute dient der Kanonenschuss als Zeitangabe. 10–20 Uhr, Eintritt 10 Kn.

Kirche der Hl. Katharina

Richtung Westen verläuft ein von den Zagrebern liebevoll Štros genannter Spazierweg, der nach dem Bischof und Kunstliebhaber Josip Juraj Strossmayer (Kasten S. 592) benannt ist. Zur anderen Seite eröffnet sich der Katharinenplatz (Katarinin trg) mit der Kirche der Hl. Katharina (Crkva Sv. Katarine), welche als Kirche des Jesuitenklosters 1632 im Barockstil erbaut wurde. Die Innenausstattung wie der Altar, die Fresken und die Stuckarbeiten stammen aus dem 18. Jh.

Museum für Naive Kunst

Auf dem Weg zum Markusplatz (Markov trg) passiert man das Museum für Naive Kunst, 01-4851911, www.hmnu.org, in dem bekannte Bilder der kroatischen naiven Malerei zu sehen sind. Diese Kunstrichtung, die in Nordkroatien entstanden ist, stellt eine wichtige Kunstbewegung des 20. Jhs. dar. Neben Bildern von Ivan Generalić und anderen kroatischen Künstlern sind auch Bilder internationaler Künstler zu sehen. ⏲ Di–Fr 10–18, Sa, So 10–13 Uhr, Eintritt 20 Kn, erm. 10 Kn.

Altes Rathaus

Das Gebäude hinter dem Museum ist das Alte Rathaus aus dem 19. Jh., das durch die Verbindung mehrerer Gebäude entstand und in dem heute standesamtliche Ehen geschlossen werden. Das Rathaus, das an der Stelle eines älteren, mittelalterlichen Rathauses ursprünglich als Theatergebäude erbaut wurde, schließt bereits an den Markusplatz an.

Rund um den Markusplatz

Über die Ulica Ćirila i Metoda erreicht man den Markusplatz, das Zentrum der Oberstadt, mit der **Markuskirche** (Crkva Svetog Marka), heute Wahrzeichen Zagrebs. Die im 13. Jh. erbaute Pfarrkirche von Gradec wurde im 14. Jh. überwiegend im gotischen Stil umgestaltet. Auf dem Dach sind die Wappen der Stadt Zagreb und der historischen Regionen Dalmatien (die drei Löwenköpfe), Kroatien (rot-weißes Karomuster) und Slawonien (Baummarder) abgebildet. Sehenswert ist auch das von zahlreichen Figuren geschmückte Südportal, vor dem einst der städtische Pranger stand.

Am Markusplatz haben zudem die drei wichtigsten staatlichen Institutionen Kroatiens ihren Sitz: das kroatische Parlament (**Sabor**), die kroatische **Regierung** sowie das **Verfassungsgericht**.

Westlich vom Markusplatz locken noch zwei interessante Museen. Das **Museum der kroatischen Geschichte** (Hrvatski povijesni muzej), A.G. Matoša 9, ☏ 01-4851900, 🖥 www.hismus.hr, befindet sich im prächtigen Barockpalais Oršić-Rauch und dokumentiert in über 140 000 Exponaten die Geschichte des kroatischen Staates vom frühen Mittelalter bis zur Neuzeit, leider nur auf Kroatisch. Wer der Sprache nicht mächtig ist, wird vielleicht dennoch an den Landkarten, Bildern (oder Waffen) seine Freude haben. ⏲ Mo–Fr 10–18, Sa, So 10–13 Uhr, Eintritt 10 Kn.

Beim **Naturkundlichen Museum** (Hrvatski prirodoslovni muzej), Demetrova 1, ☏ 01-4851700, 🖥 www.hpm.hr, steht die Sprache weniger im

Zagreb Zentrum

Übernachtung:
- ⑪ Taban Hostel
- ⑫ Fulir Hostel
- ⑬ Hotel Jägerhorn
- ⑭ Hobo Bear Hostel
- ⑮ Palmers Lodge
- ⑯ Hotel Regent Esplanade

Essen:
- 6 Konoba Didov san
- 7 Agava
- 8 Trilogija
- 9 Brauerei Mali Medo
- 10 Nokturno
- 11 Amelie
- 12 Pivnica Medvedgrad Ilica
- 13 Carpaccio
- 14 Apetit City

Sonstiges:
- 14 Purgeraj
- 15 Natura Croatica
- 16 Apotheke
- 17 Širok
- 18 Nama
- 19 Croata
- 20 Algoritam Bookstore
- 21 Art Kino Grič
- 22 Schweizer Botschaft
- 23 Aquarius CD Shop
- 24 Kino Europa
- 25 Sublink Cybercafe
- 26 Cyberfunk Café
- 27 Lemon
- 28 Sax
- 29 Dobar zvuk
- 30 Tourismuszentrale der Region Zagreb
- 31 Bakina kuća
- 32 Informationsbüro des Nationalparks Plitvicer Seen
- 33 Puppentheater
- 34 Savska 14
- 35 Cinestar Zagreb
- 36 Importanne Galleria

Transport:
- ② Avis, Vero Rent
- ③ Oryx

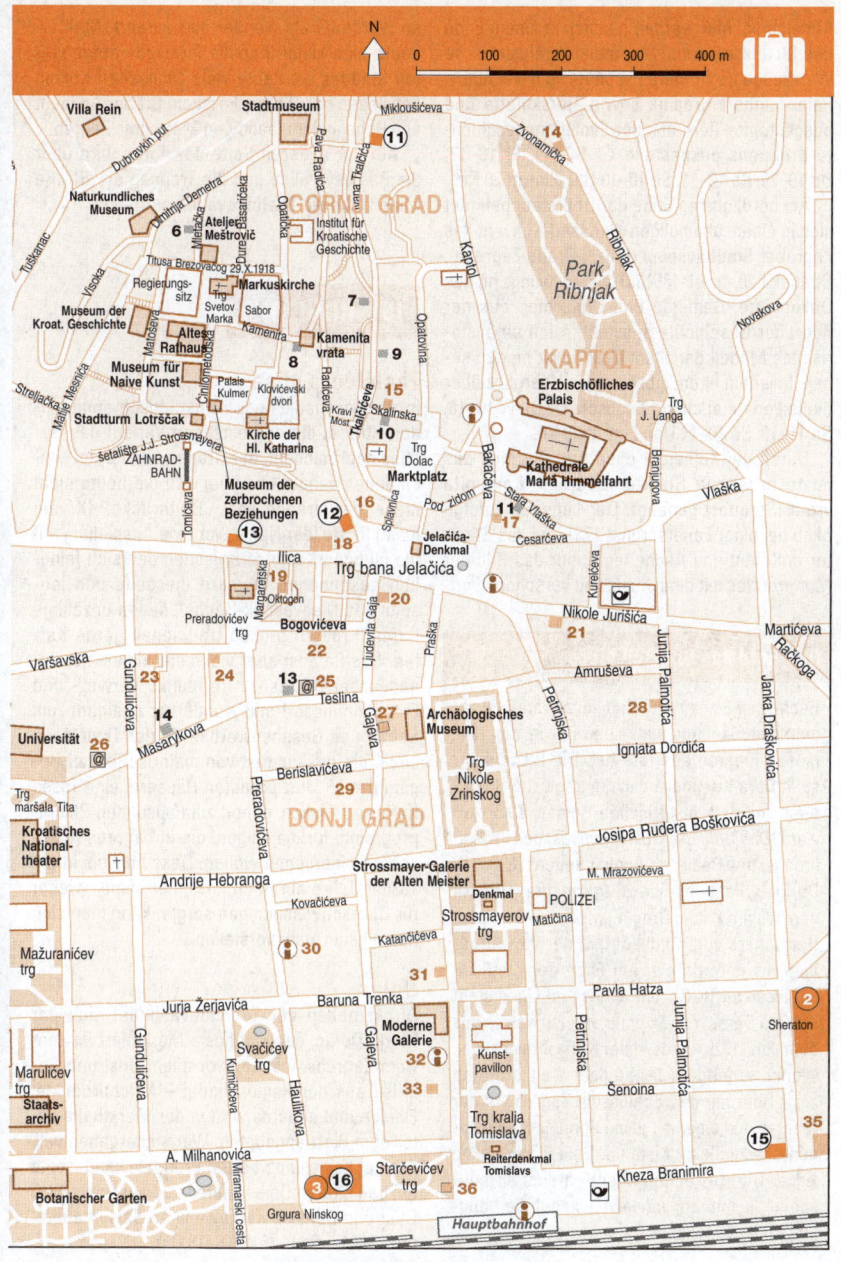

Mittelpunkt, hier werden nämlich in einem Ende des 18. Jhs. erbauten Stadtpalais prähistorische Werkzeuge und andere Exponate vom Neanderthaler-Fundort Krapina sowie Tierskelette und ausgestopfte Tiere aus der Evolutionsgeschichte Kroatiens ausgestellt. ⏱ Di, Mi, Fr 10–17, Do 10–20, Sa 10–19, So 10–13 Uhr, Eintritt 20 Kn.

Am nördlichsten Ende der Oberstadt befindet sich in einem ehemaligen Klarissen-Konvent das Zagreber **Stadtmuseum** (Muzej Grada Zagreba), Opatička 20, ☎ 01-4851361, 🖳 www.mgz.hr, das Dokumente, Gemälde und Uniformen aus der Zagreber Geschichte ausstellt. Auch ein historisches Modell der Stadt Gradec ist hier zu sehen. In jedem Raum gibt es einen Überblick über die Exponate auch auf Englisch. ⏱ Di–Fr 10–18, Sa 11–19, So 10–14 Uhr, Eintritt 20 Kn.

Durch die Kamenita ulica erreicht man das letzte erhaltene Stadttor Zagrebs, **Kamenita vrata** (Steintor) genannt. Der Legende zufolge blieb bei einer Feuersbrunst 1731, die das Stadttor in Schutt und Asche legte, nur das Bild der Muttergottes mit dem Jesuskind verschont. Fortan wurde es als wundertätig verehrt. Man erbaute eine kleine Kapelle im wiederaufgebauten Stadttor, wo heute viele Menschen Kerzen entzünden oder beten. Es ist ein Ort der Andacht und Ruhe in der lebendigen Metropole Zagreb.

Auf der anderen Seite des Tores wird über die Radićeva ulica und die Treppen der Straße Male stube die **Tkalčićeva ulica** erreicht.

15 HIGHLIGHT

Tkalčićeva ulica

In der beschaulichen, kleinstädtisch anmutenden Straße, die den einstigen Verlauf des Baches nachzeichnet, der Gradec und Kaptol voneinander trennte und über den die heute nicht mehr existierende sog. „Blutbrücke" (Krvani most) führte (der Name war eine Anspielung auf die blutigen Konflikte zwischen den sich feindlich gesonnenen Bürgern diesseits und jenseits des Medveščak-Bachs), liegen unzählige Cafés. Kroaten trinken traditionell gerne Kaffee. Das Café ist aber viel mehr als ein gastronomischer Ort, es ist Treffpunkt, Verweil- und Entspannungsort und wunderbar geeignet zum Sehen und Gesehenwerden. In der Tkalčićeva ulica, die gesäumt ist von malerischen, zu Beginn des 19. Jhs. erbauten Häusern, eine Tasse Kaffee zu trinken, gehört zum absoluten Pflichtprogramm für diejenigen, die in Zagrebs Atmosphäre eintauchen wollen. Dass hier bis in die 1930er-Jahre ein Bach floss, der immer wieder für Überschwemmungen sorgte, kann man sich heute kaum mehr vorstellen.

Dolac

Direkt neben der Tkalčićeva findet sich der **Markt Dolac**, der wichtigste Marktplatz im Zentrum Zagrebs, wo man vor allem Obst und Gemüse aus der Region findet – Milchprodukte, Fleisch und anderes wird in der Markthalle unter dem Platz angeboten. Wer sichergehen will, dass er keine importierten Produkte kauft, sollte bei den älteren Omas kaufen, die ausschließlich Obst und Gemüse der jeweiligen Saison anbieten. ⏱ Mo–Sa 8–15, So 8–13 Uhr.

Das Gold des Goldschmieds

Rechts am Eingang zur Kamenita vrata erblickt man eine Skulptur, die keinen Bezug zum religiösen Inneren des Tors hat. Die Frauenfigur stellt **Dora Krupićeva** dar, die tragische Hauptfigur aus dem historischen Roman *Zlatarevo zlato* (*Das Gold des Goldschmieds*) des großen kroatischen Realisten **August Šenoa** (1838–81). Darin verliebt sich die Bürgertochter Dora in den adligen Pavao Gregorijanec, den Sohn des Herrschers von Medvedgrad, der die Bürger Zagrebs unterdrückt. Am Ende der Konflikte um diese im 16. Jh. unerwünschte Liebe steht der Tod Doras. Die Skulptur von Ivo Kerdić aus dem Jahr 1929 wurde in der Nähe ihres fiktiven Wohnorts aufgestellt (Kamenita ulica 5) und zeigt Dora mit den Schlüsseln Zagrebs in der rechten und einer mit dem Zagreber Stadtwappen geschmückte Kiste mit Gold in der linken Hand. Die Gestaltung orientiert sich an gotischen Skulpturen, verweist also auf die Handlungszeit des Romans.

Kathedrale

Auf der anderen Seite des Marktplatzes führt der Weg zur Hauptkirche Zagrebs, der Zagreber Kathedrale (Zagrebačka Katedrala) mit ihren markanten, 105 m hohen Kirchtürmen. Die Kathedrale Mariä Himmelfahrt wurde in ihrer heutigen Form nach einem Erdbeben 1880 unter der Leitung des in Köln geborenen Architekten Hermann Bollé (1845–1926) im neugotischen Stil umgebaut, einige Elemente der Kirche sind jedoch wesentlich älter. Bereits im 12. Jh. soll an dieser Stelle ein Gotteshaus existiert haben, das jedoch von marodierende Tataren zerstört wurde. In der Kirche sind drei Erzbischöfe von Zagreb bestattet, unter ihnen Kardinal Alojzije Stepinac (1898–1960). Dieser prangerte in seinen Predigten die Politik der faschistischen Ustaša-Bewegung an, seine Rolle in dieser Zeit ist jedoch umstritten. Nach dem Zweiten Weltkrieg wurde Stepinac in einem Schauprozess zu 16 Jahren Gefängnis und Zwangsarbeit verurteilt, nach sechs Jahren Haft jedoch entlassen und in seinem Heimatort Krašić unter Hausarrest gestellt, wo er 1960 starb. 1998 wurde Stepinac von Papst Johannes Paul II. seliggesprochen. Das hölzerne Chorgestühl aus dem 16. Jh. sowie ein von Albrecht Dürer stammendes Altarbild aus dem Jahr 1495 zählen zu den wichtigsten Sehenswürdigkeiten

Miroslav Krleža – literarischer „Vulkan" aus Zagreb

In einem Park hinter der Oberstadt in der Straße Krležin Gvozd 23 befindet sich das langjährige Wohnhaus des kroatischen Schriftstellers Miroslav Krleža und seiner Frau Bela. Krleža gilt als bedeutendster Schriftsteller Kroatiens, der in vielen literarischen Genres zuhause war und Romane, Dramen und Gedichte verfasste. Der Slawist Slobodan Novak bezeichnet Krleža als vulkanische Persönlichkeit, womit er zum einen auf die Bedeutung Krležas für die kroatische Literatur hinweist, zum anderen bildlich darstellt, wie Kreža über mehr als 60 Jahre hinweg immer neue literarische Eruptionen hervorgebracht hat.

Miroslav Krleža wurde 1893 in Zagreb geboren und besuchte dort das Gymnasium, verbrachte seine Studienjahre an der Militärakademie in Ungarn und lebte nach dem Einsatz im Ersten Weltkrieg wieder in der Heimatstadt, wo er mit seiner literarischen Arbeit begann. In den 20er- und 30er-Jahren schuf er seine heute bekanntesten Werke: *Hrvatski bog Mars (Der kroatische Gott Mars)* ist eine Sammlung von Erzählungen aus dem Jahr 1922, die Krleža als entschiedenen Kriegsgegner ausweisen. Das Familiendrama *Gospoda Glembajevi (Die Glembays/1929)*, das 1988 unter der Regie von Antun Vrdoljak verfilmt wurde, spielt kurz vor dem Ersten Weltkrieg und handelt von der psychologischen und moralischen Spaltung einer bürgerlichen Familie. In seinem Hauptwerk, dem 1932 erschienenen Roman *Povratak Filipa Latinovicza (Die Rückkehr des Filip Latinovicz)*, geht es um den Zerfall der kroatischen Gesellschaft nach dem Ersten Weltkrieg. Sprachlich kunstvoll schmückt Krleža darin das symbolische und teils abschweifende Denken seiner Hauptfigur, des Malers Filip Latinovicz, aus.

Während der Herrschaft der faschistischen Ustaša ging Krleža in die innere Emigration, unterbrach also seine Veröffentlichungen, blieb aber in Zagreb. Bereits in den 30er-Jahren hatte Krleža mit der sozialistischen Idee sympathisiert und stand in Kontakt mit Josip Broz Tito. So war es kaum verwunderlich, dass sein literarisches Werk und seine persönliche Karriere im sozialistischen Jugoslawien wieder aufblühte, wenn er auch stets eine Distanz zu Titos Regime wahrte. Am 29. Dezember 1981 starb Miroslav Krleža in Zagreb, sein Grab ist auf dem Friedhof Mirogoj zu finden. Krležas Rolle im sozialistischen Jugoslawien wird heute oft kritisch beurteilt, die Bedeutung seines literarischen Schaffens steht jedoch außer Frage.

Die **Villa Rein**, das ehemalige Wohnhaus Krležas, ist heute so wiederhergestellt, wie der Schriftsteller und seine Frau Bela, eine bedeutende Schauspielerin, darin gewohnt haben. Memorijalni prostor Bele i Miroslava Krleže, Krležin gvozd 23, ✆ 01-4834922, ⏰ Di 11–17 Uhr.

Die Statue des Bans Josip Jelačić am gleichnamigen Platz ist ein beliebter Treffpunkt der Zagreber.

der Kirche. Die Kathedrale ist das Zentrum des Stadtteils **Kaptol**. Im Angesicht der Bedrohung durch die Osmanen wurde die Kathedrale im 15. Jh. massiv befestigt. Der größte Teil der Befestigungsanlagen steht bis heute. Gleich hinter der Kathedrale beginnt der wunderbar entspannte **Park Ribnjak**, eine von vielen Parkanlagen im Zentrum Zagrebs.

Unterstadt

Von der Kathedrale geht es zurück auf den Jelačić-Platz und von dort in die Unterstadt. Über die Straße Praška erreicht man den **Park Zrinjevac**, an den sich der **Strossmayerov trg** und der **Tomislavov trg** anschließen. Diese Parks laden zu einer Pause ein, dort stehen Bänke, Pavillons und Brunnen.

Archäologisches Museum

Gleich zu Beginn des Zrinjevac befindet auf der linken Seite das Archäologische Museum (Arheološki muzej), Trg Nikole Šubića Zrinskog 19, ✆ 01-4873000, 🖳 www.amz.hr, das Exponate aus prähistorischer Zeit präsentiert. Bekanntestes Exponat ist die Taube von Vučedol, eine 4000 Jahre alte Tonfigur, die in der Nähe von Vukovar gefunden wurde, aber auch ägyptische Mumien und eine umfangreiche Münzsammlung gibt es hier zu besichtigen. Im Innenhof befindet sich eine Sammlung römischer Denkmäler, inmitten derer sich die Café-Bar Lemon (S. 501) befindet, durch welche die alten Steine mit jungem Leben kombiniert werden. ⏱ Di, Mi, Fr, Sa 10–18, Do 10–20, So 10–13 Uhr, Eintritt 20 Kn.

Strossmayer-Galerie

Am Strossmayerov trg befindet sich die **Galerie der Alten Meister** oder auch Strossmayer-Galerie (Strossmayerova galerija starih majstora) genannt, wo unter anderem Werke von Dürer, Breughel und El Greco zu sehen sind. Basis der im Gebäude der **Kroatischen Akademie der Wissenschaften und Künste** untergebrachten Ausstellung bildete die private Gemäldesammlung von Josip Juraj Strossmayer, die heute rund 400 Werke umfasst. Zu ihr zählt auch die Tafel von Baška (Kasten S. 225). ⏱ Di 10–19, Mi, Do, Fr 10–16, Sa, So 10–13 Uhr, Eintritt 10 Kn, erm. 5 Kn.

Vor dem Gebäude steht das **Denkmal Josip Juraj Strossmayers**, der als Bischof von Đakovo kirchlich und politisch eine wichtige Figur war und sich darüber hinaus als Kunst-Mäzen betätigte. Das herrlich verwinkelte Denkmal in Denkerpose stammt von Ivan Meštrović (s. Kasten), dem bedeutendsten Bildhauer Kroatiens.

Am Trg kralja Tomislava ist die **Moderne Galerie** (Moderna Galerija), Andrije Hebranga 1, ✆ 01-6041040, 🖳 www.moderna-galerija.hr, zu finden, in der Werke der wichtigsten kroatischen Künstler des 19. und 20. Jhs. wie Vlaho Bukovac oder Josip Račić ausgestellt sind. ⏱ Di–Fr 11–19, Sa, So 11–14 Uhr, Eintritt 40 Kn.

Hauptbahnhof

Über den Trg kralja Tomislava erreicht man den monumentalen Zagreber Hauptbahnhof (*željeznički kolodvor*). Das repräsentative Gebäude

---

Meštrović in Zagreb

Ivan Meštrović (1883–1962), der bekannteste Bildhauer des Landes, hat mit seinen monumentalen Statuen in ganz Kroatien Spuren hinterlassen. Die Statue des Bischofs Gregor von Nin in Split, Varaždin und Nin ist das vielleicht berühmteste Beispiel dafür. Die meisten Statuen hat Meštrović in Zagreb hinterlassen, wo er von 1922–42 auch lebte. Bekannte Meštrović-Skulpturen sind hier der „Brunnen des Lebens" (Zdenac Života) vor dem Nationaltheater, die sitzende Frauenfigur namens die „Geschichte der Kroaten" (Povijest Hrvata) vor der Universität sowie die Statuen von Bischof Josip Juraj Strossmayer im Zrinjevac-Park und von dem Physiker Nikola Tesla in der Masarykova ulica. Im ehemaligen Meštrović-Atelier, einem Gebäude aus dem 17. Jh. am nördlichen Ende des Markusplatzes, werden Skulpturen, aber auch Zeichnungen, Lithografien und Möbel des kroatischen Meisters gezeigt.
Atelijer Meštrović, Mletačka 8, ✆ 01-4851123, 🖳 www.mdc.hr/mestrovic/atelijer/index-en.htm. ⏱ Di–Fr 10–18, Sa, So 10–14 Uhr, Eintritt 20 Kn.

wurde 1892 fertiggestellt und ist der zentrale Knotenpunkt des kroatischen Bahnnetzes. Vor dem Bahnhof steht das **Reiterdenkmal Tomislavs**, des ersten kroatischen Königs. Hier ist auch der Eingang zum größten Shoppingcenter im Zentrum Zagrebs, dem **Importanne**. Hier findet man alles, was das Herz begehrt, Kleidung, Schmuck, Drogerieartikel, Essen und vieles mehr. Durch das Importanne erreicht man auch am besten das Stadtviertel südlich des Hauptbahnhofs (am Ende der Rolltreppe links halten), wo auch zahlreiche Stadtbusse abfahren.

Botanischer Garten

Auf dem Stadtrundgang geht es jedoch nördlich des Bahnhofs weiter, vorbei am noblen **Hotel Regent Esplanade**, das 1925 für Gäste des berühmten Orient-Express gebaut wurde, durch die Ulica Antuna Mihanovića bis zum **Botanischen Garten**. Dieser beheimatet über 10 000 Pflanzenarten und ist mit seinem Arboretum, den Blumenbeeten und Froschteichen ein grüner Ruhepol im geschäftigen Zentrum von Zagreb. Der Garten ist ganzjährig von 9 Uhr bis zum Sonnenuntergang geöffnet.

Rund um den Trg maršala Tita

Nördlich des Botanischen Gartens schließen sich der Trg Marka Marulića, der Mažuranićev trg und der Trg maršala Tita an, die gemeinsam mit den acht Parks nördlich und westlich des Hauptbahnhofs das sog. **Grüne Hufeisen** *(zelena potkova)* von Zagreb bilden, das nach dem verheerenden Erdbeben von 1880 angelegt wurde. Am **Trg maršala Tita**, nach dem jugoslawischen Staatschef Tito benannt, finden sich gleich drei bedeutende Gebäude.

Am Kopfende des Platzes steht das Hauptgebäude der **Universität Zagreb**, das zugleich Sitz der Juristischen Fakultät ist. Vor dem Gebäude erkennt man eine weitere Skulptur von Ivan Meštrović mit dem Namen „Die Geschichte Kroatiens".

Gegenüber der Universität liegt das neobarocke **Kroatische Nationaltheater** (Hrvatsko Narodno Kazalište), dessen Gebäude 1895 fertiggestellt wurde und an dem die bedeutendsten Theater-, Opern- und Tanzaufführungen des Landes stattfinden.

Am westlichen Ende des Trg maršala Tita befindet sich das 1888 errichtete **Museum für Kunsthandwerk und Gewerbe**, 🖥 www.muo.hr, das sich zur Aufgabe gemacht hat, spezifische kunsthandwerkliche Produkte auch in den Zeiten industrieller Produktion zu bewahren und auszustellen. Die Exponate reichen von Möbeln, Textilien, Keramik und Glaskunst bis zu Skulpturen, Gemälden, Fotografien und Indestriedesign. ⏱ Di–Sa 10–19, Do 10–22, So 10–14 Uhr, Eintritt 30 Kn.

Unweit dieses Museums befindet sich das **Ethnografische Museum**, Trg Mažuranića 14, ☏ 01-4826220, 🖥 www.emz.hr, das 1919 in dem repräsentativen Kuppelbau eingerichtet wurde und inzwischen auf 85 000 Exponate angewachsen ist. Zu sehen sind Trachten, Schmuck, Werkzeuge, Musikinstrumente und andere Ausstellungsstücke, die aus allen Regionen Kroatiens und den umliegenden Ländern zusammengetragen wurden. ⏱ Di–Do 10–18, Fr, Sa, So 10–13 Uhr, Eintritt 15 Kn.

Nur einen Katzensprung entfernt lockt das **Museum Mimara**, Rooseveltov trg 5, ☏ 01-4828100, 🖥 www.mimara.hr, das aus der Privatsammlung von Wiltrud und Ante Topić Mimara hervorgegangen ist und in dem bedeutende Kunstwerke verschiedener Epochen (von der Steinzeit bis ins 20. Jh.) zu sehen sind. ⏱ Di–Fr 10–19, Sa 10–17, So 10–14 Uhr, außerhalb der Saison Di, Mi, Fr nur bis 17 Uhr, Eintritt 40 Kn.

Über die Masarykova und die Preradovićeva ulica erreicht man schließlich den Preradovićev trg und die **Bogovićeva ulica**, wo zahlreiche Cafés zum Sehen und Gesehenwerden einladen. Hier kann man sich bei einer Tasse Kaffee wunderbar vom Stadtrundgang erholen und dabei in aller Seelenruhe Leute beobachten.

Außerhalb des Stadtzentrums

Auch außerhalb des Zentrums lassen sich in Zagreb interessante Dinge entdecken.

Friedhof Mirogoj

Rund 4 km nördlich des Zentrums liegt der Friedhof Mirogoj, eine der schönsten Friedhofsanlagen Europas. Mirogoj wurde 1876 eröffnet und bis 1929 mit eindrucksvollen Kuppel- und Arkadenbauten sowie einer Kirche versehen. Der Friedhof ist religionsübergreifend, es finden sich Gräber von Personen römisch-katholischen, orthodoxen, jüdischen und moslemischen Glaubens. Auf Mirogoj sind viele der wichtigsten kroatischen Persönlichkeiten bestattet, unter ihnen der Schriftsteller Miroslav Krleža, der Basketball-Spieler Dražen Petrović, der erste Präsident Kroatiens Franjo Tuđman sowie Ljudevit Gaj, die treibende Kraft der kroatischen Nationalbewegung im 19. Jh., auf dessen Grundstück der Friedhof gebaut wurde. Wer in Zagreb Ruhe und Besinnung finden will, ist in Mirogoj am richtigen Ort. Zu erreichen ist der Friedhof mit dem Bus 106 von der Kathedrale Richtung Norden oder auch in etwa 30 Minuten zu Fuß. ⏰ April–Sep 6–20, Okt–März 7.30–18 Uhr.

Park Maksimir und Stadion Maksimir

Nordöstlich des Zentrums befindet sich eine weitere Oase der Ruhe, der **Park Maksimir**. Mit 316 ha Fläche ist er der größte Park Südeuropas und seit 1794 öffentlich zugänglich. Einst gab es hier dichte Wälder, die auf Geheiß des ehemaligen Zagreber Bischofs Maksimilijan Vrhovac gerodet und das Gelände in einen Park umgewandelt wurde. Die großen Parkanlagen samt Wiesen, Teichen und Alleen laden zum Spaziergang oder zum Picknick ein, außerdem ist hier ein gemütliches Park-Café zu finden. In jedem Fall bietet der Park gerade im Sommer eine gute Abwechslung zum mitunter stickig heißen Zentrum. Auf dem Territorium des Parks liegt der **Zoo Zagreb**, 🖥 www.zoo.hr, der bereits 1924 gegründet wurde und zahlreiche Tierarten aus allen Erdteilen beherbergt. Das Zoo-Gelände ist sehr schön angelegt und ein Ausflug lohnt sich – nicht nur für Kinder. Vom Zentrum gelangt man mit der Straßenbahn (Linien 4 und 11) zum Park. ⏰ Mo–So 9–20 Uhr, letzter Einlass 18.30 Uhr, außerhalb der Saison kürzer, Eintritt 30 Kn, Mo 20 Kn.

Unweit des Parks liegt das **Stadion Maksimir**, das größte Fußballstadion des Landes und Heimstätte des erfolgreichsten kroatischen Fußballclubs NK Dinamo Zagreb. Die Spiele finden meistens sonntags statt, Informationen und Tickets sind (auch auf Englisch) zu finden unter 🖥 www.gnkdinamo.hr.

Burg Medvedgrad

Oberhalb der Stadt thront, im **Naturpark Medvednica** mit seinem über 1000 m hohen Gipfel, auf einem Felsen (Mali plazur) die mittelalterliche Burg Medvedgrad, 🖥 www.pp-medvednica.hr. Sie liegt auf halber Höhe des Gebirges Medvenica, das sich nördlich von Zagreb erstreckt und auch Zagrebačko gore genannt wird. Die Burg wurde im 13. Jh. gebaut und war Wohnsitz kroatisch-ungarischer Könige, Adliger und von Bischöfen. Nach zwei Erdbeben im 16. Jh. wurde die einst wehrhafte, von mächtigen Mauern umgebene Anlage zur Ruine. Heute genießt man von hier eine schöne Aussicht auf die Stadt, der Blick lohnt sich v. a. auch abends. Medvedgrad kann mit dem Auto oder der Seilbahn erreicht werden. ⏰ 9–19 Uhr, Eintritt 15 Kn.

Sljeme

Der höchste Gipfel des Medvenica-Gebirges ist der Sljeme, 🖥 www.sljeme.hr, der sich nicht nur zum Wandern, sondern auch zum Skifahren hervorragend eignet (Kasten S. 503).

Jarun-See und Bundek-See

Im Südwesten Zagrebs liegt der **Jarun-See**, ein Naherholungsgebiet mit mehreren verbundenen Seen, inkl. einer 2 km langen Regattastrecke und zweier kleinerer Badeseen. Der Jarun ist bei den Zagrebern sehr beliebt und stellt im Sommer die beste Bademöglichkeit in der Hauptstadt dar, aber auch zu anderen Jahreszeiten kann man am Jarun schöne Spaziergänge machen. Entlang des Seeufers reihen sich angesagte Bars und Clubs, die auch in der kontinentalen Hauptstadt einen Hauch von mediterranem Party-Sommer verbreiten.

Der zweite See auf Zagreber-Territorium ist der **Bundek**, vor wenigen Jahren angelegt und von den Zagrebern zur Erholung und zum Schwimmen beliebt. Er liegt südlich des Flusses Save, im Stadtteil Novi Zagreb. Hier kann man auch an der **Save** entlangspazieren oder einen Kaffee trinken gehen.

Museum für Zeitgenössische Kunst

Im ansonsten für Besucher uninteressanten Plattenbauviertel Novi Zagreb befindet sich das Museum für Zeitgenössische Kunst (Muzej

Suvremene Umjetnosti), Avenija Dubrovnik 17, ☎ 01-6052700, 🖳 www.msu.hr, erreichbar mit den Tramlinien 6, 7 und 14, Station Sopot. Das futuristische Gebäude des Architekten Igor Franić wurde im Jahr 2009 eröffnet und zeigt interessante Kunstwerke kroatischer und internationaler Gegenwarts-Künstler. Neben Ausstellungen finden hier auch regelmäßig Film- und Theateraufführungen sowie Konzerte statt. ⊕ Di–Fr, So 11–18, Sa 11–20 Uhr, Eintritt 30 Kn.

ÜBERNACHTUNG

Die Übernachtungsmöglichkeiten sind in Zagreb breit gefächert, vom 5-Sterne-Hotel bis zum Backpacker-Hostel ist alles vertreten. In den letzten Jahren wurden zahlreiche Hostels eröffnet, deren neue Privatzimmer in der Regel den unterklassigen Hotels mit ihrem verstaubten Sozialismus-Charme vorzuziehen sind.

Untere Preisklasse

Apartments & Rooms4you, Paromlinska 49, ☎ 091-4567098, 🖳 www.room-zagreb.com. Das B&B liegt ca. 600 m südlich des Hauptbahnhofs und ist mit dem Auto nur von hinten (über Miramarska und Čazmanska) erreichbar. Die hübschen und neuen Zimmer sind mit Holzmöbeln eingerichtet. ❷

Autocamp Plitvice, Lučko, ☎ 01-6530444, 🖳 www.motel-plitvice.hr. Das Autocamp ist Teil des Motels Plitvice, das am Autobahnkreuz Lučko liegt und so mit dem Auto gut zu erreichen ist. Es ist die einzige Campingmöglichkeit der Region Zagreb, erfüllt aber kaum die Standards eines modernen Campingplatzes und ist daher für längere Aufenthalte nicht zu empfehlen. Stellplatz 2 Erwachsene, Strom und Touristentaxe 195 Kn. Wer einen Campingplatz für die Durchreise ans Meer sucht, kann z. B. auf das Camp Slapić bei Karlovac (S. 257) ausweichen.

Chillout Hostel, Tomićeva 5A, ☎ 01-4849605, 🖳 www.chillout-hostel-zagreb.com. 2012 eröffnetes Hostel in Chili-Optik mit Privatzimmern und Schlafsälen, die nach Farben benannt und dementsprechend bunt sind. Die geschwungenen modernen Holzdoppelbetten gewähren selbst im großen 16er-Schlafsaal etwas Privatsphäre. Das saubere Hostel bietet einen rund um die Uhr geöffneten Gemeinschaftsraum mit Bar, Küche und Waschservice. Bett 150–165 Kn, außerhalb der Saison weniger. ❶

Fulir Hostel, Radićeva 3a, ☎ 01-4830882, 🖳 www.fulir-hostel.com. Superzentral in einem Innenhof der Radićeva gelegen, freundliches Personal und ein netter Gemeinschaftsraum. Bett 145 Kn. ❶

Funk Hostel, Rendićeva 28b, ☎ 01-6314530, 🖳 www.funkhostel.hr. Ein kleines Paradies für Backpacker, nah am Zentrum, entspannt freundliches Personal, gut ausgestattete Küche und sehr preiswert. 2- bis 6-Bett-Zimmer, pro Bett 90–165 Kn. ❶

Hobo Bear Hostel, Medulićeva 4, ☎ 01-4846636, 🖳 www.hobobearhostel.com. Hostel für Globetrotter ein Stückchen westlich vom Zentrum mit nettem Gemeinschaftsraum und hellen Holzdoppelbetten. Der Eingang ist etwas unauffällig, die Rezeption im Keller. Parkmöglichkeit in der Parkgarage Tuškanac (ca. 500 m entfernt). Bett im Schlafsaal ab 167 Kn. ❷

Hotel Fala, II. Trnjanske Ledine 18, ☎ 01-6111062, 🖳 www.hotelfala.hr. Sympathisches 2-Sterne-Familienhotel südlich des Zentrums, unweit der Save und des Messegeländes, solide und saubere Zimmer für günstigen Preis. ❷

Hotel Tomislavov dom, Sljeme 24, ☎ 01-4560400, ✉ tomislavov.dom@zgh.hr. Liegt auf dem Hausberg Sljeme oberhalb von Zagreb und ist ohne Auto nur mühsam zu erreichen. Dafür kann sich der Besucher über hübsche, geräumige Zimmer in Blautönen und einen großen Wellnessbereich freuen und einen fantastischen Ausblick auf Zagreb genießen, und das alles zu durchaus moderaten Preisen. Von hier bieten sich zudem Wandertouren ins Medvenica-Gebirge an. ❷

Palmers Lodge, Branimirova 25, ☎ 01-8892868, 🖳 www.palmerslodge.com.hr. Das neue Hostel der internationalen Kette Palmers Lodge befindet sich in der Nähe des Hauptbahnhofs und punktet mit sauberen Zimmern und freundlichem Personal. Bett im Schlafsaal ab 135 Kn. ❶

Taban Hostel, Tkalčićeva 82, ☎ 01-5533527, 🖥 www.tabanzagreb.com. Bar und Hostel auf der beliebtesten Café-Meile Zagrebs, 2011 eröffnet, einfache, aber saubere Zimmer. Bett 160 Kn. ❷

Mittlere und obere Preisklasse

Hotel AS, Zelengaj 2a, ☎ 01-4609111, 🖥 www.hotel-as.hr. Das Hotel liegt im Stadtteil Zelengaj in sehr ruhiger Lage, umgeben von Wald. Die Innenstadt ist in 20–30 Min. zu Fuß oder in 10 Min. per Bus erreichbar. Die Zimmer sind geschmackvoll eingerichtet, das Personal freundlich. ❸

Hotel Croatia, Vinogradska 20, ☎ 01-3768870, 🖥 www.hotel-croatia.com.hr. Neues Hotel mit großen, gemütlichen Zimmern, nur 3 Tram-Stationen westlich des Hauptplatzes. ❸

Hotel Regent Esplanade, Mihanovićeva 1, ☎ 01-4566666, 🖥 www.esplanade.hr. Wer viel für ein Hotel bezahlt, sollte dafür auch etwas Herausragendes bekommen, wie im Hotel Regent Esplanade. Gebaut als Luxushotel für Reisende des Orient-Express, liegt es zentral neben dem Hauptbahnhof, Bahnlärm stört die Ruhe jedoch nicht. Die nach Stationen des Orient-Express benannten Zimmer sind geräumig und geschmackvoll eingerichtet, und auch sonst bietet das Hotel alles, was sich der Gast in einem Hotel dieser Klasse erträumen kann: ein einladendes Frühstücksbuffet, einen Wellnessbereich, den luxuriösen Emerald-Ballroom sowie ein exquisites Restaurant (Zinfandel) und eine Bar. Das Personal ist freundlich und hilfsbereit. Und bei zeitiger Buchung ist ein DZ schon ab knapp über 100 € zu bekommen, das liegt zwar deutlich über dem Zagreber Durchschnitt, ist aber für dieses Hotel ein fairer Preis. Der Hotelparkplatz kostet 22 € pro Tag, alternativ kann im nahen Importanne-Center geparkt werden (5 Kn pro Std.). ❹–❻

Hotel Residence, Avenija Dubrava 70, ☎ 01-6441777, 091-2810807, 🖥 www.hotel-residence.hr. Das 3-Sterne-Hotel befindet sich im Ortsteil Dubrava, ca. 20 Min. Tram-Fahrt (Tram 4 bis Ljubijska) vom Bahnhof entfernt. Das Personal ist freundlich, und die Zimmer sind modern eingerichtet und sauber. Das Hotel punktet ferner mit einem Wellness- und Saunabereich, einem Steakhouse namens **El Bull** sowie einem kostenlosen Hotelparkplatz. ❸

Jägerhorn, Ilica 14, ☎ 01-4833877, 🖥 www.hotel-jagerhorn.hr. Schon 1827 als Jagdgasthof gegründet, wurde das Jägerhorn 2011 komplett umgebaut. Das Hotel liegt in der geschäftigen Straße Ilica, strahlt jedoch durch seine Hinterhoflage mit Parkblick und Brunnen eine erstaunliche Ruhe aus. Die gemütlichen Zimmer sind wunderbar im alten Stil und verschiedenen Farben gestaltet. Wer sich den schönen Innenhof (ohne Übernachtung) anschauen will, kann das Café besuchen ⏲ Mo–Sa 7–23 Uhr. Ein Restaurant ist in Planung. Etwas abgelegen, in der Varšavska ulica, liegt der Hotelparkplatz, Absprache mit dem Hotel ist zu empfehlen. ❸–❹

Vila Tina, Bukovačka cesta 213, ☎ 01-2445204, 🖥 www.hotelvilatina.hr. Das Hotel liegt ruhig im Maksimir-Park, die Zimmer sind stilvoll und modern eingerichtet, der Service ist gut und freundlich. ❸

ESSEN

Agava, Tkalčićeva 39, ☎ 01-4829826, 🖥 www.restaurant-agava.hr. Mediterranes Essen in gepflegter Atmosphäre in der beliebten Cafèstraße Tkalčićeva. ⏲ 9–23 Uhr.

Amelie, Vlaška 6, ☎ 01-5583360, 🖥 www.slasticeamelie.com. Diese schnuckelige Konditorei mit Café nahe der Zagreber Kathedrale serviert Süßspeisen vom Feinsten. ⏲ 9–21 Uhr.

Bistro Apetit, Jurjevska 65, ☎ 01-4677335, 🖥 www.apetit.hr. Das Bistro Apetit wurde 2012 vom Restaurantführer *Dobri Restorani* zum besten Restaurant in ganz Kroatien gewählt. Der österreichische Chefkoch Christian Cabalier bietet kreative Spitzenküche mit mediterranem Einschlag, zubereitet aus regionalen Zutaten, dazu eine erlesene Weinkarte. Die Atmosphäre ist sehr freundlich, jeder Gast ist willkommen. Die City-Filiale liegt in der Masarykova 18. ⏲ Di–So 10–24 Uhr.

Carpaccio, Teslina 14, ☎ 01-4822331, 🖥 www.ristorantecarpaccio.hr. Klassische italienische Küche im Zentrum der Unterstadt mit gemütlichem Innenraum und Tischen auf der Straße. Auf der Karte stehen Pasta-

Gerichte, aber auch Fleisch und Fisch. ⏲ Mo–Sa 11–24 Uhr.
Konoba Didov san, Mletačka 11, ☎ 01-6536577, 🖥 www.konoba-didovsan.com. Authentische dalmatinische Konoba-Kost in der Oberstadt, nicht das billigste, aber gute Qualität. Eine Filiale gibt's in der Bencekovićeva 28. ⏲ So–Do 10–24, Fr, Sa 11–1 Uhr.
Nokturno, Skalinska 4, ☎ 01-4813394, 🖥 www.restoran.nokturno.hr. Zwischen Tkalčićeva und Kathedrale und damit sehr zentral liegt dieses Restaurant, das v. a. für seine Pizzas beliebt ist. Hier kann es sehr voll werden, aber die Terrasse ist ausgesprochen gemütlich. Pizza 25–35 Kn. ⏲ So–Do 8–24, Fr, Sa 9–1 Uhr.

Pivnica Medvedgrad, Ilica 49, ☎ 01-4846922, 🖥 www.pivnica-medvedgrad.hr. Brauerei mit dem besten Bier der Stadt in 5 fantastischen Sorten, dazu kroatische Hausmannskost in großen Portionen. Rustikale Atmosphäre mit großen braunen Holztischen, dazu regelmäßig Livemusik von Tamburica-Ensembles. Filialen liegen in der Tkalčićeva 36 **(Mali Medo)** und Božidara Adžije 16. ⏲ 10–24, feiertags 12–24 Uhr.
Pizzeria Karijola, Kranjčevićeva 7, ☎ 01-3667044. Die beste Pizzeria der Stadt, direkt hinter dem Cibona-Turm in der Savska. ⏲ Mo–Sa 11–24 Uhr.
Takenoko, Centar Kaptol, Nova Ves 17, ☎ 01-4860530, 🖥 www.takenoko.hr. Japanisches Restaurant auf Spitzenniveau mit vorzüglichem Sushi und mehr. Auch zum Mitnehmen. ⏲ Mo–Sa 12–24, So 12–18 Uhr, feiertags geschl.
Trilogija, Kamenita 5, ☎ 01-4851394, 🖥 www.trilogija.com. Für Zagreber Verhältnisse nicht billig, aber gutes Essen, kreative kroatische Küche, nahe der Kamenita vrata, Reservierung empfiehlt sich. ⏲ Mo–Do 11–22, Fr, Sa 11–1 Uhr.

Vegehop, Vlaška 79, ☎ 01-4649400, 🖥 www.vegehop.hr. Kleines Paradies für Vegetarier mit nur 6 Tischen. Große Auswahl an Gemüse-, Tofu- und Seitan-Gerichten in kreativen Rezepten, dazu ein großes Küchenbuffet. Wechselndes Tagesmenü (auch auf der Homepage) für 69 Kn inkl. Suppe. Die freundliche Bedienung berät gerne bei der Bestellung. ⏲ Mo–Fr 12–20, Sa 12–18 Uhr.

UNTERHALTUNG UND KULTUR

Zagreb verfügt über ein vielfältiges und aufregendes Nachtleben, mit zahlreichen Bars, Clubs und Diskotheken, aber auch Kinos oder Theatern.

Bars und Clubs

Die beliebtesten Cafés der Hauptstadt liegen in der **Tkalčićeva ulica** (S. 492). Tagsüber, abends, nachts – egal zu welcher Zeit, die Zagreber sitzen hier und trinken ihren Kaffee. Weiteres Zentrum der Café-Kultur ist die **Bogovićeva ulica** in der Unterstadt.
Aquarius, Aleja Matija Ljubeka bb, ☎ 01-3640231, 🖥 www.aquarius.hr. Das Aquarius ist einer der Clubs am Jarun-See, tagsüber als Café geöffnet und freitags und samstags einer der angesagtesten Clubs der Stadt. Auf 2 Floors wird unterschiedliche Musik aus verschiedenen Bereichen tanzbarer Musik aufgelegt, außerdem finden regelmäßig Live-Performances statt. Im Sommer betreibt das Aquarius eine große Party-Disco in Zrće auf der Insel Pag. ⏲ Fr, Sa 22–6 Uhr.
Dobar zvuk, Gajeva 18, ☎ 098-9828428. Guter Sound heißt dieses Musik-Pub in der Unterstadt mit Livemusik und rauchig-entspannter Atmosphäre. ⏲ Mo–Sa 8–24, So 10–23 Uhr.
Godot Café-Bar, Savska cesta 23, ☎ 01-4843775, 🖥 www.cafe-godot.com. Gemütliches Pub im Südwesten des Zentrums ohne Küche, aber mit gutem irischem Bier. Beliebt bei Studenten, sei es für einen Kaffee tagsüber oder ein abendliches Bier. ⏲ 8–23 Uhr.
Jabuka, Jabukovac 28, ☎ 01-4834397, ✉ gk-jabuka@zg.t-com.hr. Eine Rock-Disco, wie sie heute nur noch selten zu finden ist. Die Tanzfläche ist immer gut gefüllt, die Getränkepreise sind moderat. Erreichbar mit der Buslinie 102 oder 105 ab Britanski Trg (Station: Tuškanac). ⏲ Fr, Sa 23–5 Uhr.
KSET, Unska 3, ☎ 01-6129758, 🖥 www.kset.org. KSET ist die Abkürzung für Club der Elektrotechnik-Studenten. Klingt trocken, ist aber eines der Zentren alternativer Kultur in Zagreb, in dem auch regelmäßig internationale Bands gastieren. Neben viel Livemusik (überwiegend Rock) gibt es Ausstellungen, Kino-

abende und Partys. ⏲ Mo–Fr 9–16, 20–24, Sa 23–3 Uhr.
Lemon, Gajeva 10, ☎ 01-4820800, 🖥 www.lemon.hr. In dem altehrwürdigen Garten des Archäologischen Museums wird tagsüber Kaffee vor römischen Säulen geschlürft. Abends geht im dazugehörigen Gebäude die Post ab, oben ist eine Bar, im Keller ein Club, in dem viele Arten tanzbarer Musik aufgelegt werden. So–Do 8–2, Fr, Sa 8–4 Uhr.
Purgeraj, Ribnjak ulica 1, ☎ 01-4829253, 🖥 www.purgeraj.hr. Im Purgeraj im Park Ribnjak (hinter der Kathedrale) werden fast tgl. Live-Konzerte und Partys in den Genres Rock, Funk, Blues etc. veranstaltet. Hier versammelt sich Zagrebs alternative Szene zum Abgehen. ⏲ Mo–Fr 9–4, Sa 10–4 Uhr.

Route 66, Paromlinska 47, ☎ 01-6118737. 4 Tage pro Woche gibt's in dem sympathischen Roadhouse nahe der Universitätsbibliothek Livemusik, dazu das beste kroatische Bier (Velebitsko pivo) und eine sehr entspannte Atmosphäre. Auch tagsüber zum Draußensitzen geeignet. ⏲ Mo–Fr 10–1, Sa, So 16–1 Uhr.
Savska 14 (Krivi Put), Savska 14, bekannt unter dem Namen Krivi Put (falscher Weg), heißt dieser Biergarten heute einfach nach seiner Adresse. Die Getränke sind billig, die Tanzfläche im Innenraum eng, es wird geschwitzt und gefeiert, was das Zeug hält, kurzum ein Treffpunkt für die alternativen Zagreber Partygänger. ⏲ 9–2 Uhr.
Sax – Club der kroatischen Musiker, Palmotićeva 22/2, ☎ 01-4872836, 🖥 www.sax-zg.hr. Tgl. Livemusik, vor allem Jazz, in gepflegtem Ambiente. Hier treten unbekannte Künstler, aber auch die großen Namen der kroatischen Musik-Szene auf. ⏲ Mo–Sa 20–4 Uhr.

Kino
Art Kino Grič, Jurišićeva 6, ☎ 01-4834900, 🖥 www.artkinogric.hr. Kleines sympathisches Programmkino in der Nähe des Jelačić-Platzes.
Cinestar Zagreb, Branimirova 29, ☎ 01-4686602, 🖥 www.blitz-cinestar.hr. Mainstream-Kino in der Nähe des Hauptbahnhofs.
Kino Europa, Varšavska 3, ☎ 01-4829045, 🖥 www.kinoeuropa.hr. Das Kino stammt aus dem Jahr 1924 und verfügt über einen charmanten Kinosaal aus dieser Zeit. Gezeigt wird in erster Linie Programmkino.

Musik und Theater
Konzerthalle Lisinski, Trg Stjepana Radića 4, ☎ 01-6121166, 🖥 www.lisinski.hr. Die größte und wichtigste Konzerthalle für klassische Musik stammt aus den 1960er-Jahren und wurde nach dem kroatischen Komponisten Vatroslav Lisinski benannt, der 1846 die erste kroatische Oper komponierte. In einer kleinen und einer großen Halle kommt fast täglich klassische Musik vom Klavierkonzert bis zur Oper auf die Bühne. Darüber hinaus gibt es Jazz- und vereinzelt Popkonzerte, Theater- und Tanzaufführungen. Die Konzerthalle liegt südlich des Hauptbahnhofs und ist von dort bequem zu Fuß zu erreichen. Der Eintritt liegt je nach Veranstaltungsart zwischen 30 (Klavierkonzert) und 120 Kn (Sinfonieorchester).
Kroatisches Nationaltheater, Trg maršala Tita 15, ☎ 01-4888418, 🖥 www.hnk.hr. Das Hrvatsko Narodno kazalište (HNK) ist das bedeutendste und einflussreichste Theater des Landes, wo nahezu täglich Opern-, Ballett- und Theaterveranstaltungen stattfinden. Die Eintrittspreise beginnen bei regulär 50 Kn (Drama) bzw. 85 Kn (Oper, Ballett), Rentner und Studenten erhalten Rabatt.
Teatar Exit, Ilica 208, ☎ 01-3704120, 🖥 www.teatarexit.hr. Stehen im Nationaltheater große Theateraufführungen im Mittelpunkt, punktet das Exit mit kleineren innovativen und provokanten Inszenierungen, meist auf Kroatisch.
Zagreber Puppentheater, Trg kralja Tomislava 19, ☎ 01-4878444, 🖥 www.zkl.hr. Aufführungen v. a. für Kinder, viele Märchen (auf Kroatisch). Karten zwischen 20 und 30 Kn.

FESTE

Internationales Puppentheater-Festival PIF, an verschiedenen Orten in Zagreb, 🖥 www.pif.hr, im September. Die Tradition des Festivals geht auf das Jahr 1968 zurück, als Freunde der Kunstsprache Esperanto ein Festival für Puppentheater in ihrer Sprache gründeten. Heute finden die Aufführungen jedoch in verschiedenen Sprachen statt, je nach Herkunft der Puppenspieler. Es gibt Aufführungen für Kinder und Erwachsene.

Sommerkino Gradec, Katarinin trg, 🖥 www.ljetnokinogradec.com, im August. Ein vielfältiges Sommerkino in der Oberstadt. Die Veranstaltungen beginnen um 21 Uhr.

Sommerkino Tuškanac, Dubravkin put, Mitte Juli–Ende August. Musik, Theater und Kino unter freiem Himmel.

Rujanfest, Bundek, 🖥 www.rujanfest.com. Mitte September. Im Park Bundek in Novi Zagreb findet jährlich im September die kroatische Variante des Oktoberfests (kroat. *rujan*) statt. Mit von der Partie sind zahlreiche kulinarische Stände und Bierzelte sowie eine Auswahl bekannter Musiker aus der Region.

Zagreb Filmfestival, 🖥 www.zagrebfilmfestival.com. Im Oktober. Mehr als hundert Filme gehen ins Rennen.

EINKAUFEN

Die Straße Ilica ist die Haupt-Shoppingmeile Zagrebs, aber auch anderswo kommen einkaufsfreudige Besucher durchaus auf ihre Kosten.

Bücher

Algoritam, Gajeva 1, ☎ 01-4881555, 🖥 www.algoritam.hr. Buchladen im Erd- und Kellergeschoss des Hotels Dubrovnik mit einer großen Auswahl an internationaler Literatur (auch deutschsprachige). ⏲ Mo–Fr 8.30–21, Sa 8.30–16, So 9–14 Uhr.

Krawatten

Croata, Ilica 5 (Durchgang Oktogon), ☎ 01-4812726, 🖥 www.croata.hr. Die wohl berühmteste Erfindung der Kroaten ist heute ein beliebtes Souvenir. ⏲ Mo–Fr 8–20, Sa 8–15 Uhr.

Musik

Aquarius CD Shop, Varšavska 11, ☎ 01-6391673, 🖥 www.cedeterija.hr. CDs einheimischer wie internationaler Künstler. ⏲ Mo–Fr 8–20, Sa 8–15 Uhr.

CD- & Secondhand-Shop Roxy, Savska 34, 🖥 www.cdshop-roxy.com. Liebevolle Sammlung gebrauchter CDs und Schallplatten. ⏲ Mo–Fr 11–19, Sa 9–14 Uhr.

Shoppingcenter

Centar Kaptol, Nova ves 11, liegt ca. 500 m hinter der Kathedrale, ☎ 01-4860241, 🖥 www.centarkaptol.hr. Zahlreiche Shops v. a. internationaler Marken, sowie Gastronomie und anderes. ⏲ Mo–Sa 9–21 Uhr.

Importanne Galleria, Iblerov trg 10, ☎ 01-4619503, 🖥 www.importanne.hr. Unter dem Bahnhof und Hotel Esplanade gelegen, kann man im Importanne Kleidung, Schuhe und vieles mehr erstehen. ⏲ Mo–Sa 9–21 Uhr.

Nama, Ilica 4, ☎ 01-4803111, 🖥 www.nama.hr. Großes Warenhaus in unmittelbarer Nähe des Jelačić-Platzes. ⏲ Mo–Sa 8–20.30 Uhr.

Souvenirs

Rund um die Kathedrale findet sich eine Reihe Souvenirgeschäfte, das bekannteste Souvenir ist ein hölzernes rotes Zagreb-Lebkuchenherz.

Bakina kuća, Strossmayerov trg 7, ☎ 01-4852525, 🖥 www.bakina-kuca.hr. „Omas Haus" in der Nähe des Hauptbahnhofs hat neben klassischen Souvenirs auch Süßigkeiten und Liköre. ⏲ Mo–Fr 8–20, Sa 9–15 Uhr.

Natura Croatica, Skalinska 2a, ☎ 01-4855076, 🖥 www.naturacroatica.com. Hier gibt es ausschließlich kroatische Naturprodukte, die Auswahl reicht von T-Shirts über Seifen bis hin zu Olivenöl, Rakija und Wein. ⏲ Mo–Fr 9–21, Sa 10–16 Uhr.

Širok, Bakačeva 8, ☎ 01-4816554. Klassische Zagreb-Souvenirs verschiedener Art wie das rote Lebkuchenherz, Tassen und Gläser in kroatischen Farben und vieles mehr. ⏲ Mo–Sa 8–20, So 9–20 Uhr.

Wein

Dobra vina, Radnička cesta 52 (Green Gold Centar), ☎ 01-5554861, 🖥 www.dobravina.hr.

Skifahren vor der kroatischen Hauptstadt

Zugegeben, der geneigte Besucher wird bei Freizeitmöglichkeiten in Kroatien nicht primär ans Skifahren denken. Doch die medaillengekrönten internationalen Erfolge der Zagreber Geschwister Janica und Ivica Kostelić stehen stellvertretend für die Wintersporttradition des Landes. Und **das wichtigste Skigebiet Kroatiens** liegt unmittelbar vor bzw. über der Hauptstadt. Der Zagreber Hausberg **Sljeme** ist mit 1032 m zugleich der höchste Gipfel des nördlich gelegenen Medvenica-Gebirges. Auf der Nordseite des Sljeme gehen Skipisten verschiedener Schwierigkeitsgrade ab, von weißen über blaue und grüne bis hin zur roten Piste, die auf etwa 1000 m einen Höhenunterschied von 300 m aufweist. Die roten, grünen und weißen Pisten verfügen über Schneekanonen. Der Skipass kostet pro Tag 70 Kn, am Wochenende 100 Kn, Kinder unter 15 Jahren zahlen 50 bzw. 40 Kn. Tickets zum Nachtskifahren und Halbtagestickets sind günstiger, die Saisonkarte kostet 1500 Kn für Erwachsene, 750 Kn für Kinder unter 15 Jahren. Kinder können auf dem Sljeme auch **Schlittenfahren**, natürlich nicht auf der Skipiste, aber auf der Ostseite der Piste Činovnička livada.

Als Janica Kostelić, die erfolgreichste alpine Skiläuferin der Olympia-Geschichte, 2005 ihre Karriere beendete, wurde das jährlich stattfindende Ski-Slalom-Rennen auf dem Sljeme dieser Ausnahmesportlerin gewidmet. Seitdem heißt das Rennen *Snježna kraljica* (Schneekönigin). Es ist das höchstdotierte Weltcuprennen für Damen, genießt großes Renommee und zieht jährlich 15 000–20 000 Besucher in seinen Bann. Seit 2008 wird im Anschluss an das Damenrennen auch ein Weltcuprennen für Herren ausgetragen. Die Tickets kosten 60 Kn für das Damen- und 100 Kn für das Herrenrennen. 🖳 www.snowqueentrophy.com.

Übernachtungsmöglichkeiten werden im Hotel Tomislavov dom (S. 498) oder in den Ferienapartments Snježna Kraljica (Apartmanska kuća Snježna kraljica, Sljeme 4, Stubičke Toplice, ✆ 01-4604555, 🖳 www.sljeme.hr) angeboten, wo auch die Energiereserven bei einem rustikalen kroatischen Essen aufgetankt werden können.

Die **Anfahrt** vom Zentrum aus erfolgt vom Kaptol (Kathedrale) immer geradeaus über Nova ves, Ksaverska cesta, Gračanska cesta, Bliznec und die kurvenreiche Bergstraße Sljemenska cesta. Wer auf öffentliche Verkehrsmittel angewiesen ist, nimmt den Sonderbus von Mihaljevac (Endstation der Linien 8 und 14) zum Tomislavov dom oder bis Snježna kraljica, in der Woche fahren täglich 5 Busse, am Wochenende fahren die Busse stündlich. Alle Infos auf Kroatisch und Englisch sind auf folgender Homepage zu finden: 🖳 www.sljeme.hr.

„Guter Wein" – der Name ist Programm, hier werden edle Tropfen aus allen Weinregionen Kroatiens sowie aus dem Ausland angeboten, auch im Webshop. ⏱ Mo–Sa 9–21 Uhr.

AKTIVITÄTEN UND TOUREN

Radfahren

Durch Zagreb führen nur vereinzelt Radwege, daher ist es eher mühsam, sich hier mit dem Fahrrad fortzubewegen. Besser sieht es im Umland, vor allem um Varaždin, aus, es gibt aber auch in Zagreb eine Reihe von Fahrradvermietungen.

Bike.com.hr, Fra Andrije Kačića Miošića 9, ✆ 098-774574, 🖳 www.bike.com.hr. Ein Fahrrad kostet 100 Kn pro Tag.

Žuti mačak, Hvarska 1c, ✆ 01-6192620, 🖳 www.zutimacak.hr. Ein Fahrrad kostet 100 Kn pro Tag.

Stadtführungen

Blue Bike Tours, ✆ 098-1883344, 🖳 www.zagrebbybike.com. Verschiedene Rad-Stadtführungen durch Zagreb mit unterschiedlichen thematischen Schwerpunkten (z. B. Klassische Sehenswürdigkeiten, Parks, Sozialismus in Novi Zagreb) in Englisch und anderen Sprachen für 170 Kn p. P. Anmeldung per E-Mail oder Telefon.

Funky Zagreb, ✆ 091-1602222, 🖳 www.funky-zagreb.com. Individuelle Stadttouren, in denen eher das Leben und die Bewohner Zagrebs im Mittelpunkt stehen, nicht so sehr die Monumente. Im Programm sind zusätzlich Weintouren, Wanderangebote und Ausflüge in die Umgebung. Eine Tour ist ab 130 Kn. p. P. zu haben.

Secrets of Grič, ℡ 091-14615670, 🖳 www.tajnegrica.hr. Die nächtliche Schauspiel-Stadtführung entführt ihre Besucher in die Legenden und Mythen der Zagreber Oberstadt, angelehnt an die Romane der Zagreber Schriftstellerin Marija Jurić-Zagorka. Auf Englisch.

Segway City Tour, ℡ 095-9034227, 🖳 www.segway.hr. Segways sind diese lustigen Dinger, die aussehen wie ein abgesägtes Mofa auf 2 Rädern. Und damit können Besucher in geführten Touren durch Zagreb düsen und viel Spaß haben. Rundfahrten verschiedener Länge kosten zwischen 210 und 370 Kn p. P.

Stadtrundfahrten

City Tour Zagreb – Experience the City! Zagrebački Električni Tramvaj, Ozaljska 105, ℡ 01-3651555, 🖳 http://www.zet.hr/media/51609/tourist_za_web.pdf. Die Cabriobusse der Zagreber Verkehrsbetriebe fahren auf 2 Routen durch die Stadt. Die **rote Linie** *(crvena linija)* verkehrt 12,5 km im Stadtzentrum mit 6 Stopps, während die **grüne Linie** *(zelena linija)* die außerhalb gelegenen Ziele Jarun, Bundek und Maksimir einschließt (32,5 km, 7 Stationen). Die Fahrten funktionieren nach dem Hop-on-Hop-off-System, das heißt, an jeder Haltestelle kann ein- und ausgestiegen werden, an Regentagen entfallen die Touren. Die Karten können beim Fahrer oder einer Filiale der ZET erworben werden und kosten 70 Kn für Erwachsene, 35 Kn für Kinder zwischen 7 und 18 Jahren, für Kinder unter 7 Jahren kostenl. Die Fahrten finden von Mai–September zwischen 12 und 18 Uhr statt.

SONSTIGES

Apotheken

An Apotheken mangelt es nicht, folgende sind rund um die Uhr geöffnet, 🖳 www.gljz.hr: Trg bana J. Jelačića 3, ℡ 01-4816198. Ilica 301, ℡ 01-3750321. Grižanska 4 (Dubrava), ℡ 01-2992350. Avenija V. Holjevca 22 (Siget), ℡ 01-6525425. Ozaljska 1 (südwestlich des Zentrums), ℡ 01-3097586.

Autovermietungen

In Zagreb sind alle großen internationalen Autovermietungen vertreten, außerdem sind lokale Autovermieter zu finden, die zum Teil günstiger sind. Die meisten haben ihren Sitz direkt am Flughafen Zagreb Pleso, einige unterhalten jedoch auch Stationen in der Stadt. Es empfiehlt sich der Preis- und Leistungsvergleich auf Mietwagen-Portalen im Internet (z. B. 🖳 www.economycarrentals.de oder www.billiger-mietwagen.de).

Avis, Flughafen, ℡ 01-6265190; Zentrum, Kneza Borne 2 (Hotel Sheraton), ℡ 01-4676111; HQ Station, Oreškovićeva 21, ℡ 01-4673603, 🖳 www.avis.de.

Europcar, Flughafen, ℡ 098-98231089, 🖳 www.europcar.de.

Oryx, Flughafen, ℡ 01-6260800; Ulica grada Vukovara 74, ℡ 01-6115800; Mihanovićeva 1 (Hotel Regent Esplanade), ℡ 01-4563789, 🖳 www.oryx-rent.hr.

Vero Rent, Flughafen, ℡ 01-6265854; Kneza Borne 2 (Hotel Sheraton), ℡ 01-4554936, 🖳 www.verorent.hr.

Botschaften

Botschaft der Bundesrepublik Deutschland Ulica grada Vukovara 64, HR-10000 Zagreb, ℡ 01-6300100, 🖳 www.zagreb.diplo.de.

Botschaft der Republik Österreich Radnička cesta 80, 9. Stock (Zagreb-Tower), HR-10000 Zagreb, ℡ 01-4881050, 🖳 www.bmeia.gv.at/botschaft/agram.

Botschaft der Schweiz Bogovićeva 3, HR-10000 Zagreb, ℡ 01-4878800, 🖳 www.eda.admin.ch/zagreb.

Geld

An Banken und Bankomaten, wo man problemlos mit Kredit- oder EC-Karte Geld abheben kann, mangelt es in Zagreb nicht, zudem gibt es etliche Wechselstuben *(mjenjačnica)*.

Direkt am Jelačić-Platz ist eine Filiale der Zagrebačka Banka:
Zagrebačka Banka, Trg bana J. Jelačića 10, 💻 www.zaba.hr.
Bankomaten und Wechselstuben gibt es am Flughafen, am Busbahnhof und am Hauptbahnhof. Die Wechselstube am Hauptbahnhof ist 24 Std. geöffnet.

Gepäckaufbewahrung
Das Reisegepäck kann im **Busbahnhof** (erste 4 Std. je 5 Kn, danach 2,5 Kn pro Std., ⏱ rund um die Uhr) und im **Hauptbahnhof** (15 Kn pro Tag für ein Schließfach, ⏱ rund um die Uhr) abgegeben werden.

Informationen
Zentrale Touristeninformation Zagreb, Trg bana Jelačića 11, ☎ 01-4814051, 💻 www.zagreb-touristinfo.hr.
Weitere Touristeninformationen bestehen ganzjährig am Hauptbahnhof und am Busbahnhof sowie saisonal am Flughafen und im Motel Plitvice (am Autobahnkreuz Lučko, im Südwesten von Zagreb).
Tourismuszentrale der Region Zagreb, Preradovićeva 42, ☎ 01-4873665, 💻 www.tzzz.hr.
Informationsbüro des Nationalparks Plitvicer Seen, Trg kralja Tomislava 19, ☎ 01-4613586. Informationen über Plitvice, das Velebit-Gebirge und andere kroatische Nationalparks.

Medizinische Hilfe
Ärztlicher Notdienst, Sveti Duh 64, ☎ 01-3712111. ⏱ 24 Std. geöffnet.
Ärztlicher Notdienst für Kinder, Klaićeva 16, ☎ 01-4600111, 💻 www.kdb.hr. ⏱ 24 Std. geöffnet.
Zahnärztlicher Notdienst (in der Zahnärztlichen Poliklinik), Perkovčeva 3, ☎ 01-4803200. ⏱ 22–6 Uhr, So und feiertags 24 Std.

Polizei
Die Polizei-Notrufnummer ist 192.
Polizeistation Zagreb Zentrum, Trg J.J. Strossmayera 3, ☎ 01-4563520, 💻 www.zagrebacka.policija.hr (unter *Policijske postaje* findet man weitere Polizeistationen).

Post
Über das Stadtgebiet verteilt gibt es zahlreiche Postämter, Briefmarken kann man zusätzlich an den Kiosken kaufen. Die Hauptpost befindet sich in der Nähe des Hauptbahnhofs.
Hauptpostamt, Branimirova 4, ☎ 01-4981550, 💻 www.posta.hr. ⏱ rund um die Uhr.
Postamt, Jurišićeva 13, beim Jelačić-Platz, ☎ 01-8411095. ⏱ 7–21, Sa 7.30–14 Uhr.

NAHVERKEHR
Stadtbusse und Trams
Der Stadtverkehr ist mit Tram- und Busverbindungen in Zagreb gut organisiert. Die meisten der **15 Tramlinien** fahren vom Jelačić-Platz oder Hauptbahnhof ab, Tram-Pläne finden sich an jeder Station oder auf der Homepage der Zagreber Verkehrsbetriebe. Die Stationen werden in Tram und Bus nicht immer angesagt, man merkt sich also am besten die Zahl der Stationen oder fragt den Fahrer, wann man aussteigen muss. Nachts gibt es 4 Nachtlinien (31–34), welche die wichtigsten Orte in der Stadt verbinden.
Die **Stadtbusse** verkehren nicht im Zentrum, sondern verbinden die Außenbezirke mit dem Tramnetz, das heißt, dass die meisten Busse ab den Endhaltestellen der Tram verkehren. Die wichtigsten Haltestellen im Zentrum sind

Zagreb Card
Eine Möglichkeit, den Nahverkehr in Zagreb kostenlos zu nutzen und darüber hinaus eine Menge Vergünstigungen in Zagreb zu erhalten, bietet die Zagreb Card. Bis zu 50 % Rabatt wird z. B. in ausgewählten Museen, Clubs oder im Zoo gewährt, bis 20 % Rabatt in Restaurants, Geschäften, Hotels und Autovermietungen. Erhältlich ist die Zagreb Card bei zahlreichen Hotels, Hostels, Apartments, in der Touristeninformation oder am Flughafen. Sie ist entweder 24 oder 72 Std. gültig und kostet 60 bzw. 90 Kn. Eine Liste der Orte, die Vergünstigungen gewähren, findet man im Internet unter 💻 www.zagrebcard.fivestars.hr.

der Hauptbahnhof (südlich, durch das Importanne-Center), der Britanski trg westlich des Zentrums und Kaptol, neben der Kathedrale.

Tickets für Tram und Bus sind für 12 Kn am Kiosk oder für 15 Kn beim Fahrer erhältlich, in den Nachtlinien bezahlt man 20 Kn am Kiosk und 25 beim Fahrer, Tagesticket kostet 40 Kn.

Podružnica Zagrebački električni tramvaj (ZET), Ozaljska 105, ℡ 01-3651555, 🖥 www.zet.hr.

Taxi

Meistens kosten Taxis etwa 10 Kn Startpreis plus ca. 5 Kn pro km. Eine Fahrt zum Flughafen sollte also etwa 100 Kn kosten, eine Fahrt zum Jarun-See etwa 60 Kn.

Eko taxi, Vodovodna 20a, ℡ 01-1414, 060-7777, 🖥 www.ekotaxi.hr.
Radio taksi Zagreb, Božidara Magovca 55, ℡ 060-800800, 01-1777, 🖥 www.radio-taksi-zagreb.hr.
Taxi Cammeo, ℡ 01-1212, 060-7100, 🖥 www.taxi-cammeo.net.

TRANSPORT

Auto und Motorrad

Einige Straßen im Zentrum sind Fußgängerzonen, ansonsten kommt man mit dem Auto in Zagreb fast überallhin. Eine **Parkgarage** ist u. a. unterhalb des Hauptbahnhofs (vor dem Hotel Esplanade) oder am Best Western Hotel zu finden. Wenn man sich den Stress ersparen will, kann man außerhalb des Zentrums parken und dann die Tram nehmen.

Busse

Der **Busbahnhof** Zagreb (Autobusni kolodvor Zagreb), Držićeva 4, ℡ 01-6008600, 🖥 www.akz.hr, ist durch den geringeren Ausbau der Bahnstrecken der wichtigste Verkehrsknotenpunkt für den öffentlichen Verkehr in Kroatien und dementsprechend groß und relativ gut organisiert. Er liegt südöstlich des Zentrums und ist vom Jelačić-Platz mit der Tramlinie 6 zu erreichen. Die Überlandbusse verbinden Zagreb mit allen Städten und Regionen Kroatiens sowie mit anderen Zielen in Europa. Direkte Verbindungen führen in nahezu alle größeren Städte in Deutschland, sowie nach Wien, Graz, Salzburg, Zürich, Basel und Bern. Der Preis und die Fahrtzeit können je nach Busunternehmen erheblich abweichen, ein Vergleich lohnt sich also auf jeden Fall. Bei den etwa 30 Verbindungen nach Split variieren z. B. die Preise zwischen 115 und 219 Kn, die Fahrtzeit zwischen knapp 5 und über 8 Std. Bei den meisten Busunternehmen gibt es Ermäßigungen für Kinder, Schüler, Studenten oder Rentner. Die Busse am Zagreber Busbahnhof fahren (im Gegensatz zur kroatischen Bahn) in der Regel pünktlich ab, gelegentlich sogar auch einige Minuten zu früh. Es empfiehlt sich also, nicht im letzten Moment am Busbahnhof zu erscheinen. Die Tickets können im Gebäude vom Busbahnhof gekauft werden, nicht alle Mitarbeiter sprechen Englisch oder Deutsch, doch an einem der internationalen Schalter wird i. d. R. zumindest Englisch gesprochen. Auf der Homepage stehen alle wichtigen Informationen auf Kroatisch und Englisch (bei der Eingabe in die Suchmaske keine Umlaute, also Munchen, Zurich usw.).

DUBROVNIK, 11x tgl. (davon 7 mit Umstieg) in 8–10 Std. für 195–250 Kn.
OSIJEK, 8x tgl. in 4 Std. für 131–144 Kn.
PULA, 17x tgl. in 5 Std. für 151–196 Kn.
RIJEKA, 31x tgl. in 2–3 Std. für 86–155 Kn.
SPLIT, 29x tgl. in 5–8 Std. für 155–200 Kn.
VARAŽDIN, 23x tgl. in 1 1/2 Std. für 65–87 Kn.
ZADAR, 24x tgl. in 3 1/2 Std. für 105–146 Kn.
BELGRAD, 6x tgl. in 6 Std. für 220 Kn.
MÜNCHEN, 2x tgl. in 9 Std. für 375 Kn.
SARAJEVO, 6x tgl. in 8 Std. für 104–210 Kn.
WIEN, 3x tgl. in 5 Std. für 225–247 Kn.
ZÜRICH, 1x tgl. in 12 Std. für 816 Kn.

Eisenbahn

Das Eisenbahnnetz ist rund um Zagreb im Vergleich zum Rest des Landes recht gut ausgebaut. Vor allem die näheren Ziele wie VARAŽDIN, KARLOVAC, SISAK oder KOPRI-

VNICA, aber auch OSIJEK oder SLAVONSKI BROD sind mit dem Zug gut zu erreichen. Darüber hinaus bestehen zahlreiche Verbindungen in die Nachbarländer und in weitere europäische Länder. Nach Bosnien und Serbien gibt es wesentlich mehr Busverbindungen, aber nach Ungarn und Slowenien empfiehlt sich die Fahrt mit der Bahn. Tgl. verkehren jeweils 2 Züge direkt nach MÜNCHEN und WIEN sowie einer nach ZÜRICH. Die Preise liegen normalerweise leicht unter den Preisen für die Busfahrt, die Fahrtzeiten sind i. d. R. etwas länger.
Der **Hauptbahnhof** (Glavni kolodvor), Trg kralja Tomislava 12, ✆ 060-333 444, 🖳 www.hznet.hr, liegt zentral am Park Zrinjevac und ist vom Jelačić-Platz bequem zu Fuß oder mit den Tramlinien 5 und 13 zu erreichen. Informationen auf Kroatisch und Englisch liefert die Homepage der kroatischen Eisenbahngesellschaft (Hrvatske željeznice), Verbindungen ins Ausland auch über die Homepage der Deutschen Bahn 🖳 www.bahn.de.

Flüge
Der **Flughafen Zagreb**, ✆ 01-4562222, 🖳 www.zagreb-airport.hr, liegt im Vorort Pleso, ca. 17 km südöstlich von Zagreb, kurz vor der Stadt Velika Gorica. Es gibt zahlreiche direkte Verbindungen nach ganz Europa. Die kroatische Fluggesellschaft Croatia Airlines bietet Flüge nach Frankfurt, München, Wien und Zürich an, Germanwings fliegt von Köln/Bonn und Stuttgart, von Berlin, München und Frankfurt gehen zudem Lufthansa-Flüge. Croatia Airlines verbindet Zagreb außerdem mit den Inlandsflughäfen PULA, ZADAR, SPLIT, DUBROVNIK und der Insel BRAČ.
Der Flughafen ist über einen Shuttlebus zu erreichen, der ca. 30 Min. vom oder zum Busbahnhof braucht und etwa 2x stdl. fährt. Die Fahrt kostet 30 Kn, man kann beim Fahrer zahlen.
Natürlich kann man auch mit dem Taxi in die Stadt fahren, generell sind jedoch Taxis in Zagreb vergleichsweise teuer, weshalb die Busse vorzuziehen sind.
Croatia Airlines ✆ 01-6676555, 🖳 www.croatiaairlines.hr.

 **HIGHLIGHT**

Samobor und Umgebung

Eingebettet in die Ausläufer des Žumberak- und des Samobor-Gebirges, nur etwa 20 km westlich von Zagreb, liegt nahe der slowenischen Grenze das charmante Barockstädtchen **Samobor** (38 000 Einw.). Für die Zagreber ist es das beliebteste Ziel für einen gemütlichen Sonntagsausflug, und auch Touristen hat die Stadt einiges zu bieten. Samobor wurde erstmals im Mittelalter erwähnt, seine Blüte erlangte die Stadt jedoch in der Barockzeit, was bis heute in einer stattlichen Anzahl eindrucksvoller Bauwerke aus dieser Zeit dokumentiert ist.

Der Hauptplatz der Stadt, **Trg kralja Tomislava**, der nach dem ersten kroatischen König Tomislav benannt wurde, wird jedoch von repräsentativen Bürgerhäusern und Verwaltungsgebäuden des 18. und 19. Jhs. geprägt, in denen heute zahlreiche Cafés die Hauptspezialität der Stadt anbieten: die Cremeschnitte. Dieses kulinarische Erbe der Österreicher ist weit über die Stadtgrenze hinaus bekannt, und die Zagreber fahren gerne *na kremšnitu* (auf eine Cremeschnitte) in die Nachbarstadt (Kasten S. 510).

Sehenswert ist die **Hauptkirche der Heiligen Anastasia** aus dem 17. Jh., die als eine der schönsten Barockkirchen Nordkroatiens gilt. Dahinter erstreckt sich eine ansprechende **Parkanlage**, in der ein Denkmal für die Opfer des Kroatien-Kriegs der 1990er-Jahre steht. Östlich geht der Park in einen Spazierweg über, der nach dem ersten kroatischen Präsidenten Franjo Tuđman benannt ist. Hier befindet sich in einer hübschen alten Villa, einst Heimat des Komponisten Ferdo Livadić (1799–1879), das **Museum der Stadt Samobor**, Livadićeva 7, ✆ 01-3361014, wo verschiedenste Exponate zur Geschichte der Stadt und Region ausgestellt sind. Neben den verschiedenen Sammlungen des Haupthauses (archäologisch-geologische, kulturgeschichtliche, historische und Kunst-Sammlung) wurde in einem Nebengebäude eine ethnografische Sammlung in Form eines rekonstruierten Bauernhauses aus dem 19. Jh. eingerichtet. ⏲ Di–Fr 9–15, Sa 9–13, So 10–17 Uhr.

Über die **Tuđman-Promenade** am Bach Gradna entlang erreicht man die eindrucksvolle Ruine der **Burg Samobor**, die im 13. Jh. von Anhängern des tschechischen Königs errichtet wurde. Von hier ergibt sich ein schöner Ausblick auf die Stadt und die umgebende Landschaft.

Rund um Samobor wurde 2012 eine **Weinstraße** eingerichtet, die aber leider nicht ausgeschildert ist. An dieser Weinstraße werden Weißweine wie Chardonnay oder Weißburgunder sowie einige Rotweine wie Frankovka hergestellt. In Samobor kann beim Winzerverein Wein probiert und gekauft werden. Dafür ist eine Anmeldung erforderlich. Winzerverein (vinarska udruga) Samobor, Livadićeva 7, ✆ 091-2055605. Weitere Adressen auf der Homepage 🖥 www.usvc.hr (unter Vinari-Winzer).

Naturpark Žumberak-Samoborsko gorje

Wenige Kilometer westlich von Samobor beginnt der Naturpark Žumberak-Samoborsko gorje, Slani Dol 1, ✆ 01-3327660, 🖥 www.park-zumberak.hr, wobei der Teil bei Samobor als **Samoborsko gorje**, der Teil an der Grenze zu Slowenien als **Žumberačka gora** bezeichnet wird. Der seit 1999 geschützte Naturpark erstreckt sich auf einem Territorium von über 333 km² und zeichnet sich durch eine sanfte Hügellandschaft aus, deren höchsten Punkt der Berg **Sveta Gera** mit 1178 m bildet. In dieser Region kommen die dinarische Karstlandschaft, die Pannonische Tiefebene und das Voralpenland zusammen, was eine geologisch vielfältige Landschaft mit reicher Flora und Fauna entstehen lässt. Charakteristisch sind bewaldete Hügel, tief eingeschnittene Flusstäler, malerische alte Dörfer, große Weideflächen und Weinberge. Auf dem Gebiet des Parks sind drei Wanderwege und vier Fahrradstrecken ausgewiesen. Infos gibt die Touristeninformation in Samobor und die Naturparkverwaltung in Slani Dol. Aktiv-Touren zu Fuß oder per Rad nehmen am besten in Slani Dol ihren Ausgang.

Beim Dörfchen **Klake**, knapp 10 km südlich von Samobor, liegt auf einem spitz geformten Berg die eindrucksvolle Ruine der **Burg Okić** auf etwa 500 m Höhe. Unweit davon ist das **Ethno-Haus**, Etno kuća Pod Okićem, Podokićka ulica 40, Klake, ✆ 01-3382335, 🖥 www.etno-kuca.hr, sehenswert, in dem das traditionelle dörfliche Leben der Region rekonstruiert wurde. Von hier aus bieten sich Wanderausflüge an, in dem hübschen Holzhaus kann übernachtet werden ❶, im Garten besteht die Möglichkeit zum Campen. Auf Bestellung (!) kann hier auch regionales Essen genossen werden (Anmeldung i. d. R. bis drei Tage zuvor), die Homepage informiert auch auf Deutsch.

Samoborski Fašnik

Der Karneval in Samobor ist einer der bekanntesten in Kontinentalkroatien, der erstmals im Jahr 1827 nachgewiesen werden kann. Zentrale Figur ist der *Princ Fašnik*, der die Faschingsrepublik Samobor ausruft, die in den folgenden Tagen die Stadt regiert. Am Ende wird eine Gerichtsverhandlung gegen den *Princ Fašnik* inszeniert, bei der es fest verteilte Rollen gibt und die damit endet, dass eine Puppe auf einem Scheiterhaufen verbrannt wird. Symbolfigur und beliebte Verkleidung ist der Rabe, klassisches Essen sind Berliner/Faschingskrapfen *(krafne)*. Der Samoborski Fašnik findet in der Regel in den zehn Tagen vor Aschermittwoch statt. Dazu gehören verschiedene Veranstaltungen mit Umzügen, Tanz und Livemusik, bei denen auch Gruppen aus anderen Karnevalshochburgen Kroatiens auftreten. 🖥 www.fasnik.com.

ÜBERNACHTUNG

Guesthouse Pavlin, Vrhovčak, ✆ 098-9396283, 🖥 www.izletiste-pavlin.com. In Vrhovčak, etwa 30 Fußminuten westlich vom Zentrum, Pension mit Restaurant inmitten von Weinbergen. ❶

Hostel Samobor, Obrtnička 34, ✆ 01-3374107, 🖥 www.hostel-samobor.hr. Das 2009 eröffnete Hostel liegt im Zentrum. Die Zimmer in hellgrünen Tönen verfügen über 2–6 weiße Hochbetten. 130 Kn p. P.

Hotel Livadić, Trg kralja Tomislava 1, ✆ 01-3365850, 🖥 www.hotel-livadic.hr. 3-Sterne-Hotel in historischem Gebäude direkt

In Samobors Altstadt schmiegt sich ein Café ans andere.

im Zentrum Samobors. Die 21 geräumigen Zimmer sind mit alten Möbeln geschmackvoll und individuell eingerichtet, Dach- und Holzschrägen verstärken noch die Individualität. Neben dem historischen Teil des Hotels, der den Charme der Habsburgerzeit versprüht, hat es auch einen modernen Teil, der nicht weniger geschmackvoll ist. Im Erdgeschoss befindet sich eines der stilvollsten Kaffeehäuser Samobors mit Cremeschnitten u. v. m. ❸–❹

Pension Gogo, Slani Dol 4, in Slani Dol, ✆ 01-3384096, 🖥 www.izletiste-gogo.hr. Ein idealer Ausgangspunkt für Wanderungen im Naturpark Žumberak. Solide und sehr preiswerte 2- und 3-Bett-Zimmer teils mit Balkon und schöner Aussicht. Eine zauberhafte Terrasse mit Ausblick und ein gutes Restaurant gehören dazu. ⏰ Di–Fr 12.30–23, Sa, So 7–23 Uhr. ❶

Pensions Golubić, Obrtnička 12, ✆ 01-3360937. Freundliche Familienpension im Zentrum. ❶

ESSEN

Bistro i Pizzeria Vugrinščak, Starogradska 73, ✆ 01-3366166. Pizza und Kleinigkeiten vom Grill zu moderaten Preisen in rustikalem Ambiente. ⏰ Mo–Fr 12–22, Sa, So 9–23 Uhr.

Izletište Anindol, Svete Ane 71, ✆ 01-3367020, 🖥 www.izletiste-anindol.hr. In der Nähe des schönen Anindol-Parks werden in diesem urigen Gasthaus mit alten Holzmöbeln Pizza und Fast-Food-Spezialitäten (Čevapčići und Co.) zu anständigen Preisen angeboten. ⏰ Di–So 10–22 Uhr.

Izletište Eko selo Žumberak, Kravljak 13, Koretići, ✆ 01-3387472. Nah am Zusammenfluss der Flüsse Bregana und Rakovac im Naturpark Žumberak lädt dieses Öko-Dorf zur gemütlichen Mahlzeit auf der wunderschönen Terrasse mit dunklen Holztischen ein, zu empfehlen sind die heimischen Flussfische. Außerdem Übernachtungsmöglichkeit mit insgesamt 30 Betten.

Klet Jana, Prodin dol bb, Gorica Svetojanska, ✆ 01-6287372, 🖥 www.jana.hr. In der sanfthügeligen Region Sveta Jana (aus der auch das bekannte Mineralwasser Jana kommt), am südlichen Zipfel des Samoborsko gorje-Parks, kann der Besucher in ländlicher Idylle regionale Spezialitäten essen, übernachten und hauseigenen Wein probieren. Weitere Aktivitäten wie Reiten oder Fischen werden angeboten. ⏰ Di–So 8–22 Uhr.

Krčma „Gabreku 1929.", Starogradska 46, ☏ 01-3360722, 🖳 www.gabrek.hr. Traditionelle Küche in traditionellem Restaurant etwas außerhalb des Zentrums, Spezialität sind die Pfannkuchen-Varianten *(palačinke)*, dazu eine erlesene Weinkarte. ⏲ 12–24 Uhr.

Pri staroj vuri, Giznik 2, ☏ 01-3360548, 🖳 www.pri-staroj-vuri.hr. Das Restaurant liegt ein Stück südlich des Zentrums in einer Villa aus dem 19. Jh., umgeben von einem Park und einem Kinderspielplatz. Die guten regionalen Speisen sind auch bei Einheimischen beliebt. ⏲ Mo–Sa 12–23, So 11–18 Uhr.

Samoborska Klet, Trg kralja Tomislava 7, ☏ 01-3326536, 🖳 www.samoborska-klet.hr. In einem Innenhof des Hauptplatzes liegt dieses traditionelle Restaurant mit überdachter Terrasse unter Kastanienbäumen und einem geranienberankten Grillplatz.

Süße Grüße aus Samobor

Samobors berühmtestes Aushängeschild ist ca. 10 cm hoch, fast würfelförmig, gelblich, cremig und vor allem süß. Es trägt den Namen *kremšnita*, zu Deutsch Cremeschnitte. Aber der Reihe nach: Die Cremeschnitte fußt auf einem knusprigen Blätterteigstückchen, darüber kommt das Herzstück, eine breite Schicht süßer Creme, die mal an Vanille, mal an Karamell erinnert, abgeschlossen wird das Kunstwerk von einer weiteren Blätterteigschicht mit einer Prise Puderzucker darauf. In Abwandlung der österreichischen Cremeschnitte kam das klassische Rezept über Zagreb nach Samobor und hat sich hier verselbstständigt. Kaum ein Besucher der Stadt, bei dem sich nicht eine der süßen Köstlichkeiten auf dem Teller wiederfindet. Die Besonderheit ist, dass Cremeschnitten in Samobor warm serviert werden, während sie im Rest des Landes kalt gegessen werden. Die Liebe der Samoborer zu ihrer Spezialität geht so weit, dass jährlich im Mai die Tage der Samoborer Cremeschnitte organisiert werden. Dabei können natürlich massig Cremeschnitten gegessen werden, dazu gibt es kulturelle Veranstaltungen und Wettbewerbe. Infos unter 🖳 www.samoborske-kremsnite.com.

Die freundliche Bedienung serviert eine große Auswahl an Fleischgerichten, auch Peka- und Grill-Gerichte, auch Vegetarier werden hier satt. ⏲ tgl. 8–24 Uhr.

Samoborska pivnica, Šmidhenova 3, ☏ 01-3361623. Gemütliche Brauerei mit langem Kellerraum. Serviert wird gutbürgerliche Küche, dazu gutes kroatisches Bier. ⏲ 9–22 Uhr.

Slastičarnica U Prolazu, Trg kralja Tomislava 5. Hier kann man fantastische Cremeschnitten *(kremšnite)* essen, deren Füllung nach Karamell schmeckt und ohne jede Zusatzstoffe nur aus Milch, Mehl, Zucker und Eiern hergestellt wird. Die Cremeschnitte kostet 8 Kn. ⏲ 7–23 Uhr.

Wok Inn, A. Hebranga 45, ☏ 01-3324257, 🖳 www.wok-inn.hr. Wer bei all der guten kroatisch-traditionellen Küche eine Abwechslung braucht, findet sie in diesem chinesisch-asiatischen Restaurant ein Stückchen nördlich vom Zentrum, nahe dem Stadion. ⏲ Mo–Sa 12–24, So 12–22 Uhr.

UNTERHALTUNG UND KULTUR

Pučko otvoreno učilište, Trg Matice Hrvatske 3, ☏ 01-3360112, 🖳 www.pousamobor.hr. Ein Ort für Theateraufführungen, Konzerte und andere Kulturveranstaltungen, hier befindet sich auch ein Kino.

FESTE

Jazz-Festival Samobor, in der letzten Mai-Woche steht Samobor im Zeichen der Jazzmusik. Musiker aus dem In- und Ausland treten auf, Sa und So gibt es Konzerte größerer Formationen wie Big-Bands.

Salamijada Samobor, 🖳 www.samoborska-salamijada.com. Hier geht's jedes Jahr im März/April um die Wurst: In Samobor gibt es tatsächlich ein Salami-Festival mit Prozession, Auszeichnung der besten Salami – und natürlich ganz viel guter Wurst zum Probieren. Wenig überraschend, dass die Salami eines der bekanntesten kulinarischen Highlights der Stadt ist.

Samoborska glazbena jesen, 🖳 www.samobor-festival.com. Jährlich im Oktober finden 2 Wochen lang herausragende Konzerte klassischer Musik von Musikern aus dem In- und Ausland in Samobor statt.

Über die Burg von Samobor auf den Tepec

- **Route**: Samobor (159 m) – Burg Samobor (212 m) – Tepec (365 m) – Anindol (220 m) – Samobor
- **Länge**: ca. 2,5 km
- **Dauer**: 1 1/2 Std.
- **Wegbeschaffenheit**: durchgehend guter Wanderweg, kleinere Abschnitte auf Nebenstraßen
- **Orientierung**: der Weg entspricht bis zur Burg einem rot-weiß markierten Wanderweg, danach variiert die Route über die Kapellen Sv. Juraj und Sv. Ana; ab der zweiten Kapelle kann wieder der rot-weißen Markierung gefolgt werden
- **Wandersaison**: ganzjährig
- **Ausrüstung**: feste Schuhe

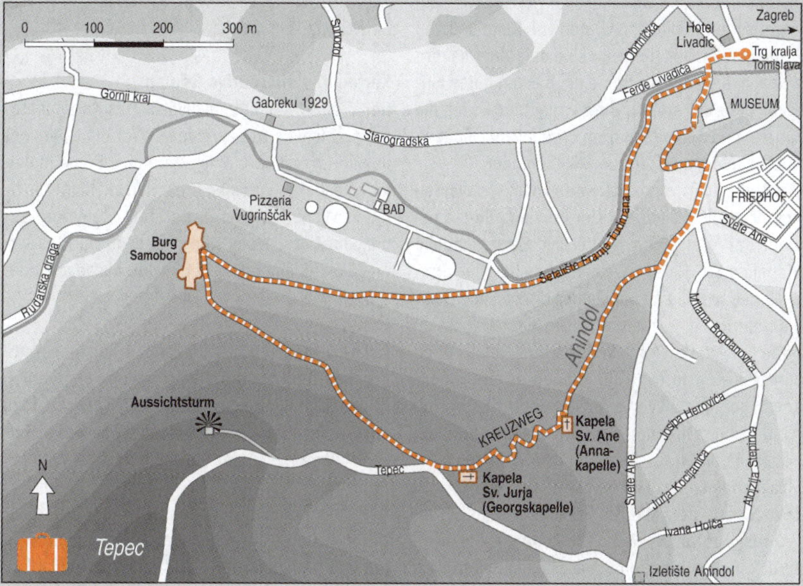

Der Spazierweg verbindet mehrere Sehenswürdigkeiten, die außerhalb des Stadtzentrums von Samobor liegen. Es werden zwar über 200 m Höhenunterschied bewältigt, die Route ist jedoch angenehm und leicht zu laufen. Der Weg führt teils durch offenes Gelände, teils durch Wald, dabei bieten sich immer wieder schöne Ausblicke auf Samobor und Umgebung.

Es gibt eine ganze Reihe Spazierwege auf den Tepec, gerade die Burg ist von nahezu allen Seiten erreichbar. Achtung: Bei Nässe und Glätte sind die bergauf führenden Waldwege mit Vorsicht zu genießen.

Die Route

Der Weg beginnt im Zentrum von Samobor am Hauptplatz **Trg kralja Tomislava**. Nach Überqueren des Flusses Gradna führt der **Spazierweg Šetalište Franje Tuđmana** am Fluss entlang Richtung Westen. An einer Rechtskurve des Flusses geht es links in den Wald hinauf, der Weg windet sich in Serpentinen, bis die **Burg Samobor** (Stari Grad) erreicht ist. Diese wurde im 13. Jh. errichtet und unterstand wechselnden Herren, wie dem ungarischen König, den Grafen von Celje und den Frankopanen. Von der Burg sind die Hauptmauern erhalten, die auch als Ruine noch einen guten Eindruck der einst stolzen Burg vermitteln. Durch die Fenster und Schießscharten ergeben sich schöne Ausblicke auf das Zentrum von Samobor.

Die Route folgt zunächst weiter dem rot-weißen Wanderweg, der vor der Burg entlangführt, dann biegt der Weg nach rechts zur Georgskapelle (Kapelica Sv. Jurja) ab. Beim Erreichen der Straße Tepec bietet sich ein kleiner Umweg zum **Aussichtsturm** an, der etwa 300 m nach rechts zu erreichen ist. Der Turm ist aus Metall, relativ offen konstruiert, also nicht für Wanderer mit Höhenangst geeignet. Wer sich dennoch die 14,5 m hinauftraut, wird mit dem vielleicht schönsten Panoramablick auf Samobor, die Burg und die umliegende Landschaft belohnt.

Zurück auf der Straße Tepec wird links die **Georgskapelle** erreicht, an welcher der Weg zurück in den Wald führt. Die Kapelle haben zwei Winzer im 17. Jh. errichten lassen, nach schweren Schäden im Zweiten Weltkrieg wurde sie 1967 wiederhergestellt.

Links neben der Kapelle führt der Weg weiter in Richtung Annakapelle (Kapelica Sv. Ane), nach einigen Metern beginnt ein **Kreuzweg**, der die beiden Kapellen miteinander verbindet. Auf den 14 Stationen des 1933 erstellten Kreuzwegs werden in Reliefdarstellungen die Leiden Christi auf dem Weg nach Golgatha dargestellt. Der Weg über die Stufen des Kreuzweges ist der schnellste und leichteste Weg für den Abstieg. Unten warten die **Annakapelle** aus dem 18. Jh. und dahinter der hübsche **Spazierpark Anindol**, dem die Kapelle ihren Namen gab (Anindol = Annas Tal). Über den rot-weißen Wanderweg wird die Ulica Svete Ane erreicht, deren Verlängerung die Jurjevska ist. Von dieser wiederum führt ein Weg links über Stufen, am Museum vorbei, zurück ins Zentrum.

Praktische Tipps

Informationen
Touristeninformation Samobor,
Trg kralja Tomislava 5, ☎ 01-3360044,
🖥 www.tz-samobor.hr.

Karten und alternative Routen
Der Weg ist auch ohne zusätzliches Kartenmaterial problemlos zu bewältigen. Wer die Übersicht bewahren will oder eine alternative Route laufen möchte, bekommt einen Stadtplan mit eingezeichneten Wanderwegen in der Touristeninformation. Vom Zentrum aus sind insgesamt vier Spazierwege und Sightseeing-Rundwege ausgeschildert.

Essen
Auf dem Berg Tepec selbst gibt es kein gastronomisches Angebot, auf dem Hinweg kann jedoch in dem traditionellen Restaurant **Gabreku 1929** oder in der **Pizzeria Vugrinščak** (s. Essen) eingekehrt werden. Von dort führt ein direkter Weg auf die Burg.

Auf dem Rückweg ist das auch bei Einheimischen beliebte Ausflugslokal **Anindol** nicht weit (an der Kreuzung der Straßen Tepec und Ulica Svete Ane).

Schlacht bei Samobor. Jedes Jahr im März wird die Schlacht von Samobor aus dem Jahr 1441 nachgestellt, bei der es um die Besetzung des ungarischen Throns ging. Gute Unterhaltung für alle Freunde von Rittern, Pferden und Schwertkämpfen.

EINKAUFEN

Kristall

Bekannt ist Samobor für die traditionelle Herstellung von Kristallprodukten.
Kristal Saki, Šmidhenova 1, ✆ 01-3366110, 🖥 www.crystal-saki.com. Familienunternehmen, spezialisiert auf alle Arten von Kristallgläsern. Alles in Handarbeit hergestellt. ⏱ Mo–Sa 9–13, 16–19 Uhr.
Kristal Samobor, Langova 63, ✆ 01-3367101, 🖥 www.kristalsamobor.com. Große Auswahl an Kristall aus Samobor: Gläser, Flaschen, Vasen, Schalen und vieles mehr. ⏱ Mo–Fr 8–19, Sa 9–15 Uhr.

Souvenirs

Medičarna Arko, Preradovićeva 10, ✆ 01-3371326, 🖥 www.medicarna-arko.hr. Allerlei Souvenirs, v. a. Imkereiprodukte. ⏱ 8–17 Uhr.
Srčeko, Trg kralje Tomislava bb, ✆ 01-3363585, 🖥 www.srceko.webs.com. Souvenirs aus Keramik, Glas, Bilder u. v. m. ⏱ Mo–Fr 9–13, 17–19, Sa 9–13 Uhr.
Trešnja Okićka, Gajeva 5, ✆ 01-3363437, 🖥 www.tresnja-okicka.hr. Samobor-Souvenirs, v. a. kulinarischer Art, in der Nähe des Busbahnhofs. ⏱ Mo–Fr 8–12, 16–19, Sa 9–13 Uhr.

Wein

Podrum Filipec, Stražnička 1a, ✆ 01-3364835, 🖥 www.bermetfilipec.hr. Die Familie Filipec produziert seit dem 19. Jh. 2 Spezialitäten der Stadt: den aromatisierten Rotwein Bermet und Mušarda, eine pikante senfartige Sauce, die zu Fleischgerichten serviert wird. Beides kann neben anderen Weinsorten erworben werden.

AKTIVITÄTEN UND TOUREN

Kutschenrundfahrt

Jedes Wochenende und an Feiertagen haben Besucher die Möglichkeit, mit einer Wiener Kutsche aus dem Jahr 1867 eine kleine Stadtrundfahrt durch Samobor zu machen. Im Winter werden Schlittenfahrten angeboten. Infos und Karten gibt es direkt beim Reitclub (Konjički klub) Tetra Samobor, bei Danijel Horvat, ✆ 098-631661, oder in den Gaststätte Gabreku 1929, dem Bistro Vugrinščak sowie den Hotels Lavica (Ferde Livadića 5) und Livadić. Die Fahrt beginnt an der Reitschule Vugrinščak und kostet lediglich 15 Kn p. P.

Radtouren durch die Umgebung

Samobor ist ein guter Ausgangspunkt für Radtouren. Die hübsche Umgebung lässt sich auf verschiedenen Routen erkunden, über welche die Touristeninformation Samobor informiert. Durch Samobor führt zudem ein **Fernradweg**, der in großem Bogen die Hauptstadt Zagreb südlich umrundet. Dieser beginnt in Zaprešić und endet in Dugo Selo, östlich von Zagreb. Eine entsprechende Karte ist auf folgender Homepage zu finden: 🖥 http://www.zacorda.hr/en/zagreb-county-cyclo-tourist-route.

Radfahren

Cycling Adriatic, ✆ 091-2167857, 🖥 www.cycling-adriatic.com, bietet geführte Radtouren von der Halbtagstour bis zu Wochenendausflügen an, auch können hier Räder geliehen werden, 15 Kn pro Std., 75 Kn pro Tag.

Schwimmen

Schwimmhalle Vugrinščak, Vugrinščak bb, ✆ 01-3336330, Hallenbad zum Baden und Schwimmen in einem größeren Erholungs- und Sportzentrum. ⏱ 10–20 Uhr, Eintritt 20 Kn, am Wochenende 30 Kn.

Wandern

Die Umgebung von Samobor ist mit ihren Hügeln, Weinbergen, Burgen und vereinzelten Dörfern eine der schönsten Landschaften in Kontinentalkroatien, die zur Erkundung zu Fuß geradezu einlädt. Die Touristeninformation Samobor informiert über die Wanderwege und hält entsprechende Karten und Infos bereit. Eine Liste mit Berghütten ist auf der Homepage der Touristeninfo (auf Englisch) zu finden.

SONSTIGES

Apotheken
Apotheke Samobor, Trg kralja Tomislava 11, ☏ 01-3360217.

Autovermietungen
Anindol Rent-a-car, Katančićeva 28, ☏ 01-3362432, 🖥 www.anindol.hr.
R.P. Kombi Rent, Grada Wirgesa 5, ☏ 01-3367797, ✉ RPkombi.rent@gmail.com.

Geld
Die wichtigsten kroatischen Banken sind in Samobor vertreten, auch mit Bankomaten, z. B.:
Samoborska Banka, Trg kralja Tomislava 8, ☏ 01-3362530.
Splitska Banka, Trg kralja Tomislava 14, ☏ 01-3669321.

Informationen
Touristeninformation Samobor, Trg kralja Tomislava 5, ☏ 01-3360044, 🖥 www.tz-samobor.hr.

Internet
Kod Koleta i Bumbara, Livadićeva 1/1, ☏ 01-3324741. Café mit Internet. ⏰ 8–23 Uhr.
Net Planet, Perkovčeva 30/1, ☏ 01-3369732, 🖥 www.net-planet.hr, 14 Kn/Std.

Medizinische Hilfe
Rettungsdienst Samobor, Gajeva 37, ☏ 01-3330722.

Polizei
Polizeistation Samobor, Trg kralja Tomislava 6, ☏ 01-3361555.

Taxi
City Taxi, ☏ 062-606066, 🖥 www.citytaxi.com.hr.

TRANSPORT

Auto und Motorrad
Von Zagreb aus ist Samobor eine gute halbe Stunde entfernt und am besten über die Autobahn 3 Richtung Ljubljana zu erreichen, die Ausfahrt ist Sveta Nedelja. Von Ljubljana aus kommend, kann man bereits die erste Abfahrt hinter der Grenze (Bobovića) nehmen. Es stehen ausreichend (kostenpflichtige) **Parkplätze** im Zentrum zur Verfügung.

Busse
Der **Busbahnhof Samobor**, ☏ 01-3367276, liegt ein wenig außerhalb vom Zentrum, das jedoch gut fußläufig zu erreichen ist.
Busse von und nach ZAGREB fahren 2x pro Std. und brauchen ca. 30 Min. Die Fahrzeiten auch in den Naturpark finden sich auf der Homepage der Busgesellschaft Samoborček (unter *vozni red*).
Samoborček, ☏ 01-3335170, 🖥 www.samoborcek.hr.

Durchs Turopolje nach Sisak

Südlich der Save, zwischen Zagreb, Sisak und dem westlich gelegenen Karlovac, erstreckt sich die historische Region Turopolje. Die Fahrt von Zagreb nach Sisak dauert etwa eine Stunde. Doch auf dem Weg lohnen einige Sehenswürdigkeiten einen kurzen Stopp oder Umweg.

Kurz hinter dem Flughafen Zagreb-Pleso liegt **Velika Gorica**, die durch seine Nähe zur Hauptstadt enorm an Einwohnern gewonnen hat und gute Shopping-Möglichkeiten bietet. Velika Gorica ist die Hauptstadt der historischen Region Turopolje, die ansonsten eher traditionell und ländlich geprägt ist. Wer mehr über die Geschichte und Kultur des Turopolje erfahren möchte, kann das **Turopolje-Museum**, Trg kralja Tomislava 1, ☏ 01-6221325, 🖥 www.muzej-turopolja.hr, besuchen, das in einem schönen zweistöckigen Haus aus dem Jahr 1765 untergebracht ist und archäologische, kulturhistorische und ethnografische Exponate der Region ausstellt. ⏰ Di–Fr 9–18 (im Winter bis 16 Uhr), Sa, So 10–13 Uhr, Eintritt 8 Kn.

Etwas weiter südlich gelangt man **Lekenik**, wo man erstmals die regionaltypischen großen Holzhäuser finden kann.

Fährt man im Ort Žažine rechts ab, kommt man in das hübsche Dörfchen **Letovanić**, von dem es in einem bekannten Volkslied heißt: *Letovanić, selo pokraj Kupe, u njemu su cure kao jabuke*

(Letovanić, Dorf an der Kupa, wo die Mädchen sind wie Äpfel). Das mit den Äpfeln sei dahingestellt, aber Letovanić liegt sehr malerisch am Fluss Kupa, der auch zum **Kanufahren** oder im Sommer zum Baden geeignet ist (es geht schön flach hinein, aber Vorsicht Strömung!). Wer die typischen alten **Holzhäuser** der Region bestaunen will, ohne gleich bis zum Lonjsko-Polje-Park zu fahren, kann das hier tun. Ein besonders schönes Bauernhaus hat Božidar Škofac mit seiner Familie in einer kleinen **Ethnografischen Sammlung** (Etno zbirka Božidar Škofac), Letovanić 150, ausgebaut. Die Sammlung von Kleidung und Alltagsgegenständen wurde liebevoll zusammengetragen und wird ansprechend präsentiert, in einem zweiten Gebäude kann auch übernachtet werden. Für Anmeldungen und Infos steht (auf Englisch) Jurica Škofac zur Verfügung, ✆ 091-1606578, ✉ jskofac@gmail.com. Bei Familie Škofac können Besucher auch den Schlüssel zur kleinen **Holzkapelle Sveti Fabijan i Sebastijan** aus dem 18. Jh. nebenan bekommen.

Kurz vor Sisak liegt das Dorf **Sela**, dessen zweitürmige **Pfarrkirche der Hl. Maria Magdalena** aus dem 18. Jh. ein imposantes Bauwerk barocker Kirchenkunst ist, das gar nicht zu dem kleinen Straßendorf zu passen scheint. Innen ist die Kirche bunt ausgemalt, die Orgel stammt aus dem Jahr 1777.

Sisak

Die Kleinstadt Sisak (49 000 Einw.) unweit von Zagreb ist am Zusammenfluss von Save und Kupa entstanden. Sie ist geprägt von Industrieanlagen wie der Metallverarbeitung und der größten Raffinerie des Landes, dennoch weiß Sisak mit einem schönen Zentrum und einem in seiner Ursprünglichkeit erhaltenen Umland zu überraschen. „Stadt der kroatischen Siege" wird Sisak genannt, weil hier 1593 in der berühmten Schlacht von Sisak die osmanische Armee von kroatischen Truppen geschlagen wurde und die Stadt auch im Unabhängigkeitskrieg trotz heftiger serbischer Angriffe gehalten wurde.

Sehenswert ist im Zentrum die barocke **Kathedrale** (Katedrala Uzvišenja Svetog Križa) aus dem frühen 18. Jh., deren Fassade 1909 nach einem Erdbeben in neoklassizistischem Stil wiedererrichtet wurde und vor der die Überreste der römischen Stadtmauer ausgegraben wurden, die heute als **Archäologischer Park** zugänglich ist.

Durch den Park hinter der Kirche erreicht man die Straße Šetalište Vladimira Nazora und über die Ulica kralja Tomislava nach rechts das **Stadtmuseum**, Kralja Tomislava 10, ✆ 044-811811, 🖥 www.muzej-sisak.hr. In einer ständigen Ausstellung sind Exponate aus der wechselvollen Geschichte der Stadt von der Vorgeschichte bis ins 20. Jh. zu sehen. Außerdem gibt es wechselnde Ausstellungen. ⏱ Mo-Fr 7.30–15.30 Uhr, Eintritt 15 Kn bzw. 7 Kn für Schüler und Studenten.

Über das Ufer der Kupa sind es knapp 2 km bis zur mittelalterlichen **Festung von Sisak** (Stari Grad Sisak), Tome Bakača Erdödya bb, die als Symbol für die Wehrhaftigkeit der Stadt gilt. Als das osmanische Heer sich im 16. Jh. anschickte, immer weiter nach Mitteleuropa vorzudringen, wurden in Kroatien eine Reihe starker Festungen gebaut, um den Vormarsch aufzuhalten. Die ab 1544 gebaute dreieckige Sisaker Festung ist einer der eindrucksvollsten dieser Bauten. Sie wurde auch kurze Zeit später benötigt, als der osmanische Heerführer Hassan Pascha 1593 mit einem übermächtigen Heer Festung und Stadt Sisak belagerte, um den Grenzfluss Kupa zu überqueren. Hassan Pascha und 20 000 seiner osmanischen Krieger verloren in der darauffolgenden Schlacht bei Sisak ihr Leben. Der Sieg der kroatischen und habsburgischen Truppen war ein wichtiger Meilenstein, um den osmanischen Vormarsch zu stoppen. Die Festung kann heute besucht werden. Ein Restaurant ist vorhanden. ⏱ 15. Mai–1. Okt Di–Fr 12–18, Sa, So 12–20 Uhr, Eintritt 10 Kn.

Zurück im Zentrum, findet man in den beiden zentralen Straßen Ulica dr. Ante Starčevića und Ulica Stjepana i Antuna Radića einige Geschäfte, Restaurants und Cafés. Das eigentliche Leben Sisaks spielt sich jedoch vor allem am **Ufer der Kupa** ab, wo sich zahlreiche Cafés aneinanderreihen und Einheimische wie Besucher flanieren. Dort befindet sich neben der Touristeninformation die Städtische Galerie, die – nach dem Maler Slavko Striegl benannte – **Gradska Gale-**

rija Striegl, Rimska 11, 044-522255, www.galerija-striegl.hr. Striegls Familie stammt aus Bayern, er selbst ist jedoch 1919 in Sisak geboren, wo er bis heute lebt. Striegls Arbeiten sind überwiegend Aquarelle oder Zeichnungen sowie mit Ölfarben auf Leinwand oder Glas geschaffen und zeigen Menschen, das Arbeitsleben oder die Natur seiner Heimatregion. Zusätzlich zu einer ständigen Ausstellung mit Striegls Bildern sind regelmäßig Ausstellungen anderer Künstler zu sehen. Di–Fr 10–19, Sa 9–13 Uhr, Eintritt frei.

Auch ein weiteres Wahrzeichen der Stadt Sisak findet sich auf den Werken Slavko Striegls wieder: Die **Alte Steinbrücke** (Stari most) über die Kupa aus dem Jahr 1934 steht nur wenige Meter von der Galerie entfernt. In einem der Cafés an der Kupa kann der Besucher sich vom Stadtrundgang erholen, den Blick auf die Alte Brücke genießen und den Anglern zuschauen.

ÜBERNACHTUNG

Das Hotelangebot in der Gespanschaft Sisak-Moslavina ist äußerst überschaubar, reich ist jedoch die Auswahl an Agrotourismus-Betrieben, vor allem im Lonjsko-Polje-Park.

Eine umfangreiche Info-Broschüre mit Übernachtungsmöglichkeiten ist beim Tourismusverband Sisak-Moslavina erhältlich.

Apartments Alen Plus, J.J. Strossmayera 74, Sisak, 044-534838, www.alenplus.hr. Neben einer regionalen Supermarktkette und einem Restaurant vermietet Alen Plus auch insgesamt 24 Apartments an 3 Orten in Sisak. Die Zimmer sind modern und gemütlich, Boden und Möbel sind aus dunklem Holz, zu den Apartments gehören zudem ein Fitnesscenter, eine Sauna, ein Solarium und ein Bistro. ❷

Hotel Panonija, Ivana Kukuljevićeva Sakcinskog 21, Sisak, 044-515600, www.hotelpanonija.hr. Das einzige Hotel in Sisak liegt im Stadtzentrum und lädt zu Spaziergängen an der Kupa ein. Es stammt aus sozialistischer Zeit, wurde aber 2007 renoviert. Die Zimmer sind hübsch in Rot und Weiß eingerichtet. ❸

ESSEN

Entlang der **Kupa-Promenade** sind etliche gemütliche Cafés zu finden, in denen im Sommer fast die ganze Bevölkerung der Stadt zu verweilen scheint. Darüber hinaus sind einige andere Restaurants empfehlenswert.

Die dreieckige Festung von Sisak ist das Wahrzeichen der Stadt.

Straßenwirrwarr

Wer in Sisak nach dem Weg fragt, kann übrigens auch bei bestem Kroatisch verwirrte Blicke der Einheimischen ernten. Die drei zentralen Längsstraßen werden nämlich kurzerhand als *prva ulica* („erste Straße" = Rimska ulica), *druga ulica* („zweite Straße" = Ulica Stjepana i Antuna Radića) und *treća ulica* („dritte Straße" = Ulica dr. Ante Starčevića) bezeichnet – so einfach kann das sein.

Bijela Lađa, Lađarska 9, ✆ 044-530074, 🖥 www.alenplus.hr. Ein hübsches und stilvolles Restaurant, das nach Überqueren der Alten Brücke auf der linken Seite am Kupa-Ufer zu finden ist. Auf der Speisekarte stehen Pizza und traditionelle kroatische Gerichte im modernen Gewand. ⏲ 7–23 Uhr.
Cocktail, Ante Starčevića 27, ✆ 044-549137, 🖥 www.cocktail.hr. Klingt wie eine Cocktail-Bar, ist aber ein edles und modernes Restaurant mit einer Mischung kontinentaler sowie mediterraner Gerichte. Der Küchenchef hat ein Faible für Fischgerichte, es gibt aber auch Fleischgerichte. Die Preise sind für gehobene Gastronomie sehr moderat. ⏲ 9–22 Uhr.
Restoran Stari grad, Obala Tome Bakača bb, ✆ 044-543700, 🖥 www.restoranstarigrad.hr. Das Restaurant in der Festung von Sisak wird am Wochenende vor allem von Hochzeiten und anderen Familienfeiern in Anspruch genommen, man kann man aber auch ganz regulär essen gehen, die Küche ist traditionell kroatisch. ⏲ 10–22 Uhr.

UNTERHALTUNG UND KULTUR
Bars und Clubs

Sisak ist eine kleine, aber lebendige Stadt und punktet mit einer Reihe attraktiver Orte zum Ausgehen.

Café-Bar Elephas, Trg bana J. Jelačića 3. Die entspannte Atmosphäre dieser Café-Bar im Zentrum Sisaks zieht alle Generationen der Bevölkerung gleichermaßen an. Der gemütliche Innenraum ist mit viel Liebe zum Detail eingerichtet. ⏲ 7–24 Uhr.
Default Café, Dr. Ante Starčevića 13, ✆ 044-733537, 🖥 www.default.hr. Ein toller Ort, um einfach einen Kaffee oder ein Bier in stylisher Umgebung zu schlürfen, aber abends geht dann oft wirklich die Post ab: Livemusik und Partys finden hier regelmäßig statt.
Siscia Jazz-Club, Rimska bb, ✆ 098-553756. Für alle Freunde der Jazz-Musik gibt es im Gebäude der Touristeninformation am Kupa-Ufer regelmäßig Live-Konzerte. Im Juli präsentiert der Club jährlich das Siscia Open Jazz and Blues Festival. ⏲ 8–24 Uhr.
Voodoo bar, Rimska 4. 2010 wurde die Voodoo bar gegründet, nett, gemütlich, zum Drinnen- und Draußensitzen und öfters auch mit Livemusik.

Musik und Theater
Dom kulture „Kristalna kocka vedrine", Šetalište Vladimira Nazora 12, ✆ 044-527470, 🖥 www.domkkv.hr. Im Kulturzentrum finden Theater- und Tanzveranstaltungen statt, außerdem beherbergt es eine Galerie und ein Kino.
Kazalište 21, Oktavijana Augusta 5, ✆ 044-527479. Nicht nur Theater, sondern auch Veranstaltungsraum für verschiedenste kulturelle Ereignisse wie Ausstellungen oder Filmabende.

FESTE

Vor allem auf dem Land werden die Namenstage der jeweiligen Ortspatrone groß gefeiert. Das sind feuchtfröhliche Feste mit lokalen Speisen und Getränken und Livemusik, bei denen sich Menschen aus der ganzen Region versammeln. Im Sommer ist so fast an jedem Wochenende etwas los, wie z. B. am letzten Augustwochenende beim Fest Sveti Bartolo in Letovanić.
Keltische Nacht. Im September wird am Kupa-Ufer die Geschichte der Stadt lebendig. Die Keltische Nacht ist eine der meistbesuchten Veranstaltungen in Sisak und ein aufwendig inszeniertes Spektakel.
Ritterturnier. Im Gedenken an die Schlacht bei Sisak wird jedes Jahr im Juni ein Ritterturnier veranstaltet, das bei der Sisaker Festung stattfindet.

EINKAUFEN

Kleidung
Zlatna Igla Siscia, Nikole Tesle 13, www.siscia.com. In Sisak wird auch edle Kleidung produziert, die man hier anprobieren und erwerben kann. ⊕ Mo–Fr 8–16 Uhr.

Lebensmittel
Konzum Super, Petrinjska 11a. Großer Supermarkt in Sisak. ⊕ Mo–Sa 7–21, So 8–20 Uhr.
Markthalle Sisak, Ivana Kukuljevića Sakcinskog 28, www.trznica-sisak.hr. Hier gibt es fantastisches Obst und Gemüse aus der Region. ⊕ tgl. 6–18 Uhr (im Winter bis 14 Uhr).

Souvenirs
Handwerkskammer Lekenik, Zagrebačka 133, Lekenik, 044-772056. Viele handgemachte Souvenirs der Region sind in Lekenik (zwischen Sisak und Zagreb) zu erstehen.

AKTIVITÄTEN UND TOUREN

Gradski Bazen, Trg grada Heidenheima 1, 044-543036. Großes **Hallenbad** für alle, die auch weitab des Meers aufs Schwimmen nicht verzichten wollen.

SONSTIGES

Apotheken
Ljekarna Centar, Stjepana i Antuna Radića 48, 044-524610, www.gljs.hr. ⊕ Mo–Fr 7–20, Sa 7.30–15 Uhr.

Geld
Mehrere Banken und Bankomaten im Zentrum von Sisak, z. B. **Erste Banka**, Braće Radića 4–6.

Gepäckaufbewahrung
In Sisak kann das Gepäck am Busbahnhof abgegeben werden. Das kostet pro Gepäckstück (bis 15 kg) 0,90 Kn/Std. (am Schalter fragen). ⊕ 6–20 Uhr.

Informationen
Tourismusverband der Gespanschaft Sisak-Moslavina, Stjepana i Antuna Radića 28, 044-540163, 540164, www.turizam-smz.hr.
Touristeninformation Sisak, Rimska bb, 044-522655, www.sisakturist.com.

Medizinische Hilfe
Krankenhaus Sisak, Kralja Tomislava 1, 044-567100.

Polizei
Polizeistation Sisak, Kralja Tomislava 17, 044-560809.

Taxi
Muzurović Taxi, 044-570542 und 098-206544.

TRANSPORT

Das Zentrum von Sisak ist kompakt, alle Destinationen können zu Fuß erreicht werden.

Auto und Motorrad
Parkplätze befinden sich überall in der Stadt, u. a. entlang des Kupa-Ufers.

Busse
Busbahnhof Sisak, Frankopanska 3, 060-330060, autobusni-kolodvor@sk.t-com.hr. Die beiden großen regionalen Busunternehmen sind **Autopromet Sisak**, www.auto-promet-sisak.hr, und **Slavija-trans Petrinja**, www.slavijatrans.hr, die viele Verbindungen anbieten.
ČIGOĆ, 7x tgl., Wochenende 4x tgl. in 45 Min für ca. 30 Kn. Weiter nach Lonja über andere Orte im Lonjsko Polje-Park.
HRVATSKA KOSTAJNICA, 5x tgl. in 1 Std. für ca. 30 Kn.
PETRINJA, 26x tgl. in 15 Min. für 12–18 Kn.
PULA, 1x tgl. in 5 1/2 Std. für ca. 200 Kn.
ZAGREB, 16x tgl. in 1 Std. für 34–40 Kn.

Eisenbahn
Bahnhof Sisak, Trg Republike 1, 044-524724, www.hznet.hr.
NOVSKA, über Jasenovac, 3x tgl. oder Umstieg in Sunja, 1 3/4 Std. für 45–52 Kn.
SARAJEVO, 1x tgl. in 8 Std. für etwa 180 Kn.
SUNJA, 9x tgl. in 30 Min. für 14–21 Kn.
VOLINJA, über Hrvatska Kostajnica, 5x tgl. in 1 Std. für 30–37 Kn.
ZAGREB, 16x tgl., der letzte 21.22 Uhr, in 1 Std. für 30–35 Kn.

17 HIGHLIGHT

Naturpark Lonjsko Polje

Südöstlich von Sisak erstreckt sich in einer weitgehend unberührten Flusslandschaft eines der größten Sumpfgebiete Europas, Krapje 30, ☏ 044-672080, 🖥 www.pp-lonjsko-polje.hr. Die Überschwemmungsgebiete der Save und einiger Zuflüsse wie der namensgebenden Lonja bilden ein einmaliges Naturreservat von 506 km² Größe, das 1998 als Naturpark unter Schutz gestellt wurde und Heimat zahlreicher seltener Tier- und Pflanzenarten ist. Störche, Seeadler und verschiedene Reiherarten finden in den weiten Sumpfgebieten des Lonjsko Polje ideale Lebendbedingungen, Karpfen tummeln sich in den Gewässern, während andernorts Wildkatzen, Biber und die robusten und stämmigen Posavina-Pferde beheimatet sind. In den Dörfern der Region Posavina, also dem Land an der Save, scheint die Zeit stehen geblieben zu sein. Ein größerer Touristenansturm ist bislang ausgeblieben, obwohl es eine gute touristische Infrastruktur gibt, die im Naturpark viele Aktivitäten ermöglicht.

Der bekannteste Ort des Parks ist **Čigoć**. Dieses malerische Dorf wurde 1994 zum ersten europäischen **Storchendorf** erklärt, kein Wunder – kommt doch auf drei Einwohner des Dorfes je ein Storchenpaar auf dem Dach. Nicht nur Freunde schwarz-weißer Vögel werden jedoch in Čigoć auf ihre Kosten kommen, der Ort besteht fast ausschließlich aus hübschen Holzhäusern aus Großmutters Zeiten. Die aus dunkelbraunem Holz gebauten **Häuser der Posavina** bestehen zumeist aus zwei Stockwerken plus Dachboden und verfügen oft über seitliche überdachte Holztreppen, über die man ins obere Stockwerk gelangt. Die Häuser sind in der ganzen Region um Sisak sehr ähnlich konstruiert, aber in sehr unterschiedlichem Zustand. Einige stehen kurz vor dem Verfall, andere sind liebe-

Das Grauen von Jasenovac

Ganz im Südosten des Lonjsko Polje-Parks befindet sich der Ort **Jasenovac**, dessen Name mit einem der düstersten Kapitel der Geschichte des Landes verbunden wird. Von 1941-45 wurde hier von der faschistischen kroatischen Ustaša-Regierung ein **Konzentrationslager** betrieben – das einzige KZ, in dem im Zweiten Weltkrieg gänzlich ohne Beteiligung der Deutschen gemordet wurde. Durch seine verkehrsgünstige Lage am Zusammenfluss von Save und Una wurde Jasenovac das größte und wichtigste Lager der ganzen Region, was ihm den Beinamen „Auschwitz des Balkans" einbrachte. Im Gegensatz zu den Gaskammern des Ostens wurden die Gefangenen in Jasenovac anfangs überwiegend erschossen, später mit Messern und ähnlichen Geräten ermordet, was das Lager in eine Art Schlachthaus verwandelte. Die Angaben der **Opferzahlen** schwanken erheblich (zwischen 30 000 und 1 Mio.), da sie zu propagandistischen Zwecken missbraucht wurden. Die jugoslawische Regierung übertrieb die Zahl, während etwa der kroatische Präsident Tuđman die Bedeutung von Jasenovac herunterspielte. Die **Gedenkstätte** geht von einer realistischen Zahl von 80 000 Opfern aus, die meisten unter ihnen waren Serben, aber auch Juden, Roma und oppositionelle Kroaten wurden hier ermordet. Vom KZ selbst ist nichts mehr erhalten, allerdings gibt es ein 1966 von Bogdan Bogdanović erbautes eindrucksvolles Denkmal für die Opfer in Form einer steinernen Blume. Zudem wurden auf beiden Seiten der Save (also in Kroatien und Bosnien-Herzegowina) Gedenkstätten eingerichtet. In der kroatischen Gedenkstätte sind die Namen von 70 000 Opfern des Konzentrationslagers an einer Glaswand zu sehen. Im Mittelpunkt der Dokumentation stehen die Schicksale einzelner Opfer. An die Gedenkstätte ist ein Bildungszentrum angeschlossen, dessen Aufgabe es ist, an die lange Zeit verdrängte oder beschönigte faschistische Vergangenheit Kroatiens zu erinnern.
Gedenkstätte Jasenovac, Braće Radić 147, Jasenovac ☏ 044-672319, 🖥 www.jusp-jasenovac.hr. ⏱ März–Okt Di–Fr 9–17, Sa, So 9–16, Dez–Feb Mo–Fr 9–16 Uhr, Eintritt frei.

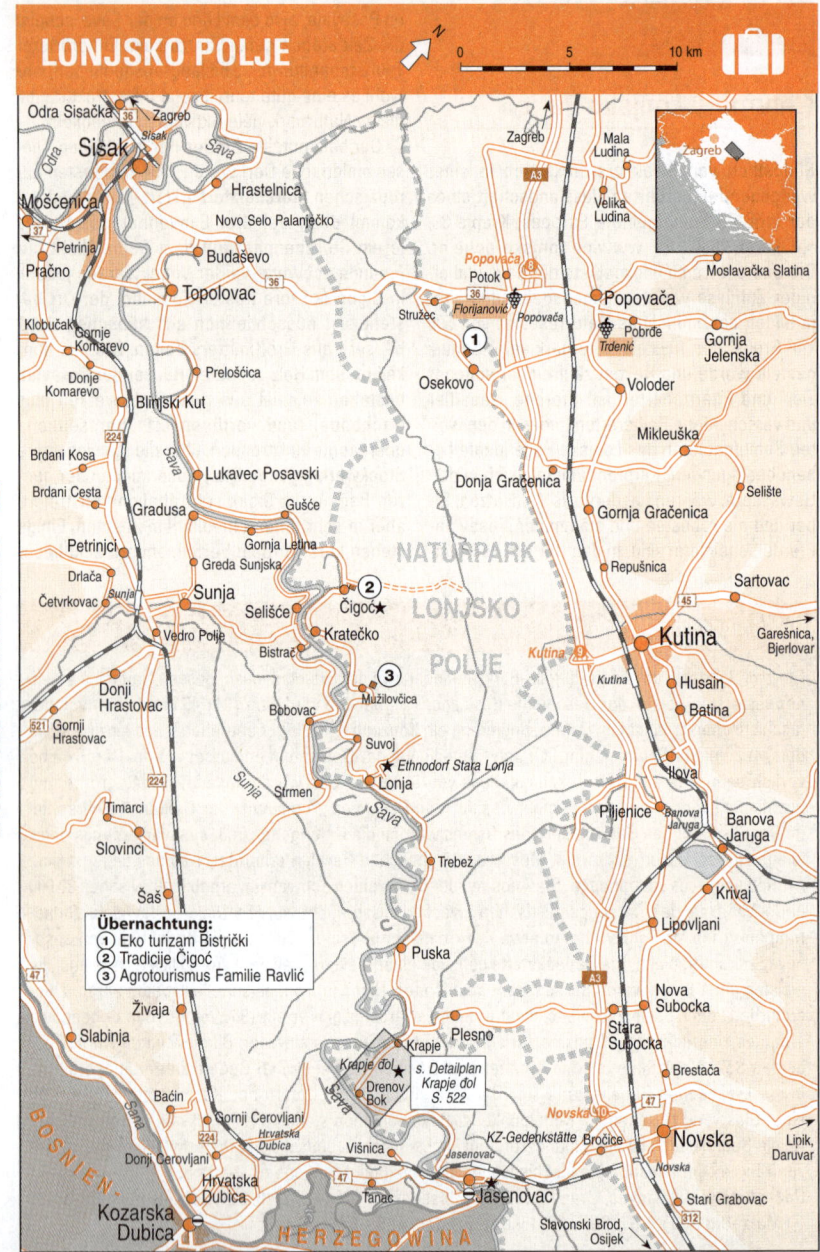

voll begrünt, die Fensterrahmen in bunten Farben gestrichen und die Vorgärten mit Blumen geschmückt. Einige der Häuser bestehen bereits seit über 200 Jahren, einziges Indiz dafür, dass man sich in der Gegenwart befindet, sind die Strommasten und Satelitenschüsseln auf den Häusern. In Čigoć gibt es ein Informationszentrum, eine ethnografische Sammlung sowie schöne Wandermöglichkeiten.

Ein weiteres verwunschenes Dörfchen ist **Krapje**, wo sich die Verwaltung des Naturparks befindet. Hier existieren etliche Agrotourismus-Betriebe und unweit des Ortes ein ornithologisches Wildgehege namens **Krapje đol**. Hier können zahlreiche heimische Tierarten bestaunt werden. Wer die Vögel lieber in freier Wildbahn beobachtet, schnappt sich sein Fernglas und begibt sich auf eine Wanderung ins Lonjsko Polje, das Infozentrum gibt dabei gerne Tipps.

Beim Örtchen **Lonja** befindet sich das **Ethnodorf Stara Lonja**, Etno Selo Stara Lonja, ℘ 044-710619, 🖥 www.etnoselo-staralonja.com, wo man in historischem Umfeld übernachten und heimisches Essen probieren kann. Zahlreiche Aktivitäten werden angeboten, darunter Angeln, Radtouren, Bootsausflüge und eine Foto-Safari.

ÜBERNACHTUNG

Agrotourismus Familie Ravlić, Mužilovčica 72, ℘ 044-710151, 098-9727104, 🖥 www.obitelj-ravlic.hr. Im Dörfchen Mužilovčica, ca. 8 km östlich von Čigoć, liegt dieser Familienbetrieb in einem alten Holzhaus mit 3 Gästezimmern (mit 2, 3 und 6 Betten), die mit alten Möbeln aus dem Familienbesitz eingerichtet sind. Hinzu kommen ein kleines Restaurant und ein Hofladen mit Produkten aus eigenem Anbau. Ein nahegelegener See kann zum Schwimmen und Angeln genutzt werden, es werden vor Ort Ausritte angeboten. ❶

Eko turizam Bistrički, Hrvatskih branitelja 14, Osekovo, ℘ 044-642570, 098-591088, 🖥 www.eko-turizam-bistricki.hr. Der Agrotourismus-Betrieb liegt in Osekovo, einem Ortsteil des Weindorfes Popovača, dessen Besiedlung schon auf römische Zeit zurückgeht. Auf dem großen Anwesen mit altem Bauernhaus kann man das Landleben der Moslavina kennenlernen. Der Hof bietet außerdem verschiedene Aktivitäten wie Fahrrad- oder Reittouren an. ❶

Tradicije Čigoć, Čigoć 7a, ℘ 044-715124, 099-2644555, 🖥 www.tradicije-cigoc.hr. Das familienbetriebene B&B im malerischen Holzhaus in Čigoć bietet 2 DZ, 1 3er-Zimmer sowie 2 Familienzimmer mit je 6 Betten. Zum Tradicije Čigoć gehört ein hauseigenes Restaurant mit traditionellem Essen der Region, außerdem ein Mini-Campingplatz mit 10 Plätzen. Boote und Fahrräder können ausgeliehen werden. ❶

SONSTIGES

Apotheken

Ljekarna Jasenovac, Vladimira Nazora 4, Jasenovac (nahe Naturpark Lonjsko Polje), ℘ 044-672516, 🖥 www.gljs.hr. ⏰ Mo, Do 13–20, Di, Mi, Fr 7–14, jeden 1. Sa im Monat 7.30–15 Uhr.

Einkaufen

Souvenirs und Ethnologische Sammlung Sučić, Čigoć 34, ℘ 044-715184. Bei Familie Sučić in Čigoć kann nicht nur eine ethnologische Sammlung angeschaut werden, hier werden auch selbst hergestellte Souvenirs verkauft. Geöffnet, wenn die Besitzer zu Hause sind.

Geld

Wer im Lonjsko Polje-Park unterwegs ist, findet den nächsten Bankomaten in Jasenovac (**PBZ bankomat**, Trg kralja Petra Svačića 19) oder Sunja (**Raiffeisen Bank**, Matije Gupca 26).

Radfahren

Radwege sind im Naturpark Lonjsko Polje sowie in Hrvatska Kostajnica eingerichtet. Informationen und Karten gibt es in Krapje und Čigoć in der **Naturparkverwaltung**, wo auch Räder ausgeliehen werden können, 100 Kn pro Tag. Fahrräder können auch im Agrotourismusbetrieb Tradicije Čigoć ausgeliehen werden. In Sisak und den anderen Orten der Region existiert leider noch kein Fahrradverleih.

LOOSE AKTIV

Am Krapje đol – zwischen Löfflern und Grenztürmen

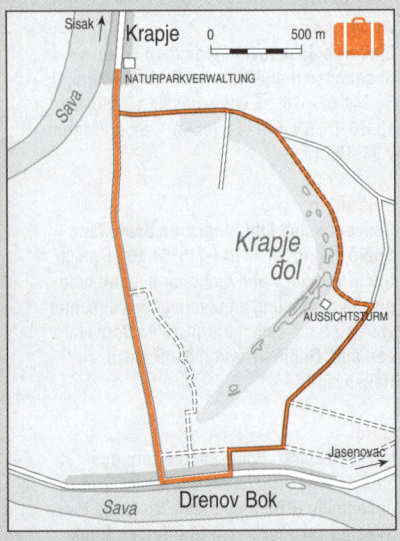

Der Wanderweg im Südosten des Naturparks Lonjsko Polje beginnt im Ort Krapje (Parkplatz gegenüber der Naturparkverwaltung). Der Weg führt an einem Altarm des Flusses Save entlang, der jahrhundertelang die Grenze zwischen dem Habsburgerreich und dem Osmanischen Reich bildete. Heute wird er deshalb **Grenzerpfad** genannt. Ein hölzerner habsburgischer Grenzturm wurde als Aussichtsturm rekonstruiert und ist heute zugänglich.

Die Route

Nur wenige Meter von der Naturparkverwaltung in **Krapje** zweigt ortsauswärts unmittelbar vor dem Ortsschild ein Schotterweg links ab, der mit dem Schild *pješačka staza* bezeichnet ist. Diesem Weg folgend, wird eine flache Baum- und Wiesenlandschaft durchquert. Schon bald ist der **ehemalige Flusslauf der Save** erreicht, der dadurch zu erkennen ist, dass hier ein breites Band an Bäumen zwischen den Wiesen und Feldern auftritt. Der Weg beschreibt eine kontinuierliche Rechtskurve, die dem ehemaligen Flusslauf entspricht und führt dann am noch Wasser führenden Flussarm entlang. Hier ist das **Krapje đol** erreicht, ein Rückzugsgebiet für seltene Vögel und andere Tiere. Bald entfernt sich der Weg um etwa 250 m vom Wasser und verläuft nun parallel zum Altarm des Flusses. Wenige Meter weiter ist ein Holzturm zu sehen, der eine **Rekonstruktion eines Grenzturms** der habsburgischen Militärgrenze darstellt und bequem bestiegen werden kann. Von hier aus kann man das Gebiet Krapje đol überschauen und am gegenüberliegenden Ufer mit etwas Glück eine

- **Route**: Krapje – Ornithologisches Reservat Krapje đol – Drenov Bok – Krapje
- **Länge**: ca. 6 km
- **Dauer**: 2 1/2 Std.
- **Wegbeschaffenheit**: stabiler Feldweg, flach; der Rückweg kann auch an der Straße erfolgen
- **Orientierung**: Weg ist ausgeschildert; dem braunen Schild (Pješačka staza) an der Straße am Ortsausgang von Krapje folgen
- **Wandersaison**: April–Okt
- **Ausrüstung**: evtl. regendichte Schuhe oder Gummistiefel, Fernglas

Herde **Podolac-Rinder** (auch slawonisch-syrmisches Grauvieh genannt) erblicken. Die Wiederkäuer sind eine stark bedrohte autochthone Art. Besucher sollten auf keinen Fall die Weidefläche der Rinder betreten, da sie gefährlich sein können, vor allem wenn sie Nachwuchs haben. Am Flussarm leben **Löffler**. Der sympathische Zugvogel mit dem Löffelschnabel ist zugleich Symbol und umsorgtestes Kind des Naturparks Lonjsko Polje. Wenn es auch in den letzten Jahren immer wieder Rückschläge durch anhaltende Trockenheit gab, ist die Entwicklung der Population insgesamt positiv. Im Krapje đol lebt die größte Löffler-Kolonie Kroatiens, die hier zwischen März und Ende August beobachtet werden kann. Das letzte Stück Weg führt ins hübsche Örtchen **Drenov Bok**, wo die Save erreicht wird. Der Rückweg kann über die Autostraße nach Krapje erfolgen, was etwas schneller geht; wer hingegen noch nicht genug hat von Löfflern und Rindern, kann natürlich auch einfach umdrehen und den Weg wieder zurücklaufen.

Praktische Tipps
Anfahrt, Unterkunft, Essen
Die **Anfahrt** nach Krapje kann von Sisak aus erfolgen, die Strecke an der Save entlang ist sehr schön, zieht sich aber. Rascher ist Krapje über Jasenovac zu erreichen (Autobahnausfahrt Novska). Mit dem Bus erreicht man Krapje 7x tgl. von Sisak aus, am Wochenende nur 4x.

Etliche **Agrotourismus-Betriebe** bieten im Lonjsko Polje-Park ein Obdach. In Krapje finden sich Unterkünfte, und sogar in Drenov Bok gibt es einen Agrotourismus-Betrieb. Hier kann auch gegessen werden (am besten vorher anmelden). **Agrotourismus Zvonimir Marčec**, Drenov Bok 74, ☏ 044-640037. Eine Broschüre mit Unterkünften ist in der Touristeninformation Sisak erhältlich, die Homepage des Naturparks bietet eine Adressliste mit Angabe der Bettenanzahl (Broj kreveta) und Bild (slika) (auf Kroatisch): 🖥 www.pp-lonjsko-polje.hr/Posjete_Smjestajni_kapaciteti.htm.

Verhaltensregeln im Park
Als Naturpark steht Lonjsko Polje unter strengem Schutz. Die Wege sollten nicht verlassen werden, um keine Wildtiere zu stören. Pflanzen dürfen nicht abgerissen oder mitgenommen werden, Müll gehört in Mülleimer und Mülltonnen.

Achtung!
Bei Wanderungen im Lonjsko Polje ist zu beachten, dass um Jasenovac (vor allem im Gebiet Mokro Polje) noch einzelne **Landminen** aus dem Unabhängigkeitskrieg liegen. Diese sind markiert, dennoch sollte man vor allem in diesen Gebieten die Wege auf keinen Fall verlassen!
Vor allem bei feuchtem Wetter ist der Naturpark ein Paradies für **Mücken**. Mückenschutzmittel und langärmlige Kleidung sind dringend angeraten.

AM KRAPJE ĐOL – ZWISCHEN LÖFFLERN UND GRENZTÜRMEN

Banovina

Südlich von Sisak beginnt die Region Banovina (oder Banija). Diese reicht vom Gebirgszug Petrova gora im Westen bis nach Petrinja im Osten und verläuft in teils bewaldeter, teils beweideter Hügellandschaft zwischen der kroatisch-bosnischen Grenze im Süden und dem Fluss Kupa im Norden. Die Banovina war in jugoslawischer Zeit überwiegend von Serben besiedelt und wurde zwischen 1991 und 1995 von den kroatischen Serben kontrolliert. Durch Vertreibungen zu Beginn und zum Ende des Krieges ist die Banovina bis heute sehr gering besiedelt, die größeren Kriegsschäden sind jedoch beseitigt. In einigen Regionen der Banovina liegen bis heute Landminen, die jedoch gekennzeichnet sind.

Trotz dieser schweren Hypotheken lockt die Banovina mit einigen lohnenden Ausflugszielen, wie dem Städtchen **Petrinja**, dessen hübsches barockes Zentrum nach schweren Kriegsschäden größtenteils wiederaufgebaut wurde und dessen Parkanlagen an der Kupa zu Spaziergängen einladen. In Petrinja wurde außerdem bereits 1690 die Fleisch- und Wurstfabrik Gavrilović gegründet, die bis heute besteht und deren Pasteten im ganzen Land beliebt sind.

In **Topusko**, südwestlich von Sisak, befindet sich ein bekanntes **Thermalbad**, **Lječilište Topusko**, Trg bana Jelačića 16, Topusko, ✆ 044-886666, 🖥 www.ljeciliste-topusko.hr, mit natürlichen Quellen. Das mineralhaltige Thermalwasser hilft gegen verschiedene Krankheiten, die Anlage des Heilbads erinnert jedoch eher an Kuraufenthalte in sozialistischem Umfeld. Im großen Freibad kann man trotzdem schön schwimmen, und der Kurpark lädt zum Spaziergang ein.

Kein Fest ohne Scharlach – eine Region der Hobbywinzer

Die Region um Sisak ist zwar nicht sehr bekannt als Weinregion, doch die Herstellung von Wein gehört hier seit Generationen zur Tradition. Nahezu die gesamte Landbevölkerung hat einen eigenen Weinberg und produziert ihren eigenen Wein. Wer das Glück hat, von Einheimischen eingeladen zu werden, kann sich davon überzeugen lassen, wobei die Qualität der zumeist weißen Hausweine je nach Können des Hobbywinzers von herausragend bis untrinkbar reicht. Der bekannteste lokale Wein stammt aus einer alten autochthonen Rebsorte namens **Škrlet**. Die Übersetzung „Scharlach" erklärt sich beim Betrachten der Trauben: rund, gelblich, mit roten Flecken, die ebenso gut einem scharlacherkrankten Kindergesicht entstammen könnten. Probieren kann der Besucher die edlen Škrlet-Tropfen z. B. auf Dorf-Festen, die im Sommer fast an jedem Wochenende irgendwo in der Region stattfinden (am besten in der Touristeninformation nachfragen). Škrlet ist ein leichter Sommerwein und sollte frisch (innerhalb der ersten zwei Jahre) getrunken werden, viele Kroaten mischen Weißwein gern mit Mineralwasser, das nennen sie dann *gemišt*.

Wer seine Weinsuche lieber in verlässliche und professionelle Hände legt, wird in der Region Moslavina, südöstlich von Sisak, fündig, die das Kerngebiet der Weinregion rund um Sisak darstellt. Die Hauptorte an der **Weinstraße der Moslavina** sind die Kleinstadt Kutina sowie die Dörfer Voloder und Popovača. Neben Škrlet werden weitere Weißweine, wie Riesling (Rajnski rizling) oder Graševina, sowie Rotweine (überwiegend Frankovka) hergestellt. Im Gegensatz zu einigen anderen kroatischen Weinregionen sind die Preise relativ niedrig.

Weinstraße Moslavina, 🖥 www.mvc-skrlet.com (kroatisch), mit Adressen von Winzern (Vinari).
Weingut Florijanović, Sredanija 3, Potok (bei Popovača), ✆ 044-652232, 098-1304111. Das Familien-Weingut stellt vielfach prämierten Wein her und ist durch die Nähe zur Autobahn Zagreb–Slavonski Brod leicht zu finden (Ausfahrt Popovača, ein paar Meter Richtung Sisak, dann ist es ausgeschildert).
Weingut Trdenić, Trnovka 28, Popovača, ✆ 044-520096, 098-216870, 🖥 www.vinarija-trdenic.hr. Auch dieses mehrfach ausgezeichnete Weingut ist leicht von der Autobahn zu erreichen (gleiche Abfahrt, allerdings Richtung Popovača, im Ort rechts halten Richtung Kutina, dann ist es ausgeschildert).

An der Grenze zu Bosnien-Herzegowina liegt **Hrvatska Kostajnica** am Grenzfluss Una. Hier erhebt sich eine imposante Festung aus dem 14. Jh., die u. a. der bekannten Familie Zrinski gehörte und zur Abwehr der türkischen Angriffe im Mittelalter diente. Auf der anderen Seite der Una liegt Bosanska Kostajnica, das zum serbischen Teil Bosnien-Herzegowinas gehört.

ÜBERNACHTUNG UND ESSEN

Hotel Central, Vladimira Nazora 1, Hrvatska Kostajnica, 044-526100, www.hotelcentral.hr. Denkmalgeschütztes Hotel aus dem Jahr 1905, das direkt am Ufer der Una liegt. Das Hotel wurde in den 90er-Jahren stark beschädigt, ist heute aber komplett wiederhergestellt. Von den Fenstern aus sieht man den Fluss und die Festung. ❷

Restoran Djed, Put za Djed bb, Hrvatska Kostajnica, 044-851561, www.djed.hr. In diesem Ausflugsrestaurant außerhalb von Kostajnica kann man traditionelle kroatische Küche (Spezialität sind Gerichte mit Kastanien) und einen wunderbaren Ausblick von der Terrasse genießen. 11–23 Uhr.

FESTE

Kestenijada, Hrvatska Kostajnica. Anfang Oktober dreht sich in Kostajnica alles um die Kastanie – Kastanien in allen Formen und in allen kulinarischen Kontexten, umrahmt wird das Ganze von einem umfangreichen kulturellen Programm.

Una Regata, Hrvatska Kostajnica. Im Juli paddeln Einheimische wie Besucher in mehreren Tagesetappen den Grenzfluss Una hinunter. Die Stationen auf dem Weg liegen teils in Kroatien, teils in Bosnien-Herzegowina, Zielort ist Hrvatska Kostajnica.

SONSTIGES

Apotheken

Ljekarna Farmacia, Josipa Marića 1, Hrvatska Kostajnica, 044-851112, www.farmacija.hr. Mo–Fr 7–20, Sa 7.30–15 Uhr.

Ljekarna Farmacia, Augusta Šenoe 3, Petrinja, 044-815006, www.farmacia.hr. Mo–Fr 7–20, Sa 7.30–15 Uhr.

Einkaufen

Traditionelle Töpferwerkstatt Matej Stanešić, Ljudevita Gaja 30, Petrinja, 044-816308. Schöne getöpferte Mitbringsel aus Petrinja, wo die Töpferei eine lange Tradition hat.

Geld

Es gibt Banken und Bankomaten in Hrvatska Kostajnica und Petrinja.

Informationen

Touristeninformation Hrvatska Kostajnica, V. Nazora 17, 044-851800, 099-3145230, tzg-hrvatska-kostajnica@sk.t-com.hr.
Touristeninformation Petrinja, Trg Franje Tuđmana 4, 044-813876, www.tzg-petrinja.hr.
Touristeninformation Topusko, Trg B.J. Jelačića 4, 044-885203, www.turizam-topusko.com.

Bjelovar-Bilogora

Die Region östlich von Zagreb ist touristisch noch relativ wenig erschlossen. Die historischen Städte Bjelovar, Daruvar und Čazma haben sich jedoch von den Kriegsschäden erholt und erscheinen heute als lohnenswerte Ausflugsziele. Die Region wurde von verschiedenen Ethnien und Kulturen geprägt, Österreicher, Ungarn, Tschechen und Serben haben hier neben den Kroaten ihre Spuren hinterlassen. Bis heute ist vor allem der tschechische Einfluss zu spüren. Die Landschaft reicht von einer größeren Ebene im Westen bis zu der sanften Gebirgsregion Bilogora und den Ausläufern des Papuk-Naturparks im Osten. Der Fluss Česma und die Heilquellen von Daruvar sind weitere Highlights dieser Region.

Bjelovar

Bjelovar (40 000 Einw.) liegt definitiv nicht auf der Hauptroute von Kroatien-Touristen. Weit vom Meer entfernt und infrastrukturell schlecht angebunden, verirren sich nur vereinzelt Besucher hierher. Doch wer sich nach Bjelovar aufmacht, wird eine lebendige und charmante Stadt vorfinden, die auf eine relativ kurze aber interessante Geschichte zurückblicken kann. Bjelovar wurde 1413 erstmals erwähnt, erlangte jedoch erst größere Bedeutung, als es 1756 unter Maria Theresia zur Festung der österreichischen Militärgrenze ausgebaut wurde.

Schachbrettförmig wurde die Stadt um den quadratischen **Park Eugena Kvaternika** errichtet, der ursprünglich als Schlosspark gedacht war. Dieser Park ist sehenswert und liebevoll zurechtgemacht mit Blumenbeeten, Bäumen und einem Pavillon von der Insel Brač, der zugleich der größte Steinpavillon Europas ist. In südöstlicher Richtung führt der Park auf die barocke **Kathedrale** zu, die der heiligen Teresia von Ávila geweiht ist. Die Kirche, die seit 2009 Sitz des Bischofs von Bjelovar-Križevci ist, wurde 1770 fertiggestellt und erstrahlt heute nach der Beseitigung von Kriegsschäden im alten Glanz. Ein wenig heruntergekommen ist hingegen die ebenfalls eindrucksvolle orthodoxe **Kirche der Heiligen Dreifaltigkeit**, die am Rande des zentralen Parks zu finden ist, an dem sich auch weitere repräsentative Gebäude befinden.

Eines davon ist das **Stadtmuseum** gleich neben der Kathedrale (Gradski muzej Bjelovar), Trg Eugena Kvaternika 1, ☏ 043-244297, das über eine archäologische, eine ethnologische, eine kulturhistorische, eine historische sowie eine Kunst-Abteilung verfügt, ⏱ Di–Fr 10–19, Sa, So 9–13 Uhr, Eintritt frei.

In der **Fußgängerzone**, die vom Eingang der Kathedrale aus quer verläuft, liegen viele Cafés, die bei schönem Wetter auch gut besucht sind. Im Krieg der 90er-Jahre stand Bjelovar im Fokus, weil hier eine große Kaserne der jugoslawischen Armee bestand, von der aus die Stadt zunächst angegriffen wurde, die dann aber nach der kroatischen Einnahme eine wichtige Rolle als Waffenlager der neu gegründeten kroatischen Armee spielte. Nach diesen ersten Kriegswirren blieb Bjelovar in kroatischer Hand und war ein wichtiger Stützpunkt kroatischer militärischer Aktionen. Kriegsschäden sind heute nicht mehr zu sehen, die Stadt ist Zentrum der Region Bjelovar-Bilogora und Wirtschaftsstandort. Außerdem finden regelmäßig **Messen** wie eine Frühlings- und eine Herbstmesse statt. Bekannt ist Bjelovar auch als **Käsestadt**, landesweit erhältlich ist die Marke Sirela.

Bjelovars Zentrum bildet ein hübscher, symmetrisch angelegter Park.

ÜBERNACHTUNG UND ESSEN

Hotel Central, V. Lisinskog 2, Bjelovar, ✆ 043-243133, 🖥 www.turist.hr/bjelovar-hrvatska. Das einzige Hotel der Stadt liegt zentral und verfügt über saubere, pragmatische Zimmer mit Holzböden und braunen Möbeln. Im Flur hängen stilvolle alte Fotos von Bjelovar. ❸

 Agrotourismus Na malenom brijegu, Ribnjačka, Bulinac, ✆ 043-874324, 🖥 www.namalenombrijegu.hr. „Auf dem kleinen Hügel" heißt der ländliche Tourismus-Betrieb im Dörfchen Ribnjačka, ca. 30 km östlich von Bjelovar mit heimischer Küche (auch Angebot für Vegetarier), Übernachtungsmöglichkeit und 7 Reitpferden, die auf große und kleine Besucher warten.

Pizzeria Bjelovar, Augusta Šenoe 19, ✆ 043-242186, ✉ bajso10@gmail.com. In dem Restaurant direkt im Zentrum gibt es neben Pizza Gerichte aus nahezu allen kroatischen Regionen, was die Einheimischen sehr zu schätzen wissen. ⏱ 9–23 Uhr.

Planinarski dom Kamenitovac, Maglenča bb, Veliko Trojstvo, ✆ 043-885105, ✉ jelen@bj.t-com.hr. Die Berghütte in den Bilogora-Bergen 9 km östlich von Bjelovar ist eines der Lieblingsausflugsziele der Einheimischen. Auf der Karte stehen Hausmannskost und Wildspezialitäten, da es sich auch um ein beliebtes Jagdrevier handelt. Weiterhin stehen 7 DZ für Gäste zur Verfügung. Geöffnet nur auf Anfrage, bei Interesse am besten an die Touristeninformation in Bjelovar wenden. ❶

Restoran Pavičić, Letičani 44d, ✆ 043-222566, 🖥 www.ugo-pavicic.hr. In ländlicher Umgebung, 6 km nordöstlich des Zentrums, liegt dieses rustikale Restaurant, wo zu moderaten Preisen traditionelle Gerichte der Region auf den Tisch kommen. Die Besitzer betreiben ferner ein Restaurant im Zentrum Bjelovars, (**Restoran Kljet Srcu**, Šetalište dr. Ivše Lebovića 10, ✆ 043-244283). ⏱ 7–22 Uhr.

Restoran Stara ura, Vladimira Nazora 22, ✆ 043-244870. Das Restaurant „Alte Uhr" befindet sich 10 Fußminuten nordwestlich des Zentrums. Im kleinen gemütlichen Gastraum kommen vor allem verschiedene Fleischgerichte zu äußerst moderaten Preisen auf den Tisch. ⏱ So–Fr 8–22, Sa 8–24 Uhr.

UNTERHALTUNG UND KULTUR

Bars und Clubs

Havana Club Bjelovar, Matice Hrvatske 13, ✆ 098-290698. Cocktail-Partys und DJ-Sets am Wochenende, in der Woche finden auch Stand-up-Comedy-Shows statt.

Klub Bjelovar, Frana Supila 11, 🖥 www.klubbjelovar.com. Livemusik und Partys im unmittelbaren Zentrum von Bjelovar.

Musik und Theater

Bjelovarsko kazalište, Trg Eugena Kvaternika 7a, ✆ 043-220392, 🖥 www.bjkazaliste.hr. Seit 1997 hat sich ein ambitioniertes Amateurtheater in Bjelovar formiert, das seit 2003 in einem ehemaligen Atombunker sein Zuhause gefunden hat. Aufführungen für Erwachsene und Kinderprogramm, aber alles auf Kroatisch.

FESTE

BOK – Bjelovarski odsjeci kazališta. Bei den „Echos des Theaters in Bjelovar" (Bok heißt außerdem Hallo) handelt es sich um ein Theaterfestival, das weit über die Grenzen der Stadt hinaus bekannt ist. Auch internationale Theatertruppen kommen jedes Jahr im April nach Bjelovar.

Die **Terezijana Bjelovar** erinnert an die österreichische Kaiserin Maria Theresia, in deren Regierungszeit die Stadt Bjelovar wie auch andere Regionen Kroatiens regelrecht aufblühten. Das Festival findet jedes Jahr Mitte Juni statt, auf mehreren Bühnen erklingt Livemusik, außerdem gibt es einen historischen Umzug und die Präsentation traditioneller Handwerke.

EINKAUFEN

Lebensmittel

OPG Koretić, Lipovo brdo 46, Kapela, ✆ 099-4607142. In Kapela, rund 5 km nördlich von Bjelovar, werden Ziegen- und Kuhkäse nach traditionellen Rezepten hergestellt. Neben Frisch-, Weich- und Hartkäse ist ein Ziegenmilchlikör eine Spezialität des Hauses.

OPG Subotičanec, Vijenac 21, ✆ 043-231351. Die Familie Subotičanec hat sich auf Brombeeren spezialisiert. Aus 3 Brombeersorten werden Likör (liker od kupina) und Marmelade (džem od kupina) hergestellt. Die Marmelade kostet 15 Kn, eine kleine Flasche Likör (0,1 l) 20 Kn.

Alle großen **Supermarktketten** (Konzum, Lidl, Kaufland) sind in Bjelovar vertreten. Eine Kette, die besonderen Wert auf lokale Produkte legt, ist **KTC**, 🖳 www.ktc.hr, mit Filialen in Bjelovar (Pakračka 1) und Daruvar (Krste Frankovana 35). In Bjelovar ist mit dem Supermarkt ein Restaurant (Restoran Snježana) verbunden, wo man für gut 20 Kn ordentlich satt werden kann. ⏲ Mo–Sa 7–21, So 8–14 Uhr.

Souvenirs
Ema Vez, A.K. Miošića 12a, ✆ 091-7299838. Die Besitzerin Lidija Šetit verkauft selbst genähte Souvenirs, Kissen und vieles mehr.

AKTIVITÄTEN UND TOUREN

Baden
Bazeni Bjelovar, Trg Stjepana Radića 2. Großes Freibad für alle, die auch abseits der Küste im Sommer Abkühlung suchen. ⏲ 10–19 Uhr, Eintritt 10 Kn.

Radfahren
Durch die Gespanschaft Bjelovar-Bilogora führen eine Reihe schöner **Radwege**, wie z. B. von Bjelovar ins Bilogora-Gebirge über Veliko Trojstvo, die Berghütte Kamenitovac und zurück (25 km). Weitere Routen verbinden die Städte der Region miteinander oder führen entlang der Weinstraßen. Informationen und eine Fahrradkarte sind in der Touristeninformation Bjelovar erhältlich. Die Radtour entlang der **Weinstraße Bilogora** beginnt im Örtchen Veliko Trojstvo, wo es ein kleines Infozentrum gibt, Braće Radića 28, ✆ 043-885643, ⏲ Mo–Fr 8–15 Uhr, und führt dann über etwa 20 Weingüter, Reiterhöfe und ethnografische Sammlungen. Eine Karte (auf Kroatisch) kann auf folgender Homepage eingesehen werden: 🖳 www.tzbbz.hr/dokumenti/vinska_cesta.pdf.

Leider gibt es noch keinen Fahrradverleih in Bjelovar und Umgebung. Fahrräder müssen also von daheim oder z. B. aus Zagreb mitgebracht werden.

SONSTIGES

Apotheken
Ljekarna Coner, T.G. Masaryka 9, ✆ 043-221225, 🖳 www.coner.hr. ⏲ Mo–Fr 7–21, Sa, So 7–20 Uhr.

Geld
Mehrere Banken mit Bankomat im Zentrum, unter anderem:
Erste Bank, Preradovićeva 2a.

Gepäckaufbewahrung
Gepäck kann am Busbahnhof aufbewahrt werden (am Schalter fragen).

Informationen
Touristeninformation der Region Bjelovar-Bilogora, Trg Eugena Kvaternika 4, ✆ 043-243944, 🖳 www.tzbbz.hr.

Medizinische Hilfe
Krankenhaus Bjelovar, Antuna Mihanovića 8, ✆ 043-279222.

Polizei
Polizeistation Bjelovar, Vlahe Paljetka 2, ✆ 043-270132.

Taxi
Auto Taxi, ✆ 098-9508650
Taxi Služba, ✆ 043-970

TRANSPORT

Das Zentrum ist sehr überschaubar, hier kann man alles fußläufig erreichen. Für alle außerhalb liegende Ziele ist ein Auto empfehlenswert.

Auto und Motorrad
Durch mangelnde Autobahnanbindung ist Bjelovar (wie auch Daruvar) etwas mühsam zu erreichen. Von Zagreb aus führt die kürzeste Route über die Autobahn Richtung Varaždin und ab der Ausfahrt Sveta Helena auf der Bundesstraße 28 über Vrbovec nach Bjelovar. Die Fahrt dauert knapp 1 1/2 Std. Im Zentrum stehen kostenpflichtige **Parkplätze** zur Verfügung.

Busse

Busbahnhof Bjelovar, Trg kralja Tomislava 1, ☎ 043-241269.
Eines der größten Busunternehmen des Landes (Čazmatrans, 🖥 www.cazmatrans.hr) hat seinen Sitz in Čazma bei Bjelovar und fährt 22x tgl. von ZAGREB nach Bjelovar, am Wochenende seltener. Die Fahrt braucht etwa 2 Std. und kostet 77–80 Kn. Zwischen Bjelovar und DARUVAR verkehren tgl. 5 Busse.
Von Deutschland aus bietet Čazmatrans auch freitags eine direkte Verbindung von Berlin nach Bjelovar und Čazma an. Außerdem tgl. Busverbindungen mit Umstieg, z. B. von Frankfurt, München und Stuttgart, 🖥 www.eurolines.de.

Eisenbahn

Bahnhof Bjelovar, Trg kralja Tomislava 4, ☎ 043-241263.
KRIŽEVCI, 3x tgl. in 45 Min. für 25–32 Kn.
OSIJEK, morgens in der Woche, 3 1/2 Std. für 92–99 Kn.
VIROVITICA, 6x tgl. in 1 Std. für 40–47 Kn.
ZAGREB, 8x tgl. in1 1/2–2 Std. für 57–64 Kn.

Daruvar

Daruvar ist die mit seinen 11 600 Einwohnern zweitgrößte Stadt der Region Bjelovar-Bilogora und wird häufig auch schon zur Region Slawonien gerechnet. Die größte Attraktion ist das Thermalbad **Daruvarske Toplice**, das bereits zu römischen Zeiten unter dem Namen Aquae Balissae genutzt wurde, und umgeben ist vom hübschen **Julijev-Park**. Sehenswert ist zudem das **Schloss der Grafen Janković** aus dem Jahr 1771 mit einem vorgelagerten Park.

In der Stadt lebt eine bedeutsame tschechische Minderheit, die auch kulturell in Erscheinung tritt. Wenig verwunderlich erscheint da, dass seit dem 19. Jh. in Daruvar ein Bier namens **Staro Česko pivo** (altes tschechisches Bier) gebraut wird.

Weinliebhaber indes sollten die **Weinstraße**, 🖥 www.vinskeceste-bbz.hr, befahren, die in und um Daruvar ausgewiesen wurde.

ÜBERNACHTUNG UND ESSEN

Hotel Bilogora, N. Šubića Zrinskog 4, Grubišno polje, ☎ 043-448077, 🖥 www.hotelbilogora.com. Zwischen Daruvar und Bjelovar gelegen, bietet sich das 3-Sterne-Hotel vor allem für Touren in die Berglandschaft Bilogora an. Die Zimmer sind pragmatisch eingerichtet, das Hotel beinhaltet zudem Restaurant, Café-Bar und Disco. ❷

Hotel Termal, Julijev Park 3, ☎ 043-623623, 🖥 www.daruvarske-toplice.hr. Die Heilquellen Daruvarske Toplice sind einer der größten Anziehungspunkte der Region, und in diesem Hotel können auch Gäste davon profitieren. Neben vielen Kur- und Wellnessangeboten punktet das Hotel vor allem mit seiner Lage im wunderbaren Julijev Park, der zu Entspannungs-Spaziergängen einlädt. ❹

Rooms Vendi, Petra Svačića 42, ☎ 043-333199, 🖥 www.sobevendi.com. Pension im Zentrum Daruvars. Vermietet werden mehrere Zimmer in hellen Farben mit Parkett- oder Fliesenboden. Die Vermieter sind sehr freundlich, das Preis-Leistungs-Verhältnis ausgezeichnet. ❶

Restaurant Slavonija, Trg kralja Tomislava 20, ☎ 043-335555, 🖥 www.restoran-slavonija.com.hr. Das Restaurant ist nach der hier beginnenden Region Slawonien benannt und feiert die slawonische Küche ebenso wie die tschechische. Neben Grillfleisch, Gulasch und einigen Fischgerichten finden sich so auch Knödel mit Sauerkraut und Kotelett auf der Karte. Das Restaurant befindet sich in einem großen repräsentativen Gebäude im Zentrum, der Speisesaal ist in einem langen Kellerraum mit Ziegelwänden untergebracht.

UNTERHALTUNG UND KULTUR

Clubs

Klub Johnny B. Goode, Matije Gupca 7. Der bekannteste Song von Chuck Berry stand Pate für diesen Club im Kulturzentrum Hrvatski Dom mit Livemusik und anderen Abendveranstaltungen.

Kino

Pučko otvoreno učilište, Trg Kralja Tomislava 14a, ☎ 043-331440, 🖥 www.pou-daruvar.hr.

In Daruvar ist im Kulturzentrum u. a. ein Kino untergebracht, das kroatische und internationale Filme zeigt (Originalton mit Untertiteln).

FESTE

Međunarodni festival limene glazbe (Flig), zum internationalen Blechblasmusikfestival kommen im Juli/August Blasmusiker aus der ganzen Welt, um die lange Tradition der Blechblasmusik in Daruvar zu pflegen.
Vinodar Daruvar, alljährlich findet im Mai/Juni in Daruvar die Weinausstellung Vinodar statt, auf der Weine aus der Region Bjelovar-Bilogora, aber auch darüber hinaus, präsentiert werden. Ein abwechslungsreiches Programm mit Musik, Theater und vielem mehr begleitet die Veranstaltung.

EINKAUFEN

Pčelarstvo Daruvar, J. Jelačića 87g, ✆ 043-334896, 🖥 www.pcelarstvo-daruvar.hr. Imkereiprodukte aus Daruvar, aber auch Olivenöl, Lavendel und anderes. ⏱ 8–20 Uhr.

TRANSPORT

Auto und Motorrad
Im Zentrum stehen kostenpflichtige **Parkplätze** zur Verfügung.

Busse
Busbahnhof Daruvar, Kolodvorska 24, ✆ 043-331319.
BJELOVAR, 3x tgl. in 1 1/2 Std. für 53 Kn.
ZAGREB, 2x tgl. in 2 1/2 Std. für 106 Kn.

Eisenbahn
Bahnhof Daruvar, Kolodvorska 7, ✆ 043-332493.
Von Daruvar verkehrt 5x tgl. ein Zug nach VIROVITICA in 1 1/2 Std. für 36–43 Kn.

Čazma

Das Städtchen zwischen Zagreb und Bjelovar (8000 Einw.) besaß früher eine wichtige, vor allem kirchliche Bedeutung, von der heute jedoch nur noch die eindrucksvolle **Kirche der heiligen Maria Magdalena** aus dem 13. Jh. zeugt.

Über die Geschichte informiert das **Stadtmuseum Čazma** (Gradski muzej Čazma), Trg Čazmanskog kaptola 13, ✆ 043-771037. ⏱ Di–Fr 10–18, Sa 11–15 Uhr, Eintritt 5 Kn.

In der Weihnachtszeit werden die Häuser und Bäume Čazmas wunderschön beleuchtet. Ansonsten hat der Ort nicht viel zu bieten, liegt aber in einer reizvollen Landschaft, der nördlichen Moslavina, deren Hügel und Wiesen vom unberührten **Flüsschen Česma** durchquert werden. Ehemalige Sumpfgebiete des Flusses sind heute Fischteiche (Angeln ist beliebt, Infos in der Touristeninfo) und Rückzugsgebiet für die letzten Regenpfeiferbestände zwischen Drau und Save. Agrotourismusbetriebe machen die schöne Natur auch für Besucher erfahrbar.

ÜBERNACHTUNG

Agrotourismus Kezele, Vinogradska 6, Šumećani, ✆ 01-2820496, 🖥 www.kezele-vino.hr. Nur etwa 50 km vom Zagreber Trubel entfernt liegt zwischen Ivanić Grad und Čazma diese ländliche Oase der Ruhe. In restaurierten Holzbauernhäusern lässt es sich schön landnostalgisch übernachten. Im Restaurant kommt traditionelle regionale Küche auf den Tisch, die aus eigener Produktion oder von den umliegenden Bauernhöfen stammt, Wein wird selbst produziert. Zum Essen müssen sich Gäste i. d. R. vorher anmelden. Die ländliche Idylle erreicht man über die Autobahn Zagreb–Slavonski Brod, von der Ausfahrt sind es noch 10 Min. in Richtung Čazma. ❷

Agrotourismus Pirak, Sveti Vid, Čazma, ✆ 098-799439, 🖥 www.seoskiturizam-pirak.com. Schönes Holzhaus mit überdachter Terrasse inmitten von Weinbergen in der Nähe des Ortes Grabovnica bei Čazma (etwa 1 km in Richtung Garešnica). Hier kann man in angenehmen Zimmern übernachten ❷ und traditionelle Küche der Moslavina probieren. Anmeldung zum Essen wird empfohlen.

SONSTIGES

Einkaufen
Souvenirs Ljerka Milčić, Kralja Zvonimira 14, Čazma, ✆ 043-771711. Verschiedenste, z. T. selbst gemachte Souvenirs aus Čazma und der nördlichen Moslavina.

Informationen
Touristeninformation Moslavina-Čazma, Braće Radića 2, ✆ 043-772086, 🖥 www.tz-cazma.hr.

Medizinische Hilfe
Medizinischer Notdienst Čazma, ✆ 043-771069.

TRANSPORT
Busbahnhof Čazma, Milana Novačića 10, ✆ 043-277100.
BJELOVAR, 6x tgl. in 50 Min. für 29 Kn.
ZAGREB, 9x tgl. in 1 1/4 Std. für 62 Kn.

Ausflug nach Ljubljana (Slowenien)

Die Fahrt von der kroatischen bis zur slowenischen Hauptstadt dauert gerade einmal 90 Minuten, und so eignet sich Ljubljana (rund 280 000 Einw.) ebenso als Ausflugsziel von Zagreb, Istrien oder Kvarner aus als auch als Zwischenstopp auf dem Weg nach Kroatien. Beide Hauptstädte verbindet ihre langjährige Prägung durch habsburgische Herrschaft, die sich in Architektur, Kultur und Sprache niedergeschlagen hat. Einen besonderen Einfluss auf die Entwicklung der Stadt hatte der Architekt Jože Plečnik, dessen Bauwerke das Stadtbild vielerorts prägen.

Geschichte

Ljubljana wurde im 12. Jh. erstmals erwähnt, kam bald unter dem Namen Laibach unter habsburgische Herrschaft, die mit einer kurzen französischen Unterbrechung in napoleonischer Zeit bis zum Ersten Weltkrieg andauerte. Slowenien war wie Kroatien Teil beider Jugoslawischer Staaten, und Ljubljana wurde 1991 Hauptstadt des unabhängigen Sloweniens. Anders als beim südlichen Nachbarn war die Kriegszeit in Slowenien jedoch mit zehn Tagen denkbar kurz, und das kleine Alpenland entwickelte sich so wesentlich schneller als Kroatien. Seit 2004 ist Slowenien EU-Mitglied und führte 2007 den Euro als Währung ein.

Stadtrundgang

Das überschaubare Zentrum Ljubljanas erstreckt sich am Ufer des Flusses Ljubljanica und wird von der Burg von Ljubljana überragt, von der sich die Stadt wunderbar überblicken lässt.

Ein kurzer Stadtrundgang beginnt am zentralen **Prešeren-Platz**, wo ein Denkmal an den berühmtesten slowenischen Dichter **France Prešeren** (1800–49) erinnert. Dominiert wird der Platz jedoch von der **Franziskanerkirche Mariä Verkündigung** mit ihrer prächtigen rosa gestrichenen Fassade und den dahinter aufragenden Türmen. Folgt man dem Ufer der Ljubljanica nach Süden, kann man die wunderbar entspannte, weidenbestandene Promenade genießen, an der eine Reihe gemütlicher Cafés einladen. Auf der rechten Seite öffnet sich der sternförmige **Park Zvezda** mit zahlreichen repräsentativen Gebäuden wie der **Slowenischen Philharmonie**. Auf dem Rückweg am anderen Ufer der Ljubljanica sollte man sich am besten ein nettes Café mit Blick auf den Fluss und die Brücken der Stadt. Parallel zur Uferpromenade verläuft der Hauptplatz **Mestni trg**, der zunächst nur eine Straße mit unzähligen Restaurants und kleinen Geschäften ist. Der eigentliche Platz ist dann an der Straße Stritarjeva erreicht. Hier sind das **Rathaus** und einige andere repräsentative Gebäude aus dem 16. Jh. sehenswert. Unweit des Mestni trg befindet sich auch der **Dom des Hl. Nikolaus** aus dem Jahr 1706, eine von innen wie außen mit barocker Pracht ausgestattete Kirche mit Doppelturmfassade und Kuppel. Zurück am Ufer der Ljubljanica, stößt man auf den **Marktplatz**, auf dem Souvenirs, Obst und Gemüse angeboten werden. Ein Stückchen weiter dem Ufer nach Osten folgend, wird ein wichtiges Wahrzeichen der Stadt erreicht. Die **Drachenbrücke** aus dem Jahr 1901 wird an jeder Ecke von einem eindrucksvollen Bronzedrachen bewacht. Von hier ergibt sich ein schöner Blick auf die Ljubljanica, den Dom und die darüberliegende Burg. Diese wird als letzter Schritt des Minimal-Stadtrundgangs erstiegen. Die **Burganlage** entstand in ihrer jetzigen Form im 16. Jh., der Aussichtsturm kam im 19. Jh. hinzu. In der Burg kann eine lohnenswerte virtuelle Ausstellung zur Geschichte und Entwicklung Ljubljanas besucht werden. Vom Aussichtsturm der Burg schließlich kann man den Blick über Ljubljana schweifen lassen und versuchen, alles Besuchte wiederzuerkennen.

ÜBERNACHTUNG

Allegro Hotel, Gornji trg 6, ☎ +386-59119620, 🖥 www.allegrohotel.si. Elegantes 4-Sterne-Hotel direkt im Zentrum, geschmackvoll eingerichtet mit stilvollem altem Mobiliar. ❹

B&B Dvor Tacen, Pot Sodarjev 2, ☎ +386-82055611, 🖥 www.dvortacen.si. Das noble Bed&Breakfast ist in einer schönen alten Villa untergebracht, 8 km nördlich von Ljubljana, mit geschmackvollen und sauberen Zimmern. Ein direkter Bus fährt ins Zentrum. ❹

City Hotel, Dalmatinova 15, ☎ +386-12390000, 🖥 www.cityhotel.si. Gutes 3-Sterne-Hotel in unmittelbarer Zentrumsnähe. Saubere, komfortable Zimmer, teils mit Balkon und Blick auf die Innenstadt, vielfältiges Frühstück. ❸–❺

Hostel & Spa 24, Poljanska Cesta 15, ☎ +386-40780036, 🖥 www.hostel-spa24.com. Hostel mit Privatzimmern und 4- bis 12-Betten-Schlafsälen. Sehr zentral gelegen, in der Nähe der Drachenbrücke. Bett im Schlafsaal 12–17 €.

Hostel Vila Veselova, Veselova ulica 14, ☎ +386-59926721, 🖥 www.v-v.si. Modernes Hostel in einer alten Villa im Zentrum Ljubljanas mit eleganten, nach Farben eingerichteten und benannten 2- bis 8-Bett-Zimmern. Bett im Schlafsaal 16–26 €. ❷

ESSEN

Falafel, Trubarjeva 40, ☎ +386-41640166, 🖥 www.falafel.si. Der Name ist Programm. Arabische Spezialitäten wie Falafel (geeignet auch für Veganer) und zahlreiche Fleisch und Fastfood-Gerichte sowie Salate, alles zu günstigen Preisen in der Nähe der Drachenbrücke. Mittags kann es zu Warteschlangen kommen. ⏱ Mo–Sa 10–24, So 13–22 Uhr.

Pizzeria Trta, Grudnova nabrežje 21, ☎ +386-14265066, 🖥 www.trta.si. Die vielleicht beste Pizza der Stadt gibt's in der gemütlichen Pizzeria ein paar hundert Meter südlich des Zentrums am Ljubljanica-Ufer. Die Auswahl ist hervorragend. Auch gute Nudel-Gerichte. ⏱ Mo–Fr 11–22.30, Sa 12–22.30 Uhr.

Restaurant Julija, Stari Trg 9, ☎ +386-14256463, 🖥 www.julijarestaurant.com. Restaurant im Zentrum mit einer gemütlichen Terrasse und geschmackvollem blau-weißem Innenraum. Die Speisekarte ist vielfältig und das Essen hervorragend. Auch Vegetarier werden fündig. ⏱ 8–24 Uhr.

Slaščičarna Lolita, Cankarjevo Nabrežje 1, ☎ +386-59016299, 🖥 www.slascicarna-lolita.si. Tolle Konditorei am Ufer der Ljubljanica mit fantastischen Kuchenvarianten und gutem Kaffee. ⏱ 9–24 Uhr, im Winter etwas kürzer.

Valvas'Or, Stari trg 7, ☎ +386-14250455, 🖥 www.valvasor.net. Nobleres Restaurant im Zentrum Ljubljanas mit edlen Gerichten (Fleisch, Meeresfrüchte, Fisch, Trüffel) und exquisiter Weinkarte. ⏱ Mo–Sa 12–22.30 Uhr.

Nordkroatien

Stefan Loose Traveltipps

18 Varaždin Mit seinem barocken Ortskern, einem ungewöhnlichen Friedhof und der zauberhaften Lage inmitten der zagorischen Hügel eine der schönsten Städte Kroatiens. S. 535

19 Vuglec Breg Im „Tourismusdorf" geht es alles andere als touristisch zu. Zwischen den alten Bauernhäusern hat man vielmehr das Gefühl, weit weg von allem zu sein. S. 547

Terme Tuhelj Nach ausgedehnten Wanderungen oder Radtouren bieten die Thermalquellen eine willkommene Entspannung. Z. B. in der Terme Tuhelj, Kroatiens größtem Wellnesscenter. S. 548

Burg Trakošćan Von der weißen Burg geht zu jeder Jahreszeit ein märchenhafter Zauber aus. S. 549

Čakovec So traditionell, vielfältig und reich wie die Region, so ist auch das, was hier üblicherweise auf den Tellern landet. Wie bei Großmutter zu Hause isst man z. B. im Mala Hiža bei Čakovec. S. 557

Mur-Drauradweg Die landschaftlich reizvolle Region an der Grenze zu Slowenien und Ungarn lernt man bei einer Radtour auf ganz besondere Weise kennen. Der Radweg entlang der Mur und Drau, der durch Österreich, Slowenien und Kroatien führt, bietet dazu beste Gelegenheit. S. 558

Zagorje

Denkt ein Kroate an Nordkroatien, so denkt er zwangsläufig an das wunderschöne **Zagorje** mit seinen märchenhaften Burgen und sanften, grünen Hügeln. Zweifelsohne ist Zagorje die schönste Region in Nordkroatien und nicht ohne Grund ein beliebtes Ausflugsziel für die Zagreber Bevölkerung, die am Wochenende gerne hierher pilgert, um sich in der Natur zu erholen und von der guten Küche verwöhnen zu lassen. Auch **Varaždin** zieht mit seinen zahlreichen Restaurants, Cafés und Geschäften sowie den prächtigen historischen Gebäuden zahlreiche Besucher an. Doch würde allein Zagorje hier Erwähnung finden, so würde man den anderen Orten dieser Ecke Kroatiens Unrecht tun. Denn auch die anderen Regionen Nordkroatiens haben ihre Vorzüge – das von Ungarn beeinflusste **Međimurje** hält neben tollen **Radwegen entlang der Mur und Drau** die eine oder andere kulinarische Überraschung bereit, während die **Podravina** mit ihrem Industriezentrum **Koprivnica** ein lebendiges Stück Kroatien bietet, wo die Cafés und Restaurants nicht nur auf Touristen warten, sondern vor allem auch von Einheimischen besucht werden.

Zagorje – das Land der sanften Hügel und märchenhaften Burgen. Es ist nicht nur Kroatiens grünes Herz, wie es liebevoll von den Einheimischen genannt wird, sondern auch die wirtschaftlich stärkste Region des Landes. Nur einen Katzensprung von Zagreb entfernt, zieht es an den Wochenenden viele Hauptstädter an, die gerne auch mal nur für ein paar Stunden die Natur genießen und sich vom Großstadttrummel erholen möchten – und dies liegt nicht nur an den zahlreichen Thermalquellen. Für Reisende ist diese Region auch deshalb so attraktiv, weil sie neben erholsamer Natur und einem hochwertigen touristischen Angebot auch jede Menge Möglichkeiten zum Aktivsport bietet und eine der authentischsten, unberührtesten Regionen Kroatiens ist. Obwohl es in der Zagorje prinzipiell gute Bus- und Bahnverbindungen gibt, empfiehlt es sich, mit dem Auto zu reisen oder sich einen Leihwagen zu nehmen, denn viele der schönen Restaurants und Hotels liegen etwas abgelegen auf dem Land.

18 HIGHLIGHT

Varaždin

Als einstige Hauptstadt Kroatiens und reichste Stadt des Landes bietet Varaždin an der Drau heute neben einer beeindruckenden Zahl an perfekt instandgehaltenen Barockgebäuden und großzügig angelegten Gärten und Parks eine Fülle an einladenden Cafés und Restaurants, die mit einheimischer Küche aufwarten. Die Stadt bekam elf Mal die Auszeichnung *Zeleni cvijet* (grüne Blume) als die gepflegteste Stadt in Kontinentalkroatien verliehen. Hier sind Modernität und prunkvolle Geschichte auf sehr unprätentiöse Weise miteinander vereint. Mehr als alles andere ist Varaždin jedoch ein schmuckes Städtchen mit rund 50 000 Einwohnern, das zum gemütlichen Verweilen und Bummeln einlädt.

Geschichte

1209 wurde Varaždin von König Andreas II. zur freien königlichen Stadt erhoben und mit einem eigenen Siegel und Wappen versehen. Als die Türken schließlich Kroatien belagerten, bot die Stadt mit ihrer Festungsanlage den Generälen den perfekten Rückzugsort.

Es folgte Varaždins Blütezeit, in der die Stadt zum kulturellen, politischen und wirtschaftlichen Zentrum wurde. Die Fülle an barocken Bauten, die in dieser Zeit entstanden, erklärt sich aus der geografischen Nähe zu Mitteleuropa und der Anziehungskraft, die die Stadt auf Handwerker und Baumeister aus ganz Europa ausübte. Alle kamen sie hierher, um ihre Villen und Kirchen zu errichten.

Varaždins Geschichte als Kroatiens Hauptstadt war hingegen von kurzer Dauer – nur 21 Jahre währte diese Ehre, die durch ein verheerendes Stadtfeuer 1776 beendet wurde. Der Repräsentant des Königs floh aus der brennenden Stadt und verlegte seinen Sitz und somit die ganze Verwaltung nach Zagreb. Dies tat der Schönheit Varaždins jedoch keinen Abbruch. Die Stadt wurde in kürzester Zeit wieder aufgebaut – im barocken Stil, versteht sich.

Sehenswertes

Die Festung (Stari Grad)

Die feudale Festung, wörtlich „Altstadt" genannt, ist das wichtigste historische Gebäude Varaždins. Umgeben von einem großzügig angelegten Park und einem doppelten Burggraben, ist es ein Schmuckstück der mittelalterlichen Befestigungsarchitektur. Im 14. Jh. erbaut, erhielt die Befestigungsanlage im 16. Jh. ihr heutiges Aussehen im Stil der Gotik und Renaissance und diente als Schutzwall gegen die drohende Belagerung der Osmanen. Bis 1925 war die Festung in Privatbesitz, heute beherbergt sie das Stadtmuseum (Gradski muzej), Strossmayerovo šetalište bb, ✆ 042-658773, 🖥 www.gmv.hr, das in zehn Ausstellungsräumen über die Jahrhunderte angesammelte Gemälde, Möbel, dekorative Gegenstände, Waffen und Insignien präsentiert. Allein der mittelalterliche Bau mit seinen Bogengängen, Innenhöfen, Kapellen und Türmen ist einen Besuch wert. ⏰ Di–Fr 9–17, Sa–So 9–13 Uhr, Eintritt 25 Kn, erm. 15 Kn.

Auf dem **Gelände des Meierhofs** gegenüber der Festung wurde im 17. Jh. der repräsentative **Palača Keglević** eingerichtet, der 1775 von Jakob Erber im Rokokostil umgestaltet wurde. Heute beherbergt er die wissenschaftliche Abteilung der Kroatischen Akademie der Wissenschaften und Künste.

Den besten Blick auf das Festungsgelände kann man übrigens auf dem **Štrossmayer-Spazierweg** genießen, der von den Bollwerken und Schanzen rund um die Burg gebildet wird.

Der historische Stadtkern

Wie kaum eine andere Stadt in Kroatien verfügt Varaždin über ein beachtliches Erbe an (Kunst-)Denkmälern und einen gut erhaltenen barocken Ortskern. Neben dem Burgkomplex gibt es eine beeindruckende Vielzahl an Palästen, öffentlichen Gebäuden und Villen im Stil des Barock, Rokoko, Klassizismus und Jugendstil. Die meisten Sehenswürdigkeiten befinden sich auf engem Raum, weshalb ein Stadtrundgang an jeder Ecke beginnen kann.

Den Kern der Altstadt bildet der Hauptplatz **Trg kralja Tomislava**, wo sich auch das **Rathaus** (Gradska vijećnica) befindet. Ursprünglich stammt das Gebäude aus dem 15. Jh., aber nachdem es 1776 im Feuer beschädigt wurde, erhielt es 1791 seine heutige Form mit dem Turm in der Mitte. Zusätzlich geschmückt wird das Rathaus durch einen Balkon, über dem das steinerne Wappen der Stadt angebracht ist, (und) am Turm über der Uhr befindet sich ein Anzeiger der Mondphasen. Im Salon ist eine **Memorialsammlung des Malers Miljenko Stančić**, ✆ 042-402508, untergebracht, welche 22 Bilder umfasst. Besichtigungen bei vorheriger telefonischer Anmeldung. Zwischen 15. Mai und 15. Oktober findet außerdem jeden Samstag von 11 bis 12 Uhr die **Wachablösung der Varaždiner Bürgergarde** *(Purgari)*, ✆ 042-311191, 🖳 www.varazdinska-garda.com, statt, die ihr erstes bekanntes Statut im Jahre 1750 von der österreichischen Kaiserin Maria Theresia erhielt. Natürlich dürfen nur gebürtige, unbescholtene Varaždiner in den blauen Grenadieruniformen und hohen Pelzmützen aufmarschieren. Ebenfalls auf dem Hauptplatz befindet sich der **Palača Drašković**, der einst der gleichnamigen Adelsfamilie gehörte, zu deren Besitz auch Burg Trakošćan (S. 549) gehörte, und dessen Barockfassade mit dem vergoldeten Wappen sofort ins Auge sticht.

Einer der sehenswertesten der rund zwölf Paläste und nur einen Steinwurf vom Rathaus entfernt ist der **Palača Patačić**, Franjevački trg 4, der 1765 erbaut wurde und als der wertvollste Rokokopalast in ganz Kroatien gilt. Im 18. Jh. beherbergte er die Familie Patačić und war Mittelpunkt des kulturellen und gesellschaftlichen Lebens der Stadt. Im Zuge einer gründlichen Erneuerung des Gebäudes Ende der 1990er-Jahre wurden prachtvolle Fresken freigelegt, die Szenen aus dem Leben Ende des 18. Jhs. zeigen. Über dem Steinportal befindet sich das „Göttliche Auge", ein Symbol der Gegenreformation.

Auf demselben Platz findet man auch gleich schon den nächsten Palast, der eine ständige Ausstellung beherbergt – der klassizistische **Palača Hercer**, Franjevački trg 6, ✆ 042-658760, der 1791 errichtet wurde und der Familie Hercer gehörte, die im 18. Jh. dank der Postgeschäfte zu einer der reichsten Familien der Region wurde und den Adelstitel kaufte. Unter dem Titel **Welt der Insekten** (Entomološka zbirka), 🖳 www.gmv.hr, ist hier die entomologische Sammlung des Varaždiner Gymnasiallehrers Franjo Košćec untergebracht, die Ende der 1990er-Jahre erneuert wurde und etwa 4500 Exponate umfasst. Nach Meinung der Fachleute und Besucher ist es die schönste ihrer Art in Europa. Ausgestellt sind entomologische Präparate, Dermopräparate von Wirbeltieren, herbarische Pflanzenbeispiele, vergrößerte Insektenmodelle und vieles mehr. ⏲ Di–Fr 9–17, Sa, So 9–13 Uhr, Eintritt 25 Kn, erm. 15 Kn.

Auf einem der schönsten Plätze der Stadt, dem **Trg Miljenka Stančića** südöstlich der Festung, thront der **Palača Prassinsky-Sermage**, Trg Miljenka Stančića 3, ✆ 042-214172, 🖳 www.gmv.hr, mit seinen auffälligen Farben und Mustern. Dieser Palast ging durch Eheverträge von der Familie Prassinsky auf die französische Adelsfamilie Sermage über und wurde 1759 im Rokokostil erneuert. Seit 1947 befindet sich hier die ständige Ausstellung der **Galerie der Alten und Neuen Meister** (Galerija starih i novih majstora). Zu den wertvollsten Gemälden zählen die Getreidemadonna aus dem 15. Jh., ein Gemälde aus der Rubensschule sowie ein Ölgemälde aus der Schule Canalettos. Die meisten Bilder kamen nach dem Zweiten Weltkrieg aus den umliegenden Schlössern hierher. ⏲ Di–Fr 9–17, Sa, So 9–13 Uhr, Eintritt 25 Kn, erm. 15 Kn.

Auf dem **Kapucinski trg**, dem größten Platz der Stadt im Südosten der Altstadt, befindet sich der **Palača Erdödy**, der im Zuge der Ausdehnung der Stadt außerhalb der Stadtmauern in den 60er-Jahren des 18. Jhs. im theresianischen Stil gebaut wurde. 1850 erhielt es für den Bedarf der Kaserne (Kapucinska vojarna) einen Anbau. Nach dem Zweiten Weltkrieg wurde im Palast das Heim der Jugoslawischen Volksarmee untergebracht und erlitt beachtliche Schäden. Heute befindet sich in seinen Gemäuern die Musikschule.

Franziskanerkirche und -kloster

Zum ersten Mal erwähnt wurden die Franziskaner in Varaždin im 12. Jh. Die Zeit der Gegenreformation und der späteren Aufklärung gilt in Nordwestkroatien als eine Blütezeit der monumentalen Sakralarchitektur, die bis heute ihre Spuren hinterlassen hat. So weist beispiels-

Die barocke Innenstadt Varaždins gehört zu den schönsten Altstädten Kroatiens.

weise die gegenüber vom Rathaus gelegene **Franziskanerkirche** (Crkva Sv. Ivana Krstitelja), Franjevački trg 8, ✆ 042-213166, sämtliche Merkmale der Architektur des Frühbarock auf und erinnert in ihrem Grundriss an die Franziskanerkirche in Wien. Ihr Turm ist mit seinen 54,5 m der höchste Kirchturm der Stadt. Innen ist besonders die Kanzel sehenswert – ein Meisterwerk des Manierismus, mit einer reichen Ornamentik und einer Vielzahl an Skulpturen, welche Apostel und Franziskaner abbilden. Ebenso interessant ist die ehemalige **Franziskanerapotheke**, deren Gewölbe vom größten Barockkünstler Kroatiens, dem Pauliner Ivan Ranger, gestaltet wurde. Das **Kloster des Hl. Johannes des Täufers** (Franjevački samostan) wurde an der Stelle einer Holzkirche und des Hospizes erbaut, welches die Johanniter einst gegründet hatten. Vor der Kirche findet man schließlich eine **Bronzestatue**, welche den Bischof Georg von Nin darstellt und ein Werk des renommierten kroatischen Bildhauers Ivan Meštrović (Kasten S. 361) ist. Man sagt, das Berühren der großen Zehe bringe Glück. Sichtlich glauben alle Kroaten daran, denn der Zeh ist wesentlich heller als der Rest der Statue.

Kathedrale Mariä Himmelfahrt

Die Kathedrale (Katedrala Uznesenja Marijina), Pavlinska 4, ✆ 042-210688, ein paar Meter vom Rathaus entfernt, wurde Mariä Himmelfahrt gewidmet und bildet den mittleren Teil des **Jesuitenkomplexes**, der außerdem noch Gymnasium und Konvikt umfasst. Fertiggestellt wurde sie 1656, der Kirchturm mit der charakteristischen Zwiebelhaube wurde jedoch erst 20 Jahre später hinzugefügt. Der Dom hat sechs Kapellen, jeweils drei auf jeder Seite des Schiffes, die alle reich an wertvollen Gemälden sind. Die Kirchenfassade wurde als Triumphbogen mit Pfeilern, Giebeln und Nischen aufgegliedert. In der Hauptnische steht eine Marienstatue aus dem 17. Jh., darunter befindet sich das Wappen der Familie Drašković, die lange Zeit Hauptförderer des Jesuitenordens und der Kirche war. Im Dom findet außerdem das **Festival der Barockmusik** (Kasten S. 539) statt. ⏲ 7–12.30, 15.30–19.30 Uhr.

Stadttheater

Geht man ein paar Schritte durch den Park hinter der Kathedrale, so gelangt man zum Stadttheater (Hrvatsko Narodno Kazalište), Augusta Cesarca 1, ✆ 042-214688, 🖥 www.hnkvz.hr, das von Hermann Helmer (1849–1919) entworfen und zwischen 1871 und 1873 im Neorenaissancestil errichtet wurde. Leider sind die Theatervorstellungen in kroatischer Sprache, aber wer den Logen- und Konzertsaal gerne besichtigen möchte, der sollte während des Barockfestivals hierher kommen, denn einige der Konzerte finden im Stadttheater statt. Auf dem Platz vor dem Theater befindet sich außerdem ein hübsches Café mit ein paar Außentischen, wo man bei Theateratmosphäre die Sonne und einen Kaffee genießen kann.

Friedhof
Zehn Gehminuten westlich der Altstadt, in der Hallerova Aleja gelegen, hebt sich der Friedhof Varaždin durch seine **ungewöhnliche Parkarchitektur** von üblichen Friedhöfen ab. Dies hat er dem visionären Geist des Wiener Architekten Hermann Helmer (1875–1953) zu verdanken, der 1905 mit dem Pflanzen von etwa 7000 Zypressen, Magnolien, Birken und dergleichen begann. Eines der wertvollsten Denkmäler ist die Friedhofsstatue auf dem Grab der Familie Leitner, ein Werk des Bildhauers Robert Frangeš Mihanović. Es symbolisiert das Abschiednehmen der Lebenden von den Toten. Besonders sehenswert ist auch das Grabdenkmal des renommierten Sprachwissenschaftlers Vatroslav Jagić, das täglich mit frischen Blumen geschmückt wird. ⏰ Jan–Feb, Nov–Dez 7–17, März–April, Okt 7–20, Mai–Sep 7–21 Uhr.

Stadt der Engel
Neben Palästen und Kirchtürmen gehören die Engel zu den Wahrzeichen der Stadt, weshalb ihnen gleich zwei Kunststätten gewidmet sind. Die **Galerija Zlatni Ajngel** („Goldener Engel"), Gajeva 15, ✆ 042-212702, 🖥 www.ajngel.hr, befindet sich in einem kleinen, charmanten Varaždiner Hof, auf den ein Aushängeschild mit einem Engel aufmerksam macht. Zehn Ausstellungen wechseln sich hier jährlich ab, jedoch ist die Galerie nicht streng thematisch ausgerichtet, sondern zeigt auch aktuelle Malerei und Bildhauerei sowie Design und Fotografie. ⏰ Di–Fr 17–20, Sa, So 10–13 Uhr und bei vorheriger Anmeldung.

Erst im Mai 2011 hat das **Muzej Anđela**, Ulica Silvija Strahimira Kranjčevića 14, ✆ 098-569520, 🖥 www.angelsmuseum.com, seine Türen geöffnet. Sein Gründer, der Maler Željko Prstec, hatte schon lange die Idee gehegt, ein Engelmuseum in Varaždin einzurichten. Die künstlerische Arbeit des Malers findet seit Jahren unter dem Motto statt, dass Varaždin die Stadt ist, in der die Engel schlafen. ⏰ 10–13, 17–20 Uhr und bei vorheriger Anmeldung.

Ausflüge in die Umgebung
Arboretum Opeka
17 km westlich von Varaždin liegt das Arboretum Opeka, Vinička 3, Marčan, in der Gemeinde Vinica am Fuße des Macelj-Gebirges. Das Arboretum ist Teil einer großen Parkanlage, auf der sich außerdem das gleichnamige Herrenhaus befindet. Mit einer Fläche von 65 ha ist es das größte von drei Arboreten in ganz Kroatien und gehört zu den wertvollsten Botanischen Gärten Mitteleuropas, mit einem Bestand von 14 000 Pflanzen, 200 Pflanzenarten und Bäumen aus China, Japan, Tibet, dem Kaukasus, Nordamerika und Europa. Gegründet wurde das Arboretum 1860 von Marko Graf von Bombelles – einem viel gereisten Aristokraten, der exotische Pflanzen und Bäume aus der ganzen Welt hierher brachte und einen Park um das Schloss errichtete. Der Besitz blieb bis 1945 bei der Familie Bombelles

---

Musikalische Zeitreise

Wer Varaždins Vergangenheit nicht nur mit den Augen, sondern auch mit den Ohren erleben möchte, der sollte nach Möglichkeit das Varaždiner **Festival der Barockmusik** besuchen, das alljährlich in der letzten September- und der ersten Oktoberwoche stattfindet. Diese Barockabende (Varaždinske barokne večeri) bieten hochkarätige Konzerte und Darbietungen internationaler Musiker und Solisten. Veranstaltungsorte sind – wie könnte es anders sein? – unter anderem die barocken Plätze der Stadt, wie beispielsweise der wunderschöne Große Saal des Nationaltheaters. Neben Varaždin gibt es Aufführungen in Trakošćan, Ludbreg und Lepoglava. Infos unter 🖥 www.vbv.hr.

und ging anschließend in staatliche Hände über. Heute kümmert sich die lokale Agrar- und Veterinärschule um die Anlage. Eintritt frei.

Varaždinske Toplice

Der historische Kurort Varaždinske Toplice, Trg sobode 1, ☎ 042-630431, 🖥 www.varazdinske-toplice.hr, liegt 15 km südlich von Varaždin und wunderschön in eine sanfte, grüne Hügellandschaft eingebettet. Mit seinen **schwefelhaltigen Quellen**, die eine Temperatur von 58° C erreichen, zieht er zahlreiche Erholungsbedürftige an. Neben seinem Thermalwasser hat Varaždinske Toplice auch noch eine Reihe an Sehenswürdigkeiten zu bieten. Archäologische Ausgrabungen aus der Römerzeit etwa sowie eine Reihe von Kirchen und historischen Gebäuden, von denen die barocke **Burg Stari Grad** mit ihrer neogotischen Fassade zweifellos das interessanteste ist. Ein paar Schritte von der Burg entfernt findet man die **Überreste eines römischen Bades**, das aus der Zeit zwischen dem 1. und 4. Jh. stammt. Im **Heimatmuseum** (Zavičajni muzej Varaždinske Toplice), Trg sobode 16, ☎ 042-633339, ✉ zavicajni.muzej@vz.t-com.hr, kann eine Minerva-Skulptur aus dem 3. Jh. besichtigt werden.

Ludbreg

Etwa 30 km von Varaždin entfernt, eingebettet im Drau-Tal, liegt das hübsche Städtchen Ludbreg (8700 Einw.), das nur selten den Weg in einen Reiseführer findet. Zu Unrecht, wie man bei einem Besuch feststellen wird. Seit sich im Jahr 1411 während einer Messe Brot und Wein in den Leib und das Blut Christi verwandelt haben sollen, ist Ludbreg ein beliebter Wallfahrtsort und zieht jährlich Tausende von Pilgern an. 1531 wurde das Wunder sogar offiziell von Papst Leo X. anerkannt. Als im 18. Jh. die Pest wütete, legte der Landtag in Varaždin ein Gelöbnis ab, dass man eine Kapelle für die Pilger errichten würde, wenn Gott der Krankheit ein Ende setzte. Bis 1994 musste die **Wallfahrtskapelle** jedoch auf ihre Entstehung warten. Sie liegt etwas außerhalb des Zentrums, in der Nähe des kürzlich renovierten **Schlosses des Adelsgeschlechts Batthyány** (Dvorac Batthyany). Der Schlosskomplex besteht aus drei im neoklassizistischen Stil errichteten Gebäuden und einer Schlosskapelle, die innen mit spätbarocken Wandmalereien geschmückt ist. Die **Dreifaltigkeitskirche** (Crkva Presvetog Trojstva), die auf dem Grundstein einer antiken Basilika errichtet und in der Zeit der Barocks gründlich renoviert und erweitert wurde, ist die älteste Kirche im Ort und birgt in ihrem Inneren eine wertvolle Monstranz aus Gold und Edelsteinen – ein Geschenk der Gräfin Eleonora Strattman aus dem Jahr 1721. Am Seitenausgang in Richtung Hauptplatz wird man ein farbiges **Bodenmosaik** entdecken, das an die Legende erinnern soll, nach der Ludbreg das Zentrum der Welt ist. Ludbreg ist definitiv nicht das Zentrum der Welt, auf jeden Fall aber gehört es zu den besten **Weingegenden** der Region, wo sich vor allem Riesling und Graševina zu Hause fühlen. Es verwundert also nicht, dass sich hier eines der besten und beliebtesten Restaurants der Region befindet. Das **Fantasy**, Vatroslava Lisinskog 19, ☎ 042-811144, 🖥 www.restoran-fantasy.com, hat sich mit seiner traditionellen wie mediterranen Küche einen Namen gemacht. Zu den Spezialitäten des Hauses gehören die Kalbsmedaillons in Steinpilzsauce mit Gnochi. ⊙ Mo–Mi 11–23, So und feiertags 15–23 Uhr.

ÜBERNACHTUNG

Bolfan Vinski Vrh, Gornjaki 56, Hraščina, ☎ 049-458287, 🖥 www.bolfanvinskivrh.hr. 20 km von Varaždin entfernt schmiegt sich das Anwesen an einen Weinberg. Neben ländlich, individuell eingerichteten Zimmern und einem Restaurant werden auch Weinverkostungen (von Riesling über Pinot Noir und Gris bis hin zu Yellow Muscat) angeboten. Erholung in authentischer Atmosphäre hat hier absolute Priorität, was allein schon beim Blick hinunter in die Weinberge nicht schwerfällt. ⊙ Mi–So 12–20 Uhr. ❸

Hotel Istra, Ivana Kukuljevića 6, ☎ 042-659659, 🖥 www.istra-hotel.hr. 1912 unter dem Namen Grand Hotel Novak erbaut, verfügt dieses gepflegte Hotel über 11 Zimmer, die seit 2007 ständig renoviert werden. Die Zimmer haben braune Teppichböden und Dachschrägen und sind durch die kleinen Fenster etwas dunkel. Das Hotel mag zwar für manchen Geschmack zu altmodisch sein, strahlt aber aufgrund seiner langen Tradition Gemütlichkeit und Professionalität aus. Am Wochenende gibt es 20 % Rabatt, bleibt man länger als 2 Nächte, ist der Preis verhandelbar. ❺

Hotel Varaždin, Kolodvorska 19, ✆ 042-290720, 🖥 www.hotelvarazdin.com. Dieses familiäre 3-Sterne-Hotel, das direkt am historischen Busbahnhofgebäude liegt, wurde 2007 gebaut und verfügt über 27 individuell geschnittene Zimmer, die in Himmelblau, Sonnengelb oder Olivgrün gestrichen sind und durch die geschmackvollen Schwarz-Weiß-Fotos von Varaždin an den Wänden und die Dachschrägen heimelig wirken. ❸

Jugendherberge-Studentenwohnheim Varaždin, Julije Merlića bb, ✆ 042-332910, www.scvz.hr. Ganzjährig werden frisch renovierte, funktional eingerichtete Zimmer der 3-Sterne-Kategorie (9 EZ, 8 DZ) mit TV, Kabel-Internet und Kühlschrank vermietet. Das Hostel hat zwischen 16. Juli und 2. Sep seine Türen geöffnet. ❶

Pansion Maltar, F. Prešerna 1, ✆ 042-311100, 🖥 www.maltar.hr. Einfache Pension mit einem Café und einer Bar im Erdgeschoss. Einige Zimmer sind sehr einfach und erinnern an eine Jugendherberge, mit alten Teppichen und Bettbezügen. Es gibt jedoch auch neue, renovierte Zimmer mit Holzdachschrägen und neuen Teppichen. Und das Beste – die Preise sind dieselben für alle Zimmer, der Gast darf sich bei Ankunft die Zimmer ansehen und selbst aussuchen. Die Pension hat auch ein Pendant namens **Kod rampe** in der Anina 38, wo bei Bedarf ebenfalls Zimmer gemietet werden können. ❷

€ **Pansion-Restoran Garestin**, Zagrebačka 34, ✆ 042-214314, 🖥 www.gastrocomugostiteljstvo.com. Diese Pension ist vor allem für ihre Küche bei den Einheimischen sehr beliebt, verfügt jedoch auch über ein paar schlichte, gepflegte Zimmer. Besonders schön ist die mit Holzbalken überdachte Terrasse, wo lokale Gerichte, von Fleisch über Pasta und Fisch bis hin zu schmackhaften Salaten, serviert werden. Es gibt auch 6 preiswerte Tagesmenüs (22–40 Kn). ❷

Turist, Aleja kralja Zvonimira 1, ✆ 042-395395, 🖥 www.hotel-turist.hr. Das Hotel Turist gehört zu den Grand Hotels Varaždins, wurde jedoch erst kürzlich renoviert und ist heute ein stilvolles, modernes 3-Sterne-Hotel (manche Zimmer haben 4-Sterne-Komfort), das landesweit mehrere Preise erhalten hat. Die Zimmer sind in warmen Farben gehalten und mit allem ausgestattet, was man zum Entspannen braucht. Für Wohlbefinden sorgen außerdem bioenergetische Massagen, die neben anderen Wellnessangeboten gegen einen Aufpreis geboten werden. Für das leibliche Wohl sorgt Küchenchef **Damir Crleni**, ebenfalls mehrfach ausgezeichnet, mit seiner autochthonen kroatischen Küche. ⏱ 7–23 Uhr. ❸–❹

ESSEN

Angelus, Alojzija Stepinca 3, ✆ 042-303868. Gewöhnliche Pizzeria-Trattoria ohne Extras, auf deren Speisekarte neben Fleischgerichten alle möglichen Leckereien der italienischen Küche zu finden sind. Der Gewölbekeller und die gelb gestrichenen Wände tragen viel zur gemütlichen Atmosphäre bei. ⏱ Mo–Do 9–23, Fr–Sa 9–24, So und feiertags 12–22 Uhr.

Kneginečka Hiža, Toplička 136, Gornji Kneginec, ✆ 042-209471, 🖥 www.kneginecka-hiza.com. Im 7 km südlich von Varaždin gelegenen Gornji Kneginec befindet sich diese romantische Holzhütte. Allein das Maisbrot der Inhaberin Valentina Krpeta ist ein Festmahl und einen Besuch wert. So wohl wie in ihrer Küche fühlt sich die Köchin nur in ihrem Garten, wo sie ihr Obst und Gemüse selbst anbaut, sowie im Wald, wo sie die Zutaten für ihre originellen Gerichte sammelt. Zu diesen gehören beispielsweise *štrukli* aus Quark, Buchweizen-Strudel, Rumpsteak gefüllt mit Käse und Bärlauch oder Gnocchi in Fett und Enten-Paté – traditionelle Küche aus Zagorje und Međimurje mit einem Hauch von Modernität. ⏱ 9–23, Sa, So 11–23 Uhr.

€ **Verglec**, Kranjčevićeva 12, ✆ 042-211131, 🖥 www.gastrocom-ugostiteljstvo.com. Dieses Restaurant, das mit dem Siegel „Croatian Authentic Cuisine" ausgezeichnet wurde, bietet in urig-stilvollem Ambiente typische Gerichte aus Zagorje sowie Verschiedenes vom Holzkohlegrill, eine große Auswahl an Salaten und sogar das eine oder andere

Spezialitäten aus Zagorje

Der Winter in Zagorje ist kalt und der Frühling frisch, dementsprechend deftig und reichhaltig ist auch die Küche. Nichts zum Abnehmen, aber dafür bieten die umliegenden Hügel ja genügend Möglichkeiten, die Kalorien auch wieder abzubauen. Wie in den meisten kälteren Regionen wird auch in Zagorje Fleisch sehr geschätzt, aber nicht irgendeines! Ente und Truthahn stehen ganz oben auf der Speisekarte, begleitet von Bohnen, Suppen und Salaten aus verschiedenen Krautvarianten. Dazu wird oft Mais- oder Gerstenbrot gereicht. Beliebt sind auch alle möglichen Teigwaren. Neben hausgemachten Pasta-Varianten gibt es *mlinci* – eine Art gebackene Nudeln. Das wohl bekannteste, was die Küche an Schmackhaftem hergibt, und auch für Vegetarier ein Genuss, sind *štrukli* – wahrscheinlich eine Anlehnung an den Strudel, wenn man die Form dieser Mehlspeise betrachtet. Anders als der österreichische Strudel wird sein kroatischer Bruder jedoch sowohl süß als auch salzig und mit diversen Füllungen verspeist. Ebenfalls für Vegetarier geeignet (doch dafür nicht kalorienärmer) ist die *juha od krumpira na zagorski nacin* – eine saure Kartoffelsuppe, die vor allem im Winter Körper und Seele wärmt. Wer Fleisch mag, sollte die *manistra od bobica* probieren, eine Suppe aus Bohnen, frischem Mais, Speck und Räucherfleisch.

für Vegetarier. Es gibt auch 4 Tagesmenüs zu sehr moderaten Preisen (20–30 Kn). ⏲ Mo–Do 9–23, Fr, Sa 9–24, So 10–23 Uhr.
Zlatne Gorice, Banjščina 45, Gornji Kneginec, ✆ 042-666054, 🖥 www.zlatni-restorani.com. Traditionelle wie internationale Küche servieren die 2 Küchenchefs Krešo Hrković und Miljenko Borko des ebenfalls im 7 km entfernten Gornji Kneginec gelegenen Restaurants. Dabei ist Zlatne Gorice neben einem Restaurant auch noch ein beliebtes Ausflugsziel mit Weinstraße, Irrgarten und Kinderspielpark. Das Konzept des Restaurants ist anders als sein Varaždiner Pendant Zlatne Ruke. Die Portionen hier sind größer, das Interieur besteht aus ursprünglichen Materialien, Holz und Ton, die Gerichte werden mit Schweine- und Gänsefett zubereitet. Dabei schwören die Küchenchefs auf ihr hausgemachtes Maisbrot und ihre panierten Froschschenkel. ⏲ 10–23 Uhr.
Zlatne ruke, Kukuljevićeva 13, ✆ 042-320065, 🖥 www.zlatni-restorani.com. Dieses Lokal befindet sich in einem alten Kellergewölbe und eröffnet seinen Besuchern eine Welt für sich. Der Wirt und Chef Miljenko Borak hat sich für eine moderne Speisekarte und Inneneinrichtung entschieden. Des Öfteren werden Themenabende organisiert, bei denen z. B. Gans in 8 Gängen serviert wird. Außerdem wird das Menü an aktuelle Ereignisse angepasst. Ausländischen Gästen werden aber auch gerne verschiedene Gerichte aus ganz Kroatien aufgetischt. ⏲ Mo–Sa 11–23, So 11–17, im Sommer 9–23 Uhr.

UNTERHALTUNG UND KULTUR
Bars und Clubs
Mea Culpa, Padovčeva 1, ✆ 042-300868. Schicke Lounge- und Cocktail-Bar mit Disco auf 2 Etagen. Bei schönem Wetter breiten sich die Außentische auch gern mal bis auf den Trg Miljenka Stančića aus. ⏲ 7–24, Fr, Sa 7–2, So und feiertags 8–24 Uhr.
Rock Art, P. Preradovića 24, ✆ 042-321123, 🖥 www.rock-art.hr. Gemütliches Café mit Disco-Bar, wo regelmäßig Konzerte von Rock über Funk bis hin zu Latino stattfinden. ⏲ 7–24, Mi 7–1, Fr, Sa 7–3 Uhr.
Soho Bar, Trg Miljenka Stančića 1, ✆ 091-5006610. Auch eine Café- und Disco-Bar mit Außentischen auf dem anliegenden Platz, innen ist es gemütlich und intim. ⏲ So–Do 8–23, Fr, Sa 8–2 Uhr.

Kino
Cinestar Multiplex, Lumini centar, Ulica grada Lipika 15, Poduzetnička zona Kneginec, 🖥 www.blitz-cinestar.hr. Modernes, doch relativ gemütliches Multiplexkino in einem Shoppingcenter etwas außerhalb der Stadt,

das alle Filme (Originalversion mit kroatischen Untertiteln) zeigt, die international aktuell so laufen.
Kino Galerija, Gajeva 1, 🖳 www.kino-galerija.hr. Kleines Programmkino, das internationale Filme sowie Klassiker in Originalversion (mit kroatischen Untertiteln) zeigt und immer wieder mal Festivals mit verschiedenen Themenschwerpunkten organisiert.

Musik und Theater
Koncertni Ured Varaždin, Kroatisches Nationaltheater, Augusta Cesarca 1, ✆ 042-212907, 🖳 www.koncertni-ured.com.hr. Konzertbüro, das ganzjährig Karten für klassische Konzerte an verschiedenen Veranstaltungsorten verkauft.

FESTE
Das **Špancirfest**, 🖳 www.spancirfest.com, findet jedes Jahr in der letzten Augustwoche statt und ist das bekannteste Festival der Stadt. Eine ganze Woche lang nehmen Musiker, Akrobaten, Kunsthandwerker, Theaterleute sowie andere Künstler sämtliche Plätze und Parks der Stadt ein und sorgen für buntes Treiben.
Gemächlicher geht es beim **Barockfestival**, 🖳 www.vbv.hr, zu, das Jahr für Jahr zwei bis drei Wochen im September Klassikliebhaber in Varaždins Kirchen und Theater zieht. Es spielen regionale wie internationale Orchester. Eintrittskarten sind eine Stunde vor Konzertbeginn in den örtlichen Reisebüros oder im Konzertbüro erhältlich. Karten kosten zwischen 75 und 150 Kn.
Ein Festival der etwas anderen Art ist das **Trash-Filmfest**, 🖳 www.trash.hr, das ein paar Tage lang seinem Namen alle Ehre macht. Es findet Mitte September im **MMC Kult**, Anina 2, statt. Für Rahmenprogramm wird ebenfalls gesorgt.
Unter dem Motto **Varaždin unter den Sternen**, 🖳 www.tourism-varazdin.hr, – einer Art Festival, das Tanz, Astronomie und Gastronomie vereint – finden im Juni die **Tage des modernen Tanzes**, 🖳 www.perform-d-ance.com, statt. Bereits seit 10 Jahren kommen jedes Jahr Tänzer aus aller Welt in Varaždin zusammen und füllen vor märchenhafter Kulisse Theaterbühnen, Galerien, Plätze und Straßen mit Leben und Bewegung. Tickets sind in der Touristeninformation und im Kroatischen Nationaltheater erhältlich. Eintritt 40 Kn, erm. 20 Kn.

EINKAUFEN
Boutiquen
In der **Boutique Ana Kraš**, Pavlinska 5, ✆ 042-300104, und **Modewerkstatt Mikulan**, Optujska 2b, ✆ 091-7625538, können die Kleider und Accessoires kroatischer Designer bewundert und erstanden werden.

Märkte
Der **Gemüsemarkt (Plac)**, Augusta Šenoe 12, 🖳 www.varazdinskiplac.hr, bietet nicht nur Obst und Gemüse, sondern auch regionale Spezialitäten, die jeden Morgen frisch aus den Gärten und landwirtschaftlichen Familienbetrieben aus Varaždin und der Umgebung kommen. ⏱ 7–13 Uhr.
Auf dem **Platz der traditionellen Handwerke** (Trg tradicijskih obrta), dem jüngsten und kleinsten Platz von Varaždin, werden den Besuchern der Stadt alte Handwerkskünste nähergebracht und längst vergangene Zeiten wieder greifbar gemacht. ⏱ April–Okt Do–Sa 10–16 Uhr.

Souvenirs
Art štacun, Uska 5, ✆ 042-312958, ✉ art.stacun@gmail.com. Schmuckes Souvenirgeschäft, wo handgemachte, geschmackvolle Souvenirs verkauft werden.

Das grüne Gold

Wer ein authentisches Souvenir mit nach Hause nehmen möchte, um damit typische Gerichte aus der Zagorje nachkochen zu können, der sollte auf dem Weg von Varaždin nach Čakovec einen Abstecher zu **Denis Gal**, Čakovečka 127, Puščine, ✆ 095-9091394, ✉ denis.gal@gmail.com, machen und eine Flasche Kürbiskernöl *(Bučino ulje)* mitnehmen. Vor der eigenen Haustüre getrocknet, kommen nur die besten Kürbiskerne ins Öl.

Suvenirnica Varaždinske Vijesti, Trg kralja Tomislava, ☎ 042-200134. Mo–Fr 8–20, Sa 8–14 Uhr.

AKTIVITÄTEN UND TOUREN

Kanu- und Kajaktouren

Hiawatha, R. Boškovića 20c, ☎ 098-1345042, 💻 www.hiawatha.hr. Organisierte Kanu- und Kajakfahrten drauabwärts. Angeboten werden außerdem Rad- und Bergsteigertouren.

Radfahren

Die gesamte Stadt ist sehr radfreundlich, der schönste Weg führt an der Drau entlang und zum Parkwald Drau, ca. 2 km vom Stadtzentrum entfernt und in nur 15 Min. mit dem Fahrrad zu erreichen.

Schwimmen

Aquacity, Motičnjak bb, Trnovec Bartolovečki, ☎ 042-350555. Sport- und Erholungszentrum mit Badeanlage, Beachvolleyball, Badminton, Tennis und vielem mehr.
Städtische Schwimmhalle Varaždin, Zagrebačka 85a, ☎ 042-215366, 💻 www.bazeni-varazdin.hr. Schwimmbäder mit Sauna, Fitness, Massage, Aerobic sowie Restaurant.

Tennis

Tennisclub Varaždin, Zagrebačka 94, ☎ 042-241766.
Tenniszentrum Varaždin 1181, Zagrebačka 93a, ☎ 099-7951116.

SONSTIGES

Apotheken

Ljekarna Bušić-Čelar, Stanka Vraza 6, ☎ 042-310462. ⏰ Mo–Fr 7–20, Sa 7.30–15 Uhr.
Ljekarna Garestin, Zagrebačka 45, ☎ 042-214 966. ⏰ Mo–Fr 7–20, Sa 7–15 Uhr.
Ljekarna Sv. Florijan, Frana Kurelca 2, ☎ 042-313063, ✉ ljekarna-sv.florijan@vz.t-com.hr. ⏰ Mo–Fr 7–20, Sa 7–15 Uhr.
Ljekarna Varaždinske Županje, Kolodvorska 18, ☎ 042-210248. ⏰ rund um die Uhr.

Autovermietungen

Generalturist, Trg kralja Tomislava 7, ☎ 042-211455, 💻 www.general-turist.com.
Venera, S. Vraza 6, ☎ 042-313771, 💻 www.venera-tours.hr.

Informationen

Touristeninformation Varaždin, Ivana Padovca 3, ☎ 042-210987, 💻 www.tourism-varazdin.hr. ⏰ Mo–Fr 8–16, Sa 10–13 Uhr.

NAHVERKEHR

Busse

In Varaždin selbst verkehren 5 Buslinien, die meisten fahren vom **Busbahnhof** ab. 💻 www.ap.hr.

Taxi

Taxis können unter ☎ 042-970 bestellt werden.

TRANSPORT

Auto und Motorrad

Da Varaždin ein überschaubares, auch im Sommer nicht zu überlaufenes Städtchen ist, stellt das **Parken** kein größeres Problem dar. Es gibt über die Stadt verstreut zahlreiche Parkmöglichkeiten. Die **Altstadt** ist jedoch **autofreie Zone**.

Busse

Der **Busbahnhof**, Zrinskih i Frankopana bb, ☎ 060-333555, liegt südwestlich des Stadtzentrums. Da Varaždin die wichtigste Stadt Nordkroatiens ist, sind die Verbindungen in alle Himmelsrichtungen sehr gut. So fährt z. B. 9x tgl. ein Bus nach TRAKOŠĆAN, 20x tgl. einer nach VARAŽDINSKE TOPLICE und stdl. einer nach ZAGREB, das in 1 3/4 Std. und für etwa 70 Kn zu erreichen ist.

Eisenbahn

Der **Bahnhof**, Kolodvorska 17, ☎ 060-333444, ist etwas weiter entfernt als der Busbahnhof, nämlich 1 km östlich des Stadtzentrums. Beide Bahnhöfe sind jedoch durch einen Minibus verbunden, der in die Stadt und die umliegenden Dörfer fährt. Tgl. fahren an die

12 Züge nach ZAGREB (2 1/2 Std., 60 Kn), dort gibt es Anschlusszüge an die Küste und ins benachbarte Ungarn (mit Umstieg in Koprivnica).

Krapina und Krapinske Toplice

Ins Tal eingebettet liegt das Städtchen **Krapina** (13 000 Einw.), das weniger durch Sehenswürdigkeiten und schöne Fassaden als vielmehr durch seine spezielle, etwas raue Atmosphäre besticht und heute Verwaltungshauptstadt von Zagorje ist. Die historische Entwicklung von Krapina lief parallel zur Entwicklung anderer mittelalterlicher Städte. Über den Ort thronen die Reste einer Festung, die erstmals im 12. Jh. erwähnt und in historischen Quellen als eine „befestigte Stadt" bezeichnet wurde. Sie befindet sich auf einem steilen Felsen über dem Flusstal der Krapinščica und wird mit der Legende um Čeh, Leh, Meh und ihrer Schwester Vilina in Verbindung gebracht. Dies ist die Geschichte einer tragischen Liebe zwischen einem römischen Heerführer und Vilina, deren Brüder sie wegen des Verrats ins Mauerwerk der Altstadt eingemauert haben sollen. Daraufhin verbannten die Römer die Brüder nach Norden, was zur Folge hatte, dass diese wiederum Tschechien, Polen und Russland gründeten. So weit die Legende. Feststeht, dass diese Burg im Laufe der Geschichte oft den Besitzer gewechselt hat, wegen Ankauf, Heirat oder Beschenkung. Während der osmanischen Angriffe im 16./17. Jh. haben hier Sitzungen des kroatischen Parlaments stattgefunden.

Es ist jedoch eine andere Besonderheit, die jedes Jahr zahlreiche Besucher nach Krapina lockt – hier befindet sich eine der größten **Neandertaler-Ausgrabungsstätten** Europas. 1899 wurden bei archäologischen Grabungen auf dem Hügel Hušnjakovo Tierknochen und menschliche Überreste eines Neandertalerstammes entdeckt, der zwischen 100 000 und 35 000 v. Chr. in der Höhle zu Hause war. Neben steinernen Waffen und Werkzeugen aus dem Paläolithikum (Altsteinzeit) wurden außerdem 876 menschliche Knochen, darunter 196 Zähne, gefunden. Dies und viel mehr ist im **Neandertaler-Museum**, Šetalište Vilibalda Sluge bb, ☏ 049-371491, 🖥 www.mhz.hr, zu sehen, das zu Kroatiens modernsten Museen gehört und ganze 1200 m^2 umfasst. Mit viel Liebe zum Detail wurde das Museum vor ein paar Jahren in einem architektonisch beeindruckenden Bau am Rande der Natur neu eröffnet. Das Museum ist interaktiv und multimedial ausgerichtet, hier wird das Leben der Neandertaler anschaulich und im wahrsten Sinne des Wortes greifbar gemacht. Bei schönem Wetter empfiehlt sich auch ein kleiner Spaziergang in die umliegende Natur – das Museum ist durch ausgeschilderte Wege mit der **Ausgrabungsstätte auf dem Hügel Hušnjakovo** verbunden. ⏱ April–Sep Di–So 9–18, Juni–Aug Di–Fr 9–18, Sa, So 10–19, Nov–Feb 9–16, Okt und März Di–Fr 9–16, Sa, So 7–18,14 Uhr, Eintritt 50 Kn, erm. 25 Kn.

In der Nähe des Museums, auf dem **Berg Josipovac**, befindet sich auch der **Skulpturenpark Forma Prima** – ein Freilichtmuseum zeitgenössischer Holzskulpturen. Die Sammlung besteht aus mehr als 30 Skulpturen, die berühmte kroatische Bildhauer in den 1980er-Jahren geschaffen haben.

Krapina ist aber nicht nur für die Neandertaler bekannt – es gibt auch eine Person, die mit dem Ort verbunden wird und der man bei einem Spaziergang an (fast) jeder Ecke begegnet: **Ljudevit Gaj** (1809–72), kroatischer Linguist, Dichter, Journalist und Politiker, der hier geboren wurde und eine zentrale Figur der Illyrischen Bewegung zwischen 1835 und 1843 war. Er war der Reformator des kroatischen Alphabets, Verfasser der ersten kroatischen allgemein akzeptierten Rechtschreibung und Herausgeber der ersten kroatischen Zeitung *Novine horvatske*. In seinem Geburtshaus ist heute das **Ljudevit Gaj Museum**, Gajeva 14, ☏ 049-370561, 🖥 www.krapina.net, untergebracht, wo Besucher mit Hilfe von Porträts, Möbeln, Druckschriften und Büchern in das 19. Jh. zurückversetzt werden. Im **Garten** von Ljudevit Gaj befindet sich das einzige und eigenartige Exemplar der autochthonen Weinrebe *Krapinska belina*, die im 19. Jh. sehr beliebt und verbreitet war. ⏱ Mo–Sa nach Voranmeldung.

Ein paar Schritte weiter liegt die **Kunstgalerie**, Magistratska 25, ℡ 049-370810, 🖥 www.krapina.net, die im schönen neoklassizistischen Haus der Familie Majcen untergebracht ist. Lange bevor die Anwaltsfamilie das Haus der Stadt schenkte, war es Treffpunkt für die bekannten Namen der Illyrischen Bewegung. Heute finden hier viele Ausstellungen kroatischer Künstler statt. 🕐 Di–Sa 10–13 Uhr, Eintritt frei.

Sehenswert ist außerdem das **Franziskanerkloster**, Samostanska 3, ℡ 049-371455, ✉ petar.kinderic@ofm.hr, das einst eine Philosophen- und Theologenschule war. Innerhalb des Klosters befinden sich eine Bibliothek mit seltenen literarischen Werken sowie eine Sammlung religiöser Kunst. Jedes Jahr im Mai organisieren die Franziskaner ein **Festival der sakralen Musik**. 🕐 nach Voranmeldung. In der Sakristei der benachbarten Kirche können stimmungsvolle Fresken des Paulinermönchs Ivan Ranger bestaunt werden.

Ein Stückchen vom Zentrum entfernt, auf dem Trški Vrh, befindet sich die **Kirche der Muttergottes von Jerusalem** (Crkva Jeruzalemske Božje Majke), die seit einem Brand, welcher die in Jerusalem erstandene Marienstatue verschonte, zu einem wichtigen Wallfahrtsort geworden ist. Das Gebäude gehört zu den schönsten Barockbauten Nordkroatiens, innen sind vor allem die von lokalen Künstlern erschaffenen Altäre sehenswert.

Während Krapina mit seinen Sehenswürdigkeiten, Bars und Cafés punktet, hat **Krapinske Toplice** jede Menge Erholung inmitten wunderschöner, sanfter Natur zu bieten. Hauptattraktion des etwa 17 km südwestlich von Krapina gelegenen Kurortes sind die vier **Thermalquellen**. Das Wasser ist mindestens 39 °C warm und für seinen hohen Magnesium- und Kalziumgehalt bekannt. Das Kurzentrum wurde erst vor Kurzem eröffnet und befindet sich im Zentrum des Ortes. Ausgehmöglichkeiten hat der Ort nicht viele, dafür laden die Hügel zu ausgedehnten Spaziergängen und romantischen Sonnenuntergängen ein. Und wer ein Fahrzeug hat, der kann von hier aus innerhalb kurzer Zeit die Hochstätten der zagorischen Gastronomie erreichen.

ÜBERNACHTUNG

Sunčeko – kuća za odmor, Boroviçkov brijeg 5a, Veliko Trgovišće, ℡ 049-236100, 🖥 www.sunceko.com. Ein „Haus der Erholung" ist dieses ländliche Ferienhaus, das als Ganzes gemietet werden kann. Die Einrichtung ist rustikal bis funktional, die Umgebung mit den vielen Obstbäumen äußerst erholsam. In dem Haus können bis zu 4 Pers. untergebracht werden. ❶

Villa Magdalena, Mirna ulica 1, ℡ 049-233333, 🖥 www.villa-magdalena.net. Trotz des enormen Komforts ist dieses 4-Sterne-Wellness-Hotel angenehm familiär. Die Apartments sind neu und sehr stilvoll eingerichtet, jedes davon verfügt über einen Jacuzzi und eine gut ausgestattete Küche. Das Personal ist sehr freundlich und zuvorkommend, die Räumlichkeiten und Lage allein reichen schon für einen entspannenden Aufenthalt. Alle 6 Monate gibt es neue Spezialangebote. ❺

ESSEN

Pansion Stara Škola, Mirkovec 16, Sv. Križ Začretje, ℡ 049-228091, 🖥 www.stara-skola.hr. Wie der Name bereits verrät, ist diese Pension 10 km südlich von

---

Wanderungen mit Panoramablick

Krapina ist vom **Gebirge Strahinjščica** (847 m) umgeben, das einen wunderschönen Ausblick auf ganz Zagorje eröffnet. Bis zur **Berghütte**, ℡ 049-371314, 🖥 www.pd-strahinjcica.hr, führen gut markierte Wege, oben gibt es außerdem duftende Wiesen, die zum Picknicken oder Entspannen einladen. 🕐 April–Nov.

Rund um Krapinske Toplice gibt es außerdem die sogenannte **Thermen-Wanderrouten** – die medizinische Route, die rekreative Route und die Trim-Route, die durch die hügelige Landschaft führen. Ausgangspunkt aller beschilderten Wege ist der Park des Spezialisierten Krankenhauses für Medizinische Rehabilitation, Gajeva 2. Informationen und Karten stellt die Touristeninformation in Krapinske Toplice bereit.

19 HIGHLIGHT

Zauberhaftes Hotel-Dorf Vuglec Breg

Einst ein Dorf, heute ein Ort, an dem alle Sorgen scheinbar vergessen werden können. Boris Vuglec hat sein Heimatdorf **Vuglec Breg**, das 7 km von Krapina entfernt liegt und in dem praktisch alle miteinander verwandt waren, vor dem Aussterben bewahrt und einen Platz daraus geschaffen, der seinesgleichen sucht, in der Region aber oft nachgeahmt wird. Auf Weinhügeln stehen mehrere alte Landhäuser, die modern und geschmackvoll hergerichtet wurden und denen es an keinem Komfort mangelt. Überall findet man Obstbäume, an denen sich die Gäste einfach bedienen können. Manchmal sind es aber auch die Ponys, die die Äpfel und Birnen vom Baum naschen. Die Küche zaubert aus den Schätzen, die der Boden und die Weinhänge hergeben, fantastische Gerichte, denen es weder an Lokalcharakter noch an Originalität mangelt. Außerdem werden alle möglichen Aktivitäten geboten wie Ponyreiten für Kinder, Wandern und Mountainbiken.
Pansion Vuglec Breg, Škarićevo 151, ☎ 049-345015, www.vuglec-breg.hr. ❸

Krapina in einer alten Schule untergebracht. 2004 wurde sie von Goran Bradić gekauft, der mit seinen Eltern, die Lehrer waren, in diesem Gebäude wohnte und sie vor dem Verfall retten wollte. Ein ehemaliges Schulzimmer dient heute als Küche, zwei weitere wurden zu Speisesälen umdisponiert und in einem anderen wurde ein kleiner Konferenzsaal eingerichtet. Bis hin zu den Speisekarten, die in Form von Schulheften gefertigt sind, erinnert einfach alles an die gute alte Schule. Der derzeitige Küchenchef, Zdravko Semenski, lernte sein Handwerk in den besten Zagreber Restaurants und zaubert wohlschmeckende autochthone Gerichte auf die Teller. Er ist zwar erst 24 Jahre alt, dafür aber äußerst lernfähig und passt somit perfekt in die Stara Škola! ⏰ 8–24 Uhr, über Ostern und Weihnachten geschl.

 Pod Starim Krovovima, Trg Ljudevita Gaja 15, Krapina, ☎ 049-370536, ✉ marlo@kr.t-com.hr. Dieses schnörkellose Gasthaus beweist seinen guten Geschmack mehr durch sein Essen als seine Einrichtung und ist vor allem bei Einheimischen beliebt. Fischliebhaber werden hier voll auf ihre Kosten kommen – neben Forelle kann man 5 verschiedene Tintenfischsorten probieren. Es steht aber auch Fleisch vom Grill sowie überbackener Käse mit Champignons für Vegetarier auf der Speisekarte. Das Gasthaus verfügt auch über 8 Zimmer, die ebenfalls äußerst schlicht eingerichtet sind. ⏰ 11–23 Uhr.

UNTERHALTUNG UND KULTUR

Ilir, Trg Ljudevita Gaja 3, ☎ 049-371444, 🖥 www.ilir-bar.com. Café, Bar und Nachtclub in einem. Bei schönem Wetter und Sonnenschein schmeckt der Kaffee an einem der Außentische besonders gut. Nachts wird hier richtig gefeiert, sodass die Neandertaler aus ihrem Schlaf erwachen. Regelmäßig finden auch Themenpartys statt. ⏰ So–Do 7–23, Fr, Sa 7–2 Uhr.

Neanderthaler Pub, Šetalište Vilibalda Sluge bb, ☎ 049-370066, 🖥 www.neandertalpub.com. Dieses Pub am Museumseingang ist, wie der Name schon sagt, ganz den Neandertalern gewidmet. Spezialität des Hauses ist das Barbecue, das angeblich nach einem 130 000 Jahre alten Rezept zubereitet wird. ⏰ 9–23 Uhr.

AKTIVITÄTEN UND TOUREN

Reiten

Ranch Vrbanc, Donje Vino 38A, Krapinske Toplice, ☎ 049-232346, 🖥 www.ranch-vrbanc.com. Professionell aufgezogener Reiterhof mit Reitschule und Reitwegen in der Nähe von Krapinske Toplice.

Ländliches Zagorje

Die sanfte Hügellandschaft von Zagorje ist der ideale Ort für **Agrotourismus**. Über die gesamte Region verstreut befinden sich zahlreiche Betriebe, die sich mit diesem Etikett schmücken können. Die Liste ist schier unerschöpflich, daher ist eine Auswahl zu treffen nicht einfach. Hier dennoch ein Versuch:
Lojzekova Hiža, Gusakovec 116, Gornja Stubica, ℡ 049-469325, 🖳 www.lojzekova-hiza.com. In Gornja Stubica, etwa 25 km südöstlich von Krapinske Toplice, liegt dieses große, schwarze Holzhaus inmitten der zagorischen Hügel, Weinreben und Obstbäume. Hier wird der Agrotourismus schon sehr professionell betrieben, dementsprechend groß ist das Angebot, das auch gerne zu feierlichen Anlässen und sportlichen Aktivitäten (es gibt sogar Radwege) genutzt wird. Die Zimmer sind ganz aus hellem Holz und sehr gepflegt. Das Essen, nach „Omas Rezept" zubereitet, wird bei schönem Wetter auf der Terrasse mit Blick auf die Natur serviert und von hausgemachtem Wein begleitet. Zur Verdauung gibt's auch noch einen selbst gebrannten Schnaps. ❶–❷
Majsecov Mlin, Obrtnička 47, Donja Stubica, ℡ 098-9663062, 🖳 www.majsecov-mlin.com. Ruhiges Landgut im benachbarten Donja Stubica mit schönem, großem Holzhaus, umgeben von Bäumen und einer kleinen Wassermühle. Im holzvertäfelten Speisesaal kommen nur selbst angebaute Zutaten auf den Teller, die Zimmer sind einfach, aber schön, ebenfalls mit viel hellem Holz und Dachschrägen. ⏲ 9–23 Uhr. ❶–❷
Trsek, Trnovec Desinićki 23, Desinić, ℡ 098-1837330, 🖳 www.trsek.hr. Das Örtchen Desinić liegt 20 km südöstlich von Krapinske Toplice und ist umgeben von Natur, Natur und nochmals Natur. Inmitten dieser Natur liegt ein grünes Haus mit ein paar Gänsen, Eseln und Schafen. Die Speisekarte ist klein, aber alles ist hausgemacht und regionaltypisch. Es werden ein paar kleine, preiswerte Zimmer mit schlichten Holzbetten vermietet. Alles sehr ländlich und familiär! ❶
Grešna Gorica, Taborgradska 3, Desinić, ℡ 091-3430011, 🖳 www.gresna-gorica.com. Ebenfalls in Desinić befindet sich dieser Betrieb auf einem Hügel direkt gegenüber von Veliki Tabor. Wörtlich heißt er „Hügel der Sünde", was auf die Legende um die verbotene und tragische Liebe zwischen dem Aristokraten Friedrich II. Graf von Cilli und der schönen, bürgerlichen Veronika von Desinić zurückgeht, die der Hausherr auch gerne mal selbst erzählt. Sündhaft gut ist der Wein, der hier wächst, ebenso wie die selbst gemachten Würste und Käsesorten. Alles sehr preiswert und fleischlastig. Angeboten werden auch Spaziergänge durch die Wälder, der Besuch der umliegenden Sehenswürdigkeiten inkl. dem eigenen Weinkeller – natürlich mit Weinprobe.

Thermen

Terme Jezerčica, Toplička 80, Donja Stubica, ℡ 049-200600, 🖳 www.terme-jezercica.hr. Thermalbad in Donja Stubica, 20 km südlich von Krapinske Toplice, mit einem großen Aquapark und Wellness- und Spa-Bereich. ⏲ Mo–Do 8–21, Fr–So 8–22 Uhr, Tageskarte 55 Kn, erm. 40 Kn.
Terme Tuhelj, Ljudevita Gaja 4, Tuhelj, ℡ 049-203000, 🖳 www.terme-tuhelj.hr. Die Thermalquelle Tuheljske Toplice befindet sich in der Nähe des Ortes Tuhelj, 7 km südwestlich von Krapinske Toplice und ist seit der Römerzeit bekannt. Neben den Thermalquellen ist Tuhelj auch für sein natürliches Heilschlamm-Vorkommen bekannt. Kein Wunder also, dass sich hier das größte Wellnesscenter Kroatiens befindet, mit großen Schwimm- und Thermalbecken, Sauna- und Wellnessbereich und vielem mehr. Es kann sogar nachts geschwommen werden! Für Kinder gibt es einen Erlebnispark und Rutschbahnen. ⏲ So–Fr 7–22, Sa 7–2 Uhr, Tageskarte 60–70 Kn, erm. 35–45 Kn. Es werden auch verschiedene Packages angeboten.

SONSTIGES

Apotheken
Ljekarna Flora, Antuna Mihanovića 16, Krapina, ℡ 049-232555.

Einkaufen
Vinarija i vinogradi Petrač, Hršak Breg, Krapinske Toplice, ℡ 091-2027156, 🖳 www.petrac.hr. Schönes Weingut, wo preisgekrönter Wein aus Zagorje verkostet und anschließend eingekauft werden kann, um ihn daheim weiterzutrinken.

Feste
Während dem **Festival kajkavischer Lieder** (Festival kajkavske popevke), 🖳 www.kajkavske-popevke.hr, werden jedes Jahr Anfang September traditionelle Lieder aus Nordkroatien zum Besten gegeben, begleitet von zahlreichen Folkloreaufführungen, Gedichtrezitationen und typischen Speisen aus Zagorje.

Informationen
Touristeninformation Krapina, Magistratska 11, ℡ 049-371330, 🖳 www.tzg-krapina.hr.
Touristeninformation Krapina-Zagorje, Krambergerova 1, ℡ 049-233653, 🖳 www.tzkzz.hr. Touristeninformation für die gesamte Region, die wesentlich mehr Informationen und Broschüren verteilt als die von Krapina und auch Privatzimmer vermittelt.

Kaj ima? Was geht?

Will man die Bewohner Nordkroatiens (inkl. Zagreb) beeindrucken oder ihnen eine besondere Freude bereiten, so sollte man ein paar Phrasen auf Kajkavisch lernen. Der Dialekt hat seinen Namen vom Fragewort *kaj* (was), das anstelle des Standardwortes *što* benutzt wird. Natürlich beschränken sich die Unterschiede zwischen Kajkavisch und Štokavisch nicht allein auf dieses Wörtchen. Auch in der Aussprache und sogar in der Grammatik gibt es Abweichungen. Doch kennt man die eine oder andere Formulierung auf Kajkavisch, dann macht man sich in Nordkroatien schnell Freunde. Wie wäre es mit „Kaj bumo sad?" – „Und was machen wir jetzt?"

Medizinische Hilfe
Ambulanz, Antuna Mihanovića 3, Krapina, ℡ 049-234440.

TRANSPORT
Busse
Busbahnhof, Frana Galovića 15, ℡ 049-315018, 🖳 www.autobusni-kolodvor.com. Von Mo–Sa verkehren tgl. mehrere Busse zwischen ZAGREB und Krapina, 1 Std., 40 Kn, So fährt nur einer.

Eisenbahn
Der **Bahnhof** befindet sich in der gleichen Straße wie der Busbahnhof. Unter der Woche gibt es mehrere Zugverbindungen nach ZAGREB in 1 1/2 Std. für 40 Kn, mit Umstieg in ZABOK. An den Wochenenden fahren weniger Züge.

Burg Trakošćan

Die wohl bekannteste und beeindruckendste Burg Nordkroatiens liegt ca. 80 km von Zagreb entfernt. In strahlendem Weiß und auf einem Hügel gelegen, ist sie bereits aus der Ferne erkennbar. Zur Festungsanlage gehören auch ein großzügig angelegter Park und ein kleiner, künstlicher See, der bei guten Wetterbedingungen mit kleinen Paddel- und Tretbooten befahren werden kann. Zum ersten Mal erwähnt wurde die Burg 1334, das genaue Entstehungsdatum ist nicht bekannt. Trakošćan hat eine bewegte Geschichte, im Laufe der Jahrhunderte wurde die Burg mehrfach umgebaut, war Besitzstreitigkeiten und zwischenzeitlich sogar der Verwahrlosung ausgesetzt. Von den ursprünglich romanischen Elementen ist nur nicht viel geblieben, denn die Burg wurde Mitte des 19. Jhs. im neogotischen Stil restauriert. Das über 8 ha große Burggelände wurde in einen romantischen Park im englischen Landschafts-Stil umgestaltet. Innen erstreckt sich das Gebäude über drei Stockwerke, die heute den Besuchern als **Burgmuseum**, ℡ 042-796281, 🖳 www.trakoscan.hr, zugänglich sind. Hier sind die Möbel und Porträts der Adelsfamilie Drašković zu

Wie in einem Märchen erhebt sich die Burg Trakošćan mitten im Wald.

sehen, die bis 1944 Trakošćan bewohnte. Anhand der verschiedenen Stilrichtungen der Zimmer werden die architektonischen Unterschiede zwischen Neorenaissance, Gotik und Barock sichtbar. Sehenswert ist auch die Waffensammlung mit Schwertern und Feuerwaffen sowie die original eingerichtete Küche im Keller. Der Zutritt zur Burg ist kostenlos, für den Parkplatz werden 10 Kn erhoben. ⏰ April–Okt 9–18, Nov–März 9–16 Uhr, Museumseintritt 30 Kn, erm. 15 Kn, Vorschüler frei.

ÜBERNACHTUNG UND ESSEN

Hotel Trakosćan, Trakosćan bb, ✆ 042-440800, 🖥 www.hotel-trakoscan.hr. Von außen wirkt das 4-Sterne-Hotel etwas klobig, doch die Innenausstattung ist stil- und geschmackvoll – und schließlich kommt es auf den Blick an, den man von innen hat. Und der könnte mit der Burg vor der Nase natürlich nicht schöner sein. Das Hotel bietet neben jeglichem Komfort auch alle möglichen Sport- und Freizeitaktivitäten. Außerdem gibt es einen Wellnessbereich mit Swimming Pool sowie 2 Restaurants – das À-la-carte-**Restaurant Arx Thacorum** und das **Restaurant Drašković** für Gäste mit Halb-/Vollpension – die sowohl internationale als auch regionale Gerichte zubereiten. ❺
Die **Terasa na jezeru** ist ein Café und Bistro direkt auf dem Wasser, wo man neben Snacks auch zagorischen *štrukli* zu sich nehmen kann. Es gibt außerdem einen Tretboot-Verleih (30 Min. 30 Kn, 60 Min. 50 Kn).

Burg Veliki Tabor

Der Weg zur Burg **Veliki Tabor**, Košnički Hum 1, Desinić, ✆ 049-374970, 🖥 www.veliki-tabor.hr, führt durch Hügel, Getreidefelder, Weinberge und Wälder. Kein Wunder also, dass diese Umgebung exzellente Lokale mit Regionalküche hervorgebracht hat. Ursprünglich als Schutz gegen die Osmanen erbaut, liegt diese fünfeckige Burg auf einem Hügel etwa 57 km nordwestlich von Zagreb. Ihr mittelalterliches Aussehen verdankt sie dem Fundament, auf dem sie errichtet wurde. Von den vier halbkreisförmigen Türmen, welche erst im 15. und 16. Jh. hinzugefügt wurden, kann man einen wunderschönen Blick bis ins benachbarte Slowenien genießen. Im Erdgeschoss ist ein **Kriegsmuseum** untergebracht, im Obergeschoss befindet sich das **Heimatmuseum** mit einer umfangreichen Sammlung. Zwischen der Außenburg und dem Palast aus dem 12./13. Jh. liegt der im Renaissancestil entworfene **Arkadenhof**, Höhepunkt der Besichtigung. Veliki Tabor wurde von der Unesco in die höchste Denkmalkategorie eingestuft. ⏱ April–Sep Di–Fr 9–17, Sa, So 9–19, Okt, März Di–Fr 9–16, Sa, So 9–17 Uhr, Eintritt 20 Kn, erm. 10 Kn.

Kumrovec

Kumrovec würde heute wohl niemand groß erwähnen, wäre es nicht der Geburtsort einer der wichtigsten kroatischen Persönlichkeiten – nämlich jener von Josip Broz, besser bekannt als Tito (S. 90), der von 1945 bis zu seinem Tod im Jahr 1980 Staatschef Jugoslawiens war und sich trotz seines diktatorischen Führungsstils in allen Staaten Ex-Jugoslawiens erstaunlich großer Beliebtheit erfreut. Was Kumrovec betrifft, so hat Tito dem Ort auf jeden Fall zu mehr Bekanntheit verholfen. Und das ist auch gut so, denn es handelt sich um ein durchaus hübsches kleines Dorf, im Tal der Sutla und nahe der slowenischen Grenze gelegen. Mehr als alles andere ist der Ort heute jedoch ein großes Freilichtmuseum. Das 1953 ins Leben gerufene **Museum Staro Selo**, ☏ 049-225830, 🖥 www.mdc.hr/kumrovec, ist ein beeindruckender Nachbau eines Dorfes aus dem 19. Jh. und umfasst 40 typische Häuser aus Zagorje *(hiže)* und Scheunen aus gestampftem Lehm und Holz auf rund 12 640 m². In den Häusern bekommt man anhand der Möbel, Spiel- und Werkzeuge und anderer Gegenstände einen Eindruck des damaligen Lebens, des traditionellen (Kunst-) Handwerks und der regionalen Bräuche. ⏱ April–Sep 9–19, Okt–März 9–16 Uhr, Eintritt 20 Kn, erm. 10 Kn.

Wenige Schritte am Bach entlang führen zu **Titos Geburtshaus**, vor welchem eine lebensgroße Bronzestatue dem Marschall gedenkt. Im Haus befinden sich das einfache Original-Mobiliar der Familie sowie Briefe von ausländischen Regierungschefs und diverse Erinnerungsstücke.

Von April bis Oktober können Besucher am **Workshop** „Was können Sie in unserem Haus riechen?" teilnehmen, der zur ständigen Ausstellung „Leben und Hof einer Familie aus Zagorje" gehört. Nach einer kleinen Lehrstunde über die Zubereitung traditioneller zagorischer Backwaren werden diese dann verköstigt. Im **Museumsshop** können Kopien der Ausstellungsstücke (Keramiken und Holzgegenstände) sowie Postkarten und dergleichen erworben werden.

Seit Kurzem findet im Juli in Kumrovec auch das alljährliche **Tabor-Filmfestival**, 🖥 www.taborfilmfestival.com, statt, das bisher nur in Veliki Tabor Kurzfilme aus der ganzen Welt präsentiert hat. Ausgestrahlt werden die Filme sowohl im Freilichtmuseum Staro Selo als auch in Titos Geburtshaus.

> ### Tabor-Filmfestival
>
> Keinesfalls verpasst werden sollte das Tabor-Filmfestival, 🖥 www.taborfilmfestival.com, das jedes Jahr im Juli stattfindet und das zahlreiche Kurzfilme aus der ganzen Welt präsentiert. Gezeigt werden die Filme jedoch nicht nur in Veliki Tabor, sondern an verschiedenen, geschichtsträchtigen Orten der Region wie beispielsweise in Kumrovec (im Freilichtmuseum Staro Selo und in Titos Geburtshaus) oder im Sutla-Tal. Die Filmausstrahlung wird begleitet von einem umfangreichen Rahmenprogramm mit Musik und Tanz.

ÜBERNACHTUNG UND ESSEN

€ **Stara vura**, Josipa Broza Tita 13, ☏ 049-553137, 🖥 www.staravura-kumrovec.hr. Altmodische, aber gemütliche und preiswerte Pension. Das Restaurant hat zwar nur wenige und recht einfache Gerichte auf der Speisekarte, dafür sind die Preise aber ebenfalls sehr moderat. ❶

Zelenjak Ventek, Risvica 1, ☏ 049-550747, 🖥 www.zelenjak.com. Idyllisch an einem großen Fischteich liegt das schöne, in gelben Farben gestrichene Landhaus. Die 7 DZ, über welche die Pension verfügt, sind schlicht, doch modern eingerichtet und garantieren absolute Ruhe. Nach dem Essen laden die grünen Hügel, der Bach und die große Wiese zu einem Verdauungsspaziergang oder auch einfach nur zum Ausspannen ein. Hier werden häufig und gerne Feste abgehalten, draußen gibt es eine große Terrasse mit Steinofengrill. Auf dem Speiseplan stehen zagorische Gerichte, besonders empfohlen wird das gebratene Putenfilet mit *mlinci* (Nudelteig). Im Angebot stehen mehr als 40 Weine, die in ländlicher Atmosphäre sehr gut munden. ⏲ 8–23 Uhr, 25. Juli–4. Aug geschl. ❸–❹

Dvorac Mihanović, Ljudevita Gaja 4, Tuheljske Toplice, ☏ 049-203773, 🖥 www.terme-tuhelj.hr. Das Restaurant liegt 7 km südwestlich von Krapinske Toplice im Thermalort Tuheljske Toplice. Spezialität des Hauses sind Schnitzel aller Art (Grafenschnitzel, Königsschnitzel etc.), außerdem gibt es autochthone Küche aus Zagorje, Hofgerichte sowie an die 40 Weine und Menüs für 60 Kn. ⏲ 11–23, Sa 13–24 Uhr.

Hotel Dvorac Gjalski, Gredice Zaboćke 7, Zabok, ☏ 049-201100, www.dvorac-gjalski.hr. Kontinentale Küche mit autochthonen Elementen serviert dieses im ländlichen Stil eingerichtete Restaurant. Es liegt 14 km von Krapinske Toplice entfernt im Ort **Zabok**, was abgesehen von der umliegenden Natur kein wirklich attraktiver Ort ist. Ein Besuch des Dvorac Gjalski lohnt sich dennoch, denn das Gut ist bereits seit mehreren Generationen in Familienbesitz und blickt somit auf eine reiche Geschichte und viele Erinnerungen zurück. Diese meint man auch in den traditionell und zugleich originell zubereiteten Gerichten rausschmecken zu können, die im großen Festsaal serviert werden. Besonders zu empfehlen sind die Gerichte à la Gjalski und jene vom Grill. Das Dvorac Gjalski hat ein paar gemütliche Zimmer. ⏲ 11–23 Uhr. ❸

INFORMATIONEN

Die **Touristeninformation Kumrovec**, ☏ 099-5553553, 🖥 www.kumrovec.hr, ist im **Gemeindeamt**, Ulica Josipa Broza 12, mit untergebracht und dementsprechend spärlich ausgestattet.

Klanjec

Neben Marschall Tito gehört der im idyllischen Örtchen Klanjec an der Grenze zu Slowenien geborene Bildhauer **Antun Augustinčić** (1900–79) zu den bedeutendsten Kroaten aus Zagorje. Er war es, der das Friedensdenkmal vor dem UN-Gebäude in New York entwarf. Seine Ausbildung als Bildhauer absolvierte der Künstler an der Kunstakademie Zagreb. 1924 ging er mit einem Stipendium nach Paris, wo er zwei Jahre lang an der École supérieure des arts décoratifs und der Académie des Beaux-Arts studierte. Beeinflusst wurde er unter anderem durch die Werke von Rodin, Bourdelle, Michelangelo und Donatello. Zurück in Zagreb, nahm er an einigen Grafikausstellungen teil. 1929 gründete er zusammen mit anderen Künstlern die Gruppe

Auf Titos Spuren

Wer sich zumindest virtuell auf eine historische Wanderung durch die zagorischen Wälder begeben möchte, der sollte sich die Komödie *Tito i ja* des serbischen Regisseurs Goran Marković aus dem Jahr 1992 ansehen. Der zehnjährige, übergewichtige Zoran lebt mit seinen Eltern, seiner Großmutter, seinem Onkel und seiner Tante in einer viel zu kleinen Wohnung im sozialistischen Jugoslawien der 1950er-Jahre und interessiert sich eigentlich nicht übermäßig für Politik. Doch während seine Familie Titos Politik kritisch bis feindlich gegenübersteht, sieht Zoran, durch die schulische Propaganda indoktriniert, ihn als seinen ganz persönlichen Helden an. Als er bei einem Poesiewettbewerb mit einer Lobeshymne auf den Staatsführer gewinnt, darf er an einem Gedenkmarsch zu Titos Geburtsort teilnehmen. Auf dem Weg nach Kumrovec beginnt die Fassade, die sich der Kleine von seinem Helden aufgebaut hat, jedoch allmählich zu bröckeln. Zorans Mutter wird übrigens von der seit vielen Jahren in Deutschland lebenden Anica Dobra gespielt.

„Erde" *(Zemlja)*, die in den folgenden Jahren in Zagreb sowie in Paris ausstellte. 1933 verließ er die Gruppe jedoch wieder, um an verschiedenen Wettbewerben um öffentliche Denkmäler teilzunehmen – Wettbewerbe, die er größtenteils gewann. Von ihm stammt auch das 1948 in Kumrovec errichtete Denkmal für Marschall Tito. 1940 wurde Augustinčić Mitglied der Jugoslawischen Akademie der Wissenschaften und Künste (JAZU) und 1946 Professor an der Kunstakademie Zagreb. 1970 schenkte er seinem Geburtsort Klanjec den größten Teil seiner Werke, welche seit 1976 in Form einer **Galerie**, Trg Antuna Mihanovića 10, ✆ 049-550343, 🖥 www.mdc.hr/augustincic, der Öffentlichkeit zugänglich gemacht wurden. Neben kopflosen Bronzetorsi und einer riesigen Nachahmung seines Friedensdenkmals gibt es einen kleinen Skulpturengarten. ⏱ April–Sep 9–17, Okt–März Di–So 9–15 Uhr, Eintritt 20 Kn, erm. 10 Kn. Der Rest seiner Werke kann unter anderem im Serbischen Nationalmuseum und im Museum für zeitgenössische Kunst in Belgrad bewundert werden. Augustinčić starb 1979 im Alter von 79 Jahren.

Auch wenn Klanjec ansonsten nicht viel an Sehenswürdigkeiten zu bieten hat, so lohnt sich der Besuch in diesem bezaubernden Städtchen dennoch – allein schon wegen der inspirierenden Umgebung, der im 17. Jh. erbauten **Barockkirche** und des **Franziskanerklosters** inmitten einer harmonischen Hügellandschaft.

ÜBERNACHTUNG

Stara Vodenica, Gredice 32, ✆ 049-550577, 🖥 www.staravodenica.hr. Das kleine Familienhotel mit 9 gemütlichen 3-Sterne-Zimmern liegt, wie der Name schon sagt, an einer alten Wassermühle in der Nähe von Klanjec und setzt auf nachhaltigen Tourismus. In der warmen Jahreszeit gibt es draußen einen Swimming Pool sowie einen kleinen Streichelzoo und Spielplatz. Bei kälteren Temperaturen kann man sich drinnen am Kamin in einem der bequemen Sessel wärmen oder im Weinkeller oder Wellnessbereich mit Jacuzzi-Raum entspannen. In der Küche wird nur das zubereitet, was die Natur hergibt und was die Vorfahren schon gegessen haben. ❶

Lepoglava

Das hübsche Städtchen Lepoglava liegt im Bednja-Flusstal und am Fuß des Berges Ivanščica, 30 km südwestlich von Varaždin. Um 1400 wurde hier ein **Paulinerkloster** gegründet, in dem 1503 das erste kroatische Gymnasium und 1671 eine Universität untergebracht wurde. Nach der Säkularisierung wurde es 1854 in eine **Strafanstalt** umgewandelt, zu deren Insassen einst Persönlichkeiten wie der jugoslawische Staatschef Tito, der erste demokratisch gewählte Präsident Kroatiens Franjo Tuđman sowie der selige Kardinal Alojzije Stepinac gehörten. In der ehemaligen Klosterkirche können die **Barockfresken** des Paulinders Ivan Ranger, 🖥 www.ik-ranger.net, besichtigt werden. Der 1700 bei Innsbruck in Österreich und 1753 in Lepoglava verstorbene Ranger schmückte zahlreiche Kirchen in Kroatien, darunter die Remete-Kirche bei Zagreb, aber auch die Franziskanerapotheke in Varaždin. Seine Fresken sind auch in der kleinen Kirche auf dem Berg Purga (Lepoglavska Purga) westlich von Lepoglava zu finden, ebenfalls ein Besitz der Pauliner aus dem Jahr 1749.

Angeblich waren es auch die Pauliner, die die Spitze vor Jahrhunderten nach Kroatien brachten. Die Tradition des Klöppelns traf in Lepoglava auf besonderes Interesse, weshalb sie hier bis heute gepflegt wird. Daher werden die **Spitzen von Lepoglava** (Lepoglavska čipka) sogar auf den Zagreber Märkten verkauft. Ihre Blütezeit erlebte sie im 19. und Anfang des 20. Jhs., sie hat sogar mehrere Preise bei internationalen Ausstellungen gewonnen wie 1937 in Paris die Goldene und 1939 die Bronzene Medaille in Berlin. Jedes Jahr findet in Lepoglava Mitte September ein paar Tage lang das **Internationale Festival der Spitze** statt, bei dem das Dorf stolz seine langjährige Tradition präsentiert. Außerdem zu sehen sind Spitzen aus anderen europäischen Ländern sowie aus den übrigen kroatischen Orten, wo Spitzen hergestellt werden – Pag, Sv. Marija und Hvar.

INFORMATIONEN

Touristeninformation Lepoglava, Hrvatskih pavlina 7, ✆ 042-494317, 🖥 www.lepoglava-info.hr.

Marija Bistrica

Das schön angelegte Dorf Marija Bistrica ist das **größte Wallfahrtszentrum Kroatiens** und liegt am Hang der Medvenica, 37 km nördlich von Zagreb. Jährlich strömen an die 600 000 Pilger zur **Wallfahrtskirche Marija Bistrica** (Hodočasnička Crkva Marije Bistričke), wo eine gotische Holzstatue der Schwarzen Madonna aus dem 15. Jh. steht. Ihr wird Wunderkraft zugesprochen, seit sie die Invasionen der Osmanen im 16. Jh. überstand. Als ein verheerendes Feuer 1880 alles bis auf die Madonna zerstörte, trug dies noch mehr zu ihrer Ehrwürdigung bei. Besonderer Beliebtheit erfreute sich der Wallfahrtsort 1998, nachdem Papst Johannes Paul II. Kardinal Alojzije Stepinac hier seliggesprochen hatte. Heute pilgern vor allem am 15. August zu Mariä Himmelfahrt vermehrt Gläubige nach Marija Bistrica.

Den Kalvarienberg hinauf führt ein **Kreuzweg**, der hinter der Kirche beginnt und dessen 14 Stationen von kroatischen Bildhauern gestaltet wurden. Auch Nicht-Gläubige werden an der göttlichen Aussicht Freude haben.

ÜBERNACHTUNG UND ESSEN

Das **Bluesun Hotel Kaj**, Zagrebačka bb, 049-326600, www.hotelkaj.hr, gehört zu einer Hotelkette und wurde 2009 eröffnet. Es liegt ruhig und im Grünen. Die 66 Zimmer sind dementsprechend modern und komfortabel ausgestattet, hell und mit schönen Holzböden. Es gibt auch einen Wellnessbereich sowie ein Kongresszentrum. Das wirklich Spezielle an diesem Hotel ist jedoch seine Gastronomie. Der Chef des **Academia**, Tomislav Kožić, lernte sein Handwerk im renommierten Ritz in Paris, wo er u. a. Persönlichkeiten wie Jacques Chirac und Johnny Depp bediente. Es verwundert also nicht, dass auf den Tellern Küche aus Zagorje mit französischem Kick serviert wird. Aber keine Sorge: Die Zubereitung der Speisen ist trotzdem erstaunlich schnörkellos und typisch für die Region. Frische, saisonale Lebensmittel haben also oberste Priorität. ⓧ 11–24 Uhr. ❸–❺

INFORMATIONEN

Touristeninformation Marija Bistrica, Zagrebačka bb, 049-468380, www.info-marija-bistrica.hr.

Međimurje

Zwischen Drau und Mur liegt die „Murinsel", genannt Međimurje – eine Region zwischen zwei Flüssen, zwei Kulturen und jeder Menge sanfter Hügel. Das Tal der Mur bildet seit 1919 die Grenze zwischen Ungarn und Kroatien, bis dato gehörte die Grafschaft trotz seiner fast ausschließlich kroatischen Bevölkerung zu Ungarn. Abgesehen von den ungarischen Einflüssen, die bis heute nicht nur in der Gastronomie zu spüren sind, ist diese dicht besiedelte Region von Landwirtschaft geprägt. Hier gedeihen Feldfrüchte in Hülle und Fülle. Das Ökosystem der Mur-Ebene ist bis heute unangetastet geblieben. Plänen, die Landschaft mit Kraftwerken, Staudämmen und -seen zuzubauen, konnte bisher getrotzt werden. Die Fische, die in den vielen regionalen Töpfen landen, erfreuen sich also bester Gesundheit.

Čakovec und Umgebung

Čakovec ist der Hauptort der Region, der mit seiner hübschen Altstadt und den vielen Cafés zum Bummeln und gemütlichen Verweilen einlädt. Sein grünes Herz ist der **Zrinski-Park** mit der **Zrinski-Burg**, die im 13. Jh. errichtet wur-

Wandern für Körper und Seele

Von und nach Marija Bistrica führen zahlreiche **ausgeschilderte Pilgerwege bis über die Landesgrenzen**. Es sind alte Wege, die slowenische und kroatische Orte miteinander verbinden und die in Kooperation beider Länder wiederhergestellt wurden. Auf kroatischer Seite führen die Routen zu Orten wie Kumrovec, Tuhelj, Klanjec und Lepoglava. Ein Pilgerhandbuch mit den beschriebenen Routen ist in der **Touristeninformation Krapina-Zagorje**, Krambergerova 1, 049-233653, www.tzkzz.hr, erhältlich.

Gemütlich geht es im nördlichsten Zipfel Kroatiens zu, wie hier in Čakovec.

de und Heim der kroatisch-ungarischen Adelsfamilie Zrinski war, die auf das kroatische Geschlecht der Šubić zurückgeht. Diese Familie hat einige illustre Persönlichkeiten hervorgebracht, wie beispielsweise Nikola Šubić Zrinski, ein kroatischer Feldherr des römisch-deutschen Kaisers und späteren Kaisers Ferdinand I., der bei der Verteidigung von Szigetvár bei Pécs Großes leistete. In der Festung befindet sich das **Museum von Međimurje**, Trg Republike 5, 040-313285, www.muzej-medjimurja.hr, mit 17 000 wertvollen Exponaten, Sammlungen der Archäologie, Geschichte, Kultur und Ethnografie sowie einer Gemäldegalerie. Mo–Fr 7–18, Sa, So 10–13 Uhr, Eintritt 20 Kn, erm. 12 Kn.

Als 1547 Nikola Šubić Zrinski als Dank für seine Verdienste (und weil Kaiser Ferdinand – wie auch immer geartete – Schulden bei ihm hatte) die gesamte Međimurje geschenkt bekam, erlebte die Stadt eine wirtschaftliche und kulturelle Blütezeit, die Burg wurde reich geschmückt und der Park mit Skulpturen namhafter Feldherren und Herrscher bestückt. Am 29. Mai 1579 wurden den Burgbewohnern und den umgebenden Siedlungen Privilegien eingeräumt, die den Beginn der Umwandlung von Čakovec in eine freie Handelsstadt mit sich brachten. Heute wird an diesem Tag jährlich das Stadtfest gefeiert.

Auf dem Weg vom Schloss in Richtung Fußgängerzone kommt man zum **Trg Republike**, wo sich das 1903 im Stil des ungarischen Sezessionismus errichtete **Handelshaus** befindet, das durch seine spezielle Fassade sofort ins Auge sticht. Das mitten in der Fußgängerzone befindliche **Franziskanerkloster** (Franjevački samostan) geht wiederum auf Nikola Šubić Zrinski und das Jahr 1659 zurück. 1702 wurde die Anlage im Barockstil erneuert und mit dem Zrinski-Wappen versehen, 1728 wurde der Bau der **Kirche des Hl. Nikolaus** (Crkva Sv. Nikole) fertiggestellt, deren beeindruckender Glockenturm erst im Jahre 1767 hinzugefügt wurde.

Čakovec ist sehr bemüht, mehr Besucher anzuziehen, und wurde dafür in den letzten zwei Jahren mit dem **Preis für die besterhaltene Stadt Zentralkroatiens** ausgezeichnet. Der historische Kern, der vor allem im Sommer von Leben erfüllt ist, ist in der Tat sehr gut erhalten.

Žabnik

Rund 19 km nördlich von Čakovec liegt das Dörfchen Žabnik, in dessen Nähe sich die Mur entlangschlängelt. Dort, in idyllischer Umgebung, befindet sich eine schöne **Wasserkraftmühle** aus Holz (Mlin na Muri, W) www.tzm.hr, aus dem Jahre 1902. In der Nähe der Mühle verläuft auch der sog. **Müllerweg** (Minarski put), www.eol.hr, ein Lehrpfad, der mehrere Mühlen in der Region bis nach Slowenien verbindet. Der Fluss bietet außerdem genügend Freizeitaktivitäten wie z. B. das **Lagani Rafting in traditionellen Holzbooten**, 040-868619, oder auch gewöhnliches Rafting und Fischen. Ein romantischer Spaziergang entlang des Wassers tut es aber auch.

ÜBERNACHTUNG UND ESSEN

In Čakovec selbst gibt es wenig einladende Unterkünfte, und auch die Gastronomie lässt – mit einigen Ausnahmen – so manche Wünsche offen. Dafür hat die Umgebung jedoch umso mehr zu bieten. Der Umweg lohnt sich, allein schon wegen der wunderschönen Landschaft.

Mamica Pansion, Čakovečka 47, Puščine, 040-373433, www.mamica.com.hr. Die Mamica Pansion liegt im Örtchen Puščine, auf halbem Weg zwischen Čakovec und Varaždin. So ländlich wie die Umgebung, so ist auch die Pension eingerichtet – rustikal, schlicht und modern zugleich. Jedes Zimmer ist individuell in unterschiedlichen Farben gestaltet, es dominieren Holz und Licht. Zur Pension gehört ein **Restaurant**, das zu den besten in der Region zählt. Sandra Nedeljko, die Inhaberin und Küchenchefin, stört es sehr, dass die breite Gastronomielandschaft den Zauber der Küche von Međimurje sichtlich nicht erkennt. Daher holt sie ihn täglich auf ihre Speisekarte zurück. Die Zutaten werden nicht verraten, bis der Teller leer gegessen ist. Mo 16–22, Di, Do und So 8–22, Fr, Sa 8–23 Uhr. ❷–❸

Barok, Milke Trnine 19, 040-363726, www.barok-cakovec.com. Eines der wenigen, wirklich empfehlenswerten Restaurants mit einheimischer Küche direkt in Čakovec, das noch dazu mit fairen Preisen

(Hauptgerichte um 70 Kn) und einem rustikal-romantischen Ambiente punktet. Spezialität des Hauses: Steak in Steinpilzsauce, dazu angebratenes Püree mit Parmesan. Es werden außerdem schmackhafte Pizza- und Pasta-Gerichte serviert. ⏰ 10–23 Uhr, Weihnachten und Ostern geschl.

Mala Hiža, Balogovec 1, Mačkovec, ☎ 040-341101, 🖥 www.mala-hiza.hr. Etwa 6 km von Čakovec entfernt liegt das Mala Hiža – ein mit schwarzem Holz verkleidetes Bauernhaus mit gelben Fensterrahmen und Verzierungen. Es gilt als das beste Restaurant in ganz Mittelkroatien, dafür sind die Preise noch erschwinglich (Hauptgericht um die 130 Kn). Vor 10 Jahren hatte Branimir Tomašić, ein gelernter Grafiker, die Vision, den Leuten einheimische Gerichte zu servieren. Dafür ließ er das historische Bauernhaus an den jetzigen Standort des Restaurants übersiedeln. Seine Menü-Ideen bestehen größtenteils aus ursprünglichen Gerichten aus Međimurje, die jedoch nach neuen Trends abgewandelt werden. So gibt es z. B. im Frühjahr Risotto mit frischem Spargel, Löwenzahn, Gänseblümchen und Erdbeeren. ⏰ 9.30–23 Uhr.

Međimurski Dvori, Vladimira Nazora 22, Lopatinec, ☎ 040-856333, 🖥 www.medjimurski-dvori.hr. 6 km nördlich von Čakovec gelegen, bietet Küchenchefin Valerija Filipović ihren Gästen wie der Name bereits verrät Küche aus Međimurje – eine große Auswahl an Suppen (im Brot serviert), warmen und kalten Vorspeisen, reichhaltigen Fleischgerichten sowie vielfältigen, schmackhaften vegetarischen Gerichten (z. B. Paprika gefüllt mit Reis und Eiern). Auch die Portionen und Preise können sich blicken lassen! ⏰ 10–23, Sa 10–1, Nov–März 10–22 Uhr.

Trattoria Rustica, Ivana Gorana Kovačića 6, ☎ 040-311207, 🖥 www.trattoriarustica.hr. Das Lokal mit dem wohl besten Preis-Leistungs-Verhältnis der Stadt. Leichtathletiker Filip Ude, der von der Olympiade in Peking mit einer Silbermedaille zurückkehrte, hatte sich hier vor seiner Abreise den Bauch vollgeschlagen. Die Trattoria bietet in gemütlich-rustikaler Atmosphäre leckere italienische Gerichte wie Pizza, Pasta und Salate mit lokalem Einfluss (so wird z. B. zum Salat Kürbiskernöl gereicht). An warmen Tagen kann man im schattigen Innenhof sitzen. Terrasse wie Inneneinrichtung stehen oft auf der Liste der schönsten Restaurants der Region. ⏰ 7.30–23, Sa, So 9–24 Uhr.

AKTIVITÄTEN UND TOUREN

Radfahren oder Wandern

Durch Međimurje zieht sich eine ausgeschilderte **Weinstraße**, die mehrere Weingüter miteinander verbindet. Die Straßen können auch gut bewandert oder mit dem Rad befahren werden. Die Weinstraße führt, mit mehreren Verzweigungen, auf einer Strecke von 15 km von der slowenischen Grenze über Banfi, Štrigova, Grabrovnik, Železna Gora und Pleškovec bis nach Lopatinec. Auf der Homepage der **Touristeninformation Štrigova**, ☎ 040-851325, 🖥 www.tic-strigova.hr, gibt es eine Karte mit den Weinrouten.

Rafting

Rafting klub Drava-Mura, Ulica Zrinsko Frankopanska 2, ☎ 095-9098682, 🖥 www.rafting-drava-mura.com.

SONSTIGES

Informationen

Touristeninformation Čakovec, Kralja Tomislava 1, ☎ 040-313319, 🖥 www.tourism-cakovec.hr. ⏰ Mo–Fr 8–19, Sa 8–13 Uhr.
Touristeninformation Međimurje, Ruđera Boškovića 3, Čakovec, ☎ 040-390191, 🖥 www.tzm.hr.

Taxi

Die meisten Taxis fahren vom **Busbahnhof** ab. Taxiruf: ☎ 040-313619.

TRANSPORT

Auto und Motorrad

Die Straßen-Infrastruktur in der Region ist sehr gut. Am besten gelangt man nach Čakovec über die neue Autobahn A4, welche den **ungarisch-kroatischen Grenzübergang Goričan** mit **Zagreb**, **Karlovac** und dem **adriatischen Meer** verbindet.

Ein Stück auf dem Mur-Drauradweg

- **Route**: Trnovec – Varaždinsko jezero – Jezero Donja Dubrava
- **Anspruch**: mittel
- **Länge**: 32 km
- **Fahrtzeit**: 2 Std. (für eine Strecke)
- **Beschilderung**: gut
- **Infos**: www.mura-drava.eu

Auf slowenisch-kroatische Initiative hin werden seit ein paar Jahren kontinuierlich grenzübergreifende Radwege entlang der Mur und Drau ausgebaut. Das Ergebnis kann sich sehen lassen, weitere Radwege werden sicherlich folgen. Die Routen können je nach Lust, Zeit und Kondition beliebig variiert und kombiniert werden. Die Radwege führen vorbei an kulturellen wie landschaftlichen Sehenswürdigkeiten und sind thematisch ausgerichtet. So gibt es z. B. die Radroute **Sonne und Wein**, welche quer durch die slowenischen und nordkroatischen Weinberge führt, oder **In die Geschichte**, auf deren Weg viele archäologische Überreste, Burgen, Gehöfte und Museen liegen.

Die Radwege entlang der Drau führen dabei sowohl durch die Natur als auch vorbei an reizvollen Städten. An der Drau lockt z. B. Ptuj, die älteste Stadt Sloweniens, oder Maribor, die zweitgrößte Stadt des Landes. Auf kroatischer Seite wartet Varaždin mit seinen Cafés, Plätzen und barocken Prachtbauten. Auf Genießer werden die Weinreben und Thermen eine besondere Anziehungskraft ausüben.

Mit Wegen durch die Weinberge lockt auch die Mur. Von Österreich bis nach Kroatien führen diese durch wunderschöne Natur, die v. a. für Tierliebhaber interessant sein werden, denn hier kann man nicht nur Störche entdecken, sondern noch

zahlreiche andere besondere Vogelarten. Auch Abenteuer und kulturelle Sehenswürdigkeiten sowie die eine oder andere Süßspeise halten die Mur-Radwege bereit. Und wer möchte, kann auch einen kleinen Abstecher nach Ungarn machen.

Von Trnovec zum Varaždinsko jezero

Die hier beschriebene Route geht durch schöne Natur und beginnt am slowenisch-kroatischen Grenzübergang in Trnovec. 1 km nach dem **Grenzübergang in Trnovec** biegt ein Weg rechts auf einen Schotterweg ab. Der erste Teil des Weges führt durch Felder und Wäldchen, der zweite an der Drau entlang, wo schöne Sandbänke wunderbare Raststätten bieten. Nach weiteren 10 km Fahrt durch Felder und Wald ist schließlich die erste Etappe, **Gornji Kuršanec**, erreicht. Hier starb bei einem Jagdunfall in einem kleinen nahe gelegenen Wäldchen am 18. November 1664 der Ban und Dichter Nikolaus Zrinski (1620–1664), ein erbitterter Feind der Osmanen. Ein Obelisk im Ortszentrum erinnert bis heute an ihn.

Dann geht es rechts weiter in Richtung Varaždinsko jezero, der über einen Damm zugänglich gemacht wurde. 10 km lang ist die Strecke auf dem Schotterweg entlang des Wassers. Der **Varaždinsko jezero** ist ein künstlicher Stausee, der Anfang der 1980er-Jahre gebaut wurde. Im Sommer ist er ein beliebter Badeort. Falls an dieser Stelle bereits eine Stärkung benötigt wird, so gibt es auf der Höhe von Kuršanec ein Restaurant, das leckere Fischgerichte serviert. Aber auch das bildschöne Barockstädtchen **Varaždin** (S. 535) ist von Gornji Kuršanec nur einen Katzensprung entfernt und bietet sich für einen Zwischenstopp und zum Einkehren an. Am Ende des Sees zweigt der Weg links ab und führt nach 3 km nach **Vularija**. Der Ort bietet sich für ebenfalls für eine Pause an, wer eine **kürzere Radtour** plant, kann hier auch einfach umdrehen.

Von Vularija zum Jezero Donja Dubrava

Für die **längere Route** geht es geradeaus weiter in **Richtung Orehovica** und **Podbrest**, wo ein Zwischenstopp oder auch eine Übernachtung in der **Gaststätte-Pizzeria Grin**, Marka Kovača 29, ✆ 040-620431, ✉ ugostiteljskiobrtgrin@gmail.com, eingelegt werden kann. Nach weiteren 3 km kommt schon die nächste Einkehrmöglichkeit in

Fahrradfahren erfreut sich nicht nur in, sondern auch rund um Varaždin großer Beliebtheit.

Otok, wo sich das **Restaurant Prepelica**, Otok 2, ✆ 040-645630, mit traditioneller Küche und Unterkunft befindet, ⏱ Mo–Fr 9–24, Sa, So 9–2 Uhr. Eine größere Auswahl an Einkehr- und Übernachtungsmöglichkeiten bietet der Ort **Prelog**, der nur 3 km von Otok entfernt liegt. Prelog ist ein kleines Städtchen mit reicher handwerklicher Tradition. Im Stadtzentrum, wo auch einige Restaurants zu finden sind, lohnt die **Kirche des Hl. Jakobus** aus dem 18. Jh. eine kurze Besichtigung.

Im Zentrum von Prelog führt der Weg rechts in Richtung **Jezero Donja Dubrava** ab, der mit einer Länge von 11 km der größte Stausee Kroatiens ist. Am See stößt man auf einen kleinen Schiffshafen, einen Campingplatz und ein kleines Restaurant. Wer mag, kann die Radtour hier beenden oder die Strecke wieder zurückradeln; wer jedoch noch nicht genug hat, der kann die Fahrt über **Oporovec**, **Donji Vidovec** bis zum **Reiterhof in Muškatljin** fortführen, der sich in einem speziellen zoologischen Reservat namens **Veliki Pažut**, ganz in der Nähe der Mündung der Mur in die Drau, befindet. Die Wege und Möglichkeiten sind endlos …

Busse
Der **Busbahnhof**, Tome Masaryka 26, ☎ 040-313947, befindet sich im Zentrum, am Park. Es fahren 9x tgl. Busse über VARAŽDIN nach ZAGREB.

Eisenbahn
Der **Bahnhof**, Kolodvorska 2, ☎ 040-384333, befindet sich max. 20 Gehminuten (quer durch den Park) vom Busbahnhof entfernt. Bahnverbindungen nach:
KOPRIVNICA, 2x tgl. in 49 Min.–1 Std. 23 Min. für 36,20 Kn.
KOTORIBA an der ungarischen Grenze, 13x tgl. in 32–46 Min. für 23,20 Kn.
MACINEC an der slowenischen Grenze im Westen, 5x tgl. in 9 Min. für 10,40 Kn.
MURSKO SREDIŠĆE an der slowenischen Grenze im Norden, 5x tgl. in 31 Min. für 12,90 Kn.
VARAŽDIN, 21x tgl. in 10 Min. für 11,70 Kn.
ZAGREB, 8x tgl. in gut 2–3 1/4 Std. für 69,80 Kn.

Podravina

Die Podravina umfasst, wie der Name schon verrät, die weite Flussebene der Drau (Drava) und geht im Osten bereits in Slawonien über, im Norden grenzt sie an Ungarn. Dank der idealen Lage wird sie landwirtschaftlich intensiv genutzt und gehört zu den wichtigsten Industriezentren Kroatiens. Obwohl diese Region durchaus ihre Reize hat und der Tourismus professionell organisiert und sehr bemüht ist, mehr Besucher anzulocken, findet die Podravina nur in den wenigsten Reiseführern Erwähnung. Dabei lädt die Landschaft zu diversen sportlichen Aktivitäten ein. Vor allem die Radtouren und Wanderungen entlang der Drau oder durch die umliegenden Wälder bieten genügend Möglichkeit zur Entspannung. Im Sommer wird der Šoderica-See gerne zum Schwimmen, Tauchen oder Wasserskifahren genutzt. Die Region ist sehr aktiv, was erneuerbare Energien betrifft, und es gibt mehrere Kooperationen auf verschiedenen Ebenen mit dem Nachbarland Ungarn. In der Podravina befindet sich außerdem der kleine Ort Hlebine, der für die Naive Kunst in Kroatien bekannt ist.

Koprivnica

Koprivnica (31 000 Einw.) war schon immer ein reges Handelszentrum, seit dem Mittelalter finden hier regelmäßig Märkte statt. Heute beschäftigt die **Podravka-Fabrik** große Teile der Bevölkerung, was sehr zur Lebendigkeit des Ortes beiträgt. Das Stadtbild wird geprägt von den ländlich anmutenden Häusern, die nicht

---

Tour zu den Schlössern der Region

Obwohl bekanntlich Zagorje das Land der Burgen und Schlösser ist, hat auch die Podravina das eine oder andere Schlösschen zu bieten. Knappe 50 km von Koprivnica entfernt liegt das **Schloss von Gornja Rijeka**, das aus dem 17. Jh. stammt und von wunderschöner Natur umgeben ist. Nur wenige Kilometer weiter befinden sich die Überreste eines weiteren, mittelalterlichen Schlosses, nämlich jenes von **Veliki Kalnik**, das hoch oben auf dem Berg über das gleichnamige Dorf ragt. Beeindruckend ist sowohl der Blick nach oben als auch von oben hinunter ins Tal. Ebenso idyllisch ist die Lage von **Schloss Inkey** im Dorf **Rasinja**, denn es wird eingerahmt von einem Dutzend Fischteichen. Rasinja war einst im Besitz der Familie Inkey de Pallin und ist heute ein Ort der Ruhe und Entspannung, mit einem Badesee und einem großen Park aus dem 19. Jh. **Đurđevac**, 25 km südöstlich von Koprivnica, punktet nicht nur mit einer gut erhaltenen **Festung aus dem 15. Jh.**, die eine wichtige Rolle im Krieg gegen die Osmanen spielte und wo heute eine **Kunstgalerie** mit Werken von Rembrandt und Dürer untergebracht ist. Das wirklich Spezielle an dem Ort sind die **Sanddünen**, die inmitten der grünen Podravina ein spektakuläres Bild abgeben und vor denen Wissenschaftler kopfschüttelnd zurückbleiben.

Exportartikel mit Geschmack

Wenn es ein Produkt gibt, das in (fast) jedem kroatischen Haushalt zu finden ist, dann ist es das Würzmittel **Vegeta** der Firma **Podravka**, die außerdem Suppen und andere Fertigprodukte herstellt und damit die halbe Stadt beschäftigt. Aber nicht nur deshalb hat Podravka eine besondere Stellung in Kroatien. Der Hahn auf den Hühnersuppen wurde landesweit zum Kultsymbol, und Vegeta wird von den Kroaten liebevoll „Teta Vegeta" (Tante Vegeta) genannt. Dass das Unternehmen trotz langer Tradition und Geschichte auch noch innovativ ist, zeigt sich dadurch, dass ständig neue Produkte entwickelt werden. So werden die Tütensuppen heute beispielsweise auf rein pflanzlicher Basis hergestellt. Vegeta kam übrigens 1959 unter dem Namen „Vegeta 40" auf den Markt und wird heute in 40 Ländern verkauft.

---

mehr als ein Stockwerk hoch sind und meist aus dem 19. Jh. stammen. An touristischen Sehenswürdigkeiten hat Koprivnica außer der **Pfarrkirche**, der **Franziskanerkirche** aus dem 17. Jh. und der quadratischen **Festung** aus dem 16. Jh., wo alljährlich Ende August ein **Renaissancefestival** stattfindet, nicht viel zu bieten, aber die Stadt ist schön angelegt, mit einem großen, alten **Park**, einem dekorativen Pavillon und einem Springbrunnen im Zentrum. Hier bei einem Kaffee der Geschäftigkeit der kroatischen Bevölkerung zuzusehen, ist allein schon eine Sehenswürdigkeit für sich.

Wem der Weg nach Hlebine zu weit ist, der kann Naive Kunst auch in der **Galerija Koprivnica**, Zrinski trg 9, ✆ 048-622564, ✉ galerija@muzej-koprivnica.hr, betrachten. Dort gibt es auch eine kleine Kunsthandwerksecke. ⏱ Di–Fr 10–13, 17–20, Sa, So 10–13 Uhr.

ÜBERNACHTUNG UND ESSEN

Hotel Restaurant Zlatan, Varaždinska 177a, ✆ 048-665129. Nikolina Lončar ist nicht nur Küchenchefin dieses erstklassigen Restaurants (leider liegt es an einer stark befahrenen Straße), sondern führt außerdem das Hotel mit, erzieht 2 Kinder, schreibt Kochbücher und denkt ständig darüber nach, wie sie die alten Rezepte ihrer Oma in unsere moderne Zeit zurückholen kann. Das Resultat ist immer eine gute Überraschung und sollte an dieser Stelle nicht weiter preisgegeben werden. So viel sei doch schon verraten: Wild-, Huhn- und Putengerichte gehören zu Nikolinas bevorzugten Gerichten. Und allein die Namen der Speisen, die sich oft über 3 Zeilen des Menüs ausbreiten, sind eine Kunst für sich. Die Hotelzimmer sind eher einfach gehalten. ⏱ 6–23, Sa, So 7–23 Uhr. ❸–❹

Klas, Križevačka 64, ✆ 048-671500, 🖥 www.klas-catering.hr. Kein außergewöhnliches Restaurant, das auch einen Catering-Service anbietet, doch das Essen ist traditionell und schmackhaft, die Preise (Hauptgericht um die 55 Kn) sehr human. ⏱ Mo–Do 7–22, Fr, Sa 7–23, So 8–20 Uhr.

Podravska Klet, Prvomajska 46a, ✆ 048-634069, ✉ blazenka.barcanec@podravka.hr. Wie bei Großmutter zu Hause, so fühlt sich ein Besuch im Podravska Klet an. So einheimisch und heimelig wie die Küche (Haxe mit Quark und Sauerrahm, Buchweizensuppe mit Pilzen oder Hähnchenkeulen, begleitet von 50 Wein-sorten) und die intime Atmosphäre innen, so sieht es auch bereits von außen aus: Auf 3 Etagen aufgebaut, hat es als traditionelles Haus in Podravina Wände aus Schlamm, handgezimmerte Balken und ein Dach aus Reet. Menüs kosten 70–80 Kn. ⏱ 10–22 Uhr, feiertags geschl.

AKTIVITÄTEN UND TOUREN
Radfahren

Koprivnica ist durch **Weinstraßen** mit anderen Ortschaften der Region verbunden. Karten und Informationen dazu gibt es in der Touristeninformation.

Schwimmen

Cerine, Ulica Miroslava Krleže 81, ✆ 048-240571, 🖥 www.bazeni-koprivnica.com, heißt das neue, schicke Schwimmbad in Koprivnica, mit großen Schwimmbecken, Sport- und Spa-Center. ⏱ Mo–So 8–22 Uhr.

SONSTIGES

Informationen
Touristeninformation Koprivnica, Trg bana Josipa Lelačića 7, ℡ 048-621433, 🖥 www.koprivnicatourism.com.
Touristeninformation der Gespanschaft Koprivnica-Križevci, Nemčićeva 5, Koprivnica, ℡ 048-624408, 🖥 www.tz-koprivnicko-krizevacka.hr.

Taxi
Die meisten Taxis fahren vom Busbahnhof ab oder können unter ℡ 048-621905 gerufen werden.

TRANSPORT

Busse
Vom **Busbahnhof**, Kolodvorska 31, ℡ 060-305040, sind es nur ein paar Schritte bis ins Zentrum. Unter der Woche fahren 7x tgl. Busse zwischen Koprivnica und ZAGREB und 6x tgl. von und nach VARAŽDIN. Am Wochenende verkehren weniger Busse.

Eisenbahn
Der **Bahnhof**, Kolodvorska 10, ℡ 060-333444, liegt direkt beim Busbahnhof. Die Bahnverbindungen von und nach Koprivnica sind erstaunlich gut.
ČAKOVEC, 2x tgl. in 50 Min.–1 1/4 Std. für 36 Kn.
OSIJEK, 4x tgl. in 2 Std. 52 Min.–3 Std. 47 Min. (je nach Verbindung) für 94 Kn.
RIJEKA, 1x tgl. in 5 Std. 34 Min. für 146 Kn.
SPLIT, 1x wöchentl. (im Sommer, über Nacht) in 10 1/2 Std. für 224 Kn.
VARAŽDIN, 13x tgl. in 37–56 Min. für 30 Kn.
ZAGREB, 13x tgl. in 1 1/2 Std. für 57 Kn.
BUDAPEST, 1x tgl. in ca. 5 Std. für 160 Kn.

Hlebine

13 km östlich von Koprivnica befindet sich das Dörfchen Hlebine, das sich nicht nur landesweit einen großen Namen gemacht hat – als Heimat der kroatischen naiven Kunst. Hier, in der Schule der Naiven Kunst von Hlebine, haben zahlreiche große Künstler ausgestellt und dem Ort zu Anerkennung verholfen. Begonnen hat alles mit einem Experiment des Malers Krsto Hegedušić, der um 1930 versucht hat, einer Gruppe von Bauern, die keinerlei künstlerische Vorbildung hatten, das Malen beizubringen. Sie übernahmen seine Tempera-Maltechnik auf Glas und erweckten so die alte Barockmalweise der Hinterglasmalerei zu neuem Leben. Wenige Zeit später hoben sich namhafte Künstler wie Ivan Generalić und Franjo Mraz hervor. Auch heute wird in Hlebine noch fleißig gemalt. Ausgestellt werden die Werke in der **Galerija naivne umjetnosti Hlebine**, Trg Ivana Generalića 15, die außerdem einen Skulpturenpark und eine kleine Museumssammlung von Ivan Generalić beheimatet. ⏱ Mo–Fr 10–16, Sa 10–14 Uhr, Eintritt 10 Kn, erm. 5 Kn. Noch ein bisschen mehr zu bieten hat die **Galerija Josip Generalić**, Ljudevita Gaja 75, ℡ 048-836430, 🖥 www.galerija-josip-generalic.hr, die von der Familie Generalić geführt wird. Neben einem großen, hellen Ausstellungsraum kann hier auch das alte Haus des Künstlers sowie das Atelier seines Sohnes Josip, ebenfalls Künstler, besucht werden. ⏱ Mo–Fr 10–17 Uhr und auf Anfrage, Eintritt 10 Kn, erm. 5 Kn.

INFORMATIONEN

Touristeninformation Hlebine, Trg Ivana Generalića 1, ℡ 048-836139, ✉ opcina-hlebine@kc.htnet.hr.

Slawonien

Stefan Loose Traveltipps

20 Osijek Die größte Stadt Slawoniens trägt viel Geschichte in sich, sichtbar im Festungsstadtteil und den prächtigen Palästen aus der Habsburgerzeit. S. 566

21 Naturpark Kopački rit Die Sumpflandschaft zwischen Drau und Donau birgt viele Geheimnisse – wie seltene Tierarten und versteckte Jagdschlösser. S. 578

Vukovar Die Stadt verkörpert das kroatische Leiden im Unabhängigkeitskrieg, und doch hat sich hier in den letzten Jahren einiges getan: Die Häuser sind weitgehend wiederhergestellt, und das Barockschloss Eltz erstrahlt in neuem Glanz. S. 579

Đakovo Nicht Osijek, sondern Đakovo ist slawonischer Bischofssitz, seine imposante Backsteinkathedrale erinnert an den großen Bischof Josip Juraj Strossmayer, der sie einst in Auftrag gab. S. 591

Schloss Našice Die Adelsfamilien Slawoniens haben sich in traumhaften Schlossanlagen ihr Andenken bewahrt – das vielleicht schönste steht in Našice. S. 594

Festung Slavonski Brod Slavonski Brod war immer Grenzstadt und ist es bis heute geblieben, eindrucksvolles Zeugnis davon ist die massive Festung aus der Habsburgerzeit. S. 595

SLAWONIEN

Slawonien ist das vergessene Stück von Kroatien. Der Osten des Landes liegt irgendwie nie so richtig auf der Reiseroute, und so geht der Tourismus an dieser historischen Region, die mit ihren wunderschönen Schlossanlagen und eindrucksvollen Festungsbauten nicht nur eine alte Kulturlandschaft darstellt, sondern auch landschaftliche Schätze wie den Naturpark Kopački rit birgt, weitgehend vorbei. Slawonien grenzt im Süden an Bosnien-Herzegowina, im Osten an Serbien, im Norden an Ungarn, begrenzt durch die Flüsse Save (Süden), Donau (Osten) und Drau (Norden). Die Westgrenze Slawoniens ist nicht genau festgelegt, sie liegt aber etwa auf der Höhe des Papuk-Gebirges, das mit 953 m die einzige größere Erhebung des ansonsten flachen Slawoniens darstellt. Als Teil der riesigen Pannonischen Tiefebene, ist die Region durchzogen von herrlichen Auenlandschaften, die zum Teil ein Refugium seltener Tierarten sind, von Wiesen, Weinbergen und großen Ackerflächen. Landschaftlich besonders reizvoll sind das **Papuk-Gebirge** im Westen, das sumpfige östliche Umland von **Osijek** mit dem **Naturpark Kopački rit** und die bewaldeten Gebiete entlang der **Donau**.

Die Landschaft, die man gemeinhin als Slawonien bezeichnet, gliedert sich streng genommen in die drei Regionen Slawonien, Baranja und Srijem, wobei die Baranja nördlich und östlich von Osijek liegt und Srijem am östlichen Zipfel um Vukovar und Ilok. Verwaltungstechnisch gliedert sich Slawonien in die Gespanschaften Osijek-Baranja, Vukovar-Srijem, Brod-Posavina, Požega-Slawonien und Virovitica-Podravina.

Die Besiedlungsgeschichte Slawoniens geht bis in prähistorische Zeiten zurück, die aus Ton gefertigte Vučedol-Taube aus der Gegend von **Vukovar**, die man heute im Archäologischen

Museum in Zagreb (S. 495) bewundern kann, ist der wichtigste und schönste Beweis dafür. Auch die Römer, die unter anderem die nahe gelegenen Thermalquellen bei Daruvar und Lipik zu schätzen wussten, haben hier einst Städte gegründet (z. B. Osijek) und somit ihre Spuren hinterlassen. Mit der Gründung des kroatischen mittelalterlichen Staates tauchte Slawonien auch als Landesname (Königreich Kroatien und Slawonien) auf, ohne jedoch jemals als eigene staatliche Einheit präsent gewesen zu sein. Mit der Vereinigung der kroatischen Krone mit der ungarischen begann für Slawonien eine lange Zeit der ungarischen Prägung, deren Spuren noch heute zu finden sind. Slawonien geriet zu Beginn des 16. Jhs. für etwa 150 Jahre unter osmanische Herrschaft, am Ende dieser Epoche war das Land durch seine Randlage im Osmanischen Reich und die vorangegangenen Kriege nahezu entvölkert. Nach dem Rückzug der Osmanen gehörte Slawonien wie das restliche Kroatien zum Habsburgerreich, das unter Kaiserin Maria Theresia den Wiederaufbau vorantrieb und neue Bewohner, vor allem Deutsche, Tschechen und Slowaken, in Slawonien ansiedelte. Die grenznahen Gebiete Slawoniens wurden Teil der Österreichischen Militärgrenze, es entstanden mächtige Festungsanlagen (Osijek, Slavonski Brod), und vertriebene serbische Bauern aus dem Osmanischen Reich wurden angesiedelt. Die fruchtbare slawonische Ebene entwickelte sich zur Kornkammer Kroatiens, die Landwirtschaft florierte und lockte zahlreiche Kroaten aus anderen Landesteilen (wie der Lika und Dalmatien) nach Slawonien. Die Industrialisierung des 19. Jhs. ging am landwirtschaftlich orientierten Slawonien eher vorbei, doch die Städte, allen voran Osijek, erlebten eine kulturelle Blüte, die vom friedlichen Zusammenleben der verschiedenen Volksgruppen und Religionen bestimmt war. Diese Harmonie endete mit den Kriegen des 20. Jhs. Nach dem Ersten Weltkrieg verließen viele Ungarn Slawonien, im Zweiten Weltkrieg wurde die jüdische Minderheit vertrieben und ermordet, nach dem Zweiten Weltkrieg die Deutschen vertrieben. In den 90er-Jahren spielten sich in Slawonien die wohl größten Dramen des Kroatischen Unabhängigkeitskriegs ab. Die Jugoslawische Volksarmee eroberte mit paramilitärischen serbischen Truppen einen großen Teil Slawoniens und zog eine Spur der Verwüstung nach sich. Die Stadt Vukovar wurde belagert und dann dem Erdboden gleichgemacht, die verbliebene kroatische Bevölkerung massakriert. Auch das restliche Slawonien litt unter der serbischen Besatzung, sei es durch Vertreibungen und ethnische Säuberungen oder durch jahrelange Belagerung und andauernden Beschuss wie in Osijek oder Slavonski Brod. Die Rückeroberung der besetzten Gebiete durch die kroatische Armee gegen Ende des Krieges führte zu Flucht oder Vertreibung vieler Serben. Zerstörte Häuser und Minenfelder gehörten bis vor Kurzem zum Alltag Slawoniens.

Doch in den letzten Jahren gab es neue Impulse, Vukovar und andere zerstörte Städte sind weitestgehend wiederaufgebaut, zahlreiche Landminen wurden mit europäischer Finanzhilfe entschärft, was das Minenproblem minimiert hat. Zaghaft entstehen in Slawonien Angebote für Touristen, in deren Mittelpunkt Agrotourismus, die slawonischen Naturschätze, aber auch auf die schönen historischen Städte stehen. Ausgerechnet das kriegstraumatisierte Vukovar scheint hier mit einem innovativen Tourismuskonzept neue Impulse zu setzen. Die slawonische Landwirtschaft macht eine tiefgreifende Krise durch, doch der EU-Beitritt könnte auch neue wirtschaftliche Perspektiven für die gebeutelte Region bringen.

Ostslawonien

Der Osten Slawoniens besteht aus den Regionen Baranja und Srijem, hier liegen Städte wie Osijek, Vukovar und Đakovo. Geprägt wurde Ostslawonien vom bunten Völkergemisch, das in dieser Region einst ansässig war und eine Art Mikrokosmos der Habsburgermonarchie bildete, sowie von der Landwirtschaft, die über Jahrhunderte wichtigster Wirtschaftszweig war. Die Anbindung an Drau und Donau machte Städte wie Vukovar und Osijek zudem zu wichtigen Handelsplätzen.

20 HIGHLIGHT

Osijek

Osijek (dt. Name Esseg) ist mit 115 000 Einwohnern die größte Stadt Slawoniens und die viertgrößte des Landes. Sie liegt am Fluss Drau (kroat. Drava), wenige Kilometer vor deren Mündung in die Donau. Als Sitz einer Universität ist Osijek die bei Weitem lebendigste Stadt Slawoniens und kann auf eine reiche Geschichte und Kultur zurückblicken. Die historischen Stadtviertel Osijeks reihen sich am südlichen Drau-Ufer wie Perlen auf, das Festungsviertel Tvrđa in der Mitte, die Oberstadt (Gornji Grad) als heutiges Stadtzentrum im Westen, die ruhigere Unterstadt (Donji Grad) im Osten, dazwischen erstrecken sich weitläufige Parkanlagen als grüne Lunge der Stadt.

Geschichte

Osijeks Geschichte geht bis in die Römerzeit zurück, als hier, an einem wichtigen Übergang über die Drau, die Stadt Mursa entstand, doch die Geschichte der Stadt in ihrer heutigen Gestalt beginnt erst in der frühen Neuzeit. Nach den österreichisch-osmanischen Kriegen am Ende des 17. Jhs. wurde die 150-jährige türkische Herrschaft in Osijek beendet. Die moslemischen Bewohner verließen die Stadt, Kroaten, Serben, Deutsche und Ungarn kamen im Zuge der Besiedlungspolitik Maria Theresias nach Osijek. Unter der Herrschaft der Habsburger entstand die Osijeker Festung (Tvrđa), die als Teil der Österreichischen Militärgrenze die Grenze zum weiterhin osmanischen Bosnien sichern sollte. Die Konflikte mit den Osmanen dauerten an, und so wurde Osijek zu einer der wichtigsten Festungen der Militärgrenzen, die Präsenz des österreichischen Militärs prägte die Stadt bis 1918. Neben militärischen entstanden in der Festung auch administrative und repräsentative Gebäude. Die Händler und Handwerker, die den Soldaten nach Osijek gefolgt waren, siedelten sich links und rechts der Festung am Drau-Ufer an und gründeten die Ober- und die Unterstadt. Das gesellschaftliche Leben, das sich zunächst vor allem in der Unterstadt abgespielt hatte, verlagerte sich im 19. Jh. auf die Oberstadt, die bis heute das eigentliche Stadtzentrum Osijeks darstellt.

Im 18. und 19. Jh. erlebte Osijek eine wirtschaftliche und kulturelle Blüte. Die Stadt war wichtiger Handels- und Marktplatz, und selbst etwas Industrie wie die heute noch bestehende Seifenfabrik Saponia entwickelten sich hier, im Herzen des agrarisch geprägten Slawonien. 1809 wurde Osijek „königliche Freistadt", ein Status, der einen Zuwachs an politischer und wirtschaftlicher Macht mit sich brachte, der aber für eine enorme Geldsumme von den wohlhabenden Bürgern der Stadt erkauft werden musste. Osijek war eine bunte Stadt, in der fünf Ethnien (Deutsche, Kroaten, Serben, Ungarn und Juden) und drei Religionen (Katholiken, Orthodoxe und Juden) beheimatet waren, von kleineren Minderheiten ganz zu schweigen. Diese relativ ausgewogene Bevölkerungsmischung war einmalig in Kroatien, und erstaunlicherweise kam es bis zum Ersten Weltkrieg kaum zu größeren Auseinandersetzungen zwischen den Bevölkerungsgruppen, von kleineren kroatisch-ungarischen Spannungen abgesehen. Es gab deutsche und kroatische Zeitungen, deutsche, kroatische, serbische und ungarische Theateraufführungen im 1866 gebauten Theater, katholische, orthodoxe und protestantische Kirchen standen neben Synagogen. Osijek bildete eine Art friedlichen, habsburgischen Mikrokosmos mit starkem Lokalpatriotismus. Mit dem Ersten Weltkrieg änderte sich die Situation. Ein Teil der ungarischen und deutschen Bevölkerung kehrte der Stadt nach Ende der Habsburgerzeit den Rücken, im Zweiten Weltkrieg wurde die jüdische Bevölkerung deportiert, wenn sie nicht geflohen war, die Synagoge in der Oberstadt zerstört. Am Ende der jugoslawischen Zeit lag das mehrheitlich kroatische Osijek unweit der von Serben eroberten Gebiete und wurde nahezu über die gesamte Zeitspanne des Krieges belagert. Noch heute sieht man einige Spuren der Zerstörung in von Granateneinschlägen gezeichneten Häusern. Doch Osijek blickt erhobenen Hauptes in die Zukunft, und auch die habsburgische Geschichte der Stadt rückt allmählich wieder ins Bewusstsein der Bewohner.

Oberstadt

Der Stadtrundgang beginnt am Nationaltheater in der Županijska ulica. Das Theater wurde 1866 erbaut und erhielt 1907 den Namen **Kroatisches Nationaltheater Osijek** (Hrvatsko Narodno Kazalište). Das Gebäude mit seinen maurisch anmutenden Verzierungen an der orangefarbenen Fassade beherbergt einen wunderbar altmodischen Theatersaal mit rotem Samt, Vergoldungen und Logen, die einst der betuchteren Gesellschaft vorenthalten waren. Ironischerweise befindet sich ausgerechnet eine McDonalds-Filiale im linken Flügel des Theaters.

Schräg gegenüber erblickt man die Ende des 19. Jhs. erbaute **Pfarrkirche der Hl. Peter und Paul** (Crkva Sv. Petra i Pavla), das eindrucksvollste Bauwerk der Oberstadt und Wahrzeichen Osijeks. Die Osijeker nennen den gewaltigen neugotischen Backsteinbau mit seinem 90 m hohen Turm ihre Kathedrale, obwohl sie diesen Status nie innehatte, da der Bischofssitz im nahen Đakovo war und bis heute ist. Josip Juraj Strossmayer (Kasten S. 592), der berühmteste Bischof von Đakovo und zugleich wichtiger Förderer sowohl der Kunst als auch der jugoslawischen Sache, gab den Kirchenbau in seiner Heimatstadt Osijek in Auftrag. Das Innere der Kirche ist mit neugotischen Ornamenten und fünf gotischen Altären geschmückt, die Deckengewölbe und die Wände wurden zwischen 1938 und 1942 vom kroatischen Maler Mirko Rački mit Szenen aus der Bibel ausgemalt. ⏱ Mo 14–19.30, Di–So 7–19.30 Uhr.

Hinter der Kirche erstreckt sich der Hauptplatz **Trg Ante Starčevića** mit verschiedenen repräsentativen Gebäuden. An der Ostseite des Platzes befindet sich das hellgelb gestrichene **Kapuzinerkloster**, das zwischen 1705 und 1727 im barocken Stil erbaut wurde und dem heiligen Jakobus gewidmet ist.

Über die Nordseite des Trg Ante Starčevića erreicht man den kleinen **Segelhafen** Osijeks **an der Drau**, wo man der Promenade in beide Richtungen folgen kann. Nach links gelangt man in den Ortsteil Retfala (S. 571) und zum kleinen Flussschiff namens **Kompa**, mit dem hier alle paar Minuten kostenlos der Fluss überquert werden kann. Die bei den Osijekern sehr beliebte Fähre verkehrt immer, wenn sich genügend Fahrgäste eingefunden haben und funktioniert mit der Strömungskraft des Flusses, die das Boot an einem Seil auf die andere Seite befördert. Am anderen Ufer befindet sich der **Osijeker Zoo** (Zoološki vrt Osijek), Sjevernodravska obala 1, ✆ 031-285234, 🖥 www.zoo-osijek.hr, der flächenmäßig größte Zoo Kroatiens, der jedoch leider aus Kostengründen nicht alle Tiere in angemessen großen Gehegen unterbringen kann. Doch in den letzten Jahren wird viel gebaut und vergrößert, um die Situation zu verbessern. Etwas mehr Platz in seinem Gehege hat der Gepard, das Wahrzeichen des Osijeker Zoos. ⏱ 9–20 Uhr, Eintritt 20 Kn.

Folgt man der Promenade nach rechts flaniert man auf der **Osijeker Riva** (eigentlich tragen in Kroatien nur die Adriapromenaden diesen Namen) mit vielen Cafés und dem Glaspalast des Hotels Osijek. Ein Stückchen weiter überquert die moderne **Fußgängerbrücke Most Mladosti** (Brücke der Jugend) aus den 70er-Jahren die Drau. Ein wunderschönes Jugendstilgebäude in der Nähe der Drau ist das **Kino Urania** von 1912, ein Werk des Osijeker Architekten Viktor Axmann, mit geschwungenem barockartigem Giebel in Form einer Leier, das auch heute noch als Kino in Funktion ist.

Entfernt man sich vom Flussufer über die Straße Henglova, wird der **Marktplatz** erreicht, dahinter erstreckt sich die Ulica Stjepana Radića mit vielen Cafés und Pubs. In der Parallelstraße Ulica Lorenza Jägera befinden sich eine kleine **evangelische Backsteinkirche** aus dem Jahr 1908 mit 31 m hohem Turm und dunkelblauen Bogen über den Fenstern sowie das Gemeindehaus aus dem Jahr 1885. Die kleine evangelische Gemeinde in Osijek besteht in erster Linie aus Osijekern deutscher oder slowakischer Herkunft, die meisten Gemeindeglieder und das Pastorenehepaar sprechen hervorragend Deutsch und freuen sich über deutsche Besucher.

Die Hauptquerstraße zwischen Oberstadt und Tvrđa ist die **Europska avenija**, eine repräsentative Straße, die gesäumt wird von Jugendstilvillen aus der Habsburgerzeit mit prächtigen Verzierungen und Fassaden (Mman achte auf die schönen Balkone und Jugendstilköpfe an den Fassaden). Eines der ersten Gebäude in der Europska avenija ist die **Galerie der bilden-**

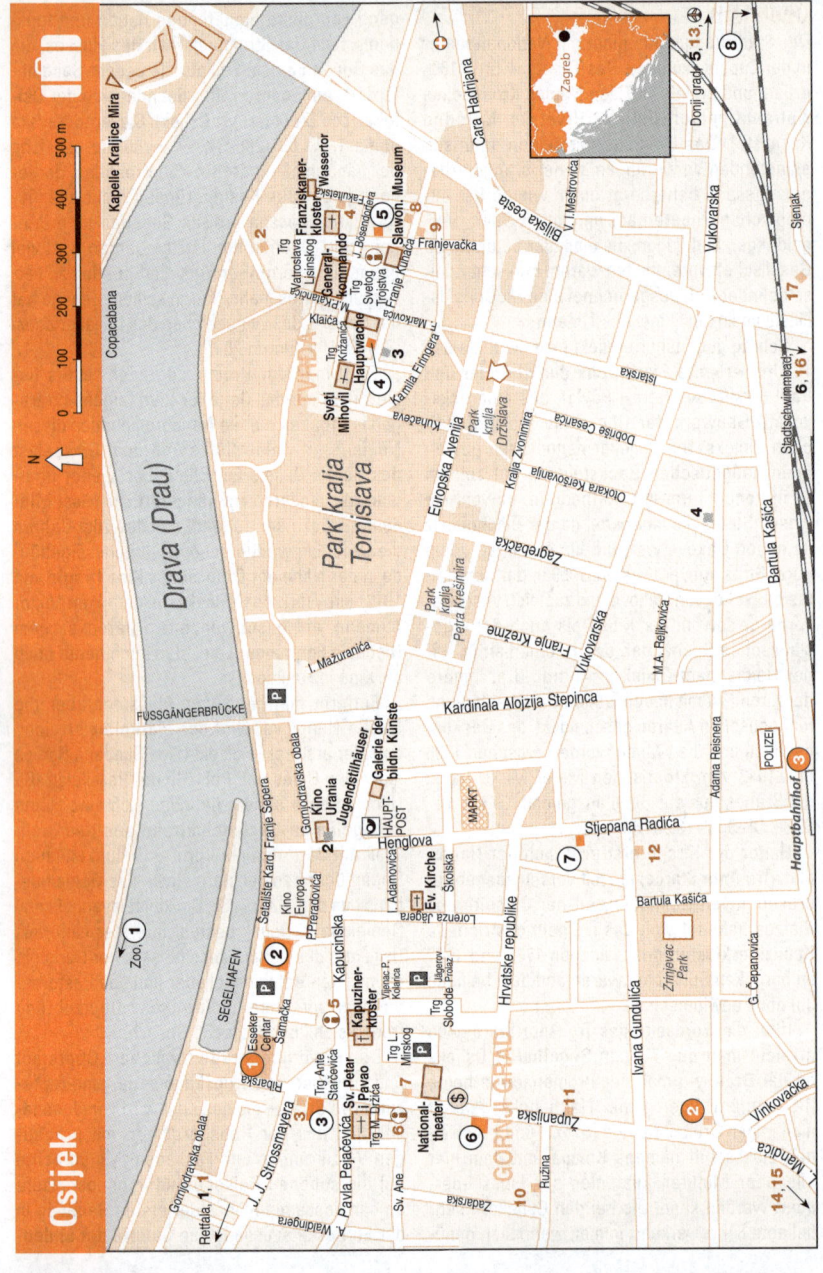

den Künste (Galerija likovnih umjetnosti), Europska avenija 9, ✆ 031-251280, 🖥 www.gluo.hr, die einen guten Überblick über die Malereiszene Slawoniens gibt. Aus dem 18. und 19. Jh. sind Darstellungen slawonischer Adliger zu sehen, darunter ein eindrucksvolles Gemälde, das die Familie Pejačević beim vergnüglichen Beisammensein im Park zeigt und das 1811 von dem deutschen Maler Friedrich Johann Lieder (1780–1859) angefertigt wurde. Eine Reihe eindrucksvoller Landschaftsbilder stammt von dem großen slawonischen Maler Adolf Waldinger (1843–1904), der allerdings erst posthum zu einigem Ruhm gelangte. Auch einige Gemälde des 20. Jhs. und Skulpturen gehören zur ständigen Ausstellung. ⏲ Di, Mi, Fr 10–18, Do 10–20, Sa, So 10–13 Uhr, Eintritt 10 Kn.

Die Europska avenija führt weiter durch große Parkanlagen, die ab dem 18. Jh. hier angelegt und nach den kroatischen Königen des Mittelalters benannt wurden (darin befinden sich auch zwei Kinderspielplätze).

Tvrđa

Die Festung wurde Anfang des 18. Jhs. auf den Grundmauern einer osmanischen Festung erbaut und ist in der Schlichtheit barocker Militärgebäude gehalten. Vom Drau-Ufer aus ist die Festungsanlage in ihrer ursprünglich sternförmigen Anlage noch zu erkennen. Ein kleiner vorgelagerter Teil der Festung (Tvrđavica), von dem noch Teile erhalten sind, befand sich auch am anderen Flussufer. Aus der militärischen Anlage hat sich die historische Altstadt von Osijek entwickelt, die zugleich das schönste Stadtviertel von Osijek darstellt.

Hauptplatz der Tvrđa ist der **Platz der Hl. Dreifaltigkeit** (Trg Svetog Trojstva) mit einer Pestsäule aus dem Jahr 1729 in seiner Mitte. Die um 1700 errichteten, repräsentativen Gebäude am Hauptplatz sind das ehemalige **Generalkommando** des Militärbezirks Osijek an der Nordseite, heute das Hauptgebäude der 1975 gegründeten Universität, die **Hauptwache** mit Arkaden und Uhrturm an der Westseite und das **Magistratsgebäude**, welches heute das **Slawonische Museum** (Muzej Slavonije), Trg Sv. Trojstva 6, ✆ 031-250730, 🖥 www.mso.hr, beherbergt. Das schön aufbereitete Museum führt durch die Geschichte und Kultur Slawoniens und der Stadt Osijek, wobei die österreichische Militärzeit eine wichtige Rolle spielt. Im Erdgeschoss befindet sich ein Lapidarium aus römischer Zeit. ⏲ Di, Mi, Fr 9–19, Do 9–20, Sa, So 10–14 Uhr, Eintritt 15 Kn, sonntags kostenlos.

Wichtigstes sakrales Bauwerk der Tvrđa ist die gelb getünchte **Kirche des Hl. Michael** (Crkva Sv. Mihovila) mit ihrer prägnanten massiven Doppelturmfassade. An dieser Stelle hatte zunächst die umgebaute Kasim-Pascha-Moschee aus osmanischer Zeit als Kirche gedient, 1725 begannen dann die Jesuiten mit dem Bau der heutigen Kirche, der gut 30 Jahre andauerte.

Im Osten der Tvrđa befindet sich das **Franziskanerkloster** mit der Kirche des Hl. Kreuzes, von den Osijekern auch Crkva Sv. Antuna (Kirche des Hl. Antonius) genannt. Als um 1700 die osmanische Herrschaft im Land endete und der Katholizismus wieder Einzug hielt, waren die Franziskaner die ersten Glaubensbrüder, die zurückkehrten, was in den zahlreichen Klostergründungen dieser Zeit deutlich wird. Von der großen Klosteranlage sind einige Teile und die Klosterkirche erhalten. Deren Glockenturm wurde auf den Grundmauern eines türkischen Minaretts errichtet. 1727 wurde der Altar des Hl. Anto-

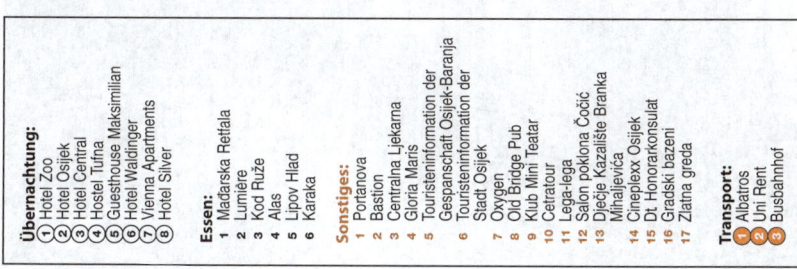

Übernachtung:
1 Hotel Zoo
2 Hotel Osijek
3 Hotel Central
4 Hostel Tufna
5 Guesthouse Maksimilian
6 Hotel Waldinger
7 Vienna Apartments
8 Hotel Silver

Essen:
1 Madarska Rettala
2 Lumière
3 Kod Ruže
4 Alas
5 Lipov Hlad
6 Karaka

Sonstiges:
1 Portanova
2 Bastion
3 Centralna Ljekarna
4 Gloria Maris
5 Touristeninformation der Gespanschaft Osijek-Baranja
6 Touristeninformation der Stadt Osijek
7 Oxygen
8 Old Bridge Pub
9 Klub Mini Teatar
10 Cetratour
11 Lega-lega
12 Salon poklona Čočić
13 Dječje Kazalište Branka Mihaljevića
14 Cineplexx Osijek
15 Dt. Honorarkonsulat
16 Gradski bazeni
17 Zlatna greda

Transport:
1 Albatros
2 Uni Rent
3 Busbahnhof

nius erbaut, der seither am Tag des Hl. Antonius von Pilgern aus der Region besucht wird. Besondere Aufmerksamkeit wird dabei auch der gotischen Madonnenstatue Gospa Osječka (Madonna von Osijek) zuteil. Wer die Kirche besichtigen will, kann an der Klostertür klingeln, seit 1938 leben hier wieder Franziskanermönche.

Auf dem Weg zum Fluss gelangt man zum **Wassertor** (Vodena vrata), neben dem eine **Dauerausstellung zum Leben im Wasser** (Udruga Gloria Maris), Svodovi bb, ✆ 031-322907, 🖥 www.gloria-maris.hr, mit der größten Sammlung an Muscheln und Fossilien in Kroatien zu finden ist. Zu Recht kann man sich wundern, warum diese ausgerechnet in Osijek untergebracht ist. Verantwortlich dafür ist der Osijeker Sammler Vladimir Filipov, der die Exponate in fast 50 Jahren aus der ganzen Welt zusammengetragen und das Museum ins Leben gerufen hat. ⏲ Di, Mi, Fr 10–16, Do 10–20, Sa, So 10–13 Uhr, Eintritt 20 Kn, bei vorheriger Anmeldung auch mit englischer Führung.

Am entspannten **Ufer der Drau**, wo die Osijeker flanieren oder radeln, kann man sich nun auf den Rückweg zur Oberstadt machen und sich auf dem Weg ein gemütliches Café suchen.

Unterstadt

Die Unterstadt (Donji grad) war einst wichtiges Zentrum der Stadt, heute ist es in erster Linie Wohnviertel. Dennoch haben sich ein paar Sehenswürdigkeiten erhalten. Auf dem Weg von der Tvrđa erreicht man vorbei am riesigen Krankenhaus aus dem Jahr 1874 den eher unspektakulären Hauptplatz Trg bana Jelačića.

Interessant sind in der Unterstadt vor allem drei Kirchengebäude: Die **Kirche des Namens der Hl. Maria** (Crkva Preslavnog imena Marijinog) in der Crkvena ulica wurde 1733 erbaut und ist eine der schönsten Kirchen Osijeks. Der dreistufige Glockenturm der Barockkirche wird von einem tulpenförmigen Turmhelm abgeschlossen (⏲ 8.30–12, 16.30–18 Uhr). Ein ungewöhnliches Kirchengebäude ist die 1912 gebaute **ehemalige Synagoge** in der Cvjetkova ulica. Das kleine Gotteshaus mit den zwei massiven Zwiebeltürmen dient heute als Domizil einer Freikirche. Nahe der ehemaligen Synagoge befindet sich noch die **serbisch-orthodoxe Kirche**, die nach Zerstörung des Vorgängerbaus im Zweiten Weltkrieg erst in den 1970er-Jahren errichtet wurde. Das rote Bauwerk mit Kuppel und Glockenturm ist im Stil orthodoxer Balkankirchen gehalten.

Die Europska avenija ist Osijeks repräsentative Flaniermeile aus der Habsburgerzeit.

Deutsches Kulturleben im alten Osijek

Nach dem Ende der osmanischen Herrschaft in Slawonien Ende des 17. Jhs. wurden die neu eroberten Gebiete durch die nun folgenden österreichischen Machthaber gezielt neu besiedelt. In diesem Zusammenhang ließen sich nicht nur viele österreichische Militärangehörige entlang der Militärgrenze nieder, auch viele deutsche Siedler zog es nach Slawonien und in andere Teile Südosteuropas. Auch wenn nur ein kleiner Teil der Siedler aus Schwaben stammte, setzte sich der Begriff **Donauschwaben** durch, der noch in dem etwas verächtlichen kroatischen Begriff Švabe (für Deutsche) nachklingt.

In Osijek lebten um 1900 etwa 25 000 Menschen, darunter etwa 10 500 Deutsche und Österreicher, 7500 Kroaten und je etwa 2000 Serben, Ungarn und Juden, dazu kleinere Minderheiten. Alle Bevölkerungsteile waren im öffentlichen Leben präsent, im 1866 erbauten Theater fanden Aufführungen von deutschen, kroatischen, ungarischen und serbischen Theatertruppen statt, um 1900 erschienen zwei deutschsprachige und eine kroatische Zeitung. Die deutsche Zeitung *Die Drau* wurde sogar noch bis 1929 veröffentlicht. Besonders die oft hochgebildete jüdische Bevölkerung Osijeks war kulturell sehr aktiv und spielte eine wichtige Rolle für das lokalpatriotische Bewusstsein der Osijeker. Ein prominenter Vertreter des Osijeker Judentums ist der 1932 geborene Hollywood-Filmproduzent **Branko Lustig** (unter anderem *Schindlers Liste*), der als Kind in Auschwitz und Bergen-Belsen interniert war.

Auch einige deutschsprachige Schriftsteller hat Osijek hervorgebracht. Der 1873 in Mähren geborene Autor **Roda Roda** (eigentlich Sándor Friedrich Rosenfeld) wuchs in Slawonien auf und verbrachte seine Militärzeit in Osijek. In seinen oft humorvollen Erzählungen, in denen die Donaumonarchie und insbesondere das österreichische Offizierskorps aufs Korn genommen wurden, spielt die Stadt Osijek eine wichtige Rolle. Seine Autobiografie *Roda Rodas Roman* veröffentlichte er 1924. Durch seine jüdische Herkunft und seine kritischen Positionen musste Roda Roda 1938 emigrieren und starb 1945 im amerikanischen Exil.

Die Schriftstellerin **Wilma von Vukelich** (1880–1956) stammte aus einer jüdisch-ungarischen Familie und wuchs in Osijek auf. In ihren Romanen und ihrer Autobiografie *Spuren der Vergangenheit – Osijek um die Jahrhundertwende* beschäftigte sie sich intensiv mit der Gesellschaft ihrer Heimatstadt.

Um die Aufarbeitung der deutschsprachigen Kulturszene im Osijek der Habsburgerzeit hat sich der Osijeker Germanist **Vlado Obad** verdient gemacht, von dem auch einige der Osijek-Romane und -Memoiren auf Deutsch und Kroatisch herausgegeben wurden.

Das **Ufer der Drau** ist in der Unterstadt wesentlich ruhiger als in der Oberstadt, wo deutlich mehr Leben herrscht, aber für einen Spaziergang ist es allemal geeignet.

Retfala

Retfala, das erst 1947 ein Stadtteil Osijeks wurde, liegt westlich der Oberstadt und ist bekannt für seinen großen ungarischen Bevölkerungsanteil. Dieser ist auch organisiert und tritt im öffentlichen Leben in Erscheinung.

Auf dem Weg von der Oberstadt passiert man die **Kapelle des Hl. Rochus** (Kapelica Sv. Roka), die 1740 von den Bürgern der Oberstadt errichtet wurde, und zwar aus Dankbarkeit dafür, dass sie von Pestepidemien verschont geblieben sind (nur zur Messe geöffnet).

In Retfala selbst steht das gewaltige **Schloss Pejačević**, das die einst einflussreichste Adelsfamilie der Region 1801 erbauen ließ und das Zentrum einer großen Schlossanlage war. Heute ist das Schloss im Besitz eines Missionsordens, der große Schlosspark ist nach dem Zweiten Weltkrieg verschwunden, aber das (renovierungsbedürftige) dreiflügelige Schloss kann zumindest von außen betrachtet werden. Auf dem Friedhof von Retfala befindet sich außerdem das oktogonale Mausoleum der Familie Pejačević mit Mansardenkuppel aus dem Jahr 1891.

ÜBERNACHTUNG

Guesthouse Maksimilian, Franjevačka 12, Osijek, ☎ 031-497567, 🖳 www.maksimilian.hr. Privatunterkunft in der Tvrđa mit gemütlichen Zimmern, Holzbalken und teils Dachschrägen, dazu dunkle Holzbetten und -möbel. Alle Zimmer mit eigenem Badezimmer und TV. ❶–❷

Hostel Tufna, Franje Kuhača 10, ☎ 031-215020, 🖳 www.tufna.com.hr. Das einzige Hostel Osijeks befindet sich in der Tvrđa und ist ein guter Ort für Backpacker und Partygänger, denn im Erdgeschoss befindet sich der gleichnamige Club, das heißt, es kann mal etwas lauter werden, aber nach ein paar Gläsern Šljivovic hat man's nicht mehr so weit. Bett im Schlafsaal 107 Kn.

Hotel Central, Trg Ante Starčevića 6, ☎ 031-283399, 🖳 www.hotel-central-os.hr. Das Hotel kommt mit 2 Sternen als Budget-Variante in Betracht, die Zimmer sind sauber, pragmatisch eingerichtet, aber schon etwas in die Jahre gekommen. Die Lage ist, wie der Name schon vermuten lässt, zentral am Hauptplatz der Oberstadt. ❷–❸

Hotel Osijek, Šamačka 4, ☎ 031-230333, 🖳 www.hotelosijek.hr. Der riesige Glaskasten ist mit 14 Etagen nach der Hauptkirche das zweitgrößte Gebäude der Stadt und liegt zentral am südlichen Drau-Ufer. Das 4-Sterne-Hotel wurde 1976 erbaut und 2009 zuletzt renoviert. Es beherbergt 147 moderne Zimmer, von denen diejenigen in den oberen Etagen einen fantastischen Blick auf die Stadt oder auf den Fluss bieten. Im obersten Stockwerk ist ein Wellness- und Sportbereich zu finden, im Erdgeschoss gibt es ein Restaurant und ein Café. ❹–❺

Hotel Silver, Martina Divalta 84, ☎ 031-582535, 🖳 www.hotel-silver.hr. Zentral gelegenes, modernes 3-Sterne-Hotel in der Oberstadt. Neue, saubere Zimmer in Beige- und Rottönen, freundliches Personal. ❷–❸

Hotel Waldinger, Županijska 8, Osijek, ☎ 031-250450, 🖳 www.waldinger.hr. Das Waldinger wurde 1904 als Hotel gebaut, nach dem Zweiten Weltkrieg wurden hier Wohnungen vermietet, seit 2004 wird es wieder als Hotel genutzt. Die Zimmer sind geschmackvoll eingerichtet und entsprechen mit einer Mischung aus Alt und Modern (die meisten mit Whirlpool!) der habsburgischen Nostalgie, die das Gebäude versprüht. Zum Hotelkomplex gehören auch 2 Restaurants, ein Kaffeehaus und eine Pension, in der man auch zu günstigeren Preisen übernachten kann. Hotel ❺, Pension ❷

Hotel Zoo, Sjevernodravska obala bb, ☎ 031-229922. Das Hotel heißt nicht nur Zoo, das lindgrüne 4-Sterne-Hotel liegt direkt am Osijeker Zoo am nördlichen Drau-Ufer, und die Zimmer haben jeweils ein Tier-Motto: Die Zimmer sind im Leoparden- oder Zebra-Muster gehalten – bis hin zu den Pantoffeln!! Ein absoluter Hingucker also, auch weil einige Zimmer eine schöne Aussicht auf die Drau bieten. ❹

Vienna Apartments, Stjepana Radića 26a, ☎ 031-214026, 🖳 www.vienna-smjestaj.com. Der sympathische Familienbetrieb vermietet liebevoll eingerichtete Zimmer und Apartments. Die Möbel und Inneneinrichtung wurden in 9-jähriger Arbeit von den Eigentümern komplett selbst angefertigt. Die Zimmer sind neu und gemütlich, es dominieren kräftige Farben, während im Innenhof beruhigend eine Fontäne plätschert. Die Lage ist zentral, und in der Radićeva gibt es viele einladende Cafés und Restaurants sowie den großen Marktplatz. ❷–❸

ESSEN

Alas, Reisnerova 12a, ☎ 031-213032, ✉ klabrrr@net.hr. Alas ist das regionale Wort für Fischer, und so gibt es in diesem Restaurant südlich der Tvrđa auch gute traditionelle Süßwasserfisch-Variationen. Spezialität des Hauses ist Perkelt od soma, eine Variation des Fišpaprikaš, das mit hausgemachten Nudeln serviert wird. ⏰ Mo–Sa 11–23, So 11–16 Uhr.

Karaka, Kneza Trpimira 16, ☎ 031-203400, 🖳 www.kubo.hr. Gut, die Lage an der Hauptstraße, nahe dem Industriegebiet, könnte netter sein, das gute Essen und die großen Portionen bei moderaten Preisen entschädigen aber dafür. Spezialität des Hauses sind kroatische Speisen vom Holzkohlegrill. ⏰ 8–24 Uhr.

Kod Ruže, F. Kuhača 25a, ☎ 031-206066, 🖳 www.omnia-osijek.hr. Das Restaurant „Bei Ruža" liegt in der Osijeker Festung und serviert traditionelle slawonische Küche in uriger Atmosphäre. Die Einrichtung besteht aus alten Gebrauchsgegenständen – man isst an alten Nähtischen, an den Wänden finden sich Kaffeemühlen, Stickereien und eingemachtes Gemüse. Donnerstags bis sonntags wird zudem Roma-Musik live zum Besten gegeben. ⏲ Mo–Sa 10–23, So 10–16 Uhr.

€ **Lipov Hlad**, Trg bana Jelačića 2, ✆ 031-508811, 💻 www.lipov-hlad.hr. Uriges Restaurant in der Unterstadt mit traditionellem Essen sowie Pizza und Pasta, gute Qualität, große Portionen, günstige Preise. ⏲ Mo–Sa 9–23, So 11–23 Uhr.

Lumière, Šetalište kardinala Franje Šepera 8, ✆ 031-201088. Im Keller des Kino Urania gelegen, ist das Design des internationalen Restaurants ganz an alten Filmen ausgerichtet. An den Wänden sind Bilder klassischer Hollywood-Größen, das Restaurant ist in edler Schwarz-Weiß-Optik eingerichtet. Auf der Karte stehen Pasta, Fleisch- und Gemüsegerichte. ⏲ 10–23 Uhr.

Mađarska Retfala, Šandora Petefija 22, ✆ 031-302243. Das Restaurant im ungarisch geprägten Stadtteil Retfala (der Name heißt: Ungarisches Retfala) bietet Fišpaprikaš vom Feinsten mit hausgemachten Nudeln, auch in der Variante mit Hähnchenfleisch statt Fisch (Iš-fišpaprikaš). ⏲ Mo–Do 9–22, Fr, Sa 8–22 Uhr.

UNTERHALTUNG UND KULTUR

Bars und Clubs

Bastion, Trg Vatroslava Lisinskog bb, ✉ nightclub.bastion@gmail.com. Der Club befindet sich im Wasserturm in der Tvrđa, im Sommer hat man einen wunderbaren Blick von der Terrasse, es gibt 3 Bars und tanzbare Beats von DJs. ⏲ Do–Sa 21–5 Uhr.

Klub Mini Teatar, Trg Vatroslava Lisinskog bb, ✉ mini.teatar@gmail.com. Der Ort für gitarrenlastige Livemusik zwischen Rock und Punk in der Tvrđa. ⏲ Do–Sa 18–2 Uhr.

Old Bridge Pub, Franje Kuhača 4, ✆ 031-211611, 💻 www.oldbridgepub.com. Gemütliches Pub in der Tvrđa mit schwerer, dunkler Holzeinrichtung, zum Essen gibt es solide Hausmannskost, zum Trinken eine Reihe kroatischer und internationaler Biere. Regelmäßig abends Livemusik und Partys. ⏲ 11–23 Uhr.

Oxygen, Županijska 7. Entspannter Club zwischen Nationaltheater und dem Hauptplatz der Oberstadt, regelmäßig Livemusik, Mi ab 21 Uhr gibt's Jazz. ⏲ Mo–Sa 8–22 Uhr.

Kino

Cineplexx Osijek, Sv. Leopolda Mandića 50a (Avenue Mall), ✆ 031-659000, 💻 www.cineplexx.hr. Multiplex-Kino mit Mainstream-Programm, meist in Originalsprache mit Untertiteln.

Kino Urania, Šetalište V. Hengla 1, ✆ 031-211560, 💻 www.kinematografi-osijek.hr. Interessant sind neben dem schönen historischen Kinogebäude die thematischen Filmzyklen, in denen 2 Wochen lang thematisch zusammenhängende Filme gezeigt werden, z. B. zum lateinamerikanischen Kino, zu Bollywood oder Filme mit Slawonien-Bezug. Originalfilme mit kroatischen Untertiteln.

Musik und Theater

Dječje Kazalište Branka Mihaljevića, Trg bana Jelačića 19, ✆ 031-501485, 💻 www.djecje-kazaliste.hr. Das Kindertheater in der Unterstadt trägt den Namen von Branko Mihaljević (1931–2005), der als Schriftsteller und Komponist in Erscheinung trat und (unter anderem für das Kindertheater in Osijek) verschiedene Kinderoperetten schrieb. Bekannt wurde er für das bekannte Kinderlied *Zeko i potočić* (Der Hase und das Flüsschen) sowie das erste slawonische Musical *Slavonska rapsodija*. Das Programm des Theaters umfasst Theater, Musik und Tanzaufführungen für Kinder (oft auch von Kindern), allerdings auf Kroatisch. Die Vorführungen finden zum Teil auch vormittags statt. Eintritt 10–18 Kn.

Hrvatsko Narodno Kazalište, Županijska 9, ✆ 031-220700, 💻 www.hnk-osijek.hr. Theater- und Musiktheateraufführungen sowie klassische Konzerte im **Nationaltheater**, einem der schönsten Theatergebäude des Landes. Karten kosten je nach Art der Aufführung und Sitzplatz zwischen 40 und 150 Kn. Theaterkasse ⏲ Mo–Fr 9–13, Sa 9–12 Uhr und eine Stunde vor der Aufführung. So geschl.

EINKAUFEN

Antiquitäten
Der **Osijeker Antiquitätenmarkt** findet am ersten Sa im Monat auf dem Trg Sv. Trojstva in der Tvrđa statt. Es kommen Händler aus Slawonien, aber auch aus Ungarn, Serbien und Bosnien-Herzegowina, um Möbel, Porzellan, Bilder und andere alte Dinge anzubieten. ⏱ 9–15 Uhr.

Souvenirs
Lega-lega, Županijska 25, ☎ 031-494104, 🖥 www.lega-lega.com. Tolle Design-Produkte wie coole Motiv-T-Shirts, Notiz- und Tagebücher sowie Poster. ⏱ Mo–Fr 8–18, Sa 8–12 Uhr.
Salon poklona Čočić, Ivana Gundulića 9, ☎ 031-210000, 🖥 www.cocic.hr. Das Familienunternehmen aus der Baranja verkauft hier in seinem Osijeker Geschenkesalon selbst gemachten Wein, Rakija, Liköre, Marmeladen etc. ⏱ Mo–Fr 9–20, Sa 9–13 Uhr.

Wein
Die Weinproduktion in der Region um Osijek konzentriert sich auf die Baranja (S. 576) und die Gegend um Erdut östlich von Osijek. **Erdutski vinogradi**, Trg Branka Hercega 1, Erdut, ☎ 031-596555, 🖥 www.erdutski-vinogradi.hr. Das größte Weingut Erduts produziert Graševina, Traminer, Chardonnay und Zweigelt zu erschwinglichen Preisen (ab 23 Kn pro Liter).

AKTIVITÄTEN UND TOUREN

Radfahren
Osijek ist eine Radfahrer-freundliche Stadt, entlang der Hauptstraßen verlaufen Radwege (sehr ungewöhnlich in Kroatien), insgesamt 33 km auf dem Stadtterritorium. Durch Osijek verläuft zudem der **Fernradweg Pannonische Friedensroute**, der vom ungarischen Sombor durch die Baranja, über Osijek und den Kopački rit-Park bis ins serbische Novi Sad führt. Informationen unter 🖥 www.greenways.by.
Fahrradverleih über **Cetratour**, Ružina 16, ☎ 031-372920, 🖥 www.cetratour.hr. ⏱ Mo–Fr 8–16 Uhr.

Schwimmen
Copacabana, Tvrđavica bb, 🖥 www.sportski-objekti.hr. Die Osijeker Copacabana (auch Kopika genannt) am nördlichen Drau-Ufer kann mit ihrem brasilianischen Pendant sicher nicht mithalten, ist aber dennoch ein netter Ort zum Schwimmen, Planschen, Rutschen und Sonnenbaden. Auch in der Drau kann man hier baden und den Blick auf das gegenüberliegende Ufer mit der Tvrđa werfen. ⏱ Juni–Sep 9–22 Uhr, Eintritt 5 Kn.
Stadtschwimmbad (Gradski bazeni), Martina Divalta 6a, ☎ 031-570066, 🖥 www.sportski-objekti.hr. Schwimmbad mit Schwimm- und Planschbecken, Whirlpools und Außenschwimmbereich. ⏱ 9–22 Uhr, Eintritt 20 Kn.

Stadtrundfahrten
Stadtrundfahrten sind samstags (10–12 Uhr) mit einer historischen Tram aus dem Jahr 1926 (Turistički tramvaj) möglich, die Fahrt kostet 10 Kn. Für deutsche oder englische Führungen muss man sich vorher in der Touristeninformation anmelden. Fr abends (18.30–21 Uhr) kann man zudem eine Stadterkundung im Fiaker machen (zwischen 10 und 25 Kn).

SONSTIGES

Apotheken
Centralna Ljekarna Osijek, Trg Ante Starčevića 7, ☎ 031-205722. ⏱ Mo–Fr 7–21, Sa 7.30–15 Uhr.

Autovermietungen
Albatros, Esseker Centar, Ribarska 4, ☎ 031-636322, 🖥 www.albatros-rentacar.hr.
Uni Rent, Adama Reisnera 70, ☎ 031-205058, 🖥 www.uni-rent.net.

Feste
Osijeker Kultursommer (Osječko ljeto kulture), 🖥 http://ljetokulture.osijek.hr. Umfangreiches Kulturprogramm über gut 2 Wochen von Ende Juni–Mitte Juli mit Theater, klassischer Musik, Lesungen, Filmen und vielem mehr.
Osijeker Sommernächte (Osječke ljetne noći), 🖥 www.tzosijek.hr. Jeweils am letzten Fr im Juni, Juli und August findet ein Programm

mit Livemusik und Kinder-Programm an verschiedenen Orten in Osijek statt.

Geld
Es mangelt nicht an Banken und Bankomaten in Osijek.
Slatinska Banka, Županijska 13.
⏰ Mo–Fr 7.30–17.30, Sa 8–12.30 Uhr.

Informationen
Touristeninformation der Stadt Osijek, Županijska 2, ✆ 031-203755, 🖥 www.tzosijek.hr.
Touristisches Informationszentrum Tvrđa, Trg Sv. Trojstva 5, ✆ 031-210120.
Touristeninformation der Gespanschaft Osijek-Baranja, Kapucinska 40, ✆ 031-214852, 🖥 www.tzosbarzup.hr.

Konsulate
Honorarkonsulat der Bundesrepublik Deutschland, Borova 1, ✆ 031-220006, ✉ osijek@hk-diplo.de.

Medizinische Hilfe
Klinička bolnica Osijek, J. Huttlera 4, ✆ 031-511511, 🖥 www.kbo.hr. In der Unterstadt.

Polizei
Polizeistation Osijek, Trg Lavoslava Ružičke 1, ✆ 031-237111.

Touristenagenturen
Zlatna greda, Sjenjak 48, ✆ 031-565180, 🖥 www.zlatna-greda.org. Aktivtouren im Naturpark Kopački rit, Paddeln auf der Donau und Drau, Radeln durch die Baranja.

NAHVERKEHR
Stadtbusse und Trams
Osijek hat das älteste und neben Zagreb das einzige verbliebene Straßenbahnsystem Kroatiens. Bereits 1884 wurde eine Pferdestraßenbahn eingeführt, die 1926 elektrifiziert wurde. Es gibt **2 Tram-Linien**, die Linie 1 verbindet alle Stadtviertel entlang der Drau (Višnjevac–Retfala–Oberstadt–Tvrđa–Unterstadt–Zeleno polje), Linie 2 fährt eine Rundstrecke vom Hauptbahnhof über die Županijska ulica, den Trg Ante Starčevića, Ulica Stjepana Radića zurück zum Hauptbahnhof und weiter in großem Bogen zur Station Bikara im Industriegebiet. Ergänzt werden die Linien von **Busverbindungen** im gesamten Stadtgebiet. Ein Ticket ist für 10 Kn an Kiosks erhältlich.

Taxi
Taxi Cammeo, ✆ 031-205205, 🖥 www.taxi-cammeo.hr. Fahrten innerhalb der Stadt ab 15 Kn.
Taxi Osijek, ✆ 031-200100. 20 Kn für Fahrten bis 5 km.

TRANSPORT
Auto und Motorrad
Osijek ist über die A3 – Abfahrt Sredanci – zu erreichen, dann sind es noch etwa 60 km über Land. Es stehen ausreichend kostenpflichtige **Parkplätze** in allen Stadtteilen zur Verfügung.

Busse
Der **Busbahnhof** befindet sich südlich der Oberstadt, ein paar Schritte östlich vom Hauptbahnhof.
Autobusni kolodvor, Bartula Kašića 70, ✆ 060-353353.
BELGRAD, 4x tgl. in 3 1/2 Std. für 176 Kn.
ĐAKOVO, 16x tgl. in 45 Min. für 32 Kn.
RIJEKA, 1x tgl. in 7 Std. für 245 Kn.
SLAVONSKI BROD, 17x tgl. in 1 3/4 Std. für 64 Kn.
VUKOVAR, 11x tgl. in 45 Min. für 30 Kn.
ZAGREB, 8x tgl. in 4 Std. für 131–144 Kn.

Eisenbahn
Der Hauptbahnhof befindet sich südlich der Oberstadt.
Željeznički kolodvor Osijek, Trg Lavoslava Ružičke 2, ✆ 060-333444.
ĐAKOVO, 6x tgl. in 45 Min. für 27–34 Kn.
NAŠICE, 9x tgl. in 45 Min. für 34–41 Kn.
RIJEKA, 1x tgl. in 9 Std. für 225–232 Kn.
VINKOVCI, 7x tgl. in 45 Min. für 25–32 Kn.
VIROVITICA, 7x tgl. in 2 Std. für 70–77 Kn.
ZAGREB, 4x tgl. in 4 1/2 Std. für 132 Kn.
BUDAPEST, 1x tgl. in 5 Std. für 222 Kn.
SARAJEVO, 1x tgl. in 6 1/2 Std. für 144 Kn.

Flüge
Der **Flughafen Osijek Klisa** (Zračna Luka Osijek), Vukovarska 67, Klisa, ✆ 031-514440, 🖳 www.osijek-airport.hr, befindet sich 20 km von Osijek entfernt an der Straße nach Vukovar. Ins Zentrum kann man per Großraumtaxi gelangen (25 Kn p. P.). Momentan werden keine Auslandsflüge angeboten, aber im Sommer fliegt Croatia Airlines je 1x pro Woche nach SPLIT und DUBROVNIK.

Baranja

Die Baranja bezeichnet eine historische Region nördlich und östlich von Osijek, die von der Drau im Südwesten, der Donau im Osten und der ungarischen Grenze im Nordwesten begrenzt wird. Der größte Teil der historischen Region Baranja liegt jedoch in Ungarn (Komitat Baranya mit Sitz in Pécs). Natürliche Auenlandschaften charakterisieren die ländlich geprägte und dünn besiedelte Region, deren größte Ortschaft **Beli Manastir** (10 500 Einw.) ist. Neben den Kroaten (55 %) machen Serben (20 %) und Ungarn (17 %) einen erheblichen Bevölkerungsanteil aus. Die Region ist kulturell stark von Ungarn geprägt, was sich etwa in Ortsnamen und der regionalen Küche (viel Paprika!) spiegelt.

Heute ist die naturbelassene Landschaft auch abseits des **Naturparks Kopački rit** (S. 578) ein beliebtes Ausflugsziel in der Umgebung Osijeks, Grund dafür sind die kleinen Dörfchen mit alten Bauernhäusern, die an den Straßen entlang aufgereiht liegen. Einige dieser schönen Häuser wurden für Agrotourismus ausgebaut, und so lohnt sich ein Ausflug in die Baranja, sei es zum Essengehen, zum Übernachten auf dem Bauernhof oder für Aktivitäten wie Wandern und Radfahren. Beliebte Ausflugsziele sind **Suza**, **Zmajevac** und vor allem das als Öko-Dorf bekannte **Karanac** mit mehreren Restaurants und ländlichen Unterkünften.

ÜBERNACHTUNG UND ESSEN
Eine Übersicht mit Unterkünften ist auf der Homepage 🖳 www.tzbaranje.hr zu finden.
Agrotourismus Sklepić, Kolodvorska 58, Karanac, ✆ 031-720271, 🖳 www.sklepic.hr. Traditionelles, slawonisches Essen in bester Qualität in einem wunderschön restaurierten alten Bauernhaus. Im Hof sind Peperoni zum Trocknen aufgehängt, Ziegen und Pferde komplettieren die Bauernhofidylle. Die Zimmer mit Fußboden und Decke aus Holz sind liebevoll mit alten Holzmöbeln eingerichtet. ❶
Hotel Patria, Osječka 1c, Beli Manastir, ✆ 031-710710, 🖳 www.hotelpatria.hr. 4-Sterne-Hotel am Ortsausgang von Beli Manastir in Richtung Osijek. Die großzügigen Zimmer sind mit klassischem, altem Mobiliar eingerichtet. Es gibt einen Wellness- und Fitnessbereich mit Sauna und Solarium. ❸–❹
Ivica i Marica, Ive Lole Ribara 8a, Karanac, ✆ 091-1373793, 🖳 www.ivica-marica.com. Die freundliche ländliche Unterkunft mit dem Namen „Hänsel und Gretel" bietet Zimmer und Apartments, die in hübscher Mischung aus Traditionell und Modern eingerichtet sind. Die Besitzer sind freundlich und geben Tipps für Aktivitäten. ❶
Kovač Čarda, M. Tita 215, Suza, ✆ 031-733101. Eines der besten ungarischen Restaurants der Baranja, mit hervorragendem Fišpaprikaš und

Restaurant und Heimatmuseum
Wer die traditionelle Küche der Baranja auf ganz besondere Weise genießen möchte, der sollte das wunderschöne alte Anwesen **Baranjska Kuća**, Kolodvorska 99, Karanac, ✆ 031-720180, 🖳 www.baranjska-kuca.com, besuchen, das zugleich ein Heimatmuseum darstellt. Hier sind in zwölf alten Holzhäusern historische Handwerksbetriebe eingerichtet, ein nostalgisches Karussell erfreut Kinderherzen. Das Obst und Gemüse, das sich auf der Speisekarte findet, kommt aus dem hauseigenen Garten. Das freundliche Personal serviert die Gerichte an rustikalen Naturholztischen im Freien oder im Innenraum, freitags und samstags wird abends Roma-Live-Musik gespielt. Überall auf dem Gelände hängen getrocknete Peperoni, auch Gläser mit eingelegten Walnüssen kann man finden. Im Hinterhof können selbst gemachte Lebensmittel wie Marmeladen und Rakija als Souvenirs erworben werden.
🕓 Mo–Do 11–22, Fr, Sa 11–1, So 11–17 Uhr.

freundlicher Bedienung an der Hauptstraße in Suza. ⏲ So–Do 10–22, Fr, Sa 10–24 Uhr.
Restoran Josić, Planina 194, Zmajevac, ✆ 031-734410, 🖳 www.josic.hr. Das Familienrestaurant Josić ist eigentlich zugleich ein bekanntes Weingut, die hervorragenden Weine können sowohl zum Essen als auch im Weinkeller gekostet werden. Auf einer offenen Feuerstelle kann man den Köchen bei der Herstellung von Fišpaprikaš und anderen Fischspezialitäten zusehen. Reservieren ist vor allem am Wochenende ratsam. ⏲ Di–Do 13–22, Fr, Sa 12–23, So 12–20 Uhr.

EINKAUFEN

Souvenirs
Etno Suveniri Verum, Ante Starčevića 7, Beli Manastir, ✆ 031-701122. Ethno-Souvenirs mit traditionellen Mustern der Region Baranja wie Taschen, Pantoffeln, Portemonnaies.
Holzsouvenirs Familie Stankić, Osječka 118, Beli Manastir, ✆ 098-1638942. Liebevoll hergestellte Holzsouvenirs mit Motiven der Baranja wie Holzhäuser, Brunnen oder Karren.
Keramik Asztalos, Maršala Tita 96, Suza, ✆ 031-705367, 🖳 www.asztalos-keramika.com. Hübsche Keramikkrüge, -flaschen und -töpfe aus eigener Werkstatt, es gibt auch Töpferkurse (bei Interesse auch auf Deutsch). ⏲ April–Okt 10–22 Uhr.

Supermarkt
Konzum, Hrvatske Republike 2, Beli Manastir. ⏲ Mo–Sa 7–21, So 8–13 Uhr.

Wein
Die Baranja ist eines der bekanntesten Weinbaugebiete in Slawonien. Mehrere Weinstraßen führen durch die Orte dieser Region.
Vinarija Josić, s. Essen. Nicht nur ein hervorragendes Restaurant, sondern auch einer der besten Winzer der Region.
Vinski podrumi Belje, Šandora Petefija 2, Kneževi Vinogradi, ✆ 031-730902, 🖳 www.belje.hr. Der große slawonische Nahrungsmittelkonzern Belje produziert neben Milchprodukten und slawonischer Salami auch guten Wein, der im urgemütlichen Weinkeller in Kneževi Vinogradi verkostet werden kann.

AKTIVITÄTEN UND TOUREN

Radfahren
Die flache Baranja mit ihren kleinen Überlandstraßen lässt sich leicht mit dem Fahrrad erkunden. Der **Radweg „Pannonischer Weg des Friedens"** führt von Osijek über die Baranja (Suza, Zmajevac) ins serbische Sombor. **Fahrradverleih** bei Ivica i Marica in Karanac.

Reiten
Die Baranja ist eine beliebte Region für Reiter, wer sie aus dem Sattel erkunden will, wendet sich an den **Agrotourismus Ivica i Marica** in Karanac (s. Übernachtung und Essen) oder **Salaš Ipša**, Franjin Dvor 2, Čeminac, ✆ 091-5619868.

Schwimmen
Freibäder gibt es in Beli Manastir (Karanačka bb, Eintritt 10 Kn) und Kneževi Vinogradi (M. Pijade 11, Eintritt 10 Kn).

SONSTIGES

Apotheken
Ljekarna Tripolski, Kralja Petra Krešimira IV 37, Beli Manastir. ⏲ Mo–Fr 7–20, Sa 8–14, So 8.30–11.30 Uhr.

Geld
Ein Bankomat befindet sich in Kneževi Vinogradi (Hypo Bankomat, Glavna 82), weitere Bankomaten sowie eine Bank sind in Beli Manastir zu finden.
Hypo Bank, Kralja Zvonimira 1. ⏲ Mo–Fr 8.30–15.30 Uhr.

Informationen
Touristeninformation der Baranja, Imre Nagya 2, Beli Manastir, ✆ 031-702080, 🖳 www.tzbaranje.hr.
Touristeninformation Zmajevac, Maršala Tita 90, Zmajevac, ✆ 031-734131.
Touristeninformation Bilje, Kralja Zvonimira 10, Bilje, ✆ 031-751480, 🖳 www.tzo-bilje.hr.

Medizinische Hilfe
Dom zdravlja Beli Manastir, Školska 5, ✆ 031-791100. ⏲ 7–20.30 Uhr.

Polizei
Polizeistation Beli Manastir,
Kralja Tomislava 30, ✆ 031-238133.

TRANSPORT
Auto und Motorrad
Von Osijek erreicht man die Baranja über die A7 Richtung Norden, die durch Beli Manastir führt. Zu den Baranja-Dörfern geht es 4 km vor Beli Manastir nach rechts ab.

Busse
Tgl. 21 Busse von Osijek nach BELI MANASTIR (1 Std., 41 Kn), von denen 2 in KARANAC halten (55 Min., 31 Kn). 4 Busse tgl. von Beli Manastir nach BATINA an der serbischen Grenze über KNEŽEVI VINOGRADI, KARANAC, SUZA, ZMAJEVAC (Beli Manastir–Suza, 25 Min., 25 Kn).

Eisenbahn
10x tgl. Zugverbindung von Osijek nach BELI MANASTIR über Darda und Čeminac (30 Min., 23 Kn).

Naturpark Kopački rit

Der Naturpark Kopački rit, der Jahr für Jahr in weiten Teilen von der Donau überschwemmt wird, ist eines der größten und bedeutendsten Sumpfgebiete Europas und ein wichtiges Rückzugsgebiet für seltene Tierarten. Die „unberührte", wasserreiche Naturlandschaft gehört zu den schönsten Ausflugszielen im Osten des Landes.

Der Naturpark Kopački rit beginnt vor den Toren Osijeks am nördlichen Drau-Ufer und erstreckt sich auf einem Territorium von 177 km² entlang der Donau bis Zlatna Greda im Norden. Auch die angrenzenden Donau-Gebiete in Serbien und Ungarn stehen unter Schutz. Der Park liegt an der Mündung der Drau in die Donau, wodurch es vor allem im Frühjahr zu regelmäßigen Überschwemmungen kommt. In den so

Vorsicht Landminen!

Anfang der 90er-Jahre befand sich Kopački rit wie die gesamte Baranja unter serbischer Okkupation, die flächendeckende Verlegung von Landminen war die Folge. Etliche Minen wurden bereits entfernt, doch einige Gebiete des Naturparks sind ausgesprochen schwer zugänglich, was durch die regelmäßigen Überschwemmungen noch verstärkt wird. Besucher sollten in jedem Fall auf den Wegen bleiben, auch wenn die Gefahr, auf eine Mine zu treten, eher gering ist.

entstehenden unzähligen kleineren und größeren Seen, Flussarmen und Überschwemmungsgebieten tummeln sich zahlreiche Fischarten, darunter Barsche, Hechte, Karpfen und Welse. Die reiche Fischwelt macht den Naturpark wiederum attraktiv für eine Vielzahl von Vögeln, darunter die seltenen Schwarzstörche, Seeadler und einige Reiherarten (z. B. Seiden-, Silber-, Nacht- und Purpurreiher). Zu den Bewohnern des Parks zählen, neben weiteren Tierarten (Hirsche, Wildschweine, Fischotter etc.), auch 21 Mückenarten, die zeitweise in großer Zahl über die Besucher herfallen, geeigneter Schutz ist also geboten.

Eine Sehenswürdigkeit des Parks ist das **Schloss Tikveš**, das Ende des 19. Jhs. vom habsburgischen Erzherzog Friedrich errichtet und später von der jugoslawischen Königsfamilie übernommen wurde. Berühmtheit erlangte Schloss Tikveš dadurch, dass es dem jagdfreudigen jugoslawischen Staatschef Tito als Sommerresidenz und Jagdschloss diente. Hier versammelte Tito einst bedeutende Staatsmänner und Diplomaten um sich. Heute ist das Schloss Sitz eines Infozentrums über den Naturpark.

Wege durch den Naturpark

Der Naturpark kann auf verschiedene Arten erkundet werden. Den eher symbolischen Eintrittspreis von 10 Kn kann man im **Infozentrum Kopačevo** entrichten, hier gibt es auch ein Café. Der eindrucksvollste Weg in den Park erfolgt natürlich über das Wasser. Eine Tour durch den Park mit einstündiger Fahrt mit dem Boot, professionellem Guide und Besichtigung des Schlosses Tikveš kostet 70 Kn p. P. (inkl. Parkeintritt). Außerdem werden Fahrten mit kleineren Boote für max. 4 Personen angeboten. Sie kosten 100 Kn p. P. – da es nur drei kleine Boote gibt, sollte man am besten zwei Tage im Voraus reservieren (E-Mail an: uprava@kopacki-rit.hr auf Deutsch oder Englisch). Darüber hinaus gibt es weitere Angebote wie ein **Vogelbeobachtungsprogramm** für Hobby-Ornithologen (s. Kasten) oder eine **Tour mit dem Kanu** (mit Guide). Für 10 Kn pro Stunde können zudem **Fahrräder** gemietet werden. An speziellen Orten im Park darf auch geangelt werden, eine Tageslizenz kostet 50 Kn.

ESSEN

Restaurant Kormoran, Podunavlje bb, Bilje. ℡ 031-753099. Am Rande des Naturparks befindet sich das Restaurant Kormoran, in dem es traditionelle Küche der Region gibt, vor allem natürlich Fischspezialitäten wie an Holzstöcken geräucherter Karpfen oder Fišpaprikaš. ⏱ 11–22 Uhr.

INFORMATIONEN

Naturpark Kopački rit, Informationszentrum Kopačevo, ℡ 031-752320, 🖳 www.kopacki-rit.hr. Das Infozentrum in Kopačevo ist von Osijek aus über Bilje zu erreichen. Tgl. fahren 29 Busse von Osijek nach Bilje (10 Min., 16 Kn), von dort aus muss man die 4 km zum Infozentrum jedoch laufen.
Besucherzentrum Tikveš, ℡ 031-285394.

> ### Vogelbeobachtung
>
> Vogelfreunde und Hobby-Ornithologen sollten die rund sechsstündigen Birdwatching-Touren nicht versäumen, die von der Naturparkverwaltung angeboten werden (100 Kn pro Std.). Dabei geht es unter Führung eines kompetenten Ornithologen mit kleinen Booten ins Vogelschutzgebiet. Besonders schön sind solche Touren übrigens im Frühling oder Herbst, wenn zahlreiche Zugvögel hier Station machen. Eine Voranmeldung im Naturparkzentrum (s. Informationen) ist sinnvoll.

Vukovar

Mit dem Namen Vukovar werden die meisten Besucher in erster Linie das verhängnisvolle Schicksal der Stadt im Krieg der 90er-Jahre assoziieren. Menschenleere Straßen, zerbombte Häuser, eine trostlose Ruinenlandschaft – das war noch lange nach Kriegsende das Antlitz Vukovars. Die Belagerung, die Zerstörungen und Massaker des Jahres 1991 prägen die Stadt bis heute, doch fast 20 Jahre nach Kriegsende kann man in der wiederaufgebauten Stadt endlich auch wieder die älteren Spuren der Geschichte erkennen, das schwer angeschlagene Vukovar scheint langsam wieder auf die Beine zu kommen und in die Zukunft zu blicken.

Vukovar liegt an der Mündung des Flusses Vuka in die Donau, ist die größte kroatische Stadt an der Donau und Hauptstadt der historischen Region Srijem (dt. Syrmien) und der Gespanschaft Vukovar-Srijem.

Geschichte

Die Region von Vukovar hat wichtige kulturhistorische Wurzeln, die bis in prähistorische Zeit zurückreichen. In der Ausgrabungsstätte **Vučedol** 5 km donauabwärts wurden wichtige Spuren einer rund 5000 Jahre alten Kultur entdeckt, die hier ihren Mittelpunkt hatte und sich über große Teile Südosteuropas ausdehnte. Wichtige Zeugnisse der nach ihrem Fundort benannten **Vučedol-Kultur** sind der Kalender Orion aus dem benachbarten Vinkovci sowie die Tonfigur einer Taube, die 1938 gefunden wurde und heute das Symbol der Stadt Vukovar ist (Kasten S. 580).

Die Römer brachten den Weinbau in die Region und errichteten Kastelle entlang der Donau, die erstmals zur Grenze wurde. Auch in der Zeit der kroatischen Könige des Mittelalters bildete die Donau die Ostgrenze des Reiches. Im 10. Jh. wurde die Festung Vukovo errichtet, aus der sich die Stadt entwickelte, die seit dem 14. Jh. als Vukovar bezeichnet wird. Von 1526–1687 geriet Vukovar unter osmanische Herrschaft, danach wurde es Teil des Habsburgerreiches. In dieser Zeit wurden in Vukovar und der Region Srijem, die zum Teil auch im heutigen Serbien liegt, durch die Politik der österreichischen Kaiserin Maria Theresia zahlreiche

Deutsche angesiedelt, die sogenannten Donauschwaben. Einige Orte in Srijem waren fast ausschließlich von Deutschen bevölkert, an der serbischen Grenze gibt es sogar ein Dorf, das Nijemci (= Deutsche) heißt. Die meisten Deutschen wurden jedoch nach Ende des Zweiten Weltkriegs vertrieben. Im 18. und 19. Jh. erlebte Vukovar eine Blütezeit und einen wirtschaftlichen Aufschwung, der nicht zuletzt durch den Donauhafen bedingt war.

Ihre traurigste Zeit durchlebte die Stadt Vukovar im Jahr 1991. Bereits einige Jahre zuvor war es zu Spannungen zwischen Serben und Kroaten gekommen, die von Propaganda aus Belgrad und Zagreb angeheizt wurden. Im überwiegend von Serben bewohnten Dorf Borovo Selo weigerten sich Serben, an ihrem Gemeindeamt die kroatische Fahne zu hissen, wodurch es zum ersten größeren Schusswechsel des Krieges kam. Die Stadt Vukovar war mehrheitlich von Kroaten bewohnt, während im Umland die Serben dominierten, so kam es im August zur Belagerung der Stadt durch die Jugoslawische Volksarmee und serbische Freischärler. Auch wenn die Angreifer militärisch haushoch überlegen waren, konnten die Verteidiger Vukovars die Stadt fast drei Monate lang halten. Im Laufe der Belagerung wurde die Stadt aus der Luft angegriffen, das Leben in der eingeschlossenen Stadt spielte sich nunmehr im Keller ab. Am 18. November 1991 fiel die Stadt, die verbliebene nichtserbische Bevölkerung wurde gefangengenommen und in Lager verbracht, ein Teil davon wurde sofort hingerichtet. 200 Verletzte und Kranke aus dem Krankenhaus in Vukovar wurden ins nahegelegene Ovčara gebracht und dort ermordet. Bei der Schlacht von Vukovar wurden insgesamt 1400 Menschen auf Seiten der Verteidiger der Stadt getötet, 4000 wurden verwundet. Die Stadt war fast vollständig zerstört und entvölkert. Auch nach der Stationierung von Uno-Truppen fuhren die serbischen Besatzer mit Vertreibungen und Plünderungen fort. Die Belagerung und Eroberung von Vukovar sowie die anschließenden Massaker an der Zivilbevölkerung waren das größte Kriegsverbrechen auf kroatischem Boden.

Erst 1998 wurde Ostslawonien an Kroatien zurückgegeben, der Wiederaufbau der Stadt und die Rückkehr der Flüchtlinge gingen nur sehr schleppend voran. Durch ungeklärte Eigentumsverhältnisse verzögerte sich der Wiederaufbau vieler Häuser zusätzlich. Erst in den letzten Jahren ist Bewegung in die Stadt gekommen, die

Die Vučedol-Kultur

Zwischen 3000 und 2200 v. Chr. existierte im Osten Slawoniens die sog. Vučedol-Kultur, benannt nach der Ausgrabungsstätte Vučedol nahe Vukovar. Es wird vermutet, dass sich diese Kultur sesshafter Bauern, Jäger und Fischer indogermanischen Ursprungs bis Slowenien, Bosnien, Nordserbien, die Südslowakei, Österreich sowie ins heutige Ungarn erstreckte. Man lebte in kleinen Siedlungen zusammen, die bevorzugt entlang der Donau, auf Hügeln und Berggipfeln gegründet wurden; die einfachen Häuser bestanden meist aus zwei Räumen; Vorratshaltung in Erdgruben ist ebenso bezeugt wie Verwendung einer Herdstelle sowie die Nutztierhaltung, zudem verstand man sich dank einer speziellen Gusstechnik auf die Herstellung von Kupfererzeugnissen, die zunehmend Abnehmer in Mittel- und Südeuropa fanden. Auch formenreiche, verzierte Keramiken, für die die Schalen von Schnecken Verwendung fanden, konnten Archäologen nachweisen. Die berühmteste ist die sog. **Vučedol-Taube**, die knapp 20 cm hohe Figur eines dreibeinigen Vogels, die vermutlich keine Taube, sondern ein Rebhuhn darstellen sollte. Heute kann man sie im Archäologischem Museum von Zagreb (S. 495) bewundern. Ferner fand man Amphoren mit einem runden Boden, sog. Füßchenschalen und kupferne „Streitäxte". Wie hoch entwickelt diese Kultur bereits gewesen sein musste, beweist auch der Fund des um 2600 v. Chr. entstandenen sog. **Vučedol-Orion**, des ältesten Kalenders Europas. Anhand von Sternenkonstellationen, die das Gefäß schmücken, wurden Jahreszyklen bestimmt.

An der Fundstätte der Vučedol-Taube wird zurzeit ein Museum samt Archäologischer Park erbaut.

Erinnerungsstätten in und um Vukovar

Symbol der Zerstörung ist der **Wasserturm von Vukovar**, ca. 1 km südwestlich des Zentrums. Der in den 60er-Jahren erbaute Turm war einer der größten Wassertürme Europas, und bis zum Krieg befand sich ein Restaurant mit Aussichtsplattform auf dem Turm. Der von Luftangriffen und Granaten durchlöcherte Turm wurde in seiner zerstörten Form als Mahnmal belassen.

Unweit des Schlosses Eltz befindet sich das **Krankenhaus Vukovar**. Das Krankenhaus ist heute wichtigster Gedenkort an das Grauen von Belagerung und Okkupation in der Stadt. Eine aufwühlende multimediale Ausstellung erinnert an die katastrophalen Bedingungen während der Belagerung, Videoprojektionen zeigen Szenen aus dem Krieg, Interviews und Reden von Opfern und Überlebenden sind hier zu hören. Erinnerungsstätte Krankenhaus Vukovar, Zupanijska 37, ✆ 032-452011, 🖳 www.ob-vukovar.hr/mjesto-sjecanja/mjesto-sjecanja.htm. ⏲ Mo–Fr 8–15 Uhr, Eintritt 10 Kn.

An der Straße Richtung Ilok befindet sich der **Gedenkfriedhof** der mit einem Mahnmal und 938 weißen Kreuzen an die Opfer der Belagerung erinnert.

In **Ovčara**, 9 km südöstlich von Vukovar, befindet sich eine **Gedenkstätte** (Spomen dom Ovčara), in einem Gebäude, wo 200 Menschen aus dem Krankenhaus Vukovar gefoltert und misshandelt wurden, bevor sie in einem naheliegenden Getreidefeld ermordet wurden. Im dunklen Raum der Gedenkstätte sind Fotos der Opfer an den Wänden zu sehen, in der Mitte steht eine einzige Kerze. ⏲ 10–17 Uhr. Der Ort des 1,5 km entfernten Massengrabs wird heute von einem schwarzen Grabstein aus Marmor markiert, der mit Blumen und Kerzen geschmückt ist.

---

meisten Häuser und Sehenswürdigkeiten sind wiederhergestellt. Die Tourismuszentrale der Stadt setzt neue Akzente. Klar kommen die Touristen, um an den Krieg erinnert zu werden, so die Devise, und dafür soll es auch Gedenkorte geben, doch wenn die Besucher schon nach Vukovar kommen, kann man ihnen auch die anderen Dinge zeigen, die in der Stadt und ihrer Umgebung sehenswert sind, wie die schöne Natur und die kulturellen Spuren der Vergangenheit. Selbst ein grenzübergreifendes Tourismusprojekt mit der serbischen Nachbargemeinde Bački Petrovac wurde mit EU-Hilfe ins Leben gerufen. Zaghafte, aber doch wichtige Schritte auf dem Wege einer Normalisierung des Lebens in Vukovar, wo auch heute Serben und Kroaten nebeneinander leben.

Sehenswürdigkeiten

Hauptsehenswürdigkeit des alten Vukovar ist das an der Donau gelegene **Schloss der Grafen Eltz**, das die Adelsfamilie aus dem Rheinland (bekannt ist die Burg Eltz an der Mosel) im Jahr 1749 errichten ließ. Das prächtige Barockschloss wurde mehrfach erweitert und ausgebaut und erhielt seine heutige Gestalt zu Beginn des 20. Jhs. Das Schloss wurde 1991 stark beschädigt und erst in den letzten Jahren renoviert, im Moment werden auch die Nebengebäude des Schlosses wieder instand gesetzt. Heute beheimatet das Schloss wieder das **Stadtmuseum Vukovar** (Gradski muzej Vukovar), Županijska 2, ✆ 032-441270, mit Ausstellungen zur Geschichte und Kultur der Stadt sowie einer Galerie. ⏲ Mo–Fr 7–15 Uhr, Eintritt 10 Kn.

An der Županijska ulica befindet sich noch auf dem Schlossgelände die **Kirche des Hl. Rochus** (Crkva Sv. Roka), eine schöne weiße Barockkirche aus dem Jahr 1740.

Über den Fluss Vuka wird die **Altstadt** Vukovars erreicht, die mit ihren verzierten Barockhäusern und Arkadengängen heute wiederhergestellt ist. Am östlichen Ende der Altstadt befindet sich das **Franziskanerkloster** mit der **Kirche der Hl. Philippus und Jakobus** (Crkva Sv. Filipa i Jakova). Der massive Klosterkomplex wurde ab 1723 errichtet und ist von allen Seiten gut zu sehen, die Klosterkirche ist mit einer Länge von 58 m die drittgrößte Kirche Kroatiens (nach den Kathedralen von Zagreb und Đakovo). An der Donau-Promenade kann man die Eindrücke bei einem Kaffee sacken lassen und auf den Fluss blicken, der Vukovar mit West und Ost verbindet.

ÜBERNACHTUNG UND ESSEN

Acin Salaš, Vukovarska 98, Tordinci, ℡ 099-6878396, 🖥 www.acinsalas.com. In dem Dorf Tordinci zwischen Vukovar und Vinkovci befindet sich dieser Agrotourismus-Betrieb mit einem Restaurant, Sportmöglichkeiten (unter anderem Reiten) und Unterkünften. Die dunklen slawonischen Holzhäuser sind traditionell eingerichtet und bieten Platz für insgesamt bis zu 40 Pers. ❶

Hotel und Restaurant Lav, J.J. Strossmayera 18, Vukovar, ℡ 032-445100, 🖥 www.hotel-lav.hr. Das moderne 4-Sterne-Hotel liegt zentral in direkter Nähe des Schlosses Eltz. Die Zimmer nach hinten haben einen tollen Blick auf die Donau. Alle Zimmer sind hell und sauber. ❺

Restaurant Dunavska Golubica, Dunavska šetnica 1, ℡ 032-445434, 🖥 www.dunavska-golubica.com. In bester Lage an der Donau gelegen und im gepflegten, modern-ländlichen Stil mit grüner Holzvertäfelung und Kachelofen. Auf der Karte stehen traditionell slawonische Fisch- und Fleischgerichte zu überaus erschwinglichen Preisen. Das Personal ist freundlich und professionell. ⏰ 7–23 Uhr.

UNTERHALTUNG UND KULTUR

Bars und Clubs

Brod na Dunavu, Trg Republike Hrvatske bb, ℡ 032-450565. Das Schiff auf der Donau liegt beim Hotel Dunav. Hier kann man bei angenehmer Musik ein Kaltgetränk zu sich nehmen, am Wochenende gibt es auch Partys und manchmal Livemusik. ⏰ 8–23 Uhr.

Danube Gardens, Dunavska šetnica 1, 🖥 www.dunavska.golubica.com. Die Terrasse und Beach-Bar gehört zum Restaurant Dunavska golubica, hier kann man am aufgeschütteten Sandstrand auf Kissen herumlungern und ein Getränk an der Donau genießen. Im Sommer finden regelmäßig Partys statt.

Musik und Theater

Hrvatski dom Vukovar, J.J. Strossmayera 20, ℡ 032-450697, 🖥 www.hrvatskidomvukovar.hr. In dem Kulturzentrum gibt es Theateraufführungen, Ausstellungen und klassische Konzerte, die Kinovorführungen des Kulturzentrums finden in der Café-Bar 032 (J.J. Strossmayera) und im Haus Lavoslav Ružić (J.J. Strossmayera 25) statt.

EINKAUFEN

Getränke

Sovar, Dr. Franje Tuđmana 64, Sotin, ℡ 098-1868715. In Sotin, ca. 10 km Richtung Ilok, kann man Fruchtwein, Rakija und Fruchtsaft aus Brombeeren, schwarzen Johannisbeeren und Kirschen kaufen.

Souvenirs

Galerija Navis, J.J. Strossmayera 15, ℡ 032-442632, 🖥 www.navisvukovar.hr. Souvenirs aus Glas, Keramik oder Holz mit Motiven der Stadt. Die Gläser mit dem zerstörten Wasserturm als Motiv mögen makaber erscheinen, ein schönes Mitbringsel ist hingegen eine Nachbildung der Taube von Vučedol.

Wein

Vino Šmidt, Dobriše Cesarića 16, ℡ 095-8085905. Das Weingut 700 m südlich vom Wasserturm produziert gute Weiß- (Sauvignon blanc, Rizvanac) und Rotweine (Zweigelt, Merlot, Cabernet Sauvignon).

AKTIVITÄTEN UND TOUREN

Radfahren

Durch Vukovar führen mehrere Radwege, darunter der **Donau-Fernradweg**. Räder verleiht die **Touristenagentur Danubium**, S. 587.

Borovo – Schuhe aus Vukovar

Die Schuhfabrik Borovo im Stadtteil Borovo Naselje war einst die größte ihrer Art in Jugoslawien und beschäftigte 22 500 Arbeiter (also mehr als die Hälfte der damaligen Einwohner Vukovars). Nach dem Krieg wurde die Produktion in kleinerem Maße wiederaufgenommen, heute arbeiten etwa 1200 Menschen für Borovo. Die Schuhe jedoch können sich auch heute noch sehen lassen. In den 141 Geschäften, die über ganz Kroatien verteilt sind (z. B. in Vukovar, J.J. Strossmayera 5), gibt es solide Schuhe für jedermann zu erschwinglichen Preisen. 🖥 www.borovo.hr.

Auf dem Donauradweg nach Novi Sad

- **Route**: Vukovar – Ilok – Bačka Palanka – Novi Sad
- **Länge**: 81 km
- **Dauer**: 5 Std.
- **Wegbeschaffenheit**: Die Wegstrecke besteht aus mehr oder weniger befahrenen Nebenstraßen.
- **Orientierung**: in Kroatien sporadisch als Ruta Dunav ausgeschildert; in Serbien ist der Radweg hervorragend ausgeschildert. Achtung! In Serbien sind viele Straßenschilder in kyrillischer Schrift, die Radwegausschilderung ist jedoch auf Englisch.
- **Ausrüstung**: stabile Fahrräder, Sonnencreme, Reisepass.
- **Schwierigkeitsgrad**: leicht

Der Donauradweg führt am Fluss entlang von der Quelle in Donaueschingen bis zur Mündung ins Schwarze Meer in der Nähe der rumänischen Stadt Constanța. Dabei passiert der Fernradweg mit Deutschland, Österreich, der Slowakei, Ungarn, Kroatien, Serbien, Bulgarien und Rumänien acht Länder. Die Teilstrecke in Kroatien ist insgesamt etwa 114 km lang, eine alternative Route des Donauradwegs führt am anderen Ufer direkt von Ungarn nach Serbien. Die hier beschriebene Route beginnt in Vukovar und verläuft bis Ilok am rechten Donau-Ufer, mit dem Überqueren der Donau wird auch die Grenze nach Serbien passiert, am linken Ufer geht es nunmehr bis nach Novi Sad. Die Strecke in Kroatien beträgt 38 km, der serbische Teil der Strecke beläuft sich auf 43 km.

Vorbereitung
Bei **Danubiumtours** (S. 587) in der Ulica dr. Franje Tuđmana können Fahrräder geliehen werden. Im Stadtzentrum findet man mehrere **Supermärkte**, wo man sich vor Tourantritt noch mit allem Nötigen eindecken kann.

Die Route
Ausgangspunkt der Route ist die Kreuzung Ulica dr. Franje Tuđmana und Ulica Vladimira Nazora im Zentrum von Vukovar. Nach Südosten wird die Ulica Stjepana Radića erreicht, die im späteren Verlauf Ulica bana Josipa Jelačića heißt und Richtung Ilok aus der Stadt herausführt.

Beim Verlassen der Stadt radelt man auf der rechten Seite einen Radweg entlang, der allerdings mit Erreichen des **Gedenkfriedhofs** (S. 581) endet. Auf der linken Seite zweigt ein Weg zur **Ausgrabungsstätte Vučedol** (S. 580) ab, die Route führt jedoch weiter auf der Hauptstraße Richtung Ilok. Vorbei an der rechter Hand liegenden **Gedenkstätte Ovčara**, die an das grauenvolle Massaker vom 24. November 1991 erinnert, bei dem die Jugoslawische Volksarmee 200 Patienten aus dem Krankenhaus von Vukovar hier, auf einer ehemaligen Schweinefarm, ermordete und in einem Massengrab verscharrte, verläuft der Weg zwischen Weinstöcken und Wiesen durch eine absolut flache Landschaft. Beim lang gestreckten Straßendorf **Sotin** wird es langsam hügeliger. In Sotin muss man nach Ilok abbiegen (nicht Richtung Tovarnik), bis zum Örtchen **Opatovac** verläuft der Weg in ca. 300 m Entfernung parallel zur Donau, ohne dass man diese jedoch sehen kann. Je weiter man Richtung Südosten gelangt, umso hügeliger wird es. Über **Mohovo** erreicht man **Šarengrad**, ein verschlafenes Straßendorf direkt an der Donau mit oberhalb gelegener Burgruine, Dorfkirche und einer Klosteranlage. Wer hier eine Pause machen will, dem sei der **Agrotourismus Kapetanova kuća** (Dunavska 6, ℡ 032-518168, ✉ tsg-kapetanova-kuca@inet.hr) empfohlen. In einem hübsch hergerichteten Holzhaus direkt an der Donau gibt es heimische Gerichte, Anmeldung wird empfohlen.

Von Šarengrad geht es weiter zunächst direkt an der Donau entlang und dann abwechselnd bergauf und bergab Richtung **Ilok**, das nach knapp 10 km erreicht ist. Hier empfiehlt sich auf jeden Fall ein Zwischenstopp, denn die östlichste Stadt Kroatiens kann mit einer hübschen, befestigten Altstadt mit Blick auf die Donau aufwarten. Nach einer kurzen Stadtbesichtigung sollte man in den Weinkellern Ilocki podrumi noch ein Gläschen vom guten Traminac probieren, denn Ilok ist eines der bekanntesten Zentren des Weinbaus in Slawonien. In den Ilocki podrumi kann man auch essen gehen, Alternative dafür ist das **Hotel Dunav** mit hübscher Terrasse direkt an der Donau. Am östlichen Stadtrand von Ilok führt die **Brücke über die Donau**, dort wird die kroatisch-serbische Grenze passiert (Reisepass bereithalten).

Bačka Palanka, die Nachbarstadt auf serbischer Seite, ist mit knapp 30 000 Einwohnern ungleich größer als Ilok. Bačka Palanka war wie auch viele slawonische Städte Teil der Österreichischen Militärgrenze und erlebte seinen Aufschwung im 18. Jh. Die Region, die sich von der Donau bis zur ungarischen Grenze erstreckt, heißt Bačka und gehört ihrerseits zur autonomen Provinz Vojvodina. Diese ist geprägt von ihrer ethnisch gemischten Bevölkerung und gehörte im Gegensatz zum übrigen Serbien lange zum Habsburgerreich. Es ist die modernste, wohlhabendste und weltoffenste Region des Landes.

An der Straße M7 verläuft der Weg Richtung Novi Sad teils direkt an der Donau entlang, teils mit erheblichem Abstand dazu. Etwa 1 km hinter dem Ortsausgang geht es rechts ab zum **Restaurant Čarda Florida** (Polojska šuma bb, Bačka Palanka,

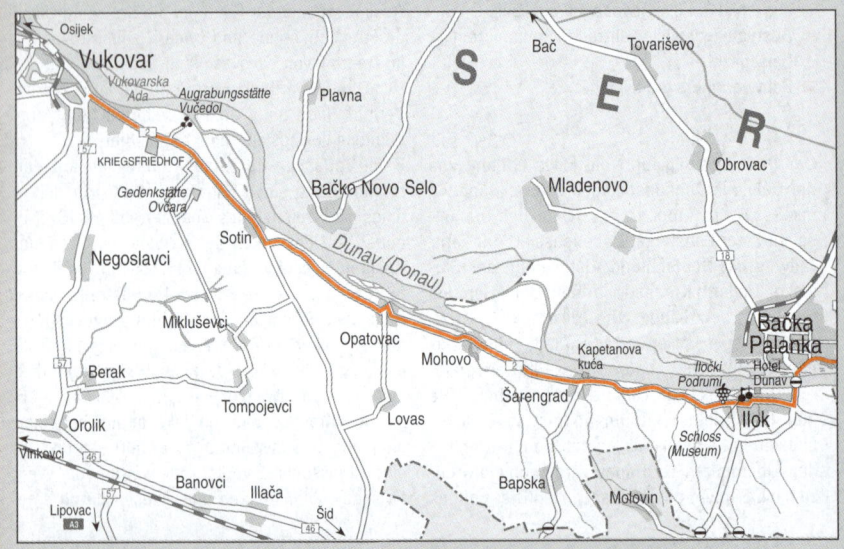

✆ 00381-21-750371, 🖥 www.salas-cardaflorida.bap.rs), direkt an der Donau, wo man wunderbar essen, eine Pause einlegen, aber auch in Bungalows übernachten kann.

Kurz vor **Čelarevo** wird eine Kreuzung erreicht, wo man sich rechts hält – an der Donau entlang. Die Route verläuft streckenweise auf dem Donau-Deich, teils auf Erde, teils auf Asphalt, es ergeben sich immer wieder sehr schöne Ausblicke auf den Strom.

Über das Dorf **Begeč** geht es bis zur Kleinstadt **Futog**, wo der Weg wieder am Donau-Ufer entlangführt, bis schließlich nach ca. 15 km das Zentrum von **Novi Sad** erreicht ist. In der zweitgrößten Stadt Serbiens (250 000 Einw.) sollte man sich unbedingt Zeit für einen Stadtrundgang nehmen. Das Zentrum besticht mit zahlreichen schönen repräsentativen Bauten aus der Habsburgerzeit, darunter ein Theater, das Rathaus und mehrere orthodoxe Kirchenbauten. Highlight Novi Sads ist die riesige **Festung Petrovaradin** am anderen Ufer der Donau. Diese wurde ab 1692 zur Abwehr türkischer Angriffe erbaut und war zu dieser Zeit mit insgesamt 112 ha die größte Festung Europas. Von hier hat man einen wunderbaren Blick auf die Donau und die Altstadt von Novi Sad. Im Sommer findet in den Festungsmauern eins der größten Festivals Südosteuropas namens **Exit** statt.

Wer mit öffentlichen Verkehrsmitteln zurück nach Vukovar fahren möchte, kann den Bus nehmen, der täglich dreimal die Strecke bedient. Ob Fahrräder mitgenommen werden können, hängt jedoch von der Belegung des Busses und der Kulanz des Fahrers ab. Die Fahrt mit dem Zug dauert acht Stunden, da ist man also mit dem Fahrrad schneller. Wer zurück nach Vukovar radeln will, kann eine alternative Route fahren, z. B. am serbischen Donau-Ufer oder über das Städtchen **Bač**.

Praktische Tipps
Informationen
Touristeninformation Vukovar,
J.J. Strossmayera 15, ✆ 032-442889,
🖥 www.turizamvukovar.hr.
Touristeninformation Ilok,
Trg Nikole Iločkog 2, ✆ 032-590020,
🖥 www.turizamilok.hr.
Touristeninformation Bačka Palanka,
Veselina Masleše 8, ✆ 00381-21-6041336.
Touristeninformation Novi Sad,
Ulica Modene 1, ✆ 00381-21-6617343,
🖥 www.turizamns.rs.

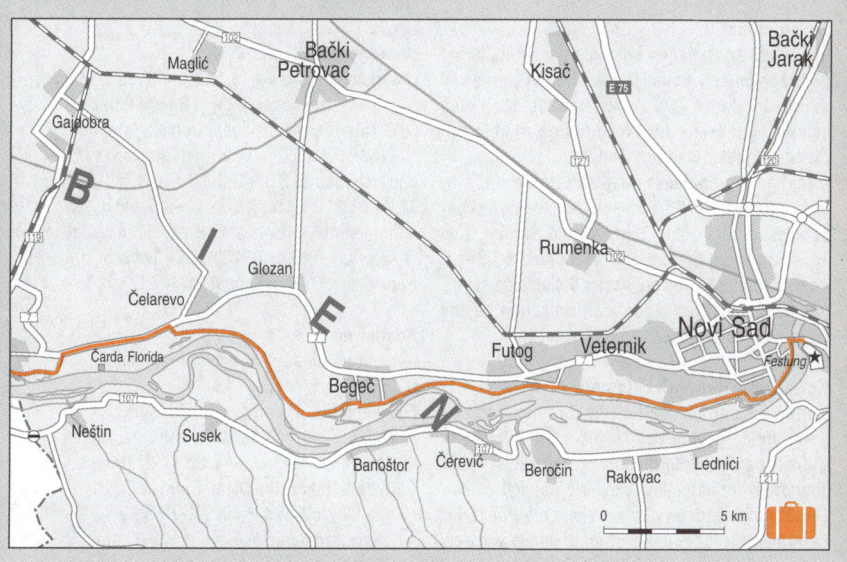

AUF DEM DONAURADWEG NACH NOVI SAD

Novi Sad, die belebte Hauptstadt der serbischen Vojvodina, ist nur einen Katzensprung entfernt.

Pannonia Bike Tour, Županijska 9, Vukovar, ✆ 032-454609, 🖥 www.pannoniabiketour.org.
Informationen zum Donauradweg, 🖥 www.donau-info.org.

Zu beachten!
In Ostslawonien liegen an manchen Orten immer noch **Landminen**. In den letzten Jahren wurde viel getan, um deren Zahl zu minimieren, doch man sollte nicht abseits der Wege fahren, auch wenn die Minenfelder markiert sind.

Aufgrund der Erlebnisse der 90er-Jahre sind viele Kroaten in den Grenzregionen wenig aufgeschlossen gegenüber Serbien und Serben, zum Teil auch andersherum. Das sollte man als Besucher akzeptieren und politische Diskussionen vermeiden, besonders wenn man zwischen beiden Ländern unterwegs ist.

Karten und alternative Routen
Karten für den gesamten Donauradweg gibt es unter anderem vom Verlag Huber, 🖥 www.kartographie.de. Eine Informationsbroschüre ist in der Touristeninformation in Vukovar erhältlich.

Die Strecke kann an jedem beliebigen Punkt des Fernradwegs begonnen oder beendet werden. Der nördliche Teil der kroatischen Route führt von Serbien oder Ungarn durch die Baranja und Osijek nach Vukovar. In Serbien kann die Route in Richtung Belgrad fortgesetzt werden (ca. 80 km von Novi Sad).

Übernachtung
Unterkunft in Vukovar (S. 579) und Ilok (S. 587) sowie auf serbischer Seite in **Bačka Palanka** (z. B. Hotel Fontana, Jugoslovenske Armije 11, ✆ 00381-6040055, 🖥 www.fontana.bap.rs, ❶) und Novi Sad (z. B. CitiHotel Veliki, Nikole Pašića 24, ✆ 00381-21-4723840, 🖥 www.veliki.rs, ❶ oder mehrere Hostels, z. B. Hostel Frenky, Jevrejska 13, ✆ 00381-21-427881, 🖥 www.hostelfrenky.com, Bett im Schlafsaal 10 €).

Restaurants
Restaurantempfehlungen in Kroatien auf S. 584, in Serbien:
Fish&Zeleniš, Skerlićeva 2, Novi Sad, ✆ 00381-21-452000, 🖥 www.fishizelenis.com. ⏱ Mo–Fr 11–23, Sa 11–24, So 13–22 Uhr.
Café Palačinkarnica Dizni, Bulevar Cara Lazara 92, Novi Sad, ✆ 00381-21533222, 🖥 www.diznipalacinke.com. ⏱ 9–23 Uhr.

Stadtrundfahrten

Stadtrundfahrt im Fiaker. Der Reitclub Dunavski raj bietet Stadtrundfahrten mit dem Fiaker an. Infos: Konjički Klub Dunavski raj, Hrvatske nezavisnosti 27, ✆ 092-3085290, 🖥 www.dunavski-raj.com.

Touristenzug. Ein Mini-Zug fährt mehrfach tgl. vom Zentrum zum Ortsteil Borovo naselje und zurück. Hin- und Rückfahrt kosten 5 Kn.

SONSTIGES

Apotheken
Ljekarna Vukovar, Ivana Meštrovića 19, ✆ 032-441936. ⏱ Mo–Fr 9–16, Sa 8–13 Uhr.

Feste
Vukovar-Filmfestival, 🖥 www.vukovarfilmfestival.com. Das Festival findet Ende August statt und zeigt in Open-Air-Vorführungen an der Donau Filme aus den Donauländern.

Geld
Banken und Bankomaten im Zentrum.
Raiffeisen Bank, Franje Tuđmana 12.
⏱ Mo, Di, Do, Fr 9–15.30, Mi 9–18 Uhr.

Informationen
Touristeninformation der Stadt Vukovar, J.J. Strossmayera 15, ✆ 032-442889, 🖥 www.turizamvukovar.hr.

Medizinische Hilfe
Krankenhaus Vukovar, Županijska 72, ✆ 032-452111.

Polizei
Polizeistation Vukovar, Stjepana Radića 64, ✆ 032-342132.

Touristenagenturen
Touristenagentur Danubium, Dr. Franje Tuđmana 19, ✆ 032-445455, 🖥 www.danubiumtours.hr. Fahrrad- und Kajakverleih, Vermittlung von Stadtführern, Ausflüge und Aktivtouren in der Region.

NAHVERKEHR

Auto und Motorrad
Kostenpflichtige Parkplätze im Zentrum.

Donau-Insel Vukovarska Ada

Die Zugehörigkeit der kleinen Donau-Insel Vukovarska Ada ist zwischen Kroatien und Serbien umstritten, vielleicht, weil es die **schönste Flussbadestelle der Region** ist. Seit 2006 ist die Insel für Besucher geöffnet. Man kann sie von beiden Seiten erreichen, von Vukovar aus verkehren im Sommer kleine Boote hierher (10 Min., 25 Kn). Es gibt einen schönen Sandstrand, Erfrischungsgetränke und einen Beachvolleyballplatz.

Taxis
Autotaxi Vukovar, Bosutska 1, ✆ 099-3431690.

TRANSPORT

Busse
Autobusni kolodvor Vukovar, Olajnica bb, ✆ 060-337799.
Von OSIJEK aus verkehren tgl. 11 Busse nach Vukovar (50 Min., 34 Kn), 3 Verbindungen von ZAGREB (über Slavonski Brod und Vinkovci, 5 Std., 137 Kn), 4 Busse tgl. nach BELGRAD (3 Std., 96 Kn).

Eisenbahn
Bahnhof Vukovar, Priljevo ulica 2, ✆ 032-430340.
Tgl. 6 Züge nach VINKOVCI (40 Min., 20 Kn), von dort Verbindungen nach ZAGREB.

Ilok

Am östlichsten Zipfel Kroatiens erhebt sich hoch über der Donau die Stadt Ilok (6900 Einw.), umgeben von der bewaldeten Mittelgebirgslandschaft Fruška gora, deren größter Teil heute in Serbien liegt. In römischer Zeit befand sich an diesem exponierten Punkt das Kastell Cuccium, auf dessen Mauern im 12. Jh. die Burg Ilok errichtet wurde. Die bekannteste Persönlichkeit der Stadt war **Nikolaus von Ilok** (Nikola Iločki), der im 15. Jh. kroatisch-slawonischer Ban war und sich als bedeutender Adliger wiederholt in ungarische Thronangelegenheiten einmischte.

Damit gelang es Nikola, seine Macht weiter auszubauen und Titel anzuhäufen. Einer davon war die nominelle bosnische Königswürde, die ihm 1471 vom ungarischen König Matthias Corvinus verliehen wurde, obwohl Bosnien bereits unter osmanischer Herrschaft stand. Von 1526–1688 wurde dann auch Ilok Teil des Osmanischen Reiches, die meisten Einwohner waren zu dieser Zeit Muslime.

Anders als in anderen Gegenden Kroatiens haben sich einige Bauwerke aus dieser Zeit erhalten. Im 18. und 19. Jh. entwickelte sich das heutige Stadtzentrum in der Burganlage, die Stadt war Bezirkshauptstadt und wichtige Marktstätte. In den 90er-Jahren wurde Ilok von den Serben erobert und 1998 mit ganz Ostslawonien in den kroatischen Staat integriert. Ilok hat eine lange Tradition im **Weinbau**, die schon auf die Römer zurückgeht, seit Ende der 90er-Jahre wird diese Tradition wiederbelebt, 15 Weingüter sind in der Region entstanden.

Ein Stadtrundgang beginnt am Trg Nikole Iločkog, wo sich auch die Touristeninformation befindet. Auf dem Weg in die Altstadt passiert man die massiven **mittelalterlichen Stadtmauern**, die noch immer den größten Teil der Altstadt umgeben.

Vorbei an dem Weinkeller-Restaurant Stari Podrum, wird auf der rechten Seite das **Schloss Odescalchi** erreicht, das von Nikolaus von Ilok im 15. Jh. errichtet und im späten 17. Jh. von der italienischen Familie Odescalchi im barockklassizistischen Stil umgebaut wurde. Heute beherbergt der Palast das liebevoll eingerichtete **Stadtmuseum** (Muzej grada Iloka), Šetalište oca Mladena Barbarića 5, ✆ 032-827410, 🖥 www.mgi.hr. Die ständige Ausstellung zeigt Exponate aus der Geschichte Iloks von der Vorgeschichte bis zum Unabhängigkeitskrieg, darunter eine römische Säule, türkische Säbel und Musketen sowie Möbelstücke aus dem 19. Jh., alles mit Infotafeln auf Englisch und Kroatisch. ⏲ Di–Do 9–15, Fr 9–18, Sa 11–18 Uhr, Eintritt 20 Kn.

In einem der **Stadttürme** wurde in türkischer Zeit ein **öffentliches Bad** (Hammam) errichtet, von dem Teile mit arabesken Verzierungen erhalten sind. Im Park des Schlosses befindet sich eine **Türbe**, das Grabmal eines angesehenen Türken aus dem 16. Jh.

An der östlichen Spitze der Altstadt steht an exponierter Lage die hochaufragende **Kirche des Hl. Johannes Capistranus** (Crkva Sv. Ivana Kapistrana) mit zugehörigem Franziskanerkloster. Der Franziskanermönch Johannes aus dem italienischen Capistrano (1386–1456) war ein berüchtigter Wanderprediger und Inquisitor, der in seinen letzten Jahren mit einem Kreuzfahrerheer gegen die herannahenden Osmanen kämpfte. In diesem Zusammenhang kam er nach Ilok, wo er 1456 starb und im Franziskanerkloster begraben wurde. Da er einige Wunder vollbracht haben soll, wurde Johannes Capistranus 1690 im Zuge der Gegenreformation heiliggesprochen. Heute ist er der Schutzheilige der Stadt Ilok. Die nach ihm benannte einschiffige Kirche aus dem 18. Jh. wurde im spätgotischen Stil errichtet und Anfang des 20. Jhs. im neugotischen Stil umgebaut. Die mittelalterliche Stadtmauer ist in den Bau der Kirche und des Klosters integriert.

Der übrige Teil der Stadt Ilok befindet sich südlich der Altstadt, die **Donau** liegt im Norden und ist in ca. zehn Fußminuten zu erreichen. Ein Promenadenweg ist am Hotel Dunav zugänglich, wo außerdem eine hübsche Terrasse mit Holzpavillons zum Verweilen einlädt.

ÜBERNACHTUNG UND ESSEN

Hotel Dunav, Julija Benešića 62, ✆ 032-596500, 🖥 www.hoteldunavilok.com. Das Familienhotel liegt am äußersten Zipfel Kroatiens und bietet von seiner Terrasse einen fantastischen Blick auf die Donau und das gegenüberliegende serbische Ufer. Die Zimmer sind mit alten dunklen Möbeln ausgestattet und entsprechen dem Standard eines 3-Sterne-Hotels. Das zugehörige Restaurant hat einen exzellenten Ruf und wurde 2012 zum besten Restaurant Slawoniens gewählt. Spezialität sind Flussfischvarianten und Fišpaprikaš. ⏲ 10–23 Uhr. ❷

Principovac, Principovac bb, ✆ 032-593114. 🖥 www.ilocki-podrumi.hr. Das Landgut Principovac gehört zum Weingut Ilocki Podrumi. Hier kann man hervorragend essen und die hausgemachten Weine probieren, das alles auf der Terrasse mit herrlichem Blick auf die Weinberge und die gesamte Umgebung.

7–23 Uhr. Auch wurden hier geschmackvolle Unterkünfte eingerichtet. ❺
Stari Podrum, Dr. Franje Tuđmana 72, ☎ 032-590003, 🖥 www.ilocki-podrumi.hr. Bekanntester Weinkeller der Stadt, wo man exzellente Weine verkosten (besonders bekannt ist der Traminac) und auch essen kann ⏲ 9–23 Uhr. Dazu stilvoll eingerichtete Zimmer in Beigetönen mit alten Bildern von Ilok an den Wänden. ❸
Villa Iva, Stjepana Radića 23, Ilok, ☎ 032-591011, 🖥 www.villa-iva-ilok.com. Elegant eingerichtete Zimmer mit roten Teppichen und Möbeln in Schwarz-Weiß, Restaurant mit gemischtem Angebot (Fisch- und Fleischgerichte, Pizza) zu günstigen Preisen. ❶

EINKAUFEN

Die Region Ilok mit 15 **Weingütern** ist eine der bekanntesten Weinregionen in ganz Kroatien. Eine Liste mit Weingütern ist auf der Homepage der Touristeninformation zu finden.
Iločki podrumi, Dr. Franje Tuđmana 72, ☎ 032-590003, 🖥 www.ilocki-podrumi.hr. Der größte und bekannteste Weinproduzent der Stadt stellt hervorragende Weißweine, aber auch guten Rotwein her. Besonders stolz sind die Inhaber auf den mehrfach prämierten Traminac.
Julius Stipetić, Stjepana Radića 16, ☎ 032-591068. Die Inhaber blicken auf eine lange Familientradition im Weinbau zurück und stellen exzellente Weißweine her, darunter den slawonischen Klassiker Graševina.
Podrum Marija, Stjepana Radića 63, ☎ 098-758217, 🖥 www.podrum-marija.hr. Das Familienweingut produziert Weiß- (Traminac, Graševina) und Rotwein (Frankovka) in kleineren Mengen, die im hauseigenen Weinkeller verköstigt werden können.

SONSTIGES

Apotheken
Ljekarna Joukhadar Ilok,
J.J. Strossmayera 49b, ☎ 032-590900.
⏲ Mo–Fr 7–20, Sa 7.30–15 Uhr.

Geld
Im Zentrum befinden sich mehrere Bankomaten (z. B. Erste Bank Bankomat, Franje Tuđmana 4).

Informationen
Touristeninformation Ilok, Trg Nikole Iločkog 2, ☎ 032-590020, 🖥 www.turizamilok.hr.

Medizinische Hilfe
Dom zdravlja Ilok, J.J. Strossmayera 55, ☎ 032-590011. Medizinisches Zentrum.

Polizei
Polizeistation Ilok, Dr. Franje Tuđmana 49, ☎ 032-343758.

TRANSPORT

Auto und Motorrad
Ilok ist über die Straße D2 von Osijek aus in gut einer Stunde zu erreichen. Wer von der Autobahn kommt, fährt bei der Ausfahrt Županija ab und weiter über Vinkovci und Vukovar. Vermeintliche Abkürzungen enden nicht selten auf Feldwegen oder an der serbischen Grenze. Kostenlose **Parkplätze** stehen im Zentrum zur Verfügung.

Busse
7x tgl. Busse von OSIJEK über VUKOVAR nach Ilok (2 Std., 61 Kn), 1x tgl. von ZAGREB direkt nach Ilok (5 1/2 Std., 186 Kn). 2 Busse fahren vom Grenzübergang Ilok tgl. ins serbische NOVI SAD (1 1/4 Std., 41 Kn).

Vinkovci

Vinkovci (36 000 Einw.) liegt am Flüsschen Bosut inmitten einer großen Ebene, die von Wäldern und Ackerflächen dominiert wird. Die Lage zwischen Donau und Save sowie die verkehrsgünstige Anbindung auf Straße und Schiene ließen Vinkovci zu einem wichtigen Regionalzentrum Slawoniens werden. Bereits in der Römerzeit bestand hier eine Stadt namens Cibalae (nach dieser wurde übrigens auch der Fußballclub Cibalia Vinkovci benannt), in der unter anderem die beiden spätrömischen Kaiser Valentinian und Valens geboren wurden. Nach dem Untergang Cibalaes entstand eine kroatische Siedlung, die ab 1242 den Namen Vinko oder Vinkovci trug. Nach Ende der 150-jährigen Herrschaft der Osmanen wurden die Bewohner der umliegenden Dörfer in Vinkovci angesiedelt, das sich somit zur Stadt entwickelte. Im 18. Jh. war die Stadt ein wichtiger Militärstützpunkt der Habsburger und erhielt ihr heutiges barockes Aussehen. In den 90er-Jahren konnte die Stadt von den kroatischen Verteidigern gehalten werden, wurde aber erheblich beschädigt.

Das wiederhergestellte Zentrum mit der **Fußgängerzone** Ulica kralja Zvonimira erstrahlt heute wieder in alter barocker Pracht.

Hinter dem baumbestandenen Platz Trg bana Josipa Šokčevića versteckt sich die hübsche barocke **Kirche der Hl. Eusebius und Polion** aus dem Jahr 1777. Von dieser Kirche wird erzählt, dass der Baumeister zwei baugleiche, aber unterschiedlich große Kirchen konzipierte, von denen die größere in Vinkovci, die kleinere im Dörfchen Kukujevci errichtet werden sollte. Die Pläne wurden vertauscht, und in Vinkovci wurde die kleinere der beiden Kirchen gebaut.

Neben der Kirche befindet sich das **Stadtmuseum Vinkovci** (Gradski muzej Vinkovci), Trg bana Josipa Sokčevića 16, ✆ 032-332504, 🖥 www.muzejvk.hr, das in einem prächtigen Palast aus den 1780er-Jahren mit vorgelagerten Arkaden untergebracht ist, wo sich zudem ein Café befindet. Im Museum sind Funde aus der Römerstadt Cibalae zu sehen, aber auch andere Exponate, die Auskunft geben über die Geschichte und Kultur der Stadt. ⊙ Jan, Feb, Aug Mo–Fr 8–15, März–Juli, Sep–Dez Di, Mi 9–15, Do, Fr 9–19, Sa 9–13 Uhr, Eintritt 9 Kn.

Das Ufer am Fluss Bosut und der dahinterliegende **Park Lenije** bieten sich für Spaziergänge an.

ÜBERNACHTUNG UND ESSEN

Hotel GEM, Ulica kralja Zvonimira 120, ✆ 032-367911, 🖥 www.hotel-gem.eu. Die Zimmer dieses Hotels am nordöstlichen Ortseingang (in Bahnhofsnähe, Richtung Vukovar) sind solide, die kaum teureren Exklusivzimmer sogar sehr hübsch. Zum Angebot gehören ein Café, ein Restaurant und ein Tennisplatz. ❷–❸

Hotel Kunjevci, Kunjevci bb, Vinkovci, ✆ 032-352999, 🖥 www.hotel-kunjevci.hr. Das Hotel liegt an der Straße D55, die von Vinkovci nach Županija und zur Autobahn führt. Es verfügt über 30 ordentliche Zimmer und Apartments, alle mit Aussicht auf den Fluss Bosut, der sich vor der Tür durch die slawonische Waldlandschaft windet. Es gibt eine Sauna, ein Solarium und Massageangebote. Das Restaurant serviert klassische slawonische Küche. ❷

Hotel Villa Lenije, H.D. Genschera 3, Vinkovci, ✆ 032-340140, 🖥 www.hotelvillalenije.com. In der nach dem früheren Bundesaußenminister Genscher benannten Straße befindet sich ein supermodernes Wellness-Hotel, das vor allem von Geschäftsleuten und Sportlern genutzt wird, denn das Stadion und andere Sportanlagen sind nicht weit, und der Wellnessbereich ist einladend. Gegenüber dem Hotel liegt der große Lenije-Park, auch der Fluss Bosut ist in der Nähe. ❺

Restaurant San, Glagoljaška 45, ✆ 032-332775. Kleines Grillrestaurant mit Ćevapčići & Co. zu günstigen Preisen. ⊙ 7–23 Uhr.

UNTERHALTUNG UND KULTUR

Bars und Clubs

Marabu, Glagoljaška 8, ✆ 099-2158283, 🖥 www.marabu.hr. Café-Bar in Schwarz-Weiß-Optik im Zentrum Vinkovcis. ⊙ 8–2 Uhr.

Musik und Theater

Gradsko kazalište Joza Ivakić, Hrvatskih žrtava 2, ✆ 032-338751, 🖥 www.kazaliste-vinkovci.hr. Das Stadttheater befindet sich im Zentrum Vinkovcis, auf dem Programm stehen Laientheaterproduktionen und Gastspiele anderer kroatischer Theater.

AKTIVITÄTEN UND TOUREN

Bazeni Lenije, H.D. Genschera 14, ✆ 032-638400, 🖥 www.bazenilenije.com. Großes **Hallenbad** im Park Lenije, Tageskarte 30 Kn. ⊙ 8–22 Uhr.

Der beliebte **Badesee Banja** ist aus der Grube einer ehemaligen Ziegelei entstanden, er ist vom Zentrum aus über die Duga ulica, Ulica Andrija Kačića Miošića und Grobljanska ulica erreichbar (ca. 2,5 km).

SONSTIGES

Apotheken

Ljekarna Kalenić, Kralja Zvonimira 45, ✆ 032-332766. ⊙ Mo–Fr 7–20, Sa 7–15 Uhr.

Auf einen Kaffee nach Brčko

Wer von Slawonien aus einen Abstecher nach Bosnien machen möchte, fährt am besten in die lebendige Grenzstadt Brčko (etwa 40 000 Einw., ca. 50 km südlich von Vinkovci), die an der Save liegt. Die Kleinstadt mit ethnisch gemischter Bevölkerung bildet eine eigene Verwaltungseinheit im ansonsten zweigeteilten Bosnien. Hier kann man nicht nur zu bosnischen Preisen (also günstig) einkaufen gehen, es gibt auch eine Reihe netter Restaurants und Cafés. Außerdem kann man hier original bosnische Spezialitäten wie Burek und Pita bekommen.

Einkaufen
Vinoteka Veritas, Matije Gupca 14, ☎ 032-363947. Die Vinothek verfügt nicht nur über eine große Auswahl slawonischer Weine, hier kann man auch Souvenirs wie Magneten mit dem Stadtbild von Vinkovci kaufen.
⏰ Mo–Fr 8–20, Sa 8–13 Uhr.

Feste
Vinkovačke jeseni, 🖥 www.vk-jeseni.om. Mitte September findet in Vinkovci eine riesige Folkloreveranstaltung mit Abendveranstaltungen und einer großen Parade statt, zu der unzählige Besucher (mit oder ohne Volkstracht) in die Stadt strömen.

Geld
Viele Banken und Bankomaten im Zentrum.
Erste Bank, Duga ulica 10. ⏰ Mo–Fr 8–18, Sa 8–12 Uhr.

Informationen
Touristeninformation Vinkovci, Trg bana Josipa Šokčevića 3, ☎ 032-334653, 🖥 www.tz-vinkovci.hr.
Touristeninformation der Gespanschaft Vukovar-Srijem, Glagoljaška 27/3, Vinkovci, ☎ 032-338425, 🖥 www.tzvsz.hr.

Medizinische Hilfe
Krankenhaus Vinkovci, Zvonarska 57, ☎ 032-349349, 🖥 www.obvk.hr.

Polizei
Polizeistation Vinkovci, Bana Josipa Jelačića 7, ☎ 032-343810.

TRANSPORT
Auto und Motorrad
Parkplätze stehen ausreichend im Zentrum zur Verfügung.

Busse
OSIJEK, 1x tgl. in 1 1/4 Std. für 41 Kn.
ZAGREB, 5x tgl. in 4–5 Std. für 156–161 Kn
Autobusni kolodvor Vinkovci, Trg kralja Tomislava 1, ☎ 060-322233.

Eisenbahn
Vinkovci ist ein Eisenbahnknotenpunkt und hervorragend mit dem Zug zu erreichen.
OSIJEK, 7x tgl. in 45 Min. für 25 Kn.
VUKOVAR, 4x tgl. in 40 Min. für 20 Kn.
ZAGREB, 11x tgl. in 3 1/2–5 Std. für 123 Kn.
BELGRAD, 1x tgl. in 3 Std. für 120 Kn.
VILLACH, 2x tgl. in 8 Std. für ca. 400 Kn.

Đakovo

Đakovo liegt etwa 40 km südwestlich von Osijek inmitten einer flachen fruchtbaren Landschaft, die von Äckern und Wiesen dominiert wird. Die Stadt ist bekannt für ihre monumentale Kathedrale und die Pferdezucht.

Đakovo war bereits im Mittelalter Bischofssitz, was 1239 erstmals Erwähnung fand. Nach 150 Jahren türkischer Herrschaft kehrte der Bischof 1690 in die Stadt zurück. Ihren größten Aufschwung erlebte Đakovo, als 1849 Josip Juraj Strossmayer (Kasten S. 592) zum Bischof ernannt wurde. Er ließ die neue Kathedrale erbauen und eröffnete ein Priesterseminar und eine Lehrerbildungsanstalt.

Strossmayer gab 1866 den Bau der **Kathedrale von Đakovo** in Auftrag, die Arbeiten dauerten 16 Jahre lang. Das überwiegend aus roten Backsteinen erbaute Gotteshaus ist nach der Zagreber Kathedrale die zweitgrößte Kirche des Landes – charakteristisch ist die neoromanisch-neogotische Stilmischung. Die beiden Türme der weithin sichtbaren Kirche sind 84 m hoch, auf der Vierung erhebt sich eine 59 m hohe Kuppel mit grünem Dach. Über dem Eingangsportal befindet sich eine kunstvolle Rosette, kleinere Rosetten sind am gesamten Kirchengebäude zu finden. Der Innenraum der Kirche wurde von Alexander Maximilian Seitz und seinem Sohn Ludwig Seitz mit eindrucksvollen Fresken ausgestaltet. In den farbenfrohen Bibelgeschichten sind auch die südslawischen Bewohner Südosteuropas zu erkennen. Der Hauptaltar steht nicht im Chor, sondern unter der Vierung des Gebäudes. Darüber ist kein Kreuz, sondern eine schwebende Taube zu sehen. In der Krypta der Kathedrale befindet sich das Grab von Bischof Strossmayer. ⏱ 6–12, 15–19 Uhr.

1991 wurde am Strossmayer-Platz das **Strossmayer-Museum**, L. Botića 2, ☎ 031-813698, eröffnet, das anhand zahlreicher persönlicher Exponate an den berühmten Bischof erinnert und zugleich eine Gemäldegalerie beherbergt. ⏱ Mo–Fr 8–18, Sa 8–13.30 Uhr.

Am Ende der Fußgängerzone erblickt man eine weitere außergewöhnliche Kirche. Der **Allerheiligenkirche** (Crkva svih Svetih) sieht man deutlich an, dass der Bau auf eine Moschee zurückgeht. Die Ibrahim-Pascha-Moschee behielt von innen wie von außen fast komplett ihre Gestalt, nur eine Fassade mit Turm wurde nach Ende der Osmanischen Herrschaft hinzugefügt.

Einen hohen Bekanntheitsgrad hat auch das **Lipizzanergestüt** in Đakovo (Ergela Đakovo), Augusta Šenoe 45, 🖥 www.ergela-djakovo.hr, das sich außerhalb der Stadt befindet. Trainiert werden die Pferde jedoch mitten in der Stadt. Der Reitplatz namens Ergela befindet sich unweit der Kathedrale und kann besucht werden. ⏱ Mo–Fr 7–17.30 Uhr, Eintritt 20 Kn.

ÜBERNACHTUNG UND ESSEN

Hotel Đakovo, Nikole Tesle 52, Đakovo, ☎ 031-840570, 🖥 www.hotel-djakovo.hr. Das Hotel liegt etwas außerhalb, 3 km von der Kathedrale entfernt (Richtung Osijek).

Josip Juraj Strossmayer

Josip Juraj Strossmayer, dessen Vorfahren aus der Steiermark stammten, wurde 1815 in Osijek geboren, wo er das Gymnasium besuchte. Anschließend studierte er in Đakovo Theologie und in Budapest Philosophie. Schon in dieser Zeit begeisterte sich Strossmayer für den Illyirismus, also die südslawische Nationalbewegung. Nach seiner Priesterweihe 1838 und Stationen in Petrovaradin (heute Novi Sad, Serbien) und Wien berief ihn Kaiser Franz Joseph auf Vorschlag von Ban Josip Jelačić im Jahr 1849 zum Bischof von Đakovo, Bosnien und Srijem, was später vom Papst bestätigt wurde. In Đakovo ließ Strossmayer die neue Kathedrale, ein Priesterseminar und eine Lehrerbildungsanstalt bauen, in Osijek gab er die Pfarrkirche der Hl. Peter und Paul in Auftrag. Ab 1860 betätigte sich Strossmayer auch als Politiker. Er bekleidete mehrere politische Ämter, saß im ungarischen Landtag und im kroatischen Sabor und setzte sich für eine Revision des österreichisch-ungarischen Ausgleichs von 1867 zugunsten der Südslawen ein. Sein Engagement für die südslawische Autonomie und Einheit brachte den Bischof auch in Konflikt mit dem Papst. Da Strossmayer im Zusammenhang mit der südslawischen Einheit eine Annäherung mit den orthodoxen Christen am Herzen lag, wehrte er sich im Ersten Vatikanischen Konzil (1869–70) vehement gegen das Dogma der päpstlichen Unfehlbarkeit. Nur um eine Spaltung der katholischen Kirche zu vermeiden, gab er schließlich nach.

Durch die Größe seiner Diözese verfügte Strossmayer über erhebliche Einkünfte, die er zur Förderung von Kunst und Kultur einsetzte. Entscheidend war er an der Gründung der Jugoslawischen (heute: kroatischen) Akademie der Wissenschaften und Künste (1867) und der Universität Zagreb (1874) beteiligt. Zudem stiftete er eine Galerie in Zagreb, gründete Bibliotheken, unterstützte Gymnasien und Kultureinrichtungen sowie auch begabte Einzelpersonen. Hochgeachtet im ganzen Land, starb Josip Juraj Strossmayer 1905 in Đakovo. Nach dem wichtigen Vordenker des Jugoslawismus, Bischof und Mäzen wurden in Kroatien viele Straßen und Plätze benannt, auch die Universität Osijek trägt seinen Namen.

Die beeindruckende Kathedrale lohnt den Weg nach Đakovo.

Ordentliche Zimmer unterschiedlicher Kategorien. ❷–❸
Croatia Turist, P. Preradovića 25, Đakovo, ✆ 031-813391, 🖥 www.croatiaturist.hr. Das Restaurant mit dem recht eigenwilligen Namen befindet sich in unmittelbarer Nähe der Kathedrale und bietet gute klassische kroatische Küche mit Grillfleisch und Fischgerichten zu absolut moderaten Preisen. Zum Restaurant gehört auch eine Pension mit soliden Zimmern mit alten Holzmöbeln. ⏲ 7–22 Uhr. ❷–❸

UNTERHALTUNG UND KULTUR

Bars und Clubs
Shine, Bana J. Jelačića 51, ✆ 091-5544446. Ein neu eröffneter großer Club in Đakovo, die Partynächte mit House-Musik dauern bis in die frühen Morgenstunden. ⏲ Fr, Sa 22–6 Uhr.

Musik und Theater
Centar za kulturu Đakovo, Kralja Tomislava 13, ✆ 031-813236, ✉ centar.za.kulturu.dakovo@os.t-com.hr. Das Kulturzentrum veranstaltet Theater- und Kinoabende.

AKTIVITÄTEN UND TOUREN
Gradski bazen Đakovo, Ante Starčevića 158 (Ortsausgang Richtung Našice). Großes **Frei- und Hallenbad**.

SONSTIGES

Apotheken
Ljekarna Đakovo, Petra Preradovića 2, ✆ 031-813213. ⏲ Mo–Fr 7–20, Sa 7.30–15 Uhr.

Feste
Đakovački vezovi, großes Folklorefestival mit Gruppen aus ganz Kroatien, das jährlich im Juli stattfindet.

Geld
Mehrere Bankomaten und Banken im Zentrum.
Splitska banka, Ulica pape Ivana Pavla II. 7. ⏲ Mo–Fr 8–16 Uhr.

Informationen
Touristeninformation Đakovo, Kralja Tomislava 3, ✆ 031-812319, 🖥 www.tz-djakovo.hr.

Medizinische Hilfe
Dom zdravlja Đakovo, Petra Preradovića 2, ℘ 031-813474, 🖥 www.dzdjakovo.hr. Medizinisches Zentrum.

Polizei
Polizeistation Đakovo, Petra Preradovića 1, ℘ 031-813255.

NAHVERKEHR
Auto und Motorrad
Kostenpflichtige **Parkplätze** an mehreren Stellen in der Stadt.

Taxi
Auto Taxi Beljan, Ante Starčevića 54, ℘ 031-811360.

TRANSPORT
Busse
Busbahnhof Đakovo, Splitska bb, ℘ 060-302030.
OSIJEK, 31x tgl. in 45 Min.–1 1/4 Std. für 31–38 Kn.
SLAVONSKI BROD, 14x tgl. in 1 Std. für 38–41 Kn.
VINKOVCI, 8x tgl. in 40 Min. für 30 Kn.
ZAGREB, 9x tgl. in 3 1/2 Std. für 115–129 Kn.

Ivan Meštrović und Vrpolje

Das verschlafene slawonische Dörfchen Vrpolje, 13 km südlich von Đakovo, wäre heute wohl nicht mehr als ein Eisenbahnknotenpunkt, wäre hier nicht der berühmte kroatische Bildhauer Ivan Meštrović geboren (Kasten S. 361). Im Zusammenhang mit dem Eisenbahnbau waren seine Eltern, die aus der Nähe von Drniš im dalmatinischen Hinterland stammten, im Sommer 1883 in Slawonien. In Vrpolje wurde Ivan Meštrović geboren und in der dortigen Pfarrkirche getauft, danach kehrten die Eltern in ihre Heimat zurück, wo Meštrović aufwuchs. In Vrpolje sind Werke des großen Bildhauers zu sehen, viele davon in der **Galerie Meštrović** (Galerija Meštrović), Trg Ivana Meštrovića 1, Vrpolje, ℘ 035-439075. ⏱ 7–14 Uhr, Eintritt 10 Kn.

Eisenbahn
Bahnhof Đakovo, Park pobjede 3, ℘ 060-333444.
Đakovo liegt an der Strecke von Osijek nach Strizivojna Vrpolje, von dort Anschluss Richtung ZAGREB, VINKOVCI und BELGRAD.
OSIJEK, 7x tgl. in 40 Min. für 27 Kn.
STRIZIVOJNA VRPOLJE, 6x tgl. in 15 Min. für 12 Kn.

Mittel- und Westslawonien

West- und Mittelslawonien grenzt im Westen an Zentralkroatien, im Norden an Ungarn, im Süden an Bosnien-Herzegowina und im Osten an Ostslawonien. Die landwirtschaftlich geprägte Region ist die untouristischste des Landes, hat aber einige versteckte Perlen für Besucher zu bieten. Dazu gehören hübsche Provinzstädtchen, wie Požega mit seinem historischem Ortskern und Našice mit dem Schloss der Familie Pejačević. Die größte Stadt, Slavonski Brod, liegt an der Grenze zu Bosnien-Herzegowina und punktet mit einer gewaltigen Festungsanlage aus habsburgischer Zeit und einer Promenade an der Save. Kutjevo in Westslawonien ist der vielleicht bekannteste Weinort Kroatiens und bietet renommierte Weingüter mit kühlen Weinkellern, besonders geschätzt ist hier die typisch slawonische Rebsorte Graševina. Nördlich von Kutjevo erstreckt sich das Naturhighlight Westslawoniens, das Papuk-Gebirge. Die bewaldete Bergregion ist die einzige größere Erhebung Slawoniens und lädt zu ausgedehnten Wanderungen ein.

Našice

Die Kleinstadt Našice liegt im Zentrum Slawoniens und ist einen Abstecher wert. Die Hauptattraktion ist das **Schloss** der einflussreichen slawonischen Grafenfamilie Pejačević, das 1812 errichtet wurde und von einem riesigen, im englischen Landschaftsstil angelegten Schlosspark umgeben ist. Die Fassade des gelb getünchten Schlosses ist schon etwas angestaubt, aber das Gebäude mit seinen zwei Türmen links und rechts dadurch nicht weniger eindrucksvoll. Im Schloss befindet sich heute ein historisches **Heimatmuseum** (⏰ Di–Sa 9–17, So 9–14 Uhr, Eintritt 15 Kn). Der liebevoll zurechtgemachte Park mit Teichen, pittoresken Holzbrücken, Spazierwegen und kleinen Pavillons ist sowohl bei Spaziergängern als auch bei Anglern ausgesprochen beliebt. Zum Schlossensemble gehört noch ein zweites Schloss, das sich vom Park aus gesehen rechts des Hauptschlosses befindet, allerdings in wesentlich schlechterem Zustand ist. Hier lebte die kroatische Komponistin Dora Pejačević (1885–1923), zu deren Freundeskreis unter anderem Rainer Maria Rilke und Karl Kraus zählten. In einem Saal wird an die Musikerin erinnert.

Die zweite Sehenswürdigkeit ist das **Franziskanerkloster** aus dem 13. Jh. gegenüber vom Schlosspark, das zugleich das älteste Gebäude der Stadt ist. Das Kloster diente zunächst verschiedenen Ritterorden, bis es nach Ende der türkischen Herrschaft von den Franziskanern übernommen wurde. Wichtigstes Gebäude im Klosterensemble ist die heutige **Pfarrkirche des Hl. Antonius von Padua**, die im Kern frühgotisch ist, im 18. Jh. aber barock umgestaltet wurde.

ÜBERNACHTUNG UND ESSEN

Hotel Park & Restoran Dvorci Slavonije, Pejačevićev trg 4, Našice, ✆ 031-613822, 🖥 www.hotel-park.hr. Das etwa hundert Jahre alte 3-Sterne-Hotel liegt direkt am Schlosspark und erlaubt schöne Ausblicke auf das Pejačević-Schloss. Gepflegte moderne Zimmer, freundliches Personal. ❶–❸

Restoran Ribnjak, Stjepana Radića 1, Ribnjak, ✆ 031-607006. Das Restaurant liegt in Ribnjak (dt.: Fischteich), 10 km östlich von Našice inmitten von Fischteichen, die einst die Grafen Pejačević anlegen ließen. Spezialität des Hauses sind, wenig verwunderlich, Fischgerichte wie Fišpaprikaš und Zander mit Knoblauch-Weißwein-Sauce. ⏰ 9–22 Uhr.

SONSTIGES

Apotheken
Ljekarna Sokač Osmak Našice, Kralja Tomislava 8, ✆ 031-614949,
🖥 www.ljekarne-sokac-osmak.hr.
⏰ Mo–Fr 7–20, Sa 7–15 Uhr.

Geld
Banken und Bankomaten im Zentrum.
Erste Bank, Braće Radića 2.
⏰ Mo, Mi–Fr 8–15.30, Di 11–18.30 Uhr.

Informationen
Touristeninformation Našice,
Trg dr. Franje Tuđmana 4, ✆ 031-614951,
🖥 www.tznasice.hr.

Medizinische Hilfe
Krankenhaus Našice, Bana Jelačića 6,
✆ 031-613620.

Polizei
Polizeistation Našice, Pejačevićev trg 6,
✆ 031-238520.

NAHVERKEHR

Auto und Motorrad
An kostenpflichtigen **Parkplätzen** mangelt es nicht.

Taxi
Taxi Našice, ✆ 091-5099116.

TRANSPORT

Busse
Busbahnhof Našice, Kralja Petra Krešimira IV,
✆ 031-613720.
OSIJEK, 9x tgl. in 1 Std. für 45 Kn.

Eisenbahn
Bahnhof Našice, Kolodvorska bb, ✆ 031-699190.
OSIJEK, 11x tgl. in 1 Std. für 34–41 Kn.
RIJEKA, 1x tgl. in 8 Std. für 200 Kn.
VIROVITICA, 8x tgl. in 1 1/4 Std. für 48–55 Kn.
ZAGREB, 4x tgl. in 3 1/2 Std. für 111 Kn.

Slavonski Brod

Slavonski Brod liegt inmitten der wasserreichen, fruchtbaren Landschaft beiderseits der Save, die als **Posavina** bezeichnet wird. Die Grenzstadt zu Bosnien-Herzegowina ist mit knapp

63 000 Einwohnern die zweitgrößte Stadt Slawoniens und durch ihre Lage an der Save und die verkehrstechnische Anbindung an Straße und Schiene ein wichtiger Handels- und Transit-Ort. Bereits in der Römerzeit existierte hier eine Stadt, doch erst nach Ende der osmanischen Herrschaft entwickelte sich das moderne Slavonski Brod, damals unter dem Namen Brod na Savi (Brod an der Save).

Die Österreicher errichteten die gewaltige **Festung**, die der Abwehr der Osmanen diente und einer der wichtigsten Stützpunkte der Militärgrenze war. Die Überreste der sternförmigen Festung, die um einen großen quadratischen Platz angelegt ist, werden Stück für Stück freigelegt und wiederhergestellt. Auf dem zentralen Platz der Festung befindet sich mittig die renovierte kleine **Barockkirche der Hl. Anna** (Crkva Sv. Ane). Ein Spaziergang durch die eindrucksvolle Anlage der Festung ist auf jeden Fall lohnenswert. In einem wiederhergestellten Festungsteil befindet sich eine **Galerie** (Galerija Ružić), Vukovarska bb, ℡ 035-411510, 🖥 www.gugsb.hr (⏱ Di–Fr 9–13, 17–20, Sa, So 10–14 Uhr, Eintritt 10 Kn), die dem Bildhauer Branko Ružić gewidmet ist, der 1919 in Slavonski Brod geboren wurde. Neben seinen eigenen Werken sind Werke seiner Zeitgenossen ausgestellt.

Neben der Festung erstreckt sich die heutige Innenstadt am Ufer der Save um die **Fußgängerzone** Trg Ivane Brlić Mažuranić, wo sich historische Häuser aus der Habsburgerzeit mit sozialistischen Zweckbauten abwechseln. Ein Stückchen weiter flussabwärts wird über eine angenehme **Flusspromenade** mit Grünstreifen, Bäumen und Cafés das massive **Franziskanerkloster** erreicht. Das Kloster mit seinem schönen Kreuzgang und der Klosterkirche der Hl. Dreieinigkeit (Crkva Sv. Trojstva) aus dem Jahr 1723 ist eine der größten Kirchenanlagen Slawoniens und eindrucksvolles Beispiel barocker Baukunst. Das Kloster ist seit 1906 wieder als Franziskanerkloster in Betrieb.

ÜBERNACHTUNG UND ESSEN

Hotel Central, Petra Krešimira IV 45, ℡ 035-492030, 🖥 www.hotelcentralsb.hr. Zentral gelegenes 3-Sterne-Hotel mit sauberen Zimmern in Braun- und Beigetönen und freundlichem Personal. ❹

Hotel Eko Garten, Vinogorska 69, ℡ 035-465072, 🖥 www.garten.hr. Das Hotel namens Garten

Von den Parkbänken blickt man über die Save nach Bosnien.

ist von einem solchen umgeben und liegt ca. 3 km nördlich der Altstadt. Angenehme und saubere Zimmer zu moderaten Preisen, sehr freundliches Personal. Allerlei Wellnessangebote wie Bäder in Wein, Bier, Schokolade oder Blüten. ❷

Hotel Savus, Dr. A. Starčevića 2a, ☏ 035-405888, 🖥 www.savus-hotel.com. 4-Sterne-Hotel 50 m vom namensgebenden Fluss entfernt. Moderne und saubere Zimmer in Rot, Blau und Braun. ❺

Zdjelarević, Hotel and Winery, Vinogradska 65, Brodski Stupnik, ☏ 035-427775, 🖥 www.zdjelarevic.hr. Landhotel und Weingut in schöner Weinbergslandschaft, 18 km westlich von Slavonski Brod. Angenehme und saubere Zimmer, gutes Restaurant und hervorragender hausgemachter Wein, ⏰ 12–21 Uhr. ❸

Pizzeria Uno, Nikole Zrinskog 7, ☏ 035-447107. Pizzeria mit wunderschön gestalteter Terrasse mit Blumen und Holztischen. Fantastische Pizza oder Ćevapčići. ⏰ 9–24 Uhr.

UNTERHALTUNG UND KULTUR

Bars und Clubs

Del Capellano, Vukovarska 1, ☏ 035-415704. Hübsche Café-Bar in einem historischen Gebäude in der ehemaligen Festungsanlage. ⏰ So–Do 7–24, Fr, Sa 7–2 Uhr.

Iguana, Šetalište braće Radića 12. Die Bar in Form eines Holzschiffs am Save-Ufer ist beliebt bei den Einheimischen. Gespielt werden House, R'n'B und manchmal auch kroatische Musik.

Kino

Cinestar Slavonski Brod, Josipa Rimca 7, ☏ 060-323233, 🖥 www.blitz-cinestar.hr. Mainstream-Multiplex, i. d. R. Original mit Untertiteln.

Musik und Theater

Theater- und Konzerthaus Ivana Brlić-Mažuranić, Trg Stjepana Miletića 12, ☏ 035-449276, 🖥 www.kkd-ibm.hr. Das Theater ist nach Ivana Brlić-Mažuranić (S. 263) benannt, die viele Jahre in Slavonski Brod lebte. Auf dem Programm stehen klassische Konzerte, Theater und Kinderaufführungen.

AKTIVITÄTEN UND TOUREN

Etwa 3 km flussabwärts vom Zentrum (mit dem Auto oder zu Fuß erreichbar) befindet sich in einer großen Schleife der Save das **Sport- und Freizeitzentrum Poloj** mit Flussschwimmbad, Sandstrand und Sportplätzen. Der beliebte Badesee **Petnja** liegt 7 km nordwestlich von Slavonski Brod.

SONSTIGES

Apotheken

Ljekarna Slavonski Brod, Vukovarska ulica bb, ☏ 035-447838, 🖥 www.ljekarna-sb.hr. ⏰ rund um die Uhr.

Feste

Brodsko Kolo, www.fa-broda.hr. Beim jährlichen Folklore-Festival finden im Sommer an vielen Orten in der Stadt Volkstänze statt.

Geld

Viele Bankomaten und Banken im Zentrum. **Erste Bank**, Petra Krešimira IV 24. ⏰ Mo–Fr 8–18, Sa 8–12 Uhr.

Informationen

Touristeninformation Slavonski Brod, Trg pobjede 28/I, ☏ 035-447721, 🖥 www.tzgsb.hr.

Tourismuszentrale der Gespanschaft Brod-Posavina, Petra Krešimira IV 2, ☏ 035-408393, 🖥 www.tzbpz.hr.

Medizinische Hilfe

Krankenhaus Slavonski Brod, Andrije Štampara 42, ☏ 035-201201, 🖥 www.bolnicasb.hr.

Polizei

Polizeistation Slavonski Brod, Ivana Mažuranića 7, ☏ 035-211111.

NAHVERKEHR

Auto und Motorrad

Es gibt zahlreich kostenpflichtige **Parkplätze**.

Taxi

Auto Taxi, Trg hrvatskog proljeća 1, ☏ 035-446000.

TRANSPORT

Busse
Nahezu alle Busse, die über die Autobahn von Zagreb in Richtung Osten fahren, halten in Slavonski Brod.
Busbahnhof Slavonski Brod, Trg hrvatskog proljeća bb, ✆ 035-444200.
OSIJEK, 14x tgl. in 1 1/2 Std. für 64–68 Kn.
VINKOVCI, 4x tgl. in 1 1/2 Std. für 68–73 Kn.
ZAGREB, 14x tgl. in 2 1/2 Std. für 105–116 Kn.

Eisenbahn
Hauptbahnhof Slavonski Brod,
Trg hrvatskog proljeća 4, ✆ 060-333444.
VINKOVCI, 18x tgl. in 35 Min.–1 Std. für 43–50 Kn.
ZAGREB, 15x tgl. in 3 Std. für 100 Kn.
BELGRAD, 1x tgl. in 3 1/2 Std. für ca. 160 Kn.
VILLACH, 2x tgl. in 7 1/2 Std. für ca. 350 Kn.

Požega

Die kleine Provinzhauptstadt Požega (28 000 Einw.) ist der größte Ort in dem fruchtbaren **Talkessel Zlatna dolina** (dt.: Goldenes Tal), der bereits in römischer Zeit unter dem Namen Vallis Aurea besiedelt war und sich zwischen der Save und dem Papuk-Gebirge erstreckt.

Das Stadtzentrum um den zentralen Platz **Trg Svetog Trojstva** besticht mit hübschen Barockgebäuden aus dem 18. Jh., in der Mitte erhebt sich eine Pestsäule. Aufmerksamkeit verdient das dunkelgrün getünchte Bürgerhaus der Familie Krauss, das heute das **Stadtmuseum Požega** (Gradski muzej Požega, Matice Hrvatske 1, ✆ 034-272130, 🖥 www.gmp.hr, beherbergt. Dieses präsentiert die Geschichte und Traditionen der Region, ein separater Gedenkraum (Adresse: Matice Hrvatske 3) ist der Geschichte des kroatischen Unabhängigkeitskriegs in der Region Požega gewidmet. ⏲ Mo–Fr 9–14 Uhr, Eintritt 10 Kn.

Die **Heiliggeistkirche** (Crkva Sv. Duha) mit dem Franziskanerkloster ist das beherrschende Gebäude am Hauptplatz. Das Kloster geht auf das 13. Jh. zurück, wurde in osmanischer Zeit in eine Moschee umgewandelt, danach aber von den Franziskanern wieder aufgebaut. Ein architektonischer Stilmix aus Spätromanik, Gotik und türkischen Stilelementen ist die Folge, was dem Gesamteindruck der Kirche aber keinen Abbruch tut.

Hauptkirche der Stadt ist jedoch die schöne **Kirche der Hl. Teresa von Ávila** (Katedrala Sv. Terezije Avilske) am Platz Trg Svete Terezije, die seit der Gründung des Bistums Požega auch Kathedrale ist. Der Bau der 1763 geweihten Kirche ging auf die Initiative der Kaiserin Maria Theresia zurück, es ist ein eindrucksvolles Beispiel barocker Sakralarchitektur.

ÜBERNACHTUNG UND ESSEN

Hotel Grgin Dol, Grgin Dol 20, Požega, ✆ 034-273222, 🖥 www.hotel-grgin-dol.hr. Kleines ordentliches Hotel in der Nähe des Zentrums, das Hotelrestaurant serviert traditionelle slawonische Küche und eine große Auswahl hervorragender regionaler Weine. ⏲ 7–23 Uhr. ❶–❷

UNTERHALTUNG UND KULTUR

Stadttheater Požega, Trg Sv. Trojstva 20, ✆ 034-272481, 🖥 www.gkp.hr. Theater im historischen Gebäude mit Amateur- und Jugendtheater sowie Gastspielen.

AKTIVITÄTEN UND TOUREN

Gradski bazen Požega, Osječka 8. **Freibad** im Zentrum von Požega.

SONSTIGES

Apotheken
Ljekarna Škoko Požega, Matije Gupca 21, ✆ 034-271488, 🖥 www.ljekarna-skoko.hr. ⏲ rund um die Uhr.

Feste
Kroatisches Festival des einminütigen Films, 🖥 www.crominute.hr. Seit 1993 findet jährlich Ende Mai ein Filmfestival in Požega statt, bei dem neben kroatischen auch internationale Filmschaffende Kurzfilme mit einer Länge von einer Minute einreichen.

Geld
Zahlreiche Bankomaten und Banken im Zentrum.

Banka Kovanica, Trg Sv. Trojstva 9.
⏲ Mo–Fr 8–16, Sa 8–12 Uhr.

Informationen
Touristeninformation der Stadt Požega,
Antuna Kanižlića 3, ✆ 034-274900,
🖥 www.pozega-tz.hr.
Tourismuszentrale der Region Požega-Slawonien, Županijska 7, ✆ 034-290177,
🖥 www.tzzps.hr.

Medizinische Hilfe
Krankenhaus Požega,
Osječka 107, ✆ 034-34254555,
🖥 www.pozeska-bolnica.hr.

Polizei
Polizeistation Požega, Hrvatskih branitelja 86,
✆ 034-271728.

NAHVERKEHR
Auto und Motorrad
Kostenpflichtige **Parkplätze** stehen im Zentrum ausreichend zur Verfügung.

Taxi
Auto Taxi Požega, Industrijska 2,
✆ 097-7972932.

TRANSPORT
Busse
Busbahnhof Požega, Industrijska 14,
✆ 060-330330.
OSIJEK, 2x tgl. in 2 Std. für 78 Kn.
SLAVONSKI BROD, 3x tgl. in 1 Std. für 35 Kn.
ZAGREB, 4x tgl. in 2 1/2 Std. für 115–122 Kn.

Eisenbahn
Die einzige Bahnstrecke führt von Velika über Požega nach Batrina, wo wiederum Anschluss zu den Zügen zwischen Zagreb und Slavonski Brod besteht.
Bahnhof Požega, Franje Cirakija 7,
✆ 034-273911.
VELIKA, 6x tgl. in 40 Min. für 12 Kn.
NOVA KAPELA-BATRINA, 8x tgl. in 40 Min. für 25–32 Kn.

Kutjevo

Kutjevo (6500 Einw.) liegt am Fuße des Papuk-Gebirges am nördlichen Ende des Tales Zlatna dolina und ist der **bekannteste Weinort Slawoniens**. Die fruchtbaren Böden und die Hügellandschaft lassen hier einen hervorragenden Weißwein, aber auch taugliche Rotweine wachsen.

Durch den Naturpark Papuk

Inmitten des flachen Slawonien nimmt sich das Mittelgebirge Papuk schon fast wie ein Hochgebirge aus. An den bewaldeten Hängen des Papuk erblickt man mehrere Burgruinen, an seinen Ausläufern gedeihen Weintrauben, die zu hervorragenden Weinen gekeltert werden. Das Papuk-Gebiet (336 km²) wurde 1999 zum Naturpark erklärt und steht damit unter speziellem Schutz. Das nahezu unbewohnte Gebiet ist von verschiedenen Punkten aus zugänglich. Der Haupteingang zum Park liegt in **Velika** (auch mit dem Zug erreichbar), nördlich von Požega, weitere Eingänge befinden sich in **Orahovica** und **Voćin**, im Norden des Parks. Durch den Naturpark führen zwei Autostraßen in Nord-Süd-Richtung, wer den Park abseits dieser Straßen erkunden möchte, der muss die Wanderstiefel schnüren.
Highlights sind der von Buchenwäldern gesäumte **See Jankovac**, der aufgrund der ihn umgebenden malerischen Landschaft ein beliebtes Ausflugsziel ist, die große mittelalterliche **Burg Ružica grad** bei Orahovica und der mit dichten Buchenwäldern bestandene **Berg Papuk**, mit 953 m die höchste Erhebung des gleichnamigen Naturparks. Mehrere **Bergwanderpfade** wurden ausgeschrieben, darunter eine etwa zweistündige Tour von Velika zur Berghütte Jankovac (200 m Höhenunterschied). Im künstlichen Badesee Orahovica nahe der gleichnamigen Stadt kann man baden.
Prirodni Park Papuk, Stjepana Radića 46, Velika, ✆ 034-313030, 🖥 www.pp-papuk.hr.

Graševina unlimited – eine Weinreise durch Slawonien

Slawonien ist nicht nur die Kornkammer Kroatiens, hier befindet sich auch eines der ältesten und wichtigsten Weinanbaugebiete des Landes. Die beiden Zentren des Weinbaus sind Kutjevo und Ilok, doch auch andernorts in Slawonien produzieren Weingüter herausragende Tropfen. Wer bei kroatischem Wein an billigen süßen Supermarktwein denkt, irrt gewaltig. Die kroatischen Winzer haben sich in den Jahren seit dem Krieg auch international einen Namen gemacht und eine Reihe von Auszeichnungen abgestaubt. Dennoch ist kroatischer Wein in Deutschland im freien Handel nicht erhältlich, allein einige Spezialhändler (z. B. Jadrovino, 🖳 www.jadro.de, Kroatische Feinkost, 🖳 www.kroatische-feinkost.de) importieren kroatische Weine für den deutschen Markt. Wer eine größere Auswahl haben möchte, muss nach wie vor selbst nach Kroatien fahren.

In Slawonien dominieren die Weißweine, die wichtigste Sorte ist der Graševina (dt. Welschriesling), der von nahezu allen slawonischen Weingütern produziert wird. Weitere Sorten sind Grauburgunder (Pinot Sivi), Traminer (Traminac), Riesling (Rajnski Rizling) und Chardonnay, gängige Rotweinsorten sind die aus Österreich bekannten Blaufränkisch (Frankovka), Zweigelt und Spätburgunder (Pinot crni).

Für eine größer angelegte Wein-Rundreise durch Slawonien gibt es unzählige Möglichkeiten. Eine Route, auf der die wichtigsten Weingüter und Anbaugebiete verbunden werden, wird hier vorgestellt. Die etwa 450 km lange Strecke sollte behutsam angegangen werden, vielleicht in drei Tagen. Übernachtungsmöglichkeiten bestehen in allen größeren Orten und auch auf einigen Weingütern.

Vinarija Daruvar ①, Ivana Gundulića 1, Daruvar, ✆ 043-331943, 🖳 www.badel-vina.hr.
Wer aus Richtung Zagreb kommt, kann die Reise in **Daruvar** beginnen lassen (S. 529). Im **Schloss der Grafen Janković** aus dem 18. Jh. befindet sich der Weinkeller des großen Weingutes, das heute vom Zagreber Getränkehersteller Badel betrieben wird. Der Spitzenwein (Vrhunsko vino) Graševina hat mehrere internationale Auszeichnungen erhalten.

Weingut Feravino ②, Feričeva 16, Feričanci, ✆ 031-603213, 🖳 www.feravino.hr.
Weiter geht's in das kleine Örtchen **Feričanci** bei Orahovica, das eine eigene kleine Weinregion darstellt. Das Weingut Feravino produziert Graševina in mehreren Qualitätsstufen (zu empfehlen ist der Dinka Graševina), dazu ordentlichen roten Frankovka. Im Weinkeller können die edlen Tropfen für 10 Kn pro Glas probiert werden.

Weingut Josić ③, Planina 194, Zmajevac, ✆ 031-734410, 🖳 www.josic.hr.
Vorbei an Osijek geht die Rundreise in die Baranja, wo es zahlreiche kleinere Weingüter gibt, die zum Teil hervorragenden Wein produzieren. Eines der besten davon befindet sich in **Zmajevac** und ist zugleich Restaurant. Der Graševina Terra Panonium und der Cuvée Ciconia Nigra wurden national und international prämiert. Die Weine können auch im (exzellenten) Restaurant getrunken werden.

Iločki podrumi ④, Dr. Franje Tuđmana 72, ✆ 032-590003, 🖳 www.ilocki-podrumi.hr.
An der Donau entlang führt der Weg in die östlichste Stadt Kroatiens nach **Ilok**. Das größte und wichtigste Weingut heißt Ilocki Podrumi (Keller von Ilok) und betreibt zugleich das Landweingut Principo-

Bekanntestes Bauwerk ist das **Kloster Kutjevo**, das 1232 von Zisterziensermönchen gegründet und nach der türkischen Herrschaft von den Jesuiten übernommen wurde. Ende des 19. Jhs. wurde die schlossartige Anlage mit achteckigem Turm und Zwiebelhaube für das Weingut Kutjevo umgebaut, das hier seitdem seinen Sitz hat. Weitere Weingüter befinden sich in der Umgebung, vor allem in der Gegend um Vetovo.

ÜBERNACHTUNG UND ESSEN

Vinska Kuća Majetić, Venje 2, ✆ 034-255450. Im Örtchen Venje, in einer fruchtbaren Landschaft am Südrand des Naturparks Papuk,

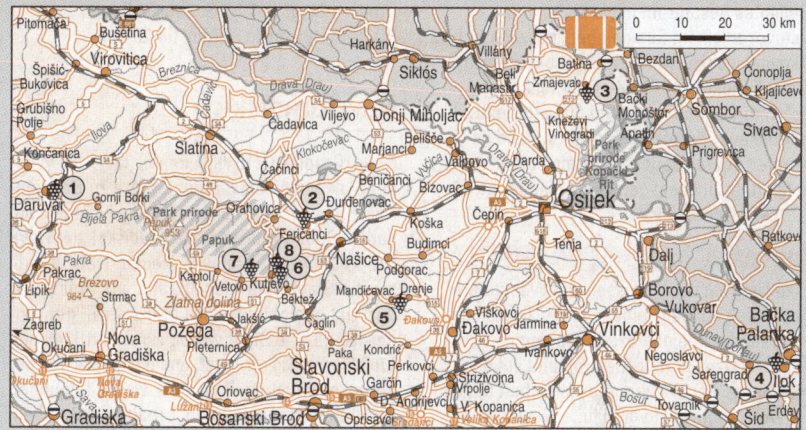

vac. Die Weine sind durch die Bank von guter Qualität, besonders stolz sind die Winzer auf ihren vielfach ausgezeichneten Traminac.

Đakovačka vina ⑤, Mandićevac bb, Drenje, ☏ 031-837200, 🖥 www.djakovacka-vina.hr.
Zurück Richtung Westen ist das nächste Ziel die Weinbauregion um Đakovo, deren Zentrum sich im Örtchen Drenje befindet. Im nahegelegenen Dörfchen **Mandićevac** liegt das Weingut Đakovačka vina, wo erstklassige Weine produziert werden.

Vlado Krauthaker ⑥, Ivana Jambrovića 6, ☏ 034-315000, 🖥 www.krauthaker.hr.
Auf dem Rückweg nach Westen wird in **Kutjevo** schließlich das Epizentrum des slawonischen Weinbaus erreicht. Eine ganze Reihe kroatienweit und in Fachkreisen auch international bekannter Winzer hat sich hier etabliert. Der bekannteste unter ihnen ist Vlado Krauthaker, der in großer Menge produziert, aber gerade in den letzten Jahren eine Qualität erreicht hat, die sich in zahlreichen Auszeichnungen seiner Weine spiegelt.

Weingut Enjingi ⑦, Hrnjevac 87, Vetovo, ☏ 034-267200, 🖥 www.enjingi.hr.
Der zweite bekannte Winzer ist Ivan Enjingi, der meistausgezeichnete kroatische Winzer, der ausschließlich in Kroatien produziert. Sein Meisterstück ist eine weiße Sortenmischung namens Venje, für die er mehrere Auszeichnungen erhalten hat.

Weingut Kutjevo ⑧, Trg graševine 2, ☏ 034-255041, 🖥 www.kutjevo.com.
Im **Kloster Kutjevo** hat auch das Großweingut Kutjevo seinen Sitz. Sehr gute Weine.

SLAWONIEN

liegt zwischen Kutjevo und Vetovo dieses Weingut mit Übernachtungsmöglichkeit. Die angenehmen Zimmer sind nach Weinsorten benannt. Restaurant mit traditioneller slawonischer Küche und Weinproben auf Kroatisch oder Englisch. ⏲ 9–23 Uhr.
❶–❷

Kutjevački podrum, Zdenka Turkovića 1, ☏ 034-255500, 🖥 www.kutjevo.com.
Traditionelle slawonische Küche mit Wild- und Grillgerichten. Da das Restaurant zu einem großen Weinproduzenten gehört, gibt es natürlich auch exzellenten Wein aus Kutjevo. ⏲ 7–22 Uhr.

Restaurant Schön Blick, Zagrebačka 18, Vetovo ✆ 034-267108, 🖳 www.schonblick.hr. Beliebtes Restaurant mit Unterkunft in Vetovo, an einem See gelegen, mit zahlreichen Aktivmöglichkeiten und wunderbarer Terrasse mit schönem Blick. Wild-, Grill- und Fischgerichte, die Spezialität des Hauses heißt betrunkener Karpfen (Pijani šaran) und ist ein Karpfen in Weinsauce. Die Zimmer sind mit soliden Holzmöbeln gemütlich eingerichtet. ⏲ 10–24 Uhr. ❶–❷

EINKAUFEN

Eine Liste mit den Adressen von Weingütern findet sich auf der Homepage der Tourismuszentrale der Region Požega-Slawonien, 🖳 www.tzzps.hr (Eno-Gastro), und auf der Homepage der Winzergenossenschaft Kutjevo, 🖳 www.kutjevacki-vinari.hr.
Vlado Krauthaker, Ivana Jambrovića 6, ✆ 034-315000, 🖳 www.krauthaker.hr. Der bekannteste Winzer der Region wurde mehrfach für seine exzellenten Weine ausgezeichnet. Hier können Weine verkostet und gekauft werden.
Weingut Enjingi, Hrnjevac 87, Vetovo, ✆ 034-267200, 🖳 www.enjingi.hr. Familienweingut in Hrnjevac, zwischen Kutjevo und Vetovo, mit hervorragenden Weinen.
Weingut Kutjevo, Trg graševine 2, ✆ 034-255041, 🖳 www.kutjevo.com. Der größte Hersteller der Region ist bekannt für seinen Graševina und andere Weißweine, er hat seinen Sitz im Kloster Kutjevo und eine Filiale direkt in der Stadt.

SONSTIGES

Apotheken
Ljekarna Perak, Eugena Kvaternika 2, ✆ 034-313845.

Geld
Bankomaten und Banken im Zentrum.
Slatinska Banka, Republike Hrvatske 52. ⏲ Mo–Fr 8–15 Uhr.

Polizei
Polizeistation Kutjevo, Republike Hrvatske 81, ✆ 034-255058.

TRANSPORT

Busverbindungen:
OSIJEK, 2x tgl. in 1 1/2 Std. für 70 Kn.
POŽEGA, 12x tgl. in 30 Min. für 26 Kn.

Nova Gradiška

Nova Gradiška (15 000 Einw.) liegt im Westen Slawoniens unweit der Grenze zu Bosnien-Herzegowina. Direkt an der Grenze befindet sich der Ort Stara Gradiška (= Alt Gradiška), der Nova Gradiška (= Neu Gradiška) seinen Namen gab, als die Stadt Mitte des 18. Jhs. als Stützpunkt der Österreichischen Militärgrenze gegründet wurde. Die Stadt wurde zwischen 1748 und 1763 planmäßig errichtet, und ein großer Teil der barocken Innenstadt ist trotz Beschädigungen im Unabhängigkeitskrieg erhalten geblieben. Von den Gebäuden im Zentrum sind vor allem die Kirchenbauten sehenswert. Die **Kirche der Hl. Theresia von Avíla** (Crkva Sv. Terezije Avilske) ist ein hübscher Barockbau mit einem sonderbaren steinernen Turmhelm, der an eine Badehaube erinnert. Die **Pfarrkirche der unbefleckten Empfängnis der Hl. Jungfrau Maria** ist ein monumentaler Kirchenbau aus dem frühen 19. Jh., dessen Innenraum vom kroatischen Maler Celestin Medović gestaltet wurde.

ÜBERNACHTUNG UND ESSEN

Hotel Kralj Tomislav, Trg kralja Tomislava 3, ✆ 035-362722, 🖳 www.hotel-kralj-tomislav.hr. Hotel im Zentrum von Nova Gradiška mit soliden Zimmern mit Betten aus slawonischer Eiche und anderen Ethno-Möbeln. Zum Angebot gehören das Restaurant Kruna, ein Café und das Pub Sir Marc & Philip mit einer großen Auswahl heimischer und internationaler Biersorten. ❷–❸
Restaurant Dukat, Bana I. Mažuranića 27, ✆ 035-330180, 🖳 www.dukat-slavonskakuca.com. Traditionelle slawonische Küche mit Fleischgerichten, slawonischem Schinken und Wurst, Fišpaprikaš und selbst gebackenem Brot. ⏲ 6.30–24 Uhr.
Restaurant Slavonski biser, Nikole Tesle 2&4, ✆ 035-363259, 🖳 www.slavonskibiser.com. In der „slawonischen Perle" gibt es hervor-

ragende traditionell slawonische Küche, darunter Steaks, Grillfleisch und Flussfische. Dazu werden auch solide Zimmer vermietet. ⏲ 6–24 Uhr. ❶–❷

UNTERHALTUNG UND KULTUR

Disco Club New York, Zrinskih 8, ✆ 098-247401, 🖥 www.newyorktheclub.com. Tagsüber ist das New York von Nova Gradiška ein Café, abends finden Clubnächte und Themenpartys statt. ⏲ Mo–Do 7–23, Fr, Sa 7–5 Uhr.

AKTIVITÄTEN UND TOUREN

Radfahren

In und um Nova Gradiška wurden insgesamt 24 km an **Radwegen** ausgeschrieben, die unter anderem in den Nachbarort Cernik mit Franziskanerkloster und Schloss aus dem frühen 18. Jh. führen. Informationen zu den Radwegen und Radkarten gibt die Touristeninformation, die auch geführte Radtouren organisiert.

Schwimmen

Im Zentrum der Stadt befindet sich ein **Freibad** (Gradski bazeni) mit 3 Schwimmbecken. ⏲ im Sommer 10–19 Uhr, Eintritt 10 Kn.

SONSTIGES

Apotheken

Ljekarna Zubović, Matije Antuna Relkovića 32, ✆ 035-366255. ⏲ Mo–Fr 7–20, Sa 7–15 Uhr.

Geld

Mehrere Bankomaten und Banken im Zentrum.
Hypo Bank, Trg kralja Tomislava 3. ⏲ Mo, Mi–Fr 8.30–15.30, Di 10.30–17.30 Uhr.

Informationen

Touristeninformation Nova Gradiška, Matije Antuna Relkovića 9, ✆ 035-361494, 🖥 www.tzgng.hr.

Medizinische Hilfe

Krankenhaus Nova Gradiška, Strossmayerova 17, ✆ 035-217900, 🖥 www.bolnicang.hr.

Polizei

Polizeistation Nova Gradiška, Matije Antuna Relkovića 1, ✆ 035-211639.

Taxi

Auto Taxi Nova Gradiška, Bana Ivana Mažuranića 14, ✆ 035-361688.

TRANSPORT

Busse

Busbahnhof Nova Gradiška, Kolodvorska bb, ✆ 060-323323.
OSIJEK, 1x tgl. in 3 Std. für 93 Kn.
POŽEGA, 7x tgl. in 45 Min. für 30 Kn.
ZAGREB, 4x tgl. in 2 Std. für 85–91 Kn.

Eisenbahn

Nova Gradiška liegt an der Hauptbahnstrecke von Zagreb nach Slavonski Brod. Der **Bahnhof** liegt im Süden des Zentrums (Verlängerung der Straße M.E. Relkovića) SLAVONSKI BROD, 14x tgl. in 40 Min. für 36 Kn.
ZAGREB, 13x tgl. in 2–3 Std. für 78 Kn.

Virovitica

Virovitica liegt an der Straße von Varaždin nach Osijek, unweit der ungarischen Grenze. Die Provinzhauptstadt, die von der Nahrungsmittelindustrie lebt, lohnt keinen Abstecher, wer sich jedoch zu einer Pause hier entschließt, kann das riesige spätbarocke **Schloss der Familie Pejačević** (ca. 1800 erbaut) im Zentrum bestaunen und das darin gelegene Stadtmuseum besuchen. Im Stadtzentrum sind zudem die **Rochuskirche** (Crkva Svetog Roka) aus dem 18. Jh. mit barockem Kircheninventar wie dem Hauptaltar aus dem Jahr 1767 sowie ein mittelalterliches **Franziskanerkloster** von 1280 zu sehen.

ÜBERNACHTUNG UND ESSEN

Hotel Mozart, Kinkovo bb, ✆ 033-801000, 🖥 www.hotelmozart.hr. Knapp 10 km vor den Toren Viroviticas (Richtung Đurđevac/Koprivnica) liegt dieses wunderschöne Landhotel mit alten Möbeln im ganzen Gebäude, aber modernen Zimmern. Das Hotel bietet

Wellness- und Aktivmöglichkeiten wie Sauna, Whirlpool und Reitangebote. ❸
Rooms Virovitica, Vukovarska 3, ☏ 048-628513. Saubere und freundliche Unterkunft, 500 m südlich vom Zentrum. Buchbar über Booking-Portale. ❶

Restoran Zlatni Klas, Otrovanec 228, Pitomača, ☏ 033-714114, 🖥 www.zlatni-klas.hr. Beliebtes Ausflugsrestaurant auf halbem Weg zwischen Virovitica und Đurđevac mit zahlreichen Aktivangeboten, z. B. Reitmöglichkeiten. Auf der Karte stehen viele vegetarische Gerichte (z. B. mit Kürbis) mit einheimischen Kräutern, dazu alte vergessene Rezepte aus Großmutters Zeiten und selbst gebackenes Brot. Wer es traditionell, aber doch ein bisschen abseits vom Standard mag, wird sich hier wohlfühlen. ⏰ Di–So 11–23 Uhr.

UNTERHALTUNG UND KULTUR

Theater Virovitica, Trg Ljudevita Patačića 2, ☏ 033-721330, 🖥 www.kazalistevirovitica.hr. Theateraufführungen.

SONSTIGES

Apotheken
Ljekarna Virovitica, Ljudevita Gaja 6, ☏ 033-721019. ⏰ rund um die Uhr.

Geld
Mehrere Banken und Bankomaten im Zentrum.
Kovanica, Trg dr. Franje Tuđmana 6.
⏰ Mo–Fr 8–16, Sa 8–12 Uhr.

Informationen
Touristeninformation der Stadt Virovitica, Trg kralja Tomislava 1, ☏ 033-721241, 🖥 www.tz-virovitica.hr.
Tourismuszentrale der Gespanschaft Virovitica-Podravina, Augusta Šenoe 1, ☏ 033-726069, 🖥 www.tzvpz.hr.

Medizinische Hilfe
Krankenhaus Virovitica, Ljudevita Gaja 21, ☏ 033-747444, 🖥 www.bolnica-virovitica.hr.

Polizei
Polizeistation Virovitica, Stjepana Radića 110, ☏ 033-741439.

Taxi
Taxi Virovitica, ☏ 098-559127.

TRANSPORT

Busse
Busbahnhof Virovitica, Trg fra B. Gerbera bb, ☏ 033-721113.
BJELOVAR, 9x tgl. in 1 1/2 Std. für 55 Kn.
ZAGREB, 10x tgl. in 3 Std. für 111–116 Kn.

Eisenbahn
Bahnhof Virovitica, ☏ 033-730121.
BJELOVAR, 6x tgl. in 1 Std. für 40 Kn.
DARUVAR, 4x tgl. in 1 1/2 Std. für 36 Kn.
KOPRIVNICA, 5x tgl. in 1 Std. für 43 Kn.
OSIJEK, 8x tgl. in 2–2 1/2 Std. für 70 Kn.
VARAŽDIN, 1x tgl. in 2 1/2 Std. für 65 Kn.
ZAGREB, 9x tgl. in 2 1/2 Std. für 84 Kn.

Anhang

Sprachführer S. 606
Bücher S. 609
Index S. 611
Danksagung S. 621
Bildnachweis S. 622
Impressum S. 623
Kartenverzeichnis S. 624

Sprachführer

Besonderheiten

Kroatisch hat wie alle slawischen Sprachen spezifische Kasusendungen bei Substantiven. Das heißt, der Vokal am Ende eines Wortes kann sich verändern, was auch für Eigennamen gilt. Wenn man z. B. fragt: „Welcher Bus fährt nach Rijeka?" heißt das: „Koji autobus ide za Rijeku?". Aus der Stadt Rijeka wird dann also irritierenderweise Rijeku. Auch bei deutschen Orts- und Personennamen wird dekliniert. Fragt man z. B. „Kennst du Helga?", heißt das auf Kroatisch: „Poznaješ li Helgu?". Besonders verwirrend wird das bei Namen, die es in männlicher und weiblicher Form gibt. Bekennt man also z. B. „Volim Ivana", heißt das keineswegs „Ich liebe Ivana", sondern „Ich liebe Ivan" (komplizierte interkulturelle Missverständnisse nicht ausgeschlossen). Im Kroatischen kennt man neben den bekannten Fällen Nominativ, Genitiv, Dativ und Akkusativ drei weitere, nämlich Vokativ, Instrumental und Lokativ. Der Vokativ wird bei der direkten Ansprache verwendet (Hallo Goran! = Bok Gorane!), der Instrumental in erster Linie für Kombinationen mit der Präposition „mit" (z. B. heißt „Burek mit Käse" „Burek sa sirom"), der Lokativ für Ortsbezeichnungen auf die Frage „wo" (die Form ist immer identisch mit dem Dativ).

Die Kasusendungen sind kein Luxus – wer die Wörter am Ende nicht verändert, wird vor allem bei unzureichender Aussprache von Kroaten nicht verstanden. Ein Vorteil ist im Gegenzug, dass es keine Artikel gibt und man so auch nicht das Geschlecht der Wörter lernen muss.

Aussprache

Die Betonung liegt im Kroatischen überwiegend auf der ersten Silbe. Alle geschriebenen Buchstaben werden deutlich ausgesprochen, beispielsweise das „e" und „r" in ve**č**er (Abend).

Die kroatischen Vokale (a, e, i, o, u) werden ähnlich wie auf Deutsch ausgesprochen, das „e" ist immer kurz wie in „**e**cht", „i" immer lang wie in „W**ie**n".

Bei den Konsonanten gibt es fünf Sonderzeichen, als eigene Buchstaben gelten zudem die Lautkombinationen „dž", „lj" und „nj". Alle nicht aufgeführten Konsonanten werden ähnlich wie auf Deutsch ausgesprochen.

Kasusveränderung

Eine Übersicht der Endungen in allen sieben kroatischen Fällen (es gibt jedoch einige Ausnahmen).

	feminin (-a)	neutral (-o/-e)	maskulin (Konsonant)
Nominativ	kav**a**	piv**o**/mor**e**	prozor
Genitiv	kav**e**	piv**a**/mor**a**	prozor**a**
Dativ/Lokativ	kav**i**	piv**u**/mor**u**	prozor**u**
Akkusativ	kav**u**	piv**o**/mor**e**	prozor
Instrumental	kav**om**	piv**om**/mor**em**	prozor**om**
Vokativ	kav**o**	piv**o**/mor**e**	prozor**e**

c	wie „z" in **Z**ebra
č	wie „tsch" in Ma**tsch**
ć	zwischen „tch" wie in Brö**tch**en und „tsch" wie in Ma**tsch** (variiert regional)
đ	zwischen „dj" und „dsch" wie in **Dsch**ungel
dž	wie „dsch" in **Dsch**ungel
h	am Wortanfang vor Vokal wie „h" in **H**ose (z. B. **H**otel), ansonsten wie „ch" in A**ch**tung (z. B. **H**rvatska)
lj	wie „ll" in Tai**ll**e oder „ie" in Fol**ie**
nj	wie „gn" in Lasa**gn**e
r	immer mit der Zungenspitze gerollt (wie auf Spanisch oder Italienisch), kann eine eigene Silbe tragen, z. B. H**r**vatska, K**r**k
s	immer stimmloses „s" wie in We**s**ten
š	„sch" wie in **Sch**ule
v	immer „w" wie in **W**urm
z	stimmhaftes „s" wie in **S**egel
ž	stimmhaft, wie das „g" in Blama**g**e

Wörter und Wendungen

Allgemeines

Guten Tag	*dobar dan*
Guten Morgen	*dobro jutro*
Guten Abend	*dobra večer*
Gute Nacht	*laku noć*
Hallo	*bok*
Tschüß	*bok, ciao*
Auf Wiedersehen	*do viđenja*
Ja	*da*
Nein	*ne*
Bitte	*molim*
Bitteschön	(Kellner im Restaurant) - *izvolite*
Danke	*hvala*
Guten Appetit	*dobar tek*
Prost	*živjeli*
Wie geht es dir?	*Kako si?*
Wie geht es Ihnen?	*Kako ste?*
Was gibt's?/ Was ist los?	*Što ima?*
Ich komme aus Deutschland (aus Österreich/ aus der Schweiz)	*Ja sam iz Njemačke (iz Austrije/ iz Švicarske)*
Ich verstehe nicht	*Ne razumijem*
Sprechen Sie Deutsch (Englisch)?	*Govorite li Njemački (Engleski)?*

Unterwegs

links	*lijevo*
rechts	*desno*
geradeaus	*ravno*
zurück	*natrag*
Straße	*ulica* (im Ort), *cesta* (über Land)
Autobahn	*autocesta*
Auto	*auto*
Motorrad	*motocikl*
Fahrrad	*bicikl*

Zahlen

1	jedan	17	sedamnaest
2	dva	18	osamnaest
3	tri	19	devetnaest
4	četiri	20	dvadeset
5	pet	21	dvadeset i jedan
6	šest	30	trideset
7	sedam	40	četrdeset
8	osam	50	pedeset
9	devet	60	šezdeset
10	deset	70	sedamdeset
11	jedanaest	80	osamdeset
12	dvanaest	90	devedeset
13	trinaest	100	sto
14	četrnaest	200	dvjesto
15	petnaest	1000	tisuća
16	šesnaest	2000	dvije tisuće

Werkstatt	*radionica*
Tankstelle	*benzinska (postaja)*
Parkplatz	*parkiralište*
Bus	*autobus*
Flugzeug	*avion*
Schiff	*brod*
Fähre	*trajekt*
Straßenbahn	*tramvaj*
Zug	*vlak*
Bahnhof	*željeznički kolodvor*
Busbahnhof	*autobusni kolodvor*
Flughafen	*aerodrom*
Wo ist der Busbahnhof?	*Gdje je autobusni kolodvor?*
Wo ist das Hotel…?	*Gdje je Hotel…?*
Fährt dieser Zug (dieser Bus/ diese Fähre) nach Rijeka?	*Je li ovaj vlak (autobus/trajekt) ide za Rijeku?*
Wo ist das nächste Krankenhaus (Apotheke/ Polizeistation)?	*Gdje je najbliža bolnica (ljekarna/ policijska postaja)?*

Zeit

gestern	jučer
heute	danas
morgen	sutra
Montag	ponedjeljak
Dienstag	utorak
Mittwoch	srijeda
Donnerstag	četvrtak
Freitag	petak
Samstag	subota
Sonntag	nedjelja
am Morgen	ujutro
am Nachmittag	popodne
am Abend	navečer
Januar	siječanj
Februar	veljača
März	ožujak
April	travanj
Mai	svibanj
Juni	lipanj
Juli	srpanj
August	kolovoz
September	rujan
Oktober	listopad
November	studeni
Dezember	prosinac

Essen und Trinken

Speisekarte	jelovnik
Frühstück	doručak
Mittagessen	ručak
Abendessen	večera
Messer	nož
Gabel	vilica
Löffel	žlica
Flasche	boca/flaša
Glas	čaša

Bestellt wird (wie im Deutschen) im Akkusativ

Einen Kaffee, bitte! (genauso für alle Begriffe auf -a)	Jednu kavu, molim!
Ein Bier, bitte! (genauso für alle Begriffe auf -e und -o)	Jedno pivo, molim!
Einen Saft, bitte! (genauso für alle Begriffe auf Konsonant)	Jedan sok, molim!
Haben Sie Olivenöl?	Imate li maslinovo ulje?
Kann ich Salz bekommen?	Mogu li dobiti sol?
Ich esse keinen Fisch.	Ne jedem ribu.
Die Rechnung bitte!	Račun, molim!
Ich möchte einen Tisch für 2 (3/4) Personen reservieren.	Želim rezervirati stol za dvoje (troje/ četvero) ljudi.
Wir zahlen getrennt	Plaćemo odvojeno
Alles zusammen	Sve zajedno
Ich bin Vegetarierin (Vegetarier)	Ja sam vegetarijanka (vegetarijanac)
Wie viel kostet ein Bier (ein Mineral- wasser/ein Kaffee)?	Koliko košta pivo (mineralna voda/ kava)?

In der Stadt

Stadtzentrum	centar grada
Kirche	crkva
Museum	muzej
Bank	banka
Postamt	poštanski ured
Zimmer	soba
Stadtplan	plan grada
Touristeninformation	turističke informacije
geöffnet	otvoreno
geschlossen	zatvoreno

Bücher

Kroatische Literatur

Ivo Andrić *Die Brücke über die Drina: Eine Chronik aus Višegrad* (dtv, München 2013). Der jugoslawische Literaturnobelpreisträger setzt mit seinem 1945 erschienenen Meisterwerk der bosnischen Stadt Višegrad und ihrer Brücke aus osmanischer Zeit ein Denkmal. Unterhaltsam begleitet der Autor dabei die Geschichte der Bewohner Višegrads von der osmanischen Zeit bis zum Ersten Weltkrieg.

Slavenka Drakulić *Als gäbe es mich nicht* (Aufbau Taschenbuch, Berlin 2002). In ihrem bewegenden Buch beschreibt Slavenka Drakulić die Geschichte einer Frau, die als bosnischer Flüchtling 1993 im Krankenhaus in Stockholm ein Kind zur Welt bringt, das die Folge einer Massenvergewaltigung war. Die traumatischen Erinnerungen der jungen Bosnierin ziehen in dieser Situation nochmals an ihr vorüber.

Europa Erlesen ist eine wunderbare Reihe des österreichischen Wieser Verlags aus Klagenfurt, in der Gedichte, Kurzgeschichten und Romanauszüge einheimischer und ausländischer Autoren zu einer Stadt, einer Region oder einem Thema zusammengestellt sind. Im Band über Zagreb kommen unter anderem August Šenoa, Miroslav Krleža, Vladimir Nazor, Heimito von Doderer und Timothy Garton Ash zu Wort. Weitere Bände sind über Dalmatien, Dubrovnik, Istrien, Kvarner und Slawonien erschienen.

Miro Gavran *Johannes der Täufer* (Seifert Verlag, Wien 2008). Miro Gavran, einer der bedeutendsten Gegenwartsautoren Kroatiens hat sich in mehreren Romanen mit biblischen Gestalten auseinandergesetzt. In diesem spannenden Roman begegnen drei vollkommen unterschiedliche Menschen Johannes dem Täufer, dabei entsteht ein differenziertes Bild der Hauptperson und seiner Zeit.

Miljenko Jergović *Das Walnusshaus* (Heyne Verlag, München 2009). Der aus Bosnien stammende Schriftsteller schreibt die Geschichte einer alten Frau, mit deren Tod der Roman beginnt, rückwärts. Dabei entsteht ein buntes Gesellschaftsbild ihrer Heimatstadt Dubrovnik, in der die alte Dame fast das gesamte 20. Jh. verbracht hat.

Miroslav Krleža *Ohne mich. Eine einsame Revolution* (mehrere Ausgaben, alle nur antiquarisch erhältlich). Krležas Roman aus dem Jahr 1938 zeigt einen 50-jährigen Rechtsanwalt, der durch einen Augenblick der Wahrheit zum Nonkonformisten wird und von der Gesellschaft verleumdet, ins Gefängnis geworfen und schließlich ins Irrenhaus gebracht wird. Die pessimistische und gesellschaftskritische Geschichte setzt sich mit dem Verhältnis vom verantwortungsbewussten Einzelnen zur verlogenen Gesellschaft mit bürgerlicher Maske auseinander und spiegelt zugleich die Gesellschaft des missglückten jugoslawischen Staates der Zwischenkriegszeit.

Saša Stanišić *Wie der Soldat das Grammophon repariert* (btb Verlag, München 2008). Zugegeben, Saša Stanišić ist Bosnier, doch sein Roman, der den Bosnienkrieg aus kindlich-verträumter Perspektive aufrollt und so den Irrsinn dieses Krieges bloßstellt, ist einfach zu lesenswert, um ihn nicht zu erwähnen.

Aktivurlaub

Michael Sachweh *Segelwetter östliches Mittelmeer: Wolken, Wind und Wellen richtig deuten* (Delius Clasing, Bielefeld 2013). Eine große Hilfe für Segler vor Kroatiens Küste, der Autor informiert informativ und gut lesbar über Besonderheiten und Tücken des Wetters am östlichen Mittelmeer.

Reto Solér und Natalie Stimac *Istrien mit Kvarner Bucht, Velebit und Plitvicer Seen. Die schönsten Tal- und Höhenwanderungen* (Bergverlag Rother, Oberhaching 2012). Solider Wanderführer mit 47 Wandertouren im nördlichen Teil der kroatischen Küste.

Geschichte und Gesellschaft

Richard Holbrooke *Meine Mission. Vom Krieg zum Frieden in Bosnien* (Piper, München 1999). Der US-Diplomat Richard Holbrooke handelte

1995 den Frieden von Dayton aus, der den Krieg in Bosnien beendete und eine Zäsur in der Geschichte der ganzen Region darstellt. In diesem Buch berichtet Holbrooke über die schwierigen Verhandlungen, immer wieder auch mit kleineren Anekdoten angereichert.

Mark Mazower *Der Balkan: Kleine Weltgeschichte* (Berliner Taschenbuchverlag, Berlin 2007). Der britische Historiker Mark Mazower gibt in diesem Buch eine Übersicht über die Geschichte Südosteuropas über die Jahrhunderte. Dabei fasst er die Beschaffenheit der Region, die Charakteristika seiner Bewohner und die wichtigsten Daten der Geschichte ansprechend zusammen.

Holm Sundhaussen *Jugoslawien und seine Nachfolgestaaten 1941–2011* (Böhlau, Wien 2012). Holm Sundhaussen, emeritierter Professor für Südosteuropäische Geschichte an der FU Berlin und ausgewiesener Experte für diese Region, hat sich in diesem umfangreichen Buch mit den Krisen während und nach dem sozialistischen Jugoslawien auseinandergesetzt. Er versucht sich dabei von den Geschichtsschreibungen der einzelnen Länder zu emanzipieren und einen Gesamtüberblick zu erstellen.

Index

A

Abkommen von Dayton 94, 95
Abkommen von Erdut 94, 95
Agrotourismus 548
Aktivitäten 66
Alexander I., König 89
Alpe-Adria-Cup 121
Andrić, Ivo 101
Angeln 66, 272
Anreise 42
Apotheken 59
Apoxiomen 238
Arbeitslosenquote 97
Arboretum Opeka 539
Arboretum Trsteno 441
Archipel von Rovinj 131
Archipel von Zadar 316
Architektur 98
Ärzte, deutschsprachige 59
Augustinčić, Antun 552
Baumstammrevolution 93
Auslandskrankenversicherung 77
Ausrüstung 58
Austern 456
Auto 73
Autonome Region Serbische Krajina 93

B

Babić, Milan 93
Babine Kuće 475
Babino Polje 475
Bačka Palanka (Serbien) 584
Bač (Serbien) 585
Baden 68
Badija, Insel 468
Badrić, Nina 105
Bakar 25, 201
Bale 25, 171
Banovina 524
Baraćeve špilje, Höhle 265
Baranja 576
Baranjska Kuća 576
Bärenrefugium von Kuterevo 272
Baron Gautsch, Schiffswrack 135
Bars 49
Bašić, Nikola 294
Baška 224
Baška Voda 387
Baške Oštarije 282
Batvači 176
Bauer, Branko 102
Bed & Breakfast 77
Begeč (Serbien) 585
Begovo Razdolje 264
Behinderungen, Reisende mit 64
Béla IV., König 485
Beli 232
Beli Manastir 576
Bergland 82
Betina 25, 348
Bevölkerung 84
Bier 54, 277
Bijelo Dugme 104
Bildhauerei 100
Bilopolje 462
Biograd 314
Biograd na Moru 313
Biokovo-Gebirge 394
Biokovo, Naturpark 390
Biserujka, Tropfsteinhöhle 215
Biševo, Insel 429
Bjelolasica, Olympiazentrum 264
Bjelolasica, Skizentrum 70
Bjelovar 525
Bjelovar-Bilogora 525
Blaca, Einsiedlerklause 403
Blace 474
Blagaj (Bosnien) 479
Blaue Flagge 68
Blaue Grotte 429
Blaue Grotte, Insel Cres 234
Blauer See 383
Bogišić, Baltazar 452
Bol 401
Bollé, Hermann 493
Bombelles, Marko Graf von 539
Borovo 582
Bosnien 479
Bosnien-Herzegowina 270
Botanische Garten des Velebit 280, 282
Botanischer Garten Kotišina 390
Botschaften 45
Božava 321
Brač, Insel 397
Bräuche von Sali 326
Braunbären 82, 204, 268, 278
Brbinj 322
Brčko (Bosnien) 591
Bregović, Goran 104
Brela 385
Brešan, Vinko 102
Brijuni-Inseln 83, 126
Brlić-Mažuranić, Ivana 101, 263
Brna 25, 472
Brodarica 342
Broz, Josip siehe Tito
Bršec 213
Brtonigla 155
Bruttoinlandsprodukt 97
Bücher 46, 609
Bucht von Kotor (Montenegro) 481
Bucht von Palud 173
Bukovac, Vlado 100, 452
Bundek-See 497
Bura 35
Burg Samobor 508, 511
Busse 71
Buzet 163

C

Čakovec 554
Camping 75
Caput Insulae 232
Čara 471
Cargo Orkestar 104
Caska, Strand 311
Cavtat 452
Čazma 530
CDs 46
Čelarevo (Serbien) 585
Cetina-Tal 381, 383, 384
Cetinski, Toni 105
Čigoć 25, 519
Čilipi 454

Čiovo, Insel 375, 379
Čista, Strand 310, 311
Clubs 49
Cres, Insel 5, 228
Cres-Stadt 228
Crikvenica 202
Crveni otok, Insel 132

D

Dabarski kukovi 282
Đakovo 591
Dalmatinac, Juraj 332
D'Annunzio, Gabriele 187, 191
Daruvar 529, 600
Dedić, Arsen 105
Dedić, Matija 105
Deklaration von Korfu 88
Delphine 81, 242
Deringaj 278
Diminić, Josip 177
Dingač 459
Diokletian, Kaiser 353, 373
Dječji raj, Strand 313
Donauradweg 67, 583
Donauschwaben 571
Donje Pazarište 277
Donje Selo 396
Donji Vidovec 559
Dragojević, Oliver 105
Drakulić, Slavenka 102
Drenov Bok 523
Drniš 341
Drvenik 391
Drvenik Mali, Insel 379
Drvenik Veli, Insel 379
Držić, Marin 101
Dubrovnik 12, 25, 432
　Alter Hafen 437
　Dominikanerkloster 440
　Essen 443
　Ethnografisches Museum Rupe 437
　Feste 446
　Festung des Sveti Ivan 438
　Franziskanerkloster 434
　Geschichte 433
　Informationen 448
　Luža-Platz 437
　Onofrio-Brunnen 435
　Orientierung 434
　Orlandosäule 437
　Pile-Tor 434
　Ploče-Tor 440
　Rektorenpalast 437
　Sponza-Palast 437
　Stadtmauer 434
　Stradun 434
　Strände 440
　Transport 451
　Übernachtung 441
　Unterhaltung 445
　War Photo Limited 433
Dugi Otok, Insel 321
đurđevac 560

E

Ebene von Stari Grad 417
Edward VIII., König 249
Eidechsen 81
Einkaufen 46
Einreise 47
Eisenbahn 71
Elafitische Inseln 441
Elektrizität 63
Eltz, Schloss 581
E-Mail 62
Essen 40, 48, 608
Ethnische Säuberungen 93
Ethnodorf Stara Lonja 521
Ethno-Haus 508
EU-Beitritt 94
Eulen 82
Euphemia-Kloster, Insel Rab 247
Euphrasius-Basilika, Poreč 145
Europäische Krankenversicherungskarte 77

F

Fähren 73
Fahrrad 74
Fauna 80
Fažana 125
Feiertage 55
Fenoliga, Insel 123
Ferdinand I., König 86
Feričanci 600
Ferienwohnungen 76
Fernsehen 63
Feste 55
Feste und Festivals
　Archäologisches Filmfestival Split 367
　Astro-Festivals 167
　Barockfestival 543
　Barockmusik-Festival 539
　„Bräuche von Sali" 326
　Dubrovniker Sommerfestspiele 446
　Dubrovnik Shakespeare Festival 446
　Ethno-Jazz-Festivals 174
　Exit 585
　Fest der Maria Schnee 317
　Fest des Hl. Rochus 156
　Fest des istrischen Malvazija 156
　Filmfestival Split 367
　Internationale Segelregatta Croatia Cup 223
　Internationales Festival der Spitze 553
　Internationales Folklore-Festival 259
　Jeunesses Musicales International 157
　Karneval in Rijeka 194
　Kastav-Bluesfest 199
　Kastav Blues Fest 200
　Kultursommer in Supetar 398
　Lost Theory Festival 278
　Mittelmeer-Filmfestival Split 367
　Motovun Filmfestival 160, 162
　Pula-Filmfestival 119
　Samoborski Fašnik 508
　Sardellenfest 126
　Split Sommerfestival 368
　Subotina 165
　Tabor-Filmfestival 551
　Tomatenfest 152
Festung Klis 381
Festung Topana 383
Feuerwehr 66
Film 102

Filmfestivals 56
Fiume, Freistaat 191
FKK 57, 249, 251
Flacius, Matthias 86
Flagge 84
Fliegen 66
Flora 80
Flüchtlingssituation 95
Flüge 71
Foibe-Massaker 109
Folklore 103
Fotografieren 57
Frankopan, Dujam 222
Frankopanen 222, 263
Frankopan, Fran Krsto 86, 222
Frano Miloš, Winzerei 460
Franz-Ferdinand 88
Frauen 57
Fremdenverkehrsämter 60
Frieden von Karlowitz 87
Futog (Serbien) 585

G

Gacka 8, 271, 274
Gaj, Ljudevit 87, 545
Galetić, Stjepan 263
Galevac, Insel 317
Gänsegeier 81, 232
Gavran, Miro 102
Geld 57
Generalić, Ivan 100, 562
Geografie 80
Geologie 81
Gepäck 58
Geschichte 85
Gesundheit 58
Getränke 53
Gibonni 105
Glagolitische Allee 166
Glagolitische Allee, Insel Krk 225
Glagolitische Schrift 101, 225
Glagoljica-Pfad, Insel Krk 225
Golik, Krešo 102
Goli Otok 250
Gornja Nakovana 462
Gornja Rijeka, Schloss 560
Gornje Selo 396
Gospić 277

Gotovina, Ante 94
Goveđari 475
Gračišće 171
Grandovac 427
Grapčeva spilja, Höhle 420
Grohote 396
Grotte Baredine 168
Grottenolm 82
Grožnjan 4, 25, 157
Gruda, Mühlen 454
Grüne Grotte 427, 429
Gubec, Matija 86
Gundulić, Ivan 101

H

Hajdučki kukovi 280, 282
Hajduk-Split 362
Haustor 104
HDZ (Hrvatska demokratska zajednica) 95, 96
Held, Kurt 285
Helmer, Hermann 539
Herceg Novi (Montenegro) 481
Hirsche 82
Histri 109
Hitchcock, Alfred 294
Hladno Pivo 105
Hl. Donat 288
Hlebine 562
Hl. Euphemia 130
Honig 46
Hornviper 81
Hostels 75
Hotels 76
Hrvatska Kostajnica 525
HSP (Hrvatska stranka prava) 95
Hum 166
Hvar, Insel 408
Hvar-Stadt 408

I

Illyrien 87
Illyrismus 87
Ilok 25, 584, 587, 600
Ilovik, Insel 243
Imotski 382
Inflation 97
Informationen 60

Inkey, Schloss 560
Inselhopping 32
Inseln 80
Internationale Studentenkarte ISIC 40
Internet 60, 62
Istarske Toplice 162
Ist, Insel 327
Istrien 107
Istrische Tonleiter 157
Ivan aus Kastav 100
Ivinje 345
Izetbegović, Alija 92
Iž, Insel 327

J

Jablanac 286
Jankovac, See 599
Janković, Graf 600
Jarun-See 497
Jasenovac 90, 519
Jaz, Bucht 324
Jelačić, Ban Josip 87, 489
Jelsa 419
Jergović, Miljenko 102
Jeunesses Musicales Croatia 157
Jeunesses Musicales International 157
Jezera 346
Jezero Donja Dubrava 559
Josephina (historische Straße) 255
Josipović, Ivo 94, 103
Joyce, James 113
Jugendherbergen 75
Jugo 35
Jugorock 104
Jugoslawien 89
Jurić-Zagorka, Marija 101

K

Kaffee 55
Kalifront, Insel Rab 251
Kandarola-Bucht, Insel Rab 249
Kanutouren 69, 137
Kap Kamenjak 3, 121, 122
Kap Oštro 454
Kaprije, Insel 350

Karađorđević, König Petar 89
Karadžić, Vuk Stefanović 87
Karanac 576
Karlovac 255
Karlovačko Pivo 256
Karolina (historische Straße) 255
Karst 81, 267
Käse 46, 310
Kastav 25, 199
Kastavština 199
Kaštela-Bucht 374
Kaštel Gomilica 374
Kaštel Kambelovac 374
Kaštel Lukšić 374
Kaštel Novi 374
Kaštel Štafilić 374
Kaštel Stari 374
Kaštel Sućurac 374
Katché, Manu 105
kažuni 176
Kinder 62
Kirchen 30
Kitesurfen 70
Klake 508
Klanjec 552
Klapa 103
Klek 264
Klettern 66, 301, 384
Klima 35, 42
Klis, Festung 381
Kloster Krka 338
Kloster Kutjevo 601
Klović, Julije 100
Knin 340, 341
Kolan 309
Kolanjsko blato, Ornithologisches Reservat 310
Koločep, Insel 441
Koloman, König 86
Kolo, Rundtanz 103
Komiža 421, 427
Konavle 452
Konferenz von Teheran 90
Königreich der Serben, Kroaten und Slowenen 89
Konoba 49
Konsulate 45
Konzentrationslager 89, 519

Kopački rit, Naturpark 16, 82, 578
Koper (Slowenien) 182
Koprivnica 560
Korčula, Insel 12, 465
Korčula-Stadt 466
Korlević, Korado 167
Kornati-Inseln 83
Kornati-Nationalpark 349
Korruption 97
Košljun 223
Kostelić, Janica 503
Kotli 166
Kotor (Montenegro) 481
Kozjak 268
Kraljevica 202
Kraljević, Miroslav 100
Krankenwagen 66
Krankheitsrisiken 59
Krapanj, Insel 342
Krapina 545
Krapinske Toplice 545
Krapje 521
Krapje đol 521, 522
Kravica-Wasserfälle (Bosnien) 479
Kreditkarten 58
Kreuzotter 81
Kriegsverbrechen 93
Krka-Nationalpark 8, 83, 336
Krk, Insel 214
Krk-Stadt 219
Krleža, Miroslav 102, 493, 497
Kroatienkrieg 92
Kroatische Bauernpartei (HSS) 89
Kroatische Demokratische Union 92
Kroatischer Frühling 92
Krševan (Chrysogonus) 293
Kučan, Milan 92
k.u.k. Monarchie 87
Kumrovec 551
Kunst 46, 98
Kunsthandwerk 46
Kupa-Quelle 204
Kupelwieser, Paul 126
Küstenlinie 80
Küstenmagistrale 73

Küstenregion 80
Kusturica, Emir 102, 481
Kuterevo, Bärenrefugium 272
Kutjevo 599, 601
Kvarner Bucht 185

L

Labin 25, 177
Landesgrenzen 80
Landkarten 62
Landminen 67, 93, 523, 578, 586
Landwirtschaft 98
Lastovo 478
Lastovo, Insel 478
Lekenik 514
Lepoglava 553
Lesben 65
Letovanić 514
Lika 266
Lika-Karlovac 253
Limski-Kanal 136, 137
Lipizzaner 592
Lisinski, Vatroslav 103
Literatur 101, 609
Livade 159
Ljubljana (Slowenien) 531
Löffler 82, 523
Lokrum 441
Lokunje, Strand 311
Lonja 521
Lonjsko Polje, Naturpark 14, 82, 84, 519
Lopar 251
Lopud, Insel 441
Lošinj, Insel 236
Lost Theory Festival 278
Lovište 464, 465
Lovran 209
Lovrečina 400
Lubenice 233
Luchse 82, 204, 268, 278
Ludbreg 540
Lujzijana 199
Lujzijana (historische Straße) 255
Luka 322
Lukačić, Ivan 103, 359
Lukina jama, Höhle 280
Lumbarda 471

Lun 313
Lustig, Branko 571
Lupis-Vukić, Ivan 189

M

Maajka, Edo 105
Maestral 35
Majerovo vrilo 274
Majke 105
Makarska 389
Makarska Riviera 384
Makarska Torta Makarana 392
Mala Kolumbarica, Höhle 123
Mala Mandra, Strand 310
Mala Paklenica 301
Mali Brijun 126
Mali Lošinj 236
Malinska 218
Mali Ston 456, 457
Malo jezero 474
Mandićevac 601
Mandre 310
Marco Polo 466
Maria Theresia, Kaiserin 272
Marija Bistrica 554
Marin 252
Marina 380
Marinković, Ranko 102
Marković, Goran 552
Marulić, Marko 101, 359
Marušići 386
Maškin, Insel 131
Maslinica 397
Matoš, Antun Gustav 101
Matuško, Winzerei 460
May, Karl 268, 299
Medien 63
Međimurje 554
Međugorje (Bosnien) 479
Medulić, Andrija 100
Medulin 124
Medvedgrad, Burg 497
Medvedica, Höhle 263
Medvednica, Naturpark 497
Memorijalni centar Nikola Tesla 276
Mesić, Stipe 92, 94
Meštrović, Ivan 100, 341, 359, 360, 361, 495, 594

Metajna, Strand 311
Metković 455
Mietwagen 74
Milanović, Zoran 94
Milošević, Slobodan 92
Miomirisni Vrt, Insel Cres 240
Miošić, Andrija Kačić 101, 390
Mir-Bucht 322, 324
Mirca 399
Mitteldalmatien 351
Mittelslawonien 594
Mljet, Insel 83, 473
Mljet, Nationalpark 474
Mohovo 584
Molat, Insel 327
Montenegro 481
Montokuc 197
Moreška, Säbeltanz 103, 470
Mošćenička Draga 210
Mostar (Bosnien) 479, 480
Most, Bucht 321
Motorbootfahren 69
Motorrad 74
Motovun 25, 160
Motovun Filmfestival 160, 162
Mramornica, Höhle 155
Mraz, Franjo 562
Muline 319
Muravjak, Berg 324
Mur-Drauradweg 558
Murter, Insel 345
Murter-Stadt 347
Musik 103, 157

N

Napoleon 87
Našice 594
National- und Naturparks 26, 80, 83
 Biokovo 390
 Brijuni-Inseln 83, 126
 Insel Mljet 83
 Inselgruppe von Lastovo 478
 Kopački rit 16, 578
 Kornati-Inseln 83, 349
 Krka 8, 83, 336
 Lonjsko Polje 14, 84, 519
 Medvednica 497

 Mljet 474
 Nördliches Velebit 83, 278, 282
 Paklenica 83, 278, 298, 300
 Papuk 599
 Plitvicer Seen 6, 83, 266
 Risnjak 83, 204
 Saljsko polje 322
 Škarline 155
 Telašćica 84, 322, 323
 Velebit-Gebirge 278
 Žumberak-Samoborsko gorje 508
Nazor, Vladimir 101, 160, 400
Nečujam 397
Nehaj, Festung 283
Nemec, Miroslav 103
Neretva-Delta 455
Nerezine 243
Neum (Bosnien) 456
Nikolaus von Ilok 587
Nimica, Neven 95
Nin 301
Ninski, Grgur 302, 359
Njive, Bucht 123
Njivice 218
Norddalmatien 287
Nordkroatien 533
Nördliches Velebit, Nationalpark 83, 278, 282
Notfall 66
Notruf 66
Nova Gradiška 602
Novalja 311
Nova Ves 155
Novigrad 149, 299
Novigradsko more 299
Novi Sad (Serbien) 583, 585
Novi Vinodolski 203

O

Obad, Vlado 571
Odysseus-Grotte 475
Öffnungszeiten 64
Ogulin 263
Okić, Burg 508
Olib, Insel 327
Olivenöl 46, 51, 173, 369, 386
Omiš 383

Omišalj 214
Omiš Riviera 383
Opatija Riviera 205
Opatovac 584
Opeka, Arboretum 539
Operation Bljesak 93
Operation Indeks 97
Oporovec 559
Oprtalj 159
Orahovica 599
Orebić 460
Orgula, Ölmühle 386
Osijek 16, 25, 566
   Essen 572
   Franziskanerkloster 569
   Geschichte 566
   Kirche des Hl. Michael 569
   Kirche des Namens der Hl. Maria 570
   Oberstadt 567
   Pfarrkirche der Hl. Peter und Paul 567
   Transport 575
   Tvrđa 569
   Übernachtung 572
   Unterhaltung 573
   Unterstadt 570
   Zoo 567
Ošljak, Insel 295
Osor 235
Österreichische Militärgrenze 87, 272, 566, 596
Ostslawonien 565
Otavica 341
Otočac 271
Ovčara 581
Ovčara, Gedenkstätte 583
Ozalj 261

P

Pag, Insel 8, 305
Pag-Stadt 306
Paklenica, Nationalpark 83, 278, 298, 300
Pakleni-Inseln 413
Pakoštane 314
Palagruža 473
Palud Marsh, Vogelschutzwarte 135
Pannenhilfe 66, 73
Pannonische Friedensroute, Fernradweg 574
Papuk, Naturpark 599
Parenzana 67
Parenzana-Eisenbahnstrecke 159
Park Dubec 215
Parni Valjak 104
Pašić, Nikola 89
Pašman, Insel 320
Pašman-Stadt 320
Pavelić, Ante 89
Pazin 168
Paziner Schlucht 169
Pejačević, Dora 103
Pejačević, Graf 594
Peka 51
Pelješac, Halbinsel 456
Pensionen 77
Peter II., König 89
Petrić, Frane 229
Petrinja 524
Petrova gora 260
Petrovaradin, Festung (Serbien) 585
Picigin 370
Pinski Rat 472
Pips, Chips & Videoclips 105
Piran (Slowenien) 181
Pivovara Ličanka 277
Planinarski dom Miroslav Hitz, Berghütte 286
Platak, Skigebiet 70
Plitvicer Seen 6, 83, 266
Ploče 196
Počitelj (Bosnien) 479
Podolac-Rinder 523
Podravina 560
Podselje 421
Podšpilje 421
Pokonji Dol, Insel 413
Politik 94
Polizei 66
Polje 81, 267
Pomena 475
Popmusik 104
Poreč 142
Portić, Bucht 123
Posavina 595
Posedarje 299
Post 64
Postira 398, 400
Požega 598
Preiskategorien 75
Preko 316
Prelog 559
Premantura 121
Premuda, Insel 327
Premužićeva staza 279
Premužićeva staza, Fernwanderweg 282
Prevlaka, Halbinsel 454
Prevlaka, Park 454
Primošten 343
Princip, Gavrilo 88
Pristanište 475
Privatunterkünfte 76
Privlaka 304
Prizdrina 458
Prljavo Kazalište 104
Prozor 272
Prozorina 272
Prstec, Željko 539
Pučišća 400
Pula 110
   Amphitheater 112
   Archäologisches Museum Istriens 114
   Augustustempel 113
   Essen 117
   Fort Bourguignon 115
   Fort Grosso 115
   Fort Punta Christo 115
   Fort Stoja 114
   Franziskanerkloster 113
   Geschichte 110
   Herkulestor 114
   Historisches Museum Istriens 114
   Informationen 119
   Kapelle der Maria Formosa 113
   Kathedrale Mariä Himmelfahrt 112
   Markthalle 114
   Orientierung 111
   Punta Verudela 114

Puntižela 115
Rathaus 113
Riva 112
Römisches Bodenmosaik 113
Römisches Forum 113
Römisches Theater 114
Sergier-Triumphbogen 113
Stoja 114
Strände 114
Transport 120
Übernachtung 116
Unterhaltung 117
Venezianisches Kastell 114
Pula-Filmfestival 119
Punat 223

R

Rabac 179
Rabatte 40
Rab, Insel 244
Rabska torta 47
Rab-Stadt 244
Račić, Josip 100
Račić, Puniša 89
Radfahren 66
Radić, Stjepan 89
Radio 63
Radrouten 28
  Donauradweg 67, 583
  Fernradweg bei Samobor 513
  Istrischer Malvazija 154
  Kap Kamenjak 122
  Mur-Drauradweg 558
  Naturpark Telašćica 323
  Pannonische Friedensroute 574
  Parenzana 67
  Parenzana-Eisenbahnstrecke 159
  Parenzana-Radweg 154
  Radtour zur Quelle der Gacka 274
  Route des Momjaner Muskat 154
  Schatz der Riviera von Umag 154
Raduća, Halbinsel 344

Rafting 69, 384
Rakija 54
Rakovica 265
Rasinja 560
Rava, Insel 327
Ravnik, Insel 427
Regierung 94
Reiher 82
Reisekosten 38
Reiserouten 23
Reiserücktrittsversicherung 78
Reiseveranstalter 65
Reisezeit 36, 40
Reiseziele 23
Reiten 68, 383
Religion 84, 85
Rendić, Ivan 398
Republik Ragusa 86
Republik Serbische Krajina 340
Restaurants 49
Ricks, Jerry 200
Rijeka 4, 186
  Altstadt 189
  Astronomisches Zentrum 192
  Essen 193
  Geschichte 186
  Kapuzinerkirche Maria Lourdes 189
  Karneval 194
  Kirche des Hl. Nikolaus 191
  Museum der Stadt Rijeka 190
  Naturgeschichtliches Museum 190
  Platz der Resolution 189
  Rijeka-Card 195
  Seefahrts- und Geschichtsmuseum des Kroatischen Küstenlands 190
  Stadtturm 190
  Sveti Vid 190
  Transport 198
  Trsat 191
  Übernachtung 192
  Unterhaltung 193
Risnjak, Nationalpark 83, 204
Ritterspiele, Sinjska Alka 382
Riva 105
Rivanj, Insel 327
Riviera von Zadar 313

Roč 166
Roda, Roda 571
Rogač 396
Ronjgov, Ivan Matetić 157
Roter See 383
Rote Zora 285
Rovinj 3, 24, 128
Rožanski kukovi 280, 282
Roženica 157
Ručica, Strand 311
Rudine 215
Rukavac, Bucht 427
Rundek, Darko 104
Rušinović, Goran 102
Ružica grad, Burg 599

S

Sabljaci 264
Sabor 95
Sakarun, Strand 321
Sali 322
Saljsko polje 322
Salzsee Mir 324, 325
Sammlung der Kriegswaffen aus dem Heimatkrieg 256
Samobor 14, 507
Sanader, Ivo 96, 97
Saplunara 474, 476
Šarengrad 584
Schildkröten 81
Schinken-Bucht, Insel Rab 251
Schinken (pršut) 46
Schlacht bei Sisak 87
Schlacht von Mohács 86
Schlangen 59, 81
Schlösser 29, 560
Schloss Ozalj 261
Schnorcheln 69
Schule der Naiven Kunst 100
Schutzimpfungen 59
Schwimmen 68
Schwule 65
SDP (Sozijaldemokratska Partija Hrvatske) 95
Seeigel 59
Seekajaktouren 69
Seekrankheit 59
Seerettung 66
Segeln 69

Seget Vranjica 380
Sela 515
Senj 283
Šenoa, August 101, 492
Sepen, Bucht 215
Šerbedžija, Rade 103
Serbische Minderheit 95
Sestrunj, Insel 327
Severina 105
SF Marathon 121
Šibenik 329
  Badeplätze 332
  Essen 333
  Falknerzentrum 335
  Festung des Hl. Michael 330
  Festungen 332
  Franziskanerkloster 330
  Geschichte 329
  Gorica 330
  Kathedrale von Šibenik 331
  Kloster des Hl. Laurentius 330
  Museum Bunari 332
  Stadtloggia 332
  Übernachtung 333
  Unterhaltung 334
Sicherheit 65
Silba, Insel 327
Sinj 381
Sinjska Alka, Ritterspiele 382
Šipan, Insel 441
Sisak 515
Škarline, Naturpark 155
Skifahren 503
Skradin 336
Škrip 398
Skrivena Luka 478, 479
Skulpturenpark Dubrova 177
Skulpturenpark Džamonja 140
Skulpturenpark Forma Prima 545
Slavonski Brod 595
Slawonien 563
Sljeme 70, 497, 503
Šljivovic 46, 54
Slunj 25, 265
Smokvica 471
Solaris, Halbinsel 329
Solin 373

Soline 475
Šolta, Insel 396
Sopila 157
Sotin 584
Souvenirs 47
Spartipps 39
Spitzen von Lepoglava 553
Split 11, 24, 353
  Archäologisches Museum 360
  Diokletianpalast 354
  Essen 364
  Feste 367
  Franziskanerkloster 359
  Galerija Meštrović 360
  Geschichte 353
  Informationen 370
  Jupitertempel 358
  Kathedrale des Hl. Domnius 354
  Kirche der Madonna vom Campanile 358
  Kirche des Hl. Martin 358
  Kirche und Kloster des Hl. Dominikus 355
  Konsulate 371
  Kunstgalerie 359
  Lukac 362
  Marjan 361
  Märkte 369
  Museum Kroatischer Archäologischer Monumente 360
  Orientierung 353
  Peristyl 358
  Poljud Stadion 362
  Riva 354
  Stadtmuseum 358
  Strände 369
  Štrossmajerov Park 359
  Transport 371
  Trg Republike 359
  Übernachtung 362
  Unterhaltung 366
  Veli Varoš 360
  Vestibül 358
Splitska 398
Sport 66, 105
Sprache 84
Sprachführer 606

Srđ, Berg 449
Srebrna, Bucht 427
Srednje Selo 396
Staatsoberhaupt 94
Starčević, Ante 88
Stari Grad 416
Starigrad-Paklenica 298
Stefanovski, Vlatko 105
Stepinac, Kardinal Alojzije 493
Stiniva, Bucht 427
Štirovača 282
Stomorska 397
Ston 25, 457
Stončica 427
Störche 82
Strahinjščica 546
Strände 27
Straško, Strand 311
Strašna peć, Höhle 325
Straßen 73
Straßennamen 61
Strossmayer, Josip Juraj 87, 591, 592
Süddalmatien 431
Suha Punta, Insel Rab 251
Sukošan 313
Sumartin 401
Supetar 398
Supetarska Draga 251
Susak, Insel 243
Sutmiholjska, Bucht 474
Suza 576
Svačić, Petar 260
Sv. Andrija, Insel 131
Sveta Marija, Klosterinsel 474
Sveti Duh, Strand 310, 311
Sveti Ilija 461
Sveti Ivan, Bucht 234
Sveti Jure 394
Sveti Luka 463
Svetvinčenat 174
Sv. Ivan, Insel 132
Sv. Katarina, Insel 131
Sv. Klement, Insel 413
Sv. Nikola, Insel 145

T

Tabor-Filmfestival 551
Tafel von Baška 225

Tafel von Senj 284
Tanken 74
Tauchen 70
Taxi 73
Telašćica, Naturpark 84, 322, 323
Telefon 70
Tepec 511
Tesla, Nikola 276
Tesla-Turbine 276
The Beat Fleet 105
Theresiana 282
Thermalquellen 81, 546
Tikveš, Schloss 578
Tisno 345
Tito 90, 91, 127, 551, 552, 578
Tito-Höhle 428
Tkon 320
Tomatenfest, Umag 152
Tomislav, Fürst 86
Tonković vrilo 274
Topusko 524
Torpedos 189
Tourismus 97, 98
Trakošćan, Burg 549
Tram 72
Trampen 74
Tramuntana 232
Transport 40, 71
Trilj 382
Trinkwasser 59
Tripuljak, Bucht 324
Trogir 374
Trstenik 459
Trsteno 441
Trüffel 111, 159, 163, 164
Tuđman, Franjo 92, 94, 497
Turanj 256
Turopolje 514

U

Übernachtung 75
Ubli 478
Učka-Gebirge 211
Ugljan, Insel 316
Ugljan-Stadt 319
Ugrešić, Dubravka 102
Umag 152
Umwelt 83
Umweltprobleme 83
Unesco-Welterbestätten
 Dubrovnik 12, 432
 Ebene von Stari Grad 417
 Euphrasius-Basilika 145
 Kathedrale von Šibenik 331
 Kotor 481
 Nationalpark Plitvicer Seen 6, 266
 Primošten 344
 Split 11, 353
Unije, Insel 243
Unterkünfte 39
Urkunići 462
Uskok, Anti-Korruptionsbehörde 97
Uskoken 283
Ustaša 89
Uvala Debeljak, Strand 123
Uvala Mali Portić, Strand 123
Uvala Polje 123
Uvala Školjić, Bucht 123
Uvala Žanja, Bucht 234

V

Valkanela 140
Valun 233
Valuner Tafel 233
Varaždin 535
Varaždinske Toplice 540
Varaždinsko jezero 559
Vela Luka 472
Velebit-Gebirge 278
Veli Brijun 126
Velika 599
Velika Gorica 514
Velika Kolumbarica, Höhle 123
Velika Paklenica 301
Veliki Grad 474, 475
Veliki Kalnik, Schloss 560
Veliki Pažut 559
Veliki Risnjak, Berg 204
Veliki Tabor, Burg 550
Veliko jezero 474
Veli Lošinj 240
Veli Rat 321
Vepric 391
Verhaltenstipps 77
Verkehrsregeln 74
Vernes, Jules 169
Versicherungen 77
Vertrag von St. Germain 88
Vid 455
Vidakov kuk 301
Vidova Gora 406
Viganj 463, 464
Villa Rustica Kupinovik 417
Vinarija Grgić, Winzerei 459
Vincent aus Kastav 100
Vinkovci 589
Vinodol 203
Vir, Insel 304
Virovitica 603
Vis, Insel 11, 421
Višnjan 167
Višnjić, Goran 102
Vis-Stadt 422
Vižula, Halbinsel 124
Vlado
 Retfala 571
 Schloss Pejačević 571
Voćin 599
Vodenjak Veli 413
Vodice 341
Vodnjan 175
Vogelbeobachtung 579
Vogelschutzwarte, Palud Marsh 135
Vorwahlen 71
Vrana 315
Vransko jezero 314
Vrbnik 25, 226
Vrdoljak, Antun 102
Vrpolje 594
Vrsar 139
Vučedol 579
Vučedol-Kultur 85, 579, 580
Vučedol-Orion 580
Vučedol-Taube 580
Vuglec, Boris 547
Vuglec Breg 14, 547
Vukelich, Wilma von 571
Vukovar 93, 579
Vukovarska Ada 587

W

Waldfläche 80
Wandern 68

Wanderrouten 28
   Krapje đol 522
   Pilgerwege 554
   Premužićeva staza 279
   Srđ 449
   Sveti Ilija 461
   Sveti Jure 394
   Tepec 511
   Učka-Gebirge 211
   Vidova Gora 406
Wassersport 28, 68
Wein 46, 53, 156, 458, 524, 577, 589, 599, 600
Weinstraßen 156
   Samobor 508
   Weinstraße Bilogora 528
   Weinstraße der Moslavina 524
Westslawonien 594
Wettervorhersage 69
Wildkatzen 82, 278
Wildschweine 82
Windkraft 83
Windsurfen 70
Winnetou 268, 299
Winnetou-Museum 299, 301
Wintersport 70
Wirtschaft 97
Wölfe 82, 204, 268, 278
Wouters, René 238
Würste 46

Z
Žabnik 556
Zadar 8, 24, 288
   Archäologisches Museum 293
   Essen 295
   Forum 293
   Franziskanerkloster 294
   Geschichte 288
   „Gruß an die Sonne" 294
   Informationen 297
   Kirche des Hl. Krševan 293
   Kirche des Hl. Simeon 292
   Kirche Sveta Stošija 293
   Kirche Sveti Donat 293
   Landtor 288
   Markt 292
   Meeresorgel 294
   Museum der Stadt Zadar 293
   Museum für antikes Glas 292
   Perivoj kraljice Jelene Madijevke 289
   Promenade 294
   Rathaus 292
   Stadtloggia 292
   Stadtpaläste 293
   Stadtwache 292
   Strände 295
   Sveta Marije 294
   Transport 297
   Übernachtung 294
   Unterhaltung 296
Zaglav 322
Zagorje 534
Zagreb 12, 23, 483, 484
   Archäologisches Museum 495
   Botanischer Garten 496
   Botschaften 504
   Bundek-See 497
   Burg Medvedgrad 497
   Dolac 492
   Essen 499
   Feste 502
   Geschichte 485
   Grünes Hufeisen 496
   Hauptbahnhof 495
   Informationen 505
   Jarun-See 497
   Jelačić-Platz 489
   Kamenita vrata 492
   Kaptol 488
   Kathedrale 493
   Kroatische Akademie der Wissenschaften und Künste 495
   Lotrščak-Turm 489
   Markuskirche 490
   Mirogoj, Friedhof 496
   Moderne Galerie 495
   Museum der kroatischen Geschichte 490
   Museum für Naive Kunst 489
   Museum für Zeitgenössische Kunst 497
   Museum über zerbrochene Beziehungen 489
   Oberstadt 488
   Orientierung 488
   Park Maksimir 497
   Stadion Maksimir 497
   Stadtführungen 503
   Stadtrundfahrten 504
   Strossmayer-Galerie 495
   Tkalčićeva ulica 492
   Transport 506
   Trg bana Jelačića 488
   Übernachtung 498
   Unterhaltung 500
   Unterstadt 495
   Villa Rein 493
   Zahnradbahn 489
   Zoo 497
Zagreb Card 40, 505
Zajc, Ivan 103
Zaklopatica 478
Zaton, Strand 304
Završje 158
Zeckenbiss 59
Zeit 78
Zeitungen 64
Zentralkroatien 483
Žirje, Insel 350
Zlarin, Insel 350
Zlatna luka, Strand 313
Zlatni rat 402
Zmajevac 576, 600
Zoll 78
Zrinkski, Nikola Šubić 556
Zrinski, Nikolaus 559
Zrinski, Petar 86, 222
Zrmanja-Canyon 299
Žumberak-Samoborsko gorje, Naturpark 508
Zverinac, Insel 327
Zweiter Weltkrieg 89

Danksagung

Wir danken den duften Bintangs in Berlin für die tolle Zusammenarbeit und Unterstützung.
Unser spezieller Dank geht außerdem an unsere Lektorin Gudrun Raether-Klünker für ihr Engagement, ihre Geduld und ihr stets offenes Ohr.
Für die oft sehr hilfreiche und freundliche Unterstützung danken wir den Mitarbeitern der Touristeninformationen in Kroatien.
Sasha Lušić von D'Vino in Dubrovnik herzlichen Dank für gemütliche Abende und viele hilfreiche Tipps. Ein großes Dankeschön an Denis Lončar und Familie, für die Gastfreundschaft, die wunderschönen Tage in Gacka und die Unterstützung bei unserer Arbeit. Danke an Ana Senčić für einige wertvolle Tipps.
Dieses Buch ist Familie Belošević aus Letovanić gewidmet, die wie zu einem zweiten Zuhause in Kroatien geworden ist und uns immer mit offenen Armen empfangen hat.

Bildnachweis

Umschlag
Titelfoto getty images / Pascal Boegli; Gasse in Rovinj
Umschlagklappe vorn laif / Le Figaro Magazine / Martin; Stadtmauer von Korčula
Umschlagklappe hinten getty images / Mike Caldwell; Markt in Dubrovnik

Farbteil
S. 2 laif / Peter Hirth
S. 3 mauritius images / ib / Kevin Galvin (oben)
Corbis / Photononstop / Hervé GYSSELS (unten)
S. 4 mauritius images / ib / Egmont Strigl (oben)
mauritius images / Rainer Hackenberg (unten)
S. 5 mauritius images / age
S. 6/7 getty images / Kelly Cheng Travel Photography
S. 8 Martin Rosenplänter / Sandra Strigl (2)
S. 9 Martin Rosenplänter / Sandra Strigl (2)
S. 10 laif / Georg Knoll
S. 11 Corbis-Jean / Pierre Lescourret (oben)
huber-images.de / Johanna Huber (unten)
S. 12 LOOK-foto / age fotostock (oben)
LOOK-foto / age fotostock (unten)
S. 13 Martin Rosenplänter / Sandra Strigl (oben)
LOOK-foto / age fotostock (unten)
S. 14 Martin Rosenplänter / Sandra Strigl (2)
S. 15 Corbis / Reuters / X01069 / DAVOR KOVACEVIC (oben)
Martin Rosenplänter / Sandra Strigl (unten)
S. 16 Martin Rosenplänter / Sandra Strigl (oben)
picture alliance / PIXSELL / Marko Mrkonjic (unten)

Schwarz-Weiß
DuMont Bildarchiv / Anzenberger/Fink S. 394
DuMont Bildarchiv / Udo Bernhart S. 211
DuMont Bildarchiv / Jan Kammerhof S. 38
DuMont Bildarchiv / Rainer Kiedrowski S. 461
DuMont Bildarchiv / Holger Leue S. 323
DuMont Bildarchiv / Sabine Lubenow S. 122, 137, 279
Dumont Bildarchiv / Hans Madej S. 24, 32, 41, 50, 88, 99, 119, 143, 185, 195, 215, 234, 241, 246, 287, 292, 431, 436, 457, 468, 475
DuMont Bildarchiv / Hartmut Schwarzbach S. 522
LOOK-foto / Thomas Stankiewicz S. 281
Gudrun Raether-Klünker S. 35, 23, 27, 36, 79, 107, 112, 129, 150, 231, 605
Martin Rosenplänter / Sandra Strigl S. 38, 39, 47, 72, 82, 104, 123, 138, 161, 167, 172, 178, 190, 206, 220, 253, 258, 262, 285, 299, 302, 306, 324, 331, 338, 349, 351, 364, 376, 385, 391, 401, 402, 406, 410, 423, 428, 449, 450, 463, 472, 483, 494, 509, 511, 516, 523, 526, 533, 538, 550, 555, 558, 559, 563, 570, 583, 586, 593, 596

Impressum

Kroatien
Stefan Loose Travel Handbücher
1. Auflage **2014**
© DuMont Reiseverlag, Ostfildern

Alle Rechte vorbehalten – insbesondere die der Vervielfältigung und Verbreitung in gedruckter Form sowie die zur elektronischen Speicherung in Datenbanken und zum Verfügbarmachen für die Öffentlichkeit zum individuellen Abruf, zur Wiedergabe auf dem Bildschirm und zum Ausdruck beim Nutzer (Online-Nutzung), auch vorab und auszugsweise.

Die in diesem Buch enthaltenen Angaben wurden von den Autoren nach bestem Wissen erstellt und vom Lektorat im Verlag mit großer Sorgfalt auf ihre Richtigkeit überprüft. Trotzdem sind, wie der Verlag nach dem Produkthaftungsrecht betonen muss, inhaltliche und sachliche Fehler nicht vollständig auszuschließen.
Deshalb erfolgen alle Angaben ohne Garantie des Verlags oder der Autoren. Der Verlag und die Autoren übernehmen keinerlei Verantwortung und Haftung für inhaltliche und sachliche Fehler. Alle Landkarten und Stadtpläne in diesem Buch sind von den Autoren erstellt worden und werden ständig überarbeitet.

Gesamtredaktion und -herstellung
Bintang Buchservice GmbH
Zossener Str. 55/2, 10961 Berlin
www.bintang-berlin.de
Redaktion: Gudrun Raether-Klünker
Karten: Klaus Schindler
Reiseatlas: DuMont Reisekartografie, Fürstenfeldbruck
Grafisches Konzept: Groschwitz, Hamburg
Layout und Herstellung: Anja Linda Dicke
Farbseitengestaltung: Anja Linda Dicke

Printed in China

www.stefan-loose.de/kroatien

Kartenverzeichnis

Reiserouten
Budget-Route 34
Dalmatien 33
Kroatien für Einsteiger 28
Küste von Nord nach Süd 31
Kvarner Bucht und Pag 32
Schlösser und Altstädte im Binnenland 29

Loose Aktiv
Donauradweg nach Novi Sad 584/585
Kap Kamenjak 122
Krapje dol 522
Limski-Kanal 137
Mur-Drauradweg 558
Naturpark Telašćica 323
Premužićeva staza 280
Srđ 449
Sveti Ilija 461
Sveti Jure 395
Tepec 511
Učka-Gebirge 211
Vidova Gora 407

Regionalteil
Cres und Lošinj 229
Dubrovnik 435
 Altstadt 438/439
Gacka 273
Hvar, Stadt 409
Istrien 108
Karlovac 257
Korčula 466/467
 Stadt 469
Krk 216/217
Krka-Nationalpark 337
Kvarner Bucht 187
Lika-Karlovac 254
Lonjsko Polje 520
Mali Lošinj 237
Mitteldalmatien 352
Norddalmatien 289
Nordkroatien 534
Osijek 568
Pag, Strände 308/309
Plitvicer Seen 269
Poreč 144
Pula 115
Rab 245
 Stadt 248
Rijeka 188
Rovinj 131
Šibenik 328
Slawonien 564
Split 355
 Zentrum 356/357
Süddalmatien 432
Trogir 375
Varaždin 537
Vis 424/425
Weingüter, Pelješac 459
Weingüter, Slawonien 601
Zadar 290/291
 Inseln vor Zadar 318/319
Zagreb 486/487
 Zentrum 490/491
Zagreb und Zentralkroatien 484

Kroatien — Reiseatlas

Legende

- Autobahn mit Anschlussstelle
- Schnellstraße mit Anschlussstelle
- Fernstraße mit Nummer
- Hauptstraße
- Nebenstraße
- Straße in Bau; Straße in Planung
- Straße für Kfz gesperrt
- Tunnel
- Eisenbahn
- Fähre, Schiffsverbindung
- Staatsgrenze
- Nationalpark; Naturpark
- Sperrgebiet
- Europastraßennummer
- Hafen, Ankerplatz

- Internationaler Flughafen
- Nationaler Flughafen
- Grenzübergang
- Sehenswürdigkeit
- Archäologische Stätte
- Kloster; Kirche
- Burg; Burgruine
- Denkmal
- Sendeturm; Leuchtturm
- Windmühle
- Badestrand
- Wasserfall; Höhle
- Berggipfel; Pass
- Campingplatz
- Heilbad
- Aussichtspunkt

Istrien, Pula, Rijeka, Krk, Cres, Rab

Zadar, Pag, Lošinj, Dugi Otok, Šibenik

Split, Brač, Hvar, Vis, Korčula, Pelješac

Dubrovnik, Mljet, Lastovo, Korčula, Pelješac, Hvar, Brač

Zagreb, Bjelovar, Krapina, Koprivnica

Karlovac, Sisak, Kutina

Osijek, Slavonski Brod, Vinkovci